ISBN 978-0-282-27966-0
PIBN 10353032

1 MONTH OF
FREE
READING

at

www.ForgottenBooks.com

By purchasing this book you are
eligible for one month membership to
ForgottenBooks.com, giving you
unlimited access to our entire
collection of over 700,000 titles via
our web site and mobile apps.

To claim your free month visit:

www.forgottenbooks.com/free353032

English
Français
Deutsche
Italiano
Español
Português

www.forgottenbooks.com

Mythology Photography **Fiction**
Fishing Christianity **Art** Cooking
Essays Buddhism Freemasonry
Medicine **Biology** Music **Ancient
Egypt** Evolution Carpentry Physics
Dance Geology **Mathematics** Fitness
Shakespeare **Folklore** Yoga Marketing
Confidence Immortality Biographies
Poetry **Psychology** Witchcraft
Electronics Chemistry History **Law**
Accounting **Philosophy** Anthropology
Alchemy Drama Quantum Mechanics
Atheism Sexual Health **Ancient History**
Entrepreneurship Languages Sport
Paleontology Needlework Islam
Metaphysics Investment Archaeology
Parenting Statistics Criminology
Motivational

Vorwort zur zweiten Auflage.

Der Verfasser einer rechtsgeschichtlichen Untersuchung darf es als ein seltenes Glück begrüssen, wenn es ihm vergönnt ist, die Ergebnisse seiner Forschung in einer zweiten Auflage einer Revision zu unterziehen. Als vor mehr als zehn Jahren die französische Übersetzung dieses Buchs in Angriff genommen wurde[1]), wagte ich nicht zu hoffen, dass mir dies Glück zuteil werden würde, und glaubte darum die Gelegenheit nutzen zu sollen, um wenigstens das bereite Material zu verwerten, das sich bei mir angesammelt hatte. Umstände, die ich in der Vorrede zur Übersetzung dargelegt habe, machten es mir damals unmöglich, ganze Arbeit zu leisten, und so hätte ich jene halbe vielleicht besser unterlassen. Immerhin kam sie mir als Vorarbeit für die gegenwärtige Neuauflage zu statten. Ich habe vieles daraus herübernehmen können; doch wird sich der Leser überzeugen, dass gar manche neue Ausführung hinzugetreten, da und dort damals noch Festgehaltenes aufgegeben, mitunter auch allzu rasch Aufgegebenes wieder aufgenommen, überhaupt der Gesamtinhalt des Buchs einer durchgreifenden Nachprüfung unterworfen worden ist. Der Hauptstock blieb freilich bei alledem bestehen. Soviel auch die moderne Quellenforschung seither zur Aufhellung des klassischen Rechts beigebracht hat — dank dem methodischen Bestreben, die Digestentexte möglichst überall auf die ursprünglichen Zusammenhänge und den ursprünglichen Wortlaut zurückzuführen, —: das für die Ediktrekonstruktion verfügbare Material war schon in der 1. Aufl. in der Hauptsache erschöpfend benutzt, so dass es sich nur um eine allerdings nicht unbedeutende Nachlese handeln konnte.

Hinsichtlich der Literaturbenutzung könnte ich nur das schon im ersten Vorwort Gesagte wiederholen[2]). Was während des Drucks erschienen

---

[1]) Erschienen unter dem Titel „Essai de reconstitution de l'édit perpétuel, ouvr. trad. en franç. par Frédéric Peltier" I (1901), II (1903).

[2]) Bei den Zitaten habe ich die üblichen Abkürzungen (ZRG. = Zeitschrift für Rechtsgeschichte, NRH. = nouvelle revue historique de droit fr. et étr., bullett. = bullettino dell' istituto di diritto Romano, BGU. = griechische Urkunden des Berliner Museums u. ähnl. m.) gebraucht. Die Festgaben für Vittorio Scialoja (Milano 1905), Luigi Moriani (Torino 1905), Carlo Fadda (Nap. 1906) sind kurzweg als studi Scialoja, Moriani, Fadda zitiert. Öfter anzuführende Werke, wie z. B. Karlowas Rechtsgeschichte habe ich mitunter bloss mit dem Namen des Autors bezeichnet. Die Nummern bei römischen Juristennamen bezeichnen die Ziffern meiner Palingenesie.

ist, habe ich, soweit es bei der Korrektur nicht mehr möglich war, in den Nachträgen berücksichtigt.

Möge dies Buch auch in seiner neuen Gestalt, trotz der Ungunst der Zeiten, bei Solchen, denen die Pflege des römischen Rechts noch am Herzen liegt, freundliche Aufnahme finden!

Strassburg, im September 1907.

Der Verfasser.

Vorwort zur ersten Auflage.

Die Arbeit, die ich hiemit der Öffentlichkeit übergebe, ist veranlasst durch ein Preisausschreiben, das die Kgl. baierische Akademie der Wissen schaften seinerzeit für die Savigny-Stiftung erlassen hat. Es war darin die Aufgabe gestellt, die Formeln des edictum perpetuum (Hadriani) in ihrem Wortlaut und ihrem Zusammenhange nach Möglichkeit wieder herzustellen; als wesentlichstes Hilfsmittel zur Lösung dieser Aufgabe waren in dem Ausschreiben selbst die Ediktkommentare bezeichnet[1]. Mein Plan ging indes von Anfang an nicht unwesentlich über dies gesetzte Ziel hinaus. Frühere Studien im Gebiet der Ediktkommentare hatten mir die Überzeugung verschafft, dass die bei deren Durchforschung zu gewinnen den Ergebnisse nicht ausschliesslich oder auch nur vorzugsweise der Re konstruktion der Formeln zu gute kommen würden, ja ich war sogar geneigt, das in letzterer Hinsicht wirklich zu Erreichende zu unterschätzen. So richtete ich denn von vornherein mein Augenmerk auf eine Restitution des edictum perpetuum im ganzen. Ferner aber glaubte ich, die Durch arbeitung der Ediktkommentare nicht als blosses Mittel zum Zweck betreiben zu sollen. Ich war bestrebt, mir, wo möglich, über die ursprüng liche Beziehung jedes einzelnen erhaltenen Fragments dieser Werke klar zu werden, und habe, was ich hier fand, meinem Buche einverleibt, auch wo es für den Rekonstruktionszweck ohne Erheblichkeit ist. Dasselbe enthält daher eine vollständige Palingenesie der Kommentare des Ulpian, Paulus und Gaius, wie auch der Digesten Julians, soweit dieselben dem Ediktsystem folgen; man wird unter jeder Rubrik die zugehörigen Bruch stücke dieser Werke zusammengestellt und, wo der ursprüngliche Zusammen hang nicht ohne weiteres klar ist, denselben, sei es in den Noten sei es im Text, angedeutet finden.

.   .   .   .
.   .   .   .

---

[1] Den Wortlaut siehe in der ZRG. XIV S. xx.

Hinsichtlich der Prinzipien, von denen ich bei der Rekonstruktion ausging, glaubte ich in einem Hauptpunkte von Rudorff abweichen zu müssen: ich halte unbedingt und durchweg daran fest, dass jede Rekonstruktion wertlos ist, der es an einer quellenmässigen Basis fehlt. Auch Rudorff folgt diesem Grundsatz, soweit es sich um die Edikte handelt; aber er verlässt ihn bei der Rekonstruktion der Formeln. „Mihi igitur", sagt er[1]), „cum persuasum habeam in formulis ordinariis summam rei positam esse, ... uisum fuit in hac parte audendum non nihil esse", und so hat er denn in der Tat eine grosse Menge von Formeln frei erfunden. Das Bedenkliche dieses Verfahrens liegt auf der Hand. Je wichtiger die Kenntnis des Originalwortlauts der Formeln für uns ist, desto grössere Zurückhaltung ist bei der Rekonstruktion geboten, desto unerlaubter also ein „audere non nihil"[2]). Ich habe daher auch die Formeln, sei es ganz sei es teilweise, nur da rekonstruiert, wo sich für diese Rekonstruktion Anhaltspunkte in den Quellen fanden[3]). Dass ich mich nicht immer auf blosse Anführung dieser Anhaltspunkte beschränkte, sondern eigentliche Rekonstruktionen versuchte, bei denen es ganz ohne Hypothesen nicht abgeht, wird mir hoffentlich nicht zum Vorwurf gemacht werden: eine solche Rekonstruktion gewährt ein anschauliches Gesamtbild der zerstreut gefundenen Ergebnisse und ist überdies, wenn sie 'in einleuchtender Weise gelingt, eine Art Probe auf die Richtigkeit dieser Ergebnisse. Einen hierüber hinausgehenden Wert beanspruche ich für diese Versuche nicht.

Ein Bedenken gegen Rudorff meine ich hier noch besonders hervorheben zu sollen. In sehr vielen Fällen ist uns das Edikt, auf Grund dessen eine actio erteilt wurde, erhalten oder doch wiederherzustellen, während über die Konzeption der Formel nichts überliefert ist. Die Tatsache ist begreiflich genug, da ja gerade die auf die Formeln bezüglichen Abschnitte der klassischen Ediktkommentare für die Kompilatoren Justinians grossenteils unpraktisches Material enthielten und daher notwendig stark beschnitten werden mussten. Nichts ist hier nun leichter, als vermöge einiger stilistischer Umänderungen und eines vorausgestellten si paret aus dem überlieferten Edikt eine formula in factum concepta zu gewinnen, und wirklich sind auf diesem Wege eine erkleckliche Zahl Rudorff'scher Formeln entstanden. Ich habe in solcher Lage grundsätzlich der Versuchung, die Formel zu rekonstruieren, widerstanden. Der Edikttext kann nämlich keineswegs als eine bis ins Detail zuverlässige Anleitung für die Herstellung des Formeltexts gelten. Selbst unter den wenigen Beispielen,

---

[1]) E. P. (mit diesen Buchstaben zitiere ich Rudorffs de iurisdictione edictum 1869) p. 2. Vgl. denselben, ZRG. III S. 52.

[2]) Vgl. meine Abhandl. in der ZRG. XV S. 15 fg., wo ich mich über Rudorffs Verfahren bereits hinreichend ausgesprochen habe.

[3]) Nur vereinzelt bin ich hievon zu kriti-

schem Zwecke abgewichen: ich glaubte bisweilen, eine von Andern vorgeschlagene Rekonstruktion am schlagendsten dadurch widerlegen zu können, dass ich zeigte, wie sie besser zu machen sei. Es versteht sich, dass ich solchen Falls meiner eigenen Rekonstruktion keinen positiven wissenschaftlichen Wert beilege.

wo wir imstande sind, den authentischen Edikttext mit dem authentischen Formeltext zu vergleichen, ist mehr als eines, wo dieser von jenem abweicht. Das Edikt de in ius uocando in fr. 4 § 1 h. t. (2. 4) hat die Worte „*in ius sine permissu meo ne quis uocet*“: die entsprechende Formel bei Gai. IV 46 hat „*s. p. . . . . contra edictum illius praetoris in ius uocatum esse*“. Das Edikt über das Depositum hat „*quod . . . . depositum sit*“, die in factum konzipierte Formel bei Gai. IV 47 fügt hinzu „*eamque dolo malo Nᶦ Nᶦ Aᵒ Aᵒ redditam non esse*“. Das Injurienedikt „*ne quid infamandi causa fiat*“ ist generell gefasst, die Formel[1]) spezialisiert die Injurie. Diese Exempel liessen sich leicht vermehren. Zugegeben, dass es sich hier überall nur um kleine Abweichungen vom Edikttext handelt, so sind es doch zweifellos gerade diese kleinen Abweichungen, um deren willen es für uns von Wert ist, neben dem Edikttext auch den Formeltext sicher überliefert zu besitzen. Was soll uns also eine Rekonstruktion, die in dem einzigen Punkt, wo sie von Interesse sein könnte, — hinsichtlich der Frage nämlich, ob die Formel das Edikt kopiert oder nicht, — ohne Zuverlässigkeit ist? Ganz gewiss ist hier der Wissenschaft durch Ausübung der ars ignorandi besser gedient.

Innerhalb der im obigen gesteckten Grenzen halte ich den Versuch, dem Wortlaut der Edikte und Formeln nachzuspüren, für ein die Wissenschaft förderndes Unternehmen und rede nicht bloss pro domo, wenn ich der neuerdings von Wlassak[2]) aufgestellten entgegengesetzten Meinung entschieden widerspreche. Wlassak gibt zu, dass die Auffindung eines echten Exemplars des prätorischen Albums unsere Kenntnis des römischen Rechts sehr wesentlich erweitern würde. Mit den rekonstruierten Formeln verhalte sich dies aber anders; diese seien ja doch nur unsere eigenen, mit Hilfe der Quellen erzeugten Geschöpfe, und es heisse sich im Kreise bewegen, wenn man mit Zugrundelegung derartiger Klageformeln einen Quellentext interpretieren wolle. Ich kann diese Bemerkung in keiner Weise für zutreffend halten. In sehr vielen Fällen ist es möglich, den wesentlichen Wortlaut verloren gegangener Edikte und Formeln aus den Kommentaren bis zu völliger Evidenz nachzuweisen: hier hat die Rekonstruktion offenbar denselben Wert wie die authentische Überlieferung. Aber auch wo die Wiederherstellung es nur bis zur Wahrscheinlichkeit bringt, steht sie doch an wissenschaftlichem Wert jeder andern wahrscheinlichen Hypothese gleich und darf daher auch wie diese zur Interpretation zweifelhafter Quellentexte verwendet werden. Den Zirkel, von dem Wlassak spricht, vermag ich nicht zu entdecken. Gelingt es, einem Kommentarabschnitt die Worte abzusehen, die seine Unterlage bilden, so scheint mir einleuchtend, dass die gewonnene Erkenntnis für das Verständnis dieses Kommentarabschnitts selber förderlich sein muss, und nicht bloss dieses Kommentarabschnitts, sondern möglicherweise auch für das anderer Quellen-

---

[1]) Coll. II 6 § 5. S. unten S. 387.   [2]) Edict und Klageform (1882) S. 4 fg.

zeugnisse. Sollte z. B. die Feststellung, dass die Formel der hereditatis petitio den Beklagten als pro herede aut pro possessore possidens bezeichnete, für die Interpretation der auf diese Worte bezüglichen Kommentarabschnitte, überhaupt aber für die Einsicht in die hier von der Passivlegitimation geltenden Grundsätze unerheblich sein?

Die von mir gewählte Anordnung des Stoffs ist folgende. Ich gebe zunächst (S. XVII fgg.) zum Zweck der Orientierung, auf Grund der gefundenen Ergebnisse, eine Übersicht des Edikts nach Titeln und Unterrubriken, denen ich die Ziffer der auf sie bezüglichen Bücher der vier grossen Ediktwerke beifüge. Hieran schliesst sich als erster Teil des Werks eine Abhandlung über das Ediktsystem in vier Kapiteln. Das erste einleitende handelt von den Hilfsmitteln für die Feststellung der Materienfolge des Edikts. Das zweite betrachtet das Edikt als Ganzes und beantwortet die Frage, ob dasselbe als Kodifikation eines bestimmten Rechtsteils gelten kann. Das dritte stellt die Hauptabschnitte des Edikts nach Umfang und Charakter fest. Das vierte verfolgt das Ediktsystem im Detail, den Zusammenhang der einzelnen Titel und der Rubriken innerhalb der Titel. Der zweite Teil des Werks enthält in einer Reihe von Exkursen (§§) alles auf die Rekonstruktion der Edikte und Formeln Bezügliche. Auf den ersten Blick scheint es natürlicher, diese Exkurse, deren Ergebnisse dem ersten Teil zu Grunde liegen, diesem vorausgehen zu lassen. Allein es blieb mir zu bedenken, dass auch die Ausführungen über System und Titel des Edikts ihrerseits mehr als einmal für die im besondern Teil aufgestellten Vermutungen präjudiziell sind, insofern sie die Wahrscheinlichkeit dieser Vermutungen erhöhen oder sie doch gegen den Vorwurf der Unwahrscheinlichkeit schützen. Ich hätte also, wenn ich den besondern Teil vorausnahm, an sehr vielen Stellen auf die allgemeinen Ausführungen vorgreifen müssen, was für den Leser weit unbequemer gewesen wäre, als die Zumutung, sich bei der Lektüre des allgemeinen Teils, soweit notwendig, durch Nachschlagen in den Exkursen über die Authentizität der von mir aufgestellten Rubriken zu vergewissern.

Die vier grossen Ediktwerke — Ulpian. ad edictum, Paul. ad edict., Gai. ad ed. prouinc., Iulian. digesta — sind durchweg nur mit den Namen der Juristen zitiert. Wo die Zeitschrift [der Savigny-Stiftung] für Rechtsgeschichte angeführt ist, ist deren romanistische Abteilung gemeint. In den wiederhergestellten Edikten und Formeln habe ich die eigentlich rekonstruierten Stücke, für deren Wortlaut nicht bis ins Einzelne eingestanden werden kann, kursiv drucken lassen. Ebenso sind auch diejenigen Titel und Rubriken, die ich nicht in den Digesten oder sonst wo in den Quellen vorgefunden habe, kursiv gedruckt; doch bemerke ich ausdrücklich, dass damit keine Garantie übernommen sein soll, dass die übrigen Titel und Rubriken sämtlich wörtlich so im Album standen. Eine derartige Feststellung ist nur bei verhältnismässig wenigen Titeln und Rubriken möglich,

wo dies immer ausdrücklich angemerkt ist. Hinsichtlich vieler andern ist
es zwar wahrscheinlich, aber nicht strikt zu beweisen, dass sie von den
klassischen Juristen, denen die Kompilatoren sie entnahmen, aus dem
Album kopiert sind. Bei den Literaturzitaten habe ich es nicht auf Vollständigkeit abgesehen. Die Anlage eines Museums aller der Erzeugnisse,
die der Rekonstruktionstrieb in zahllosen Doktordissertationen und andern
Schriften zu Tage gefördert hat, dürfte von keinem wissenschaftlichen
Interesse sein. Das wirklich Wertvolle in der Literatur aufzusuchen und
zu benutzen war ich eifrig bestrebt. Gleichwohl fürchte ich, manches übersehen zu haben: ein derart an tausend Orten zerstreutes Material in Vollständigkeit zu sammeln, wäre ohne jahrelange speziell darauf gerichtete
Vorarbeit nicht möglich gewesen, eine Vorarbeit, deren Ergebnisse schwerlich mit der aufgewandten Mühe im Verhältnis gestanden hätten.........
Der Revision der Quellenzitate habe ich besondere Sorgfalt gewidmet;
man wird, wie ich hoffe, Fehler hier nur vereinzelt finden.

Zum Schlusse sei mir gestattet der Kgl. baierischen Akademie der
Wissenschaften für die hohe Ehre, deren sie dies Buch gewürdigt, und ihrem
Referenten, Herrn Prof. von Brinz, für die so wohlwollende Begutachtung
desselben an dieser Stelle meinen warm empfundenen Dank auszusprechen.

Kiel, im Februar 1883.

Inhaltsverzeichnis.

Nachträge und Berichtigungen.

S. 58. Hruza, zum röm. Amtsrechte (1907)
S. 11 n. 4 hält in dem Edikt Quod quisque iuris
das Wort „quandoque" für unecht, da der
Prätor nur für sein Jahr ediziere. Die Worte
„quandoque postea aduersario eius postulante" sind aber von Ulpian in fr. 3 § 2 quod
quisque (2. 2) kommentiert; „quandoque"
bedeutete selbstverständlich: „quandoque
innerhalb meines Amtsjahrs". Zweifelhaft
ist mir dagegen geworden, ob ich S. 59 n. 1
(s. auch S. 4 unten) recht getan habe, der
Meinung Alibrandis zu folgen; die räumliche Beschränkung der prätorischen Kompetenz brauchte bei diesem Edikt sich nicht
geltend zu machen.

S. 91. Wenn ich hier sage, dass der Prätor die exceptio cognitoria von Amtswegen
in die Formel aufnahm, so heisst das, dass
er dies tat, ohne einen Antrag des Beklagten
abzuwarten. Zum iudicium unter der so gestalteten Formel kam es aber natürlich wie
stets nur, wenn beide Parteien sie annahmen.

S. 138. Jobbé-Duval, mél. Gérardin
(1907) p. 361 n. 1, will die b. p. litis ordinandae gr. nicht als gewöhnliche b. p. intestati
gelten lassen, wofür er neben andern m. E.
nicht haltbaren Gründen auch den anführt,
„puisque le préteur l'accordait même après
une b. p. secundum tabulas". Aber die Erteilung einer b. p. edictalis hat niemals die
einer andern gehindert.

S. 147. Dass Gai. 8 fr. 74 de V. O. (45. 1)
zu dem Edikt des § 55 gehöre (Paling. I p. 209
n. 2), scheint mir, da Gaius sonst wesentlich
der Paulinischen Ordnung (vgl. S. 11) folgt,
weniger wahrscheinlich.

S. 226 n. 8. Die Codexrubrik lautet „si
certum petatur", nicht „petetur".

S. 257 fg. Dafür, dass in fr. 49 pr. de V. O.
(45. 1) die actio utilis gegen den Vater
„hineininterpoliert" sei, wie Ferrini, ZRG.
XXXIV S. 195 fg., will, scheint mir kein stich-
haltiger Grund zu sprechen.

S. 310 n. 4. Nach Huvelin, mél. Gérardin
(1907) p. 319 ss., würde die plus petitio, von

cautio p. p. l. u. auf Seiten des Beklagten
aufgezählten Personen den procurator und
den sponsor und nimmt andrerseits an, dass
der heres und der cognitor beider Parteien
auch in der clausula de re defendenda der
cautio i. s., sowie in der clausula ob rem
iudicatam beider Kautionen genannt gewesen sei. Ich kann mich dem nicht anschliessen. Dass in der cautio p. p. l. u. auch
procurator und sponsor ausdrücklich aufgeführt waren, ergibt sich aus Paul. sent. V
9 § 2 mit voller Sicherheit (die von Duquesne
p. 216 n. 1 versuchte Erklärung dieser Stelle
scheitert schon daran, dass die Sponsoren
doch keine selbständigen Sonderversprechen
zu geben hatten, sondern einfach „idem"
versprachen). Die Erwähnung des cognitor
ferner in der clausula ob rem iudicatam der
beiden Kautionen scheint mir auf der Kläger-
seite durchaus überflüssig; denn bei sieg-
reich durchgefochtenem. Streit blieb die
Sache „res secundum actorem iudicata" und
blieb der Beklagte „iudicatus", auch wenn
der Kläger durch einen cognitor prozessiert
hatte. Aus fr. 27 § 1 de procur. (3. 3) folgt
denn auch klar, dass eine solche Erwähnung
nicht stattfand; die hier entschiedenen
Fragen wären sonst keine Fragen gewesen.
Was sodann die Beklagtenseite anlangt, so
lag, wie mir scheint, keinerlei Grund vor,
den Beklagten, der die actio selber zu übernehmen gedachte, zu zwingen, dennoch,
ausser für sich und etwa seinen Erben, zugleich auch für einen gar nicht in Aussicht
genommenen cognitor zu kavieren. Das Interesse der Parteien verlangte eine weite
Fassung der clausula ob rem non defensam,
um dem Kläger jede Art der Prozessführung,
dem Beklagten jede Möglichkeit rechter
Defension offen zu lassen; umgekehrt aber
forderte das Interesse des Beklagten eine
persönlich beschränkte Fassung der Judi-
katsklausel; es dürfte nicht immer leicht
gewesen sein, Sponsoren zu finden, die bereit
waren, für das Ergebnis der Prozessführung
eines beliebigen, persönlich unbestimmt gelassenen cognitor in abstracto einzustehen.
Entschloss sich der Beklagte, der zunächst
für sich kaviert hatte, später dennoch, per
cognitorem zu prozessieren, so musste er
eben von neuem kavieren, und soviel steht
jedenfalls fest, dass in der für einen cognitor
gestellten Kaution nur dieser selbst persönlich als möglicher iudicatus bezeichnet war,
nicht zugleich auch der dominus und sein
heres; nur so wird der Schluss von Gai. 27
fr. 7 I. S. (46. 7) verständlich, in welcher Stelle
auch nur von einer persona stipulatione

allen Umständen ipso iure neben die Klage
aus der clausula ob r. n. d. trat; warum
sollte man da ängstlich darauf bedacht gewesen sein, den nachträglichen Verfall der
clausula ob r. i. auszuschliessen? Der Prätor hatte in seiner Jurisdiktion Mittel (denegatio actionis, exceptio doli), unbilligen
Konsequenzen entgegenzuwirken, und wird
von diesen Mitteln hier wie überall geeigne-
ten Gebrauch gemacht haben. Freilich nun
glaubt D. eine Bestätigung seiner Auffassung
auch in einer Quellenstelle aus Ulpians Disputationen zu finden, — fr. 13 pr. I. S. Am
Schluss dieser Stelle heisst es in den Digesten:

> proinde si forte lis finita fuerit, ad
> quam defensio erat necessaria, uel
> solutione uel transactione uel ac-
> ceptilatione uel quo alio modo,
> consequenter placuit euanescere ob rem
> non defensam clausulam.

Aus den hervorgehobenen Worten schliesst
D., dass der Prozess, wegen dessen die in
der Stelle erörterte Kaution gestellt worden,
sich um eine Forderung gedreht habe,
diese Kaution daher nicht, wie ich (S. 497
n. 3) angenommen habe, die p. p. l. u., sondern nur die i. s. gewesen sein könne; auf
diese müsse daher auch die in der Stelle
weiter oben enthaltene Bemerkung bezogen
werden: unam clausulam in stipulatione
i. s. et ob rem non defensam et ob rem
iudicatam in se habere. M. E. sind die ge-
sperrt gedruckten Worte in fr. 13 pr. a. E.,
wie ich schon S. 497 n. 3 andeutete, eine
unzweifelhafte und zwar ungeschickte Interpolation. Die ganze Erörterung hat zum
Ausgangspunkt den Satz, dass der Verfall
der clausula ob r. n. d. den der clausula ob
r. i. ausschliesse. Mit Rücksicht darauf
stellt Ulpian zunächst fest, dass die erstere
Klausel erst verfalle, wenn auf Grund ihrer
die litis contestatio aus der Stipulation stattgefunden habe, und nun schliesst er weiter
(proinde … consequenter), dass, si forte
lis finita fuerit, die Klausel ob r. n. d. „eva-

Übersicht des Edikts.

B*

Edictum aedilium curulium.

Tit.	§		Ulp.	Paul.	Gai.	Iul.	Seite
I.	293.	: De mancipiis uendundis.	1 (82)	1.2 (79.80)	1.2 (31.32)		529
II.	294.	: *De iumentis uendundis.*	2 (83)				
III.	295.	: *De feris.*	2 (83)	2 (80)			
	296.	: *Stipulatio ab aedilibus proposita.*	2 (83)	2 (80)	2 (32)		

ERSTER TEIL.

DAS EDIKTSYSTEM.

Erstes Kapitel.

Einleitung.

Die Feststellung der Materienfolge im Edikt.

Wer das edictum perpetuum wiederherzustellen unternimmt, wird nicht umhin können, vorweg zu der Frage Stellung zu nehmen, ob dies Edikt aus der Hand Julians nur in einer oder in mehreren offiziellen Redaktionen — als edictum praetoris urbani, praetoris peregrini und provinciale — hervorgegangen ist. Mir scheint letzteres sicher. Dass man formell die Edikte der beiden Prätoren unterschied, wird unwiderleglich bewiesen[1]) durch Gai. I 6: amplissimum ius est in edictis duorum praetorum, urbani et peregrini. Zur Bestätigung dient die Tatsache, dass Gaius libri mit dem Titel „ad edictum praetoris urbani"[2]) geschrieben hat, was die Existenz eines zweiten prätorischen Edikts voraussetzt. Es wird dadurch zugleich auch wahrscheinlich, dass die beiden Edikte inhaltlich nicht vollkommen übereinstimmten. Allzuweitgehend wird man sich freilich ihre Differenzen nicht vorstellen dürfen. Wir haben keinerlei sichern Anhalt dafür, dass sich die überlieferten Einzeledikte nicht vollzählig und wesentlich gleichlautend in beiden gefunden hätten. So erklärt es sich wohl auch, dass in der juristischen Literatur — und zwar auch in der Zeit, wo die Peregrinenprätur noch bestand[3]) — i. d. R. nur von einem edictum praetoris die Rede ist. Nahe liegt aber die Vermutung, dass allein im Album des Peregrinenprätors diejenigen Formelbildungen standen, die auf die Prozess-

---

[1]) A. M. Karlowa, I S. 631. Er beruft sich darauf, dass Gaius ja auch von dem edictum aedilium curulium als fortbestehendem rede, obwohl dieses in der Julianischen Redaktion nur einen Anhang des prätorischen Edikts bilde. Fortbestanden hat es eben gleichwohl. Vgl. Krüger, Gesch. der Quellen S. 87.

[2]) Dies ist die richtige Fassung des Titels und nicht, wie es im index Flor. heisst: „ad edictum urbicum". Von 47 in die Digesten aufgenommenen Stellen tragen 26 die Inskription „ad ed. praetoris urbani", 14 die „ad ed. praetoris", darunter aber 10, in denen der corrector ordinarius des Flor. nachträg-

lich noch „urbani" eingeschoben hat. Die offenbar abgekürzte Fassung „ad ed. urbicum" oder „edicti urbici" findet sich nur in 7 Stellen.

[3]) Sie ist über den Anfang des 3. Jahrh. n. Chr. hinaus nicht mehr nachweisbar. Vgl. Mommsen, St. R. (3. Aufl.) II S. 226. Die Übereinstimmung der beiden Edikte dürfte übrigens nicht erst Folge der Julianischen Redaktion gewesen sein, vgl. die Zitate bei v. Velsen, ZRG. XXXIV S. 77; auch in der ἐπιστολή Trajans BGU. nr. 140 wird eine Bestimmung „τοῦ διατάγματος" angezogen, gleich als ob es schon damals nur ein Edikt gegeben hätte.

führung von und mit Peregrinen berechnet waren[1]). Ganz ähnlich dürfte
es sich mit dem edictum provinciale verhalten. Die Existenz eines solchen
ist neuerdings energisch bestritten worden[2]). Diese Bestreitung kann
keinesfalls darauf gestützt werden, dass Gai. I 6 des edictum provinciale
keine Erwähnung tut; denn Gaius handelt in seinen Institutionen und so
auch an dieser Stelle nur von den iura populi Romani (I 2), nicht vom
Provinzialrecht, auf das er nur gelegentlich verweist, und so begreift sich,
dass er l. c. nur die Edikte der beiden Prätoren anführt und lediglich
ergänzend hinzufügt: quorum in provinciis iurisdictionem praesides earum
habent[3]). Umgekehrt spricht für die Existenz eines besondern edictum
provinciale[4]) entscheidend seine Kommentierung durch Gaius in den libri
„ad edictum provinciale": gegen diese Instanz können m. E. Gegengründe
überhaupt nicht aufkommen. So vielseitig, wie uns Cicero (ad Att. VI 1, 15)
den Inhalt seines Provinzialedikts beschreibt, dürfen wir uns allerdings den
des Hadrianischen nicht denken; gar vieles von dem, was ehemals der
Regelung durch die Provinzialstatthalter überlassen war, war jetzt durch
die Kaiser anderweit geordnet. Das Hadrianische Provinzialedikt wird,
wie dies auch durch den Kommentar des Gaius bestätigt wird, in der Hauptsache den Inhalt der städtischen Edikte reproduziert haben; dazu aber
mussten doch als Sonderbestand die Edikte und Formeln treten, die durch
die besondern Verhältnisse der Provinzen gefordert waren, wie z. B. die
Edikte über die Konvente und das damit zusammenhängende Vadimonien-
wesen, die Formeln für die Vindikation von Provinzialgrundstücken, für
die Verfolgung von servitutes pactis et stipulationibus constitutae, für die
Ordnung des Erbrechts der Provinzialen u. s. w. Ausserdem bedurften
alle Edikte, in denen die Beschränkung der prätorischen Kompetenz auf
Italien zum Ausdruck kam (vgl. z. B. das Edikt des § 8), einer veränderten

---

[1]) Vgl. Gai. IV 37. Man denke ferner z. B.
daran, dass Peregrinen auf ius Quiritium
abgestellte Formeln nicht benutzen konnten.
Wie stand es mit den auf schlichtes oportere
gestellten Formeln solcher actiones ciuiles,
die nicht „legibus constitutae" (Gai. l. c.)
waren? Konnten Peregrinen z. B. die gewöhnliche Formel der actio ex stipulatu benutzen?
Das ist nicht ganz unzweifelhaft. Ich erinnere
daran, dass die Formeln der lex Rubria c. XX
auf das Album des Peregrinenprätors verweisen; wenn, wie wahrscheinlich, diese Formeln selbst, trotz der Formularnamen C.
Seius und Q. Licinius, der gleichen Quelle entstammen, sollte dann die Aufnahme der Worte
ex fide bona in ihre intentio am Ende daraus
zu erklären sein, dass man, mindestens damals, ein oportere schlechtweg zu Gunsten
und zu Lasten von Peregrinen nicht an-
erkannte?
[2]) Durch v. Velsen, ZRG. XXXIV S. 73 fgg.

Fassung, um sie auf die Provinzen anwendbar zu machen[1]). Wohl begreiflich, dass diese Besonderheiten, die gegenüber der Masse des Gesamtstoffs geringfügig erscheinen mussten, die grosse Mehrzahl der Juristen nicht veranlassen konnten, Spezialkommentare zum Provinzialedikt zu schreiben; nichts war ja einfacher, als diese wenigen Lehren am gehörigen Ort in die Kommentare ad edictum praetoris einzuschieben. Wenn man sich aber umgekehrt darüber gewundert hat, dass der eine Gaius neben seinem Kommentar zum städtischen Edikt doch auch libri ad edictum provinciale verfasste, so scheint mir diese Verwunderung ganz und gar nicht berechtigt. Wir wissen heute, zumal dank den ägyptischen Urkundenfunden, dass die grossen römischen Juristen fast alle vom stadtrömischen Standpunkt schrieben, und dass ihre Schriften weit davon entfernt sind, uns ein zutreffendes Bild von den Rechtszuständen in den Provinzen zu geben. Mochten die grossen Ediktkommentare auch da und dort ein Einschiebsel aus dem Provinzialedikt aufnehmen, in der Hauptsache brachten doch auch sie städtisches Recht zur Darstellung. Der Titel des Gaianischen Werks aber legt den Gedanken nahe, dass es das gesamte Edikt mit Rücksicht auf die provinziellen Verhältnisse erläutern sollte. Dass dies die Absicht des Gaius war, lässt sich freilich heute nicht mehr beweisen, da infolge der durchgeführten Unifikation des Rechts gerade die Partien des Kommentars, die einen derartigen Beweis hätten liefern können, für die Zwecke der Justinianischen Kompilation unbrauchbar waren und daher von ihr ausgeschlossen werden mussten. Die Möglichkeit oder Wahrscheinlichkeit jener Annahme aber wird sich nicht bestreiten lassen, und wenn sie das Richtige trifft, so konnte Gaius in seinem Kommentar, auch wo er die gleichen Ediktworte erläuterte wie in dem zum Urbanedikt, auf tausend Verhältnisse eingehen, die in dem letzteren vielleicht gar nicht berührt oder höchstens gestreift worden sein mögen. Gibt es nicht auch heute englische Werke, die das englische Recht in seiner Anwendung für die Kolonien behandeln?

Wir gehen also davon aus, dass es mehrere Ediktredaktionen gab, die aber, wenn auch in Einzelheiten von einander abweichend, doch in der Hauptsache mit einander übereinstimmten, so sehr, dass wir, wie die Römer selbst, gar wohl von einem Edikt reden dürfen. Das wichtigste, ja fast das einzige Hilfsmittel für die Feststellung der Ordnung, worin die Materien in diesem Edikt einander folgten, bilden die in den Digesten erhaltenen, mit der Buchziffer inskribierten Bruchstücke der Juristenwerke, denen das Ediktsystem zu Grunde liegt. In erster Linie kommen hier in Betracht die libri ad edictum praetoris des Ulpian und Paulus und ad edictum provinciale des Gaius. Wo bei diesen drei Kommentaren die

---

[1]) Ob und inwieweit das Provinzialedikt auch sonst noch in Einzelheiten vom städtischen Edikt abwich, entzieht sich unserer Beurteilung. Auffallend ist z. B., was Gai. 4 fr. 3 § 3 de alien. iud. m. c. (4. 7) von der operis noui nuntiatio berichtet, gegenüber fr. 8 § 7, 23 de O. N. N. (39. 1). Karlowa, II S. 471.

1. der Schreiber übersah in seiner Vorlage, wo die Zahlen nicht ausgeschrieben, sondern mit römischen Ziffern bezeichnet waren[1]), eine Ziffer und schrieb daher z. B. trigesimo (XXX) statt trigesimo quarto (XXXIIII), oder quinto (V) statt quinto decimo (XV)[2]), oder uicensimo (XX) statt septuagensimo (LXX). Oder umgekehrt:

2. er sah (was seltener vorkommt) eine Ziffer zu viel und schrieb trigesimo (XXX) statt uicensimo (XX).

3. Er schrieb, durch den gleichen Wortanfang verführt, quarto statt quinto oder quadragesimo statt quinquagesimo, oder umgekehrt[3]).

4. Er inskribiert „Idem". wo er einen neuen Namen hätte schreiben sollen, indem ihm der Träger dieses Namens irrig als Verfasser des vorigen Fragments vorschwebt[4]).

5. Er verwechselt die Bücherzahlen zweier Juristenschriften, indem er z. B. in einem Buche der Digesten, das Fragmente aus Ulp. 30 und Paul 31 ad edictum enthält, einmal gelegentlich eine Stelle aus Ulp. 30 fälschlich Ulp. 31 inskribiert[5]). Dieser Fehler ist vielleicht in der Weise zu erklären, dass die Kompilatoren die von ihnen ausgewählten Fragmente nicht immer selbst mit der vollen Inskription versahen, sondern den Schreiber durch Anführung des Juristennamens mit einem Wiederholungsmerkzeichen auf die frühere gleiche Inskription verwiesen, wo dann ein Versehen leicht möglich war. Notwendig ist diese Erklärung indes keineswegs: der Fehler kann auch einfach so vorkommen, dass der Schreiber noch die Ziffer der vorigen Inskription im Kopfe hat und sie maschinenmässig wiederholt, ohne auf seine Vorlage zu sehen.

6. Selten ist die unmittelbare Verwechselung zweier Schriftstellernamen. Doch kommt gelegentlich eine solche Verwechselung z. B. zwischen Ulpian und Paulus vor, den beiden meistbenutzten Juristen, wo in der Masse wohl auch einmal ein kleines Fragment von den Kompilatoren selbst falsch bezeichnet worden sein mag.

7. Vereinzelt finden sich Versehen, die sich aus der Ähnlichkeit gewisser römischer Ziffern untereinander erklären, z. B. secundo statt quinto (II statt U). —

Bei kritischer Sichtung der Inskriptionen zeigt sich — ich verweise vorläufig auf die eingangs gegebene Übersicht des Edikts —, dass die Systeme aller in Betracht kommenden Werke im ganzen und grossen

---

[1]) Wie auch noch in der Florentina selbst im grössten Teil des Titels de legibus (1. 3).

[2]) Derartige Fehler können auch durch Auslassung eines Zahl worts veranlasst sein. Da, wo ein Zahl wort mehreren Zahlzeichen entspricht, z. B. quarto (IIII) oder octauo (VIII), ist diese Erklärung sogar die wahrscheinlichere.

[3]) Andere Verschreibungen sind sehr selten, kommen aber doch vor, z.B. sicher nach-

übereinstimmen. Immerhin aber bleiben mehrere Fälle übrig, wo die authentischen Inskriptionen eine wirkliche unzweifelhafte Differenz im System bekunden. Wo haben wir nun hier das echte Ediktsystem zu suchen? In den älteren Ediktrekonstruktionen findet diese Frage eine sehr mangelhafte oder vielmehr keine Beantwortung: sie folgen sämtlich unbesehen dem Kommentar Ulpians, ohne sich darüber zu erklären, warum gerade diesem bei solcher Differenz eine hervorragende Autorität beiwohnen soll. Die Frage kann aber überhaupt nicht zu Gunsten des einen oder andern Juristen übers Knie gebrochen werden, sondern verlangt in jedem einzelnen Fall besondere Prüfung und Beantwortung.

Sehr leicht ist eine Abweichung zu erklären, die Julians Digesten und die andern dem Julianischen System folgenden Schriften gegenüber den eigentlichen Kommentaren zeigen. Das Julianische System verweist die leges in seinen zweiten Hauptteil; daher scheiden hier die auf die lex Aquilia und die Bürgschaftsgesetze bezüglichen Rubriken aus der Ediktordnung ganz aus, und wir finden z. B. bei Julian die actio legis Aquiliae, statt, wie wir erwarten müssten, in lib. 7 oder 8, in lib. 86, die leges Cornelia, Appuleia, Publilia, statt in lib. 8 oder 9, in lib. 88—90 behandelt.

Gaius' Kommentar zum Provinzialedikt zeigt zwei systematische Besonderheiten. Der Abschnitt de exceptionibus steht bei ihm hinter demjenigen de stipulationibus, dem er in den übrigen Ediktwerken vorausgeht. Der Titel de religiosis ferner, der in den letztern vor dem Titel de rebus creditis steht, ist bei ihm erst in lib. 19[1]) behandelt, d. h. hinter dem Titel de legatis, in Gesellschaft der Titel de operis noui nuntiatione[2]) und de damno infecto. In der ersten Auflage dieses Werks suchte ich diese beiden Abweichungen in folgender Weise zu erklären. Die Exceptionen, führte ich aus, kommen auch gegenüber den Klagen aus prätorischen Stipulationen in Betracht; es sei daher systematisch richtiger, diese vor jenen abzuhandeln. Dem Kommentator des Edikts sei diese Rücksicht besonders nahe gelegt worden durch den Umstand, dass in dem Abschnitt de exceptionibus die erste Rubrik die sei: si quis uadimoniis non obtemperaverit, in dem Abschnitt de stipulationibus aber das Vadimonium an der Spitze stehe. Die Ursache der zweiten Abweichung fand ich darin, dass der Titel de religiosis im Provinzialedikt gar nicht vorgekommen sei. Der Provinzialboden konnte nach der bei den Römern herrschenden Ansicht nicht religios im technischen Sinne werden, Gai. II 7:

> sed in prouinciali solo placet plerisque solum religiosum non fieri,
> quia in eo solo dominium populi Romani est uel Caesaris, nos
> autem possessionem tantum uel usum fructum habere uidemur:
> utique tamen etiamsi non sit religiosum, pro religioso habetur.

Nach diesem Bericht könne, meinte ich, der Titel de religiosis in das Pro-

---

[1]) Rudorff, E. P. § 87, wagt es, diese fünfmal wiederholte Inskription anzuzweifeln. Er fragt: „an 9. 10?", eine Frage, deren Sinn mir nicht klar geworden ist.

[2]) Von dem Kommentar zu diesem sind übrigens keine Fragmente erhalten.

vinzialedikt nicht übergegangen sein, auch nicht in veränderter Form: das Provinzialedikt könne weder die Ansicht der plerique noch die entgegengesetzte durch seine Fassung sanktioniert haben: sonst hätte Gaius die Frage, ob Provinzialboden religios werden könne oder nur pro religioso behandelt werde, unmöglich als eine rein wissenschaftliche, offiziell nicht entschiedene, erwähnt.   Auf die Frage, warum Gaius die betreffenden Erörterungen, wenn er sie denn doch nicht ganz umgehen wollte oder konnte, gerade hinter dem Titel de legatis einfüge, gab ich vermutungsweise die Antwort, er tue dies vielleicht deshalb, weil ihn die Lehre vom Schicksal des Vermögens eines Verstorbenen (tit. XXV—XXVII der Ediktübersicht: de bonorum possessionibus, de testamentis, de legatis) auf den Gedanken des Begräbnisses und der daran sich anknüpfenden Rechtsverhältnisse brachte.   Diese Erklärungsversuche können indes schwerlich befriedigen.   Was die Folge der Titel de exceptionibus und de stipulationibus angeht, so ist es, wenn auch nicht unmöglich, so doch nicht recht glaublich, dass Gaius, der Ediktkommentator, um der Korrektheit des Systems willen gerade hier die Ordnung seiner Vorlage umgekehrt haben sollte.   Da hätte das Ediktsystem an vielen andern Stellen ihm weit schwereren Anstoss geben müssen.   Hätte ferner der Titel de religiosis im Provinzialedikt gefehlt, so musste es doch jedem Bearbeiter desselben, der ihn gleichwohl erörtern wollte, am nächsten liegen, ihn da einzuschieben, wo er im Urbanedikt stand.   Es ist aber die Annahme, dass er dort gefehlt habe, in Wirklichkeit gar nicht begründet.   Mochte man auch theoretisch darüber streiten, ob Provinzialboden religios im eigentlichen Sinne werden könne, so bestanden doch auch in den Provinzen die Interessen, zu deren Schutz der Prätor die unter dem Titel de religiosis vereinigten Edikte erlassen hatte, und in dem Wortlaut dieser Edikte ist nichts, was ihre Anwendbarkeit in den Provinzen ausgeschlossen hätte, — jene theoretische Streitfrage hat damit gar nichts zu tun[1]).   Gaius eigene Darstellung aber in fr. 7 und 9 de relig. (11. 7) spricht entschieden dafür, dass seine Erläuterungen hier wie sonst ihren Ausgangspunkt in seiner Vorlage haben[2]).   So bin ich denn heute der Meinung, dass im ersten Fall wahrscheinlich, im zweiten Fall sicher die Besonderheit des Gaianischen Systems ihren Grund darin hatte, dass das Provinzialedikt selber hier von dem System der städtischen Edikte abwich.   Es wird sich unten, bei der näheren Untersuchung des Ediktsystems zeigen, dass auch die Stelle, wo wir den Titel de religiosis bei Gaius finden, sehr für diese Ansicht spricht[3]). Die Gründe der Abweichung entziehen sich unserer Kenntnis, was bei der Lückenhaftigkeit unseres Wissens vom Provinzialedikt nicht zu verwundern ist.

---

[1]) Vgl. v. Velsen, ZRG. XXXIV S. 109 fg.
[2]) Er sagt in diesen Stellen zwar nicht ausdrücklich, dass er Ediktworte kommentiere; aber er spricht von einem competere der behandelten actio und lässt den „proconsul" in einem besonders gearteten Fall eine utilis actio gewähren.
[3]) Vgl. unten Kap. 4 § 3.

Weit bedeutsamer als die bisher betrachteten systematischen Differenzen zwischen den Ediktwerken[1]) und nicht minder erklärungsbedürftig
ist eine letzte[2]). Verfolgen wir bei Ulpian die Bücher 15—23, so finden wir
in der Hauptsache die uns aus Digesten und Codex wohlbekannte Ordnung: es folgen sich, um nur die wichtigsten Rubriken anzuführen, hereditatis petitio (lib. 15. 16), rei uindicatio und Publiciana (lib. 16), Servitutklagen (lib. 17), zivile Schädensklagen (lib. 18), Teilungsklagen (lib. 19. 20),
Bürgschaft (lib. 20—22) — diese in den Digesten und im Codex an andern
Ort gestellt —, interrogatio in iure über die Erbenqualität (lib. 22), Eid
(lib. 22), interrogatio in iure bei Noxalklagen (lib. 23), prätorische Schädensklagen (lib. 23). Übereinstimmend scheint das System des freilich hier sehr
lückenhaften Julian, wie noch anderer diesem System folgenden Juristenschriften: soweit wir sehen können, handelt Julian selbst in lib. 6 von hereditatis petitio, in lib. 7 von uindicatio und Publiciana, Servitutklagen und
gewissen zivilen Schädensklagen (ausschliesslich der für den Teil de legibus aufgesparten actio legis Aquiliae), in lib. 8 von den Teilungsklagen,
in lib. 9 von Eid, interrogatio in iure und den prätorischen Schädensklagen.
Ein ganz anderes und sehr auffälliges Bild gewährt dagegen der Paulinische Kommentar. Hier stehen (in lib. 17. 18) voraus die Edikte über
interrogatio in iure, Eid und verwandte Materien; es folgen (lib. 19) das
Publicianische Edikt und die prätorischen Schädensklagen (mit einer nachher zu besprechenden Ausnahme); jetzt erst kommen (lib. 20—25) hereditatis petitio, rei uindicatio, Servitutklagen, zivile Schädensklagen, Teilungsklagen, Bürgschaft: erst bei der actio in factum wider den mensor (Übersicht § 89) treffen die beiden grossen Kommentare wieder zusammen
(Ulp. 24, Paul. 25). Diese Paulinische Ordnung aber war allem Anschein
nach auch die des Gaius, nur dass hier die Publiciana hinter die rei uindicatio gerückt ist[3]): wir finden bei Gai. 5 Spuren des Edikts de iureiurando,
bei Gai. 6 solche der interrogatio in iure bei Noxalklagen, der prätorischen
Schädensklagen, der hereditatis petitio, bei Gai. 7 erst die rei uindicatio,
Publiciana, Servitutklagen u. s. w. Endlich scheinen auch einzelne Schriften,
die sonst dem Julianischen System folgen, gerade hier von diesem System
abzuweichen und eine, wenn nicht durchgängige, so doch teilweise Übereinstimmung mit der Paulinischen Ordnung zu zeigen[4]). Die ganze Er-

[1]) Die geringfügige, unten bei tit. XX in
Bezug auf § 115 nachgewiesene, kann hier
ausser Betracht bleiben.

[2]) Bemerkt, aber nicht befriedigend erklärt sie von Huschke, das Recht
der Public. Klage S. 4 n. 1. Vgl. auch
Wlassak, Edict u. Klageform S. 30 n. 18,
S. 86 n. 1. Nicht befriedigen kann die Hypothese Karlowas (Litt. Centralblatt 1884
Nr. 15, R. G. I S. 637 n. 4), der die Erklärung in einer Verschiedenheit der Anordnung des Urban- und des Provinzialedikts

sucht. Vgl. dagegen schlagend Wlassak,
Grünhuts Zschr. XII S. 263 fg. Auch die
Ausführungen Karlowas, II S. 1173 fg.
(über den Platz der die interrogationes in
iure betreffenden Edikte) schweben völlig
in der Luft.

[3]) Auch in Pomponius' Ediktkommentar
steht die Vindikation (lib. 36—39) vor der
Publiciana (lib. 40).

[4]) Vgl. Marcell. nr. 27, Tryph. nr. 18, sehr
viel weniger schlüssig Cels. nr. 25. 26, noch
weniger Papin. nr. 117. Allzu grosses Ge-

scheinung fordert ohne Zweifel gar sehr zum Nachdenken heraus. Alle
früheren Bearbeiter des Edikts geben ohne irgend welche Begründung
dem Julian-Ulpianischen System den Vorzug. Käme es nun für die Entscheidung der Frage lediglich bloss darauf an, welches System uns als das
verhältnismässig bessere erscheint, so möchte man sich dabei beruhigen:
die Julianisch-Ulpianische Ordnung entspricht systematischen Anforderungen gewiss weit eher als die Gaianisch-Paulinische. Die Sache liegt
aber gerade umgekehrt: das befriedigendere System hat in Fragen wie
die vorliegende die Wahrscheinlichkeit gegen sich[1]). Eine Ordnung, wie
sie uns Julian und, ihm vermutlich folgend, Ulpian zeigen, die können sich
die Juristen sehr wohl selber zurechtgemacht haben, um den Schwierigkeiten zu entgehen, die das unsystematisch abgefasste Edikt der Darstellung in den Weg legte. Eine Ordnung dagegen, wie die Paulinische,
wo die Publiciana der rei uindicatio, die actio de effusis der actio legis
Aquiliae vorausgeht, ist nimmermehr im Kopf dieses Juristen entstanden:
sie ist uns nur unter der Voraussetzung verständlich, dass sie durch die
Vorlage gegeben war. Man mag über das Systembedürfnis der Römer
denken wie man will, niemals konnte ein überlegender Mensch, wenn das
Julian-Ulpianische System das des Edikts war, darauf verfallen, die ver-
nunftgemässe und für ihn bequemste Reihenfolge der Materien in solcher
Weise geradezu umzukehren. Ich halte es daher für völlig zweifellos, dass
die Paulinische Ordnung hier die des Albums ist, und habe sie meinem
System zu Grunde gelegt. Sieht man näher zu, so bemerkt man sehr
bald, dass auch diese Ordnung keineswegs willkürlich ist. Die Edikte über
interrogatio in iure, Eid u. s. w., die bei Paulus zuerst stehen, bilden m. E.
den Inhalt des Titels de iudiciis (tit. XIV der Übersicht), den Julian
und Ulpian, weil er ihnen systematisch unbequem war, an anderer Stelle
behandelt haben. Die weiteren bei Paulus der hereditatis petitio vorausgehenden Materien (von § 59 der Übersicht an) gehören sämtlich dem
prätorischen Rechte an und sind alle durch Edikte geordnet, die uns

wicht möchte ich auf diese wenigen Stellen
nicht legen. Man bedenke, dass die Werke,
denen sie entstammen, keine Kommentare
sind, sondern sich nur in der Reihenfolge
ihrer Erörterungen an das Ediktsystem anschliessen, und dass es sich hier um vereinzelte, aus dem Zusammenhang gerissene
Äusserungen handelt. Wir können hier
nirgends mit Bestimmtheit sagen, dass wir
die eigentliche sedes materiae vor uns haben,
und nicht vielleicht bloss gelegentlich der
Inhalt eines systematisch anderswohin gehörigen Edikts angezogen ist. Zu weit
geht daher m. E. Girard, NRH. 28 p. 140
Auch Paul. (ad Plaut.) nr. 1080 kann nicht
mit Sicherheit zur Bestätigung des Paulinischen Systems herangezogen werden; die

Stelle könnte z. B. sehr wohl zu einer Erörterung über die actio confessoria ex l.
Aquilia gehören.

[1]) Schwer verständlich sind mir die Ausführungen bei Glasson, étude sur Gaius
(1885) p. 282 ss. Er lässt mich dem Paulinischen System den Vorzug geben, weil dieses
das logischere sei, d. h. er lässt mich das
Gegenteil von dem behaupten, was ich wirklich sage. Dann widerlegt er diese meine
angebliche Ansicht genau mit dem Argument, das ich im Text wider das Julianisch-
Ulpianische System verwende: selon nous
c'est précisément parce que ce plan est
le plus méthodique qu'il faut le déclarer
étranger à l'édit!

ganz oder teilweise erhalten sind. Von der hereditatis petitio ab dagegen beginnen zivile Rechtsmittel. Allerdings finden sich unter diese letzteren auch wieder einige nicht-zivile Klagen gemischt, — die h. p. possessoria und fideicommissaria, die actio uectigalis, die actio damni iniuriae aduersus nautas, die actio communi diuidundo utilis: allein durchweg tragen diese Klagen den Charakter von utiles actiones, für die daher wahrscheinlich kein besonderes Edikt proponiert war — ein solches ist hier nirgends nachzuweisen —, sondern nur die Formel hinter der vorbildlichen actio ciuilis, etwa unter vorausgeschickter Rubrik. Meine Meinung ist daher die, dass in dem grossen Edikttitel (XV), mit dem wir es hier zu tun haben, die Edikte nebst zugehörigen Formeln voranstanden, die Formeln (zivile und nicht-zivile), denen keine Edikte entsprachen[1]), aber folgten: Paulus hielt sich streng an die gegebene Ordnung; ebenso Gaius, nur dass dieser es, begreiflich genug, nicht über sich brachte, die Publiciana vor der rei uindicatio zu erörtern und daher jene hinter die letztere schob; Julian aber und, im Anschluss an ihn, Ulpian geben die Ediktordnung ganz auf, schieben die Zivilklagen vor und die prätorischen zwischen diese an dem ihnen angemessen scheinenden Orte ein. Diese Erklärung hat gewiss Wahrscheinlichkeit für sich[2]).

Man hat gegen unsere Vermutung eingewendet, dass es doch seltsam wäre, wenn Julian, der Ediktredaktor, sich in seinen Digesten von dem System entfernt hätte, dem er selbst bei der Rekonstruktion des Edikts folgte. Es kann dies nicht zugegeben werden. Auch wenn wir von der gar nicht zweifellosen Frage des Altersverhältnisses zwischen den ersten Büchern von Julians Digesten und dem Edikte absehen, so gab es Rücksichten, die für Julian als Ediktredaktor bestimmend sein konnten, für Julian als Schriftsteller aber nicht, und umgekehrt. Wie viele Bearbeiter unseres bürgerlichen Gesetzbuchs weichen heute an einzelnen Stellen von dessen Systeme ab, die sich doch hüten würden, wenn ihnen eine Neuredaktion des Gesetzbuchs übertragen würde, an diesem System zu rütteln!

[1]) Zu diesen gehört auch die Formel wider den mensor (§ 89), die daher nicht nur bei Ulpian, sondern auch bei Paulus erst hinter den Teilungsklagen und der Lehre von der Bürgschaft steht, und darum den Vereinigungspunkt für die bis dahin von einander abweichenden Systeme bildet.

[2]) Man könnte auch auf den Gedanken kommen, dass die nackten Edikte im Album vorausstanden und dann sämtliche Formeln in der Julian-Ulpianischen Ordnung folgten, so dass dann auch diese letztere eine ediktale Grundlage hätte. Eine solche Trennung der prätorischen Formeln von den zugehörigen Edikten ist aber schon an sich unwahrscheinlich, doppelt unwahrscheinlich eine Vermengung der auf Grund der Edikte hinzutretenden Formeln unter die zivilen. Die oben gegebene Erklärung scheint mir daher bei weitem vorzuziehen.

Zweites Kapitel.

Das Edikt als Ganzes.

Ist das Edikt ein systematisches Ganzes, in dem Sinn, wie wir die modernen Privatrechtsgesetzbücher oder Zivilprozessordnungen ein Ganzes nennen können? enthält das Edikt die vollständige Kodifikation eines bestimmten Rechtsteils? Rudorff hat es seiner Zeit[1]) ein „Reichs-zivilrecht", späterhin[2]) eine „Reichszivilprozessordnung" genannt[3]). Es ist leicht einzusehen, dass beide Bezeichnungen nicht zutreffen. Ein seltsames Reichszivilrecht, in dem die sämtlichen zivilen Rechtsinstitute nur durch kurze Klagformeln figurierten, d. h. vorausgesetzt wären! Und nicht minder eine seltsame Reichszivilprozessordnung! Es ist ja gewiss wahr, dass das Edikt mehr als eine Vorschrift enthält, die wir in unsere Prozessordnungen zu setzen pflegen; ja wenn man die Aktionen rein von ihrer prozessrechtlichen Seite als Rechte auf Gericht fasst und die mittel-bare privatrechtliche Bedeutung der Aktionenverheissung ausser Betracht lässt, so kann man sagen, das Edikt enthalte nur oder doch fast[4]) nur Prozessrecht. Aber wie weit würde diese prozessrechtliche Kodifikation von dem entfernt sein, was wir Zivilprozessordnung nennen! Man sehe sich beispielsweise die Titel unserer deutschen Reichszivilprozessordnung an und frage sich, wieviel von den hier geregelten Materien im Edikt ebenfalls seine Regelung gefunden hat. Das Wie des Verfahrens in iudicio fehlt ganz und gar, es ist ausserhalb des Edikts durch Gesetz und Gewohn-heit geregelt. Aber auch das Verfahren in iure ist im Edikt nur gelegent-lich in Nebenpunkten geordnet, z. B. hinsichtlich der Aktionenedition, des ius postulandi u. dgl. In der Hauptsache liegt auch dessen Ordnung in „teils vor teils über der prätorischen Jurisdiktion stehenden Satzungen"[5]). Eine andere Hypothese hat Brinz[6]) aufgestellt. Nach ihm soll das Edikt das Aktionenrecht enthalten haben, „in dem weitern Sinne, dass nicht allein actiones, sondern alle gangbaren Gattungen der Rechtshilfe, mithin alle die Fälle und Bedingungen proponiert wurden, in und unter welchen es zur Niedersetzung oder Abhaltung ordentlicher oder ausserordentlicher Gerichte (iudicia, cognitiones) kommen, also ordentliche und ausserordent-liche actiones gewährt, Exekution gegen die Person oder in das Vermögen eingeräumt, zur Besitzergreifung von Erbschaften ermächtigt, mit der Auktorität von Interdikten eingeschritten, zu Kautionen durch Stipula-

---

[1]) R. G. I S. 270 fg.

[2]) ZRG. III S. 22. 88.

[3]) Auch Mommsen, Jahrb. d. gem. Rts. II S. 320, bedient sich für das Edikt des Aus-drucks „Reichsprozessordnung", während er es im Röm. Staatsrecht (3. Aufl.) II S. 221

eine Kodifikation des Privatrechts nennt.

[4]) Man denke z. B. an das Edikt de ad-ministratione tutorum, das freiwillige Ge-richtsbarkeit betrifft.

[5]) Vgl. Brinz, krit. Vjsch. XI S. 482 fgg.

[6]) a. a. O. S. 484 fgg. 495 fgg.

tionen, Missionen gezwungen, oder sonstwie ein Gerichtszwang (compellere, cogere, repellere) stattfinden, aber auch die Verteidigung durch Präskriptionen und Exceptionen vermehrt werden wolle". Fragt man sich zunächst, ob alles, was im Edikt steht, unter diesen Begriff des Aktionenrechts falle, so kann die bejahende Antwort allerdings nicht zweifelhaft sein, und es hätte kaum des von Brinz dafür angetretenen Beweises bedurft. Zweifelhafter ist schon, ob man all das, was Brinz unter „Aktionenrecht" begreift, im Sinn der Römer mit diesem Namen bezeichnen darf, wie denn Gaius bekanntlich die Lehre von der bonorum possessio und bonorum uenditio unter dem ius quod ad res pertinet abhandelt. Indes soll hierauf kein Gewicht gelegt werden: der Ausdruck „ius quod ad actiones pertinet" ist ja schliesslich weit genug, auch die auf jene Rechtsinstitute bezüglichen Edikte zu umfassen, und überhaupt ist es ja, wenn nur der Begriff ein Gebiet wirklich zusammengehöriger Erscheinungen des Rechtslebens zusammenfasst und sich mit dem Inhalte des Edikts deckt, gleichgültig, mit welchem Wort man jenen bezeichnet. Woran mir aber Brinz' Auffassung scheitern zu müssen scheint, das ist gerade die Weite seines Begriffs: er ist so weit, dass er uns keine Abgrenzung des Ediktinhalts gegenüber dem, was nicht im Edikt steht, mehr gewährt. Alle die Bedingungen sollen im Edikt proponiert gewesen sein, unter denen es zur Niedersetzung oder Abhaltung ordentlicher oder ausserordentlicher Gerichte kam. Wo steht im Edikt die Lehre von Gerichtsbarkeit, Gerichtsstand, wo die Mehrzahl der Grundsätze des Verfahrens in iure (denn das Verfahren in iure ist doch der Weg zur Erteilung der actio, Bedingung dieser Erteilung), wo also z. B. der Anteil des Prätors an der Verhandlung, die Form der Ernennung eines cognitor u. dgl. m.? wo sind andererseits im Edikt die zu Hadrians Zeit noch praktischen Legisaktionsformeln proponiert? wo die Kognition über Fideikommisse und viele andere Gegenstände der extraordinaria cognitio? Man wende nicht ein, dass ich mit Worten spiele, dass Brinz seinen Begriff ohne Zweifel in einem engern Sinn verstanden habe. Ich kann das nicht zugeben. Wenn Brinz beispielsweise[1] die Aufnahme des Edikts de magistris faciendis damit rechtfertigt, dass die Aufstellung des Magister die Bedingung gewesen sei, unter welcher den Gläubigern possessio, uenditio, Anstellung und Ablehnung der kridarischen Schuldforderungen verheissen ist, so scheint mir unbestreitbar, dass von diesem Standpunkt aus, wenn das Edikt wirklich das[2] Aktionenrecht im Brinz'schen Sinne enthielte, die sämtlichen prozessualen Voraussetzungen der Erteilung wie Denegation der Aktionen (an die Parteien selbst oder ihre Stellvertreter) in das Edikt hätten aufgenommen werden müssen; und wenn gleichwohl das Edikt unter diesen Prozessvoraussetzungen wenig mehr als die Rechtsbehauptung und die Satisdationen ordnet, so ist klar, dass das Edikt nicht das Aktionenrecht

---

[1]) a. a. O. S. 497.   [2]) Brinz, a. a. O. S. 484.

im Brinz'schen Sinne, sondern nur einen Teil davon enthält, und die
Frage bleibt offen, nach welchem Gesichtspunkt die Aufnahme oder Nicht-
aufnahme von Materien in das Edikt sich entschied.

Meines Erachtens ist dafür, dass man das Edikt unter eine begriff-
liche Einheit zwänge, dass man es, um mit Brinz[1]) zu reden, mit Einem
Namen benenne, keinerlei innere Notwendigkeit vorhanden: vielmehr
spricht die historische Entwicklung sehr entschieden gegen eine solche
a priori gestellte Forderung. Was sich wirklich Allgemeines über den
Ediktinhalt sagen lässt, das hat schon Giphanius[2]) ganz richtig bemerkt:
der Prätor ediziert über sein officium[3]). Schon damit ist aber eine
wesentliche Einschränkung des Ediktinhalts gegeben: das Edikt enthält
nicht das Zivilrecht, die Zivilprozessordnung, das Aktionenrecht, sondern
höchstens so viel von diesen Rechtszweigen als im officium praetoris liegt,
und zwar im officium praetoris urbani und peregrini[4]): denn nur vom
officium dieser handelt das edictum praetoris. Daher enthält das Edikt
beispielsweise nichts über die Jurisdiktion der Konsuln und des praetor
fideicommissarius, was freilich Rudorff in seiner Rekonstruktion verkannt
hat. Das Edikt enthält aber auch nicht das ganze officium praetoris: der
Prätor ediziert über sein officium nur insoweit ihm dies zweckmässig erscheint. Soweit nun das officium praetoris durch Gesetz oder Gewohnheit
geordnet ist, sind Edikte im ganzen überflüssig. Daher fehlt im Album
beispielsweise das officium praetoris in den Legisaktionen, fehlt ferner, soweit ersichtlich, alles, was die lex Iulia iudiciorum priuatorum über das
officium praetoris enthielt[5]). Allerdings verweist das Edikt immerhin an
einigen Orten auf gesetzliche Bestimmungen, indem der Prätor seine Jurisdiktion diesen entsprechend ausüben zu wollen erklärt: aber hierbei stehen
immer solche Materien in Frage, deren Ordnung im wesentlichen auf dem
Edikt beruht, wo also Gesetz oder Senatuskonsult nur ergänzend oder
beschränkend eingriff und daher auch nur der Vollständigkeit halber mit
angeführt wird[6]).

Aus alledem ergibt sich, dass der Inhalt des Edikts sich grossenteils
durch historische Zufälligkeiten bestimmt hat, und dass es vergebens ist,
einen Rechtsbegriff zu suchen, der sich mit jenem Inhalt deckt. Wäre
die Reform des altzivilen Exekutions- und Konkursverfahrens, statt vom
Prätor, vom Gesetzgeber in die Hand genommen worden, so würden wir
an Stelle der tit. XXXVI—XLI des Edikts wahrscheinlich nur ein paar
magere Aktionenformulare finden. Wäre umgekehrt dem Prätor die
tutoris datio nicht durch Gesetz verliehen, so würden wir vielleicht ein der

---

[1]) a. a. O. S. 486.

[2]) Am Schluss der oecon. ed. perpet.
(p. 131 der von mir benutzten Ausgabe der
oeconomia iuris, Francof. 1606).

[3]) Vgl. auch Bruns, fontes ed. VI p. 203
praef.

[4]) Vom Provinzialedikt und dem an-

gehängten Ädilenedikt sehe ich der Kürze
halber hier ab.

[5]) Vgl. fr. 2 de iudiciis (5. 1). Dazu unten
bei tit. II (vor § 7).

[6]) Vgl. fr. 7 § 7 de pact. (2. 14), fr. 1 § 8
de postul. (3. 1), fr. 1 i. f. ex quib. caus. mai.
(4. 6), fr. 1 ut ex legibus (38. 14).

eigenen Initiative des Prätors entsprungenes Edikt darüber haben, dem er durch Erteilung von actiones utiles Wirksamkeit zu verleihen vermocht hätte. Hätte hinwieder die lex Atilia auch von der administratio tutelae gehandelt, so würde vermutlich das Edikt darüber schweigen. Gewiss: den Hauptstock des Edikts bildet die Bestimmung der Aktions- und Defensionsrechte: hier war dem Prätor durch Gesetz und Gewohnheit freie Hand gelassen. Aber daneben finden wir Edikte über das Verfahren, wie das Edikt de magistris faciendis, de bonis proscribendis und mancherlei andere aus dem vom Konkursrecht handelnden Ediktabschnitt, wie ferner das Edikt über die Edition der Formel und der Urkunden (§ 9) und das Edikt „soluere aut iurare cogam" unter dem Titel de rebus creditis (§ 95); finden wir Edikte, in denen ein prozessuales Recht, das nicht Aktionsrecht ist, geregelt wird: die Edikte über das ius postulandi und bei den iudicia recuperatoria die ediktale Verfügung über das Recht der Zeugenvorladung[1]); finden wir ein Edikt über einen Gegenstand der freiwilligen Gerichtsbarkeit: das de administratione tutorum (§ 121). Keines dieser Edikte darf als eine Anomalie im Zusammenhange des Edikts angesehen werden: es treten in ihnen einfach die verschiedenen Seiten des officium des Prätors hervor, des Prätors, der eben nicht bloss Aktions- und Defensionsrechte zu determinieren, sondern auch die Verhandlungen in iure zu leiten, die Würde des Gerichts zu wahren, die Obervormundschaft zu führen hatte u. s. w., und der nur deshalb in letztern Richtungen von dem ius edicendi einen eingeschränkteren Gebrauch machte, weil die massgebenden Grundsätze hier grösstenteils gesetzlich oder gewohnheitsrechtlich feststanden.

Drittes Kapitel.

Die Hauptabschnitte des Edikts.

Bei dem Versuch, das System des Edikts zu ergründen, darf man niemals vergessen, dass die Römer und zumal der Ediktredaktor auf ein durchgeführtes System bei weitem nicht den Wert legten wie wir Modernen. Es ist kein Zufall, dass Julian das Edikt offiziell nicht in partes, sondern nur in zahlreiche Titel eingeteilt hat[2]). Der Ediktredaktor hatte durchaus nicht die Absicht, das Edikt in grössere streng gegliederte systematische Einheiten zu scheiden. Aus historischen Zweckmässigkeitsgründen werden die leitenden Prinzipien der Einteilung gar oft durchbrochen und Materien, die sich jenen Prinzipien nicht gerne fügen, am nächstbesten Orte angeschlossen. Man verfährt daher gar nicht im Sinne Julians, wenn man

---

[1]) Vgl. Prob. 5, 8. [2]) Vgl. Rudorff, ZRG. III S. 32 fg.

wie Rudorff die Hauptabschnitte des Edikts wieder in classes, diese in
genera, die genera in species, letztere weiter in I. II, A. B, 1. 2, a. b, *a. β*
u. s. w. einteilt. Man gibt dadurch dem Ediktsystem einen Anschein der
Symmetrie, die es nur vereinzelt hat, im ganzen aber nicht haben will, ja
nicht haben kann: in Jahrhunderten allmählich historisch zu seinem jetzigen
Bestande angewachsen, musste ihm eine derart durchgeführte Systematik
notwendig fremd sein, und der Ediktredaktor konnte sie ihm nicht geben,
wenn er nicht die ganze Masse des Stoffs von Grund aus durcheinander
rüttelte, zahllose Edikte aus althergebrachten und eingebürgerten Zu-
sammenhängen riss, wofür keinerlei zwingende Veranlassung vorlag.
Überhaupt stelle ich mir gerade die systematisierende Tätigkeit Julians
nicht übertrieben gross vor[1]): was würde man von einem modernen Gesetzgeber sagen, der bloss um seinen Systematisierungstrieb zu befriedigen, die
altgewohnte Ordnung eines seit lange in Geltung befindlichen, vielfach
kommentierten Gesetzbuchs auf den Kopf stellen wollte? Ich denke mir:
Julian revidierte genau die Fassung der einzelnen Edikte, machte Zusätze
und Streichungen, besserte auch hie und da am System: aber im wesentlichen wird er die Ordnung des Edikts so gelassen haben, wie er sie fand,
wie sie durch die Tätigkeit von hundert Prätoren sich gebildet hatte, von
denen der eine seine neuen Edikte mehr nach innern, der andere sie mehr
nach äussern Rücksichten in das edictum tralaticium eingeschoben hatte.
Was sich über die Anordnung der Materien in vorjulianischen Ediktkommentaren ermitteln lässt — es ist freilich wenig genug —, spricht dafür,
dass dort die Anordnung schon wesentlich die gleiche war wie im Julianischen Edikt, und nach der gleichen Richtung weist der Umstand, dass das
von Julian in seinen Digesten befolgte System auch schon den früher
geschriebenen Digesten des Celsus zu Grunde liegt, die wahrscheinlich
auch älter sind als die Neuredaktion des Edikts selbst[2]). Darum lasse
man sichs genügen, die für die Anordnung im ganzen massgebend ge-
wesenen Gesichtspunkte aufzudecken, und verzichte darauf, ein harmonisch
durchgeführtes System da zu suchen, wo es der ganzen historischen Entwicklung nach unmöglich gefunden werden kann.

Die Frage nach der Anordnung des Edikts — in der Begrenzung, wie
ich sie nach obigem für berechtigt halte — ist durch Rudorffs Versuche
in dieser Richtung[3]), sowenig ihm durchweg beigetreten werden kann,

---

[1]) Vgl. auch Mommsen, Jahrb. d. gem.
Rts. II S. 323, Pernice, Labeo I S. 60.

[2]) Vgl. hiezu Ferrini in der oben S. 7
n. 1 angef. Abhandlung (intorno all' ordina-
mento dell' editto pretorio prima di Salvio
Giuliano). Möglich, dass das System des
Julianischen Edikts schon auf Ofilius zurückgeht, von dem Pomponius in fr. 2 § 44 de
O. I. meldet, dass er edictum praetoris pri-
mus diligenter composuit. A. M. Krüger,
Geschichte der Quellen S. 90 und, ihm fol-

gend, Zocco-Rosa, Riv. Ital. per le scienze
giur. XXXIII p. 399. Darauf, dass Justinian
Julian als praetorii edicti ordinator bezeichnet — c. 10 § 1 de cond. indeb. (4. 5) —, ist
m. E. kein Gewicht zu legen. Was wusste
Justinian noch von der Anordnung des
vorjulianischen Edikts? Auch braucht das
Wort „ordinare" durchaus nicht gerade
von der Systematisierung verstanden zu
werden.

[3]) ZRG. III S. 53 fgg., E. P. p. 267 sqq.

sehr wesentlich gefördert worden, und eine neue Untersuchung wird hier ihren Ausgangspunkt zu nehmen haben. Vor allem hat R u d o r f f das nicht gering anzuschlagende Verdienst, die ältern Ansichten gründlich widerlegt zu haben. Niemand wird wohl heute noch die früher herrschende Meinung billigen, wonach dem Edikt das Zwölftafelsystem zu Grunde liegen soll[1]), noch auch H e f f t e r s[2]) Hypothese, dass in der Ordnung des Edikts im Aktionenabschnitt die fünf alten Formen der Legisaktionen zu erkennen seien. Mit letzterer Hypothese ist aber auch die Ansicht L e i s t s[3]) beseitigt, der in dem Aktionenabschnitt des Edikts ebenfalls im allgemeinen das Legisaktionensystem wiederfindet, davon aber die vier Lehren E h e, T u t e l, T e s t a m e n t, L e g a t ausnimmt, die erst durch Julian nach Massgabe des Sabinussystems zusammengestellt und in das Legisaktionensystem eingeschoben worden seien. Widerlegt ist durch R u d o r f f ferner auch die Ansicht von M o m m s e n[4]), wonach das Edikt zerfällt in einen ältern das Zivilrecht ausführenden und sich systematisch an die drei Legisaktionen sacramento, per iudicis postulationem und per condictionem anschliessenden Teil und einen jüngern das Zivilrecht ergänzenden Teil, dessen durchgehender Charakter die arbiträre Verfügung des Prätors sei und wohin die Missionen, Interdikte, Exceptionen, prätorischen Stipulationen, ebenso wie auch die vom Prätor kraft seiner Machtvollkommenheit aufgestellten Klagen und sonstigen Rechtshilfen zu rechnen seien. R u d o r f f weist mit Recht darauf hin, dass der Gegensatz, von dem Mommsens Auffassung ausgeht, nicht das oberste Einteilungsprinzip des Edikts sein könne, da er uns im Edikt überall, im ersten Teil so gut wie im zweiten, entgegentritt, und er hat auch die Mängel der Mommsen'schen Aufstellung im einzelnen m. E. überzeugend dargetan.

Eine um so ernstere und eingehendere Betrachtung verlangt nunmehr das System, das R u d o r f f an Stelle der von ihm beseitigten gesetzt hat.

R u d o r f f scheidet zunächst, als ausserhalb des systematischen Ediktplans liegend, die drei letzten Abschnitte des Edikts (tit. XLIII—XLV), die die Interdikte, Exceptionen und Stipulationen enthalten, gänzlich aus. Hierin muss ihm m. E. unbedingt beigetreten werden[5]). Wir haben es in jenen drei Abschnitten lediglich mit Zusammenstellungen von Formularen zu tun, die dem Edikt als Anhänge beigefügt sind. Am deutlichsten lässt sich dieser Charakter für den Stipulationenabschnitt nachweisen: die hier aufgeführten Stipulationen sind zum grössten Teil durch Edikte angeordnet, die wir an ganz andern Stellen des Systems finden, im Titel de uadimoniis, de cognitoribus et procuratoribus, de satisdando, de tutelis, de legatis, de

---

[1]) So noch van R e e n e n, in den fontes tres iur. ciuil. (1840) p. 41 sqq. Vgl. dagegen R u d o r f f, ZRG. a. a. O.

[2]) Rhein. Mus. f. Jurispr. I (1827) S. 51—63. Gegen ihn R u d o r f f, a. a. O. S. 54 fgg.

[3]) Rechtssysteme (1850) S. 33 fgg., 59 fgg. Gegen ihn M o m m s e n, Jahrb. d. gem. Rts.

II S. 323, R u d o r f f, a. a. O. S. 56 fgg. Noch auf dem Standpunkt von L e i s t stand R u d o r f f, R. G. I S. 270 fg.

[4]) Jahrb. d. gem. R. II S. 323 fg. Gegen ihn R u d o r f f, a. a. O. S. 57.

[5]) A. M. jedoch wieder K a r l o w a, I S. 640 fgg.

operis noui nuntiatione, de damno infecto u. s. w. Für die Exceptionen ihrerseits fehlt es zwar an solchen dem Anhange vorausgeschickten ausdrücklichen Verheissungen[1]). Allein die blosse Tatsache, dass wir die Exceptionen fern von den Materien, zu denen sie gehören, sämtlich in einem Abschnitt des Edikts bei einander finden, genügt durchaus, um darzutun, dass dieser Abschnitt als blosser Anhang gedacht ist. Denn ein innerer Grund, der eine solche Zusammenfassung der Exceptionen fast am Schlusse des Edikts rechtfertigen könnte, ist schlechterdings nicht zu ersehen; namentlich hat die Erteilung von Exceptionen durchaus nicht, wie Mommsen will, den Charakter einer arbiträren Verfügung des Prätors, oder sie hat ihn nur in dem gleichen Sinne, wie die Erteilung der actio selbst: sie gehört zu dem alltäglichen Apparat des gewöhnlichen Formelverfahrens. Der Abschnitt von den Interdikten endlich verdankt seine Entstehung gewiss nur der Absicht, diese prozessualisch eigentümlichen Rechtsmittel bei einander zu haben, seinen Platz am Schlusse des Edikts aber lediglich der Tatsache, dass man für die Interdiktenformulare im eigentlichen Systeme des Edikts keinen passenden Platz fand.

Die nach Abzug der drei Anhänge übrig bleibende Hauptmasse des Edikts wird von Rudorff in der bereits mehrfach angeführten Abhandlung[2]) in vier, im E. P. in drei Abschnitte eingeteilt. Diese Differenz ist eine rein formelle und bedeutet nicht etwa eine Meinungsänderung: Rudorff hat nur einfach im E. P. die in der Abhandlung angenommenen beiden Mittelabschnitte, die den Kern des Edikts bilden, unter gemeinsamer Rubrik zusammengefasst. Die Gesichtspunkte seiner Einteilung aber ergeben sich aus den Namen, die er seinen obersten Rubriken gibt:

    I. DE IURISDICTIONE, i. e. de actionibus in iure instituendis (in der angef. Abh.: Klagannahme und Prozesseröffnung im allgemeinen).

    II. DE IUDICIIS, i. e. de litibus per iudicem decidendis.

      1. Prior classis iudiciorum: de rebus (in der Abh.: Rechtsschutz durch Aktionen nach Massgabe der spezialisierten Formeln).

      2. Posterior classis iudiciorum: de possessionibus (in der Abh.: Besitzschutz durch Missionen und Rechtshilfe gegen Gewalt).

    III. DE RE IUDICATA, i. e. de exsecutione sententiarum (in der Abh.: Prozessentscheidung und Vollstreckung).

Näher hat Rudorff diese Einteilung in der angeführten Abhandlung er-

---

[1]) Edikte, wie das de pactis oder quod metus causa, die man in diesem Sinne zu interpretieren versucht sein könnte, haben, wie schon ihr Wortlaut zeigt, eine sehr viel allgemeinere Bedeutung und waren ursprünglich ohne Zweifel gar nicht auf die Erteilung von Exceptionen gemünzt. Und dieses letztere gilt ebenso von denjenigen Edikten, in denen der Prätor unter gewissen Voraussetzungen keine actio geben zu wollen erklärt, wie beispielsweise vom Edikt de iureiurando und de operis libertorum. Sie waren wörtlich gemeint im Sinn einer denegatio actionis (irrig Lenel, Urspr. u. Wirkg. der Exceptionen S. 18), und als daher später die zugehörigen Exceptionen proponiert wurden, setzte man sie unter die noch in den Digesten (44. 5) erhaltene Rubrik „quarum rerum actio non datur“. Vgl. unten Teil II § 278.

[2]) ZRG. III S. 61.

läutert, und zwar laufen seine Gedanken im wesentlichen auf Folgendes hinaus.

Den legislativen Kern des Edikts bilden nach R. zwei Abschnitte: die Aktionen und die Missionen, in prozessrechtlicher Umrahmung. „Dem Aktionenrecht vorauf geht die Prozesseröffnung, die Kompetenz der munizipalen Untergerichte, die Edition der Klage, Ladung und Vadimonium, Prozesslegitimation, Beseitigung der Klagbehinderung durch präliminare Restitution des verlorenen Rechtsstands, endlich der Rechtszwang gegen den Schiedsrichter und die Anordnung des Iudicium mit den Judizialstipulationen . . . . . Auf der entgegengesetzten Seite folgen dem Missionenabschnitte die Organe des Rechtszwangs: die Streitbeendigung durch Endurteil, Geständnis, Ungehorsam und die Vollstreckung". Der Aktionen- und der Missionenabschnitt ihrerseits grenzen sich nach Rudorff nicht ab nach dem historischen Gegensatz zwischen Zivilrecht und prätorischem Recht: die Formel der actio sei nicht minder magistratisch als die Mission. Auch nicht nach der prozessualischen Form: der Aktionenabschnitt enthalte zwar vorzugsweise Aktionen, aber doch auch vereinzelte Interdikte (?) und Kautionen (?), und der Missionenabschnitt enthalte ausser den prätorischen Besitzdekreten doch auch zahlreiche Aktionen. Der die Abgrenzung bestimmende Gegensatz sei vielmehr „der wohlbekannte und praktisch wichtige Gegensatz des Rechtsschutzes und des Besitzschutzes, des Petitorium und des Possessorium".

Die Grenzen der Abschnitte bestimmt Rudorff folgendermassen. Der Eröffnungsabschnitt endigt bei dem problematischen Titel de iudiciis omnibus (vgl. Teil II tit. XIV); gedachter Titel selbst ist nach der angef. Abhandlung in den Eröffnungsabschnitt noch einzuschliessen, während er im E. P. den folgenden Abschnitt als spezielle Einleitung eröffnet. Der Aktionenabschnitt geht von hier ab bis einschliesslich des Titels de iure patronatus (tit. XXIV unserer Übersicht); der Missionenabschnitt vom Titel de bonorum possessionibus (tit. XXV) bis zu dem de iniuriis (XXXV) einschliesslich; das Gebiet des Schlussabschnitts ergibt sich hiernach von selbst.

Die hier vorgeführten Ideen Rudorffs enthalten ohne Zweifel sehr viel Richtiges, ja, man darf sagen, dass hier zum erstenmal eine gesunde Grundlage für die Erkenntnis des Ediktsystems geliefert ist. Vor allem ist anzuerkennen, dass Rudorff zuerst die vier Hauptmassen, in die Julian oder seine Vorgänger den Ediktstoff geschieden haben, örtlich richtig gegen einander abgegrenzt hat, und richtig ist ferner, dass der Kern des Edikts in den beiden mittleren Abschnitten liegt, zu denen sich der erste und vierte als Einleitung und Schluss verhalten. Im weitern aber bedarf Rudorffs System einer sorgfältigen Detailprüfung, die keineswegs durchgängig zustimmend ausfallen kann.

Betrachten wir zunächst den Einleitungs- und den Schlussabschnitt. Rudorff fasst sie auf als „prozessrechtliche" Umrahmung des Mittel- und Hauptstücks, und offenbar gebraucht er hier das Wort „prozessrechtlich" im Gegensatz zu dem materiellrechtlichen Inhalt des Haupt- und Mittelstücks, obwohl er, wie wir früher gesehen haben, mehrfach das ganze Edikt eine „Reichszivilprozessordnung" nennt. Jener behauptete Gegensatz nun besteht in Wirklichkeit in dieser Weise nicht. Allerdings finden sich die verhältnismässig wenigen rein prozesslichen Bestimmungen, die das Edikt enthält, vorzugsweise in dem Eröffnungs- und dem Schlussabschnitt, aber mindestens in jenem durchaus nicht in der Zahl und Bedeutung, dass man ihm den Charakter einer prozessrechtlichen Einleitung zusprechen dürfte: denn die Aktionen, die der Prätor zur Sicherung und Durchführung prozessrechtlicher Zwecke aufstellt, — solche bilden in der Tat den Kern des Eröffnungsabschnitts —, sind nicht mehr und nicht weniger Prozessrecht als alle andern Aktionen auch. Genauer und vollkommen richtig wäre es gewesen, wenn Rudorff sich begnügt hätte, zu sagen, die Zusammenstellung der in dem Einleitungs- und Schlussabschnitt enthaltenen Materien sei von einem prozessualen Gesichtspunkt aus erfolgt. Handeln die Mittelabschnitte im wesentlichen von der gerichtlichen Geltendmachung materieller Rechte, so hat dagegen der einleitende Abschnitt im wesentlichen — d. h. abgesehen von den im Edikt überall zu beobachtenden gelegentlichen Durchbrechungen des Systems, die auf Nebenrücksichten zurückzuführen sind — den Zweck, die Rechtsverfolgung und Verteidigung, überhaupt den Rechtsgang selbst bis zur Erteilung des Iudiciums zu ordnen und zu sichern[1]). Diesem Gesichtspunkt ordnet sich, wie wir demnächst sehen werden, der ganze Inhalt des ersten Abschnitts mit Leichtigkeit unter. Als natürlicher Gegensatz ergaben sich als Materie des Schlussabschnitts die extrema in iurisdictione, Exekution und Nichtigkeitsbeschwerde nebst allem, was dazu Bezug hatte. Ob und inwieweit der Inhalt der so geschaffenen Abschnitte Prozess-, ob und inwieweit er materielles Recht sei, diesen Punkt dürfte der Ediktredaktor schwerlich auch nur in Erwägung gezogen haben. Das Bedürfnis, zwischen Prozessrecht und materiellem Recht systematisch scharf zu scheiden, ist sehr modernen Datums.

Weit schwerere Bedenken als Rudorffs Charakterisierung des Einleitungs- und Schlussabschnitts erregt seine Einteilung des Mittel- und Hauptstücks des Edikts. Unrichtig ist schon die formelle Einteilung „Aktionenabschnitt . . . . . Missionenabschnitt". Was in aller Welt berechtigt dazu, dem zweiten Unterabschnitt diesen letztern Namen zu geben? Mag man auch die bonorum possessio, womit er beginnt, zu den Missionen i. w. S. rechnen: was hat aber beispielsweise die operis noui nuntiatio, was hat die ganze Zahl von Judizien, die am Schlusse des Abschnitts stehen, mit den Missionen zu tun? Nicht minder misslich steht es mit dem materiellen Gegensatz, den Rudorff hinter diesem formellen findet: es soll der Gegensatz sein zwischen Rechtsschutz und Besitzschutz, zwischen

---

[1]) Wesentlich übereinstimmend Brinz, krit. Vjschr. XI S. 500, dessen Gesichtspunkt „Schutz und Beschaffung der iurisdictio" mir nur etwas zu enge scheint.

Petitorium und Possessorium. Ich will mich nicht an die durchaus und offensichtlich unpassende Bezeichnung „Besitzschutz" klammern, die schon bei dem ersten und wichtigsten Titel des angeblichen Missionenabschnitts — dem Titel de bonorum possessionibus — in keiner Weise zutrifft. Rudorff selbst hat das Schiefe dieser Bezeichnung empfunden, er definiert selber (a. a. O. S. 70) den Inhalt des zweiten Unterabschnitts viel weiter als „die Reihe der mannigfaltigen Formen von Rechtsmitteln, durch welche die Ergreifung, Behauptung und Wiedererlangung jenes dauernden Zustands tatsächlicher Herrschaft vermittelt wird, den wir im allgemeinen Sinne des Worts als Besitzstand bezeichnen dürfen". In diese weitgesteckten Grenzen nun lässt sich, wie leicht begreiflich, ein grosser Teil des sog. Missionenabschnitts ohne Schwierigkeit einordnen. So vor allem der Titel de bonorum possessionibus. Was die nächstfolgenden Titel de testamentis und de legatis Fremdartiges enthalten, findet Erklärung durch die auch wahrscheinlich richtige Annahme, dass diese Titel blosse Anhänge zu dem Titel de bonorum possessionibus, von diesem letztern attrahiert seien. Die Beziehungen ferner der drei Nachbarrechtsinstitute — operis noui nuntiatio, cautio damni infecti, actio aquae pluuiae arcendae (tit. XXVIII—XXX) — zum Besitz liegen auf der Hand. Im Titel de liberali causa (tit. XXXI) sodann braucht man nur, was freilich schon etwas Kühnheit erfordert, die ordinatio liberalis causae, die Ordnung des Besitzstands im Freiheitsstreite, als die Hauptsache anzusehen, an die sich der ganze übrige Inhalt des Titels ankristallisiert hat, and auch dieser Titel fügt sich Rudorffs Hypothese. Hiermit sind aber auch die Konzessionen, die wir ihr machen können, zu Ende. Der Rest des sog. Missionenabschnitts hat mit dem Besitz einfach gar nichts zu tun. Man muss bei Rudorff selbst nachlesen, wie er die Edikte de publicanis, de hominibus armatis, de turba u. s. w. unter seinen Gesichtspunkt zwängt. Wo zur Entwendung oder Beschädigung beweglicher Sachen, sagt er, Gewalt hinzukomme, Gewalt der Publikanen oder ihrer Leute, Aufgebot bewaffneter Mannschaft, Auflauf, Feuer, Einsturz, Schiffbruch, Eroberung eines Schiffs, da habe die Gewalt als das Überwiegende erscheinen müssen: die prozessualische Form des Schutzes sei zurückgetreten, und trotzdem dass hier Aktionen, Vorführungszwang und Strafandrohungen wechseln, habe man diese erschwerenden Gewalttätigkeiten den Schutzanstalten gegen Gewalt angelehnt[1]).

Es ist offenbar ein recht weiter Begriff des Besitzschutzes, der diesen letztern Ausführungen Rudorffs zu Grunde liegt, und doch ist er nicht weit genug, um den Inhalt des sog. Missionenabschnitts zu decken.

---

[1]) a. a. O. S. 71, vgl. auch Brinz, krit. Vjschr. XI S. 492 fg. Welchen Schutzanstalten gegen Gewalt? muss man übrigens billig fragen. Sind die Institute, die vor jenen Aktionen im Edikt behandelt sind, — die bonorum possessio, die operis noui nuntiatio, die cautio damni infecti, die causa liberalis — durch die Bezeichnung „Schutzanstalt gegen Gewalt" in ihrem eigentlichen Wesen richtig getroffen?

Rudorffs Gesichtspunkt erweist sich als durchaus unzulänglich bei dem letzten Titel des Abschnitts, demjenigen de iniuriis, der weder mit Besitz noch mit Gewalt irgend etwas zu tun hat und doch von keinem der vorhergehenden Titel attrahiert sein kann. Aber sogar wenn man diesen Einwurf übersehen wollte: entscheidend ist gegen Rudorffs Hypothese schon das, dass alle die obigen Aktionen von den Römern selbst nirgends auch nur andeutungsweise zum Besitzschutz in Beziehung gestellt werden. Nicht darauf kann es ankommen, ob wir Modernen im Wege der Abstraktion zu einem Begriff des Besitzschutzes gelangen können, unter den jene Aktionen (wie übrigens auch zahlreiche andere) besser oder schlechter passen, sondern allein darauf, ob ein solcher Begriff bei den Römern und speziell bei den Römern spätestens zur Zeit Hadrians lebendig war. Wird nun dieses letztere irgend jemand behaupten können? ist von einem Begriff des Besitzschutzes, wie ihn Rudorff aufstellt, in den Quellen irgendwo die geringste Spur zu entdecken? und wenn nicht, wie will man behaupten, dass eben dieser Begriff bei der Systematisierung des wichtigsten legislatorischen Werks, das die Römer hatten, eine Hauptrolle gespielt habe? Und noch ein Weiteres. Rudorff selbst hat nachgewiesen, eine wie untergeordnete Rolle im Ediktsystem die Schuldistinktionen spielen. Alles ist hier — wir werden das unten bestätigt finden — nach praktisch-ökonomischen Rücksichten geordnet: diesen gegenüber tritt beispielsweise selbst der uralt hergebrachte Gegensatz zwischen actiones in rem und in personam in zweite Linie zurück. Und nun sollte jener abgeblasste, unfassbare Rudorff'sche Besitzbegriff das Bindeglied eines ganzen Ediktabschnitts sein? die Rücksicht auf einen solchen Begriff sollte die Ursache gewesen sein, um deren willen die Vergehen der Publikanen, der Raub und andere qualifizierte Fälle der Entwendung in die Nachbarschaft der bonorum possessio und der causa liberalis gestellt sind, Materien, die in der populär-praktischen Anschauung noch viel weniger mit einander gemein haben als in der wissenschaftlich-theoretischen? Glaube das, wer kann.

Ich halte die obigen Erwägungen für völlig ausschlaggebend gegen Rudorffs Hypothese. Merkwürdig genug nun aber: es lässt sich auch aus den römischen Ediktwerken selbst nachweisen, dass deren Verfassern der Begriff „possessio" nicht als das Prinzip des sog. Missionenabschnitts galt, und die Tatsache, die ich im Auge habe, hätte wohl eine sorgfältigere Berücksichtigung von seiten Rudorffs verdient. Mitten in dem sog. Missionenabschnitt nämlich, mitten unter dessen letzten Titeln finden wir in den Ediktwerken des Gaius und Paulus, ebenso im System der Julianischen Digesten, gerade die Materie erörtert, die nach Rudorff die Signatur des ganzen Abschnitts bilden soll: die Lehre vom Besitz und daran angeschlossen die von der Usukapion[1]). Sie steht bei Paulus zwischen dem

---

[1]) Daher auch die Stellung dieser Lehren in des Paulus sententiae (V 2) und im codex Theod. und Iust.

Titel de praediatoribus (Paul. 53) und dem de iniuriis (Paul. 55), in demselben Buche, wo die actio ui bonorum raptorum und das Edikt de incendio ruina u. s. w. besprochen sind (Paul. 54)[1]). In der gleichen Umgebung und also ohne Zweifel durch die gleiche äussere Ursache hierhergezogen, steht die Lehre auch bei Gaius[2]), Julian[3]), Celsus[4]) u. and. Dass nun diese Erörterungen sich nicht direkt auf eine Ediktklausel beziehen, ergibt ihr ganzer Inhalt: sie sind ein blosser Exkurs, eine gelegentliche Abschweifung, und nur so lässt es sich auch erklären, dass Ulpian, dessen Kommentar uns sonst am vollständigsten überliefert ist, keine Spur einer dergleichen Erörterung zeigt. Was jene Digression, in der ohne Zweifel das Julianische System dem Gaius und Paulus Vorbild war, äusserlich veranlasste, wissen wir nicht. Rudorff (E. P. § 183 n. 1) setzt sie in Beziehung zu der fiktizischen Klage der Publikanen, wobei es ganz im Dunkeln bleibt, was denn Besitz und Usukapion mit jener Klage zu tun haben[5]). Ich selbst verwies in der ersten Auflage dieses Buchs auf die usureceptio ex praediatura, die gelegentlich des Edikts de praediatoribus zur Erwähnung gelangt sein und auf die Frage nach den Voraussetzungen der Usukapion überhaupt geführt haben könne, und auf die actio ui bonorum raptorum, bei der auf die Unersitzbarkeit der res ui possessae[6]) die Rede gekommen sein möge. Auch diese Vermutungen können nicht befriedigen. Denn von dem Edikt de praediatoribus handelt Paulus in lib. 53, von Besitz und Usukapion in lib. 54; es ist nicht glaublich, dass er einen Exkurs zu einer Nebenfrage des Prädiaturrechts in ein neues Buch verlegt hätte. Und die zweite Hypothese ist doch gar zu weit hergeholt. Wir werden auf die Lösung des Rätsels verzichten müssen. Wo sie aber auch liegen möge: ist es denkbar, dass die Lehre vom Besitz von Paulus und Gaius, dass sie von dem Ediktredaktor selbst in Gestalt eines solchen gelegentlichen Exkurses mitten unter Detailedikte der letzten Abteilung des sog. Missionenabschnitts eingeschaltet worden wäre, offenbar um sie nur überhaupt irgendwo unterzubringen, ist dies denkbar, wenn „Besitz" das Stichwort dieses ganzen Abschnitts war, wenn also die Stelle an seiner Spitze sich von selbst für die Behandlung der allgemeinen Lehre vom Besitz aufdrängen musste? Mir scheint, dass schon diese eine Tatsache zur Verwerfung von Rudorffs Hypothese nötigen würde.

Muss Rudorffs Einteilungsprinzip verworfen werden, so fragt sich, wo ein anderes und besseres zu finden ist.

Wir haben gesehen, dass die Zusammenstellung des Eingangs- und Schlussabschnitts des von seinen Anhängen befreiten Edikts nach prozessualen Gesichtspunkten erfolgt ist; auch die Anhänge selbst sind nach

---

[1]) Vgl. Paul. nr. 656—676.
[2]) Gai. nr. 333. 334.
[3]) Iulian. nr. 608—620.
[4]) Cels. nr. 195. 199. 200.
[5]) Auch spricht gegen diese Beziehung der Umstand, dass der Exkurs bei Paulus

erst hinter dem Titel de praediatoribus steht, der dem Titel de publicanis (et uectigalibus) nachfolgt.
[6]) Paul. 54 fr. 4 § 22—27 de usurp. (41. 3), fr. 8 de ui (43. 16).

prozessualen, nämlich blossen Formrücksichten zusammengesetzt. Von selbst drängt sich der Zweifel auf, ob nicht auch für die Einteilung des Mittelstücks des Edikts, statt materiellrechtlicher Erwägungen, wie Rudorff will, vielmehr lediglich solche prozessualer Natur massgebend gewesen seien. Überblicken wir den Inhalt des ersten Unterabschnitts dieses Mittelstücks (von Rudorff Aktionenabschnitt tituliert), so findet sich, dass wir es hier, von geringfügigen und leicht verständlichen Ausnahmen abgesehen, überall mit der Verheissung von Judizien, d. i. der normalen Form der Rechtsverfolgung zu tun haben. Mussten wir uns nun auch dagegen erklären, dass Rudorff diesem Aktionenabschnitt den zweiten Unterabschnitt als Missionenabschnitt gegenüberstellt, so ist doch die Tatsache, dass wir die sämtlichen nicht exekutiven Missionen in diesem Unterabschnitt beisammen finden, gleichwohl beachtenswert. Dieser Abschnitt steht, insoweit er Missionen enthält, zu jenem ersten sog. Aktionenabschnitt ohne Zweifel in einem prozessualen Gegensatz. Überhaupt aber finden wir in der ersten und grösseren Hälfte des Abschnitts (XXV—XXX der Übersicht) nur ganz wenige Judizien, eingesprengt zwischen durchaus andersartige ediktale Bestimmungen oder an sie angehängt. Den Kern bilden hier die Edikte über die bonorum possessio, über mancherlei prätorische Kautionen (cautio usufructuaria, legatorum seruandorum causa, ex operis noui nuntiatione, damni infecti nomine) und die bereits erwähnten Missionen. Die wenigen hier proponierten Judizien (auch die in dem Titel XXX de aqua enthaltenen)[1]) verdanken diese ihre Stelle offenbar nur ihrer innern Beziehung zu den Gegenständen jener Edikte. Anders scheint es freilich mit den Schlusstiteln (XXXI—XXXV) des sog. Missionenabschnitts zu stehen. Hier sind ja überall iudicia proponiert, der unterstellte Gegensatz zu dem Aktionenabschnitt scheint also zu versagen. Welcher prozessualen Eigentümlichkeit können der Titel de liberali causa, die Edikte de publicanis, de praediatoribus, de hominibus armatis et bonis raptis, de turba, de incendio ruina naufragio rate naue expugnata, endlich der Titel de iniuriis ihre Stellung ausserhalb des Aktionenabschnitts verdanken? Die Antwort scheint nur unfindbar, ist es aber nicht. Alle diese Aktionen waren wahrscheinlich als iudicia recuperatoria proponiert, und diese Tatsache wird ihnen ihren Platz im Album an dieser Stelle gegeben haben. Für den Freiheitsprozess sind uns Rekuperatoren als die zuständigen Richter schon von Plautus[2]), sodann von Sueton direkt bezeugt, von letzterm in einem Zusammenhang, der es klar stellt, dass sie, wenn nicht immer, so doch jedenfalls regelmässig hier das Geschworenenamt ausübten[3]). Dies Ergebnis wird bestätigt durch die oratio principis in

---

[1]) Vgl. unten S. 30.
[2]) Rudens V 1, 2.
[3]) Domitian. c. 8: reciperatores, ne se perfusoriis assertionibus accommodarent, identidem admonuit. Auch in den Digesten wird mehrfach beim Freiheitsprozess eine

Mehrheit von iudices erwähnt; aber hier sind sicher nicht überall recuperatores zu unterstellen. Fr. 27 § 1 de lib. causa (40. 12) hat ohne Zweifel die Konsuln im Auge, ebenso wahrscheinlich fr. 32 § 7 de recept. (4. 8), wo jedenfalls Rekuperatoren nicht

BGU. nr. 611, die die minores XXIV annis vom Rekuperatorenamt ausschliesst, weil man nicht will, dass so junge Leute Freiheitsprozesse entscheiden sollen[1]). Von Rekuperatoren wurden ferner die Publikanenprozesse abgeurteilt: so schon nach der auf den Bembinischen Bruchstücken erhaltenen lex agraria von 643 a. u. c. (lin. 37 sqq.), so auch nach dem Bericht Ciceros[2]). Den Inhalt des Edikts de praediatoribus kennen wir nicht: dass aber die hier etwa proponierten Judizien ebenfalls rekuperatorisch waren, dies folgt mit Wahrscheinlichkeit aus der Analogie des Publikanenedikts. Für das folgende Edikt de hominibus armatis coactisue sind uns die Rekuperatoren in Ciceros Rede pro Tullio[3]) bezeugt, und zwar mit Worten, die es kaum zweifelhaft lassen, dass sie als Richter im Edikt selbst vorgesehen waren[4]); und dass ein Gleiches auch für die inhaltlich jenem so nahe verwandten Edikte de turba, de incendio etc. anzunehmen ist, bedarf keines besondern Beweises[5]). Es bleibt also nur noch die Injurienklage, von der Gell. N. A. XX 1 § 13 ausdrücklich meldet: praetores .... iniuriis aestumandis .... recuperatores se daturos edixerunt[6]). Vergleichen wir mit dieser Zusammenstellung die Judizien des sog. Aktionenabschnitts — die iudicia recuperatoria des Einleitungsabschnitts (Gai. IV 46. 185, l. Rubria c. 21 i. f.) lasse ich natürlich beiseite —, so finden wir, dass in der ganzen grossen Schar dieser Judizien nur ein einziges ist, bei dem wir Anhalt für die Vermutung haben, es sei vielleicht als rekuperatorisches proponiert gewesen[7]), und dieses einzige — die actio de sepulchro uiolato[8]) — steht, merkwürdig genug, unter dem Titel, der im Kommentar des Gaius und vielleicht im Provinzialedikt selbst, aus dem Aktionenabschnitt weg in Rudorffs Missionenabschnitt versetzt ist, unter dem Titel de religiosis (s. oben S. 9). Sollte dies blosser Zufall sein? Ist nun meine Annahme richtig, dass am Schluss des vermeintlichen Missionenabschnitts alle rekuperatorisch proponierten Judizien vereinigt waren, so können wir auch hier wieder einen prozessualen Gegen

---

gemeint sein können. In fr. 24 pr. de manum. (40. 1) wird an die Centumvirn zu denken sein (vgl. Wlassak, bei Pauly-Wissowa s. v. Centumviri VII B). Dagegen liegt bei den plures iudices des fr. 36 de re iud. doch wohl die Beziehung auf Rekuperatoren am nächsten, und ebenso in fr. 38 pr. eod. (vgl. § 1 derselben Stelle, sowie auch fr. 24 pr. de manum.: die hier erwähnte lex hätte für die Centumvirn das in fr. 38 pr. angeführte Reskript überflüssig machen müssen).

[1]) Vgl. Mitteis, Hermes XXXII S. 639 fg.

[2]) Pro Flacco c. 4 § 11. Für die Provinzialjurisdiktion vgl. noch in Verr. II 3 c. 11—14, c. 21.

[3]) Passim, vgl. z. B. c. 3 § 7.

[4]) c. 3 § 7 cit.: nec recuperatores potius darent quam iudices. Dazu (gegen Wlassak,

röm. Prozessges. II S. 317) Eisele, Beiträge S. 59 fg.

[5]) Vgl. auch Rudorff, E. P. § 187 n. 10.

[6]) Vgl. auch Cic. de inuent. II 20 § 60.

[7]) Nicht hieher gehört das in der ersten Auflage angeführte praeiudicium an libertus sit. Wenn Sueton. Vesp. c. 3 von der Gemahlin Vespasians berichtet, sie sei, obwohl eigentlich Latinae condicionis, dennoch reciperatorio iudicio als ingenua und civis Romana anerkannt worden, so beweist das Beiwort „reciperatorio" in diesem Zusammenhang gewiss nicht, dass Rekuperatoren hier regelmässig das Richteramt versahen, eher das Gegenteil.

[8]) Fr. 3 § 8 de sep. uiol. (47. 12): Qui de sepulchri uiolati actione iudicant, aestimabunt u. s. w.

satz zu dem Aktionenabschnitt konstatieren. Allerdings ist ja bekanntlich
dadurch, dass der Prätor in gewissen Fällen einen iudex, in andern Rekuperatoren verheisst, nicht etwa die Art der Besetzung des Geschworenen-
amts für alle künftigen Prozesse der entsprechenden Klasse unabänderlich
festgestellt. Vielmehr ist kein Zweifel, dass statt der verheissenen Rekuperatoren unter Umständen ein iudex ernannt werden konnte, und umgekehrt statt des im Album genannten iudex Rekuperatoren[1]. Nichts-
destoweniger kann die Tatsache, dass der Prätor ausdrücklich ein iudicium
recuperatorium versprach, nicht bedeutungslos gewesen sein. Es geschah
dies allem Vermuten nach bei denjenigen Rechtsstreitigkeiten, deren
schleunige Erledigung von besonderer Wichtigkeit schien, und der Prätor
würde sich hier mit seinem Edikt in Widerspruch gesetzt haben, wenn er
den Kläger, der die Bestellung von Rekuperatoren forderte, ohne besondere Gründe gezwungen hätte, sich mit einem iudex zu begnügen[2].

Wir haben festzustellen gesucht, dass der angebliche Missionenabschnitt
zur Aufnahme von Rechtsmitteln anderer Art bestimmt war als der
Aktionenabschnitt. Von selbst erhebt sich die Frage, ob es nicht möglich
ist, den hier vorhandenen Gegensatz unter einen grösseren Gesichtspunkt
zu bringen. Dies ist von mir in der ersten Auflage, dann in anderer
Weise in der französischen Ausgabe dieses Buchs ohne Erfolg versucht
worden. Dort führte ich die uns beschäftigende Zweiteilung auf den
Gegensatz zwischen iurisdictio und imperium zurück. Ich erinnerte daran,
dass „iubere caueri praetoria stipulatione et in possessionem mittere imperii
magis est quam iurisdictionis"[3], und glaubte daraus, dass die iudicia recuperatoria nach Gai. IV 105 „imperio continentur", schliessen zu dürfen,
dass auch die recuperatorum datio ausserhalb der iurisdictio i. e. S. liege.
Die Untersuchungen Wlassaks[4] haben mich längst überzeugt, dass auf
diesem Wege unserer Zweiteilung nicht beizukommen ist. Die relativ
junge Unterscheidung zwischen imperium (oder vielmehr ea quae magis
imperii sunt) und iurisdictio i. e. S. hatte Bedeutung nur für die Recht-
sprechung der Munizipalmagistrate der Kaiserzeit, denen die Befugnisse
des imperium i. e. S. entzogen waren, nicht für die magistratus maiores,
und konnte daher kaum zur Grundlage einer Einteilung des Edikts
gemacht werden. Wenn ferner die iudicia recuperatoria „imperio continentur", d. h. auf der magistratischen Amtsgewalt beruhen, so ist dies
gesagt im Gegensatz nicht zu den Rechtsmitteln der „iurisdictio", sondern
zu den auf Gesetz beruhenden iudicia legitima; es ist nichts weniger als
sicher, ja es ist nicht einmal wahrscheinlich, dass den Munizipalmagistraten,
abgesehen von besonderer Ermächtigung, durchaus die Befugnis fehlte,

---

[1] Vgl. Wlassak, Prozessgesetze II S. 309
fgg., und für die causa liberalis I S. 179
n. 12.
[2] Vgl. gegen das von Wlassak behauptete Recht der Parteien, zwischen iudex

und recuperatores zu wählen, Eisele, Beiträge S. 52 fgg.
[3] Fr. 4 de iurisd. (2. 1), fr. 26 § 1 ad munic.
(50. 1).
[4] Röm. Prozessges. II, besonders §§ 36. 37.

Rekuperatorengerichte einzusetzen[1]). Um dieser Bedenken willen verlegte ich in der französischen Ausgabe das beherrschende Prinzip der Einteilung in den Gegensatz, der der Darstellung bei Gai. IV 104 fg. zu Grunde liegt: den Gegensatz zwischen den auf Gesetz beruhenden iudicia und allen den Rechtsmitteln und Rechtshilfen, die ihre Kraft und Geltung nur der magistratischen Amtsgewalt verdanken. Allein auch dieser Ausweg kann nicht befriedigen. Iudicia legitima sind bekanntlich diejenigen, quae in urbe Roma uel intra primum urbis Romae miliarium inter omnes ciues Romanos sub uno iudice accipiuntur. Auf diesen Begriff also müsste man sich den sog. Aktionenabschnitt zugeschnitten denken. Was hat aber dieser Begriff mit den Zwecken des edictum perpetuum zu tun? Jede einzelne actio des Edikts konnte sowohl zu einem iudicium legitimum wie zu einem iudicium imperio continens führen. Ob zu dem einen oder andern, das hing von den Umständen des Falls ab und konnte unmöglich voraus verkündigt werden. Selbst für den Urbanprätor hätte es keinen Sinn gehabt zu erklären, dass er bei den im Aktionenabschnitt proponierten Formeln, und gerade nur bei ihnen, Rechtsstreitigkeiten allein inter ciues im Auge habe, über die in der Stadt oder innerhalb des ersten Meilensteines ein iudicium eingesetzt werden solle; geschweige denn für den Peregrinenprätor oder einen Provinzialstatthalter.

Trotz des Scheiterns der obigen Versuche müssen wir jedenfalls daran festhalten, dass der Ediktabschnitt, der sich aus den Titeln XXV—XXXV unserer Rekonstruktion zusammensetzt, für sich eine Einheit bildet; es ergibt sich dies mit Sicherheit daraus, dass, wie im folgenden Kapitel zu zeigen ist, diese Titel unter sich nach einem im Edikt mehrfach wiederkehrenden systematischen Gesichtspunkt geordnet sind. Wir dürfen daher der Frage nicht müde werden, wo denn der sie verbindende gemeinsame Gedanke liegt. Dass auf diese Frage keine jeden Zweifel ausschliessende Antwort möglich ist, kann nach Lage der Quellen Niemanden wundernehmen. Es gilt sich mit einer Hypothese zu begnügen, die, wie ich immerhin hoffe, festeren Grund hat als die früher von mir aufgestellten. Ich suche den Gegensatz zwischen den beiden uns beschäftigenden Ediktabschnitten jetzt in dem zwischen der ordentlichen und schleunigen Rechtshilfe. Die Gewährung von iudicia sub uno iudice war — dies werden wir auf Grund von Gai. II 279 wohl als sicher annehmen dürfen — in Rom an die ordentliche Gerichtszeit, den sog. rerum actus, in den Provinzen dementsprechend an den conuentus gebunden. Nicht so alle die Rechtsbehelfe, die die Signatur des zweiten Abschnitts bilden. Bei der bonorum possessio, den mancherlei hier geordneten Kautionen und

---

[1]) Jedenfalls ist dies nicht mit Sicherheit aus der vereinzelten Bestimmung der in der ersten Auflage angef. lex Mamilia (Julia agraria) c. 55 (Bruns fontes, ed. VI p. 97) zu folgern. Vgl. Wlassak, a. a. O. S. 320 n. 50, dessen Anzweiflung des Textes ich mich aber nicht anschliessen möchte.

Missionen liegt das ja auf der Hand; die jurisdiktionelle Hilfe würde hier, wenn sie nicht jederzeit zu erlangen gewesen wäre, i. d. R. ihren Zweck verfehlt haben. Dasselbe gilt aber auch von den iudicia recuperatoria, die, wie bereits bemerkt und nicht zu bezweifeln, auf ein beschleunigtes Verfahren angelegt waren. Mit Recht wird angenommen, dass die Erlangung von Rekuperatoren auch ausserhalb des rerum actus möglich war; ohne diese Befreiung von der regelmässigen Gerichtszeit würden alle andern auf Beschleunigung abzielenden Massregeln des Rekuperatorenverfahrens praktisch von sehr geringem Wert gewesen sein[1]). Hiermit hätten wir ein praktisch hochwichtiges im grossen durchgreifendes Unterscheidungsmerkmal für den Inhalt der beiden Abschnitte gewonnen. Dass die Trennung der Materien nicht ganz konsequent durchgeführt ist, dass sich auch in dem zweiten Abschnitt einige nicht rekuperatorisch proponierte Judizien finden, darf nach dem ganzen Charakter der Ediktsystematik nicht wundernehmen. Diese Judizien verdanken durchweg ihren Platz der Rücksicht auf ihre verwandtschaftliche Beziehung zu andern ediktalen Bestimmungen, von denen man sie nicht trennen wollte. So werden insbesondere für die Aufnahme des Titels de testamentis die Edikte über die Testamentseröffnung und Testamentseinsicht massgebend gewesen sein, für die des Titels de legatis die Edikte über die daselbst angeordneten Kautionen und über die missio legatorum seruandorum causa, für die des Titels de aqua et aquae pluuiae arcendae die Nachbarschaft der andern nachbarrechtlichen Institute. Die zu diesen Materien gehörigen Judizien, auch wenn sie sub uno iudice proponiert waren, aus dem Zusammenhang zu lösen, hätte dem Publikum die Übersicht des Albums eher erschwert als erleichtert, und so liess man sie denn in unserm Abschnitt stehen, ebenso wie man keinen Anstand nahm, aus Rücksicht auf die actio tutelae z. B. die Edikte de administratione tutorum und de suspectis tutoribus in den Aktionenabschnitt zu setzen, oder wie man sich durch das blosse Wort receptum bestimmen liess (s. unten S. 33), das receptum nautarum und argentariorum in einen diesen Instituten ganz fremdartigen Zusammenhang zu ziehen.

Das Edikt hat sich uns nach prozessualen Gesichtspunkten in vier Hauptabschnitte geordnet. Die Ordnung der Materien innerhalb dieser Abschnitte und innerhalb der Anhänge soll im folgenden Kapitel untersucht und sodann auch das ädilizische Edikt in Kürze in Betracht gezogen werden.

[1]) Es wird genügen, hier auf die überzeugenden Ausführungen Eiseles, Beiträge (1896) S. 42 fgg., zu verweisen.

Viertes Kapitel.

Das Ediktsystem im einzelnen.

§ 1.

Der einleitende Abschnitt.

In dem Eingangsabschnitt des Edikts, der die Ordnung und Sicherung des Rechtsgangs bis zur Erteilung des Iudiciums zum Gegenstande hat, nehmen billigerweise die erste Stelle diejenigen Edikte ein, die die Ordnung und Sicherung der Jurisdiktionsgewalt selbst bezwecken. Da jedoch diese Materie überwiegend gesetzlich geordnet war, da ferner der Prätor seine eigene iurisdictio durch die ihm zu Gebote stehenden Machtmittel, hinsichtlich deren ein Bedürfnis zu edizieren nicht vorlag, im allgemeinen ausreichend zu sichern imstande war, so beschränkt sich das Edikt auf wenige ergänzende Vorschriften. Es gehören hieher, wie ich vermute, zwei Titel[1]). Tit. I, von der Munizipaljurisdiktion handelnd, schützt den Rechtsgang in den Munizipien durch die Strafklage Si quis ius dicenti non obtemperauerit (§ 1) und eine zweite (§ 2) wider den, der der in ius uocatio vor den Munizipalmagistrat nicht Folge leistet oder sonst den unter dem Titel de in ius uocando (tit. V) gegebenen ediktalen Vorschriften zuwiderhandelt, delegiert ferner den Munizipalmagistraten in gewissem Umfang die Gerichtsbarkeit hinsichtlich damnum infectum (§ 3), ordnet deren Pflichten in Betreff der Bewachung von fugitiui (§ 4), beides unter Verheissung einer actio wider den säumigen Magistrat, und leitet mit dem Edikt de uadimonio Romam faciendo (actio wider den Weigerer des Vadimoniums) zu tit. II hinüber, der die iurisdictio überhaupt, die des Prätors und der Munizipalmagistrate betrifft. Dieser enthält, soweit ersichtlich, nur zwei Edikte: er reagiert gegen die Verächter der maiestas praetoris[2]) durch die Popularklage de albo corrupto und gegen solche, die die iurisdictio missbrauchen, durch das Edikt Quod quisque iuris in alterum etc.

Die folgenden Titel stehen bereits in engerer Beziehung zum Verfahren. Die erste Pflicht, die jemand, der zum Prozesse schreiten will, — noch vor der Ladung — erfüllen muss, ist die zur editio actionis[3]). Daher steht an erster Stelle — noch vor dem Titel de in ius uocando — der Titel (III) de edendo, dessen Kern die Edikte de edenda actione und de edendis instrumentis bilden: als blosser Anhang ist das Edikt über die Editionspflicht der Argentarien anzusehen. Auf diesen folgt, anscheinend

---

[1]) Vielleicht war es auch nur ein einziger · de iurisdictione.

[2]) Vgl. Brinz, krit. Vjschr. XI S. 501.

[3]) Lenel, ZRG. XXVIII S. 385 fgg.

als selbständiger Titel (IV), das Edikt de pactis, offenbar gedacht unter dem Gesichtspunkt des Vergleichs[1]), der den Prozess überflüssig macht: „die Förderung der Vergleiche ist eine Förderung, weil Erleichterung auch der Jurisdiktion"[2]). Hat kein Vergleich stattgefunden, so kommt es zum Prozess, der durch die Ladung eingeleitet wird. Daher als nächster Titel (V) der de in ius uocando: dieser schärft die Folgepflicht ein und sichert durch Strafklagen den Rechtsgang wider den widerspenstigen uocatus und wider den Dritten, der durch Gewalt dessen Erscheinen verhindert; zugleich werden die Ausnahmen von der unbedingten Folgepflicht geordnet. Sind die Parteien in iure erschienen, so untersucht der ius dicens vor allem, ob sie die Postulationsfähigkeit besitzen: es folgt also naturgemäss tit. VI de postulando, der ebenfalls der Ordnung des Rechtsgangs insofern dient, als, wie Brinz[3]) mit Recht bemerkt, die Zurückweisung der Postulationsunfähigen den Zweck hat, die Gerichtswürde (dignitas) aufrecht zu erhalten und zu bewahren. Tit. VII de uadimoniis leitet das Verfahren einen Schritt vorwärts: er sichert durch seine verschiedenen Edikte, die hier ins einzelne zu verfolgen unnütz wäre, das Wiedererscheinen des Beklagten in iure. Weiterhin ist in iure die Frage zu erledigen, ob die Formel auf die Partei selbst oder -einen Stellvertreter abgefasst werden soll: dieser Materie in ihren verschiedenen Beziehungen ist tit. VIII de cognitoribus et procuratoribus et defensoribus gewidmet. Die Edikte über die Kognitur als das (trotz Wlassak) ältere Institut stehen hier voran; den Schluss bildet das Edikt de negotiis gestis, dessen ursprünglicher Zweck es war, die Verteidigung der indefensi zu fördern[4]).

Die bisher betrachteten Titel betreffen alle nur die formellen Voraussetzungen des Verfahrens in iure; sie haben keine Beziehung zum materiellen Recht der Parteien. Aber die Ordnung und Sicherung des Rechtswegs fordert auch ein Eingehen auf dieses. Der Prätor sucht einerseits den Missbrauch des Rechtswegs nach Möglichkeit zu verhüten; er beseitigt andererseits, soweit es die Billigkeit fordert, die materiellrechtlichen Hindernisse, die das ius strictum der Rechtsverteidigung und Rechtsverfolgung in den Weg legt. Dem ersten Zweck dient die Abschreckung der Kalumniatoren durch tit. IX de calumniatoribus. Die von Cujaz[5]) vertretene und von Rudorff[6]) adoptierte Meinung, das in fr. 1 pr. de calum. (3. 6) überlieferte Edikt verdanke seine Stelle im System

---

[1]) Vgl. schon Cuiac. obs. X 30, Giphanius, oecon. iur. Francof. 1606 p. 99, Rudorff, ZRG. IV S. 32. S. auch Ihering, Geist des R. R. I § 11ᵃ n. 45. Eine nicht uninteressante Analogie bietet Blackstone, der die Lehre von accord und arbitration gleichfalls der Behandlung der Rechtsverfolgung vorausschickt.

[2]) Brinz, a. a. O. S. 501.

[3]) a. a. O.

[4]) Vgl. Wlassak, z. Gesch. d. N. G. (1879) S. 42. Ulp. 10 fr. 1 de N. G. (3. 5): Hoc edictum necessarium est, quoniam magna utilitas absentium uersatur, ne indefensi rerum possessionem aut uenditionem patiantur . . . .

[5]) Obs. XXIII 16.

[6]) ZRG. IV S. 77.

bloss der anziehenden Kraft des Worts negotium, das ihm mit dem unmittelbar vorhergehenden Edikt de negotiis gestis gemeinsam ist, diese Meinung, wenig anmutend an sich, ist durch nichts gerechtfertigt; jenes Edikt passt, wie gezeigt, durch seinen Inhalt sehr gut in den Zusammenhang des ersten Ediktabschnitts, und überdies, wie ich an seinem Orte unten nachweisen werde, handelt es sich hier auch keineswegs bloss um jenes vereinzelte Edikt, sondern um einen ganzen Titel, der doch schwerlich bloss durch das Edikt de negotiis gestis attrahiert sein kann. Den zweiten oben namhaft gemachten Zweck erfüllt der Titel (X) de in integrum restitutionibus[1]). Innerhalb dieses Titels dürfte, wie Rudorff richtig bemerkt hat, die Ordnung der Edikte darauf beruhen, dass die drei ersten unter ihnen (quod metus causa, de dolo malo, de minoribus) die Aufhebung der verbindenden Kraft eines gestum oder contractum, d. h. die Beseitigung einer iure ciuili begründeten actio, die folgenden aber Restitution einer iure ciuili verlorenen actio als Hauptzweck verfolgen. Den Schluss bildete das (vermutliche) Edikt über die Vererbung des Restitutionsanspruchs der Minderjährigen.

Ehe das Edikt mit dem Titel (XII) de satisdando auf die zur Sicherung des Erfolges der iudicia notwendigen Massnahmen übergeht, verweist der Prätor noch zuletzt auf die Möglichkeit einer Vermeidung des iudicium durch aussergerichtliche Streiterledigung im Wege des Kompromisses, und er fördert die dahin gerichtete Absicht der Parteien durch Verheissung von Zwang gegen den arbiter, — tit. XI de receptis. Die Edikte über das receptum nautarum und das receptum argentariorum sind, wie hinsichtlich des erstern schon Cujaz[2]) richtig gesehen hat, in die Gesellschaft des Edikts qui arbitrium receperint lediglich dadurch gekommen, dass auch in ihnen die Übernahme der Verbindlichkeit durch das Wort recipere bezeichnet ist[3]).

Den Abschluss des ersten Ediktabschnitts bilden die Titel (XII) de satisdando, dessen Bedeutung im Zusammenhang dieses Abschnitts soeben bereits angedeutet wurde, und (XIII) Quibus causis praeiudicium fieri non oportet, der die Rangordnung unter den verschiedenen Judizien zu wahren bestimmt ist.

---

[1]) Vgl. Rudorff, a. a. O. S. 88 fg.

[2]) Obs. XXIII 16.

[3]) Die von Rudorff, a. a. O. S. 108 gegebene zusätzliche Erklärung — das Edikt über das receptum nautarum bezwecke ebenso wie das über das Kompromiss den Privatvorteil der Parteien (die actio recepticia weist Rudorff a. a. O. noch ausdrücklich aus der Gesellschaft der andern recepta aus) — ist in Wahrheit keine Erklärung der Zusammenstellung, sondern lediglich eine Deklaration ihrer Willkürlichkeit, wie auch Rudorff selbst eingesehen hat. Auch Bekkers Versuch (ZRG. XVI S. 7), einen innern Zusammenhang zwischen den drei Edikten dadurch herzustellen, dass er in allen dreien dem „recipere" die ursprüngliche Bedeutung von „mandatum recipere" vindiziert, halte ich für nicht gelungen.

§ 2.

Der zweite Abschnitt: die ordentliche Rechtshilfe.

Am Eingang des zweiten Ediktabschnitts steht sehr passend der Titel (XIV) de iudiciis[1]. Er war es, der der pars de iudiciis[2] des Schulgebrauchs den Namen gab, wie der Titel de rebus creditis der pars de rebus, und seine Stellung am Eingang ist vorbildlich gewesen für die entsprechende Stellung des Titels de iudiciis der Justinianischen Digesten.

Freilich aber hat unser Edikttitel mit diesem Justinianischen Titel inhaltlich gar nichts gemein. Es gehören in denselben, wie sich aus dem, nach unserer Annahme dem Ediktsystem folgenden, Paulinischen Kommentar ergibt, folgende Edikte[3]: über die interrogatio in iure an heres sit (§ 53), de iureiurando (§ 54), über die praescriptio bei der actio ex stipulatu, (sehr wahrscheinlich) über die praescriptiones bei bonae fidei iudicia (§ 55. 56)[4], über die interrogatio in iure bei Noxalklagen (§ 58) und endlich vielleicht[5] auch das über die Exkusationen und die Verantwortlichkeit des iudex (§ 59). Allen diesen Edikten ist zunächst das gemeinsam, dass ihr Inhalt entweder für alle oder doch für eine grössere Anzahl im Edikt proponierter Aktionen bedeutsam ist, dass sie generelle Edikte sind: generell sind die Edikte über die Interrogationen und den Eid, generell, ihrem Gesamtzweck nach betrachtet, auch die zur Abwendung der Folgen der prozessualen Konsumtion bestimmten Edikte über die Präskriptionen, generell auch das über den Judex. Diese Allgemeinheit des Inhalts ist es, was ihre Zusammenstellung in den Generaltitel de iudiciis veranlasst haben wird. Die Edikte dürften aber bis auf das letzte, dessen Zugehörigkeit zweifelhaft ist, auch formell einen gemeinsamen Anknüpfungspunkt besessen haben, insofern nämlich sehr wahrscheinlich nicht bloss die Edikte der §§ 55. 56, sondern auch die Edikte über die Interrogationen und in vorklassischer Zeit auch das Edikt über den Eid zur Erteilung von Präskriptionen führten[6]), und so also die Beziehung ihres Inhalts auf andere Judizien auch äusserlich zum Ausdruck kam.

---

[1]) So auch R u d o r f f, E. P. § 55, der in ZRG. III S. 61, IV S. 120 den Titel an den Schluss des Eingangsabschnitts stellte. Den Inhalt des Titels hat aber R. weder hier noch dort erkannt.

[2]) C. Omnem § 1.

[3]) Die Ursache, um deren willen die Zusammengehörigkeit dieser Edikte bisher allgemein verkannt worden ist, und die Gründe, aus denen das System des Paulinischen Kommentars als das Ediktsystem angesehen werden muss, habe ich oben erörtert. Vgl. S. 11 fg.

[4]) § 57 der 1. Aufl. fällt aus, vgl. Teil II bei [§ 57].

[5]) S. unt. bei § 59. Der Platz des fraglichen Edikts ist nicht ganz sicher festzustellen.

[6]) Vgl. wegen der Interrogationen unten § 53. 58. Darüber, dass der Prätor bei dem Edikt über den Eid ursprünglich nicht die Erteilung einer exceptio im Auge hatte, vgl. § 54; dann aber ist es sehr wahrscheinlich, dass ehedem bei Streit über die Tatsache des Eids die eventuelle Denegation der Klage in Form einer praescriptio (ea res agatur, si . . .) stattfand.

Ehe wir zu den nun folgenden Titeln übergehen, wird es notwendig sein, das System unseres Abschnitts im ganzen ins Auge zu fassen. Die Einsicht in dieses System ist von Rudorff[1]) sehr wesentlich gefördert worden. Er hat die für die Systematisierung leitenden Gesichtspunkte grossenteils richtig nachgewiesen, und der Hauptvorwurf, der ihm zu machen ist, ist nur der, dass er im Ein- und Untereinteilen mehrfach zu weit gegangen ist. Dieses letztere gilt m. E. schon von der seinerseits behaupteten Grundeinteilung unseres Abschnitts. Rudorff nimmt an, dass er, entsprechend den schulmässigen partes de iudiciis und de rebus, in zwei Teile zerfalle, deren erster „die erhaltenden (dinglichen oder persönlichen) Klagen zum Schutz bereits erworbener Güter gegen Abstreitung oder Beschädigung" umfasse[2]), während der zweite sich auf „Erwerbansprüche aus vorbereitenden Geschäftsobligationen" beschränke. Gegen das erste Glied dieser Einteilung ist insofern nichts einzuwenden, als die bezeichneten Klagen in der Tat den wesentlichen Inhalt des grossen, von mir „de his quae cuiusque in bonis sunt" überschriebenen tit. XV bilden. Um so bedenklicher ist das zweite Glied der Einteilung. Rudorff ist zu seiner Aufstellung ohne Zweifel nur dadurch veranlasst worden, weil er es für ein logisches Postulat hielt, den erworbenen Rechten die Ansprüche auf künftigen Erwerb gegenüberzustellen. Dabei ist übersehen, dass, was logisches Postulat ist, deswegen noch lange nicht im Ediktsystem verwirklicht zu sein braucht. Gegen die Charakterisierung der Ansprüche aus den Geschäftsobligationen als Erwerbansprüche entscheidet vor allem der Umstand, dass diese Charakterisierung unrömisch ist: eine derartige Auffassung ist, wenn irgend eine, den Quellen fremd. Sie ist aber auch juristisch und ökonomisch unzutreffend: die weitaus meisten Geschäftsobligationen erzeugen keine Erwerbansprüche, mindestens nicht solche in anderm Sinne als die Deliktobligationen. Oder wie will man es einleuchtend machen, dass die Ansprüche aus Darlehen, Kommodat, Depositum, Mandat, Sozietät, Tutel u. s. w. „Erwerbansprüche aus vorbereitenden Obligationen" seien, die Ansprüche aus der lex Aquilia, dem Edikt de effusis u. s. w. dagegen nicht? Im Gegenteil: was wir aus jenen Geschäften zu fordern haben, das rechnen wir schon ohne weiteres zu unserm Vermögen, bezeichnen es als „unser", während wir weit eher geneigt sind, das uns aus Deliktansprüchen Zufliessende als einen, sei es auch zur Entschädigung dienenden, Erwerb zu betrachten. Wahrlich, es bedürfte sehr triftiger Beweise, um es glaublich erscheinen zu lassen, dass das Ediktsystem jener sonderbaren Auffassung folge.

---

[1]) ZRG. III S. 65 fg.
[2]) Rudorff, E. P. p. 269, überschreibt dies primum genus (iudiciorum de rebus) mit der Rubrik „de rebus non creditis". M. E. ist auch diese Bezeichnung nicht glücklich gewählt. Offenbar ist dabei gegensätzlich an die Rubrik de rebus creditis gedacht. Diese ist aber eine blosse Titelrubrik, der in unserm Abschnitt nicht eine, sondern eine ganze Reihe anderer Titelrubriken zur Seite stehen. Die Zweiteilung de rebus non creditis und de rebus creditis verbietet sich daher von selbst. Dies auch gegen Brinz, krit. Vjschr. XI S. 494.

Sucht man sich von diesen Phantasien zu befreien, so bemerkt man alsbald, dass der Reihenfolge der Titel in unserm Abschnitt ein ganz einfacher Gedankengang zu Grunde liegt. In dem ersten auf den vorausgeschickten Generaltitel folgenden Spezialtitel (XV), dem ich die bereits angeführte Rubrik gegeben habe, sind, wenn man von den bloss ankristallisierten Materien absieht, die dinglichen und persönlichen Klagen zusammengestellt, die zum Schutze der in bonis nostris befindlichen Sachgüter gegen Abstreitung oder Beschädigung dienen: Sachgüter aber, in dem Sinne wie das Wort hier zu verstehen, sind auch die Servituten, — die Personalservituten als pars dominii, die Realservituten als praedia qualiter se habentia. Der Inhalt dieses Titels musste zwei Gegensätze zum Bewusstsein bringen. Einmal, Sachgüter extra bona: daher tit. XVI de religiosis. Zweitens, Vermögensbestandteile, die nicht Sachgüter sind, — Forderungen: diese bilden den Gegenstand von tit. XVII sqq. Unter ihnen nehmen die erste Stelle ein die ältesten und einfachsten Obligationen: res creditae mit ihren Anhängen (tit. XVII). Daran schliessen sich, wahrscheinlich unter besonderm Titel, vielleicht auch als blosser Anhang, die actiones adiecticiae qualitatis (tit. XVIII): der Gedanke an die Verbindlichkeit aus eigenem Kreditgeschäft rief sogleich den Gedanken an diejenige aus fremdem Kreditgeschäft wach. Dass die Einschaltung der actiones adiecticiae schon hier erfolgt, ist zwar nicht ganz logisch, da diese Klagen ja in einem logischen Gegensatz nicht bloss zu den unter dem Titel de rebus creditis geordneten Verbindlichkeiten stehen, sondern zu allen, auch den unter den folgenden Titeln geordneten Kontraktsklagen; aber solche Verstösse gegen die systematische Konsequenz kommen im Ediktsystem jeden Augenblick vor, und hier mag noch speziell auf die naheliegende Möglichkeit hingewiesen werden, dass bei den Musterformeln der actiones adiecticiae die condictio als Vorbild diente. Dem strengrechtlichen creditum treten sodann weiterhin die bonae fidei Obligationen mit ihren Anhängen gegenüber, vermutlich in folgende Titel eingeteilt: bonae fidei iudicia (XIX), de re uxoria (XX) — dieser als Anhang den tit. (XXI) de liberis et de uentre nach sich ziehend —, de tutelis (XXII) — dieser wieder durch die actio rationibus distrahendis das nahverwandte[1] furtum (XXIII) attrahierend —, de iure patronatus (XXIV). Der Gedankengang dieser Titelfolge liegt zu Tage: Geschäft — Familie, Familie: Ehe, Kinder, Vormundschaftsbedürftigkeit, Familie im weitern Sinne (einschliesslich der Freigelassenen).

All das ist überaus einfach: nur das könnte man zu fragen versucht sein, warum unter den Forderungen nicht auch die Forderungen aus Sachbeschädigung figurieren, diese vielmehr unter der Kategorie „Schutz der

---

[1] Rudorff, E. P. § 134 n. 1: quoniam tutor, qui pupillum fraudatur, uelut fur improbior est. Tutel und Furtum stehen auch im Sabinussystem zusammen, aber wahrscheinlich nur zufällig, nicht aus dem obigen Gesichtspunkt, vgl. Lenel, in der Strassburger Festgabe zu Iherings Doktorjubiläum (1892) p. 97, 101 fg.

Sachgüter" bereits in tit. XV proponiert sind. Hierauf wäre die Antwort
die: weil dem Prätor, der jene Aktionen hinter den Vindikationen proponierte, der ideale Zweck dieser Aktionen gegenüber der juristischen Natur
des in Bewegung gesetzten Mittels systematisch das Bedeutsamere schien.
Diese Auffassung lässt sich sehr wohl begreifen, und ich habe ihren innern
Grund vorhin schon angedeutet. Wenn wir die Bilanz unseres Vermögens
machen, so zählen wir, was wir aus Darlehen, Kommodat, Depositum,
Kauf, Tutel u. s. w. zu fordern haben, der Regel nach als Aktivum mit,
eine etwaige Forderung ex lege Aquilia oder de effusis u. dgl. in der
Regel aber nicht: es liegt dies teils daran, dass jene erstern Forderungen
in der ungeheuern Mehrzahl der Fälle unweigerlich erfüllt werden, um
diese aber meistens prozessiert werden muss, teils auch daran, dass der
Gegenstand der erstern im Normalverlauf der Dinge genau ziffernmässig
feststeht, während der der letztern erst durch eine unsichere litis aestimatio
festgestellt werden muss: jene können daher gebucht werden, diese nicht.
Nichts ist nun natürlicher, als dass in einem von ökonomischen Gesichtspunkten beherrschten System diejenigen Aktionen, deren voraussichtlicher
Erfolg rechnungsmässiger Vermögensbestandteil ist, einen andern Platz
einnehmen als diejenigen, die zwar bestimmt sind, einen eingetretenen
Vermögensschaden auszugleichen, deren Gegenstand aber wegen der Ungewissheit ihres realen Erfolgs selber noch nicht im Vermögen mitzählt:
hier entscheidet über die Stellung im System die Natur des Schadens, den
die actio auszugleichen bestimmt ist, dort die Rücksicht auf ihre selbständige ökonomische Bedeutung.

Dies vorausgeschickt, wende ich mich nunmehr zu den einzelnen
Titeln.

XV. De his quae cuiusque in bonis sunt.

Dieser Titel zerfällt in zwei Abteilungen, deren erste alle unter den
Titel gehörigen Edikte (nebst beigefügten Formeln) enthält, während in
der zweiten diejenigen (zivilen oder prätorischen) Formeln proponiert sind,
denen kein Edikt entspricht. Das im einzelnen befolgte System lässt
sich am besten bei der zweiten Abteilung, als der weit reichhaltigeren
und in der Ordnung der Materien sicherer überlieferten, erkennen. Hier
stehen voraus die in rem actiones. Diesen folgen die Klagen de damno
dato, d. h. die Klagen, die Ersatz für zerstörte oder beschädigte Sachgüter
bezwecken. Weiterhin die Teilungsklagen, vielleicht ebenfalls als Schädensklagen (de parte rei) gedacht[1]), wofür ihre von mir aufgedeckten
Demonstrationen[2]) Anhaltspunkte bieten würden, wahrscheinlicher einfach
als Klagen unter Mitberechtigten, die sehr natürlich an die Klagen aus
Alleinberechtigung oder auch aus Mitberechtigung wider dritte Unberech-
tigte sich anschliessen. Die Materie „Mitberechtigung" — consortium

---

[1]) So Rudorff, E. P. p. 270.   [2]) Vgl. Teil II § 79—81.

attrahiert sodann die eigentlich nicht hieher gehörige Materie „Mitverpflichtung" — consortium in diesem Sinne: wir finden daher hier
die auf die Bürgschaft bezüglichen Formeln[1]). Den Schluss der Abteilung
bilden als eine Art Anhang die Formeln, die bestimmt sind, ein anderes
Iudicium vorzubereiten oder den Schaden auszugleichen, den eine Partei
in einem andern Iudicium durch Verschulden einer an der Entscheidung
beteiligten Person erlitten hat: man könnte sie iudicia praeparatoria und
secutoria nennen. Ich habe dabei einerseits die actio ad exhibendum,
andererseits die actio wider den mensor im Auge, bei der in erster Linie
an ein durch dolus des mensor verloren gegangenes iudicium finium regundorum oder de modo agri zu denken ist[2]).

Für die Ordnung der Klagen innerhalb der genannten Kategorien
war im ganzen massgebend der zuerst von Rudorff gebührend betonte
ökonomische Gesichtspunkt der Wertschätzung des Klagobjekts: die
Klassifikation der Klagen gründet sich hier wie in andern Teilen des
Edikts im wesentlichen „auf die Wichtigkeit und den Geldwert der materiellen Gegenstände, dergestalt, dass die Erbschaft als Vermögensganzes
dem Grundstück, das Grundstück als sicherstes und unbewegliches einzelnes Vermögensstück dem Sklaven, der Sklave als vernunftbegabtes
Wesen dem Tier und dieses als Organismus der leblosen beweglichen
Sache voraufgeht"[3]). Diesem Prinzip entsprechend gehen in userm Titel
die Klagen de uniuersitate denen de singulis rebus, unter diesen die
de fundo denen de ceteris rebus voran. Die Vindikation der Sache selbst
aber geht selbstverständlich wieder derjenigen von blossen iura in re, und
diejenige des umfassenderen ius in re der des minder umfassenden vor.
So gewinnen wir unter den Vindikationen die Reihenfolge: hereditatis
petitio, rei uindicatio, Personal-, Realservitutklagen. Unter den Schädensklagen hinwieder steht die actio de modo agri als actio de fundo voran,
und entsprechend im Anhang die actio wider den mensor vor der actio
ad exhibendum. Anomal ist bei den Teilungsklagen das Voranstehen
der actio finium regundorum; man sollte an erster Stelle die actio
familiae erciscundae erwarten; die Tatsache ist wohl nur historisch zu
erklären[4]).

Erst als unterstes Einordnungsprinzip kommt der geschichtliche Ursprung der Klagen (älteres — jüngeres Zivilrecht, älteres — jüngeres prä-

---

[1]) Die von Huschke, Lehre des röm. R.
vom Darlehen (1882) S. 217, versuchte Erklärung für die systematische Stellung der
Bürgschaft beruht auf unrichtiger Ansicht
über die Stellung der Präskriptionenlehre
im Ediktsystem.

[2]) Vgl. fr. 1 pr. si mensor (11. 6).

[3]) Rudorff, ZRG. III S. 62. Die Bedenken v. Velsens, ZRG. XXXIV S. 112
n. 2 können nicht gegen die Tatsache auf-

kommen, dass das von Rudorff nachgewiesene Wertprinzip nicht bloss an
dieser, sondern noch an zwei andern Stellen
des Edikts die Einteilung des Stoffs beherrscht, s. §§ 3 und 5 A. dieses Kapitels.
Vgl. auch noch § 5 C.

[4]) Stellung in den 12 Tafeln und danach
in den Legisaktionsystemen? Andere
Erklärung, die mich nicht befriedigt, bei
Rudorff, ZRG. III S. 68.

torisches Recht) zur Geltung. Die h. p. ciuilis geht den actiones possessoriae, diese gehen der h. p. fideicommissaria vor; die rei uindicatio ciuilis der actio uectigalis; die Schädensklagen der 12 Tafeln der actio legis Aquiliae, diese letztere der ihr nachgebildeten actio in factum aduersus nautas; die directa communi diuidundo der utilis.

Die unter unserm Titel proponierten Edikte waren ohne Zweifel nach den gleichen obersten Gesichtspunkten geordnet wie die Formeln. Daher ist es gerechtfertigt, die bei Paul. 19 behandelte Publiciana als Vindikation den ebenfalls bei Paul. 19 erörterten Schädensedikten voranzustellen.

XVI. De religiosis.

Den Kern dieses Titels bilden die Edikte einerseits zur Wahrung des Eigentums gegen unbefugte Illation einer Leiche, andererseits zum Schutz des Begräbnisrechts und des sepulchrum selbst. Bloss attrahiert sind die Edikte Si locus religiosus pro puro uenisse dicetur und de sumptibus funerum. Letzteres steht, da nicht auf ein Grundstück bezüglich, am Schluss.

XVII. De rebus creditis.

In den Kommentaren zu diesem Titel stehen die Zivilklagen nebst den auf sie bezüglichen Edikten (über den Eid und die sponsio und restipulatio tertiae partis) voraus, die prätorischen nebst Edikten folgen. Ob im Album, wie wir für tit. XV annahmen, so auch hier die sämtlichen Edikte vorausgenommen waren, lässt sich nach dem uns vorliegenden Material weder bejahen noch verneinen. Denn da auch die Zivilklagen des Titels von Edikten begleitet waren[1]), so musste hier das System, das wir dem Paulus zuschreiben, zu der gleichen Ordnung der Materien führen wie das Ulpianische. Im einzelnen ist diese Ordnung die folgende[2]):

A. Zivilklagen (condictio), si certum petetur (§ 95):
 1. Certa pecunia.
 2. Certa res.
B. Prätorische Klagen, si certum petetur:
 1. Jedermann zuständige:
  a. Certa pecunia.
   α. de eo quod certo loco dari oportet (§ 96).
   β. de pecunia constituta (§ 97).
  b. Certa res[3]).
   α. commodati uel contra (§ 98).
   β. pigneraticia uel contra (§ 99).
 2. Spezialklage der Argentarien (§ 100).
Commodati und pigneraticia sind gewiss beide an diesen Ort gestellt worden, ehe sie ihre in ius konzipierte Formel erhielten, die sie unter die

---

[1]) Vgl. auch Girard, NRH. XXVIII p. 154.

[2]) Anders Rudorff, E. P. p. 271.
[3]) Vgl. Teil II unter tit. XVII.

bonae fidei iudicia gewiesen hätte. Warum wir nicht auch actio depositi und fiduciae hier finden, ist mit völliger Bestimmtheit nicht zu sagen. Vielleicht ist dies einfach darauf zurückzuführen[1]), dass die vier Aktionen zu verschiedenen Zeiten mit formula in ius concepta ausgestattet wurden, actio depositi und fiduciae sie schon besassen, als der von Julian befolgte Ediktplan festgestellt wurde (s. oben S. 18), actio commodati und pigneraticia aber noch nicht[2]).

XVIII. Quod cum magistro nauis institore eoue qui in aliena potestate erit negotium gestum erit.

Den Grund, warum innerhalb dieses Titels die actio exercitoria, institoria, tributoria den andern adjektizischen Klagen vorausstehen, gibt Ulp. 29 fr. 1 pr. de peculio (15. 1) dahin an:

> Ordinarium praetor arbitratus est prius eos contractus exponere eorum qui alienae potestati subiecti sunt, qui in solidum tribuunt actionem, sic deinde ad hunc peruenire, ubi de peculio datur actio.

Dieser Bericht gibt aber schwerlich die Intentionen des Prätors richtig wieder und ist vielmehr nur bezeichnend für das geringe Mass an Nachdenken, das Ulpian Systemfragen widmete. Das hier namhaft gemachte Einteilungsprinzip trifft nämlich in mehrfacher Richtung nicht zu. Einmal beziehen sich die actio exercitoria und institoria nach dem Wortlaut des Edikts keineswegs bloss auf Geschäfte von Gewaltunterworfenen; zweitens ist es nicht wahr, dass die erstproponierten Klagen alle in solidum gehen (die tributoria nämlich nicht); und drittens ist gerade unter den letztproponierten Klagen wieder eine in solidum (die actio quod iussu). Die actio exercitoria, institoria, tributoria dürften vielmehr ihre Zusammenfassung, wie Baron[3]) mit Recht vermutet, dem Umstand verdanken, dass sie aus gewerbemässigem Geschäftsbetrieb durch einen Andern entspringen. Unter ihnen selbst wieder steht die exercitoria als die ältere der institoria voraus, die tributoria aber, weil nicht in solidum gehend, zuletzt. Die Ordnung unter den übrigen adjektizischen Klagen ist gegeben durch die Unterscheidung: quod iniussu .... quod iussu[4]). Das Edikt über das beneficium competentiae des gewaltfrei gewordenen Hauskinds bildet einen Anhang. Desgleichen verdankt das Edikt ad SC Vellaeanum seine Stellung im System wohl lediglich der Attraktionskraft der vorher-

---

[1]) Andere Vermutung in der 1. Aufl., noch andere bei A. Pernice, ZRG. XXII S. 227 fg., Karlowa, II S. 562. Gegen Karlowa vgl. Segrè, sull' età d. giud. etc., studi Fadda VI p. 342.

[2]) Vgl. über das Alter der in ius konzipierten Formeln dieser Klagen die zit. Abh. von Segrè in den studi Fadda VI p. 333 sgg. Es ist gewiss kein Zufall, dass actio depositi und fiduciae in dem Verzeich-

nis der b. f. iudicia bei Gai. IV 62 aufgeführt werden, actio commodati und pigneraticia dagegen fehlen.

[3]) Zschr. f. Handelsr. XXVII S. 121 fgg., die adject. Klagen (1882) S. 183 fgg. Ganz ebenso schon Steph. sch. 3 in Bas. XVIII 5, 1 (suppl. Zach. p. 204).

[4]) Vgl. das Edikt in fr. 2 pr. quod cum eo (14. 5): siue sua uolontate siue iussu eius in cuius potestate erit contraxerit.

gehenden Edikte. Von der potestas aus lag der Gedanke an manus,
Geschlechtstutel, Frauen nahe, und so kam man von den Geschäften der
Gewaltunterworfenen zu denen der Frauen, obwohl hier von einer adjek-
tizischen Haftung keine Rede ist.

XIX. Bonae fidei iudicia.

Hier steht wieder, was der Titel an Edikten enthält, voraus: das
Edikt de deposito nebst Formel. Die actio depositi zieht die actio fiduciae
durch innere Verwandtschaft heran[1]). Den Kern des Titels bilden die
Klagen aus den vier Konsensualkontrakten: Mandat, Sozietät, Kauf, Miete.
Als Anhang steht die actio de aestimato am Schluss.

XX. De re uxoria.

Unter diesem Titel steht nach allen Kommentaren die actio rei uxoriae
als Hauptklage und Signatur des Titels voran. Das Edikt über die Eideszuschiebung de rebus amotis ist bei Ulpian schon in die Darstellung der
actio rei uxoriae (gelegentlich der retentio ob res amotas) verwoben, bei
Paulus dagegen erst gelegentlich der actio rerum amotarum erörtert. Wir
werden daraus vielleicht die Folgerung ziehen dürfen, dass dies Edikt
weder an der einen noch an der andern Stelle stand, sondern, wie wir
dies bei frühern Titeln beobachtet haben, am Eingang des Titels, während
die Kommentatoren seine Erläuterung an den ihnen bequemsten Ort ver-
legten. Der Platz des Edikts de alterutro und des iudicium de moribus
ist durchaus unsicher.

XXI. De liberis et de uentre.

Ist die von mir den Digesten entnommene Reihenfolge der Materien
in diesem Titel die authentische des Edikts — aus den Inskriptionen der
Kommentare lässt sich dies nicht beweisen —, so stand das praeiudicium
de partu agnoscendo voraus, vermutlich deshalb, weil es sich auf lebende
Kinder bezieht, während die folgenden Edikte vom uenter und den mit
dem Ungeborenen juristisch verknüpften Verhältnissen handeln.

XXII. De tutelis.

Hier finden wir wieder an erster Stelle die Edikte des Titels[2])
(§ 121—123), an zweiter die Formeln (§ 124—127). Unter letztern nehmen
den ersten Platz die beiden Zivilklagen, and zwar die actio tutelae als
iudicium generale[3]) vor dem ältern iudicium speciale de rationibus distrahendis; es folgt die prätorische actio protutelae; den Schluss bildet die
actio subsidiaria aduersus magistratum.

XXIII. De furtis.

Die Ordnung in diesem Titel, hinsichtlich deren wir ganz auf Ulpian
und die Digesten angewiesen sind, ist bei Ulpian die: 1. Zivilklagen

---

[1]) Vgl. A. Pernice, ZRG. XXII S. 227 fg.
[2]) Vorausgesetzt, dass wir uns auf
Ulpians Kommentar verlassen dürfen: die
übrigen Ediktwerke lassen uns hier im
Stich.
[3]) Vgl. fr. 38 pr. pro socio (17. 2).

(§ 128—131), 2. prätorische Klagen (§ 132—139). Ob im Album nicht
hier, wie sonst, die Edikte voranstanden, muss dahingestellt beiben. Unter
den Zivilklagen geht die auf das Hauptdelikt bezügliche actio furti nec
manifesti der actio de tigno iuncto voraus; die Stelle der actio furti
concepti und oblati ist nicht zu ermitteln. Die Ordnung der prätorischen Klagen, auch diese nur zum Teil in den Digesten überliefert,
ist wohl einfach die historische nach der Entstehungszeit der Edikte;
höchstens die actio arborum furtim caesarum könnte ihre Stellung am
Schluss etwa auch der enge begrenzten Natur ihres Tatbestands oder
vielleicht dem Umstand verdanken, dass sie kein eigentliches furtum
voraussetzt, sondern nur durch das Wort furtim unter den Titel de furtis
attrahiert ist.

XXIV. De iure patronatus.

Das Hauptstück dieses Titels ist Edikt und iudicium de operis libertorum. Als blossen Anhang sehe ich das praeiudicium über die Ingenuität
an, das ohne Zweifel vorzugsweise[1]) gerade auf den Fall berechnet war,
wo der wegen der zugesagten operae in Anspruch genommene Freigelassene die Leistung auf Grund angeblicher Ingenuität weigerte.

§ 3.

Der dritte Abschnitt: die schleunige Rechtshilfe.

Die Titelfolge in diesem Abschnitt ist, ohne Rücksicht auf die innere
Natur der behandelten Materien, lediglich durch das Wertprinzip diktiert,
das wir oben (bei tit. XV) kennen gelernt haben. Voranstehen die Rechtsmittel de uniuersitate (tit. XXV—XXVII: de bonorum possessionibus,
de testamentis, de legatis); es folgen die de fundo (tit. XXVIII—XXX:
de operis noui nuntiatione, de damno infecto, de aqua et aquae pluuiae
arcendae)[2]), diesen wieder die de homine (tit. XXXI: de liberali causa),
endlich die de ceteris rebus. Unter den letzten nehmen die beiden
Titel (XXXII. XXXIII) de publicanis und de praediatoribus den ersten
Platz ein, weil bei ihrem Gegenstande das Staatsinteresse direkt be-
teiligt ist; den zweiten die schweren und schwer verpönten Delikte des
tit. (XXXIV) de hominibus armatis etc.; den Schluss bildet das leich-
teste unter den rekuperatorischen Delikten: die Injurie (tit. XXXV).
Einer besonderen Betrachtung bedürfen nur die tit. XXV—XXVII,
XXXI, XXXV.

---

[1]) Vgl. fr. 6 si ingenuus (40. 14).

[2]) Es ist bemerkenswert, dass der Titel
de religiosis in Gaius' libri ad edictum pro-
uinciale, die ihn, wie wir sahen (oben S. 9 fg.),
aus dem zweiten in den dritten Ediktabschnitt versetzt zeigen, hier genau an der
Stelle erscheint, wo er nach dem Wertprinzip erwartet werden muss: in lib. XIX,
das die Rechtsmittel de fundo behandelt,
und zwar vermutlich als erstes unter ihnen,
weil die res diuini iuris den res humani iuris
vorgehen.

XXV. De bonorum possessionibus.

Das (von Rudorff[1]) zum Teil verkannte) System innerhalb dieses Titels ist folgendes:

A. Si tabulae testamenti extabunt.
   1. Generalia edicta.
      a. bonorum possessio contra tabulas nebst Anhängen (§ 142—148).
      b. bonorum possessio secundum tabulas (§ 149).
   2. Specialia edicta:
      a. de bonis libertorum (§ 150—153).
      b. si a parente quis manumissus sit (§ 154).
      c. bonorum possessio ex testamento militis (§ 155).
B. Si tabulae testamenti nullae extabunt.
   Hier folgen die Intestatklassen der Reihe nach (§ 156—162).
C. Clausulae generales.
   1. Quibus non competit b. p. (§ 163).
   2. Ut ex legibus senatusue consultis bonorum possessio detur (§ 164).
   3. Successorium edictum (§ 165).

XXVI. De testamentis.

In diesem Titel stand das Edikt über die Testamentseröffnung (D. 29. 3) naturgemäss vor dem Edikt Si quis omissa causa testamenti (D. 29. 4); die Strafklausel Quorum testamenta fügt sich natürlich an den Schluss. Ganz an den Eingang habe ich das Edikt de condicione iurisiurandi gesetzt, weil es sich auf den Inhalt des Testaments bezieht, der Testamentsinhalt aber der Testamentseröffnung gegenüber das prius ist; doch bleibt auch die umgekehrte Ordnung möglich.

XXVII. De legatis.

Die Materienfolge ist hier in den Kommentaren wohl die, dass das ordentliche Rechtsmittel des Legatars den ausserordentlichen Hilfsmitteln des Erben (cautio usufructuaria) und Legatars (cautio, eventuell missio) vorangeht; doch könnte nach den Inskriptionen auch das Edikt über die cautio usufructuaria vorangestanden haben.

XXXI. De liberali causa.

An der Spitze stehen in Ulpians Kommentar die Formeln für den Freiheitsprozess in beiden Formen; diesen folgt das praeiudicium für den Fall des Streits, ob die eine oder die andere Formel die in concreto passende sei; ob im Album nicht umgekehrt das Edikt über letzteres vorausstand, muss dahingestellt bleiben. Zuletzt kommen die Strafklagen, die sich an den Freiheitsprozess anknüpfen können, als Anhänge.

XXXV. De iniuriis.

Die Ordnung dieses Titels erläutert sich von selbst: 1. Generaledikt (§ 190), 2. Spezialedikte, anscheinend willkürlich geordnet (§ 191—193),

[1]) E. P. p. 273 sq.

3. Edikte über die an Gewaltunterworfenen und von solchen verübten Injurien (§ 194—196). An den Schluss habe ich ohne positiven Anhalt das contrarium iudicium gesetzt, das aber ebenso gut schon im generale edictum verheissen gewesen sein kann.

§ 4.

Der vierte Abschnitt: Exekution und Nichtigkeits-beschwerde.

Dieser von Rudorff wenig gründlich behandelte Abschnitt zerfällt deutlich in drei Teile: Personalexekution, Realexekution, Nichtigkeitsbeschwerde.

Der Unterabschnitt „Personalexekution", sehr fragmentarisch überliefert, enthielt mindestens einen Titel (XXXVI: de re iudicata?), der die Voraussetzungen und näheren Bedingungen der ductio ordnete. Daran schloss sich der Titel (XXXVII) Qui neque sequantur neque ducantur, dessen Rubrik ja deutlich eine Beziehung auf die Personalexekution verrät; dennoch bleibt die Möglichkeit, dass er schon in den Unterabschnitt von der Vermögensexekution gehört: denn er handelt ja von denen, gegen die die Personalexekution nicht zur Durchführung kommt.

Im Unterabschnitt „Realexekution" unterscheide ich vier Titel. Tit. XXXVIII (quibus ex causis in possessionem eatur) stellt die verschiedenen causae der missio zusammen und zwar: 1. der missio in bona uiuorum (§ 202—206); 2. der missio in bona mortuorum (§ 207—211), hier sind die Edikte über Deliberationsrecht und Abstention eingeschoben, die mit der Klausel Cui heres non extabit in unverkennbarem innern Zusammenhange stehen; 3. (vermutungsweise) der missio in bona capite minutorum (§ 212). Tit. XXXIX (de bonis possidendis proscribendis uendundis) ordnet die Rechte und Pflichten der eingewiesenen Gläubiger und das Verfahren bis zur bonorum uenditio und sichert diese Vorschriften, soweit nötig, durch Strafklagen. Tit. XL (quemadmodum a bonorum emptore uel contra eum agatur) ordnet die Rechtsverhältnisse des bonorum emptor; wie in tit. XXXVIII wird auch hier unterschieden zwischen den bona uiuorum (actio Rutiliana nebst Zubehör, § 218—221) und den bona mortuorum (actio Seruiana nebst angeschlossenem Edikt de separationibus, § 222. 223). Tit. XLI (de curatore bonis dando) hat den Charakter eines Anhangs: er handelt von einer auf Antrag der Gläubiger zulässigen, im ordentlichen Verlauf des Verfahrens aber nicht von selbst gegebenen Sicherheitsmassregel: er normiert die Rechtsstellung des curator bonorum und zwar sowohl im allgemeinen (§ 224), wie speziell im Falle der Veräusserung in fraudem creditorum (§ 225).

Am Schluss (nicht, wie Rudorff annimmt, fast am Anfang) des vierten Ediktabschnitts steht passend die Nichtigkeitsbeschwerde, tit. XLII de sententia in duplum reuocanda.

§ 5.

Die Anhänge des Edikts.

A. Die Interdikte.

Das System in der Anordnung der Interdikte ist von Rudorff[1] im ganzen richtig rekonstruiert worden; einige Irrungen sollen im folgenden berichtigt werden.

Den ersten Rang nehmen die Interdikte de uniuersitate ein (§ 227—234). Zu diesen stelle ich auch (anders Rudorff, E. P. § 274. 275) das interdictum possessorium und sectorium.

Nun folgen die Interdikte de singulis rebus. Unter diesen stehen voran diejenigen de rebus diuini iuris (§ 235. 236). Die zweite Stelle haben die de rebus publicis (§ 237—244). Diese letztern teilt Rudorff weiter ein in solche de locis publicis, de itineribus publicis, de fluminibus (publicis). Mir scheinen vielmehr die Edikte de locis und itineribus zusammen das erste Glied der Einteilung zu bilden; denn in den Digesten schiebt sich ein Edikt de loco publico (§ 239) mitten unter die Edikte de itineribus publicis ein, und es ist gerade hier kein Grund, der Digestenordnung zu misstrauen. Das Einteilungsprinzip wird also wohl sein: öffentliches Land (§ 237—240), öffentliches Wasser (§ 241—244). Als dritte und letzte Kategorie unter den Interdikten de singulis rebus finden wir diejenigen de rebus priuatis, und zwar nach folgendem System geordnet:

I. De rebus soli.

    A. De praediis.

        1. Recuperandae possessionis[2] (§ 245: Unde ui nebst Anhängen).

        2. Adipiscendae possessionis[3] (§ 246: Ne uis fiat ei, qui damni infecti in possessionem missus erit).

        3. Retinendae possessionis (§ 247: Uti possidetis nebst Anhängen).

        4. Mixta tam adipiscendae quam recuperandae possessionis[4] (§ 248: Quem fundum und quem usumfructum).

    B. De superficiebus (§ 249).

---

[1] E. P. p. 277 sqq., vgl. ZRG. III S. 64.

[2] Anderes Einteilungsprinzip bei Rudorff, E. P. p. 278, beruhend auf falscher Einordnung des Interdikts Quem fundum.

[3] Vgl. fr. 52 § 2 de a. u. a. p. (41. 2).

[4] Cf. Ulp. fr. Vindob. § 4.

C. De iuribus praediorum.
  1. Rusticorum.
      a. De itineribus (§ 250).
      b. De aqua
          α. ducenda (§ 251. 252).
          β. haurienda (§ 253).
  2. Urbanorum (§ 254: de cloacis)[1].
D. De operibus in solo factis.
  1. Quod ui aut clam (§ 256).
  2. Si opus nouum nuntiatum erit (§ 257).
  3. De precario (§ 258). Dies eigentlich nicht hieher gehörige Inter-
     dikt ist vom interdictum Quod ui aut clam attrahiert: es ver-
     dankt seinen Platz der Gewohnheit, die drei Worte ui clam
     precario zusammenzuhören[2].
E. De arboribus et fructibus arborum (§ 259. 260).
II. De rebus mobilibus.
  A. De hominibus liberis (§ 261—263).
  B. De seruis et ceteris rebus.
      1. Generale de possessione (§ 264: Utrubi).
      2. Specialia:
          a. de pignoribus (§ 265—267).
          b. de rebus in fraudem creditorum alienatis[3] (§ 268).

B. Die Exceptionen.

Die Anordnung der Exceptionen im Edikt, wie sie sich aus den Kommentaren ergibt, scheint auf den ersten Blick ganz und gar willkürlich,
und in der Tat hat Rudorff darauf verzichtet, hier ein System zu suchen.
Gleichwohl liegt auch hier ein solches zu Grunde. Augenscheinlich nämlich entsprechen die im Album zuerst proponierten Exceptionen (Ulp. 74. 75)
ihrem Charakter nach dem ersten Ediktabschnitt: sie beziehen sich auf
Ordnung und Sicherung des Rechtsgangs. Wir finden hier die Exceptionen, die die Versäumung des Vadimoniums entschuldigen, wozu
auch die exceptio pacti gehört, die exceptiones cognitoriae und procuratoriae, die exceptio temporis, die exceptiones praeiudiciales und die exceptio
rei iudicatae uel in iudicium deductae[4]. Auf diese, man möchte sagen,

---

[1] Das in der 1. Auflage unter § 255 vermutungsweise eingeschobene Interdikt Quam
seruitutem ist schwerlich ediktal.

[2] Anders, gewiss unhaltbar, Rudorff,
E. P. p. 279 (vgl. § 261), der um dieses Interdikts willen eine besondere Kategorie „de
partibus (?) agrorum, item de iuribus praediorum et rebus mobilibus" aufstellt.

[3] Rudorff, (E. P. p. 280) setzt das interdictum fraudatorium unter die Kategorie
de praetorio pignore. Der Gesichtspunkt,
dass das interdictum fraudatorium ein Pfand-
rechtsmittel sei, ist aber den Quellen fremd.

[4] Die exceptiones litis diuiduae und rei
residuae habe ich nur vermutungsweise hier
eingefügt.

Prozessexceptionen[1]) folgen weiter (Ulp. 76) die eigentlichen Kontrakts-
exceptionen — rei uenditae et traditae, doli, metus — und als Anhang
endlich erstens diejenigen Exceptionen, deren Tatbestand im Edikt bereits
als Grund zur denegatio actionis vorgesehen war (quarum rerum actio
non datur), und zweitens die allgemeine exceptio Si quid contra legem
senatusue consultum factum esse dicetur. Auffallend ist nur, dass wir
bei Ulp. 74 mitten unter den Prozessexceptionen die auf die Kontrakte
der Argentarien bezüglichen Exceptionen finden[2]). Dies dürfte sich daraus
erklären, dass auch in dem ersten Ediktabschnitt, unter den Titeln de
edendo und de receptis, die Bücher und gewisse Kontrakte der Argentarien
vorkommen: die Ordnung der Exceptionen lehnt sich hier an die des
ersten Ediktabschnitts an.

C. Die prätorischen Stipulationen.

Die im Edikt proponierten Stipulationen zerfallen, wie auch Rudorff[3])
richtig erkannt hat, in zwei Kategorien: Stipulationen, die den Fortgang
und die Sicherung des Erfolgs eines bereits vor den Prätor gebrachten
Rechtsstreits, und solche, die die Sicherung sonstiger Parteiansprüche zum
Zwecke haben[4]). Zu erstern gehören die Vadimonien, die cautio pro
praede litis et uindiciarum, die cautio iudicatum solui (§ 280—282). Die
zweite Kategorie ist wieder eingeteilt in cautiones de uniuersitate und de
singulis rebus. Unter jenen stehen die erbrechtlichen, einschliesslich der
Kautionen de legatis, als die wichtigsten voran (§ 283—287). Ihnen folgt
als einzige de bonis uiuorum die cautio rem pupilli saluam fore, von welcher
die cautio ratam rem haberi attrahiert ist[5]). Stipulationen de singulis rebus
sind die de auctoritate (satisdatio secundum mancipium), deren Anziehungs-
kraft auch die actio auctoritatis ihre Stelle in diesem Abschnitt verdankt,
ex operis noui nuntiatione[6]), damni infecti. Rudorff ist aufgefallen, dass
die erstgenannte Kaution den beiden andern vorgeht, und er erklärt dies
so, dass er jene als stipulatio communis, diese als spezielle de rebus soli
bezeichnet. M. E. sind sie alle drei Stipulationen de rebus soli, insofern
nämlich als höchst wahrscheinlich anzunehmen ist, dass die satisdatio
secundum mancipium mit Beziehung auf die wichtigste res mancipi — den
fundus — proponiert war.

---

[1]) Der Ausdruck wird nicht missverstanden werden: er ist natürlich nicht
im Sinne unserer „Prozesseinreden"
gemeint.

[2]) Den Wahrscheinlichkeitsbeweis, dass
die drei Exceptionen mercis non traditae,
redhibitionis, pecuniae pensatae unter diese
gemeinsame Rubrik gehören, habe ich unten
in § 272 geliefert.

[3]) E. P. p. 281.

[4]) Ich vermeide die von Rudorff gebrauchten Ausdrücke stipulationes iudiciales

und cautionales, die in diesem Sinne nicht
quellenmässig überliefert sind.

[5]) Anders Rudorff, E. P. p. 281. Die
Erwähnung der Tutel erinnerte aber an die
Stellvertreter überhaupt. Vgl. insbesondere
auch Gai. IV 99.

[6]) Diese Kaution sichert zwar, ganz ebenso
wie die cautio pro praede litis et uindiciarum und die cautio iudicatum solui, den Erfolg eines Rechtsstreits. Aber dieser Rechtsstreit steht erst noch bevor, sie kann ausser
Gericht geleistet werden, und ihr nächster

§ 6.

Anhang. Das ädilizische Edikt.

Das ädilizische Edikt war von Julian dem prätorischen als Anhang
beigefügt[1]). Sein System ist überaus einfach. Es hat drei Rubriken: de
mancipiis, de iumentis, de feris. Am Schluss ist die von den Ädilen formulierte stipulatio duplae proponiert. Innerhalb der Titel ist eine weitere
Ordnung nicht bemerkbar: es dürfte hier lediglich die Entstehungszeit der
Edikte für ihre Reihenfolge entscheidend gewesen sein.

Zweck ist der, dem Nuntiaten das Weiter-
bauen zu ermöglichen. Daher ihre Stellung
im System.
  [1]) Daher wird die ädilizische Stipulation
zu den prätorischen gerechnet: fr. 5 pr. de
V. O. (45. 1), § 2 I. de diu. stip. (3. 18),
schreibt Paul. sent. I 15 § 2 das Edikt de
feris dem Prätor zu, und scheinen im Schulgebrauch der Kommentare die libri ad edictum aedilium curulium den libri ad edictum
praetoris zugezählt worden zu sein (vgl.
unten bei § 293).

ZWEITER TEIL.

DIE EINZELNEN EDIKTE

UND

FORMELN.

Tit. I.

DE HIS, QUI IN MUNICIPIO COLONIA FORO IURE DICUNDO PRAESUNT [1].

§ 1. SI QUIS IUS DICENTI NON OBTEMPERAUERIT [2].

Ulp. 1 [3]), Paul. 1 [4]), Gai. 1 [5]).

In diesem Edikt war ein iudicium auf quanti ea res est wider denjenigen verheissen, der den Dekreten des ius dizierenden Munizipalmagistrats nicht gehorchte [6]).

Die Beziehung auf die Munizipalmagistrate ergibt sich zur Evidenz [7]) aus fr. 1 h. t.:

> Omnibus magistratibus, non tamen duumuiris, secundum ius potestatis suae concessum est iurisdictionem suam defendere poenali iudicio.

Die Duumvirn können ihre Jurisdiktion nicht selbst durch iudicium wahren: darum, das ist hinzuzudenken, tut dies an ihrer Stelle der Prätor. Zur Unterstützung dienen Paul. 1 fr. 20 de iurisd. (2. 1), Gai. 1 fr. 29 ad munic. (50. 1), Stellen, deren Zugehörigkeit zu unserm Edikt ebenso unzweifelhaft ist, wie ihre Beziehung auf die Munizipaljurisdiktion.

Die Digestenrubrik (2. 3) war vermutlich auch Ediktrubrik. Auf die Worte „si quis" geht anscheinend Ulp. 1 fr. 1 de V. S.

Das verheissene iudicium dürfte Popularklage gewesen sein: wer dem Munizipalmagistrat den Gehorsam zu versagen wagte, wird häufig auch

---

[1]) Der Wortlaut des Titels ist nicht bezeugt. Vgl. übrigens Prob. Einsidl. 22: M. C. F. = municipio *colonia* foro. In der franz. Ausg. gab ich dem Titel, in Anlehnung an die Digestenrubrik (50. 1), die Überschrift *ad legem municipalem;* durch diese doch recht problematische Anlehnung erhielt aber die Überschrift den Schein einer Authentizität, die sie nicht besitzt. Zum ganzen Titel vgl. meine Abhandlung in ZRG. XV S. 16 fgg. Als Stücke einer Einleitung dazu fasse ich auf Ulp. 1 fr. 25 ad munic. (50. 1), fr. 8 de adm. rer. (50. 8), fr. 6 de mag. conuen. (27. 8), vielleicht auch Paul. 1 fr. 9 de adm. rer. (50. 8), s. aber unt. S. 53 n. 3.

[2]) D. (2. 3).

[3]) Fr. 1 h. t., fr. 1 de V. S. (50. 16). Wahrscheinlich auch fr. 3, 8 de popul. act. (47. 23).

[4]) Fr. 20 de iurisd. (2. 1). Wahrscheinlich noch fr. 35 de O. et A. (44. 7), fr. 2 de popul. act. (47. 23), fr. 28 ad munic. (50. 1); zu letzterer Stelle s. Lenel, a. a. O. S. 19 n. 10.

[5]) Fr. 29 ad munic. (50. 1).

[6]) Lenel, a. a. O. S. 17 fgg. Eine verwandte Strafklage findet man in l. col. Gen. c. 129.

[7]) A. M. Karlowa, I S. 593 n. 1, der die ältere Meinung festhält, wonach das Edikt auch die prätorische Jurisdiktion selbst zu schützen bestimmt gewesen wäre. Vgl. dagegen die zit. Abh. ZRG. XV S. 17 fg.

4*

in der Lage gewesen sein, seinem Gegner die Klagerhebung in Rom zu
verleiden, so dass zum Schirm der magistratischen Autorität die Popularklage durchaus am Platze war[1]).

Von der ohne Zweifel in factum konzipierten Formel wissen wir nur
soviel sicher, dass sie auf quanti ea res est gerichtet war[2]).

§ 2. SI QUIS IN IUS UOCATUS *AD EUM, QUI IN MUNICIPIO COLONIA FORO IURE DICUNDO PRAEERIT,* NON IERIT SIUE QUIS EUM UOCAUERIT, QUEM EX EDICTO NON DEBUERIT[3]).

Ulp. 1[4]), Paul. 1[5]).

Dies Edikt dehnte die unter dem Titel de in ius uocando proponierten
Strafklagen, die sich nur auf den Fall der in ius uocatio vor den Prätor
selbst bezogen, auf den Fall einer solchen vor Munizipalmagistrate aus[6]).
Die Munizipalmagistrate hatten zwar Multierungsrecht[7]), aber nach fr. 1
pr. si quis ius dicenti (2. 3) zur Zeit Hadrians nicht mehr die Macht, zur
Wahrung ihrer Jurisdiktion ein Poenaljudizium anzuordnen, und diese
Lücke füllte hier der Prätor aus. Darum ist bei Paul. 1 fr. 2 § 1 h. t. die
von dem competens iudex (die Worte sind für den ursprünglich hier
genannten Munizipalmagistrat interpoliert), ex causa zu verhängende und
zu erlassende mulcta der im Interesse des Klägers eingeführten, vom
Prätor wie zu gewährenden so zu versagenden[8]), Poenalklage (poena) entgegengestellt.

Eine unverkennbare Spur der Beziehung unseres Edikts auf Munizipalmagistrate enthält ferner Ulp. 1 fr. 1 h. t. in den Worten:

Si quis in ius uocatus fideiussorem dederit .   non suppositum
iurisdictioni illius, ad quem uocatur ...

„Ille ad quem uocatur" kann in einem Kommentar zum prätorischen Edikt
nicht der Prätor selbst sein sollen[9]).

Der Wortlaut der Klausel wie auch derjenige der jedenfalls in factum
konzipierten Formeln ist uns nicht überliefert. Letztere werden mit den
unter dem Titel de in ius uocando proponierten bis auf die Bezeichnung

---

[1]) Lenel, a. a. O. Hierher würden dann Ulp. 1 fr. 3, 8 de popul. act. (47. 23) und Paul. 1 fr. 1 eod. zu ziehen sein.

[2]) Ulp. 1 fr. 1 i. f. h. t. An dies erste iudicium des Edikts mag dann Paulus die allgemeinen Erörterungen über die Dauer der honorarischen Klagen in fr. 35 de O. et A. angeknüpft haben.

[3]) D. (2. 5). Zu den in der Digestenrubrik fehlenden kursiv gedruckten Worten vgl. Prob. 5, 1 und Einsidl. 22.

[4]) Fr. 1 h. t., fr. 102 de R. I. (50. 17).

[5]) Fr. 2 h. t., fr. 1 in ius uoc. (2. 6), fr. 4 de feriis (2. 12) — vgl. fr. 1 pr. eod., fr. 2 i. f. h. t. — Fr. 19, 21 de in ius uoc. (2. 4),

fr. 103 de R. I. ziehe ich zum Edikt des § 3.

[6]) Andere unhaltbare Vermutungen bei Rudorff, ZRG. IV S. 9 fgg. (aufgegeben im E. P.), dem Bruns in den fontes folgte, bei Voigt, Abh. der phil.-histor. Klasse der kgl. sächs. Gesellsch. der Wissensch. VIII S. 368 fgg. und Karlowa, I S. 593 fg.

[7]) Vgl. Huschke, die Multa und das Sacramentum, S. 39 fgg.

[8]) Ulp. 1 fr. 102 § 1 de R. I.

[9]) Lenel, a. a. O. S. 23. Vgl. auch Paul. 1 fr. 2 pr. h. t.: ... ad praetorem vel alios, qui iurisdictioni praesunt, in ius uoca-tus uenire debet.

des Magistrats, vor den die in ius uocatio stattgefunden hatte, identisch gewesen sein. Auf Worte der Formel für den Fall „si quis eum uocauerit quem ex edicto non debuerit" dürfte — arg. Gai. IV 46 — zu deuten sein Ulp. 1 fr. 102 pr. de R. L:

> Qui uetante praetore fecit, hic aduersus edictum fecisse proprie dicetur[1]).

§ 3. *DE CAUTIONE ET POSSESSIONE EX CAUSA DAMNI INFECTI DANDA.*

Ulp. 1[2]), Paul. 1[3]), Gai. 1[4]).

Ulp. 1 fr. 4 de iurisd. (2. 1):

> Iubere caueri praetoria stipulatione et in possessionem mittere imperii magis est quam iurisdictionis.

Paul. 1 fr. 26 pr. ad munic. (50. 1):

> Ea quae magis imperii sunt quam iurisdictionis magistratus municipalis facere non potest.

In unserer Klausel erteilte der Prätor den nach obigen Grundsätzen hiefür an sich nicht zuständigen Munizipalmagistraten den Auftrag, bei erbetener cautio damni infecti diese anzuordnen, eventuell die heutzutage sog. missio ex primo decreto zu erteilen; gegen den säumigen Magistrat war Klage auf Schadenersatz verheissen[5]). Die sog. missio ex secundo decreto behielt sich der Prätor vor[6]).

Vom Wortlaut der Klausel, der unter Benutzung von l. Rubria c. 20 und fr. 7 pr. de damno inf. (39. 2) vermutungsweise leicht wiederherzustellen wäre, sind uns überliefert die Worte:

> EIUS REI[7]) —
>
> DUM EI QUI ABERIT PRIUS DOMUM DENUNTIARI IUBEAM[8])
>
> IN EUM QUI QUID EORUM QUAE SUPRA SCRIPTA SUNT[9]) NON CURAUERIT, QUANTI EA RES EST CUIUS DAMNI INFECTI NOMINE CAUTUM NON ERIT, IUDICIUM *dabo*[10]).

Von der Formel berichtet Ulp. 1 fr. 4 § 8 de damno inf.:

> hoc autem iudicium certam condicionem habet: si postulatum est[11]).

Wörtlich so kann dies aber wegen der Inkongruenz des Tempus „si

---

[1]) Lenel, a. a. O. S. 23 n. 24.

[2]) Fr. 1, 4 de damno inf. (39. 2), fr. 4 de iurisd. (2. 1).

[3]) Fr. 5 de damno inf. (39. 2); fr. 19, 21 de in ius uoc. (2. 4), fr. 103 de R. I. cf. fr. 4 § 5 de damno inf.; fr. 105 de R. I. cf. fr. 4 § 4 de damno inf.; fr. 9 (7) de adm. rer. (50. 8) s. Lenel, a. a. O. S. 28; fr. 26 ad munic. (50. 1) s. Lenel, a. a. O. S. 24 n. 26.

[4]) Fr. 6 de damno inf. (39. 2).

[5]) Fr. 1, 4 de damno inf. (39. 2).

[6]) Fr. 4 § 4 de damno inf. (39. 2), fr. 105 de R. I.

[7]) Ulp. 1 fr. 4 § 1 de d. i. (39. 2): Si intra diem a [praetore] constituendum non caueatur, in possessionem eius rei mittendus est: EIUS REI sic accipe, siue tota res sit siue pars sit rei.

[8]) Ulp. 1 fr. 4 § 5 eod.

[9]) Cf. Prob. 5, 9.

[10]) Ulp. 1 fr. 4 § 7 eod.

[11]) Vgl. l. Rubria c. 20 i. A.

postulatum est" nicht in der Formel gestanden haben. Auf die Rekonstruktion der letztern ist wegen Mangels an Material zu verzichten[1]).

§ 4. DE FUGITIUIS[2]).

Ulp. 1[3]).

In dieser Klausel erteilt der Prätor den Munizipalmagistraten[4]), vermutlich unter Verheissung eines iudicium wider den Säumigen, die Weisung:
fugitiuos[5]) in publicum deductos[6]) diligenter custodiant[7]).

Auf weitern Inhalt der Klausel deutet Ulp. 1 fr. 1 § 8 a h. t ·

    Eorumque nomina et notae et cuius se quis esse dicat ad magi-
    stratus deferantur, ut facilius adgnosci et percipi fugitiui possint
    (notae autem uerbo etiam cicatrices continentur)[8]).

Der Umstand, dass der Jurist eine Erklärung des Worts notae gibt,
lässt erkennen, dass wir es hier mit einer wirklichen ediktalen Pflicht zur
Kundmachung von Namen, Kennzeichen u. s. w. der entlaufenen Sklaven
zu tun haben. Ich habe früher[9]) die Vermutung aufgestellt, dass diese
Rechtspflicht jedem oblag, der von jenen Dingen Kenntnis erhielt. Für
wahrscheinlicher halte ich jetzt, dem ganzen Zusammenhang nach, dass es
sich auch hier vielmehr um eine Rechtspflicht der Munizipalmagistrate
handelte: diese mögen in unserer Klausel angewiesen worden sein, dem
praefectus uigilum[10]), bezw. praeses prouinciae[11]) — an diese denke ich bei
dem „ad magistratus (scil. maiores) deferantur", arg. fr. 1 § 8 h. t. — sofort
eine genaue Beschreibung der ergriffenen fugitiui einzuliefern.

§ 5.

Paul. 1 fr. 2 de V. S.:

    Urbis appellatio muris, Romae autem continentibus aedificiis
    finitur, quod latius patet[12]) (§ 1). Cuiusque diei maior pars est
    horarum septem primarum diei, non supremarum[13]).

Paul. 1 fr. 4 eod.:

    Nominis appellatione rem significari Proculus ait.

Paul. 1 fr. 4 de H. P. (5. 3):

    Si hereditatem petam ab eo, qui unam rem possidebat, de qua sola
    controuersia erat, etiam id quod postea coepit possidere restituet.

Obige Fragmente aus Paul. 1 passen zu keiner der bisher erörterten Klau-

---

[1]) Wider Rudorff, E. P. § 3, s. Lenel,
a. a. O. S. 25.

[2]) D. (11. 4).

[3]) Fr. 1 h. t., fr. 22 de iniur. (47. 10).

[4]) Ulp. 1 fr. 1 § 4 h. t.

[5]) Ulp. 1 fr. 1 § 5 h. t.

[6]) Ulp. 1 fr. 1 § 6 h. t.

[7]) Ulp. 1 fr. 1 § 7. 8 h. t.

[8]) Der Schlussatz „idem iuris est, si haec
in scriptis publice uel in aedes proponas"
dürfte eine ungeschickte Interpolation sein.

Vgl. Pernice, Labeo II[1] (2. Aufl.) S. 107 n. 3.

[9]) a. a. O. S. 31.

[10]) Cf. Paul. sent. I 6[a] § 6. Pernice,
a. a. O. denkt an den Stadtpräfekten.

[11]) Cf. Paul. sent. I 6[a] § 4.

[12]) Cf. Prob. Einsidl. 20: U. R. = urbis
Romae. Alibrandi, opp. I p. 42 bezieht
fr. 2 pr. cit. auf die Abgrenzung der urbica
dioecesis.

[13]) Cf. Prob. Einsidl. 24: M. P. D. = maiorem partem diei. Die Stelle bezieht sich

seln. Ihr ursprünglicher Zusammenhang lässt sich nicht mehr ermitteln. Jedenfalls liefern sie den Beweis, dass Paulus im Eingang seines Kommentars noch anderweite Materien behandelte, die gewiss ebenfalls in Beziehung zur Munizipaljurisdiktion gestanden haben werden. An Edikte braucht dabei nicht notwendig gedacht zu werden. Es liegt ja auf der Hand, dass die ersten Klauseln des Albums allgemeine Erörterungen über die Jurisdiktionsverhältnisse erforderlich machten oder doch nahe legten, die der eine Jurist an die Spitze seines Kommentars stellen, der andere da oder dort einfügen mochte. So wird es sich vielleicht erklären[1]), dass bei Paulus das Wort „nomen" (s. oben) in lib. 1[2]), das Wort „res" in lib. 2 fr. 5 pr. de V. S. — erläutert ist, während wir bei Ulpian erst in lib. 3 eine auf beide bezügliche Bemerkung finden, fr. 6 de V. S.:

> „Nominis" et „rei" appellatio ad omnem contractum et obligationem pertinet.

§ 6. DE UADIMONIO ROMAM FACIENDO.

Ulp. 2[3]), Paul. 2[3]), Gai. 1[4]).

Die Klausel de uadimonio Romam faciendo bildet den natürlichen Abschluss des Titels von der Munizipaljurisdiktion: sie handelt von dem Mittel, wodurch Sachen, die der letztern entzogen sind, nach Rom vor den höhern Magistrat übergeleitet werden. So sicher nun aber auch die Existenz dieser Klausel ist und so umfassend die Erörterungen sind, die die Kommentare an sie knüpfen, so können wir doch über den Inhalt der Klausel fast nur Vermutungen aufstellen. Jene Erörterungen sind offenbar zum grössten Teile nur durch die Gelegenheit unserer Klausel

vermutlich auf irgend einen öffentlichen Aushang. Vgl. l. Acil. repet. v. 65, l. Iulia munic. v. 16.

[1]) Vielleicht: denn es ist durchaus nicht sicher, dass Ulpians Bemerkung denselben Beziehungspunkt hat, wie die beiden Paulusstellen. Für ausgeschlossen halte ich die Annahme, dass dieser Beziehungspunkt ein und derselbe Edikttext gewesen wäre, den Paulus teils in lib. 1, teils in lib. 2, Ulpian aber erst in lib. 2 u. 3 erläutert hätte. A. M. Girard, NRH. XXVIII p. 143, der alle drei Stellen als Kommentar zur Klausel de uadimonio Romam faciendo angesehen wissen will.

[2]) Alibrandi, l. c. p. 45 denkt bei der Stelle wegen der Gleichsetzung von nomen und res an l. Rubr. c. XX lin. 23. 24 „eo nomine qua de re agitur".

[3]) Wahrscheinlich gehörte hieher das ganze zweite Buch sowohl des Ulpianischen wie des Paulinischen Kommentars. Über die sichern, wahrscheinlichen, möglichen Beziehungen der einzelnen erhaltenen Frag-

veranlasst und haben es inhaltlich nicht mit ihr, sondern mit anderweiten
gesetzlichen Bestimmungen zu tun[1]). Gewiss ist, dass der Prätor hier
über die Berechnung des Termins des Vadimoniums edizierte; nur darauf
können sich Gai. 1 fr. 1 si quis caution. (2. 11) und Ulp. 2 fr. 3 pr. de V. S.
beziehen:

> Vicena milia passuum in singulos dies dinumerari praetor iubet....
> ITINERE FACIENDO UIGINTI[2]) MILIA PASSUUM IN DIES SINGULOS PERAGENDA
> sic sunt accipienda, ut . .

Weiter dürfte ohne Zweifel eine Strafklage wider denjenigen verheissen
gewesen sein, der die Stellung des Vadimoniums nach Massgabe der gesetzlichen und ediktalen Vorschriften verweigerte. Eine solche ist in der lex
Rubria c. 21 i. f. erwähnt, hier allerdings als in der Munizipalkompetenz
liegend; dass sie aber dieser letztern in der Folgezeit entzogen und Gegenstand der prätorischen Kompetenz wurde, ergibt sich aus dem allgemeinen
Grundsatze des fr. 1 pr. si quis ius dicenti (2. 3), wonach die Duumvirn
überhaupt nicht mehr die Macht haben, ihre iurisdictio durch Poenalklagen
zu schützen. Ob und welche Vorschriften endlich das Edikt an dieser
Stelle über die Abfassung des Vadimoniums und die Art und Weise seiner
Gestellung — ob als purum oder cum satisdatione oder iureiurando[3]) — enthielt, muss dahinstehen.

Tit. II.

DE IURISDICTIONE[4]).

Diesen Titel leitet Ulpian durch eine Erörterung über die iurisdictio
der magistratus maiores ein, eine Erörterung, die, wie sich aus Ulp. 3 fr. 2
§ 1 de iudic. (5. 1) mit Wahrscheinlichkeit ergibt, nicht an das Edikt, sondern an Bestimmungen der lex Iulia de iudiciis priuatis anknüpfte[5]). Der
Jurist bespricht hier den gewillkürten Gerichtsstand, die Verlängerung des
tempus ad iudicandum datum, das ius domum reuocandi, das ius mulctae
dicendae, die Unzulässigkeit der Jurisdiktion in eigner Sache des Magistrats
oder in Sachen seiner Angehörigen. Hieher gehört Ulp. 3 fr. 2 de iudic.
(5. 1), fr. 10 de iurisd. (2. 1) und vielleicht auch fr. 6 de V. S. (50. 16): die
in letzterer Stelle erläuterten Worte nomen, res (vgl. oben § 5 a. E.), ex
legibus mögen Worte der lex Iulia sein[6]), die ja gar wohl irgendwo nomen

---

[1]) Lenel, a. a. O. S. 35.
[2]) Uicena? (Mommsen).
[3]) Ein uadimonium recuperatoribus suppositis fand hier wohl nicht statt, vgl.
Wenger, Papyrusstudien (1902) S. 73.
[4]) Cf. Rubr. D. (2. 1).
[5]) A. M. Girard, NRH. XXVIII p. 143 ss.

[6]) Rudorff, E. P. § 5, setzt diese Worte
unter die Rubrik: „de administratione rerum ad ciuitates pertinentium": diese Rubrik,
unerweislich und unwahrscheinlich wie sie
überhaupt ist — vgl. Lenel, a. a. O. S. 25
fgg. —, war jedenfalls nicht bei Ulp. 3 erörtert.

und res im Sinn von omnis contractus et obligatio — so definiert fr. 6 pr. cit. — gebraucht[1]) und ebenso gelegentlich mit den Worten ex legibus auf gesetzliche Bestimmungen verwiesen haben kann.

Bei Paulus findet sich eine der Ulpians entsprechende Darstellung nicht, daher denn auch Paulus in lib. 3 dem Ulpian einen bedeutenden Vorsprung abgewinnt.

§ 7. DE ALBO CORRUPTO.

Ulp. 3[2]), Paul. 3[3]), Gai. 1[4]).

Ulp. 3 fr. 7 pr. de iurisd. (2. 1):

> Si quis id, quod iurisdictionis perpetuae causa, non quod prout res incidit, in albo uel in charta uel in alia materia propositum erit, dolo malo corruperit: datur in eum quingentorum aureorum[5]) iudicium, quod populare est[6]).

Der Edikttext war ohne Zweifel[7]) kürzer als diese Relation; vermutlich lautete er:

> Si quis[8]) id, quod iuris dicundi causa[9]) in albo propositum erit[10]), dolo malo[11]) corruperit[12]) rel.

Vgl. auch § 12 I. de act. (4. 6).

Die Formel, über die es an speziellen Überlieferungen fehlt, war selbstverständlich in factum konzipiert und wohl blosse Umschreibung des Edikts[13]).

Dürfen wir dem Digestentext glauben, so war eine Noxalklage hier nicht verheissen, wurde vielmehr, wenn der Gewalthaber des Delinquenten nicht dessen defensio in solidum übernahm, gegen letzteren extra ordinem mit körperlicher Züchtigung vorgeschritten[14]). Als Grund dafür könnte man sich denken, dass in der blossen noxae deditio des Delinquenten an den Popularkläger eine eigentliche Reaktion wider den Verächter der maiestas praetoris, die unser Edikt zu wahren bestimmt war[15]), nicht erblickt werden konnte. Allein es ist mehr als zweifelhaft, ob der unlateinische Satz in D. (2. 1) 7 § 3 „in seruos ... corpus torquendum est" dem Ulpian angehört, und also mit der Möglichkeit zu rechnen, dass hier gleichwohl eine Noxalklage proponiert war. Dafür spricht auch recht sehr Paul. 3

---

[1]) Vgl. etwa Ulp. 3 fr. 2 § 3 de iudic.: legatis in eo, quod ante legationem contraxerunt, ... reuocandi domum suam ius datur.

[2]) Fr. 7 de iurisd. (2. 1).

[3]) Fr. 9 eod., fr. 4 de popul. act. (47. 23).

[4]) Fr. 8 de iurisd. (2. 1).

[5]) Ulpian schrieb milium sestertiorum, vorausgesetzt, dass die Kompilatoren ihrer sonst beobachteten Regel, für 1000 Sesterze einen aureus zu setzen — Cuiac. obs. XIX 31 —, auch hier treu geblieben sind. Vgl. unten § 11 Ziff. 1, Palingen. praef. VII 11.

[6]) Hieher Paul. 3 fr. 4 de pop. act. (47. 23).

[7]) Vgl. auch Cuiac. obs. XXI 24.

[8]) Ulp. 3 fr. 7 § 1 de iurisd.

[9]) Prob. 5, 2: I. D. C. = iuris dicundi causa.

[10]) Ulp. 3 fr. 7 § 2 eod.

[11]) Ulp. 3 fr. 7 § 4 eod.

[12]) Ulp. 3 fr. 7 § 5 eod.

[13]) So auch Rudorff, E. P. § 6.

[14]) Ulp. 3 fr. 7 § 3 eod. Vgl. dazu auch Paul. sent. I 13a § 3.

[15]) Paul. 3 fr. 9 cit.: quia hic .... contempta maiestas praetoris uindicatur.

fr. 9 cit. Auf diese Noxalklage könnten dann Ulp. 3 fr. 3, 5, 7 de nox.
act. (9. 4), Paul. 3 fr. 4 eod. bezogen werden, Stellen, für die eine andere
plausible Beziehung nicht zu finden ist.

§ 8.   QUOD QUISQUE IURIS IN ALTERUM STATUERIT, UT IPSE
EODEM IURE UTATUR[1]).

Ulp. 3[2]), Paul. 3[3]), Gai. 1[4]).

Ulp. 3 fr. 1 § 1 h. t.:

> Qui magistratum potestatemue habebit, si quid in aliquem noui
> iuris statuerit, ipse quandoque aduersario postulante eodem iure
> uti debet. si quis apud eum qui magistratum potestatemque habe-
> bit, aliquid noui iuris optinuerit, quandoque postea aduersario eius
> postulante eodem iure aduersus eum decernetur.

Diese Worte (mit geringfügigen Abweichungen) gelten in allen früheren
Bearbeitungen des Edikts, ausgenommen allein die des Ranchinus, als
Ediktworte. Rudorff, mit obigem nicht zufrieden, hält sogar noch die
von Ulpian am Schluss des fr. 1 § 1 beigefügte Motivierung

> scilicet ut quod ipse quis in alterius persona aequum esse cre-
> disset, id in ipsius quoque persona ualere patiatur

für echt ediktal[5]).

Was nun zunächst letztern Punkt angeht, so sind derartige Motivierungen dem Edikte durchaus fremd, und Rudorffs Berufung auf das
SC Macedonianum (E. P. § 7 n. 10) zieht nicht: die Sprache der Senatskonsulte
ist eine ganz andere und viel weitschweifigere als die des Edikts.

Wir haben es aber überhaupt in fr. 1 § 1 cit. nicht mit einem Zitat,
sondern mit einer blossen Relation des Ediktinhalts zu tun, die nur zum
Teil Ediktworte reproduziert. Es fehlen die typischen Worte „praetor
ait", mit denen Ulpian alle seine Ediktzitate einführt. Die Relation enthält ferner zwei getrennte Sätze mit je einer Verfügung; nun berichtet
aber Gai. 1 in fr. 4 h. t.:

> Illud eleganter praetor excipit: „praeterquam si quis eorum quid[6])
> contra eum fecerit, qui ipse eorum quid fecisset."

Diese so gefasste Ausnahme setzt in dem Satze, an den sie sich anknüpfte,
offenbar eine Mehrheit von Bestimmungen (eorum quid) voraus. Weiter
ist „eodem iure uti debet" im ersten Satz wider den Ediktstil; das
„eodem iure decernetur" in dem zweiten Satz seinerseits aber zeigt
wieder eine ganz unmotivierte Abweichung gegenüber der im ersten Satze
gebrauchten Wendung „eodem iure uti", und der Kommentar Ulpians in
fr. 3 h. t. lässt auch keinen Zweifel übrig, dass letztere Wendung auch im
zweiten Fall des Edikts die vom Prätor gebrauchte war.

---

[1]) D. (2. 2).
[2]) Fr. 1, 3 h. t., fr. 18 de poenis (48. 19) cf.
fr. 1 i. f. h. t.
[3]) Fr. 2 h. t.; fr. 8 pr. de V. S.?
[4]) Fr. 4 h. t.

[5]) Ebenso manche ältere Digestenaus-
gaben und selbst noch die von Kriegel.
[6]) Die Einschiebung dieses Wortes ist
unvermeidlich.

Das Edikt selbst dürfte hienach folgendermassen gelautet haben:

QUI . . . . .[1] MAGISTRATUM POTESTATEMUE HABEBIT[2]), SI QUID IN ALIQUEM NOUI IURIS STATUERIT[3]) SI*UE* QUIS APUD EUM QUI MAGISTRATUM POTESTA-TEMUE[4]) HABEBIT, ALIQUID NOUI IURIS OPTINUERIT[5]), QUANDOQUE POSTEA ADUERSARIO EIUS POSTULANTE[6]) IPSUM[7]) EODEM IURE UTI OPORTEBIT[8]), PRAETERQUAM SI QUIS EORUM *QUID* CONTRA EUM FECERIT, QUI IPSE EORUM QUID FECISSET[9]).

Tit. III.

§ 9. DE EDENDO[10]).

Ulp. 4[11]), Paul. 3[12]), Gai. 1[13]), Callistr. 1[14]).

Der Titel de edendo zerfällt in zwei Abschnitte — Editionspflicht des Klägers, Editionspflicht der Argentarien —, die aber im Edikt keine besondern Rubriken erhalten zu haben scheinen.

Ulp. 4 fr. 1 pr. h. t ·

Qua quisque actione[15]) agere uolet, eam edere[16]) debet

Ulp. 4 fr. 1 § 2 h. t.:

Editiones (instrumentorum)[17]) sine die et consule fieri debent diem autem et consulem excepit praetor . . . . rationes[18]) tamen cum die et consule edi debent.

Paul. 3 fr. 2 h. t.:

Si legatum petatur, non iubet praetor uerba testamenti edere

---

[1]) Mit Recht bemerkt Alibrandi, opp. I p. 42, dass, entsprechend der räumlichen Beschränkung der prätorischen Kompetenz, auch das Edikt eine räumliche Beschränkung enthalten musste.

[2]) Diese Worte klingen durchaus ediktal. Allerdings sagt Ulp. 3 in fr. 1 § 2 h. t.: haec uerba „quod statuerit qui iurisdictioni praeest" cum effectu accipimus. Allein es kommt ihm bei diesem Zitat, wie der Verfolg zeigt, nur auf das Wort statuerit an; da nun das Präsens praeest ohnedem nicht im Edikt gestanden haben kann — es müsste praeerit heissen —, so sehe ich (anders Ranchinus) in dem qui iurisdictioni praeest nur ein Anhängsel des eigentlichen Zitats „quod statuerit", ein Anhängsel, womit sich Ulpian die Rekapitulation des längeren Ediktwortlauts sparte.

[3]) Ulp. 3 fr. 1 § 2 h. t., Paul. 3 fr. 2 eod.

[4]) Ulpian referiert hier ungenau „potestatemque".

[5]) Ulp. 3 fr. 3 pr. § 1 h. t.

[6]) Ulp. 3 fr. 3 § 2 h. t.

[7]) Ulp. 3 fr. 3 § 3—5 h. t.

[8]) Vgl. Ulp. 3 fr. 3 § 5 h. t.: Quod autem ait praetor, ut is eodem iure utatur . . . Paul. 3 fr. 8 pr. de V. S.: Verbum „oportebit" tam praesens quam futurum tempus significat. Vgl. S. 60 n. 2.

[9]) Gai. 1 fr. 4 h. t.

[10]) D. (2. 13), C. (2. 1).

[11]) Fr. 1, 4, 6, 8, 13 h. t., fr. 37 de O. et A. (44. 7).

[12]) Fr. 2, 5, 7, 9 h. t., fr. 40 ad l. Aqu. (9, 2), fr. 14 de iureiur. (12. 2), fr. 8 § 1 de V. S. (50. 16). Zu fr. 40 ad l. Aqu. cf. fr. 10 § 3 h. t.

[13]) Fr. 10 h. t.

[14]) Fr. 12 h. t.

[15]) Ulp. 4 fr. 37 de O. et A. (44. 7), Paul. 3 fr. 8 § 1 de V. S. (50. 16). Schrieb Ulpian „formula"? Schwerlich: arg. l. c. Vgl. auch Wenger, bei Pauly-Wissowa, s. v. editio I.

[16]) Ulp. 4 fr. 1 § 1 h. t.

[17]) Ulp. 4 fr. 1 § 2—4 h. t.

[18]) C. 5, 8 h. t.

Zu diesen Berichten über den Ediktinhalt ist folgendes zu bemerken.

Die Worte „qua quisque actione agere uolet, eam edere debet" sind ohne Zweifel blosse Relation, nicht Zitat aus dem Edikt. Ganz verfehlt ist es aber, wenn Heineccius, Weyhe, Rudorff den Ediktwortlaut dadurch herstellen zu können glauben, dass sie auf Grund von Paul. 3 fr. 8 pr. de V. S.

uerbum „oportebit" tam praesens quam futurum tempus significat das edere debet durch „eam edi oportebit" ersetzen[1]). Diese Juristen lassen den Paulus die geistreiche Bemerkung machen, der Prätor habe die Editionspflicht nicht bloss für die Zukunft, sondern auch für den Augenblick, wo er das Edikt proponierte, einführen wollen[2]).

In die Klausel, welche dem Kläger die editio instrumentorum zur Pflicht machte, nehmen mehrere Schriftsteller (s. n. 1) Worte auf, die die Editionspflicht auf diejenigen instrumenta beschränken sollen, welche der Kläger in iudicio zu benutzen gedenkt. Diese Meinung wird durch eben die Stelle widerlegt, auf die sie sich beruft, Ulp. 3 fr. 1 § 3 h. t.:

Edenda sunt omnia, quae quis apud iudicem editurus est: non tamen, ut et instrumenta, quibus quis usurus non est, compellatur edere.

Was Ulpian hier erläuternd hervorhebt, wird eben deshalb nicht im Edikt gestanden haben.

Die editio actionis, die unser Edikt vorschreibt, ist als aussergerichtliche zu denken, die der in ius uocatio vorausgeht und den Zweck hat, den zu Belangenden über den Gegenstand der Verhandlung in iure vorläufig zu unterrichten[3]). Daher erklärt sich auch, dass wir im Album den Titel de edendo vor dem de in ius uocando finden.

Welche Rechtsfolgen die Nichterfüllung der Editionspflicht nach sich zog, ist uns nicht überliefert. Man könnte an einfache denegatio iurisdictionis denken[4]): der Beklagte wäre nicht zur Stellung des Vadimoniums angehalten worden und hätte nach Umständen wegen schikanöser in ius uocatio die actio iniuriarum erheben können. Allein auf ein schärferes Präjudiz deutet fr. 1 i. f. h. t.:

---

[1]) Noch anders, aber ebenso unhaltbar suchen Ranchinus, Westenberg, Noodt, van Reenen — instrumenta, quibus in iudicio (iudiciis) uti oportebit — die Paulusstelle auszunutzen.

[2]) Fr. 8 pr. de V. S. gehört wahrscheinlich gar nicht zu unserm Edikt, sondern zum Edikt Quod quisque iuris (§ 8), und will sagen, dass man von dem daselbst eingeräumten Retorsionsrecht nicht bloss in Zukunft, sondern auch sogleich Gebrauch machen könne, z. B. zur Begründung einer Einrede.

[3]) Vgl. meine Abh. in ZRG. XXVIII S. 385 fgg. Zweifelnd Wlassak, ZRG. XXXVIII

S. 169 n. 1 wegen des Wortes ultra in fr. 1 pr. h. t. Gewiss nun ergibt sich aus dem „an contendere ultra debeat", dass nach der Vorstellung des Juristen dem edere ein contendere schon vorausgegangen ist. Aber warum sollten wir dies frühere contendere nicht als ein aussergerichtliches vorstellen dürfen, wie es tatsächlich fast jedem Prozess vorauszugehen pflegt! Unerheblich scheinen mir auch die Einwendungen Schotts, das Gewähren des Rechtsschutzes (1903) S. 35 fgg.

[4]) So für den Fall unterlassener editio actionis die 1. Auflage.

Iis, qui ob aetatem uel rusticitatem uel ob sexum lapsi non ediderunt uel ex alia iusta causa, subuenietur.

Der Rechtsnachteil war also derart, dass ein subuenire seitens des Prätors notwendig war, um ihn abzuwenden. Näheres wissen wir nicht: vielleicht war eine Strafklage proponiert; vielleicht konnte Beklagter vom Kläger für den Fall, dass dieser nicht ex edicto ediert haben sollte, gleich von vornherein eine repromissio decimae partis verlangen[1]).

Ältere Bearbeiter[2]) pflegten in unserm Abschnitt noch eine Klausel aufzunehmen, worin dem Kläger das Recht der Abänderung und Verbesserung der edierten actio bis zur Litiskontestation eingeräumt wird. Dafür berief man sich auf c. 3 h. t., ein Reskript von Sever und Caracalla, das auf den ersten Blick allerdings für die Annahme einer solchen Klausel zu sprechen scheint. Dies Reskript bezog sich aber gar nicht auf die aussergerichtliche Edition unseres Edikts, sondern auf die Edition vor dem Magistrat[3]), und würde, auch wenn dem nicht so wäre, jedenfalls weit eher gegen, als für eine derartige Ediktklausel beweisen. C. 3 cit. gibt nämlich das kaiserliche Reskript nicht ganz; seinen Eingang überliefert uns c. un. de lit. cont. (3. 9), deren Zusammengehörigkeit mit c. 3 cit. durch die Übereinstimmung des Datums und der Inskription erwiesen wird. Das ganze Reskript lautete so:

Res in iudicium deducta non uidetur, si tantum *postulatio simplex celebrata* sit uel actionis species ante iudicium reo cognita. inter litem enim contestatam et editam actionem permultum interest. lis enim tunc uidetur contestata, cum *iudex per narrationem negotii causam audire coeperit*[4]): edita (autem) actio speciem futurae litis demonstrat, quam emendari uel mutari licet, prout edicti perpetui monet auctoritas uel ius reddentis decernit aequitas.

War nun hiernach der Gedankengang der Kaiser der: die editio actionis wirkt noch nicht res in iudicium deducta, folglich kann die actio geändert werden, — so scheint mir klar, dass eine spezielle Ediktbestimmung, die ausdrücklich die emendatio und mutatio actionis editae gestattete, nicht existiert haben kann. Das „prout edicti perpetui monet auctoritas" kann vielmehr im Zusammenhang mit dem „uel ius reddentis decernit aequitas" nur auf das Motiv der vom Kläger in concreto beabsichtigten Klage-

---

[1]) Vgl. etwa consult. 6, 13. Keinen Bezug auf die aussergerichtliche Edition hat das Diokletianische Reskript in consult. 5, 7 — darüber s. ZRG. XXVIII S. 388 n. 2 —, noch weniger die Vorschrift der l. Rom. Burg. XI 1 (mon. Germ. hist. tom. III legum p. 603). Dass Verweigerung der Urkundenedition unter Umständen Absolution des Beklagten (auf Grund der exc. doli) nach sich ziehen konnte, zeigt c. 8 de edendo (2. 1). Vgl. Wenger, a. a. O. III a.

[2]) Siehe übrigens selbst noch Bekker,

Aktionen II S. 224 bei n. 10.

[3]) ZRG. XXVIII S. 389.

[4]) Sind die kursiv gedruckten Worte echt, so bezieht sich das Reskript selbstverständlich auf extraordinaria cognitio, vgl. Savigny, System VI S. 17 fg. Möglich ist aber, dass wir Interpolationen vor uns haben. Vgl. auch Bethmann-Hollweg, C. P. II S. 482 n. 17, S. 778 n. 113, Keller, L. C. und Urteil S. 59 fg., dessen Ausführungen aber keineswegs als durchschlagend betrachtet werden können.

änderung bezogen werden: du darfst, sagen die Kaiser, die Klage ändern,
mag nun das Edikt selbst für deinen Fall eine andere als die edierte Klage
verheissen oder der ius reddens dir ex aequitate eine solche in factum
gewähren wollen. Diesen Zusammenhang hat schon Rudorff, ZRG. IV
S. 29 n. 62, klar erkannt, und so weiss ich nicht, was ihn bewogen hat, im
E. P. § 8 die c. 3 cit. gleichwohl als Relation über Ediktinhalt unter den
Titel de edendo aufzunehmen.

2.

Das Edikt über die Editionspflicht der Argentarien ist von den Kompilatoren schlimm zugerichtet worden. Sie lassen den Ulpian in fr. 4 pr.
h. t. berichten:

> Praetor ait: „argentariae mensae exercitores rationem,
> quae ad se pertinet, edent adiecto die et consule."

Jedermann sieht, dass die Worte „quae ad se pertinet", die sich auf den
Editionsberechtigten beziehen — fr. 6 § 5, fr. 9 § 3 h. t. —, an dieser
Stelle entweder gar nicht oder doch nicht in dieser Verbindung gestanden
haben können. Andererseits fehlt die in fr. 6 § 2, fr. 9 § 3 h. t. bezeugte
Vorschrift über den Calumnieneid des Antragstellers, und fehlt die Ver-
heissung der actio in factum, von der in fr. 6 § 4, fr. 8, 9 pr., 10 § 3 die
Rede ist.

Das ursprüngliche Edikt ist mit Hilfe von Ulpians Kommentar ebenso
leicht als sicher herzustellen. Nach einer Bemerkung über die ratio edicti
— fr. 4 § 1 — erläutert Ulpian zunächst in fr. 4 § 2—5, fr. 6 pr. § 1 die
Worte „argentariae mensae exercitores edent". Hierauf, und zwar noch vor
dem Kommentar zu dem Wort „rationem", folgt die Bemerkung: exigitur
autem ab aduersario argentarii iusiurandum non calumniae causa postulare
edi sibi, ne forte etc. (fr. 6 § 2). Nunmehr Feststellung der Bedeutung
von rationem — fr. 6 § 3 —, und sodann Erläuterung der Worte „quae ad
se pertinet" — fr. 6 § 4—6. Zuletzt kommt der Jurist nochmals auf das
Wort „edi" zurück — fr. 6 § 7 — und wendet sich dann zu der folgenden
Klausel, dem Edikt über das wiederholte Editionsbegehren, fr. 6 § 8:
Praetor ait: „argentario eiue etc." In fr. 8 und 13 folgen endlich gesondert
einige Bemerkungen über die Formel der actio und deren Dauer. Das Edikt
enthielt hienach folgende Stücke:

1. Feststellung der Editionspflicht der Argentarien.
2. Edikt über das wiederholte Editionsbegehren.
3. Formelverheissung oder vielleicht ohne weiteres die Formel
   selbst.

Der Kommentar zu 1. schliesst mit fr. 6 § 7; er ergibt folgenden
Wortlaut:

ARGENTARIAE MENSAE EXERCITORES[1]) *EI, QUI IURAUERIT NON CALUMNIAE*

---

[1]) Ulp. 4 fr. 4 § 2 — ult., fr. 6 pr. § 1 h. t.   Paul. 3 fr. 9 pr. — § 2 eod., Gai. 1 fr. 10 pr.
(einschliesslich des Worts edent, fr. 4 § 5);   § 1 eod.; Callistr. 1 fr. 12 eod.

CAUSA POSTULARE EDI SIBI[1]) RATIONEM QUAE AD SE PERTINET[2]), EDENT AD-
IECTO DIE ET CONSULE.

Das Edikt zu 2. überliefert Ulp. 4 fr. 6 § 8 h. t.:

Praetor ait: „ARGENTARIO[3]) EIUE, QUI ITERUM EDI POSTULABIT[4]), CAUSA
COGNITA EDI IUBEBO."

Die Formel der verheissenen actio nimmt bei Rudorff (E. P. § 10)
einen sehr beträchtlichen Raum ein, da er das ganze Edikt in ihr
reproduziert, selbst den Calumnieneid eingeschlossen, und überdies auch
noch wegen fr. 13 h. t. die exceptio annalis einschiebt. Er rekonstruiert:

> Quantae pecuniae paret A^i A^i interesse argentariae mensae rationes,
> quae ad A^m A^m pertinent, cum id ab illo praetore decretum esset,
> dolo malo N^i N^i exhibitas non fuisse, si A^s A^s iurauit non calumniae
> causa se postulare ut exhibeantur, neque plus quam annus est
> postea quam ab illo praetore id decretum fuit, tantam pecuniam,
> iudex, N^m N^m A^o A^o c. s. n. p. a.

Diese Rekonstruktion ist missglückt. Das „quantae pecuniae paret interesse" widerspricht der doppelt bezeugten Tatsache, dass die actio auf
„quanti interfuit" ging[5]). „Quantae pecuniae paret interesse, rationes dolo
malo N^i N^i exhibitas non fuisse" ist eine überaus sonderbare Zusammenstellung: was hat das Interesse des Klägers mit der Frage zu tun, ob
Numerius gerade dolo malo nicht exhibiert hat? „Exhibitas": das Edikt
handelt von Edition, nicht von Exhibition. „Cum id ab illo praetore decretum esset" setzt Rudorff hinzu wegen fr. 8 § 1 h. t.: is autem, qui in
hoc edictum[6]) incidit, id praestat, quod interfuit mea rationes edi, cum
decerneretur a praetore, non quod hodie interest. Die hervorgehobenen
Worte sind aber offenbar blosse Erläuterung des „interfuit" der Formel.
Die exceptio wegen des Calumnieneids, der doch dem Editionsdekret
vorausging, hinkt bedenklich hinterher. Die exceptio annalis ist als stän-

---

[1]) Ulp. 4 fr. 6 § 7 h. t., Paul. 3 fr. 9 § 3
h. t., fr. 14 de iureiur. (12. 2). Fr. 6 § 7 cit.:
Edi autem est uel dictare uel tradere libellum uel codicem proferre. Die Vulgata verbessert das inkonzinne edi in edere. Die
Inkonzinnität erklärt sich aber aus der Ediktmässigkeit des edi.

[2]) Die richtige Beziehung der Worte
„quae ad se pertinet" ergibt sich aus Paul. 3
fr. 9 § 3 h. t. (Die Worte „rationes quae
ad se pertineant" müssen hier wegen des
Reflexivpronomens notwendig zu iurantibus
petere gezogen werden). Auffallend ist die
Bemerkung Ulpians in fr. 6 § 4. 5 h. t.: Ex
hoc edicto in id quod interfuit actio competit: unde apparet, ita demum tenere hoc
edictum, si ad eum pertineat. Man könnte
hienach, wenn nicht das Gegenteil fest-
stünde, zu schliessen versucht sein, dass die

Worte „quae ad se pertinet" gar nicht
ediktal seien. Die Lösung des Rätsels liegt
wohl in folgendem. In der Formel dürften
die Worte gefehlt und Ulpian dies hier angemerkt, aber erläuternd hinzugefügt haben,
dass wegen des „quanti interfuit" der Formel die Wiederholung des „quae ad se
pertinet" in ihr überflüssig gewesen sei.
In fr. 6 § 5 wird Ulpian statt „hoc edictum"
geschrieben haben: formulam. Anders und
nicht befriedigend die 1. Auflage.

[3]) Ulp. 4 fr. 6 § 9 h. t.

[4]) Ulp. 4 fr. 6 § 10 h. t., Paul. 3 fr. 7 eod.

[5]) Fr. 6 § 4 und besonders fr. 8 § 1 h. t.
Allerdings referiert Gaius in fr. 10 § 3: quanti
intersit editas sibi rationes esse: allein für
die Bemerkung, die Gaius hier macht, kam
es auf genaues Referat nicht an.

[6]) Ulpian hatte „hanc formulam".

diges Formelstück hier trotz fr. 13 h. t. nicht erwiesen[1]) und würde jedenfalls mit der Beschränkung „cum experiundi potestas fuit" versehen werden müssen, wogegen Rudorffs „postea quam etc." ausfallen könnte.

Das Resultat obiger Kritik ist wohl geeignet, von ähnlichen Versuchen abzuschrecken. Soll gleichwohl ein solcher Versuch ausnahmsweise gewagt werden, so würde ich etwa vorschlagen:

S. p. N^m N^m aduersus edictum illius praetoris[2]) A° A° rationem DOLO MALO NON EDIDISSE[3]), QUANTI A^i A^i INTERFUIT *eam rationem edi sibi[4]), tantam pecuniam iudex N^m N^m A° A° c. s. n. p. a.*

Tit. IV.

§ 10.　DE PACTIS ET CONUENTIONIBUS[5]).

Ulp. 4[6]), Paul. 3[7]), Gai. 1[8]), Pomp. 6[9]), 7[10]), 8[11]), Fur. Anth. 1[12]).
Ulp. 4 fr. 7 § 7 h. t.:

[1]) Das haec actio neque post annum dabitur in fr. 13 spricht für Verweigerung auf Grund prätorischen Ermessens. Überhaupt ist hier der Ort, anzumerken, dass bei sehr vielen Klagen die Beschränkung auf ein Jahr den römischen Juristen sich nicht schon aus dem Wortlaut des Edikts oder der Formel ergab, vielmehr erst aus Bedeutung und Zweck der Klage gefolgert wurde. Darüber lässt die Ausdrucksweise der Quellen vielfach gar keinen Zweifel. Vgl. z. B. fr. 1 i. f. si quis ius dicenti (2. 3), fr. 6, 7 de alien. iud. mut. cau. (4. 7), fr. 3 § 4 nautae caup. (4. 9), fr. 5 § 5 de his qui effud. (9. 3), fr. 4 si mensor (11. 6), fr. 4 § 4 de exerc. (14. 1), fr. 7 § 5, fr. 8 de tribut. (14. 4), fr. 1 § 4 si uentris nom. (25. 5), fr. 9 § 1 quod falso tut. (27. 6). Die letzte Stelle ist besonders schlagend, weil hier sogar eine Autorität — Labeo — für die Annalität zitiert wird. S. auch Wlassak, Edict und Klageform S. 84 n. 19.

[2]) Diese Worte ersparen, wie sonst oft, die Wiederholung der Weitläufigkeiten des Edikts.

[3]) Dolo malo non edidisse ist nach Ulp. 4 fr. 8 pr. h. t. sicher ediktal.

[4]) Ulp. 4 fr. 6 § 4, 8 § 1 h. t.

[5]) D. (2. 14), C. (2. 3) de pactis. Die Rubrik wird von Ulpian gesondert kommentiert: in fr. 1 § 1—4, fr. 5, 7 pr. — § 6 h. t., vgl. auch Paul. fr. 2, 4, 6 h. t. G. C. Crusius († 1676) in Otto, thesaur. I

Praetor ait: PACTA CONUENTA[1]), QUAE NEQUE DOLO MALO[2]) NEQUE AD-
UERSUS LEGES PLEBIS SCITA SENATUS CONSULTA EDICTA DECRETA[3]) PRIN-
CIPUM NEQUE QUO FRAUS CUI EORUM FIAT FACTA ERUNT[4]), SERUABO.

Tit. V.

DE IN IUS UOCANDO[5]).

§ 11. IN IUS UOCATI UT EANT AUT *UINDICEM* DENT[6]).

Ulp 5[7]), Paul. 4[8]), Gai. 1[9]), Callistr. 1[10]).

Die Hauptschwierigkeit, die sich unter dem Titel de in ius uocando
der Rekonstruktion bietet, liegt in der Rolle, die der Vindex hier im
Edikt spielt. Die Stellung eines Vindex war nach dem Edikt, das sich
hier höchst wahrscheinlich an altes Zivilrecht anschloss, das Mittel, und
zwar das einzige Mittel, wodurch sich der in ius uocatus der Folgepflicht
entziehen konnte[11]). Allerdings haben die Kompilatoren der Digesten
überall, wo im Edikt und in den Kommentaren vom Vindex die Rede
war, statt dessen einen „fideiussor iudicio sistendi causa datus" eingefügt;
allein die grobe Interpolation lässt sich, wenn irgendwo, so hier fast
mathematisch nachweisen. Gaius IV 46 berichtet von einer unter dem
Titel de in ius uocando proponierten Formel „aduersus eum qui in ius
uocatus neque uenerit neque uindicem dederit". Vergleicht man hiemit
die Digestenrubrik (2. 6) „in ius uocati ut eant aut satis uel cautum dent",
so liegt auf der Hand, dass die letztere interpoliert ist und dass die Rubrik
im Album (wie auch Rudorff annimmt) lautete: in ius uocati ut eant aut
uindicem dent. Dann aber muss sich auch der unter dieser Rubrik in den
Digesten auftretende fideiussor iudicio sistendi causa datus in den Vindex
verwandeln und darf nicht etwa in das Gebiet des im Album erst viel
später — Ulp. 7, Paul. 6. 7, Gai. 2 — behandelten Vadimoniums hinein-

---

[1]) Ulp. 4 fr. 7 § 8 h. t.: Prob. 5, 14: P. C. =
pactum conuentum. Cf. ad Herenn. II 13
§ 20, Cic. de partit. orat. 37 § 130, de orator.
II 24 § 100 und sonst oft, Gai. III 179.
IV 119, 121, 122.

[2]) Ulp. 4 fr. 7 § 9—11 h. t.

[3]) Decreta fehlt im Flor. durch Abschreiberversehen, vgl. schol. 20 bei Heimb.
Basil. I p. 569: ἢ δεκρέτου ἢ ἐδίκτου βασιλι-
κοῦ. Hienach Mommsen-Rudorff: decreta
edicta. S. aber fr. 1 § 8 de postul. (3. 1),
fr. 1 i. f. ex quib. caus. mai. (4. 6).

[4]) Von fr. 7 § 13 h. t. an behandelt Ulp. 4
die Lehre von den erlaubten und unerlaubten
pactis.

[5]) D. (2. 4), C. (2. 2). Der Titel ist bezeugt bei Gai. IV 46, sowie in fr. 1 § 11 de

Lenel, Das Edictum Perpetuum. 2. Aufl.

postul. (3. 1). Zur Einleitung des ganzen
Titels mögen Ulp. 5 fr. 2 de fer. (2. 12) und
fr. 8 de man. uind. (40. 2) gehören.

[6]) D. (2. 6) in ius uocati ut eant aut satis
uel cautum dent. Cf. Gai. IV 46.

[7]) Fr. 2, 4, 8, 10, 24 de in ius uoc. (2. 4),
fr. 2 qui satisd. cog. (2. 8), fr. 5 de iudic.
(5. 1), fr. 2 quib. ex caus. in poss. (42. 4).

[8]) Fr. 1, 5, 7, 9, 11 de in ius uoc. (2. 4),
fr. 3 h. t., fr. 4 qui satisd. cog. (2. 8), fr. 23
de iniur. (47. 10), fr. 108 de R. I. (50. 17).

[9]) Fr. 3, 5 qui satisd. cog. (2. 8), fr. 4 de
iudic. (5. 1) cf. fr. 8 pr. de in ius uoc.

[10]) Fr. 2 in ius uocati (2. 6).

[11]) Vgl. hiezu und zum folgenden meine
Abhandlungen in ZRG. XV S. 43 fgg.,
XXXVIII S. 232 fgg.

gezogen werden[1]). Aber nicht bloss durch den Bericht bei Gai. IV 46,
auch aus dem in den Digesten überlieferten Ediktinhalt selbst wird klar,
dass hier im Edikt von einer eigenartigen Form der Gestellungsbürg-
schaft die Rede war. Ein sponsor oder fideiussor wird mit der actio ex
stipulatu belangt: wider den angeblichen „fideiussor iudicio sistendi causa
datus" ist, wie wir unten sehen werden, eine prätorische actio in factum
auf quanti ea res erit proponiert. Der Vadimoniumsbürge haftet auf reum
certo die sisti: jener „fideiussor" haftet nur dafür, dass der Beklagte überhaupt künftighin zu haben sein wird, und er kann daher erst dann selber
in Anspruch genommen werden, wenn ihm in einem Dekret des Prätors
aufgegeben worden ist, den eigentlichen reus zu einer in diesem Dekret
zu bestimmenden Zeit zu exhibieren, und gleichwohl die Exhibition nicht
erfolgt ist. Diesen Tatsachen gegenüber an eine in Stipulationsform er-
folgende Bürgschaft[2]) oder gar an ein eigentliches Vadimonium zu denken,
ist m. E. schlechthin unmöglich[3]). Auch beachte man, dass die in den
Digesten überlieferte Bezeichnung sprachlich mehr als bloss anstössig ist.
Kann man auch im Deutschen allenfalls sagen, Jemand sei wegen einer
Leistung Bürge geworden, — im Latein der guten Zeit kann der Inhalt
eines Versprechens niemals, wie es durch das Wort causa geschieht, als
Grund oder Zweck des Versprechens bezeichnet werden. So wenig die
Klassiker eine Verbürgung pecuniae dandae, iudicati soluendi, rati habendi
causa kennen, so wenig können sie von einer solchen iudicio sistendi causa
gesprochen haben[4]).

---

[1]) Damit erledigen sich die Konjekturen
Voigts in den Abh. der kgl. sächs. Ges.
der Wiss. VIII S. 357 fgg.

[2]) So Demelius, ZRG. XV S. 8 fgg.,
Schlossmann, ZRG. XXXVII S. 279 fgg.,
Grünhuts Zschr. XXXII S. 193 fgg. In der
ersten dieser Abhandlungen hatte Schlossmann die technische Bedeutung des Wortes
„uindex" ganz und gar geleugnet, in dem
Vindex des Gaius nichts gefunden als einen
Bürgen i. allg.; auch in der zweiten nimmt er
ihn noch als einen Gesamtbegriff, der nicht
nur den Vindex bei der legis actio per
manus iniectionem und der in ius uocatio in
sich fasst, sondern auch den sponsor bei
der cautio iudicatum solui und den Vadi-
moniumsbürgen. Wie er dies zu rechtfertigen sucht, muss man bei ihm selbst nachlesen. Wunderlich ist die Bestimmtheit,
mit der Schl. a. a. O. S. 200 versichert, der
Vindex in der l. col. Iul. Gen. c. 61 könne
nur von dem Bürgen bei der cautio iud.
solui verstanden werden, während doch das
Gesetz eine m. i. iure iudicati anordnet und
Gai. IV 25 ausdrücklich berichtet, so lange
die legis actiones in usu gewesen seien,
habe der iudicatus immer noch den alten

uindex stellen müssen. Über l. Rubr. c. 21
i. f. s. unten S. 70.

[3]) A. M. allerdings Schlossmann a. a. O.
Was er bei Grünh. S. 218 fgg. vorbringt, läuft
darauf hinaus, dass die von ihm unterstellte
promissio des Vindex so unzweckmässig formuliert gewesen wäre, dass der Prätor, um
unerträglichen Konsequenzen vorzubeugen,
sich genötigt gesehen hätte, der an sich zuständigen actio ex stipulatu nicht etwa ausnahmsweise, sondern für die Regelfälle
eine actio in factum zu substituieren.

[4]) Die hierauf bezügliche Bemerkung
ZRG. XXXVIII S. 236 ist von Schlossmann, Grünh. Zschr. XXXII S. 195 missverstanden worden. Er schiebt mir die
Meinung unter, als ob im Lateinischen ein
Attribut, aus Substantiv und Präposition
bestehend, unmöglich sei, und glaubt, mich
dem gegenüber auf Wendungen wie mortis
causa donatio, bonorum possessio secundum
tabulas und ähnl. aufmerksam machen zu
sollen. Vom Standpunkt jenes Missverständnisses aus hätte er übrigens genauer untersuchen müssen, ob gerade die Präposition
causa in dieser Weise wie an das die Handlung bezeichnende Substantiv (z. B. donatio),

Beruhte die Verpflichtung des Vindex weder auf sponsio noch auf fideiussio, so fragt sich, wie wir uns sonst die Art seines Eintretens vorzustellen haben. Gauckler[1]) und Naber[2]) sehen in ihm einen eigentlichen defensor des in ius uocatus, einen Vertreter also, der den Prozess selbst mit allen Folgen habe auf sich nehmen müssen. Für diese Auffassung scheint auf den ersten Blick fr. 22 § 1 de in ius uoc. (2. 4) zu sprechen:

Qui in ius uocatus est, duobus casibus dimittendus est: si quis eius personam defendet et si, dum in ius uenitur, de re transactum fuerit.

Allein dies personam defendere braucht keineswegs von der prozessualischen Defension im technischen Sinne verstanden zu werden[3]). Im Gegenteil: da die technisch sog. Defension nur in iure übernommen werden kann, so würde die Stelle bei dieser Auffassung als Grund zur Entlassung des in ius uocatus einen erst vor dem Prätor vollziehbaren Akt bezeichnen, der uocatus also hienach folgerichtig auch nicht sofort bei der Ladung, sondern erst in iure entlassen worden sein[4]), was doch kaum annehmbar erscheint. Auch würde eine Defensionspflicht des Vindex nicht geeignet sein, das Exhibitionsdekret und die actio in factum zu erklären; sie hätte vielmehr eher zu einer missio in bona uindicis führen müssen. Und endlich: ist es glaublich, dass man eine Partei, die, mit der in ius uocatio überrascht, im Augenblick der Ladung ohne erhebliche Nachteile nicht folgen konnte, aber vielleicht bereit war, sich demnächst an jedem beliebigen Tag dem Gegner zu stellen, von der Folgepflicht nur dadurch zu befreien vermochte, dass man den ganzen Prozess auf sich nahm? Die Stelle wird daher anders zu erklären sein. Was sie als defensio personae bezeichnet, wird nichts andres sein als was in der bekannten Definition bei Festus s. v. uindex zum Ausdruck kommt: Uindex ab eo quod uindicat, quo minus is qui prensus est ab aliquo teneatur. Der uindex ist defensor personae insofern als er die Person vor Gewalt schützt, — das entscheidende Begriffsmerkmal, das der uindex bei der legis actio per manus iniectionem und bei der in ius uocatio mit einander gemein haben[5]). Befreiend für den uocatus muss aber schon die blosse Erklärung zum Vindex gewirkt haben, und durch diese Erklärung schon muss die Haftung des Vindex, worin sie auch bestanden haben mag, begründet worden sein. Ob dazu ein ausdrückliches „uindex sum", ob andere förmliche Worte oder symbolische Handlungen erforderlich waren, darüber geben uns die Quellen keinen Aufschluss, und es ist müssig, darüber Vermutungen aufzustellen. Ich habe früher angenommen,

---

so auch an das den Handelnden bezeichnende (z. B. donator) angehängt zu werden pflegt.

[1]) NRH. XIII p. 621 ss.

[2]) Mnemosyne N. S. XXI p. 371 sqq.

[3]) Die Stelle ist schwerlich intakt überliefert. Insbesondere ist das Futurum defendet bei jeder Deutung anstössig, auch

bei der hier bekämpften. Vgl. die folg. Note und zu der ganzen Stelle Wlassak, ZRG. XXXVIII S. 127.

[4]) Man darf nicht etwa das „defendet" i. S. einer Bereiterklärung zur künftigen Defension deuten. „Defendet" ist nicht „defensurus est".

[5]) ZRG. XV S. 53.

dass der Vindex an Stelle des Geladenen dem Kläger habe vor den Prätor folgen müssen. Das weitere Verfahren dachte ich mir dann ursprünglich so, dass der Vindex in iure in die Hand nicht des Gegners, sondern des Prätors oder eines seiner Offiziale die Gestellung des Geladenen versprochen habe, — auf dies Versprechen bezog ich, ohne ausreichenden Grund, die Bemerkungen bei Paul. sent. I 13ª § 1ª. 1[1]). In der französischen Ausgabe wagte ich statt dessen die Vermutung, dass dem Vindex in iure die Stellung eines gewöhnlichen Vadimoniums obgelegen habe, bei dessen Weigerung der Prätor durch Exhibitionsdekret und actio in factum interveniert wäre. Diese Hypothese scheitert aber an einem Quellenzeugnis, auf das in dieser Richtung zuerst Brassloff[2]) hingewiesen hat, — Paul. 4 fr. 4 qui satisd. (2. 8), woraus sich ergibt, dass das prätorische Exhibitionsdekret sich nicht unmittelbar an die in ius uocatio anzuschliessen pflegte[3]). Eine Folgepflicht des Vindex ist nach alledem, mindestens für das klassische Recht, nicht anzunehmen. Sein Eintreten bei der in ius uocatio selbst, das der Kläger durch Zeugen konstatiert haben wird, genügte durchaus als Rechtfertigung für das späterhin an ihn zu richtende Exhibitionsdekret und die eventuelle Gewährung der actio in factum. „Wer dem Kläger die Vorführung unmöglich macht, der steht, das ist der Gedanke, dafür ein, dass der Geladene späterhin zu haben sein wird[4])". Ist dieser nicht zu haben, so wird der Vindex in ius voziert, und das Exhibitionsdekret gegen ihn erwirkt.

Hienach kann zur Rekonstruktion der unter unserer Rubrik proponierten Klauseln und Formeln geschritten werden.

I.

Rubr. D. (2. 6) ict. Gai. IV 46:
> IN IUS UOCATI UT EANT[5]) AUT UINDICEM DENT.

Ulp. 5 fr. 4 § 1 de in ius uoc. (2. 4):
> Praetor ait: PARENTEM[6]), PATRONUM PATRONAM[7]), LIBEROS PARENTES PATRONI PATRONAE[8]) IN IUS SINE PERMISSU MEO NE QUIS UOCET[9]).

---

[1]) Vgl. dagegen Naber, l. c. p. 375. Inzwischen haben uns die ägyptischen Urkundenfunde belehrt, dass Gestellungsbürgschaften Beamten gegenüber in den verschiedensten Verhältnissen vorgekommen sein müssen. Nachweisbare Beziehung auf den Vindex hat keine dieser Urkunden, weder die von Wenger, Papyrusstudien S. 1 fgg., angeführten (s. auch ihn selbst ZRG. XXXVI S. 174) noch auch Pap. Lips. Nr. 36 (mit den Verbesserungen von Wilcken, Arch. f. Papyrusforsch. III S. 564, IV S. 266), den der Herausgeber Mitteis auf den Vindex zu deuten geneigt scheint. Dass übrigens derartige Gestellungsbürgschaften nicht bloss im Straf- und Verwaltungs-, sondern auch im extraordinären Zivilprozess eine Rolle gespielt haben mögen, soll keineswegs bestritten werden.

[2]) Zur Kenntnis des Volksrechts (1902) S. 45.
[3]) Vgl. ZRG. XXXVIII S. 248 fg.
[4]) ZRG. a. a. O. S. 250.
[5]) Ulp. 5 fr. 5 de iudic. (5. 1), Paul. 4 fr. 1 de in ius uoc. (2. 4). Zivile Befreiungen: Ulp. 5 fr. 2, 4 pr. eod. cf. fr. 26 § 2 ex quib. caus. mai. (4. 6). Zeit: Ulp. 5 fr. 2 de feriis (2. 12). Gerichtsort: hieher vielleicht Ulp. 5 fr. 8 de manum. uind. (40. 2) als Nebenbemerkung, s. aber S. 65 n. 5.
[6]) Ulp. 5 fr. 4 § 2. 3, fr. 8 pr. de in ius uoc. (2. 4) cf. Gai. 1 fr. 4 de iud. (5. 1), Paul. 4 fr. 5, 7 de in ius uoc. (2. 4). C. 3 h. t.
[7]) Ulp. 5 fr. 8 § 1. 2, fr. 10 pr. — § 4 eod. Paul. 4 fr. 9 eod.
[8]) Ulp. 5 fr. 10 § 5—11 eod.
[9]) Ulp. 5 fr. 10 § 12. 13 eod., c. 2. 3 eod. (2. 2).

Paul. 1 fr. 1 in ius uocati (2. 6)[1]):

Edicto cauetur, ut *uindex* [D.: fideiussor iudicio sistendi causa datus] pro rei qualitate locuples detur . . . .[2]).

Ulp. 5 fr. 2 § 2 qui sat. cog. (2. 8):

Praetor ait: SI QUIS PARENTEM, PATRONUM PATRONAM, LIBEROS AUT PARENTES PATRONI PATRONAE, LIBEROSUE SUOS [EUMUE, QUEM IN POTESTATE HABEBIT][3]) UEL UXOREM UEL NURUM IN *IUS* [D.: iudicium][4]) UOCABIT: QUALISCUMQUE *UINDEX* [D.: fideiussor iudicio sistendi causa] ACCIPIATUR[5]).

An die vorstehenden Ediktklauseln hat sich ein Schlusssatz geknüpft, der wider die Übertreter derselben ein iudicium recuperatorium[6]) verhiess[7]). Dies iudicium war auf eine Geldstrafe gerichtet, die nach den Digesten für den Fall unerlaubter in ius uocatio einer Respektsperson wie auch für denjenigen der Nichtannahme eines Vindex von einem nahen Angehörigen[8]) gleichermassen 50 aurei betrug[9]). Nach der gewöhnlichen Umrechnungsweise[10]) wären also für das Edikt 50000 Sesterze anzunehmen, während Gai. IV 46 für den ersten Fall nur eine Strafe von „X milia" hat. Wie dieser Zwiespalt zu lösen, ob bei Gaius statt „X" zu lesen ist „L" oder mit Savigny[11]) „V", oder ob die Kompilatoren hier nach einem andern Umrechnungsprinzip verfuhren[12]), ist eine Frage, die sich schwerlich auch nur mit einiger Bestimmtheit beantworten lässt. Ob auch für den Fall „si in ius uocatus neque uenerit neque uindicem dederit" eine feste Geldstrafe angedroht oder iudicium auf quanti ea res erit angedroht war, wissen wir nicht: letzteres ist wohl wahrscheinlicher.

Unter den Formeln ist uns bei Gai. IV 46 die für den Fall unerlaubter in ius uocatio überliefert:

---

[1]) Die Stelle gehört zu dem in § 2 besprochenen Edikt, das die Bestimmungen des Titels de in ius uocando auf die Munizipaljurisdiktion übertrug. In dem „ut fideiussor . . . datus . . . detur" tritt hier die Interpolation besonders klar zu Tage. Schlossmann bei Grünh. XXXII S. 196 kommt freilich auch über diesen Anstoss hinweg.

[2]) Ulp. 5 fr. 2 pr. qui sat. cog. (2. 8), Gai. 1 fr. 5 § 1 eod., l. Rubria c. 21 i. f.

[3]) Die eingeklammerten Worte scheinen interpoliert; sie müssten auf einen Sohn mit peculium castrense gedeutet werden, sind aber neben dem liberosue überflüssig. Vgl. auch Eisele, ZRG. XXXIV S. 6. Sie fehlen auch in dem Referat bei Callistr. 1 fr. 2 in ius uocati (2. 6). Ob das in der Ediktsprache seltene „uel" in dem Passus uel uxorem uel nurum echt oder ebenfalls interpoliert ist (s. Eisele a. a. O.), muss dahingestellt bleiben.

[4]) Diese Interpolation geschah dem fideiussor iudicio sistendi causa zu lieb. Dass dieselbe anderwärts unterblieben ist, ist für

den, der die Inkonsequenz der Kompilatoren in Ansehung ihrer Interpolationen kennt, kein Gegenbeweis. A. M. Voigt, a. a. O. S. 358 n. 169.

[5]) Ulp. 5 fr. 2 § 3. 4 qui sat. cog. (2. 8), Paul. 4 fr. 3 in ius uocati (2. 6), Callistr. 1 fr. 2 eod.

[6]) Gai. IV 46, l. Rubria c. 21 i. f.

[7]) Erlass ex causa: Paul. 4 fr. 11 de in ius uoc. (2. 4), fr. 108 de R. I. (50. 17).

[8]) Gemeint ist: Angehöriger des Klägers, nicht, wie Naber, l. c. p. 377 annimmt, den Vindex selbst. Mit Recht hebt dagegen N. gegenüber der 1. Aufl. hervor, dass diese Klausel des Edikts nicht von Respektspersonen, sondern lediglich von nahen Angehörigen handelt.

[9]) Ulp. 5 fr. 24 de in ius uoc. (2. 4) cf. fr. 12 eod., Callistr. 1 fr. 2 in ius uoc. (2. 6).

[10]) Vgl. S. 57 n. 5.

[11]) System V S. 79. Andere (unwahrscheinliche) Vermutung bei Huschke, iurispr. anteiust. ad h. l.

[12]) Palingen. praef. VII 11.

RECUPERATORES SUNTO. S. P. ILLUM PATRONUM AB ILLO LIBERTO[1]) CONTRA
EDICTUM ILLIUS PRAETORIS[2]) IN IUS UOCATUM ESSE, RECUPERATORES, ILLUM
LIBERTUM ILLI PATRONO SESTERTIUM X MILIA C. S. N. P. A.

Die andern Formeln kennen wir nicht, und Rudorff ist bei seinen Rekon-
struktionsversuchen auch hier wieder recht irre gegangen. Die Formel
aduersus eum, qui in ius uocatus neque uenerit neque uindicem dederit,
lautet bei ihm (E. P. § 14) folgendermassen:

S. p. N^m N^m, cum ab A^o A^o ad illum praetorem in ius uocatus
esset, neque uenisse neque uadimonium Romam ex decreto eius,
qui Mutinae iure dicundo praefuit, promisisse aut uindicem locupletem non dedisse, recuperatores, N^m N^m A^o A^o sestertium X milia
c. s. n. p. a.

Hierbei denkt Rudorff an l. Rubria c. 21 i. f., wo den Munizipalmagistraten
das Recht vorbehalten ist, iudicium gegen denjenigen zu erteilen, der
„uadimonium Romam ex decreto eius . . . non promiserit aut uindicem
locupletem . . . non dederit". Offenbar sind in dieser Stelle zwei Fälle
vorgesehen: der, wo der Geladene zwar der in ius uocatio vor den Duovir
gefolgt ist, dort aber das von diesem auferlegte Vadimonium nicht geleistet
hat, und der, wo er der in ius uocatio nicht gefolgt ist, ohne einen uindex
locuples zu stellen[3]). Dass beide Fälle in einer und derselben Formel
vorgesehen waren, ist nicht gesagt und für das Edikt jedenfalls zu verneinen, da ja in ius uocatio und Vadimonium in ganz verschiedene Titel
fallen. Rudorff hat nun aber nicht bloss diese eine Formel herzustellen
versucht, sondern auch in derselben beide Fälle falsch charakterisiert.
Denn seine Formel trifft einmal denjenigen in ius uocatus, der neque uenit
neque uadimonium ex decreto eius, qui iure dicundo praefuit, promisit: als
ob an denjenigen, der gar nicht in iure erschienen ist, überhaupt die Frage
herantreten könnte, wie er sich dem Dekret des Magistrats gegenüber zu
verhalten habe; und zweitens trifft sie denjenigen, qui uindicem locupletem

---

[1]) *Veron.:* patrono liberto.

[2]) Vgl. Ulp. 5 fr. 24 de in ius uoc. (2. 4):
in eum qui aduersus ea fecerit, . . . iudicium
datur. Statt illius praetoris wurde im einzelnen Fall nicht etwa „meum" (so 1. Aufl.
mit Huschke, Studien S. 14), sondern der
Name des betreffenden Prätors eingesetzt
(so richtig Zimmern, C. P. S. 143 n. 4,
Bethmann-Hollweg, C.P. II S. 313 n. 46).
Der Prätor, der zur Zeit der Ladung amtiert
hatte, brauchte ja gar nicht der zu sein, der
die Formel gewährte.

[3]) Allerdings bestritten von Schlossmann, ZRG. XXXVII S. 288 fgg., Grünh.
Zschr. XXXII S. 200 fgg. An letzterm Orte
legt Schl. entscheidendes Gewicht darauf,
dass die Bestimmung der lex nicht den vollen
nach meiner Meinung zu fordernden Tatbestand wiedergebe; es fehle das „neque

uenerit". Derartige Schlüsse aus Aus-
lassungen sind m. E. sehr bedenklich gegenüber einer Klausel, die (s. ZRG. XXXVIII
S. 246 n. 1) nicht die eigentlich massgebende
gesetzliche Anordnung enthält, sondern auf
sie nur kurz rekapitulierend zurückverweisen
will. Und muss diese massgebende Anordnung genau so gelautet haben wie die des
Hadrianischen Edikts? Wie, wenn dort, wie
in den 12 Tafeln, die Folgepflicht des in ius
uocatus zunächst unbedingt ausgesprochen,
dann in besonderm Satz demjenigen, der
sich der Folgepflicht entziehen wolle, die
Stellung eines uindex locuples gestattet und
alsdann hinzugefügt gewesen wäre: si uindicem locupletem ita non dederit u. s. w.?
Missverstanden wird die Stelle auch von
Voigt, XII Tafeln I S. 575 n. 10.

non dedit, ohne dass hier, wo es darauf ankommt, die andere Bedingung
der Verurteilung „neque uenisse" wiederholt ist. Ich meinerseits möchte
nach Gai. IV 46 vermuten, dass die Formel ganz einfach lautete:

> S. p. N^m N^m, cum ab A° A° in ius uocatus esset, neque uenisse
> neque uindicem pro rei qualitate locupletem dedisse rel.

Nicht unmöglich wäre, dass auch in dieser Formel eine Verweisung auf
das edictum praetoris vorkam: mit einem „neque uindicem ex edicto praetoris dedisse" oder „aduersus edictum neque uenisse neque uindicem dedisse" hätte man z. B. die exceptio für den Fall gespart, dass der Beklagte
behauptete, ex edicto nicht zur Stellung eines uindex locuples verpflichtet zu sein. Ebenso unhaltbar, wie die eben betrachtete Rekonstruktion, ist auch Rudorffs Formel für den Fall, wo Jemand von einem nahen
Angehörigen keinen Vindex angenommen hat:

> S. p. N^m N^m, cum in hoc anno permissu illius praetoris A^m A^m
> patronum in ius uocasset, uindicem ab A° A° datum scientem non
> accepisse, recuperatores, N^m N^m A° A° rel.

„In hoc anno": Gai. IV 46 hat in der dort wörtlich erhaltenen Formel die
Annalexception nicht, obwohl doch auch diese nach der Praxis — Ulp. 5
fr. 24 de in ius uoc. — annal war; wie kommt also die Annalexception
hieher? „Permissu illius praetoris": nichts berechtigt R., die Strafe des
Edikts auf den ,Fall einzuschränken, wo der Prätor die in ius uocatio erlaubt hatte; wer ohne Erlaubnis in ius vozierte und den angebotenen
Vindex nicht annahm, verfiel einfach beiden Poenalklagen. „Uindicem
datum non accepisse": datum ist überflüssig, ja bedenklich; denn der
uindex non acceptus ist auch nicht datus. „Uindicem datum scientem
non accepisse": scientem schiebt Rudorff ein, weil es bei Callistr. 1 in fr. 2
in ius uocati (2. 6) heisst:

> in eum, qui non acceperit, cum sciret eam necessitudinem per-
> sonarum, ... iudicium competit.

Allein, abgesehen von der stilistischen Bedenklichkeit der Wendung „uindicem scientem non accepisse": die Worte des Callistratus sind schwerlich
Ediktzitat, da die Hinweisung auf das scire in der bei Gai. IV 46 überlieferten Formel fehlt, wo sie, objektiv betrachtet, ebenso notwendig wäre;
jene Worte sind blosse Erläuterung des Edikts.

2.

Ulp. 5 fr. 2 § 5 qui satisd. cog. (2. 8):

> In *uindicem* [D.: fideiussorem qui aliquem iudicio sisti promiserit]
> tanti quanti ea res erit[1]) actionem dat[2]) praetor. . . . . .

Ulp. 5 fr. 2 pr. quib. ex caus. in poss. (42. 4):

> Praetor ait: IN BONA EIUS, QUI *UINDICEM* [D.: iudicio sistendi causa
> fideiussorem] DEDIT (DEDERIT scr.?), SI NEQUE POTESTATEM SUI FACIET
> NEQUE DEFENDETUR[3]), IRI IUBEBO.

---

[1]) Gai. 1 fr. 3 eod.   [2]) Gai. 1 fr. 5 pr. eod.   [3]) Flor.: defenderetur.

Über die Voraussetzungen des iudicium wider den Vindex erhalten wir volle Aufklärung durch Paul. 4 fr. 4 qui satisd. cog. (2. 8):

> Si decesserit qui *uindicem* [D.: fideiussorem] dederit [D.: iudicio sistendi causa], non debebit praetor iubere exhibere eum . quod si ignorans iusserit exhiberi uel post decretum eius ante diem ex hibitionis decesserit, deneganda erit actio . si autem post diem ex hibitionis decesserit aut amiserit ciuitatem, utiliter agi potest.

Diese in den früheren Ediktrekonstruktionen, auch in der Rudorffs, vernachlässigte Stelle lässt keinen Zweifel übrig, dass der Vindex nur dann kondemniert werden konnte, wenn er auf ein vom Prätor erlassenes Exhibitionsdekret an dem in diesem Dekret festgesetzten Exhibitionstage den Beklagten nicht exhibiert hatte[1]). Was hienach von der bei Rudorff (E. P. § 14 p. 38) rekonstruierten Formel „s. p. N^m N^m . . . Titium illa die illo loco sisti promisisse neque Titium illa die ibi statum esse" zu halten ist, leuchtet von selbst ein: Exhibitionszeit und Exhibitionsort wurden nicht vom Vindex durch promissio, sondern vom Prätor durch Dekret bestimmt.

Das Edikt über die missio in bona ist auf den ersten Blick auffallend. Das Edikt scheint überflüssig, da sein Fall schon gedeckt war durch die Klauseln „Qui fraudationis causa latitabit" und „Qui absens iudicio defensus non fuerit" unter dem allgemeinen Titel (XXXVIII) Quibus ex causis in possessionem eatur. Da von dem Kommentar Ulpians zu dieser Klausel, über die wir sonst nichts wissen, nur wenige Sätze erhalten sind, die keinen Aufschluss geben, so sind wir auf Vermutungen angewiesen. Vielleicht liegt die einfachste Erklärung[2]) in der Annahme, dass das Edikt bestimmt war, der an sich möglichen Auffassung entgegenzutreten, dass der in ius uocatus durch die Stellung des Vindex der allgemeinen Pflicht zum „potestatem sui facere" ein für allemal enthoben sei. Es ging ja wohl nicht an, den in ius uocatus, der heute einen Vindex gestellt hatte, gleich morgen wieder von neuem zu laden. Aber ebensowenig konnte es dem uocatus gestattet sein, sich nun dauernd dem Erscheinen vor dem Prätor zu entziehen und den Kläger auf den Vindex zu verweisen. Das wird die Klausel haben einschärfen wollen, und das mag in dem Zu-

---

[1]) Auf die Haftung des Vindex bezog sich auch die Entscheidung des Paulus in dem interpolierten fr. 10 pr. qui satisd. (2. 11). Vgl. ZRG. XXXVIII S. 251 fgg. Der Fall der Stelle mag so zu denken sein, wie Schlossmann, Grünh. Zschr. XXXII S. 234 fgg., ausführt. Nur steht bei dem „actio danda est" keine actio ex stipulatu in Frage, wie Schl. meint, sondern eine mit Rücksicht auf den Wegfall des Exhibitionsdekrets modifizierte actio in factum.

[2]) Andere problematischere Erklärungen versuchte ich ZRG. XV S. 47 und in der 1. Aufl. S. 58. Noch anders wird unser Edikt von Schlossmann, Grünh. Zschr. XXXII S. 224 fgg. aufgefasst: nach ihm hätte der Prätor hier nicht etwa dem Gegner dessen, der den Vindex bestellt hatte, sondern dem Vindex selbst die missio in bona verheissen wollen, und zwar diesem, schon bevor er selbst durch Verurteilung oder mindestens Belangung einen aktuellen Regressanspruch gewonnen hatte. Wenn das Edikt nicht anders lautete, als wir nach der Überlieferung annehmen müssen, halte ich diese Deutung für ausgeschlossen.

sammenhang, worin sie ursprünglich stand, klarer hervorgetreten sein als jetzt.

Die Beziehung des Missionsedikts auf den in ius uocatus qui uindicem dedit wurde, das ist schliesslich noch hervorzuheben, früher vielfach verkannt. Unter dem Einfluss der irrigen Meinung, dass Ulp. 5 auch von dem Vadimonium handle, behauptete man fast einstimmig, die Androhung der missio habe sich auf den Fall des uadimonium desertum bezogen[1]). Diese Ansicht widerlegt sich schon durch den Inhalt des Ediktes selbst. Das Vadimonium ging auf certa die sisti: hätte es daher die Klausel auf das uadimonium desertum abgesehen, so hätte die Bedingung der Mission, wenn nicht einfach „si uadimonium deseruerit", dann nur die sein können „si illa die se non stiterit", nicht aber das unbestimmte „si potestatem sui non faciet", eine Fassung, die mir mit der als bereits bestehend vorausgesetzten Verpflichtung, an einem bestimmten Tage in iure zu erscheinen, ganz unvereinbar scheint[2]).

§ 12. NE QUIS EUM QUI IN IUS UOCABITUR UI EXIMAT[3]).

Ulp. 5[4]), Paul. 4[5]), Gai. 1[6]).

Rubr. D. (2. 7) ict. Paul. 4 fr. 4 § 2 h. t. ergibt folgenden Wortlaut des Edikts:

NE QUIS EUM QUI IN IUS UOCABITUR UI EXIMAT[7]) NEUE FACIAT DOLO MALO QUO MAGIS EXIMERETUR[8]).

Hieran knüpft sich die Verheissung der actio, Ulp. 5 fr. 5 § 1 h. t.:

In eum autem, qui ui exemit[9]), in factum[10]) iudicium datur, quo non id continetur quod in ueritate est, sed quanti ea res est ab actore aestimata, de qua controuersia est. hoc enim additum est, ut appareat, etiam si calumniator quis sit, tamen hanc poenam eum persequi.

---

[1]) Vgl. statt anderer: Keller, semestria l p. 55 sqq., C. P. n. 1047; Bethmann-Hollweg, C. P. II S. 563 n. 32, 33; Karlowa, Beiträge z. Gesch. d. röm. C. P. (1865) S. 113. Richtig aber Rudorff, ZRG. IV S. 43, E. P. p. 38.

[2]) Ich halte die obige Erwägung für ausschlaggebend. Daneben sei aber doch, als auf ein unterstützendes Moment, noch darauf aufmerksam gemacht, dass in Ciceros Rede pro Quinctio, in der es sich um eine auf Grund angeblichen uadimonii deserti erlangte missio handelt und in der alle auf diesen Fall auch nur möglicherweise zu beziehenden Ediktklauseln ausführlich besprochen werden, das Edikt des fr. 2 pr. cit. auch nicht mit einem Wort berührt ist. Unter den Erklärungsversuchen, die man vom Standpunkt der herrschenden Auffassung für diese Tatsache unternommen

hat — vgl. Karlowa, a. a. O. S. 113 fg. —, ist m. E. kein einziger wirklich befriedigend. Am wenigsten hat die historische Erklärung für sich, die das Edikt des fr. 2 pr. für jünger hält als Ciceros Rede: gegenüber der ganz feststehenden Rechtsauffassung, die wir in dieser letztern bereits vorfinden, wäre die nachträgliche Entstehung des überflüssigen Spezialedikts wahrhaft unbegreiflich.

[3]) D. (2. 7).

[4]) Fr. 1, 3, 5 h. t., fr. 16 de iudic. (5. 1) cf. fr. 5 § 4 h. t.

[5]) Fr. 2, 4 h. t.

[6]) Fr. 107 de R. I. (50. 17) cf. fr. 3 pr. h. t.

[7]) Ulp. 5 fr. 1, 3 h. t., Paul. 4 fr. 2, 4 pr. § 1 h. t.

[8]) Ulp. 5 fr. 5 pr. h. t.

[9]) Ulp. 5 fr. 5 § 2 h. t.

[10]) Ulp. 5 fr. 5 § 3 h. t.

Die Formel[1]) war ohne Zweifel in ihrer intentio blosse Umschreibung des Edikts. Schwierigkeit macht nur die Fassung der condemnatio, die nach Ulpian gestellt war auf „quanti ea res est ab actore aestimata". Rudorff (E. P. § 15) nimmt einfach diese Klausel selber in die Formel auf, unterstellt also, was doch nicht glaublich ist, dass der Prätor den Geschworenen angewiesen habe, die Kondemnationssumme blindlings nach der Schätzung des Klägers zu bestimmen. Noch viel weniger ist an eine actio auf quanti ea res est mit zugefügter taxatio zu denken[2]); von anderm abzusehen, widerspricht dieser Auffassung direkt der von Ulpian in fr. 5 § 1 h. t. angegebene, gegen den Beklagten gerichtete Zweck jener Klausel. Ohne Zweifel hat das Edikt vielmehr eine in iure vorzunehmende aestimatio im Auge, deren Resultat, selbstverständlich unter Minderungsrecht des Prätors, in die Formel aufgenommen wurde: diese letztere ist also auf certa pecunia gerichtet zu denken[3]). Damit stimmt auch die Fassung von Ulpians Referat: quanti ea res aestimata est (nicht, wie es nach Rudorffs Formel heissen müsste, aestimabitur).

§ 13.

Mit dem Obigen ist alles erschöpft, was sich über den Inhalt des Titels de in ius uocando mit Sicherheit ermitteln lässt. Es scheint aber der Titel noch ein weiteres Edikt enthalten zu haben, worauf folgende drei enge zusammenhängende Stellen deuten:

Ulp. 5 fr. 9 de V. S. (50. 16):

Marcellus apud Iulianum notat uerbo „periisse" et scissum et fractum contineri et ui raptum.

Iulian. 1 fr. 19 commod. (13. 6):

Ad eos qui seruandum aliquid conducunt aut utendum accipiunt, damnum iniuria ab alio datum non pertinere, procul dubio est: qua enim cura aut diligentia consequi possumus, ne aliquis damnum nobis iniuria det?

Ulp. 5 fr. 41 locati (19. 2):

— sed de damno ab alio dato agi cum eo[4]) non posse Iulianus ait: qua enim custodia consequi potuit, ne damnum iniuria ab alio dari possit? sed Marcellus interdum esse posse ait, siue custodiri potuit, ne damnum daretur siue ipse custos damnum dedit: quae sententia Marcelli probanda est.

Augenscheinlich handelt es sich in allen drei Stellen um die Haftung Jemandes, der die custodia einer Sache übernommen hat. Man könnte an eine Sequestration der in den Streit gezogenen Sache denken[5]). Wahr-

---

[1]) Vgl. Gai. IV 46, § 12 I. de action. (4. 6), Theophil. ad h. t.

[2]) Vgl. gegen diese Ansicht namentlich Hefke, Bdtg. und Anwendungen der taxatio (Berlin 1879) S. 74 fgg.

[3]) So auch Hefke, a. a. O. S. 78. Über

ältere Ansichten vgl. noch Glück, Erläuterung der Pandekten III S. 423 fg.

[4]) In den D. geht voraus (fr. 40): qui mercedem accipit pro custodia alicuius rei, is huius periculum custodiae praestat.

[5]) Vgl. fr. 7 § 2 qui sat. cog. (2. 8), fr. 16

scheinlich ist diese Annahme kaum. Ausgeschlossen ist der Gedanke an die viel weniger weitgehende[1]) Verantwortlichkeit des nach fr. 2 pr. quib. ex caus. in poss. (42. 4) Eingewiesenen.

Tit. VI.

DE POSTULANDO[2]).

Ulp. 6[3]), Paul. 5[4]), Gai. 1[5]), Callistr. 1[6]).

Ulp. 6 fr. 1 § 1 h. t.:

(praetor) tres fecit ordines: nam quosdam in totum prohibuit postulare, quibusdam uel pro se permisit, quibusdam et pro certis dumtaxat personis et pro se permisit.

§ 14. *QUI OMNINO NE POSTULENT.*

Der erste Abschnitt enthielt zwei absolute Postulationsverbote:

MINOREM ANNIS DECEM ET SEPTEM[7]), qui eos non in totum compleuit, prohibet postulare . .

SURDUM, QUI PRORSUS NON AUDIT, prohibet apud se postulare   [8])

Hinzugefügt war die Bestimmung:

SI NON HABEBUNT ADUOCATUM, EGO DABO[9]).

§ 15. QUI PRO ALIIS NE POSTULENT[10]).

Die Postulation für andere war untersagt:

den Frauen

feminas prohibet pro aliis postulare . . .[11]),

de off. praes. (1. 18), fr. 11 § 1 ad exhib. (10. 4), fr. 21 § 3 de appell. (49. 1), c. 1 de prohib. sequestr. (4. 4). Siehe auch Petron. satir. c. 14.

[1]) Vgl. fr. 9 pr. de reb. auct. iud. (42. 5).

[2]) D. (3. 1), C. (2. 6). Ulp. 6 fr. 1 pr. h. t.: hunc titulum praetor proposuit... Vgl. auch Spicil. Solesm. ed. Pitra I p. 282 (bei Krüger, coll. libr. iur. anteiust. II p. 160): Ulpianus libro ad edictum sexto qui pro aliis ne postulent titulo sexto sic refert etc. Möglich, dass in dieser korrumpierten Stelle bei dem „titulo sexto" an den 6. Titel des Edikts zu denken ist.

[3]) Fr. 1, 3, 6 h. t., fr. 2, 4, 6, 8, 11, 13, 24 de his qui not. (3. 2), fr. 6 de iudic. (5. 1), fr. 18 de sponsal. (23. 1), fr. 2 de re iud. (42. 1), fr. 1 de praeuaric. (47. 15), fr. 32 de poenis (48. 19), fr. 4 de iure fisci (49. 14), fr. 1 de re milit. (49. 16), fr. 10, 12 de V. S.

(50. 16). Die Beziehungen werden sich unten ergeben. Falsch inskribiert VI statt VII ist fr. 69 de V. O. (45. 1).

[4]) Fr. 4 h. t., fr. 5, 7, 9, 12, 14 de his qui not. (3. 2), fr. 13 de spons. (23. 1), fr. 109 de R. I. (50. 17).

[5]) Fr. 2 h. t., fr. 3 de his qui not. (3. 2), fr. 11 de V. S. (50. 16).

[6]) Fr. 85 de solut. (46. 3).

[7]) Dass dies genauer Ediktwortlaut ist, will ich nicht behaupten; Gradenwitz hat mich auf die Differenz gegenüber der Fassung des Restitutionsedikts (§ 41) — cum minore quam XXV annis natu — aufmerksam gemacht.

[8]) Ulp. 6 fr. 1 § 3 h. t.

[9]) Ulp. 6 fr. 1 § 4 h. t.

[10]) Ulp. 6 fr. 1 § 5 h. t., Spicil. Solesm. a. a. O. (n. 2).

[11]) Ulp. 6 fr. 1 § 5 h. t. Das Edikt hatte:

den Blinden:

CAECUM UTRISQUE LUMINIBUS ORBATUM praetor repellit . . . .[1])

demjenigen,

QUI CORPORE SUO MULIEBRIA PASSUS ERIT[2]), QUI CAPITALI[3]) CRIMINE
DAMNATUS ERIT . . ., QUI OPERAS SUAS, UT CUM BESTIIS DEPUGNARET, LOCA-
UERIT[4]).

Am Schlusse seines Kommentars zu diesem Abschnitt bemerkt Ulpian
fr. 1 § 6 h. t.:

Qui aduersus ea fecisse monstretur, et pro aliis interdicta postula-
tione repellitur et pro aestimatione iudicis extra ordinem pecuniaria
poena multabitur.

Rudorff[5]) hält dies für die Rekapitulation einer ediktalen Bestimmung.
Mir ist das mehr als zweifelhaft. Multenandrohungen finden sich sonst im
Edikt nicht und waren zumal in solcher Unbestimmtheit auch ganz überflüssig; denn dass der Prätor seinen Verboten durch Multen Nachdruck
geben konnte und gab, wusste ohnedies jeder. Ich halte daher obiges für
blosse Erläuterung des ediktalen „pro aliis ne postulent".

§ 16. QUI NISI PRO CERTIS PERSONIS NE POSTULENT.

Dieser Abschnitt zerfiel in zwei Edikte. Das erste schärfte summarisch
die auf Gesetz oder gesetzesgleicher Vorschrift beruhenden Postulationsverbote ein, Ulp. 6 fr. 1 § 8 h. t.:

Ait praetor: QUI LEGE PLEBIS SCITO SENATUS CONSULTO EDICTO DECRETO
PRINCIPUM NISI PRO CERTIS PERSONIS POSTULARE PROHIBENTUR, HI PRO ALIO,
QUAM PRO QUO LICEBIT, IN IURE APUD ME NE POSTULENT.

Das zweite Edikt enthielt die hieher gehörigen prätorischen Postulationsverbote. Dasselbe ist, wie ich an anderm Orte[6]) nachgewiesen habe, von
den Justinianischen Kompilatoren auseinandergerissen und interpoliert worden. Aus dem Verzeichnis der von der Postulation ausgeschlossenen
Personen, soweit es noch praktisch war, machten sie fr. 1 de his qui
notantur inf. (3. 2), indem sie jenem Verzeichnis die Worte „infamia notatur" und dem Ganzen die unmögliche Inskription „Iulianus libro primo
ad edictum" vorsetzten. Den authentischen Abschluss des Edikts aber
haben sie in fr. 1 § 9 und 11 de postulando gleichwohl getreulich überliefert. Die Fälschung, einmal aufgedeckt, ist zweifellos und handgreiflich[7]); ich komme daher hier nicht weiter darauf zurück. Das Edikt

---

mulieres. Cf. Spicil. Solesm. l. c., wo aus
Ulp. 6 zitiert ist: inuenimus apud ueteres
mulieris appellatione etiam uirigines contineri.

[1]) Ulp. 6 fr. 1 § 5 h. t. Hieher fr. 6 de
iudic. (5. 1).

[2]) Ulp. 6 fr. 1 § 6 h. t. Hieher vielleicht als Nebenbemerkung Ulp. 6 fr. 24
de his qui not. (3. 2); doch ist diese Stelle

wohl eher zu fr. 4 § 3 de his qui not. zu
ziehen.

[3]) Hieher: Ulp. 6 fr. 32 de poenis (48. 19).

[4]) Ulp. 6 fr. 1 § 6 h. t.

[5]) ZRG. IV S. 57, E. P. § 18.

[6]) ZRG. XV S. 56 fgg.

[7]) Vgl. jetzt auch die neuere Lesung des
cod. Veron. zu Gai. IV 182, wodurch die
obige Deduktion ihre äussere Bestätigung

lautete (soweit die Kategorien der Postulationsunfähigen in fr. 1 de his qui not. aufgenommen sind) folgendermassen [1]):

QUI AB EXERCITU IGNOMINIAE CAUSA AB IMPERATORE EOUE, CUI DE EA RE STATUENDI POTESTAS FUERIT, DIMISSUS ERIT [2]): QUI ARTIS LUDICRAE PRO-NUNTIANDIUE CAUSA IN SCAENAM PRODIERIT [3]): QUI LENOCINIUM FECERIT [4]): QUI IN IUDICIO PUBLICO CALUMNIAE PRAEUARICATIONISUE CAUSA QUID FECISSE IUDICATUS ERIT [5]): QUI FURTI, UI BONORUM RAPTORUM, INIURIARUM, DE DOLO MALO ET FRAUDE SUO NOMINE [6]) DAMNATUS PACTUSUE ERIT [7]): QUI PRO SOCIO, TUTELAE, MANDATI, DEPOSITI SUO NOMINE [NON CONTRARIO IUDICIO] [8]) DAMNATUS ERIT [9]): QUI EAM, QUAE IN POTESTATE EIUS ESSET, GENERO MORTUO, CUM EUM MORTUUM ESSE SCIRET [10]), INTRA ID TEMPUS, QUO ELUGERE UIRUM [11]) MORIS EST [12]), ANTEQUAM UIRUM ELUGERET, IN MATRIMONIUM COL-LOCAUERIT: EAMUE SCIENS [QUIS] [13]) UXOREM DUXERIT NON IUSSU EIUS, IN CUIUS POTESTATE ESSET [14]): ET QUI EUM QUEM IN POTESTATE HABERET, EAM, DE QUA SUPRA COMPREHENSUM EST, UXOREM DUCERE PASSUS FUERIT [15]): QUIUE SUO NOMINE [16]) NON IUSSU EIUS, IN CUIUS POTESTATE ESSET, EIUSUE NOMINE QUEM [17]) QUAMUE IN POTESTATE HABERET [18]) BINA SPONSALIA BINASUE NUPTIAS [19]) [IN] EODEM TEMPORE [20]) CONSTITUTAS [21]) HABUERIT [22]):

QUI EX HIS OMNIBUS QUI SUPRA SCRIPTI SUNT, IN INTEGRUM RESTITUTUS NON ERIT [23]):

gefunden hat. Sie lautet mit Krügers Er-gänzungen: *nec tamen* ulla parte edicti id ipsum nominatim exprimitur, ut aliquis igno-miniosus *sit* u. s. w. Steht auch nicht jedes einzelne Wort fest, so ist doch dem Sinne nach zweifellos richtig ergänzt. Die Text-rekonstruktion Karlowas (RG. I S. 762) schaltet nicht nur allzufrei mit dem Manu-skript, sondern scheitert auch an einer andern Klippe: sie setzt voraus, dass der Prätor unter dem Titel de cognitoribus et procuratoribus (unten § 25, 26) auf den In-famenkatalog des Edikts de postulando zurückverwiesen habe, was nachweisbar nicht der Fall war. Gegen Karlowa, litter. Centralbl. 1884 nr. 15 vgl. Wlassak, Grünh. Zschr. XII S. 259. Keine Förderung ge-währt Greenidge, Infamia (Oxf. 1894) p. 113 fg.

[1]) Lenel, a. a. O. S. 61.
[2]) Ulp. 6 fr. 2 pr. — § 4 de his q. not. (3.2).
[3]) Ulp. 6 fr. 2 § 5, fr. 4 pr. § 1 eod., Gai. 1 fr. 3 eod.
[4]) Ulp. 6 fr. 4 § 2. 3, 24 eod.
[5]) Ulp. 6 fr. 4 § 4 eod., fr. 1 de praeuaric. (47. 15).
[6]) Paul. 5 fr. 14 de his qui not. (3. 2).
[7]) Ulp. 6 fr. 4 § 5, fr. 6 pr. — § 4 eod., fr. 4 de iure fisci (49. 14) ict. Paul. 5 fr. 5 de his qui not. (3. 2); c. 18 de caus. ex quib. inf.

(2. 11 [12]), Gai. IV 182. Cf. 1. Iul. munic. lin. 110 sqq., tab. Atestin. lin. 3 sqq., auct. ad Herenn. IV 27 § 37.
[8]) Die Worte „non contrario iudicio" dürften (wie in § 2 I. de poena (4. 16) ict. Gai. IV 182) interpoliert sein, vgl. Ali-brandi, opp. I p. 407 sqq., Appleton, rev. gén. du dr. 1900 p. 223. Der contrario iudicio damnatus wurde durch die Interpre-tation ausgeschieden, cf. Ulp. 6 fr. 6 § 7 eod. Zu weit geht Alibrandi l. c.
[9]) Ulp. 6 fr. 6 § 5—7 eod., Paul. 5 fr. 7 eod., Gai. IV 182, Vat. 339, cf. 1. Iul. munic. und tab. Atestin. l. c.
[10]) Ulp. 6 fr. 8 eod.
[11]) Ulp. 6 fr. 11 pr. eod., Paul. 5 fr. 9 eod.
[12]) Ulp. 6 fr. 11 § 1—3 eod.
[13]) *Qui? sed potius „quis"* del. (Mommsen).
[14]) Ulp. 6 fr. 11 § 4 eod., Paul. 5 fr. 12 eod.
[15]) Ulp. 6 fr. 11 § 4, fr. 13 pr. eod.
[16]) Ulp. 6 fr. 13 § 1 eod.
[17]) Paul. 5 fr. 13 de spons. (23. 1), fr. 109 de R. I.
[18]) Ulp. 6 fr. 13 § 1 cit.
[19]) Ulp. 6 fr. 13 § 3 eod., c. 2 de incest. (5. 5).
[20]) Ulp. 6 fr. 13 § 2 eod.
[21]) Ulp. 6 fr. 18 de spons. (23. 1).
[22]) Ulp. 6 fr. 13 § 4 de his qui not. (3. 2).
[23]) Ulp. 6 fr. 1 § 9. 10 de postul. (3. 1).

PRO ALIO NE POSTULENT[1]), PRAETERQUAM PRO PARENTE, PATRONO PATRONA, LIBERIS PARENTIBUSQUE PATRONI PATRONAE, LIBERISUE SUIS, FRATRE SORORE[2]), UXORE, SOCERO SOCRU, GENERO NURU, UITRICO NOUERCA, PRIUIGNO PRIUIGNA, PUPILLO PUPILLA, FURIOSO FURIOSA[3]), CUI EORUM A PARENTE AUT DE MAIORIS PARTIS TUTORUM[4]) SENTENTIA AUT AB EO, CUIUS DE EA RE IURISDICTIO FUIT, EA TUTELA CURATIOUE DATA ERIT.

Es erübrigt nunmehr nur noch die Ergänzung des von den Kompilatoren ohne Zweifel stark beschnittenen Katalogs postulationsunfähiger Personen.

Zunächst lässt sich aus Vergleichung des in der lex Iulia municipalis lin. 110 sqq. erhaltenen Verzeichnisses bescholtener Personen mit Spuren in den verzettelten Bruchstücken der Kommentare zu unserm Edikt nachweisen, dass folgende Infamiefälle der lex Iulia auch in unserm Edikt figuriert haben[5]):

qui sponsoribus creditoribusue[6]) suis renuntiauit renuntiauerit, se soldum[7]) soluere non posse aut cum eis pactus est erit se soldum soluere non posse, ... cuiusue bona ex edicto[8]) eius, qui iure dicundo praefuit praefuerit, praeterquam si cuius cum pupillus esset reiue publicae causa abesset[9]) neque dolo malo fecit fecerit quo magis rei publicae causa abesset[10]), possessa proscriptaue sunt erunt.

Zweifellos dürften ferner auch im Edikt vertreten gewesen sein die beiden Klauseln der lex Iulia, die die Gladiatoren und lanistae betreffen, obwohl wegen des Untergangs der Gladiatorenspiele von diesen sich keine Spur in die Digesten gerettet hat:

qui depugnandi causa auctoratus est erit fuit fuerit (l. Iulia lin. 112 sq.), ... qui lanistaturam fecit fecerit ... (l. Iulia lin. 123).

Der fortdauernd entehrende Charakter beider Gewerbe steht fest, und unter eine der erhaltenen Ediktklauseln fallen sie nicht[11]). Zweifelhaft

---

[1]) Hiezu und zum folgenden: Ulp. 6 fr. 1 § 11, fr. 3, 6 de postul. (3. 1), Paul. 5 fr. 4 eod., Gai. 1 fr. 2 eod.

[2]) Gell. N. A. XIII 10 § 3.

[3]) Hier schiebt Rudorff (E. P. p. 43) wegen Gai. 1 fr. 2 h. t. „fatuo fatua" ein; allein diese Worte sind nicht ediktal, wie daraus hervorgeht, dass einesteils Ulpian sie nicht hat, andernteils Gaius ihre Einschiebung besonders motiviert: cum istis quoque personis curator detur. Vgl. Ulp. 6 fr. 3 § 3 h. t.

[4]) In der 1. Aufl. ist das in den Digesten überlieferte „tutorum" durch „tribunorum" ersetzt (vgl. Gai. I 185, Ulp. XI 18). Allein die Schlussworte unseres Edikts sind nicht von der Übertragung der Vormundschaft, sondern von der der administratio tutelae zu verstehen; vom tutor Atilianus ist daher hier nicht die Rede. Cf. fr. 3 § 5 l. S. (46. 7),

fr. 3 § 7 de adm. (26. 7), Naber, Mnemos. N. S. XVII S. 388.

[5]) Hierauf hat m. W. zuerst Alibrandi (opp. I p. 32 sqq.) aufmerksam gemacht.

[6]) Ulp. 6 fr. 10, 12 pr. de V. S. (50. 16), Gai. 1 fr. 11 eod.

[7]) Ulp. 6 fr. 12 § 1 de V. S. (50. 16), Callistr. 1 fr. 85 de solution. (46. 3).

[8]) Ulp. 6 fr. 2 de re iudic. (42. 1).

[9]) Ulp. 6 fr. 1 de re milit. (49. 16).

[10]) Hier dürfte der Prätor noch eine Ausnahme zu Gunsten des debitor, qui ex lege Iulia bonis cesserit, eingerückt haben, c. 11 ex quib. caus. inf. (2. 11 [12]).

[11]) Namentlich nicht unter die „qui artis ludicrae causa in scaenam prodierit". Das Gegenteil nimmt Pernice, Labeo I S. 245 n. 21 an, weil nach fr. 2 § 5 de his qui not. (3. 2) diejenigen, die quaestus causa in certa-

könnte nur sein, ob nicht lanistae und Gladiatoren schon in den zweiten Abschnitt unseres Titels zu den freilich weit tiefer verachteten bestiarii zu stellen wären.

Weiterhin ist aus dem Verzeichnis der iudicia famosa durch die Kompilatoren die actio fiduciae gestrichen worden[1]) und hat auch die Klausel pro quo datum depensum est erit — l. Iul. munic. lin. 115 — ein wohlbegründetes Recht auf Aufnahme ins Edikt[2]). Desgleichen die auf den verurteilten Betrüger von Minderjährigen bezügliche Klausel der l. Iulia lin. 111 sq.:

> qui lege Plaetoria ob eamue rem, quod aduersus eam legem fecit fecerit, condemnatus est erit[3]).

Einsprache ist schliesslich zu erheben gegen Rudorffs Versuch[4]), die Klauseln über den Trauerbruch aus dem in Fragm. Vatic. § 320 überlieferten Edikte zu vervollständigen. Karlowa[5]) hat überzeugend nachgewiesen, dass der in letzterer Stelle bruchstücksweise gegebene Infamenkatalog keineswegs mit dem uns hier beschäftigenden identisch ist, dass er vielmehr einem ganz andern Edikttitel, dem de cognitoribus et procuratoribus, angehört und dass entscheidende äussere und innere Gründe[6]) die Ergänzung unseres Edikts aus diesem in Rudorffs Sinne verbieten.

---

mina descendunt, unter jene Klausel subsumiert werden. Allein bei diesen certamina ist nicht an Gladiatorenkämpfe, sondern an die Wettkämpfe bezahlter Ringer, Wettläufer u. dgl. zu denken, die den uirtutis gratia kämpfenden Athleten — fr. 4 pr. eod. — hier entgegengestellt werden. Den Gladiator entehrt nicht das öffentliche Auftreten, sondern schon das auctoramentum selbst, und der lanista betreibt keine ars Iudicra (welch letzteres übrigens auch hinsichtlich des Gladiators bestreitbar ist).

[1]) Gai. IV 182, l. Iul. munic. lin. 111, Cic. pro Caec. c. 3 § 7.

[2]) Einen Hinweis auf die actio depensi gab wohl der ursprüngliche Text von fr. 6

§ 5 de his q. (3. 2), den die Kompilatoren ungeschickt verändert haben. Vgl. Appleton l. c.

[3]) Cic. de nat. deor. III 30 § 74: iudicium publicum rei priuatae lege Plaetoria. Fr. de form. Fab. § 4: Plaetoriae noxales sunt.

[4]) ZRG. IV S. 53 fgg.

[5]) ZRG. IX S. 220 fgg.

[6]) Diesen Beweisgründen kann noch hinzugefügt werden, dass die in Vat. § 320 erwähnte Trauerpflicht um Eltern und Kinder, von Ulpian nicht in lib. 6, sondern in lib. 8, d. h. gelegentlich des Edikts de cognitoribus, besprochen wurde: Ulp. 8 fr. 23 de his qui not. (3. 2).

Tit. VII.

§ 17—24. *DE UADIMONIIS.*

Ulp. 7 [1]), Paul. 6 [2]). 7 [3]), Gai. 2 [4]), Iulian. 2 [5]), Callistr. 1 [6]).

Die Ordnung der Materien in diesem von den Kompilatoren schlimm
mitgenommenen Titel lässt sich 'nur zum Teil sicher bestimmen: Anhaltspunkte gewährt die Rubrikenordnung der Digesten (2. 8) bis (2. 10), wie
auch der Paulinische Ediktkommentar, in dem das Vadimonium zwei
Bücher ausfüllt. Im übrigen sind wir auf Vermutungen angewiesen. Ich
gebe im folgenden den nachweisbaren Inhalt des Titels, wobei dahingestellt bleiben soll, ob nicht im Album mehrere der hier getrennten
Klauseln jeweils zu einer einzigen verbunden waren.

Erste Klausel (de uadimonio faciendo).

Gai. IV 184:

> Cum autem in ius uocatus fuerit aduersarius neque *eo* die finiri
> potuerit negotium, uadimonium ei faciendum est, id est, ut promittat
> se certo die sisti[7]).

Zweite Klausel (quanti uadimonia fiant).

Gai. IV 186:

> Et siquidem iudicati depensiue agetur, tanti f*i*t uadimonium, quanti
> ea res erit: si uero ex ceteris causis, quanti actor iurauerit n*on*
> calumniae causa postulare sibi *u*adimonium promitti: nec tamen
> *pluris quam partis dimidiae nec* pluribus quam sestertium centum
> milium fit uadimonium[8]): itaque si centum milium res erit nec

---

[1]) Fr. 1, 3 si ex nox. causa (2. 9), fr. 1 de
eo per quem fact. erit (2. 10), fr. 5, 7 de
procur. (3. 3), fr. 7 de iudic. (5. 1), fr. 11 de
noxal. act. (9. 4), fr. 25 ad l. Corn. (48. 10),
fr. 13 de V. S. (50. 16). Hieher gehört ferner
fr. 69 de V. O. (45. 1), im Flor. ursprünglich richtig Ulp. 7, dann vom Korrektor
fälschlich Ulp. 6 inskribiert. Nicht hieher
gehört dagegen fr. 44 loc. (19. 2), fälschlich
Ulp. 7 statt Ulp. 17 inskribiert.

[2]) Fr. 16 qui sat. cog. (2. 8), fr. 2 si ex nox.
caus. (2. 9), fr. 2 de eo per quem (2. 10), fr. 6
de proc. (3. 3), fr. 6 de R. V. (6. 1), fr. 12 de
noxal. act. (9. 4), fr. 15 de iureiur. (12. 2),
fr. 17 de auctor. (26. 8), fr. 110 de R. I.
(50. 17).

[3]) Fr. 5 de i. i. r. (4. 1), fr. 9 ad l. Iul. de
ui publ. (48. 6), fr. 14 de V. S. (50. 16).

[4]) Fr. 8 de iudic. (5. 1), fr. 1 de noxal. act.
(9. 4), fr. 111 de R. I. (50. 17).

[5]) Fr. 3 de eo per quem (2. 10), fr. 200 de
V. S.

[6]) Fr. 6 de incend. (47. 9).

[7]) Cf. Prob. Einsidl. 63: V. F. I. = uadimonium fieri iubere (iubebo?). Hieran wird
sich die Verheissung einer actio wider den
Verweigerer des Vadimoniums angeschlossen haben, arg. l. Rubr. c. 21 i. f. A. M., auf
Grund irriger Auffassung des Edikts Si quis
ius dicenti non obtemperauerit, Voigt, Abh.
der kgl. sächs. Gesellsch. d. Wiss. VIII S. 359
n. 175.

[8]) Exceptio bei irrig auf höhere Summe
gestelltem Vadimonium: fr. 4 § 5 si quis
caution. (2. 11). Auf die vorschriftsmässige
Summe kann aber natürlich auch hier an-
standslos geklagt werden, weil in eo, quod
plus sit, semper inest et minus. Paul. 6 fr.
110 pr. de R. I. (50. 17), welche Stelle vermutlich hieher gehört. Vgl. Jac. Gothofredus ad h. l. (opp. min. Lugd. 1733,
p. 1023), Rudorff, ZRG. IV S. 65 n. 115.
Doch sind auch andere Zusammenhänge
denkbar, vgl. z. B. collatio II 6 § 1, Gai. III 224.

iudicati depensiue ag*et*ur, non plus quam sestertium quinquaginta mili*um* fit uadimonium[1]).

Dritte Klausel: QUI SATISDARE COGANTUR UEL IURATO PROMITTANT UEL SUAE PROMISSIONI COMMITTANTUR. D. (2. 8.).

In dieser Digestenrubrik haben wir ohne Zweifel die dem Bericht des Gai. IV 185 entsprechende Ediktrubrik[2]) vor uns:

> Fiunt aut*em* uadimonia quibusdam ex causis pura, id est sine satisdatione, quibusdam cum satisdatione[3]), quibusdam iureiurando[4]), quibusdam recuperatoribus suppositis —: eaque singula diligenter praetoris edicto significantur.

Über das uadimonium recuperatoribus suppositis s. unten.

Vierte Klausel: *de uadimonio concipiendo*[5]).

Die Ediktmässigkeit dieser von Rudorff nicht aufgenommenen[6]) Klausel ergibt sich aus Paul. 6 fr. 6 de R. V. (6. 1). Im Zusammenhang der Justinianischen Kompilation hat diese Stelle Bezug auf die intentio der rei uindicatio. Dass sie ursprünglich die Fassung des Vadimoniums betraf, erhellt nicht nur aus der Inskription Paul. 6, sondern auch aus ihrem Inhalt: denn zweimal zieht der Jurist, indem er die Fassung des Vadimoniums erörtert, die Grundsätze über die Designation des Streitgegenstandes in der Formel analog oder gegensätzlich heran:

> quamuis et in uasis occurrat difficultas, utrum lancem dumtaxat dici oporteat an etiam, quadrata uel rotunda, uel pura an caelata sint, quae ipsa in petitionibus quoque adicere difficile est ...
> licet in petendo homine nomen eius dici debeat et utrum puer an adulescens sit, utique si plures sint *rel.*

---

[1]) Cf. Iulian. 2 fr. 3 § 4 de eo per quem (2. 10): si a fideiussore quinquaginta stipulatus fuero, si in iudicium reus non uenerit, petiturus a reo centum... Fr. 4 § 5 si quis caution. (2. 11): ... si iudicio sistendi causa pluris quam statutum est per ignorantiam promissum fuerit ... Die Interpolationen ergeben sich von selbst.

[2]) Die Worte „suae promissioni committantur" für nicht ediktal zu halten, wie Rudorff (ZRG. IV S. 63 n. 103) will, sehe ich keinen Grund.

[3]) So namentlich das Vadimonium der Stellvertreter. Hieher Paul. 6 fr. 110 § 1 de V. S. (vgl. schon Jac. Gothofredus, opp. min., Lugd. 1733, p. 1024 sqq., der freilich an die cautio iudicatum solui denkt; unrichtig Rudorff, a. a. O. n. 106, richtig E. P. § 21²). Für den procurator praesentis leistet, wie für den cognitor (arg. Gai. IV 101), der dominus selbst das Vadimonium. Hieher augenscheinlich fr. 5—7 de procur. (3. 3) aus Ulp. 7 und Paul. 6, Stellen, die von Rudorff, ZRG. IV S. 70 n. 1 und E. P. § 24⁴ missdeutet sind.

[4]) Hieher Paul. 6 fr. 16 qui sat. cog. (2. 8), fr. 15 de iureiur. (12. 2). Der Eid kommt hier nur als moralische Verpflichtung und allenfalls strafrechtlich (Mommsen, Strafr. S. 586) in Betracht. A. M. Voigt, Abh. der kgl. sächs. Ges. der Wiss. VIII S. 358 n. 174. Wenger, Papyrusstudien S. 75, nimmt an, das uadimonium iureiurando sei nicht durch blossen Eid, sondern durch Stipulation und Eid bestellt worden. Das ist sehr einleuchtend, wenn es auch durch die von Wenger angef. Urkunde P. Oxyrr. II nr. 260 nicht dargetan werden kann; denn die in dieser Urkunde erwähnte zweiseitige Übereinkunft ist sicher kein Vadimonium. Ebenso wird mit W. als sehr wahrscheinlich angenommen werden dürfen, dass das uadimonium recup. supp. durch Stipulation und Einsetzung des iud. recup. stattfand.

[5]) Cic. ad Quintum fr. II 13 (15ᵃ) § 3: negat enim .... quemquam fuisse, qui uadimonium concipere posset.

[6]) S. aber ZRG. IV S. 64.

Dass wir es aber in der Stelle wirklich mit der Erörterung von Ediktworten und nicht mit gelegentlich an andere Klauseln angeschlossenen
Erörterungen zu tun haben, zeigt ihr Anfang:

> Si in rem aliquis agat, debet designare „rem" et utrum totam an
> partem et quotam petat: appellatio enim „rei" non genus sed
> speciem significat[1]).

Fünfte Klausel: SI EX NOXALI CAUSA AGATUR, QUEMADMODUM CAUEATUR[2]).
D. (2. 9).

Ulp. 7 fr. 1 h. t.:

> Si quis eum, de quo noxalis actio est[3]), iudicio sisti promisit, praetor
> ait: IN EADEM CAUSA EUM EXHIBERE, IN QUA TUNC EST, DONEC IUDICIUM
> ACCIPIATUR.

Der Eingang der Stelle ist augenscheinlich Produkt der Kompilatoren.
Ulpian handelte hier, wie die Digestenrubrik dartut, von dem „quemad-
modum caueatur", nicht von dem was Rechtens war „si quis promisit".
Ich zweifle nicht, dass die zitierten Worte des Prätors sich auf die Fassung
des Vadimoniums bezogen, etwa: ita uadimonium fieri iubebo, ut in eadem
causa eum exhibere promittat rcl.; dass nämlich das Vadimonium in der
Tat in dieser Weise zu fassen war, steht fest[4]).   Kommentar zu unserer
Klausel enthalten Ulp. 7 fr. 1, 3 h. t., fr. 11 de noxal. act. (9. 4), fr. 69 de
V. O. (45. 1), Paul. 6 fr. 2 h. t., fr. 12 de noxal. act. (9. 4).

Sechste Klausel: *Quas personas sine permissu praetoris uadari non
liceat.*

Gai. IV 187:

> Quas autem personas sine permissu praetoris impune in ius uocare
> non possumus, easdem nec uadimonio inuitas obligare possumus
> praeterquam si praetor aditus permittat.

Hieran könnte sich eine andere Bestimmung geschlossen haben, worin der
Prätor das uadimonium domum faciendum vorsah, für den Fall, dass der
in ius uocatus ein ius domum reuocandi nachwies.   Darauf gehen Ulp. 7
fr. 7 de iudic. (5. 1), Gai. 2 fr. 8 eod.   Doch können hier auch anderweite
gesetzliche Vorschriften kommentiert sein, die die Juristen in ihre Erörterung hereinzogen.

Siebente Klausel: DE EO PER QUEM FACTUM ERIT, QUO MINUS QUIS
UADIMONIUM[5]) SISTAT.   D. (2. 10).

Das Edikt lautete etwa (s. Iulian. 2 fr. 3 pr. h. t.):

---

[1]) Auf den Grad der in re designanda erforderten Genauigkeit kann zu beziehen sein
Ulp. 7 fr. 13 pr. de V. S. (50. 16): mulieris appellatione etiam uirgo uiripotens continetur.
Anders, m.E. unmöglich, Rudorff, E.P. § 203.

[2]) Uadimonium fiat *Ulp.*?

[3]) Gai. 2 fr. 1 de noxal. act. (9. 4), Iulian. 2
fr. 200 de V. S. (50. 16).

[4]) Fr. 5, 6 h. t. (2. 9).   Die Bemängelungen

Nabers, Mnemos. N.S. XXI S. 379, scheinen
mir grundlos. Er fragt: Ciuili quum teneatur actione qui promiserit hominem sisti,
quorsum in eundem honoraria? Allein hier
ist nicht die Rede von dem, der Vadimonium
auf die Noxalklage bereits geleistet hat,
sondern von der Frage, wie das Vadimonium
zu fassen ist (s. oben).

[5]) D.: in iudicio.

In eum, qui DOLO MALO FECISSE[1]) *dicetur, quo minus quis uadimonium sisteret, quanti actoris interfuerit*[2]) *uadimonium sisti, i. d.*
Kommentar hiezu oder zu der entsprechend proponierten Formel enthalten: Ulp. 7 fr. 1 h. t. (2. 10), fr. 25 de l. Corn. de fals. (48. 10) cf. fr. 1 § 2 h. t.; Paul. 6 fr. 2 h. t, fr. 110 § 2 de R. I. (50. 17)[3]); Gai. 2 fr. 111 de R. I. (50. 17)[4]); Iulian. 2 fr. 3 h. t. (2. 10).

Eine noxalis actio war nicht proponiert, wurde aber von der Praxis gewährt: Ulp. 7 fr. 1 § 5 h. t.

Die bisher betrachteten Klauseln, soweit sie überhaupt durch den Paulinischen Ediktkommentar belegt werden konnten, gehören alle noch zu Paul. 6, die unten nächstfolgende bereits zu Paul. 7. Es restieren aber noch einige wenige Stellen aus Paul. 6, für die sich eine bestimmte Beziehung im obigen nicht ergeben hat. Diese müssen hier zunächst daraufhin geprüft werden, ob sie Anlass zur Annahme weiterer uns unbekannt gebliebener Klauseln geben.

Fr. 110 § 3 de R. I. (50. 17):
Ubi uerba coniuncta non sunt, sufficit alterutrum esse factum.
Offenbar bezieht sich das Fragment auf einen der zahlreichen Fälle, wo die Formelsprache Alternativen unter Weglassung der Alternativpartikel ausdrückt. Sicher verfehlt ist daher Rudorffs[5]) Versuch, aus der Stelle auf ein ui doloue malo in der Strafklage unserer siebenten Klausel zu konjizieren: dass ein „ui doloue malo" alternative Bedeutung habe, darüber dürfte Paulus wohl schwerlich ein Wort verloren haben. Die spezielle Beziehung lässt sich nicht nachweisen: uerba non coniuncta im Sinne der Stelle können aber sehr wohl in einer der bereits erörterten Ediktklauseln vorgekommen sein.

Fr. 110 § 4 de R. I. (50. 17):
Mulieribus tunc succurrendum est, cum defendantur, non ut facilius calumnientur.
Ich gebe diesem Satze folgende Beziehung. Eine Frau kann sich gegenüber der Klage aus dem uadimonium desertum nicht darauf berufen, dass die im Hauptprozess wider sie erhobene Forderung auf Interzession beruhe: sie geniesst die Hilfe des SC Vellaeanum nur „cum defenditur". Dass diese Deutung nicht die einzig mögliche ist, versteht sich von selbst[6]).

---

[1]) Ulp. 7 fr. 1 § 1 sqq. h. t. (2. 10).
[2]) Nicht bloss „quanti uadimonium factum erit": Iulian. 2 fr. 3 pr. § 4 h. t. (2. 10).
[3]) Cf. fr. 2 h. t., dazu fr. 3 i. f. de nox. act. (9. 4). Missdeutet ist fr. 110 § 2 cit. von Rudorff, ZRG. IV S. 70 n. 3, E. P. § 25², wohl auf die Autorität des Jac. Gothofredus (opp. min. p. 1025) hin.
[4]) Fr. 111 pr. cit. geht auf die Frage der doli capacitas des Pupillen mit Bezug auf das Erfordernis „dolo malo fecisse".

[5]) E. P. § 25², jedenfalls nach Jac. Gothofredus ad h. l. (opp. min. c. 1026 sqq.).
[6]) Eine andere, wie mir scheint, sehr viel ferner liegende Deutung in der 1. Auflage S. 68. Nicht haltbar, weil mit dem Wortlaut der Stelle nicht verträglich, ist m. E. Rudorffs Hypothese in ZRG. IV S. 64. Annehmbarer Cuiac. in Paul. ad ed. (opp. V p. 98).

Fr. 17 de auctor. et cons. (26. 8):

> Si tutor pupillo nolit auctor fieri, non debet eum praetor cogere,
> primum quia iniquum est, etiamsi non expedit pupillo, auctoritatem
> eum praestare, deinde etsi expedit, tutelae iudicio pupillus hanc
> iacturam consequitur.

Rudorff[1]) deutet die Stelle auf den Fall, wo ein Pupill Vadimonium
leisten soll; zu dem „etiamsi non expedit" und wieder „si expedit" will
das nicht recht passen. Vielleicht ist die Inskription falsch — Paul. 6
statt Paul. 16, wo der Jurist sehr wahrscheinlich von den Legisaktionen
handelte und daher auch von dem Erfordernis der auctoritas zur Prozess
führung des Pupillen gehandelt haben kann. Sicheres lässt sich nicht
ermitteln.

Achte Klausel: Quibus ex causis uadimonia recuperatoribus suppositis fiant.

Gai. IV 185:

> Fiunt . . . uadimonia . . . ex causis . . . . quibusdam recuperatoribus
> suppositis, id est ut qui non steterit, is protinus a recuperatoribus
> in summam uadimonii condemnetur . . .[2])

In welchen Fällen dies besonders strenge Verfahren eintrat, ist uns nicht
überliefert; wahrscheinlich aber ist, dass es vorzugsweise bei Delikts-
ansprüchen stattfand, die ja auch selber den Hauptstock der iudicia
recuperatoria bilden. Darauf nun glaube ich die verschiedenen Erörterungen beziehen zu können, die sich am Schlusse der Kommentare zu
unserm Titel — Paul. 7, Ulp. 7 — finden[3]). Paul. 7 in fr. 14 pr. de V. S.
und ebenso Ulp. 7 in fr. 13 § 1—3 eod. untersuchen die Frage, wann man
sagen könne: „rem furto abesse", und zwar augenscheinlich im Anschluss
an Ediktworte. Paul. 7 fr. 9 ad 1. Iul. de ui (48. 6) definiert das Wort arma-
tos, wobei jeder an das damnum ui hominibus armatis coactisue datum
oder an das interdictum de ui armata denken wird; weiter finden wir bei
Callistr. 1 in fr. 6 de incendio (47. 9) den Begriff der nauis expugnata erläutert, eine Erörterung, die sich nicht leicht unter eine andere der bei
Callistr. 1 behandelten Materien wird unterbringen lassen[4]); die hierauf bezüglichen Klagen aber sind rekuperatorische Judizien[5]). Hienach wären,
wenn unsere Vermutung richtig ist, zu den in Betreff des Vadimoniums
privilegierten Sachen zu rechnen: einmal die selber als recuperatoria iudicia

---

[1]) a. a. O. S. 64.

[2]) In Glossaren wird mehrfach uadimonia
mit iudicia wiedergegeben (vgl. C. Gloss. VII
p. 390). Es handelt sich aber dabei, wie
sich aus den zu dem Wort iudicia gemachten
Zusätzen ergibt, nicht um das uad. rec. suppos.,
sondern lediglich um ein Missverständnis.

[3]) Die Art und Weise, wie Rudorff den
grössern Teil der oben angeführten Fragmente zu der Klausel Si ex noxali causa

agatur in Beziehung setzt, s. ZRG. IV S. 67,
E. P. § 24[4]. Wäre diese Beziehung aus
innern Gründen ebenso möglich, wie sie unmöglich ist, so würde sie gleichwohl aufgegeben werden müssen, da jene Klausel
nach Paul. 6 gehört.

[4]) Callistr. 2 beginnt anscheinend mit dem
Titel de restitutionibus. Bis zu diesem Titel
also hat die Konjektur Spielraum.

[5]) Vgl. S. 27.

proponierten Deliktsklagen, ausserdem aber auch die actio furti, diese jedoch nicht schlechtweg, sondern nur, si cui furto res abesse dicetur, also nicht mehr, wenn der Bestohlene die Sache unbeschädigt[1]) zurückerlangt hatte und nur noch de lucro prozessierte. Ich betone ausdrücklich, dass ich dies lediglich als eine von verschiedenen möglichen Hypothesen, keineswegs als vollbewiesene Tatsache gebe. Aufmerksam gemacht sei namentlich auch auf die Möglichkeit, dass die angeführten Rechtssachen in Bezug auf den Vadimoniumstermin privilegiert waren, und dass die Juristen l. c. dies Privileg erörterten[2]).

Schliesslich erübrigen noch zwei Stellen aus Paul. 7, fr. 14 § 1 de V. S.:

Rem amisisse uidetur qui aduersus nullum eius persequendae actionem habet

und fr. 5 de i. i. r. (4. 1):

Nemo uidetur re[3]) exclusus quem praetor in integrum se restituturum pollicetur.

Ich halte folgende Deutung für möglich[4]). Das Vadimonium geht bekanntlich i. d. R. nicht auf den vollen Streitwert. Nun kann aber der Kläger durch Versäumung des Vadimoniums leicht um seinen ganzen Anspruch kommen, z. B. wenn der Beklagte inzwischen die Streitsache ersitzt oder die der actio gesetzte Frist abläuft[5]). Für solche Fälle musste Vorsorge getroffen sein, und auf eine hieher gehörige Ediktklausel können sich die Paulinischen Stellen bezogen haben.

Tit. VIII.

DE COGNITORIBUS ET PROCURATORIBUS ET DEFENSORIBUS[6]).

Ulp. 8—10, Paul. 8. 9, Gai. 3, Pomp. 24—26, Iulian. 3.

Unter diesen Titel rechne ich folgende Edikte:

1. Über die Fähigkeit, einen Cognitor zu bestellen.
2. Über die Fähigkeit, zum Cognitor bestellt zu werden.
3. Über den wider den Cognitor stattfindenden Zwang zur Übernahme des Iudicium.
4. De abdicando uel mutando cognitore.

---

[1]) Vgl. fr. 13 § 1, 14 pr. de V. S.

[2]) Vgl. fr. 3 de fer. (2. 12). Überhaupt konnte das Vadimonium Anlass geben, auf die ganze Lehre vom tempus quo res aguntur einzugehen.

[3]) Bas.: ἐκπεπτωκέναι πράγματος.

[4]) Andere minder naheliegende Hypothese in der 1. Aufl. S. 69.

[5]) Vgl. fr. 3 pr. de eo per quem (2. 10).

[6]) D. (3. 3) de procuratoribus et defensoribus. C. Iust. (2. 12 [13]) de procuratoribus. Paul. sent. I 2 de cognitoribus, I 3 de procuratoribus. Fr. Vat. rubr. de cognitoribus et procuratoribus (coll. libr. iur. III p. 100). C. Theod. (2. 12) de cognitoribus et procuratoribus.

5. Quibus alieno nomine agere liceat.
6. Quibus alieno nomine, item per alios agere non liceat.
7. Quibus municipum nomine agere liceat.
8. Über die Defensions- und Kautionspflicht des alieno nomine agens.
9. Über die Klage wider die Munizipien.
10. Quod cuiuscumque uniuersitatis nomine uel contra eam agatur.
11. De negotiis gestis.

Unter diesen Edikten handeln Nr. 1—4 von den Cognitoren; das Voranstehen dieser Edikte ergibt sich, abgesehen von den unten folgenden Spezialbelegen aus den Kommentaren, schon daraus, dass in dem Edikt Nr. 6 auf die Edikte Nr. 1 und 2 verwiesen ist[1]). Es folgen unter Nr. 5—8 vier weitere Edikte über die sonstige[2]) Vertretung der klagenden Partei (durch tutor, procurator, actor); den Inskriptionen nach könnte das Edikt Nr. 7 unter diesen auch an letzter Stelle stehen; es ist mir dies aber deshalb nicht wahrscheinlich, weil, wenn die Edikte über das agere nomine municipum (Nr. 7) und über die actio aduersus municipes (Nr. 9) sich unmittelbar gefolgt wären, Ulpian schwerlich jenes bereits in lib. 9, dieses erst in lib. 10 behandelt, beide vielmehr vermutlich zusammengenommen haben würde. Das Edikt Nr. 9, wodurch das Edikt Nr. 10 attrahiert ist, handelt von der defensio der Munizipien, das Edikt Nr. 10 doch auch von der defensio sonstiger uniuersitates, und ebenso scheint mindestens in klassischer Zeit bei dem Edikt Nr. 11 de negotiis gestis — arg. fr. 1 de N. G. (3. 5) — der Gedanke an das Verhältnis des defensor absentis zu dem Abwesenden als für die systematische Stellung massgebend angesehen worden zu sein. Ich halte es daher für gerechtfertigt, die Rubrik unseres Titels im Anschluss an die Digestenrubrik (3. 3) auch auf die defensores auszudehnen.

Ehe ich mich nunmehr zu den einzelnen bezeugten Ediktklauseln wende, scheint es mir zweckmässig, darüber Klarheit zu schaffen, was wir als nicht oder nicht hinlänglich bezeugt bei der Ediktrekonstruktion beiseite liegen lassen müssen.

1. Zunächst gaben die Edikte über die Cognitoren den Juristen Veranlassung zu mancherlei Erörterungen, die sich nicht als Kommentar zum Ediktwortlaut qualifizieren: Erörterungen über die Form der Bestellung eines Cognitor, über verschiedene im Edikt nicht geregelte Fragen hinsichtlich der Fähigkeit der beteiligten Personen und hinsichtlich der Arten von Rechtsstreitigkeiten, in welchen eine Cognitur stattfinden kann, über das Rechtsverhältnis zwischen Cognitor und Mandant, über den Umfang der Vollmacht des Cognitor u. s. w. Hieher rechne ich z. B. Ulp. 8 Vat. 318, fr. 8 pr. § 1 h. t., fr. 7 de in lit. iur. (12. 3), fr. 17 de nouat (46. 2)[3]),

---

[1]) Vgl. auch die Ordnung der Materien in Paul. sent. I 2. 3 und in den Rubriken der fr. Vat. und des C. Theod.

[2]) Siehe übrigens auch Eisele, Cogni-

tur und Procuratur (1881) S. 77.

[3]) Delegare scriptura uel nutu . . . . quis potest. Der Gegensatz liegt auf der Hand.

Paul. 8 Vat. 319, fr. 32, 42[1]) h. t., fr. 86 de solut. (46. 3), fr. 112 de R. I.
(50. 17)[2]), Gai. 3 fr. 39 de O. et A. (44. 7) cf. fr. 8 pr. i. f. h. t. Noch andere
hieher gehörige Stellen werden unten gelegentlich zur Besprechung kommen. Ähnliche Erörterungen, ohne Anschluss an Ediktworte, finden sich
ebenso auch in den Kommentaren zu den Prokuratorenedikten als Einleitung, Anhang oder gelegentliche Einschiebung: z. B. Ulp. 9 fr. 31 § 1. 2[3]),
33 pr. § 1 h. t., Paul. 9 fr. 51 de solut. (46. 3), Gai. 3 fr. 41 mandati (17. 1),
Pomp. 24 cit. fr. 1 § 1 h. t.

2. Rudorff (E. P. § 33) hat, entsprechend dem Edikt de abdicando uel
mutando cognitore, auch ein Edikt de abdicando uel mutando procuratore
aufgenommen. Ein solches Edikt hat nicht existiert, und Rudorff ist zu
seinem Irrtum wohl nur dadurch veranlasst worden, dass Ulpian, der die
übrigen Cognitorenedikte lib. 8 erläutert, das Edikt de abdicando uel mutando cognitore erst lib. 9 erörtert, wo sonst nur vom procurator die Rede
ist: dies hat Rudorff verleitet, den bei dem Ulpian der Digesten im Kommentar zum Translationsedikt vorkommenden „procurator" für echt zu
nehmen, während er hier, wie in lib. 8 überall, für „cognitor" interpoliert
ist. Den einleuchtenden Beweis dafür, dass Rudorffs Ansicht irrig ist,
liefert der Umstand, dass, wenn es zwei Translationsedikte gegeben hätte,
Ulpian die ausführliche Erörterung jedenfalls zu dem ersten verfasst und
bei dem zweiten sich mit einer blossen Verweisung begnügt haben würde.
Statt dessen handelt Ulpian in den zu § 28 anzuführenden Stellen aus lib. 9
offenbar zum ersten Male ex professo von der Translation und verweist
in fr. 17 § 2 h. t. bei einer Gelegenheit, wo die Verweisung auf das Edikt
de cognitore abdicando uel mutando, wenn es wirklich früher erörtert
gewesen wäre, geradezu unvermeidlich war, statt dessen auf ein anderes
Cognitorenedikt. Fragt man nun etwa noch, warum denn ein Edikt über
die Translation nur für den Fall der Bestellung eines Cognitor erlassen
worden, so lautet die Antwort: weil im Gebiet der Prokuratur zur Zeit
des Hadrianischen Edikts[4]) ein solches Translationsedikt kein Bedürfnis
war. Das für und wider den blossen procurator erlassene Urteil wirkte
nicht für und wider den dominus: hatte der dominus begründete Einwendungen wider die Prozessführung des procurator, so konnte er ohne
translatio iudicii sei es sofort sei es später einen neuen Prozess wider
den Gegner beginnen, und, wenn der procurator versuchte, die Folgen

[1]) Der Anknüpfungspunkt für fr. 42 § 7
ist, dass der Gläubiger sich von seinem
Schuldner nur einen Cognitor in solidum
gefallen zu lassen braucht.

[2]) Nihil interest, ipso iure quis actionem
non habeat an per exceptionem infirmetur.
Die Stelle geht wohl auf die Wirkung der
lis contestata (iudicio legitimo oder imperio
continenti) für den Vertretenen.

[3]) Fr. 29, 31 pr. h. t. sind wohl mit
Keller, Litiscontestation und Urteil S. 326,

vom cognitor zu verstehen, vgl. Palingen.
Ulp. nr. 318. 319.

[4]) Späterhin wurden die Grundsätze der
Cognitur, hier wie sonst, auf den beauf-
tragten Prokurator übertragen. Ulp. 9 fr. 27
pr. h. t. (der Wortlaut ist bei dem Übergang „sed haec ita" von den Kompilatoren
jedenfalls verändert; wie weit, muss hier
dahingestellt bleiben, vgl. Koschaker,
Translatio iudicii (1905) S. 46 fgg.).

des früheren Prozesses mittels der actio mandati oder negotiorum gestorum auf ihn abzuwälzen, so hatte er jetzt noch alle Zeit, jene Einwendungen vorzubringen.

3. Das Edikt enthält Vorschriften über die Bedingungen der Zulassung von procuratores ad agendum. Entsprechende Bestimmungen hinsichtlich der Defensoren enthielt es nicht. Vollmacht wurde von dem Defensor nicht verlangt, und ebensowenig unterlag er denselben Fähigkeitsbeschränkungen wie der procurator ad agendum, und zwar beides mit Bedacht. Publice utile est, sagt Ulp. 9 in fr. 33 § 2 h. t., absentes a quibuscumque defendi: nam et in capitalibus iudiciis defensio datur: ubicumque itaque absens quis damnari potest, ibi quemuis uerba pro eo facientem et innocentiam excusantem audiri aequum est et ordinarium admittere. Und der Scholiast bemerkt hiezu ausdrücklich: καὶ διὰ τοῦτο δύναταί τις, κἂν μὴ ἔχει μανδάτον κἂν ἄτιμός (infamis) ἐστι, δεφενδεύειν τὸν ἀπολιμπανόμενον. Allerdings versteht sich von selbst, dass der Prätor gleichwohl ungeeignete Defensoren sei es von Amtswegen sei es auf Antrag des Klägers zurückweisen konnte. Dahin gehören z. B. Frauen, Soldaten, kriminell Angeklagte. Aber die Unfähigkeit der Frauen wird in fr. 2 § 5 ad SC Vell. (16. 1) lediglich als Folge ihrer Interzessionsunfähigkeit hingestellt, keineswegs auf spezielle Ediktvorschrift zurückgeführt, und Andeutung einer solchen finden wir auch in den übrigen Stellen nicht, die von der Tauglichkeit eines Defensor handeln; ihre Ausdrucksweise spricht vielmehr gegen ediktale Grundlage[1]). So bliebe also nur die Frage, ob das Edikt nicht eine Klausel enthielt, in der es die Zulassung von Defensoren überhaupt aussprach. Auch diese Frage ist aber zu verneinen: alles, was das Edikt in Beziehung hierauf enthielt, war der nicht in unserm Titel, sondern unter dem de satisdando ausgesprochene Satz, dass, wer, ohne Cognitor zu sein, einen andern defendieren wolle, Sicherheit für das Judikat leisten müsse; in den Kommentaren zu unserm Titel wird diese Kautionspflicht des Defensor nur gelegentlich des Edikts Nr. 8 erwähnt.

4. Schliesslich lässt sich noch die Frage anregen, ob nicht irgendwo im Edikt die bei Gai. IV 86. 87 angeführten Stellvertreterformeln proponiert gewesen sind. Darauf habe ich nur die Antwort, dass uns Spuren dieser Formeln nirgends in den Kommentaren begegnen, und dass ihre Konzeption sehr wohl lediglich auf prätorischer, im Edikt nicht fixierter, Praxis beruhen haben kann.

§ 25. *QUI NE DENT COGNITOREM.*

Ulp. 8[2]), Paul. 8[3]), Gai. 3[4]).

Fr. Vat. 322 (ict. 323):

Verba autem edicti haec sunt: „Alieno nomine item *per* alios

---

[1]) Vgl. z. B. c. 6, 7, 18 h. t.
[2]) Fr. 15, 17, 19, 23 de his qui not. (3. 2), wahrscheinlich auch Vat. 320, 321.

[3]) Fr. 10, 16 eod. Vgl. auch unten S. 90 n. 2.
[4]) Fr. 18 eod.

agendi potestatem non faciam in his causis, in quibus ne dent cognitorem neue dentur edictum comprehendit.

Gai. IV 124:

> ... si is, qui per edictum cognitorem dare non potest, per cognitorem agat .....

Der einzige Grund, aus dem man des Rechts, durch Cognitoren zu prozessieren, verlustig ging, war, soweit wir sehen können, die Infamie, vgl. § 11 I. de except. (4. 13):

> ... exceptiones quae olim procuratoribus propter infamiam uel dantis uel ipsius procuratoris opponebantur

Und zwar hat der Prätor hier nicht etwa bloss mit einigen ergänzenden Zusätzen auf das Edikt de postulando zurückverwiesen, sondern einen neuen selbständigen Infamenkatalog aufgestellt. Einen Teil dieses Katalogs enthält fr. Vat. 320[1]):

> Sequuntur haec uerba: ET QUI EAM, QUAM IN POTESTATE HABERET, GENERO MORTUO, CUM EUM MORTUUM ESSE SCIRET[2]), IN MATRIMONIUM CONLOCAUERIT EAMUE SCIENS UXOREM DUXERIT[3]), ET QUI EUM, QUEM IN POTESTATE HABERET, EARUM QUAM UXOREM DUCERE PASSUS FUERIT: QUAEUE UIRUM PARENTEM LIBEROSUE SUOS, UTI MORIS EST, NON ELUXERIT[4]): QUAEUE CUM IN PARENTIS SUI POTESTATE NON ESSET, UIRO MORTUO, CUM EUM MORTUUM ESSE SCIRET, INTRA ID TEMPUS, QUO ELUGERE UIRUM MORIS EST, NUPSERIT[5]).

Das hier angeführte Fragment zählt unter den Infamen auch Frauen auf[6]), und eben darin liegt der unwiderleglichste Beweis dafür, dass es hieher gehört: denn zur Postulation wie auch — das wird sich unten zeigen — zur Übernahme der Cognitur waren Frauen, ohne Rücksicht auf Infamie, lediglich um ihres Geschlechtes willen unfähig; unsere Rubrik ist also die einzige, unter die das Fragment passt. Aus den Kommentaren beziehen sich Ulp. 8 fr. 23 de his qui not. (3. 2)[7]), Paul. 8 fr. 10 eod. ohne allen Zweifel gerade auf unser Bruchstück.

Die Kommentare ergeben aber ferner auch noch zwei weitere hieher gehörige Infamiefälle, Ulp. 8 fr. 15 de his qui not. (3. 2):

> Notatur quae per calumniam uentris nomine in possessionem missa est

---

[1]) Dass diese Stelle hieher und nicht zum Edikt de postulando gehört, hat zuerst Karlowa, ZRG. IX S. 220 fgg., und zwar so gründlich gezeigt, dass ich es für überflüssig halte, auf diesen Punkt hier weiter zurückzukommen, als dies im Text geschehen.

[2]) Ins.: intra id tempus quo elugere uirum moris est, antequam uirum elugeret. Cf. fr. 1 de his qui not. (3. 2).

[3]) Ins.: non iussu eius, in cuius potestate esset. Cf. fr. 1 de his qui not. (3. 2).

[4]) Vat. 321.

[5]) Gordian. c. 15 ex quib. caus. inf. (2. 11 [12]).

[6]) Freilich geleugnet von Wenck (praef. ad Hauboldi opuscula I p. XXXII sqq.) und Rudorff (ZRG. IV S. 53 fgg.). S. dagegen Karlowa, a. a. O. S. 227 fgg.

[7]) Im Sinne Ulpians will dies Fragment betonen, dass die Trauerpflicht allein den Frauen obliege: arg. Vat. 321, fr. 25 de his qui not. (3. 2).

Ulp. 8 fr. 17 eod ·

. sed ea notatur, quae, cum suae potestatis esset, hoc facit. Hiezu noch Paul. 8 fr. 16 eod., Gai. 3 fr. 18 eod. Sodann Ulp. 8 fr. 19 eod.: qui calumniae causa passus est filiam, quam in potestate habebat, in possessionem uentris nomine mitti.

Im übrigen dürften sehr wahrscheinlich die sämtlichen sonstigen Infamen des Edikts de postulando hier wieder vorgekommen sein. Ich sehe den Zweck unseres Edikts darin, dem Infamen durch Versagung der Vertretungsmöglichkeit das Prozessieren zu erschweren[1]). Von diesem Gesichtspunkt aus besteht aber offenbar keine Veranlassung, hier wesentliche Änderungen des früher gegebenen Verzeichnisses zu vermuten.

Fraglich möchte schliesslich noch scheinen, ob nicht der Ausschluss der Stellvertretung, auch insofern er aus in der Sache liegenden Gründen stattfindet, in unserm Edikt Ausdruck gefunden hat. In der Tat mag, was die Kommentare in dieser Richtung bezüglich der Popularklagen enthalten[2]), vielleicht an unser Edikt angeknüpft worden sein. Da aber die Unzulässigkeit der Stellvertretung bei Popularklagen sich aus deren Natur fast mit Notwendigkeit ergibt, sich also leicht in Praxis und Wissenschaft festgestellt haben kann, auch nirgends auf das Edikt zurückgeführt wird[3]), so glaube ich, dass entschieden mehr für die Verneinung der Frage spricht.

§ 26. *QUI NE DENTUR COGNITORES.*

Ulp. 8[4]), Gai. 3[5]).

Fr. Vat. 322 (ict. 323):

Uerba autem edicti haec sunt: Alieno nomine item per alios agendi potestatem non faciam in his causis in quibus ne dent cognitorem neue dentur edictum comprehendit[6]).

Das Edikt machte unter den Gründen der Unfähigkeit zur Cogniturübernahme einen Unterschied: gewisse Personenklassen können selbst mit Willen des Prozessgegners keine Cognitur übernehmen, andere nur dann nicht, wenn der Gegner sie zurückweist.

Zur ersten Kategorie gehören vor allem die milites[7]), denen die Cognitur ja nicht im privaten Interesse der Gegenpartei, sondern aus dringenden Gründen der publica utilitas verschlossen ist.

---

[1]) Anders die 1. Aufl., im Anschluss an Savigny, System II S. 218 fgg. Gegen diesen treffend Debray, représentation en justice (1892) p. 112. Noch andere m. E. nicht haltbare Auffassungen widerlegt Karlowa, a. a. O. S. 222 fg., dessen eigener Ansicht (die Beschränkung sei hervorgegangen aus der allgemeinen „Idee minderer prozessualischer Rechtsfähigkeit") ich ebensowenig zu folgen vermag, wie der von Debray a. a. O. entwickelten.

[2]) Paul. 8 fr. 1, 5 de popul. act. (47. 23),

fr. 42 pr. h. t. Vgl. fr. Vat. 340.

[3]) Auffallend ist nur, dass in dem fr. Vat. 322 zitierten Edikt die Rede ist von causis, in quibus, ne dent cognitorem neue dentur, edictum comprehendit. Vgl. jedoch die Erläuterung hiezu in fr. Vat. 323.

[4]) Fr. 8 § 2 h. t.

[5]) Fr. 7 de postul. (3. 1).

[6]) Vgl. Quint. I. O. III 6 § 71: Non licet tibi agere mecum: cognitor enim fieri non potuisti . . . iudicatio est an potuerit.

[7]) C. 13 h. t.: „ratio perpetui edicti".

Ulp. 8 fr. 8 § 2 h. t.:

> Milites autem, nec si uelit aduersarius, *cognitores* [D.: procura-
> tores] dari possunt . . ., excepto eo qui in rem suam *cognitor* [D.:
> procurator] datus est uel qui communem causam omnis sui numeri
> persequatur uel suscipit

dazu Thalel. bei c. 7 h. t. in Basil. VIII 2, 81 (nach Heimbach):

> .... in aliis personis (ἐν μὲν ἄλλοις τισὶ προσώποις) prohibitis
> praetor addidit eos non inuito aduersario fieri procuratores: sed in
> milite insuper adiecit eum nec uolente aut permittente aduersario
> ad alienam litem accedere.

War die Eigenschaft des Vertreters als miles unstreitig, so wurde er schon
in iure zurückgewiesen; war sie streitig, so überwies der Prätor die Cognition darüber dem Geschworenen dadurch, dass er von Amtswegen eine
exceptio in die Formel aufnahm. Die letztere Annahme widerspricht zwar
der herrschenden und in der ersten Auflage auch von mir noch festgehal-
tenen (erst im éd. perp. verlassenen) Meinung, wonach Exceptionen immer
nur auf Antrag des Beklagten gewährt worden wären. Diese Meinung
hat aber keinerlei Stütze in den Quellen[1]), und unsere exceptio ist ausdrücklich bezeugt durch § 11 I. de exc. (4. 13), wo Justinian als Fälle von exceptiones procuratoriae anführt, „ueluti si per militem uel mulierem
agere quis uelit," ein Zeugnis, das durch die Byzantiner bestätigt wird[2]).
Dazu stimmt auch, dass die praescriptio militiae gleich den andern exceptiones dilatoriae[3]) nach der Litiskontestation nicht mehr nachgeholt werden
kann[4]). Gewiss wäre es für den Kläger schonender gewesen, wenn der
Prätor in allen Streitfällen selbst über die Fähigkeit des Vertreters
cognosziert und bei erwiesener Unfähigkeit die actio verweigert hätte;
denn durch Zulassung der Litiskontestation wurde der Kläger der Gefahr
ausgesetzt, wegen der exceptio den Prozess und vermöge der prozessualen
Konsumtion seinen Anspruch selbst zu verlieren[5]). Aber diese Erwägung,
wenn sie überhaupt für den Prätor massgebend gewesen wäre, hätte offenbar ebenso auch in den Fällen Platz greifen müssen, wo die Berücksichtigung der Unfähigkeit vom Willen des Beklagten abhing; von ihr aus
hätte es überhaupt niemals zu einer exceptio cognitoria oder procuratoria
mangels Fähigkeit kommen können.

Justinian führt in § 11 I. cit. als zweites Beispiel einer exceptio procuratoria mangels Fähigkeit des Vertreters den Fall an, si per mulierem
agere quis uelit. In der Tat waren zweifellos auch die Frauen unfähig

---

[1]) S. jetzt auch Hölder, Arch. f. civ. Pr.
Bd. 93 S. 57 fg.

[2]) Cf. Theophil. ad h. l., Theodor. und
Thalel. zu c. 13 h. t. (Basil. ed. Heimb. I
p. 408 sq.). Dass mit der παραγραφή in
diesen Stellen eine eigentliche exceptio gemeint ist, ist nicht zu bezweifeln.

[3]) Gai. IV 125, c. 2 sent. resc. n. p. (7. 50).

[4]) C. 13 h. t. und die in n. 2 zit. Scholien.
In fr. 8 § 2 h. t. sind die Worte „nisi hoc
tempore l. c. praetermissum est" interpoliert, enthalten aber keine Neuerung.

[5]) Vgl. schol. zu Bas. VIII 2, 78: οὐδα-
μῶς δὲ οἶδα τοῦτο τὸ νόμιμον ἀναγνούς, ὅτι ὁ
ἀχρήστως δοθεὶς προκουράτωρ οὐ δαπανᾷ τὴν
δίκην, οὐδὲ καταφέρει αὐτήν κτλ.

zur Cognitur[1]), ausser in rem suam, vgl. Paul. sent. I 2 § 2, c. 4. 18 h. t.
Auch hier kam es nicht auf den Willen des Gegners an. Denn da die
Ursache der Unfähigkeit der Frauen, ebensowenig wie die der milites, im
Interesse des Gegners gesucht werden darf, vielmehr in den römischen
Begriffen von Wohlanständigkeit liegt, in derselben Rücksicht also, der
auch das Postulationsverbot für Frauen entsprungen ist, so musste auch
die Fernhaltung der Frauen Aufgabe des officium praetoris sein. Zur
Erteilung einer exceptio wird es wegen dieses Falles der Unfähigkeit freilich nur selten gekommen sein, da ja über das Geschlecht des Cognitors
kaum je ein Streit möglich war. Dass aber dennoch auch hier eine exceptio vorkommen konnte, wird gegenüber § 11 I. cit. nicht bezweifelt
werden dürfen[2]).

Ein dritter Unfähigkeitsgrund ist die Infamie[3]). Auch sie gehört
jedenfalls hinsichtlich der Mehrzahl ihrer Fälle in dieselbe Kategorie wie
die der milites und der Frauen. Soweit ein Infamer zugleich postulations-
unfähig war, war gegenüber seinem Versuch als Cognitor aufzutreten, ganz
wie bei den Frauen, die Offizialtätigkeit des Prätors geboten[4]) und konnte
auf das Belieben des Gegners nichts ankommen, vgl. Paul. sent. I 2 § 1:

> Omnes infames, qui postulare prohibentur, cognitores fieri non
> posse, etiam uolentibus aduersariis.

Und eben dies bestätigt auch Gai. 3 fr. 7 de postul. (3. 1), eine Stelle, die
der Inskription nach jedenfalls der Erörterung unserer Frage angehörte:

> Quos prohibet praetor apud se postulare, omnimodo prohibet,
> etiamsi aduersarius eos patiatur postulare.

Vom Willen des Gegners kann hienach die Berücksichtigung nur der
Fälle von Infamie abhängig gewesen sein, die Unfähigkeit zum postulare
pro alio nicht nach sich zogen, der speziellen Infamiefälle unseres
Edikts, deren es ohne Zweifel eine ziemliche Anzahl gewesen sein wird;
namentlich dürfte die Verurteilung wegen Calumnia in Zivilsachen[5]) und
die Verurteilung in jedem iudicium publicum[6]) hier nicht gefehlt haben.
In diesen immerhin leichteren Fällen mag man es dem Gegner überlassen
haben, die Unfähigkeit zu rügen, und auf diese Fälle müsste man, wenn der
herrschenden Auffassung der Exceptionen beizutreten wäre, die exceptio
cognitoria und procuratoria mangels Fähigkeit (§ 11 I. cit.) beschränken.

---

[1]) Dass diese Unfähigkeit auf Edikt beruhte, ist uns zwar nirgends überliefert, aber
an sich wahrscheinlich.

[2]) Man denke etwa an den Fall, wo Streit
darüber bestand, ob die Frau zum cognitor
in rem suam oder in rem alienam bestellt
war („si Titiae mandatum est, ut in rem
suam ageret" oder ähnlich).

[3]) Vat. 324, § 11 I. de exc. (4. 13).

[4]) Und zwar scheint es nach Paul. sent. I 2
§ 3, dass hier auch für die Cognitur in rem
suam keine Ausnahme gemacht war: in rem
suam cognitor procuratorue ille fieri potest,
qui pro omnibus postulat. Das kann
sich nur auf die Infamen beziehen: auf die
Frage nämlich, ob ein Infamer, der für gewisse Personen postulieren darf, von andern
als diesen zum cognitor in rem suam bestellt werden könne. Von andern als diesen:
darüber, dass er diese Personen selber als
cognitor zu vertreten befugt war, dürfte
schwerlich ein Zweifel bestanden haben.
Vgl. Karlowa, a. a. O. S. 221 n. 28.

[5]) Arg. fr. 15, 19 de his qui not. (3. 2).

[6]) Fr. 7 de iud. publ. (48. 1).

Sind mit obigen drei Kategorien — Soldatenstand, weibliches Geschlecht, Infamie — die ediktalen Unfähigkeitsgründe erschöpft? Eine ganz zuverlässige Antwort lässt sich hierauf nicht geben. Wenn die Unfähigkeit zur Cognitur in rem alienam fast eine notwendige Konsequenz der Unfähigkeit zum postulare pro alio ist, so ist es durchaus wahrscheinlich, dass jene Unfähigkeit alle derart Postulationsunfähige, nicht bloss Frauen und Infame, betraf. Die regelmässige Cogniturunfähigkeit der Tauben wie der Stummen scheint aber (arg. fr. 43 pr. h. t.: forsitan et ipsi dantur non quidem ad agendum *etc.*) nicht auf Edikt, sondern auf der Praxis beruht zu haben.

§ 27. *DE COGNITORE AD LITEM SUSCIPIENDAM DATO.*

Ulp. 8[1]), Paul. 8[2]), Gai. 3[3]).

Ulp. 8 fr. 8 § 3 h. t.:

COGNITOREM[4]) AD LITEM SUSCIPIENDAM[5]) DATUM, PRO QUO CONSENTIENTE[6]) DOMINUS IUDICATUM SOLUI EXPOSUIT, praetor ait, IUDICIUM ACCIPERE COGAM.

Vgl. fr. Vat. 340[3], wo, trotz der leider nur sehr fragmentarischen Überlieferung des Textes, doch die Beziehung auf unser Edikt sicher ist.

§ 28. *DE COGNITORE ABDICANDO UEL MUTANDO.*

Ulp. 9[7]), Paul. 8[8]), Gai. 3[9]).

Fr. Vat. 341[10]):

*deinde propositum est edict*um de pluribus speciebus, *quo de iudicio ab alio ad alium transferendo ca*uetur: quod edicto praetor prospicien*dum esse putavit, ut domino praestaret fa*cultatem uel a cognitore *in se ipsum uel ab alio ad alium cognitorem i*udicium transferendi . *ipso enim iure, cum per litis contestationem lis* cognitoris sit effecta *iudiciumque semel constitutum dominus dum*taxat[11]) possit transferre, non *nisi ipsi cognitori translatio conceditur*[12]) . *uerba autem* edicti talia sunt: EI QUI COGNI*TOREM DEDERIT, CAUSA COGNITA PERMITTAM EUM ABDICARE AUT MUTA*RE. His verbis non

[1]) Fr. 8 § 3, fr. 10, 13, 15 h. t.

[2]) Fr. 11, 14 h. t. Hieher auch fr. 36 eod.: die hier erwähnte „defensio“ entbindet den Cognitor von der in fr. 8 § 3 geordneten Pflicht.

[3]) Fr. 9 h. t. und wohl auch fr. 12 eod.

[4]) D.: procuratorem. Zweifellose und längst erkannte Interpolation: nur für den Cognitor, nicht für den Prokurator, leistet der dominus die cautio iudicatum solui. Gai. IV 101, Vat. 317.

[5]) Hieher Ulp. 8 fr. 15 § 1 h. t. (wo das duplici cautela interponenda, am Schluss, interpoliert ist).

[6]) Ulp. 8 fr. 15 pr. h. t.

[7]) Fr. 17, 19, 23, 25, 27, 29, 31 pr. h. t. Zu fr. 27 vgl. S. 87 n. 4.

[8]) Fr. 16, 20, 22, 24, 26 h. t.

[9]) Fr. 21, 46 pr. h. t. In fr. 46 haben die Kompilatoren eine Anzahl Fragmente aus Gai. 3 bunt zusammengestellt: das pr. gehört zu den Cognitorenedikten, das Folgende zu den Prokuratorenedikten.

[10]) Abweichend rekonstruieren Huschke in der iurisprud. anteiust., Mommsen in der coll. libr. iur. anteiust. und Rudorff, E. P. § 29. Der Sinn des Edikts bleibt aber überall der gleiche.

[11]) Im MS vermute ich DT.

[12]) Fr. 8 § 3 mand. (17. 1), fr. 4 i. f. de appell. (49. 1), c. 8, 11, 22 h. t.

solum *ipsi qui dedit hoc permittitur, sed etiam heredi eius. Abdi*
care autem cognitorem . . . .

Ulp. 9 fr. 17 pr. h. t.:

> Post litem . . contestatam reus qui *cognitorem* (D.: procurato
> rem) dedit, mutare quidem eum uel in se litem transferre a uiuo
> *cognitore* (D.: procuratore) uel in ciuitate manente potest, causa
> tamen prius cognita.

Die Ausdrucksweise Ulpians in dieser letztern Stelle lässt vermuten, dass
in einer zweiten Klausel die translatio iudicii mortuo[1]) uel capite deminuto
cognitore (und zwar ohne vorgängige causae cognitio)[2]) vorgesehen war,
und auf diese Mehrheit von Klauseln beziehe ich das „de pluribus speciebus" im Anfang von Vat. 341.

§ 29. QUIBUS ALIENO NOMINE AGERE LICEAT.

Ulp. 9[3]), Paul. 9[4]), Gai. 3[5]).

An die Spitze der von den Prokuratoren handelnden Edikte glaube
ich dasjenige Edikt stellen zu sollen, worin der Prätor aussprach, welche
Personen — abgesehen von den Cognitoren — er zur Vertretung des
Klägers zulassen wollte[6]). Bei Rudorff und den Ältern findet sich ein
solches Edikt nicht; dagegen setzt R.[7]) an zweite Stelle eine Klausel, wodurch gewissen nahen Angehörigen das Recht zur Klagerhebung in fremdem Namen ohne Vorlage einer Vollmacht gestattet wird. Dass nun in
der Tat für nahe Angehörige ohne Vollmacht geklagt werden durfte, und
zwar kraft Ediktbestimmung, ist zweifellos.

Ulp. 9 fr. 35 pr. h. t.:

> Sed et hae personae [procuratorum] debebunt defendere, quibus
> sine mandato agere licet: ut puta liberi, licet sint in potestate,
> item parentes et fratres et adfines et liberti.

Ulp. 77 fr. 3 § 3 iud. solui (46. 7):

> Sed et si forte ex liberis uel parentibus aliquis interueniat uel uir
> uxoris nomine, a quibus mandatum non exigitur . . . . .

und gleich darauf mit Bezug auf diese Personen:

> quod enim eis agere permittitur edicto praetoris . . .

Vgl. auch Ulp. 9 fr. 40 § 4 h. t., c. 12 h. t.

Insoweit ist also Rudorffs Vermutung gewiss richtig. Es scheint mir
aber, dass er sich den Inhalt des Edikts viel zu enge gedacht hat.

---

[1]) Cf. c. 7 C. Theod. h. t. (2. 12); vgl. fr. 8
§ 1 de fideiuss. et nomin. (27. 7), c. 4 de in lit.
iur. (5. 53).

[2]) Vgl. Koschaker, Translatio S. 105.

[3]) Fr. 1, 3 h. t., fr. 2, 4 de adm. et per. (26. 7),
fr. 5 de postul. (3. 1).

[4]) Fr. 24 de adm. et per. (26. 7).

[5]) Fr. 46 § 7, 48 h. t.; fr. 13 de cur. fur.
(27. 10); fr. 113 de R. I. (50. 17). Fr. 48 cit.
widerspricht fr. 46 cit.: erstere Stelle enthält

nicht eigene Meinung des Gaius, sondern
Referat über Julians Ansicht. Seine eigene
Meinung begründete Gaius durch fr. 113 de
R. I. (in toto et pars continetur).

[6]) Anders in der 1. Aufl., wo ich dem Edikt
die negativ gefasste Rubrik „ut alieno nomine sine mandato agere non liceat" gab
und dem entsprechend auch seinen Inhalt
bestimmte.

[7]) Vgl. ZRG. IV S. 74, E. P. § 31.

Wir wissen zunächst, dass der Prätor dem Tutor ausdrücklich die facultas agendi pro pupillo zuerkannt hatte, fr. 3 § 5 I. S. (46. 7):

> edicto praetoris illi tutori agendi facultas datur, cui a parente maioreue parte tutorum[1]) eoue[2]) cuius ea iurisdictio fuit, tutela permissa erit.

Vgl. hierzu: Ulp. 9 fr. 4 de adm. et per. (26. 7), fr. 5 de postul. (3. 1), vielleicht auch fr. 2 de adm. et per., Paul. 9 fr. 24 eod., Gai. 3 fr. 13 de cur. fur. (27. 10)[3]).

Weiter aber können wir nicht umhin anzunehmen, dass der Prätor ausdrücklich auch den „procurator" zur prozessualen Stellvertretung des Klägers zugelassen hatte, und zwar unter Gebrauch gerade des Worts „procurator", ohne den Begriff zu definieren, insbesondere ohne ein Mandat zu fordern. Denn nur unter dieser Voraussetzung erklären sich die Kontroversen, die über den Begriff des vertretungsberechtigten Prokurators unter den römischen Juristen bestanden[4]). Auf diese Klausel bezogen sich ohne Zweifel die Erörterungen bei Ulp. 9 fr. 1, 3 h. t. und Gai. 3 fr. 46 § 7, 48 h. t. Da die Normalfassung der exceptio procuratoria (mangels Vertretungsmacht) der unseres Edikts entsprochen haben muss, so kann diese nicht, wie man bisher ohne entscheidenden Grund annahm, gelautet haben: „si mandatum est," lautete vielmehr wahrscheinlich einfach: „si procurator est"[5]). Dass uns von den Kommentaren zu der Klausel nicht viel erhalten ist, begreift sich leicht; unterstand doch zur Zeit Justinians die Legitimation des Klageprokurators ganz andern Grundsätzen, da durch c. 3 C. Theod. h. t. = consult. uet. iurisc. 3, 13 = c. 24 C. Iust. h. t. (a. 382) diese Legitimation zu einer in principio quaestionis zu prüfenden Prozessvoraussetzung geworden war[6]).

Die Liste der nahen Angehörigen, die man vertreten konnte, auch ohne ihr Prokurator zu sein, stimmte wohl mit der im Edikt de postulando enthaltenen — fr. 1 § 11, fr. 3 pr. de postul. (3. 1) — genau überein. Über die Fassung der darauf bezüglichen Klausel sind wir nicht unterrichtet[7]). Keinesfalls hat sie ausdrücklich gesagt, dass hier kein Mandat gefordert werde; denn da der Prätor, wie wir sahen, den Prokurator nicht als Mandatar definierte, so dass nach Gai. IV 84 manche Juristen auch unbeauftragte Geschäftsführer als Prokuratoren gelten liessen, so kann er auch nicht ausdrücklich erklärt haben, dass man zur Vertretung der nahen Angehörigen eines Mandats nicht bedürfe. Die Juristen freilich, die vom

---

[1]) Vgl. oben S. 78 n. 4.

[2]) *D.*: eorumue.

[3]) Zu fr. 13 cit. vgl. fr. 3 pr. de postul. (3. 1): „aut ab eo cuius de ea re iurisdictio fuit ea tutela curatioue data erit".

[4]) Vgl. Gai. IV 84, Ulp. 9 fr. 1 § 1 h. t. Es war dies in der Ediktrestitution der 1. Aufl. nicht berücksichtigt, die daher von Naber, Mnemos. N. S. XVII p. 388 fgg.,

mit Grund beanstandet worden ist.

[5]) Die abweichende Fassung in fr. 48 h. t. erklärt sich aus der besondern Natur des Falls. Vgl. unten § 271.

[6]) Bülow, Prozesseinreden und Prozessvorauss. S. 75, und namentlich: Eisele, Cognitur und Procuratur S. 218 fgg.

[7]) Gegen die Restitution Nabers a. a. O. habe ich in mehrfacher Richtung Bedenken.

Prokurator ein Mandat verlangten, hatten Anlass, hier gegensätzlich die Überflüssigkeit des Mandats hervorzuheben.

§ 30.　*QUIBUS ALIENO NOMINE, ITEM PER ALIOS AGERE NON LICEAT.*

Ulp. 9[1]), Paul. 9[2]).

Fr. Vat. 322[3]):

Verba autem edicti haec sunt: ALIENO, inquit, NOMINE ITEM PER ALIOS AGENDI POTESTATEM NON FACIAM IN HIS CAUSIS, IN QUIBUS NE DENT COGNITOREM NEUE DENTUR EDICTUM COMPREHENDIT.

Fr. Vat. 323:

Quod ait „alieno nomine, item per alios" breviter repetit duo edicta cognitori*a* . . . .

Vgl. auch IV 182.

Kommentar über dies Edikt enthält Paul. 9 fr. 41, 43 pr. § 1 h. t.[4]). Vielleicht durch dies Edikt veranlasst, aber nicht Kommentar dazu ist die Erörterung bei Ulp. 9 fr. 33 § 2[5]).

R u d o r f f (E. P. § 30) nimmt nach seinen Zitaten an, dass im Edikt das Recht erwachsener Frauen, sich ohne Beitritt des Tutors einen Prokurator zu ernennen (Vat. 325—327), ausdrücklich ausgesprochen gewesen sei. Dieses Recht wird aber nirgends auf das Edikt zurückgeführt, und es ist weit wahrscheinlicher, dass der Prätor diese Frage, wie die nach dem Umfang der selbständigen Handlungsfähigkeit der Frauen überhaupt, der Wissenschaft überliess; dafür spricht auch das „procuratorem . . . . posse facere nulli dubium est" in Vat. 326 i. f.

§ 31.　*QUIBUS MUNICIPUM NOMINE AGERE LICEAT.*

Ulp. 9[6]), Paul. 9[7]).

Ulp. 10 fr. 7 quod. cuiusc. uniu. (3. 4):

Sicut municipum[8]) nomine actionem praetor dedit, ita *rel.*

Ulp. 9 fr. 3 eod.:

Nulli permittitur nomine ciuitatis uel curiae experiri nisi ei, cui lex permittit aut lege cessante ordo dedit[9]), cum duae partes adessent aut amplius quam duae[10]).

Existenz und Inhalt des Edikts über die Legitimation zur Klage muni-

---

[1]) Fr. 33 § 2 h. t.

[2]) Fr. 41, 43 pr. § 1 h. t.

[3]) Die Inskription dieser Stelle ist zweifelhaft. Vgl. Paling. II p. 451 n. 3.

[4]) Zu letzterer Stelle vgl. W l a s s a k, z. Gesch. d. Cogn. S. 47.

[5]) Ebenso Ulp. 9 fr. 33 pr. § 1 h. t., fr. 17 de tutor. et cur. (26. 5), wenn diese Stellen nicht in eine allgemeine Erörterung über die Prokuratur gehören; dass sie keinen Kommentar enthalten, ergeben die Wen-

dungen: aiunt, uerum est, Pomponius scribit, non dubitamus.

[6]) Fr. 3, 5 quod cui. uniu. (3. 4), fr. 41 de A. R. D. (41. 1). Zur Inskription von fr. 5 cit. vgl. den Text.

[7]) Fr. 4, 6 pr.—§ 2 quod cui. (3. 4), fr. 18 de V. S.

[8]) Paul. 9 fr. 18 de V. S.

[9]) Prob. Einsidl. 23: D. D. = decreto decurionum?

[10]) Paul. 9 fr. 4, 6 pr. — § 2 quod cuiusc. uniu. (3. 4). Cf. l. Malacit. c. 68.

cipum nomine sind nach obigem unzweifelhaft; zweifelhaft ist dagegen sein Platz im Album. Jedenfalls stand es vor den Edikten, die bei Ulp. 10 erörtert sind, da bei Ulp. 10 in fr. 7 pr. cit. bereits darauf zurückverwiesen wird, in diesem Buche selbst aber nur mehr von der Klage aduersus municipes die Rede ist (s. § 33). Ob es dagegen bei Ulp. 8 oder 9 behandelt war, darüber kann man zweifeln, da wir ausser den oben zitierten Stellen aus Ulp. 9 auch noch zwei Fragmente mit der Inskription Ulp. 8 besitzen, die es mit der Vertretung der Munizipien zur Klage zu tun haben, fr. 2 und 5 quod cuiusc. uniu. (3. 4). Für meine Entscheidung war mir massgebend vor allem die Parallele des Paulinischen Kommentars, wo unser Edikt sicher erst in den lib. 9 fällt, sodann der Umstand, dass wir den eigentlichen Inhalt unseres Edikts erst aus Ulp. 9 erfahren, endlich, dass sich bei Ulp. 9 fr. 41 de A. R. D. (41. 1) eine Spezialfrage erörtert findet, die wir uns nur an den Ort hin denken können, wo unser Edikt ex professo behandelt war, die Frage nämlich über die Geltendmachung der Rechte der ciues an statuae in ciuitate positae. Von den Fragmenten mit der Inskription Ulp. 8 kann fr. 2 cit. sehr wohl gelegentlich der Erörterung über den cognitor a pluribus datus geschrieben sein [1]):

> Si municipes uel aliqua uniuersitas ad agendum det actorem, non erit dicendum quasi a pluribus datum sic haberi: hic enim pro re publica uel uniuersitate interuenit, non pro singulis.

Was aber fr. 5 cit. anlangt, so sind Zweifel erlaubt, ob die Inskription hier richtig überliefert und nicht statt Ulp. VIII zu lesen ist: Ulp. VIIII. Ungewiss bleibt, ob unser Edikt vor oder hinter das im vorigen § erörterte gehört.

§ 32. *DE DEFENDENDO EO, CUIUS NOMINE QUIS AGET, ET DE SATISDANDO.*

Ulp. 9 [2]), Paul. 9 [3]), Gai. 3 [4]), Pomp. 24 [5]), 25 [6]), Iulian. 3 [7]).

Ulp. 9 fr. 33 § 3 h. t.:

> Ait praetor: CUIUS NOMINE QUIS [8]) ACTIONEM DARI SIBI POSTULABIT [9]), IS EUM UIRI BONI ARBITRATU DEFENDAT [10]): ET EI *QUOCUM AGET* QUO NOMINE

---

[1]) Vgl. z. B. fr. 42 § 6 de procur. (3. 3).

[2]) Fr. 33 § 3—ult., fr. 35, 37, 39, 40 h. t. (3. 3); fr. 9 de iudic. (5. 1) cf. fr. 35 § 2 h. t.; fr. 23 de adm. et peric. (26. 7), fr. 9 rat. rem hab. (46. 8). Nicht zu ermitteln ist der Zusammenhang von fr. 35 § 1 h. t.

[3]) Fr. 43 § 2—ult., fr. 45 h. t. Fr. 45 § 1 scheint verstümmelt.

[4]) Fr. 34, 46 § 1—3 h. t.

[5]) cit. fr. 39 § 1 h. t.

[6]) cit. fr. 39 § 6. 7 h. t.

[7]) cit. fr. 35 § 3 h. t.; fr. 75 eod.; cit. fr. 3 de exc. r. iud. (44. 2).

[8]) Bethmann-Hollweg, C. P. II S. 421,

und Rudorff, E. P. § 32, schieben hinter quis die Worte praeter cognitorem ein. Dem Sinne nach richtig, der Form nach jedenfalls steif: überdies aber überflüssig, da der Cognitor hier längst abgetan war, eine Verwechselung daher nicht zu besorgen stand. S. auch Eisele, Cognitur und Proc. S. 95 n. 63, Brinz, ZRG. XVII S. 174.

[9]) Ulp. 9 fr. 33 § 4. 5, fr. 35 pr. § 2 h. t., Gai. 3 fr. 34, 46 § 1 eod., Paul. 9 fr. 43 § 2. 3 eod.

[10]) Ulp. 9 fr. 35 § 3, fr. 37, 39 pr. h. t., Paul. 9 fr. 43 § 4. 6, fr. 45 pr. h. t. Über fr. 43 § 6 s. Eisele, a. a. O. S. 101, Wlassak, ZRG. XXXVIII S. 132 n. 2.

AGET ID RATUM HABERE EUM, AD QUEM EA RES PERTINET, BONI UIRI ARBI-
TRATU SATISDET[1]).

Vgl. Gai. IV 98, Paul. sent. I 3 § 3. 5. 7, Vat. 335. 336[2]. 337, c. 5 de proc.
(2. 12), Thal. sch. in Bas. VIII 2, 77 (Heimb. I p. 401).

Unter das „cuius nomine quis actionem dari sibi postulabit" fielen
nach den Worten des Edikts auch die in Vertretung ihrer Mündel klagend
auftretenden Tutoren und Kuratoren, Gai. IV 99:

> Tutores et curatores eo modo quo et procuratores satisdare de*b*ere
> uerba edicti faciunt.

Die spätere Praxis aber entband sie von der Kautionspflicht: in diesen
Zusammenhang gehören Ulp. 9 fr. 23 de adm. et peric. (26. 7), fr. 9 ratam
rem haberi (46. 8). Auch fr. 2 de adm. et peric. kann hieher bezogen
werden; das pr. würde dann die Begründung dieser Praxis enthalten: sie
liegt in den nach Erlassung des Edikts veränderten Grundsätzen über die
actio iudicati.

§ 33.   *QUOD ADUERSUS MUNICIPES AGATUR.*

Ulp. 10[2]), Gai. 3[3]).

Ulp. 10 fr. 7 pr. quod cuiusc. uniu. (3. 4):

> Sicut municipum nomine actionem praetor dedit, ita et aduersus
> eos iustissime edicendum putauit .

Von Ansprüchen wider die municipes handelt mit Bezug auf dies Edikt,
ausser im Fortgang des fr. 7 pr. cit., Ulp. 10 noch in fr. 27 de R. C. (12. 1),
fr. 4 quod iussu (15. 4), fr. 4 de ui (43. 16), zum deutlichen Beweis, dass
das Edikt über die actio aduersus municipes durchaus getrennt war
von dem früher betrachteten über die actio nomine municipum.

Auch über den Inhalt unseres Edikts sind wir hinlänglich unterrichtet.
Ulp. 10 in fr. 15, 17 pr. de V. S. erörtert nämlich den Begriff „bona
publica", und obwohl Ulpian in fr. 15 cit. die Bezeichnung der Gemeinde-
güter als bona publica abusiv nennt, da diese Bezeichnung nur dem Vermögen des populus Romanus zukomme, so erhellt gleichwohl aus fr. 17 pr.,
dass es gerade die publica ciuitatum bona waren, deren Erwähnung seine
Erörterung veranlasste. Nun wissen wir aus Gai. 3 fr. 1 § 2 quod cuiusc.
uniu. (3. 4), was in dem nächstfolgenden wider gewöhnliche Körperschaften
gerichteten Edikt (s. § 34) stand:

> Quod si nemo eos defendat, quod eorum commune erit, pos-
> sideri et, si admoniti non excitentur ad sui defensionem, uenire
> se iussurum proconsul ait.

Dass der gleiche Grundsatz auch für die Gemeinden galt, ist kaum wahr-

---

[1]) Ulp. 9 fr. 39 § 1—7, fr. 40 § 1—ult. h. t.,   de R. C. (12. 1), fr. 4 quod iussu (15. 4), fr. 4
Paul. 9 fr. 45 § 2 eod.   de ui (43. 16), fr. 15, 17 pr. de V. S. (50. 16).
[2]) Fr. 7 pr. quod cuiusc. uniu. (3. 4), fr. 27   [3]) Fr. 16 de V. S. (50. 16).

scheinlich, da öffentliche Interessen dem entgegen standen[1]). Andrerseits
aber versteht sich von selbst und wird durch fr. 8 eod.[2]) bestätigt, dass die
Gemeindegläubiger in irgend einer Form Befriedigung aus dem Gemeinde-
gut erzwingen konnten.   Offenbar gehört die Erörterung über den Begriff
der „bona publica" in diesen Zusammenhang.

Zur Defension der ciuitates war nicht jedermann, sondern waren nur
ihre gesetzmässigen Vertreter befugt[3]). Sehr natürlich: wenn für einen
Privatmann jeder beliebige Defensor zugelassen wurde, so war dafür die
utilitas absentium massgebend[4]); sollte der Prätor die Gläubiger einer
Gemeinde, deren amtliche Vertreter die Defension ablehnten oder gegen
ihre Pflicht abwesend waren, zwingen, sich mit irgend einem Privaten als
Defensor einzulassen?   Vielleicht enthielt unser Edikt die beiden Bestimmungen, dass der Prätor aus den Kontrakten der Munizipalmagistrate
Klage gegen die Duumvirn[5]) und, wenn diese die Defension nicht über-
nähmen, missio in singulas res ciuitatis erteilen werde[6]).

§ 34.   QUOD CUIUSCUMQUE UNIUERSITATIS NOMINE UEL CONTRA EAM AGATUR[7]).

Ulp. 10[8]), Paul. 9[9]), Gai. 3[10]).

Die obige Rubrik ist keineswegs, wie Rudorff (E. P. vor § 34) annimmt, die Generalrubrik für alle auf die Vertretung sowohl der Gemeinden wie der sonstigen Korporationen bezüglichen Edikte; unter der quaecumque uniuersitas sind vielmehr nur diese letztern zu verstehen, während von der Vertretung der Gemeinden unter andern Rubriken die Rede
war[11]).

---

[1]) Anders die 1. Aufl. Gegen die dort
verteidigte Meinung treffend Naber, Mnemos. XXII N. S. p. 66 sqq.

[2]) Ciuitates si per eos, qui res earum ad-
ministrant, nec quicquam
est corporale rei publicae quod possideatur,
per actiones debitorum ciuitatis agentibus
satisfieri oportet.

[3]) Arg. fr. 8 cit. (s. n. 2), fr. 1 § 3 eod.

[4]) Fr. 33 § 2 de proc. (3. 3): Publice
utile est absentes a quibuscumque defendi
et rel.

[5]) Cf. fr. 35 § 1 de O. et A. (44. 7): In
duumuiros et rem publicam etiam post annum actio datur ex contractu magistratuum
municipalium. Vgl. Kniep, Societas publi-
can. I S. 375.

[6]) So Naber a. a. O. Zweifelnd Solazzi,
bullett. XVI p. 119 sqq.

[7]) D. (3. 4). Gradenwitz, ZRG. XXV
S. 144, hält die Rubrik nicht für ediktal; er
nimmt für die Ediktsprache an dem Ausdruck „uniuersitas" Anstoss, vielleicht mit
Recht. Man müsste dann unterstellen, dass

...

11

Ich unterscheide in unserm Edikt drei Bestandteile. Zunächst scheint der Prätor ediziert zu haben, dass zur Erhebung von Klagen namens der uniuersitates[1]) deren statutenmässige Vertreter (actor, syndicus) zugelassen werden sollten[2]). Zweitens scheint er ausdrücklich nicht nur diesen, sondern jedwedem extraneus die Defension der uniuersitas gestattet zu haben, Gai. 3 fr. 1 § 3 h. t.:

> et si extraneus defendere uelit uniuersitatem, permittit proconsul, sicut in priuatorum defensionibus obseruatur.

Dies deshalb, weil für die ciuitates der gleiche Grundsatz ˙nicht galt[3]). Endlich folgte das von Gai. 3 fr. 1 § 2 h. t. referierte Edikt:

> Quod si nemo eos defendat, quod eorum commune erit, possideri et, si admoniti non excitentur ad sui defensionem, uenire se iussurum proconsul ait.

§ 35. DE NEGOTIIS GESTIS[4]).

Ulp. 10[5]), Paul. 9[6]), Gai. 3[7]), Pedius 7[8]), Pomp. 26[9]), Iulian. 3[10]).

Ulp. 10 fr. 3 pr. h. t.:

> Ait praetor: SI QUIS[11]) NEGOTIA[12]) ALTERIUS[13]), SIUE QUIS NEGOTIA, QUAE CUIUSQUE CUM IS MORITUR FUERINT, GESSERIT[14]), IUDICIUM EO NOMINE DABO[15]).

Der Kommentar Ulpians zu diesem Edikt umfasst (vgl. n. 11—15) fr. 3 § 1—7 h. t. Hierauf folgen in fr. 3 § 8. 9 zwei anscheinend ganz verein-

auf die municipes bezüglichen streng geschieden. Vgl. Ulp. 10 fr. 7 § 1. 2 mit fr. 7 pr. h. t.; Paul. 9 fr. 6 § 3 mit fr. 6 pr. § 1. 2 h. t. (besonders fr. 6 § 3 i. f. mit fr. 6 pr.); Gai. 3 fr. 1 h. t., wo nur von den uniuersitates die Rede ist und dabei überall auf das exemplum rei publicae verwiesen wird. S. endlich auch fr. 2 h. t.: „municipes uel aliqua uniuersitas" . . . . „pro re publica uel uniuersitate".

[1]) Arg. Gai. 3 fr. 1 § 1 h. t., Paul. 9 fr. 6 § 3 eod. Letztere Stelle enthält nicht Ediktinhalt, sondern Interpretation mit Rücksicht auf das in § 32 behandelte Edikt und die spätere Praxis. Vgl. dazu Vat. 335 und fr. 9 ratam rem (46. 8).

[2]) Die Kommentare nehmen besondere Rücksicht auf die publicani: Gai. 3 fr. 1 pr. h. t., fr. 16 de V. S., Ulp. 10 fr. 17 § 1 de V. S.

[3]) Fr. 8 h. t., s. § 33 a. E.

[4]) D. (3. 5), C. (2. 18 [19]). Die Fragmente des Digestentitels zähle ich nach Mommsen.

[5]) Fr. 1, 3, 5, 7, 9, 11, 13, 19 h. t., fr. 1 de relig. (11. 7), fr. 37 de usur. (22. 1), fr. 5 de eo qui pro tutore (27. 5).

[6]) Fr. 6, 12, 14, 17, 20 h. t., fr. 40 mandat. (17. 1), fr. 41 ad l. Falc. (35. 2) — gestio ne-

zelte Spezialentscheidungen. Sie können nicht mehr zu der Erläuterung des Edikts gehören, die in § 7 mit der Bemerkung über die Vererblichkeit der actio deutlich abschliesst. Sie gehören ebensowenig zu dem neuen Kommentarabschnitt, der markant bei fr. 3 § 10 beginnt und sich, wie ich zeigen werde, auf die formula in ius concepta bezieht. Alle Wahrscheinlichkeit spricht dafür, dass wir es hier mit Resten eines Kommentars zu einer formula in factum concepta zu tun haben[1]. Allerdings ist bestritten, ob es für unsere actio eine formula in factum concepta gegeben habe, allein mit Unrecht. Die bejahende, am gründlichsten von Wlassak[2] vertretene Ansicht betont mit Recht, dass das in fr. 3 pr. zitierte Edikt die formula i. f. concepta geradezu postuliert; die Verheissung einer actio ciuilis durch Edikt wäre in den Quellen ohne Beispiel[3]. Gab es nun eine formula i. f. concepta, so fragt sich weiter, ob sie auf die Klage des dominus oder die des gestor zugeschnitten war oder ob vielleicht für jede dieser Klagen eine besondere Formel proponiert war. Letzteres ist die Ansicht Wlassaks[4], der die actio directa sogar für die ältere hält[5]. Dagegen lassen Karlowa[6], Ferrini[7], Cuq[8], Segrè[9] aus dem Edikt eine Formel nur für den gestor erwachsen. Betrachten wir unsere Hauptquelle, Ulpians Kommentar, so weist zwar dessen Einleitung, fr. 1 h. t., ausschliesslich auf die actio contraria hin, die Erläuterung des Edikts aber nimmt gleichermassen auf beide Aktionen Rücksicht, vgl. fr. 3 § 1. 4. 5 h. t. Nimmt man hinzu, dass die beiden Entscheidungen in fr. 3 § 8. 9 Fälle der actio directa betreffen, so dürfte wohl am meisten für die Ansicht Wlassaks sprechen. Dass von der Erläuterung der beiden Formeln so gar wenig auf uns gekommen ist, darf nicht wundernehmen. Auch bei der actio commodati (s. § 98), für die bekanntlich ebenfalls formulae in ius und in factum conceptae proponiert waren, hat die formula i. f. concepta anscheinend nur eine recht kurze Behandlung erfahren[10]. Für unsere Formeln aber muss beachtet werden, dass sie sehr wahrscheinlich nicht wie die formulae in ius conceptae allgemein gefasst, sondern auf einen besondern Fall der N. G., die defensio absentis berechnet waren; dafür spricht entschieden die Stellung der Materie im System des Edikts[11].

---

[1] In der 1. Aufl. suchte ich das Rätsel durch die Annahme zu erklären, dass die Kompilatoren die § 8. 9 anderswoher entnommen und hier nur eingeschoben hätten. Diese Vermutung ist wenig wahrscheinlich, da ein zureichender Grund für eine solche Umstellung nicht ersichtlich ist.

[2] Zur Gesch. der N. G. (1879) S. 13 fgg., 153 fgg., 184 fgg. Kurze Übersicht der Literatur bei Karlowa, R. G. II S. 668 n. 1, dazu noch Pacchioni, tratt. della gestione etc. 1893, Ferrini, bullett. VII p. 85 sqq., u. wieder Pacchioni, bullett. IX p. 51 sqq.

[3] Was ich hiegegen in der 1. Aufl. vorbrachte, hat keine überzeugende Kraft. Vgl.

Wlassak, Grünh. Zschr. XII S. 261 und, wegen des Edikts de operis libertorum, unten § 140.

[4] a. a. O. S. 21, 184 fgg.

[5] Mit Wlassak auch Girard, manuel (4. éd.) p. 623 n. 1.

[6] R. G. I S. 463 n. 1, II S. 668 n. 1, 1305 fg.

[7] bullett. VII p. 86 sq.

[8] Instit. (2. éd.) I p. 201 n. 1.

[9] Sulle formole relative alla N. G. (aus den studi Moriani) p. 12 sq.

[10] Anders freilich bei der actio depositi, vgl. Paling. Ulp. nr. 890 sqq.

[11] Nicht dagegen spricht, dass in fr. 3 § 8 h. t. Ulpian einen andersartigen Fall er-

Irgendwie sichere Vermutungen über die Fassung der beiden Formeln
sind natürlich ausgeschlossen. Nur soviel darf wohl, wenn unsere Hypothese richtig ist, aus dem „interdum . . . . . dolum solummodo uersari"
in fr. 3 § 9 h. t. geschlossen werden, dass in der Formel der actio
directa nicht von einem dolus des gestor die Rede war. Und was die
Formel der actio contraria angeht, so erinnert das „quidquid eo nomine
uel abest ei uel afuturum est" bei Gai. 3 fr. 2 i. f. h. t. daran, dass in den
Erörterungen über die actio mandati contraria, für die ebenfalls eine
Doppelformel zu vermuten ist, das „pecuniam abesse" eine auffallende
Rolle spielt[1]) (vgl. unten § 108 a. E.).

Bei fr. 3 § 10 h. t. beginnt, wie schon bemerkt, ein neuer Abschnitt
von Ulpians Kommentar, der die formulae in ius conceptae zum Gegenstande hat[2]). Die Existenz dieser Formeln[3]) und dass sie bonae fidei
waren, ergibt sich aus folgenden Stellen:

Gai. fr. 5 pr. de O. et A. (44. 7):
> . . . proditae sunt actiones . . . negotiorum gestorum, quibus . . .
> inuicem experiri possunt de eo quod ex bona fide alterum alteri
> praestare oportet.

Paul. 29 fr. 17 § 3 commod. (13. 6):
> . actionesque ciuiles: ut accidit in eo, qui absentis negotia
> gerere inchoauit

Vgl. ferner Ulp. 76 fr. 1 § 4 quar. rer. (44. 5), Gai. IV 62, Paul. sent. I 4
§ 3, § 28 I. de act. (4. 6), fr. 6, 37 h. t., fr. 38 pr. pro socio (17. 2), fr. 37
de usur. (22. 1), c. 3 de transact. (2. 4), c. 13 de usur. (4. 32).

Die Bestandteile der Formeln lassen sich in Ulpians Kommentar deutlich verfolgen. Der Jurist beginnt mit der demonstratio

Quod A[s] A[s] N[i] N[i] (N[s] N[s] A[i] A[i]) negotia gessit.

Da diese für beide Seiten der actio — die directa und contraria — gleichlautend ist, so zieht bei Untersuchung der Frage, wann die demonstratio
zutreffe (quis hac actione teneatur), Ulpian die directa und contraria nebeneinander in Betracht[4]). Im einzelnen wird zunächst festgestellt, dass, da
die demonstratio lediglich auf die Tatsache des „negotia alicuius gessisse"
gestellt ist, es für die Zuständigkeit der actio gleichgültig ist, ob der gestor

wähnt, — das „dabitur actio" in dieser
Stelle lässt vermuten, dass der Fall durch
die proponierte Formel nicht gedeckt war.
Möglich wäre übrigens auch, dass die actio
directa auf einen andern Fall gemünzt war
als die actio contraria, während für die
Stellung im System der Fall dieser entscheidend gewesen wäre.

[1]) Hierauf macht Segrè a. a. O. p. 18 sq.
aufmerksam.

[2]) Irrig nimmt Wlassak, z. Gesch. der
N. G. (1879) S. 1. 13 fg., an, die römischen
Juristen hätten die Entwickelung des Rechts
der N. G. an die Worte des Edikts an-

geknüpft. Wenn Ulpian, nachdem er in fr. 3
§ 2 sqq. die Worte negotia alterius bereits
erörtert hat, von fr. 3 § 10 ab von neuem
und weit ausführlicher die Frage erörtert,
wann man sagen könne, das jemand negotia
eines andern geriert habe, so ist klar, dass
diese neue Erörterung an die Formel anknüpft.

[3]) Zweifelnd hinsichtlich der actio contraria Karlowa, II S. 671 fg.

[4]) Die directa z. B. in fr. 3 § 10, fr. 5 § 4.
11. 14, die contraria in fr. 3 § 11, fr. 5 § 1—
§ 3, beide in fr. 5 § 5. 6. 7 h. t.

sponte oder necessitate urguente oder necessitatis suspicione eingetreten, speziell ob auf Grund wirklichen oder vorausgesetzten Mandats eines Dritten, ferner auch, ob ein Irrtum über die Person des dominus negotiorum vorlag oder nicht — fr. 3 § 10. 11, fr. 5 pr. § 1 h. t. Nun folgen Untersuchungen darüber, ob und inwiefern dennoch die bei der Geschäftsführung obwaltende Absicht des Gestor in Betracht komme — fr. 5 § 2—13 —, Untersuchungen, deren Beziehung zu dem „quod L. Titius negotia Sei gessit" auf der Hand liegt, überdies aber auch mehrfach in den Worten des Kommentars klar hervortritt[1]). Weiter sagt die demonstratio: „quod . . . . gessit". Fragt sich also, ob Jemand auch propter ea quae non gessit in Anspruch genommen werden könne: darüber handeln fr. 5 § 14, fr. 7 pr. Auf die demonstratio folgt die intentio. Diese musste den Juristen zu einer doppelten Darlegung veranlassen: einmal nämlich zur Erörterung der Bedingungen, unter denen, das Zutreffen der demonstratio vorausgesetzt, aus der N. G. ein oportere für den einen oder andern Teil hervorgeht, — dahin gehört z. B. der Satz, dass Verbot der Geschäftsführung durch den Geschäftsherrn jeden Anspruch des Geschäftsführers ausschliesst, ferner die Lehre vom negotium utiliter gestum —; sodann zur Feststellung des Inhalts der beiderseitigen Ansprüche (quid ueniat in hanc actionem). Es ist klar, dass bei diesen Untersuchungen die bisher gemeinsame Behandlung der actio directa und contraria einer getrennten Platz machen musste. Genau dies ist das Bild, das uns der Fortlauf des Kommentars bietet. Allerdings ist von der Untersuchung über die actio directa nichts übrig geblieben, als einzig fr. 7 § 1, eine Stelle, die sich, beim Mangel alles Zusammenhangs mit dem Vorhergehenden, seltsam genug mit einem „item" einleitet und durch dies übel angebrachte Wort die durch die Tätigkeit der Kompilatoren geschaffene Lücke anzeigt. Dagegen ist uns in fr. 7 § 2. 3, fr. 9 h. t., fr. 37 de usur. (22. 1) das von der contraria handelnde Bruchstück grossenteils erhalten, und zwar sind hier gerade die oben berührten Punkte besprochen. Dass aber vorher ebenso ausführlich von der actio directa die Rede war, zeigt überaus deutlich auch der Beginn dieses letztern Bruchstücks: das ganz abrupte „si quocumque modo ratio compensationis habita non est a iudice", womit fr. 7 § 2 anfängt, — vorher ist in den auf uns gekommenen Fragmenten von dergleichen nirgends die Rede — muss jedem aufmerksamen Leser des Kommentars als befremdlich auffallen.

Das Edikt betrifft neben dem Fall der gestio negotiorum uiui noch den weitern der gestio negotiorum hereditariorum. Für diesen war auch eine besondere Formel proponiert: Ulpian behandelt diese im nächsten erhaltenen Fragment — fr. 11 h. t.[2]) —, und hierher gehört auch fr. 1 de relig. (11. 7).

---

[1]) S. namentlich fr. 5 § 4 („quia meum negotium gessit"), § 5 i. A., § 11 („quia nullum negotium tuum gestum est" . . . .   „sic ratihabitio constituet tuum negotium"), § 12 i. f., § 13 i. f.

[2]) Im pr. dieser Stelle hält Krüger (bei

· Den Schluss des Kommentars bilden Betrachtungen über besondere Formelgestaltungen: actio n. g. de peculio und de in rem uerso, actio utilis im Fall der gestio negotiorum captiui: fr. 13, 19 h. t.

Die Rekonstruktion der in ius konzipierten Formeln bietet bei der Reichhaltigkeit des vorliegenden Materials keine Schwierigkeit.

   1. *Quod N^s N^s (A^s A^s) negotia A^i A^i (N^i N^i) gessit^1), q. d. r. a., quidquid ob eam rem N^m N^m A^o A^o ^{2}) dare^3) facere^4) oportet ex fide bona, eius, iudex, N^m N^m A^o A^o c. s. n. p. a.*

   2. *Quod N^s N^s (A^s A^s) negotia quae Titii, cum is moreretur^5), fuerunt, gessit, q. d. r. a., quidquid ob eam rem N^m N^m A^o A^o rel.*

Eine Spezialisierung des geführten Geschäfts in der Formel trat, soweit wir sehen können, nicht ein.

Tit. IX.

§ 36—38. DE CALUMNIATORIBUS^6).

Ulp. 10^7), Paul. 10^8), Gai. 4^9).

Ulp. 10 fr. 1 pr. h. t.:

   IN EUM QUI, UT CALUMNIAE CAUSA NEGOTIUM FACERET UEL NON FACERET, PECUNIAM ACCEPISSE^{10}) DICETUR, INTRA ANNUM IN QUADRUPLUM EIUS PECUNIAE QUAM ACCEPISSE DICETUR, POST ANNUM^{11}) SIMPLI in factum actio competit^{12}).

Ohne Zweifel ist obiges wortgetreu dem Edikt nachgeschrieben^{13}). Von der Formel ist uns nichts überliefert, als dass die actio in quadruplum die exceptio „si non plus quam annus est, cum experiundi potestas fuit" ent-

---

Mommsen) die Worte „cuius fuerunt negotia" für Justinianischen Zusatz. Erwägt man aber, dass Ulpian den Fall der gestio negotiorum captiui weiter unten behandelt — cf. fr. 19 h. t. —, so wird man eher die folgenden Worte „qui apud hostes decessit" als Interpolation zu betrachten geneigt sein.

^{1}) Utilis: quod L. Titius mandatu N^i N^i gessit. Fr. 20 § 3 h. t.

^{2}) Coniuncta: alterum alteri? Fr. 5 pr. de O. et A. (44. 7).

^{3}) Fr. 1 § 4 quar. rer. (44. 5).

^{4}) Dare facere praestare? Trotz fr. 5 pr. de O. et A. (44. 7) und Gai. III 155 kaum anzunehmen, arg. fr. 45 § 5 mand. (17. 1). Vgl. Segrè, l. c. p. 10 n. 2. Rudorff (E. P. § 36) hat „dare facere repromittere", ohne Beleg.

^{5}) Fr. 3 pr., 11 pr., 20 § 1, 21 h. t., fr. 1 de relig. (11. 7). Utilis: „cum is apud hostes esset", fr. 18 § 5 — fr. 20 pr. h. t.

^{6}) D. (3. 6), C. (9. 46).

^{7}) Fr. 1, 3, 5 h. t., fr. 6, 21 de minor. (4. 4), fr. 10 de iudic. (5. 1), fr. 16 de iureiur. (12. 2), fr. 5, 7 de obsequiis (37. 15), fr. 17 de re iud. (42. 1).

^{8}) Fr. 2, 7 h. t., fr. 8 de obseq. (37. 15), fr. 115 de R. I. (50. 17).

^{9}) Fr. 4, 6 h. t.

^{10}) Ulp. 10 fr. 1 § 2. 4, fr. 3 pr.—§ 2 h. t., Paul. 10 fr. 2 h. t., fr. 115 de R. I.

^{11}) Gai. 4 fr. 6 h. t.

^{12}) Ulp. 10 fr. 3 § 3, fr. 5 pr. h. t., Paul. 10 fr. 7 pr. 1 eod., Gai. 4 fr. 4 eod.

^{13}) Insbesondere war der Fall „si quis depectus esse dicetur" im Edikt nicht erwähnt (a. M. Ranchinus, Westenberg, Heineccius, Karlowa). Das „depectum esse" ist ein Fall des „pecuniam accepisse, ut negotium non faceret", cf. c. 2 de abolit. (9. 42); fr. 3 § 2 h. t. ist Kommentar zu letztern Ediktworten.

hielt[1]), was sich, da die Zeitfrist auch im Edikt genannt ist, ohnedies hätte erraten lassen. Bei dieser Dürftigkeit des Materials wird es vorsichtig sein, auf die Rekonstruktion zu verzichten. —

War das obige Edikt das einzige des Titels de calumniatoribus? Dies scheinen alle früheren Bearbeiter des Titels anzunehmen: es ist aber das Gegenteil gewiss. Nirgends anders als hieher sind die Edikte über das bekannte iudicium calumniae decimae partis des klassischen Rechts und über den Calumnieneid[2]) zu setzen. Das liesse sich schon nach der Titelrubrik und ebenso auch nach der Tatsache vermuten, dass diesem Titel bei Paulus ein ganzes Buch gewidmet ist (lib. 10), worin doch unmöglich einzig das obige Edikt behandelt gewesen sein kann. Es wird zur Gewissheit, wenn man erwägt, dass in den uns erhaltenen Kommentaren zu dem letztern gerade die Grundbegriffe der ganzen Lehre — calumnia und negotium — nicht ex professo erläutert sind, Begriffe, von denen gewiss niemand behaupten wird, dass sie der Erläuterung nicht bedürftig seien[3]). Sie waren ohne Zweifel im Kommentar zu einem andern vorausgehenden Edikt erörtert. Wir sind aber gar nicht auf blosse Schlüsse angewiesen, sondern wir haben positive Spuren weiterer Edikte de calumnia.

Ulp. 10 fr. 10 de iudic. (5. 1)[4]):

> Destitisse uidetur non qui distulit, sed qui liti renuntiauit in totum: desistere enim est de negotio abstinere, quod calumniandi animo instituerat . plane si quis cognita rei ueritate suum negotium deseruerit nolens in lite improba perseuerare, quam calumniae causa non instituerat, is destitisse non uidetur.

Die bisherigen Bearbeiter schweigen teils über diese Stelle, teils begnügen sie sich damit, entweder (Heineccius, Weyhe) um ihretwillen in das erhaltene Edikt des fr. 1 pr. h. t. neben das ut negotium non faceret noch ein uel a lite improba desisteret zu setzen oder aber (Rudorff) fr. 10 einfach als Kommentar zu den Ediktworten ut negotium non faceret zu behandeln. Beide Ansichten sind handgreiflich unmöglich. Nach dem Edikt des fr. 1 pr. h. t. kommt es nur darauf an, dass jemand pecuniam accepit, ut   faceret uel non faceret; ob er nachher wirklich fecit oder non fecit, ist für die Zuständigkeit der Strafklage völlig gleichgültig[5]). In fr. 10 cit. wird aber gerade der Begriff des „destitisse" als relevant erörtert[6]). Ferner wird in fr. 10 cit. dem desistere als dem Aufgeben eines calumnios angefangenen Rechtsstreits entgegengestellt die Aufgabe eines in gutem Glauben begonnenen und nachher erst als ungerecht

---

[1]) Gai. 4 fr. 6 h. t.

[2]) Das Edikt de iureiurando propter calumniam dando setzt Rudorff (ohne Beleg) als § 54 hinter den Titel de satisdando.

[3]) Wie enge speziell der Begriff des negotium, und wie notwendig also seine Definition war, ergibt die Bemerkung des Paulus in fr. 7 § 2 h. t., bei der ihrer Stellung am

Schluss des Kommentars nach an eine utilis actio gedacht werden muss.

[4]) = fr. 21 de minor. (4. 4).

[5]) Fr. 3 § 1 h. t.

[6]) Man beachte besonders die Verbindung „destitisse uidetur . . .: desistere enim est" und am Schluss das „is destitisse non uidetur".

erkannten: was für eine Bedeutung soll dieser Gegensatz haben, wenn die
Auffassungen von Heineccius, Weyhe, Rudorff richtig wären? etwa den,
dass es für die Strafklage des fr. 1 pr. h. t. einen Unterschied mache, ob
derjenige, der sich für den Verzicht auf den Prozess bezahlen liess, von
Anfang an die Ungerechtigkeit seiner Sache kannte oder sich deren erst
nachträglich bewusst wurde? Das wird doch wohl schwerlich jemand im
Ernste behaupten wollen. Die wahrscheinliche Beziehung des destitisse
ergibt sich sofort, wenn man annimmt, dass unter dem Titel de calumniatoribus auch vom iudicium decimae partis die Rede war. Von diesem
berichtet uns Gai. IV 174—76. 178. 179[1]):

> Actoris quoque calumni*a* coercetur modo calumniae iudicio modo
> contrario modo iureiurando modo restipulatione. et quidem ca-
> lumniae iudicium aduersus omnes actiones locum habet, et est
> decimae partis .... aduersus adsertorem tertiae partis est. liberum
> est autem ei cum quo agitur aut calumniae iudicium opponere aut
> iusiurandum exigere non calumniae causa agere .... ca-
> lumniae iudicio decimae partis nemo damn*a*tur nisi qui intellegit
> non recte se agere .... Utique autem ex quibus causis con-
> trario iudicio ag*i* potest, etiam calumniae iudicium locum habet:
> sed alterutro *tantum* iudicio agere permittitur[2]).

Diese Nachrichten werden ergänzt durch Theophil. ad Inst. IV 16 § 1, durch
den wir erfahren, dass die Kondemnation im calumniae iudicium vor-
gängiges Unterliegen des Calumnianten im Hauptprozess voraussetzte[3]);
dies war eine praktisch durchaus gebotene Bestimmung, da eine Ver-
quickung der beiden Prozesse zu unerträglichen Unzukömmlichkeiten
hätte führen müssen. Betrachten wir nun aber die Gesamtheit dieser
Grundsätze, so bemerken wir gegenüber den entsprechenden Vorschriften
des Strafprozessrechts eine Lücke. Wie nämlich, wenn der calumniose
Kläger vor dem Urteil den Prozess aufgab? Sollte er ruhig haben abwarten dürfen, wie sich der Rechtsstreit vor dem Judex entwickeln werde,
um sich dann noch im letzten Moment nach Willkür der gerechten Strafe
der Calumnia entziehen zu können? Im Strafprozess trifft ein solches
destitisse die strenge Strafe der tergiuersatio, und merkwürdig genug
wird dort dies destitisse von Paulus[4]) fast mit den gleichen Worten definiert
wie in fr. 10 cit. von Ulpian. Ich zweifle nicht, dass auch das iudicium
calumniae dies destitisse vorsah, und eben darauf wird sich fr. 10 cit. bezogen
haben. Es ist wohl nur ein Nachklang des alten Rechts, wenn Justinian
in Nov. 112 c. 2 pr. dem Kläger Bürgschaftsleistung dafür aufgibt: „quod
et usque ad finem litis permaneat et suas intentiones ..... exerceat,

---

[1]) Vgl. dazu noch § 1 I. de poena tem. lit.
(4. 16), Theophil. in h. l., consult. uet. iurisc.
6, 13 (im C. Hermog. ed. Haenel p. 70), Cic.
pro Cluentio c. 59 § 163, Gell. XIV 2 § 8.
S. auch Nov. 112 c. 2 pr.

[2]) Restitution gegen die getroffene Wahl?
Ulp. 10 fr. 6 de minor. (4. 4).

[3]) v. εἶτα ἡττήϑην.

[4]) Fr. 13 pr. ad SC Turp. (48. 16).

et, si postea fuerit approbatus iniuste litem mouisse, sumptuum et expensa-
rum nomine decimam partem eius quantitatis, quae libello continetur,
pulsato restituet". Eine gewichtige Bestätigung erfährt unsere Annahme
durch Ulp. 4 opin. fr. 33 de d. m. (4. 3) (Paling. nr. 2332), eine interpolierte
Stelle, die in ihrem ursprünglichen Wortlaut höchst wahrscheinlich auf
das iudicium calumniae ging:

> Rei, quam uenalem possessor habebat, litem proprietatis aduer-
> sarius mouere coepit et, posteaquam opportunitatem emptoris cui
> uenundari potuit peremit, destitit: placuit possessori hoc nomine
> [actionem in factum cum sua indemnitate] competere.

Statt der eingeklammerten Worte hatte Ulpian: calumniae iudicium[1]).

Ist obiges richtig, so geht aus fr. 10 cit. hervor, dass in demjenigen
Stück der Formel des iudicium calumniae, wo das destitisse als zur Kondemnation ausreichend bezeichnet war, des Erfordernisses, dass der Prozess
calumnios begonnen worden sein müsse, keine besondere Erwähnung
geschah: nur unter dieser Voraussetzung wird die an sich ja nicht richtige
Behauptung des Juristen, desistere sei nur das Aufgeben eines calumniosen
Prozesses, verständlich: desistere im Sinn der Formel ist gemeint. Im
übrigen enthalte ich mich mangels aller positiven Nachrichten der Rekonstruktionsversuche und muss es namentlich auch dahingestellt sein lassen,
ob das iudicium calumniae an die Hauptformel (das s. n. p. a.) nur einfach angehängt, oder ob eine besondere selbständige Formel dafür erteilt wurde.

Fr. 10 cit. ist nicht der einzige Beweis für die Annahme, dass in
unserm Titel das iudicium calumniae proponiert gewesen. Die Strafklage
in quadruplum ist gegen gewisse Respektspersonen unzulässig; Ulp. 10
handelt davon in fr. 5 pr. de obsequiis (37. 15):

> Parens, patronus patrona, liberiue aut parentes patroni patronae
> neque si ob negotium faciendum uel non faciendum pecuniam
> accepisse dicerentur, in factum actione tenentur.

Neque si: auch dann nicht. Also muss es noch eine andere ebenfalls
Ulp. 10 behandelte Klage gegeben haben, die ebenfalls gegen die Respektspersonen nicht erhoben werden konnte, und das kann nur das iudicium
decimae partis gewesen sein. Vermutlich stand am Schlusse des ganzen
Titels eine Klausel etwa folgenden Inhalts:

> Aduersus parentem, patronum patronam, liberos parentes patroni
> patronae has actiones non dabo[2]). —

---

[1]) Zu allen diesen Beweisgründen tritt
neuerdings noch der Pap. Amherst II nr. 27.
Wenn die Ergänzung und die Deutung des
hier überlieferten Reskripts durch Gradenwitz (ZRG. XXXVI S. 356 fgg., bes. S. 377)
das Richtige trifft, so wäre darin ausdrücklich bezeugt, dass „contra eum qui post litem
institutam destitit" im Edikt ein Rechtsmittel
vorgesehen war; leider aber sind gerade
die Worte „edicto perpetuo" blosse Konjektur. Doch bedürfen wir dieser immerhin
zweifelhaften Stütze nicht. Wenger (Arch.
f. Papyrusforsch. II S. 41 fgg.) bezieht das
Reskript auf calumnia im Strafprozess.

[2]) Zu dieser Klausel ziehe ich ausser fr. 5
de obs. noch Ulp. 10 fr. 7 eod., fr. 17 de re

Vom Calumnieneid handelt Gai. IV 172. 176:

Quodsi neque sponsionis neque dupli actionis periculum ei cum quo agitur *iniungatur*, ... permittit praetor iu*s*iurandum exigere non calumniae caus*a* infitias ire.

Liberum est autem ei cum quo agitur, aut calumniae iudicium opponere aut iusiurandum exigere non calumniae causa agere.

Hierauf könnte sich Ulp. 10 fr. 16 de iureiur. (12. 2) bezogen haben; doch ist dies nicht sicher, cf. Ulp. 10 fr. 7 § 3 de obs. (37. 15).

Unter den wider die calumnia actoris gerichteten Rechtsmitteln figurieren nach Gai. IV 174 sqq. auch noch das contrarium iudicium und die restipulatio. Beide sind aber nur ex certis causis zulässig und waren daher wohl nicht in diesem allgemeinen Titel, sondern gelegentlich der certae causae verheissen[1]).

Tit. X.

DE IN INTEGRUM RESTITUTIONIBUS[2]).

Ulp. 11—13, Paul. 11. 12, Gai. 4, Pomp. 28—30, Iulian. 4, Callistr. 1. 2.

Die Reihenfolge der drei ersten Rubriken ergibt sich nicht nur aus der Titelordnung der Digesten, sondern auch aus den Sentenzen des Paulus (I 7—9).

§ 39. QUOD METUS CAUSA GESTUM ERIT[3]).

Ulp. 11[4]), Paul. 11[5]), Gai. 4[6]), Iulian. 4[7]), Ped. 7. 8 (7? 8?)[8]), Pomp. 28[9]).

Unter diese Rubrik gehören, wie an sich zu vermuten, überdies aber aus Ulpians Kommentar deutlich zu ersehen, drei Stücke: das allgemeine Edikt des fr. 1 pr. h. t., das spezielle Edikt über die actio in quadruplum, die proponierte Formel. Aus der teilweisen Identität dieser drei Stücke erklärt es sich, wenn Ulpian hier auf denselben Punkt wiederholt zurückkommt, z. B. dreimal auf die Bedeutung der unpersönlichen Fassung.

---

iud. (42. 1), Paul. 10 fr. 8 de obs. (37. 15). Ulpian stellte hier alle verwandten Ehrenvorzüge der Respektspersonen zusammen: vgl. fr. 7 § 4 i. f. de obs. (37. 15). Auch die rätselhafte Stelle Gai. 4 fr. 26 rer. amot. (25. 2) „rerum amotarum actio condictio est" gehört vielleicht hieher: gegen den Patron ist zwar die actio furti als famosa ausgeschlossen, nicht aber die actio rerum amotarum, fr. 16 de iureiur. (12. 2). Wahrscheinlicher ist mir aber hier eine andere Beziehung. Vgl. § 115.

[1]) A. M. anscheinend R u d o r ff, E. P. § 54.
[2]) D. (4. 1). Ulp. 11 fr. 1 de i. i. r. (4. 1):

utilitas huius tituli. Schol. Sinait. 13: τοῦ de in integrum restitutione τῶν a' Ulpiani.
[3]) D. (4. 2), C. (2. 19 [20]).
[4]) Fr. 1, 3, 5, 7, 9, 12, 14, 16, 20 h. t., fr. 5 de ui (43. 16), fr. 19 de V. S. (50. 16), fr. 116 pr. de R. I. (50. 1*i*).
[5]) Fr. 4, 8, 15, 21 h. t.; fr. 5 de alien. (4. 7)? fr. 117 de R. I. (50. 17)?
[6]) Fr. 6, 10, 19 h. t., fr. 22 de V. S. (50. 16).
[7]) cit. fr. 9 § 5. 7, fr. 11 h. t. In fr. 9 § 5 falsch III statt IIII.
[8]) cit. fr. 7 pr., 14 § 5 h. t.
[9]) cit. fr. 7 § 1, 9 pr., 12 § 1 h. t.

Ulp. 11 fr. 1 h. t.:

Ait praetor: QUOD METUS CAUSA [1]) GESTUM ERIT, RATUM NON HABEBO [2]).
Vgl. Paul. 11 fr. 21 § 1 h. t.

Aus Ulp. 11 gehört hieher: fr. 1, 3, 5, 7, 9 pr. — § 6 h. t., fr. 5 de ui
(43, 16) cf. fr. 9 pr. i. f. h. t., fr. 19 de V. S. cf. fr. 9 § 2 h. t., fr. 116 pr.
de R. I.

Aus Paul. 11: fr. 4, 8, 21 pr. § 1. 5. 6 h. t.

Aus Gai. 4: fr. 6 h. t.

Im einzelnen erläutert Ulpian den Begriff metus in fr. 1, 3, 5, 7, 9 pr.,
metus causa gestum in fr. 9 § 1. 2, ratum non habebo in fr. 9 § 3—6.

Eine Formel war zu obigem Edikt nicht proponiert [3]). Der Prätor
behielt sich die Art seines Eingreifens im Einzelfall vor. Rudorff [4]) freilich proponiert hier folgende formula rescissoria:

Si uis metusue causa factum non esset, ut A⁵ A⁵ fundum, q. d. a.,
N° N° mancipio daret, tum si paret *rel.*

Das „si uis metusue causa factum non esset" bedarf keiner Widerlegung [5]).
Da es sich um eine i. i. r. handelt, dürfte der Prätor i. d. R. das Vorhandensein des Restitutionsgrunds selbst festgestellt und dann die Formel
einfach auf „Si A⁵ A⁵ fundum N° N° mancipio non dedisset" gestellt haben.
Überliess er aber, was doch vielleicht nicht ausgeschlossen war, auch die
Untersuchung über den metus dem Judex, dann wäre an eine Formel etwa
derart zu denken: si quem fundum A⁵ A⁵ N° N° metus causa mancipio
dedit, eum is mancipio non dedisset [6]), tum si *rel.*

2.

Das Edikt über die actio in quadruplum [7]) fing sehr wahrscheinlich mit
den Worten an:

Quod metus causa factum erit.

Ulp. 11 fr. 9 § 8 h. t. cf. fr. 22 § 1 de pign. act. (13. 7).

Seinen weitern Inhalt meldet Ulp. 11 fr. 14 § 1 h. t.:

[1]) Ältere Fassung: ui metusue causa. Cf.
Seneca, controu. IX 3. Cic. ad Quint. fr. I 1,
7 § 21.

[2]) Cf. c. 7, 8 h. t., c. 13 de transact. (2. 4);
vgl. Dio Cass. 45, 22 i. f.

[3]) Vgl. mit fr. 9 § 4 h. t. das „licet .
existimemus" in fr. 9 § 6, woraus hervorgeht, dass fr. 9 § 4 blosse Interpretation
enthält. Vgl. auch c. 3 h. t. v. „placuit".

[4]) E. P. § 38.

[5]) Rudorffs Judex hätte nach dem Wortlaut dieser Fiktion nicht etwa die stattge-
habte Manzipation, sondern die stattgefundene Gewalt und Drohung ignorieren müssen.

[6]) Die Rüge, die Brinz, ZRG. XVII S. 176,
über diesen Rekonstruktionsversuch ver-
hängt, scheint mir nicht begründet.

[7]) Aller Wahrscheinlichkeit nach ist das
Edikt über die actio in quadruplum zurückzuführen auf dasjenige des Octauius, wovon
Cicero (in Verr. II 3 c. 65 § 152, ad Quint.
fr. I 1, 7 § 21) meldet. Die formula Octauiana
war nach Cicero abgestellt auf „quod per
uim aut metum abstulisset". Sie hat dieselben Wandlungen durchgemacht, wie das
erste Edikt, und auch das persönliche ab-
stulisse hat einer unpersönlichen Fassung
Platz machen müssen. Das Vorkommen des
Worts in c. 1 h. t., c. 23 de R. V. (3. 32) ist
sicher rein zufällig. Ohne hinreichenden
Grund vermutet Naber, Mnemos. N. S. XXI
p. 36, hinter der formula Octauiana ein
Interdikt.

Si quis non restituat, in quadruplum in eum iudicium pollicetur . . . .
post annum uero in simplum actionem pollicetur, sed non semper,
sed causa cognita.

Gai. 4 fr. 19 h. t.:

    . . . in heredem eatenus pollicetur actionem proconsul, quatenus ad
eum peruenerit

Cf. c. 4 h. t.

Ulp. 11 zeigt bei fr. 9 § 7 h. t. energisch den neuen Abschnitt an:

    Ex hoc edicto restitutio talis facienda est [id est in in-
tegrum][1]) officio iudicis, ut . . .,

und sofort wird auch die condemnatio in quadruplum erwähnt. Das nisi
restituet oder neque restituetur des Edikts ist es, was der Jurist sodann in
fr. 9 § 7. 8, fr. 12, 14 pr. nach allen Richtungen erläutert, während in fr. 14
§ 1. 2 das in quadruplum iudicium dabo etc. interpretiert wird. Aus Paul. 11
beziehen sich auf unser Edikt oder die Formel: fr. 15, fr. 21 § 2—4 h. t.,
sodann[2]) fr. 5 de alien. (4. 7), fr. 117 de R. I. (50. 17), aus Gai. 4: fr. 10, 19
h. t., fr. 22 de V. S. (50. 16).

    Bemerkenswert ist — denn es zeigt sich darin die Trennung des Edikt-
und Formelkommentars —, dass in fr. 14 § 2 bereits von der aktiven Vererblichkeit der Klage die Rede ist, worauf Ulpian am Schlusse des Formel
kommentars in fr. 16 § 2 zurückkommt.

3.

Die Formel lässt sich im Anschluss an Ulpians Kommentar im ganzen
sicher folgendermassen rekonstruieren:

    S. p. metus causa[3]) *A^m A^m fundum q. d. a.   N^o N^o (Lucio Titio)
mancipio dedisse*[4]) *neque plus quam annus est cum experiundi
potestas fuit*[5]) NEQUE EA RES ARBITRIO *tuo* RESTITUETUR[6]), *quanti ea*

---

[1]) Glossem.

[2]) Ad v. „in heredem“

[3]) Daher der Name actio metus causa:
fr. 12 § 2, 14 § 15, 21 § 6 h. t.

[4]) Ulp. 11 fr. 14 § 3 h. t.   Das Paradigma
ist natürlich unsicher. Überflüssig und unpassend ist Rudorffs Umschreibung „s. p.
metus causa factum esse, ut . . .“ Das ist
der actio de dolo nachgebildet, ohne auf die
Redeweise der Quellen zu achten, vgl. fr. 38
§ 6 de usur. (22. 1), fr. 9 § 3. 5. 7 h. t. u. sonst
oft.   Metus ist Beweggrund, dolus nur be-
weggrunderzeugend. „Metum in causa fuisse,
ut . . .“ kommt vor, fr. 14 § 3 h. t., ist aber
nur Umschreibung, nicht Kopie der Formel.

[5]) C. 4 h. t.

[6]) Wörtlich erhalten in fr. 14 § 11 h. t.,
nur dass die Kompilatoren für „tuo“ gesetzt
haben: iudicis, und dass sie das Obige für
uerba edicti statt formulae erklären. Kom-

res erit, tantae pecuniae quadruplum[1]*), iudex*[2]*),* N^m N^m A^o A^o c. s. n. p. a.

Gegen den Erben des Urhebers des metus ging die actio in simplum mit Beschränkung auf quod ad eum peruenit, cf. fr. 16 § 2 — fr. 20 h. t. Dass die Arbitrarklausel hier wegblieb — so Rudorff, E. P. § 38 i. f. —, ist nicht bezeugt, — dass sie ohne Schaden hier entbehrt werden konnte, aber richtig.

§ 40. DE DOLO MALO[3]).

Ulp. 11[4]), Paul. 11[5]), Gai. 4[6]), Iulian. 4[7]), Fur. Anth. 1[8]), Ped. 8[9]), Pomp. 28[10]).

Ulp. 11 fr. 1 § 1 h. t.:

Verba autem edicti talia sunt: QUAE DOLO MALO[11]) FACTA ESSE DICEN-TUR, SI DE HIS REBUS ALIA ACTIO NON ERIT[12]) ET IUSTA CAUSA ESSE UIDE-BITUR[13]), *INTRA ANNUM, cum primum experiundi potestas fuerit*[14]), IUDICIUM DABO.

Gai. 4 fr. 26 h. t.:

In heredem eatenus daturum se eam actionem proconsul pollicetur, quatenus ad eum peruenerit[15])

An die Erörterung des Edikts schloss sich bei Ulpian sofort die der Formel[16]). Dies zeigt der Fortgang des Kommentars in fr. 15 § 3 h. t.:

anzunehmen. Der Auffassung Wlassaks bereitet übrigens Schwierigkeit lin. 9. 10 der lateinischen lex der tab. Bantina. Wlassak müsste den hier erwähnten Rekuperatoren eine andere Stellung beimessen als den gewöhnlichen. Erledigt werden kann die Streitfrage an dieser Stelle nicht.

[1]) Ulp. 11 fr. 14 § 7. 9—11 h. t. Fr. 14 § 11 ist stark interpoliert (s. *Paling.* Ulp. nr. 378). Den Schluss des Kommentars bilden ergänzende Betrachtungen: über konkurrierende Klagen, Solidarhaft Mehrerer, über den Fall si serui metum adhibuerint, über die Vererbung der Klage, vgl. fr. 14 § 12. 13 ..., fr. 14 § 14. 15, fr. 16 pr. ..., fr. 16 § 1 ..., fr. 16 § 2, 20 h. t.

[2]) Recuperatores: Cic. in Verr. II 3 c. 65.

[3]) D. (4. 3), C. (2. 20 [21]).

[4]) Fr. 1, 3, 5, 7, 9, 11, 13, 15, 17, 21, 24, 30 h. t., fr. 36 de pign. act. (13. 7), fr. 42 mand. (17. 1), fr. 50 de C. E. (18. 1), fr. 32 de A. E. V. (19. 1), fr. 70 de V. O. (45. 1).

[5]) Fr. 2, 4, 10, 12, 14, 16, 18, 20, 22, 25, 27, 29 h. t., fr. 7 de R. V. (6. 1), fr. 6 de obs. (37. 15).

[6]) Fr. 6, 8, 23, 26, 28 h. t.

[7]) cit. fr. 7 pr. h. t.

[8]) Fr. ult. h. t.

[9]) cit. fr. 1 § 4 h. t.

[10]) cit. fr. 1 § 4, 9 § 3 h. t. In fr. 9 § 3 ist gewiss statt XXVII zu lesen: XXVIII.

[11]) Ulp. 11 fr. 1 § 2. 3 h. t. Rudorff, E. P. § 39, fügt hinzu „fraudisue causa", wegen Prob. 5, 5 D. M. F. V. C. = dolo malo fraudisue causa. Allein weder steht es fest, dass jene Worte dem Edikt de dolo entnommen sind, noch beweist Probus für das Hadrianische Edikt.

[12]) Ulp. 11 fr. 1 § 4—ult., fr. 3, 5, 7, 9 pr.— § 4 h. t., fr. 36 de pign. act. (13. 7), fr. 42 mand. (17. 1), fr. 50 de C. E. (18. 1), fr. 32 de A. E. V. (19. 1), fr. 70 de V. O. (45. 1). Paul. 11 fr. 2, 4, 18 § 2—5, fr. 20, 22, 25 h. t., fr. 7 de R. V. (6. 1). Gai. 4 fr. 6, 8, 23 h. t. Vgl. auch c. 2 h. t.

[13]) Ulp. 11 fr. 9 § 5, fr. 11, 13, 15 pr.—§ 2 h. t. Paul. 11 fr. 10, 12, 14 h. t., fr. 6 de obs. (37. 15) cf. fr. 11 § 1 h. t.

[14]) Von den Kompilatoren gestrichen wegen c. 8 h. t.

[15]) Rudorff l. c. setzt wegen Paul. 11 fr. 27 h. t. hinzu „doloue malo eius factum est quo minus perueniret". Allein der Umstand, dass die Kompilatoren für diese Worte einen andern Juristen heranziehen als denjenigen, der unmittelbar vorher den Inhalt des Edikts referiert hat, macht mir die Ediktmässigkeit dieser Worte verdächtig; gegen sie spricht auch die Analogie des Edikts über die actio metus causa.

[16]) Im Hadrianischen Edikt stand gewiss

In hac actione designari oportet, cuius dolo malo factum sit, quamuis in metu non sit necesse.

Leider ist von diesem Teil des Kommentars nur wenig erhalten; doch können wir uns gleichwohl unter Zuhilfenahme des Paulus ein genaues Bild der Formel verschaffen.

Paul. 11 fr. 16 h. t.:

Item exigit praetor, ut comprehendatur, quid dolo malo factum sit . . . .

Paul. 11 fr 18 pr. h. t.:

Arbitrio iudicis in hac quoque actione restitutio comprehenditur[1]) et, nisi fiat restitutio, sequitur condemnatio quanti ea res est.

Offenbar muss hienach die Formel der der actio metus causa ziemlich genau entsprochen und etwa so gelautet haben:

S. p. dolo malo[2]) N[i] N[i] factum esse, ut[3]) A[s] A[s] N[o] N[o] (Lucio Titio) fundum q. d. a. mancipio daret, neque plus quam annus est, cum experiundi potestas fuit[4]), neque ea res arbitrio tuo restituetur, quanti ea res erit, tantam pecuniam[5]), iudex, N[m] N[m] A[o] A[o] c. s. n. p. a.

Die actio aduersus heredem endlich ist erörtert bei Ulp. 11 fr. 17 § 1, fr. 30 h. t., Paul. 11 fr. 27, 29 h. t., Gai. 4 fr. 26, 28 h. t. Hier war hinter quanti ea res erit einzufügen: quod ad eum peruenit. Im Album war sie wahrscheinlich nicht proponiert[6]).

§ 41. DE MINORIBUS UIGINTI QUINQUE ANNIS[7]).

Ulp. 11[8]), Paul. 11[9]), Gai. 4[10]), Iulian. 4[11]), Pomponius 28[12]), Callistr. 1[13]).

nur eine Formel, wie man auch das bestrittene „nondum Aquilius protulerat de dolo malo formulas" bei Cic. de off. III 14 § 60 verstehen mag.

[1]) Vgl. hiezu und zu fr. 18 § 1: meine Beitr. z. K. d. prätor. Edicts (1878) S. 88.

[2]) In factum, ut bonae fidei mentio fiat: fr. 11 § 1, 28 i. f. h. t., fr. 58 de R. N. (23. 2), cf. Cic. ad Attic. VI 1 § 15. Der Schluss von fr. 58 cit. ist übrigens auf Grund der oratio Antonini et Commodi — fr. 16 de sponsal. (23. 1) — geschrieben.

[3]) Fr. 18 § 4 h. t.: dolo cuius effectum est, ut . . .

[4]) C. 8 h. t. cf. c. 4 de his quae ui (2. 19).

[5]) Post annum in factum in id quod locupletior est: Gai. 4 fr. 28 i. f. h. t.

[6]) Arg. fr. 28, 29 h. t. Die Juristen behandeln hier die Frage nach der Dauer

der actio als eine von der Wissenschaft zu entscheidende; das hätten sie nicht gekonnt, wenn die Formel unter Weglassung der exceptio annalis im Album stand; damit hätte der Prätor die Frage entschieden gehabt. A. M. Karlowa, II S. 1074 fg.

[7]) D. (4. 4), C. (2. 21 [22]). Cf. fr. 57 § 1 de A. u. O. H. (29. 2).

[8]) Fr. 1, 3, 5, 7, 9, 11, 13, 16, 18, 20, 22 h. t., fr. 12 de A. u. O. H. (29. 2), fr. 6 de usurp. (41. 3), fr. 25 de fideiuss. (46. 1), fr. 8 de muner. (50. 4), fr. 116 § 1. 2 de R. I. (50. 17), zu fr. 116 § 1 cit. cf. fr. 51 § 4 de fidei. (46. 1).

[9]) Fr. 10, 14, 23, 24 (cf. Paling. I p. 985 n. 3), 26 h. t.

[10]) Fr. 12, 15, 25, 27 h. t.

[11]) cit. fr. 11 § 7 h. t.

[12]) cit. fr. 7 § 2. 7, 11 § 4, 13 § 1, 16 § 2 h. t.

[13]) Fr. 45 h. t., fr. 41 de recept. (4. 8).

Ulp. 11 fr. 1 § 1 h. t.:

Praetor edicit: QUOD CUM MINORE QUAM UIGINTI QUINQUE ANNIS NATU[1]) GESTUM ESSE DICETUR[2]), UTI QUAEQUE RES ERIT[3]), ANIMADUERTAM[4]).

In diesem Edikt fehlt jede Angabe über die Restitutionsfrist. Wahrscheinlich, dass dieselbe bei Ulpian vorhanden war, von den Kompilatoren aber wegen der bekannten Veränderung der Restitutionsfrist gestrichen worden ist. Jedenfalls kann Rudorffs (E. P. § 40) Einschiebung „intra annum quo primum experiundi potestas erit" nicht gebilligt werden, da der annus bekanntlich erst a maiore aetate gerechnet wird.

Eine formula rescissoria, so sicher sie häufig erteilt wurde[5]), war nicht proponiert[6]). Ihre Formulierung würde keine Schwierigkeit bieten.

Die Restitutionsberechtigung der Erben des minor war im Edikt vorgesehen, aber nicht an diesem Ort (vgl. § 47)[7]).

§ 42. DE CAPITE MINUTIS[8]).

Ulp 12[9]), Paul. 11[10]), Gai. 4[11]).

Ulp. 12 fr. 2 § 1 h. t.:

Ait praetor: QUI QUAEUE, POSTEA QUAM[12]) QUID CUM HIS ACTUM CONTRACTUMUE[13]) SIT[14]), CAPITE DEMINUTI DEMINUTAE[15]) ESSE DICENTUR, IN EOS EASUE PERINDE, QUASI ID FACTUM NON SIT, IUDICIUM DABO[16]).

Gai. III 84:

..... in eum eamue utilis actio datur rescissa capitis deminutione, et si aduersus hanc actionem non defendantur, quae bona[17]) eorum

---

[1]) Ulp. 11 fr. 1 § 2 sq., fr. 3, 5 h. t., fr. 6 de usurp. (41. 3) cf. fr. 3 § 3 h. t., fr. 8 de muner. (50. 4) cf. fr. 1 i. f. h. t.

[2]) Ulp. 11 fr. 7, 9, 11 pr.—§ 2 h. t., fr. 12 de A. u. O. H. (29. 2).

[3]) Ulp. 11 fr. 11 § 3—ult., fr. 13, 16 pr.— § 4 h. t., fr. 25 de fideiuss. (46. 1) cf. fr. 13 pr. h. t.

[4]) An dieses Wort mag sich der Rest des Ulpianischen Kommentars angeschlossen haben, kann aber auch als vom Ediktwortlaut unabhängige Schlusserörterung aufgefasst werden.

[5]) Ulp. 11 fr. 13 § 1 h. t., Gai. 4 fr. 27 § 2. 3 h. t.

[6]) Paul. fr. 24 i. f. h. t.

[7]) Anders Rudorff, E. P. § 40.

[8]) D. (4. 5).

[9]) Fr. 2 h. t., fr. 11 de iudic. (5. 1), fr. 42 de pec. (15. 1), fr. 15 qui test. (28. 1), fr. 1 quib. ex caus. in poss. (42. 4), fr. 20 de V. S. (50. 16).

[10]) Fr. 3, 5, 7, 9 h. t., fr. 42 de A. R. D. (41. 1), fr. 40 de O. et A. (44. 7), fr. 21 de V. S. (50. 16) cf. fr. 7 i. f. h. t.

[11]) Fr. 1, 8 h. t., fr. 26 de act. rer. amot. (25. 2) s. § 115.

[12]) Ulp. 12 fr. 2 § 2 h. t.

[13]) Gegensatz: 1. Delikte: Ulp. 12 fr. 2 § 3 h. t., Paul. 11 fr. 7 § 1 h. t.; 2. Testament: Ulp. 12 fr. 20 de V. S. (50. 16), fr. 15 qui test. (28. 1); 3. hereditariae actiones: Gai. III 84, Paul. 11 fr. 40 de O. et A. (44. 7).

[14]) Der Konjunktiv gibt die Behauptung des Imploranten wieder.

[15]) Ulp. 12 fr. 2 pr. h. t.: Pertinet hoc edictum ad eas capitis deminutiones, quae salua ciuitate contingunt. Cf. Gai. 4 fr. 1 h. t. Woher der anscheinend zu allgemeine Ausdruck? Vielleicht daher, dass das Edikt dem Prätor, qui inter ciues ius dicit, seinen Ursprung dankt, woraus sich die Beschränkung der Tragweite von selbst ergab. Vgl. auch Karlowa, II S. 253. Eine andere Erklärung bei Cohn, Beitr. z. Kde. d. r. Rts. (1880), H. II S. 387 fgg.

[16]) Ulp. 12 fr. 2 § 4. 5 h. t. Zu fr. 2 § 4: Ulp. 12 fr. 11 de iudic. (5. 1). Actio de peculio? Ulp. 12 fr. 42 de pec. (15. 1).

[17]) Paul. 11 fr. 42 de A. R. D. (41. 1): substitutio, quae nondum competit, extra bona nostra est.

futura fuissent, si se alieno iuri non subiecissent, uniuersa uendere
creditoribus praetor permitti*[1]).
Cf. Gai. IV 38, § 3 I. de adquis. per adrog. (3. 10).

Es sind Zweifel darüber möglich, ob die von Gaius hier angeführte
Ediktbestimmung an diesem Orte stand. Rudorff[2]) trennt sie von dem
restitutorischen Edikt, und zwar stellt er die Klausel über den Defensionszwang in den Zusammenhang der Klagen aus Kontrakten und Delikten
gewaltunterworfener Personen, die über die missio in bona zu den übrigen
Missionen[3]). Ersteres ist zweifellos ein Fehlgriff: es handelt sich ja hier
um die Klage aus dem Kontrakt eines Gewaltfreien, der nur nachträglich in fremde potestas gekommen ist. Allein auch letzteres kann nicht
gebilligt werden. Der ganze Kern unseres Edikts liegt in dem Defensionszwang und der Androhung der Mission. Es ist kaum denkbar, dass der
Prätor die reszissorische Klage wider den capite minutus sollte verheissen
haben, ohne gleichzeitig in demselben Edikt die weitern Normen zu proponieren, die, solange der capite minutus in der fremden potestas ist, allein
den materiellen Erfolg jener Klage gewährleisten[4]). Die Vorausnahme
dieser missio ist auch sicher nicht auffallender als die derjenigen in bona
eius qui uindicem dedit (s. S. 71 fg.), und ein unterstützendes Moment ist es
jedenfalls, dass wir bei Paul. 11 und Ulp. 12 je eine Stelle finden (s. S. 113
n. 17, S. 114 n. 1), die kaum anders als auf unsere missio gedeutet werden kann, während diese Kommentare im Gebiete der von den Missionen
überhaupt handelnden Bücher keine auch nur möglicherweise hiehergehö-
rende Stelle enthalten[5]).

Man kann fragen, warum der Prätor, statt die actio wider den minutus zu restituieren, nicht direkt actio wider den Gewalthaber, ähnlich der
actio de peculio, verheissen habe. Die Antwort scheint mir einfach. Der
minutus und nur er sollte aus den zuvor geschlossenen Kontrakten der
ductio unterliegen; auch konnte er später wieder gewaltfrei werden und
eigenes Vermögen gewinnen. Die Möglichkeit, sei es durante, sei es
soluta potestate wider ihn selbst eine actio zu verlangen, war daher für den
Gläubiger von entschiedenstem Interesse, und der Prätor hatte keinerlei
Ursache, im Widerspruch hiemit den minutus seiner Schuldnerqualität zu entkleiden und die Haftung ganz und gar auf den Gewalthaber zu überwälzen[6]).

Die fiktizische Formel ist nach Gai. IV 38 im wesentlichen sicher herzustellen:

*Si N[s] N[s] capite deminutus non esset, tum si N[m] N[m] A[o] A[o] . . . . .
dare oporteret, iudex, N[m] N[m] A[o] A[o] . . . . c. s. n. p. a.*

---

[1]) Ulp. 12 fr. 1 quib. ex caus. in poss. (42. 4):
Tres fere causae sunt, ex quibus in possessionem mitti solet: rei seruandae causa...
[2]) E. P. § 41 [4].
[3]) Cf. E. P. §§ 107. 206.
[4]) Richtig: Bethmann-Hollweg, C.P.
II S. 567 n. 51.

[5]) Eine solche enthält nur der des Gaius
— Gai. 23 fr. 7 de reb. auct. iud. (42. 5) ict.
Gai. III 84 —; dies Fragment lässt aber
auch andere Beziehungen zu und kann überdies gar wohl einer rekapitulierenden Darstellung angehören.
[6]) Anders Cohn, a. a. O. S. 315.

Nur darüber kann man zweifeln, ob die Fiktion nicht vielleicht individua-lisiert, z. B. auf „si N⁵ N⁵ a. L. Titio adrogatus non esset" abgestellt wurde[1]); wahrscheinlich ist dies indes nach der Ausdrucksweise des Edikts und des Gaius nicht. Natürlich bedurfte es der Fiktion nur bei formulae in ius conceptae, von denen bei Gai. IV 38 auch allein die Rede ist.

Der Fall der capitis deminutio media und maxima war im Edikt nicht vorgesehen; die Praxis gewährte hier eine utilis actio in eos, ad quos bona eorum peruenerunt[2]). Die Formel derselben ist nicht mit Sicherheit her-zustellen. An eine Formel mit der Servianischen Fiktion „si heres esset" wird schwerlich gedacht werden dürfen; einem Lebenden, dazu einem Nichtbürger, einen heres zu fingieren, ging kaum an[3]). Das Wahrschein-lichste ist mir mit Huschke eine Rutiliana (Gai. IV 35) rescissa capitis deminutione[4]).

§ 43. QUOD FALSO TUTORE AUCTORE [GESTUM (?)] ESSE DICATUR[5]).

Ulp. 12[6]), Paul. 12[7]), Gai. 4[8]), Pomp. 30[9]), 31[10]).

Bei Ulp. 12 fr. 1 § 1. 6, fr. 7 pr. h. t. sind folgende Worte als Edikt-worte erhalten:

QUOD EO AUCTORE, QUI TUTOR NON FUERIT[11]), ..., SI ID ACTOR IGNORAUIT, DABO IN INTEGRUM RESTITUTIONEM[12]).

IN EUM QUI, CUM TUTOR NON ESSET, DOLO MALO AUCTOR FACTUS ESSE DICETUR[13]), IUDICIUM DABO, UT, QUANTI EA RES ERIT[14]), TANTAM PECUNIAM CONDEMNETUR.

Beide Klauseln bezogen sich, wie aus dem „si id actor ignorauit" der ersten und auch aus den Kommentaren hervorgeht[15]), ausschliesslich auf den Fall, wo jemand dadurch, dass er mit einem Pupillen falso tutore auctore Litiskontestation vorgenommen, seinen Anspruch eingebüsst hatte[16]). Für anderweite Fälle der Schädigung durch Kontrakt falso

---

[1]) So Rudorff, E. P. § 41.

[2]) Ulp. 12 fr. 2 pr. h. t., Paul. 11 fr. 7 § 2 h. t.

[3]) Vgl. Huschke, Nexum S. 159 Anm. 229, jetzt auch Karlowa, II S. 1084.

[4]) A. M. Karlowa, Beiträge S. 138 n. 49, und Cohn, a. a. O. S. 313. Karlowas Argument, nur die minima k. d. könne durch i. i. r. reszindiert werden, ist durch fr. 2 pr. und fr. 7 § 3 h. t., in welch letzterer Stelle der Ton auf aduersus eum etc. liegt, nicht bewiesen. Unverständlich ist mir der Ein-wand Karlowas (R. G. II S. 1084), die Ge-währung einer actio rescissa k. d. könne niemals eigene Haftung des dominus, son-dern immer nur Zwang zur Defension des deminutus begründen; in welchem Sinn die Gewährung erfolgte, hing doch ganz von der Bestimmung des Prätors ab.

[5]) D. (27. 6). Prob. 5, 17: T. A. = tutore auctore. In der 1. Aufl. steht dies Edikt (dort § 44) nicht vor, sondern hinter dem

Edikt Ex quib. caus. mai. (dort § 43). Die richtige Reihenfolge ergibt der Kommentar des Pomponius.

[6]) Fr. 1, 3, 5, 7, 9 h. t.

[7]) Fr. 2, 4, 6, 8 h. t.

[8]) Fr. 10 h. t.

[9]) cit. fr. 1 § 3. 4, 7 § 3 h. t.

[10]) cit. fr. 9 pr. h. t.

[11]) Ulp. 12 fr. 1 § 2—5 h. t.

[12]) Ulp. 12 fr. 1 § 6, fr. 3, 5 h. t., Paul. 12 fr. 2, 4, 6 h. t.

[13]) Ulp. 12 fr. 7 § 1 h. t.

[14]) Ulp. 12 fr. 7 § 2—4 h. t., Paul. 12 fr. 8 h. t. Hieher wohl auch Gai. 4 fr. 10 h. t · die Stelle betont, dass der Kläger nur gegen die prozessuale Konsumtion selbst restituiert wird, wegen des anderweiten Schadens aber sich nur an den falschen Tutor halten kann.

[15]) Vgl. fr. 5 i. f., fr. 7 § 3 h. t.

[16]) Karlowa, II S. 1099 fg., will diese Be-schränkung zwar für die erste, nicht aber

8 *

tutore auctore gab es ein anderes iudicium in factum gegen den falsus tutor, das Ulpian erst in lib. 35 kommentierte[1]). Hienach muss aber das farblose Wort „gestum" in der Digestenrubrik in hohem Masse auffallen, und erwägt man, dass dieses Wort zwar auch in den Kommentaren mehrmals vorkommt[2]), dass aber jede eigentliche Erläuterung dafür in den Digesten fehlt, während es doch der Erläuterung sehr bedürftig gewesen wäre, dass ferner auch die am Schlusse der ersten Klausel stehenden Worte „dabo in integrum restitutionem" in ihrer Fassung den andern Edikten unseres Titels nicht entsprechen, so kann man kaum zweifeln, dass erst die Kompilatoren das unklare gestum in unser Edikt gebracht haben, und dass in seiner ursprünglichen Fassung die Beziehung auf das iudicium falso tutore acceptum klarer hervortrat; am Schlusse der ersten Klausel aber wird an Stelle des breitspurigen „dabo in integrum restitutionem" ausdrücklich die Restitution der konsumierten actio verheissen gewesen sein[3]).

Eine der ersten Klausel entsprechende Formel war wohl nicht proponiert. Soweit die Litiskontestation den Anspruch nicht ipso iure konsumierte, bedurfte es auch keiner besondern reszissorischen Formel, da hier behufs Restitution bloss die exceptio rei iudicatae uel in iudicium deductae verweigert zu werden brauchte. Wo die Konsumtion ipso iure eintrat, mag an eine Fiktion „si ea res q. d. a. in iudicium deducta non esset" gedacht werden[4]).

Die Klage gegen den falsus tutor war natürlich in factum konzipiert und entsprach vermutlich genau den Ediktworten. Analoge Klage wurde wider denjenigen erteilt, qui dol*um* mal*um* adhibuit, ut alius auctoraretur insciens[5]).

§ 44. EX QUIBUS CAUSIS MAIORES UIGINTI QUINQUE ANNIS IN INTEGRUM RESTITUUNTUR[6]).

Ulp. 12[7]), Paul. 12[8]), Gai. 4[9]), Pomp. 31[10]), Iulian. 4[11]), Callistr. 2[12]).

für die zweite Klausel gelten lassen. Gegenüber den im Text erwähnten Tatsachen können allgemeine Erwägungen, wie K. sie a. a. O. — über den Luxus zweier iudicia in factum — anstellt, nicht aufkommen. Der ganz selbständige Kommentar in Ulp. 35 weist auf ein selbständiges Edikt.

[1]) Ulp. 35 fr. 11 h. t.
[2]) Fr. 1 § 3. 5 h. t.
[3]) Gai. 4 fr. 10 h. t. hat statt gestum: actum. Ich möchte am ehesten vermuten: quod ... iudicium acceptum erit ... in integrum restituam.
[4]) Rudorff (E. P. § 43) hat: Si A* A*, cum Titium N^i N^i tutorem non esse ignoraret, cum N^o N^o non egisset, tum si *rel.* Das ignorasse des Klägers wurde aber, weil Bedingung der Restitution, schon vom Prätor

geprüft und kam in der Formel überhaupt nicht vor. Unter allen Umständen ist mitten in der Fiktion das „cum ... ignoraret" nicht am Platze.

[5]) Ulp. 12 fr. 9 pr. h. t. Der Digestentext hat gewiss fälschlich: dolo malo adhibuit.
[6]) D. (4. 6), C. (2. 53 [54]).
[7]) Fr. 1, 3, 5, 7, 10, 12, 15, 17, 21, 23, 26, 28 h. t. Fr. 1 pro derel. (41. 7), fr. 118 de R. I. (50. 17).
[8]) Fr. 6, 13, 16, 18, 22, 24, 27, 30 h. t., fr. 8 de usurp. (41. 3), fr. 6 qui satisd. (2. 8). Vgl. Paul. lib. 3 breu. fr. 8 h. t.
[9]) Fr. 25 h. t., fr. 9 de usurp. (41. 3).
[10]) cit. fr. 17 § 1 h. t.
[11]) cit. fr. 17 pr. § 1, fr. 26 § 7 h. t., fr. 25 § 17 de h. p. (5. 3).
[12]) Fr. 2, 4, 9, 11, 14 h. t.

Ulp. 12 fr. 1 § 1 h. t.:

Verba autem edicti talia sunt: SI CUIUS QUID DE BONIS, CUM IS METUS[1]) AUT SINE DOLO MALO REI PUBLICAE CAUSA[2]) ABESSET INUE UINCULIS[3]) SERUITUTE[4]) HOSTIUMQUE POTESTATE[5]) ESSET[6]), POSTEAUE[7]) *NON UTENDO DEMINUTUM ESSE*[8]) SIUE CUIUS ACTIONIS EORUM CUI DIES EXISSE DICETUR: [9])ITEM SI QUIS QUID USU SUUM FECISSET[10]) AUT QUOD NON UTENDO AMISSUM SIT[11]) CONSECUTUS ACTIONEUE QUA SOLUTUS OB ID, QUOD DIES EIUS EXIERIT, CUM ABSENS NON DEFENDERETUR[12]) INUE UINCULIS ESSET[13]) SECUMUE AGENDI POTESTATEM NON FACERET[14]) AUT CUM EUM INUITUM IN IUS UOCARI NON LICERET[15]) NEQUE DEFENDERETUR[16]) CUMUE MAGISTRATUS DE EA RE APPELLATUS ESSET[17]), SIUE CUI PER MAGISTRATUS[18]) SINE DOLO MALO[19]) IPSIUS ACTIO EXEMPTA ESSE DICETUR[20]):

EARUM RERUM ACTIONEM[21]) INTRA ANNUM, QUO PRIMUM DE EA RE EXPERIUNDI POTESTAS ERIT[22]):

ITEM SI QUA ALIA MIHI IUSTA CAUSA ESSE UIDEBITUR[23]),

IN INTEGRUM RESTITUAM[24]):

QUOD EIUS PER LEGES PLEBIS SCITA SENATUS CONSULTA EDICTA DECRETA PRINCIPUM LICEBIT[25]).

Auf Grund obigen Edikts ward eine im Album proponierte[26]) formula rescissoria erteilt, zu der Ulp. 12 fr. 28 § 5. 6 h. t. und wohl auch Paul. 12 fr. 30 h. t. als Kommentar gehört. Über ihren Bau sind wir durch § 5 I. de act. (4. 6) unterrichtet: sie beruhte auf der Fiktion, dass die Usu-

---

[1]) Callistr. 2 fr. 2 § 1 h. t., Ulp. 12 fr. 3 h. t.

[2]) Callistr. 2 fr. 4 h. t., Ulp. 12 fr. 5, 7 h. t., Paul. 12 fr. 6 h. t., lib. 3 breu. fr. 8 h. t., Prob. Einsidl. 68: R. P. C. S. D. M. = rei publicae causa se dolo malo.

[3]) Callistr. 2 fr. 9 h. t., Ulp. 12 fr. 10 h. t.

[4]) Callistr. 2 fr. 11 h. t., Ulp. 12 fr. 12 h. t., Paul. 12 fr. 13 h. t.

[5]) Callistr. 2 fr. 14 h. t., Ulp. 12 fr. 15 pr. § 1 h. t.

[6]) Ulp. 12 fr. 15 § 2 h. t.

[7]) Fehlt in fr. 1 § 1 h. t., s. aber Ulp. 12 fr. 15 § 3 h. t., Paul. 12 fr. 16 h. t.

[8]) Fehlt in fr. 1 § 1 h. t., s. aber Basil. X, 35, 1: „ἐὰν μειωθῇ τὰ πράγματα τῇ ἀχρησίᾳ,“ und hiezu Ulp. 12 fr. 17 h. t., Paul. 12 fr. 18 h. t., c. 2 de restit. mil. (2. 50 [51]), c. 18 de postlim. (8. 50). Auch Ulp. 12 fr. 23 § 2 h. t. dürfte ursprünglich hieher gehört haben. Zu Ulp. 12 fr. 17 pr. h. t. ist Iulian. 4 cit. fr. 25 § 17 de H. P. (5. 3) zu ziehen. Zu „non utendo“ gehört Ulp. 12 fr. 1 pro derel. (41. 7). Anders denkt sich die Ergänzung des Edikts Karlowa, II S. 1087.

[9]) Ulp. 12 fr. 21 pr. § 1 h. t., Paul. 12 fr. 22 § 1. 2 h. t.

[10]) Ulp. 12 fr. 21 § 2 h. t., Gai. 4 fr. 9 de usurp. (41. 3).

[11]) *Flor.* in fr. 1 § 1 h. t.: amisit. S. aber fr. 21 pr. h. t.

[12]) Ulp. 12 fr. 21 § 2. 3 h. t., Paul. 12 fr. 22 pr. h. t., fr. 6 qui sat. cog. (2. 8) cf. fr. 21 i. f. h. t.

[13]) Ulp. 12 fr. 23 pr. § 1—3 h. t. (vgl. n. 8). Warum fügt der Prätor hier nicht hinzu „seruitute“? Hieher: Ulp. 12 fr. 118 de R. I. (50. 17), Paul. 12 fr. 8 de usurp. (41. 3). S. auch Cuiac. obs. XXII, 17.

[14]) Ulp. 12 fr. 23 § 4, fr. 26 pr. § 1 h. t., Paul. 12 fr. 24 h. t., Gai. 4 fr. 25 h. t.

[15]) Ulp. 12 fr. 26 § 2 h. t.

[16]) Ulp. 12 fr. 26 § 3 h. t.

[17]) Savigny, System VII S. 182.

[18]) *Flor.* in fr. 1 § 1 h. t. sinnlos: pro magistratu. S. aber Ulp. 12 fr. 26 § 4 h. t.

[19]) Cf. Ulp. 12 fr. 26 § 4. 6 h. t. In fr. 1 § 1 ist malo ausgelassen.

[20]) Ulp. 12 fr. 26 § 4—8 h. t.

[21]) Cf. Ulp. 12 fr. 28 § 5 h. t.

[22]) Ulp. 12 fr. 28 § 3. 4 h. t.

[23]) Ulp. 12 fr. 26 § 9, fr. 28 pr. § 1 h. t., Paul. 12 fr. 27 h. t.

[24]) Vgl. Terent. Phorm. II 4, 10—12. Prob. Einsidl. 69: V. I. I. = uidebitur in integrum.

[25]) Ulp. 12 fr. 28 § 2 h. t.

[26]) Fr. 28 § 5 h. t.: exemplo rescissoriae actionis. Vgl. c. 5 h. t., c. 18 de postl. (8. 50 [51]).

kapion, wogegen der Prätor restituieren wollte, nicht stattgefunden habe. Wir wissen ferner auch, dass der Restitutionsgrund in der Formel nicht vorkam, da hierüber der Prätor selbst cognoszierte[1]). Die genauere Fassung der Fiktion ist aber streitig. Rudorff (E. P. § 42) schlägt vor: Si N⁸ N⁸ hominem q. d. a. anno non possedisset. Das ist sicher falsch. So guten Sinn in der formula Publiciana das „si anno possedisset" hat, so wenig ist abzusehen, warum in unserer Formel gerade ein jähriger Besitz wegfingiert werden sollte: die Vollendung der Usukapion setzt jährigen Besitz voraus, die Nichtvollendung aber keineswegs jährigen Nichtbesitz. Näher liegt eine Fassung, wonach der Besitz des Beklagten nur auf die Dauer des Hinderungsgrundes, z. B. der Abwesenheit des Klägers, weg-fingiert worden wäre, also z. B.: „si N⁸ N⁸ hominem q. d. a. C diebus minore quam possedit tempore possedisset" oder „si is homo q. d. a. inter Kal. Mart. et Kal. Iul. usucaptus non esset". Letztere Fassung schlägt Keller[2]) (neben einer andern) vor. Ich möchte die erstere vorziehen. Nur sie gibt deutlich zu erkennen, dass dem iudex, wie natürlich, die Möglichkeit belassen werden sollte, zu beurteilen, ob nicht die übrig bleibende Besitz-zeit zur Vollendung der Usukapion hinreiche[3]). Nach den Quellen ent-schied der Prätor nicht bloss über die Frage, welche Zeit hinwegzu-fingieren, sondern (implicite) auch über die weitere, wie viel Zeit dem Restituierten zurückzugewähren sei, Ulp. 12 fr. 26 § 7. 8 h. t.:

> Iulianus libro quarto digestorum   ait . . rescissionem usu-
> capionis ita faciendam, ut hi dies restituantur, quibus actor
> agere uoluit et interuentu feriarum impeditus est. Quo-
> tiens per absentiam quis non toto tempore aliquem exclusit, ut
> puta rem tuam possedi uno minus die statuto in usucapionibus
> tempore, deinde rei publicae causa abesse coepi, restitutio ad-
> uersus me unius diei facienda est.

Hienach sieht der Prätor selbst zu, wie lange der Restitutionsgrund bestanden hat, und restituiert nur die entsprechende Zeit. Das kann

---

[1]) Paul. 12 fr. 16 h. t.   A. M. Dernburg, in den Festgaben f. Heffter (1873) S. 121 fgg., deshalb weil der Prätor Restitution ver-heissen habe, wenn ein Verlust infolge Ab-wesenheit, Gefangenschaft u. s. w. auch nur behauptet werde (si dicetur). Dernburg verwechselt Cognition über den Rechtsver-lust und Cognition über den Restitutions-grund. Darüber, ob der Petent ein Recht wirklich verloren habe, hat der Prätor auch nach meiner Ansicht nicht cognosziert — hier genügte ihm die blosse Parteibehaup-tung (si dicetur) —; wohl aber hat er dar-über cognosziert, ob das Recht, das der Petent besessen und verloren zu haben behauptet, wenn er es wirklich besessen haben sollte, dann auf eine Weise verloren gegangen sein würde, die die Restitution

rechtfertigt. Und hiemit stimmt die Fassung des Edikts aufs beste: es heisst nicht „si . . . afuisse dicetur", auch nicht „si quid, cum afuerit, deminutum esse dicetur", son-dern „si quid, cum abesset, deminutum esse dicetur". A. M. Karlowa, R. G. II S. 1091.

[2]) C. P. n. 347.

[3]) Dies wurde von mir in der 1. Aufl. ver-kannt. Mit Recht dagegen Karlowa a. a. O. Der Bericht des Theophilus IV 6 § 5 gibt die Fassung unserer Formel ebensowenig genau wieder, wie der unmittelbar vorher-gehende § 4 die der Publiciana. Zu viel Gewicht legt auf ihn Ferrini, rendic. del R. ist. Lomb. S. II vol. XVII p. 185 sqq., und ihm folgend ich selbst, éd. perp. I p. 140.

aber in der Formel kaum anders hervorgetreten sein, als durch genaue Bezeichnung der wegzufingierenden Zeit[1]). Daneben war Gegenstand besonderer Prüfung durch den iudex die Frage, ob die Restitution rechtzeitig erbeten worden; sie wurde seiner Cognition durch die in der Formel anscheinend ständige exceptio annalis unterbreitet[2]).

Nach alledem dürfte die Formel etwa folgendermassen gelautet haben:

Si eum hominem q. d. a. N^s N^s C diebus minore quam possedit tempore possedisset, tum si eum hominem ex iure Quiritium A^i A^i esse oporteret: si non plus quam annus est, cum primum de ea re experiundi potestas fuit, neque is homo arbitrio tuo A° A° restituetur, q. e. r. e., t. p. rel.

Die Modifikationen, die diese Formel in Anwendung auf sonstige Restitutionsfälle erleidet, sind hier nicht weiter auszuführen. Dagegen noch eine Bemerkung über ihren Namen. Unsere Klage wird von Stephanus[3]) und ebenso schon frühe im Abendland[4]) Publiciana (rescissoria) genannt. Wahrscheinlich geht diese Bezeichnung schon auf die klassischen Juristen zurück; denn, wenn es in fr. 35 pr. de O. et. A. heisst, die Publiciana sei eine actio perpetua, und dann fortgefahren wird:

sed cum rescissa usucapione redditur, anno finitur, quia contra ius ciuile datur,

so liegt es doch wohl am nächsten, unter dieser contra ius ciuile gegebenen Klage unsere actio rescissoria zu verstehen, obwohl sie ihrem Wesen nach eigentlich eine uindicatio rescissoria ist; es wäre ja leicht erklärlich, dass man die Klage, die eine stattgefundene Usukapion wegfingierte, aus diesem formalen Grunde mit dem gleichen Namen belegte, wie diejenige, die eine nicht stattgefundene Usukapion als vollendet fingierte. Vollbeweisend ist indes fr. 35 cit. doch nicht, da die Möglichkeit einer Beziehung auf die gewöhnliche Publiciana immerhin nicht ausgeschlossen ist[5]).

§ 45. *DE LITE RESTITUENDA.*

Ulp. 13[6]). Paul. 12[7]), Iulian. 4[8]).

Das Edikt Quod falso tutore auctore (§ 43) war nicht das einzige, das Aufhebung der Folgen der Litiskontestation bezweckte. Wir begegnen nämlich in Ulpians lib. 13 sichern Spuren weiterer hieher gehörender Edikte. Bei Ulp. 13 fr. 25 de adm. et per. (26. 7)[9]) steht die Restitution eines Minderjährigen wider eine zu seinem Nachteil stattgefundene pro-

---

[1]) Missverständlich und nicht haltbar die 1. Auflage.
[2]) Vgl. c. 5 h. t.
[3]) Sch. in Bas. XIV 1, 57 (Heimb. II p. 138).
[4]) Schon in der epitome exact. regib. Vgl. Conrat in seiner Ausg. p. XCI, CCCXVI.
[5]) So schon Doroth. sch. 5 in Bas. XIV 1, 57. Vgl. auch Savigny, System VII

S. 189, Bekker, Aktionen II S. 93 n. 33.
[6]) Fr. 25 de adm. et per. (26. 7), fr. 2 de exc. rei iud. (44. 2).
[7]) Fr. 8 de R. V. (6. 1).
[8]) Fr. 15 de O. et A. (44. 7), cit. fr. 2 de exc. r. iud. (44. 2).
[9]) Vgl. über die Stelle: Keller, Litisc. u. Urt. S. 531 fg.

zessuale Konsumtion in Frage, bei Ulp. 13 fr. 2 de exc. r. iud. (44. 2)[1]) die Restitution einer durch exceptio dilatoria verloren gegangenen actio. Keine dieser beiden Stellen passt zu irgend einem der überlieferten Edikte, die bei Ulp. 13 behandelt sind (de alienatione iudicii mutandi causa facta und qui arbitrium receperint); sie können sich also beide nur auf anderweite Edikte bezogen haben, die von den Kompilatoren aus naheliegenden Gründen gestrichen worden sind. Eines davon mag vielleicht die Restitution der Minderjährigen gegen die prozessuale Konsumtion speziell vorgesehen haben; wir müssten dann annehmen, dass das „quod gestum esse dicetur" des allgemeinen Edikts de minoribus auf die Litiskontestation nicht mitbezogen wurde, was ja an sich sehr wohl denkbar ist[2]). Wie dem aber auch sein mag, jedenfalls sind wir berechtigt, die zerstreuten Nachrichten, die uns über prozessuale Restitutionsfälle überliefert sind, an dieser Stelle des Edikts einzuschieben, soweit nach der Ausdrucksweise der Quellen in diesen Fällen ediktale Grundlage für die Restitution zu vermuten ist[3]).

Gai. IV 53[4]):

> Si quis intentione *plus* complexus fue*ri*t[5]), *causa cadit,* id est rem perdit nec a praetore in integr*um* restituit*ur,* exce*ptis* quibusdam casibus, in q*ui*bus . . . . .[6])

Die bei Gaius nicht lesbaren Ausnahmen sind uns in § 33 I. de act. (4. 6) erhalten: Minderjährigkeit des Klägers, für Grossjährige magna causa iusti erroris[7]), wobei übrigens dahin gestellt bleiben mag, ob nicht die letztere Ausnahme in ihrer allgemeinen Fassung erst aus speziellen Ausnahmen des Edikts abgezogen ist, — es scheint mir diese Annahme den quibusdam casibus des Gaius besser zu entsprechen[8]).

2.

Gai. IV 57:

> A*t* si in condemnatione plus petitum sit quam oportet, actoris qui*dem* periculum nullum est, sed (*reus cum*) iniqua*m* formulam acceperit, in integrum restituitur, ut minuatur condemnatio . si uero minus positum fuerit quam oportet, hoc solum (*actor*) consequitur quod posuit . . . . nec ex ea parte praetor in integrum

---

[1]) Vgl. Iulian. 4 fr. 15 de O. et A. (44. 7).

[2]) Freilich müsste dann fr. 7 § 4 de minor. (4. 4) von den Kompilatoren verändert sein.

[3]) Diese Voraussetzung fehlt in den von Solazzi, studi Scialoja I p. 693 n. 1, gesammelten Fällen, die sich noch vermehren liessen. Ebenso in den Fällen bei Karlowa, II S. 1101, soweit sie im Text nicht berücksichtigt sind.

[4]) Paul. sent. I 10 de plus petendo. Die Rubrik steht unmittelbar hinter der Lehre von der i. i. r. Im echten Paulus dürfte das Fragment zu dieser letztern Lehre selbst gehört haben.

[5]) Hieher Paul. 12 fr. 8 de R. V. (6. 1)?

[6]) Vgl. Seneca, epist. V 7 (48) § 10. Sueton. Claud. c. 14.

[7]) Vgl. Paul. sent. I 7 § 2: integri restitutionem praetor tribuit ex his causis: quae per . . iustum errorem gesta esse dicuntur.

[8]) Vgl. auch die constitutio Zenoniana c. 1 de plus petendo (3. 10) in § 1 u. 2, wo ebenfalls spezielle Ausnahmen gemacht sind.

restituit . . . .: loquimur autem exceptis minoribus XXV annorum:
nam huius aetatis hominibus in omnibus rebus lapsis praetor suc-
currit.

3.

Diocl. et Maxim. c. 2 sent. rescindi (7. 50):

Peremptorias exceptiones omissas initio, antequam sententia feratur,
opponi posse perpetuum edictum manifeste declarat: quod si aliter
actum fuerit, in integrum restitutio permittitur[1]).

ict. Gai. IV 125:

Se*d* peremptoria quidem exceptione si reus per erro*rem* non fu*er*it
usus, in integrum restituitur adiciendae exceptionis gratia: dilatoria
uero si non fu*er*it usus, an in integrum restitu*a*tur, quaeritur.

Cf. c. 8 de except. (8. 35 [36]).   S. auch fr. 23 § 3 de cond. indeb. (12. 6)
v. „si post litem contestatam *rel.*"

§ 46.   DE ALIENATIONE IUDICII MUTANDI CAUSA FACTA[2]).

Ulp. 13[3]), Paul. 12[4]), Gai. 4[5]), Pedius 9[6]).

Die Schwierigkeiten, die die Wiederherstellung dieses Edikts bietet,
sind von mir in der 1. Aufl. nicht genügend gewürdigt worden.   Sie
liegen in folgendem.   Nach Gai. 4 fr. 3 § 4 h. t. („quod proconsul in integrum restituturum se pollicetur") und c. 1 h. t. war in unserm Edikt
eine i. i. r. verheissen.   Ausführlich erörtert ist aber in den erhaltenen
Kommentarfragmenten lediglich eine prätorische[7]) actio in factum[8]) ex
delicto[9]), zuständig gegen denjenigen, der sich durch die Veräusserung
der Belangung entzogen hat, und gerichtet auf quantum (actoris) intersit
alium aduersarium non habuisse[10]).   Das Restitutionsversprechen und die
Verheissung dieser actio werden bei Gai. 4 fr. 3 § 4 h. t. anscheinend vollkommen identifiziert:

> Ex quibus apparet, quod proconsul in integrum restituturum se
> pollicetur, ut hac actione officio tantum iudicis consequatur actor,
> quanti eius intersit *rel.*

Es ist aber schon aus grammatischen Gründen klar, dass Gaius so nicht
geschrieben haben kann; hinter dem „quod . . . . pollicetur" ist der zu-
gehörige, von apparet abhängige Infinitiv ausgefallen; der echte Gaius
hatte hier von dem Restitutionsversprechen etwas ausgesagt, was uns die

---

[1]) Rudorff vermutet im Eingang der
Stelle ein Emblem: „Diocletianus scripserat
in iudicio (statt initio), hoc est in formula";
Krüger am Ende statt „permittitur": peri-
mitur.   Ob diese Vermutungen begründet
sind, darf bezweifelt werden.   An Veränderungen durch die Hand der Kompilatoren
im Schlusssatz glaube aber auch ich.

[2]) D. (4. 7), C. (2. 54 [55]).

[3]) Fr. 2, 4, 6 h. t., fr. 119 de R. I.

[4]) Fr. 8, 10 h. t.   Fr. 10 ist fälschlich
Ulp. 12 inskribiert.

[5]) Fr. 1, 3, 7 h. t.

[6]) cit. fr. 4 § 2 h. t.

[7]) Fr. 24 i. f. comm. diu. (10. 3).

[8]) Gai. 4 fr. 1 pr. h. t.

[9]) Gai. 4 fr. 7 h. t.

[10]) Gai. 4 fr. 3 § 4 h. t., vgl. Ulp. 13 fr. 4
§ 5 h. t.

Kompilatoren vorenthalten haben. Und sicherlich ging seine Äusserung nicht dahin, dass die Restitution gerade nur in der Erteilung jener actio bestehe; der Prätor, der Restitution verhiess, kann damit nicht lediglich die Gewährung jener i. f. actio gemeint haben[1]). Wir müssen dem Restitutionsversprechen notwendig noch einen anderweiten Inhalt zuschreiben[2]), sind aber auf Vermutungen angewiesen; plausibel erscheint mir die folgende.

Veräusserungen iudicii mutandi causa konnten nicht nur von seiten des eventuellen Beklagten, sondern auch von der des eventuellen Klägers vorkommen, insbesondere um die Klage durch einen potentior, eine einflussreichere Person, durchführen zu lassen. Das Edikt hat nicht nur den ersten, sondern zweifellos auch den zweiten Fall berücksichtigt; dies wird durch fr. 12 i. f. h. t. zweifelsfrei dargetan:

is uero qui emit si experiri uelit, ex illa parte edicti uetatur, qua cauetur, ne qua alienatio iudicii mutandi causa fiat.

Hienach hat der Prätor solchenfalls dem Erwerber die actio versagt. Hat er sie aber überhaupt versagt? Das würde völlige Rechtsverwirkung bedeutet haben und ist höchst unwahrscheinlich[3]). Vielmehr wird er dem Veräusserer nach wie vor die Klage erteilt haben, so als ob die Veräusserung nicht stattgefunden hätte, und dies wird durch fr. 11 h. t. entscheidend bestätigt:

priorem dominum experiri oportere, ut rem magis quam litem ...... transtulisse credatur.

Also Klage rescissa alienatione, ein klarer Fall von Restitution. Nicht ganz gleich lag die Sache, wenn der eventuelle Beklagte iudicii mutandi causa veräussert hatte. Auch hier gibt es allerdings Fälle, wo eine Restitution denkbar ist, solche nämlich, wo die Beklagtenrolle am Eigentum einer Sache hängt, z. B., wie bei der actio aquae pluuiae arcendae, am Eigentum eines Grundstücks, und der eventuelle Beklagte eben dies Eigentum veräussert hatte; man darf vermuten, dass in derartigen Fällen dem Kläger auf Verlangen ebenfalls actio rescissa alienatione erteilt wurde, obwohl es nicht selten für ihn zweckmässiger sein musste, die Klage gegen den neuen Gegner zu richten; dieser ist ja allein imstande, den eigentlichen Anspruch des Klägers zu befriedigen, z. B. bei der actio aquae pluuiae arcendae das schädliche opus zu beseitigen, während gegen

---

[1]) Vgl. Karlowa, II S. 1093.
[2]) So auch Karlowa a. a. O., dessen Vorschläge aber nicht befriedigen können. Er will (Albert Schmid folgend) unterscheiden, ob die Veräusserung erfolgt sei, um sich einem künftigen oder einem bereits schwebenden iudicium zu entziehen. Dort sei die prätorische Klage, hier die i. i. r. gewährt worden. Es ist aber eine nicht glaubliche Unterstellung, dass eine Partei sich lite iam contestata der Verurteilung durch eine Ver-

äusserung habe entziehen können und dass es dann einer i. i. r. bedurft habe, um das iudicium wiederherzustellen. Fr. 16 i. f. de a. p. a. (39. 3), worauf sich K. beruft, dürfte von den Kompilatoren gekürzt und dadurch der anscheinende Widerspruch mit der allein konsequenten Entscheidung in fr. 4 § 1 eod. hervorgerufen worden sein.
[3]) Von dem besondern — gesetzlich entschiedenen — Fall des fr. 12 pr. h. t. sehe ich natürlich ab.

den früheren Eigentümer der Anspruch notwendig zum blossen Schaden-
ersatzanspruch wird. Der eigentlich typische Fall der vom Beklagten
ausgehenden Veräusserung ist aber gar nicht dieser, sondern der der
blossen Besitzentäusserung, durch die er der Klage entgehen will; auch
wo er einen Rechtsveräusserungsakt vornimmt, ist das für den Kläger
dabei Erhebliche doch meist nur die damit verbundene Besitzentäusserung[1]).
Hier nun aber ist eine i. i. r. im techn. S. ausgeschlossen; denn durch i. i. r.
können zwar Rechtsveränderungen, nicht aber tatsächliche Veränderungen
rückgängig gemacht werden. Hier konnte der Prätor, wenn er eingreifen
und den Nachteil beseitigen wollte, den der Kläger durch die veränderte
Besitzlage erlitt, überhaupt nur auf einem Wege helfen: indem er ihn
nämlich durch eine actio in factum in diejenige Lage zurückversetzte, in
der er ohne die Besitzveränderung gewesen wäre.

Auf diese Weise gewinnen wir festen Anhalt für die Abgrenzung des
Gebiets der technischen Restitution und der actio in factum. Gegen
unsere Hypothese kann auch die Begründung der Entscheidung in c. 1 h. t.
nicht ins Gewicht fallen:

> Cum in rem actioni possessio pariat aduersarium, alienatione
> etiam iudicii mutandi causa celebrata in integrum restitutio edicto
> perpetuo permittatur, intellegis, quod si rem, ne secum agatur,
> qui possidebat uenumdedit et emptori tradidit, quem elegeris con-
> ueniendi tibi tributam esse iure facultatem.

Auf den ersten Blick hat es nach dieser Stelle freilich den Anschein, als
ob die Klage gegen den Veräusserer, von der hier die Rede ist, auf
Grund einer eigentlichen i. i. r. zugelassen werde. Man fragt sich aber
vergebens, worin der Inhalt dieser i. i. r. liegen soll. Denn sein Recht
— vermutlich das Eigentum — hatte ja der Kläger nicht verloren. So
wird denn auch in dem naheverwandten Falle des „dolo desiisse possidere" dem Berechtigten Hilfe nicht durch i. i. r, sondern officio iudicis
gebracht. Dieser Weg wäre wohl auch in dem uns beschäftigenden Falle
gangbar gewesen; aber unser Edikt beweist, dass er hier nicht beschritten
wurde, dass es der Prätor war, der die Hilfe gewährte. Es kann daher in
c. 1 cit. lediglich an die actio in factum gedacht werden, und die i. i. r.,
auf die Bezug genommen wird, darf hier nicht in techn. S., sondern muss
in dem weitern Sinne verstanden werden, in dem z. B. auch die actio doli
unter den Begriff der i. i. r. fällt, vgl. c. 10 de resc. uend. (4. 44).

Was die Fassung des Edikts angeht, so glaube ich nicht, dass der
Prätor in seinem Edikt die besondern Voraussetzungen der Restitution
und der actio in factum näher spezialisiert hat. Er wird einfach für den
Fall der alienatio iudicii mutandi causa Restitution verheissen, neben diesem
Edikt eine Musterformel der actio in factum proponiert und sich still-
schweigend vorbehalten haben, je nach Lage des Falls die eine oder an-

---

[1]) So z. B. in dem in fr. 3 § 1 h. t. erwähnten Fall der Freilassung.

dere Hilfe zu gewähren. Von dem Wortlaut ist uns ein Stück bei Paul. 12 fr. 8 § 1 h. t. erhalten:

Praetor ait: „quaeue alienatio iudicii mutandi causa facta erit"[1].

Quae*ue*: hienach müssten vorher noch andere Ediktworte gestanden haben. Ranchinus und nach ihm andere schlagen vor:

Si dolo malo lis in alium translata quaeue alienatio *etc.*

Allein wenn auch in den Kommentaren gelegentlich, statt von einer alienatio, von translatio litis die Rede ist — vgl. fr. 4 § 1. 3, fr. 11 h. t. —, so würden beide Wendungen nebeneinander im Edikt lediglich eine unnütze Tautologie bedeuten. Rudorff (E. P. § 45) schiebt auf Grund von Gai. 4 fr. 3 § 1 h. t. die Worte „Quae manumissio" vor. Allein fr. 3 § 1 enthält, wie die Vergleichung mit fr. 1 und 3 pr. klar ergibt, ganz wie diese letzteren Stellen, ein blosses von dem Juristen beigebrachtes Beispiel. Wir müssen auf die Ergänzung der Lücke verzichten. Vielleicht hat auch Cujaz[2] recht, der in fr. 8 § 1 einfach statt „quaeue" liest: quae. Es braucht bloss einmal ein Abschreiber des Paulinischen Kommentars statt q̄ (= quae) fälschlich geschrieben zu haben: qu, so ist die Entstehung des quaeue erklärt.

Hinter dem „quae alienatio i. m. c. facta erit" standen die Worte „dolo malo"[3], und daran könnte sich wohl ein „in integrum restituam"[4] angeschlossen haben, ebensowohl aber auch irgend eine andere die Restitution verheissende Wendung.

Rudorff schiebt noch, um von den zum Teil sehr umfangreichen Einschiebungen der Ältern zu schweigen, in das Edikt seiner Gewohnheit entsprechend die exceptio annalis ein. Nach fr. 4 § 6, fr. 6, 7 h. t. dürfte aber die Annalbeschränkung wenigstens der actio hier kaum auf Edikttext, sondern eher auf Interpretation beruht haben.

Die Formel der actio in factum enthielt eine arbiträrische Restitutionsklausel[5] und ging auf das Interesse des Klägers[6]. Andeutungen über die Gestalt der intentio sind zu entnehmen aus fr. 24 i. f. comm. diu. (10. 3):

---

[1] Dazu Gai. 4 fr. 1, 3 pr.— § 3 h. t., Ulp. 13 fr. 4 pr.—§ 4 h. t., Paul. 12 fr. 8 § 1—5, fr. 10 h. t. C. un. h. t.

[2] Opp. V p. 165.

[3] Vgl. Ulp. 13 fr. 4 § 3 (cf. § 1. 4) h. t.: cum in hoc edicto doli mali fiat mentio. Paul. 12 fr. 10 § 1 h. t.

[4] A. M. Karlowa, II S. 1093.

[5] Ulp. 13 fr. 4 § 6 h. t. Paul. 12 fr. 8 pr. eod.: ex hoc edicto tenetur . . . ., si arbitratu iudicis pristinam iudicii causam non restituit.

[6] D. h. auf quanti ea res erit. Ulp. 13 fr. 4 § 5, Gai. 4 fr. 3 § 4. 5 h. t. enthalten Interpretation. Auf „quanti Aⁱ Aⁱ interest alium aduersarium non habuisse" — so Ru-

dorff und alle Ältern — ging die Formel sicher nicht. Die hervorgehobenen Worte kommen nur bei Gai. 4 fr. 3 § 4 h. t. vor, aber wohl nicht als Formeltext, sondern als blosse Interpretation. Bei Ulp. 13 fr. 4 § 5 fehlen sie, und die Bemerkung in fr. 4 § 6 „haec actio non est poenalis" ist nur verständlich, wenn wir eine Fassung der condemnatio annehmen, die den reipersekutorischen Charakter der Klage nicht über allen Zweifel erhob. Karlowa, II S. 1097 vermutet, statt q. e. r. erit, ein q. e. r. fuit, mit Rücksicht auf das „habuisse" in fr. 3 § 4 und das „interfuit" in fr. 4 § 5 h. t. Aber „q. e. r. fuit" hinter einer Arbiträrklausel scheint mir nicht möglich.

teneris mihi praetoria actione, quod fecisses, ne tecum com muni diuidundo ageretur . . .[1]).

Hienach war jedenfalls der Zweck der alienatio als „ne secum ageretur" in der Formel bezeichnet, was Rudorff in seiner Rekonstruktion über sehen hat[2]). Eine neue Rekonstruktion unter Berücksichtigung dieser Tatsache wäre leicht herzustellen, aber im übrigen ohne Authentizität.

§ 47. *DE RESTITUTIONE HEREDUM?*

Ulp. 13[3]), Paul. 12[4]).

Ganz am Schlusse des Titels de restitutionibus beschäftigen sich die Kommentatoren noch einmal mit der Frage der Vererblichkeit des Restitutionsanspruchs. Dahin gehören ausser Paul. 12 fr. 120 de R. I.:

Nemo plus commodi heredi suo relinquit quam ipse habuit

namentlich die ausführlichen Erörterungen bei Ulp. 13 fr. 6 de i. i. r. und fr. 19 de minor. Hatten diese Erörterungen eine ediktale Grundlage, so ging das betreffende Edikt jedenfalls nur auf die Erben restitutionsberechtigter Minderjähriger, arg. fr. 6 cit.:

Non solum minoris, uerum eorum quoque, qui rei publicae causa afuerunt, item omnium, qui ipsi potuerunt restitui in integrum, successores in integrum restitui possunt, et ita saepissime est constitutum.

Dass nun aber wirklich im Edikt der Restitutionsanspruch der heredes[5]) minorum an dieser Stelle vorgesehen war, dafür spricht schon die Tatsache, dass Ulpian, nachdem er in lib. 11 fr. 18 i. f. de minor. die Vererblichkeit des Restitutionsanspruchs der Minderjährigen berührt hat, jetzt nochmals in fr. 6 und 19 cit., mit ganz detaillierter Ausführung des Begriffs successor und der den Erben gewährten Frist, darauf zurückkommt; ausserdem aber spricht dafür das ausdrückliche Zeugnis in fr. 19 cit.:

Interdum tamen successori plus quam annum dabimus, ut est edicto expressum, si forte aetas ipsius subueniat: nam post annum uicensimum quintum habebit legitimum tempus (annum *scr.*).

Im Edikt war also vermutlich gesagt, dass die Erben eines restitutionsberechtigten Minderjährigen innerhalb der dem Verstorbenen noch übrigen Frist[6]) Restitution haben sollten, und dann die Ausnahme beigefügt.

---

[1]) Vgl. auch das „ne secum ageretur" in c. un. h. t. Die Kompilatoren schoben Stücke der Erläuterung des Edikts und der Formel ineinander. So erklärt sich wohl der Wirrwarr in fr. 4 § 1. 2 h. t., wo in § 1 schon weitläufig von der Aufgabe des Besitzes die Rede ist und doch erst in § 2 mitgeteilt wird, dass der Begriff „alienatio" auch die translatio possessionis umfasse.

[2]) Was Karlowa, II S. 1096 hiegegen einwendet, erledigt sich durch die Erwägung, dass in der Formel neben dem „ne secum ageretur" jedenfalls auch noch die Worte „dolo malo" standen.

[3]) Fr. 6 de i. i. r. (4. 1), fr. 19 de minor. (4.4).

[4]) Fr. 120 de R. l. (50. 17).

[5]) Vgl. fr. 170 de V. S. (50. 16).

[6]) Hieher Paul. 12 fr. 120 de R. I.

Tit. XI.

DE RECEPTIS [1]).

§ 48. QUI ARBITRIUM RECEPERINT, UT SENTENTIAM DICANT [2]).

Ulp. 13[3]), Paul. 13[4]), Gai. 5[5]), Pedius 9[6]), Pomp. 33[7]), Iulian. 4[8])[9]).

Das Edikt lautete:

QUI[10]) ARBITRIUM PECUNIA COMPROMISSA[11]) RECEPERIT[12]), EUM SENTENTIAM
DICERE COGAM[13]).

Bis „receperit" sind die Worte in fr. 3 § 2 h. t. zitiert; der Schluss ergibt
sich aus den Kommentaren und speziell aus fr. 15 h. t.:

Licet . . . praetor destricte edicat sententiam se arbitrum dicere
coacturum . . . .

Die Kommentare zu unserm Edikt beschränken sich nicht auf die Erläuterung der Ediktworte, sondern erörtern ausserdem noch die rechtlichen
Folgen des Kompromisses für die Parteien nach Massgabe der gewöhn-
lichsten Kompromissklauseln, namentlich die Voraussetzungen, unter denen
je nach der Fassung der letztern die Kompromissstrafe verfällt[14]).

Das Zwangsmittel gegen den arbiter, im Edikt nicht genannt, war
keine Strafklage, sondern Multierung — fr. 32 § 12 h. t. — oder pignoris
capio.

§ 49. NAUTAE CAUPONES STABULARII UT RECEPTA
RESTITUANT [15]).

Ulp. 14[16]), Paul. 13[17]), Gai. 5[18]), Pomp. 34[19]).

Ulp. 14 fr. 1 pr. h. t.:

---

[1]) D. (4. 8) de receptis: qui arbitrium receperint, ut sententiam dicant. C. (2. 55 [56]).

[2]) D. (4. 8). C. (2. 55 [56]).

[3]) Fr. 3, 5, 7, 9, 11, 13, 15, 17, 21, 23, 25,
27, 29, 31 h. t., fr. 16 de O. N. N. (39. 1) cf.
fr. 19 i. f., fr. 21 pr. h. t., fr. 71 de V. O.
(45. 1) cf. fr. 29 h. t.

[4]) Fr. 4, 8, 10, 12, 16, 19, 22, 24, 26, 28, 30,
32, 34 h. t., fr. 37 [36] ad SC. Treb. (36. 1), fr.
121 de R. I. (50. 17) cf. fr. 29 h. t.

[5]) Fr. 6, 20, 35 h. t., fr. 122 de R. I. (50. 17)
cf. fr. 32 § 7 h. t.

[6]) cit. fr. 7 pr., 13 § 2 h. t.

[7]) cit. fr. 7 pr., 9 § 1, 11 § 5, 17 § 3,
21 § 4 h. t.

[8]) Fr. 47, 49 h. t., cit. fr. 17 pr., 19 pr.,
21 § 9. 10, 27 § 5 h. t.

[9]) Nicht hieher, sondern zum Edikt de
minoribus gehört Callistr. 1 fr. 41 h. t.
(anders Rudorff, E. P. § 46 [2]); denn schon

Ait praetor: NAUTAE[1]) CAUPONES STABULARII[2]) QUOD CUIUSQUE SALUUM
FORE RECEPERINT[3]) NISI RESTITUENT, IN EOS IUDICIUM DABO[4]).
Die Formel war auf das receptum nautarum abgestellt[5]) und ist bei Ulpian
in fr. 3 § 2—4 h. t. kommentiert[6]). Sie ist von Rudorff (E. P. § 47) im
wesentlichen gewiss richtig folgendermassen rekonstruiert:

*S. p. N^m N^m[7]), cum nauem exerceret[8]), A^i A^i[q]) res q. d. a.
saluas fore recepisse neque restituisse[10]), q. e. r. c.[11]), t. p., iudex,
N^m N^m A^o A^o c. s. n. p. a.*

§ 50. *ARGENTARIAE MENSAE EXERCITORES QUOD PRO ALIO
SOLUI RECEPERINT UT SOLUANT*[12]).

Ulp. 14[13]), Paul. 13[14]), Gai. 5[15]), Pomp. 34[16]), Papin. 3 quaest.[17]).

Die vielbesprochene actio recepticia[18]), die aus dem receptum argentariorum hervorging, war, wie sich aus den angeführten Stellen der Kommentare ergibt und von mir anderwärts (s. die n. 12 zit. Abhandlung)
näher nachgewiesen worden ist, an dieser Stelle des Albums proponiert.
Dem Streit über die Natur dieser Klage habe ich leider durch meine Ausführungen kein Ende gemacht[19]). Hier ist nur auf die für die Rekonstruktionsfrage erheblichen Punkte zurückzukommen.

Ich habe das receptum argentariorum damals für einen formlosen
Vertrag, die Klage für prätorisch erklärt. Beides ist neuerdings von
Karlowa[20]) bestritten worden, während Rossello[21]) zwar die Formlosig-

[1]) Ulp. 14 fr. 1 § 2—4 h. t.
[2]) Ulp. 14 fr. 1 § 5 h. t.
[3]) Ulp. 14 fr. 1 § 6—fr. 3 pr. h. t.
[4]) Ulp. 14 fr. 3 § 1 h. t.
[5]) Arg. fr. 3 § 2 h. t.: eodem modo tenentur caupones et stabularii. Dies eodem
modo erklärt sich, da die Anwendbarkeit
des Edikts auf caupones et stabularii
bereits in fr. 1 § 5 erörtert war, lediglich
daraus, dass die Musterformel auf die nautae ging.
[6]) Fr. 3 § 5 h. t. enthält Schlusserörterungen über konkurrierende Klagen.
[7]) Filium familias N^i N^i, seruum N^i N^i cum
uoluntate eius nauem exerceret: fr. 3 § 3 h. t.
[8]) Fr. 3 § 2 h. t.: eodem modo tenentur
caupones et stabularii, quo (nautae, de eo
quod *ins.?*) exercentes negotium suum
recipiunt.
[9]) Cf. fr. 1 § 7 h. t.
[10]) Exceptio wegen uis maior: fr. 3 § 1 h. t.
[11]) Fr. 3 § 4 h. t. Wahrscheinlich schloss
sich hieran eine prätorische taxatio, cf. fr. 6
§ 2 h. t. v.: cuius factum praetor aestimare
solet. Vgl. § 78.
[12]) Vgl. zu diesem Edikt: Lenel, ZRG. XV
S. 62 fgg.

[13]) Fr. 27 de pec. constit. (13. 5), fr. 28 mandati (17. 1), fr. 52 de solut. (46. 3). Vgl.
Lenel, a. a. O. S 63 fg. 66. 67.
[14]) Fr. 12 de pec. constit. (13. 5). Lenel,
a. a. O. S. 63 fgg.
[15]) Fr. 28 de pec. constit. (13. 5), fr. 30 de
fideiuss. (46. 1), fr. 53 de solut. (46. 3).
Lenel, a. a. O. S. 63 fg. 65. 66. 67. Die
Beziehung von fr. 27 de iureiur. (12. 2) auf
unser Edikt ist mir zweifelhaft geworden, da
auch das Edikt de iureiurando in Gai. 5 fällt.
[16]) cit. fr. 27 de pec. constit. (13. 5).
[17]) cit. fr. 28 mand. (17. 1).
[18]) C. 2 de pec. const. (4. 18), § 8 I. de act.
(4. 6) und Theophil. ad h. l., Gloss. Labb. s.
v. ρεκεπτικία in Ottos thesaur. III p. 1793.
[19]) Aus der neueren Literatur vgl. Bekker,
ZRG. XVI S. 1 fg., Kappeyne v. d. Coppello, Abhandlungen (übers. von Conrat)
1885 S. 272 fgg., Rossello, arch. giur. XLV
p. 3 sqq. (daselbst p. 15 sqq. eine Bibliographie), E. Serafini, arch. giur. XLV
p. 552 sqq., Karlowa, II S. 758 fgg.,
Schlossmann, Litis contestatio (1905)
S. 175 fgg.
[20]) a. a. O.
[21]) a. a. O. p. 46 sqq., 48 sqq.

keit des Geschäfts zugibt, den Ursprung der Klage aber dahingestellt sein lässt, und umgekehrt Schlossmann[1]) zwar die Klage für honorarisch hält, gleichwohl aber für die Formalnatur des Vertrags plädiert. Allein zunächst die Formlosigkeit des Vertrags ergibt sich m. E. zur Evidenz daraus, dass, wie ich seinerzeit gezeigt habe, die Byzantiner das recipere des argentarius und das gewöhnliche constituere mit einem und demselben Wort (ἀντιφωνεῖν) bezeichnen[2]), dass ferner weder Justinian in c. 2 de const. pec. (4. 18) noch Theophilus zu § 8 I. de act. (4. 6) eines so wichtigen Unterschieds zwischen receptum und constitutum, wie es der in der Form wäre, gedenken, dass endlich die gedachte Konstitution Justinians über-haupt nur unter der Voraussetzung verständlich wird, dass die äussere Erscheinung von Constitut und receptum die gleiche war: war das recep-tum ein längst ausser Gebrauch gekommener Formalkontrakt, was hatte mit der Klage aus ihm die actio de pecunia constituta zu tun[3])? Freilich nun werden in c. 2 pr. de const. pec. der ausser Gebrauch gekommenen actio recepticia uerba sollemnia zugeschrieben, und daraus haben manche, neuerdings wieder Karlowa und Schlossmann auf den Formalcharakter des Vertrags schliessen zu dürfen geglaubt. Mit den uerba sollemnia, meint Karlowa (S. 759), seien die uerba gemeint, die das der Klage zu Grunde liegende Geschäft, das receptum, bezeichneten, und damit sei bewiesen, dass dies Geschäft selbst in sollemnia uerba eingekleidet gewesen sei. Aber in zahllosen Formeln wird der zu Grunde liegende Tatbestand durch genau bestimmte Worte bezeichnet, auch in den Formeln der Kauf-, Miet-, Pfandklage; für den Formalcharakter des Geschäfts folgt daraus nicht das geringste; umgekehrt sehen wir z. B. an der Pfand-klage, dass die Bezeichnung eines formlosen Geschäfts unter Umständen einen weit grösseren Aufwand solcher uerba veranlasste, als die eines Formalgeschäfts; wie das Beispiel der actio certae creditae pecuniae aus Literalkontrakt und stipulatio certi dartut, fehlt ja gerade in Klagen aus Formalkontrakten mitunter jedwede Bezeichnung des zu Grunde liegenden Geschäfts. Die sollemnia uerba actionis lassen also niemals einen Schluss auf sollemnia uerba negotii zu. Schlossmann seinerseits (a. a. O. S. 177) führt aus, Justinian habe mit der Betonung der Formstrenge doch offenbar auf den Grund hindeuten wollen, aus dem die actio recepticia abgekommen

---

[1]) a. a. O. S. 176 fgg.

[2]) Vgl. auch c. 2 i. f. de const. pec. (4. 18), wo die Worte „quae argenti distractores ... indefensi constituerint" sich offenbar gerade auf rezeptizische ἀντιφωνήσεις beziehen.

[3]) In sonderbaren Widerspruch verwickelt sich Karlowa a. a. O. Um die Beweiskraft der von mir auf das receptum bezogenen Stellen zu beseitigen, beruft er sich S. 758 fg. auf die Ähnlichkeit zwischen receptum und constitutum: die werde auch den klassischen Juristen nicht entgangen sein, und so könn-ten diese, um die dennoch bestehenden Unterschiede hervorzuheben, sehr wohl im Zusammenhang des receptum auch vom con-stitutum gehandelt haben. S. 759 fg. aber bemüht er sich zu beweisen, dass das re-ceptum ein ziviler Formelkontrakt gewesen sei, in welchem Falle das receptum dem constitutum nicht ähnlicher gewesen wäre, als z. B. Stipulation oder Literalkontrakt. In welcher Weise sich Schlossmann a. a. O. mit den im Text bezeichneten Argumenten abfindet, muss man bei ihm selbst nachlesen.

sei. Er habe bei Erwähnung der „actio" wohl an die Klaglibelle seiner
Zeit gedacht, die das Klagfundament kurz angegeben hätten, und habe
daher bei den fraglichen Worten unter dem Eindruck der Vorstellung
gestanden, dass dies auch bei der actio recepticia, wenn sie noch in Übung
wäre, so sein müsste, d. h. dass die Klageschrift das dem Petitum zu
Grunde liegende receptum in seinem Wortlaut, mit seinen sollemnia uerba,
hätte wiedergeben müssen. Ein merkwürdiger Gedankengang! Was c. 2
cit. für ausser Übung geraten erklärt, wäre hienach gar nicht die wirkliche actio recepticia, sondern ein fiktives Justinianisches Klaglibell, dessen
Inhalt sich Schlossmann nach den Bedürfnissen seiner Beweisführung
frei erfindet, — denn was wir aus Theophilus über die Formulierung
Justinianischer Klaglibelle erfahren, stimmt durchaus nicht zu dem von
Schl. entworfenen Bilde, und es wäre ja auch wunderbar, wenn man
irgendwann und irgendwo notwendig oder zweckmässig gefunden hätte,
Formalgeschäfte in Klagschriften statt einfach mit ihrem technischen
Namen durch eine Beschreibung ihrer Formalitäten zu bezeichnen. M. E.
sind wir nicht befugt, Justinian irgend etwas unterzuschieben, was er nicht
sagt. Wenn er von sollemnia uerba actionis spricht, so wird er eben
uerba actionis meinen. Nachdem receptum und constitutum sich bei den
Griechen zu dem allgemeinen Begriff „ἀντιφώνησις" verschmolzen hatten,
war die actio recepticia, die das abgeschlossene Geschäft förmlich („uerbis
sollemnibus" sagt nicht mehr als dies) als receptum bezeichnete, aus der
Praxis verschwunden, weil diese mit zwei Klagen aus ἀντιφώνησις nichts
anzufangen wusste. Das allein wird Justinian haben andeuten wollen.

War das receptum ein formloser Vertrag, so ist damit allein schon
der prätorische Ursprung der Klage entschieden. Ein formloser Kontrakt
des ius strictum — diesem müsste ja das receptum seinem Recht nach
zugezählt werden — wäre beispiellos. Es fehlt aber nicht an unterstützen-
den Argumenten. Niemals hätte Theophilus bei § 8 I. de action., wo die
actio de pec. constit. als erstes Beispiel einer prätorischen actio in personam aufgeführt wird und wo er die sonstigen Unterschiede zwischen ihr
und der actio recepticia aufzählt, gerade diesen in solchem Zusammenhang
nächstliegenden Gegensatz zwischen den beiden Geschäften übergehen
können. Unerklärlich wäre ferner die Stellung der Klage unter dem Titel
de receptis[1]. Wohl kommt es auch sonst vor, dass der Prätor zivile und
prätorische Rechtsmittel unter dem gleichen Titel miteinander vereinigt.
Aber dann handelt es sich um Klagen, die systematisch enge zusammen-
gehören, wie etwa rei uindicatio und Publiciana, actio furti nec manifesti
und manifesti u. dgl. Der Titel de receptis aber verdankt — was auch
die Gründe sein mögen, die die drei recepta zusammengeführt haben, —
seine Stellung im System des Edikts ganz gewiss lediglich dem receptum
arbitrii. War die recepticia Zivilklage, so müssten wir annehmen, dass

---

[1] Das Folgende gegen Rossello, a. a. O. p. 54.

ein prätorisches Rechtsinstitut die doch zweifellos ältere actio stricti iuris an seinen Ort attrahiert und ihrer natürlichen Stellung unter dem Titel de rebus creditis entzogen habe. Wer wird dergleichen für wahrscheinlich halten[1])? Endlich bleibt als letzter Gegengrund gegen zivilen Charakter der Klage noch die Tatsache bestehen, dass das zivile Privatrecht nirgends sonst Sonderrecht eines bestimmten Berufsstands ist. Wenn Rossello dies bestreitet und sogar (p. 54) behauptet, es gebe „molte norme" dieser Art, so wird man den·Beweis dieser Behauptung abwarten müssen. Vorläufig führt er als einziges Beispiel das Sonderrecht der milites an: diese aber sind für das Zivilrecht kein Berufsstand.

Edikt und Formel betrafen nur das receptum der argentarii[2]). Sie betrafen nur das receptum pro alio[3]). Das receptum ging auf solui oder se soluturum esse[4]). Entsprechend figurierte wahrscheinlich das Nichterfolgtsein der solutio als Kondemnationsbedingung in der Formel[5]). Die Worte

> Quod argentariae mensae exercitores pro alio solui receperint, nisi soluetur, iudicium dabo

dürften daher, ohne alle Garantie für den genauen Wortlaut, ein im wesentlichen richtiges Bild des Ediktinhalts geben.

Tit. XII.

§ 51. *DE SATISDANDO*[6]).

Ulp. 14[7]), Paul. 14[8]), Gai. 5[9]).

Aus dem Inhalt der in n. 7—9 angeführten Kommentarfragmente lässt sich erkennen, dass im Edikt hinter dem Titel de receptis ein solcher de satisdando stand, und es wird dies durch die Aufeinanderfolge der

---

[1]) S. auch Serafini, a. a. O. p. 555 sq.

[2]) Theophil. l. c., Gloss. Labb. l. c.

[3]) Ulp. 14 fr. 27 de pec. constit. (13. 5), Gai. 5 fr. 28 eod. S. ferner Lenel, a. a. O. S. 66. Vgl. auch Cic. ad famil. XIII 50 § 2. A. M. Schlossmann, a. a. O. S. 181 n. 2.

[4]) Ulp. 4 fr. 6 § 3 de edendo (2. 13): quod solui *recepit* (D.: constituit). Gai. 5 fr. 28 cit.: ubi quis pro alio *recepit* (D.: constituit) se soluturum. Geleugnet von Karlowa, a. a. O. S. 760: das receptum sei ja kein Erfüllungsversprechen gewesen. Ich bin im Gegenteil der Meinung, dass das receptum, so gut wie das Solutionsconstitut, formell stets ein Solutionsversprechen war. Theophilus macht in dieser Beziehung zwischen beiden Klagen keinen Unterschied. Der wirkliche Unterschied war m. E. lediglich der, dass,

wenn ein Bankier solui recepit, die Kondemnationsanweisung, anders als in der Constitutsklage, nicht an die Bedingung „eam pecuniam debitam fuisse" geknüpft war. Dazu allein scheint mir die Darstellung des Theophilus zu stimmen.

[5]) Arg. Ulp. 14 fr. 52 de solut. (46. 3): satisfactio pro solutione est. Gai. 5 fr. 27 de iureiur. (12. 2): iusiurandum etiam loco solutionis cedit. Doch ist es (s. oben S. 127 n. 15) zweifelhaft, ob letztere Stelle hiehergehört.

[6]) C. (2. 56 [57]).

[7]) Fr. 7 qui sat. cog. (2. 8), fr. 5 pr. de h. p. (5. 3), fr. 7 de stip. praet. (46. 5), fr. 9 iud. solui (46. 7); fr. 23 de V. S. (50. 16)?

[8]) Fr. 8 qui satisd. (2. 8).

[9]) Fr. 1, 9 eod., fr. 125 de R. I. (50. 17).

Rubriken de receptis (2. 55) und de satisdando (2. 56) im Justinianischen Codex sowie auch dadurch bestätigt, dass in Paul. sent., wo der Titel de receptis fehlt, der Titel de satisdando unmittelbar auf den von den Restitutionen handelnden Abschnitt (I 7—10) folgt.

Über den Inhalt unseres Titels geben uns die erhaltenen Kommentarfragmente nur unvollständigen Aufschluss; die Schere der Kompilatoren hat hier, da ja das Justinianische Satisdationsrecht auf ganz anderm Boden steht wie das klassische, begreiflicherweise sehr schlimm gehaust, und bei dem, was sie übrig liess, fragt sich immer noch, ob uns darin der Inhalt ediktaler Vorschriften oder nur der prätorischen Praxis überliefert ist.

Die Punkte nun zunächst, die wir in den zitierten Kommentarfragmenten behandelt finden, sind folgende:

1. Begriff der satisdatio. Gai. 5 fr. 1 qui satisd. cog. (2. 8).

2. Die prätorischen Satisdationen sind durch Bürgen zu stellen. Ulp. 14 fr. 7 de stip. praet. (46. 5).

3. Die Bürgen müssen idonei sein — Ulp. 14 fr. 7 pr. qui satisd. cog. (2. 8), Paul. 14 fr. 8 § 1—3 eod. —, und ist Streit über ihre Tauglichkeit, so kann die Entscheidung darüber vom Prätor einem arbiter anvertraut werden. Gai. 5 fr. 9 eod.

4. Si necessaria satisdatio fuerit et non facile possit reus ibi eam praestare ubi conuenitur: potest audiri, si in alia eiusdem prouinciae ciuitate satisdationem praestare paratus sit. Ulp. 14 fr. 7 § 1 eod. Technischer Ausdruck für diese Gestattung war, wie es scheint, „mitti in municipium". Sie erfolgte nur nach vorgängigem Calumnieneid und causa cognita. Paul. 14 fr. 8 § 4—6 eod. Nach der Ausdrucksweise des Paulus in diesem Passus dürfte der Punkt im Edikt vorgesehen gewesen sein.

5. Die quantitas satisdationis, cf. Ulp. 14 fr. 9 iud. solui (46. 7):

Iudicatum solui stipulatio expeditam habet quantitatem: in tantum enim committitur, in quantum iudex pronuntiauerit.

Ob auch Ulp. 14 fr. 23 de V. S.[1]) in diesen Zusammenhang gehört, muss dahingestellt bleiben.

6. De die ponenda in stipulatione solet inter litigatores conuenire. Paul. 14 fr. 8 pr. qui sat. cog. (2. 8). Darüber stand also nichts im Edikt.

7. Folgen der Nichtbestellung der cautio iudicatum solui und pro praede litis et uindiciarum. Hieher gehören mehrere Bestimmungen.

a. Ulp. 14 fr. 7 § 2 qui sat. cog. (2. 8):

Si satisdatum pro re mobili non sit et persona suspecta sit, ex qua satis desideratur: apud officium deponi debebit, si hoc iudici sederit, donec uel satisdatio detur uel lis finem accipiat.

Was an dieser Stelle echt ist, wird sich kaum feststellen lassen[2]). Nach ihrer Ausdrucksweise aber („debebit") ist es jedenfalls unwahrscheinlich, dass das hier mitgeteilte Sicherungsmittel auf ediktaler Vorschrift beruhte.

---

[1]) Rei appellatione et causae et iura continentur.   [2]) Cf. Palingen. Ulp. nr. 477.

Immerhin dürfen wir aus der Stelle schliessen, dass das Edikt und zwar
vermutlich an diesem Orte Normen über die Folge des rem mobilem non
uti oportet defendere aufstellte, und es kann, wenn man die Analogie der
Interdikte Quam hereditatem, Quem fundum, Quem usumfructum[1]) heranzieht, kein Zweifel darüber sein, dass diese Folge, vorausgesetzt dass der
Kläger seinerseits Satisdation stellte[2]), in einer translatio possessionis
bestand[3]). Wie diese letztere ins Werk gesetzt wurde, erfahren wir aus
fr. un. § 1 si quis ius dic. (2. 3): es tritt hier nicht, wie bei Erbschaften und
Grundstücken, ein restitutorisches Interdikt ein, sondern ein einfaches duci
uel ferri iubere seitens des Prätors[4]):

> Is uidetur ius dicenti non obtemperasse, qui quod extremum in
> iurisdictione est non fecit: ueluti si quis rem mobilem uindicari a
> se passus non est[5]), sed duci eam uel ferri passus est.

Leistete der Kläger keine Satisdation, so trat an Stelle der translatio possessionis nach Umständen das obige Auskunftsmittel: sequestratio apud
officium.

    b. Ulp. 14 fr. 5 pr. de H. P. (5. 3):

> Diuus Pius rescripsit prohibendum possessorem hereditatis, de qua
> controuersia erit, antequam lis inchoaretur, aliquid ex ea distrahere,
> nisi maluerit pro omni quantitate hereditatis uel rerum eius restitu-
> tione satisdare: causa autem cognita, etsi non talis data sit satis-
> datio sed solita cautio, etiam post litem coeptam[6]). (§) Deminu-
> tionem se concessurum praetor edixit, ne in totum deminutio
> impedita in aliquo etiam utilitates alias impediat, ut puta si ad
> funus sit aliquid necessarium: nam funeris gratia deminutionem
> permittit . item si futurum est, ut, nisi pecunia intra diem soluatur,
> pignus distrahatur . sed et propter familiae cibaria necessaria erit
> deminutio . sed et res tempore perituras permittere debet praetor
> distrahere.

Der Eingang der Stelle ist stark interpoliert. Er lautete m. E. ursprünglich so[7]):

---

[1]) S. unten § 229. 248.

[2]) Arg. Paul. sent. I 11 § 1 v.: si petitor satisdare noluerit.

[3]) Vgl. auch Fur. Anth. 1 fr. 80 de R. V. (6. 1). Das dicere se non possidere in dieser Stelle ist ein Fall des rem non uti oportet defendere.

[4]) Man achte auf die Analogie der Noxalklagen, wo bekanntlich die Unterlassung der Defension ductio des Sklaven nach sich zieht. Fr. 2 § 1 si ex nox. cau. (2. 9), fr. 26 § 6, fr. 32, 33 de nox. act. (9. 4).

[5]) d. h. offenbar so viel als rem uti oportet non defendit.

[6]) Hieher gehört der Punkt. Die meisten Ausgaben setzen ihn vor causa autem

cognita und lesen hinter post litem coeptam ununterbrochen weiter, so dass der ganze Satz von causa autem cognita an auf das edictum de deminuendo bezogen wird, wobei kein erträglicher Sinn herauszubringen ist. Francke, Comm. über den Pandektentitel de h. p. S. 26, setzt den Punkt, m. E. nicht minder unpassend, schon hinter causa autem cognita, im Anschluss an einige alte Digestendrucke. Bei deminutionem beginnt nach meiner Auffassung ein ganz neuer Absatz des Kommentars. In der neuen Stereotypausgabe Mommsens (1889) ist meine Interpunktion angenommen.

[7]) Palingen. zu Ulp. nr. 478.

Diuus Pius rescripsit prohibendum possessorem hereditatis, de qua controuersia erit, antequam lis inchoaretur, aliquid ex ea distrahere: causa autem cognita, etsi pro praede litis et uindiciarum satisdatum sit, etiam post litem coeptam. Deminutionem *et rel.*

Die so restituierte Stelle gibt uns Kunde von zwei Edikten. Von dem einen unmittelbar:

Deminutionem se concessurum praetor edixit.

Der Prätor erklärt, dass er unter Umständen — ohne Zweifel hiess es in dem Edikt: si iusta causa esse uidebitur — dem beklagten Erbschaftsbesitzer die Veräusserung von Erbschaftssachen gestatten werde. Ein solches Edikt setzt augenscheinlich voraus, dass es Fälle gab, in denen dem possessor die deminutio als Regel nicht gestattet war. Nun ist bekannt, dass ein gesetzliches Veräusserungsverbot für den beklagten Besitzer zur Zeit Hadrians nicht existierte[1]), dass hingegen allerdings der Prätor das Recht in Anspruch nahm, nach Umständen ein solches Verbot zu erlassen[2]), fr. 17 § 2 de d. m. exc. (44. 4):

. . . . hereditatem ab emptore petit et, ne quid ex ea minueret, impetrauit.

Fr. 7 § 5 pro emptore (41. 4):

Qui sciens emit ab eo, quem praetor ut suspectum heredem deminuere uetuit, usu non capiet.

Vgl. fr. 7 pr. de iure delib. (28. 8), fr. 26 de C. E. (18. 1). Das Edikt nun über das Deminutionsverbot hat — es ist dies mehr als bloss wahrscheinlich — direkt vor dem Edikt über die Deminutionserlaubnis gestanden, und, welches die Bedingungen waren, unter denen der Prätor ein solches Verbot zu erlassen verhiess, können wir aus dem im Anfang des fr. 5 pr. cit. mitgeteilten Reskript des Antoninus Pius mit aller Sicherheit schliessen. Das Reskript wird nach der richtigen Interpunktion der Stelle für zwei Sätze angeführt. Einmal dafür, dass der Magistrat — natürlich nur auf Antrag — für die Zeit vor der lit. cont. ein Veräusserungsverbot erlassen solle (hier schoben die Kompilatoren ihre Ausnahme „nisi maluerit *et rel.*" ein). Zweitens dafür, dass causa cognita die Veräusserungsbefugnis auch post litem coeptam entzogen werden könne, und zwar auch dann, wenn der beklagte Besitzer die cautio pro praede litis et uindiciarum gestellt habe, wo ja der Kläger normalerweise schon ohnehin gegen Verlust gesichert war (darum die Vorschrift besonderer causae cognitio). Hienach war im Edikt nicht vorgesehen: 1. das Verbot der Veräusserung vor der Litiskontestation, 2. das Veräusserungsverbot post litem coeptam bei ordnungsmässig gestellter Prozesskaution, — für beide Fälle beruft sich ja

---

[1]) Dies übersieht, wie mir scheint, Gradenwitz, Interpolationen S. 68, wenn er meiner Auffassung der Stelle die Grundsätze über Veräusserung der res litigiosae entgegenhält. Bekanntlich wurde erst durch Justinian dem beklagten Besitzer die Veräusserung der streitigen Sache gesetzlich verboten. Den Kompilatoren wird bei Aufnahme des Fragments sein Widerstreit mit dieser Neuerung entgangen sein.

[2]) Francke, a. a. O. S. 25 fg.

der Jurist auf kaiserliches Reskript. Danach aber bleibt für das prätorische
Edikt nur der Fall übrig, wo der Beklagte cautio pro praede litis et uindiciarum (oder cautio iudicatum solui) nicht · gestellt hatte. Solchenfalls
hatte bekanntlich der Kläger Anspruch auf translatio possessionis mittels
des interdictum Quam hereditatem, aber nur, wenn er sich zur Satisdation
erbot; andernfalls blieb der Besitz dem Beklagten, wie in Paul. sent. I 11
§ 1 ausdrücklich gemeldet wird:

> Quotiens hereditas petitur, satisdatio iure desideratur et, si *satis*
> non detur, in petitorem hereditas transfertur: si petitor satisdare
> noluerit, penes possessorem possessio remanebit: in pari
> enim causa potior est possessor. Vgl. fr. 6 i. f. de Carbon. ed. (37. 10).

Gerade für diesen Fall nun dürfte der Prätor ein Veräusserungsverbot
causa cognita verheissen haben, um den Kläger — wie schwer mag es für
arme Leute oft gewesen sein, Bürgen aufzubringen! — gegen die Gefahr
sicher zu stellen, die der kautionslose Besitz des Beklagten mit sich brachte,
und hieran knüpft das rescriptum diui Pii erweiternd an, indem es einerseits auch die Zeit vor der Litiskontestation, wo der Kläger bis zur
Stellung der cautio p. p. l. u. oder iudicatum solui[1]) schwer gefährdet war,
hereinzog, andererseits dem Umstand Rechnung trug, dass auch die
gestellte Kaution zur Wahrung der klägerischen Interessen nicht unter
allen Umständen ausreicht. —

Fassen wir nun rückblickend die Gesamtheit der unter Ziff. 1—7 erörterten Fragmente ins Auge, so wird man kaum zweifeln können, dass
der Edikttitel de satisdando nicht etwa bloss das Wie der satisdationes
praetoriae überhaupt regelte, sondern — abgesehen von der bereits unter
dem Titel de cognitoribus et procuratoribus geordneten cautio de rato des
klagenden Prokurators — das gesamte Recht der Prozesskautionen enthielt, wie es uns bei Gai. IV 88 sqq. überliefert ist: sozusagen, das Pro-
gramm für die am Schlusse des Albums aufgestellten Formulare der cautio
p. p. l. u. und iudicatum solui. Dass diese umfangreiche Lehre gleichwohl
in den Kommentaren, zumal in demjenigen Ulpians, nicht besonders viel
Platz beansprucht zu haben scheint, erklärt sich daraus, dass die Juristen
hier überall auf die spätern ausführlichen Kommentare zu den Kautions-
formularen verwiesen haben werden. —

Ich stelle zum Schluss den nach obigem teils wahrscheinlichen teils
sichern Inhalt unseres Titels zusammen.

I. Quibus ex causis satisdetur.

A. Satisdationspflicht des Beklagten bei actiones in rem[2]), Gai. IV 91:

---

[1]) Gestellt wurden diese Kautionen regelmässig (eine Ausnahme s. unten § 281) gewiss erst unmittelbar vor der bevorstehenden Litiskontestation, so dass während der
Dauer des Verfahrens in iure der Kläger
schutzlos war. Die Fassung des Textes in
der 1. Aufl. („die Zeit vor dem Prozess, wo
von einer cautio p. p. l. u. oder i. s. i. d. R.
noch keine Rede sein kann") wollte nichts
andres besagen, war aber ungenau und daher dem Missverständnis ausgesetzt (vgl.
Wlassak, ZRG. XXXVIII S. 134 n. 2).

[2]) Cf. Vat. 92. 336.

I. Si

    a. per formulam petitoriam agitur, illa stipulatio locum habet, quae appellatur iudicatum solui.

    b. per sponsionem, illa quae appellatur pro praede litis et uindiciarum.

2. Wird die Satisdatio nicht geleistet, so kann der Kläger

    a. wenn er Satisdation leistet, translatio possessionis verlangen[1]),

    b. wenn er nicht Satisdation leistet, immerhin bei Erbschaftsprozessen ein Veräusserungsverbot — causa cognita — erwirken, von dem aber, wiederum causa cognita, Ausnahmen zugelassen werden.

B. Satisdationspflicht des Beklagten bei actiones in personam.

Diese findet nach Gai. IV 102 nur certis ex causis statt, quas ipse praetor significat, nämlich:

    1. propter genus actionis, ueluti iudicati depensiue aut cum de moribus mulieris agitur.

    2. propter personam, ueluti si cum eo agitur qui decoxerit cuiusue bona (a) creditoribus possessa proscriptaue sunt[2]) siue cum eo herede agatur quem praetor suspectum aestimauerit.

C. Satisdationspflicht der Stellvertreter des Beklagten, Gai. IV 101: ab eius . . . parte cum quo agitur, si .   alieno nomine aliquis interueniat, omnimodo satisdari debet[3]) . . . . . : sed siquidem cum cognitore agatur, dominus satisdare iubetur: si uero cum procuratore, ipse procurator[4]). idem et de tutore et de curatore iuris est.

II. Quem ad modum satisdetur[5]).

Hieher gehört die oben unter Ziff. 4 erwähnte Bestimmung über das mitti in municipium und wohl auch das, was im Edikt über die Tauglichkeit der Sponsoren gesagt gewesen sein wird (ob. Ziff. 3).

---

[1]) Hier mag im Edikt vielleicht auf die Interdikte Quam hereditatem u. s. w. verwiesen worden sein.

[2]) Cic. pro Quinctio c. 8 § 30: a . . . praetore postulat, ut sibi Quinctius iudicatum solui satisdet, ex formula quod ab eo petat QUOIUS EX EDICTO PRAETORIS BONA DIES XXX POSSESSA sint.

[3]) Cf. Gai. IV 90.

[4]) Cic. pro Quinctio c. 7 § 29, in Verr. II 2 c. 24 § 60. Fr. Vat. 317, c. un. de satisd. (2. 56 [57]).

[5]) Nach Paul. 14 fr. 8 § 4 qui sat. cog.

(2. 8) hat es den Anschein, als ob die hieher gehörigen Vorschriften mit Bezug nicht allein auf die cautio p. p. l. u. und iud. solui aufgestellt gewesen seien: Paulus erwähnt hier gelegentlich des mitti in muncipium auch die cautio rem pupilli saluam fore, die cautio usufructuaria u. a. m. Indess ist eine solche Ausdehnung des Titels doch sehr unwahrscheinlich, und ich vermute eher, dass die Wissenschaft das, was unser Titel hinsichtlich gewisser Prozesskautionen verordnete, dann auf alle cautiones necessariae erstreckt hat.

Tit. XIII.

§ 52. *QUIBUS CAUSIS PRAEIUDICIUM FIERI NON OPORTET.*

Ulp 14[1]), Paul. 15[2]), 16[3]).

Wir finden bei Ulp. 14 eine Reihe von Stellen, deren gemeinsamer Gesichtspunkt der in der obigen Rubrik angegebene zu sein scheint, und eben dieser Gesichtspunkt passt auch auf die einzige aus Paul. 15 erhaltene Stelle.

Paul. 15 fr. 2 de publ. iud. (48. 1) handelt von der Einteilung der iudicia publica in capitalia und non capitalia: dass eben diese Einteilung für die Frage, ob ein Zivilprozess bis zur Beendigung eines Kriminalverfahrens zu sistieren sei, bedeutungsvoll war, ist nicht zu bezweifeln. Man mag darüber streiten, ob die bei Cicero[4]) erwähnte exceptio „extra quam in reum capitis praeiudicium fiat" in das Hadrianische Edikt übergegangen ist oder ob der Vorrang der Kapitalsachen zur Zeit der Digestenjuristen stets durch prätorisches Präjudizialdekret gewahrt wurde[5]): aber ein Vorrang der Kapitalsachen, ausschliesslich der Kapitalsachen ist es wohl im einen wie im andern Fall geblieben, wie sämtliche hieher gehörige Quellenentscheidungen beweisen[6]). Auch Ulp. 14 fr. 5 § 1 de h. p. dürfte einer Erörterung über diesen Vorzug angehört haben: sustinetur hereditatis petitionis iudicium, donec falsi causa agatur.

Der Vorrang der hereditatis petitio vor den erbschaftlichen Singularklagen ist bekannt. Hieher gehört Ulp. 14 fr. 5 § 2 de h. p. (5. 3):

> Eorum iudiciorum, quae de hereditatis petitione sunt, (centumuiralis iudicii *scr.?*) ea auctoritas est, ut nihil in praeiudicium eius iudicii fieri debeat.

Fr. 7 eod. bespricht näher das Verhältnis zwischen Erbschafts- und Freiheitsprozess.

---

[1]) Fr. 5 § 1. 2, fr. 7 de h. p. (5. 3), fr. 1 si seru. uind. (8. 5), s. ferner S. 137 n. 3.

[2]) Fr. 2 de publ. iud. (48. 1).

[3]) S. unten S. 137 n. 4.

[4]) De inuent. II 20 § 59. 60.

[5]) Für letzteres Bülow, Prozesseinr. und Prozessvorauss. S. 174 fgg.; für die Möglichkeit der exceptio dagegen Naber, Mnemos. N. S. XXVII S. 274 n. 3. Nimmt man mit mir (s. oben S. 91) an, dass auch Exceptionen ohne Antrag in die Formel eingerückt werden konnten, so verliert Bülows Argumentation die überzeugende Kraft, die ich ihr in der 1. Aufl. beimass.

[6]) Vgl. fr. 5 § 1 de h. p. (5. 3), fr. 5 § 1 ad

l. Iul. de ui publ. (48. 6) = fr. 37 de iud. (5. 1), fr. 7 § 4 de lib. causa (40. 12), c. 2 C. Theod. ad l. Corn. de falsis (9. 19), c. 2 C. Iust. eod. (9. 22), c. 32 ad l. Iul. de adult. (9. 9). Danach ist die publica quaestio in fr. 5 de tab. exhib. (43. 5) und die criminalis quaestio in c. 4 de ord. iud. (3. 8) zu interpretieren. A. M. Naber, a. a. O. S. 260, (est igitur maior criminalis causa quam civilis). Ein Missverständnis ist es, wenn Naber a. a. O. S. 256. 259 mir die Meinung zuschreibt „praeiudicii ratione solas capitis causas aliis praeferri": das oben im Text Gesagte bezieht sich nur auf die Frage, welche Kriminalsachen Zivilsachen vorgehen.

Der Eigentumsfrage darf durch Servitutprozesse nicht vorgegriffen werden[1]). Hieher gehört Ulp. 14 fr. 1 si seru. uind. (8. 5):

> Actiones de seruitutibus rusticis siue urbanis eorum sunt, quorum praedia sunt: sepulchra autem nostri dominii non sunt: adquin uiam ad sepulchrum possumus uindicare[2]).

Nach alledem halte ich es für höchst wahrscheinlich, dass im Edikt die Inhibierung ungehöriger Präjudizien vorgesehen war. Über den Inhalt der betreffenden Klauseln aber wage ich keine bestimmte Vermutung, da wir den oben angeführten Stellen nicht ansehen können, ob sie eigentlichen Kommentar oder bloss angeknüpfte Erörterung enthalten.

In unmittelbarer Nachbarschaft der soeben besprochenen Fragmente — nämlich bei Ulp. 14[3]), Paul. 16[4]) — begegnen wir der Erörterung des Rechts der querela inofficiosi testamenti. Die Tatsache, dass wir in den Ediktkommentaren diese Erörterung finden, hat fast alle Bearbeiter[5]) des Edikts bestimmt, in dasselbe eine Rubrik de inofficioso testamento aufzunehmen. Ist diese Ansicht richtig, so wird die Materie durch die Edikte über das Präjudizialverhältnis attrahiert sein: es ist ja bekannt, dass die Querel bis gegen Ende der klassischen Zeit regelmässig vor den Centumvirn verhandelt wurde[6]), und dass gerade die auctoritas centumuiralis iudicii von Justinian als Rechtfertigungsgrund des Vorrangs des Erbschaftsprozesses bezeichnet wird[7]). Es ist mir aber durchaus nicht unzweifelhaft, ob das Edikt wirklich eine derartige Rubrik hatte, und ob nicht vielmehr jene Erörterungen bloss von Ulpian und Paulus an die Präjudizialedikte angeknüpft worden sind. Was soll nämlich unter jener Rubrik des Edikts gestanden haben? Wenn Ranchinus und seine Nachtreter hier von einem Edikt „inofficiosi testamenti actionem dabo" fabeln, so bedarf das ja wohl keiner Widerlegung. Aber auch, was Rudorff als Ediktinhalt annimmt, scheint mir überaus problematisch. Er setzt in seinen Text (E. P. § 56) einmal die Abkürzung „C. V. = centum uiri" aus Prob. 5, 15, sodann den Satz aus Ulp. 14 fr. 123 pr. de R. I.: Nemo alieno nomine lege agere potest. Dazu bemerkt er (n. 4):

> In edicto legis actio proposita fuit, qua apud centumuiros inofficio-

---

[1]) Fr. 16 de exc. (44. 1).

[2]) „Und der letztern Klage steht die exceptio quod praeiudicium praedio non fiat nicht entgegen", dürfte der Jurist hinzugefügt haben.

[3]) Fr. 1, 6, 8 de inoff. test. (5. 2), fr. 4 de his quae ut indign. (34. 9) cf. fr. 8 § 14 de inoff. test., fr. 42 ad l. Falc. (35. 2) cf. fr. 8 § 8 sq. de inoff. test., fr. 2 de b. p. (37. 1) cf. fr. 1 de inoff. test., fr. 1 de fid. lib. (40. 5) cf. c. 13 de inoff. test. (3. 28), fr. 19 de statulib. (40. 7) cf. Paling. zu Ulp. nr. 502, fr. 14 de appell. (49. 1) cf. fr. 8 § 16 h. t., fr. 1 de castr. pec. (49. 17) cf. fr. 8 § 4 h. t.; fr. 123 de R. I. (50. 17): Nemo alieno nomine lege

agere potest. (§ 1) Temporaria permutatio ius prouinciae non innouat. Ulpian berührte also anscheinend auch die Provinzialrechte.

[4]) Fr. 8 de h. p. (5. 3), fr. 124 de R. I. cf. Ulp. 14 fr. 14 § 1 de appell. (49. 1) v. herede non respondente, auch Palingen. zu Paul. nr. 262 ict. Paul. sent. IV 12 § 2.

[5]) Anders nur van Reenen.

[6]) Vgl. Wlassak, röm. Prozessges. I S. 212 fgg. und bei Pauly-Wissowa s. v. Centumviri nr. VIII.

[7]) Vgl. c. 12 pr. de h. p. (3. 31). Ob darin wirklich der einzige Rechtfertigungsgrund für jenen Vorrang lag, kann hier dahingestellt bleiben.

sum diceretur .... Praeterea de bonorum possessione litis ordinandae causa petenda edicto prouisum fuisse putes.

Von alledem steht nur die Ediktmässigkeit des C. V. fest, und, ich nehme
an, auch für das Hadrianische Edikt; aber die Erwähnung der Centumvirn
kann, ebensogut wie hier, auch gelegentlich der cautio pro praede litis et
uindiciarum oder gelegentlich eines der das Präjudizialverhältnis betreffenden Edikte stattgefunden haben, beweist also nichts für die Existenz
unserer Rubrik[1]). Der Ausschluss der Stellvertretung in der legis actio
sodann gehört dem Zivilrecht an und war im Edikt schwerlich wiederholt,
jedenfalls nicht an dieser Stelle.   Die Annahme ferner, dass auch Legisaktionen im prätorischen Album proponiert gewesen seien, entbehrt jeden
quellenmässigen Anhalts.   Und endlich die b. p. litis ordinandae gratia ist
keine besondere Art der b. p., sondern die gewöhnliche, zum Zweck der
Vorbereitung der Querel zu agnoszierende, b. p. intestati; es ist daher gar
kein Grund vorhanden, ein besonderes Edikt darüber anzunehmen.

Was bleibt sonach für die Rubrik de inofficioso testamento übrig?
Ich denke, als möglicherweise hier proponiert wird man bezeichnen
dürfen: einmal die sponsio CXXV nummum, von der Gai. IV 95
berichtet:

> ... si apud centumuiros agitur, summam sponsionis .... petimus
> per legis actionem: ...... eaque sponsio sestertium CXXV
> nummum fi*t scilic*et propter legem Crepereiam.

Zweitens könnte vielleicht auch noch, für den Fall der Verweisung der
Querel vor einen Judex[2]), eine weitere sponsio auf 25 Sesterze — arg.
Gai. IV 93 — proponiert gewesen sein.   Beides ist aber überaus unsicher;
wir haben keinerlei positive Nachricht, die die Aufnahme jener Sponsionen
in das Edikt bezeugte, und als unmöglich oder auch nur unwahrscheinlich
kann die gegenteilige Annahme gewiss nicht angesehen werden: die
sponsio CXXV nummum kann als blosse Vorbereitung des Legisaktions-
verfahrens und die Verweisung vor den Judex als blosser Ausnahmsfall
im Edikt unberücksichtigt geblieben sein.   Bemerkenswert ist jedenfalls,
dass uns weder im Gaianischen Kommentar noch in Julians Digesten eine
Spur der Behandlung der Querel begegnet, und dass wir sie in den sententiae des Paulus und anscheinend auch in den quaestiones Papinians,
die beide sonst dem Ediktsysteme folgen, an andrer Stelle finden als in
den beiden grossen Ediktkommentaren[3]).   Das spricht sehr dafür, dass
die Querel im Ediktsystem überhaupt keine feste Stelle hatte und daher
von dem einen da, von dem andern dort bei passend dünkender Gelegenheit eingeschoben wurde[4]).

[1]) Gegen H. K r ü g e r, Grünh. Zschr. XXIX
S. 363 s. Martin, le trib. des centumvirs
(1904) p. 92 n. 3.

[2]) Fr. 8 § 16 de inoff. (5. 2): si ex causa
de inofficiosi cognouerit iudex ....

[3]) In Paul. sent., statt in lib. I, erst im

lib. IV 5, in Pap. quaest., statt in lib. IV,
erst in lib. V. Papinians Ordnung entspricht
der in Digesten und Codex.

[4]) Dies gegen Girard, NRH. XXVIII
p. 136 ss.

Die Erörterungen über die Ediktklauseln, die zur Verhütung un-
gehöriger Präjudizien bestimmt waren, und, daran anschliessend, über die
Querel — bei Ulp. 14, Paul. 15. 16 — bilden m. E. den Abschluss der
Kommentare zum ersten Hauptteil des Edikts (s. oben S. 31 fg.), den ich
mit jenen Ediktklauseln endigen lasse. Diese Auffassung wird freilich von
anderer Seite bestritten, aber, wie mir scheint, ohne wirklich überzeugende
Gründe. Die Meinungen der Gegner gehen unter sich auseinander.
Girard[1]) möchte die Paul. 17. 18 behandelten Edikte über Interrogationen,
Eid und Präskriptionen noch in den ersten Hauptteil hereinziehen, den
zweiten also erst bei Paul. 19 beginnen lassen. Diese Hypothese scheint
sich durch die allgemeine Tragweite dieser Edikte zu empfehlen; ihr
widerspricht aber die Ordnung der Materien bei Ulpian (s. oben S. 11).
Es scheint mir in hohem Grad unwahrscheinlich, dass Ulpian, so wie er es
hienach getan haben müsste, den Schlusstitel des ersten Ediktteils von
seiner Stelle gerissen und mitten in den ersten Titel[2]) des zweiten Haupt-
teils verpflanzt haben sollte. Ganz entgegengesetzt vermutet v. Velsen[3]),
dass der zweite Hauptteil schon bei Ulp. 14 mit einem Titel de iudiciis
begonnen habe, dessen Hauptinhalt „die Kompetenz der einzelnen Gerichte,
vorzüglich der Sondergerichte, ferner die Konkurrenz der einzelnen Klagen
an diesen Sondergerichten mit den Klagen vor dem unus iudex" gebildet
habe, in den vielleicht aber auch noch die hereditatis petitio und die rei
uindicatio gehört hätten. Gegen diese Hypothese entscheidet, von an-
derem abgesehen, die Erwägung, dass hienach die zweite pars von Ulpians
Ediktkommentar mitten in dessen lib. 14 begonnen haben müsste. Wir
wissen[4]), dass im Schulgebrauch der Kommentare deren zweite pars als
pars de iudiciis bezeichnet wurde, ohne Zweifel nach ihrer Eingangsrubrik,
ganz wie die dritte pars nach ihrer Eingangsrubrik „de rebus creditis" die
pars de rebus hiess. Innerhalb der partes aber wurden die Bücher besonders beziffert, so dass uns z. B. Ulp. 26 ad edictum in fr. Vat. 266 als
Ulp. 1 ad ed. de rebus creditis begegnet, und ebenso, sehr wahrscheinlich,
Ulp. 16 ad ed. in den fr. Berol. de dediticiis[5]) als de iudiciis lib. II. Da
letzteres doch nur eine Vermutung ist, so will ich darauf kein ausschlag-
gebendes Gewicht legen; aber es ist gewiss an sich schon zu vermuten,
dass die wichtigsten und meistgebrauchten Ediktkommentare jener Schul-
einteilung insofern eine Handhabe boten, dass die Anfänge der partes in
ihnen die Anfänge von Büchern bildeten, und es scheint mir darum ausgeschlossen, die pars de iudiciis bei Ulpian mitten in lib. 14 beginnen zu
lassen. Dazu kommt aber noch, dass wir sowohl bei Paulus als bei Ulpian
den nach Erledigung der Präjudizialedikte und der Querel beginnenden

---

[1]) Textes (2me éd.) p. 123 n. 11, NRH.
XXVIII p. 147.
  [2]) Nicht etwa hinter diesen; denn die
§§ 89. 90 gehören keinesfalls zu dem angeblichen Schlusstitel. .

[3]) Die except. praeiud. (1896) S. 69 fg.,
vgl. auch ZRG. XXXIV S. 117.
  [4]) Vgl. c. Omnem § 1.
  [5]) coll. libr. iur. III p. 298 sq.

neuen Büchern — Paul. 17, Ulp. 15 — noch jetzt deutlich ansehen können,
dass die Juristen diese Bücher als den Anfang eines neuen Ediktabschnitts
betrachteten.   Wir begegnen hier Erörterungen über imperium[1]), iudicis
datio, officium iudicis u. dgl.[2]), die keinen Bezug auf eine bestimmte Ediktklausel haben und durch ihren allgemeinen Inhalt sich als Einleitung eines
neuen Abschnitts — des Abschnitts von der ordentlichen Rechtshilfe —
charakterisieren.   Diese Tatsache lässt m. E. kaum einen Zweifel übrig,
dass die pars de iudiciis erst bei Ulp. 15, Paul. 17 beginnt, und dass wir
also im Rechte sind, wenn wir die Edikte über die Verhütung ungehöriger
Präjudizien als den Schluss des ersten Ediktteils betrachten.

Tit. XIV.

DE IUDICIIS[3]).

Ulp. 22. 23[4]), Paul. 17. 18, Gai. 5. 6, Iulian. 8(?). 9.

§ 53. DE INTERROGATIONIBUS IN IURE FACIENDIS[5]).

Ulp. 22[6]), Paul. 17[7]), Callistr. 2[8]).

Dies Edikt[9]) lässt sich in Ulpians Kommentar in seinen Bestandteilen
genau nachweisen.   Nach einleitenden Bemerkungen in fr. 2, 4 pr. h. t.
bespricht der Jurist nacheinander folgende Ediktstücke:

    I. QUI IN IURE INTERROGATUS . . . . . RESPONDERIT, Ulp. 22 fr. 4 § 1:

       Quod ait praetor: „qui in iure interrogatus responderit" . . . .

---

[1]) Ulp. 15 fr. un. de off. praef. Aug.
(1. 17).

[2]) Paul. 17 fr. 12 de iudic. (5. 1), fr. 3, 36,
38 de re iudic. (42. 1), fr. 6 de ui (43. 16),
fr. 35 de V. S. (50. 16). Vielleicht gehört
auch fr. 19 depos. (16. 3) — anscheinend
fälschlich Ulp. 17 inskribiert — zu Paul. 17.

[3]) D. (5. 1), C. (3. 1) de iudiciis. Paul. l 12
de iudiciis omnibus. Einleitung zu dem mit
obigem Titel beginnenden neuen Abschnitt
des Edikts enthalten, ausser den soeben
n. 1. 2 angeführten Stellen aus Paul. 17, Ulp.
15, die sämtlichen erhaltenen Fragmente aus
Iulian. 5: fr. 3 de off. eius cui mand. (1. 21),
fr. 74 de iudic. (5. 1), fr. 60 de re iud. (42. 1),
fr. 79 de legat. I. Die letzte Stelle behandelt den Fall „si quis testamento suo Titio
et Seio decem dari iusserit" und entscheidet,
dass hier nicht jeder zehn zu beanspruchen
habe. Man denke dabei an die condemnatio
„Nm Nm Titio et Seio decem condemna",
vgl. fr. 10 § 3 de appell. (49. 1). Auch die

2. INTERROGATUS AN HERES UEL QUOTA EX PARTE SIT[1]), RESPONDERIT, Ulp. 22 fr. 6, 9, 11 pr.[2]).

3. Den Schlussatz zum Vorhergehenden, wörtlich nicht erhalten, dem Sinne nach aber: **in eum ex sua responsione iudicium dabo.** Ulp. 22 fr. 11 § 1. 2.

4. Verheissung eines iudicium in **solidum** wider denjenigen, der
a. obwohl Erbe, seine Erbenqualität auf interrogatio **geleugnet,** oder
b. obwohl Erbe ex maiore parte, zu einem **geringeren Teil** Erbe zu sein behauptet, wie auch c. gegen denjenigen, der auf die interrogatio in iure **überhaupt nicht geantwortet** hat. Ulp. 22 fr. 11 § 3—7 h. t.[3]). Von diesem Ediktstück sind nur die auf den letztgenannten Fall bezüglichen Worte

OMNINO NON RESPONDISSE

in fr. 11 § 5 überliefert[4]), wobei man an ein „si . . . . . . omnino non respondisse dicetur" denken mag. An dieser Ergänzung des Wortlauts darf man nicht etwa um deswillen Anstoss nehmen, weil es in der unter Ziff. 1 erwähnten Klausel „qui responderit" heisst — solche Verschiedenheiten der Fassung innerhalb desselben Edikts kommen bekanntlich auch sonst vor —, noch auch um deswillen, weil der Prätor ja sofort habe sehen müssen, ob der Beklagte antworte oder nicht, hier also von einem blossen dici der klagenden Partei nicht die Rede sein könne: denn die Erbittung der actio folgte durchaus nicht regelmässig unmittelbar auf die interrogatio; letztere, wie auch die Antwort oder Nichtantwort, waren, wenn bestritten, in iudicio zu beweisen[5]); ihre Bezeichnung als Gegenstand einer Parteibehauptung in iure könnte daher nicht auffallen.

Gewährt über das Edikt Ulpian vollen Aufschluss, so lässt er uns dagegen hinsichtlich der Formeln durchaus im Stich; die Kompilatoren haben den die actiones interrogatoriae betreffenden Abschnitt aus naheliegenden Gründen gänzlich gestrichen. Es ist daher kein Wunder, dass alle bisherigen Rekonstruktionsversuche wenig befriedigend sind.

---

[1]) Wegen der Worte vgl. fr. 5, 6 § 1, 9 § 3. 5 h. t.

[2]) Wegen fr. 11 pr. vgl. Demelius, die Confessio im röm. Civilprozess (1880) S. 303. Eben hieher gehört auch Ulp. 22 fr. 21 h. t., vgl. Demelius, a. a. O. S. 298 fgg. Auffallend ist fr. 9 § 8 h. t., eine Stelle, die durchaus nicht in den Zusammenhang passt, wo sie jetzt steht, dagegen sehr gut in den Kommentar zum Edikt de noxalibus actionibus sich einfügen würde (vgl. dazu Demelius, a. a. O. S. 338 fgg.); Ulpian hatte vielleicht hier vorgreifend auf anderweite Interrogationsfälle hingewiesen.

[3]) Die Ordnung des Kommentars war offenbar folgende:
a) Si is qui heres esse dicetur negauerit se heredem esse. Das hieher Gehörige haben die Kompilatoren gestrichen. Dass es vorausstand, folgt aus fr. 11 § 4, wo die ediktale Behandlung des Falls bereits als erörtert vorausgesetzt wird.
b) Si is qui ex maiore parte heres esse dicetur responderit se ex minore parte heredem esse: fr. 11 § 3.
c) Si omnino non responderit: fr. 11 § 4. 5.
d) Si obscure responderit: fr. 11 § 6. 7.
e) Ergänzendes über Restitution und Rücknahme der Antwort: fr. 11 § 8—ult.

[4]) Diese Worte sind in fr. 11 § 5, wie sich aus der nachgewiesenen Ordnung des Kommentars ergibt, als Edikt- und nicht als Formelworte zitiert. Ich glaube dies ausdrücklich hervorheben zu sollen, weil das Missverständnis des Infinitivs nahe liegt.

[5]) Fr. 18 § 2 de prob. (22. 3).

Die Formel ex responsione rekonstruiert Savigny[1]) folgendermassen:
Quod N^s N^s interrogatus respondit se esse Seii heredem ex se-
misse, s. p. Seium A° A° C dare oportere, N^m N^m A° A° in L c. s.
n. p. a.

Als ob (von anderm abzusehen) der tote Seius noch etwas schuldig sein
könnte.

Rudorff hatte zuerst[2]):

S. p. L. Titium A° C dare oportere, qua ex parte N^s A° in iure
interrogante respondit se heredem L. Titio extitisse, ex ea parte *rel.*

Das ist nur eine neue und zwar schwerlich verbesserte Auflage der
Savigny'schen Formel. Im E. P. (§ 80) hat denn auch Rudorff einen
neuen Vorschlag:

S. p. L. Titium, si uiueret, A° A° X milia dare oportere, quod
(quota ex parte) N^s N^s in iure interrogatus se Luci Titi heredem
esse respondit, eius (ex ea parte) iudex *rel.*

Si uiueret! Eine Fiktion, die sich insuffizient erweist, sobald man versucht, sie für praktische Fragen, wie z. B. die Wirkung von Abschlags-
zahlungen seitens einzelner Erben durchzuführen[3]).

Demelius, der die früheren Rekonstruktionsversuche einer treffenden
Kritik unterworfen hat[4]), rekonstruiert selbst[5]):

S. p. N^m N^m, qui in iure interrogatus respondit, se Lucii Titii heredem esse, A° A° centum dare oportere, N^m N^m A° A° centum c. s.
n. p. a.

Allein einmal: nach Demelius' Formel müsste, wie er in der Tat annimmt, die interrogatio in iure eine zivile Verpflichtung hervorgebracht
haben, was weder erwiesen noch glaublich ist; zweitens: wenn die
Voraussetzung richtig wäre, wäre die Formel, die den eigentlichen Obli-
gationsgrund nur so nebenbei in einen Relativsatz schachtelt, mangelhaft
gefasst.

Ich selbst habe in der 1. Aufl., freilich zweifelnd, vorgeschlagen,
den Tatbestand der responsio in eine praescriptio, die intentio aber so
zu fassen:

S. p. Luci Titi hereditatis nomine A° A° decem dari oportere,
iudex, N^m N^m A° A° *et rel.*

Bestimmend war mir für diese Fassung der Gedanke, dass durch die
responsio se heredem esse der Respondent, möge er nun Erbe sein oder
nicht, die Defension des Verstorbenen übernehmen zu wollen erkläre[6]).
Ich glaubte daher, die intentio in irgend einer Form auf den Namen des
defunctus stellen zu müssen, und fand mich in dieser Annahme bestärkt

---

[1]) System, VII S. 23 fg.
[2]) R. G. II S. 277.
[3]) Demelius, a. a. O. S. 275 fg.
[4]) a. a. O. S. 274 fg.
[5]) a. a. O. S. 281.

[6]) Vgl. Demelius, a. a. O. S. 254 fgg.,
und namentlich fr. 4 i. f. de reb. auct. iud.
(42. 5): si quis .... heredem se *respondendo*
defunctum defendat.

durch die Tatsache, dass nach fr. 18, 20 pr. h. t. die Klage gegen den wirklichen Erben durch die actio interrogatoria konsumiert wird, wenn die bejahende Antwort in Defensionsabsicht erfolgt war[1]). Allein meine Hypothese scheitert an der Erwägung, dass es vom Augenblick des Erwerbs der Erbschaft ab keine Erbschaftsschulden mehr gibt, sondern nur noch Schulden des Erben[2]). Sind es der Erben mehrere, so hat jede Teilschuld ihr eigenes rechtliches Schicksal und kann insbesondere untergehen, ohne dass dadurch die übrigen Teilschulden berührt werden. Man unterstelle den Fall, dass der Respondent sich nur als Teilerben bekannt hat, während andere Teilerben ihre Schuld schon ganz oder teilweise getilgt haben (so dass also die Erbschaftsschuld sich gemindert hat), und man sieht, dass jene Formel ebensowenig zu brauchen ist, wie Rudorffs formula ficticia. Die durch fr. 18, 20 pr. h. t. bezeugte Konsumtionswirkung aber ist nicht schlechtweg abhängig von der Fassung der intentio: sie konnte von der Jurisprudenz, mit Rücksicht auf die Defensionsabsicht des Respondenten, angenommen werden, auch ohne dass die Fassung der Formel geradezu zwingend darauf hinwies.

Ich bin heute der Meinung, dass die richtige Fassung der intentio von P. Krüger getroffen worden ist, der in seiner Rezension der Schrift von Demelius[3]) unter Voranschickung einer praescriptio so formuliert:

> Ea res agatur quod N[s] N[s] in iure interrogatus respondit se L. Titio ex asse heredem esse. Si N[s] N[s] ex asse L. Titio heres esset, tum si *rel.*

Diese fiktizische Fassung der intentio vermeidet die Klippen, an denen die bisher besprochenen Formulierungen scheitern, und hat, worauf Krüger bereits hingewiesen hat, eine feste Stütze in fr. 11 § 1 h. t.:

> Si quis, cum heres non esset, interrogatus responderit ex parte heredem esse, sic conuenietur atque si ex ea parte heres esset: fides enim ei contra se habebitur.

Wenn ich gleichwohl diese Fassung in der 1. Aufl. verwarf, so geschah es, weil ich es mit Demelius unnatürlich fand, jemanden, der sich öffentlich vor dem Magistrat als heres bekannt habe, als Erben erst noch zu fingieren; und in der Tat nähme sich die Fiktion „si heres esset" sonderbar genug aus, wenn wir uns Krügers praescriptio als Normalbestandteil der formula interrogatoria zu denken hätten. Allein eben hier steckt ein erweislicher Fehler seiner Fassung. Wie schon bemerkt, dürfen wir uns den regelmässigen Verlauf des Verfahrens durchaus nicht so denken, dass auf die responsio unmittelbar die Erbittung der Formel folgte; sie geschah in einem späteren Termine, oft genug vor einem ganz andern Prätor. Hier nun erbat der Kläger, unter Berufung auf die geschehene responsio, einfach

---

[1]) Fr. 20 pr. cit. scheint gegen den Schluss hin stark interpoliert (der Passus „nisi . . ., tunc enim . . ." ist verdächtig); doch ist an der Richtigkeit des im Text Gesagten dennoch wohl nicht zu zweifeln.

[2]) Vgl. Lenel, ZRG. XXXIII S. 1 fgg.

[3]) Krit. Vjschr. XXII S. 418 fgg.

die fiktizische Formel ohne jede praescriptio, genau wie es auch bei der Klage gegen den bonorum possessor der Fall war (vgl. § 67 a. E.). Erwähnung fand die responsio in der Formel nur, wenn der Beklagte sie in iure bestritt. Diese Erwähnung erfolgte in Gestalt einer exceptio (entsprechend der exceptio bonorum possessionis non datae), die keine blosse Hypothese, sondern in den Quellen bezeugt ist, fr. 18 § 2 de probat. (22. 3):

> Interrogationis factae probationem actori imponi debere, id est ei qui in iure interrogatum dixit respondisse se solum heredem esse: [uel si tacuisse dicatur interrogatus, aeque tantundem erit dicendum, impositam inprobationem[1])], non ei qui excepit se non respondisse [sed actori].

Der Schluss der Stelle ist zweifellos entstellt: die eingeklammerten Worte sind Glosse oder, was wahrscheinlicher, Interpolation. Für uns kommt auf diesen Punkt nichts an; die Worte „ei qui excepit" sind ganz sicher echt[2]) und liefern den vollen Beweis für die Richtigkeit der obigen Darlegung.

So kam also ein Hinweis auf die responsio überhaupt nur dann in die Formel, wenn der Beklagte die responsio und damit auch seine Erbenqualität in iure bestritten hatte[3]). Gerade in diesem Fall verliert aber die fiktizische intentio alles auffallende.

Wenn schon bei derjenigen actio interrogatoria, die ex responsione erteilt wird, die fiktizische Fassung als die allein mögliche erscheint, so drängt sich die gleiche Fassung bei den Klagen, die wegen falscher Antwort oder wegen omnino non respondisse erteilt werden, von selber auf[4]), obwohl sie in den Quellen nicht angedeutet ist[5]). Die Fiktion lautete hier: si N[s] N[s] L. Titio heres ex asse esset. Bestritt der Beklagte, die behauptete Antwort gegeben oder geschwiegen zu haben, so kam es wiederum zur Einfügung einer exceptio. Ständig dürfte aber in der Formel ex falsa responsione eine Klausel gewesen sein, die dem Judex zur Pflicht machte, die Richtigkeit der gegebenen Antwort zu prüfen, vermutlich eine praescriptio, so dass die ganze Formel ungefähr so gelautet hätte:

> *E. r. a. si N[s] N[s] L. Titio ex maiore parte quam ex semisse heres est. Si N[s] N[s] L. Titio heres ex asse esset, tum si N[m] N[m] A[o] A[o] HS $\bar{x}$ dare oporteret, iudex, N[m] N[m] (si in iure interrogatus, quota ex parte heres esset, respondit se ex semisse heredem esse) A[o] A[o] rel.*

---

[1]) Huschke vermutet: impositum iri probationem.

[2]) A. M. allerdings Karlowa, R. G. II S. 1178.

[3]) Nicht irre machen darf die Bezeichnung der Klage als actio interrogatoria (fr. 1 § 1 h. t.). Auch die Klagen gegen den bonorum possessor, wo die Sachlage genau die

gleiche ist, heissen actiones possessoriae.

[4]) Ich halte es nicht für nötig, auch hier auf die älteren Versuche einzugehen. Vgl. Demelius, a. a. O. S. 286 fgg., und gegen dessen eigenen Versuch wieder: Krüger, a. a. O. S. 419.

[5]) Es heisst hier immer nur einfach: in solidum conuenitur (cf. fr. 11 § 3. 4 h. t.).

§ 54. DE IUREIURANDO[1]).

Ulp. 22[2]), Paul. 18[3]), Gai. 5[4]), Iulian. 9[5]).

Das Edikt de iureiurando wird von Rudorff (E. P. § 81) sonderbarer Weise als eine Art Anhang zu dem Edikt über die interrogatio an seruum in potestate habeat behandelt, ein Missgriff, der sich nicht nur durch den Gesamtinhalt der Kommentare, sondern schon dadurch widerlegt, dass jener Fall der interrogatio bei Ulpian erst lib. 23, unser Edikt aber schon lib. 22 besprochen wird[6]).

Es zerfällt aber unser Edikt in zwei Abschnitte. Der eine verheisst für den Fall, dass der zu Belangende den deferierten Schiedseid leistet oder er ihm erlassen wird, denegatio actionis und ist, mit Ausnahme des den Erlass betreffenden Zwischensatzes, bei Ulp. 22 fr. 3 pr., fr. 7 pr. h. t. vollständig zitiert. Er lautet:

> SI IS CUM QUO AGETUR CONDICIONE DELATA IURAUERIT[7]) *siue id ius-iurandum ei remissum fuerit*[8]), EIUS REI, DE QUA IUSIURANDUM DELA-TUM FUERIT[9]), NEQUE IN IPSUM NEQUE IN EUM AD QUEM EA RES PERTINET ACTIONEM DABO[10]).

Der zweite Abschnitt verhiess unter den gleichen Voraussetzungen dem Kläger eine actio „in qua hoc solum quaeritur, an iurauerit [dari sibi oportere] uel, cum iurare paratus esset, iusiurandum ei remissum sit"[11]). Die Ediktmässigkeit dieser Klage ist ausdrücklich überliefert[12]), und die Kommentare zeigen auf Schritt und Tritt, dass sie just hier proponiert war[13]); dass daher Rudorff dieselbe erst in den Abschnitt de rebus creditis setzt (E. P. § 94), ist unbegreiflich.

Dem ersten Abschnitt unseres Edikts entspricht die exceptio iuris-iurandi, die aber nicht hier, sondern erst im vorletzten Abschnitt des edictum perpetuum bei den Exceptionen unter der rückweisenden Rubrik QUARUM RERUM ACTIO NON DATUR proponiert war[14]). Bei Erlassung unseres Edikts selbst dürfte schwerlich schon an diese exceptio, sondern vielmehr, worauf auch die eben genannte Rubrik führt, an ein eigentliches actionem non dare, d. h. denegare gedacht gewesen sein[15]). Die Frage, ob der Eid

---

[1]) D. (12. 2).

[2]) Fr. 3, 5, 7, 9, 11, 13, 19 (falsch inskri-biert) h. t.

[3]) Fr. 2, 4, 6 (falsch inskribiert), 8, 10, 17, 20, 22, 26, 28, 30 h. t., fr. 14 de act. rer. amot. (25. 2), fr. 5 de exc. (44. 1).

[4]) Fr. 1, 21 h. t. Über fr. 27 h. t. vgl. oben S. 127 n. 15.

[5]) Fr. 12 h. t., fr. 24 de exc. r. iud. (44. 2).

[6]) Vgl. auch Demelius, die Confessio, S. 306 n. 5, Schiedseid u. Beweiseid (1887) § 3.

[7]) Ulp. 22 fr. 3, 5 pr.—§ 3 h. t.

[8]) Ulp. 22 fr. 5 § 4 cf. fr. 9 § 1 h. t., Paul. 18 fr. 6 h. t.

[9]) Gradenwitz, ZRG. XXI S. 275 hält die Worte „de qua iusiurandum delatum fuerit" für nicht ediktal.

[10]) Ulp. 22 fr. 7, 9 pr. h. t., Paul. 18 fr. 8 h. t.

[11]) Ulp. 22 fr. 9 § 1—3 h. t., Tryphon. fr. 29 h. t., c. 8 de R. C. (4. 1).

[12]) Paul. 18 fr. 28 § 10 h. t., fr. 30 pr. h. t., § 11 I. de act. (4. 6).

[13]) Man werfe nur einen Blick auf Ulp. 22 fr. 9, 11, 13 u. Paul. 18 fr. 28 § 9. 10, fr. 30 h. t.

[14]) Vgl. Ulp. 76 fr. 1 pr.—§ 3 quar. rer. (44. 5), Paul. 71 fr. 2 eod.

[15]) S. auch Dernburg, Festgaben f. Heffter (1873) S. 128 fgg.

geleistet, bezw. erlassen worden sei, wurde damals im Fall der Bestreitung
wohl i. d. R. noch in iure erledigt; wurde sie aber an den iudex gewiesen,
so dürfte das in jener Zeit in Form einer praescriptio, d. i. einer bedingten
Erteilung der actio („ea res agatur, si . . . ."), geschehen sein.

Die Musterformel der actio in factum[1]) scheint auf den Fall der rei
uindicatio berechnet gewesen zu sein[2]); sie ist nicht überliefert; da aber
nach fr. 9 § 1 cit. in derselben „hoc solum quaeritur, an iurauerit . . . . uel,
cum iurare paratus esset, iusiurandum ei remissum sit"[3]), so kann kaum
ein Zweifel sein, dass die intentio für die beiden Fälle gestellt war auf

> S. p. A^m A^m N° N° deferente iurasse rem q. d. a. suam esse
> ex I. Q.[4])

und

> S. p. N^m N^m A° A°, cum is illo deferente paratus esset iurare
> rem q. d. a. suam esse ex I. Q., iusiurandum remisisse . .,

wobei freilich beidemal für den Wortlaut im Detail keine Garantie übernommen werden kann.

Die Anpassung für andere Aktionen[5]) hat im allgemeinen keine
Schwierigkeit. Bedenken erwachen nur hinsichtlich der mit demonstratio
versehenen Formeln. Konnte z. B. an die demonstratio „Quod A^s A^s . .
iurauit se deposuisse" ohne weiteres die intentio „quidquid ob eam rem
dare facere oportet ex f. b." angehängt werden? hätte der iudex hier das
„ob eam rem" nicht auf das „quod iurauit" beziehen und, da aus dem Eid
eine b. f. obligatio nicht hervorging, absolvieren müssen? wurde hier durch
Fiktionen (si deposuisset) geholfen oder wurde die conceptio in ius hier
ganz aufgegeben und durch conceptio in factum ersetzt? Ich weiss die
Frage nicht zu beantworten[6]).

---

[1]) Fr. 11 § 1 h. t.

[2]) In der 1. Aufl. dachte ich vielmehr an
den Fall des dari oportere, wegen fr. 9 § 1
h. t., wo aber die Worte „dari sibi oportere"
ganz deplaciert und allem Anschein nach
interpoliert oder Glossem sind. Ulpians
Kommentar erörtert den Gegenstand der
Eideszuschiebung ex professo erst von fr. 9
§ 7 ab (Ulp. nr. 672. 673) und hier steht der
Fall der Eideszuschiebung über das Eigentum in ausführlicher Behandlung an der
Spitze. Vorher beschäftigt sich der Kommentar mit dem Verhältnis der Eidesklage
zur Urklage (nr. 669) und den Personen des
Deferenten und Delaten (nr. 670. 671).

[3]) Vgl. S. 145 n. 11.

[4]) Rudorff (E. P. § 94) hat: s. p. A^m A^m
N° N° deferente iurasse HS tot sibi deberi
neque eam pecuniam ei solutam esse. Das
unpersönliche sibi deberi ist, wie auch der
Ausdruck debere statt dare oportere, gewiss

nicht wahrscheinlich; der Zusatz hinsichtlich der Zahlung ist, da er auch die vor
dem Eid geleistete Zahlung wirksam machen
würde, in dieser Form jedenfalls verkehrt,
überhaupt aber, auch in jeder andern Form,
unbezeugt und überflüssig, da man sich in
dieser Hinsicht auf das officium iudicis verlassen konnte.

[5]) Vgl. Ulp. 22 fr. 9 § 7, fr. 11, 13 h. t. Fr. 13
§ 3 ist interpoliert.

[6]) Demelius, Schiedseid und Beweiseid
S. 35 n. 29 vermutet „quidquid ex deposito
d. f. o." Ich halte dies nicht für möglich:
ex deposito schuldet nur der, bei dem wirklich deponiert ist. Fierich, Grünh. Zschr.
XVI S. 86 fg. glaubt, dass im obigen Fall
der Eid überhaupt in der Formel gar nicht
hervorgetreten sei, sondern nur vom Judex in
iudicio berücksichtigt worden sei, — gewiss
sehr wenig wahrscheinlich.

§ 55. *SI CUM EO AGATUR QUI INCERTUM PROMISERIT.*

Ulp. 22[1]), Paul. 18[2]).

Gai. IV 136, 137 berichtet:

> Item admonendi sumus, si cum ipso agamus qui incertum pro-
> miserit, ita nobis formulam esse propositam, ut praescriptio inserta
> sit formulae loco demonstrationis, hoc modo: IUDEX ESTO. QUOD
> A. AGERIUS DE N. NEGIDIO INCERTUM[3]) STIPULATUS EST, CUIUS REI DIES
> FUIT, QUIDQUID OB EAM REM N. NEGIDIUM A° A° DARE FACERE OPORTET et
> reliqua. Si cum sponsore aut fideiussore agatur, praescribi solet
> in persona quidem sponsoris hoc modo: EA RES AGATUR, QUOD
> A. AGERIUS DE L. TITIO INCERTUM STIPULATUS EST, QUO NOMINE N. NEGI-
> DIUS SPONSOR EST, CUIUS REI DIES FUIT, in persona uero fideiussoris:
> EA RES AGATUR, QUOD N. NEGIDIUS PRO L. TITIO INCERTUM FIDE SUA ESSE
> IUSSIT, CUIUS REI DIES FUIT. deinde formula subicitur.

Diese drei Formeln setzt Rudorff (E. P. § 78) an den Schluss desjenigen
Ediktabschnitts, der von den Rechtsverhältnissen der Bürgen handelt. Es
muss hiegegen Einspruch erhoben werden. Vor allem: wie kommt die
Formel, die wider den Hauptschuldner aus stipulatio incerti proponiert ist,
in den Abschnitt von der Bürgschaft, in die Nachbarschaft der lex Cornelia
und Cicereia und der epistula diui Hadriani? Rudorff meint: als Anhang
zu den wider die Adpromissoren proponierten Formeln. Allein, abgesehen
von der Unnatürlichkeit dieser Annahme, muss hervorgehoben werden:
einmal, dass in dem Bericht des Gaius nur die Formel gegen den promissor selbst als proponiert bezeichnet wird, während es von den übrigen
nur „praescribi solet" heisst, so dass nicht einmal bewiesen ist, dass diese
letztern auch nur im Album standen[4]); zweitens aber und entscheidend:
als Hauptbelegstelle für unsere Formeln ist neben Ulp. 22 fr. 75 de V. O.
(45. 1), einer Stelle, die ihrer Inskription nach allerdings zu dem Ediktabschnitt von der Bürgschaft gehören könnte[5]), anzusehen: Paul. 18 fr. 76
eod., ein Fragment, das, wie jenes erstere, von der stipulatio incerti handelt, durch seinen Inhalt sogar noch weit deutlicher die Beziehung auf die
obigen Formeln verrät[6]), durch seine Inskription aber die Verweisung zur
Bürgschaft (Paul. 24. 25) entschieden verbietet. Die Zusammenhaltung

---

[1]) Fr. 75 de V. O. (45. 1).

[2]) Fr. 76 eod., fr. 29 de fideiuss. (46. 1).

[3]) Vgl. über die Ständigkeit dieses Worts
namentlich P. Krüger, Consumtion (1864)
S. 59 fg. Literatur bei Baron, die Condictionen (1881) S. 225 n. 9.

[4]) Standen sie im Album, so dürften sie
wohl erst hinter der Formel wider den
Hauptschuldner proponiert gewesen sein.
Vgl. Ulp. 23 fr. 135 de R. I. (50. 17) mit
Paul. 18 fr. 29 de fideiuss. (46. 1). Doch ist
die Beziehung ersterer Stelle zu zweifelhaft,

als dass ich sie zur Grundlage einer be-
stimmteren Vermutung machen möchte.

[5]) Vgl. § 83—88. Wegen des Ulpianschen
Systems vgl. oben S. 11 fg.

[6]) Vgl. namentlich fr. 76 § 1 cit.:
Cum stipulamur „quidquid te dare facere
oportet" id quod praesenti die dumtaxat
debetur in stipulationem deducitur, non
ut in iudiciis etiam futurum . . . .
Die Beziehung der Stelle zur praescriptio
cuius rei dies fuit liegt auf der Hand.

von Ulp. 22 und Paul. 18 zwingt vielmehr dazu, jene Formeln sämtlich an den hier gewählten Platz zu verweisen[1]), und diesen Platz dürften sie ohne Zweifel der vom Prätor eingefügten praescriptio „cuius rei dies fuit" verdankt haben. Ich vermute, dass der Prätor in besonderm Edikt erklärte, in den von Gaius erwähnten Fällen — oder vielleicht auch ausdrücklich nur für den Fall sı cum eo agatur qui incertum promiserit — iudicium mit Beschränkung auf das bereits Verfallene erteilen zu wollen[2]).

Die Vervollständigung der Gaianischen Formeln bietet in der Hauptsache keine Schwierigkeit. An das „quidquid . . . . oportet" der actio ex stipulatu lehnte sich unmittelbar das „eius iudex Nᵐ Nᵐ Aᵒ Aᵒ c. s. n. p. a." der condemnatio an. Und was die wider die Adpromissoren erteilte Formel angeht, so werden wir hinter der mitgeteilten praescriptio nicht etwa erst noch eine neue demonstratio zu erwarten haben, sondern jene praescriptio vertrat die demonstratio, und unmittelbar auf sie folgte daher das „quidquid . . . . oportet, eius c. s. n. p. a."[3]). Dieses letztere wird zwar von Huschke[4]) energisch bestritten, der vor die intentio noch eine neue besondere demonstratio einschieben will. Für diese Weitläufigkeit fehlt es aber, soweit ich sehe, sowohl an äusserm Beweis wie an innerm Grund. An äusserm Beweis: das kurze, sei es auch ungenaue „deinde formula subicitur" bei Gai. IV 137 i. f. kann m. E. als solcher nicht gelten. An innerm Grund: Huschke meint, die von Gaius überlieferte praescriptio sei zweideutig gewesen, insofern man nämlich die Worte cuius rei dies fuit zunächst auf quo nomine Nˢ Nˢ sponsor est hätte ziehen können und müssen, was dann den Sinn gegeben hätte: Nˢ Nˢ sei nur für den bereits fälligen Teil der Hauptschuld Sponsor geworden; diese Zweideutigkeit habe durch eine nachfolgende demonstratio behoben werden müssen. Allein ich glaube, diese Zweideutigkeit, wenn sie überhaupt bedenklich gefunden wurde, hätte den Römern zu allererst die überlieferte praescriptio selbst anstössig machen müssen; tat sie das nicht, so kann sie uns auch nicht veranlassen, der richtig verstanden die demonstratio völlig ersetzenden praescriptio noch eine ganz überflüssige neue demonstratio anzuhängen. Wenn man aber fragt, warum denn überhaupt gegen den Hauptschuldner demonstriert, hier aber präskribiert worden, so ist die Frage freilich bei der Geringfügigkeit unserer Kenntnis des römischen Formelwesens schwer zu beantworten: wir wissen ja überhaupt nicht, in welchem Umfang praescriptiones statt demonstratio vorkamen. Diese Un-

---

[1]) Wenn Cels. 3 dig. fr. 26 de nou. (46. 2) und Marcell. 3 dig. fr. 94 de V. O. (45. 1) an unsere Rubrik anknüpfen — vgl. Paling. Cels. nr. 25, Marcell. nr. 27 —, so würden sie zur Bestätigung des im Text gesagten dienen. Doch ist die Beziehung jener vereinzelten Stellen zu unsicher, als dass ich auf diesen Umstand Gewicht legen möchte.

[2]) Sehr unwahrscheinlich ist mir die Annahme v. Koschembahr-Lyskowski's,

die Condictio als Bereicherungskl. II S. 91, es sei im Album für alle Fälle der incerti petitio eine schematische Generalformel proponiert gewesen.

[3]) So Keller, C.P. bei n. 476, Rudorff, E. P. § 78 und, wiewohl zweifelnd, Bekker, proc. Consumtion S. 333.

[4]) Gaius, S. 78. Vgl. denselben, Z. gesch. RW. XIII S. 330 fgg. Wie Huschke auch Karlowa, R. G. II S. 737: die praescriptio

kenntnis kann aber für uns kein Grund sein, eine tautologische Formel, wie sie Huschke will, zu akzeptieren. Vielleicht, dass die Klagen gegen Adpromissoren durchweg die res qua de agitur in Präskriptionsform demonstrierten.

Eine wirklich zweifelhafte Frage ist dagegen die, ob wir die Formel der actio ex stipulatu nicht mit einer taxatio versehen müssen. Dafür spricht entschieden Gai. IV 51:

> est enim una (condemnatio) *cum* aliqua praefinitione, quae uulgo dicitur cum taxatione, uelut si incertum aliquid petamus: nam illic ima parte formulae ita est: iudex Nᵐ Nᵐ Aᵒ Aᵒ dumtaxat sestertium X milia condemn*a*.

Dafür sprechen ferner die taxierten Formeln der lex Rubria c. XX. Auch könnte es an sich nicht befremden, wenn von demjenigen, der eine actio incerti erhob, verlangt worden wäre, dass er das Maximum seiner Forderung in eine taxatio fasse, die der Prätor als Regel unbesehen der Formel angefügt, nach Umständen aber auch ermässigt haben würde. Gleichwohl liegt die Sache nicht ganz glatt. Gaius kann entschieden nicht haben sagen wollen, dass alle actiones incerti eine taxatio hätten: hat doch schon die von ihm selbst — IV 47 — angeführte formula depositi keine solche. Wir müssen also eine Grenze ziehen, und die Frage, wo dieselbe zu ziehen ist, ist nach Lage der Quellen nicht mit Sicherheit zu beantworten[1]. Einer allzu einengenden Interpretation[2] scheint mir aber die Gaiusstelle sehr energisch zu widerstreben, und so halte ich, mit Rücksicht auf die Formeln der lex Rubria, die Anwendung der taxatio gerade auf die actio ex stipulatu für überaus wahrscheinlich[3].

sei ein selbständiger Satz gewesen; daran habe sich das quidquid ob eam rem nicht unmittelbar anschliessen können (warum nicht?). Er nimmt hinter der praescriptio eine demonstratio an, die gar nicht auf die promissio des Bürgen, sondern auf die des Hauptschuldners abgestellt wäre. Und an diese soll sich die auf den Bürgen gestellte intentio haben anschliessen können!

[1] Verschiedene Ansichten bei Heffter ad Gai. instit. p. 72 sq., Huschke, anal. liter. p. 253—276, Gaius S. 237 fg., Zimmern, C.P. § 57 S. 167, Dernburg (übereinstimmend mit Huschke), krit. Zschr. I S. 474 fg., Hefke, Taxatio S. 22 fgg. (vgl. Brinz, krit. Vjschr. XXI S. 583 fg.).

[2] Wie sie von Hefke a. a. O. versucht wird.

[3] Desgleichen auch die Anwendung auf diejenigen b. f. iudicia, die nicht auf ein restituere gerichtet sind. Bei der Unmöglichkeit, hier irgendwo zu einer festen Entscheidung zu gelangen, gehe ich auf die

Frage auch späterhin nicht weiter ein. Doch sei bemerkt, dass für die behauptete Anwendung der taxatio fr. 77 § 30 de legat. II und c. 4 de A. E. V. (4. 49) sehr energisch sprechen. Zur ersten Stelle, die sich auf die actio tutelae bezieht, vgl. Partsch, die longi temp. praescr. (1906) S. 78. Die zweite kann ohne Zwang kaum anders als auf eine taxierte actio empti gedeutet werden. Der Kläger Mucianus hatte sich darüber beschwert, dass der Präses seine (des Klägers) taxatio zu stark ermässigt habe; die Kaiser reskribieren, der Präses habe das volle nach seinem Ermessen vorhandene Interesse an der Erfüllung des Kaufs (also namentlich nicht bloss das damnum emergens) der taxatio zu Grunde zu legen. Dass zur Zeit des Reskripts (a. 290) Kondemnationsanweisungen cum taxatione nicht mehr hätten vorkommen können (so wieder Hefke, a. a. O. S. 29), ist m. E. entschieden zu viel behauptet.

§ 56. *IN BONAE FIDEI IUDICIIS QUANDO PRAESCRIBATUR?*

Ulp. 23 [1]), Paul. 18 [2]), Iulian. 8 [3]) (?).

Die Einsicht, dass die eben betrachteten Formeln ihre Stellung im Edikt der praescriptio „cuius rei dies fuit" verdanken, legt den Gedanken nahe, auch noch die übrigen praescriptiones pro actore in diesem Zusammenhang des Edikts zu suchen, und diese Vermutung wird durch die in n. 1 und 2 angeführten Stellen, die sämtlich von bonae fidei iudicia handeln, bestätigt. Es genügt fast, deren Wortlaut hieher zu setzen.

Ulp. 23 fr. 43 mand. (17. 1):

> Qui mandatum suscepit, ut pecunias in diem collocaret, isque hoc fecerit, mandati conueniendus est, ut cum dilatione temporis actionibus cedat.

Ulp. 23 fr. 8 de adm. (26. 7):

> Si tutelae agat is, cuius tutela administrata est, dicendum est nonnumquam diem creditae pecuniae exspectandam, si forte tutor pecunias crediderit pupilli nomine, quarum exigendarum dies nondum uenit. sane quod ad pecunias attinet, ita demum uerum est, si potuit et debuit credere: ceterum si non debet credere, non exspectabitur.

Ulp. 23 fr. 31 de fidei. (46. 1):

> Si fideiussor uel quis alius pro reo ante diem creditori soluerit, exspectare debebit diem, quo eum soluere oportuit.

Alle drei Stellen handeln von der Frage, welche praestationes des Schuldners (Mandatars, Tutors, Regresspflichtigen) als praesentes, welche als futurae anzusehen seien, d. h. einer Grund- und Hauptfrage der Präskriptionslehre, vgl. Gai. IV 131.

Ulp. 23 fr. 33 de A. E. V. (19. 1):

> Et si uno pretio plures res emptae sint, de singulis ex empto et uendito agi potest.

Es handelt sich hier darum, ob, wer mehrere Sachen zusammen ge- oder verkauft hat und nur wegen einer klagen will, einer Präskription bedarf oder die demonstratio auf eine beschränken kann. Cf. Gai. IV 59.

Paul. 18 fr. 20 depos. (16. 3):

> Si sine dolo malo rem depositam tibi amiseris, nec depositi teneris nec cauere debes, si deprehenderis eam reddi: si tamen ad te iterum peruenerit, depositi teneris.

---

[1]) Fr. 43 mand. (17. 1), fr. 33 de A. E. V. (19. 1), fr. 8 de adm. tut. (26. 7), fr. 31 de fidei. (46. 1).

[2]) Fr. 20 depos. (16. 3).

[3]) not. in fr. 4 de rescind. uind. (18. 5), vgl. Ulp. 23 fr. 33 de A. E. V. (19. 1) und das dazu im Text Bemerkte. Vom Kumulativkauf konnte Julian leicht auf den Alternativkauf kommen. Doch ist die Beziehung ganz unsicher. Noch mehr gilt dies von Cels. 3 dig. fr. 12 de transact. (2. 15), — nr. 26 der Paling.

Dem Juristen lag hier die Frage vor, ob mit einer praescriptio „E. r. a. de cautione praestanda" oder überhaupt noch gar nicht geklagt werden könne.

Nach alledem halte ich es für sehr wahrscheinlich, dass im Edikt eine Rubrik des in der Überschrift dieses § angegebenen Inhalts stand: In bonae fidei iudiciis quando praescribatur.

[§ 57. *SI INCERTUM CONDICATUR?*]

Die Annahme, dass die sog. incerti condictio[1] an dieser Stelle des Albums proponiert gewesen sei, entbehrt jeder äusseren Beglaubigung[2]. Wenn ich sie dennoch in der 1. Aufl. hier einschaltete, so geschah dies lediglich, weil ich mir ihre Formel damals mit einer praescriptio ausgestattet dachte und sie daher in die Nachbarschaft der in § 55. 56 behandelten Präskriptionen setzen zu dürfen glaubte. Ich bin von dieser Vermutung längst zurückgekommen und heute der Meinung, dass das Album überhaupt keine Musterformel der condictio incerti enthielt.

Die Formel, die ich ehemals vorschlug, lautete ungefähr so:

E. r. a. de decem quae A' A' N° N° stipulanti promisit accepto ferendis. Quidquid N^m N^m A° A° d. f. o., eius iudex *rel.*

Bei dieser Formulierung nahm ich mit Savigny[3] an, dass eine condictio „incerti" auch eine intentio incerta gehabt haben werde. Ein unterstützendes Moment dafür fand ich in den Stipulationen „quod ex causa condictionis d. f. oportet" und „quidquid furem d. f. o.", die in fr. 29 § 1 de V. O. (45. 1) und in fr. 72 § 3 de solut. (46. 3) erwähnt und schon von Savigny angeführt werden. Die intentio incerta aber könnte nicht für sich allein gestanden haben: sie verlangt eine vorausgehende praescriptio oder demonstratio. Eine praescriptio oder demonstratio welchen Inhalts? Das Nächstliegende schien eine solche, die die causa agendi klarstellte. Allein diesen Gedanken verwarf ich aus zwei Gründen. Einmal deshalb, weil die condictio incerti sich historisch aus der condictio certi herausentwickelt hat[4]: da nun aber das Wesen dieser gerade darin liegt, dass sie abstrakt formuliert ist (s. § 95), so schien mir eine die causa individualisierende Fassung des jüngern Gebildes höchst unwahrscheinlich. Zweitens deshalb, weil bei solcher Formulierung das Nebeneinanderstehen von condictio incerti und actio praescriptis uerbis völlig unbegreiflich wäre: wer hätte den beiden Aktionen, die beide im gleichen Fall zustehen konnten, ihr verschiedenes Ziel ansehen können? So kam ich denn auf den Ausweg, die unentbehrliche praescriptio so zu fassen, dass sie nicht die causa agendi, sondern das Klagbegehren spezialisierte. Und als ein freilich manchem

---

[1] Eine Auseinandersetzung mit der ganzen in letzter Zeit stark angeschwollenen Literatur über die condictio incerti ist an dieser Stelle weder möglich noch nötig.

[2] Insbesondere gewährt Iulian. 8 de condictione s. c. (12. 7) keine solche (vgl. Iulian. nr. 124).

[3] System V S. 605.

[4] A. M. allerdings v. Meltzl, über den Urspr. der condictio incerti 1907.

Zweifel ausgesetztes Zeugnis für die Hypothese einer praescriptio meinte ich fr. 19 § 2 de prec. (43. 26) anführen zu dürfen, wo den Worten „incerti condictione" erläuternd beigefügt ist: id est praescriptis uerbis[1]).

So meine Argumentation. Allein dies ganze Gebäude ist ein Kartenhaus. Zunächst der Schluss von dem Namen „condictio incerti" auf intentio incerta ist an sich kein sicherer; ist aber gar richtig, was neuerdings mit sehr beachtenswerten Gründen ausgeführt wird, — dass nämlich die Bezeichnung „condictio incerti"[2]) erst den Kompilatoren angehört[3]) —, so fällt vollends der ganze Schluss zusammen. Die Stipulationsformeln in fr. 29 § 1 de V. O. und fr. 72 § 3 de solut. sind bedeutungslos: sie reproduzieren nicht die intentio der nach dem Tatbestand (furtum) zustehenden condictio, — denn das würde eine condictio certae rei sein. Die Worte „id est praescriptis uerbis" ferner in fr. 19 § 2 de prec. sind nicht bloss möglicherweise interpoliert, was ich schon damals bemerkte; sie müssen vielmehr nach dem heutigen Stande der Forschung als ganz zweifellose Interpolation angesehen werden[4]). Und endlich, meine Formel selbst ist auch aus innern Gründen unglaublich. Wohl versteht man es, wenn einer incerta intentio eine praescriptio vorausgeschickt wird, um die Tragweite der Konsumtionswirkung einzuschränken. Aber warum hätte man die intentio unserer Formel überhaupt unbestimmt fassen sollen, wenn sie doch immer von einer praescriptio begleitet sein musste, die das Klagbegehren auf das genaueste spezialisierte? Die Lösung dieses Rätsels ist mir nicht gelungen und konnte nicht gelingen.

Ist meine spezialisierende praescriptio zu verwerfen, so bleibt das Wahrscheinlichste, dass die intentio selbst es war, die das Klagbegehren spezialisierte. Diese Vermutung haben längst Karlowa[5]) und Baron[6]) aufgestellt, und der gleichen Ansicht dürfte auch Bekker sein, dessen Vorschlag[7]) „s. p. N^m A° [incertum . . .] d. f. o." ja wohl nur als ein nach Massgabe des Klagbegehrens zu spezialisierendes Formular aufgefasst sein will[8]). So würde die Formel z. B. lauten können: „s. p. N^m N^m eam stipu-

---

[1]) Ich nahm an, dass Julian, der Verfasser der Stelle, damit nicht auf die actio praescriptis uerbis, sondern auf die von mir vermutete praescriptio habe hindeuten wollen.

[2]) Ebenso wie höchst wahrscheinlich auch die „condictio certi", s. unten § 95.

[3]) Vgl. besonders Trampedach, ZRG. XXX S. 135 fgg., vor ihm schon Naber, Mnemos. N. S. XX S. 315 fg. Jetzt auch v. Mayr, ZRG. XXXVIII S. 188 fgg., v. Koschembahr-Lyskowski, die Condictio als Bereicherungskl. II S. 45. 78 fgg.

[4]) v. Mayr, a. a. O. S. 212 fg., hält freilich, obwohl er die Interpolation anerkennt, an der Richtigkeit der in der Stelle ausgesprochenen Identifizierung fest.

[5]) C. P. z. Zt. der Legisact. (1872) S. 240.

[6]) Die Condictionen (1881) S. 230.

[7]) Aktionen I S. 111 n. 34.

[8]) Dagegen nimmt neuerdings Karlowa, Rechtsgeschichte II S. 709 fg. eine wörtlich auf „incertum d. f. o." gerichtete intentio an. Ich halte diese Formulierung aus mancherlei Gründen für unmöglich, insbesondere auch deshalb, weil der Inhalt eines oportere zwar subjektiv ungewiss sein kann, niemals aber objektiv unbestimmt ist. Der im Text angenommenen Ansicht schliessen sich auch an Pernice, Labeo III S. 209 fg., Trampedach, a. a. O. S. 126 fgg., und neuerdings in ausführlicher Begründung v. Koschembahr-Lyskowski in dem n. 3 angeführten Buch. Des Letzteren „arbitrium in iure" (a. a. O. S. 312 fgg.) kann ich freilich nicht akzeptieren.

lationem, quam A⁸ A⁸ ei repromisit, A⁰ A⁰ acceptam facere oportere, quanti ea res est, t. p. iudex, *etc.*" Was ich seinerzeit gegen eine solche Formulierung vorbrachte, scheint mir nicht mehr haltbar. Ich meinte, eine derartig spezialisierte intentio auf facere sei uns nirgends auch nur andeutungsweise überliefert. Aber unsere Überlieferung römischer Formeln ist überhaupt so lückenhaft, dass dies kein ernsthafter Gegengrund sein kann. Die ganze Unterscheidung, sagte ich weiter, zwischen actio certi und incerti setze die Unmöglichkeit einer solchen Formel voraus: wie hätten die Römer jemals darauf kommen können, aus der auf ein facere oder ein unbestimmtes dare gerichteten Stipulation die in § 55 erwähnte Formel zu gewähren, wenn ihnen eine auf facere gestellte, bestimmt gefasste Formel geläufig gewesen wäre? Allein nicht nur ist die sog. condictio incerti, d. h. die auf facere oportere gerichtete condictio, viel jünger als die actio ex stipulatu (s. unten), sondern die Fassung der demonstratio bei letzterer erklärt sich auch sehr einfach daraus, dass es impraktikabel war, den Inhalt der oft ausserordentlich umfangreichen Stipulationen in der Formel zu reproduzieren, eine Schwierigkeit, die bei der intentio der condictio incerti nicht bestand. Wenn mir endlich auch die Ausdrucksweise der Quellen darauf hinzuweisen schien, dass die intentio der condictio incerti nicht direkt auf das Klagbegehren gerichtet gewesen sei, dass man vielmehr in ihrer Unbestimmtheit nur ein Mittel erblickt habe, zu den verschiedensten Zielen zu gelangen, so trifft auch das nicht zu. Ich hatte dabei die bekannten Wendungen im Auge: „incerti condictione consequi possunt, ut liberentur", „incerti condictione compellam, ut mihi acceptum faciat" u. ähnl.[1]) Allein abgesehen davon, dass die Klassizität der von mir angezogenen Texte keineswegs durchweg über jeden Zweifel erhaben ist[2]): erwägt man, dass die condictio incerti sich langsam und allmählich aus der condictio certi heraus entwickelt hat, dass es daher sicherlich lange im Schwanken war, was man denn mit ihr begehren und erreichen könne, so würde sich daraus allein schon die Form, worin jene Stellen ihre Entscheidung geben, soweit diese Form wirklich den Klassikern angehört, hinreichend erklären.

Ich halte es, wie oben schon bemerkt, für nicht wahrscheinlich, dass eine Musterformel der condictio incerti im Album proponiert war. Die Anerkennung der Klage fällt in verhältnismässig späte Zeit, — sie ist keinesfalls vor der Zeit Trajans nachweisbar[3]), in den Resten der Edikt-

---

[1]) Fr. 3 de cond. s. c. (12. 7), fr. 5 § 1, fr. 8 pr. de A. E. V. (19. 1), fr. 46 pr. de I. D. (23. 3), fr. 2 § 3. 4 de don. (39. 5), fr. 7 pr. § 1 de d. m. exc. (44. 4), c. 4 de cond. ob caus. (4. 6).

[2]) Vgl. dazu die Nachweisungen in meiner Palingenesie, ferner besonders Pernice, Labeo III S. 203 fgg., Trampedach, a.a.O. S. 135 fgg., Pflüger, ZRG. XXXI S. 75.

Dieser Letztere hält sogar, gestützt auf die grosse Zahl der erweislichen Interpolationen, die ganze sog. condictio incerti auch materiell für eine Schöpfung der Kompilatoren. Gegen ihn: W. Stintzing, Beiträge z. röm. R. G. S. 20 fgg., v. Mayr, ZRG. XXXVIII S. 188 fgg., v. Koschembahr-Lyskowski, a. a. O. S. 129 fgg.

[3]) Zuerst bei Aristo in fr. 12 § 2 de cond.

kommentare findet sich keine Spur, die auf eine ediktale Formel hindeutete. Sie scheint vielmehr eine Schöpfung der Jurisprudenz gewesen zu sein, die in der condictio certae rei den Anhalt fand, der die Zulassung der neuen Klage ermöglichte. Je ähnlicher wir uns ihre Gestalt der der condictio certae rei denken, um so leichter konnte ihre formelle Anerkennung durch das prätorische Edikt entbehrt werden.

§ 58.   DE NOXALIBUS ACTIONIBUS [1]).

Ulp. 23 [2]), Paul. 18 [3]), Gai. 6 [4]), Iulian. 9 [5]), Callistr. 2 [6]).

Ulp. 23 fr. 21 § 2 h. t.:

> Praetor ait: SI IS IN CUIUS POTESTATE[7]) ESSE DICETUR NEGABIT[8]) SE IN SUA POTESTATE SERUUM[9]) HABERE: UTRUM ACTOR UOLET[10]), UEL DEIERARE IUBEBO[11]) IN POTESTATE SUA NON ESSE NEQUE SE DOLO MALO FECISSE, QUO MINUS ESSET, UEL IUDICIUM DABO SINE NOXAE DEDITIONE[12]).

Das obige Edikt betrifft nur den Fall der Klage aus Sklavendelikt. In der 1. Aufl. führte ich diese Beschränkung auf die Kompilatoren zurück; der ursprüngliche Wortlaut müsse die Noxalhaftung aus den Delikten aller der Personen umfasst haben, wegen deren überhaupt Noxalklage erhoben werden kann. Mit Sicherheit wird sich dies indes nicht behaupten lassen, da Gründe für eine verschiedene Behandlung sehr wohl denkbar sind. Ich lasse daher diese Frage dahingestellt.

Der Sinn des Edikts scheint mir völlig klar. Nach ius ciuile, wie nach ius honorarium, untersteht nur der besitzende Dominus der Noxalhaftung, jedenfalls der Regel nach [13]): hätte man von dieser Voraussetzung absehen

---

furt. (13. 1), wenn hier keine Interpolation vorliegt. Vgl. Trampedach, a. a. O. S. 98 fg.; auch H. Krüger, Grünh. Zschr. XXI S. 321 fgg., v. Mayr, ZRG. XXXVIII S. 195.

[1]) D. (9. 4), C. (3, 41), I. (4. 8).

[2]) Fr. 21 h. t.

[3]) Fr. 22, 24, 26 eod., fr. 7 de aqua et aqu. pl. (39. 3), fr. 136 de R. I. (50. 17) cf. Ulp. 23 fr. 21 § 1 h. t.

[4]) Fr. 4 si ex nox. causa (2. 9), fr. 15, 23, 25, 27, 29 h. t.

[5]) Fr. 39 h. t.

[6]) Fr. 32 h. t.

[7]) Ulp. 23 fr. 21 § 3 h. t., Paul. 18 fr. 22 pr.—§ 2 h. t. Vgl. fr. 215 de V. S. (50. 16).

[8]) Paul. 18 fr. 22 § 3 h. t.

[9]) Gelegentlich unseres Edikts wurden auch noch andere analoge Fälle besprochen: Paul. 18 fr. 7 de aqu. et aqu. pl. (39. 3). Vgl. Demelius, die Confessio, S. 333 fgg.

[10]) Paul. 18 fr. 22 § 4 h. t.

[11]) Ulp. 23 fr. 21 § 4—6 h. t.

[12]) Paul.18 fr.24, 26 pr.—§ 5 h.t., vgl.fr.12 h.t.

[13]) Vgl. z. B. Paul. II 31 § 37; fr. 7, 12, 26 § 2 h. t., fr. 17 § 3 de furtis (47. 2), c. 21

eod. (6. 2). Der Grundsatz war ein offenbares Gebot der Billigkeit (s. oben im Text). Sehr auffallend ist daher, dass fr. 27 § 3 ad l. Aqu. (9. 2) für die actio legis Aquiliae das Erfordernis zu verneinen scheint. Schol. 15 Bas. LX 3, 27 (bei Heimb. V p. 289) deutet die Stelle dahin, nicht dass der Eigentümer durante fuga hafte, sondern dass er (unter den gewöhnlichen Voraussetzungen) auch für die Delikte hafte, die der flüchtige Sklave begehe. Dieser Deutung schloss ich mich in der 1. Aufl. (S. 124) an; ebenso Naber, Mnemos. N. S. XXX S. 173. Mit Recht bemerkt Girard, NRH. XI p. 431 ss., dass diese Deutung mit den Worten des fr. 27 § 3 cit. (an is qui seruum in fuga habet teneatur) schwer zu vereinbaren sei, und es kann Naber a. a. O. nicht zugegeben werden, dass fr. 19 § 1 de nox. act. (9. 4), eine mit Sicherheit nicht zu deutende Stelle (vgl. über sie unten § 77 g. E.), einen Beweis dafür enthalte, dass auch ex lege Aquilia nur der besitzende Eigentümer gehaftet habe (so die sch. 6 und 8 Bas. LX 5, 19, bei Heimb. V p. 353). Andererseits fehlt jede

wollen, so würde dem Erfolg nach der Eigentümer eines entflohenen und nicht wiedererlangten Sklaven für alle dessen Delikte mit der litis aestimatio haben einstehen müssen, da ihm ja die andere sonst offene Alternative des noxae dedere hier verschlossen war. Das „in potestate esse" ist diese tatsächliche Seite der Passivlegitimation, die neben der rechtlichen — dem Eigentum — nicht fehlen darf, wenn für den dominus ein actione teneri vorliegen soll. Dem entsprechend definiert Ulp. 23 fr. 21 § 3 h. t.:

> „In potestate" sic accipere debemus, ut facultatem et potestatem exhibendi eius habeat: ceterum si in fuga sit uel peregre, non uidebitur esse in potestate.

Ebenso Paul. fr. 215 de V. S.:

> ... praesentis corporis copiam facultatemque.

Vgl. ferner fr. 17 § 3 de furt. (47. 2). Unser Edikt verfolgt nun durch das dem Kläger eingeräumte alternative Recht den Doppelzweck, für den Beklagten die wahrheitswidrige Ableugnung des in potestate esse, wie auch die dolose Beseitigung dieser Voraussetzung seiner Haftung bedenklich und gefährlich zu machen.

Handelt unser Edikt nur von der tatsächlichen Seite der Passivlegitimation, so drängt sich die Frage auf, ob denn von deren rechtlicher Seite hier nicht ebenfalls die Rede war. In der Tat hat der Prätor zweifellos neben unserer interrogatio de facto (an in potestate sit)[1] auch eine interrogatio de iure (an eius sit) zugelassen[2], die mit jener nicht verwechselt werden darf. Wir stehen vor dem Problem, wie diese beiden interrogationes neben einander funktioniert haben. Die Lösung des Rätsels dürfte in folgendem liegen[3].

· Es ist eine bekannte Tatsache, dass es für die Gestaltung des Noxalverfahrens nicht gleichgültig war, ob der Sklave, wegen dessen Klage

---

Erklärung für die angebliche Singularität der Aquilischen Klage, und wirkliche Schwierigkeit bereitet fr. 19 § 2 eod.: wenn die Noxalhaftung ex lege Aquilia nur vom Eigentum abhängt, warum haftet im Fall der Stelle der dominus für die Tat des uicarius nicht direkt?

[1] In der 1. Aufl. habe ich die Existenz einer eigentlichen interrogatio an in potestate sit bestritten. Sie ergibt sich aber mit Sicherheit aus fr. 5, 16 pr., 17 de interrog. (11. 1). Vgl. Girard, a. a. O. p. 427 n. 2.

[2] Sie ist oft bezeugt: fr. 26 § 3, 27 § 1, 39 § 1 h. t., fr. 8, 13 pr. § 1 (im pr. interrogatio über die patria potestas), 14 pr., 20 pr. de interrog. (11. 1), s. auch fr. 7 eod., fr. 1 § 15 si quadrupes (9. 1). Girard, der (s. n. 1) die von mir in der 1. Aufl. angenommene Meinung treffend widerlegt hat, meint

seinerseits, die interrogatio an in potestate sit habe sich nicht bloss auf die puissance de fait, sondern auch auf die puissance juridique bezogen; eine besondere interrogatio de iure sei überflüssig gewesen und habe nicht existiert. M. E. sind mit dieser Annahme weder die im Text angef. Definitionen der potestas noch die Quellenstellen vereinbar, die das Sonderexistenz der interr. an eius sit beweisen. Ebensowenig kann ich der Ansicht Nabers (Mnemos. l. c. S. 176) beitreten, der das „an eius sit" nur für eine ungenaue Wiedergabe des „an in potestate sit" hält, daher eine besondere interrogatio de iure allen obigen Stellen zum Trotze bestreitet.

[3] Sehr abweichend die 1. Aufl., teilweise anders auch meine Abhandl. ZRG. XXXIII S. 5 fgg., die aber doch die Grundlage der Lösung des Problems enthält.

erhoben werden wollte, gegenwärtig, d. h. in iure gegenwärtig, oder abwesend war[1]). Nun weisen mehrere Stellen in den Kommentaren zu dem
überlieferten Edikt mit aller Bestimmtheit darauf hin, dass sich dies Edikt
ausschliesslich auf den Fall der absentia serui bezog. Vor allem Paul. 18
fr. 22 § 3 h. t.:

> Dominus qui seruum in sua potestate esse confitetur, aut exhibere
> eum debet aut absentem defendere: quod nisi faciat, punitur,
> atque si praesentem non noxae dederit.

Ebenso bezeichnet Ulp. 23 fr. 21 § 4 h. t. den Delinquenten als absens:

> Quod si reus iurare nolit, similis est ei qui neque defendit absen-
> tem neque exhibet: qui [condemnantur] quasi contumaces[2]).

Desgleichen Paul. 18 fr. 26 § 5 h. t.:

> nam liberum esse debet defendenti absentem seruum huius edicti
> poenam euitare . . . .

Unter dieser Beleuchtung gewinnt es Bedeutung, dass Ulpian in fr. 21
§ 1 h. t., unmittelbar vor der Stelle, wo uns der Wortlaut unseres Edikts
überliefert wird, den Unterschied zwischen den Fällen der absentia und
der praesentia serui hervorhebt:

> Eos quorum nomine noxali iudicio agitur etiam absentes defendi
> posse placuit: sed hoc ita demum, si proprii sint serui: nam si
> alieni, praesentes esse oportet, aut si dubitetur, utrum proprii sint
> an alieni. quod ita puto accipiendum[3]), ut si constet uel bona fide
> seruire, etiam absentes possint defendi.

Nach alledem darf es als sicher gelten, dass unser Edikt nur den Fall
der absentia serui ordnete[4]). Und das ist leicht zu begreifen. War der
Sklave in iure gegenwärtig, so hatte es schlechterdings keinen Sinn, den
in ius vozierten Gegner zu fragen, an seruum in potestate habeat. Der
Sklave war ja da, er war „exhibiert", die Frage nach der facultas exhibendi also gegenstandslos. Nur darauf konnte es hier ankommen, ob
der Gegner sich als dominus bekannte oder nicht. Wenn ja, so musste
er entweder die Defension des Sklaven, d. h. das iudicium noxale übernehmen[5]) oder den Sklaven noxae dedieren[6]); tat er keines von beiden, so

---

[1]) Vgl. insbesondere fr. 2 § 1 si ex nox.
(2. 9), fr. 21 § 1 h. t.

[2]) Der Schluss scheint interpoliert. Ulpian
wird geschrieben haben: ducuntur. Vgl.
l. Rubr. c. XXII und Naber, a. a. O. S. 177.

[3]) Diese Wendung deutet auf ein vorher-
gegangenes Zitat, das die Kompilatoren gestrichen oder verdunkelt haben.

[4]) Dagegen betrifft fr. 21 pr. h. t., wie aus
der Erwähnung der noxae deditio hervorgeht, augenscheinlich den Fall der praesentia serui, da ja nur der praesens noxae
dediert werden kann. Der Schluss der Stelle
von „aut si id non faciat" an ist augenscheinlich interpoliert. Der dominus, der

den praesens weder defendierte noch noxae
dedierte, unterlag nach klassischem Recht
der ductio oder missio in bona. Vgl. Naber,
a. a. O. S. 177. Verkannt von Karlowa,
II S. 1175.

[5]) Doch genügte vorläufig auch Stellung
des Vadimoniums, vgl. fr. 2 § 1 si ex nox. (2. 9).

[6]) Dies leugnet Naber, a. a. O. S. 175
n. 10. Er meint, aus der Deditionspflicht
des wirklichen dominus könne man nicht
auf die des blossen fassus se dominum
schliessen, und beruft sich auf fr. 27 § 1 ict.
28 h. t. Allein aus diesen Stellen geht
keineswegs hervor, dass der falso confessus
se dominum esse nicht die gleiche alter-

unterlag er selbst der ductio oder missio in bona[1]). Bekannte sich umgekehrt der Gegner nicht als dominus, so hinderte ihn das nicht, gleichwohl das iudicium noxale zu übernehmen, — denn die Defension des
seruus praesens stand cum satisdatione jedem frei:[2]); übernahm er es aber
nicht, so konnte sich der Kläger jedenfalls ohne weiteres zur ductio des
Sklaven ermächtigen lassen[3]), brauchte sich jedoch, wenn der Gegner trotz
seines Leugnens der wirkliche Eigentümer war, mit der blossen ductio
durchaus nicht zu begnügen; denn der Eigentümer des Delinquenten ist,
wenn er ihn nicht defendieren will, zur noxae deditio, d. h. zu positivem
Handeln, zur Übertragung des zivilen Eigentums im Wege der Manzipation verbunden[4]). Der Kläger hatte daher ein ganz entschiedenes und
wohlberechtigtes Interesse daran, von seinem Gegner in der Eigentumsfrage wahrheitsgetreu berichtet zu werden, und dieses Interesses nahm sich
mit Fug der Prätor an, indem er dem Kläger Fragerecht und, wenn er
sich imstande fühlte, das geleugnete Eigentum des Beklagten zu beweisen,
iudicium sine noxae deditione gewährte und so das Lügen für letztern
gefahrvoll machte. Die Zuständigkeit gedachten Iudiciums wird durch fr. 1
§ 15 si quadrupes (9. 1) zur Evidenz bewiesen. Die gleiche Behandlung wird
auch für den Fall zu vermuten sein, wenn der Beklagte auf die interrogatio
an eius sit schwieg; doch wäre auch denkbar, dass das Schweigen als Verletzung einer Defensionspflicht ductio des Schweigenden selbst oder sonstigen prätorischen Zwang nach sich zog.

Ganz anders lag die Sache bei Abwesenheit des Sklaven. Mochte
hier der Gegner sein Eigentum auch zugeben, so konnte er doch immer
seine Defensionspflicht bestreiten, indem er sich darauf berief, er habe den
Sklaven nicht in potestate. Daher die Notwendigkeit einer besondern
interrogatio de facto, die in unserm Edikt vorgesehen war. Diese interrogatio de facto wurde nicht etwa mit der interrogatio de iure verbunden[5]),
sondern hatte eine ganz selbständige und leicht zu verstehende Bedeutung.
Bejahte nämlich der Belangte die Frage, an seruum in potestate habeat,

---

native Verpflichtung hatte wie der wirkliche
dominus, sondern nur dass ihn die rechtlich
wirkungslose noxae deditio nicht ipso iure
liberierte. Dem b. f. possessor gewährt in
fr. 28 h. t. Africanus Hilfe. Dem m. f. possessor, der sich wider besseres Wissen für
den dominus ausgegeben hatte, bleibt, so
wird man aus fr. 28 schliessen müssen, nichts
übrig, als die Zahlung der litis aestimatio.
Es wäre m. E. ja auch praktisch undenkbar,
dass man demjenigen, der sich als dominus
bekannt hatte, nicht die gleichen Pflichten
auferlegt hätte wie dem wirklichen dominus.

[1]) Vgl. S. 156 n. 4. Nur weil sich der Beklagte durch noxae deditio stets der Defension entziehen kann, heisst es in fr. 33 h. t.:
Noxali iudicio inuitus nemo cogitur alium
defendere.

[2]) Arg. fr. 39 § 1 h.t., fr. 2 § 1 si ex nox. (2. 9).
[3]) Fr. 2 § 1 si ex nox. (2. 9). Vgl. ferner
fr. 32, 26 § 6, 28, 31 h. t., fr. 6 de Publ. (6. 2).
In fr. 26 § 6 cit. sind die Worte „uel etiam
praesente" interpoliert.
[4]) Callistr. 2 fr. 32 h. t.: si non defendatur,
ducitur; et si praesens est dominus, tradere
(Callistratus schrieb ohne allen Zweifel mancipio dare) eum et de dolo promittere debet.
Vgl. ferner fr. 21 pr., 22 § 3, 28, 29 h. t.
Sehr mit Unrecht hält Eisele, ZRG. XXVI
S. 124 die Einschärfung der Deditionspflicht
in fr. 21 pr., 29, 32 cit. (fr. 22 § 3 hat er
übersehen) für interpoliert.
[5]) Wie ich irrig in ZRG. XXXIII S. 9 und
im éd. perp. I S. 183 annahm. Nirgends in
den Quellen tritt sie in solcher Verbindung auf.

so trat die Frage an seruus eius sit gänzlich in den Hintergrund. Denn
gesetzt auch, dass der Belangte nicht der Eigentümer, und also in der
Lage war, die Frage nach dem Eigentum ganz wahrheitsgemäss zu verneinen, so konnte er sich doch dadurch unmöglich jeder Haftung entziehen;
die gegenteilige Annahme würde darauf hinauslaufen, dass der im Besitz
befindliche Dieb des Delinquenten diesen seinen Besitz dem Verletzten
gegenüber ruhig hätte behalten dürfen.   Vielmehr ist klar, dass, wer den
Besitz an dem abwesenden Sklaven zugestanden hatte, eines von zwei
Dingen tun musste: entweder, ob Eigentümer oder nicht, sich zur Übernahme des iudicium noxale erbieten (seruum defendere)[1], oder die künftige
Stellung des Sklaven versprechen, um die ductio zu ermöglichen, eventuell
ihn als seruus praesens noxae zu dedieren[2].   Genau dies ist das Bild, das uns
die Quellen gewähren.   „Dominus, qui seruum in sua potestate esse confite-
tur, aut exhibere eum debet aut absentem defendere", sagt Paul. 18 in fr. 22
§ 3 h. t., und die gleiche Wahl zwischen defensio und cautio de exhibendo
stellt Paul. 6 in fr. 2 § 1 si ex nox. (2. 9).   Man darf sich in diesen Stellen
nicht etwa an das Wort „dominus" klammern, gleich als ob die Frage an
seruum in potestate habeat nur dem dominus oder dem fassus se dominum
esse hätte gestellt werden können[3].   Erklärte der de facto Befragte, er
habe den Sklaven, sei aber nicht dominus — was ihm natürlich freistand —,
so bedeutete das, da den absens nur der dominus zu defendieren berechtigt
war, nur einfach, dass der Kläger sich jetzt auf ein etwaiges Defensions-
anerbieten nicht einzulassen brauchte, sondern glattweg cautio de exhibendo verlangen konnte.   Setzen wir den umgekehrten Fall, dass der
Belangte die interrogatio de facto verneint, so ist die weitere Frage de
iure völlig gegenstandslos.   Denn entweder ist die Antwort wahr, — dann
haftet ja der Belangte nicht, auch wenn er Eigentümer wäre.   Oder sie ist
falsch, — dann hilft dem Kläger das in unserm Edikt gewährte alternative
Recht, das nichts voraussetzt als die Ableugnung des Besitzes und von
dem Eigentum oder Nichteigentum des Beklagten ganz unabhängig ist.
Bleibt noch die Möglichkeit, dass der Gefragte überhaupt keine Antwort
gibt: dies wird entweder dem Leugnen gleich gegolten, oder es wird der
Schweigende durch prätorische Zwangsmittel, etwa Androhung der ductio,

---

[1]) Defensionsberechtigt war er freilich
nur, wenn Eigentümer. Bestritt Kläger seine
Eigentümerqualität, so konnte er das De-
fensionsanerbieten ablehnen und cautio de
seruo exhibendo verlangen. Vgl. fr. 21 § 1
h. t. (v. „aut si dubitetur").

[2]) Tut er keines von beiden, so unterliegt
er selbst der ductio, s. oben S. 156 n. 2. Ist
der Sklave exhibiert, so ist er praesens, und
es greifen dann die im Text weiter oben dar-
gelegten Grundsätze Platz.

[3]) Das Gegenteil geht klar aus fr. 22 § 1 h.t.
hervor; denn wenn hier — im Kommentar

zu unserm Edikt — von dem Pfandgläubiger
und Prekaristen gesagt wird, dass sie der
Noxalklage nicht hafteten, weil sie ob auch
iuste, doch nicht opinione domini besässen,
dass vielmehr der von jenen besessene
Sklave in potestate des rückforderungs-
berechtigten Eigentümers sei, so ergibt sich
als notwendiger Schluss, dass die Frage, an
in potestate sit, einem Jeden vorgelegt werden konnte und von dem Eigenbesitzer
bejaht werden musste. Vgl. auch Naber,
a. a. O. S. 171.

zum Reden gezwungen worden sein[1]). Das Edikt hat, soweit wir sehen können, weder diesen Fall noch den Si fatebitur besonders geregelt[2]), sondern in beiden die Entscheidung als selbstverständlich der Praxis überlassen.

Was nun die Formeln angeht, die auf Grund der verschiedenen Responsionen erteilt wurden, so kann ich auch hier die Ergebnisse, zu denen ich in der 1. Aufl. gelangt war, nicht mehr durchweg festhalten. Drei Fälle sind hier zu unterscheiden.

1. Der Gegner hat — wie Kläger beweisen zu können glaubt, wahrheitswidrig — sein Eigentum am Sklaven bestritten. Hier kommt es — arg. fr. 1 § 15 si quadr. (9. 1) — zu einem iudicium sine noxae deditione, dessen Formel sich m. E. von der des gewöhnlichen iudicium noxale nur dadurch unterschied, dass in der condemnatio die Worte „aut noxae dedere" wegblieben, also z. B.:

S. p. . . . ope consilio Stichi serui furtum factum esse . . . ., quam ob rem N^m N^m aut . . . . damnum decidere aut . . . . noxae dedere oportet[3]), ... t. p. iudex N^m N^m A^o A^o c. s. n. p. a.

Da Kläger hier alle zivilen Voraussetzungen des alternativen oportere in der Person seines Gegners nachweisen muss, war keinerlei Grund, weitere Veränderungen an der Formel vorzunehmen[4]). Wenn Beklagter etwa vor der Litiskontestation bestritt, dass er im Interrogationstermin sein Eigentum geleugnet habe, so konnte er das selbstverständlich nur, indem er es jetzt zugab, und dann dürfte sicher die Formel i. d. R. nach Massgabe dieser neuen responsio gebildet worden sein (s. unter 2.). Ob es dem Kläger freistand, statt dessen den Gegner an seinem früheren Nein festzuhalten und demgemäss auf dem iudicium sine noxae deditione zu bestehen, lässt sich aus den Quellen nicht entscheiden[5]). Stand es ihm frei, so musste dem Beklagten eine exceptio „si negauit" erteilt werden[6]).

2. Der Gegner hat zugestanden, dass der gegenwärtige Sklave in seinem Eigentum, oder dass der abwesende in seiner potestas stehe, und übernimmt die Defension. Dann kommt es zu einer eigentümlichen unpersönlich gefassten Formel. Die Folge der Defensionsübernahme ist ja, dass, wer immer Eigentümer und Besitzer des Sklaven sein mag — der Befragte oder ein anderer —, er die diesen treffende Haftung zu tragen

---

[1]) Arg. fr. 1 § 3 de inspic. ventre (25. 4). Vgl. l. Rubr. c. XXII.

[2]) Hätte der Prätor den Fall Si fatebitur überhaupt vorgesehen, so stünde zu vermuten, dass dieser Fall vor dem Fall Si negabit geregelt worden wäre. Ulpian in fr. 21 § 3 erörtert aber den Begriff des in potestate esse erst gelegentlich des Edikts Si negabit, so als ob er hier erstmals vorkäme. Von Paulus lässt sich ein Gleiches nicht mit Sicherheit behaupten: fr. 22 § 3 kann gelegentliche Bemerkung (so die 1. Aufl.

S. 127), könnte aber auch Kommentar eines Edikts sein.

[3]) Zur intentio vgl. § 128 und 75.

[4]) Bei den formulae in factum conceptae konnte ebenfalls die gewöhnliche intentio ganz unverändert bleiben.

[5]) Die in fr. 26 § 5 h. t. gegebene Entscheidung darf nicht ohne weiteres auf diesen Fall erstreckt werden.

[6]) Arg. fr. 18 § 2 de prob. (22. 5), s. oben S. 144.

hat; daher war hier die intentio einfach auf das für irgend jemand bestehende oportere abzustellen, ohne Angabe eines Namens, also ungefähr so:

> S. p. . . . ope consilio Stichi serui furtum factum esse paterae aureae, q. o. r. A° A° aut pro fure damnum decidi aut Stichum seruum noxae dedi oportet[1] *rel.*

Der Beweis für diese schon an sich einleuchtende Fassung der intentio liegt in folgenden Stellen.

Fr. 13 pr. de interrog. (11. 1):

> Confessionibus falsis respondentes ita obligantur, si eius nomine, de quo quis interrogatus sit, cum aliquo sit actio, quia quae cum alio actio esset, si dominus esset, in nosmet confessione nostra conferimus.

Also eine translatio actionis von dem eigentlichen dominus auf den Respondenten ist die Wirkung der responsio; die Bedingung aber, dass „eius nomine de quo quis interrogatus sit cum aliquo sit actio" kann in der Formel gar nicht anders denn wie geschehen ausgedrückt worden sein. Speziell widerlegt wird durch die Stelle der Gedanke an eine Fiktion „si N^s N^s dominus esset"; indem nämlich hier gesagt ist, dass der Respondent durch seine confessio die actio „quae cum alio esset, si dominus esset" auf sich übertrage, — dieses auf den alius gestellte si dominus esset ist der schlagendste Beweis dafür, dass die Formel nicht auf „si N^s N^s dominus esset" gestellt war.

Fr. 14 pr. eod.:

> . . . . . eius personae, cuius nomine quis cum alio actionem habet, obligationem transferre potest[2] in eum qui in iure suum esse confitetur, uelut alienum seruum suum esse confitendo: liberi autem hominis nomine, quia cum alio actio non est, ne per interrogationem quidem aut confessionem transferri potest.

Fr. 15 pr. eod.:

> Si ante aditam hereditatem seruum hereditarium meum esse respondeam, teneor, quia domini loco habetur hereditas.

Dies „quia domini loco habetur hereditas" ist gewiss sprechend.

Fr. 16 pr. eod.:

> Si seruus ab hostibus captus sit, de quo quis in iure interrogatus responderit in sua potestate esse, quamuis iura postliminiorum possint efficere dubitare nos, attamen non puto locum esse noxali actioni, quia non est in nostra potestate[3].

---

[1] Etwas anders die 1. Aufl. S. 128 und éd. perp. I p. 184. An letzterem Ort konstruierte ich die Formel mit fictio „si in potestate esset"; das verträgt sich aber nicht mit fr. 16 pr. h. t. Bei den formulae in factum conceptae konnte die juristische Bedeutung der Antwort nicht in gleicher Plastik hervortreten. Hier war nur folgende Fassung möglich: „S. p. Stichum seruum fecisse, iudex N^m N^m condemnato".

[2] *Flor.* non potest; von Mommsen wird das non nach den Basiliken mit Recht gestrichen.

[3] Man beachte, dass der seruus captus

Diesen übereinstimmenden Zeugnissen gegenüber scheint es mir nicht möglich, zu bezweifeln, dass in der Formel die Bedingung, dass irgend jemand wirklich für den Delinquenten einzustehen habe, zum Ausdruck kam: dies kann aber, da wirklicher Herr des Delinquenten ebensogut der Respondent wie irgend ein anderer sein kann, nur in der Weise wie oben angegeben geschehen sein, dass man nämlich die Formel unbestimmt auf das oportere irgend jemands stellte.

Die erteilte responsio figurierte in der Normalformel nicht. Regelmässig wird ja der Beklagte die Tatsache der responsio nicht nachgehends geleugnet haben; dann wäre es ganz überflüssig, ja bedenklich gewesen, sie gleichwohl etwa in eine praescriptio zu stellen. Nur wenn er ausnahmsweise jene Tatsache bestritt, war es notwendig Vorkehrung zu treffen: dann wurde, ganz wie bei der interrogatio an heres sit[1]), auf Antrag eine exceptio responsionis non factae in die Formel eingerückt, arg. fr. 18 § 2 de prob. (22. 3).

3. Der Gegner leugnet, dass er den abwesenden Sklaven in potestate habe, der Fall unseres Edikts. Hier muss die aus fr. 21 § 2, 22 § 4 h. t. sich ergebende Kondemnationsbedingung „si is seruus q. d. a. in potestate N[i] N[i] est doloue malo eius factum est, quo minus esset" (vgl. fr. 22 § 4 h. t.) jedenfalls in der Formel Ausdruck gefunden haben, am wahrscheinlichsten wohl in einer praescriptio. Im übrigen kann man zweifeln, ob die Fassung der intentio die gleiche wie im vorigen Falle war oder ob hier nicht vielleicht einfach in factum konzipiert wurde:

s. p. . . . . ope consilio Stichi serui furtum factum esse . . . ., N[m] N[m] . . . . c. s. n. p. a.

Eine exceptio „si N[s] N[s] negauit in sua potestate esse seruum" kam schwerlich vor; denn mit der Bestreitung des negauisse war notwendig ein nunmehriges fateri verbunden, das dem Beklagten nach fr. 26 § 5 h. t. bis zur Litiskontestation freistand und zu einem iudicium noxale ex confessione führte.

§ 59 (64). DE UACATIONE. SI IUDEX LITEM SUAM FECERIT[2]).

Ulp. 23[3]).

In fr. 13 de uacat. handelt Ulpian 23 von einem Edikt[4]), über das er referiert:

Praetor eos, quoscumque intellegit operam dare non posse ad iudicandum, pollicetur se excusaturum

Ebendahin gehört augenscheinlich Ulp. 23 fr. 18 pr. de iud. (5. 1):

natürlich absens ist; daher hier die interrogatio an in potestate sit.

[1]) Oben S. 144.

[2]) In der 1. Aufl. steht dies Edikt (als § 64) erst hinter dem de aleatoribus im folgenden Titel. Die Aufnahme in den allgemeinen Titel de iudiciis scheint mir angemessener.

[3]) Fr. 13 de uacat. (50. 5), fr. 18 pr. de iud. (5. 1), fr. 36 de V. S. (50. 16). Zu fr. 18 § 1 de iud. s. unten § 61.

[4]) Von Rudorff übersehen.

Si longius spatium intercessurum erit, quo minus iudex datus operam possit dare, mutari eum iubet praetor . . . .

Die Wendung „quo minus . . . . operam dare possit" war sicher ediktal; sie findet sich auch bei Cicero, Brut. 31 § 117:

. . . . uacationem augures, quo minus iudiciis operam darent, non habere.

Die Wahrscheinlichkeit spricht nun m. E. sehr entschieden dafür, dass der Prätor an dem Ort, wo er die Voraussetzungen bezeichnete, unter denen er den Geschworenen entschuldigen wolle, auch die Verantwortlichkeit desjenigen Geschworenen regelte, der, ohne entschuldigt zu sein, seine Pflicht versäumte. M. a. W.: ich halte dies für den Ort, wo wir das Edikt über den iudex qui litem suam fecit zu suchen haben, und diese Vermutung wird bestätigt durch fr. 36 de V. S., wo derselbe Ulpian, ebenfalls lib. 23, den Begriff lis definiert:

Litis nomen omnem actionem significat, siue in rem siue in personam sit.

Aus unserm Edikt nun sollen nach einer verbreiteten Meinung, der auch Rudorff[1]) folgt, zwei verschiedene Aktionen entsprungen sein, die eine für den Fall des dolus, gestellt auf quanti ea res est, die andere für den Fall blosser imprudentia, gestellt auf quantum aequum uidebitur. Zu dieser Unterscheidung kam man dadurch, dass Ulpian in fr. 15 § 1 de iud. (5. 1), wo er das litem suam facere als dolose Missachtung des Gesetzes definiert, den Richter für die uera aestimatio litis haftbar erklärt, während in zwei andern Stellen, wo der dolus nicht als Voraussetzung des Delikts figuriert, als Mass der poena das quantum de ea re aequum religioni iudicantis uisum fuerit angegeben wird. Vgl. pr. I. de obl. qu. qu. ex del. (4. 5), Gai. fr. 6 de uar. et extr. cogn. (50. 13). Gleichwohl ist die Unterscheidung völlig haltlos. In allen drei Stellen ist es ein und dasselbe Delikt — das litem suam facere —, dessen Tatbestand die Juristen definieren wollen, und die Abweichung in den Definitionen kann uns nicht berechtigen, dasselbe in zwei zu zerlegen. Die beiden letzten Stellen lassen es ferner zweifellos erscheinen, dass die Klage in allen Fällen auf quantum aequum iudici uidebitur ging[2]), und in der Tat wäre es sehr sonderbar, wenn in dem schwereren Fall des dolus die Haftung auf die litis aestimatio im strengen Sinn beschränkt gewesen wäre, während in dem mildern Fall der blossen imprudentia die condemnatio die für den Beklagten unter Umständen sehr viel bedenklichere freie Fassung auf aequum bonum erhalten hätte. Auch war diese freie Fassung sicherlich überall am Platze, da ja der Kläger durch die Pflichtverletzung des Geschworenen nicht bloss in

---

¹) E. P. § 79. S. ferner Wetzell, C. P. § 36 ¹⁴, Windscheid, Pandekten § 470 ⁴, Karlowa, II S. 1349 fgg.

²) Wenn es in fr. 6 cit. heisst:

. . . . uidetur quasi ex maleficio teneri in factum actione et, in quantum de ea re

aequum religioni iudicantis uisum fuerit, poenam sustinebit . . .,

so sind damit nicht zwei verschiedene Rechtsmittel gemeint, sondern der Nachsatz gibt den Inhalt der in factum actio an.

pekuniären, sondern auch in Interessen unschätzbarer Natur gekränkt sein konnte und hiewegen Satisfaktion beanspruchen durfte. Die uera aestimatio litis bei Ulpian darf uns nicht irre machen: in der Anweisung, auf quantum aequum uidebitur zu kondemnieren, lag zweifellos auch die Ermächtigung, auf quanti ea res est zu kondemnieren[1]), und Ulpian war in seinem Rechte, wenn er in dem von ihm besprochenen Falle der Kondemnation den letztern Umfang vindizierte:

> Iudex tunc litem suam facere intellegitur, cum dolo malo in fraudem legis sententiam dixerit . . . ., ut ueram aestimationem litis praestare cogatur.

Man würde längst aufgehört haben, in dieser Stelle irgend etwas auffallend zu finden, wenn man sich nicht daran gewöhnt hätte, bei dem litem suam facere allein oder doch vorzugsweise gerade an den in derselben behandelten Fall ungerechten Urteils zu denken. Da begreift man nun nicht, warum Ulpian hier nur den dolosen Judex, Gaius auch den imprudens, Ulpian ihn auf den vollen Streitwert, Gaius ihn auf eine ex aequo zu bemessende Strafsumme haften lässt. Es ist aber umgekehrt bei unserm Delikt gerade vorwiegend an die bei der Selbständigkeit des römischen Geschworenen jedenfalls unendlich häufigen kleinen Gesetzwidrigkeiten zu denken: Versäumung des Termins[2]), Verfehlung wider die gesetzlichen Vorschriften über die Vertagungen[3]) u. dgl., — Fehler, wegen deren gegen den Judex natürlich nur in Ausnahmsfällen eine Klage auf den vollen Streitwert begründet sein konnte, eine genaue Abschätzung des Interesses i. d. R. aber überhaupt unmöglich war, so dass der wider den pflichtvergessenen Geschworenen urteilende Judex notwendig auf sein billiges Ermessen verwiesen werden musste. Gerade an solche Fehler muss man denken, wenn man es begreiflich finden will, dass Gaius das litem suam facere nicht als eigentliches Delikt gelten, und dass er den Judex auch für imprudentia haften lässt. Denn den Judex für blosse Nachlässigkeit auch bei der Urteilsfällung verantwortlich machen, etwa wegen mangelhaft betriebener Rechtsstudien, dies halte ich für eine praktisch überaus bedenkliche Verirrung[4]), die ich dem Gaius so wenig zutraue, wie sie nach fr. 15 § 1 cit. dem Ulpian zuzutrauen ist. Mit sehr richtigem Takt hat, wie es scheint, der Prätor in unserm Edikt jede Andeutung des erforderten Verschuldungsgrads unterlassen und so diese Frage ganz in die Hand der Praxis und Wissenschaft gegeben.

Die Rekonstruktion der Formel ist hinsichtlich der condemnatio leicht:

> *quantum ob eam rem aequum tibi uidebitur* N^m N^m A^o A^o *condemnari, tantam pecuniam* rel.

---

[1]) Vgl. fr. 3 pr. de sep. uiol. (47.12) mit fr. 3 § 8—10 eod., wo sich ebenfalls das quantum aequum uidebitur zum quanti interest konsolidiert.

[2]) Macrob. sat. II 12: inde ad comitium uadunt, ne litem suam faciant.

[3]) Gell. N. A. XIV 2 § 1.

[4]) Vgl. Cic. in Verr. II 2, 13 § 33, 23 § 57. Vgl. auch BGB. § 839 II.

Ob die intentio auf

> S. p. N^m N^m litem, quam inter A^m A^m et Lucium Titium iudi-
> care iussus erat, suam fecisse

oder wie sonst lautete[1]), muss mangels aller Anhaltspunkte dahingestellt
bleiben.   Wahrscheinlich ist wohl conceptio in factum.

Tit. XV.

DE HIS QUAE CUIUSQUE IN BONIS SUNT[2]).

Ulp. 15—24, Paul. 19—26, Gai. 6—8, Iulian. 6—9.

§ 60 (59).   DE PUBLICIANA IN REM ACTIONE[3]).

Ulp. 16[4]), Paul. 19[5]), Gai. 7[6]), Pomp. 40[7]), Iulian. 7[8]), Callistr. 2[9]).

Die Darstellung, die das Publicianische Edikt und die Formel der
actio Publiciana in der 1. Aufl. dieses Buchs gefunden haben, ruht auf den
Ergebnissen der Untersuchung, die ich dem Gegenstand in meinen Beiträgen zur Kunde des prätorischen Edikts (1878) gewidmet hatte.   Seither
hat die Literatur über die Frage, wie das Publicianische Edikt zu rekonstruieren sei, einen gewaltigen Umfang angenommen[10]), und die Einwendungen meiner Gegner mussten mich zu erneuten Erwägungen veranlassen,
infolge deren ich meine frühere Hypothese wesentlich modifiziert habe[11]).

Während ich ehedem annahm, dass das Publicianische Edikt in zwei
Klauseln zerfalle sei — die eine berechnet auf den Fall durch Tradition
erworbenen bonitarischen Eigentums an einer res mancipi, die andere auf
den Fall redlichen Kaufs — und dass es demgemäss auch zwei Formeln
der Publiciana gegeben habe, halte ich es heute für wahrscheinlich, dass
das Album nur ein Edikt und eine Formel enthalten hat.

Das Edikt, woraus die Kompilatoren das verderbte[12]) Zitat in fr. 1 pr.

---

[1]) Vgl. Rudorff, E. P. § 79 II.
[2]) Vgl. S. 37.
[3]) D. (6. 2).
[4]) Fr. 1, 3, 5, 7, 9, 11, 14 h. t., fr. 72 de
R. V. (6. 1), fr. 10 de usurp. (41. 3), fr. 26 de
V. S. (50. 16).   Ferner: fr. 1 de off. procur.
(1. 19), fr. 5 de iure fisci (49. 14), fr. 10 de cur.
fur. (27. 10).
[5]) Fr. 2, 4, 6, 10, 12 h. t., fr. 18 de pignor.
(20. 1), fr. 11 de usurp. (41. 3), fr. 128 de R. I.
(50. 17).
[6]) Fr. 8, 13 h. t., fr. 43 de A. R. D. (41. 1).
[7]) cit. fr. 11 § 5 h. t.
[8]) cit. fr. 7 § 17, 9 § 4 h. t.
[9]) Fr. 50 de R. V. (6. 1.)
[10]) Vgl. die Abhandlung von Erman, ZRG.
XXIV S. 212 fgg. und die daselbst S. 212

h. t. hergestellt haben, verhiess in seiner ursprünglichen Fassung demjenigen eine Klage, der eine res mancipi ex iusta causa tradiert erhalten,
sie aber noch nicht usukapiert hatte. Dass es diesen Inhalt hatte, geht
aus der Art und Weise, wie die Kompilatoren es verändert und interpoliert
haben, und mit besonderer Deutlichkeit aus fr. 1 § 2 h. t.[1]) hervor. Statt
der überlieferten Worte

> Si quis id quod traditur ex iusta causa non a domino et nondum
> usucaptum petet, iudicium dabo

ist höchst wahrscheinlich zu lesen:

> Si quis id quod mancipio datur traditum ex iusta causa[2]) et non-
> dum usucaptum[3]) petet, iudicium dabo[4]).

Die Kompilatoren haben:

1. die Worte „non a domino" eingeschoben, um den Schein zu erwecken,
als habe das Edikt nur den Schutz des redlichen Besitzers vorgesehen; das
echte Edikt umfasste gleichermassen beide Fälle: den des Erwerbs a domino[5]), wie den des Erwerbs a non domino[6]).

2. Das „mancipio datur" ihrer Vorlage in „traditur" verwandelt, wie
sie ja unendlich oft, und sehr oft recht ungeschickt, die Tradition an Stelle
der Manzipation gesetzt haben;

3. ebendeshalb das darauffolgende traditum gestrichen, daher denn in
dem Ediktreferat des fr. 3 § 1 h. t.:

> Ait praetor: *ex iusta causa petet*

die Worte ex iusta causa in der Luft schweben, während sich der Kommentar ganz deutlich auf „traditum ex iusta causa" bezieht.

Der Kommentar Ulpians zu obigem Edikt schliesst bei fr. 7 § 9 ab;
über die Beziehungen der einzelnen Stellen habe ich in meiner Palingenesie
Ulp. nr. 562—567 das Nötige angemerkt. Bei fr. 7 § 10 beginnt nicht, wie

---

[1] ist das wichtigste (aber nicht das einzig erhebliche) die gänzliche Unmöglichkeit des
in fr. 1 pr. als ediktmässig überlieferten id
quod traditur. Cohn, krit. Vjschr. XXIV
S. 29, meint, an der „logischen Fehlsam-
keit" dieser Wendung dürfe man um deswillen nicht zu lebhaften Anstoss nehmen,
weil es bekanntermassen die ältere Ediktredaktion in dieser Hinsicht nicht allzu genau genommen habe; er verweist auf das in
fr. 1 pr. überlieferte, von mir beibehaltene
ungenaue „si petet" statt „si dicetur". Wie
mir scheint, ist doch ein recht grosser Unterschied zwischen einer solchen dem Sprachgebrauch überall sehr naheliegenden kleinen
Ungenauigkeit, die bei allen ältern Edikten
analog wiederkehrt, und einer dem gemeinen
Sprachgebrauch durchaus fremden, im gesamten Edikt beispiellosen Seltsamkeit, wie
sie in dem id quod traditur liegen würde.

[1] Vgl. meine Beiträge S. 35 fgg. und die
zit. Abh. ZRG. XXXIII S. 17 fgg.

[2] Ulp. 16 fr. 3 § 1, 5, 7 pr.—§ 5 h. t.
[3] Ulp. 16 fr. 1 § 1. 2, 3 pr. h. t.
[4] Ulp. 16 fr. 7 § 6—9 h. t. Zu fr. 7 § 7 cf.
Palingen. II p. 512 n. 2.
[5] Hieher gehören Ulp. 16 fr. 72 de R. V.
(6. 1), fr. 10 de cur. fur. (27. 10), fr. 1 de off.
proc. (1. 19), fr. 5 de iure fisci (49. 14).
[6] Auch den des Erwerbs a non domino.
In meinen Beiträgen hatte ich dies bestritten
und demgemäss nur das Wort „non" für
interpoliert erklärt, die Worte „a domino"
aber selbst noch in der Palingenesie festgehalten. Allein auch diese Worte sind dem
Edikt fremd; dies ergibt sich daraus, dass
sie auch in der Musterformel fehlen, vgl.
namentlich das „quamuis non a domino
emerim" in fr. 7 § 11 h. t. und die Hervorhebung des b. f. emptor in fr. 3 § 1 h. t.,
dazu ZRG. XXXIII S. 18 fgg. Das subjektive Moment der b. f. ist in der „iusta causa"
mit enthalten, vgl. Strassb. gr. Pap. nr. 22
Z. 20. 21, dazu Mitteis, daselbst S. 86.

ich früher glaubte, die Erläuterung einer zweiten Ediktklausel, sondern vielmehr bereits die der Musterformel; wenn man die Überlieferung bei Gai. IV 36 und Ulpians Kommentar kombiniert, ergibt sich folgender Wortlaut:

Si quem hominem A⁵ A⁵¹) bona fide emit²) et is ei traditus est³), anno possedisset⁴), tum si eum hominem q. d. a. eius ex iure Quiritium esse oporteret, si ea res . . . . . Aᵒ Aᵒ non restituetur⁵), q. e. r. e., t. p. *rel.*

Dass Ulpian von fr. 7 § 10 ab die Formel erläutert, zeigen die von ihm gebrauchten Wendungen „Publiciana tempus emptionis continet; bonam autem fidem solius emptoris continet; ut igitur Publiciana competat, haec debent concurrere", vgl. fr. 7 § 14—16 h. t. Die Form des Zitats in fr. 7 § 11:

Praetor ait: „Qui bona fide emit"

ist kein Gegengrund. Freilich passen diese Worte nicht zu dem von Gaius überlieferten Wortlaut der Formel. Aber es ist auch klar, dass die Kompilatoren das echte „Quem A⁵ A⁵ b. f. emit" so nicht brauchen konnten: sie haben aus dem A⁵ A⁵ ein „qui" gemacht.

Während Ulpians Kommentar in allem übrigen genau zu dem Bericht des Gaius stimmt, bleibt ein Unterschied: bei Gaius fehlen die Worte „bona fide", die Ulpian nicht bloss zitiert, sondern auch in fr. 7 § 11—15 in einer Weise kommentiert, die an ihrer Echtheit keinen Zweifel lässt⁶). Wir haben nur die Wahl anzunehmen, entweder dass neben der von Gaius zitierten Formel ohne „bona fide" noch eine zweite mit diesen Worten existierte, oder dass Gaius unvollständig zitiert. Gegen eine Doppelformel aber sprechen entscheidende Gründe, die ich ZRG. XXXIII S. 25 fgg. dargelegt habe. So bleibt nichts übrig, als uns mit der einen auf b. f. emptio abgestellten Formel zufrieden zu geben. Sie war gleich brauchbar für den blossen b. f. possessor wie auch für den bonitarischen Eigentümer, der ja nicht den mindesten Grund hat, in der Klage die Frage nach dem Eigentum seines auctor aufzurollen und sich daher gleich dem blossen redlichen Besitzer damit begnügt, die Redlichkeit seines Erwerbs zu betonen⁷).

Noch bleibt eine Schwierigkeit. Wenn meine Rekonstruktion richtig ist, so hatten Edikt und Formel ausschliesslich Bezug auf res mancipi, die Ausdehnung der Klage auf den redlichen Erwerber einer res nec

---

¹) Ulp. 16 fr. 7 § 10 h. t.

²) Ulp. 16 fr. 7 § 11—15 h. t.

³) Ulp. 16 fr. 7 § 16. 17, 9 pr.—§ 4 h. t., fr. 10 pr. de usurp. (41. 3), vgl. Palingen. Ulp. nr. 570. S. auch Gai. 7 fr. 43 § 2 de A. R. D. (41. 1): Cum . . . hominem emit . . . et ei traditus sit. Zur Konstruktion „quem emi et is *rel.*" vgl. fr. 17 § 2 de furtis (47. 2), dazu Beiträge S. 46. De pretio nihil exprimitur: Gai. 7 fr. 8 h. t.

⁴) Ulp. 16 fr. 9 § 5. 6 h. t., Paul. 19 fr. 12 § 5. 7 h. t., § 4 I. de act. (4. 6).

⁵) § 31 I. eod., Prob. Einsidl 18: N. R. = non restituetur.

⁶) Trotzdem sind solche Zweifel erhoben worden; s. dagegen ZRG. XXXIII S. 21 fgg. Vgl. auch noch das Formelzitat bei Theophil. IV 6, 4. Statt „bona fide" will Gradenwitz, ZRG. XXXVII S. 238 n. 1 eher noch „sine dolo malo" gelten lassen; aber Ulpian kommentiert gewiss „bona fide", mag auch der b. f. emptor nur an dieser einen Stelle des Edikts vorkommen.

⁷) ZRG. XXXIII S. 28 fgg.

mancipi wäre erst durch die Jurisprudenz erfolgt. In der mehrfach zitierten Abhandlung[1]) habe ich versucht, eine historische Erklärung für diesen Gang der Dinge zu geben, und will hier nicht darauf zurückkommen.

Die Publicianische Formel kann je nach Gestalt des Falles mannigfache Modifikationen erleiden. Mit derlei formulae accommodatae beschäftigt sich Ulpian von fr. 11 pr. h. t. ab (Paling. nr. 572—574):

1. „Si . . . . A⁵ A¹ emit et is ei traditus sit", fr. 11 pr.: si ego emi et alii res sit tradita.

2. „Hominem" ist Repräsentant der res mancipi, für die actio des b. f. possessor der res corporales überhaupt. Auf res incorporales fand zu Gaius' Zeiten die Publiciana keine Anwendung: Gai. 7 fr. 43 § 1 de A. R. D. (41. 1)²), Gai. inst. II. 28. Anders zu Ulpians Zeit — Ulp. 16 fr. 11 § 1 h. t. —, dem aber doch noch die Unersitzbarkeit der Servituten Skrupel gemacht zu haben scheint: Ulp. 16 fr. 10 § 1 de usurp. (41. 3)³). Wie hier freilich die Formel gefasst wurde, wissen wir nicht: die Fiktion der longi temporis possessio, die selber honorarisches Institut war, konnte selbstverständlich die Usukapionsfiktion nicht vertreten⁴).

3. Tum si eum hominem d. q. a. eius esse oporteret: wenn nicht der gekaufte Gegenstand selbst, sondern Akzessionen desselben eingeklagt sind oder jener Gegenstand Veränderungen erlitten hat, die eine andere Benennung desselben fordern (z. B. insula statt area), so bedingt dies natürlich Modifikationen der Formel. Hievon handelt: Ulp. 16 fr. 11 § 2—10 h. t., fr. 10 § 2 de usurp. (41. 3) cf. fr. 11 § 2 h. t. Die Fassung der Formel bietet in einigen der hiehergehörigen Fälle grosse Schwierigkeiten⁵).

Exceptio iusti dominii: fr. 16 h. t., fr. 57 mandati (17. 1).

§ 61 (60). DE HIS QUI DEIECERINT UEL EFFUDERINT⁶).

Ulp. 23⁷), Paul. 19⁸), Gai. 6⁹).

Ulp. 23 fr. 1 pr. h. t.:

¹) S. 29 fgg.

²) Incorporales res traditionem et usucapionem non recipere manifestum est. Das Edikt über den ususfructus a domino traditus, wovon Stephanus zu fr. 11 § 1 h. t. (suppl. Basil. p. 44) erzählt, ist daher Missverständnis dieses Scholiasten.

³) Die Stelle bezeichnet den einzigen Fall, wo die gewöhnliche Publiciana als confessoria verwendbar war.

⁴) Ebenso auch nicht bei den praedia uectigalia. Paul. 19 fr. 12 § 2 h. t. (vgl. zu dieser Stelle Palingen. I p. 999 n. 2, aber auch Erman, a.a.O. S. 274 fg.). A.M. Rudorff, E.P. § 63. Die Provinzialgrundstücke dürfte man als Italica fingiert und so die Usukapionsfiktion anwendbar gemacht haben.

⁵) z. B. wie ist die Formel zu fassen, wenn, nach Einsturz des gekauften Hauses, das Baumaterial eingeklagt werden soll, da doch die Ersitzung des Hauses nicht zugleich Ersitzung des Baumaterials bedeutet? Ulpian scheint hier die Formel selbst konstruiert zu haben, cf. fr. 11 § 6: huiusmodi actione petenda (die hier folgende Formel strichen die Kompilatoren). Plausible Vermutung bei Appleton, propr. prét. I p. 274.

⁶) D. (9. 3).

⁷) Fr. 1, 3, 5 pr.—§ 5 h. t. In der 1. Aufl. zog ich, wiewohl zweifelnd, auch fr. 18 § 1 de iud. (5. 1) hieher; die Beziehung dieser Stelle ist aber durchaus unsicher; gehörte sie zu unserm Edikt, so würde das bestätigen, dass das Edikt de uacationibus oben (§ 59) seine richtige Stelle gefunden hat, da fr. 18 pr. eod. auf dieses zu beziehen ist.

⁸) Fr. 4, 6 h. t.

⁹) Fr. 2, 7 h. t.

Praetor ait: DE HIS QUI DEIECERINT UEL EFFUDERINT[1]). UNDE IN EUM
LOCUM, QUO UULGO ITER FIET UEL IN QUO CONSISTETUR[2]), DEIECTUM UEL
EFFUSUM QUID ERIT[3]), QUANTUM EX EA RE DAMNUM DATUM FACTUMUE ERIT,
IN EUM, QUI IBI HABITAUERIT[4]), IN DUPLUM IUDICIUM DABO. SI EO ICTU HOMO
LIBER PERISSE DICETUR, *SESTERTIUM* QUINQUAGINTA *MILIUM NUMMORUM*
IUDICIUM DABO[5]). SI UIUET NOCITUMQUE EI ESSE DICETUR[6]), QUANTUM OB
EAM REM AEQUUM IUDICI UIDEBITUR[7]) EUM CUM QUO AGETUR CONDEMNARI,
TANTI IUDICIUM DABO. SI SERUUS INSCIENTE DOMINO FECISSE[8]) DICETUR, IN
IUDICIO ADICIAM: AUT NOXAM[9]) DEDERE.

Die Formeln anlangend, so beginnt Ulpians Kommentar zu ihnen
bei fr. 1 § 9 und geht bis fr. 5 § 3 h. t.: er enthält lediglich die ausführliche
Erläuterung des Begriffs habitare[10]), der also, wie im Edikt, so auch in der
Formel eine Rolle gespielt haben muss. Fr. 5 § 4. 5 h. t. enthalten blosse
Schlussbemerkungen.

Die Rekonstruktion der Formeln ist nach dem vorliegenden Material
nicht möglich, auch ohne Interesse: wahrscheinlich waren sie blosse Umschreibungen des Edikts.

Hervorzuheben ist noch, dass der Schluss des Edikts gewöhnlich
falsch aufgefasst wird. Das „si seruus insciente domino fecisse dicetur"
ist nicht als eine Klagbehauptung[11]), sondern als eine von dem haftbaren
habitator vorgebrachte Entschuldigungsbehauptung zu denken, eine exceptio, die zwar nicht die condemnatio schlechtweg verhindern kann, aber,
wenn bewiesen, die facultas noxae dedendi gewährt. Am Schluss der
Formel stand also etwa: aut, s. p. seruum N^i N^i insciente eo fecisse, noxam
dedere. Der habitator sollte, wenn er selbst nachwies, dass einer seiner
Sklaven der Schuldige war, hier nicht härter gestellt sein, als bei den
Klagen ex delicto serui.

§ 62 (61). *NE QUIS IN SUGGRUNDA*[12]).

Ulp. 23[13]).

Ulp. 23 fr. 5 § 6 de his qui eff. (9. 3):

Ait praetor: NE QUIS[14]) IN SUGGRUNDA PROTECTOUE SUPRA EUM LOCUM,

---

[1]) Auch die Rubrik dürfte hienach als
ediktal gelten müssen. A. M. Eisele, ZRG.
XXXIV S. 15 n. 2.

[2]) Ulp. 23 fr. 1 § 2 h. t., Paul. 19 fr. 6 pr.
§ 1 h. t.

[3]) Ulp. 23 fr. 1 § 3 h. t.

[4]) Ulp. 23 fr. 1 § 4 h. t., Paul. 19 fr. 6 § 2
h. t. Utilis in eum qui naui praepositus sit:
Paul. 19 fr. 6 § 3 h. t.

[5]) Ulp. 23 fr. 1 § 5 h. t. D.: quinquaginta
aureorum. Vgl. Collatio XIV 3 § 4.

[6]) Ulp. 23 fr. 1 § 6 h. t.

[7]) Cf. fr. ·5 § 5 i. f. h. t., Gai. 6 fr. 7
h. t.

QUO UULGO ITER FIET INUE QUO CONSISTETUR, ID POSITUM HABEAT[1]), CUIUS CASUS NOCERE CUI POSSIT[2]). QUI ADUERSUS EA FECERIT, IN EUM SESTERTIORUM DECEM MILIUM NUMMORUM[3]) IN FACTUM IUDICIUM DABO. SI SERUUS INSCIENTE DOMINO[4]) FECISSE DICETUR, [5])aut noxae dedi iubebo.

Die Formel zu diesem Edikt war auf „s. p. N^m N^m ..... positum habuisse" abgestellt[6]) und auch sonst ohne Zweifel blosse Umschreibung des Edikts. Utiles actiones: vgl. fr. 5 § 12 h. t.[7]).

§ 63 (62).   DE SERUO CORRUPTO[8]).

Ulp. 23[9]), Paul. 19[10]), Gai. 6[11]), Iulian. 9[12]).
Ulp. 23 fr. 1 pr., 5 § 3 h. t.:

Ait praetor: QUI SERUUM SERUAM ALIENUM ALIENAM RECEPISSE[13]) PER-SUASISSEUE QUID EI DICETUR DOLO MALO, QUO EUM EAM DETERIOREM FACERET[14]), IN EUM QUANTI EA RES ERIT IN DUPLUM IUDICIUM DABO[15]). SI SERUUS SERUAUE FECISSE DICETUR, iudicium cum noxae deditione redditur[16]).

Der Kommentar zur Formel beginnt augenscheinlich bei Ulp. 23 fr. 5 § 4 h. t., wo der Jurist, der das Edikt gänzlich erledigt hatte, sich zum zweiten Mal zur Erörterung von Detailpunkten wendet. Die Formel war ohne Zweifel auch hier im wesentlichen Umschreibung des Edikts[17]). Der korrumpierte Sklave musste nach dem Wortlaut der Formel Eigentum des Klägers zur Zeit des Delikts (und nur damals) gewesen sein, wenn die Formel zutreffen sollte, also etwa: s. p. N^m N^m Stichum seruum, cum is A^i A^i esset, recepisse u. s. w.   Vgl. fr. 5 § 4 h. t.[18]):

Haec actio refertur ad tempus serui corrupti uel recepti, non ad praesens. et ideo, et si decesserit uel alienatus sit uel manumissus, nihilo minus locum habebit actio ......

Auf das „cum is A^i A^i esset" gehen dann weiter auch: Ulp. 23 fr. 9 pr.

[1]) Ulp. 23 fr. 5 § 9. 10 eod.
[2]) Ulp. 23 fr. 5 § 11 eod.
[3]) D. solidorum decem.
[4]) Ulp. 23 fr. 5 § 10 eod.
[5]) Mommsen schiebt vor aut ein: aut idem dari. Aber „aut noxae dedi iubebo" ist unmöglich: ein prätorisches iubere dari aut noxae dedi findet nicht statt. Vgl. Paling. II p. 551 n. 3, aber auch Gradenwitz, ZRG. XXI S. 257. Aut defendi aut duci iubebo?
[6]) Fr. 5 § 12 h. t.: quia „positum habuisse" non utique uidetur qui posuit.
[7]) Zum ersten Fall des fr. 5 § 12 vgl. Cuiac. obs. XXII 32.
[8]) D. (11. 3).
[9]) Fr. 1, 3, 5, 7, 9, 11, 13 h. t.
[10]) Fr. 2, 4, 6, 8, 10, 12, 14 h. t., fr. 26 de iniur. (47. 10).
[11]) Fr. 15 h. t.

[12]) cit. fr. 9 pr. h. t.
[13]) Ulp. 23 fr. 1 § 2 h. t.
[14]) Ulp. 23 fr. 1 § 3—5, fr. 3, 5 pr. § 1 h. t. Paul. 19 fr. 2, 4 h. t.
[15]) Ulp. 23 fr. 5 § 2 h. t.
[16]) Der Schlussatz ist von Rudorff, E. P. § 83 übersehen.
[17]) Das zufällig öftere Vorkommen des Wortes corrumpere in dem Ulpianschen Kommentar zur Formel wird uns doch wohl schwerlich bestimmen dürfen, diesem Wort, das im Edikt fehlt und wohl nur der Rubrik angehört, einen Platz in der Formel anzuweisen.
[18]) Missverstanden von Rudorff (E. P. § 83), der deswegen im Widerspruch mit dem Ediktwortlaut und fr. 9 § 2 h. t. in die Formel setzt: quanti ea res fuit.

§ 1 h. t.   Ausserdem ist nur noch die Ästimationsklausel „quanti ea res
erit, eius dupli" ausführlich kommentiert: Ulp. 23 fr. 9 § 2. 3, fr. 11 h. t.,
Paul. 19 fr. 10, 12, 14 § 5—9 h. t.[1]).

Actiones utiles[2]): des Usufruktuars fr. 9 § 1, fr. 14 § 3 h. t., de seruo
hereditario corrupto — fr. 13 § 1 h. t., de filiofamilias corrupto — fr. 14
§ 1 h. t.

§ 64 (63).   DE ALEATORIBUS[3]).

Ulp 23[4]), Paul. 19[5]).

Ulp. 23 fr. 1 pr. h. t.:

> Ait praetor: Si QUIS EUM, APUD QUEM[6]) ALEA LUSUM ESSE DICETUR, UER-
> BERAUERIT DAMNUMUE EI DEDERIT SIUE QUID EO TEMPORE E DOMO EIUS
> SUBTRACTUM EST[7]) (ERIT scr.?), IUDICIUM NON DABO[8]). IN EUM, QUI ALEAE
> LUDENDAE CAUSA UIM INTULERIT, UTI QUAEQUE RES ERIT, ANIMADUERTAM[9]).

Das Edikt de aleatoribus ist zweifellos unvollständig erhalten; denn Paul. 19
fr. 4 § 2 h. t. berichtet:

> Aduersus parentes et patronos repetitio eius quod in alea lusum
> est utilis ex hoc edicto danda est.

Hienach muss das Edikt die Rückforderung des in unerlaubtem[10]) Spiel
Verlorenen gestattet haben[11]).

Ausserdem versagte das Edikt auch noch ausdrücklich die actio aus
jedem negotium in alea gestum.   Dies folgt daraus, dass wir unter der
Rubrik Quarum rerum actio non datur[12]) die exceptio negotii in alea
gesti finden.   Diese Rubrik umfasst nämlich ausschliesslich Exceptionen
aus solchen Gründen, wegen deren vorher im Edikt denegatio actionis
angedroht war[13]).

[1]) Zu quanti ea res erit: Paul. 19 fr. 14
§ 5 h. t.: in hac actione non extra rem
duplum est.

[2]) Rudorff, E. P. § 83 n. 10 führt hier
auch noch die Fälle des fr. 9 pr., fr. 14 § 4
h. t. an: es sind dies aber Fälle der actio
directa.

[3]) D. (11. 5), C. (3. 43).

[4]) Fr. 1 h. t.

[5]) Fr. 2, 4 h. t.

[6]) Ulp. 23 fr. 1 § 1 h. t.

[7]) Ulp. 23 fr. 1 § 2 h. t.   Der Flor. hat statt
e domo: dolo, zweifellos ein Versehen; in
fr. 1 § 2 wird das e domo kommentiert.

[8]) Ulp. 23 fr. 1 § 3 h. t.

[13]) Vgl. S. 47.

§ 65. SI HEREDITAS PETATUR[1]).

Ulp. 15[2]), Paul. 20[3]), Gai. 6[4]), Iulian. 6[5]).

Nach Gai. IV 91 kann die in rem actio, d. h. zweifellos auch die h. p., nicht nur per formulam petitoriam, sondern auch per sponsionem geltend gemacht werden. Ein nicht durch Sponsion vermitteltes lege agere de hereditate dagegen, wie es noch Cicero neben dem „sponsionem facere et ita de hereditate certare" als möglich kennt[6]), fand — vermutlich seit den leges Iuliae — in der Kaiserzeit nicht mehr statt. Im Edikt haben wir daher ein Doppeltes zu suchen: die Sponsion und die formula petitoria.

Die Rekonstruktion der erstern bietet keinerlei Schwierigkeit, obwohl die Kompilatoren begreiflicherweise jede Erinnerung daran aus den Digesten getilgt haben. Wir sind gewiss berechtigt, die bei Gai. IV 93 für die rei uindicatio überlieferte Sponsion direkt auf die h. p. zu übertragen:

si hereditas q. d. a. ex iure Quiritium mea est, sestertios XXV nummos dare spondes?

Sollte der Prozess vor den Centumvirn stattfinden, so erhöhte sich die Sponsionssumme nach Gai. IV 95 auf 125 Sesterze, wobei dahingestellt bleiben mag, ob auch diese Sponsion im Edikt proponiert war[7]).

Die formula petitoria wird von Rudorff (E. P. § 57) im Einklang mit der herrschenden Meinung[8]) folgendermassen rekonstruiert:

S. p. hereditatem Publi Maeui ex iure Quiritium A[i] A[i] esse, si arbitratu tuo res A[o] A[o] non restituetur, quanti ea res est, tantam pecuniam N[m] N[m] A[o] A[o] c. s. n. p. a.

An dieser Formel ist zweifellos richtig die intentio[9]), und richtig ist ferner, dass die Formel eine Restitutionsklausel besass. Meine in letzterer Beziehung früher[10]) geäusserten Bedenken halte ich nicht mehr aufrecht. Ich glaubte seinerzeit die Restitutionsklausel allen zivilen actiones in rem um deswillen absprechen zu müssen, weil in § 31 I. de action. (4. 6) als arbitrariae nur die prätorischen actiones in rem angeführt seien; und gegen

---

[1]) D.(5.3)de hereditatis petitione. C.(3.31) de petitione hereditatis. Paul. sent. I 13[b]: Si hereditas uel quid aliud petatur. Cf. D. (5. 4): si pars hereditatis petatur.

[2]) Fr. 2, 9, 11, 13, 16, 18, 20, 23, 25, 27, 29, 31, 33, 37 h. t., fr. 17 de pignor. (20. 1) cf. fr. 19 pr. h.t., fr. 34 de usur. (22. 1), fr. 4 ut legat. (36. 3), fr. 1 pro suo (41. 10), fr. 3 de exc. r. iud. (44. 2), fr. 24 de iniur. (47. 10) — bezieht sich auf die schikanöse Erwirkung eines prätorischen Veräusserungsverbots (s. S.133 fg.), fr. 126 de R. I. (50. 17).

[3]) Fr. 14, 19, 22, 24, 26, 28, 30, 32, 34, 36, 38, 40 h. t., fr. 22 [23] de N. G. (3. 5) cf. 31 § 5 h. t., fr. 2 qu. bon. (43. 2) cf. fr. 14 h. t., fr. 4 de exc. (44. 1), fr. 127 de R. I. (50. 17) cf. fr. 36 § 4 h. t. Wahrscheinlich falsch inskribiert — 20 statt 21 — ist fr. 14 de R. V.

[4]) Fr. 1, 3, 10, 15, 17, 21, 35, 39, 41 h. t., fr. 1 pro empt. (41. 4), fr. 24 de V. S. (50. 16).

[5]) Fr. 54 h. t., fr. 62 de R. I. (50. 17), cit. fr. 16 § 2, 20 § 1. 4. 18, fr. 31 pr. § 5, fr. 2 § 7 de her. u. act. uend. (18. 4).

[6]) In Verr. II 1, 45 § 115 sq. Cf. Q. Mucius Scaeuola in fr. 29 § 1 de statulib. (40. 7).

[7]) S. oben S. 138.

[8]) Keller, C. P. § 28, Bethmann-Hollweg, C. P. II S. 247 fgg., Francke, Commentar zum Pandektentitel de h. p. S. 2.

[9]) Gai. 6 fr. 3, 10 § 1 h. t.

[10]) Beiträge z. K. d. prätor. Edicts (1878) S. 89 fgg.

den Versuch, diese Tatsache daraus zu erklären, dass die Institutionenverfasser in ihrem Vorbild die zivilen actiones in rem in einer für sie veralteten Weise als „formula petitoria" bezeichnet fanden und daher dies
Beispiel strichen, gegen diesen Versuch wandte ich ein: da ja nach der
herrschenden Ansicht alle actiones in rem, mit einziger Ausnahme des
liberale iudicium, arbiträr seien, so sei nicht sowohl das Fehlen der ciuiles
actiones in dem Beispielskatalog des § 31 rätselhaft, als vielmehr die
Existenz dieses Katalogs selber, da bei der Allgemeinheit des Satzes die
Anführung von Beispielen arbiträrer actiones in rem ganz sinnlos gewesen
wäre. Durch diese Erwägung veranlasst, suchte ich die anderweiten
Quellenzeugnisse hinwegzuinterpretieren und kam zu dem Ergebnis, dass
in den Formeln der zivilen actiones in rem der iussus de restituendo nicht
vorgesehen, dessen Erlassung vielmehr eine von der Formel unabhängige
Äusserung des officium iudicis gewesen sei. In der Tat war jener Einwand der herrschenden Lehre gegenüber auch durchaus triftig: aber er
fällt zusammen, nachdem ich mich inzwischen überzeugt habe, dass diese
Lehre den Umfang der actiones, „ex quibus arbitratu iudicis quid restituitur", nicht richtig bestimmt, insofern nämlich die sämtlichen Klagen zur
Geltendmachung und Abwehr von Realservituten nicht hieher gehören[1]).
Diese Tatsache erklärt die Existenz jenes Beispielkatalogs vollkommen,
und dadurch wird denn auch der von mir zurückgewiesene Erklärungs-
grund für das Fehlen der zivilen actiones in rem in demselben plausibel.
Alsdann treten aber die Zeugnisse, die die Restitutionsklausel für die
formula petitoria zunächst der rei uindicatio bekunden — Cic. in Verr. II²
12 § 31, fr. 35 § 1, fr. 68 d. R. V. (6. 1) —, in ihr volles Recht, und nach
dem Vorbild der rei uindicatio kann nicht bezweifelt werden, dass auch
die h. p. in ihrer Formel jene Klausel hatte[2]).

War insoweit Rudorffs Formulierung beizustimmen, so leidet dagegen seine nach der Schablone der rei uindicatio gemachte Rekonstruktion an einem und zwar sehr wichtigen Mangel: die Formel der h. p. gab
die Klagvoraussetzungen vollständiger an als bei Rudorff geschehen.
Ausser dem Recht des Klägers muss sie irgendwo und irgendwie auch
die in der Person des Beklagten gesetzten Bedingungen der Zuständigkeit
unserer Klage — ihre ausschliessliche Richtung gegen den pro herede
und pro possessore possidens — zum Ausdruck gebracht haben. Dies
ergibt sich einmal daraus, dass, wo die h. p. gegen Personen zugelassen
wird, die nicht unter jene Begriffe fallen, es einer utilis actio bedarf, die
von der directa scharf unterschieden wird[3]), und zweitens daraus, dass

---

[1]) Vgl. § 73.
[2]) Vgl. für die h. p. speziell noch: Gai. 6
fr. 10 § 1 h. t., Paul. 20 fr. 34 § 1, fr. 36 § 1
h. t., Iauolen. fr. 44 h. t., Nerat. fr. 57 h. t.
Besonders fr. 34 § 1, 36 § 1 cit. weisen, insofern sie die Kondemnation von der facul-

tas restituendi abhängig machen, deutlich auf Formelworte hin.
[3]) Ulp. 15 fr. 13 § 4. 8. 9 h. t. Vgl. ferner
c. 1 de inoff. test. (3. 28): Cum de inofficioso
matris suae testamento filius dicere uelit aduersus eum, qui ex causa fideicommissi here-

nach positivem Zeugnis in der Formel der gegen einen defensor absentis gerichteten h. p. der Name des Vertretenen vorkam, was bei der Formel Rudorffs ganz unmöglich wäre, fr. 13 § 12 h. t.:

> Si quis absentis nomine possideat hereditatem, cum sit incertum an ille ratum habeat, puto absentis nomine petendam hereditatem, ipsius uero nequaquam, quia non uidetur pro herede uel pro possessore possidere, qui contemplatione alterius possidet: nisi forte quis dixerit, cum ratum non habet, iam procuratorem quasi praedonem esse: tunc enim suo nomine teneri potest[1].

Zu diesen Beweisgründen tritt als sehr starkes unterstützendes Moment noch das direkte Zeugnis der Scholien zu fr. 4 und 10 h. t., sowie zu fr. 1 § 1 si pars (5. 4)[2]; hier ist ausdrücklich gesagt, dass zwar die intentio der h. p. auf die Person des Klägers formuliert sei (ἐκ προσώπου τυποῦται τοῦ ἄκτορος), die condemnatio dagegen auf die vom Beklagten besessenen Sachen (ἐκ τῶν ὑποκειμένων τῷ ἐναγομένῳ πραγμάτων). Wie wir uns diese Formulierung zu denken haben, das zeigt uns deutlich Gaius in fr. 10 § 1 h. t.:

> .... intendit quidem hereditatem suam esse ...., sed hoc solum ei officio iudicis restituitur, quod aduersarius possidet.

Und nur diese Formulierung lässt es uns begreifen, wie die Römer hier auf den ihrem Besitzbegriff so fremdartig gegenüberstehenden Begriff der iuris possessores kamen: sie wurden durch die Formel gezwungen, die Passivlegitimation des Beklagten allüberall auf possessio zu basieren[3].

---

ditatem tenet, non est iniquum hoc ei accommodari, ut perinde fideicommissarius teneatur ac si pro herede aut pro possessore possideret. Die Stelle ist auf eine h. p. ex causa inofficiosi zu beziehen. Verkannt wird die Bedeutung dieser utiles actiones von Schröder, commod. b. d. Erbschaftsklage (1876) S. 7 fg., Lammfromm, z. Gesch. d. Erbschaftskl. (1887) S. 8 fg., Karlowa, R. G. II S. 912 n. 2. Diese Schriftsteller meinen, jene utiles actiones bewiesen nichts als dass eben in jenen Ausnahmsfällen die Passivlegitimation des Beklagten zum Ausdruck gekommen sei. Im gewöhnlichen Fall sei die Passivlegitimation lediglich officio iudicis geprüft worden. Allein utiles actiones haben den Zweck, eine Kondemnation zu ermöglichen, die durch die Fassung der directa actio unmöglich gemacht wurde. Wo im gewöhnlichen das officium iudicis entscheidet, da wird, wenn nötig, durch Erweiterung dieses officium, nicht durch utilis actio geholfen.

[1] Was Lammfromm (a. a. O. S. 13) zu dieser Stelle bemerkt, trifft den Kern der Sache nicht. Ich habe die Stelle als Beweis dafür angeführt, dass in der Formel der

Name des Beklagten vorkam, — unter welchen Voraussetzungen im vorliegenden Fall der nomine absentis belangte procurator zu verurteilen, und wie eventuell dem unterlegenen Kläger zu helfen sein würde, ist eine Frage für sich. Wenn L. meint (s. auch Karlowa a. a. O.), der Name des Beklagten könne ja auch in der clausula arbitraria gestanden haben, wenn man diese mit Keller auf „neque Nⁿ Nⁿ .... restituet" abstelle, so ist darauf zu erwidern, dass diese Klausel unseres Wissens sonst — und aus guten Gründen — unpersönlich gefasst war. Auch Naber, Mnemos. N. S. XXVI S. 363 missdeutet unsere Stelle. Er setzt sie zu der Frage, an procurator iudicium accipere cogatur, in Beziehung. Diese Frage berührt sie aber mit keiner Silbe. Der procurator wird in ihrem Fall selbstverständlich nicht zum iudicium accipere gezwungen; übernimmt er aber die Defension, so wird er „absentis nomine" belangt.

[2] Heimb. Bas. IV p. 185. 193. 243. Lammfromm, a. a. O. S. 12 unterschätzt die Bedeutung dieser Zeugnisse.

[3] Den Ausführungen di Marzo's, studi Moriani, der die ganze „possessio iuris" für

Hienach halte ich folgende Rekonstruktion[1]), von unwesentlichen Formulierungszweifeln abgesehen, für gesichert:

S. P. HEREDITATEM Q. D. A. EX IURE QUIRITIUM A[i] A[i] ESSE, *QUOD N[s] N[s]* *EX EA HEREDITATE* PRO HEREDE AUT PRO POSSESSORE POSSIDET NEQUE ID ARBITRIO TUO A° A° RESTITUETUR[2]), QUANTI EA RES ERIT[3]), TANTAM PECUNIAM *rel.*

Huschke[4]) will nach dem Muster des interdictum Quorum bonorum hinter „possidet" noch einschieben: „possideretue si nihil usucaptum esset". Nach dem Kommentar Ulpians hat es aber nicht den Anschein, dass die Revokation der usucapio pro herede — Gai. II 57 — in der Formel zum Ausdruck kam. Ulpian kommentiert in fr. 11, 13, 16, 18 pr. § 1 h. t. ausführlich das Erfordernis des pro herede uel pro possessore possidere und geht dann in fr. 18 § 2 h. t. sofort auf die Frage über, quae ueniant in hereditatis petitione. Das bei Gaius l. c. erwähnte SC dürfte hienach die überlieferte Formel der h. p. unverändert gelassen und sich lediglich an das officium iudicis gewendet haben[5]).

Neuerlich hat W. Stintzing[6]) auf die vielbesprochene c. 12 C. Th. de fide test. (11. 39) = c. 11 C. Iust. de p. h. (3. 31) die mit obiger Rekonstruktion nicht vereinbare Behauptung gestützt, nur gegen den pro possessore possidens sei mit der Formel, gegen den pro herede possidens dagegen mit legis actio apud centumuiros prozessiert worden[7]). Eben darum sei dem Belangten in iure die Frage vorgelegt worden, utrum pro herede an pro possessore possideat, von der in jenem Erlass die Rede sei. Ich vermag meinerseits den rätselhaften Schluss der angef. Stelle („praeter eum qui edicere cogitur, utrum pro possessore an pro herede possideat") nicht zu erklären. Soviel aber scheint mir sicher, dass ein Erlass des Arcadius und Honorius nicht auf eine interrogatio verwiesen haben kann, die die Grenzregulierung zwischen Legisaktion und Formel, zwischen Centumvirn und unus iudex bezweckte. Ob überhaupt auf eine interrogatio in iure, muss ich mangels jeden weiteren Anhalts dahingestellt sein lassen[8]).

Interpolation erklärt, vermag ich mich nicht anzuschliessen.

[1]) Vgl. auch Huschke, Zschr. f. gesch. R. W. XIV S. 220, Arndts, Pandekten § 531 Anm. 2, Planck, Mehrheit der Rechtsstreitigkeiten S. 176 n. 18, Leinweber, die H. P. (1899) S. 14 fg.

[2]) Die besonders von Schröder a. a. O. S. 4 (vgl. auch Keller a. a. O., Karlowa a. a. O. u. A. m.) vertretene Meinung, die Arbitrarklausel sei auf Restitution der „hereditas" abgestellt gewesen, ist an sich nicht wahrscheinlich und hat in den dafür angef. Stellen keinerlei Stütze. In fr. 44 h. t. liegt der Ton nicht darauf, dass der Judex die Restitution der „hereditas", sondern darauf, dass er im Fall der Stelle nicht die Restitu-

tion der ganzen hereditas anzubefehlen habe. Ebenso in fr. 7 si pars (5. 4) darauf, dass er nur mit der Restitution, aber nichts mit der Teilung zu tun habe.

[3]) Gai. IV 51.

[4]) a. a. O.

[5]) Vgl. auch den Wortlaut des sog. SC Iuuentianum — fr. 20 § 6 h. t. —, der entschieden für die obige Auffassung spricht: die m. E. zu verneinende Frage, ob das SC Iuuentianum mit dem bei Gai. II 57 erwähnten identisch sei, kann hier unerörtert bleiben.

[6]) Beiträge zur röm. R. G. (1901) S. 108 fg.

[7]) Vgl. auch Leinweber, die H. P. S. 13 n. 1.

[8]) Vgl. hiezu (ausser W. Stintzing) Demelius, Confessio S. 343, Mitteis, Reichs-

§ 66. SI PARS HEREDITATIS PETATUR[1]).

Ulp. 15[2]), Gai. 6[3]).

Diese Formel[4]) ergibt sich nach dem in § 65 Ausgeführten von selbst:
S. p. hereditatem q. d. a. *pro parte illa*[5]) ex iure Quiritium A[i] A[i]
esse, *quod ex ea hereditate* N[s] N[s] pro herede aut pro possessore
possidet *neque id* arbitrio tuo A[o] A[o] *pro parte illa* restituetur[6]),
q. e. r. e. *rel.*

§ 67. DE HEREDITATIS PETITIONE POSSESSORIA[7])(?) *ET CETERIS ACTIONIBUS POSSESSORIIS*[8]).

Ulp. 15[9]), Gai. 6[10]).

Bekanntlich ist es bestritten, ob schon die klassische Zeit eine h. p.
des bonorum possessor gekannt hat. Namentlich ist es Leist, der wiederholt energisch die entgegengesetzte Ansicht verfochten hat[11]). M. E. ist
dem ausgezeichneten Forscher der Beweis derselben nicht gelungen. An
positiven Gründen bringt er folgende zwei bei. Einmal das Schweigen
des Gaius und Ulpian über die h. p. possessoria in denjenigen Schriften,
die ohne Überarbeitung auf uns gekommen sind. Wie bedenklich aber
ein solcher Schluss aus blossem Schweigen ist, geht doch, meine ich,
schon daraus hervor, dass Ulpian in diesen Schriften auch des interdictum
Quorum bonorum keine Erwähnung tut. Zweitens beruft sich Leist
darauf, dass mit dem Bestande einer allgemeinen h. p. für den bonorum
possessor das Institut der bonorum possessio sine re unvereinbar sei.
Allein ich kann mich von dieser Unvereinbarkeit aus Leists Argumentation nicht überzeugen[12]). Da der bonorum possessor sine re mit der h. p.
possessoria wider den heres nicht durchdringen konnte, so wird er sich

recht u. Volksrecht S. 499, Ubbelohde,
Interdikte III S. 43 n. 71[a], Brinz, Pandekt.
(2. Aufl.) III S. 230 n. 73, Naber, Mnemos.
N. S. XXVII S. 282. Letzterer meint, Zweck
der Frage sei gewesen, den Kläger darüber
aufzuklären, ob er bei Erhebung der rei
uindicatio (statt der h. p.) mit der exceptio
praeiudicii zu rechnen haben werde. Aber
ob der Beklagte sich einer exceptio bedienen wird oder nicht, ergibt sich in iure
ohnehin: wozu also die besondere Frage?
Die alten Scholiasten — zu Bas. XXII 1, 36,
XLII 1, 69 — sehen den Zweck unserer interrogatio darin, dass sie den Kläger darüber habe aufklären sollen, ob er h. p. oder
actio in rem specialis zu erheben habe; das
stimmt aber nicht zu der bloss zweigliedri-
gen Alternative.

[1]) D. (5. 4).
[2]) Fr. 1, 4 h. t. Fr. 1 augenscheinlich irrig
Ulp. 5 inskribiert.
[3]) Fr. 2 h. t.
[4]) Sie war im Edikt proponiert: fr. 1 pr. h. t.
[5]) Gai. 6 fr. 10 § 1 de h. p. (5. 3): ... intendit ... hereditatem suam esse ... pro parte.
Vgl. Ulp. 15 fr. 1 h. t., Gai. 6 fr. 2 h. t., Paul.
sent. I 13[b] § 5 (= consult. V 5). Incertae
partis: Ulp. 15 fr. 1 § 5 h. t. Formel nach
Gai. IV 54: quantam partem paret in ea
hereditate q. d. a. A[i] A[i] esse. Etwas anders
Ferrini, per l' VIII centen. di Bologna p. 88.
[6]) Gai. 6 fr. 10 § 1 de h. p. (5. 3): .... restituitur, quod aduersarius possidet, ... pro
parte ex qua (actor) heres est.
[7]) D. (5. 5).
[8]) Cf. fr. 4 de Carb. ed. (37. 10), fr. 50 § 2
de bon. lib. (38. 2).
[9]) Fr. 1 h. t.
[10]) Fr. 2 h. t.
[11]) Bon. Poss. I S. 295 fgg., II[2] S. 16 fgg.,
Fortsetzung von Glücks Comm. (Serie der
Bücher 37 u. 38) II S. 288 fgg.
[12]) Übereinstimmend Ubbelohde, Interdikte I S. 123 fgg.

gegen diesen der h. p. possessoria einfach nicht bedient haben: die Institute konnten sehr gut nebeneinander bestehen, da sie praktisch nicht
ineinander griffen. Der Prätor aber wird bei Einführung der h. p. possessoria eben nicht an den Rechtsstreit des bonorum possessor sine re mit
dem heres, sondern an die zahlreichen andern Fälle gedacht haben, wo der
Mangel eines wirklichen Universalrechtsmittels für den bonorum possessor
schon in klassischer Zeit als ungerechtfertigte Singularität empfunden
werden musste, namentlich also an die Fälle der b. p. cum re: die b. p.
contra tabulas, unde liberi, die b. p., die das Fundament einer durchgesetzten querela inofficiosi testamenti bildet. Es ist nicht abzusehen,
warum man nicht schon in klassischer Zeit eine allgemeine h. p. possessoria
eingeführt haben könnte, in der sehr richtigen Voraussetzung, dass die
Grenzen der praktischen Anwendung durch das Interesse der bonorum
possessores von selbst gezogen werden würden. Möglichen Übergriffen
konnte durch exceptio entgegengetreten werden[1]).

Sind Leists Gründe nicht überzeugender Natur, so liegen auf der
andern Seite klare Quellenzeugnisse für die Anwendung der h. p. in
klassischer Zeit vor, die er nicht hinwegzudeuten vermag. Man darf freilich nicht alle Stellen hieher rechnen, in denen von einem hereditatem
petere des bonorum possessor die Rede ist[2]); denn dies hereditatem petere
kann auch untechnisch (im Sinn von „die Erbschaft einfordern") gebraucht
sein. Aber immer bleiben noch zwei Fragmente aus klassischer Zeit übrig,
die m. E. gar nicht anders als auf die h. p. possessoria gedeutet werden
können[3]): fr. 13 pr. de b. p. c. t. (37. 4) und fr. 3 § 13 de Carbon. ed. (37. 10).
Nach dem ursprünglichen Text der erstern Stelle hat der bonorum possessor
contra tabulas, wenn er von dem scriptus heres hereditatem petit, Anspruch auf Manzipation der zum Nachlass gehörigen res mancipi: dabei
kann nur an die h. p. possessoria gedacht werden; denn die Deutung auf
eine „Einforderung der Erbschaft" durch interdictum Quorum bonorum
scheitert daran, dass dieses letztere Rechtsmittel nur auf Erlangung des
Besitzes geht, daher nimmermehr zu einer Manzipation führen kann. In
der zweiten Stelle aber kann als Gegensatz der hier ausdrücklich als
d i r e c t a actio bezeichneten h. p. des heres nur eine utilis h. p. des bonorum
possessor gemeint sein.

Glaube ich nach dem obigen, mit der herrschenden Ansicht an der
Klassizität der h. p. possessoria festhalten zu sollen, so kann dagegen die
Frage, ob eine Formel für sie im Album proponiert war, nicht mit gleicher
Sicherheit bejaht werden. Die Opposition gegen Leist hat mich hier in
der 1. Auflage zu weit gehen lassen. Die Existenz einer Digestenrubrik
de possessoria hereditatis petitione (5. 5) beweist gar nichts[4]). Ediktal

---

[1]) Vgl. fr. 3 § 13 de Carb. ed. (37. 10).
[2]) Zu fr. 5 § 1 de his quae ut indign. (34. 9),
c. 1 quor. bon. (8. 2) vgl. aber doch auch
Ubbelohde, a. a. O. S. 139 fg., 143 fg.

[3]) Vgl. Schröder, das Noterbenrecht
(1877) S. 151 fg.
[4]) Anders die 1. Aufl. nach Arndts, civil.
Schr. II S. 345 fgg.

könnte diese Rubrik jedenfalls nur dann gewesen sein, wenn das Album ein besonderes Edikt über unsern Gegenstand enthalten hätte, was weder erweislich noch (bei einer utilis actio) wahrscheinlich ist. Die Rubrik dürfte also entweder den Kommentaren entstammen, die ja die h. p. possessoria berührt haben werden, oder von den Kompilatoren eingefügt sein. Von den beiden Stellen aber, die der Titel enthält, beweist die erste (aus Ulp. 15) nur, dass der Prätor an dieser Stelle irgendwelche Rechtsmittel für den bonorum possessor proponiert hatte, — dabei wird jedenfalls in erster Linie an die sogleich zu besprechenden actiones ficticiae zu denken sein; ob auch an die h. p., steht dahin. Die zweite Stelle (aus Gai. 6)

> per quam hereditatis petitionem tantundem consequitur bonorum possessor, quantum superioribus ciuilibus actionibus heres consequi potest

bezieht sich allerdings in ihrer jetzigen Fassung ausdrücklich auf die h. p. Aber gerade bei den an das Vorhergehende anknüpfenden Eingangsworten liegt der Interpolationsverdacht so nahe, dass sie aller Beweiskraft entbehren. Problematisch bleibt auch die Fassung der Formel. An eine Fiktion „si heres esset" kann bei einer hereditatis petitio natürlich nicht gedacht werden[1]), und doch muss unser Rechtsmittel in irgend einer Form auch äusserlich an die h. p. ciuilis angeknüpft haben, wenn es seinen Zweck, für den b. p^or ein der h. p. ciuilis gleichwirkendes Rechtsmittel zu sein, erreichen wollte. Eine Formel, wie sie Rudorff (E. P. § 59) hat:

> S. p. bonorum Lucii Titii possessionem ex edicto illius praetoris A° A° datam esse, nisi N^s N^s arbitratu tuo A° A° rem restituat, q. e. r. e. *et rel.*,

eine solche Formel musste den Judex weit mehr an das interdictum Quorum bonorum als an die h. p. ciuilis erinnern. Aber wie sollen wir uns jene Anknüpfung denken? Eine Fiktion, wie sie Huschke[2]) und Leist[3]) als möglich unterstellen — „si praetor bonorum possessione data heredem faceret" —, muss m. E. als unmöglich zurückgewiesen werden: alle überlieferten Fiktionen suchen durch Modifikationen des Tatbestands diesen in die bestehende Rechtsordnung einzuordnen; eine Fiktion, die die bestehende Rechtsordnung selbst angreift, ist unerhört. Eher könnte in gewissen Fällen — bei der b. p. contra tabulas und unde liberi — an eine h. p. rescissa capitis deminutione gedacht werden. Durchweg brauchbar wäre aber augenscheinlich auch diese Fiktion nicht. Es gilt die ars ignorandi zu üben. —

Bleibt die Ediktmässigkeit der h. p. possessoria zweifelhaft, so waren dagegen sehr wahrscheinlich schon an dieser Stelle des Edikts die actiones ficticiae des b. p^or [4]) proponiert. Dafür spricht entscheidend die Tatsache,

---

[1]) Dennoch denkt daran Voigt, R. G. II S. 752. Man fragt sich bei seiner Formel, wozu sie überhaupt eine intentio hat; sie enthält in Wirklichkeit eine unbedingte Anweisung zu kondemnieren.

[2]) Richters Jahrb. Jahrg. III S. 25.
[3]) Bon. poss. II² S. 36 n. 16.
[4]) Gai. III 32. 81, IV 34. Ulp. XXVIII 12.

dass einerseits nach fr. 3 § 2 de fideic. h. p. (5. 6) auch die utiles actiones des Universalfideikommissars (im Anschluss an dessen h. p.) hier proponiert waren und andererseits ein sonstiger geeigneter Platz für die Unterbringung dieser ficticiae actiones fehlt[1]). Ihre Formeln sind uns bekanntlich bei Gai. IV 34, wenngleich wegen Unleserlichkeit der Handschrift nicht in allen Einzelheiten sicher, doch im wesentlichen erhalten. Die actio in rem des b. p^or lautete hienach:

SI A^s A^s L. TITIO HERES ESSET, TUM SI EUM FUNDUM DE QUO AGITUR EX IURE QUIRITIUM EIUS ESSE OPORTERET, SI EA RES ARBITRATU TUO A^o A^o NON RESTITUETUR, QUANTI EA RES ERIT et rel.

Die actio in personam:

SI A^s A^s[2]) L. TITIO HERES ESSET, TUM SI PARERET N^m N^m A^o A^o SESTERTIUM DECEM MILIA DARE OPORTERE, IUDEX, N^m N^m A^o A^o et rel.

Bei formulae in factum conceptae bedurfte es natürlich der Fiktion nicht[3]).

Auffallend ist auf den ersten Blick, dass in diesen Formeln der Frage, ob die ediktalen Voraussetzungen der b. p. vorhanden sind, gar keine Erwähnung geschieht. Indes liegt hier nicht etwa eine Auslassung vor. Bei jeder vom b. p^or erhobenen oder gegen ihn gerichteten Klage ständig etwa eine praescriptio

E. R. A. si A^o A^o (N^o N^o) ex edicto meo bonorum possessio data est

einzuschieben, dafür lag ganz und gar kein Bedürfnis vor; im Gegenteil: es sprachen gewichtige Gründe dagegen[4]). M. E. verfuhr der Prätor hier genau ebenso wie bei der prozessualen Stellvertretung. Wurde von seiten dessen, gegen den der b. p^or klagte, das Vorhandensein der ediktalen Voraussetzungen der b. p. bestritten, und war der Streitpunkt nicht ohne weiteres spruchreif, so wurde dem Beklagten analog der prokuratorischen exceptio mangels Vollmacht (si procurator est) eine exceptio „si A^o A^o ex edicto praetoris bonorum possessio data est" erteilt; diese exceptio „bonorum possessionis non datae", in der 1. Aufl. von mir nur vermutet, ist von Paulus in fr. 20 de exc. (44. 1) ausdrücklich bezeugt. Umgekehrt konnte auch dem als b. p^or Beklagten, wenn er bestritt, überhaupt die b. p. agnosziert zu haben, exceptio erteilt werden, wogegen ihm eine Berufung darauf, dass die Erteilung der b. p. an ihn nicht dem Edikt gemäss gewesen sei, wohl nicht verstattet wurde.

Thal. schol. 1 in Bas. XI 1, 87 (Heimb. I p. 662).

[1]) Rudorff (E. P. § 145) stellt sie willkürlich an den Eingang des Titels de bonorum possessionibus.

[2]) Passiv: N^s N^s.

[3]) A. M. anscheinend Bekker, Aktionen II S. 111.

[4]) Leist, Bon. Poss. I S. 302, II^a S. 317 fgg.

§ 68. DE FIDEICOMMISSARIA HEREDITATIS PETITIONE[1]) ET UTILIBUS ACTIONIBUS.

Ulp 16[2]), Paul 20[3]).

Die Reihe der Universalklagen wird abgeschlossen durch die h. p. des Universalfideikommissars[4]), neben welcher zugleich die Formeln der diesem und gegen diesen auf Grund des SC Trebellianum zu erteilenden Singularklagen proponiert waren[5]).

Gai. II 253:

> .... Tre*b*ellio Maximo et Ann*ae*o Seneca consulibus senatus consultum factum est, quo cautum est, ut si cui hereditas ex fideicommissi causa restituta sit, actiones, qu*ae* iure ciuili heredi et in heredem competerent, (*ei*) et in eum darentur cui ex fideicommisso restituta esset hereditas. per quod senatus consultum desierunt ill*ae* cautiones in usu haberi: pr*ae*tor enim utiles actiones ei et in eum qui recepit hereditatem quasi heredi et in heredem dare coepit, *c*aeque in *e*dicto proponuntur.

Die Gestaltung der Formeln ist nicht ganz unzweifelhaft. Die Juristen kommentieren ausführlich den Begriff restituta hereditas[6]). Dabei können sie aber ebensowohl den Wortlaut des SC Trebellianum — fr. 1 § 2 ad SC Treb. (36. 1) — zur Vorlage gehabt haben, wie die Formel.

Für die h. p. dürfte eine Konzipierung in factum, wobei des „hereditatem ex senatus consulto Trebelliano[7]) restitutam esse" Erwähnung geschah, das Wahrscheinlichste sein. Bei den Singularklagen vermutet Rudorff (E. P. § 174)[8]) Formeln mit Personenumstellung, und auf diese Weise scheinen sich in der Tat diese actiones utiles am leichtesten an den Rechtszustand vor dem Trebellianum anzuknüpfen. Denn bis zu diesem SC versprach vermöge der stipulationes emptae et uenditae hereditatis der Fideikommissar dem Erben, ihn gegen die Erbschaftsgläubiger zu defendieren, umgekehrt der Erbe jenem, er werde gestatten: eum hereditarias actiones procuratorio aut cognitorio nomine exequi[9]). Die Wirkung des Trebellianum liesse sich dann dahin charakterisieren, dass es diese doppelte Stellvertretung zu einer notwendigen, vom Belieben der Parteien unabhängigen machte[10]). Allein gegen diese sei es auch an sich plausible

---

[1]) D. (5. 6). Auch diese Rubrik war gewiss nicht ediktal.

[2]) Fr. 1, 3 h. t., fr. 9 de legib. (1. 3), fr. 38, 40 ad SC Treb. (36. 1).

[3]) Fr. 2 h. t., fr. 39, 41, 43 ad SC Treb. (36. 1).

[4]) Ulp. 15 fr. 1 h. t.

[5]) Paul. 20 fr. 41 pr. ad SC Treb. (36. 1) vgl. Ulp. 16 fr. 3 § 2 h. t.: Hae autem actiones mihi dantur, quae heredi et in heredem competunt. Anders Rudorff, der die utiles actiones ohne Beleg unter seinen Titel de fideicommissis einordnet.

[6]) Ulp. 16 fr. 38, 40 ad SC Treb. (36. 1), Paul. 20 fr. 39, 41 § 2, 43 eod., s. auch Ulp. 16 fr. 1 h. t.

[7]) Dies wichtige Wort — s. fr. 1 h. t. v. „ex quo actiones transeunt", fr. 54 pr. de h. p. (5. 3) v. „ei cui ex Trebelliano senatus consulto hereditas restituta est" — lässt Rudorff, E. P. § 60, aus.

[8]) Auch Bekker, Aktionen II S. 118.

[9]) Gai. II 252.

[10]) Vgl. auch die bei Ulp. 16 fr. 38 § 1 ad SC Treb. (36. 1) hervorgehobene Analogie: Ulpian spricht hier dem Tutor das Recht zu

Vermutung und für fiktizische Fassung entscheidet das Zeugnis des Theophilus zu Inst. II 23 § 4[1]), auf das Ferrini[2]) aufmerksam gemacht hat. Hienach gab der Prätor dem Fideikommissar und wider ihn „utilίας ἀγωγὰς, τούτεστι πλαστικὰς (ficticias), ὡσανεὶ κληρονόμου αὐτοῦ ὑπάρχοντος, ἵνα κινῶν λέγῃ· ὡσανεὶ ὑπῆρχον κληρονόμος, εἰ φαίνεται τόνδε χρῆναι δοῦναι". Nach diesem offenbar aus guter Quelle geschöpften Bericht stimmte die Formulierung der actiones fideicommissariae, was ja auch sehr wohl zu verstehen ist, ganz mit der der possessoriae actiones überein. Die Frage, ob die hereditas dem A[s] A[s] oder N[s] N[s] ex senatus consulto Trebelliano restituiert worden, wird, so wie dort die der Erteilung der b. p., nur wenn streitig und dann in Exceptionsform in der Formel zum Ausdruck gekommen sein.

§ 69. DE REI UINDICATIONE[3]).

Ulp. 16[4]), 17 (?)[5]), Paul. 21[6]), Gai. 7[7]), Pomp. 36—39[8]), Iulian. 6[9]), 7[10]). Ulp. 16 fr. 1 pr. h. t.:

> Post actiones, quae de uniuersitate propositae sunt, subicitur actio singularum rerum petitionis.

Gai. IV 91—93:

> ... cum in rem actio duplex sit, aut enim per formulam petitoriam agit*ur* aut per sponsionem . . . . . Petitoria ... formula haec est qua actor intendit REM SUAM ESSE. Per sponsionem uero hoc modo agimus: prouocamus aduersarium tali sponsione: SI HOMO QUO DE AGITUR EX IURE QUIRITIUM MEUS EST, SESTERTIOS XXV NUMMOS DARE SPONDES?

Die formula petitoria lautete folgendermassen:

selbständiger Restitution der dem Pupillen zugefallenen Erbschaft ab, „quia nec mandare actiones tutor pupilli sui potest".

[1]) ed. Ferrini I p. 241.

[2]) Rendic. dell' ist. Lomb. ser. II vol. XVII p. 899.

[3]) D. (6.1), C. (3.32). Die Rubrik ist sicher nicht ediktal. Vielleicht hiess es dort „si singulae res petantur" oder ähnlich.

[4]) Fr. 1, 3, 5, 9, 11, 13, 15, 17, 19, 22 h. t. Fr. 75 h. t. fälschlich lib. 16 inskribiert, gehört, wie aus der Inskription des fr. 73 zu schliessen ist, in lib. 17. Dagegen sind die Berliner Fragmente de iudiciis (coll. libr. iur. anteiust. III p. 298) sehr wahrscheinlich unserm Buch entnommen.

[5]) Ob die in meiner Palingen. unter Ulp. nr. 576—580 zusammengestellten Fragmente aus lib. 17 einen Nachtrag zum Kommentar über rei uindicatio und Publiciana enthalten, wie ich dort vermute, ist überaus zweifelhaft. Derartige Nachträge sind sonst nicht nachweisbar. Dagegen hat Ulp. 17 (vgl. § 70)

— fr. 73 § 1, 75 (s. oben n. 4) h. t. — sicher die dingliche Klage des Superfiziars berührt. Das kann den Juristen veranlasst haben, allgemeiner auf das Recht am Gebäude auf fremdem Boden einzugehen, — so könnte sich ein Zusammenhang für die nr. 576—579, fr. 37, 39 pr. h. t., fr. 45 de don. i. u. e. u. (24. 1), fr. 1 de cess. bon. (42. 3) ergeben. Die nr. 580 aber, fr. 73 pr. h. t., könnte zu § 71 gezogen werden.

[6]) Fr. 2, 4, 10, 12, 14, 16, 21, 23, 27, 31, 33, 35, 74 h. t., fr. 2 ad exhib. (10. 4), fr. 43 loc. (19. 2), fr. 12 de usurp. (41. 3), fr. 25, 28 pr. de V. S. (50. 16), fr. 129 de R. I. (50. 17).

[7]) Fr. 18, 20, 24, 28, 30, 36, 40, 76 h. t.

[8]) Pomp. 36 cit. fr. 8 h. t.; Pomp. 37 cit. fr. 1 § 2 h. t., fr. 36 de re iud. (42. 1); Pomp. 39 cit. fr. 21 h. t.

[9]) cit. fr. 17 pr. § 1 h. t. Vielleicht ist hier statt libro sexto zu lesen: septimo.

[10]) Fr. 34 h. t., fr. 25 de usur. (22. 1) cf. fr. 17 § 1 h. t.

Iudex esto[1]). S. p. rem q. d. a.[2]) ex iure Quiritium A^i A^i esse[3]) neque ea res arbitratu tuo A° A° restituetur[4]), quanti ea res erit, tantam pecuniam, iudex, N^m N^m A° A° c. s. n. p. a.[5]). Eine utilis uindicatio fiktizischer Fassung[6]) ist uns sicher bezeugt für den Fall der alienatio in fraudem creditorum (s. § 225) in § 6 I. de action. (4. 6); durch fiktizische in rem actio werden ebenso auch alle Veräusserungsbeschränkungen des honorarischen und kaiserlichen[7]) Rechts durchgesetzt worden sein[8]). Eine andersartige ganz eigentümliche utilis actio ist weiter die R. V. repetita die, von der in fr. 9 § 6 ad exhib. (10. 4) die Rede ist: s. p. mulierem q. d. a. Kalendis Ianuariis illis A^i A^i fuisse ex iure Quiritium"[9]). Was sich sonst noch an utiles uindicationes — sei es als solche bezeichnet, sei es als utilis in rem actio oder utilis actio schlechtweg — unter dem Schein der Klassizität in den Justinianischen Quellen findet, ist teils sicher interpoliert[10]) teils doch nicht frei von Interpolationsverdacht[11]). Als möglicherweise echt könnten allenfalls die utiles actiones

---

[1]) Cic. in Verr. II 2, 12 § 31.

[2]) Ulp. 16 fr. 1 § 1—3, fr. 3, 5 h. t., Paul. 20 fr. 2, 4 h. t. Über die Genauigkeit in der Bezeichnung: Paul. 6 fr. 6 h. t. (s. oben S. 81). Über die Folgen irriger und zweifelhafter Bezeichnung: Ulp. 16 fr. 5 § 4. 5 h. t. Über die Vindikation freier Personen (s. p. L. Titium filium A^i A^i oder in potestate A^i A^i esse ex iure Quiritium): Ulp. 16 fr. 1 § 2 h. t., Gai. I 134. Über die uindicatio partis: Ulp. 17 fr. 73 pr. h. t., Paul. 21 fr. 35 § 3 h. t., fr. 25 de V. S. (50. 16), vgl. Paul. 6 fr. 6 h. t., Paul. 12 fr. 8 h. t., Gai. 7 fr. 76 pr. h. t. Speziell incertae partis: Gai. 7 fr. 76 § 1 h. t., Gai. IV 54 (quantam partem paret in eo fundo q. d. a. actoris esse), Ulp. 16 fr. 5 pr. h. t. (quantum paret in illo aceruo A^i A^i esse), Paul. 23 fr. 8 § 1 comm. diu. (10. 3).

[3]) Gai. IV 34. 36. 41. 45. 86, Cic. in Verr. II 2, 12 § 31, Frontin. de controu. p. 44. Expressa causa: Ulp. 75 fr. 11 § 2 de exc. r. iud. (44. 2), Paul. 70 fr. 14 § 2 eod. Vgl. noch Prob. Einsidl. 32: E. I. Q. = ex iure Quiritium. Die Worte bezeichnen das Eigentum als ziviles und fehlen daher auch da nicht, wo das Zivileigentum durch eine Erwerbart des ius gentium erworben ist. So verstehe ich Paul. 21 fr. 23 pr. h. t. A. M. Rudorff, E. P. § 61[8], Ihering, Scherz und Ernst S. 318 fg., Wlassak, Prozessges. I S. 118 n. 27.

[4]) Paul. 21 fr. 35 § 1 h. t., Ulp. fr. 68 h. t., Ulp. 16 fr. 9 i. f. h. t., c. 21 h. t., Cic. in Verr. II 2, 12 § 31. In letzterer Stelle bildet Cicero, um die Allmacht des Prätors zu exemplifizieren, folgende Formel: S. p. fundum Capenatem q. d. a. ex iure Quiritium

P. Seruilii esse neque is fundus Q. Catulo restituetur. So sicher es ist, dass diese Formel eine absichtlich als solche vorgeführte Monstrosität ist, so ist es doch gewiss am wahrscheinlichsten, dass sie sich, von der Vertauschung des Namens in der Restitutionsklausel abgesehen, enge an das Vorbild der formula petitoria anlehnte. Dies gegen Lenel, Beitr. z. K. d. prätor. Edicts (1878) S. 91. Die Namen in der Formel sind solche von iudices der quaestio. Vgl. in Verr. II 3, 90 § 211; 4, 31 § 69, 38 § 82.

[5]) Gai. IV 51, Paul. 21 fr. 71 h. t.

[6]) Nicht hieher gehören die Berliner Fragmente de iudiciis, vgl. Alibrandi, opere I p. 374 sqq.

[7]) Fr. de iure fisci § 20, fr. 20 de accus. (48. 2).

[8]) In diesem Zusammenhang gehören Paul. 21 fr. 12 de usurp. (41. 3), fr. 28 pr. de V. S. (50. 16), fr. 129 de R. I. (50. 17). Die letztere Stelle hat im pr. deutlichen Bezug auf die actio rescissoria der Gläubiger.

[9]) Rudorff, E. P. § 61[10].

[10]) Dahin rechne ich fr. 30 de don. i. v. et u. (24. 1) — Gaius hatte hier von der retentio gehandelt, arg. c. un. § 5^a de r. u. act. (5. 13) —, fr. 9 § 2 de A. R. D. (41. 1) cf. Gai. inst. II 78, wohl auch fr. 5 § 3 h. t. (6. 1) — dem Alfenus wird diese utilis in rem actio kaum zuzutrauen sein, vgl. auch fr. 9 § 2 de damno inf. (39. 2).

[11]) Vgl. hiezu besonders Mancaleoni, contrib. alla storia e alla teoria della r. v. utilis (studi Sassaresi I), v. Mayr, ZRG. XXXIX S. 83 fgg.

des fr. 2 quando ex facto (26. 9) und c. 8 h. t. (3. 32) in Betracht kommen, obwohl mir auch hier wahrscheinlicher ist, dass im Originaltext von einer utilis actio empti, nicht von einer Vindikation die Rede war[1]); die Formulierung dieser problematischen Vindikationen müsste man sich in factum denken[2]). Dasselbe gilt von fr. 55 de don. i. u. et u. (24. 1), wo aber der Interpolationsverdacht sehr stark ist. Die jedenfalls in factum konzipierte „actio" in fr. 41 de A. R. D. (41. 1) ist echt, kann aber wohl kaum als utilis rei uindicatio bezeichnet werden.

§ 70. SI AGER UECTIGALIS PETATUR[3]).

Ulp. 17[4]), Paul. 21[5]).

Hinter der R. V. war im Edikt die actio in rem für die Erbpächter von Munizipalgrundstücken proponiert[6]), und zwar, soweit ersichtlich, ohne vorausgeschicktes Edikt, was sich vielleicht daraus erklärt, dass es sich hier um eine Klage handelt, die ihre Einführung wohl nicht prätorischer, sondern kaiserlicher Initiative verdankt.

In den Digesten stehen die hiehergehörigen Fragmente unter der Rubrik:

　　Si ager uectigalis id est emphyteuticarius petatur.

Rudorff (E. P. § 64) hält die hervorgehobenen Worte für echt ediktal und beruft sich dafür auf Macer fr. 15 § 1 qui satisd. cog. (2. 8), wo ebenfalls von einem uectigalis id est emphyteuticus ager die Rede ist. Meiner Überzeugung nach sind sie beidemal ein Einschiebsel der Kompilatoren. Es ist schlechterdings unglaublich, dass, wie Rudorff annimmt, der Prätor selbst sie zugefügt habe, „ut conducticius ager a stipendiario siue tributario separationem acciperet": denn der relativ junge Ausdruck ager emphyteuticarius, aufgekommen beim Erbpachtverhältnis an den kaiserlichen Ländereien, ist auf das Erbpachtverhältnis an den Munizipalgrundstücken ohne Zweifel erst übertragen worden, als jenes erstere Verhältnis anfing, das letztere an praktischer Bedeutung zu überwiegen, gewiss aber noch nicht in den Zeiten Hadrians. In den Digesten kommt der Ausdruck überhaupt nur in jenen beiden verdächtigen Stellen vor, ausserdem nur noch einmal das ius ἐμφυτευτικόν in fr. 3 § 4 de reb. eor. (27. 9), wo der Ausdruck doch schwerlich auf agri uectigales zu beziehen ist. Wie hätte der Prätor hoffen sollen, dass ein fremdländisches, unpassendes und selten gebrauchtes Wort zur Verdeutlichung seiner Absichten dienen werde?

---

[1]) In fr. 2 cit. a. E. ist die Umkehrung in der Reihenfolge der vorher erwähnten Fälle anstössig; dies legt den Gedanken der Streichung der Schlussworte nahe.

[2]) Nicht mit v. Mayr, a. a. O. S. 104 fgg., als actio „translata" mit Umstellung der Subjekte. In c. 8 cit. ist als Gegner (pars diuersa) der vorausgesetzt, der mit Geld des Soldaten gekauft hat, und diesem gegenüber ist die actio translata nicht denkbar.

[3]) D. (6. 3).

[4]) Fr. 27 pr. de V. S. (50. 16), wahrscheinlich auch fr. 2 h. t. (falsch 17 ad Sab. inskribiert) und — zu einer Anhangserörterung gehörig — fr. 73 § 1, 75 de R. V. (6. 1).

[5]) Fr. 1, 3 h. t.

[6]) Actio quae de fundo uectigali proposita est, fr. 66 pr. de euict. (21. 2). Uectigalis actio: fr. 15 § 26 de damno inf. (39. 2).

Ebensowenig kann ich Rudorff beistimmen, wenn er die Formel der actio uectigalis in ius konzipiert:

S. p. agrum uectigalem, id est emphyteuticarium (!), Aⁱ Aⁱ esse ....

Als Beweis führt R. für diese Konzeption einzig an, dass Paul. 21 fr. 1 § 1 h. t. die actio des Erbpächters als actio in rem bezeichnet. Was aber daraus hervorgehen soll, ist um so unklarer, als R. selbst (E. P. § 61 [10]) annimmt, dass die utilis R. V. zuweilen in factum konzipiert gewesen sei, und diese Annahme, wenn man diese Klage überall für echt hält, in der Tat ganz unvermeidlich ist [1]). Umgekehrt ist es nicht denkbar, dass die Römer, wenn das Rechtsverhältnis am ager uectigalis offiziell [2]) als eius esse anerkannt gewesen wäre, Jahrhunderte lang darüber hätten im Zweifel sein können, ob der für dies Verhältnis übliche Name locatio im technischen Sinne berechtigt sei [3]): durch das „eius esse" wäre das Geschäft als Kauf geradezu proklamiert worden. Ich schliesse mich daher Savigny [4]) und Bethmann-Hollweg [5]) in der Annahme einer formula in factum concepta an, über deren Fassung natürlich nur Vermutungen möglich sind. Das Wort ager ist ausser in der Digestenrubrik auch bei Ulp. 17 fr. 27 pr. de V. S. bezeugt [6]). Da ferner Paul. 21 in fr. 1 pr. h. t. [7]) die agri uectigales als solche definiert, qui in perpetuum locantur, und auch in fr. 1 § 1 fortfährt:

Qui in perpetuum fundum fruendum conduxerunt a municipibus, quamuis non efficiantur domini, tamen placuit competere eis in rem actionem ...,

so glaube ich annehmen zu sollen, dass die Musterformel nur auf den Fall ewiger Pacht reflektierte. Damit würde ganz gut stimmen, dass Paulus in fr. 3 h. t. fortfährt:

Idem est et si ad tempus habuerint conductum nec tempus conductionis finitum sit [8]).

Eine Formel:

S. p. A^m A^m agrum q. d. a. a municipibus municipii Venusini in perpetuum fruendum conduxisse neque ea res arbitratu et rel.

scheint mir daher grosse Wahrscheinlichkeit für sich zu haben [9]). Für den Rechtsnachfolger bedurfte es einer formula accommodata [10]). Zweifelhaft

---

[1]) S. oben S. 182.

[2]) Eine gelegentlich von einem einzelnen Juristen der Kürze halber gebrauchte Wendung, wie in fr. 9 de rescind. uend. (18. 5), kommt hier nicht in Betracht.

[3]) Gai. III 145, § 3 I. de locat. (3. 24).

[4]) System, V S. 81 n. i [1].

[5]) C. P. II S. 315 n. 56.

[6]) Zu der in § 71 besprochenen Formel kann fr. 27 pr. cit. nicht gehören, da bei dieser für Grundstücke aller Art bestimmten Klage eine Beschränkung auf agri nicht denkbar ist. Unsere actio uectigalis aber konnte den seltenen Fall des aedificium

uectigale sehr wohl unberücksichtigt lassen.

[7]) Vgl. auch fr. 11 § 1 de public. (39. 4), § 3 I. de loc. (3. 24).

[8]) Doch ist diese Stelle gewiss von den Kompilatoren verändert, ohne dass sich freilich sagen lässt, wie weit. Unmöglich kann die actio in rem allen Zeitpächtern zugestanden worden sein. Vgl. auch Mitteis, Verh. der kgl. sächs. Ges. d. Wiss., phil.-hist. Kl. XX [4] S. 16.

[9]) Ähnlich auch Savigny und Bethmann-Hollweg a. a. O.

[10]) Um diesen Fall einzuschliessen, schlug ich in der 1. Aufl. statt „conduxisse" vor:

könnte sein, ob die Formel nicht auch das Eigentum der municipes als Klagvoraussetzung namhaft machte[1]).

Exceptio uectigalis non soluti: Ulp. 17 fr. 2 h. t.

§ 71. *SI PRAEDIUM STIPENDIARIUM UEL TRIBUTARIUM PETATUR.*

Ulp. 17[2]).

Im städtischen Edikt war natürlich von der uindicatio[3]) der praedia stipendiaria und tributaria[4]) keine Rede. Im Provinzialedikt aber war ohne Zweifel eine Formel für sie proponiert, und dass sie gerade an dieser Stelle stand, ist nicht nur an sich wahrscheinlich, sondern auch daraus zu schliessen, dass Ulp. 17 fr. 27 de V. S. in demselben Fragment, dessen pr. den der Formel der actio uectigalis angehörigen Begriff ager definiert, in § 1 von den Begriffen stipendium und tributum handelt.

Über die Konzeption dieser Formel sind wir leider nicht unterrichtet. Frontinus (s. n. 4) berichtet freilich von den Provinzialen:

uindicant ... inter se non minus fines ex aequo ac si priuatorum agrorum.

Aber dieser Bericht will nur sagen, dass den Provinzialen, obwohl sie nicht Eigentümer des Provinzialbodens seien, dennoch aus Billigkeitsgründen die Vindikation[5]) gestattet worden sei, und hätte nimmermehr dahin führen sollen, die auch von Rudorff (E. P. § 63) adoptierte unmögliche Formel aufzustellen:

S. p. agrum q. d. a. . . . . ex aequo A[i] A[i] esse.

Denn nachdem einmal ein Privatrecht am Provinzialboden anerkannt war, konnte die Frage, wem dieses Recht zustehe, hier ebensowenig wie irgendwo anders eine Frage der aequitas sein.

Da für das Quasi-Eigentum am Provinzialboden der Ausdruck possessio et ususfructus technisch ist[6]) und da es in der inschriftlich überlieferten lex agraria von 643 wiederholt[7]) technisch als habere possidere

---

conductum habere. Allein mit Recht bemerkt Ad. Schmidt, ZRG. XXIV S. 151 n. 3, dass conductum habere nur vom Besitzer, nicht vom nichtbesitzenden Kläger gesagt werden kann.

[1]) Vgl. Ad. Schmidt, a. a. O. S. 151.

[2]) Fr. 27 § 1 de V. S. (50. 16). Eben hieher dürften auch die von mir in der Paling. unter Ulp. nr. 585—589 gesetzten Stellen gehören: fr. 39 § 1, 41, 77 de R. V. (6. 1), fr. 29 de m. c. d. (39. 6). In allen diesen Stellen ist von einer nicht näher bezeichneten „in rem“ actio die Rede, deren Gegenstand in nr. 585. 586. 588. 589 ein fundus ist. Als Übertragungsform erscheint in nr. 586. 588. 589 deutlich die Tradition, nicht die Manzipation. Nr. 587 — fr. 29 de m. c. d. — ist enge mit nr. 586 — fr. 41 pr. de R. V. — zu verbinden; es war sehr natürlich, dass man

hier die allgemeinen Grundsätze über Tradition vergleichend heranzog. Dies gegen Erman, ZRG. XXIV S. 273 fgg. Übrigens ist die Frage, ob nicht auch in nr. 587 „res“ für „fundus“ interpoliert ist.

[3]) Fr. Vat. 315. 316.

[4]) Gai. II 14 i. f. 21, fr. Vat. 61. 259. 283, § 40 I. de R. D. (2. 1), Theophil. ad h. l., Frontin. de controu. ed. Lachm. p. 36.

[5]) Mit der uindicatio finium ist übrigens keineswegs technisch die R. V., sondern vielmehr der Grenzstreit in seinen verschiedenen möglichen Gestaltungen gemeint.

[6]) Gai. II 7, Theophil. l. c., Frontin. l. c. S. auch Apograph. Studem. cod. Ver. p. 60, lin. 7. 8.

[7]) Lin. 50. 52. 82 vgl. lin. 32. 40 (C. I. L. I, 75, n. 200).

frui (licere) bezeichnet ist, so halte ich es für das weitaus Wahrscheinlichste, dass die Formel auf

S. p. A° A° fundum q. d. a. habere possidere frui licere neque ea res *et rcl.*

oder ähnliche Worte gestellt war[1]).

§ 72.   SI USUSFRUCTUS PETATUR[2]) UEL AD ALIUM PERTINERE NEGETUR[3]).

Ulp. 17[4]), Paul. 21[5]), Gai. 7[6]), Pomp. 40[7]), Iulian. 7[8]).

Die konfessorische und negatorische Formel für den Niessbrauch ist zwar nicht überliefert, aber nach den erhaltenen Andeutungen im wesentlichen sicher wiederherzustellen.

Confessoria[9]):

SI PARET A° A° IUS ESSE EO FUNDO[10]) Q. D. A. UTI FRUI[11]) NEQUE EA RES ARBITRIO TUO A° A° RESTITUETUR[12]), QUANTI EA RES ERIT, TANTAM PECUNIAM *et rel.*[13]).

Negatoria:

SI PARET N° N° IUS NON ESSE EO FUNDO Q. D. A. UTI FRUI INUITO A° A°[14]) NEQUE EA RES ARBITRIO TUO A° A° RESTITUETUR[15]), Q. E. R. E., *et rel.*[16]).

---

[1]) Die obige Vermutung ist von Partsch, die Schriftformel im röm. Prov.-Proz. (1905) S. 107 fg. mit der Behauptung bestritten worden, „habere possidere frui licere" bedeute, wie namentlich aus den Eviktionsstipulationen hervorgehe, nur die tatsächliche, nicht die rechtliche Möglichkeit, den Eigentumsinhalt auszuüben. Ich kann das nicht zugeben. Auch der Verkäufer hat dem Käufer nach übergebenem Besitz nur die rechtliche, nicht die tatsächliche Möglichkeit des habere zu gewährleisten, und haftet nach geschehener Eviktion nur deshalb, weil hier das habere von Rechtswegen gestört ist. In gleichem Sinn ist m. E. auch das κατέχειν τε καρπίζεσθαί τε ἐξεῖναι in dem von Partsch angef. Senatuskonsult zu verstehen: es bedeutet das rechtliche Dürfen, nicht das tatsächliche Können. Übrigens wäre Partschs Bedenken leicht dadurch zu begegnen gewesen, dass man die Quelle des licere, etwa die Provinzialordnung, in der Formel bezeichnete. Weber, röm. Agrargesch. S. 216, glaubt nicht an eine einheitliche Formel, deshalb weil das Besitzrecht am Provinzialboden nicht einheitlich geordnet gewesen sei. Die obige Formel ist selbstverständlich nur auf die Normalgestaltung dieses Besitzrechts berechnet.

[2]) *Flor.* petetur.

[3]) D. (7. 6).

[4]) Fr. 5 h. t., fr. 10 de usuf. adcr. (7. 2), fr. 2 de oper. seru. (7. 7).

[5]) Fr. 6 h. t.

[6]) Fr. 6, 39, 45, 74 de usuf. (7. 1), fr. 5 de usuf. adcr. (7. 2), fr. 19, 30 quib. mod. ususf. (7. 4), fr. 2, 7 de usuf. ear. rer. (7. 5), fr. 3 de oper. seru. (7. 7), fr. 1, 13 de usu (7. 8), fr. 49 de euict. (21. 2).

[7]) cit. fr. 5 § 4 h. t., fr. 5 de S. P. U. (8. 2).

[8]) Fr. 3 h. t., cit. fr. 5 § 1 h. t. Fr. 12 de statu lib. (40. 7) ist wohl unrichtig inskribiert, vgl. Iulian. nr. 117.

[9]) Ulp. 17 fr. 5 pr. h. t.: Uti frui ius sibi esse solus potest intendere qui habet usum fructum. Stephan. in h. l. (suppl. Basil. ed. Zachariä p. 112 sq.). Gai. IV 3.

[10]) Illa parte fundi: Ulp. 17 fr. 5 § 2 h. t. Hieher auch fr. 10 de usuf. adcr. (7. 2) cf. fr. 5 § 5 h. t.

[11]) Ad tempus: fr. Vat. 52.

[12]) Ulp. 17 fr. 5 § 3—5 h. t. Fr. 5 § 4ᵃ: fructuario qui uicit omnis causa restituenda est.

[13]) Gai. IV 51.

[14]) Ulp. 17 fr. 5 pr. h. t.: ... actio negatiua ..., cum inuito se negat ius esse utendi fructuario. Stephan. l. c.: εἰ φαίνεταί σε μὴ ἔχειν δίκαιον τοῦ uti frui inuito me. Vgl. ferner: fr. 11 § 2 de pignor. (20. 1).

[15]) Ulp. 17 fr. 5 § 6 h. t.

[16]) Gai. IV 51.

Neben die actio negatoria tritt sowohl hier wie bei den Realservituten als Parallelformel die von K. E. Zachariä[1]) entdeckte formula prohibitoria mit der intentio: s. p. A° A° ius esse prohibendi N^m N^m (uti frui). Diese Formel ist direkt bezeugt durch Stephanus in dem S. 185 n. 9 angeführten Scholion, wie auch die intentio „εἰ φαίνεταί με δίκαιον ἔχειν τοῦ κωλύειν σε τοῦ uti frui". Einige weitere byzantinische Berichte[2]) bestätigen die Existenz der ἀγωγὴ προΐβιτορία, und Spuren davon finden sich auch in den Digesten: Ulp. 17 fr. 5 pr. h. t., Marcell. 6 dig. fr. 11 si seru. uind. (8. 5). Allen diesen Belegen zum Trotz habe ich früher[3]) und noch in der 1. Aufl. nicht an die formula prohibitoria glauben wollen, weil mir alle Versuche, die Existenz einer solchen Parallelformel zu erklären, misslungen schienen[4]). Es ist nicht notwendig, auf das, was ich dort ausführte, hier zurückzukommen, da ich inzwischen meine Ansicht geändert und die Gründe, die mich dazu bestimmten, ausführlich dargelegt habe[5]). Ich finde die Erklärung für die Doppelformel nunmehr in folgendem. Die actio negatoria mit ihrem „ius non esse" war dem und nur dem Gegner gegenüber am Platz, der eine zivile Servitut, ein eigentliches „ius" in Anspruch nahm. Zur Abwehr der Anmassung solcher Servituten, für die nur tuitio praetoris beansprucht werden konnte, bedurfte der zivile Eigentümer einer besondern Klage, die sehr natürlich auf sein ius prohibendi abgestellt wurde, der actio prohibitoria. Die Servitutbehauptung selbst trat dieser Klage gegenüber als exceptio hervor, ganz wie die Behauptung prätorischen Eigentums der rei uindicatio gegenüber.

§ 73. SI SERUITUS UINDICETUR UEL AD ALIUM PERTINERE NEGETUR[6]).

Ulp. 17[7]), Paul. 21[8]), Gai. 7[9]), Pomp. 41[10]), Iulian. 7[11]).

Für welche Servituten hier im Edikt Formeln proponiert waren, lässt sich mit ziemlicher Sicherheit ermitteln. Unter den Rustikalservituten hatten nur die Wegeservituten eine an dieser Stelle des Albums propo-

---

[1]) Zschr. f. gesch. R. W. XII S. 258 fgg.

[2]) Vgl. H. Witte, Zschr. f. Civ. Rt. u. Pr. N. F. XIII S. 392 fg.; ferner: Gloss. Labb. s. v. προΐβιτορία (Otto, Thes. III p. 1791), Psellus, synopsis leg. v. 565, dazu die von Bosquetus (Meermann, Thes. I p. 69) mitgeteilte Glosse, Zachariä, arch. giur. XLII p. 171.

[3]) ZRG. XV S. 72 fgg.

[4]) Für misslungen halte ich auch die neuerlichen Versuche von Schott, das ius prohibendi und die form. prohib. (in der Breslauer Festgabe zu Windscheids Jubiläum 1884), Ferrini, per l' VIII centen. di Bologna (1888) p. 83 sqq., Karlowa, R. G. II S. 470 fg., dem sich Monnier, NRH. XIX p. 684 anschliesst.

[5]) ZRG. XXV S. 1 fgg.

[6]) D. (8. 5).

[7]) Fr. 2, 4, 6, 8 h. t., fr. 2 de seru. (8. 1), fr. 5 de S. P. U. (8. 2), fr. 3, 5 de S. P. R. (8. 3), fr. 2 comm. praed. (8. 4), fr. 44 loc. (19. 2), die letzte Stelle fälschlich Ulp. 7 inskribiert.

[8]) Fr. 5, 7, 9 h. t., fr. 3, 6 de seru. (8. 1), fr. 1 de S. P. U. (8. 2), fr. 7 de S. P. R. (8. 3), fr. 2 quemadm. seru. (8. 6), wahrscheinlich auch (s. S. 187) fr. 28 § 1 de V. S. (50. 16).

[9]) Fr. 5 de seru. (8. 1), fr. 2, 6, 8 de S. P. U. (8. 2), fr. 8 de S. P. R. (8. 3), fr. 3 comm. praed. (8. 4), fr. 1, 3 quemadm. seru. (8. 6), fr. 30 de V. S. (50. 16).

[10]) cit. fr. 4 § 3—5 h. t.

[11]) Fr. 16 h. t., fr. 32, 37 de S. P. U. (8. 2), fr. 27 de S. P. R. (8. 3).

nierte Formel. Dieselbe wird ausführlich besprochen von Ulp. 17 fr. 2 § 1—3, fr. 4 pr. — § 5 h. t., Paul. 21 fr. 7 pr. de S. P. R. (8. 3), fr. 9 h. t., fr. 2 quemadm. seru. (8. 6), Gai. 7 fr. 8 de S. P. R. (8. 3). Eine Formel, sage ich: denn nach den Kommentaren können die Wegeservituten sämtlich nur eine proponierte Formel gehabt haben, die auf ius eundi agendi gestellt war. Diese Formel genügte auch für das iter sine actu und für den actus sine itinere: qui iter sine actu uel actum sine itinere habet, actione (nämlich hac actione) de seruitute utetur, wie es in fr. 4 § 1 h. t. heisst[1]). Denn die asyndetisch nebeneinandergestellten Worte ire agere konnten — darauf dürfte sich das wahrscheinlich hieher gehörige fr. 28 § 1 de V. S. aus Paul. 21 beziehen — ex mente pronuntiantis ebensowohl disjunktiv wie konjunktiv verstanden werden. Auch für den Fall der uia reichte wohl die richtig ausgelegte intentio aus; doch mag hier vielleicht ein per uiam eingeschoben worden sein[2]). Rudorff (E. P. § 66) stellt neben die Formel für die Wegeservituten auch noch eine Formel für den aquae ductus. Eine solche nun war im Edikt allerdings proponiert, aber nicht an dieser Stelle, sondern erst viel später neben der actio aquae pluuiae arcendae[3]) (vgl. § 176). Was die übrigen Rustikalservituten angeht, so zeigt § 2 I. de seru. (2. 3) deutlich, dass für diese eine Formel im Edikt nicht proponiert gewesen sein kann:

> In rusticorum praediorum seruitutes quidam computari recte putant aquae haustum[4]), pecoris ad aquam adpulsum, ius pascendi, calcis coquendae, harenae fodiendae.

Auf nicht ediktale Rustikalservituten haben wir daher die Worterklärungen bei Gai. 7 fr. 30 de V. S. (50. 16) zu beziehen.

Von den Urbanservituten waren im Edikt berücksichtigt das ius altius non tollendi[5]), oneris ferendi[6]), tigni immittendi[7]), ohne Zweifel auch die seruitus stillicidii, die in dem Verzeichnis von Urbanservituten, das Gai. 7 in fr. 2 de S. P. U. (8. 2) gibt, noch vor der seruitus tigni immittendi figuriert[8]) und schon in vorciceronischer Zeit als Servitut anerkannt war[9]),

---

[1]) Anders die 1. Aufl. Vgl. aber Scialoja, bullett. II p. 165 sqq., Karlowa, R.G. II S. 499. Nicht widerlegt durch Landucci, atti del R. ist. Ven. LXV² p. 1307 sqq.

[2]) Vgl. Ulp. fr. 1 de S. P. R. (8. 3): uia est ius eundi et agendi [et ambulandi] (die zwei letzten Worte hält auch Mommsen für Einschiebsel). Paul. 21 fr. 7 pr. i. f. eod., fr. 9 pr. h. t.: siue uiam habet, ius sibi esse ire agere . . . . intendere potest. Cels. fr. 6 i. f. quemadm. seru. (8.6): quod per duas pariter uias ire agere possit. Vgl. auch fr. 9 de seru. (8. 1).

[3]) Daher springt Ulpians Kommentar in fr. 4 § 6 h. t. nach Erledigung der Wegeservituten in ganz auffälliger Weise zum aquae haustus über und lässt den viel wichtigeren aquae ductus unbesprochen.

[4]) Vgl. auch Ulp. 17 fr. 4 § 6 h. t.: sed et de haustu, quia seruitus est, competunt nobis in rem actiones.

[5]) Ulp. 17 fr. 4 § 7. 8, fr. 6 pr. § 1 h. t., Paul. 21 fr. 5 h. t., Gai. 7 fr. 2 de S. P. U. (8. 2), Iulian. 7 fr. 32 eod.

[6]) Ulp. 17 fr. 6 § 2—7, fr. 8 pr. h. t., Paul. 21 fr. 7 h. t., fr. 1 § 1 de S. P. U. (8. 2), vgl. Gai. 7 fr. 8 eod.

[7]) Ulp. 17 fr. 8 § 1—4 h. t., Iulian. 7 fr. 37 de S. P. U. (8. 2). Ulpian schloss hier die Erörterung sonstiger möglicher Immissionsservituten an, cf. fr. 8 § 5—7 h. t.

[8]) Vgl. auch § 1 I. de seru. (2. 3), Paul. 21 fr. 9 pr. h. t., Iulian. 7 fr. 16 h. t. A. M. Schott, ius prohib. S. 62.

[9]) Cic. de orat. I 38 § 173, vgl. auch Varro, de L. L. V 27. Vgl. Voigt, Berichte der

daneben endlich wohl auch die seruitus fluminis, die mit jener gewöhnlich
in engster Verbindung vorkommt[1]). Weitere Servitutformeln sind als
ediktal nicht mit Sicherheit nachweisbar[2]); unsicher bleibt namentlich auch
die Ediktsässigkeit der Formeln für die seruitutes proiciendi und protegendi.
Zwar sind letztere in dem Verzeichnis bei Gaius fr. 2 cit. namentlich angeführt, aber erst am Schluss und mit einem angehängten ceteraque istis
similia, was jener Anführung ihre Bedeutung nimmt; in dem Verzeichnis
des § 1 I. de seru. (2. 3) fehlen sie, und auch die Kommentare gehen auf
diese Servituten gar nicht ein[3]).

In der Fassung der Formeln weiche ich in einem Hauptpunkte von
der üblichen ab: ich glaube die Restitutionsklausel hier weglassen zu
müssen, als unvereinbar mit dem Bericht des Paulus in fr. 19 i. f. de
h. p. (5. 3):

> Seruitutes in restitutionem hereditatis non uenire ego didici, c u m
> n i h i l   e o   n o m i n e   p o s s i t   r e s t i t u i, sicut est in corporibus et
> fructibus . sed si non patiatur ire et agere, propria actione con-
> uenietur.

So konnte der Jurist, man mag die Stelle im übrigen verstehen wie man
will[4]), nicht schreiben, wenn in den Servitutformeln selber breit geschrieben
stand: neque ea res arbitrio tuo restituetur, und in der Tat begreift sich
ja auch sehr gut, dass man bei diesen Aktionen, deren älteste — die
Rustikalservitutklagen — fast nie eine restitutio im eigentlichen Sinne mit
sich bringen, die obige Klausel weglıiess[5]). Was daher in den Kommentaren vom officium iudicis bei unsern Klagen gesagt ist[6]), schliesst sich
nicht an einen Formelbestandteil an.

Ich lasse nun die konfessorischen und negatorischen Formeln folgen.
Wegen der formula prohibitoria verweise ich auf das § 72 Ausgeführte.

I. 1. *S. P. A° A° IUS ESSE PER FUNDUM ILLUM IRE AGERE*[7]), *QUANTI EA RES*
    ERIT et rel.

    2. *S. P. N° N° IUS NON ESSE PER FUNDUM ILLUM IRE AGERE INUITO A° A°*[8]),
    QUANTI et rel.

---

[1]) § 1 I. cit., Varro l. c.

[2]) Vgl. indes K a r l o w a, R. G. II S. 532,
der noch mehrere solche Formeln annimmt.

[3]) Angeführt sind sie nur noch bei Paul.
21 fr. 1 pr. de S. P. U. (8. 2).

[4]) Vgl. F r a n c k e, Comm. über den Pandektentitel de H. P. S. 208 fgg.

[5]) A. M. G i r a r d, manuel (4. éd.) p. 347
n. 1, C u q, instit. II p. 294 n. 5, ohne eigentliche Widerlegung des im Text Gesagten.
Dass da und dort in den Quellen auch bei
Realservitutklagen ein restituere erwähnt
wird — s. z. B. fr. 4 § 4 h. t., fr. 1 § 8 quod
leg. (43. 3) —, ist natürlich kein Gegen-

II. 1. *S. P. A° A° IUS ESSE AEDES SUAS ALTIUS TOLLERE INUITO N° N°*[1]), *QUANTI* et rel.

2. *S. P. N° N° IUS NON ESSE AEDES SUAS ALTIUS TOLLERE INUITO A° A°*[2]), *QUANTI* et rel.

III. *S. P. A° A° IUS ESSE COGERE N^m N^m, UT A^i A^i ONERA SUSTINEAT ET PARIETEM REFICIAT AD ONERA EA SUSTINENDA*[3]), *QUANTI* et rel.

IV. 1. *S. P. A° A° IUS ESSE IN PARIETEM ILLIUS AEDIFICII TIGNA IMMITTERE*[4]), *QUANTI* et rel.

2. *S. P. N° N° IUS NON ESSE IN PARIETE ILLIUS AEDIFICII TIGNA IMMISSA HABERE*[5]) *INUITO A° A°*[6]), *QUANTI* et rel.

V. 1. *S. P. A° A° IUS ESSE STILLICIDIUM (FLUMEN) IN TECTUM ILLIUS AEDIFICII (AREAM ILLAM) IMMITTERE*[7]), *QUANTI* et rel.

2. *S. P. N° N° IUS NON ESSE STILLICIDIUM (FLUMEN) IN TECTUM ILLIUS AEDIFICII (AREAM ILLAM) IMMITTERE INUITO A° A°, QUANTI* et rel.

§ 74. *DE MODO AGRI.*

Ulp. 18[8]), Paul. 21[9]), Iulian. 7[10]).

Paul. sent. II 17 § 4[11]):

Distracto fundo si quis de modo mentiatur, in duplo eius quod mentitus est officio iudicis aestimatione facta conuenitur.

Dass die uralte Zivilklage de modo agri an dieser Stelle des Edikts stand (was früher übersehen worden), folgt überzeugend aus Inhalt und Inskription der n. 8—10 zitierten Stellen[12]). Vermutungen über ihre Formel aufzustellen, würde natürlich müssige Arbeit sein.

---

[1]) Ulp. 17 fr. 4 § 7 h. t. Vgl. noch fr. Vat. 53, fr. 26 de exc. r. iud. (44. 2), fr. 15 de O. N. N. (39. 1), fr. 17 comm. praed. (8. 4). Ihering, a. a. O., Schmidt, a. a. O. S. 295.

[2]) Ulp. 17 fr. 4 § 8 h. t., Afric. fr. 15 de O. N. N. (39. 1). Ita aedificatum habere: Ulp. 17 fr. 6 pr. h. t., Paul. 21 fr. 9 pr. h. t., vgl. fr. 17 comm. pr. (8. 4), fr. 45 de damno inf. (39. 2).

[3]) Ulp. 17 fr. 6 § 2, fr. 8 § 2 h. t. Zweifelhaft, ob onera „ferat" oder „sustineat" (vgl. auch § 1 I. de seru.). Die negatoria scheint nach der Ausdrucksweise Ulpians in fr. 8 pr. i. f. h. t. nicht proponiert gewesen zu sein.

[4]) Ulp. 17 fr. 8 § 1 sq. h. t. Kein inuito N° N°: H. Pernice, l. c. p. 159. S. aber auch Schmidt, a. a. O. S. 296 fgg. Zweifelhaft.

[5]) Arg. Ulp. 17 fr. 8 § 3 h. t., Alfen. fr. 17 pr. h. t. Schott, a. a. O. S. 61, setzt auch eine confessoria auf ius esse immissa habere und eine negatoria auf ius non esse immittere in das Album. Dem scheint mir Ulpians Kommentar entgegenzustehen.

[6]) Schmidt, a. a. O. S. 296. Anders Rudorff, E. P. § 66 n. 19, s. aber fr. 17 pr. h. t.

[7]) Paul. 21 fr. 9 pr. h. t., Ulp. 53 fr. 1 § 17 de aqua (39. 3), Iulian. 7 fr. 16 h. t. (Publiciana). Gai. 7 fr. 2 de S. P. U. (8. 2) hat, statt des gewöhnlichen immittere, „auertere".

[8]) Fr. 34 de A. E. V. (19. 1), fr. 14 de euict. (21. 2).

[9]) Fr. 51 de contr. empt. (18. 1).

[10]) Fr. 22 de A. E. V. (19. 1), not. fr. 11 de peric. (18. 6).

[11]) In Paul. I 19 § 1 halte ich mit Krüger ad h. l. die Erwähnung unserer actio für interpoliert, vgl. ZRG. XVI S. 191 n. 52. Wenn Karlowa, R. G. II S. 576 dagegen einwendet, Paul. I 19 § 1 stehe ja gerade an der Stelle des Systems, wo die actio de modo agri hingehöre, so ist dies ein Irrtum: die Stelle findet sich bei Paulus erst hinter den Teilungsklagen, an dem Ort, wo wir im System die actio depensi (s. unten §§ 83—88) vermuten müssen.

[12]) Vgl. Lenel, ZRG. XVI S. 190 fg.

Hervorzuheben ist, dass die Kommentare keinerlei Spuren davon aufweisen, dass ausser der actio de modo agri an dieser Stelle des Edikts noch andere altzivile Deliktsklagen proponiert gewesen wären. Die auctoritas wird uns erst bei den Stipulationen begegnen. Von der actio de arboribus succisis [1] und de uia recepta [2] wage ich nicht einmal mit Bestimmtheit zu sagen, dass Formeln für sie im Edikt proponiert gewesen. Von letzterer findet sich in den Kommentaren überhaupt keine Spur, von ersterer nur solche, die den Kommentaren zu andern Rechtsmitteln teils nachweislich angehören, teils mindestens angehören können [3]).

§ 75. SI QUADRUPES PAUPERIEM FECISSE DICETUR [4]).

Ulp. 18 [5]), Paul. 22 [6]), Gai. 7 [7]).

Diese Formel kann im wesentlichen sicher folgendermassen rekonstruiert werden:

S. P. QUADRUPEDEM [8]) PAUPERIEM FECISSE [9]) *QUA DE RE AGITUR*, QUAM OB REM N^m N^m A^o A^o AUT NOX*IAM* SARCIRE AUT IN NOXAM DEDERE OPORTET [10]), *QUANTI EA RES EST, TANTAM PECUNIAM AUT IN NOXAM DEDERE, IUDEX,* N^m N^m A^o A^o *C. S. N. P. A.*

Die vorstehende Formel unterscheidet sich in einem Hauptpunkt von der durch Rudorff (E. P. § 67) vorgeschlagenen. R. konzipiert in factum: ich konzipiere mit Voigt [11]) in ius, und in der intentio, nicht bloss in der condemnatio, figuriert das Recht zur noxae deditio. Da ich diese Formulierung bei allen zivilen Noxalklagen für geboten ansehe, und da dieselbe hergebrachten Meinungen entgegengesetzt ist, so muss ich etwas näher auf die Frage eingehen.

Unterstützend treten noch Papin. 7 quaest. fr. 64 de euict. (21. 2) und Paul. 2 quaest. fr. 42 de A. E. V. (19. 1) hinzu, vgl. Papin. nr. 133, Paul. nr. 1289. Auch hier wird de modo agri an der gleichen Stelle des Systems gehandelt.

[1]) Vgl. über diese unten § 139.

[2]) Paul. fr. 3 pr. de uia publ. et itin. publ. refic. (43. 11).

[3]) So wird namentlich Paul. 22 fr. 11 arbor. furt. caes. (47. 7) dem Kommentar zur actio legis Aquiliae zuzuweisen sein.

[4]) D. (9. 1), I. (4. 9), cf. Rubr. coll. leg. Mos. VII 3: Ulp. 18 ad edict. sub titulo si quadrupes pauperiem dederit.

[5]) Fr. 1 h. t., fr. 7 de interrog. (11. 1), fr. 130 de R. I. (50. 17) cf. § 1 I. h. t.; fr. 60 de O. et A. (44. 7) = fr. 130 de R. I. (50. 17), fälschlich Ulp. 17 inskribiert.

[6]) Fr. 2, 4 h. t.

[7]) Fr. 3 h. t.

[8]) Ulp. 18 fr. 1 § 2 h. t. Daher quadrupedaria actio bei den Byzantinern, so vielfach in den Scholien in Basil. LX 2. De cane: fr. 1

§ 5 h. t., cf. Paul. I 15 § 1: quod etiam lege Pesolania (?) de cane cauetur. Bei bipedes utilis actio (quam ob rem, si quadrupes fecisset, etc.): fr. 4 h. t.

[9]) Ulp. 18 fr. 1 § 3—11 h. t. Fr. 1 § 3: Ait praetor „pauperiem fecisse" („ait praetor" ist interpoliert: unsere actio beruht nicht auf Edikt: das Folgende gehört der Formel an). Paul. ex Festo s. v. pauperies. Caper de orthogr. (Keil, corp. grammat. VII p. 99): pauperies damnum est.

[10]) Ulp. 18 fr. 1 § 11 i. f. h. t. Hinsichtlich der actiones interrogatoriae — Ulp. 18 fr. 7 de interr. (11. 1) — ist auf das oben S. 154 fg. Ausgeführte zu verweisen.

[11]) Ius natur. III S. 798; über den Bedeutungswechsel, Abh. d. sächs. Ges. d. Wiss., phil.-hist. Kl. VI S. 132. Vgl. übrigens auch Karlowa, C.P. S. 121 fg. Was dieser Schriftsteller neuerdings R. G. II S. 1171 gegen die im Text vorgeschlagene Formulierung einwendet, scheint mir in keiner Weise überzeugend.

Zunächst, dass eine uralte Zivilklage eine intentio iuris ciuilis hatte, wird wohl allerseits als wahrscheinlich zugegeben werden[1]). Hatte sie diese aber, wie kann darin die auf den zwölf Tafeln beruhende facultas noxae dedendi gefehlt haben? Ulpian berichtet in fr. 1 pr. h. t.:

> Si quadrupes pauperiem fecisse dicetur, actio ex lege duodecim tabularum descendit: quae lex uoluit aut dari id quod nocuit, id est id animal quod noxiam commisit, aut aestimationem noxiae offerre.

Ist dieser Bericht zuverlässig, so wäre eine intentio „quam ob rem N^m N^m noxiam sarcire oportet" geradezu als plus petitio zu charakterisieren gewesen; denn wenn die 12 Tafeln sagten „aut noxiam sarcito aut in noxam dedito", so ist die Behauptung „N^m N^m noxiam sarcire oportet" einfach unwahr. Wie man sich dieser schlagenden Erwägung gegenüber darauf berufen mag, dass nach Auffassung der klassischen Juristen die noxae deditio nur in solutione, nicht in obligatione sei, ist mir nicht begreiflich. Ist denn jene Auffassung, wenn sie wirklich diejenige der römischen Juristen war (was trotz fr. 6 § 1 de re iud. nur mit Einschränkungen zugegeben werden kann), ist denn jene Auffassung nicht in der Wissenschaft entstanden, und setzt etwa die intentio, wie ich sie fasse, einer wissenschaftlichen Interpretation dieser Art unübersteigliche Hindernisse in den Weg? ist sie nicht vielmehr mit ihr vollkommen vereinbar? und glaubt man etwa, dass sich auch schon die Verfasser der 12 Tafeln und der darauf gebauten Legisaktionen über derartige Subtilitäten Kopfzerbrechens gemacht haben? „Der Herr des Tiers muss Schadenersatz leisten oder noxae dedieren": ich weiss nicht, wie der legislative Gedanke klarer und treffender, ich weiss überhaupt nicht, wie er anders auszudrücken war[2]). Man hätte das wohl auch längst eingesehen, wenn man nicht durch das Beispiel der prätorischen Noxalklagen irre geführt worden wäre[3]), wo natürlich eine Erwähnung der noxae deditio in der intentio so wenig möglich war, wie eine solche der litis aestimatio. Für unsere actio de pauperie ist nun aber — und wunderbar genug, dass dies bis auf Voigt übersehen worden, — die alternative intentio sogar wortgetreu in fr. 1 § 11 h. t. überliefert:

> Cum arietes uel boues commisissent et alter alterum occidit, Q. Mucius distinxit, ut si quidem is perisset qui adgressus erat, cessaret actio, si is, qui non prouocauerat, competeret actio:

---

[1]) Vgl. auch fr. 42 § 1 de noxal. act. (9. 4): absolui debet, quia desiit uerum esse propter eum dare oportere. Dazu unten § 128 a. E.

[2]) S. auch den Gaius Augustodun. IV 81: tenetur dominus, ut aut damnum sustineat aut in noxam t[radat] animal. Dagegen darf das alternative „obligatum eius rei noxsiaeue esse" der l. Rubr. c. XXII nicht auf die Noxalformel bezogen werden. Vgl. gegen Girard, NRH. XI p. 446, Gradenwitz, ZRG. XXIII S. 402.

[3]) So beruft sich noch K. Sell, aus dem Noxalrecht der Römer (1879) S. 158, gegen die Annahme, dass der noxae datio in der intentio Erwähnung geschehen sei, mit grösster Unbefangenheit auf das Edikt de effusis.

quam ob rem eum sibi aut nox*i*am[1]) sarcire aut in noxam
dedere oportere.

Dass die hervorgehobenen Worte Formelzitat sind und das unmögliche
„eum sibi" auf Rechnung der Kompilatoren zu schreiben ist, die auf solche
Weise das ursprünglich vorhandene „N^m N^m A^o A^o" zu ersetzen versucht
haben mögen, — dies, meine ich, sollte, einmal bemerkt, gar keines
Beweises mehr bedürfen. Ich glaube aber noch weiter gehen zu müssen:
die Worte sind nicht nur Formelzitat, sondern sie sind sogar das Formelzitat, welches Ulpian, um den Gegenstand des Folgenden zu bezeichnen,
an die Spitze des auf die intentio bezüglichen Teils seines Kommentars
stellte; sie gehörten ursprünglich nicht an den Schluss des § 11, sondern
an die Spitze der §§ 12—16. Dies ergibt sich mit Bestimmtheit aus der
Betrachtung des Kommentars. In fr. 1 § 2—11 h. t. bespricht Ulpian die
Formelworte „s. p. quadrupedem (§ 2) pauperiem fecisse (§ 3—11)", den
Tatbestand, den unsere actio voraussetzt, ohne sich auf Natur und Gegenstand der aus diesem Tatbestand hervorgehenden Haftung irgendwie einzulassen. Was für einen Sinn sollte es nun haben, wenn am Schlusse des
§ 11, der lediglich ein weiteres Beispiel zu den übrigen fügte, gesagt
wurde, in diesem Falle stehe eine actio „quam ob rem aut noxiam sarcire
aut in noxam dedere oportere" zu? War vorher etwa von einer andern
actio die Rede? oder gab der Fall des § 11 besondern Anlass zur Anführung der intentio? Nun prüfe man umgekehrt die auf jenes Zitat unmittelbar folgenden §§ auf ihr Verhältnis zur intentio. § 12 stellt den
Grundsatz auf: cum noxa caput sequitur, aduersus dominum haec actio
datur. Das fügt sich trefflich zu dem „quam ob rem N^m N^m .... oportet":
das oportere für N^s N^s beruht auf seinem Eigentum am Tier, und eben
deshalb war in der Formel eine besondere Hervorhebung, dass Beklagter
Eigentümer des Tiers sein müsse, überflüssig: obligiert ist er ja nur, wenn
er Eigentümer ist. § 13 stellt fest, dass Tod des Tiers vor der Litiskontestation die actio zum Erlöschen bringe: dies gehört in den gleichen
Zusammenhang. § 14 bestimmt den Begriff noxae dedere. § 15 handelt
von einem Fall, wo ausnahmsweise, trotz des nach dem Gesetz alternativen
oportere, dennoch iure praetorio (wegen lügenhafter responsio in iure) die
Haftung in solidum geht. § 16 bespricht die Folgen des Tods des Tiers
post litem contestatam. Es leuchtet ein, wie leicht und natürlich all dies
sich unter unsere intentio einordnet. Nach alledem kann ich mich des
Gedankens nicht erwehren, dass den Kompilatoren mit der Aufnahme
jenes Formelzitats ein Versehen begegnet ist, indem sie das, was bei
Ulpian Überschrift eines Kommentarabschnitts war, irrig in den Kontext
einer speziellen Erörterung zogen[2]). —

Der Gegenstand der noxae deditio scheint in der Formel nicht näher
bezeichnet gewesen zu sein.

---

[1]) *Flor.* noxam, cf. aber fr. 1 pr. § 1 h. t.:
noxia autem est ipsum delictum.

[2]) Noch eines. Fr. 1 § 12 fängt die neue
Erörterung mit einem ganz unmotivierten

§ 76. *DE PASTU PECORIS.*

Ulp. 18[1]).

Paul. sent. I 15 § 1:

Si quadrupes .... quid .. depasta sit, in dominum actio datur, ut aut damni aestimationem subeat aut quadrupedem dedat[2]).

Fr. 14 § 3 de P. V. (19. 5):

.. neque ex lege duodecim tabularum de pastu pecoris, quia non in tuo pascitur, ... agi posse.

Cf. fr. 39 § 1 ad l. Aqu. (9. 2) v. „habet proprias actiones"

Hieher gehört sehr wahrscheinlich Ulp. 18 fr. 31 de V. S.:

Pratum est, in quo ad fructum percipiendum falce dumtaxat opus est ..

Hienach war die Kondemnationsbedingung vermutlich die, dass dem Beklagten gehöriges Vieh auf der Wiese des Klägers geweidet habe. Im übrigen glich wohl die Formel der eben betrachteten.

§ 77. AD LEGEM AQUILIAM[3]).

Ulp. 18[4]), Paul. 22[5]), Gai. 7[6]), Iulian. 86[7]).

Die unter der Rubrik ad legem Aquiliam proponierten Klagen zerfielen in zwei Kategorien: die ex capite primo und die ex capite tertio. Denn die Klage aus dem zweiten Kapitel, das nach des Ulpian Zeugnis — fr. 27 § 4 h. t. — in desuetudinem abiit, nach dem des Gaius (III 216) zu dessen Zeit schon für ein Superfluum galt, hat wohl schwerlich einen Platz im Hadrianischen Edikt gefunden.

I. Der Formeln ex primo capite waren es, wie sich aus Ulpians Kommentar ergiebt, vier. Nachdem nämlich Ulpian den Wortlaut des ersten

---

und kaum erträglichen et an. Sollten die Kompilatoren in ihrer Vorlage ōet gefunden und diese für gewöhnliche Abkürzung — gewöhnlich steht ō schlechtweg oder ōtet — fälschlich „oportere et" aufgelöst haben?

[1]) Fr. 31 de V. S. (50. 16).

[2]) Man wird in alter Zeit das depascere nicht als pauperiem dare aufgefasst haben; daher die besondere Noxalklage. Ganz anders Cuq, instit. jur. I (2. Aufl.) p. 90. Er versteht Paul. sent. cit. von der gewöhnlichen actio de pauperie und hält die actio de pastu nicht für eine Noxalklage, sondern für eine Strafklage wider den Herrn, die aus dessen eigener Tat — dem pecus immittere — hervorgehe. Diese Meinung, an sich ja nicht unmöglich, wird gewiss nicht, wie C. glaubt, bewiesen durch die algerische Inschrift rev. arch. 1894 I p. 413 nr. 61, 1903 II p. 172 nr. 202, in der von der actio de pastu mit keiner Silbe die Rede ist.

Gegen sie spricht, dass in c. 6 de l. Aqu. (3. 35) wegen „per iniuriam depasta" nicht actio de pastu, sondern utilis actio legis Aquiliae eingeräumt wird.

[3]) D. (9. 2), C. (3. 35), I. (4. 3).

[4]) Fr. 1, 3, 5, 7, 9, 11, 13, 15, 17, 19, 21, 23, 25, 27, 29, 35 h. t., fr. 12 de iurisd. (2. 1) cf. fr. 29 § 7 h. t., fr. 25 de iniur. (47. 10), fr. 2 de sepulchro (47. 12), fr. 10 ad l. Corn. de sic. (48. 8); fr. 2, 6, 14 de noxal. act. (9. 4); coll. leg. Mos. II 4, VII 3, XII 7.

[5]) Fr. 6, 10, 14, 22, 24, 26, 30 h. t.; fr. 10, 17, 19 pr. § 1 de noxal. act. (9. 4), fr. 131 de R. I. (50. 17), fr. 8 de interrog. (11. 1), fr. 22 comm. (13. 6), fr. 45 loc. (19. 2); fr. 41 de O. et A. (44. 7), fr. 11 arb. furt. caes. (47. 7), fr. 1 ui bon. rapt. (47. 8).

[6]) Fr. 2, 4, 8, 32 h. t., fr. 132 de R. I. (50. 17), fr. 20 de noxal. act. (9. 4).

[7]) Fr. 47, 51 h. t., cit. fr. 2 § 1 de nox. act. (9. 4), fr. 13 § 4 locati (19. 2). Julian behandelt die lex Aquilia unter den leges. Vgl. S. 9.

Kapitels ausführlich erörtert hat[1]), folgt nach einigen Bemerkungen allgemeiner Natur (Vererblichkeit, Verhältnis zur lex Cornelia)[2]) in fr. 23 § 10
h. t. die Bemerkung:

> Haec actio aduersus confitentem competit in simplum, aduersus
> negantem in duplum[3]).

Offenbar geht hier der Kommentar zu den Formeln über. Speziell von
der confessoria ist dann die Rede in fr. 23 § 11, fr. 25 h. t. Sie war zweifellos die erste unter den proponierten Klagen, und auf diese Weise erklärt
sich, dass wir in der collatio II 4 und XII 7 Stellen aus Ulpians Kommentar, die sich auf das dritte Kapitel der lex Aquilia beziehen, unter der
Inskription „Ulpianus lib. XVIII ad edictum sub titulo: si fatebitur iniuria
occisum esse, in simplum[4]) .. " begegnen. Nunmehr sollte man eine
Anmerkung auch über die actio aduersus infitiantem erwarten: sie fehlt,
gewiss durch die Kompilatoren gestrichen. Statt dessen finden wir in
fr. 27 pr. — § 3, d. h. noch ehe Ulpian auf den weitern Inhalt der lex ein-
geht, zwei weitere Klagen in Kürze besprochen: die actio in solidum aduersus dominum, si seruus sciente domino occiderit, und die actio noxalis,
si seruus insciente domino occiderit. Kein Zweifel, dass auch Ulp. 18
fr. 2 de noxal. act. (9. 4) ursprünglich an diesem Orte stand — die Stelle
handelt durchaus von jenen beiden Klagen —, und wahrscheinlich gehören
auch Ulp. 18 fr. 6, 14 eod. hieher[5]): doch geben diese Stellen den besondern Fall „si seruus occiderit" nicht an, und so könnten sie auch zum
dritten Kapitel zu ziehen sein.

Was nun die Fassung unserer vier Formeln angeht, so fehlt uns leider
jede speziellere Andeutung darüber, und die bisherigen Rekonstruktionsversuche können, wie Pernice[6]) mit Recht bemerkt, nur abschrecken.
Ganz unmöglich sind C. Sells und Savignys Rekonstruktionen[7]).
Huschke konzipierte zuerst[8]) auf „quantam pecuniam dare oportet",
später[9]) auf „s. p. N^m N^m sestertium decem milia nummum quantiue minoris

---

[1]) Iniuria: fr. 3, 5, 7 pr. h. t., coll. VII 3.
Occisum: fr. 7 § 1—ult., fr. 9, 11 pr.—§ 5
h. t. Ero: fr. 11 § 6—ult., fr. 13, 15, 17, 19,
(35) h. t. Quanti etc.: fr. 21, 23 pr.—
§ 7 h. t.

[2]) Fr. 23 § 8. 9 h. t.

[3]) Vgl. Gai. 7 fr. 2 § 1 h. t., Paul. sent. I
19 § 1.

[4]) Die Handschriften der coll. fügen hinter
in simplum noch hinzu: et cum (al. eum)
diceret (al. dicere, doceret, docere). Diese
rätselhaften Worte dürfen nicht mit Huschke
(Zschr. f. gesch. R. W. XIII S. 32) in „ut con-
diceret" verwandelt werden; denn die actio
legis Aquiliae war keine condictio (vgl.
gegen Huschke auch meine Bemerkungen
ZRG. XXI S. 196). Mein eigener Emenda-
tionsversuch a. a. O. „in simplum e k(apite) l
iudic(ium)" muss zur Erklärung der über-

lieferten Lesart zu komplizierte Voraussetzungen machen. Unbefriedigend ist m. E.
auch die Erklärung Mommsens in seiner
Ausg. der coll. zu II 4.

[5]) Vgl. ferner Paul. 22 fr. 10, 17 eod., fr. 131
de R. I. (50. 17), Gai. 7 fr. 20 de nox. act. (9. 4),
auch Paul. 10 ad Sab. fr. 45 pr. h. t., Ulp. 42
ad Sab. fr. 44 § 1 h. t.

[6]) z. L. v. d. Sachbeschäd. (1867) S. 109.

[7]) Sell in seinen Jahrbb. II S. 198.
Savigny, System V S. 571. Vgl. gegen
beide: Rudorff, Zschr. f. gesch. R.W. XIV
S. 379 fgg. Savigny ähnlich: Bethmann-
Hollweg, C. P. II S. 301 fgg., siehe auch
Hefke, Taxatio (1879) S. 93.

[8]) Zschr. f. gesch. R. W. XIII S. 32.

[9]) Gaius, S. 113. Vgl. dagegen die treffende Bemerkung Karlowas, C. P. S. 199
n. 1.

id in eo anno plurimi fuit, tantam pecuniam A° A° dare oportere". Rudorff hat seine Meinung ebenfalls geändert: in der Zschr. f. gesch. R. W. XIV S. 381 fgg. stimmt er Huschkes erstem Vorschlag zu; in der R. G. II § 108 n. 8 u. 9 und im E. P. § 69 konzipiert er in factum. Voigt[1] nimmt eine condictio incerti auf quidquid paret dare facere oportere an, was doch, da in der lex Aquilia nur von „aes dare", nicht von facere die Rede ist, augenscheinlich nicht angeht. Karlowa schlug früher[2] für die actio aduersus infitiantem vor: Quod N⁵ N⁵ .... occidit, si paret N^m N^m ob eam rem, quanti is seruus .... fuit, tantum aes dare A° A° lege (Aquilia) damnatum esse, tantam pecuniam et alteram tantam *et rel.* Diese Fassung ist jedenfalls insofern nicht glücklich, als hinter einem „quod N⁵ N⁵ iniuria occidit" nicht ein „si paret ob eam rem .... damnatum esse" stehen kann: das ob eam rem damnatum esse steht für den Fall des Beweises der demonstratio fest[3], kann also nicht erst noch von einem si paret abhängig gemacht werden. Neuerdings (R.G. II S. 804) ist K. denn auch von seiner Ansicht abgekommen. Er denkt sich jetzt die confessoria etwa so: S. p. Stichum A^i A^i seruum, quem N⁵ N⁵ se occidisse fassus est, iniuria occisum esse, quam ob rem, quanti is Stichus in eo anno plurimi fuit, t. p. N^m N^m A° A° dare oportet *etc.* Und bei der actio aduersus infitiantem nimmt er die Verdoppelung nicht bloss in die condemnatio, sondern auch in die intentio auf. Diese Formulierungen sind indes nicht haltbarer als die früheren. Das Geständnis musste, um wirksam zu sein, nicht auf „occidisse", sondern auf „iniuria se occidisse" gehen (vgl. die angef. Rubriken der Collatio): was soll dann aber noch das „si paret iniuria occisum esse" der angeblichen confessoria actio? Das Leugnen hinwiederum hatte nach allem, was wir wissen, ein crescere nur der actio, nicht der obligatio zur Folge.

Fragt man nun, was sich über die Fassung der Formeln mit Sicherheit feststellen lässt, so ist dies, was Rudorffs neuere Vorschläge verkennen: sämtliche Formeln[4] waren zweifellos in ius konzipiert. Denn nur unter dieser Voraussetzung ist es verständlich, dass es, um die actio legis Aquiliae für und gegen Peregrinen verwendbar zu machen, einer fictio ciuitatis bedurfte, was uns Gai. IV 37 i. f. ausdrücklich berichtet. Alles weitere ist zweifelhaft. Keine Gewissheit ist insbesondere darüber zu gewinnen, ob die Formel, was sich vielleicht aus praktischen Gründen empfohlen hätte, die eigentümliche Ästimationsvorschrift des Gesetzes zum

---

[1] Ius natur. IV S. 405.
[2] C. P. S. 199.
[3] Beim quidquid paret oportere hat der Judex erst noch den Inhalt des Anspruchs zu ermitteln, hier nicht.
[4] Auch die confessoria. Kein Gegenbeweis liegt in Ulp. 18 fr. 25 § 2 h. t. Im Gegenteil: das notandum am Anfang und die besondere Begründung am Schlusse der

Stelle sprechen eher dafür als dagegen, dass die konfessorische Formel einen Bestandteil enthielt, der geeignet war, den Judex irre zu führen, d. h. in die Meinung zu versetzen, er sei iudex non solum aestimandae, sed etiam iudicandae rei. Auch der fr. 23 § 11 h. t. vorgetragene Rechtssatz ist mit der Konzipierung in factum schwer vereinbar.

Ausdruck brachte, oder ob sie bloss, wie Voigt annimmt, stillschweigend durch ihr oportere darauf verwies. Im ersten Fall könnte die Formel etwa so gelautet haben:

> *S. p. N^m N^m illum seruum*[1]) *iniuria occidisse*[2]), *quam ob rem, quanti is seruus in eo anno plurimi fuit, tantam pecuniam N^m N^m A^o A^o dare oportet*[3]), *tantam pecuniam duplam, iudex, N^m N^m A^o A^o c. s. n. p. a.*

Im zweiten etwa so:

> *S. p. . . . . . occidisse, quantam pecuniam ob eam rem N^m N^m A^o A^o d. o. et rel.*

Die confessoria könnte etwa die demonstratio gehabt haben:

> *Quod ille seruus occisus est*[4]), *quem N^s N^s iniuria se occidisse fassus est,*

oder vielleicht auch nur, da ja das fateri hier der Erteilung der actio unmittelbar vorherging, in iudicio also nicht mehr bewiesen zu werden brauchte:

> *Quod ille seruus iniuria occisus est . . .,*

woran sich eine unpersönlich gefasste intentio „quam ob rem . . . . dari oportet" angeschlossen haben müsste.

Die Klage si seruus sciente domino occiderit musste natürlich diesen Tatbestand statt des „s. p. N^m N^m . . . . occidisse" zum Ausdruck bringen.

Die Noxalklage hinwiederum wäre auf „s. p. Stichum seruum (insciente domino?)[5]) illum seruum iniuria occidisse" zu stellen und in der intentio[6]) und condemnatio das „aut noxae dedere" beizufügen.

All dies nur als mögliche, wenngleich unbeglaubigte Hypothesen. Wenig wahrscheinlich ist mir die Annahme, dass unsere Formel eine fictio legis actionis per manus iniectionem enthalten habe. Einzige Stütze dieser Annahme ist die Tatsache der Litiskreszenz[7]); allein weder ist der Zusammenhang der Litiskreszenz mit jener legis actio vollkommen gesichert, noch will einleuchten, dass man zu so einfachem Zweck, wie es die Verdoppelung der aestimatio war, den Apparat der Fiktion ins Werk gesetzt haben sollte.

Gar kein Gewicht ist auf die Notiz in fr. 9 § 1 de R. C. (12. 1) zu legen, die aus der lex Aquilia die „certi condictio" erwachsen lässt[8]). Nicht bloss

---

[1]) Als Eigentum des Klägers brauchte der Sklave nicht bezeichnet zu werden, da das oportere ja schon nach dem Gesetz nur zutraf, wenn Kläger Eigentümer war. Dies gegen Karlowa, R. G. II S. 1336.

[2]) Huschke hat bei seinem ersten Vorschlag die demonstratio: quod N^s N^s . . . . iniuria se occidisse infitiatus est. Das ist sicher unrichtig: nicht an das infitiari hat das Gesetz sein dare damnas esto angeknüpft, sondern an das occidisse; das infitiari ist Bedingung nicht des dari, sondern des in duplum condemnari oportere.

[3]) Das alte damnas esto setzt sich in der klassischen Formelsprache in dare oportet um. Beweis: die Klage aus dem legatum per damnationem. Gai. II 204.

[4]) Vgl. Ulp. 18 fr. 23 § 11, fr. 25 pr. h. t.

[5]) Diese Worte scheinen mir als Klagbedingung unpassend; auch spricht die Erörterung in fr. 2 § 1 de noxal. act. (9. 4) sehr entschieden gegen ihre Formelmässigkeit.

[6]) Vgl. § 75.

[7]) Vgl. Baron, die Condictionen S. 215 fg.

[8]) Vereinigungsversuche bei Keller, C.P. bei n. 1107, Savigny, System V S. 586,

deshalb, weil mit der Unterstellung einer certi condictio ex lege Aquilia die Tatsache der Litiskreszenz in unvereinbarem Widerspruch stände, sondern vor allem, weil der ganze Passus, dem die Notiz angehört, durch Interpolationen dermassen byzantinisiert ist, dass er als historisches Zeugnis für klassisches Recht überhaupt nicht in Betracht kommen kann[1]).

Die actiones utiles, die sich an dieses erste Kapitel anschliessen, sind doppelter Art. Actio utilis wird nämlich einmal dann gewährt, wenn dem Beklagten nicht ein occidere nach römischer Auffassung[2]), wohl aber ein causam mortis praestare vorzuwerfen war[3]); diese Gattung von actiones utiles kann selbstverständlich nicht anders als in factum konzipiert gewesen sein. Die zweite Kategorie von actiones utiles geht hervor aus der Ausdehnung der activen und passiven Sachlegitimation[4]); für diese sind zum Teil fiktizische Formeln, gleich der für und gegen den peregrinus bezeugten, denkbar, wie z. B. für die Klage des bonae fidei possessor des getöteten Sklaven[5]) und die desjenigen, der an demselben ein Pfandrecht hatte[6]), vielleicht auch für die des Usufruktuars[7]), wo mir aber conceptio in factum wahrscheinlicher ist, weil man hier an der durch die Fiktion gegebenen Höhe des Schadenersatzes Anstoss genommen haben wird. Die actio confessoria utilis endlich wider den geständigen Prokurator, Tutor, Kurator u. s. w. — fr. 25 § 1 h. t. — wird wohl nur die gewöhnliche Personenumstellung enthalten haben[8]). Zu warnen ist m. E. im ganzen Gebiet der actiones utiles vor dem Gedanken, als könnten aus der Art und Weise, wie die Quellen dieselben bezeichnen — ob als actio utilis oder als actio in factum —, Schlüsse auf die Konzeption der Formel gezogen werden. Es kann vielmehr keinem Zweifel unterliegen, dass die Juristen beide genannten Ausdrücke promiscue gebrauchen. Actio in factum ist nicht etwa actio in factum concepta, sondern einfach die mit Rücksicht auf den konkreten Tatbestand gebildete im Gegensatz zu der formula uulgaris des Edikts, mag im übrigen die Fassung sein wie sie will, und actio utilis ist die ad exemplum legis Aquiliae erteilte, einerlei ob in factum oder fiktizisch oder mit Personenumstellung konzipiert[9]). Über den anscheinend widersprechenden § 16 I. h. t. s. unten.

Rudorff, Zschr. f. gesch. R.W. XIV S. 383 fgg., Voigt, ius nat. IV S. 404, m. E. sämtlich nicht haltbar.

[1]) S. unten § 95.

[2]) Pernice, a. a. O. S. 148 fg.

[3]) Vgl. z. B. fr. 7 § 3. 6, fr. 9 pr. § 2. 3, fr. 11 § 1. 5 h. t.

[4]) Die Stellen, die die Ausdehnung der aktiven Sachlegitimation bezeugen, sind zum Teil nicht frei von Interpolationsverdacht, vgl. de Medio, studi Scialoja I p. 29 sqq., dem ich aber nicht überall folgen kann. Für unsere Zwecke kann die Frage dahingestellt bleiben.

[5]) Fr. 11 § 8, fr. 17 h. t.

[6]) Fr. 17, 30 § 1 h. t. (mit Taxation usque ad modum debiti).

[7]) Fr. 11 § 10, fr. 12 h. t.

[8]) Pernice, a. a. O. S. 159, nimmt fiktizische Formel an.

[9]) Man vgl. z. B. fr. 2 § 20 ui bon. rapt. (47. 8) mit fr. 9 § 2 h. t., fr. 51 de furtis (47. 2) mit fr. 53 h. t., fr. 30 § 1 h. t. mit fr. 11 § 8, fr. 17 h. t. Pernice, a. a. O. S. 157 fgg., geht von der m. E. nicht haltbaren Annahme aus, dass actio ficticia und actio in factum Gegensätze seien. Eine actio ficticia, die mit Rücksicht auf den konkreten Tatbestand formuliert wird, ist dadurch auch actio in factum. Im übrigen braucht auf die über

II. Die Anzahl der Klagen ex capite tertio war ohne Zweifel dieselbe wie die derjenigen ex capite primo, obwohl Ulpians Kommentar, dessen erhaltene Fragmente sich nur mit der Interpretation des Gesetzes beschäftigen[1]), uns hier im Stiche lässt. Das infitiando in duplum crescere ist von der actio legis Aquiliae überhaupt bezeugt[2]). Von den Delikten der Sklaven aber in Beziehung auf das dritte Kapitel handelt Paul. 22 fr. 19 pr. § 1 de nox. act. (9. 4), und zwar in Anlehnung an Worte des Gesetzes oder der Formel[3]). Hinsichtlich der Konzeption der Formeln beschränke ich mich hier darauf, auf das zum ersten Kapitel Ausgeführte zu verweisen. Auch die Frage nach der Fassung der actiones utiles dürfte nach den gleichen Gesichtspunkten wie dort zu beantworten sein. Hienach würde z. B. in den Fällen des fr. 13 pr., 27 § 9. 10. 14. 21. 35, fr. 29 § 5. 7, fr. 49 pr. h. t., fr. 1 § 7 si quadrupes (9. 1), coll. XII 7, 6 conceptio in factum anzunehmen sein, während im Fall des fr. 27 § 32 h. t. fiktische Fassung möglich, wiewohl nicht geboten ist. Auch hier muss betont werden, dass aus den Bezeichnungen „actio utilis" und „actio in factum" durchaus keine Schlüsse auf die eine oder andere Konzeptionsweise gezogen werden dürfen. Allerdings scheint der bereits erwähnte § 16 I. h. t., und zwar sowohl für die zum ersten wie für die zum dritten Kapitel gehörigen Fälle analoger Ausdehnung des Gesetzes, geradezu das Gegenteil zu sagen. Nach dieser Stelle soll es darauf ankommen, ob von der durch die Jurisprudenz für die directa aufgestellten Klagvoraussetzung „damnum corpore corpori datum" im konkreten Falle nur das corpore oder auch das corpori nicht zutrifft: ersternfalls trete actio utilis, letzternfalls actio in factum ein. Allein diese Unterscheidung entspricht, wie ein Blick auf die S. 197 n. 9 angeführten Beispiele lehrt, durchaus nicht dem sonstigen Sprachgebrauch der Quellen; wie wenig dieser die beiden Bezeichnungen auseinanderhält, zeigt sich auch darin, dass nach Gai. III 219 in allen Fällen analoger Ausdehnung des Gesetzes utilis actio, nach Pompon. fr. 11 de P. V. (19. 5) und Paul. fr. 33 § 1 h. t. umgekehrt überall in factum actio eintreten soll. Die

---

den Begriff der actio in factum bestehende Kontroverse (v. Pokrowsky, ZRG. XXIX S. 7 fgg., Erman, ZRG. XXXII S. 261 fgg.) hier nicht eingegangen zu werden.

[1]) Zitat und Übersicht: fr. 27 § 5. 6. Usserit: fr. 27 § 7—12; coll. XII 7. Ruperit: fr. 27 § 13—24; coll. II 4. Damnum faxit iniuria: fr. 27 § 25—35, 29 pr.—§ 5. Quanti etc.: fr. 29 § 8 h. t. Die Abschnitte sind übrigens hier nicht durchweg ganz sicher festzustellen.

[2]) Paul. sent. I 19 § 1, Gai. III 216, vgl. c. 4 de l. Aquilia (3. 35).

[3]) Fr. 19 § 1 cit.: Si serui, in quo usufructus alienus est, dominus proprietatis operas conduxerit, uerba efficiunt, ut cum noxae deditione damnetur. Die Stelle ist mit Sicherheit nicht zu deuten. Zu beachten ist, dass Paulus die uerba als Grund nicht dafür anführt, ut dominus teneatur, sondern nur dafür, ut cum noxae deditione damnetur. Man möchte danach fast glauben, dass die von dem Juristen entschiedene Zweifelsfrage die war, ob der dominus hier sine oder cum noxae deditione hafte, m. a. W., dass es sich hier um die Haftung des dominus sciens handelte. Sollte etwa die lex die persönliche Haftung des dominus sciens dann ausgeschlossen haben, wenn der Sklave in usufructu alieno oder sonst in fremder Gewalt war? Dann konnte man allerdings zweifeln, was Rechtens sei, wenn der Proprietar den Sklaven zurückgemietet hatte.

Institutionenstelle dürfte sich vielleicht folgendermassen erklären. Wo damnum corpori datum vorliegt, konnte bei Konzipierung in factum doch immer noch an die gesetzlichen Fälle des dritten Kapitels angeknüpft werden [1]). Wo dagegen jemand einen andern durch blosses Abhandenbringen einer Sache geschädigt hatte, wurde jede solche Anknüpfung unmöglich und trat daher, ausser in der condemnatio, die Anlehnung an die lex Aquilia in der Formel nirgends hervor. Auf diesen Gradunterschied zwischen den zum dritten Kapitel gehörigen actiones utiles mag irgend ein klassischer Jurist aufmerksam gemacht haben, und daraus fabrizierten die Institutionenverfasser dann den Zusatz zu Gai. III 219, der den anstössigen Schluss des § 16 I. cit. bildet [2]). Dass in klassischer Zeit ein diesem Fabrikat entsprechender Sprachgebrauch auch nur einigermassen verbreitet gewesen, ist m. E. den Quellenzeugnissen gegenüber einfach nicht denkbar.

§ 78. *IN FACTUM ADUERSUS NAUTAS CAUPONES STABULARIOS.*

Ulp. 18 [3]), Paul. 22 [4]).

Unter den an die Aquilia sich anknüpfenden actiones in factum war allein die in obiger Rubrik angedeutete im Album proponiert, vermutlich deshalb, weil hier über die blosse analoge Ausdehnung des Gesetzes hinausgegangen war und in der Haftung des nauta u. s. w. für das Delikt seiner Leute ein neues Rechtsprinzip zum Durchbruch kam. Ein Edikt ist zu dieser actio nicht überliefert und hat der Stellung der Formel in dem Paulinischen Kommentare nach [5]) sehr wahrscheinlich auch nicht existiert [6]). Die wesentlichen Bestandteile der Formel sind aus den Quellen erkennbar; ich stelle sie in Form einer Rekonstruktion zusammen [7]):

S. p. in naue (caupona, stabulo), quam (quod) N *N* *tum exercebat* [8])*, N^m N^m eumue* [9])*, quem N* *N* *eius nauis nauigandae* [10]) *(eius cauponae exercendae* [11])*, eius stabuli exercendi) causa ibi tum*

---

[1]) z. B. s. p. iniuria N^i N^i factum esse, ut ureretur.

[2]) Vgl. auch das schol. 3 in Bas. LX 3, 63 (Heimb. V p. 325), wo die actio utilis für eine Unterart des weiteren Begriffs actio in factum erklärt wird, der auch noch andere Fälle umfasse. Von Autorität ist selbstverständlich dieses Scholion nicht. Anderer Versuch zur Erklärung des § 16 I. cit. bei Dernburg, Pand. II § 131 n. 4; noch andere bei Alibrandi, opere I p. 159, Karlowa, R.G. II S. 1337.

[3]) Fr. 7 nautae (4. 9).

[4]) Fr. 6 eod., fr. 19 § 2 de nox. act. (9. 4).

[5]) Vgl. oben S. 13.

[6]) Dass bei der actio furti aduersus nautas caupones stabularios (s. unten § 136) ein

Edikt sich findet, ist kein Gegenbeweis für die im Text aufgestellte Behauptung. Wer sagt, dass beide actiones in factum zu gleicher Zeit eingeführt wurden?

[7]) Ganz ähnlich Rudorff, E. P. § 70; abweichend und sicher unrichtig Keller, Jahrbb. d. gem. Rts. III S. 189 n. 35.

[8]) Ulp. 18 fr. 7 pr. § 5. 6 nautae (4. 9) cf. fr. un. pr. § 3 furti adu. naut. (47. 5).

[9]) Arg. fr. un. pr. furti adu. (47. 5). Vgl. unten § 136. Der Täter braucht nicht namhaft gemacht zu werden, arg. fr. 6 § 4 nautae (4. 9) v. „ut certi hominis factum arguamus".

[10]) Arg. fr. un. § 1 furti adu. naut. (47. 5), fr. 1 § 2 de exerc. act. (14. 1).

[11]) Arg. fr. un. § 6 eod.

habuit[1]*) (qui habitandi causa ibi tum fuit*[2]*), A° A° damnum in-*
iuria dedisse, q. d. r. a., quanti ea res in eo anno plurimi (in die-
bus triginta proximis) fuit[3]*), tantam pecuniam duplam*[4]*), iudex,*
N^m N^m A° A° c. s. n. p. a.

Actio utilis, si seruus nautae damnum dederit: Ulp. 18 fr. 7 § 3 nautae (4. 9).

Actio de peculio aduersus dominum exercitoris: fr. 19 § 2 de noxal.
act. (9. 4), fr. 42 pr. de furtis (47. 2).

Ad exemplum exercitoriae: Ulp. 18 fr. 7 § 6 nautae (4. 9).

Rudorff nimmt die rekonstruierten Formeln der beiden letztern
Aktionen in das Album auf, anscheinend dadurch bewogen, dass in fr. 42
pr. cit. de furtis von einer „formula uolgaris" die Rede ist: damit ist aber,
wie der Zusammenhang ergibt, lediglich die gewöhnliche Formel der
unserer actio korrespondierenden actio furti aduersus nautas gemeint, der
in dem gedachten Falle die in fr. 42 pr. namhaft gemachten Zusätze zu
geben sind.

§ 79—81.　FINIUM REGUNDORUM.　FAMILIAE ERCISCUNDAE.
　　　　　　COMMUNI DIUIDUNDO.

Ulp. 19, Paul. 23, Gai. 7, Iulian. 8.

Unter den iudicia diuisoria steht in den Digesten finium regundorum
voran, im Codex Theod. und Iustin. dagegen dieses am Schluss und an
erster Stelle familiae erciscundae. Dass die Ordnung der Digesten die der
Ediktkommentare und somit ohne Zweifel die des Edikts war[5]), scheint
mir hervorzugehen aus Paul. 23 fr. 56 fam. erc. (10. 2):

> Non solum in finium regundorum, sed et familiae erciscundae
> iudicio praeteriti quoque temporis fructus ueniunt.

Gleichwohl werde ich im folgenden zunächst die Formeln für die actio
familiae erciscundae und die communi diuidundo erörtern, weil für diese
beiden ein weit reichhaltigeres Rekonstruktionsmaterial in den Quellen
vorhanden ist als für die finium regundorum, hinsichtlich deren wir im
wesentlichen auf Analogieschlüsse angewiesen sind.

---

[1]) Arg. fr. un. pr. furti aduersus nautas
(47. 5).

[2]) Paul. 22 fr. 6 § 3 nautae (4. 9) cf. fr. un.
§ 6 furti adu. naut. (47. 5).

[3]) Paul. 22 fr. 6 § 2 nautae (4. 9): Sed si
damnum in eo datum sit ab alio, qui in
eadem naue uel caupona est, cuius factum

praetor aestimare solet — Gegensatz
der prätorischen Taxation der actio de re-
cepto gegen die Aquilische Ästimation —,
non putat Pomponius eius nomine hanc
actionem utilem futuram.

[4]) Ulp. 18 fr. 7 § 1 nautae (4. 9).

[5]) A. M. Rudorff, E. P. § 71 n. 1.

1. (§ 80.) FAMILIAE ERCISCUNDAE[1]).

Ulp. 19[2]), Paul. 23[3]), Gai. 7[4]), Iulian. 8[5]).

Die Schwierigkeit der Rekonstruktion liegt bei allen iudicia diuisoria in der demonstratio. Die der actio familiae erciscundae lautet bei Rudorff, E. P. § 71:

> Quod hereditas illius illi cum illo communis est, quam ob rem familiae erciscundae arbitrum sibi dari postulauerunt . .

Allein weder ist die Verbindung „quod hereditas . . . communis est, quam ob rem . . ." glücklich, noch entspricht die demonstratio im übrigen dem, was sich aus den Quellen ermitteln lässt. Nur dies halte ich ebenfalls für wahrscheinlich, dass der iudicis postulatio[6]) in der demonstratio Erwähnung geschah, möchte aber nach l. Rubria c. XXIII

> qui de familia erciscunda iudicium sibi dari reddiue postulauerint

vermuten, dass diese Erwähnung selber die demonstratio bildete[7]):

> Quod . . . . . de familia erciscunda iudicem sibi· dari postulauerunt.

Dahin nämlich führen uns auch die Kommentare, indem es nur durch diese Annahme möglich wird, die aus ihnen ersichtlichen Formelstücke zu einem Ganzen zu vereinigen, und ebenso auch die Natur der Sache, da ja wirklich lediglich die iudicis postulatio das juristische Fundament des ad- iudicari oportere, dieses letztere aber den eigentlichen Grundstock der Formel bildet, an den sich das „quidquid alterum alteri praestare oportet ex fide bona" erst in verhältnismässig später Zeit ankristallisiert haben dürfte. Wenn ich nun hievon ausgehe und im übrigen, wie aus den Noten ersichtlich, genau den Gang des Ulpianischen Kommentars verfolge, ge- lange ich zu folgender demonstratio, die ich in allem Wesentlichen für gesichert halte:

> *Quod Lucii Titii heredes*[8]) *de familia erciscunda*[9]) *deque eo, quod in ea hereditate ab eorum quo, postea quam heres factus sit, gestum admissumue sit*[10]), *iudicem sibi dari postulauerunt* . . . .

---

[1]) D. (10. 2), C. (3. 36).

[2]) Fr. 2, 4, 6, 8, 10, 12, 14, 16, 18, 20, 22, 24 h. t., fr. 43 ad l. Falc. (35. 2), fr. 30 de manum. test. (40. 4) cf. fr. 22 § 5 h. t., fr. 44 de A. R. D. (41. 1) cf. fr. 8 § 2 h. t.

[3]) Fr. 9, 11, 15, 21, 23, 25, 27, 29, 56 h. t.

[4]) Fr. 1, 3, 5, 17, 19, 26, 28 h. t.

[5]) Fr. 7 si pars her. (5. 4), fr. 51 h. t., wahr- scheinlich auch das wohl falsch inskribierte fr. 12 de statulib. (40. 7).

[6]) Cic. pro Caec. c. 7 § 19, l. Rubria c. 23. In ersterer Stelle heisst es: arbitrum fam. erc. postulauit; in letzterer: qui de fam. erc. . . . . iudicium sibi dari reddiue postula- uerint. In der Legisaktionenformel nach Probus 4, 8: iudicem arbitrumue. In der Formel des Edikts dürfte es iudicem ge- heissen haben, trotzdem der arbiter in den Kommentaren traditionell fortläuft.

[7]) Was Cicero (de orat. I 56 § 237) und der Epitomator des Festus vom erctum cieri und erctum citum melden — vgl. noch GelL N. A. I 9 i. f., Seruius ad Aeneid. VIII 642, Nonius s. v. citum —, ist ohne Zweifel auf die legis actio zu beziehen und bleibt daher für uns ausser Betracht.

[8]) Ulp. 19 fr. 2 pr.—§ 4 h. t., Paul. 23 fr. 25 pr. h. t., Gai. 7 fr. 1 h. t. Eventuell: Quod C. Seius inter se et ceteros L. Titii heredes . . . . postulauit.

[9]) Hier erörtern die Kommentare den Um- fang der „zu teilenden Erbschaft". Ulp. 19 fr. 2 § 5, fr. 4, 6, 8, 10, 12, 14, 16 pr.—§ 3 h. t., Paul. 23 fr. 25 § 1—14 h. t., Gai. 7 fr. 3, 5 h. t.

[10]) Fr. 49 h. t.: nam ut familiae erciscun-

An diese demonstratio schloss sich, wie wir aus den Kommentaren ersehen, zunächst die Adjudikationsklausel an, die nach Gai. IV 42 lautete:

QUANT*U*M ADIUDICARI OPORTET, IUDEX Titio ADIUDICATO.

Ob das Titio, wie mir das wahrscheinlichste, ein Rest der in der Musterformel genannten Namen oder ob es durch ein Abschreiberversehen aus tantum[1]) oder cui oportet[2]) entstanden ist, oder wie man sonst das von Gaius nicht ganz vollständig angeführte Formelstück — irgend eine Bezeichnung der Adjudikatare musste darin enthalten sein — ergänzen will, ist wohl nicht von grosser Erheblichkeit[3]). Kommentiert ist das „quantum   . adiudicari oportet" bei Ulp. 19 fr. 20 § 1 — ult, fr. 22 pr. h. t. — der Jurist handelt hier namentlich auch vom Präzeptionslegat[4]) —, das „adiudicato" bei Ulp. 19 fr. 22 § 1—3 h. t., Paul. 23 fr. 25 § 20. 21 h. t.

Den Schluss der Formel bildet:

quidquid ob eam rem alterum alteri[5]) *praestare*[6]) *oportet ex fide bona*[7]), *eius, iudex, alterum alteri c. s. n. p. a.*

Kommentiert bei Ulp. 19 fr. 22 § 4. 5, fr. 24 pr. h. t., Paul. 23 fr. 25 § 22[8]), fr. 27, 29, 56 h. t.

Hiemit sind die Bestandteile der regulären Formel erschöpft. Nicht beitreten kann ich der neuerlich von Audibert[9]) vertretenen Ansicht, wonach in der Formel der actio familiae erciscundae (und ebenso auch in der der actio communi diuidundo) zwischen der adiudicatio und der obigen intentio und condemnatio noch eine zweite intentio und condemnatio enthalten gewesen wäre, berechnet nicht auf die Auseinandersetzung des Obligationsverhältnisses, sondern nur auf die pekuniären Ausgleichungen, die die adiudicatio als solche notwendig machen konnte, und etwa lautend: quantum ob eam rem condemnari oportet, t. p. c. (ohne absolutio). Das Fundament dieser Hypothese bilden nicht Quellenzeugnisse, sondern allgemeine Erwägungen über den geschichtlichen Entwicklungsgang der Teilungsklagen, und nur insofern werden auch die Quellen zur Unterstützung herangezogen, als Audibert einzelne Stellen anführt, deren In-

---

dae agere quis possit, ... oportet . . . . ex ea causa agere uel conueniri, quam gessit quodque admisit, posteaquam heres effectus sit. Da in der Stelle wegen Mangels des gedachten Erfordernisses das directum iudicium verweigert und utilis actio erteilt wird, so tut sie die Notwendigkeit der Annahme eines entsprechenden Formelstücks dar. Das Formelstück ist aber auch ausführlich kommentiert bei Ulp. 19 fr. 16 § 4 (im § 4 sind die Worte in usum fructum zu betonen) —ult., fr. 18, 20 pr. h. t., Paul. 23 fr. 25 § 15—19 h. t., Gai. 7 fr. 17, 19 h. t. Wie man sieht, nimmt es in den Kommentaren genau die Stelle ein, die ich ihm im obigen gebe.

[1]) tt̄: cf. Apograph. Studem. p. 308.

[2]) cuiō: Huschke in der iurispr. anteiust.

[3]) Gegen Kellers (C. P. n. 458) und Ru-

dorffs „quantum paret alteri ab altero adiudicari oportere" vgl. übrigens Bekker, Aktionen I S. 231 n. 9.

[4]) Gai. II 219 sq., vgl. auch Gai. 7 fr. 26, 28 h.t.

[5]) Fr. 52 § 2 h. t.

[6]) Dies Wort kehrt ständig wieder, z. B. fr. 22 § 4. 5, fr. 24 pr., fr. 25 § 16. 22, fr. 33, 39 i. f., 44 § 2. 3. 8, fr. 52 § 1 h. t.

[7]) § 28 I. de act. (4. 6), c. 9 h. t. A. M. Dernburg, Compensation, 2. Aufl., S. 91, s. auch Audibert, NRH. XXVIII p. 53. 63.

[8]) Dieser § könnte übrigens auch noch als Bemerkung zur Adjudikationsklausel aufgefasst werden. Im übrigen sind die Abschnitte in den Kommentaren deutlich erkennbar.

[9]) Mélanges Appleton (1903) p. 1 ss., NRH. XXVIII p. 273 ss., 401 ss., 649 ss.

halt, wie er glaubt, mit der obigen einfachen intentio und condemnatio nicht vereinbar sei[1]). Mir ist die ganze Vermutung im höchsten Grade unwahrscheinlich[2]). Man fragt sich vergebens, welchen praktischen Zweck die Doppelintentio und Doppelcondemnatio besessen haben soll, da doch die Formel mit einfacher intentio und condemnatio in ihrer elastischen Fassung und weitgehenden Akkommodationsfähigkeit jedwedem praktischen Bedürfnis zu entsprechen vermochte. M. E. entscheidet aber gegen Audibert schon die einfache Tatsache, dass in dem umfangreichen Quellenmaterial, das wir über die Teilungsklagen haben, auch nicht die geringste Spur von jener seltsamen Formulierung zu entdecken ist.

Neben der directa actio werden wiederholt actiones utiles[3]) erwähnt — fr. 2 § 1, 24 § 1, 40, 49 h. t. —, die meist leicht zu rekonstruieren sind: in die demonstratio wurde das von der Norm abweichende rechtliche Verhältnis aufgenommen, und sodann bei dem „quantum adiudicari oportet" und dem „quidquid praestare oportet" fiktizisch (si heres esset, si heredes essent) nachgeholfen; nur die utilis actio des fr. 49 h. t. musste in anderer Weise konstruiert werden.

2. (§ 81). COMMUNI DIUIDUNDO[4]).

Ulp. 19[5]), Paul. 23[6]), Gai. 7[7]), Iulian. 8[8]).

Der Schwerpunkt der Aufgabe der Rekonstruktion liegt auch hier in der demonstratio. Gerade in dieser Richtung sind aber die bisherigen Rekonstruktionsversuche[9]) reine Phantasiegebilde und daher gänzlich unbrauchbar.

Zunächst wird fast durchweg[10]) angenommen, dass der zu teilende

---

[1]) M. E. ist die Unvereinbarkeit nirgends vorhanden; es kann aber an diesem Orte unmöglich auf alle diese Stellen eingegangen werden. Nur einige Beispiele. In fr. 39 pr. fam. erc. (10. 2) geht das „partem suam petebat" auf die h. p. partiaria, nicht wie A. (NRH. p. 293) annimmt, auf die actio f. e. Der Zweifel in fr. 14 § 1 i. A. comm. diu. (10. 3) betrifft die Frage, ob die Retentionseinrede stattzugeben sei, nicht (so A. a. a. O. p. 302) die, ob es zu ihrer Geltendmachung einer exceptio bedürfe. Fr. 52 § 2 h. t. handelt nicht von der Auferlegung von Ausgleichungen (so A. a. a. O. S. 413), sondern vom Ersatz von Aufwendungen (sumptus), ist also keinesfalls auf die intentio A.'s zu beziehen. Fr. 24 pr. comm. diu. (10. 3) und die l. gem. fr. 45 de A. R. D. (41. 1) sind sicher nicht interpoliert (a. M. A. a. a. O. p. 426); denn jede solche Gemination beruht auf Versehen, und es ist undenkbar, dass man die versehentlich aufgenommene l. gem. zufällig mit ganz den gleichen Worten interpoliert hätte. U. s. w.

[2]) Vgl. auch Kübler, ZRG. XXXVIII S. 446 fg.

[3]) Nicht hieher gehört das von Rudorff, (E. P. § 71 n. 2) angezogene fr. 1 § 9 de dote prael. (33. 4): hier handelt es sich nicht um eine utilis fam. erc. actio.

[4]) D. (10. 3), C. (3. 37).

[5]) Fr. 4, 6 h. t.

[6]) Fr. 1, 8, 10.

[7]) Fr. 2, 11 h. t., fr. 13 de iudic. (5. 1) = fr. 2 § 1 h. t., fr. 45 de A. R. D. (41. 1).

[8]) Fr. 24 h. t.; cit. fr. 37 de R. V. (6. 1) cf. fr. 14 § 1 h. t.? oder falsch inskribiert?

[9]) Ausser Rudorff, E. P. § 72, vgl. noch Puchta, Cursus § 167 n. i, Keller, C. P. n. 458, Heffter, ad Gai. p. 59. Rudorffs Rekonstruktion findet im wesentlichen völlig befriedigend: Eck, doppelseitige Klagen S. 89 fg., die Kellers: O. Geib, die rtl. Natur der actio comm. diuid. (diss. 1882) S. 73 fg.

[10]) Anders nur Karlowa, R. G. II S. 457 n. 1, der der actio c. d. überhaupt jede demonstratio abspricht. Dass sie jedoch eine

Gegenstand in der Formel bezeichnet gewesen sei. Es ist aber das
Gegenteil sicher, wie aus folgenden beiden Stellen hervorgeht. Ulp. 19
fr. 4 § 2 h. t.:

> Hoc iudicium bonae fidei est: quare si una res indiuisa relicta sit,
> ualebit utique et ceterarum diuisio et poterit iterum communi
> diuidundo agi de ea quae indiuisa mansit.

Ulp. 75 fr. 13 h. t.:

> In iudicium communi diuidundo omnes res ueniunt, nisi si quid
> fuerit ex communi consensu exceptum nominatim, ne ueniat[1]).

Hienach kann der Judex durch die Formel nur einfach aufgefordert
gewesen sein, das „commune" zu teilen.

Ferner enthielt, was bisher allgemein übersehen worden, die demonstratio, ganz wie die der actio familiae erciscundae, einen auf die praestationes gemünzten Zusatz, der uns sehr wahrscheinlich in den forma-
listischen Wendungen des fr. 3 pr. h. t. (Ulp. 30 ad Sabin.) wortgetreu
überliefert ist:

> In communi diuidundo iudicio nihil peruenit ultra diuisionem rerum
> ipsarum quae communes sint et si quid in his damni datum
> factumue est siue quid eo nomine aut abest alicui socio-
> rum aut ad eum peruenit ex re communi.

Die Existenz dieses Zusatzes ergibt sich nicht nur aus der genauen Erörterung in den Kommentaren (vgl. unten n. 6), sondern namentlich auch
daraus, dass, wo der Zusatz seinem Wortlaut nach nicht zutrifft, utilis actio
notwendig war. Ulp. 19 fr. 6 pr. h. t.:

> Si quis putans sibi cum Titio fundum commune esse fructus
> perceperit uel sumptum fecerit, cum esset cum alio communis,
> agi poterit utili communi diuidundo iudicio.

Der Grund, warum hier die directa actio versagt wird, liegt augenscheinlich darin, dass die Fruchtperzeption, bezw. der Aufwand, nicht, wie es
der Zusatz in der demonstratio fordert, „communi nomine" geschehen ist,
ein Erfordernis des iudicium directum, das auch in fr. 6 § 2 und fr. 14 pr.
h. t. energisch hervorgehoben wird.

Hienach würde ich etwa folgende Formel für möglich halten[2]):

> *Quod L. Titius C. Seius[3]) de communi [eorum?] diuidundo[4]) et si
> quid in communi damni[5]) datum factumue sit siue quid eo no-
> mine aut absit eorum cui aut ad eorum quem peruenerit[6]), iudi-*

---

solche besass, wird durch die von Karlowa
nicht beachteten Kommentare erwiesen.

[1]) Vgl. auch Paul. sent. I 18 § 5.

[2]) Wegen der abweichenden Ansicht
Audiberts vgl. den vorigen §.

[3]) Paul. 23 fr. 8 pr. h. t. Eventuell: quod
L. Titius inter se et C. Seium ... (postulauit).

[4]) Ulp. 19 fr. 4 pr.—§ 2 h. t., Paul. 23 fr. 8
§ 1 h. t., Gai. 7 fr. 2 pr. h. t. Zum Wort com-

mune vgl. noch c. 3 in quibus caus. cess. l. t.
praescr. (7. 34).

[5]) Cf. fr. 26 h. t.

[6]) Ulp. 19 fr. 4 § 3. 4, fr. 6 pr.—§ 7 h. t.
(zu eo nomine speziell: fr. 6 pr.—§ 2);
Paul. 23 fr. 8 § 2—4 (§ 2: si quid damni;
§ 3. 4: si quid abest eorum cui), fr. 10 pr. h. t.;
Gai. 7 fr. 11 h. t. Zu „peruenerit" vgl. noch
Paul. 22 fr. 19 pr. i. f. de noxal. act. (9. 4).

cem sibi dari postulauerunt[1]): *quantum* .... *adiudicari*
oportet, iudex ..... *adiudicato*[2]): *quidquid ob eam rem alterum*
alteri praestare oportet ex fide bona[3]), *eius, iudex, alterum alteri*
c. s. n. p. a.

Was die actiones utiles anlangt, so war für eine Klasse derselben im
Album eine besondere Formel proponiert: für die Fälle nämlich, wo die
directa actio deswegen nicht zuständig war, weil die Teilung einer andern
Gemeinschaft als derjenigen gemeinschaftlichen Eigentums (im weitesten
Sinne) verlangt wurde (vgl. § 82). Anderer Art sind die Fälle des fr. 6 pr.
(Modifikation des „eo nomine"), fr. 11, 14 § 1 (Weglassung der Worte
de communi diuidundo und der Adjudikationsklausel und Anpassung des
übrigen), fr. 6 § 1 h. t. (Kombination des fr. 6 pr. und fr. 11).

3. (§ 79). FINIUM REGUNDORUM[4]).

Ulp. 19[5]), Paul. 23[6]), Gai. 7[7]), Iulian. 8[8]).

Die Geschichte der actio finium regundorum liegt ausserhalb des
Kreises der mir gestellten Aufgabe[9]). Was die Formel anlangt, so bieten
adiudicatio, intentio und condemnatio kein Bedenken: diese Formelteile
stimmten wohl vollständig mit den oben betrachteten Aktionen überein
(doch ist uns nicht bezeugt, dass die actio fin. reg. bonae fidei gewesen);
von ihnen handelt Ulp. 19 fr. 2 § 1 h. t., Paul. 23 fr. 4 § 5—7 [10]), Gai. 7 fr. 3
h. t. Die Schwierigkeit liegt auch hier wieder in der demonstratio, hinsichtlich deren wir ganz auf Paul. 23 fr. 4 pr. — § 4 h. t., den einzigen dazu
erhaltenen Kommentar angewiesen sind. Daraus erfahren wir erstens,
dass in der Formel nicht von einer controuersia unius loci[11]) die Rede
war, arg. fr. 4 pr. h. t.[12]):

> Sed et loci unius controuersia in partes res scindi adiudicationibus
> potest.

Zweitens, dass die demonstratio sehr wahrscheinlich auch hier einen auf
die möglichen Prästationen gemünzten Zusatz enthielt: hierauf wird fr. 4
§ 1—3 zu beziehen sein, vgl. § 6 I. de off. iud. (4. 17). Endlich, dass

---

[1]) Gai. 7 fr. 2 § 1 h. t. Fr. 7 pr. de reb.
eor. (27. 9). Vgl. Isidor. orig. V 25 § 10:
Communi diuidundo est inter eos quibus
communis res est: quae actio iubet
postulantibus iis arbitrium (arbitrum
ser.) dari, cuius arbitratu res diuidatur.

[2]) Gai. IV 42. Hiezu: Ulp. 19 fr. 6 § 8—10
h. t., Paul. 23 fr. 10 § 1 h. t.

[3]) Ulp. 19 fr. 6 § 11. 12 h. t., Paul. 23 fr. 10
§ 2 h. t. Wegen „praestare" vgl. fr. 11 h. t.,
ferner fr. 4 § 3, 6 § 1. 2, 20, 25 h. t. Wegen
ex fide bona: fr. 4 § 2, fr. 14 § 1, fr. 24 pr.
h. t., c. 3 comm. utr. (3. 38), § 28 I. de act.
(4. 6); mit fr. 24 pr. h. t. vgl. die l. gem.
fr. 45 de A. R. D. (41. 1).

[4]) D. (10. 1), C. (3. 39).

[5]) Fr. 2 h. t.

[6]) Fr. 1, 4, 6 h. t.

[7]) Fr. 3 h. t.

[8]) Fr. 9 h. t.

[9]) M. E. ist Karlowa, Beiträge S. 141 fgg.,
der Beweis, dass die actio fin. reg. sich von
jeher auf die controuersia de fine beschränkt
habe, gegen Rudorff vollständig gelungen
und durch das, was dieser im E. P. § 73 n. 5
erwidert, sicherlich nicht widerlegt.

[10]) Fr. 4 § 8—11, fr. 6 h. t. enthalten ab-
gesonderte Schlussbemerkungen.

[11]) Vgl. c. 3 h. t. = c. 1 C. Theod. h. t.
(2. 26).

[12]) Vgl. hiezu Karlowa, a. a. O. S. 142
fgg.

wahrscheinlich auch diese demonstratio auf „*quod L. Titius C. Seius de finibus fundorum regundis* .... *iudicem sibi dari postulauerunt*" gestellt war: denn wenn es in fr. 4 § 4 — am Schlusse der Erläuterung der demonstratio, vor Beginn der Erläuterung der adiudicatio — heisst:

Si dicantur termini deiecti uel exarati, iudex, qui de crimine cognoscit, etiam de finibus cognoscere potest:

so werden diese Worte wohl am einfachsten auf das „quod .... iudicem postulauerunt" der demonstratio bezogen; doch können sie auch dem auf die admissa circa fines bezüglichen Stück gegolten haben[1]).

§ 82. *DE UTILI COMMUNI DIUIDUNDO IUDICIO.*

Ulp. 20[2]), Paul. 24[3]).

Der Umstand, dass Ulpian und wahrscheinlich auch Paulus die utilis comm. diu. actio (s. S. 205) nicht im gleichen Buch mit der directa actio erörtern, macht es an sich schon plausibel, dass für jene eine besondere Formel im Edikt stand. Diese Annahme wird durch den Inhalt von Ulp. 20 fr. 7 cit. bestätigt. Im pr.—§ 2 dieses Fragments wird zunächst mitgeteilt, dass die Anwendbarkeit der comm. diu. directa sich nicht auf das Verhältnis quiritischer Miteigentümer beschränke, dass vielmehr auch die Teilung von agri uectigales, von Provinzialgrundstücken — an solche wird bei § 1 zu denken sein —, von zu Publicianischem Recht besessenen Grundstücken keine Veränderung der Formel notwendig mache: alles sehr natürlich, wenn man erwägt, dass die Formel der directa das zu teilende commune nicht namhaft machte, sondern nur „de communi diuidundo" überhaupt lautete. Nun fährt Ulpian in § 3 fort:

Ex quibus[4]) autem causis uindicatio cessat, si tamen iusta causa est possidendi, utile communi diuidundo competit

Die Art und Weise, wie Ulpian die Voraussetzung dieses utile iudicium — die iusta causa possidendi bei Mangel der uindicatio (directa und utilis) — in § 3—10 kommentiert, die Ausdrücke ferner, mit denen er die Zuständigkeit oder Unzuständigkeit desselben bezeichnet (hoc iudicium locum habet, non habet, non debere hoc iudicium dari, cessare hoc iudicium, non erit huic utili iudicio locus, hoc iudicium competit), lassen keinen Zweifel, dass wir es hier mit einem, und zwar für alle von Ulpian angeführten Fälle[5]) gleichermassen passenden, im Edikt proponierten Rechtsmittel zu tun haben, das der Aufmerksamkeit Rudorffs entgangen ist.

---

[1]) Vgl. § 6 I. de off. iud. (4. 17) v.: quod forte circa fines malitiose aliquid commisit, uerbi gratia quia lapides finales furatus est.

[2]) Fr. 7 comm. diuid. (10. 3).

[3]) Fr. 7 de ui (43. 16) cf. fr. 7 § 5 comm. diuid. (10. 3). Vielleicht ist fr. 10 § 1 comm. diuid. — Paul. 23 — aus Paul. 24 eingeschoben. Vgl. Ulp. 20 fr. 7 § 7 eod.

[4]) *Flor.*: quibusdam. Die obige Lesart entspricht den Basiliken und dem Schol. des Cyrillus bei Heimb. I p. 799. 800.

[5]) Besitz mehrerer Usurezipienten (§ 3, wo statt „ex causa indebiti soluti res" mit Keller zu lesen ist: ex causa debiti soluti fiducia), Pfandgläubiger (§ 6), Usufructuare (§ 7), missi in possessionem (§ 8). Vgl. ferner fr. 10 § 1 h. t., fr. 32 de stip. seru. (45. 3).

Die Formel zu rekonstruieren ist bei der Spärlichkeit des überlieferten Materials nicht möglich. In der demonstratio war jedenfalls das Erfordernis der gemeinschaftlichen possessio ex iusta causa erwähnt[1]. Eine fiktizische Fassung ist nicht wahrscheinlich, da der Judex die hier in Betracht kommenden Gemeinschaftsverhältnisse weder so auseinandersetzen sollte noch auch konnte als wenn Eigentumsgemeinschaft vorläge.

§ 83—88. DE FIDEIUSSORE ET SPONSORE[2].

Ulp. 20[3]. 21[4]. 22[5], Paul. 24[6]. 25[7], Gai. 8[8], Iulian. 88[9]. 89[10]. 90[11].

An die Ordnung der aus der Rechtsgemeinschaft abfliessenden Rechtsverhältnisse schloss sich im Edikt, wahrscheinlich unter dem Gesichtspunkt der Haftungsgemeinschaft, das Kapitel von der Bürgschaft. Ein grosser Teil der in den Noten angeführten Kommentarfragmente verlangt, ein anderer duldet die Beziehung auf diese Materie, und wenn bei dem Rest die Zusammenhänge dunkel bleiben, so erklärt sich dies sehr einfach daraus, dass wir über das klassische Aktionenrecht der Bürgschaft überaus ungenügend unterrichtet sind. Ich versuche zunächst die Beziehungen soweit möglich klar zu stellen[12].

Gai. III 121 meldet:

.... sponsor et fidepromissor lege Furia biennio liberantur, et quotquot erunt numero eo tempore quo pecunia peti potest, in tot partes diducitur inter eos obligatio et singuli (in) uiriles partes obligantur.

Die Erörterung dieser Bestimmungen musste notwendig zur Behandlung der Fragen von der Teilbarkeit der Obligationen und der Nativität der Ansprüche führen, welch letztere sowohl mit Rücksicht auf den Anfangspunkt des biennium als auch behufs Feststellung des für die Teilung der Obligation massgebenden Moments in Betracht kam. Hieher ziehe ich Ulp. 20 fr. 60, 72 de V. O. (45. 1), Paul. 24 fr. 73 pr. eod., fr. 26 de adm. et peric. (26. 7), fr. 1 rem pupilli (46. 6), fr. 1 iud. solui (46. 7), Iulian. 88 fr. 59 de V. O. (45. 1).

---

[1] Wir müssen uns die Fassung so denken, dass über die Anwendbarkeit der Formel auf einzelne der angef. Fälle immerhin Zweifel möglich waren. Arg. fr. 4 i. f. de aqua (43. 20).

[2] Paul. sent. I 20.

[3] Fr. 41 pro socio (17. 2), fr. 60, 72 de V. O. (45. 1).

[4] Fr. 15 de iudic. (5. 1), fr. 19 de pignor. (20. 1), fr. 30 de hered. instit. (28. 5), fr. 44 ad l. Falc. (35. 2), fr. 30 de m. c. don. (39. 6), fr. 2 de cess. bon. (42. 3), fr. 42 de O. et A. (44. 7), fr. 33 de V. S. (50. 16), fr. 134 de R. I. (50. 17).

[5] Fr. 17 de statu hom. (1. 5), fr. 27 de fideiuss. (46. 1).

[6] Fr. 23 de N. G. (3. 5), fr. 29 de pec.

constit. (13. 5), fr. 26 de adm. et per. (26. 7), fr. 10 de auct. (26. 8), fr. 7 de ui (43. 16), fr. 73 de V. O. (45. 1), fr. 1 rem pup. (46. 6), fr. 1 iud. solui (46. 7), fr. 32, 34 de V. S. (50. 16).

[7] Fr. 28 de fideiuss. (46. 1).

[8] Fr. 1, 3 de grad. (38. 10), fr. 31 de m. c. don. (39. 6), fr. 74 de V. O. (45. 1) — s. aber Paling. I p. 209 n. 2, fr. 26 de fideiuss. (46. 1).

[9] Fr. 59 de V. O. (45. 1).

[10] Fr. 17 de fideiuss. (46. 1).

[11] Fr. 2 de compens. (16. 2), fr. 18 de fid. (46. 1).

[12] Die Ordnung der im Text folgenden Aufzählung der einzelnen Bestimmungen ist nicht chronologisch gemeint; dies mit Rücksicht auf die Bemerkungen Levys, Sponsio, Fdpr., Fi. (1907) S. 58 fg., 68 n. 4.

Die lex Appuleia — Gai. III 122 — gewährte demjenigen unter mehrern Sponsoren oder Fidepromissoren, der plus sua portione soluerit, de eo quod amplius dederit, eine actio aduersus ceteros. Aduersus ceteros: natürlich nur unter der Voraussetzung, dass der zu belangende Mitbürge selbst weniger als seinen Anteil geleistet hat. Hieher vielleicht Paul. 24 fr. 32 de V. S.:

Minus solutum intellegitur etiam si nihil esset solutum

und Iulian. 89 fr. 17 de fid. (46. 1)[1].

Die lex Publilia — Gai. III 127, IV 22 — gab dem sponsor, der für den Hauptschuldner gezahlt hatte und von letzterem nicht innerhalb sechs Monaten Deckung erhielt, gegen diesen eine Regressklage, die sog. actio depensi[2]. Hier mussten die Juristen feststellen, wann der Tatbestand der Zahlung (datum depensum)[3] vorliege: Paul. 24 fr. 23 de N. G. (3. 5), Iulian. 90 fr. 18 de fid. (46. 1), fr. 2 de comp. (16. 2).

Sponsoren und Fidepromissoren konnten wirksam zugezogen werden, „quamuis interdum ipse qui promiserit non fuerit obligatus, uelut si mulier aut pupillus sine tutoris auctoritate . . . . dari promiserit". Vgl. Gai. III 119. In diesen Zusammenhang gehört vielleicht Paul. 24 fr. 10 de auct. tut. (26. 8).

Die lex Cicereia — Gai. III 123 — verordnete:

ut is qui sponsores aut fidepromissores accipiat, praedicat palam et declaret, et de qua re satis accipiat et quot sponsores aut fidepromissores in eam obligationem accepturus sit . . . . .

Hieher Ulp. 21 fr. 33 de V. S. (50. 16):

Palam est coram pluribus.

Die Folge unterlassener praedictio war unter gewissen Voraussetzungen Liberation der Bürgen. Per contrarium weist hierauf Ulp. 21 fr. 19 de pignor. (20. 1):

Qui pignori plures res accepit, non cogitur unam liberare nisi accepto uniuerso quantum debetur.

Durch die lex Cornelia — Gai. III 124 — wurde für alle Arten von Bürgen verboten, dass eine und dieselbe Person für einen und denselben Schuldner bei einem und demselben Gläubiger sich „in ampliorem summam creditae pecuniae quam in XX milia" obligiere. Unter pecunia credita wurde hier nach Gaius nicht bloss das Darlehen verstanden, sondern jede Schuld, aber freilich nur die unbedingte. Hieher gehört wahrscheinlich die Erörterung des der „pecunia credita" entsprechenden Begriffs creditor bei Ulp. 21 fr. 42 de O. et A. (44. 7), wie auch die Bemerkung bei Paul. 24 fr. 73 § 1 de V. O. (45. 1), vielleicht auch fr. 34 de V. S. (50. 16).

Die letzte Stelle nimmt in den Kommentaren das Teilungsbeneficium der epistula D. Hadriani ein (Gai. III 121). Auf dieses beziehen sich offen-

---

[1] Vgl. zu dieser Stelle Levy, a. a. O. S. 188 fg.
[2] Von ihr dürfte im Urtext des fr. 52 mand. (17. 1) die Rede gewesen sein.
[3] L. Iul. munic. v. 115.

sichtlich Ulp. 22 fr. 27 de fideiuss. (46. 1), Paul. 25 fr. 28 eod., Gai. 8 fr. 26 eod. Auch die Bemerkung bei Ulp. 22 fr. 17 de statu hom. (1. 5) über die unter Caracalla stattgefundene Verallgemeinerung des römischen Bürgerrechts wird wohl gelegentlich hier gefallen sein. Anlass zur Erwähnung jener Tatsache konnte der Umstand geben, dass infolge jener Verallgemeinerung die sponsio ihren nationalen Charakter praktisch verloren hatte[1]). —
Der weitaus grösste Teil der eingangs angeführten Fragmente hat im obigen Unterkunft gefunden. Auch von dem Rest können einige ohne grossen Zwang zur Bürgschaft in Beziehung gesetzt werden, so Ulp. 20 fr. 41 pro socio (17. 2) — Einfluss einer Regressstipulation etwa auf die Regressklage ex lege Appuleia —, Paul. 24 fr. 29 de pec. const. (13. 5) vgl. fr. 8 § 5 de fidei. (46. 1), Paul. 24 fr. 73 § 2 de V. O. (45. 1) vgl. fr. 91 § 3. 4 eod., Gai. 8 fr. 74 eod. vgl. Gai. inst. IV 137 (s. aber auch Paling. I p. 209 n. 2). Immerhin bleibt aber eine Anzahl übrig, über deren Beziehungen nur höchst unsichere Vermutungen möglich sind. Wir müssen annehmen, dass die Juristen hier zu ihren Erörterungen durch uns unbekannte Sätze des klassischen Rechts veranlasst wurden. Wenn Gai. 8 fr. 1, 3 de grad. (38. 10) ein Verzeichnis der Verwandten bis zum 7ten Grade gibt, so wäre etwa denkbar, dass die lex Cornelia diese nächsten Verwandten von ihren beschränkenden Bestimmungen ausgenommen hätte. Ganz dunkel bleiben die Zusammenhänge bei den Untersuchungen, die Gai. 8 fr. 31 de m. c. don. (39. 6) und Ulp. 21 fr. 30 eod. über den Begriff und Umfang des mortis causa capere anstellen[2]), desgleichen bei Ulp. 21 fr. 44 ad l. Falc. (35. 2), fr. 2 de cess. bon. (42. 3), fr. 30 de hered. instit. (28. 5), fr. 134 de R. I. (50. 17)[3]). Dunkel ist endlich auch Ulp. 21 fr. 15 de iud. (5. 1):

> Filius familias[4]) iudex si litem suam faciat, in tantam quantitatem tenetur, quae tunc in peculio fuit, cum sententiam dicebat.

---

[1]) Levy, Sponsio etc. S. 115 n. 3. Andere Vermutung — Verallgemeinerung der nur auf römische Bürger bezüglichen(?) lex Furia — in der 1. Aufl. und im éd. perp., deren Fundament mir aber durch die Ausführungen Appletons, ZRG. XXXIX S. 18 fgg., erschüttert zu sein scheint.

[2]) Beziehung zum Regress des Bürgen, arg. fr. 10 § 13 mand. (17. 1)? zu den satisdationes ex lege Iulia uicesimaria, Gai. III 125? Oder sollte an dieser Stelle des Edikts ausser von den adpromissores auch von den adstipulatores die Rede gewesen sein? Denken wir uns einen adstipulator, der in dem bei Gai. III 117 erwähnten Falle (stipulatio post mortem) in rem suam stipulierte, so wäre dies ein eigentümlicher Fall von mortis causa capio, der wohl zu weitausgreifenden Erörterungen führen konnte. Aber all diese Beziehungen liegen zu fern, als dass sie auch nur den Wert einer plausiblen Hypothese beanspruchen könnten. Man muss sich hier zum ignorare entschliessen.

[3]) Fr. 134 pr. de R. I. stellt fest, dass in der Unterlassung eines Erwerbs keine fraudatio creditorum liege. Auf eben dies Delikt wird auch fr. 134 § 1 zu deuten sein. Aber wo ist der Zusammenhang? Betrüglicher Akkord in der Absicht, den Sponsoren und Gläubigern Vermögensbestandteile zu entziehen? Vgl. l. Iul. munic. v. 114. 115: qui sponsoribus creditoribusue suis renuntiauit renuntiauerit se soldum soluere non posse aut cum eis pactus est erit se soldum soluere non posse.

[4]) Mommsen: post „filius familias" uerba „ubi contraxit" uel similia male uidentur sublata esse. Post, vielleicht ante: die Kompilatoren werden falsch abgeteilt haben. Dass hier nur durch Konjekturalkritik zu helfen, halte ich für sicher.

(§ 1) Iudex tunc litem suam facere intellegitur, cum dolo malo in fraudem legis sententiam dixerit (dolo malo autem uidetur hoc facere, si euidens arguatur eius uel gratia uel inimicitia uel etiam sordes), ut ueram aestimationem litis praestare cogatur.

Rudorff, E. P. § 79, gründet auf diese Stelle die Annahme, dass in direkter Nachbarschaft dessen, was das Edikt mit Beziehung auf die Bürgschaftsgesetze enthielt, die Klausel Si iudex litem suam fecerit gestanden habe. Ich halte diese Hypothese für unmöglich: denn ist die Inskription des Fragments richtig, so stand dasselbe mitten in der Materie von der Bürgschaft, in der Gegend der Rubriken ad legem Cicereiam und ad legem Corneliam (Ulp. 21), aber noch vor der Rubrik ad epistulam D. Hadriani (Ulp. 22): wie soll an solchen Ort die Klausel Si iudex litem suam fecerit geraten sein[1])? Ohne Zweifel haben wir es vielmehr in fr. 15 cit. (wofern die Inskription der Stelle richtig ist) mit einem speziellen Fall des litem suam facere zu tun, zu dessen Erörterung eines der Bürgschaftsgesetze Anlass gab. Dafür spricht auch sehr entschieden der Wortlaut der Stelle; denn wenn Ulpian das litem suam facere definiert als: dolo malo in fraudem legis sententiam dicere, so wäre das als Definition des Delikts überhaupt viel zu enge (s. oben S. 163), und das „in fraudem legis" verträgt gewiss sehr gut die Deutung auf ein Urteil, das in fraudem eines bestimmten Gesetzes erlassen ist. Es lässt sich vermuten, dass man in Rom mancherlei Wege versucht haben wird, um die lästigen Beschränkungen der Bürgschaft zu umgehen, — man denke nur etwa an die Möglichkeit der Ersetzung der Bürgschaft durch Übernahme der Korrealverpflichtung. Vielleicht ist in fr. 15 cit. ein Judex zu unterstellen, der bewusst solche Gesetzesumgehung unterstützt, indem er über das Mass der lex Furia oder Cornelia hinaus verurteilt.

Zum Schluss erhebt sich die Frage, wie wir uns den auf die Bürgschaftsgesetze bezüglichen Teil des Albums ausgefüllt denken sollen. Ich stelle hieher folgende Rechtsmittel.

1. Ad legem Furiam (Ulp. 20, Paul. 24) war die Formel der ehedem durch manus iniectio pro iudicato durchgeführten Rückforderungsklage — actio legis Furiae[2]) — proponiert. Gai. IV 22, 109. Eine exceptio legis Furiae hat es m. E. nicht gegeben[3]); sie würde übrigens keinesfalls an

---

[1]) Vgl. oben § 59.
[2]) Über die Frage der Litiskreszenz vgl. Mitteis, ZRG. XXXV S. 114.
[3]) Anders (jedoch nur hins. der zweijährigen Befristung) die 1. Aufl., im Anschluss an Demelius, Untersuchungen S. 16 n. 6; für die exceptio Girard, une exc. à la div. de la l. Furia (studi Fadda II p. 55 sq.); dagegen Appleton, ZRG. XXXIX S. 14 fg., der das scheinbare Gegenargument aus Gai. IV 22 treffend bekämpft (S. 11 fgg.) und durch Girard, a. a. O. p. 60 n. 3 nicht widerlegt

wird. Fr. 12 rem pupilli (46. 6) bezieht sich m. E. auf fideiussores, nicht auf sponsores; da die Verpflichtung durch sponsio nur röm. Bürgern offen stand, müssen auch prätorische Satisdationen unendlich oft durch Fidejussoren geleistet worden sein, so dass es durchaus nicht auffallen kann, wenn dem Juristen ein solcher Fall vorlag. Wie im Fall der Stelle bei Mehrheit von sponsores zu entscheiden gewesen wäre, ist mit Sicherheit nicht zu sagen: sollte es nicht Ausnahmen von der Teilungsvorschrift der lex Furia

dieser Stelle zu suchen sein, sondern unter die allgemeine Rubrik des § 279 gehören.

2. Ad legem Appuleiam (Paul. 24) hätten wir die durch dieses Gesetz eingeführte Regressklage — Gai. III 122 — zu suchen, freilich schwerlich im städtischen Edikt, da sonst die von Gaius l. c. erwähnte Streitfrage wohl kaum denkbar gewesen wäre.

3. Ad legem Publiliam (Paul. 24): hieher gehört die Formel der actio depensi, die bekanntlich eine actio quae infitiando in duplum crescit war. Gai. III 127, IV 22, 171, Paul. I 19 § 1.

4. Ad legem Cicereiam (Ulp. 21): nach Gai. III 123 konnten auf Grund dieses Gesetzes die angenommenen Sponsoren und Fidepromissoren innerhalb dreissig Tagen ein praeiudicium „an ex ea lege praedictum sit" verlangen. Kein Zweifel, dass dessen Formel hier proponiert war.

5. Ad legem Corneliam (Ulp. 21, Paul. 24) wäre, wenn wir dies Gesetz als lex imperfecta aufzufassen hätten, eine Rückforderungsklage zu erwarten, neben der der Prätor sehr wohl auch eine exceptio legis Corneliae (nach § 279) zur Verfügung gestellt haben könnte. Doch kann der lex Cornelia, trotz des „uetatur .... obligari" bei Gai. III 124, jener Charakter nicht mit Sicherheit zugeschrieben werden[1]); war sie aber perfecta, so bedurfte es eines besondern Rechtsmittels zur Durchführung ihrer Bestimmung überhaupt nicht.

6. Ad epistulam D. Hadriani (Ulp. 22, Paul. 25, Gai. 8). Dies Gesetz liess nach Gai. III 121, Gai. 8 fr. 26 de fideiuss. (46. 1) die zivile Haftung unberührt und ordnete nur an, dass bei Solvenz aller Mitbürgen der Gläubiger gezwungen werden solle, die ihm an sich gegen jeden in solidum zustehende Klage zu teilen. Dieser Zwang nun konnte nirgends anders als bei dem Prätor liegen und war im Edikt vorgesehen. Paul. sent. I 20:

> Inter fideiussores ex edicto praetoris, si soluendo sint, licet singuli in solidum teneantur, obligatio diuidetur.

Vgl. auch c. 10 § 1 de fideiussorib. (8. 40 [41])[2]). Geübt wurde der beregte Zwang regelmässig ohne Zweifel in der Weise, dass dem Gläubiger, wenn der belangte Bürge die Existenz und Solvenz von Mitbürgen in iure nachwies, die actio in solidum denegiert und nur actio diuisa erteilt wurde. Verweisung der Vorfrage ins iudicium war möglich, aber im Edikt nicht vorgesehen, arg. fr. 28 de fideiuss. (46. 1):

> Si contendat fideiussor ceteros soluendo esse, etiam exceptionem ei dandam „si non et illi soluendo sint".

Hienach vermute ich, dass im Album ad epistulam D. Hadriani die Formel

---

gegeben haben? Die sicher auf die Teilung ex lege Furia bezüglichen Digestenstellen deuten ebensowenig auf exceptio wie Gai. III 121. Vgl. fr. 5 § 1, 34 § 10, 37 de sol. (46. 3), fr. 72 pr. de V. O. (45. 1). Gegen die exceptio auch Levy, Sponsio S. 71 n. 1,

72 n. 1. Vgl. auch Wlassak, ZRG. XLI S. 101.

[1]) Anders die 1. Aufl. Vgl. Senn, leges perfectae (1902) p. 117 (nach Girards Vorlesungen). Appleton, ZRG. XXXIX S. 43 n. 1, vermutet exceptio, aber keine actio.

[2]) Verb.: ex ordine postulari solet.

einer actio diuisa proponiert war. Wie diese gefasst war, wissen wir nicht. Selbstverständlich trat die Teilung der Obligation in der condemnatio hervor. Hinsichtlich der intentio dagegen ist wohl ein Unterschied zwischen condictio certi und actiones incerti zu machen. Dort wird der Gläubiger, wofern er nicht alle Mitbürgen zusammen belangte, nur auf den Teil intendiert haben[1]), um die prozessuale Konsumption hierauf einzuschränken. Hier war ein solches minus intendere nicht möglich, und die intentio also lediglich die gewöhnliche[2]). Sollte aber nicht auch im ersten Fall die ursprüngliche Richtung der Obligation auf das Ganze in der Formel irgendwie hervorgetreten sein?

§ 89. SI MENSOR FALSUM MODUM DIXERIT[3]).

Ulp. 24[4]), Paul. 25[5]).

Die intentio dieser actio in factum machte jedenfalls die Eigenschaft des Beklagten als agrimensor namhaft, Ulp. 24 fr. 1 pr. h. t.:

Aduersus mensorem agrorum praetor in factum actionem proposuit.

Im übrigen war sie gestellt auf

S. p. N^m N^m ...... agri[6]) *q. d. a. modum falsum renuntiasse*[7]) *dolo malo*[8]).

Von der condemnatio[9]) berichtet Ulp. 24 fr. 3 § 1 h. t.:

Competit autem haec actio ei, cuius interfuit falsum modum renuntiatum non esse.

Ob dies wortgetreues Referat oder Interpretation eines blossen quanti ea res est ist, muss dahingestellt bleiben.

Actio noxalis — fr. 3 § 6 h. t. — wurde erteilt, war aber nicht proponiert.

Die erhaltenen Kommentarstücke beziehen sich anscheinend durchweg auf die Formel. Eine Spur doppelten Kommentars, wie wir ihn sonst fast durchgängig finden, wo der Formel ein Edikt vorausging, findet sich nicht. Es ist daher anzunehmen, dass unsere actio in factum, wie auch andere prätorische Aktionen, im Edikt nicht verheissen, sondern nur proponiert war, und damit stimmt auch der Wortlaut des oben angeführten fr. 1 pr. h. t. Allerdings heisst es in fr. 1 § 1 h. t. von dem Mensor:

---

[1]) Gai. IV 56. Gehört hieher vielleicht Gai. 8 fr. 74 de V. O. (45. 1)?

[2]) Keller, L. C. und Urt. S. 568 fgg., Mandry, ZRG. VIII S. 408. Die von Sokolowski, ZRG. XXIV S. 288 fg., vorgeschlagenen Formulierungen sind m. E. unmöglich. S. auch Girard, manuel (4. éd.) p. 757 n. 2.

[3]) D. (11. 6).

[4]) Fr. 1, 3, 5, 7 h. t.

[5]) Fr. 2, 4, 6 h. t. Fr. 6 fälschlich Paul. 24 inskribiert, ein Schreibversehen, das sich

aus dem ständigen Abwechseln zwischen Ulp. 24 und Paul. 25 in diesem Titel leicht erklärt.

[6]) Utiles actiones: Ulp. 24 fr. 5 § 2, fr. 7 h. t., Paul. 25 fr. 6 h. t. Fr. 32 § 1 de l. Corn. de falsis (48. 10) gehört nicht hieher, handelt überhaupt nicht von einer Privatstrafe.

[7]) Ulp. 24 fr. 1 § 2 h. t., Paul. 25 fr. 2 pr. h. t. Vgl. C. I. L. VI 10233 i. f.

[8]) Ulp. 24 fr. 1 § 1 h. t., Paul. 25 fr. 2 § 1 h. t. S. auch fr. 3 § 4 h. t.

[9]) Kommentar hiezu: Ulp. 24 fr. 3 § 1—4 h. t.

et si mercedem accepit, non omnem culpam eum praestare propter
uerba edicti.

Gemeint sind damit die Worte dolo malo. Allein da es im Anfang eben
des fr. 1 § 1 heisst:

haec actio dolum malum dumtaxat exigit,

so kann es kaum einem Zweifel unterliegen, dass hier, ganz wie in fr. 14
§ 11 quod met. causa (4. 2), das Wort „edicti" eine Interpolation statt des
ursprünglichen „formulae" ist.

§ 90. AD EXHIBENDUM[1]).

Ulp. 24[2]), Paul. 26[3]), Gai. 8 (?)[4]), Iulian. 9[5]).

Die Formel[6]) der actio ad exhibendum ist von Demelius[7]) zum
Gegenstand einer ausführlichen und gründlichen Untersuchung gemacht
worden, worin die gänzliche Unhaltbarkeit aller frühern Rekonstruktionsversuche[8]) nachgewiesen ist, ohne dass es indes m. E. Demelius gelungen
ist, seinerseits einen auch nur einigermassen befriedigenden neuen Vorschlag
zu machen. Statt aller Kritik stelle ich sofort das, was sich über die
Formel positiv ermitteln lässt, zusammen, werde aber hinsichtlich der von
Demelius bereits erledigten Punkte wegen des Nähern auf diesen Schriftsteller verweisen.

1. Die condemnatio unserer Formel stimmte mit derjenigen der rei
uindicatio wörtlich überein[9]), Gai. IV 51:

(condemnatio) .... incerta est et infinita, uelut si rem aliquam a
possidente nostram esse petamus, id est si in rem agamus uel ad
exhibendum: nam illic[10]) ita est: QUANTI EA RES ERIT, TANTAM PECU-
NIAM, IUDEX, N. NEGIDIUM A. AGERIO CONDEMNA, SI NON PARET, ABSOL-
UITO.

2. Die Formel enthielt eine Klausel, die den Judex zur Erlassung
eines arbiträren Exhibitionsbefehls ermächtigte, ein „nisi oder neque arbitratu tuo exhibebitur". Die actio ad exhibendum wird in § 31 I. de act.
(4. 6) im Katalog der arbitrariae actiones aufgeführt, und auch ausserdem
finden sich zahlreiche Spuren, welche nicht nur das Stattfinden des iussum
de exhibendo[11]), sondern auch seine Formelmässigkeit bezeugen, am
sprechendsten in fr. 3 § 13 h. t.:

iudicem per arbitrium sibi ex hac actione (formula scr.) commissum..

---

[1]) D. (10. 4), C. (3. 42).
[2]) Fr. 1, 3, 5, 7, 9, 11 h. t.
[3]) Fr. 10, 12 h. t., fr. 42 de R. V. (6. 1), fr. 6
de in lit. iur. (12. 3), fr. 31 de manum. test.
(40. 4), fr. 37 de V. S. (50. 16).
[4]) Fr. 133 de R. I. (50. 17) cf. fr. 33 i. f. depos. (16. 3).
[5]) Fr. 8 h. t.
[6]) Darüber, dass diese actio nicht durch
ein Edikt verheissen war, s. Wlassak, Edict
u. Klagef. S. 127 fg.

[7]) Die Exhibitionspflicht (1872) S. 9 fgg.
[8]) Hinzu ist inzwischen noch der von
Karlowa, R. G. II S. 445 fgg. getreten.
Karlowa hält eine intentio „si ex arbitrio
tuo Ai Ai interest rem illam sibi exhiberi"
nicht nur für möglich, sondern sogar für in
ius konzipiert.
[9]) Demelius, a. a. O. S. 9—11.
[10]) Wegen dieses Worts s. Demelius,
a. a. O. S. 9 n. 3.
[11]) Darüber, dass die Klausel auf exhibere

Vgl. ferner fr. 11 § 2, fr. 17, sodann fr. 3 § 9, fr. 7 § 4. 6, fr. 9 § 5. 6, fr. 11 § 1 h. t., fr. 28 § 1 de appell. (49. 1), § 3 I. de off. iud. (4. 17). In Ulpians Kommentar sind fr. 9 § 5—ult, fr. 11 h. t. speziell der Exhibitionsklausel gewidmet.

3. In der Formel war ausdrücklich gesagt, dass Besitz des Beklagten oder dolose Aufgabe des Besitzes durch ihn Voraussetzung der Verurteilung sei. Dies wird allerdings von Demelius[1]) bestritten; er will die Frage der Passivlegitimation dem officium iudicis überweisen, das sich an die Exhibitionsklausel habe anlehnen können, und beruft sich dafür auf die Analogie der formula petitoria. Allein gerade die Vergleichung dessen, was die Juristen in dieser Richtung über die zwei Formeln sagen, beweist die Unrichtigkeit der D.'schen Ansicht. Für die R. V. hat sich die Haftbarkeit dessen qui dolo desiit possidere erst sehr spät festgestellt; sie ist zwar schon dem Julian, Pomponius und Gaius bekannt — fr. 52, 70, 36 pr. de R. V. (6. 1) —, aber noch Paulus in fr. 27 § 3 eod. glaubt sie besonders begründen zu müssen, mit einem Hinweis auf die für die hereditatis petitio getroffene Bestimmung des sog. SC Iuuentianum, und schliesst sehr schüchtern:

> cum enim in hereditatis petitione, quae et ipsa in rem est, dolus praeteritus fertur, non est absurdum per consequentias et in speciali in rem actione dolum praeteritum deduci.

Bei der actio ad exhibendum findet sich nicht nur von solchen Rechtfertigungsversuchen keine Spur, sondern bereits Labeo operierte hier mit der Haftung dessen qui dolo desiit possidere als mit etwas ganz zweifellos Feststehendem[2]). Je enger sich nun im übrigen die actio ad exhibendum an die R. V. anschliesst, was Demelius mit Recht betont, umsoweniger wäre diese Abweichung in der juristischen Behandlung begreiflich, wenn sie nicht auf einer Verschiedenheit der Formel beruhte. Ich zweifle daher keinen Augenblick, dass wir den Abschnitt Ulp. 24 fr. 3 § 15, fr. 5, 7. 9 pr.—§ 4 h. t. als Kommentar zu dem die Passivlegitimation ordnenden Teil der Formel aufzufassen haben, und mache namentlich noch darauf aufmerksam, mit wie viel grösserer Ausführlichkeit der Fall des dolo desiisse

---

und nicht auf restituere ging, vgl. Demelius, a. a. O. S. 43 fg., 58 fg., und besonders fr. 9 § 5 i. f. h. t.: quamuis non de restituendo, sed de exhibendo agatur. Ich hebe hervor, dass gerade bei fr. 9 § 5 (s. oben) Ulpians Kommentar zur Exhibitionsklausel selbst gelangt.

[1]) a. a. O. S. 15 fgg. Ebenso neuerdings von Karlowa, R. G. II S. 450 fgg. Er beruft sich erstens darauf, dass die actio gar nicht bloss gegen den possidens gehe, sondern gegen jeden, der die facultas exhibendi habe; zweitens darauf, dass für die Passivlegitimation Besitz oder facultas exhibendi gar nicht zur Zeit der Litiskontestation, son-

dern nur zur Zeit des Urteils erforderlich sei. Beides ist richtig, aber beides hat sich nur im Weg einer freien Interpretation gegen den Wortlaut der Formel durchgesetzt. Die ganze Erörterung Ulpians von fr. 3 § 15 h. t. ab ist m. E. nur unter der Voraussetzung verständlich, dass er in der Formel ein „quod possidet" oder „quod possidetur" vor sich hatte, mit dem er sich auseinandersetzen musste. In fr. 7 § 4 beachte man das vorsichtige oportere dici putamus. S. auch Partsch, l. t. praescriptio, S. 21 n. 4.

[2]) Vgl. fr. 15 h. t., fr. 15 de cond. c. d. c. n. s. (12. 4).

possidere hier behandelt ist als in den Kommentaren zur formula petitoria. Und es ist ja schliesslich auch leicht einzusehen, warum die actio ad exhibendum jenen Gedanken früher, als er in der R. V. zur Geltung kam, formelmässig zum Ausdruck brachte: so künstlich es ist, die dingliche Klage gegen einen Nichtbesitzer zuzulassen und sie so ihres eigentlichen Charakters zu entkleiden, so natürlich ist es, die persönliche Klage, die den Zweck verfolgte, dem Eigentümer die Vindikation zu ermöglichen, auch gegen denjenigen zu gewähren, der ihm die Vindikation durch seinen dolus unmöglich gemacht hat[1]).

4. Die eigentliche Schwierigkeit für die Rekonstruktion unserer Formel pflegt man in ihrer intentio zu finden. Demelius hielt diese Schwierigkeit für so unübersteiglich, dass er sich entschloss, seine Formel ohne intentio in die Welt zu schicken, und doch liegt das Richtige so nahe, dass man, selbst ohne das vorhandene quellenmässige Beweismaterial, darauf hätte kommen sollen.

Der ursprüngliche und Normalzweck der actio ad exhibendum ist bekanntlich der, eine andere Klage vorzubereiten, die Hauptklage, die von Ulpian wiederholt[2]) als directum iudicium, directa actio der actio ad exhibendum entgegengesetzt wird. Es ist jemandem eine Sache abhanden gekommen, ein Tier, ein Sklave entlaufen; er kann dartun, dass eine dergleichen Sache, ein solches Tier, ein solcher Sklave im Besitz des Numerius gesehen worden; aber der vorsichtige Mann wird nicht zur Vindikation schreiten, ehe er sich nicht durch den Augenschein von der Identität überzeugt hat: eben diesen Augenschein verschafft ihm die actio ad exhibendum. Ein Sklave hat ein Delikt begangen; der Verletzte weiss, dass es ein Sklave des Numerius war; er wird ihn bei Musterung der sämtlichen Sklaven des Numerius erkennen und so den zur Formulierung der Noxalklage notwendigen Namen erfahren: die actio ad exhibendum bietet ihm das Mittel dazu. An solche und ähnliche Fälle muss man denken, wenn man sich eine Vorstellung davon machen will, wie die intentio unserer actio zweckmässig zu gestalten war. Von diesem Standpunkt aus kommen wir aber notwendig zu einer intentio, die die Zweckbestimmung der Exhibition in den Vordergrund stellt, einer Formel, die z. B. im Fall beabsichtigter Vindikation den Judex anweist zu kondemnieren, wenn er finde, dass die Exhibition geschehen müsse, damit Kläger vindizieren könne[3]): „si exhiberi oportet, ut Aˢ Aˢ uindicare possit“, das Wort „oportet“ in dem Doppelsinn des praktisch Notwendigen und des rechtlich Zumutbaren genommen. Aber freilich: „si exhiberi oportet“, — mit dieser Fassung können wir uns nicht beruhigen. Was soll denn der Gegner exhibieren? Offenbar stossen wir hier auf eine Schwierigkeit. Den Sklaven Stichus?

---

[1]) Ich kann daher das von Demelius, a. a. O. S. 186 fgg. Beigebrachte in keiner Weise als durchschlagend anerkennen.
[2]) Fr. 3 § 13, fr. 17 h. t.

[3]) Bekker, Aktionen I S. 226: „es soll so exhibiert werden, dass demnächst vindiziert werden kann“.

Si paret Stichum seruum exhiberi oportere? Unmöglich: wenn Kläger
bestimmt wüsste und beweisen könnte, dass der im Besitz des Beklagten
gesehene Sklave wirklich sein Sklave Stichus ist, so bedürfte er i. d. R.
der actio ad exhibendum nicht: ihr Hauptzweck ist ja, das Streitobjekt
zu identifizieren. Regelmässig wird Kläger höchstens haben beweisen
können, dass ein im Besitz des Beklagten befindlicher Sklave seinem
verlorenen Stichus gleich sehe, und das muss dem Judex zur Erlassung
des Exhibitionsbefehls genügt haben. Wie war also die Formel zu fassen,
wenn diese ganz unvermeidliche Unbestimmtheit des Exhibitionsobjekts
zum Ausdruck kommen sollte? Ich denke, ebenfalls unbestimmt[1]), als
actio incerti:

> Quod A[s] A[s] Stichum hominem ex iure Quiritium suum esse ait[2]),
> quidquid, ut eo nomine recte experiri possit, A° A° exhiberi
> oportet, quod a N° N° possidetur doloue malo eius factum est quo
> minus possideretur neque arbitratu tuo A° A° exhibebitur, quanti
> ea res erit, tantam pecuniam, iudex, N[m] N[m] A° A° c. s. n. p. a.

Die vorstehende Formel nun ist nicht etwa eine blosse auf allgemeine
Gründe gestützte Hypothese, sondern sie lässt sich, wenn auch natürlich
nicht für jedes einzelne Wort die Garantie übernommen werden kann, in
allem Wesentlichen streng quellenmässig nachweisen.

Zunächst entspricht unsere Formel durchaus der Reihenfolge der
Materien in Ulpians Kommentar. Dieser beginnt in fr. 3 pr. § 1 h. t. mit
den vortrefflich auf unsere demonstratio passenden Worten:

> In hac actione actor omnia nosse debet et dicere argumenta[3]) rei
> de qua agitur. (§ 1) Qui ad exhibendum agit, non utique do-
> minum se dicit[4]) nec debet ostendere, cum multae sint causae
> ad exhibendum agendi.

Daran schliesst sich in § 3 (— über § 2 s. S. 217 n. 5 —) der Übergang zur
intentio:

> Est autem personalis haec actio —,

---

[1]) Anders Karlowa, a. a. O. S. 448: man
habe ja einfach in Fällen wie die obigen
die Exhibition der ganzen familia verlangen
können. Allein unendlich oft lässt sich von
vornherein gar nicht bestimmt sagen, was
zu exhibieren ist, um den Kläger zum Ziel
zu führen. Hat der Beklagte nur einen
Sklaven im Besitz, der den angegebenen
Kennzeichen entspricht, so braucht er nur
den einen, hat er zehn der Art, so muss er
sie alle zehn exhibieren.

[2]) Hier wurde eventuell die anderweite
causa exhibendi namhaft gemacht; die
Musterformel ging aber ohne Zweifel auf die
R. V. Vgl. Ulp. fr. 3 § 1. 3. 6. 9. 10. 14 h. t.

[3]) Vgl. zu diesem Wort Demelius, S. 32
fg. Brinz, ZRG. XVII S. 174, versteht,

einer verbreiteten Meinung folgend, unter
den „argumenta rei" die Kennzeichen der
Sache (also z. B. hominem annorum circiter
XX, flauum, natione Graecum). Aber „argu-
mentum" ist in dieser Bedeutung nicht nachweisbar, obwohl Stephanus ad h. l. γνωρί-
σματα übersetzt. Und wird der Kläger immer
imstande sein, solche Kennzeichen anzu-
geben (vgl. auch Karlowa, a. a. O. S. 444)?
Die ihm bekannten wird er natürlich angegeben haben; ob dies in der Formel geschah, steht dahin.

[4]) Vgl. Gai. IV 51: si rem aliquam a
possidente nostram esse petamus, id est si
in rem agamus uel ad exhibendum. Danach
findet auch bei der letztern Klage ein rem
nostram esse petere statt.

und nun wird bis fr. 3 § 14 dasjenige vorgetragen, was sich an die in Verbindung mit der demonstratio betrachtete intentio knüpft. Folgt in fr. 3 § 15, fr. 5, 7 der Kommentar zu „quod a N° N° possidetur[1])“, in fr. 9 pr. — § 4 derjenige zu „doloue malo eius factum est quo minus possideretur“, endlich in fr. 9 § 5—ult., fr. 11 die Erläuterung der Exhibitionsklausel.

Wir haben aber noch viel direktere Zeugnisse für unsere intentio: die actio ad exhibendum wird in fr. 33 depositi (16. 3) ausdrücklich als actio incerti bezeichnet:

..... posse ... cum eo incerti agere, id est ad exhibendum, et exhibitam uindicare[2]).

Allerdings sind hier die Worte „id est ad exhibendum“ wahrscheinlich interpoliert[3]) oder eher noch ein altes Glossem. Allein, wenn der Kompilator oder Interpret sich berechtigt glaubte, bei „incerti agere“ an die actio ad exhibendum zu denken, so muss ihm diese Klage als incerti actio bekannt gewesen sein; die Stelle bleibt also für uns bedeutsam.

Paulus hat ferner im Kommentar zu der Formel die Verwandtschaft mit den andern actiones incerti ausdrücklich hervorgehoben; denn fr. 6 de in lit. iur. (12. 3) — man achte auf die Inskription Paul. 26: Paul 26 handelt ausschliesslich von der actio ad exhibendum — besagt:

alias, si ex stipulatu uel ex testamento agatur, non solet in litem iurari[4]).

Ist mit dieser sonst ganz unmotivierten Heranziehung der actio ex stipulatu und ex testamento nicht das gemeinsame „quidquid oportet“ geradezu handgreiflich gemacht[5])? Aber mehr noch: Paulus hat das Bedürfnis empfunden, zu erklären, warum bei den auf oportere gestellten Klagen das iusiurandum in litem als Regel nicht stattfinde, und er definiert uns daher in ebendemselben lib. 26, wo er, wie gesagt, allein von der actio ad exhibendum handelt, das Wort oportere, vgl. fr. 37 de V. S. (50. 16):

Uerbum „oportere“ non ad facultatem iudicis pertinet, qui potest uel pluris uel minoris condemnare, sed ad ueritatem refertur.

Es ist klar, dass zu einer solchen Äusserung Anlass nur dann vorlag, wenn unsere Formel das Wort enthielt[6]).

---

[1]) Rudorff, E. P. § 86, hat statt „quod a N° N° possidetur“ die Worte: (si ea res) penes N^m N^m est, im Anschluss an die Fassung des interdictum de tabulis exhibendis und mit Beziehung auf c. 4 h. t. Allein beides kann der Tatsache gegenüber, dass in Ulpians Kommentar das Wort possidere die entscheidende Rolle spielt, nicht in Betracht kommen.

[2]) Die Art und Weise, wie sich sowohl Rudorff, R.G. II § 50 n. 20, als Demelius, a. a. O. S. 22, mit dieser Stelle abfinden, kann in keiner Weise gebilligt werden. Actio incerti ist lediglich und allein die actio mit

intentio incerta. Vgl. auch Hefke, Taxatio (1879) S. 87 n. 140.

[3]) Pernice, Labeo III[1] S. 208 n. 2.

[4]) Vgl. fr. 3 § 2 h. t.

[5]) Auch Ulpian scheint die Frage der Zulässigkeit des Schätzungseids gelegentlich des „quidquid oportet“ besprochen zu haben. Die darauf bezügliche Bemerkung steht ganz im Eingang des Kommentars — fr. 3 § 2 h. t. —, nicht, wie man erwarten sollte, am Schlusse bei dem „quanti ea res erit“.

[6]) Man darf nicht einwenden, Paulus habe vielleicht gelegentlich unserer actio den Schätzungseid nach allen Richtungen

Als actio ciuilis ist unsere actio ferner bezeichnet in fr. 16 § 1 de P. V.
(19. 5)[1]: in dieser Stelle wird die Zuständigkeit gerade speziell auch der
actio ad exhibendum — vgl. fr. 16 pr. eod. — mit den Worten verneint:

nullam iuris ciuilis actionem esse Aristo ait.

Dass sodann die Beziehung der verlangten Exhibition zum iudicium
directum in der Formel zum Ausdruck kam, hat bereits Demelius a. a. O.
S. 26 fgg. schlagend dargetan. Ich begnüge mich hier mit dem Hinweis
auf fr. 3 § 14 h. t., wo deswegen, weil im konkreten Fall kein iudicium
directum zuständig ist, die actio ad exhibendum für ausgeschlossen und
eine actio in factum für notwendig erklärt wird: hätte die Formel nicht
jene Beziehung ausdrücklich enthalten, so hätte man gewiss durch Interpretation geholfen. Der ganze Abschnitt Ulp. 24 fr. 3 § 3—14 h. t. ist ein
einziger Beweis für die Formelmässigkeit jener Beziehung.

Schliesslich erübrigt noch ein Hauptargument für unsere Formelkonzeption: sie und nur sie ist geeignet, das vielbesprochene Rätsel zu
lösen, warum als das für die Zuständigkeit unserer actio Entscheidende so
energisch in den Quellen das Interesse des Klägers an der Exhibition
hervorgehoben wird[2]. Rudorff hat sich durch diese Quellenäusserungen
bestimmen lassen, für unsere actio eine intentio „Quantae pecuniae paret
A^i A^i interesse" zu erfinden[3]. Das steht in direktem Widerspruch nicht
nur mit dem oben angeführten Berichte des Gaius IV 51, sondern ebenso
sehr mit den Digestenstellen selbst, auf die sich Rudorff beruft, namentlich mit fr. 3 § 9 h. t., wo es heisst:

Sciendum est autem non solum eis quos diximus competere ad
exhibendum actionem, uerum ei quoque cuius interest exhiberi.

Diese Bemerkung, zumal das ei quoque, wäre doch mehr als bloss trivial,
wenn die Formel mit dicken Lettern an der Spitze trug: „quantae pecuniae
paret interesse"[4]. Ganz anders, wenn man die Bemerkung auf unsere
Formel bezieht. Diese basiert auf dem „quidquid exhiberi oportet, ut
A^s A^s .... recte experiri possit". Dabei ist offenbar zunächst an den Fall
gedacht, dass die actio ad exhibendum zum Zweck einer wirklich beabsichtigten Vindikation oder sonstigen Hauptklage erhoben wird, und
diesen Fall stellt auch Ulpian in seinem Kommentar voraus[5]. Aber de-

---

und so nebenbei auch mit Hinsicht auf die
actiones ciuiles in personam besprochen.
Das wäre denkbar, wenn dem Juristen in
seinem Kommentar hier der Schätzungseid
zum erstenmal begegnet wäre, was bekanntlich nicht der Fall ist (actio metus causa,
de dolo, hereditatis petitio, rei uindicatio
u. s. w.!).

[1] Vgl. Demelius, a. a. O. S. 20 fg.
[2] Vgl. namentlich fr. 13, 19, fr. 3 § 9—12 h. t.
[3] Vgl. auch Brinz, Pandekten (1. Aufl.)
I S. 463.

[4] Vgl. gegen Rudorff: Demelius,
a. a. O. S. 11 fgg. Die Bemerkung im Text
trifft auch Karlowas Vorschlag (ob. S. 213
n. 8), trotz der a. a. O. S. 448 gemachten Einwendungen.
[5] Ulp. 24 fr. 3 § 3—8 h. t. Demelius,
a. a. O. S. 36 stellt mit Rücksicht hierauf in
seine Formel als res qua de agitur: „hominem Stichum, quem A^s A^s uindicaturus
est". Aber der römische Geschworene hätte
allwissend sein müssen, um zu erkennen, ob
er in dem Kläger wirklich und nicht bloss

monstratio und intentio deckten nicht diesen Fall allein. Auch wer nicht
zu vindizieren beabsichtigt, kann doch Eigentum haben und behaupten und
verlangt nichts Unsinniges, wenn er verlangt, dass ihm so exhibiert werde,
als ob er zu vindizieren beabsichtige: quidquid exhiberi oportet, ut eo
nomine recte experiri possit. Man denke z. B. an eine im Eigentum oder
Miteigentum des Klägers befindliche Urkunde, die dieser bloss einzusehen
wünscht. Diese Weite der Formel war denn auch den römischen Juristen
gar nicht unbequem: sie gewährte die Möglichkeit, unsere actio zu einer
Reihe nützlicher Funktionen zu verwenden, die ihrem ursprünglichen
Zweck fern lagen. Und so sagen denn die Römer, die äusserste dem
Exhibitionsanspruch in der Formel gezogene Grenze sei lediglich das
Interesse des Klägers an der Exhibition (das quanti ea res erit der condemnatio): ad exhibendum könne nicht bloss derjenige klagen, der zu
vindizieren oder eine sonstige Hauptklage zu erheben beabsichtige, sondern auch der, aber auch nur der, welcher in Ermangelung solcher Absicht gleichwohl ein pekuniäres[1] Interesse daran habe, dass ihm so exhibiert werde, als ob er jene Absicht hätte, „is quoque cuius interest
exhiberi", wie Ulpian sagt[2]. Freilich, wenn man rücksichtslos die Konsequenzen dieser Interpretation zog, so hätte jeder, der ein Interesse, sei
es auch ein des rechtlichen Schutzes ganz unwürdiges Interesse an der
Exhibition einer Sache hatte, den Inhaber mit Exhibitionsklagen über-
fallen können: er hätte nur, wie es die demonstratio verlangte, zu sagen
brauchen, dass er Eigentümer der Sache sei oder sonst einen Rechts-
anspruch an oder auf sie habe, — wenn auch ohne irgend einen Gedanken
an den Beweis dieser Behauptung, ja ohne den Glauben an ihre Wahrheit, — und die Voraussetzungen, die die Formel nach strengem Wort-
verstande aufstellte, wären erfüllt gewesen. Eine wirksame Schranke
konnte man hienach gegen Missbrauch nur mit Hilfe des officium iudicis
ziehen, und in der Tat hat man nachweislich diesen Weg beschritten.
Man legte dem iudex die Pflicht auf, zu prüfen, nicht bloss ob Kläger
eventuell irgend eine Hauptklage erheben könne, was sich ja, wofern
Kläger nur die gehörige Keckheit in Behauptungen hatte, von selbst
verstand, sondern auch weiter, ob seine Rechtsbehauptung nicht eine rein
frivole sei:

> an iustam et probabilem causam habeat actionis, propter
> quam exhiberi sibi desideret.

Kläger muss, wenn auch nicht das mit der Hauptklage zu verfolgende
Recht selber[3], so doch so viel nachweisen, dass die Hauptklage, wenn er

---

angeblich einen „uindicaturus" vor sich
habe. Überdies hätte aber nach Demelius'
Fassung in vielen Fällen absolviert werden
müssen, wo nachweislich (s. den Text) kondemniert worden ist.

[1]) Fr. 13 h. t.

[2]) Ulpian denkt hiebei zunächst nur an

den Fall, wo Kläger die Vindikation hat
und sie nur nicht zu erheben beabsichtigt.
Darum fährt er in fr. 3 § 10 fort: Plus dicit
Iulianus, etsi uindicationem non habeam, interim posse me agere ad exhibendum, quia mea interest exhiberi.

[3]) Cf. fr. 3 § 9 h. t.

sie erheben würde, von ihm aus gerechtem Grunde erhoben würde, kein bloss schikanöses Unternehmen wäre.

Man sieht, wie unsere Formel nach allen Seiten die Probe besteht[1]).

Tit. XVI.

DE RELIGIOSIS ET SUMPTIBUS FUNERUM[2]).

Ulp. 25, Paul. 27, Gai. 19[3]), Iulian. 10.
Der Titel zerfällt in vier oder genauer sechs Edikte (s. § 91).

§ 91. *SI QUIS MORTUUM IN LOCUM ALTERIUS INTULERIT UEL INFERRE CURAUERIT.*

Ulp 25[4]), Paul. 27[5]), Gai. 19[6]).

Ulp. 25 fr. 2 § 2 h. t.:

> Praetor ait: SIUE[7]) HOMO MORTUUS OSSAUE HOMINIS MORTUI IN LOCUM PURUM[8]) ALTERIUS AUT IN ID SEPULCHRUM[9]), IN QUO IUS NON FUERIT[10]), ILLATA[11]) ESSE DICENTUR . qui hoc fecit, in factum actione tenetur et poena pecuniaria subicietur.

Über den Gegenstand der actio meldet Gai. 19 fr. 7 pr. h. t.:

> Is qui intulit mortuum in alienum locum, aut tollere id quod intulit[12]) aut loci pretium praestare cogitur per in factum actionem, quae tam heredi quam in heredem competit et perpetua est.

In fr. 2 § 2 h. t. sind die Worte „qui hoc fecit, in factum actione tenetur et poena pecuniaria subicietur" jedenfalls interpoliert. Wahrscheinlich sind sie einfach zu streichen; denn da Ulpian die Worte „in locum

---

[1]) Karlowa, a. a. O. S. 447, wendet gegen sie ein, auf ein „quidquid .... oportet" habe in der condemnatio niemals ein „quanti ea res est", sondern nur ein „eius condemna" folgen können. Richtig für die Formel mit der intentio „quidquid dare facere oportet", aber auch nur für diese. K. führt gegen eine früher von mir verteidigte Meinung, und wohl mit Recht, aus, dass „eius" den Gegenstand, nicht den Grund der Kondemnation bezeichne. „Eius condemna" würde aber hienach in der von mir rekonstruierten Formel den iudex angewiesen haben, auf den Wert von „quidquid exhiberi oportet" zu verurteilen, was ganz und gar nicht in der Absicht lag (man vgl. Fälle, wie die in fr. 3 § 6. 7 h. t.). „Quanti ea res erit" war hier die einzig mögliche Fassung der condemnatio.

[2]) D. (11. 7), C. (3. 44). Kommentar zur Titelrubrik scheint Ulp. 25 fr. 2 pr. h. t.,

12

alterius" schon in fr. 2 § 1 erläutert, wird er den Wortlaut des ganzen
Edikts schon vorher zitiert haben. Die Kompilatoren strichen dies Zitat
und deckten die Lücke durch die Interpolation bei fr. 2 § 2. Im Edikt
ist von einer „poena pecuniaria", worunter doch nur eine extraordinaria
coercitio verstanden werden kann — vgl. fr. 8 § 2 h. t. —, gewiss keine
Rede gewesen.

Nach Abschluss des Kommentars zu dem oben angeführten Edikt
finden wir bei Ulpian zunächst Bericht über zwei weitere actiones in
factum, Ulp. 25 fr. 8 § 1. 2 h. t.:

> Si locus religiosus pro puro uenisse dicetur, praetor in
> factum actionem in eum dat ei ad quem ea res pertinet: quae
> actio et in heredem competit, cum quasi ex empto actionem con-
> tineat.
>
> (§ 2) Si in locum publicis usibus destinatum intulerit
> quis mortuum, praetor in eum iudicium dat, si dolo fecerit et
> erit[1] extra ordinem plectendus, modica tamen coercitione: sed si
> sine dolo, absoluendus est.

Erst jetzt folgen in fr. 8 § 3. 4 Bemerkungen, die offenbar nicht auf diese
Aktionen, sondern auf die aus dem erstangeführten Edikt (fr. 2 § 2 h. t.)
erteilte Formel Bezug haben:

> In hac autem actione loci puri appellatio et ad aedificium pro-
> ducenda est. Nec solum domino haec actio competit, uerum ei
> quoque, qui eiusdem loci habet usum fructum uel aliquam serui-
> tutem, quia ius prohibendi etiam hi habent.

Man möchte hienach auf den ersten Blick glauben, dass die in fr. 8 § 1. 2
erwähnten Rechtsmittel gar nicht im Edikt proponiert gewesen seien, dass
wir es vielmehr l. c. bloss mit zusätzlichen Bemerkungen des Juristen zu
tun haben, und man könnte sich in dieser Annahme durch die Erwägung
bestärkt fühlen, dass die Spezialklage des fr. 8 § 1 an Orten, wo man ihre
Berücksichtigung erwarten sollte[2], auffallenderweise ignoriert wird, und
dass ferner der Satz des fr. 8 § 1 als Edikt aufgefasst zwischen dem Edikt
des fr. 2 § 2 und fr. 8 § 2 nicht recht an seinem Platze scheint. Indes
dürfte sich das letztere Bedenken durch die Betrachtung erledigen, dass
die Frage nach dem ius mortui inferendi auch die Frage nach der Bedeutung und den Folgen eines Verkaufs des locus religiosus nahe legte; und
das erste Bedenken verliert dadurch an Kraft, dass in den angeführten
Stellen ausser vom locus religiosus auch vom locus sacer und publicus die
Rede ist, so dass eine besondere Rücksichtnahme gerade auf unsern Fall
unnötig und weitläufig erscheinen mochte. Die Ausdrucksweise in fr. 8
§ 1. 2 h. t. spricht sehr entschieden für die Annahme, dass wir es hier mit

---

Fassung zu denken haben. Karlowa, R.G.
II S. 1052.

[1] Mommsen schlägt wahrscheinlich richtig vor, zu lesen: „dat: si dolo fecerit, erit et".

[2] Vgl. § 5 I. de empt. (3. 23), fr. 62 § 1 de
contr. empt. (18. 1).

Referaten über Ediktklauseln zu tun haben, namentlich in § 1 das „si . . . .
uenisse dicetur" und nachher das „actio . . . . competit". Ich halte daher dafür, dass beide Klauseln als ein Anhang an die erste angeschlossen
waren und dass alle drei Formeln hinter ihnen zusammen proponiert waren.
Eine Rekonstruktion der letztern ist mangels genügender Anhaltspunkte
zu unterlassen.

§ 92.   *SI QUIS MORTUUM INFERRE PROHIBITUS ESSE DICETUR.*

Ulp. 25 [1]), Paul. 27 [2]), Gai. 19 [3]).

Ulp. 25 fr. 8 § 5 h. t.:

  Ei qui prohibitus est inferre in eum locum, quo ei ius inferendi
  esset, in factum actio competit . . . .

Gai. 19 fr. 9 h. t.:

  . . . . per quam consequetur actor quanti eius interfuerit prohibitum
  non esse

§ 93.   DE SEPULCHRO UIOLATO [4]).

Ulp. 25 [5]), Paul. 27 [6]), Iulian. 10 [7]).

Die Stellung dieses Edikts (anders bei Rudorff, Bruns u. A.) ergibt
sich mir aus der Tatsache, dass zwischen fr. 12 pr. de relig., der letzten
zum Edikt des § 92 gehörigen Stelle, und fr. 12 § 2 eod., wo die Erörterung
des Edikts de sumptibus funerum beginnt, eine Bemerkung steht, die ihrem
Inhalt nach auf das Edikt de sepulchro uiolato hinweist. Vgl. mit fr. 12 § 1
de relig. Paul. sent. I 21 § 12.

Den Wortlaut des Edikts de sep. uiol. teilt Ulp. 25 fr. 3 pr. h. t. mit:

  Praetor ait: Cuius dolo malo [8]) sepulchrum [9]) uiolatum [10]) esse dicetur,
  in eum in factum iudicium dabo, ut ei, ad quem pertineat, quanti ob
  eam rem aequum uidebitur, condemnetur [11]). Si nemo erit ad quem pertineat siue agere nolet: quicumque agere uolet [12]), ei centum *milium*
  sestertiorum [13]) actionem [14]) dabo.   Si plures agere uolent, cuius
  iustissima causa esse uidebitur, ei agendi potestatem faciam . Si quis
  in sepulchro dolo malo habitauerit aedificiumue aliud, quam *quod* [15])

---

[1]) Fr. 8 § 5, fr. 10, 12 pr. h. t.

[2]) Fr. 11 h. t., fr. 4 quemadm. seru. (8. 6).

[3]) Fr. 9 h. t.

[4]) D. (47. 12), C. (9. 19).

[5]) Fr. 3 h. t., fr. 6 de popul. act. (47. 23),
fr. 12 § 1 de relig. (11. 7). Fr. 16 de a. u.
o. h. (29. 2) falsch Ulp. 24 inskribiert? Cf.
Paling. II p. 560 n. 2.

[6]) Fr. 4 h. t., fr. 43 de R. V. (6. 1), fr. 27
de iniur. (47. 10).

[7]) Fr. 6 h. t.

[8]) Ulp. 25 fr. 3 § 1 h. t.

[9]) Ulp. 25 fr. 3 § 2 h. t., Paul. 27 fr. 4 h. t.,
fr. 43 de R. V. (6. 1), fr. 27 de iniur. (47. 10).

[10]) Ulp. 25 fr. 3 § 3—5 h. t. Hieher auch
fr. 12 § 1 de relig. (11. 7).

[11]) Ulp. 25 fr. 3 § 8—10 h. t., Iulian. 10
fr. 6 h. t.

[12]) Ulp. 25 fr. 6 de pop. act. (47. 23).

[13]) D. aureorum. Vgl. Paling. praef. VII 11.

[14]) Das Wort „actionem" ist hier auffallend. Dem Sprachgebrauch des Edikts
nach wäre „iudicium" zu erwarten.

[15]) *Flor.* quamque.

SEPULCHRI CAUSA FACTUM SIT, HABUERIT, IN EUM, SI QUIS EO NOMINE AGERE
UOLET[1]), DUCENTORUM *MILIUM SESTERTIORUM*[2]) IUDICIUM DABO.

Schwerlich Zusatz zu diesem Edikt, sondern wohl blosse Interpretation
seiner Worte ist es, was Ulp. 25 fr. 3 § 11 h. t. berichtet:

Si seruus in sepulchro habitat uel aedificauit, noxalis actio cessat
et in eum praetor hanc actionem pollicetur[3]) . . .

Die Formel der actio de sep. uiol. war in bonum et aequum konzipiert[4]),
d. h. die condemnatio lautete nach Massgabe des Edikts wahrscheinlich:
„quanti ob eam rem aequum tibi uidebitur N^m N^m A^o A^o condemnari".
Im übrigen haben wir für die Rekonstruktion keine Anhaltspunkte: vermutlich war die Formel blosse Umschreibung des Edikts. Die „qui iudicant" in fr. 3 § 8 sind wohl als recuperatores zu denken[5]); ob aber das
iudicium als recuperatorium proponiert war[6]), lasse ich dahingestellt.

§ 94. DE SUMPTIBUS FUNERUM[7]).

Ulp 25[8]), Paul. 27[9]), Gai. 19[10]), Iulian. 10[11]).

Ulp. 25 fr. 12 § 2 h. t.:

Praetor ait: QUOD[12]) FUNERIS CAUSA SUMPTUS FACTUS ERIT[13]), EIUS RE
CIPERANDI NOMINE IN EUM, AD QUEM EA RES PERTINET, IUDICIUM DABO.

Der Kommentar Ulpians zu diesem Edikt umfasst fr. 12 § 3—6, fr. 14 pr.
§ 5 h. t. Er gilt nur zum Teil den Worten des Edikts[14]), handelt vielmehr in fr. 12 § 5. 6, fr. 14 pr.—§ 2 h. t. auch von der hier nur gelegentlich besprochenen Frage der Aufbringung der Begräbniskosten. Bei fr. 14
§ 6 beginnt markant die Erläuterung der Formel mit den Worten:

Haec actio quae funeraria dicitur ex bono et aequo oritur.

Über sie lässt sich folgendes ermitteln.

1. Fr. 14 § 6: continet . . . . funeris causa tantum impensam, non etiam
ceterorum sumptuum. Ohne Zweifel ist damit der Inhalt der demonstratio
gegeben, schwerlich aber die Worte; namentlich ist sehr unwahrscheinlich,
dass, wie Rudorff E. P. § 91 annimmt, das Ediktwort sumptus in der
Formel durch impensa vertreten gewesen.

---

[1]) Ulp. 25 fr. 3 § 6 h. t. Diese Stelle gehört übrigens wahrscheinlich in den Kommentar zum ersten Satz des Edikts, wo sie
den Gegensatz hervorhebt; dies folgt aus
ihrem Platze. Vgl. Ulp. 25 fr. 3 § 12 h. t.

[2]) D. aureorum.

[3]) Die letzten Worte hat so Ulpian kaum
schreiben können, da es ja Klagen gegen
Sklaven nicht gibt. Vgl. jedoch Cuiac.
obs. XXI c. 40.

[4]) Papin. fr. 10 h. t.

[5]) Wlassak, Prozessges. II S. 312 n. 32.

[6]) So Rudorff, E. P. § 92.

[7]) D. (11. 7), C. (3. 44) de religiosis et
sumptibus funerum.

[8]) Fr. 12 § 2—ult., fr. 14, 16, 20, 22, 24, 27,

31 h. t., fr. 50 de euict. (21. 2) cf. fr. 12 § 6
h. t., fr. 137 de R. I. cf. fr. 14 § 1 h. t.

[9]) Fr. 21, 23, 25, 32 h. t., fr. 24 de N. G. (3.5);
fr. 138 § 1 de R. I. ist vielleicht eine hieher
gehörige Nebenbemerkung (analoge Frage).

[10]) Fr. 13, 29 h. t.

[11]) Fr. 18 h. t.

[12]) Qui?

[13]) G. Dietzel, de act. funer. comm.
(1853) p. 30 interpungiert: *Quod funeris
causa sumptus factus erit eius reciperandi
nomine* (i. e. animo recipiendi), *in eum* et rel.
Ein m. E. durchaus unmöglicher Vorschlag.

[14]) Funeris causa sumptus factus: fr. 14
§ 3—5. Zu „eum, ad quem ea res pertinet"
etwa fr. 12 § 4 h. t.

2. Die Formel war in aequum konzipiert. Das wird zwar von Savigny[1]) energisch bestritten und wurde früher auch von Karlowa[2]) wenigstens zweifelhaft gelassen, ist aber gleichwohl sicher. Der einzige Grund, den man dagegen anführt, liegt in der Tatsache, dass das Edikt, das die actio verheisst, diese Konzeption nicht erraten lässt. Allein dieser Grund ist ein Grund nur unter der Voraussetzung, dass alle prätorischen Formeln lediglich Umschreibungen der zugehörigen Ediktworte gewesen seien: diese Voraussetzung trifft aber bei sehr vielen Edikten, namentlich den ältern, zu denen das unsere seiner Fassung nach gehört[3]), keineswegs zu[4]). Dass unsere Formel wirklich in aequum konzipiert war, zeigen nicht nur die oben bereits zitierten Worte Ulpians in fr. 14 § 6 h. t., sondern schlechthin beweisend ist folgende Äusserung desselben, die fast unmittelbar auf jene Worte folgt:

> aequum autem accipitur ex dignitate eius qui funeratus est, ex causa, ex tempore et ex bona fide

Augenscheinlich liegt hier Formelauslegung vor. Auf die Formel haben wir notwendig weiter zu beziehen fr. 14 § 13 i. f.:

> et generaliter puto iudicem . . . . . solutus aequitatem sequi, cum hoc ei et actionis natura indulget[5]).

Eine, wenn ich so sagen darf, in ius aequum konzipierte intentio war denn auch bei unserer actio gar nicht zu entbehren. Die Pflicht zum Ersatz der Begräbniskosten hat eine Reihe dem Billigkeitsrecht entnommener Voraussetzungen, die in der Formel nicht namhaft gemacht waren und kaum namhaft gemacht sein konnten. Zunächst ist die Ersatzpflicht auf das angemessene Mass von Begräbnisaufwand beschränkt; dass die Formel darüber nichts ausdrückliches enthielt, beweist das oben angeführte fr. 14 § 6 h. t.:

> aequum autem accipitur ex dignitate eius *etc.*

Weiter ist nur der animo recipiendi gemachte Aufwand zu ersetzen. Rudorff nimmt daher in seine demonstratio die Worte auf „(quam impensam A[s] A[s]) sumptus recuperandi animo (fecit)"; in der echten Formel stand nichts dergleichen: sonst würde sich Ulpian in fr. 14 § 7 auf diese und nicht auf ein Kaiserreskript berufen[6]). Ferner ist nach fr. 14 § 10,

---

[1]) System II S. 95 n. i.
[2]) Das Rechtsgeschäft (1877) S. 153.
[3]) Dernburg in den Festgaben f. Heffter S. 110.
[4]) Man vergl. beispielsweise die Edikte de iniuriis mit der zweifellos in bonum et aequum konzipierten Injurienklage.
[5]) Diese Stelle ist allerdings stark interpoliert, — Ulpian wird gesagt haben, der Prätor dürfe der Billigkeit folgen, da ja auch die Formelworte auf die aequitas verwiesen (vgl. Longo, studi Scialoja I p. 636 sq.). Vgl. noch fr. 14 § 10 h. t.: iudicem qui de

wenn das Begräbnis in schmählich dürftiger Weise besorgt worden, der
Aufwand überhaupt nicht zu ersetzen. Endlich ist, falls das Begräbnis
wider Verbot des Erben erfolgte, nach fr. 14 § 13 die actio funeraria ausgeschlossen, wenn nicht besondere Billigkeitsgründe für ihre Zulassung
vorliegen. Von alledem war in der Formel mit keinem Wort die Rede;
alle diese Rechtssätze sind aber gedeckt, wenn man etwa folgende Formel
annimmt:

Quod A^s A^s in funus L. Titii sumptum fecit[1]*), q. d. r. a.*[2]*), quantae
pecuniae aequum tibi uidebitur N^m N^m ei eo nomine*[3]*) condemnari,
tantam pecuniam, iudex, N^m N^m A^o A^o c. s. n. p. a.*

In der so gefassten Formel war es auch nicht nötig, das Verhältnis zu
bezeichnen, auf Grund dessen die Ersatzpflicht des Beklagten behauptet
wird: auch darüber entschied die aequitas. Die Reihenfolge der Ulpian-
scher Erörterungen führt zu der Annahme, dass der Jurist die Frage nach
dem rechten Beklagten gelegentlich der Formelworte „N^m N^m" erledigte:
wir finden die betreffenden Rechtssätze am Schlusse des Kommentars in
fr. 14 § 17[4]), fr. 16, 20, 22, 24, 27, 31 pr. h. t.

Tit. XVII.

DE REBUS CREDITIS[5]).

Ulp. 26—28, Paul. 28. 29, Gai. 9, Iulian. 10. 11.

Ulp. 26 fr. 1 § 1 h. t.:

Quoniam igitur multa ad contractus uarios pertinentia iura sub hoc
titulo praetor inseruit, ideo **rerum creditarum** titulum praemisit[6]).

Ulp. eod.:

credendi generalis appellatio est: ideo sub hoc titulo praetor et de
commodato et de pignore edixit.

---

[1]) Vgl. Ulp. 25 fr. 14 § 7 h. t.: sed interdum is, qui sumptum in funus fecit,
sumptum non recipit.

[2]) Da der Begriff „funeris causa sumptus
factus" von Ulpian bereits gelegentlich der
Erläuterung des Edikts erörtert wurde (fr. 14
§ 3—5), so gilt sein Kommentar zur Formel
(von fr. 14 § 6 ab) ausschliesslich dem auf
die demonstratio folgenden Teil derselben.

[3]) Vgl. die Ediktworte „eius reciperandi
nomine". Ferner fr. 14 § 6 h. t. v. „sumptus
nomine".

[4]) Nach fr. 14 § 17 „datur haec actio aduersus eos ad quos funus pertinet". Möglich, dass in der Formel zu N^m N^m hinzugefügt war „ad quem ea res pertinet".
Dagegen wird man sich die Sache keinesfalls so vorstellen dürfen, als habe sich der

Prätor prinzipiell selber die Cognition
darüber vorbehalten, ob das Ersatzbegehren
in hypothesi berechtigt sei. ' Sehr wohl
vereinbar ist hiemit, dass tatsächlich die
Frage, ob Beklagter in einem zum Ersatz
verpflichtenden Verhältnis stehe, sehr oft
schon in iure zur Sprache gekommen und
vom Prätor durch datio oder denegatio
actionis entschieden worden sein wird (das
dat praetor in fr. 16 h. t. wird aber auf
Rechnung der Kompilatoren zu setzen sein:
bei Ulpian schloss sich fr. 16 direkt an fr. 14
§ 17 an).

[5]) D. (12. 1), C. (4. 1), Paul. sent. II 1.

[6]) Vgl. fr. Vat. 266 inscr.: Ulpianus libro I
ad edictum de rebus creditis = Ulp. 26 ad
edictum fr. 26 § 3 de cond. indeb. (12. 6).
Vgl. oben S. 139.

Durch die ausdrückliche Nennung des Kommodats und Pignus in der eben angeführten Stelle wird es gewiss, dass die im Album erst erheblich später folgenden actiones depositi, fiduciae u. s. w. nicht mehr unter dem Titel de rebus creditis standen. Die zwischen der actio pigneraticia und depositi eingeschobenen Edikte über die sog. adjektizischen Klagen verdanken diese Stellung ohne Zweifel der Auffassung als Anhang zu dem Titel de rebus creditis. Ob sie im Edikt unter besonderem Titel standen oder nicht, ist eine Frage von untergeordneter Bedeutung. Ich halte ersteres aber deshalb für das Wahrscheinlichere, weil sonst Ulpian doch wohl in fr. 1 § 1 cit. auch auf diese Edikte hingewiesen haben würde.

§ 95. SI CERTUM PETETUR[1]).

Ulp. 26[2]). 27[3]), Paul. 28[4]), Gai. 9[5]), Iulian. 10[6]).

Die Rubrik Si certum petetur[7]) umfasste folgende Stücke: das Edikt über die Eideszuschiebung[8]), die Formel der condictio certae pecuniae, die dazu gehörige sponsio et restipulatio tertiae partis, endlich auch die Formel oder, wenn es, wie wahrscheinlich, deren zwei gab, die Formeln der condictio certae rei. Die letzte Behauptung steht zwar im Widerspruch mit Ulp. 27 fr. 1 pr. de cond. trit. (13. 3):

> Qui certam pecuniam numeratam petit, illa actione utitur „si certum petetur": qui autem alias res, per triticariam condictionem petet.

Denn danach scheint es, dass als certum im Sinn der Rubrik nur die certa pecunia, nicht auch die certa res gegolten hätte. Allein ich halte es für zweifellos — und seit dem Erscheinen der 1. Aufl. ist das wohl allgemein angenommen —, dass wir es hier mit einer Interpolation zu tun haben. Wie hätte der Prätor die condictio triticaria, d. i. einen Fall der condictio certae rei (s. unten unter 4.), aus der Rubrik „si certum petetur" ausscheiden können, da doch die certa res unbestritten als certum galt[9])

---

[1]) D. (12. 1) de rebus creditis, si certum petetur et de condictione. C. (4. 2). C. Gregor. (3. 12). C. Theod. (2. 27), (2. 29).

[2]) Fr. 1, 7, 9, 11, 13 h. t., fr. 18, 23, 25, 34 de iureiur. (12. 2), fr. 1, 3 de cond. c. d. (12. 4), fr. 2, 4 de cond. ob turp. c. (12. 5), fr. 1, 26 de cond. indeb. (12.6), fr. 51 de pact. (2. 14), fr. 61 de iudic. (5. 1), fr. 7 de usu et usuf. (33. 2), fr. 8 de cess. bon. (42. 3), fr. 48 de V. O. (45. 1), fr. 41 de R. I. (50. 17); fr. Vat. 266.

[3]) Fr. 1, 3 de cond. trit. (13. 3), fr. 8 de cond. furt. (13. 1).

[4]) Fr. 2, 6 h. t., fr. 24, 35 de iureiur. (12.2).

[5]) Fr. 4 de cond. trit. (13. 3), fr. 42 de R. I. cf. Paul. sent. II 1 § 4.

[6]) Fr. 19 h. t., fr. 39 de iureiur. (12. 2), fr. 11 de cond. c. d. c. n. s. (12. 4), fr. 20, 32

de cond. indeb. (12. 6), cit. fr. 9 § 8 h. t., fr. 18, 34 § 3 de iureiur. (12. 2), fr. 26 § 7. 12 de cond. indeb. (12. 6).

[7]) Naber, Mnemos. N. S. XX p. 180, hält die Worte „si certum petetur" für keine blosse Rubrik, sondern für den Anfang eines Ediktsatzes, den er mit „ita formulam concipito(?)" ergänzt. Es fehlt für eine solche Annahme jeder haltbare Grund.

[8]) Im Codex steht die Rubrik „de reb. cred. et de iureiur." (4. 1) vor der Rubrik „Si certum petetur" (4. 2). Daraus darf nicht geschlossen werden, dass das Eidesedikt überhaupt nicht unter unsere Rubrik gehöre, aber vielleicht, dass unter unserer Rubrik das Edikt über den Eid an der Spitze stand.

[9]) Anders freilich fr. 6 pr. § 1 de conf. (42. 2), wo die confessio certae rei an-

und schon der Gegensatz der actio incerti ex stipulatu[1]) (die sog. condictio incerti lasse ich mit Rücksicht auf das in § 57 Ausgeführte beiseite) die Unterordnung der condictio certae rei unter den Begriff der condictio certi gefordert haben würde? Dazu kommt, dass Paul. 28 fr. 6 h. t., der den Begriff „certum" mit offenbarer Rücksicht gerade auf die Rubrik „si certum petetur" erörtert, seiner Definition nach darunter ebenso die certa res wie die certa pecunia begreift[2]). Es ist ganz und gar unglaublich, dass das Edikt hinsichtlich des „certum petere" einem Sprachgebrauch folgte, der von demjenigen der gesamten klassischen Literatur abweichen würde. Vielmehr haben wir alle Ursache, dem Wortlaut von fr. 1 pr. cit. zu misstrauen. Nicht Ulpian, die Kompilatoren sind es, die, wie nicht nur aus dieser Stelle, sondern ebenso auch aus fr. 9 pr. § 3 de R. C. hervorgeht, condictio certi und condictio certae pecuniae haben identifizieren wollen. In fr. 1 pr. cit. dürften sie die Worte „si certum petetur" an Stelle der von Ulpian angeführten auf certa pecunia gestellten Formel gesetzt und den recht ungeschickten Schlusssatz ganz hinzugefügt haben. Fr. 9 cit. aber ist nicht nur, worauf ich schon in der 1. Aufl. hinwies, durch jene Identifizierung verdächtig: Stil und Inhalt der Stelle setzen, wie seither die Untersuchungen von Naber[3]) und Pernice[4]) erwiesen haben, auch sonst die Tatsache der Interpolation in den für uns entscheidenden Sätzen ausser jeden Zweifel[5]). Sehen wir uns nach dem sonstigen Sprachgebrauch um, so finden wir den Ausdruck certi condictio in der gesamten Justinianischen Kompilation nur noch ein einziges Mal, — in fr. 12 de nouat. (46. 2), wo der Satz, der ihn enthält, ebenfalls interpolationsverdächtig ist[6]); der Ausdruck certum condicere begegnet einmal, — in fr. 28 § 4 de iureiur. (12. 2), wo jedenfalls eine ausschliessliche Beziehung auf die condictio certae pecuniae nicht erkennbar ist; der Ausdruck certi condicere ebenfalls einmal in fr. 17 § 2 de act. rer. amot. (25. 2), — er ist unlateinisch und wird überdies in der Stelle mit Bezug gerade auf eine condictio certae rei gebraucht. In den nicht überarbeiteten Schriften der klassischen Juristen

---

scheinend der confessio incerti gleichgestellt wird. Allein auch diese Stelle ist ganz zweifellos interpoliert oder durch Glosseme entstellt, vgl. meine Paling. II p. 996 n. 2, Pernice, ZRG. XXVII S. 164 fgg., Giffard, NRH. XXIX p. 451 ss. Wären aber die entscheidenden Worte (uel corpus ... oportere) auch echt, so würden sie doch nur beweisen, dass die confessio certae rei der confessio incerti gleichgalt, während nach fr. 1 pr. de cond. trit. die certa res als Gegenstand einer condictio geradezu einen Gegensatz zum certum bilden müsste, in Wirklichkeit aber einen Gegensatz zum incertum bildet. Dies gegen Baron, Condictionen S. 88.
[1]) Vgl. namentlich fr. 74 de V. O. (45. 1), fr. 24 h. t.: Si quis certum stipulatus fuerit,

ex stipulatu actionem non habet, sed illa condicticia [condicticia *Trib.*] actione id persequi debet, per quam certum petitur. Bei dem certum hier bloss an die certa pecunia zu denken, scheint mir der Tatsache gegenüber, dass auch bei stipulatio certae rei die actio ex stipulatu nicht stattfindet, schlechterdings unmöglich. A.M. Baron, a. a. O. S. 127.
[2]) Vgl. hiezu auch Huschke, d. L. d. röm. Rts. vom Darlehen (1882) S. 211 fg.
[3]) Mnemos. N. S. XX p. 182 sq.
[4]) ZRG. XXVI S. 250 fgg.
[5]) So jetzt die entschieden herrschende Meinung, vgl. die bei v. Koschembahr-Lyskowski, die Condictio II S. 4 n. 1 angef. Literatur.
[6]) Pernice, Labeo III[1] S. 204.

kommt weder die certi condictio noch das certum condicere vor. Umgekehrt wissen wir, dass der eigentlich technische Ausdruck für die auf
certa pecunia gerichtete condictio von den Zeiten Cäsars bis in die der
letzten klassischen Juristen ein anderer — nämlich actio certae creditae
pecuniae — gewesen ist[1]). Und diese Bezeichnung wiederum, die sich
noch in zahlreichen Stellen der Kompilation wörtlich oder in Anklängen
erhalten findet, vermissen wir merkwürdigerweise gerade da, wo die condictio certae pecuniae ex professo behandelt wird, in den Kommentaren
zu dem Titel de rebus creditis, insbesondere bei Ulpian, dessen ganzes
26tes Buch neben dem Eidesedikt allein dieser Klagformel in ihren verschiedenen Anwendungen gewidmet ist[2]). All dies zusammen führt m. E.
notwendig zu dem Schluss: die condictio certi des fr. 9 cit. ist dem Ulpian
ebenso fremd, wie die Deutung des „si certum petetur" in fr. 1 pr. cit.; die
Kompilatoren waren es, die die actio certae creditae pecuniae durch ihre
condictio certi ersetzten[3]), vermutlich im Anschluss an einen schon zuvor
bei den Byzantinern verbreiteten Sprachgebrauch. Wie die Byzantiner
die uns geläufigen technischen Bezeichnungen für die einzelnen Anwendungen der condictio geschaffen haben, bald mit bald ohne Anlehnung an
Wendungen der klassischen Juristen, so verdanken wir ihnen auch die
formelle Einteilung in condictio certi und condictio triticaria. Denn auch
letzterer Ausdruck, den wir nirgends finden, als in dem verdächtigen
fr. 1 pr. cit., ist sicherlich der klassischen Jurisprudenz als technischer Ausdruck fremd[4]).

Haben wir den Gegensatz des certum in der Rubrik nicht in der
certa res der condictio triticaria finden können, so fragt sich, wo wir ihn
sonst zu suchen haben. Man möchte zunächst an die sog. condictio incerti denken. Allein es findet sich in den erhaltenen Stücken der Kom-

---

[1]) L. Rubria c. 21, 22. Lex Iulia munic.
lin. 44. 45. Quinctil. IV 2 § 6, 61. VIII 3 § 14.
XII 10 § 70. Seneca de benef. III 7, 1.
Gai. IV 13. 171. Tryphon. fr. 12 § 1 de distr.
pign. (20. 5), Scaeu. fr. 70 de procur. (3. 3),
Papin. fr. 19 i. f. de instit. act. (14. 3), Gordian.
c. 2 de nouat. (8. 41 [42]). Vgl. ferner
Gai. IV 50, Pompon. fr. 8 de R. C. (12. 1),
Scaeu. fr. 67 § 4 de cond. ind. (12. 6), Afric.
fr. 34 pr. mand. (17. 1), Paul. fr. 126 § 2 de
V. O. (45. 1), Alex. c. 5 de non num. pec.
(4. 30). S. auch die weitern bei Voigt, Con-
dictiones S. 259 n. 196, und bei Heimbach,
Creditum S. 44 fg., angef. Stellen.

[2]) Allgemeines: fr. 9 pr.—§ 3. Creditum:
fr. 9 § 4—9, fr. 11, 13 h. t., fr. 48 de V. O.
(45. 1), fr. 7 h. t. Condictio c. d. c. n. s.:
fr. 1, 3 de cond. c. d. c. n. s. (12. 4). Ob tur-
pem causa: fr. 2, 4 de cond. ob turp. c. (12. 5).
Indebiti: fr. 1, 26 de cond. indeb. (12. 6), fr. 51
de pactis (2. 14). Zu fr. 7 de usu et usuf.
(33. 2) vgl. das unten in § 140 Ausgeführte.

Dass gelegentlich auch einmal Übergriffe
nach Seiten der condictio certae rei erfolgen – fr. 26 § 4. 5. 7 de cond. indeb. —,
beweist natürlich nichts gegen die Behauptung im Text.

[3]) Andere m. E. irrige Ansichten über das
Verhältnis der beiden Ausdrücke bei Heimbach, a. a. O. S. 553 fgg., Voigt, a. a. O.,
Baron, a. a. O. S. 178 fg., Karlowa, R.G.
II S. 595 fg., W. Stintzing, Beiträge zur
röm. R. G. S. 1 fgg. Alle Versuche, zwischen
actio c. c. p. und condictio certae pecuniae
zu unterscheiden, scheitern m. E. daran, dass
unterscheidende Merkmale zwischen den angeblichen beiden Formeln nicht nachweisbar sind. S. auch Jobbè-Duval, études
sur l'hist. etc. (1896) I p. 78 ss., v. Mayr, ZRG.
XXXVII S. 260 fgg., v. Koschembahr-
Lyskowski, a. a. O. S. 39 fgg. Auch aus
den Resten der Ediktkommentare ist keinerlei Spur einer zwiefachen Formel ersichtlich.

[4]) Vgl. Naber, l. c. p. 184 sq.

mentare nicht die leiseste Spur davon, dass unter dem Titel de rebus
creditis die condictio incerti ex professo behandelt worden wäre; sie war
wahrscheinlich im Edikt gar nicht proponiert[1]). Ist von der condictio incerti abzusehen, so fällt der Blick auf die am Schluss des Titels de rebus
creditis proponierte actio commodati und pigneraticia. Allein ich glaube
nicht, dass diese beiden Rechtsmittel ihren Platz unter unserm Titel dem
Umstand verdanken, dass hier incertum petitur: sonst würden wir ohne
Zweifel noch manches andere bonae fidei iudicium, zumal die actio depositi
und fiduciae hier finden[2]). Meine Ansicht ist daher die, dass bei der
Rubrik si certum petetur überhaupt nicht an einen innerhalb des Titels
de R. C. liegenden Gegensatz gedacht werden darf. Der Gegensatz des
si certum petetur ist einfach das gesamte Gebiet des incertum petere.
So wenig der Titel de R. C. selbst einen streng systematischen Gegensatz
zu den nächstfolgenden Titeln bildet[3]), so wenig darf es wundernehmen,
wenn wir innerhalb des Titels selbst Rubriken begegnen, zu denen die
Gegensätze von aussen her zu holen sind. Die Systematik des Edikts
ist überhaupt nicht derart, dass Inkonzinnitäten solcher Art auffallen
könnten.

I.

Das Edikt über den Eid[4]), ursprünglich vielleicht nur für die actio
certae creditae pecuniae erlassen[5]), bezieht sich in seiner schliesslichen
Fassung auf alle Fälle, aber auch nur auf die Fälle des „si certum
petetur"[6]). Ein Teil seines Wortlauts ist bei Ulpian 26 fr. 34 § 6 de iureiur. (12. 2) erhalten:

> Ait praetor: *Eum a quo iusiurandum petetur, soluere aut iurare
> cogam.*

Das Zitat ist interpoliert. Der technische und auch allein passende Ausdruck für die Eideszuschiebung ist nicht „iusiurandum petere", sondern
„deferre". Im Edikt stand, wie Gradenwitz[7]) gezeigt hat, sehr wahrscheinlich: *Eum a quo certum petetur.* Das Zitat ist aber auch unvollständig, wie schon aus der Stellung inmitten des Kommentars hervorgeht.
Das Edikt dürfte vorher noch der Tatsache der Delation Erwähnung
getan haben: denn mit den Fragen, worüber, von wem, wem, unter
welchen vom Kläger zu erfüllenden Voraussetzungen der Eid deferiert
werden könne und von wem im Streitfall dessen Fassung auszugehen
habe, beschäftigt sich Ulpian in fr. 34 pr.—§ 5 und fr. 18 eod. und Paul. 28

---

[1]) Vgl. oben S. 151 fg.
[2]) Vgl. oben S. 39 fg.
[3]) Vgl. oben S. 39 fg.
[4]) Ulp. 26 fr. 18, 23, 25, 34 de iureiur.
(12.2); fr. 8 de cess. bon. (42. 3)? Paul. 28
fr. 24, 35 eod., Gai. 9 fr. 42 de R. I. (50. 17),
Iulian. 10 fr. 39 de iureiur. (12. 2), cit. fr. 18,
34 § 3 eod. Vgl. Paul. sent. II 1 § 1—4.
[5]) Vgl. Plaut. Curc. IV 2, 10, Persa IV 3, 9,

Rudens prol. 14, Sallust. Catil. c. 25, Isidor.
orig. V 26 § 21. W. Stintzing, Beiträge
S. 43 fgg., spricht umgekehrt den Eideszwang gerade der actio certae creditae pecuniae ab.
[6]) Demelius, Schiedseid und Beweiseid
(1887) S. 37 fgg. In der 1. Aufl. hatte ich es
nur auf die actio c. c. p. bezogen.
[7]) ZRG. XXI S. 275.

in fr. 35 pr. § 1 eod. Weiterhin aber war zweifellos — Ulp. 26 fr. 34 § 7 eod. (§ 8 ist Interpolation) — auch der facultas referendi gedacht und die Folgen der Ableistung, Erlassung[1]) oder Verweigerung des referierten Eids geordnet. Vgl. Diocl. et Maxim. c. 9 de R. C. (4. 1):

> Delata condicione iurisiurandi reus (si non per actorem, quo minus de calumnia iuret[2]), steterit) per iudicem soluere uel iurare, nisi referat iusiurandum, necesse habet.

Hiemit nun ist der nachweisbare Inhalt des Edikts erschöpft. Rudorff (E. P. § 94) zieht noch zwei Stücke hieher. Einmal die Anordnung der actio auf Grund geleisteten Eids: dass diese nicht hieher gehört, ergibt sich aus dem in § 54 Ausgeführten, wie auch aus dem Mangel entsprechender Erörterungen in den zu unserm Edikt gehörigen Kommentaren. Zweitens das bei Gell. N. A. X 15 § 31 überlieferte Ediktstück:

> Sacerdotem Vestalem et flaminem Dialem in omni mea iuris dictione iurare non cogam.

Dass diese Klausel zu unserm Edikt gehört, halte auch ich für nicht unwahrscheinlich: sowohl wegen der Form „non cogam", wie auch deswegen, weil unser Edikt das älteste unter den auf den Eid bezüglichen sein dürfte. Das „in omni mea iuris dictione" könnte dann Einschiebung eines spätern Prätors sein, der der Ausnahme allgemeine Beziehung geben wollte. Von Gewissheit ist trotz alledem selbstverständlich keine Rede.

Was die Art und Weise des wider den Beklagten geübten prätorischen Zwangs betrifft, so kann nur an die allgemeinen Exekutionsmittel gedacht werden[3]): wer weder zahlt noch schwört, fällt unter den Begriff „qui non uti oportet se defendit"[4]).

2.

Die Formel der actio certae creditae pecuniae[5]) ist uns vollständig erhalten:

> IUDEX[6]) ESTO. S. P. Nᵐ Nᵐ Aᵒ Aᵒ SESTERTIUM DECEM MILIA DARE OPORTERE[7]), IUDEX, Nᵐ Nᵐ Aᵒ Aᵒ SESTERTIUM DECEM MILIA C. S. N. P. A.[8]).

Eine Bezeichnung der causa enthielt die Formel nicht[9]). Dass sie eine

---

[1]) Vgl. auch Paul. sent. II 1 § 3.
[2]) Ulp. 26 fr. 34 § 4 de iureiur., Paul. sent. II 1 § 2.
[3]) Namentlich nicht an Einsetzung eines iudicium. Fr. 34 § 9 de iureiur. ist eine Interpolation.
[4]) Vgl. auch Paul. sent. II 1 § 5. Es tritt hienach also missio in bona ein und zwar ohne dass dem Beklagten cessio bonorum gestattet wäre: hieher Ulp. 26 fr. 8 de cess. bon. (42. 3).
[5]) Über Ulpians Kommentar vgl. oben S. 228 n. 2.
[6]) L. Iul. munic. lin. 44. 45. Cic. pro Roscio com. c. 4 § 10. 11.

[7]) Gai. IV 41. 33.
[8]) Gai. IV 49. 50.
[9]) Hauptsächlich dem Nachweis dieser Tatsache ist Barons Buch „die Condictionen" gewidmet. Gegen die obige Annahme hat sich Buhl in seiner Rezension der Baron'schen Schrift (krit. Vjschr. XXIV S. 224 fg.) erklärt, dessen a. a. O. S. 234 fg. zusammengefasste Gegengründe mir aber nicht durchschlagend scheinen. Speziell der von Buhl betonten Gefahr einer Verkümmerung des Verteidigungsrechts durch die abstrakte Klage war durch Restitution mit Leichtigkeit zu begegnen (s. Buhl selbst a. a. O. S. 231), und was die von ihm her-

solche nicht enthalten musste, zeigt die ganze Darstellung Ciceros in der Rede pro Roscio com. c. 4 i. f. c. 5, zeigen die zahlreichen Stellen, wo die intentio als nackte angeführt wird — vgl. z. B. Gai. III 91, IV 4. 18. 33. 34. 41. 64. 86. 93 —, zeigt endlich auch der Umstand, dass die Frage, welche Ansprüche im konkreten Fall vermöge der intentio certa in iudicium deduziert seien, den Gegenstand juristischer Erörterung bildete, vgl. Ulp. 26 — man achte auf die Inskription — fr. 61 pr. de iudic. (5. 1). Andererseits ist die Behauptung, dass die intentio die causa aufnehmen konnte, auch nicht durch eine einzige Stelle zu belegen. Man hat sich zum Beweis dafür auf Quinctil. inst. IV 6, 2[1]), auf Gai. IV 55 und auf fr. 18 de O. et A. (44. 7) berufen, welch letztere Stelle zwar unmittelbar nur von einer obligatio certae rei handle, aber einen sichern Schluss auch für die actio c. c. p. gestatte. Allein Quintilian l. c. handelt offensichtlich durchaus nicht von der Gestalt der Formel, sondern von der Art und Weise, wie die Parteien ihre Behauptungen vorzutragen haben. Die beiden andern Stellen aber beweisen zwar, was im Entferntesten nicht bestritten werden soll, dass die actio ex testamento auf „ex testamento dari oportere" intendierte[2]), keineswegs aber, dass auch die auf Grund einer stipulatio certi erhobene actio certae creditae pecuniae die causa nannte[3]).

3.

Gai. IV 171:

> ... ex quibusdam causis sponsionem facere permittitur, ueluti de pecunia certa credita . . . . . tertiae partis.

Gai. IV 13:

> ... periculosa est actio certae creditae pecuniae propter sponsionem qua periclitatur reus si temere neget, (et) restipulationem qua periclitatur actor si non debitum petat.

Vgl. Gai. IV 180. 181. Cic. pro Roscio com. c. 4 § 10, c. 5 § 14. L. Rubria c. XXI.

In die Digesten ist nur eine Stelle aus den Kommentaren übergegangen, die auf diese sponsio wahrscheinlichen Bezug hat: Ulp. 26 fr. 41 pr. de R. I. (50. 17) rechtfertigt den Restipulationszwang mit folgenden Worten:

> Non debet actori licere quod reo non permittitur.

Vielleicht ist auch in fr. 41 § 1 eod.:

> In re obscura melius est fauere repetitioni quam aduenticio lucro

---

vorgehobene Schwierigkeit in der Durchführung der prozessualen Konsumtion betrifft, so haben sich, wie im Text gezeigt, mit der Beseitigung dieser Schwierigkeit die Römer selbst beschäftigt. Zustimmend Pernice, Labeo III S. 212 n. 2, v. Mayr, die Condictio S. 129 fg., 199 fgg. Zweifelnd

Bekker, ZRG. XVII S. 94 fgg. Ganz phantastisch Kappeyne v. d. Coppello, Abh. (übers. v. Conrat) S. 201.

[1]) Satis est dixisse: certam creditam pecuniam peto ex stipulatione.

[2]) Cf. § 170.

[3]) S. auch Baron, a. a. O. S. 127 fg.

mit den letzten Worten die Sponsionssumme gemeint; dies ist aber ganz unsicher, und der Zusammenhang muss dahingestellt bleiben.

Die Sponsionen lauten bei Rudorff (E. P. § 93)[1]:

> Si pecuniam certam creditam, q. d. a., mihi debes, eam pecuniam cum tertia parte amplius dare spondes?
>
> Si pecuniam certam creditam, q. d. a., non debitam a me petiueris, eius pecuniae tertiam partem dare spondes?

Diese Vorschläge sind unannehmbar. Nicht das Schuldig- oder Nicht-schuldigsein war die gesetzte Bedingung der Sponsion, sondern der Sieg oder das Unterliegen im Rechtsstreit[2]: also etwa „si secundum me iudi-tum erit"[3]. Die Sponsionssumme aber wird sowohl bei Gai. IV 171 als bei Cic. pro Roscio com. c. 4 § 10 übereinstimmend als Teil der ein-geklagten Summe bezeichnet[4] — sponsio tertiae partis, legitimae partis —: es geht also nicht an, sie auf eam pecuniam cum tertia parte zu stellen. Sie ist eine reine Poenalsponsion.

4.

Dürften wir dem Bericht in fr. 1 pr. de cond. trit. (13. 3) Glauben schenken, so hätte im Album neben der condictio certi, d. h. certae pecu-niae, eine „condictio triticaria" gestanden, mit der alle andern Sachen, ausser certa pecunia, hätten eingeklagt werden können. Der Bericht lautet so allgemein, dass man auf Grund davon sogar behauptet hat, in der „condictio triticaria" sei nicht bloss die „condictio certae rei", sondern auch die condictio incerti inbegriffen[5]. Dem gegenüber ist zu wieder-holen, dass der gedachte Bericht nicht von Ulpian, sondern von den Kom-pilatoren herrührt und kein Vertrauen verdient. Interpoliert ist höchst wahrscheinlich schon der der klassischen Jurisprudenz sonst fremde Aus-druck „condictio triticaria"[6]. Auf Interpolation deutet weiter das „et generaliter dicendum est", das läppische „si quae sint praeter pecuniam numeratam", das „siue in pondere siue in mensura constent", wozu der Gegensatz fehlt, das schiefe „quare fundum quoque"[7], das Beispiel der stipulatio usus fructus, wodurch sich Ulpian in Widerspruch mit sich selbst setzt, — denn er schliesst sich anderwärts[8] der von ihm als herrschend

---

[1]) Der Sache nach übereinstimmend mit Rudorff sind die Vorschläge Puntscharts, grundges. Civilrecht der Römer S. 191.

[2]) Vgl. Gai. IV 180 v. „si causam non tenuerit". S. auch Zimmern, C. P. S. 170, Baron, a. a. O. S. 183.

[3]) Cic. pro Roscio com. c. 5 § 14. 15. Si a L. Titio secundum me iudicatum erit? Vgl. Wlassak, ZRG. XXII S. 382 fg. und gegen ihn Karlowa, R. G. II S. 595 n. 2.

[4]) Auch bei Cic. pro Roscio com. c. 5 § 14 muss es heissen: pecunia petita est certa, cuius tertia parte sponsio facta est. Die handschriftliche Lesart „cum" statt „cuius", worauf Rudorffs Rekonstruktion zu fussen

scheint, ist schon aus stilistischen Gründen nicht zu halten. „Cuius" (Huschke) hat auch Kayser akzeptiert. „Cum" wird allerdings neuerdings von Karlowa, II S. 595, ver-teidigt, auf dessen historische Auseinander-setzungen hier nicht eingegangen werden kann.

[5]) So Savigny, System V S. 626 fgg. Gegen ihn Rudorff, R. G. II S. 147 n. 13, Baron, a. a. O. S. 113 und die 1. Aufl. S. 190.

[6]) Literatur hiezu bei v. Koschembahr-Lyskowski, a. a. O. S. 48 n. 5.

[6]) Vgl. Naber, Mnemos. N. S. XX p. 184 sq.

[8]) In fr. 75 § 3 de V. O. (45. 1).

bezeichneten Meinung an, dass die stipulatio usus fructus eine stipulatio incerti sei. Wir werden hienach gut tun, die Antwort auf die Frage, was das Album unter der Rubrik „si certum petetur" noch weiter enthalten habe, nicht aus fr. 1 pr., sondern aus zuverlässigeren Quellen zu schöpfen.

Da kann es denn zunächst keinem Zweifel unterliegen, dass das Album eine Musterformel der hundertfach bezeugten condictio certae rei enthalten haben muss[1]). Dies folgt aus der allgemeinen Rubrik „si certum petetur", aus der Art, wie Paulus in fr. 6 de R. C. das certum definiert, endlich aus den Kommentaren[2]), — bei Ulpian eröffnet die condictio certae rei sogar ein neues Buch. Wir werden ferner die Nachricht des Stephanus, dass der Name „condictio triticaria" von dem Musterbeispiel der alten Formel herrühre[3]), für durchaus glaubwürdig halten müssen[4]). Die Rekonstruktion dieser Formel bietet keinerlei Schwierigkeit:

S. p. N^m N^m A^o A^o tritici Africi optimi modios centum dare oportere[5]), quanti ea res est[6]), t. p. N^m N^m A^o A^o c. s. n. p. a.

Eine andere Frage ist, ob diese Formel die einzige für den Fall „si certa res petetur" proponierte war. Sie war, wenn nicht allein, so doch hauptsächlich auf Genusschulden berechnet. Die Vermutung Nabers[7]), dass für Speciesschulden eine besondere Formel proponiert war, hat, insbesondere wenn man an den wichtigen Fall der condictio furtiua denkt, innere Wahrscheinlichkeit[8]) und auch eine gewisse äussere Stütze in fr. 7 § 2 de cond. furt. (13. 1); denn die auffallende Art, wie hier plötzlich der seruus furtiuus als Objekt der condictio furtiua hervortritt, legt den Gedanken nahe, die condictio serui sei ein Musterbeispiel des Albums gewesen, und dazu stimmt auch Ulp. 27 fr. 3 de cond. trit., wo die Frage nach dem Zeitpunkt der Ästimation augenscheinlich mit Bezug auf eine condictio serui erörtert wird[9]). Die Formel entsprach m. E. ganz der

---

[1]) A. M. freilich, ohne ausreichende Gründe, v. Mayr, Condictio S. 203 fgg. Siehe aber denselben, ZRG. XXXVII S. 276 fgg.

[2]) Vgl. ausser fr. 1 de cond. trit. (13. 3) noch Ulp. 27 fr. 3 eod., fr. 8 de cond. furt. (13. 1), Gai. 9 fr. 4 de cond. trit. (13. 3). Paul. 28 scheint nach fr. 2, 6 de R. C. (12. 1) condictio certae pecuniae und certae rei in gewissem Umfang zusammengefasst zu haben.

[3]) Schol. in Bas. XXIV 8, 7 (Heimb. III p. 43): ἐπειδὴ ἐν τῇ κατὰ τὸ πάλαι πολιτευόμενον αὐτοῦ φορμούλᾳ tritici ἐνέκειτο μνήμη.

[4]) A.M.v.Koschembahr-Lyskowski, a. a. O. S. 334 fg.

[5]) Gai. IV 4, vgl. fr. 75 § 8 i. f. de V. O. (45. 1), fr. 19 eod. S. P. R. (8. 3).

[6]) Gai. 9 fr. 4 de cond. trit. (13. 3): quanti tunc cum iudicium acciperetur. Vgl. fr. 2

§ 3 de priv. del. (47. 1). Über fr. 3 de cond. trit. s. oben den Text.

[7]) a. a. O. p. 186.

[8]) Nicht dasselbe gilt von Nabers Vermutung einer alternativ gefassten Musterformel „s. p. hominem Stichum aut HS X dari oportere". Sie ist unvereinbar mit fr. 75 § 8 de V. O. (45. 1).

[9]) Die Stelle ist von den Kompilatoren verändert, vgl. Marchi, st. Scialoja I p. 173 sqq. Man beachte, wie der zuerst allgemein bezeichnete Klaggegenstand (res quae petita est) sofort zum seruus wird (mortis tempus), dann wieder zur res und wieder zum seruus. Desgleichen deutet die Beziehungslosigkeit des „in utroque" und „in his" g. E. der Stelle auf Eingriff der Kompilatoren; ich möchte vermuten, dass der Jurist hier gerade die Fälle der beiden Musterformeln im Auge hatte.

der condictio tritici[1]); auch die condemnatio ging wie dort auf „quanti ea· res est"[2]).

§ 96. DE EO QUOD CERTO LOCO DARI OPORTET[3]).

Ulp. 27[4]), Paul. 28[5]), Gai. 9[6]).

In meinen Beiträgen zur Kunde des prätorischen Edikts (1878) habe ich die Formel der actio de eo quod certo loco zum Gegenstande einer ausführlichen Untersuchung gemacht. Ich kann nach nochmaliger Prüfung die Ergebnisse, die ich dort gefunden zu haben glaubte, nicht durchweg festhalten. Für richtig halte ich sie auch heute noch hinsichtlich der intentio, nicht mehr aber hinsichtlich der condemnatio.

Die intentio ist meiner, wie der herrschenden Ansicht nach[7]), in ius zu konzipieren, vor derjenigen der condictio nur durch den Zusatz des Erfüllungsorts ausgezeichnet:

S. p. N^m N^m A° A° decem Ephesi dare oportere[8]).

Für diese Fassung spricht[9]), ausser dem Zeugnis des Theophilus[10]), fürs erste die Natur der Sache: ein Grund zu weiterer Veränderung der intentio der condictio lag nicht vor; fürs andere die Rubrik des Digesten-titels (13. 4) „de eo quod certo loco dari oportet"; weiter der Umstand, dass das agere mit unserer actio als agere adiecto loco und im Gegensatz dazu die intentio der condictio als pura bezeichnet wird[11]); endlich entscheidend fr. 2 § 7 h. t.: denn hier wird die Zuständigkeit der actio de eo q. c. l. ausdrücklich darauf gegründet (ideo peti potest), dass im Fall der Stelle liberatio non contigit, d. h. dass das zivile dari oportere fort-dauert, — es muss also dies dari oportere intentionsmässige Voraussetzung unserer actio gewesen sein[12]).

---

[1]) Karlowa, R. G. II S. 781, meint, in der intentio der condictio furtiua sei die causa angegeben gewesen. Dagegen entscheidet m. E. schon Gai. IV 4: ut . . . . etiam hac actione teneantur.

[2]) Fr. 2 § 3 de priu. del. (47. 1): „iudicii accipiendi tempus". Das (s. S. 233 n. 9) stark interpolierte fr. 3 de cond. trit. (v. condemnationis tempus) gestattet, gegenüber jenem bestimmten Zeugnis, keinen Schluss auf „quanti ea res erit". Das „quanti ea res est" unterlag aber einer freien Auslegung; so erklärt sich fr. 8 pr. § 1 de cond. furt. (13. 1) und was an fr. 3 cit. echt sein mag. In fr. 8 pr. cit. halte ich die Schlussworte „aestimationis . . . . potest" für interpoliert.

[3]) D. (13. 4), C. (3. 18).

[4]) Fr. 2, 4 h. t.

[5]) Fr. 5, 7 h. t., fr. 27 de cond. indeb. (12. 6).

[6]) Fr. 1, 3 h. t.

[7]) A. M. Cohn, die sog. actio de eo q.

c. l. (1877) S. 129 fg. Zweifelnd: Savigny, System V S. 132 n. o, Bekker, Actionen II S. 133 n. 8, Brinz, Pandekten II S. 333 (2. Aufl.).

[8]) Auf diese intentio geht Ulp. 27 fr. 2 § 1—7 h. t.: Ephesi fr. 2 § 1—4, dari fr. 2 § 5, oportere fr. 2 § 6. 7.

[9]) Vgl. zu dem Folgenden: Lenel, a. a. O. S. 65 fgg.

[10]) Zu § 33 I. de act. (4. 6).

[11]) § 33c I. de act. (4. 6), Gai. IV 53c, fr. 2 § 3 h. t.

[12]) Nicht widerlegt durch Cohn, Jenaer Lit. Ztg. 1878 S. 687, vgl. auch Puntschart in Grünhuts Zschr. VI S. 620. Anders wird fr. 2 § 7 cit. verstanden von Cohn, actio de eo q. c. l. S. 131 fgg.; ich glaube, trotz der neuerlichen Ausführungen Cohns, in der krit. Vjschr. XXIV S. 32 fg., die Auslegung dieses Schriftstellers in meinen Beiträgen S. 68 fg. überzeugend widerlegt zu haben.

Hinsichtlich der condemnatio war ich a. a. O.[1]) unter Verwerfung aller
frühern Rekonstruktionsversuche zu folgender Hypothese gelangt:

iudex, arbitratu tuo N^m N^m A^o A^o c. s. n. p. a.

Die Grundlage dieser Vermutung war mir der Bericht Ulpians in fr. 2
§ 8 h. t.:

Iulianus Labeonis opinionem secutus etiam actoris habuit rationem . . . .

Darin erblickte ich den Beweis, dass die Berücksichtigung des klägerischen
Ortsinteresses bei unserer actio allein durch die Wissenschaft durchgesetzt
worden, in der Formel also nicht ausdrücklich vorgesehen gewesen sei;
ich fand dies bestätigt durch § 33^c I. de act., wo, bei Erwähnung unserer
actio, nur davon die Rede ist, dass der Richter das Ortsinteresse des
Beklagten berücksichtigen dürfe, und ich suchte nun eine Formel, die
dem iudex „die Berücksichtigung der utilitas promissoris ermöglichte, ohne
die der utilitas actoris — die Neuerung des Labeo — auszuschliessen"[2]),
eine Formel, die natürlich überaus unbestimmt ausfallen musste[3]). Allein
diese ganze Argumentation ruht auf schwachen Füssen. Zunächst leidet
die versuchte Fassung der condemnatio an starker innerer Unwahrscheinlichkeit. Dachte der Prätor, wie ich annahm, bei Einführung unserer actio
wirklich nur daran, dem Beklagten die utilitas loci zu wahren, so ist es
kaum glaublich, dass er seine Absicht in der Formel nur so überaus unklar angedeutet hätte. Jene Fassung ermangelt aber genau besehen auch
der äussern Stütze. Sieht man vorerst von den beiden angeführten Stellen
ab, so führen die Quellen entschieden auf eine condemnatio, die ausdrücklich die Berücksichtigung des beiderseitigen Interesses als zulässig erscheinen liess. Es hat einen durchaus formelmässigen Anstrich, wenn es
in c. un. h. t. von unserer actio heisst:

in qua uenit aestimatio quod alterutrius interfuit suo loco potius
quam in eo quo petitur solui.

Wenn wir nun fast derselben Wendung in fr. 8 h. t. begegnen:

---

[1]) S. 70 fgg. Daselbst auch Verzeichnis
der verschiedenen Ansichten. Hinzuzufügen
Treptow, z. Lehre v. d. actio de eo q. c. l.
diss. (1875) S. 29, Leoni, de eo q. c. l. d. o.
1893 (in der ital. Bearbeitung von Glücks
Kommentar), Karlowa, II S. 1364 fgg.,
Gerh. Beseler, das edictum d. e. q. c. l.
(1907). Letzterer Schriftsteller lässt die actio
arbitraria nur die condictio certae pecuniae
vertreten. Für die obligatio certae rei
nimmt er zwar ebenfalls eine intentio adiecto loco an, dahinter aber die gewöhnliche
condemnatio auf q. e. r. e. (S. 48 fgg.). Das
widerspricht dem klaren Zeugnis in § 33^c
I. de act., welche Stelle B. daher in dem
entscheidenden Passus für Justinianisch erklärt, und wird nicht bewiesen durch Iulian.

quanti eius uel actoris interfuerit eam summam Capuae potius
quam alibi solui . . . .,

desgleichen mit Bezug auf das Ortsinteresse des Beklagten in fr. 2 § 8 h. t.·

si interfuisset rei Ephesi potius soluere quam eo loci quo con-
ueniebatur[1]) . . . .;

wenn ferner Ulpian an die Spitze seiner Erörterungen — fr. 2 pr. h. t.
den Satz stellt:

Arbitraria actio utriusque utilitatem continet tam actoris quam rei:
quod si rei interest, minoris fit pecuniae condemnatio quam inten-
tum est, aut si actoris, maioris pecuniae fit[2])

wenn man diese zusammentreffenden Zeugnisse überblickt, so wird man,
meine ich, zweifelsohne geneigt sein, die Worte der c. un. cit. zur Richt-
schnur für die Rekonstruktion der condemnatio zu nehmen, wofern es
gelingt, jene anscheinend widersprechenden Berichte damit zu vereinbaren.
Dies scheint mir nun nicht allzu schwer. Zunächst § 33ᶜ I. de act. behandelt
unsere actio nicht nach allen Seiten hin, sondern nur als ein Mittel, eine
Schuld mit bestimmtem Erfüllungsort anderwärts ohne die Gefahr der
plus petitio loci einzuklagen; da nun die Folgen der plus petitio loci
der Rücksicht auf das Ortsinteresse des Beklagten entspringen, so war es
nur natürlich, dass der Institutionenverfasser, indem er unsere actio erwähnte, zugleich betonte, dass hier jenes Ortsinteresse nicht etwa beiseite
gesetzt werde, sondern nur in anderer Weise zu seinem Rechte komme;
auf das mögliche Ortsinteresse des Klägers einzugehen, hatte er keinerlei
Veranlassung. Was aber die vorhin angeführten Worte des fr. 2 § 8
h. t. betrifft:

Iulianus Labeonis opinionem secutus etiam actoris habuit rationem . . . .,

so gestatten diese eine Auslegung, die, weit entfernt die Annahme einer
auf „quanti alterutrius interfuit" gestellten condemnatio zu widerlegen,
dieselbe vielmehr wesentlich unterstützt. Wie nämlich, wenn Julian in
dieser Stelle nicht als blosse Autorität, sondern als Ediktredaktor
genannt wäre, der in dieser Eigenschaft eine an dem ältern Formeltext
geübte Kritik Labeos[3]) berücksichtigte? Dass diese Auslegung möglich
ist, sich mit den Worten sogar ganz vortrefflich verträgt, wird niemand
bestreiten können[4]). Dann aber hätten wir hier einen Bericht über die
geschichtliche Entwicklung des Formeltexts vor uns, der die Formelmässigkeit des quanti alterutrius interfuit geradezu belegen würde.

---

[1]) Vgl. auch fr. 15 i. f. de compens. (16. 2):
„quanti Titii interfuerit eo loco quo conuenerit pecuniam dari" und vorher „quanti
mea interfuit certo loco dari".

[2]) *Flor.* fiat. Wie weit man der Echtheit
des mit quod si beginnenden, lediglich umschreibenden Satzes trauen soll, kann hier
dahingestellt bleiben. Der Eingang der
Stelle ist jedenfalls ganz unverdächtig. A. M.

Naber, a. a. O. p. 321.

[3]) Solche Kritik hat Labeo auch sonst
geübt: fr. 4 § 3 de re iud. (42. 1), fr. 15 § 26
de iniur. (47. 10).

[4]) Von einer andern Korrektur des älteren Edikttextes durch Julian berichtet,
worauf Gradenwitz, ZRG. XXXVII S. 247
n. 1, hinweist, Ulpian in fr. 1 § 1 comm.
(13. 6).

Die Formel, zu der wir auf Grund des bisherigen gelangen müssten, leidet augenscheinlich immer noch an einer gewissen Unbestimmtheit: der Geschworene wird angewiesen, seiner Abschätzung das Interesse einer der Parteien zu Grunde zu legen; es wird ihm aber nicht gesagt, wonach sich bestimmen soll, ob das der einen oder das der andern. Dies Bedenken, wenn es eines ist, bringt mich auf das grosse Rätsel unserer actio, auf die Frage, warum und in welchem Sinne die Römer sie als arbitraria bezeichnen[1]). Arbitrariae actiones sind nach § 31 I. de action. diejenigen, „in quibus, nisi arbitrio iudicis is cum quo agitur actori satisfaciat, . condemnari debeat,“ diejenigen also, bei denen der Kondemnation ein arbiträrer Satisfaktionsbefehl des Geschworenen vorausgehen muss, dessen Befolgung jene abwendet. Trotz dieser Definition und trotzdem in § 31 I. cit. selbst unsere actio unter den Beispielen der arbitrariae aufgezählt wird, habe ich mich in meinen Beiträgen mit der Annahme eines solchen Satisfaktionsbefehls und der entsprechenden Formelklausel nicht befreunden können[2]), weil mir alle bisherigen Versuche, diesem iussum Inhalt und Richtung zu geben, total verunglückt schienen. In der Tat bin ich auch heute nicht anderer Meinung und glaube sogar zu den Argumenten, die ich dort gegen die von der herrschenden Meinung[3]) beliebte Formelklausel „nisi ea pecunia .... Ephesi soluetur“ (oder wie die Formulierung sonst lauten mag) beigebracht habe und die ich nach wie vor für entscheidend halte[4]), noch ein neues hinzufügen zu können, und zwar ein sehr erhebliches. Hätte nämlich der iudex wirklich ein iussum als letzte Aufforderung, am bestimmten Erfüllungsorte zu leisten, erlassen, so hätte, meine ich, auch die Interesseberechnung dieser Aufforderung entsprechend eingerichtet sein müssen, d. h. der iudex hätte der Interesseberechnung den

---

[1]) § 31. 33[c] I. de act. (4. 6), fr. 2 pr. § 8, fr. 4 § 1, fr. 5, 7, 10 h. t., fr. 16 § 1 de pec. constit. (13. 5).

[2]) S. auch Cohn, actio de eo q. c. l. S. 135 fg., Windscheid, Pand. § 46 n. 4, Brinz, Pand. (2. Aufl.) II S. 333 n. 30.

[3]) Vgl. wieder neuerdings Puntschart, a. a. O.

[4]) Was Puntschart a. a. O. in Bezug auf fr. 4 § 1 h. t. ausführt, berührt dieselben gar nicht. Auch die anderweiten Vorschläge, die neuerlich von Dernburg, Pand. I § 133 n. 2, Ubbelohde, Interdicte II S. 28 fg., Karlowa, II S. 1368, Gradenwitz, ZRG. XXXVII S. 238 fgg. gemacht worden sind, kann ich nicht für glücklich halten. Dernburg meint, das iussum habe den Beklagten i. d. R. dazu aufgefordert, die richterlich ermittelte Schätzungssumme am Klageort zu zahlen, und auf eben dies kommt auch die Rekonstruktion von Gradenwitz hinaus. Hiegegen spricht m. E. entscheidend die Erwägung, dass, wenn einmal der Judex die Schätzungssumme festgestellt hat, schlechterdings nicht abzusehen ist, warum er nicht zur Vermeidung aller Weiterungen sofort darauf kondemniert. Wenn er dem Beklagten sagt: „gib 99, sonst verurteile ich dich auf 100“, so wird der Beklagte, falls er kann, natürlich die 99 zahlen (Gradenwitz S. 245); eben darum aber ist es nicht glaublich, dass der Prätor dem Judex ein iussum solchen Inhalts zur Pflicht machte, statt ihn sofort zur Kondemnation auf 99 zu ermächtigen. Dernburg vermutet, das iussum habe den Zweck gehabt, dem Beklagten die Vermeidung der poena tertiae partis zu ermöglichen. Aber zu unserer actio arbitraria passt die sponsio (und restitulatio!) tertiae partis ganz und gar nicht; sie wird hier auch nirgends erwähnt. Ubbelohdes Vermutung steht und fällt mit seiner Auffassung des iussum de restituendo überhaupt, die m. E. weder den Quellen entspricht noch praktikabel ist.

in der fruchtlos gebliebenen Aufforderung bezeichneten oder subintelli-
gierten Leistungstermin zu Grunde legen müssen, die condemnatio hätte
lauten müssen „quanti alterutrius intererit Ephesi solui, condemna".
Statt dessen weisen umgekehrt eine ganze Reihe von Stellen in ganz un-
zweideutiger Weise vielmehr in die Vergangenheit zurück.   So vor
allem c. un. h. t.:

>   in qua uenit aestimatio, quod alterutrius interfuit . . . .

So ferner fr. 2 § 8 h. t.:

>   ut, si interfuisset rei . . . ., ratio eius haberetur

und

>   actoris habuit rationem, cuius potuit interesse . . . .

und

>   in hanc arbitrariam quod interfuit ueniet

So ferner fr. 8 h. t.:

>   quanti eius uel actoris interfuerit . . . .

und

>   quanti actoris intersit eam pecuniam Capuae solutam esse

Weiter § 33ᶜ I. de act. (4. 6):

>   . . . . utilitatis quae promissori competitura fuisset

Endlich fr. 15 de compens. (16. 2):

>   quanti mea interfuit

und

>   quanti Titii interfuerit . . . .

Diesen übereinstimmenden Quellenäusserungen gegenüber geht es m. E.
nicht an zu leugnen, dass mit dem Moment der erhobenen arbitraria actio
die Möglichkeit anderwärts als am Klagort zu leisten regulärerweise ihre
Endschaft erreicht hat[1]); sie kommt nur noch als gewesene Möglichkeit
in Betracht.

Lässt sich nun für eine Satisfaktionsklausel durchaus kein befriedigen-
der Inhalt finden, so begreift sich andererseits der Name „arbitraria actio"
von selbst, und ohne dass wir der Formel irgend einen weiteren Zusatz
geben, durch die von uns gefundene Gestalt ihrer condemnatio. Vermöge
des Worts alterutrius stellt diese condemnatio es in das Ermessen (arbitrium) des Judex, das Interesse welcher der beiden Parteien er bei der
Ästimation berücksichtigen wolle, und diese Wahlfreiheit bei der Ästimation ist die Ursache, der die actio ihren Namen verdankt. Allerdings entspricht diese Erklärung nicht der Definition der Institutionen. Allein wer
die Stellen, in denen unsere actio als arbitraria bezeichnet ist, aufmerksam
liest, kann gar nicht darüber zweifeln, dass die Bezeichnung hier von den
Juristen in anderm Sinne gebraucht ist als sonst. Bezeichnen die Juristen
einmal gelegentlich eine andere actio als arbitraria — sie tun dies nicht
eben besonders häufig —, so wollen sie ihr damit lediglich eine bestimmte

---

[1]) Ausnahmsfälle vorbehalten.   Über fr. 4 § 1 h. t. vergleiche Lenel, a. a. O. S. 57 fg.
Anders wieder Puntschart, a. a. O.

Eigenschaft zuschreiben, die sie mit andern teilt: sie ist arbitrarisch, wie sie zivil, honorarisch, in rem, in personam, in ius und in factum konzipiert ist. Für unsere actio dagegen, für die die Bezeichnung häufiger vorkommt als für alle andern actiones arbitrariae zusammengenommen[1]), ist „actio arbitraria" der speziell für sie technische Name: sie ist nicht e i n e, sie ist d i e actio arbitraria[2]). Daraus folgt aber, dass, was s i e zur actio arbitraria macht, nicht das sein kann, was noch einem Dutzend anderer Formeln diese Eigenschaft verleiht, und diese Folgerung wird durch fr. 3 und fr. 8 h. t. direkt bestätigt: denn nach diesen Stellen kann der Name nur daher rühren, dass bei unserer actio „aestimationis ratio arbitrio iudicis committitur". Wie nun aber endlich diese actio arbitraria in das Verzeichnis der actiones arbitrariae in § 31 I. de act. hineingeraten ist, das ist wahrlich nicht schwer zu erklären: die Institutionenverfasser haben einfach den Beispielkatalog, den sie in ihrer Vorlage fanden, nach eigenem Ermessen vervollständigt, und was lag ihnen, denen die klassischen Formeln zur gleichgültigen Antiquität geworden waren, näher, als diejenige actio, die den Namen geradezu als technischen führt, in das Verzeichnis aufzunehmen? Es ist schwerlich ein Zufall, dass Theophilus, der sonst dem Institutionentext so genau folgt und auch zu § 31 I. cit. alle andern dort aufgeführten Beispiele von actiones arbitrariae erläutert, gerade hier unsere actio mit völligem Stillschweigen übergeht[3]): er wird bei ihr mit dem arbitrium ebensowenig anzufangen gewusst haben wie wir. Auf Justinianische Hand deutet auch in § 31 cit. die Wendung „qua id quod c e r t o l o c o p r o m i s s u m est", die das hier unentbehrliche dari weglässt[4]).

Die genaue Formulierung der condemnatio muss dahingestellt bleiben. R u d o r f f (E. P. § 96) schlägt vor

> quanti arbitratu tuo alterutrius interfuerit Ephesi potius quam Romae dari.

Diese condemnatio würde den Judex angewiesen haben, nicht etwa bloss die durch das Ortsinteresse bedingte Differenz gegenüber dem Nominalbetrag der Schuld bei der Abschätzung in R e c h n u n g z u z i e h e n[5]), sondern einfach einzig und allein auf diese Differenz zu verurteilen, was ein recht sonderbares Ergebnis wäre[6]). Dem S i n n e nach kann vielmehr offenbar die condemnatio nur folgendermassen gelautet haben:

> *N^m N^m A^o A^o decem aut si quid alterutrius interfuit eam pecuniam Ephesi potius quam Romae solui, tanto pluris minorisue*[7]) c. s. n. p. a.

---

[1]) Ausser unserer actio wird in den Dig. überhaupt nur die actio metus causa einmal arbitraria genannt: fr. 14 § 4 quod met. causa (4. 2). Weiter s. noch fr. de form. Fab. § 1 und fr. 3 § 1 de usur. (22. 1).

[2]) Auch bei Stephan in Bas. LX 10, 6 (Heimb. V p. 430): ἀρβιτράριος τύπος.

[3]) Er erwähnt sie erst bei § 33 und ohne die geringste Andeutung ihrer Eigenschaft als arbitraria.

[4]) Beseler, a. a. O. S. 75. Durch das in Anführungszeichen zu setzende „Ephesi aut Capuae" in fr. 2 § 3, s. auch § 4 h. t., kann die Ausdrucksweise in § 31 cit. nicht gestützt werden.

[5]) Rationem habere: § 33 c I. de act., fr. 2 § 8 h. t., c. un. h. t.

[6]) Meine Beitr., S. 74 n. 17. Dennoch wieder mit Rudorff: Beseler, a. a. O. S. 90 fgg.

[7]) Glaubt man wegen des Namens arbi-

Auf eine derartige Fassung wird sich bezogen haben, was Ulpian im Originaltext von fr. 2 § 8 h. t. gesagt haben mag:

> Nunc de officio iudicis huius actionis loquendum est, utrum quantitati contractus debeat seruire an uel excedere uel minuere quantitatem debeat, ut, si interfuisset rei Ephesi potius soluere quam eo loci quo conueniebatur, ratio eius haberetur.

So wie wir die Stelle jetzt lesen, ist sie von Ulpian freilich nicht geschrieben[1]); denn wie auch die condemnatio gelautet haben mag, der Jurist muss hier darauf aufmerksam gemacht haben, dass die F o r m e l es war, die den Judex in die Notwendigkeit versetzte, zu erwägen, utrum quantitati contractus debeat seruire[2]) an uel excedere uel minuere quantitatem debeat, und eben die darauf bezüglichen Worte dürften die Kompilatoren vor utrum gestrichen haben[3]). Jedenfalls aber war es Sache des officium iudicis, sich zwischen den drei Möglichkeiten, die ihm die Formel bot, zu entscheiden. —

Über das unserer actio etwa voraufgehende Edikt fehlen uns alle Quellenbelege. Ich glaubte seinerzeit[4]) eine Andeutung darüber in den Worten des § 33[c] I. de act. (4. 6) gefunden zu haben:

> Si quis tamen Ephesi petat, id est eo loco petat, quo, ut sibi detur, stipulatus est, pura actione recte agit . idque etiam praetor monstrat, scilicet quia utilitas soluendi salua est promissori.

Allein, wie ich mir jetzt die Formel denke, können diese Worte ebensomehr auf den Wortlaut dieser letztern bezogen werden, und so scheint es mir am vorsichtigsten, sich hinsichtlich des Edikts jeder Vermutung zu enthalten. Möglich, dass die actio überhaupt nur proponiert und nicht durch Edikt verheissen war.

§ 97.   DE PECUNIA CONSTITUTA[5]).

Ulp. 27[6]), Paul. 29[7]), Iulian. 11[8]).

Das Edikt de pec. constit. lässt sich aus den Kommentaren, nament-

---

traria die Worte „arbitrio tuo" nicht entbehren zu können, so möge man sie hier einschieben.

[1]) Und eben darum ist es bedenklich, aus dem überlieferten Text Folgerungen zu ziehen wie N a b e r, a. a. O. p. 319 sq. Vgl. auch G r a d e n w i t z, a. a. O. S. 249 fg.

[2]) Seruire ist freilich nicht dasselbe wie seruare (N a b e r, a. a. O. p. 321). „Quantitati contractus seruire" heisst: „sich nach der Kontraktsumme richten".

[3]) Auch wird Ulpian als Beispiel zu dem „excedere uel minuere quantitatem" kein solches gegeben haben, das bloss zu dem minuere passt. Vielleicht war im Originaltext vor „ut, si" auf die alte Fassung der

Formel hingewiesen, und Ulpian fuhr dann fort: Iulianus autem *etc.*

[4]) Meine Beiträge S. 60.

[5]) D. (13. 5), C. (4. 18).

[6]) Fr. 1, 3, 5, 7, 11, 14, 16, 18 h. t., fr. 36 de iureiur. (12. 2), fr. 56 de re iud. (42. 1), fr. 5 de confess. (42. 2), fr. 11 de nouat. (46. 2) — Frage, ob durch constitutum delegiert werden könne, wie fr. 28 h. t. hinsichtlich des receptum —, fr. 182 de V. S. (50. 16) — Constitut eines vermeintlichen Gewalthabers de peculio cf. fr. 1 § 8 h. t.

[7]) Fr. 4, 8, 10, 13, 15, 17, 19, 21 h. t. Auch Paul. lib. 6 breu. fr. 22 h. t.

[8]) Fr. 2, 23 h. t., cit. fr. 5 § 3. 6 h. t.

lich dem Ulpians, und den sonstigen Berichten im wesentlichen sicher wiederherstellen.

Direkt bezeugt sind uns bei Ulp. 27 fr. 1 § 1 die Worte:

QUI PECUNIAM DEBITAM CONSTITUIT.

Erläutert sind sie in fr. 1, 3, 5, 7, 11 h. t. und zwar Qui in fr. 1 § 1—3, constituit in fr. 1 § 4, pecuniam debitam in fr. 1 § 5—8, fr. 3, 5[1]), 7, 11 h. t. Das Wort debitam speziell ist zweifellos ediktal und darf nicht mit Rudorff[2]) durch creditam ersetzt werden.

In fr. 14 pr. fährt Ulpian fort:

Qui autem constituit se soluturum, tenetur, siue adiecit certam quantitatem siue non.

Kein Zweifel, dass die hervorgehobenen Worte ebenfalls ediktal sind. Bruns[3]) hat gezeigt, dass in dem Sprachgebrauch der Zeit, der unser Edikt entstammt, das Wort constituere mit dem blossen einfachen Akkusativ des Objekts nicht vorkommt, dass vielmehr stets die Bezeichnung der zugesagten Handlung folgt. Die Worte se soluturum esse sind nun in Bezug auf das juristische Constitut geradezu typisch. Vgl. fr. 2, fr. 3 § 2, fr. 4, 5 pr. § 1. 4. 5. 6, fr. 8, 11 pr., 13, 14 pr., 18 § 1, 19 § 2, 21 pr. § 2 h. t., Paul. sent. II 2 § 1, § 9 I. de act. (4. 6). Offenbar sind sie im obigen kommentiert.

In fr. 14 § 1. 2 folgen bei Ulpian Bemerkungen über Fälle, wo jemand constituierte „se pignus daturum" oder „certam personam fideiussuram pro se". Sie sind nicht mehr Kommentar zu den Worten „se soluturum esse". Wir werden sofort unten bei Betrachtung der Formel sehen, dass diese nicht bloss auf das Solutionsconstitut eingerichtet war, sondern die Möglichkeit eines Constituts auch anderweiten Inhalts voraussetzte, das daher ohne Zweifel auch in dem einleitenden Edikte erwähnt war. Welchen Inhalts, darüber belehrt uns Paul. 29 fr. 21 § 2 h. t.:

Constituto satis non facit, qui soluturum se constituit, si offerat satisfactionem . si quis autem constituat se satisdaturum, fideiussorem uel pignora det, non tenetur, quia nihil intersit, quemadmodum satisfaciat.

Also ein Constitut se satisdaturum oder wohl genauer se satisfacturum esse (vgl. Nov. 115 c. 6) war vorgesehen, und es leuchtet sofort ein, dass fr. 14 § 1. 2 Erläuterungen zu diesen Worten enthalten.

In fr. 14 § 3 schliesst Ulpian durch Betonung der Formlosigkeit des Constituts die Betrachtung der ediktalen Voraussetzungen der Klage und gibt sodann in fr. 16 pr. § 1 Bemerkungen über die Frage, gegen wen und wo die Klage erhoben werden könne, Bemerkungen, die wir unbedenklich auf das „in eum iudicium dabo" des Edikts beziehen dürfen;

---

[1]) Fr. 5 § 4 sqq. sind ein durch fr. 5 § 2. 3 veranlasster Exkurs.

[2]) E. P. § 97. Die Vermutung von Bruns, auf die sich Rudorff beruft, geht nicht auf das Hadrianische, sondern auf das „älteste Edict über das Constitut". Siehe ZRG. I S. 49.

[3]) ZRG. I S. 31 fgg. 45.

und so erhalten wir, indem wir dem Kommentar Schritt für Schritt gefolgt sind, folgendes Edikt:

QUI PECUNIAM DEBITAM CONSTITUIT *se soluturum*[1]) *eoue nomine se satisfacturum esse, in eum iudicium dabo.*

Hiezu wird man mit Rücksicht auf Gai. IV 171

.... sponsionem facere permittitur .... constitutae ... pecuniae partis dimidiae

und Gai. IV 180 (restipulatio!) noch eine Klausel, betreffend sponsio und restipulatio, hinzuzufügen haben, etwa:

partisque dimidiae sponsionem et restipulationem facere permittam[2]).

Und endlich enthielt das Edikt noch eine weitere, in der 1. Aufl. übersehene, Bestimmung: über den Eideszwang[3]). Die Existenz dieser Klausel, deren Inhalt der der Eidesklausel im Edikt „si certum petetur" entsprochen haben wird, geht hervor aus fr. 14 de iureiur. (12. 2), wo der Eid de pecunia constituta auf einer Linie mit dem de pecunia credita erscheint, und ferner aus dem Bericht des Stephanus[4]):

... ὁ νεκεσσάριος ὅρκος σήμερον ἐπὶ παντὸς πράγματος χώραν ἔχει, καί οὐχ, ὥσπερ τὸ παρὸν, ἐπὶ τινῶν, οἷον ἐπὶ τῇ εἰ κέρτουμ πράκτουμ (πετάτουρ scr.) καὶ τῆς πεκουνίαε κονστιτούταε.

Auf diese Klausel wird Ulp. 27 fr. 36 de iureiur. (12. 2), vielleicht auch fr. 5 de confess. (42. 2) und fr. 56 de re iud. (42. 1) zu beziehen sein.

Was in Ulpians Kommentar von fr. 16 § 2 ab folgt, hat offensichtlich nichts mehr mit dem Edikt zu tun: es ist Kommentar zur Formel[5]), und wir sind hier in der glücklichen Lage, dass uns von dieser, wenngleich entstellt, ganze Stücke erhalten sind. Es kommen folgende Stellen in Betracht.

1. Ulp. 27 fr. 16 § 2 h. t.:

Ait praetor: si appareat eum qui constituit neque soluere neque fecisse neque per actorem stetit, quo minus fieret quod constitutum est.

---

[1]) Vom dies constituti war im Edikt nicht die Rede: arg. fr. 21 § 1 h. t.

[2]) Vgl. fr. 1 pr. h. t. v. „quoniam graue est fidem fallere". S. auch fr. 25 pr. h. t.

[3]) Vgl. Demelius, Schiedseid und Beweiseid S. 68. A. M. freilich W. Stintzing, Beiträge zur röm. R. G. S. 43 fg., dessen Auslegung des im Text zitierten Scholions schwerlich jemanden überzeugen wird. Zu fr. 14 de iureiur. bemerkt der von Stintzing angeführte Cujaz (opp. ed. Neap. V p. 44) das Gegenteil von dem, wofür Stintzing ihn zitiert.

[4]) in Bas. XXII 5, 34 (Heimb. II p. 559).

[5]) Bruns, a. a. O. S. 46, meint, dass die Kompilatoren überhaupt „schwerlich eine Erläuterung über die längst abgekommene Formula aufgenommen haben würden". In Wirklichkeit haben sie das, wie in gegenwärtigem Werk nachgewiesen, so häufig getan, dass es mir überflüssig scheint, Beispiele anzuführen. Irrig auch Wlassak, Edict und Klageform S. 92 fg. Für verunglückt muss ich auch den Versuch Huschkes (Arch. f. civ. Pr. LXV S. 251 n. 9) halten, die oben besprochenen Fragmente in das Edikt einzuschweissen. Ganz in der Luft schwebt die Formelrekonstruktion bei Kappeyne v. d. Coppello, Abh. (übers. von Conrat) S. 230.

2. Ulp. 27 fr. 16 § 4 h. t.:

Haec autem uerba praetoris „neque fecisse reum quod con‑
stituit"...

3. Ulp. 27 fr. 18 pr. h. t.:

Item illa uerba praetoris „neque per actorem stetise".....

4. Ulp. 27 fr. 18 § 1 h. t.:

Quod adicitur: „eamque pecuniam cum constituebatur de‑
bitam fuisse"....

5. Paul. 29 fr. 17 h. t.:

Illa uerba „neque fecisset"

Es gilt zunächst, die obigen voneinander mehrfach abweichenden Referate
miteinander kritisch zu vereinbaren. Keinem Bedenken kann es unter‑
liegen, wenn wir das „fecisset" in der 5ten Stelle auf Grund der 1ten und
2ten in „fecisse", desgleichen, wenn wir das unerträgliche „stetit" der
1ten auf Grund der 3ten in „stetise" verwandeln. Ferner dürfte das
„neque fecisse" der 1ten Stelle schwerlich so kahl dagestanden haben, wie
wir es dort lesen, und es ist gewiss gerechtfertigt, auf Grund der 2ten zu
ergänzen: neque fecisse quod constituit[1]). Die 1te Stelle lässt die letzten
Worte weg, weil das Schwergewicht des dortigen Zitats, wie wir aus der
Erläuterung in fr. 16 § 3 sehen, lediglich auf den Worten „neque per
actorem stetise" liegt, das Vorhergehende daher nur summarisch, mit
Auslassung des nicht absolut Notwendigen, angeführt wird.

Immer bleibt das Stück intentio, das wir auf Grund dieser Emenda‑
tionen erhalten, noch sehr auffallend, ja unerträglich:

Si appareat eum qui constituit neque soluere neque fecisse quod
constituit neque per actorem stetise quo minus fieret quod con‑
stitutum est.

Woher das „si appareat" statt des solennen „si paret"? Wie sonderbar
das „eum qui constituit": ist es glaublich, dass das eigentliche Klagfunda‑
ment, der Abschluss des Constituts, nur in einem Relativsatz ausgesprochen
gewesen sein soll und dass hinter dem constituit das im Edikt ausgedrückte
„se soluturum eoue nomine se satisfacturum esse" fehlte? Und endlich,
was soll das „neque soluere" vor dem „neque fecisse"[2])?

Von allen diesen Bedenken ist am leichtesten das letzte zu beseitigen,
obwohl gerade dieses bisher für die ärgste crux gegolten hat. Die Ein‑
schiebung des neque vor soluere wird auf einem Abschreberversehen
beruhen, das sich sehr einfach aus dem sogleich nachher zweimal folgen‑
den und darum dem Schreiber im Kopf liegenden „neque" erklärt. Bei
Ulpian hiess es: si appareat eum, qui constituit soluere, neque fecisse u. s. w.
Des Fernern ist wiederholt darauf aufmerksam zu machen, dass fr. 16 § 2

---

[1]) Das Wort reum ist Verdeutlichungs‑
zusatz des Juristen oder der Kompilatoren;
vielleicht stand ursprünglich, aus dem An‑
fang der Formel rekapituliert, „Nm Nm".

[2]) Karlowa II S. 1375, nimmt gleich‑
wohl in seine Formel wieder unbedenklich
ein „s. p. Nm .... neque soluere neque
fecisse quod constituit" auf!

h. t. durchaus kein auf Vollständigkeit Anspruch machendes Zitat ist: damit ist ohne weiteres erklärt, warum die Grund- und Hauptbedingung der Kondemnation, das „s. p. N^m N^m .... constituisse" hier fehlt. Endlich aber und hauptsächlich ist die Frage aufzuwerfen, ob denn das gedachte Zitat auch in dem, was es gibt, als wortgetreues Abbild der Formel gelten darf. Wie soll der Konjunktiv „si appareat", um von dem untechnischen Wort selber abzusehen, in die Formel kommen? Freilich scheint das einleitende „ait praetor" ein wörtliches Zitat anzudeuten. Allein eben dies „ait praetor" ist offenbar nicht von Ulpian selbst, der hier die Formel kommentierte, geschrieben, sondern, wie auch weiterhin das „uerba praetoris" in fr. 16 § 4 und fr. 18 pr., Fabrikat der Kompilatoren. Diese, die einen Kommentar zur Formel nicht als solchen rezipieren konnten, suchten durch solche naheliegende Interpolationen den ursprünglichen Gegenstand des Kommentars zu verhüllen. Ganz in der gleichen Weise geben sie in fr. 14 § 11 quod met. causa (4. 2) die Arbiträrklausel der Formel für „uerba edicti" aus. Ich vermute daher, dass, wo wir jetzt „ait praetor" lesen, bei Ulpian auf den Inhalt der Formel hingewiesen war, der dann in indirekter Rede folgte, etwa so[1]):

> [*Notandum est formulae uerbis iudicem ita condemnare iuberi,*] si appareat eum qui constituit *rel.*

Durch diese, wie mir scheint, einleuchtende Annahme erklärt sich nicht nur das „si appareat", sondern auch das unmögliche „stetit" in dem Zitat des fr. 16 § 2: die Kompilatoren machten hier einen verunglückten Versuch der Umsetzung des Ulpianschen Texts in direkte Rede. Jene Annahme löst aber auch alle noch übrigen Rätsel der intentio. So aufgefasst bietet nämlich die Stelle für die Formelmässigkeit der Worte „eum qui constituit soluere" kein unanfechtbares Zeugnis mehr dar: Ulpian kann sehr wohl auf diese Weise den eigentlichen Anfang der Formel kurz zusammenzufassen gesucht haben. Dann aber bleibt uns von der ganzen Formel als authentisch überliefert nichts übrig als die Worte:

> . NEQUE FECISSE QUOD CONSTITUIT NEQUE PER A^m A^m STETISSE QUO MINUS FIERET QUOD CONSTITUTUM EST EAMQUE PECUNIAM CUM CONSTITUEBATUR DEBITAM FUISSE.

Zu ergänzen bleibt die erste Hälfte der intentio, die das „s. p. N^m N^m constituisse" enthielt und, wie aus dem folgenden absichtlich farblosen „neque fecisse quod constituit" hervorgeht, ohne allen Zweifel beide möglichen Arten des Constituts — Zahlungs- und Satisfaktionsversprechen — berücksichtigte; sie wird gelautet haben:

> *S. p. N^m N^m A^o A^o sestertium decem milia constituisse se soluturum eoue nomine se satisfacturum esse.*

---

[1]) Vgl. etwa lex Rom. tab. Bant. lin. 10: iubetoque eum, sei ita pariat, condumnari populo; auch Cic. in Verr. II[3] c. 22 § 55: dabat iste iudicium, si pareret iugera eius fundi plura esse quam colonus esset professus, tum uti Xeno damnaretur.

Zu ergänzen bleibt ferner die condemnatio, die, wie Bruns[1]) dargetan hat, auf „*quanti ea res est*" ging: auf sie bezieht sich Ulp. 27 fr. 18 § 2. 3 h. t.

Neben Edikt und Formel enthielt das Album ohne Zweifel auch das Formular der sponsio und der restipulatio. Kommentar über dieses letztere ist begreiflicherweise nicht überliefert. Die wahrscheinliche Fassung ergibt sich aus dem § 95 (S. 232) Bemerkten. Rudorff verfällt auch hier in die gleichen Fehler, wie bei der sponsio de certa credita pecunia.

§ 98. COMMODATI UEL CONTRA[2]).

Ulp. 28[3]), Paul. 29[4]), Gai. 9[5]), Iulian. 11[6]).

Ulp. 28 fr. 1 pr. h. t.:

Ait praetor: Quod quis commodasse[7]) dicetur, de eo iudicium dabo.

Gai. IV 47:

ex quibusdam causis praetor et in ius et in factum conceptas formulas proponit, uelu̯ti . . . . . commodati.

Ulpian behandelt zunächst die formula in factum concepta, die bis auf die hier wegfallenden[8]) Worte dolo malo durchaus der von Gaius für das Depositum mitgeteilten entsprach:

S. p. A^m A^m N^o N^o rem q. d. a. commodasse[9]) eamque A^o A^o redditam non esse[10]), quanti ea res erit, tantam pecuniam et rel.[11]).

Nach völliger Erledigung dieser Formel beginnt Ulp. 28 in fr. 5 § 2 h. t. mit den Worten

Nunc uidendum est, quid ueniat in commodati actione . . . . . .

eine bis fr. 5 § 10[12]) sich erstreckende Erörterung über das quid ueniat, d. h. eine Erörterung, die sich bei den formulae in ius conceptae durchweg

[1]) a. a. O. S. 59 fgg. Nicht widerlegt durch G. Beseler, das Ed. de eo q. c. l. S. 104 fgg., der für den Fall der pecunia constituta eine condemnatio certa annimmt. Danach würde in diesem Fall der Vorteil des constitutum für den Kläger i. d. R. nur in der Möglichkeit der sponsio dimidiae partis gelegen haben, von der er wegen der gefährlichen restipulatio gewiss nicht immer Gebrauch machte. Rudorff stellt die condemnatio auf „tantam pecuniam et eius pecuniae dimidium", wegen der sponsio dimidiae partis. Allein gerade diese sponsio selbst scheint mir zu beweisen, dass die Kondemnation der Formel nicht auf das Anderthalbfache gestellt war.

[2]) D. (13. 6), C. (4. 23).

[3]) Fr. 1, 3, 5, 7 h. t., fr. 27 de solution. (46. 3) cf. fr. 3 § 1 h. t., fr. 17 de P. V. (19. 5) cf. fr. 5 § 11 h. t., fr. 5 locati (19. 2) cf. fr. 17 pr. de P. V. (19. 5), fr. 43 pro socio (17. 2), fr. 43 de R. I. (50. 17), — zu § 1 vgl. fr. 7 § 1 h. t.; doch kann fr. 43 cit. auch zur actio pigneraticia gezogen werden.

[4]) Fr. 2, 15, 17 h. t.

[5]) Fr. 18 h. t.

[6]) cit. fr. 5 § 8 h. t., fr. 13 § 1 de P. V. (19. 5), fr. 3 § 5 de cond. c. d. c. n. s. (12. 4) vgl. Ulp. 28 fr. 17 de P. V. (19. 5).

[7]) Ulp. 28 fr. 1 § 1 h. t.

[8]) Das Gegenteil nehmen mit Rücksicht auf fr. 3 § 5 h. t. Keller, Institutionen S. 116, und Karlowa II S. 562 an. Allein die Erwähnung des „dolus earum personarum" in dieser Stelle findet ihre Erklärung in dem Gegensatz „domini uel patris fraus". Herr und Vater haften nicht bloss wegen des dolus jener, sondern auch wegen des eigenen, und freilich nur wegen des eigenen dolus, nicht wegen jeder culpa (s. § 107).

[9]) Hieher Ulp. 28 fr. 1 § 2, fr. 3 pr. h. t.

[10]) Ulp. 28 fr. 3 § 1 h. t., fr. 27 de solut. (46. 3).

[11]) Zur condemnatio: Ulp. 28 fr. 3 § 2—6, fr. 5 pr. § 1 h. t. Fr. 3 § 6 scheint auf das „redditam non esse" zurückzugreifen (Rückgabe einer gleichartigen Sache schliesst die Kondemnation nicht aus).

[12]) Den Schluss des Ulpianschen Kommentars — fr. 5 § 11—ult., fr. 7 h. t. — bildet ein

an die intentio anzuschliessen pflegt und die wir mit allem Recht als der formula in ius concepta gewidmet ansehen dürfen.   Anhaltspunkte für deren Rekonstruktion bietet der Kommentar nicht.   Man wird aber schwerlich fehl gehen, wenn man sich diese Formel völlig übereinstimmend mit der ex causa depositi konstruiert denkt, die bei Gai. IV 47 überliefert ist.   Die Zeugnisse dafür, dass unsere actio zu den bonae fidei iudicia zählte, — § 28 I. de act. (4. 6) und fr. 3 § 2 h. t.[1]) — sind allerdings erst Justinianisch; aber das ganze Recht der actio commodati stellt auch für die klassische Zeit den Bonae-fidei-Charakter der Klage ausser Zweifel[2]).

Die Formel der contraria actio, wovon Paul. 29 fr. 17 § 1. 3. 5 h. t. und Gai. 9 fr. 18 § 2—4 eod. handeln, ergibt sich durch einfache Umstellung der Namen in der demonstratio der formula in ius concepta.   Wahrscheinlich war im Edikt die contraria für sich allein gar nicht proponiert, sondern (neben der direkten intentio?) nur die intentio für directa und contraria zusammen.   Sonst würde Paul. fr. 17 § 1 h. t. kaum bemerkt haben:

Contraria commodati actio etiam sine principali moueri potest, sicut et ceterae quae dicuntur contrariae.

§ 99.   DE PIGNERATICIA ACTIONE UEL CONTRA[3]).

Ulp. 28[4]), Paul. 29[5]), Gai. 9[6]), Iulian. 11[7]).

Das Edikt de pign. act.[8]) ist uns nicht erhalten.

Hinsichtlich der Formeln lässt sich aus den Kommentaren, in erster Linie dem Ulpians, so viel ermitteln, dass als Bedingungen der Zuständigkeit der directa actio folgende genannt waren:

1. dass A^s A^s dem N^s N^s rem q. d. a. „pignori dedit" und zwar um einer Geldschuld willen, — „ob pecuniam".   Ulp. 28 fr. 9 pr. — § 2 h. t. Vgl. fr. 13 § 5 de iureiur. (12. 2), fr. 31 [32] pr. i. f. de N. G. (3. 5).

2. dass omnis pecunia exsoluta esse debet aut eo nomine satisfactum esse.   Ulp. 28 fr. 9 § 3—5, fr. 11[9]) h. t., c. 11 h. t.

3. „aut per N^m N^m stetisse quominus solueretur[10])."   Paul. 29

Traktat über besondere Fälle, wo sei es die Haftung ex commodato überhaupt oder die Strenge oder der Umfang dieser Haftung mehr oder minder zweifelhaft war.   Hieher gehört auch fr. 17 de P. V. und fr. 5 locati cf. S. 245 n. 3.

[1]) Die Stelle, die im Kommentar zur formula in factum concepta steht, ist sicher interpoliert, vgl. Longo, sopra alc. generalizz. in den studi Moriani, S. A. p. 5 sq., Segrè, sull' età d. giud. di b. f., studi Fadda VI p. 336 n. 2.   Ich vermute, das Ulpian geschrieben hatte: In hac actione similiter ac si in ius concepta formula agatur rel.

[2]) Segrè, l. c. p. 335 sqq.

[3]) D. (13. 7), C. (4. 24).

[4]) Fr. 9, 11, 13, 15 h. t.   Fr. 13 ist fälschlich Ulp. 38 inskribiert.

[5]) Fr. 14, 16, 18, 20 h. t., fr. 36 de euict. (21. 2) — zu der Erörterung in fr. 18 § 3 h. t. gehörig —.   Vgl. auch Paul. lib. 6 breu. fr. 21 h. t.

[6]) Fr. 10, 12 h. t., fr. 9 de pignor. (20. 1), fr. 2 quib. mod. pig. (20. 6).

[7]) Fr. 28 h. t., cit. fr. 7 pr. de distr. pign. (20. 5), fr. 3 § 5 commod. (13. 6).

[8]) Cf. fr. 1 § 1 de R. C. (12. 1) v. „praetor de pignore edixit".

[9]) Fr. 11 § 6. 7 sehe ich als einen durch fr. 11 § 5 veranlassten Exkurs an.

[10]) A. M. Brinz, Pand. (2. Aufl.) § 318 n. 20. Aber B.'s Argument aus fr. 20 § 2 h. t., einem

fr. 20 § 2 h. t., c. 3 de luit. pign. (8. 30 [31]), c. 12 h. t. Nicht hiess es „quo minus solueretur satisue fieret": Gai. 9 fr. 10 h. t.

Haben wir uns nun diese Bedingungen als den Inhalt einer intentio in factum concepta oder als den der demonstratio einer formula in ius concepta zu denken? Rudorff (E. P. § 100) nimmt letzteres an; es ist aber ohne Zweifel ersteres richtig. Für eine formula in ius concepta würde eine demonstratio „Quod Aˢ Aˢ . . pignori dedit" vollkommen genügen, ja einzig angemessen sein, da nur die Verpfändung und nicht die Schuldtilgung der Grund der Haftung — des dare facere oportere — des Gläubigers ist. Eine formula in factum concepta dagegen musste alle jene Voraussetzungen der Verurteilung aufzählen, und daneben noch:

4. die Bedingung „eamque rem redditam non esse", die wir denn in der Tat bei Ulp. 28 fr. 13¹), 15 h. t., d. h. unmittelbar hinter den oben angeführten Voraussetzungen kommentiert finden.

Folgende Rekonstruktion der Formel dürfte sich hienach schwerlich sehr von der Wahrheit entfernen›

S. p. Aᵐ Aᵐ Nᵒ Nᵒ rem q. d. a. ob pecuniam debitam pignori dedisse eamque pecuniam solutam eoue nomine satisfactum esse aut per Nᵐ Nᵐ stetisse, quo minus solueretur, eamque rem Aᵒ Aᵒ redditam non esse, quanti ea res erit, et rel.

Freilich aber werden wir neben dieser in factum konzipierten Formel noch eine zweite in ius konzipierte anzunehmen haben. Dafür spricht entscheidend schon der Umstand, dass die pigneraticia nach § 28 I. de act. (4. 6) und c. 6 h. t. zu den bonae fidei iudicia zählt²); dafür spricht ferner, dass es neben der directa auch eine contraria pigneraticia gibt³): denn soweit ersichtlich, ist allen Geschäften, denen directae und contrariae actiones entspringen, eine formula in ius concepta oder doch auch eine solche eigen, und dies hat den guten Grund, dass nur bei solcher Konzeption eine Zusammenziehung der beiden Aktionen in eine Formel möglich war (quidquid alterum alteri d. f. o. ex f. b.); endlich aber besitzen wir in fr. 13 pr. h. t. v. „ob hanc conventionem pigneraticiis actionibus teneri creditorem" sogar ein direktes Zeugnis für die Existenz einer Mehrheit von Formeln⁴).

Ein Missgriff Rudorffs, der schliesslich nicht unerwähnt bleiben kann, ist, dass er im E. P. § 100 die actio pigneraticia und fiduciae zusammenfasst: letztere gehört an ganz andern Ort (s. § 107).

---

aus dem Zusammenhang gerissenen Satz, ist an sich schwach und wird durch c. 3 cit. entscheidend widerlegt.

¹) Fr. 13 § 1 h. t.: Venit autem in hac actione et dolus et culpa. Darum „redditam non esse" schlechtweg und nicht: dolo malo Nⁱ Nⁱ redditam non esse.

²) Die Stellen, die den Anschein erwecken, als ob auch in factum konzipierte Formeln als bonae fidei iudicia gegolten hätten, sind

interpoliert. Wegen fr. 3 § 2 commod. (13. 6) s. oben S. 246 n. 1, wegen fr. 1 § 23 depos. s. Gradenwitz, Interpolat. S. 106. Anders s. Zt. Wlassak, z. Gesch. der N. G. (1879) S. 2 fg.

³) Ulp. 28 fr. 9 pr. h. t., Paul. 29 fr. 16 § 1 h. t.

⁴) Vgl. auch fr. 18 § 1 comm. (13. 6) v. „si qua earum actum fuerit, aliae tolluntur", und dazu Segrè, sull' età d. giud. etc., studi Fadda VI p. 338 n. 1.

§ 100. DE COMPENSATIONIBUS[1]).

Ulp 28[2]), Gai. 9[3]).

Gai. IV 64 (vgl. 65—68):

> Alia causa est illius actionis qua argentarius experitur: nam is
> cogitur cum conpensatione agere, et ea conpensatio uerbis for-
> mulae exprimitur: adeo quidem, *ut* ab initio conpensatione facta
> minus intendat sibi dar*i* oportere: ecce enim si *sestertium* decem
> milia de*b*eat Titio atque ei uiginti debeantur, sic intendit: Sɪ ᴘᴀʀᴇᴛ
> Tɪᴛɪᴜᴍ sɪʙɪ ᴅᴇᴄᴇᴍ ᴍɪʟɪᴀ ᴅᴀʀᴇ ᴏᴘᴏʀᴛᴇʀᴇ ᴀᴍᴘʟɪᴜꜱ ǫᴜᴀᴍ ɪᴘꜱᴇ Tɪᴛɪᴏ ᴅᴇʙᴇᴛ.

Hienach lautete die ganze Formel ohne Zweifel:

> S. ᴘ. N**m** N**m** A**o** A**o** ꜱᴇꜱᴛᴇʀᴛɪᴜᴍ ᴅᴇᴄᴇᴍ ᴍɪʟɪᴀ ᴅᴀʀᴇ ᴏᴘᴏʀᴛᴇʀᴇ ᴀᴍᴘʟɪᴜꜱ
> ǫᴜᴀᴍ A**s** A**s** N**o** N**o** ᴅᴇʙᴇᴛ[4]), ɪᴜᴅᴇx, N**m** N**m** A**o** A**o** ꜱᴇꜱᴛᴇʀᴛɪᴜᴍ ᴅᴇᴄᴇᴍ
> ᴍɪʟɪᴀ ᴄ. ꜱ. ɴ. ᴘ. ᴀ.

Die spätere Entwicklung des Kompensationsrechts — § 30 I. de act. (4. 6) —
bleibt für uns ausser Betracht.   •

Tit. XVIII.

QUOD CUM MAGISTRO NAUIS, INSTITORE EOUE, QUI IN
ALIENA POTESTATE EST, NEGOTIUM GESTUM ERIT.

Ulp. 28. 29, Paul. 29. 30, Gai. 9, Iulian. 11. 12.

§ 101. DE EXERCITORIA ACTIONE[5]).

Ulp. 28[6]), Paul. 29[7]), Gai. 9[8]).

Gai. IV 71[9]):

> exercitoria locum habet, cum pater dominusue filium ser-
> uumue magistrum nau*i* praeposuerit, et quid cum eo eius rei
> gratia cui praepositu*s* fuerit, [negotium] gestum erit . cum enim
> ea quoque res ex uoluntate patris dominiue contrahi uideatur,
> aequissimum esse uisum est in solidum actio*nem* dari: quin etiam

---

[1]) D. (16. 2), C. (4. 31). Die Stellung der
kompensatorischen Klage hinter Kommo-
dat- u. Pfandklage (anders Rudorff, E. P.
§ 98) ergibt sich aus Paul. sent. II 5 § 3 vgl.
mit II 4 und II 5 § 1. 2.

[2]) Fr. 7 h. t.

[3]) Fr. 5 (cf. § 272 und Paling. I p. 211
n. 2), 8 h. t.

[4]) Das Wort ist echt und nicht durch dare
oportet zu ersetzen: vgl. Eisele, die Compensation (1876) S. 24. 28 fg. S. auch Ulp. 28
fr. 7 pr. h. t.: Quod in diem debetur, non
compensabitur, antequam dies uenit, quam-

licet extraneum quisqu*e* magistrum nau*i* praeposuérit, siue seruum siue liberum, tamen ea prætoria actio in eum redditur.

Das Edikt de exercitoria actione lässt sich aus Ulpians Kommentar mit völliger Sicherheit rekonstruieren. Nach Gaius' Bericht hat es den Anschein, als ob wir zwei Klauseln anzunehmen hätten, deren erste den Fall vorsah, wo der magister nauis in der Gewalt des exercitor stand, während die zweite sich auf Kontrakte mit einem aus der Zahl der extranei genommenen magister bezog. Indessen war für eine solche Zweiteilung kein innerer Grund, sie findet in Ulpians Kommentar keine Bestätigung und die Darstellungsweise des Gaius erklärt sich sehr einfach aus dem Zusammenhang, in dem er die actio exercitoria berührt: er handelt IV 69 sq. von den Klagen aus den Geschäften der Gewaltunterworfenen und konnte also die weitere Ausdehnung der actio exercitoria nur anhangsweise erwähnen.

In Ulpians Kommentar finden wir zunächst der Reihe nach folgende Worte erläutert:

Magister: fr. 1 § 1—5 h. t.

Nauis: fr. 1 § 6 h. t.

Gestum eius rei nomine, cui ibi praepositus fuerit: fr. 1 § 7—14 h. t.[1]).

In eum, qui nauem exercuerit (oder ähnlich): fr. 1 § 15—18 vgl. § 19 h. t.

Hienach kann das Edikt kaum anders als so gelautet haben:

Quod cum magistro nauis gestum erit eius rei nomine, cui ibi praepositus fuerit, in eum, qui eam nauem exercuerit, iudicium dabo.

An obiges schloss sich noch ein bei Gaius nicht erwähnter Zusatz, der bei Ulp. 28 fr. 1 § 19 h. t. wörtlich erhalten und in fr. 1 § 20—23 kommentiert ist:

Sɪ ɪs, QUI NAUEM EXERCUERIT, IN ALIENA[2]) POTESTATE ERIT EIUSQUE UOLUNTATE NAUEM EXERCUERIT, QUOD CUM MAGISTRO EIUS GESTUM ERIT, IN EUM, IN CUIUS POTESTATE IS ERIT QUI NAUEM EXERCUERIT, iudicium datur.

Bei fr. 1 § 24 springt Ulpian augenscheinlich zu den Formeln[3]) über, die den beiden Sätzen des Edikts entsprechen. Leider erfahren wir aus den spärlichen erhaltenen Fragmenten nur so viel mit Sicherheit, dass unsere actio „ex persona magistri" erteilt wurde[4]). Die intentio war also ohne Zweifel auf die Person des Magisters gestellt, und eben dahin deutet auch, dass Paulus in fr. 5 § 1 h. t. es notwendig findet, zu betonen, dass mit der actio exercitoria keineswegs die actio aduersus magistrum habe ausgeschlossen werden wollen: „hoc enim edicto non transfertur actio, sed adicitur". Im übrigen sind wir hinsichtlich der Konstruktion der

---

[1]) Fr. 1 § 7 cit.: Non autem ex omni causa praetor dat in exercitorem actionem, sed eius rei nomine, cuius (*scr.* cui) ibi praepositus fuerit. Fr. 1 § 8: an eius rei nomine uideatur gestum. Fr. 1 § 13: quodcumque cum uno gestum erit. Vgl.

auch fr. 7 pr. h. t. Über praepositus s. besonders fr. 1 § 12 h. t.

[2]) alterius? patris dominiue *scr.*? s. Gradenwitz, ZRG. XXI S. 258 fg.

[3]) Fr. 4 § 4 h. t.: hae actiones.

[4]) Fr. 1 § 24 h. t.

Formeln auf Erwägungen allgemeiner Natur und auf Analogieschlüsse angewiesen: man vergleiche die Ausführungen über die actio institoria und de peculio (§ 102. 104).

§ 102. DE INSTITORIA ACTIONE[1]).

Ulp. 28[2]), Paul. 30[3]), Gai. 9[4]), Iulian. 11[5]).

Gai. IV 71[6]):

> Insti*t*oria   formula tum locum habet, cum quis tabernae aut cuilibet negotiationi filium seruumue aut quemlibet extraneum siue ser*uu*m siue liberum praeposuerit, et quid cum eo eius rei gratia, cui praepositus est, contractum fuerit: ideo autem insti*t*oria uocat*ur*, quia qui tabernae praeponitur, insti*t*or appellat*ur*: qua*e* et ipsa formula in solidum est.

Der Kommentar Ulpians, auch hier unsere Hauptquelle, ergibt kaum irgend zweifelhaft — folgende Ediktworte:

> *Quod cum institore*[7]) *gestum erit eius rei nomine, cui praepositus fuerit*[8]), *in eum, qui eum praeposuerit*[9]), *iudicium dabo.*

Was die Formeln[10]) angeht, so ist es zunächst — ganz im Gegensatz zu dem, was Bekker (Aktionen II S. 334 fg.) ausführt[11]), — überaus unwahrscheinlich, dass darin das Wort institor vorkam, ja das Gegenteil so gut wie gewiss. Denn, hätte Bekker Recht, so könnte, wie mir scheint, Gaius l. c. nicht sagen:

> ideo autem institoria uocatur, quia, qui tabernae praeponitur, institor appellatur.

Vielmehr erhellt aus dieser Äusserung, dass, wofür auch das „tabernae uel cuilibet negotiationi" bei Gaius spricht, die Formel in ihrem Musterfall den institor als tabernae praepositus bezeichnete, und dieser Schluss wird schlagend dadurch bestätigt, dass Ulp. 28 in fr. 183, 185 de

---

[1]) D. (14. 3), C. (4. 25).

[2]) Fr. 1, 3, 5, 7, 9, 11, 13, 15 h. t., fr. 183, 185 de V. S. (50. 16).

[3]) Fr. 4, 6, 17 h. t., fr. 184 de V. S. (50. 16).

[4]) Fr. 2, 8, 10 h. t.

[5]) Fr. 12 h. t., cit. fr. 14 de in rem uerso (15. 3). Letztere Stelle ist wahrscheinlich falsch inskribiert (statt Iulian. 12); doch vgl. etwa fr. 13 i. f. h. t.

[6]) Vgl. § 2 I. quod cum eo (4. 7).

[7]) Fr. 3, 5 pr.—§ 10 h. t.

[8]) Fr. 5 § 11—16 h. t. Mit fr. 5 § 11 h. t. vgl. fr. 1 § 7 de exerc. act. (14. 1). S. auch c. 3 h. t.

[9]) Fr. 5 § 17. 18, fr. 7, 9, 11 pr.—§ 6 h. t. Die Worte „de quo palam proscriptum fuerit, ne cum eo contrahatur" in fr. 11 § 2 sehen auf den ersten Blick wie eine dem Edikt vom Prätor selbst beigefügte Ausnahme aus. Der Kommentar ergibt aber,

dass Ulpian auch in fr. 11 § 2—6 wohl nur das Wort „praeposuerit" zur Vorlage hat. S. fr. 11 § 2: is praepositi loco non habetur; § 5: condicio autem praepositionis seruanda est; § 6: praepositi loco non habetur. A. M. jedoch Karlowa, II S. 1127.

[10]) Ulp. 28 fr. 15 h. t.: has actiones.

[11]) Bekker sagt a. a. O.: „Es ist nicht zu beweisen, aber zu vermuten, dass, wie die Römer Partien des Edikts nach den Anfangsworten zu nennen pflegten, ebenso die Namen der Aktionen nach den auffälligen Worten in den Anfangsstücken der Formeln gegeben wurden". Mir scheint, dass die Aktionenbezeichnungen nach sehr verschiedenen Rücksichten entstanden sind, — man vergleiche z. B. etwa die Bezeichnungen Publiciana, praescriptis uerbis, confessoria, hypothecaria, rei uindicatio.

V. S. — vgl. auch Paul. 30 fr. 184 de V. S. — die Worte „taberna in-
structa" erläutert, Worte, die nur unserer Formel angehört haben können[1]).
    Weiter ist gewiss, dass in der Formel das mit dem institor ab-
geschlossene Geschäft bezeichnet war. Dies ergeben nämlich die Worte,
mit denen Paul. 30 fr. 4 h. t. die Anwendung der institoria auch auf etwaige
Hausiergeschäfte des institor rechtfertigt:

> nec mutat causam actionis locus uendendi emendiue, cum utro-
> que modo uerum sit institorem emisse aut uendidisse.

    Wenden wir uns nun nach diesen vorläufigen Bemerkungen zu Ulpians
Kommentar.   Hier beginnt die Erörterung der Formel deutlich bei fr. 11
§ 7 und umfasst fr. 11 § 7. 8, fr. 13, 15 h. t. Zuerst wird hervorgehoben,
dass die institoria und die tributoria sich in ihrem Anwendungsgebiet
gegenseitig ausschliessen.   Die letztere setzt auf seiten des Gewaltunterworfenen ein negotiari merce peculiari voraus (s. § 103), die erstere umgekehrt ein negotiari dominica merce:

> Si institoria recte actum est, tributoria ipso iure locum non habet:
> neque enim potest habere locum tributoria in merce dominica .
> quod si non fuit institor dominicae mercis, tributoria superest actio.

Fragen wir, auf welches Formelstück diese Bemerkung sich bezogen haben
mag, so kann es nur dasjenige gewesen sein, worin der kontrahierende
institor als solcher bezeichnet war, etwa als „a N° N° tabernae instructae
praepositus". Diese Worte lassen ihn als blossen Angestellten des dominus erkennen und gaben so Anlass zu obiger Bemerkung.
    Fr. 11 § 8 geht bereits auf einen andern Teil der Formel, denjenigen,
der den abgeschlossenen Kontrakt bezeichnete:

> Si a seruo tuo operas uicarii eius conduxero et eum merci meae
> institorem fecero isque tibi mercem uendiderit, emptio est: nam
> cum dominus a seruo emit, est emptio, licet non sit dominus
> obligatus, usque adeo, ut etiam pro emptore et possidere et usu-
> capere dominus possit.

Offenbar begegnet hier der Jurist dem Zweifel, ob, wenn der institor Sklave
eines Dritten ist und mit diesem seinem eigenen Herrn ein Kaufgeschäft
abgeschlossen hat, dies Geschäft auch juristisch als emisse bezeichnet werden könne.
    Nach dem Edikt wird verlangt, dass der institor das Geschäft „eius
rei nomine, cui praepositus fuerit", abgeschlossen habe. Das muss auch
in der Formel zum Ausdruck gekommen sein[2]), und zweifellos bezieht sich
die bei Ulpian nächstfolgende Stelle auf die betreffenden Formelworte,
fr. 13 pr. h. t.:

> Habebat quis seruum merci oleariae praepositum Arelate, eundem

---

[1]) Vgl. auch Ulp. 28 fr. 3 h. t.: nec multum
facit, tabernae sit praepositus an cuilibet alii negotiationi. Die taberna muss
auch hienach irgendwie eine besondere

Rolle im Album gespielt haben.
[2]) Vgl. auch fr. 8 quod si cum eo (14. 5):
negabat eo nomine se conueniri posse, quia
non in eam rem praepositus fuisset.

et mutuis pecuniis accipiendis: acceperat mutuam pecuniam: putans
creditor ad merces eum accepisse egit proposita actione: probare
non potuit mercis gratia eum accepisse . licet consumpta est actio
nec amplius agere poterit, quasi pecuniis quoque mutuis accipiendis esset praepositus, tamen Iulianus utilem ei actionem competere ait.

Die bisher aufgedeckten Formelteile geben uns keinen Aufschluss
darüber, ob die Musterformel in ius oder in factum konzipiert war: wir
können uns dieselben ebensowohl in eine intentio in factum concepta wie
in eine demonstratio eingefügt denken. Nunmehr aber folgt im Kommentar eine Stelle, die m. E. ein sehr schweres Gewicht für die intentio in
ius concepta in die Wagschale wirft und doch nirgends in dieser Richtung
benutzt ist, fr. 13 § 1 h. t.:

> Meminisse autem oportebit, institoria dominum ita demum teneri,
> si non nouauerit quis eam obligationem uel ab institore uel ab
> alio [nouandi animo] stipulando.

Die Obligation, von deren Novation Ulpian hier spricht, ist natürlich die
des institor[1]): die Möglichkeit einer Novation der adjektizischen Obligation des dominus zu berühren, hatte der Jurist keinerlei Veranlassung,
und nur auf die Obligation des institor bezogen, hat es Sinn, dass es am
Schlusse heisst: uel ab institore uel ab alio stipulando. Nun steht fr. 13
§ 1 genau an der Stelle des Kommentars, wo, wenn die Formel in ius
konzipiert war, die intentio in ius concepta behandelt gewesen sein muss,
und es ist klar, dass ein „quidquid ob eam rem Lucium Titium A° A° dare
facere oportet“, wenn es in der Formel stand, den Gedanken an die Möglichkeit der Novation ganz notwendig aufdrängte, während derselbe
Gedanke bei Konzipierung in factum ganz fern lag. Weiter aber kommt
in Betracht, dass die Obligation des institor von Ulpian nur so kurzweg
als „ea obligatio“ bezeichnet wird, ohne dass zuvor irgendwie davon die
Rede war: spricht dies nicht ganz entschieden dafür, dass die Bemerkung
Ulpians sich an ein von ihm zitiertes, von den Kompilatoren aber
gestrichenes Formelstück anlehnte, worin die Obligation des institor verkörpert war? Ist schon hienach die intentio in ius concepta überaus wahrscheinlich, so wird diese Wahrscheinlichkeit noch erhöht durch fr. 12 h. t.
Hier behandelt Julian den vorhin erwähnten Fall, wo jemand mit seinem
eigenen Sklaven, der institor eines andern ist, kontrahiert hat, und
gewährt dem dominus eine utilis institoria. Eine utilis: warum nicht
die directa[2])? Konzipiert man die Formel in factum, so muss man die
Antwort hierauf schuldig bleiben; den einzigen Zweifel, der bei solcher
Konzipierung auftauchen konnte — ob nämlich ein „emisse“ zwischen

---

[1]) So auch das schol. 47 (Steph.) in Basil.
suppl. ed. Zachariae p. 172.

[2]) Dass in fr. 12 cit. als Gegensatz der
utilis actio die directa und nicht etwa die

inutilis zu denken ist, folgt m. E. aus dem
Zusammenhang „utilis . . actio . . . competet“, bei letzterer Deutung eine sehr
harte Tautologie.

Herrn und Sklaven möglich sei —, diesen Zweifel hat, wie wir gesehen haben, Ulpian in fr. 11 § 8 als unbegründet hingestellt. Bei Konzipierung in ius dagegen ergibt sich die Antwort von selbst: ein Sklave kann sich zivil nicht verpflichten, zumal seinem eigenen Herrn, auf ihn passt also die intentio „quidquid dare facere oportet" nicht, sie muss durch die Fiktion „si liber esset ex iure Quiritium[1])" auf ihn anwendbar gemacht werden. Da das Edikt über die actio institoria den institor nicht als Sklaven bezeichnet, so ist nach aller Wahrscheinlichkeit anzunehmen, dass auch die Musterformel, wenigstens die in erster Reihe proponierte, dies nicht tat, und so musste naturgemäss die institoria ficticia aus Kontrakten eines seruus institor zur utilis institoria werden[2]), einerlei ob, was ich für sehr wahrscheinlich halte[3]), diese utilis im Edikt ebenfalls proponiert war oder nicht. Freilich nun ist fr. 12 h. t. die einzige Stelle, wo die institoria in dieser Anwendung als utilis bezeichnet ist: überall sonst, so oft wir ihr auch in der Anwendung auf serui institores begegnen, heisst sie schlechtweg institoria. Man könnte versucht sein, daraus den Schluss zu ziehen, dass gerade nur der besondere Fall des fr. 12 die Ursache einer veränderten Konzeption gewesen, dass mithin unsere Konstruktion, die jenen Fall gar nicht besonders auszeichnet, nicht richtig sein könne. Dieser Einwand wiegt sehr leicht. Vor allem ist es bedenklich, aus dem blossen Schweigen der Digestenüberlieferung in Formelkonstruktionsfragen irgend welche Schlüsse zu ziehen. Die Schere der Kompilatoren hat gerade in dieser Richtung erbarmungslos gehaust, und was für ein Interesse hatten

---

[1]) Wegen des Zusatzes ex iure Quiritium, der das von Dernburg, krit. Zschr. I S. 8 n. 4, angeregte Bedenken erledigt, vgl. Cic. pro Caec. c. 33 § 96, Seneca, nat. qu. III praef. 16. Er ist von Huschke (Gaius, S. 76) zuerst vorgeschlagen und sodann auch von Keller, Jahrb. d. Rts. S. 195 n. 41, rezipiert. Über die Fiktion „si liber esset" überhaupt wird im Text weiter unten noch näher gehandelt werden. Man kann zweifeln, ob man die Fiktion auf „si liber fuisset (scil. tempore contractus)" oder auf „si liber esset" stellen soll. Gegen erstere Fassung spricht, dass dadurch der Judex nicht angewiesen würde, den gegenwärtigen Sklavenstand des Institor zu ignorieren. Gegen letztere, dass aus der gegenwärtigen Freiheit des Institor noch nicht folgen würde, dass er auch zur Zeit des Kontrakts frei gewesen und mithin aus dem Kontrakt obligiert worden sei. Aber die Ergänzung des letztern Mangels konnte m. E. von dem Ermessen eines verständigen Judex eher erwartet werden als die des erstern. Übrigens bleibt auch die Möglichkeit, dass der Prätor beide Fiktionen kombinierte, z. B. si liber uendidisset et esset. Einen gewissermassen

ästhetischen, auf das „Gefühlsleben des röm. R." sich gründenden Anstoss an der Fiktion „si liber esset" nimmt Gradenwitz, ZRG. XL S. 231 fg. Ich kann ihm darin umsoweniger folgen, als ja doch wenigstens die röm. Juristen (s. unten S. 257) zweifellos mit dieser anstössigen Fiktion operiert haben. Die von G. selbst vorgeschlagene Fiktion „si ... manumissus esset" befriedigt auch nicht: warum soll der Kontrahent gerade als freigelassen fingiert werden, da das Entscheidende auch nach G. doch nur die Fiktion der Freiheit war?

[2]) Eine Glosse bei Labbaeus (Otto, thes. III p. 1742) s. v. ἐνστιτουτόρια lässt die utilis gerade umgekehrt aus dem Geschäft eines Sklaven, die directa aus dem eines Freien entstehen. Das ist selbstverständlich unmöglich. Doch liegt der Gedanke nahe, dass der sehr unwissende Verfasser dieser Glosse hier den Bericht einer besseren Quelle missverstanden und umgedreht hat.

[3]) Hiefür kann man sich auf die Worte „utilis actio competet" in fr. 12 cit. und auf den Plural „has actiones" in fr. 15 h. t. berufen.

sie, die Erinnerung an die besondere Konzeption der institoria aus Ver-
trägen eines seruus institor zu konservieren? Was würde man sagen,
wenn jemand daraus, dass nur in einem einzigen Digestenfragment[1]) von
einer quasi Publiciana die Rede ist, folgern wollte, diese Klage sei in
allen übrigen Fällen gleichlautend erteilt worden? Die Bezeichnung utilis
institoria kann also sehr wohl von den Kompilatoren prinzipiell gestrichen
und in fr. 12 aus Versehen stehen geblieben sein, etwa deshalb, weil sie
irrig diese Bezeichnung mit der ausserordentlichen Natur des Falls in
Zusammenhang brachten[2]). Aber es bedarf nicht einmal dieser Annahme:
es ist sehr möglich, dass die klassischen Juristen selber die fiktizische institoria gewöhnlich schlechtweg „institoria“ nannten. Waren doch die
weitaus meisten Institoren Sklaven und war doch, wie ich selbst glaube,
die fiktizische institoria im Edikt proponiert! Dann bliebe nur zu erklären,
warum Julian gerade im Fall des fr. 12 die Konzeption der Klage als
utilis betont, und dies scheint mir keineswegs schwierig. Der ungewöhn-
liche Fall, dass jemand aus Kontrakt mit seinem eigenen Sklaven gegen
einen Dritten klagen will, scheint auf den ersten Blick eine ausserordent-
liche Behandlung zu verlangen. Julian hatte daher Ursache, darauf aufmerksam zu machen, dass die Fiktion „si liber esset ex iure Quiritium“ auch
für diesen Fall ausreiche, er hatte Ursache, die fiktizische Fassung der
utilis institoria zu betonen. Dieser Zusammenhang wird in dem ursprünglichen Wortlaut des fr. 12 klar hervorgetreten und erst durch die Hand
der Kompilatoren, die ja selbst das Wort ficticia nirgends (auch bei keiner
andern ficticia actio) haben stehen lassen, verwischt worden sein.

Ich habe mich im obigen bemüht, die intentio der institoria direkt
aus den positiven Quellenzeugnissen zu deduzieren, ohne auf allgemeine
Erwägungen einzugehen. Es ist leicht, zu zeigen, dass auch diese letztern
entscheidend für die nachgewiesene Konzeption sprechen. Man setze sich
in die Lage des Prätors, der die institoria einführte. Er will den dominus
aus den Geschäften des institor haftbar machen, so haftbar machen, wie
der institor selbst haftbar ist oder sein würde, wenn er kein Sklave wäre.
War es nicht das nächste und natürlichste, dass er an der aus diesen
Geschäften abfliessenden Formel nur so viel änderte, als sein Zweck es
erforderte, dass er, soweit irgend möglich, es vermied, aus den mit so
überlegter Feinheit konstruierten Formelgebäuden, an deren Interpretation
sich das gesamte Kontraktsrecht anlehnte, wesentliche Bausteine heraus-
zunehmen? Wurde er nicht mit zwingender Notwendigkeit auf unser
Schema hingedrängt, das den Judex unter Benutzung der für den betreffenden Fall gegebenen Formelworte anweist, zu untersuchen, was
der institor schulde oder schulden würde, und darauf dann den dominus
zu kondemnieren?

Aber freilich man hat gegen unsere Fassung, die von Keller[3]) zuerst

---

[1]) Fr. 70 de R. V. (6. 1).   [2]) So auch die S. 253 n. 2 zit. Glosse.   [3]) Litiscontest.
und Urt. S. 432 vgl. S. 420 fgg.

vorgeschlagen wurde, auch heute noch der herrschenden Meinung entspricht und für alle adjektizischen Klagen gleichermassen festgehalten werden muss, eine Reihe von Einwendungen erhoben. Ich werde diese sofort in Betracht ziehen und will zuvor nur noch die Rekonstruktion der Formel zu Ende führen.

Auf die Bemerkung zur intentio folgen bei Ulpian in fr. 13 § 2 h. t. solche zur condemnatio der Formel, endlich in fr. 15 h. t. die übliche Schlussnotiz über Dauer und Vererblichkeit der Klage. Danach komme ich im genauen Anschluss an den Kommentar zu folgender Formel:

> *Quod A¹ A¹ de Lucio Titio, cum is a N° N° tabernae instructae praepositus esset¹), decem pondo olei emit, cui rei Lucius Titius a N° N° ibi praepositus erat, quidquid ob eam rem Lucium Titium A° A° dare facere oportet ex fide bona²), eius iudex N^m N^m A° A° c. s. n. p. a.*

Die Frage nach der Fassung der intentio kehrt bei allen adjektizischen Klagen in gleicher Weise wieder, und bei der engen Verwandtschaft dieser Klagen muss die Antwort für eine zugleich auch als Antwort für alle andern gelten. Eben deshalb geht es nicht an, das Prinzip dieser Formulierung unter Beschränkung auf die institoria zu erörtern, ist es vielmehr notwendig, die erhobenen Einwendungen von einem allgemeineren Standpunkt zu prüfen. Der Angriff Dietzels³), der durch die vernichtende Erwiderung Kellers⁴) wohl für alle Zeit seine Erledigung gefunden hat, kann hiebei auf sich beruhen. Dagegen fordern die von Mandry⁵) und Brinz⁶) gegen Kellers Konzeption geltend gemachten Gründe nähere Erwägung.

Brinz legt entscheidendes Gewicht darauf, dass in den Quellen als Grund der adjektizischen Klagen immer das Geschäft und nicht die Obligation des kontrahierenden Subjekts — exercitor, institor, Hauskind u. s. w. — angegeben werde⁷): das vertrage sich nicht mit einer auf diese Obligation abgestellten intentio, nötige vielmehr zur Annahme einer in factum konzipierten, auf die Tatsache des Geschäfts abgestellten. Man wird dieser Argumentation schwerlich beitreten können. Mir scheint die Ausdrucksweise der Quellen vollkommen korrekt, auch wenn die Formel in ius konzipiert war. Die Fassung der intentio mochte auf die nähere Gestaltung der Haftung einwirken: nimmermehr aber konnte die Form,

---

¹) Utilis actio, wo nicht mit einem eigentlichen institor kontrahiert ist: fr. 5 § 7. 8, fr. 16, 19 pr. h. t., c. 5, 6 de exerc. et instit. act. (4. 25). In fr. 19 pr. ist an einen Fall zu denken, wo das accipere pecunias mutuas nicht Bestandteil eines Geschäftsbetriebs bildet, sondern nur einfach ein Prokurator mit Vollmacht zur Darlehensaufnahme ernannt ist.

²) Utilis mit Reszission der prozessualen Konsumtion: fr. 13 pr. h. t.

³) Jahrbb. des gemeinen Rechts II S. 1 fgg. 415 fgg.

⁴) Ebendaselbst III S. 153 fgg.

⁵) Familiengüterrecht II S. 259 fgg.

⁶) Pandekten (2. Aufl.) II S. 203 fgg., siehe aber ZRG. XVII S. 166 fg.

⁷) a. a. O. S. 204 n. 4. 5.

in der diese Haftung prozessualisch auftrat, den römischen Juristen den legislativen Grundgedanken dieser Aktionen verdecken: dass man unter gewissen Voraussetzungen aus Geschäften eines andern verantwortlich werden kann. Es war dies umsoweniger möglich, als ja die Sklaven, die hier überall praktisch in erster Linie in Betracht kamen, selber gar nicht obligiert waren.

Mandry hat unter dem Beifall von Brinz eine Reihe von Fällen herangezogen, in denen Kellers Formulierung in ius eine Verurteilung des Gewalthabers oder Geschäftsherrn überhaupt oder doch eine solche, wie sie in den Quellen vorausgesetzt sei, unmöglich mache. Vor allem den Fall, wo der kontrahierende Haussohn oder Sklave gestorben sei, wo doch von einem zivilen Verhaftetsein des Kontrahenten oder eines Sukzessors keine Rede sein könne, gleichwohl aber der Gewalthaber beschränkt oder unbeschränkt forthafte[1]. Allein, wenn gegen den Gewalthaber des leben-den Sklaven mit der Fiktion „si liber esset, tum si Stichum . . . . . oper-teret" geklagt wurde, so kann die Annahme einer Fiktion „si Stichus liber fuisset, tum si heredem eius . . . . oporteret" oder einer ähnlichen keine Schwierigkeit machen. Ebenso erledigt sich ein zweiter Fall, der schon oben besprochen ist: wenn das Geschäft, aus dem die adjektizische Klage erhoben wird, zwischen dem Gewalthaber selbst und der seiner Gewalt unterworfenen Person abgeschlossen ist[2]. Wir haben gesehen, dass hier die Quellen selbst, indem sie die adjektizische Klage als utilis bezeichnen, auf die Fiktion „si liber (suae potestatis) esset" hindeuten, die in der Tat alle Bedenken beseitigt. Zum Dritten führt Mandry an: der dominus tabernae hafte der institoria actio gegenüber auch aus dem Geschäft eines institor impubes und zwar in solidum — fr. 7 § 2, fr. 8 h. t. —, während letzterer selber nach ältern Rechte gar nicht, seit dem rescriptum diui Pii immer doch nur bis zum Belaufe seiner Bereicherung hafte. Auch hier ist durch Fiktion „si pubes fuisset" leicht zu helfen. Freilich nun hat Mandry[3] die Annahme derartiger Fiktionen und speziell derjenigen der Freiheit ausdrücklich bekämpft. Die Haftung des Herrn aus Geschäften des Sklaven sei, so wirft er ein, der wichtigste Fall der adjektizischen Klagen gewesen: durch Kellers Konzeption werde die auf diesen Hauptfall passende Klage naturwidrig zu einer erst mühsam adap-tierten Nebenform der weit weniger wichtigen Klage aus den Geschäften des Freien, speziell des Haussohns. Er hebt ferner hervor, „dass sowohl bezüglich der ex negotiis seruorum resultierenden Klagen als bezüglich der nach dem Wegfalle der kontrahierenden Person anzustellenden, zum Teil ausdrücklich im Edikt erwähnten Aktionen die Quellen nirgends weder abweichende Formulierungen noch auch nur Formulierungsschwierigkeiten andeuten". Auf die Bedenklichkeit dieses letztern Arguments habe ich

---

[1] Fr. 4 § 3 de exerc. act. (14. 1), fr. 18 ad SC Maced. (14. 6), fr. 1 pr. sqq. quando de pec. (15. 2).

[2] Fr. 11 § 8, fr. 12 de instit. act. (14. 3).

[3] a. a. O. S. 262 fgg.

schon oben aufmerksam gemacht und verweise hier wiederholt auf die Analogie der Publiciana, bei der es sogar in solchen Fällen, wo das ganze Formulierungsprinzip aufgegeben werden musste[1]), in der Justinianischen Kompilation nur schlechtweg heisst: Publiciana competit. Nimmt man ferner mit mir an, dass das Edikt selbst auch die fiktizische intentio für das Sklavengeschäft proponierte, so wird die Geringfügigkeit der Ausbeute, die die Quellen für die Konzeptionsfrage gewähren, um so leichter begreiflich und kann man auch Kellers Ansicht nicht mehr vorwerfen, dass nach ihr die Formel für den wichtigsten Fall erst adaptiert werden müsse: sie war im Album schon adaptiert. Dass es nun aber an Spuren abweichender Formulierung in den von Mandry angeführten Fällen gänzlich fehle, ist endlich nicht einmal richtig. Zunächst ist hier das bereits besprochene fr. 12 h. t. anzuführen. Ferner wird die formelmässige Fiktion der Freiheit wenn nicht bewiesen, so doch sehr nahegelegt durch die schon von Keller[2]) zitt. Stellen: fr. 24 § 2 de A. E. V. (19. 1) und fr. 12 i. f. de duob. reis (45. 2), in denen die Juristen darauf anzuspielen scheinen; namentlich durch die erstere, wo es von der actio de peculio heisst:

> in dominum . . . . sic datur, ut emptor eadem consequatur, quae libero uendente consequi debuisset, sed ultra peculii taxationem dominus non condemnatur.

In dieselbe Kategorie gehört fr. 19 § 2 de noxal. act. (9. 4), wo es sich freilich um eine formula in factum concepta handelt, also nicht von der ausgedrückten Fiktion die Rede sein kann:

> Si seruus tuus nauem exercuerit eiusque uicarius et idem nauta in eadem naue damnum dederit, perinde in te actio danda est ac si is exercitor liber et hic uicarius seruus eius esset, ut de peculio serui tui ad noxam[3]) dedere uicarium damneris.

Weiter ist es hinsichtlich der nach dem Tode des Haussohns oder Sklaven gewährten actio annalis de peculio nicht bloss wahrscheinlich, sondern sogar sicher, dass sie von der gewöhnlichen actio de peculio abweichend konzipiert war: es handelt sich bei dieser Klage nicht etwa bloss um eine exceptio annalis, die auf Verlangen des beklagten Gewalthabers erteilt wird, sondern um eine besondere Formel (mit ständiger Annalexception), die nach dem Tode des Gewaltunterworfenen die jetzt unbrauchbare actio de peculio ersetzte: der Kläger ist es, der sich die Annalformel erbitten muss, wenn er nicht seinen Prozess verlieren will. Dies ergibt sich klar aus fr. 1 § 10 quando de peculio (15. 2):

> Quaesitum est apud Labeonem, si, cum filius uiueret, tu credens eum mortuum annali actione egeris . . .

Endlich wirft auch noch fr. 49 pr. de V. O. (45. 1) ein entscheidendes Gewicht gegen Mandrys Bedenken in die Wagschale:

> Cum filius familias Stichum dari spoponderit et, cum per eum

---

[1]) Vgl. z. B. fr. 7 § 7, fr. 12 § 2. 3 de Public. (6. 2).

[2]) Litiscont. u. Urt. S. 427.

[3]) Aut noxae (Keller)?

staret quo minus daret, decessit Stichus, datur in patrem de
peculio actio, quatenus maneret filius ex stipulatu obligatus. at si
pater in mora fuit, non tenebitur filius, sed utilis actio in patrem
danda est.

Warum wird im zweiten Fall der Stelle utilis actio erteilt? Es gibt
schlechterdings keine andere Erklärung dafür als die, dass die Obligation
des Haussohns hier untergegangen ist und also die gewöhnliche intentio
der actio de peculio, die auf eben diese Obligation abgestellt ist, nicht
mehr zutrifft[1]). Wird man sich der Folgerung entziehen können, dass der
Fall der Stelle nicht der einzige ist, wo es einer solchen utilis bedarf, dass
vielmehr ein Gleiches überall gilt, wo die Obligation des Gewaltunterworfenen untergegangen ist, ohne dass die aequitas gleichzeitiges Freiwerden
des Gewalthabers zuliesse?

Ist es mir gelungen, im bisherigen die Hauptbedenken Mandrys zu
widerlegen, so wird ein letzter von ihm vorgebrachter Zweifelsgrund am
wenigsten Schwierigkeit machen. Es steht bekanntlich fest, dass nach
dem Tode des der actio institoria, exercitoria oder quod iussu verhafteten
Schuldners der einzelne Erbe nur pro parte hereditaria haftet[2]): Mandry
meint nun, da ja die Schuld des institor, magister nauis u. s. f. durch das
Eintreten mehrerer Erben an die Stelle des einen Geschäftsherrn oder
Gewalthabers nicht geteilt werde, so sei, wenn wirklich die intentio einfach auf jene Schuld gestellt gewesen sei, nicht abzusehen, wie eine Verurteilung des einzelnen Miterben bloss pro rata habe erfolgen können.
Ich könnte die Lösung dieses Rätsels unter dem blossen Hinweis auf die
actio Rutiliana ablehnen: stirbt der bonorum emptor unter Hinterlassung
mehrerer Erben, so gibt uns diese, deren Fassung zweifellos ist, genau
dasselbe Rätsel auf. Liegt aber denn hier wirklich ein Rätsel vor?
M. E. ist klar, dass in jeder nach Art der Rutiliana gebildeten Formel,
so oft an Stelle des ursprünglich Verhafteten dessen Erbe trat, das Erb-
verhältnis ausdrücklich angegeben werden musste. Woran hätte denn
der Judex sonst erkennen sollen, dass die Verurteilung den Nachweis
dieses Erbverhältnisses voraussetze? Musste also der Beklagte, auch
wenn er heres ex asse war, irgendwo in der Formel als solcher bezeichnet
sein — am wahrscheinlichsten in der condemnatio —, so werden wir, wenn
seine Haftung eine bloss partielle war, der condemnatio einfach ein
„pro qua parte Lucio Titio heres est" anzufügen haben. In der Regel
aber wird man sich hier, wie sonst, der interrogatorischen Formeln bedient
haben. Jedenfalls muss die Frage der Partial- oder Solidarhaftung in iure
zur Sprache und Erledigung gekommen sein[3]).

---

[1]) S. Mandry selbst, a. a. O. S. 306.

[2]) Vgl. fr. 14 de instit. (14. 3), fr. 7 quod
cum eo (14. 5).

[3]) Darum auch in fr. 14 de instit. act.: in
solidum actio dari debet, und weiter: heredum quisque pro sua parte conueniendi
sunt. Ebenso in fr. 7 quod cum eo (14. 5): an
heredes, pro qua parte quisque successisset,
mallet conuenire. Solazzi, l'actio de
peculio ann. (studi Moriani 1905 S. A.) p. 14 s.,

Ich glaube hiemit gezeigt zu haben, dass Kellers Konzeption allen gegen sie erhobenen Angriffen Stich hält. Werfen wir nun zum Schluss auch noch einen Blick auf die im Gegensatz zu ihr gemachten Formulierungsvorschläge. Sie sind doppelter Art. Mandry und Brinz halten eine Formulierung in factum, jener für möglich[1], dieser für erwiesen[2][3]. Gegen diese Konzeption spricht einfach alles, was für Kellers Konzeption spricht. Dieselbe lässt die nachgewiesenen Fälle der utilis actio unerklärt und ist (und das ist mir schon allein entscheidend) überhaupt unnatürlich und zweckwidrig. Wenn der Prätor den Prinzipal des Institor u. s. w. nach den gewöhnlichen Grundsätzen des Kaufs und der andern Kontrakte haftbar machen wollte, wie konnte er die gewöhnliche Formel aus diesen Kontrakten aufgeben? Ist es etwa ganz gleichgültig, ob die Formel den Judex auf die bona fides verweist oder nicht? Mandry[4] denkt sich die intentio der actio uenditi de peculio etwa so:

S. p. Aᵐ Aᵐ Titio .   hominem Stichum uendidisse.

So einfach sind bekanntlich die wirklich überlieferten formulae in factum conceptae von Kontraktsklagen nicht gefasst. Die Mandry'sche Formel hätte den Judex in die grösste Verlegenheit gesetzt. Nichts in dieser Formel erinnerte ihn daran, dass hier das reguläre Recht der actio uenditi angewendet werden solle. Wie war's mit dem Satz „exceptio doli bonae fidei iudiciis inest", wie war's überhaupt mit dem ganzen officium iudicis, dessen Bedeutung für die bonae fidei iudicia hier wohl nicht dargelegt zu werden braucht? Oder man unterstelle statt des Kaufs eine Stipulation: soll hier umgekehrt das ganze feste Recht der Stipulation durch ein „*S. p. L. Titium promisisse, quanti ea res est,* u. s. w." dem officium iudicis überantwortet werden? Nehmen wir aber an, der Prätor habe hier die Formeln etwa nach Art der actio pigneraticia oder depositi hinsichtlich der Voraussetzungen der Verurteilung genauer spezialisiert, so hätte entweder der Prätor eine Unzahl von Musterformeln proponieren müssen, oder es erhob sich bei jedem Prozess in iure ein Streit um die Konzeption der Formel, der keineswegs immer leicht zu entscheiden war, dessen Entscheidung vielmehr sehr häufig eine Vorentscheidung über die Rechtsfrage gewesen wäre.

---

glaubt, es sei in den obigen Fällen, um die Konsumtion des Gesamtanspruchs zu vermeiden, bei actiones incerti eine praescriptio, bei actiones certi eine Beschränkung der intentio möglich und erforderlich gewesen, macht sich aber selbst den sehr begründeten Einwand, dass mit diesen Vermutungen fr. 32 pr. de peculio (15. 1) nicht vereinbar ist. M. E. wurde durch eine Formel wie die obige der Gesamtanspruch überhaupt nicht konsumiert, weil sie von vornherein nur condemnatio pro parte vorsah. Der Fall lag anders als bei der actio de peculio annalis, wo der einzelne Erbe, ob-

wohl die Kondemnation seinen Anteil am Peculium nicht übersteigen durfte, doch, wenn dieser ausreichte, auf den Betrag der ganzen Forderung verurteilt wurde.

[1] a. a. O. S. 265 wird ihr „die Bedeutung einer Hypothese" zugeschrieben, „für die eben so viele und eben so gute Gründe, als für Kellers Hypothese sprechen".

[2] a. a. O. S. 204: „nicht mehr als blosse Hypothese".

[3] Für Konzipierung in factum weiter auch noch Ruhstrat, Arch. f. d. Prax. v. Oldenburg I S. 38.

[4] a. a. O. S. 264.

Erregt schon die formula in factum concepta die schwersten Bedenken, so ist es freilich noch schlimmer mit dem andern Formulierungsvorschlag bestellt, der zuerst von Dietzel[1]) gemacht und neuerdings von Baron[2]) in veränderter Form wieder aufgenommen worden ist: danach soll die intentio zwar in ius konzipiert, aber direkt auf die Verpflichtung des adjektizisch Verhafteten gestellt gewesen sein, nicht auf die Verpflichtung des institor u. s. w. Dietzels hienach gebildete intentio „*patrem (exercitorem) dare facere oportere*" darf nach Kellers Kritik mit Schweigen übergangen werden. Baron seinerseits stellt die intentio auf ein praestare oportere des Prinzipals oder Gewalthabers. Er glaubt zunächst für die actio de peculio die intentio „*quidquid de peculio filii (serui) ob eam rem Nm Nm patrem (dominum) praestare oportet*" in fr. 57 de I. D. (23. 3) entdeckt zu haben und überträgt das *quidquid praestare oportet* sodann auch auf alle andern adjektizischen Klagen, mit Ausnahme der actio tributoria, die er auf *quidquid tribuere oportet* stellt. Er nennt diese intentio eine intentio iuris honorarii und meint, der Prätor habe zwar kein dare facere oportere, wohl aber ein praestare oportere schaffen können. Hiezu ist folgendes zu bemerken. Fürs erste: Baron hat vollkommen recht, wenn er davor warnt, das Wort oportere ausschliesslich dem Zivilrecht zu vindizieren, wiewohl ihm der Gegenbeweis, soweit er den offiziellen Gebrauch des Worts anlangt, nicht gelungen ist[3]). Oportere bedeutet Sollen und Müssen, sei es von Rechts sei es auch von Obrigkeits wegen; ein Beispiel wirklich offiziellen Gebrauchs des Worts im letztern Sinne bietet das von Cic. pro Quinctio c. 27 § 84 angeführte Edikt. Gleichwohl hat es seinen guten Sinn, wenn nur die Zivilklagen auf oportere abgestellt sind. Der Prätor, indem er ein oportere zur Bedingung der Verurteilung macht, verweist damit den Judex auf bestehendes Recht: die prätorischen Klagen aber sind Neuschöpfungen, bei denen ebendeshalb die Verurteilung nicht von einer bestehenden rechtlichen Verpflichtung des Beklagten abhängig gemacht werden konnte. Wenn der Prätor, der die exercitoria einführte, den iudex angewiesen hätte, den exercitor aus Geschäften des magister zu verurteilen auf „quidquid exercitorem praestare oportet", so wäre dem iudex nichts übrig geblieben als zu absolvieren. Denn wo war verordnet „excercitorem praestare oportere"? Im Zivilrecht nicht; im prätorischen Edikt ebensowenig: denn hier stand nicht „exercitor praestato" oder „exercitorem praestare oportere uidetur" oder ähnliches,

---

[1]) In den S. 255 n. 3 angeführten Aufsätzen.

[2]) Die adjecticischen Klagen (Abh. aus d. röm. C. P. II) 1882, S. 136 fgg. Gegen ihn seither auch Bekker, ZRG. XVII S. 105 fg.

[3]) B. beruft sich nämlich auf das quod eius praestari oportere dicetur im ädilizischen Edikt (fr. 1 § 1 de aedil. ed.) und meint, damit sei die Redhibitionspflicht bezeichnet. Der wirkliche sehr abweichende Sinn der Worte ergibt sich aus dem Kommentar Ulpians in fr. 19 pr. § 1 eod. Sie enthalten eine Beschränkung der Haftung für dicta und promissa („insofern man dafür nach Zivilrecht einstehen muss"). Missverstanden sind sie auch von Bechmann, Kauf. I S. 407, Brinz, Pandekten (1. Aufl.) S. 492, anders 2. Aufl. § 327 b n. 2.

sondern ohne Zweifel — oder wird man dies bezweifeln wollen[1])? — nur „aduersus exercitorem iudicium dabo". Daraus aber folgt für den exercitor zwar ein iudicium suscipere oportere, aber keineswegs ein privatrechtliches praestare oportere. Freilich nun, nachdem die exercitoria lange Zeit hindurch in Übung gewesen war und sich in die allgemeine Rechtsüberzeugung eingelebt hatte, hätte der Prätor, wenn er es zweckmässig gefunden hätte, vielleicht ohne Gefahr, unter Aufgabung der frühern Formel, eine neue auf das oportere des exercitor gestellte bilden können. Aber man beachte wohl: in dem Moment, wo er dies tat, hörte die exercitoria auf, eine prätorische Klage zu sein; denn die Frage, ob Beklagter obligiert sei, nahm dann der Prätor nicht mehr auf sich, sondern schob ihre Beantwortung der Rechtsüberzeugung des Judex zu: die actio depositi in ius concepta ist zivil, ob sich gleich die obligatio ciuilis depositi unter dem Einfluss der prätorischen formula in factum concepta entwickelt hat. In summa: ein oportet kann aus dem Edikt hervorgehen, insoweit es Vorschriften für das Verhalten der Parteien enthält, — insoweit würde einem ex edicto oportet in einer Formel nichts entgegenstehen; für die actio exercitoria, institoria, de peculio deque in rem uerso, quod iussu ist die von Baron vorgeschlagene Formel aber gerade deshalb unmöglich, weil die betreffenden Edikte keine solchen Vorschriften enthalten, sondern einfach actio verheissen.

Ich habe B a r o n zugegeben, dass der Prätor ein oportere habe schaffen können[2]). Das ist nun aber auch das Einzige, was ich ihm einräumen kann. Die Idee, dass das praestare oportere als intentio iuris honorarii dem prätorischen Recht, das dare facere oportere als intentio iuris ciuilis dem Zivilrecht reserviert gewesen sei, wird schwerlich auf Beifall zu rechnen haben: ich glaube, kein Scharfsinn wird zu ermitteln vermögen, warum die auf prätorischem Recht beruhenden Leistungen gerade „praestare", die auf Zivilrecht beruhenden „dare facere" hätten heissen sollen. Überdies ist die Konzipierung auf praestare oportere, wenn überhaupt irgendwo, dann gerade für Zivilklagen, die Teilungsklagen, nachweisbar (s. S. 202 n. 6, S. 205 n. 3). Und nun fr. 57 de I. D. (23. 3), der Ausgangspunkt des Irrwegs! Die Stelle behandelt den Fall, wo eine Frau ihren noch in väterlicher Gewalt befindlichen Schuldner heiratet und ihrem Schwiegervater „quod filius tuus mihi debet" zur dos bestellt. Der Jurist sagt, es sei ein Unterschied, ob damit gemeint sei „id quod filium dare oportet", wo die ganze Schuldsumme dos werde, oder „quod patrem de peculio uel de in rem uerso praestare oportebit", wo nur die Summe

<hr />

[1]) B a r o n, krit. Vjschr. XXVI S. 547 bezweifelt es wirklich.

[2]) Die Frage, unter welchen Voraussetzungen er dies konnte, muss hier dahingestellt bleiben: ihre Beantwortung würde eine umfassende Untersuchung über das officium praetoris erfordern. Ein a l l g e m e i n e s Recht, das Verhalten der einzelnen direkt zu normieren, hatte er selbstverständlich nicht: sonst wäre er Gesetzgeber, nicht bloss Verwalter der Aktionen gewesen.

dos werde, „qua patrem eo tempore filii nomine condemnari oportebit". Mir ist schwer begreiflich, wie Baron in dieser Stelle einen Beweis — und einen andern Beweis hat er ja nicht — für seine Hypothese zu finden glauben konnte. Der Jurist denkt hier nicht an Formelkonzeption; mit den Worten „quod patrem de peculio praestare oportebit" will er den Begriff „Pekuliarschuld" kurz ausdrücken, und der Ausdruck ist passend, die Formel mag konzipiert gewesen sein, wie sie will. Aber als ob er geahnt hätte, dass derselbe dereinst missverstanden werden würde, hat er sich beeilt, den untechnischen Ausdruck sofort in die technisch juristische, der Formelkonzeption angemessene Form zu giessen: qua patrem filii nomine condemnari oportebit.

Genug damit: es wird nicht nötig sein, auch noch die mehrerwähnten actiones utiles gegen Barons Hypothese ins Feld zu führen. Ich glaube nachgewiesen zu haben, dass, wie Kellers Konzeption der Natur des Verhältnisses und den Quellen entspricht, so umgekehrt die andern Formulierungsversuche sich bei näherer Prüfung als unmöglich herausstellen.

§ 103.   DE TRIBUTORIA ACTIONE [1]).

Ulp. 29[2]), Paul. 30[3]), Gai. 9[4]), Pedius 15[5]), Pomp. 60[6]), Iulian. 12[7]). Gai. IV 72[8]):

> Praeterea tributoria quoque actio in patrem dominumue constituta est, cum filius seruusue in peculiari merce sciente patre dominoue negotietur: nam si quid eius rei gratia cum eo contractum fuerit, ita praetor ius dicit, ut quidquid in *his* mercibus *erit quodque inde receptum erit id inter patrem dominumue, si quid ei debebitur, et ceteros creditores pro rata portione distribuatur.*

§ 3 I. quod cum eo (4. 7):

> et quia ipsi domino distributionem permittit, si quis ex creditoribus queratur, quasi minus ei tributum sit quam oportuerit, hanc ei actionem accommodat quae tributoria appellatur.

Auch hier gewährt uns Ulpians Kommentar die Mittel zu einer im wesentlichen genauen Rekonstruktion des Edikts. Wir finden darin zunächst bezeugt die Worte:

> Qui merce[9]) peculiari[10]) sciente[11]) eo, in cuius potestate erit[12]),

---

[1]) D. (14. 4).

[2]) Fr. 1, 3, 5, 7, 9 h. t., fr. 44 de R. I. (50. 17) cf. fr. 9 i. f. h. t.

[3]) Fr. 2, 4, 6, 10 h. t.

[4]) Fr. 11 h. t.; fr. 5 de cur. fur. (27. 10)?

[5]) cit. fr. 1 § 1 h. t.

[6]) cit. fr. 5 § 1, 9 § 2 h. t.

[7]) Fr. 8, 12 h. t., cit. fr. 3 pr. h. t. Fr. 8 ist fälschlich Iulian. 11 inskribiert.

[8]) Die Lücken des Gaiusmanuskripts sind

aus § 3 I. quod cum eo (4. 7) mit voller Sicherheit zu ergänzen.

[9]) Ulp. 29 fr. 1 § 1 h. t.

[10]) Ulp. 29 fr. 1 § 2 h. t.

[11]) Ulp. 29 fr. 1 § 3 h. t.

[12]) Ulp. 29 fr. 1 § 4. 5, fr. 3, 5 pr. § 1 h. t. Die Meinung Schmidts (von Ilmenau), das Hauskind in mancipio S. 21 n. 80, es habe das Edikt nur von der potestas domini in seruo gesprochen, steht m. E. mit fr. 1 § 4

negotiabitur¹), si quid cum eo²) eius mercis nomine³) contractum erit⁴), ...

Der hierauf folgende Abschnitt des Kommentars wird eingeleitet durch ein in fr. 5 § 5. 6 h. t. enthaltenes Referat:

Per hanc actionem tribui iubetur quod ex ea merce et quod eo nomine receptum est. In tributum autem uocantur, qui in potestate habent, cum creditoribus mercis.

Dieser Bericht gibt zweifellos den Ediktinhalt fast wörtlich wieder. Das „quod ex ea merce est et quod eo nomine receptum est" kehrt in fast genau übereinstimmender Fassung bei Gai. 9 fr. 11 h. t. und in § 3 I. quod cum eo (4. 7) wieder und wird von Ulpian sofort nachher in fr. 5 § 11—14 h. t. kommentiert. „Cum creditoribus mercis" ist in fr. 5 § 15—18 h. t. erläutert. „In tributum uocari" — der Ausdruck ist ohne Zweifel ediktal⁵) — in fr. 5 § 19, fr. 7 pr. h. t. Der Bericht ist aber nicht ganz vollständig. Einmal teilt der Gewalthaber natürlich nur dann mit, wenn der Gewaltunterworfene ihm etwas schuldig ist: *„si quid ei debebitur"*, wie es in § 3 I. quod cum eo (4. 7) heisst, und dies war auch im Edikt gesagt: denn diese oder sehr ähnliche Worte erläutert Ulpian in fr. 5 § 7—10 h. t. Zweitens muss im Edikt gesagt gewesen sein, dass die Verteilung verhältnismässig erfolgen solle, *„pro rata portione"* (§ 3 I. cit.) oder genauer *„pro rata eius quod cuique debebitur"*: diese letzten Worte liegen dem Kommentar in fr. 5 § 19⁶), fr. 7 pr. h. t. zu Grunde.

Nach alledem dürfte der erste Ediktsatz folgendermassen gelautet haben:

Qui merce peculiari sciente eo, in cuius potestate erit, negotiabitur, si quid cum eo eius mercis nomine contractum erit, eius, quod ex ea merce erit eoue nomine receptum erit, eum, in cuius potestate erit, si quid ei debebitur, cum creditoribus mercis pro rata eius quod cuique debebitur in tributum uocabo⁷).

Der Kommentar hiezu schliesst bei fr. 7 pr. h. t. ab. ·Wer soll oder darf

---

h. t. in Widerspruch. Denn hier ist das Ediktwort potestas erläutert.

¹) Qui negotiabitur: Ulp. 29 fr. 5 § 2 h. t. Zum ganzen Absatz vgl. noch fr. 1 § 20 de exerc. act. (14. 1), fr. 27 pr. de peculio (15. 1).

²) Ulp. 29 fr. 5 § 3 h. t.

³) Ulp. 29 fr. 5 § 4 h. t.

⁴) Vgl. Gai. IV 72 cit.

⁵) Vgl. fr. 1 pr., fr. 5 § 15. 18, fr. 7 pr. h. t.

⁶) Tributio autem fit pro rata eius quod cuique debeatur.

⁷) Vgl. Gai. IV 72: ita praetor ius dicit ut . Diese Wendung zeigt, dass der Prätor in dem ersten Ediktsatz nicht sofort schon die actio tributoria verhiess, die bei Gai. l. c. erst nachher erwähnt wird. Der Prätor denkt auch gar nicht bloss an die

nun aber die Verteilung besorgen? Die Klausel gibt darauf keine Antwort, gerade wie es bei Gai. IV 72 ict. § 3 I. cit. ganz unpersönlich heisst:

> praetor ita ius dicit, ut quidquid in his mercibus erit quodque inde
> receptum erit, id inter . . . .   distribuatur.

Aber die zitierte Institutionenstelle fährt fort:

> et quia (scil. praetor) ipsi domino distributionem permittit, si quis
> ex creditoribus queratur,   .. hanc ei actionem accom-
> modat . . . . .

Das Edikt muss also noch eine Klausel enthalten haben, worin implicite
dem Gewalthaber die Verteilung nach den angegebenen Grundsätzen zu
übernehmen gestattet war, der Prätor aber gegen ihn für den Fall der
Verletzung dieser Grundsätze unsere actio verhiess. Eben dies nun
bestätigt Ulpians Kommentar zur Evidenz. Während im Kommentar
zur ersten Klausel nirgends betont war, dass gerade der Gewalthaber
die Verteilung zu besorgen habe, fragt der Jurist gleich darauf in fr. 7 § 1
ganz plötzlich:

> Quid tamen si dominus tribuere nolit nec hanc molestiam susci-
> pere, sed peculio uel mercibus cedere paratus sit?

Kein Zweifel, dass diese Worte an das neue Ediktstück anknüpfen,
worin der Prätor dem Gewalthaber die Verteilung überliess. Und jetzt
erst in fr. 7 § 2 h. t. folgt bei Ulpian das Referat über die Verheissung
der actio:

> Si cuius dolo malo factum est, quo minus ita tribueretur, in eum
> tributoria datur, ut quanto minus tributum sit quam debuerit
> praestet.

Mit diesen Worten schliesst, wenn ich recht sehe, der Kommentar zum
Edikt ab, und schon das in fr. 7 § 2 gleich folgende

> quae actio dolum malum coercet domini

ist mit Beziehung auf die aus dem Edikt erteilte Formel geschrieben.
Über diese selbst sind wir leider nur sehr mangelhaft unterrichtet. Sicher
wissen wir nur so viel, dass sie gerichtet war auf *„quanto minus dolo
malo* N^i N^i A^o A^{o}[1]) *tributum est*[2]), *quam ex edicto meo* A^o A^o *tribui
debuit*[3]) (oder ähnlich)", und dass sie gegen den Erben *„dumtaxat de eo
quod ad eum peruenit"* erteilt wurde[4]). Im übrigen sind wir auf Vermutungen angewiesen, und das Wahrscheinlichste wird sein[5]), dass die

---

[1]) Zu A^o A^o vgl. § 3 I. quod cum eo (4.7):
si quis . . . . queratur, quasi minus ei tributum sit *rel.* Dies gegen Schlossmann,
Arch. f. latein. Lexikographie XIV S. 30 fg.
Vgl. auch fr. 12 h. t.: „maiorem partem
quam . . . . creditoribus tribuit", und
weiterhin: „cum deberet extraneis dena
tribuere".

[2]) Ulp. 29 fr. 7 § 2—4 h. t.

[3]) Iulian. fr. 12 h. t.: tributoria actione
tunc demum agi potest, cum dominus in

distribuendo pretio mercis edicto praetoris
non satisfecit.

[4]) Ulp. 29 fr. 7 § 5, fr. 9 pr. h. t.

[5]) Ganz unglücklich rekonstruiert Rudorff, E. P. § 103: *s. p.* A^m A^m *cum Lucio
Titio sciente* N^o N^o *negotiatum esse,* und weiter
in factum. Einem „cum L^o T^o negotiatum
esse" widerspricht das Edikt aufs entschie-
denste; und nun gar erst noch „cum Lucio
Titio sciente N^o N^o negotiatum esse"! Da
hätte der dominus also um die spezielle

actio tributoria, wie die institoria, die Hauptbestandteile der Formel in sich aufnahm, die aus dem mit dem Gewaltunterworfenen abgeschlossenen Geschäft resultierte[1]). War diese also z. B. eine bonae fidei Formel, so folgte auf eine um die Voraussetzungen unseres Edikts bereicherte demonstratio die auf den Namen des Gewaltunterworfenen (eventuell fiktizisch) gestellte intentio iuris ciuilis. Den Schluss bildete dann die condemnatio: *quanto minus eo nomine dolo malo N^i N^i A^o A^o tributum est, quam ex edicto meo A^o A^o tribui debuit, tantam pecuniam* rel.

§ 104. QUOD CUM EO, QUI IN ALIENA POTESTATE EST, NEGOTIUM GESTUM ESSE DICETUR[2]).

Ulp. 29[3]), Paul. 30[4]), Gai. 9[5]), Pedius 15[6]), Pomp. 61[7]), Iulian. 12[8]).

In den Digesten finden wir hinter dem Titel de tributoria actione über tit. (14. 5) die obige Rubrik, unter der aber nur ein Edikt ausführlich behandelt ist: dasjenige über das beneficium competentiae der gewaltsentlassenen, enterbten, abstinierenden Hauskinder. Hierauf folgt der Titel (14. 6) de SC Macedoniano, und erst an diesen schliessen sich (15. 1)—(15. 4) die Rubriken de peculio, quando de peculio actio annalis est, de in rem uerso, quod iussu. Diese Rubrikenfolge ist keineswegs dem Edikt entnommen. Zunächst: das SC Macedonianum kommt nur in den Kommentaren, nicht im Edikt selbst vor[9]); die Juristen knüpften dessen Besprechung an die Edikte über die mit Gewaltunterworfenen abgeschlossenen Geschäfte an[10]). Weiter ist aber allem Anschein nach zu vermuten, dass im Album

---

Geschäftsverbindung wissen müssen! Gegen Rudorff vgl. auch Mandry, Familiengüterrecht II S. 452 n. 7.

[1]) So auch Keller, a. a. O., dessen Formel aber im übrigen nicht einwandsfrei ist (vgl. S. 263 n. 7). Anders sowohl Rudorff a. a. O. als Karlowa, II S. 1163, aus deren Rekonstruktionen gar nicht zu ersehen ist, welches Geschäft denn eigentlich der Klage zu Grunde liegt.

[2]) D. (14. 5), C. (4. 26).

[3]) Fr. 2, 4 h. t., fr. 1, 3, 7, 9, 11 de SC Maced. (14. 6), fr. 1, 3, 5, 7, 9, 11, 13, 15, 17, 19, 21, 30 de pec. (15. 1), fr. 1 quando de peculio (15. 2), fr. 1, 3, 5, 7, 10, 13 de in rem uerso (15. 3), fr. 1 quod iussu (15. 4), fr. 14 de R. C. (12. 1), fr. 11 de pec. leg. (33. 8), fr. 16 de ui (43. 16) cf. fr. 3 § 12 de pec. (15. 1), fr. 7 de lege Pomp. (48. 9).

[4]) Fr. 5 h. t., fr. 8, 10, 12 de SC Maced. (14. 6), fr. 20, 26, 31, 43 de pecul. (15. 1), fr. 2 quando de pec. (15. 2), fr. 8, 11 de in rem uerso (15. 3), fr. 2 quod iussu (15. 4), fr. 40 [41] de N. G. (3. 5).

[5]) Fr. 1 h. t., fr. 13 de SC Mac. (14. 6), fr. 10, 27, 29 de pec. (15. 1), fr. 4, 12 de in

rem uerso (15. 3).

[6]) cit. fr. 7 § 3 de pec. (15. 1).

[7]) cit. fr. 9 § 1 de pec. (15. 1), fr. 1 § 9 quando de pec. (15. 2), fr. 3 § 1 de i. r. u. (15. 3).

[8]) Fr. 14 de SC Mac. (14. 6), fr. 12, 14, 16, 28, 37 de pec. (15. 1), fr. 25 comm. diu. (10. 3), fr. 83 ad l. Falc. (35. 2), fr. 11 de fideiuss. (46. 1), cit. fr. 3 § 1. 2, 7 § 11. 12 de SC Mac. (14. 6), fr. 3 § 6, fr. 9 § 5. 8, fr. 11 § 2. 9, fr. 13 de pec. (15. 1), fr. 14 de i. r. u. (15. 3) — falsch inskribiert —, fr. 5 pr. de O. N. N. (39. 1).

[9]) Welchen Inhalt sollte ein Edikt ad senatus consultum Macedonianum gehabt haben? A. M. Rudorff, E. P. § 108, der, wie es scheint, an eine Erklärung des Prätors denkt, seine Jurisdiktion nach Massgabe des SC einrichten zu wollen. Vgl. etwa Plin. epist. V 9 [21], 3. Davon ist aber nichts überliefert. Noch weniger ist an eine Reproduktion des SC selbst im Album zu denken. Vgl. Wlassak, Edict u. Klageform S. 90 n. 4.

[10]) Hieher gehören: Ulp. 29 fr. 1, 3, 7, 9, 11 de SC Mac. (14. 6), fr. 14 de R. C. (12. 1), fr. 7 de lege Pomp. (48. 9); Paul. 30 fr. 8, 10,

das edictum triplex[1]) de peculio, de in rem uerso, quod iussu einschliesslich des Edikts über die Annalklage de peculio voraufging, dass die
Klausel über das beneficium competentiae hiezu nur eine Art Anhang
bildete, und dass an der Spitze dieser sämtlichen Edikte nur die eine umfassende Rubrik stand, die ich nach D. (14. 5) dem gegenwärtigen § vor-
gesetzt habe. Hiefür spricht zunächst, dass der erwähnte Digestentitel in
den Digesten selbst eine generelle, einleitende Bedeutung hat. Eigentlich
kommentiert ist darin zwar nur die vorerwähnte Klausel. Aber das erste
Fragment des Titels (aus Gai. 9 genommen) handelt nicht von dieser, sondern gibt den Inhalt des edictum triplex an und zwar so, als ob sich dies
letztere direkt an die Edikte über die exercitoria, institoria, tributoria an-
schlösse; desgleichen haben fr. 4 § 5, fr. 8 des Titels keinerlei Beziehung
zu jener Klausel. Ebenso entschieden bestätigt sich unsere Annahme
durch Ulp. 29 fr. 1 pr. § 1 de peculio (15. 1):

> Ordinarium praetor arbitratus est prius eos contractus exponere
> eorum qui alienae potestati subiecti sunt, qui in solidum tribuunt
> actionem, sic deinde ad hunc (titulum?) peruenire, ubi de peculio
> datur actio. Est autem triplex hoc edictum: aut enim de peculio
> aut de in rem uerso aut quod iussu hinc oritur actio.

So hätte der Jurist schwerlich geschrieben, wenn zwischen den vor-
besprochenen Edikten und dem triplex edictum noch eine andere Klausel
gestanden hätte. Weiter kommt in Betracht, dass in dem Edikt über das
beneficium competentiae durch die Worte

> siue sua uoluntate siue iussu eius in cuius potestate erit contraxerit,
> siue in peculium ipsius siue in patrimonium eius cuius in potestate
> fuerit ea res redacta fuerit,

dass, sage ich, durch diese Worte deutlich auf den Inhalt des edictum
triplex angespielt wird. Dadurch gibt sich jene Klausel selbst als ein
wahrscheinlich später entstandener Anhang zum edictum triplex zu erkennen.
Endlich darf auch noch die Codexrubrik (4. 26)

> Quod cum eo qui in aliena est potestate negotium gestum esse
> dicitur uel de peculio seu quod iussu aut de in rem uerso

als eine wesentliche Unterstützung unserer Vermutung gelten.

An unsere Rubrik schliesst sich bei Rudorff[2]) die weitere:

> „(actiones) *ex contractu earum personarum quae in manu man-*
> *cipioue sunt*".

Als Inhalt des betreffenden Edikts zitiert er Gai. IV 80[3]). Offenbar geht
er dabei von der Ansicht aus, dass diese Stelle sich auf die von personae
in manu mancipioue während der Dauer des Gewaltverhältnisses ein-

---

12 de SC Mac.; Gai. 9 fr. 13 eod.; Iulian. 12
fr. 14 eod., fr. 11 de fideiuss. (46. 1), cit. fr. 3
§ 1. 2, 7 § 11. 12 de SC Mac.

[1]) Ulp. 29 fr. 1 § 1 de peculio (15. 1).

[2]) E. P. § 107, vgl. Bethmann-Hollweg,
C. P. II S. 567.

[3]) Quod . . . . ad *eas* personas quae in
manu mancipioue sunt, ita ius dicitur, ut
cum ex *contr*actu earum agatur, nisi ab eo
cuius iuri subiectae sint, in solidum defendantur, bona . . . . ueneant.

gegangenen Schulden beziehe, und wirklich ist diese Ansicht ja die herrschende. Auch unter Voraussetzung der Richtigkeit dieser Ansicht nun würde nicht bewiesen sein, dass der Inhalt von Gai. IV 80 an dieser Stelle des Edikts stand; wahrscheinlicher wäre mir vielmehr die Annahme, dass, was Gaius berichtet, seinen Platz unter dem Titel *ex quibus causis in possessionem eatur* hatte. Allein, wie ich unten in § 212 dartun werde, ist die herrschende Deutung der Gaiusstelle überhaupt eine Unmöglichkeit, kann vielmehr Gaius l. c. nur von den vorgewaltlichen Schulden gehandelt haben. Traf den Gewalthaber der personae in manu mancipioue in Hinsicht der von ihnen während der Dauer des Gewaltverhältnisses eingegangenen Schulden überhaupt eine Haftung, so lag sicher nicht der geringste Grund vor, ihn einem andern Haftungssystem zu unterwerfen als den Gewalthaber von Sklaven oder Hauskindern; im Gegenteil spricht dann die durchgreifende Analogie des ganzen Verhältnisses zwingend für die Anwendbarkeit der adjektizischen Klagen auch auf die Kontrakte jener Personen[1]. Setzt auch Gaius l. c. die personae in manu mancipioue in einen Gegensatz zu den Sklaven und Hauskindern, so braucht doch dieser Gegensatz nicht gerade da gesucht zu werden, wo er innerlich am unwahrscheinlichsten ist[2]. —

Im folgenden erörtere ich zunächst (1.) die sämtlichen unter unsere Rubrik gehörigen Edikte, sodann (2.) die daraus erteilten Formeln.

1.

Über das edictum triplex referiert Gai. 9 fr. 1 h. t. (14. 5)[3] folgendermassen:

> proconsul . . . . . . siue . . iussu eius, cuius in potestate sit, negotium gestum fuerit, in solidum eo nomine iudicium pollicetur: siue non iussu, sed tamen in rem eius uersum fuerit, eatenus introducit actionem, quatenus in rem eius uersum fuerit: siue neutrum eorum sit, de peculio actionem constituit.

Im Album stand zweifellos, wie in den Digesten, die Klausel de peculio voraus: denn gerade mit Bezug auf sie erörtert Ulpian die allen Klauseln gemeinsamen Eingangsworte des Edikts. Ulpians Kommentar gewährt hier folgende Ausbeute.

Ulp. 29 fr. 1 § 2 de pec. (15. 1):

> Verba autem edicti talia sunt: Quod cum eo[4], qui in alterius potestate[5] esset (?), negotium gestum[6] erit.

Die Erläuterung dieser Worte geht (s. n. 4—6) bis fr. 5 § 2 eod. Bei fr. 5 § 3 beginnt die ausführliche Erörterung über Begriff und Umfang des „peculium"; sie umfasst fr. 5 § 3. 4, fr. 7, 9, 11, 13, 15, 17, 19 eod. Weiter

---

[1] S. auch Mandry, Familiengüterrecht II S. 224.
[2] Das uero bei Gai. IV 80 kann ebensogut einen partiellen Gegensatz bezeichnen, wie dasselbe Wort bei Gai. II 90.
[3] Cf. Gai. IV 70, § 4. 5 I. quod cum eo (4. 7).
[4] Ulp. 29 fr. 1 § 3. 4 de pec. (15. 1), Gai. 9 fr. 27 pr. eod.
[5] Ulp. 29 fr. 1 § 5. 6, fr. 3 pr.—§ 4 eod.
[6] Ulp. 29 fr. 3 § 5—ult., fr. 5 pr.—§ 2 eod.

kommentiert der Jurist in fr. 21 pr.—§ 2 die Worte „si quid dolo malo
eius, in cuius potestate erit, factum erit quo minus peculii esset"[1]). Schliesslich finden wir in fr. 21 § 3 den Satz:

> Si dominus uel pater recuset de peculio actionem, non est audien-
> dus, sed cogendus est quasi aliam quamuis personalem actionem
> suscipere.

Offenbar beziehen sich diese Worte auf den Abschluss der Klausel, der
dann etwa gelautet haben mag: *in eum in cuius potestate erit iudicium
dabo.* Als Gesamtwortlaut des Edikts bis hieher ergibt sich sonach:

> QUOD CUM EO, QUI IN ALTERIUS POTESTATE ESSET[2]), NEGOTIUM GESTUM
> ERIT, *dumtaxat de peculio et si quid dolo malo eius in cuius potes-
> tate erit factum erit, quo minus peculii esset, in eum, in cuius
> potestate erit, iudicium dabo.*

Ob die Klausel de in rem uerso einen eigenen Satz bildete oder ob
noch in das obige Edikt selbst hinter „quo minus peculii esset" etwa die
Worte eingeschoben waren *„siue quid inde in rem eius, in cuius potestate
erit, uersum erit",* vermögen wir nicht zu entscheiden, da die Kompilatoren die Kommentare zum edictum triplex, wie oben gezeigt, in verschiedene Titel geschieden und dabei möglicherweise die ursprüngliche
Ordnung der Erörterungen gestört haben. Sicher ist, dass jene Kommentare gelegentlich der Klausel de in rem uerso nichts als eben den Begriff
„in rem (domini, patris) uersum" erläutern[3]) und dass aus den beiden
Klauseln de peculio und de in rem uerso nur eine Formel entsprang
(s. unten). Danach ist die Zusammenfassung beider auch im Edikt immerhin wahrscheinlicher.

Hinter der Doppelklausel de peculio deque in rem uerso (eventuell,
wenn man zwei gesonderte Klauseln annimmt, zwischen diesen) denke
ich mir die Klausel quando de peculio actio annalis est. Diese lautet nach
Ulp. 29 fr. 1 pr. quando de pec. (15. 2):

> POST MORTEM EIUS QUI IN ALTERIUS POTESTATE FUERIT, POSTEAUE QUAM
> IS EMANCIPATUS MANUMISSUS ALIENATUSUE FUERIT, DUMTAXAT DE PECULIO
> ET SI QUID DOLO MALO EIUS IN CUIUS POTESTATE EST FACTUM ERIT, QUO
> MINUS PECULII ESSET, IN ANNO, QUO PRIMUM DE EA RE EXPERIUNDI POTESTAS
> ERIT, IUDICIUM DABO.

Dies Zitat ist indes weder fehlerlos noch vollständig. Statt „(dolo malo
eius in cuius potestate) est" muss offenbar *fuerit* gelesen werden. Ferner
aber lässt das Zitat die im Edikt jedenfalls enthalten gewesene Angabe
vermissen, dass die Klage gegen den ehemaligen Gewalthaber oder dessen
Erben nur unter der Voraussetzung stattfindet, dass das peculium bei
ihnen ist[4]). Dieses „bei ihm sein" war im Edikt und in der Formel

---

[1]) Zum Wortlaut vgl. fr. 1 pr. quando de
peculio (15. 2).
[2]) De ante gesto cf. fr. 42 de pec. (15. 1).
[3]) Vgl. Ulp. 29 fr. 1, 3, 5, 7, 10, 13 de in

rem uerso (15. 3), Paul. 30 fr. 8, 11 eod.,
Gai. 9 fr. 4, 12 eod.
[4]) Nur bei unserer Klausel stellte das
Edikt ausdrücklich diese Voraussetzung auf.

durch das Wort „penes" ausgedrückt, wie sich aus folgenden Stellen ergibt.

Fr. 1 § 7 quando de pec. (15. 2):

  et ait Caecilius teneri, quia peculium penes eum sit.

Cf. fr. 32 pr. de pec. (15. 1) (erste Hälfte), fr. 33, 34, 35 eod., fr. 1 § 10 de dote praeleg. (33. 4), s. auch fr. 37 § 2 de pec. (15. 1). Vielleicht war auch noch hinzugefügt „doloue malo eius factum erit quo minus esset", vgl. fr. 1 § 8 quando de pec. (15. 2).

Den Schluss des edictum triplex bildet die Klausel quod iussu, von der wir aber nur die Anfangsworte

  quod iussu cius cuius in potestate erit

bei Ulpian erläutert finden[1]). Die Ergänzung

  negotium gestum erit, in eum, in cuius potestate erit, in solidum iudicium dabo

ergibt sich von selbst[2]).

Es erübrigt nun nur noch das bei Ulp. 29 fr. 2 pr. quod cum eo (14. 5) wörtlich erhaltene Anhangsedikt[3]):

IN EUM QUI EMANCIPATUS AUT EXHEREDATUS ERIT[4]) QUIUE ABSTINUIT SE[5]) HEREDITATE EIUS, CUIUS IN POTESTATE CUM MORITUR FUERIT, EIUS REI NOMINE, QUAE CUM EO CONTRACTA[6]) ERIT, CUM IS IN POTESTATE ESSET, SIUE SUA UOLUNTATE SIUE IUSSU EIUS IN CUIUS POTESTATE ERIT CONTRAXERIT SIUE IN PECULIUM IPSIUS SIUE IN PATRIMONIUM EIUS, CUIUS IN POTESTATE FUERIT, EA RES REDACTA FUERIT, ACTIONEM CAUSA COGNITA[7]) DABO IN QUOD FACERE POTEST.

2.

Unter den Formeln, die den soeben betrachteten Ediktklauseln entspringen[8]), erledigt sich am leichtesten die der actio quod iussu. Erinnert

---

Daher finden wir denn auch, abgesehen von unserer Klausel, das Erfordernis nur da betont, wo die potestas mehrern zusteht und es sich fragt, ob und inwieweit gegen jeden von diesen geklagt werden kann. Vgl. fr. 12, fr. 32 pr. (zweite Hälfte) de pecul. (15. 1). Die Vereinzelung dieser Stellen gegenüber den zahlreichen Zeugnissen, die ich im Text anführe, lässt erkennen, dass das Erfordernis hier nicht ediktal gewesen sein kann, sondern auf Interpretation beruhte, die dann den ihr adäquaten Ausdruck der Klausel quando de peculio actio annalis est entnahm. Wo nur ein Gewalthaber da war und gegen diesen de peculio geklagt wurde, wäre es ein sinnloses Superfluum gewesen, wenn der Prätor zu der Anweisung, ihn de peculio zu kondemnieren, noch hinzugefügt hätte: si penes eum est. Irrig daher Baron, de adjectic. Klagen S. 164. Gegen diesen auch Solazzi, bullett. XVII p. 264 n. 2.

[1]) Quod iussu: fr. 1 § 1—6 h. t. (15. 4), eius in cuius potestate erit: fr. 1 § 7—9 eod., vgl. Paul. 30 fr. 2 eod.

[2]) Vgl. auch Gai. IV 70 und Gai. 9 fr. 1 quod cum eo (14. 5).

[3]) Vgl. zu diesem noch c. 2, 8 [9] h. t. (4. 26).

[4]) Ulp. 29 fr. 2 § 1, fr. 4 pr. § 1 h. t. (14. 5), Paul. 30 fr. 5 § 1 eod.

[5]) Paul. 30 fr. 5 § 2 eod.

[6]) Ulp. 29 fr. 4 § 2 eod., Paul. 30 fr. 5 pr. eod.

[7]) Ulp. 29 fr. 4 § 4 eod.

[8]) Zur Klausel in eum qui emancipatus war m. E. keine besondere Formel proponiert, da es sich hier ja nur um einen Zusatz zur condemnatio handelte. Die von Rudorff, E. P. § 104, hier aufgeführten formulae ficticiae sind, mit Ausnahme der auf die Fiktion „si capite deminutus non esset" gestellten, unhaltbar. Aber auch hinsicht-

man sich an das in § 102 Ausgeführte, so kann es, wenn das dort gefundene Ergebnis richtig ist, als gewiss betrachtet werden, dass sie sich genau an die directa actio anschloss.   Kellers Formel[1])

> *Quod iussu Nⁱ Nⁱ patris A^s A^s Gaio Nⁱ Nⁱ filiofamilias togam uendidit, q. d. r. a., quidquid ob eam rem Gaium filium A^o A^o d. f_, o. ex fide bona, eius N^m N^m patrem A^o A^o c. s. n. p. a.*

dürfte im wesentlichen richtig sein.   Nur möchte ich statt der Worte pater und filiusfamilias im Anschluss an den Edikttext eher vorschlagen, der demonstratio ein „cum is in potestate Nⁱ Nⁱ esset" einzufügen[2]), etwa so:

> *Quod iussu Nⁱ Nⁱ A^s A^s Gaio, cum is in potestate Nⁱ Nⁱ esset, togam uendidit.*

Eine derartige Fassung ist auch schon deshalb geboten, weil die entscheidende Frage nicht die ist, ob Gaius zur Zeit des Prozesses, sondern die, ob er zur Zeit des Geschäftsabschlusses in potestate Nⁱ Nⁱ war.   Bei Sklaven trat in die intentio die gewöhnliche Fiktion[3]).   Die demonstratio — dies ist noch besonders hervorzuheben, weil es von Rudorff (E. P. § 105 n. 23) bestritten wird — war m. E. auch bei formula certa wegen der notwendig zu erwähnenden Klagvoraussetzung des iussum unentbehrlich.   Sie ist hier wohl mit Keller, C. P. n. 478, in Präskriptionsgestalt zu denken.

Weit grössere Schwierigkeiten machen die übrigen Formeln.   Hier ist zunächst eine Vorfrage zu lösen: die nämlich, ob für die actio de peculio und de in rem uerso nur eine oder aber zwei Formeln proponiert waren. Ich glaube mich mit Keller, dem die herrschende Meinung folgt, entschieden für die erstere Alternative erklären zu sollen.   Die Identität der Formel ist durch Gaius und die Institutionen direkt bezeugt.   Gai. IV 74 i. f.:

> eadem formula et de peculio et de in rem uerso agitur.

§ 4^b I. quod cum eo (4. 7):

> licet ... una est actio qua de peculio deque eo quod in rem domini uersum sit agitur, tamen duas habet condemnationes. itaque iudex, apud quem de ea actione agitur, ante dispicere solet, an in rem domini uersum sit, nec aliter ad peculii aestimationem transit, quam si aut nihil in rem domini uersum intellegatur aut non totum.

In gleicher Richtung beweisen eine ganze Reihe weiterer Stellen[4]), unter denen ich nur fr. 1 § 10 quando de peculio (15. 2) hervorhebe, weil hier das Inbegriffensein der Klausel de in rem uerso in der actio de peculio besonders deutlich zum Ausdruck kommt.   Was man gegen diese Zeug-

---

lich dieser einen Fiktion ist die Frage, ob dieselbe hier notwendig ist, keineswegs unzweifelhaft.   Vgl. Cohn, Beiträge, Heft II S. 340 fgg.

[1]) Jahrbb. d. gem. Rechts III S. 194.
[2]) Vgl. auch Rudorff, E. P. § 105.
[3]) Vgl. § 102 (S. 253 fg. 256 fg.).

[4]) Fr. 57 de iudic. (5. 1), fr. 41 de peculio (15. 1), fr. 1 § 10 quando de peculio (15. 2), fr. 2 § 6 de her. uend. (18. 4), fr. 60 § 7 locati (19. 2), fr. 57 de I. D. (23. 3), fr. 22 § 12 sol. matr. (24. 3), fr. 6 § 12 q. in fraud. cred. (42. 8), c. 12 quod cum eo (4. 26).

nisse vorgebracht hat[1]), scheint mir nicht durchschlagend. Dass die Lehre in den Digesten in zwei Titel zerlegt ist, beweist gegen die una actio schon darum nichts, weil dieselbe Tatsache dann auch gegen die Zusammenfassung unter eine Ediktrubrik sprechen würde, welch letztere doch in fr. 1 § 1 de peculio (15. 1) ausdrücklich bezeugt ist: es waren sicherlich bloss Gründe der Übersichtlichkeit des Systems, was die Kompilatoren zur Zerlegung der Kommentare, die sich auf das edictum triplex beziehen, unter vier verschiedene Titel bewog. Ebensowenig kommt in Betracht, dass in den beiden Titeln de peculio und de in rem uerso meistens nur auf den einen Erfolg der Klage — entweder de peculio oder de in rem uerso — reflektiert wird: sehr natürlich, denn dort wurde die Klausel de peculio, hier die de in rem uerso kommentiert, die, wenn sie auch in einem Edikt und einer Formel standen, doch jede gesonderten Kommentars bedurften. Wenn ferner mitunter auch Beispiele von reiner actio de peculio oder reiner actio de in rem uerso ohne den Zusatz der andern Klausel in den Quellen vorkommen, so ist das nicht befremdlich: wollte jemand die eine oder andere Klausel weglassen, etwa weil doch aussichtslos, so wird der Prätor gegen deren Abtrennung nichts einzuwenden gehabt haben. Übrigens muss man sich hüten, hieher alle die Fälle zu rechnen, in denen die Juristen sich nur mit dem einen der beiden Erfolge beschäftigen[2]): da sehr häufig nur der eine derselben praktisch in Betracht kam, so geht aus einer derartigen Beschränkung der Erörterung meines Erachtens gar nichts hervor.

Die Einheit der actio de peculio und de in rem uerso festgestellt, ergibt sich im übrigen die Gestalt der Formel aus folgenden Erwägungen. Die duae condemnationes der Institutionen können in jenem Zusammenhang nichts anderes besagen wollen, als dass die Formel eine zwiefache Kondemnationsanweisung enthielt: *condemnato de peculio et si quid in rem domini (patris) uersum est.* Zwar hat Bekker[3]) dies bestritten, mit dem Anführen, dass der Justinianische Prozess Kondemnationsklauseln ja überhaupt nicht mehr gekannt habe, solche also in den Institutionen nur durch grobes Versehen der Redaktoren erwähnt sein könnten. Aber dieser Einwand widerlegt sich durch die Tatsache, dass die Byzantiner selber unter den duae condemnationes eine Kondemnationsklausel verstanden. Ein von Zachariä ohne Zweifel mit Recht dem Stephanus zugeschriebenes Scholium zu fr. 36 de peculio[4]) belehrt uns:

κινῶν γὰρ οὕτω λέγει· καταδίκασον εἰς τὸ πεκούλιον καὶ εἰς τὸ βέρσον[5])

---

[1]) Bekker, Aktionen II S. 336 fgg. Karlowa, R. G. II S. 1154, nimmt neben der einheitlichen actio de peculio deque in rem uerso noch eine besonders proponierte actio bloss de in rem uerso, aber nicht de peculio an.

[2]) Dahin gehört z. B. das von Bekker angeführte fr. 7 § 15 ex quib. caus. in poss. (42. 4). Sichere Beispiele der Abtrennung

der einen Klausel enthalten z. B. fr. 1 § 1 i. f. de in rem uerso (15. 3), fr. 1 § 10 quando de peculio (15. 2). Zweifelhaft fr. 19 de in rem uerso (15. 3).

[3]) a. a. O. II S. 337.

[4]) Suppl. Basil. p. 223 sch. 140.

[5]) Nam cum agit, sic dicit: condemna eum peculio tenus et quatenus uersum est.

Vgl. ferner schol. 9 in Basil. XII 1, 61 (Heimb. I p. 768), schol. 2 in Basil. XVIII 2, 1 (suppl. Basil. p. 178), schol. 14 in Basil. XVIII 6, 1 (eod. p. 237). Diese Stellen beweisen, dass die Kondemnationsklauseln des klassischen Prozesses, wenn auch von der Wortstrenge entbunden, auch noch im Justinianischen Prozesse vorkamen, wahrscheinlich als ein an die intentio angeschlossenes Petitum in den Klaglibellen.

Kam die eigentümliche Richtung und Beschränkung der Klage in der condemnatio zum Ausdruck, so folgt fast mit Notwendigkeit, dass umgekehrt die intentio mit Dasein und Umfang des Peculiums und der in rem uersio nichts zu tun hatte, und dies wird direkt bestätigt durch das vielbesprochene fr. 30 pr. de pec. (15. 1):

> Quaesitum est, an teneat actio de peculio, etiamsi nihil sit in peculio, cum agaeretur, si modo sit rei iudicatae tempore. Proculus et Pegasus nihilo minus teneri aiunt: intenditur enim recte, etiamsi nihil sit in peculio[1]. idem et circa ad exhibendum et in rem actionem placuit. quae sententia et a nobis probanda est.

Die analoge Heranziehung der actio ad exhibendum und der rei uindicatio[2] beweist schlagend, dass für das Zutreffen der intentio das esse aliquid in peculio ebenso unwesentlich war, wie bei jenen Aktionen der Besitz des Beklagten; dann aber ist nicht abzusehen, in welcher Form das Peculium in der intentio erwähnt gewesen sein könnte[3].

Fragen wir weiter, wie wir uns die intentio näher denken sollen, so führen die Ergebnisse, die ich in § 102 festgestellt habe, mit Bestimmtheit dahin, dass sie auf die Person des Kontrahierenden, d. h. des Gewaltunterworfenen, gestellt war und sich in ihrer Fassung genau an die intentio der betreffenden actio directa anschloss, nur dass bei in ius konzipierter intentio die Klage aus Sklavenkontrakt die Fiktion si liber esset aufnehmen musste. Gerade bei unserer actio fehlt es für diese Annahme nicht an mannigfacher besonderer Bestätigung. Von der Bedeutsamkeit der actio annalis de peculio und der in fr. 49 pr. de V. O. (45. 1) erwähnten utilis actio nach dieser Richtung war schon in § 102 die Rede. Zur letzteren Stelle tritt noch fr. 32 § 3 de usur. (22. 1), wonach dem Vater bei der actio de peculio

---

[1] Hieher Ulp. 29 fr. 11 de peculio leg. (33. 8).

[2] Wie Bekker (process. Consumtion S. 85 fgg., Aktionen II S. 342) gegenüber dieser Tatsache aus fr. 30 pr. den Schluss ziehen kann, gerade die intentio müsse die Bedenken angeregt haben, über die der Jurist berichtet (quaesitum est), ist mir nicht recht verständlich. Jene Bedenken resultieren vielmehr aus dem erst allmählich überwundenen Zweifel, ob nicht die Zuständigkeit einer Klage dadurch bedingt sei, dass sämtliche Voraussetzungen der Kondemnation bereits im Moment der Litis-

kontestation vorhanden. Die zur Herrschaft gelangte Proculianische Ansicht ist die, dass im Moment der Litiskontestation nur die intentio zuzutreffen brauche: das steckt implicite in dem „intenditur enim recte". Wie Bekker, auch Baron, die adjectic. Klagen S. 138 fgg. Dass auch bei der rei uindicatio der gedachte Zweifel durch den Einfluss des Proculus beseitigt wurde, bestätigt noch fr. 27 § 1 de R. V. (6. 1).

[3] Wegen des Baron'schen (adjecticische Klagen S. 148) quidquid de peculio Nm Nm praestare oportet verweise ich auf das zu § 102 Ausgeführte.

die eigene mora nicht schadet, die des Sohnes aber schadet. Ferner finden wir unsere actio der Hauptklage als einem *directo agere* entgegengesetzt[1]). *Actio ex qua pater de peculio actionem patitur* heisst letztere im Verhältnis zur actio de peculio, ein agere eius actionis nomine wird die actio de peculio genannt[2]). Nicht selten wird der actio de peculio der Name der Hauptklage beigesetzt[3]), ja es werden Fragen, die die actio de peculio angehen, geradezu als Fragen hinsichtlich der Hauptklage bezeichnet[4]). War ein filius familias mit der actio directa verklagt, und er stirbt nach der Litiskontestation, so ist, um nun die adjektizische Haftung des Vaters geltend zu machen, nicht etwa ein neues iudicium notwendig, sondern „transfertur iudicium in patrem dumtaxat de peculio et quod in rem eius uersum est"[5]); die Möglichkeit dieser translatio spricht, scheint mir, ganz entschieden für die Identität der intentio. Und zu alledem kommt endlich noch das nicht zu unterschätzende, ausdrückliche Zeugnis des Stephanus in dem oben angeführten schol. in Basil. XII 1, 61, wo die Formel der actio de peculio so umschrieben wird[6]):

εἰ τόνδε τὸν ὑπεξούσιον φαίνεται ἐποφείλειν μοι τόσα νομίσματα, κατα δίκασον τὸν πατέρα ἢ τὸν δεσπότην de peculio.

Hienach möchte sich folgende Rekonstruktion der actio depositi de peculio[7]) schwerlich weit von der Wahrheit entfernen[8]):

[9])*Quod A[s] A[s] apud Stichum, qui in N[i] N[i] potestate est*[10]), *mensam argenteam deposuit, q. d. r. a., quidquid ob eam rem Stichum, si liber esset ex iure Quiritium, A[o] A[o] dare facere oporteret ex fide bona, eius, iudex, N[m] N[m] A[o] A[o] dumtaxat de peculio et si*

---

[1]) Fr. 3 § 4 commod. (13. 6).
[2]) Fr. 3 § 11 de pec. (15. 1), cf. fr. 18 de SC Maced. (14. 6).
[3]) Vgl. z. B. fr. 3 § 7. 10. 11, fr. 27 pr., 36, 38 pr. de pec. (15. 1), fr. 27 depos. (16. 3), fr. 23 § 4 de aed. ed. (21. 1), s. auch fr. 7 § 4 de in rem uerso (15. 3). Dass in der grossen Mehrzahl der Stellen das Gegenteil der Fall ist, erklärt sich sehr leicht daraus, dass eben doch die Haftung des Gewalthabers auf einer besondern Ediktklausel und proponierten Formel beruhte. Vgl. Mandry, Familiengüterrecht II S. 254.
[4]) Fr. 36 de pec. (15. 1): est in actione de dote (rei uxoriae) agitatum, si filio dos data sit, an pater dumtaxat de peculio conueniretur.
[5]) Fr. 57 de iudic. (5. 1). Vgl. auch fr. 18 § 5 de castr. pec. (49. 17), wo die Pflicht des Vaters zur Übernahme der actio de peculio wegen castrensischer Schulden verneint und dann hinzugefügt wird: et si sponte patiatur, ut quilibet defensor, satisdato filium in solidum, non peculio tenus defendere debet.
[6]) Auf dies Zeugnis hat hingewiesen: Krüger, ZRG. XVII S. 111.

[7]) Wesentlich übereinstimmend: Kellers Fassung in Jahrbb. des gem. Rts. III S. 194 fg.
[8]) Ulpian behandelt die Musterformel in fr. 30 de peculio (intentio im pr., de peculio: § 1—5, clausula doli: § 6. 7).
[9]) *Quod A[s] A[s] Sticho mercem uendendam mandauit*: fr. 12 de instit. act. (14. 3).
[10]) „Cum ... esset" (Rudorff, E.P. § 105)? Die Frage ist nicht unzweifelhaft, namentlich auch mit Rücksicht auf die (wortgetreu überlieferte?) Fassung des Edikts („qui ... esset"). Mir war massgebend die Erwägung, dass die Zuständigkeit der actio de peculio bekanntlich nicht davon abhängt, dass der jetzige Gewalthaber schon zur Zeit des Geschäftsabschlusses Herr des Sklaven war. Vgl. fr. 27 § 2 de pecul. (15. 1). Nach fr. 9 § 8 de interrog. (11. 1) könnte man versucht sein, anzunehmen, dass der Tatsache der potestas in der Formel überhaupt nicht gedacht war. Allein die Stelle will doch wohl, mit besonderer Rücksicht auf die actio annalis, nur betonen, dass diese Tatsache für die Haftung nicht allein entscheidend sei: man kann den Sklaven in potestate haben und doch nicht haften, und umgekehrt.

Lenel, Das Edictum Perpetuum. 2. Aufl.   18

quid dolo malo N^i N^i [1])*factum est, quo minus peculii esset, uel si quid in rem N^i N^i inde uersum est, c. s. n. p. a.*
Keller und ebenso Rudorff hängen der condemnatio noch eine weitere Klausel an: *„praeterea etiam si quid dolo malo N^i N^i captus fraudatusque A^s A^s est"* (Rudorff: *et si quid praeterea dolo malo . . . . sit*). Dies ist ein unzweifelhaftes Missverständnis, wie ich S. 284 fgg. näher darlegen werde.

Die actio annalis de peculio wird sich von obiger vermutlich nur in folgenden Punkten unterschieden haben. Das Gewaltsverhältnis muss in der demonstratio als ein vergangenes bezeichnet gewesen sein. Die Fiktion muss, wenn der Sklave freigelassen worden war, gelautet haben *„si tunc liber fuisset"*, wenn er gestorben war, etwa: *quidquid A^o A^o, si apud liberum deposuisset* [2]), *eo nomine dari fieri oporteret.* Ferner muss die Kondemnationsbedingung, dass das peculium penes N^m N^m sei, irgendwie zum Ausdruck gekommen sein, und zwar aller Wahrscheinlichkeit nach in der condemnatio [3]) selbst, wo dem „de peculio" die Worte „quod penes N^m N^m est" beigefügt worden sein werden [4]). Endlich schob sich die exceptio annalis, als ständiger Zusatz, wahrscheinlich hinter die clausula doli [5]). —

Unsere Untersuchung hat uns im wesentlichen zu gleichen Ergebnissen, wie seinerzeit Keller, geführt. Ich würde aber meine Aufgabe nur sehr unvollkommen gelöst haben, wenn ich diese Ergebnisse nicht gegen gewisse Einwendungen sicher zu stellen versuchte, die von Bekker wiederholt [6]) dagegen erhoben worden sind. Bekker beruft sich auf die Konsumtionsverhältnisse bei der actio de peculio, die mit Kellers (und ebenso auch unserer) Rekonstruktion unvereinbar seien. Eine Formel, so argumentiert er, in deren intentio ein Anspruch in seinem vollen Umfange zum Ausdruck komme, habe notwendig diesen vollen Anspruch in iudi-

---

[1]) Hier schiebt Rudorff ein: in hoc anno. Dies wird durch fr. 30 § 6 de peculio nicht gestützt, sondern widerlegt. Die Wendung „fortassis... non patietur" spricht nämlich offenbar gegen die Annahme, es sei der annus utilis in der Formel erwähnt gewesen.

[2]) Die Fiktion si uiueret (Keller) ist mir bedenklich.

[3]) Anders die 1. Aufl., wo ich (wegen der dort nicht richtig beurteilten Konsumtionsverhältnisse) an die demonstratio dachte. Klagte der Käufer des Sklaven de peculio wider den Verkäufer, so musste der condemnatio noch die Klausel „deducto eo quod apud ipsum peculii seruus habet" beigefügt werden, fr. 27 § 6, 47 § 4 de pec. Vgl. hierüber Solazzi, ius deductionis, st. Fadda I p. 345 sqq.

[4]) Über die Frage, wie die Formel wider die Erben des Gewalthabers abgefasst wurde,

vgl. Solazzi, l'actio de pec. ann. (st. Moriani S. A.) 1905, p. 15 sq. Er unterscheidet, ob die actio annalis schon bei Lebzeiten des Gewalthabers begründet war und dann auf die Erben nur überging, oder ob sie durch den Tod des Gewalthabers überhaupt erst entstand. Dort nimmt er scissio actionis in Klagen pro rata an (auf Grund von fr. 14 § 1 de pec.), hier actio in solidum bis zum Belauf des an einen jeden gelangten Peculiums. Die Unterscheidung ist scharfsinnig begründet, steht aber in Widerspruch mit dem Eingang von fr. 32 pr. de pec., den daher S. für interpoliert hält.

[5]) Fr. 1 § 10 quando de pec. (15. 2): quia annua exceptio ad peculium, non ad in rem uersum pertinet.

[6]) Prozessual. Cons. S. 82 fgg., Aktionen II S. 333 fgg., bes. 341 fgg.

cium deduzieren und daher konsumieren müssen, mochte auch die condemnatio einen einschränkenden Zusatz tragen. Dies sei nicht bloss als
Konsequenz der Formelfassung gewiss, sondern auch für den Fall, dass
die condemnatio auf quod facere potest eingeschränkt sei, positiv anerkannt[1]). Wäre also die actio de peculio in Kellers Weise konstruiert
gewesen, schliesst Bekker weiter, so hätte durch ihre Erhebung der Anspruch wider den Gewaltunterworfenen in seinem vollen Umfange konsumiert werden, ihre nochmalige Erhebung mithin ohne zuvorige Restitution unmöglich sein müssen, auch dann, wenn Kläger bei der ersten Klage
lediglich wegen Unzulänglichkeit des Peculiums zu kurz gekommen sei.
Gerade das Gegenteil aber sei bezeugt in fr. 30 § 4 de peculio:

> Is qui semel de peculio egit, rursus aucto peculio de residuo debiti
> agere potest.

Daraus folge, dass die Formel der actio de peculio die Einschränkung der
Haftung in anderer Weise, etwa in Form der praescriptio, zum Ausdruck
gebracht haben müsse.

Diese Argumentation hat seinerzeit auf mich starken Eindruck gemacht.
Ich hielt zwar an Kellers Formulierung fest, glaubte mich aber, um der
von Bekker gezogenen, anscheinend zwingenden Schlussfolgerung zu
entgehen, genötigt[2]), Bekkers Prämisse — dass nämlich die intentio
massgebend sei für den Umfang der prozessualen Konsumtion — zu bestreiten, und kam so zu dem Zugeständnis, dass die actio de peculio, trotz
ihrer den ganzen Anspruch umfassenden intentio, dennoch, wenigstens
nach der Ansicht gewisser römischer Juristen, den Anspruch nicht weiter
konsumiert habe als das derzeitige Peculium ihn deckte. Nach meiner
heutigen Überzeugung ist dieser Standpunkt nicht haltbar. Zwar möchte
ich auch jetzt nicht jener Prämisse ganz unbedingt beitreten: wo die condemnatio so gefasst ist, dass sie unter allen Umständen nur eine Verurteilung pro parte möglich macht, eine Verurteilung im vollen Umfang
des in der intentio verkörperten Anspruchs also ausschliesst[3]), wurde m. E.
dieser Anspruch auch nur pro parte konsumiert. So aber liegt die Sache
gerade bei der actio de peculio nicht: wenn das peculium ausreichte, konnte
der Kläger Kondemnation wegen seines ganzen Anspruchs erlangen, und
eben deshalb musste, wenn Kellers Formulierung das Richtige trifft,
auch dieser ganze Anspruch von der Konsumtion betroffen werden. In
der Tat ergibt sich dies auch klar sowohl daraus, dass nach fr. 4 § 5 quod
cum eo (14. 5) die actio quod iussu durch die actio de peculio konsumiert
wird[4]), wie insbesondere aus dem vielbesprochenen fr. 32 pr. de peculio,
das Kellers Meinung aufs stärkste unterstützt. Die Stelle behandelt ja
nicht genau den gleichen Fall wie fr. 30 § 4 cit. Während hier von einem
Gläubiger die Rede ist, der rursus aucto peculio zum zweiten Male gegen

---

[1]) Vgl. fr. 47 § 2 de peculio (15. 1).
[2]) Vgl. die 1. Aufl. S. 226 fg.
[3]) S. oben S. 258.

[4]) Vgl. auch die treffenden Ausführungen
von Gradenwitz, ZRG. XL S. 247 fgg.

den gleichen Beklagten auftritt, erörtert der Jurist in fr. 32 pr. Fälle, wo
wegen Teilung oder Duplizität des Peculiums der Gläubiger in der Lage
ist, gegen verschiedene Gegner de peculio klagen zu können. Allein ein
innerer Grund hier anders zu entscheiden als dort, lässt sich schlechterdings nicht finden. Ist es nach fr. 32 pr. zweifellos, dass, wenn die actio
de peculio gegen einen der Erben des ehemaligen Gewalthabers erhoben
wurde, dadurch die Obligation allen Erben gegenüber konsumiert wurde[1]),
obwohl der einzelne nur bis zum Belauf des peculii quod penes se habet
kondemniert werden durfte, so bleibt es unerklärlich, warum im Fall des
fr. 30 § 4 die Konsumtion sich auf den Belauf des derzeitigen Peculiums
eingeschränkt haben soll. Es liegt also ein Widerspruch in den Quellen
vor, dessen Lösung aber heute zuverlässiger möglich ist als vordem.
Schon Keller und nach ihm andere haben angenommen, dass die Entscheidung in fr. 30 § 4 eine als selbstverständlich nicht erwähnte Restitution voraussetze. Es ist Bekker zuzugeben, dass der überlieferte Text
diese Lösung nicht zulässt. Wir haben aber m. E. allen Grund, diesem
Texte zu misstrauen, seitdem wir wissen, dass just in dem Gebiet, das uns
hier beschäftigt, die Kompilatoren bewusst und absichtlich — wenn auch,
nach ihrer Art, nicht systematisch und konsequent — darauf bedacht
waren, die Spuren derjenigen Restitution zu verwischen, mittels deren
man den Unbilligkeiten der prozessualen Konsumtion zu begegnen pflegte.
Dafür liefert das zu den Strassburger Ulpianfragmenten gehörige kleine
Bruchstück aus Ulpians lib. II disputationum[2]) den dokumentarischen Beweis. Hier haben wir ein Stück des Originaltexts der Stelle vor uns, die
uns in fr. 32 pr. mit Justinianischen Veränderungen erhalten ist, und ersehen daraus, dass die Kompilatoren in dem Passus „tamen aequitas dictat
iudicium in eos dari qui occasione iuris liberantur" vor iudicium das wichtige Wort „rescissorium" gestrichen haben. Wenn sie nun in solcher
Tendenz an die Äusserungen der Klassiker herantraten und etwa bei
Ulpian den Satz fanden

> is qui semel de peculio egit, rursus aucto peculio de residuo debiti
> *ipso quidem iure* agere *non*[3]) potest, *sed praetor causa cognita
> rescisso superiore iudicio denuo ei agere permittet:*

musste es ihnen da nicht ausserordentlich naheliegen, die oben kursiv
gedruckten Worte zu streichen und so den Text herzustellen, den wir

---

[1]) Anders freilich Bekker, Aktionen II
S. 348. Er meint, in den Fällen des fr. 32 pr.
sei der Anspruch doch immer nur bis zum
Belauf des Gesamtpeculiums konsumiert
worden, und sucht diesen Effekt durch entsprechende Vermutungen über die Fassung
der Formel zu rechtfertigen. Dem gegenüber muss man fragen: was sollte die Römer
(wenn ihnen die Beschränkung der Konsumtion auf den Belauf des Peculiums sonst
geläufig war) veranlasst haben, gerade die

auf diese Fälle berechneten Formeln so zu
konstruieren, dass sie zu unbilligem Effekte
führen mussten?
[2]) Sitzungsber. der Berliner Akad. 1904
S. 1161, ZRG. XXXVIII S. 369.
[3]) Für Einschiebung des *non* haben sich
auch Ferrini, ZRG. XXXIV S. 195, und
Gradenwitz, ZRG. XL S. 250 fgg., erklärt.
Die von letzterem angezogenen stilistischen
Erwägungen würden, für sich allein, mich
freilich nicht überzeugen.

jetzt in fr. 30 § 4 vor uns haben[1])? Sobald wir aber fr. 30 § 4 aus dem Spiele lassen, steht Bekkers Angriff völlig in der Luft. Was sonst noch an Quellenzeugnissen zu dessen Unterstützung angeführt worden ist, ist bedeutungslos. So vor allem fr. 26 § 1 de iureiur. (12. 2). Hier ist entschieden, dass, wenn der Vater iureiurando delato schwört „in peculio nihil esse", dies die Klage de peculio post adquisito nicht ausschliesse. Aber der Eid wirkt sehr natürlich nicht weiter als sein Inhalt fordert; die Behauptung[2]), „dass das iusiurandum in iure (?) delatum ebenso konsumierend wirkt wie die Litiskontestation", ist nur mit sehr erheblichen Einschränkungen richtig. Ebensowenig fällt fr. 47 § 2 de peculio ins Gewicht. Es ist ganz willkürlich, wenn die hier statuierte Verschiedenheit zwischen actio pro socio und actio de peculio auf eine Differenz zwischen ihnen hinsichtlich der prozessualen Konsumtion zurückgeführt wird[3]). Die Stelle besagt, dass der de peculio Belangte, auch wenn die Kondemnation hinter dem Betrag des Anspruchs zurückbleibe, doch keine Kaution de futuro incremento peculii zu stellen brauche; die Sache liege hier anders als bei der actio pro socio, wo der Verurteilte, dem das beneficium competentiae zu gut gekommen ist, mit Rücksicht auf die Möglichkeit künftiger Vermögensvermehrung allerdings Kaution zu stellen hat, „quia socius uniuersum debet". Von Konsumtion ist hier mit keinem Wort die Rede, und die Erklärung der Entscheidung liegt m. E. auf ganz anderm Boden. Der socius wird, „quia uniuersum debet", durch die Auferlegung der Kaution in keine andere Rechtslage gebracht, als schon das Recht der actio pro socio selber mit sich bringt. Hätte man dagegen dem de peculio Verurteilten die Kaution, d. h. eine persönliche Verpflichtung de futuro incremento peculii aufgezwungen, so waren nur zwei Möglichkeiten. Entweder man musste ihm gestatten, andern Peculiargläubigern gegenüber sofort den Betrag dieser Verpflichtung vom incrementum peculii zu deduzieren: dies wäre darauf hinausgekommen, dass der Kläger mittels der Kaution schon jetzt auf das noch gar nicht vorhandene künftige Peculium hätte für sich Beschlag legen können, und die andern Peculiargläubiger hätten den Schaden getragen[4]). Oder man gestattete jene deductio nicht: dann wäre die Haftung des Gewalthabers ediktwidrig über den Belauf des Peculiums hinaus ausgedehnt worden. Beides gleich unbillig. Die Erwägung, dass der Gewalthaber dem Gläubiger überhaupt nicht mehr schulde als was derzeit im Peculium ist, musste vielmehr notwendig dahin führen, jedes Kautionsbegehren über diesen Belauf hinaus als ungerecht-

---

[1]) In ganz gleicher Weise haben sie in fr. 3 § 2 de usuf. accr. (7. 2) aus dem „ipso quidem iure non amittet, sed praetor . . . . utilem actionem dabit" des in Vat. 83 erhaltenen Originals ein einfaches „amittet" gemacht.

[2]) Karlowa, R. G. II S. 1143 n. 3. Vgl. dagegen Erman, ZRG. XXXII S. 338 n. 2.

[3]) Vgl. Bekker, proz. Cons. S. 83, auch neuestens wieder Affolter, krit. Vjschr. XLII S. 363.

[4]) Dabei sehe ich noch von Komplikationen, wie sie z. B. die Anwendbarkeit der actio tributoria mit sich bringen konnte, ab.

fertigt abzulehnen. Die prozessuale Konsumtion hat hiemit gar nichts zu tun[1]).

Die obigen Ausführungen waren notwendig, um die von mir angenommene Formulierung der actio de peculio gegen Zweifel zu sichern. Weiter den Kontroversen nachzugehen, die die Konsumtionslehre bei der actio de peculio in älterer und neuerer Zeit wachgerufen hat, liegt ausserhalb der Aufgabe dieses Buchs[2]).

§ 105. AD SENATUS CONSULTUM VELLAEANUM[3]).

Ulp. 29[4]), Paul. 30[5]), Gai. 9[6]), Iulian. 12[7]).

Der Prätor gewährte hier zwei Aktionen, deren Bestimmung es war, dem Gläubiger, der durch die ungültige Interzession der Frau seinen eigentlichen Schuldner eingebüsst hatte, Hilfe gegen diesen zu gewähren. Ulpian behandelt diese Aktionen von fr. 8 § 7 h. t. ab und zwar die erste restitutoria

quotiens pro debitore intercesserit mulier, datur in eum pristina actio

in fr. 8 § 7—13, vgl. Gai. 9 fr. 13 § 1. 2 h. t.[8]); die zweite h. z. T. sog. institutoria in fr. 8 § 14. 15 h. t.:

Si, cum essem tibi contracturus, mulier interuenerit, ut cum ipsa potius contraham, uidetur intercessisse[9]): quo casu datur in te actio, quae instituit magis quam restituit obligationem, ut perinde obligeris eodem genere obligationis, quo mulier est obligata: verbi gratia si per stipulationem mulier, et tu quasi ex stipulatu conuenieris.

Auf beide Aktionen zusammen geht fr. 10 h. t.

---

[1]) Ebenso auch Erman, ZRG. XXXII S. 338 n. 3.

[2]) Aus der umfangreichen neueren, zum Teil bereits freilich durch die Entdeckung der Strassburger Ulpianfragmente schon wieder veralteten Literatur vgl. insbesondere v. Pokrowsky, ZRG. XXIX S. 33 fgg., Erman, ZRG. XXXII S. 327 fgg., XXXIII S. 243 fgg., Ferrini, arch. giur. LXIV p. 78 sqq., riv. Ital. p. l. sc. giur. XXVII p. 389 sqq., Lusignani, la consumm. proc. etc. (1899), Affolter, krit. Vjschr. XLII S. 362 fgg., Geib, das. XLIII S. 44 fgg. Unerörtert lasse ich insbesondere auch die Frage, ob und inwieweit durch Erhebung der actio de peculio der Gewaltunterworfene selbst und seine Bürgen befreit wurden; hinsichtlich der Bürgen bestand anscheinend schon unter den römischen Juristen eine Kontroverse, vgl. fr. 21 i. f. de exc. r. iud. (44. 2) und fr. 84 de solut. (46. 3), dazu Bekker, Aktionen II S. 351, Erman, ZRG. XXXII S. 348 fgg.

[3]) D. (16. 1), C. (4. 29).

[4]) Fr. 2, 4, 6, 8, 10 h. t., fr. 1 de appell. recip. (49. 5), fr. 4 de cond. c. d. (12. 4); letztere Stelle ist fälschlich Ulp. 39 inskribiert.

[5]) Fr. 1, 3, 11 h. t. Vgl. Paul. lib. 6 breu. fr. 12 h. t.

[6]) Fr. 5, 13 h. t.

[7]) Fr. 14 h. t., cit. fr. 8 pr. § 2. 12 h. t., fr. 39 § 1 de R. V. (6. 1).

[8]) S. auch Gai. 4 fr. 12 de minor. (4. 4), Iulian. 12 fr. 14 h. t., c. 16 h. t.

[9]) Dies stand natürlich nicht im Edikt, musste aber aus der Erteilung der sog. actio institutoria gefolgert werden. So erklärt sich c. 19 h. t.: Cum ad eas etiam obligationes, quae ex mulieris persona calliditate creditoris sumpserunt primordium, decretum patrum, quod de intercessione feminarum factum est, pertinere edicto perpetuo declaratur....

Die Formeln waren wohl beide fiktizisch[1]). Die erste war einfach reszissorisch gefasst (c. 16 h. t.: rescissoria actio), nach dem Schema: si Seia non intercessisset, tum si N^m N^m dare oporteret. Die zweite fingierte sehr wahrscheinlich den durch die Interzession der Frau hintertriebenen Vertrag als wirklich abgeschlossen (quasi ex stipulatu conuenieris: fr. 8 § 14 cit.), nach dem Schema: si Seia non intercessisset, tum si A^s A^s de N^o N^o incertum stipulatus esset[2]), quidquid *et rel.* Über die nähere Fassung der Fiktion wie der Formel überhaupt sind wir nicht unterrichtet.

Tit. XIX.

DE BONAE FIDEI IUDICIIS.

Ulp. 30—32, Paul. 31—34, Gai. 9. 10, Iulian. 13—15.

§ 106. DEPOSITI UEL CONTRA[3]).

Ulp. 30[4]), Paul. 31[5]), Gai. 9[6]), Iulian. 13[7]).

Ulp. 30 fr. 1 § 1 h. t.:

Praetor ait: Quod neque tumultus neque incendii neque ruinae neque naufragii causa depositum sit[8]) (erit *scr.*?), in simplum, earum autem rerum, quae supra comprehensae sunt, in ipsum in duplum, in heredem eius, quod dolo malo eius factum esse dicetur[9]) qui mortuus sit, in simplum, quod ipsius, in duplum iudicium dabo.

Gai. IV 47:

Sed ex quibusdam causis praetor et in ius et in factum conceptas formulas proponit, ueluti depositi et commodati: illa enim formula quae ita concepta est

Iudex esto. Quod A. Agerius apud N. Negidium mensam argenteam[10]) deposuit[11]), qua de re agitur[12]), quidquid ob eam rem N. Negidium A. Agerio dare facere oportet ex fide bona, eius, iudex[13]), N. Negidium A. Agerio condemnato[14]). si non paret, absoluito.

---

[1]) Hinsichtlich der sog. institutoria vermuten Keller, C. P. n. 351, Bekker, Aktionen II S. 118, Personenumstellung.

[2]) Rudorff, E. P. § 109, hat: si N^s N^s eam pecuniam, ob quam Seia pro eo intercessit, A^o A^o ipse promisisset.

[3]) D. (16. 3), C. (4. 34).

[4]) Fr. 1, 3, 5, 7 h. t. — fr. 3 aus Versehen nach fr. 2 (Paul. 31) lib. 31 inskribiert —, fr. 35 de d. m. (4. 3), fr. 3 de in lit. iur. (12. 3) cf. fr. 1 § 26 h. t., fr. 9 de cond. furt. (13. 1) cf. fr. 7 § 1 h. t., fr. 18 de P. V. (19. 5), fr. 186 de V. S. (50. 16).

[5]) Fr. 2, 13 h. t., fr. 22 de exc. rei iud. (44. 2).

[6]) Fr. 14 h. t.

[7]) Fr. 15 h. t., cit. fr. 1 § 22. 33. 37 h. t.

[8]) Ulp. 30 fr. 1 § 2—5 h. t.

[9]) Ulp. 30 fr. 1 § 6. 7 h. t.

[10]) Gai. IV 40: hominem. Über das Mass der Spezialisierung: Ulp. 30 fr. 1 § 40. 41 h. t.

[11]) *C. Veron.:* deposuisset.

[12]) *C. Veron.:* itagit.

[13]) *C. Veron.:* id. iud.

[14]) Im *C. Veron.* stehen zwischen condemnato und SNPA die beiden Buchstaben

in ius concepta est: a*t* illa formula quae ita concepta est

IUDEX ESTO. SI PARET A. AGERIUM APU*D* N. NEGIDIUM MENSAM ARGEN-
TEAM DEPOSUISSE[1]) EAMQUE DOLO MALO[2]) N. NEGIDII A. AGERIO RED-
DITA*M* NON ESSE[3])[4]), QUANTI EA RES. ERIT, TANTAM PECUNIAM, IUDEX,
N. NEGIDIUM A. AGERIO CONDEMNATO. SI NON PARET, ABSOLUITO.

in factum concepta est.

Von obigen beiden Formeln erläutert Ulpian zweifellos zunächst die
zweite, — ich habe in den Noten seinen Kommentar bis fr. 1 § 19 verfolgt. Fr. 1 § 20—26 h. t. nebst fr. 3 de in lit. iur. (12. 3) handeln sodann
vom officium iudicis, ohne dass sich feststellen lässt, welche Formel hier
der Erörterung zu Grunde liegt[5]). Weiterhin — in fr. 1 § 27 bis ult. und
fr. 3 — bewegt sich der Kommentar augenscheinlich in freien Erörterungen,
die sich an keinen bestimmten Text mehr anlehnen[6]): Deposita, die von
Sklaven ausgehen, Deposita mit Nebenverträgen, Zweifelsfälle hinsichtlich der Rückgabe u. a. m. werden hier der Reihe nach in Betracht gezogen. —

Ausser dem Edikt des fr. 1 § 1 cit. und den beiden bei Gai. IV 47
überlieferten Formeln enthielt das Album noch folgende Stücke:

1. Die in den erhaltenen Kommentaren nicht speziell besprochene
Formel[7]) der actio in duplum aus dem notwendigen Depositum, die sich
durch entsprechende Veränderung der gewöhnlichen Formel leicht herstellen lässt[8]).

NR, die man nach Huschkes Vorgang
(Studien des r. R. S. 316) meist „nisi restituet" oder „nisi restituat" zu deuten
pflegt. Ich selbst habe, obwohl zweifelnd,
diese Deutung in der 1. Aufl. angenommen,
hauptsächlich deshalb, weil sie durch Ulp. 30
fr. 1 § 21, Modest. fr. 22 i. f. h. t. gestützt zu
werden schien. Allein diese Stellen enthalten doch keinen wirklichen Beweis dafür,
dass die Worte in der Formel standen, ja
es ist nicht einmal sicher, dass die Ulpian-
stelle sich auf die formula in ius concepta
bezieht. Auf der andern Seite sprechen so
gewichtige Gründe gegen die Echtheit des
„nisi restituet", dass ich mich nicht mehr
entschliessen kann, sie in die Formel aufzunehmen: die Worte müssten, wenn echt,
vor, nicht hinter dem condemnato stehen
und sind gegenüber einer intentio „quidquid d. f. oportet" fast unerträglich. Vgl.
auch Pernice, Labeo I S. 437 n. 49. Vielleicht ist das NR aus dem gleich folgenden
SNPA entstanden, ein Versehen, wie das Ms.
gerade in dieser Formel mehrere ähnliche
enthält (s. S. 279 n. 12. 13), vgl. Apograph.
Stud. p. 282. Ubbelohdes Vermutung —
NP = numeratam pecuniam — scheint mir
nicht zulässig.

.... dolo

2. Edikt und Formeln zur actio contraria. Auf ein Edikt solchen Inhalts deutet sehr entschieden die Fassung des Eingangs von Ulp. 30 fr. 5 pr. h. t.:

> Ei apud quem depositum esse dicetur, contrarium iudicium depositi datur .

Bestand aber ein solches Edikt, so postuliert dies eine formula in factum concepta, die, wie beim iudicium directum, neben der formula in ius concepta proponiert gewesen sein muss. Ihre Fassung liegt im Dunkel[1]), während die der in ius concepta sich einfach dadurch ergibt, dass man in der demonstratio der directa die Formularnamen der Parteien vertauscht.

3. Die sequestraria depositi actio: Ulp. 30 fr. 5 § 1. 2, fr. 7 pr. h. t. Dass diese eine besondere Formel hatte[2]), ergibt sich sowohl aus dem besondern Namen — fr. 12 § 2 h. t., fr. 9 § 3 de d. m. (4. 3) —, wie auch daraus, dass Ulpian die sequestraria hinter der contraria, also völlig getrennt von der gewöhnlichen directa, kommentiert. Über ihre Fassung wissen wir folgendes. Jedenfalls gab sie die Namen der mehrern Deponenten an, arg. fr. 6 h. t., fr. 110 de V. S. (50. 16). Sie bezeichnete ferner den Zweck des Depositums ausdrücklich, fr. 6 h. t.:

> Proprie autem in sequestre est depositum, quod a pluribus in solidum certa condicione custodiendum reddendumque traditur[3]).

Sie enthielt wahrscheinlich die mentio doli mali, wie die gewöhnliche formula depositi: arg. fr. 7 pr. h. t. Endlich gibt Ulp. 30 fr. 5 § 1 h. t. eine Andeutung über den Musterfall; denn, wenn es hier heisst:

> In sequestrem depositi actio competit. si tamen cum sequestre conuenit, ut certo loco rem depositam exhiberet, nec ibi exhibeat, teneri eum palam est .

so hat dieses si tamen zu dem Vorhergehenden gar keinen Bezug. Sehr wahrscheinlich folgte bei Ulpian auf die Worte

> In sequestrem [depositi] actio competit

zunächst die Formel der sequestraria, worin ein bestimmter Ort der Exhibition nicht genannt war; darauf geht dann das si tamen nebst dem folgenden. Der Musterfall aber wäre hienach der der Sequestration zum Zwecke der Sicherung zukünftiger Exhibition gewesen[4]).

Eine Rekonstruktion wäre nach obigem unschwer herzustellen. Wäre gewiss, was ich aus fr. 7 pr. h. t. als wahrscheinlich gefolgert habe — dass

---

Auge gehabt hätten, ist gewiss nicht wahrscheinlich (s. auch das schol. in Bas. XIII 2, 1, Heimb. II p. 25). Wir wissen freilich auch von ihr nur, dass sie in duplum ging.

[1]) Sie muss ganz abweichend von der der directa gedacht werden: dass Rudorffs Rekonstruktion (E. P. § 110) nicht haltbar ist, ist leicht zu sehen.

[2]) A. M. aus ganz ungenügenden Gründen Muther, Sequestration und Arrest (1856) S. 46 fgg.

[3]) Vgl. ferner fr. 9 § 3 de d. m. (4. 3): neque sequestraria Seium conuenire potes nondum impleta condicione depositionis. Fr. 5 § 2 h. t. v. „contra legem depositionis". Fr. 11 § 2 de recept. (4. 8): res depositae eo pacto, ut ei daret qui uicerit. C. 5. 6 h. t.

[4]) Vgl. fr. 11 § 1 i. f. ad exhib. (10. 4), fr. 7 § 2 qui sat. cog. (2. 8), Petron. sat. c. 14. Muther, a. a. O. S. 153. 164 fg.

nämlich in der Formel des dolus des Beklagten Erwähnung geschah —,
so müssten wir sie in factum konzipieren[1]).

Nicht im Album proponiert dürfte die alte Zivilklage ex causa depositi
gewesen sein, von der coll. X 7 § 11 meldet:

> Ex causa depositi lege duodecim tabularum in duplum actio datur[2]),
> edicto praetoris in simplum.

§ 107. *FIDUCIAE UEL CONTRA*[3]).

Ulp. 30[4]), Paul. 31[5]), Gai. 10[6]), Iulian. 13[7]).

Schon Giphanius hat die actio fiduciae neben der actio depositi vermutet, und diese auch durch die Ordnung in des Paulus sententiae (II 12. 13)
bestätigte Vermutung wird durch das massenhafte in n. 4—7 aufgezeigte
Material zur Gewissheit[8]). Zu verwundern ist, dass Rudorff dies übersehen, die actio fiduciae im E. P. § 100 mit der actio pigneraticia zusammen-
schweissen und an Stelle jener einen durchaus unbeglaubigten Titel de
usuris in das Album einschieben konnte.

Die actio fiduciae war bonae fidei — Gai. IV 62 — und existierte als
directa und contraria; von jener handeln[9]) Ulp. 30 in fr. 22 pr.—§ 2, 24 § 1—
ult. de pign. act. (13. 7), von dieser Ulp. 30 in fr. 22 § 3. 4, 24 pr. eod. und
Paul. 31 in fr. 25 eod. vgl. Paul. sent. II 13 § 7.

Von der Formel wissen wir zunächst, dass sie zu Ciceros Zeit die

---

[1]) In ius konzipieren Rudorff, E.P. § 110,
Karlowa, R. G. II S. 606. In factum: Ni-
konoff, Lehre von der Sequestr. (1894)
S. 19 fg.

[2]) Vgl. S. 280 n. 8. Die eigentümliche
Fassung des Edikts in fr. 1 § 1 h. t. erklärt
sich vielleicht aus dem Hinblick auf die
Zivilklage, die immer in duplum ging. Vgl.
auch Pernice, ZRG. XXII S. 229 n. 1.

[3]) Vgl. meine Abh. in ZRG. XVI S. 104 fgg.,
177 fgg., wo die Beziehungen im einzelnen
nachgewiesen sind.

[4]) Fr. 22, 24 de pign. act. (13. 7), fr. 3 de
l. commiss. (18. 3), fr. 45 de R. I. (50. 17).

[5]) Fr. 25 de pign. act. (13. 7), fr. 31 de
A. R. D. (41. 1), fr. 12 de nouat. (46. 2). Fr. 25
cit. ist fälschlich Idem (Ulp.) statt Paul. 31
inskribiert: dem Schreiber schwebte irrig
Paul. als Verfasser von fr. 24 vor. Landucci, arch. giurid. XXVIII p. 412, miss-
billigt diese Verbesserung und schlägt statt
dessen vor, lib. 31 in lib. 30 zu verbessern:
allein dies würde ein zweites Versehen der
Kompilatoren oder Abschreiber voraussetzen; denn, wenn fr. 25, wie fr. 24, aus
Ulp. 30 stammte, so hätte es nach der Regel
gar nicht neu inskribiert werden dürfen.

[6]) Fr. 46 de R. I. (50. 17) ict. fr. 22 § 1 de
pign. act. (13. 7).

eigentümliche Klausel „ut inter bonos bene agier oportet et sine fraudatione" enthielt[1]). Um sie in der Formel unterzubringen, muss man hinzudenken „*s. p.* .... *ita negotium actum non esse*[2]), *ut* rel." Man nahm früher gewöhnlich an, dass die Klausel in späterer Zeit abgekommen und in das Hadrianische Edikt nicht übergegangen sei[3]): wie mir scheint, ohne hinreichenden Grund. Sehr wahrscheinlich dürften vielmehr die auf unsere actio bezüglichen Worte

> non potest uideri bona fide negotium agi

bei Iulian. 13 fr. 10 de in diem add. (18. 2) eine Anspielung auf jene Klausel enthalten.

Ein zweites Stück unserer Formel lässt sich aus Ulp. 30 fr. 24 § 1 de pign. act. (13. 7) erkennen:

> Qui reprobos nummos soluit creditori, an habet *fiduciae*[4]) actionem quasi soluta pecunia, quaeritur . . .

Hienach muss nämlich, ganz wie bei der actio pigneraticia directa, so auch hier das „eamque pecuniam solutam esse" zu den Bedingungen der Kondemnation gehört haben[5]), und es ist anzunehmen, dass daneben wohl auch das „eo nomine satisfactum esse[6]) aut per N^m N^m stetisse quo minus solueretur" nicht gefehlt hat. Von dem „eamque rem redditam non esse" der actio pigneraticia ist uns hier keine Spur erhalten; zur Not war diese Klausel wegen des „ut inter bonos bene agier oportet" zu entbehren; doch stand sie wahrscheinlich ebenfalls in der Formel.

Nach alledem kommen wir zu einer recht umfangreichen und mit einem eigentümlichen Hinweis auf das ius aequum versehenen formula in factum concepta, etwa:

> *S. p. A^m A^m N° N° fundum q. d. a. ob pecuniam debitam fiduciae causa mancipio dedisse*[7]) *eamque pecuniam solutam eoue nomine satisfactum esse aut per N^m N^m stetisse quo minus solueretur eumque fundum redditum non esse negotiumue ita actum non esse, ut inter bonos bene agier oportet et sine fraudatione*[8]), *quanti ea res erit, tantam pecuniam* et rel.*

---

[1]) Cic. top. c. 17 § 66, de off. III 15 § 61, 17 § 70, ad famil. VII 12.

[2]) Vgl. Cic. ad Att. VI 1 § 15.

[3]) S. z. B. Keller, C. P. bei n. 297 v. „in der ältern Zeit", Rudorff, E. P. § 100 n. 9. Anders Savigny, System V S. 490, und die neuern Schriftsteller, diese im Anschluss an meine Ergebnisse.

[4]) D. pigneraticiam.

[5]) Hieher Iulian. 13 fr. 32 de solut. (46. 3).

[6]) Hieher Iulian. 13 fr. 40 de iureiur. (12. 2), Paul. 31 fr. 12 de nouat. (46. 2).

[7]) Oder in iure cessisse: Gai. II 59. Isidor. orig. V 25 § 23.

[8]) Oertmann, die Fiducia (1890) S. 227 fg., Karlowa, R. G. II S. 572, Pernice, Labeo III¹ S. 124, Manigk a. a. O. verweisen die Klausel „ut inter bonos *etc.*" in eine formula in ius concepta, wo sie schwer unterzubringen ist, zumal wenn man in diese, wie ich es tun zu müssen glaube (s. S. 284), auch die Worte ex fide bona setzt, die sich in ihrer Tragweite mit jener Klausel decken. Karlowas Argument, bei meiner Annahme hätte es wegen des „actum non esse" nachher heissen müssen: oportuit (nicht oportet), ist jedenfalls so unzutreffend wie möglich. Das „ut oportet" bezeichnet einen für alle Zeit feststehenden abstrakten Massstab. Jacquelin, de la fiducie (1891) p. 151 setzt die Klausel in beide Formeln, die in ius wie die in factum konzipierte.

Auf die fiducia cum amico contracta[1]) war diese Formel mit einer leichten
Veränderung ebenfalls anwendbar: hier musste man nur die Worte eamque pecuniam bis solueretur weglassen. Gleichwohl wird man wahrscheinlich für beide Arten der fiducia noch eine zweite in ius konzipierte
Formel und zwar wohl nach dem gewöhnlichen Schema der bonae fidei
actiones[2])

> Quod A[s] A[s] (N[s] N[s])   mancipio dedit, quidquid *et rel.*
> anzunehmen haben[3]).

Noch ist schliesslich eines eigentümlichen Anhängsels Erwähnung zu
tun, das die actio directa aus der fiducia cum seruo contracta erhielt.
Cicero — de off. III 17 § 70 — führt direkt neben dem „ut inter bonos
bene agier oportet" unserer Formel die Klausel an „uti ne propter te
fidemue tuam captus fraudatusue sim", freilich ohne uns über ihren Zusammenhang nähere Auskunft zu geben, ja ohne auch nur ausdrücklich
zu sagen, dass sie in Beziehung zur fiducia stehe. Diese Beziehung ist
gleichwohl, wie sich ergeben wird, sicher, und das ist auch die herrschende
Meinung.   Aber unrichtig ist es, wenn die herrschende Meinung[4]) darin
eine Art formeller doli clausula bei der mancipatio fiduciae causa erblickt.
Aller Wahrscheinlichkeit nach gehörten die Worte vielmehr in eine Spruch-
formel des alten Prozesses[5]); denn aus den Digesten wissen wir mit Bestimmtheit, dass sie in entsprechend veränderter Form ein ständiges Stück
der Formel bildeten, wenn aus der mit einem Gewaltunterworfenen abgeschlossenen fiducia wider dessen Gewalthaber geklagt wurde: hier wurden der Formel die Worte angehängt „et si quid dolo malo N[i] N[i] captus
fraudatusque actor est". Vgl. Ulp. fr. 36 de peculio (15. 1):

> . quod in seruo, cui res *fiduciae* data est, expressum est, hoc
> et in ceteris bonae fidei iudiciis accipiendum esse Pomponius
> scripsit . namque si seruo res *fiduciae* data sit, non solum de
> peculio et in rem uerso competit actio, uerum hanc quoque habet

---

[1]) Gai. II 60, Boeth. ad Cic. top. c. 10 § 42.
Beispiel einer solchen bei Iulian. 13 fr. 30
mand. (17. 1).

[2]) Ganz unhaltbare Fassung bei Rudorff,
E. P. § 100. Vgl. Lenel, a. a. O. S. 112.

[3]) Vgl. Cic. de off. III 17 § 70: fidei bonae
nomen manare latissime idque uersari in
    fiduciis . . . ., Gai. IV 62. Wie Manigk
a. a. O. aus Gai. IV 33, wo die actio fiduciae
in einer Reihe mit der actio commodati
und negotiorum gestorum aufgeführt wird,
schliessen kann, dass die actio fiduciae
eine auf dare oportere gerichtete intentio
certa besessen habe, ist mir nicht verständlich.

[4]) Rudorff, Zschr. f. gesch. R.W. XIII
S.183, Huschke, ebendaselbst XIV S. 246,
Dernburg, Pfandrecht I S. 8 u. A. m. Vgl.
auch Degenkolb, ZRG. IX S. 175 fg.

adiectionem „et si quid dolo malo domini captus fraudatusque actor est".

In den Digesten steht, wo ich hier *fiduciae* lese, statt dessen: pignori. Die Interpolation erhellt aber zur Evidenz aus der Vergleichung mit fr. 3 § 5 commod. (13. 6):

> Sed non tantum ex causa doli earum personarum pater uel dominus condemnetur, sed et ipsius quoque domini uel patris fraus dumtaxat uenit, ut Iulianus libro undecimo circa pigneraticiam actionem distinguit.

In lib. 11 dig. handelt Julian ex professo von der actio pigneraticia (s. § 99): in fr. 3 § 5 cit. ist also die actio pigneraticia nicht interpoliert, und wir ersehen daraus, dass die Formel der letztern jenen Zusatz nicht gehabt haben kann, dass vielmehr die Berücksichtigung des dolus domini in sie, wie in die übrigen bonae fidei iudicia[1]), erst im Wege der Interpretation von den Juristen hineingetragen wurde[2]).

Fragt man nun, wie gerade die actio fiduciae zu jenem Zusatz kam, so liegt die Antwort sehr nahe. Wer einem Sklaven eine Sache lieh, verpfändete, sie bei ihm deponierte u. s. w., der war gegen dolus des Herrn, auch wo die actio de peculio nicht zustand oder nicht ausreichte und überhaupt schon ehe es eine actio de peculio gab, genügend geschützt durch rei uindicatio, actio ad exhibendum, actio furti u. s. w. Wer dagegen einem Sklaven eine Sache fiduciae causa manzipiert und so dessen Herrn zum Eigentümer derselben gemacht hatte, der hätte, ohne ausserordentliche Hilfe, gegen dolus des dominus Schutz erst in der Zeit erhalten können, wo die adjektizischen Klagen nicht bloss existierten, sondern bereits zum Gegenstand einer sehr freien Interpretation gemacht wurden[3]). Nun kann es einerseits kaum einem Zweifel unterliegen, dass die so altertümlich gefasste actio fiduciae älter ist als die sämtlichen adjektizischen Klagen, und andererseits ist es nicht glaublich, dass der so wichtige Fall der fiducia cum seruo contracta nicht schon von Anfang an Berücksichtigung gefunden haben sollte: der Umstand, dass der Herr das Eigentum der fiducia erhielt, machte eine solche Berücksichtigung, nachdem einmal die fiducia überhaupt klagbar geworden war, zur praktischen Notwendigkeit.

---

[1]) Vgl. ausser fr. 3 § 5 cit. und fr. 36 cit. noch: fr. 1 § 42 depos. (16. 3), fr. 5 pr. de pec. (15. 1).

[2]) Ausser bei der actio fiduciae darf nirgends an einen ausdrücklichen Zusatz gedacht werden, auch nicht an einen solchen, der etwa auf Antrag vom Prätor beigefügt wurde. Man beachte nur in fr. 36 de pec. den Gegensatz zwischen dem „quod in seruo, cui res fiduciae data est, ex pressum est" und dem „hoc in ceteris b. f. iudiciis accipiendum esse", wobei doch nur an ein tacite accipiendum esse gedacht werden kann. Hierauf führt auch schon, was

Ulpian in fr. 36 cit. kurz vorher selbst sagt: ego autem arbitror non solum de peculio, sed et si quid praeterea dolo malo patris capta fraudataque est mulier, competere actionem: nam si habeat res nec restituere sit paratus, aequum est eum quanti ea res est condemnari. Irrig sind daher die Rekonstruktionen bei Keller, Jahrbb. d. gem. Rts. III S. 194 (Ziff. 4ª), und Rudorff, E.P. § 105 p. 114.

[3]) Nur in einer ganz speziellen Beziehung nahm die Formel der actio de peculio (von jeher?) auf den dolus des dominus Rücksicht. Vgl. S. 268. 274.

Nichts ist daher natürlicher, als dass hier schon in sehr alter Zeit eine auf
den Geschäftsabschluss mit dem Sklaven und auf den Treubruch des
dominus gestützte Formel entstand[1]), deren auszeichnender Zusatz vom
Prätor später dann auch in die solchenfalls zuständige adjektizische Klage
eingerückt wurde[2]).

§ 108.   MANDATI UEL CONTRA[3]).

Ulp. 31[4]), Paul. 32[5]), Gai. 10[6]), Iulian. 14[7]).

Formula:

> *Quod A⁵ A⁵ N⁰ N⁰ (contraria: N⁵ N⁵ A⁰ A⁰) mandauit, ut . . . . . .,*
> *quidquid ob eam rem Nᵐ Nᵐ A⁰ A⁰ (alterum alteri) dare facere[8])*
> *oportet ex fide bona[9]), eius, iudex, Nᵐ Nᵐ A⁰ A⁰ (alterum alteri)*
> *c.[10]) s. n. p. a.*

Die obige Formel darf wohl in allem Wesentlichen als sicher bezeugt gelten.
Ulpian scheint zunächst die actio directa erörtert zu haben, und zwar das
„quis teneatur" (demonstratio) in fr. 6, 8 pr.—§ 5, das „quid ueniat" (intentio) in fr. 8 § 6—ult., fr. 10 pr.—§ 10 h. t.; doch sind die Abschnitte
nicht ganz sicher festzustellen. Bei fr. 10 § 11 beginnt die Behandlung
der contraria.

Rudorff konstruiert neben der direkten Klagformel noch eine besondere fiktizische zum Gebrauch der filii familias. In der Tat ist für diesen
Zweck eine utilis actio in den Quellen erwähnt — fr. 18 § 1 de iudic. (5. 1),
fr. 47 (46) i. f. de hered. instit. (28. 5) —, wie auch eine contraria in factum
actio — fr. 12 § 6 h. t. Im Album war aber weder diese noch jene pro-

---

[1]) Nach dem Schema: quod A⁵ A⁵ Sticho
seruo . . . . mancipio dedit, si quid ob eam
rem dolo malo Nⁱ Nⁱ A⁵ A⁵ captus fraudatusque est. Die genaue Fassung bleibt natürlich dahingestellt.

[2]) Man scheint hier — nach fr. 36 i. f. de
pecul. — den Zusatz an die condemnatio angeschlossen zu haben, als eine Erweiterung
der Klauseln de peculio und de in rem uerso.
So auch Stephan. in Bas. XVIII 5, 36 (sch. 140
suppl. Basil. ed. Zach. p. 223).

[3]) D. (17. 1), C. (4. 35), I. (3. 26).

[4]) Fr. 6, 8, 10, 12, 14, 16 h. t., fr. 15 de R.C.
(12. 1), fr. 19 de P. V. (19. 5), fr. 2 de proxen.
(50. 14), fr. 47 pr. de R. I. (50. 17). Fr. 47
cit. ist falsch Ulp. 30 inskribiert, s. S. 287 n. 5.

[5]) Fr. 1, 3, 5, 9, 22, 26 h. t., fr. 41 (42) de
N. G. (3. 5), fr. 9 de d. m. exc. (44. 4) cf.
fr. 8 § 1 h. t., fr. 28 de cond. indeb. (12. 6)
cf. fr. 29 § 4 sq. h. t.

[6]) Fr. 13, 27 h. t. Die letztere Stelle ist
Gai. 9 inskribiert. Die Vergleichung mit
fr. 13 h. t. lässt um so eher ein Versehen
vermuten, als es nach Gai. 10 fr. 46 de R. I.

poniert, wie aus der Darstellungsweise der Juristen selbst hervorgeht[1]),
und über ihre Fassung sind wir nicht unterrichtet.

Wahrscheinlich ist mir dagegen allerdings eine speziell auf den Rückgriff der Bürgen berechnete formula in factum concepta der actio contraria[2]). Es ist nämlich überaus auffallend, dass Ulpian nach Erledigung
der directa actio zunächst speziell vom Rückgriff der fideiussores und
mandatores handelt (fr. 10 § 11—ult., fr. 12 pr.—§ 6 h. t.) und dann in fr. 12
§ 7 h. t. so, als ob bisher gar nicht vom contrarium iudicium die Rede
gewesen wäre, fortfährt:

> Contrario iudicio experiuntur qui mandatum susceperunt, ut puta
> qui rerum vel rei unius procurationem susceperunt.

Und nicht minder ist es auffallend, dass zweimal — in fr. 26 § 2 und fr. 47
pr. h. t. — gerade im Hinblick auf den Rückgriff der Bürgen der Begriff
„pecuniam abesse“ als der für die Zuständigkeit der contraria actio massgebende behandelt wird[3]). Auf diese besondere Regressklage weist wohl
auch fr. 6 § 5 de his q. not. (3. 2) hin.

§ 109. PRO SOCIO[4]).

Ulp. 31[5]), Paul. 32[6]), Gai. 10[7]), Iulian. 14[8]).

Das Album dürfte enthalten haben:

1. Die Formel der actio pro socio, die etwa so gelautet haben mag:

> *Quod A^s A^s cum N^o N^o societatem omnium bonorum*[9]) *coiit*[10]),
> *quidquid ob eam rem N^m N^m A^o A^o (alterum alteri)*[11]) *dare facere*
> *(praestare?)*[12]) *oportet ex fide bona*[13]), *dumtaxat quod N^s N^s facere*
> *potest, eius, iudex, N^m N^m A^o A^o c. s. n. p. a.*

---

[1]) Fr. 18 § 1 cit. „ego semper probaui“,
vgl. auch fr. 47 (46) cit. i. f.

[2]) Auch für die actio directa nimmt eine
form. i. f. conc. an Girard, manuel (4. éd.)
p. 580 n. 5.

[3]) Fr. 26 § 2 h. t.: abesse intellegitur
pecunia etc. Fr. 47 pr. h. t.: agere eum
posse, quia intellegitur abesse ei pecunia etc.

[4]) D. (17. 2), C. (4. 37), I. (3. 25).

[5]) Fr. 5, 20, 24, 26, 33, 44, 49, 52, 58, 61, 63
h. t., fr. 6 de tut. et rat. (27. 3) cf. fr. 58 § 2
h. t., fr. 47 § 1 de R. I. (50. 17) cf. fr. 20 h. t.
Die letzte Stelle ist falsch Ulp. 30 inskribiert.

[6]) Fr. 1, 3, 13, 65, 67, 70 h. t., fr. 16 de R. C.
(12. 1), fr. 9, 11 de compens. (16. 2), fr. 7 locati
(19. 2). Fr. 70 h. t. ist falsch Paul. 33, fr. 11
de compens. falsch Idem (Ulp.) 32 inskribiert.
Zweifelhaft ist mir die Inskription von fr. 7
locati (analoge Heranziehung des Rechts der
Miete? Ulp. 32?).

[7]) Fr. 2, 22, 34, 66, 68 h. t.

[8]) cit. fr. 58 § 2, 63 § 1 h. t.

[9]) Dies war der Musterfall: fr. 63 pr. h. t.

v.: etiamsi non uniuersorum bonorum socii
sunt, sed unius rei. Darum steht auch die
societas omnium bonorum in den Kommentaren voran — Paul. 32 fr. 1 § 1, fr. 3 pr. § 1
h. t., Ulp. 31 fr. 5 pr. h. t., s. auch Gai. III 148.
Vgl. hieher Trumpler, z. Gesch. d. röm.
Gesellschaftsformen (1906) S. 1 fgg.

[10]) Coire, nicht contrahere (Rudorff, E.P.
§ 113) ist der regelmässige Ausdruck: s. z. B.
fr. 1 pr., fr. 3 § 1—3, fr. 4 pr., fr. 5 § 1,
fr. 6, 7 h. t.

[11]) Die in der 1. Aufl. hier eingeschobenen
Worte pro socio sind als Bestandteil der
Formel nicht bezeugt und ganz überflüssig.
Wahrscheinlich sind sie lediglich die Rubrik,
unter der die Formel „für den Sozius“ pro-
poniert war. So mit Recht Karlowa, R.G. II
S. 660 fg.

[12]) Statt d. f. p. hat Rudorff, unter Zustimmung von Bekker (Aktionen I S. 143),
— auf Grund von Cic. pro Roscio com. c. 4
§ 12 — dare facere repromittere. Allein
die bei Cicero l. c. angeführte Formel ist
nicht die Formel des arbitrium pro socio,

Ulpians Kommentar zerfällt auch hier wieder in die gewöhnlichen Stücke: quis teneatur (demonstratio) fr. 5, 52 pr., quid ueniat (intentio) fr. 52 § 1 —ult., fr. 61 h. t.   Darauf folgt die Erläuterung zu „quod facere potest" in fr. 63 pr.—§ 7 h. t.[1]).   Von den einzeln verzettelten Fragmenten gehören fr. 20, 33, 44 wohl zur demonstratio, fr. 24, 26, 49 zur intentio.

2. Die Formel der actio in heredem socii[2]), fr. 35 h. t.:

in heredem .... socii proponitur actio, ut bonam fidem praestet.

Kommentiert ist dieselbe bei Ulp. 31 in fr. 63 § 8. 9 h. t.   Der Beklagte wird hier als Erbe des socius bezeichnet gewesen sein.

3. Das Edikt über das gegenseitige beneficium competentiae der socii, wovon Pompon. fr. 22 § 1 de re iud. (42. 1) berichtet:

Quod autem de sociis dictum[3]) est, ut et hi in quantum facere possint condemnentur, causa cognita se facturum praetor edicit.

Nach fr. 63 pr. h. t. hat es den Anschein, als ob das Edikt auch den Fall „quod dolo malo fecerint, quo minus possint" vorgesehen hätte.   Fr. 63 § 7 (hoc quoque facere quis posse uidetur, quod dolo fecit *rel.*) spricht aber gegen diese Annahme.   Wiewohl der Prätor die Beschränkung nur causa cognita in die Formel einzufügen verspricht, werden wir uns die Klausel doch als Bestandteil der proponierten Musterformel denken dürfen[4]); im Kommentar Ulpians ist sie, wie oben gezeigt, unmittelbar hinter demonstratio und intentio erläutert.   Diese Annahme wirft auch Licht auf eine neuerdings mehrfach erörterte Streitfrage.   Pernice[5]) und Ferrini[6]) nehmen an, das Edikt habe sich nur auf die socii uniuersorum bonorum bezogen.   Das ist m. E. unvereinbar mit fr. 63 pr. h. t.[7]):

Uerum est quod Sabino uidetur, etiamsi non uniuersorum bonorum socii sunt, sed unius rei, attamen in id quod facere possunt .... condemnari oportere.

Hätten jene Schriftsteller Recht, so würde die Fassung des Edikts für alle andern Fälle der Sozietät ein so starkes Argument e contrario ergeben haben, dass Sabinus und Ulpian sich nicht so ohne jedes Bedenken über

---

das vielmehr zu den arbitria in quibus additur ex fide bona gehörte — Cic. de off. III 17 § 70 —; über ihre wirkliche Bedeutung vgl. Baron, ZRG. XIV S. 120 fg.   Die römische Jurisprudenz bringt alle möglichen Leistungen unter die drei Begriffe dare facere praestare, fr. 3 pr. de O. et A. (44. 7).   Für unsere Formel vgl. etwa: fr. 71 pr., fr. 52 § 2, 58 § 2, 62 h. t.   Eher gegen, als für repromittere spricht fr. 38 pr. h. t. (officium iudicis!).

[1][3]) Gai. IV 62, fr. 35, 38, 45, 52 § 1, 78, 79 h. t.

[1]) S. auch Paul. 32 fr. 67 i. f., Gai. 10 fr. 68 § 1 h. t.

[2]) Vielleicht auch für den Erben: fr. 63 § 9 h. t.

[3]) edictum (Rudorff)?

[4]) Anders ohne zureichenden Grund éd. perp. II p. 13.

[5]) Sitzungsberichte der Berliner Akademie 1886, S. 1195 n. 4.

[6]) Arch. giurid. XXXVIII p. 18.

[7]) Ebenso wäre es unvereinbar mit fr. 16 de re iud. (42. 1): „socium autem omnium bonorum accipiendum est", wenn nicht die unlateinische Form den Gedanken nahe legte, dass wir hier ein blosses Glossem vor uns haben.   Zu halten wäre der Satz nur, wenn man „socium" als kommentiertes Ediktwort in Anführungszeichen setzte, — so Karlowa, II S. 652.   Allein Ulpian kommentiert l. c. nicht unser Edikt.

den Wortlaut hinwegsetzen können.   Wenn dagegen, wie wir annehmen, die Formel auf den Fall der societas omnium bonorum abgestellt war, und der Prätor in seinem Edikt erklärte, er werde causa cognita in die für den socius bestimmte Formel die Worte „quod facere potest" einrücken, so konnte allerdings der Zweifel auftauchen, ob dies Edikt sich nur auf den Fall der Musterformel beziehe oder allgemeine Bedeutung habe, ein Zweifel, den Ulpian im Anschluss an Sabinus erledigt.

§ 110 (111).   EMPTI UENDITI[1]).

Ulp. 32[2]), Paul. 33[3]), Gai. 10[4]), Iulian. 15[5]).
Formulae.
Ex empto:
    QUOD A⁹ A⁹ DE N⁰ N⁰ HOMINEM Q. D. A. EMIT[6]), Q. D. R. A., QUIDQUID OB EAM REM Nᵐ Nᵐ A⁰ A⁰ DARE FACERE OPORTET[7]) EX FIDE BONA[8]), EIUS[9]), IUDEX, Nᵐ Nᵐ A⁰ A⁰ C. S. N. P. A.
Ex uendito:
    QUOD A⁹ A⁹ N⁰ N⁰ HOMINEM Q. D. A. UENDIDIT[10]), Q. D. R. A., QUIDQUID OB EAM REM Nᵐ Nᵐ A⁰ A⁰ DARE FACERE OPORTET[11]) EX FIDE BONA[12]), EIUS, IUDEX, Nᵐ Nᵐ A⁰ A⁰ C. S. N. P. A.

Ulpian bespricht die actio empti in fr. 11, fr. 13 pr.—§ 18 h. t. (Nachträge: fr. 13 § 31, fr. 15, 17 h. t.), die actio uenditi in fr. 13 § 19—30 h. t. Erörterungen de contrahenda emptione fehlen in den erhaltenen Fragmenten Ulpians; sie finden sich bei Paul. 33 fr. 1, 17, 34 de C. E. (18. 1) und bei Gai. 10 fr. 35 eod.

---

[1]) D. (19. 1), C. (4. 49), I. (3. 23).

[2]) Fr. 11, 13, 15, 17 h. t., fr. 69 pro socio (17. 2), fr. 30 de C. E. (18. 1), fr. 16 de in diem add. (18. 2), fr. 4 de lege comm. (18. 3), fr. 4, 11 de H. u. A. V. (18. 4), fr. 1 de seru. export. (18. 7), fr. 20 de P. V. (19. 5), fr. 4, 37 de euict. (21. 2), fr. 187 de V. S. (50. 16) — stipulationes emptae et uend. hered.

[3]) Fr. 21 h. t., fr. 1, 17, 34 de C. E. (18. 1), fr. 8 de in diem add. (18. 2), fr. 5, 9, 14, 16 de H. u. A. V. (18. 4), fr. 3 de rescind. uend. (18. 5), fr. 8 de peric. et comm. (18. 6), fr. 5 de euict. (21. 2), fr. 188 de V. S. (50. 16), endlich fr. 1 de rer. perm. (19. 4) — mit fr. 1 § 1 de C. E. (18. 1) zu verbinden — und fr. 71 ad l. Falc. (35. 2), beide fälschlich Paul. 32 inskribiert.

[4]) Fr. 35 de C. E. (18. 1), fr. 12, 15 de H. u. A. V. (18. 4), fr. 9 de peric. et comm. (18. 6), fr. 6 de euict. (21. 2), fr. 49 de furtis (47. 2).

[5]) Fr. 24 h. t., fr. 39 de C. E. (18. 1), fr. 17

de in diem add. (18. 2), fr. 18 de H. u. A. V. (18. 4), fr. 5 de rescind. uend. (18. 5), fr. 8 de euict. (21. 2), fr. 5 de tritico (33. 6) cf. fr. 39 § 1 de C. E.; cit. fr. 4 § 1. 2, fr. 11 pr. de in diem add. (18. 2), fr. 11 § 13. 18, fr. 13 pr. de A. E. V. (19. 1), fr. 32 § 1 de euict. (21. 2). Fr. 12 de legib. (1. 3)?

[6]) Gai. IV 59. Utilis — quod in solutum accepit —: fr. 24 pr. de pign. act. (13. 7), c. 4 de euict. (8. 44). Mit folgender Fiktion „si emisset"?

[7]) Gai. IV 131ᵃ.

[8]) Cic. de off. III 16 § 66; Val. Max. VIII 2, 1; Gai. IV 62; fr. 11 § 1. 18 h. t., fr. 3 de rescind. uend. (18. 5).

[9]) Taxatio? c. 4 h. t. S. darüber oben S. 149 n. 3.

[10]) Gai. IV 40.

[11]) Vgl. fr. 27 de nouat. (46. 2).

[12]) Vgl. n. 8; dazu noch: fr. 49 § 1 h. t. ict. fr. 54 pr. de locat. (19. 2).

§ 111 (112).   LOCATI CONDUCTI[1]).

Ulp. 32[2]), Paul. 34[3]), Gai. 10[4]), Pomp. 63[5]), Iulian. 15[6]).
Formulae.

Ex locato:

Quod A[s] A[s] N° N° fundum (opus faciendum, operas) q. d. a. loca-
uit, q. d. r. a., quidquid ob eam rem N[m] N[m] A° A° dare FACERE
OPORTET[7]) EX FIDE BONA[8]), *eius, iudex, N[m] N[m] A° A° c. s. n. p. a.*

Ex conducto:

Quod A[s] A[s] de N° N° fundum (opus faciendum, operas) q. d. a.
conduxit, q. d. r. a., quidquid ob eam rem N[m] N[m] A° A° dare FACERE
OPORTET EX FIDE BONA[9]), *eius, iudex, N[m] N[m] A° A° c. s. n. p. a.*

Aus dem Kommentar Ulpians werden der actio locati zuzuweisen sein:
fr. 9, 11, 13 h. t. (die übergreifenden Erörterungen in fr. 9 pr. § 1 sind wohl
nur gelegentlich angeknüpft); der actio conducti: fr. 15, 17, 19 pr.—§ 8 h. t.;
fr. 19 § 9.10 sind ein Anhang. Erörterungen de contrahenda locatione fehlen,
wofern nicht fr. 23 comm. diu. (10. 3) und fr. 9 pr. § 1 h. t. hieher zu rechnen
sind; sie finden sich bei Paul. 34 fr. 1, 20, 22 h. t., bei Gai. 10 fr. 25 pr. h. t.

Die in fr. 31 h. t. — Alfen. lib. V dig. a Paulo epitomat. — erwähnte
actio oneris auersi, die Rudorff (E. P. § 118), allerdings mit einem Frage-
zeichen, unter die Rubrik locati conducti setzt, war eine Deliktsklage[10])
und stand schwerlich jemals an dieser Stelle; aller Wahrscheinlichkeit nach
aber ist sie, die schon dem Alfenus Varus überflüssig erschien (ideo se im-
probare actiones oneris auersi), in das edictum perpetuum überhaupt nicht
übergegangen.

§ 112 (110).   *DE AESTIMATO*[11]).

Ulp. 32[12]), Paul. 34[13]).

Ulp. 32 fr. 1 pr. h. t.:

Actio de aestimato proponitur[14]) tollendae dubitationis gratia: fuit
enim magis dubitatum, cum res aestimata uendenda datur, utrum

---

[1]) D. (19. 2), C. (4. 65), I. (3. 24).
[2]) Fr. 9, 11, 13, 15, 17, 19 h. t., fr. 23
comm. diu. (10. 3), fr. 2 de cond. s. c. (12. 7).
Zu Ulp. 32 gehört vielleicht auch das wahrscheinlich falsch — Paul. 32 — inskribierte
fr. 7 h. t.
[3]) Fr. 1, 20, 22, 24 h. t., fr. 2 de l. Rhodia
(14. 2), fr. 189 de V. S. (50. 16).
[4]) Fr. 6, 25, 34 h. t., fr. 22 de P. V. (19. 5).
[5]) cit. fr. 11 pr. h. t.
[6]) Fr. 16, 18 h. t., cit. fr. 9 § 2, 15 § 9 h. t.
[7]) Paul. 34 fr. 189 de V. S. (50. 16):
„facere oportere" et hanc significatio-
nem habet . . . .
[8]) Cic. de off. III 17 § 70; Gai. IV 62;
fr. 54 pr. h. t., c. 17 h. t.
[9]) Cf. n. 8.

[10]) S. Glück, Erläut. der Pand. XVII,
S. 426 fgg. und die daselbst angef.
[11]) In der 1. Aufl. steht dieser § vor den
Rubriken Empti uenditi und Locati conducti; ich hielt damals irrig die Inskription
Paul. 32 vor fr. 1 de rer. permut. (19. 4) für
richtig, glaubte daher, dies Fragment zu
unserer Rubrik ziehen zu müssen, und bestimmte danach ihren Ort. Jene Inskription
ist aber zweifellos falsch, da fr. 1 cit. augenscheinlich die unmittelbare Fortsetzung von
Paul. 33 fr. 1 § 1 de C. E. enthält; fr. 1 cit.
gehört unter die Rubrik Empti uenditi.
[12]) Fr. 1 h. t.
[13]) Fr. 2 h. t., fälschlich Paul. 30 inskrib.
[14]) Vgl. § 28 I. de act. (4. 6): praescriptis
uerbis, quae de aestimato proponitur.

ex uendito sit actio propter aestimationem, an ex locato . . . . an ex conducto . an mandati. melius itaque uisum est hanc actionem proponi: quotiens enim de nomine contractus alicuius ambigeretur, conueniret tamen aliquam actionem dari, dandam aestimatoriam praescriptis uerbis actionem: est enim negotium ciuile gestum et quidem bona fide. quare omnia et hic locum habent quae in bonae fidei iudiciis diximus.

Die Stelle, soweit sie echt ist, handelt ausschliesslich von der actio de aestimato. Der Passus „quotiens enim" bis „bona fide" ist zweifellos interpoliert; er ist in mehr als einer Beziehung anstössig[1]), vor allem deshalb, weil Ulpian doch unmöglich gesagt haben kann, dass in allen Zweifelsfällen die aestimatoria actio stattfinde. Gleichwohl ist die interpolierte Bemerkung und der Ort, wo sie steht, m. E. historisch bedeutsam. Sie lässt, glaube ich, erkennen, dass die allgemeine Theorie der actio praescriptis uerbis an die proponierte actio de aestimato anknüpfte. Hier hatte der Prätor ein Beispiel gegeben für die formale Behandlung von Kontrakten, die sich unter die üblichen Vertragskategorien nicht unterbringen liessen; es war nicht unnatürlich, wenn die Juristen die proponierte Formel als eine Art Paradigma für ein allgemeineres Prinzip zu betrachten anfingen. Denn eine andere actio praescriptis uerbis war im Edikt nicht proponiert[2]). Insbesondere keine Tauschklage[3]); dies erhellt klar aus fr. 1 § 1 de rer. permut. (19. 4):

    ... si ea res, quam acceperim uel dederim, postea evincatur, in factum dandam actionem respondetur.

Auch wäre der von Gai. III 141 und Paul. 33 fr. 1 § 1 de C. E. (18. 1) erwähnte Schulenstreit, ob der Tausch unter den Begriff emptio uenditio falle, von Gaius sicher nicht mehr als brennender behandelt worden, wenn ihn das edictum perpetuum durch Gewährung einer besondern Formel erledigt hätte, und auch Paulus würde sich solchenfalls schwerlich mit einem „uerior est Neruae et Proculi sententia" begnügt haben. Noch viel weniger darf angenommen werden, dass im Edikt ein Formular für die generelle actio praescriptis uerbis proponiert war. Als Beispiel und Anhaltspunkt genügte die actio aestimatoria; eine schematisch-theoretische Formel aber, wie sie Rudorff (E. P. § 116) aufstellt

    Quod A^s A^s N^o N^o illud dedit, ut N^s N^s illud daret faceret,

ist an sich unglaublich[4]) und wird schon dadurch widerlegt, dass weder die klassischen Juristen noch auch die Kompilatoren irgendwo, auch wo der stärkste Anlass dazu war[5]), die Existenz einer solchen Formel erwähnen.

---

[1]) Vgl. auch Ihering, Jahrb. f. Dogm. XV S. 384 fg., Karlowa, das Rechtsgeschäft S. 250 fg., Gradenwitz, Interpolat. S. 109.

[2]) A. M. Rudorff, E. P. § 115. 116.

[3]) Vgl. auch Wlassak, Edict und Klageform S. 105, der aber noch zweifelt.

[4]) Vgl. auch Karlowa, d. Rechtsgeschäft S. 254, und Bekker, Aktionen S. 149 n. 28.

[5]) Namentlich hätte Paulus in den echten Teilen von fr. 5 de P. V. alle Ursache gehabt, an die schematische Formel, wenn sie existierte, anzuknüpfen. Vgl. ferner § 28

Nimmt man an, dass die actio de aestimato das Vorbild der allgemeinen actio praescriptis uerbis gewesen sei, so sind wir berechtigt,
das, was wir über die Formel der letztern wissen, auch für die Rekonstruktion der actio aestimatoria zu verwerten, und umgekehrt. Es ist dies
folgendes. Die actio p. u. wird von den Klassikern häufig, ja in der Regel,
als incerti ciuilis actio bezeichnet[1]), — das beweist eine intentio in ius concepta: quidquid d. f. o. Wir haben ferner keinen Grund, dem Zeugnis der
Institutionen in § 28 de action. (4. 6), dass die actio aestimatoria und die
Tauschklage bonae fidei gewesen, zu misstrauen[2]). Die „praescripta uerba“
deuten darauf, dass das der Klage zu Grunde liegende Geschäft, weil eines
technischen Namens entbehrend, im Eingang der Formel beschrieben werden
musste. Die Annahme, dass dies in Form einer praescriptio geschah, wird
m. E. durch den Namen nicht gerechtfertigt[3]). Ich wüsste nicht, warum
der Prätor hier grundsätzlich von der üblichen Form der demonstratio ab-
gegangen sein sollte[4]). Die demonstratio

Quod A[s] A[s] N[o] N[o] mensam argenteam aestimatam uendendam
dedit, q. d. r. a.

ist gewiss nicht schwerfälliger als manche andere. So kommen wir zu
einer Formel, die denen der andern b. f. iudicia entspricht, und dies Ergebnis wird in den Hauptpunkten bestätigt durch das schol. 1 (Stephanus?)
in Basil. XI 1, 7 (Heimb. I p. 560), auf das zuerst Alibrandi[5]) und dann
wieder Ferrini[6]) aufmerksam gemacht haben, wo es von der praescriptis
uerbis actio heisst:

ἥτις διηγεῖται μὲν ὡς ἐν δεμονστρατίωνι τὸ πρᾶγμα, μετέρχεται δὲ εἰς
ἰντεντίωνα ἰγκέρταν, καὶ καταλύει λοιπὸν εἰς τὸ κοινὸν τέλος, τουτέστι
τὴν συνήθη κονδεμνατίωνα.

---

1. de act. (4. 6), wo die a° p. v., quae de
aestimato proponitur, aufgeführt wird
neben derjenigen, quae ex permutatione
competit.
   [1]) Vgl. z. B. fr. 7 § 2 de pact. (2. 14), fr. 23
comm. diu. (10. 3), fr. 1 § 1. 2, fr. 5 § 1, fr. 8,
15, 16 pr. de P. V. (19. 5), c. 33 [34] de
transact. (2. 4), c. 6 de rer. permut. (4. 64),
c. un. § 13 de rei ux. act. (5. 13), c. 9, 22 de
donat. (8. 53 [54]). Dass neben obiger Bezeichnung aber doch auch die als „actio
praescriptis uerbis“ schon der klassischen
Zeit bekannt war, hat — gegen Gradenwitz, Interpolat. S. 123 fgg., dem ich ZRG.
XXII S. 181 beigetreten war — Naber,
Mnemos. N. S. XXII S. 70 fgg., dargetan.

Die Bezeichnung „in factum ciuilis actio“
dürfte dagegen überall, wo sie vorkommt —
es sind dies nur wenige Stellen — interpoliert
sein, vgl. v. Pokrowsky, ZRG. XXIX
S. 80 fgg.
   [2]) A. M. Naber, a. a. O. S. 79. Auf das
interpolierte „p. u. actione, quae ex bona
fide oritur“ in fr. 2 § 2 de prec. (43. 26) wird
allerdings kein Gewicht zu legen sein.
   [3]) So auch Rudorff, R. G. II S. 50 n. 5,
E. P. § 114. A. M. Kniep, Praescriptio und
Pactum (1891) S. 69 fg.
   [4]) Vgl. c. 6 de transact. (2. 4): actio quae
praescriptis uerbis rem gestam demonstrat.
   [5]) Opere I p. 59.
   [6]) Pell' VIII centen. di Bologna p. 88.

Tit. XX.
DE RE UXORIA[1]).

Ulp. 33. 34, Paul. 35[2])—37, Gai. 11[3]), Iulian. 16[4])—18.

Der Titel de re uxoria enthielt folgende Stücke:

1. Soluto matrimonio dos quemadmodum petatur (Formel der actio rei uxoriae).
2. Edictum de alterutro.
3. De rebus amotis.
4. De moribus.

Die Ordnung dieser Stücke im Album ist sehr zweifelhaft. Vom edictum de alterutro und vom iudicium de moribus haben wir nur höchst unsichere Spuren. Das Edikt über die Eideszuschiebung de rebus amotis wird von Ulpian an einer andern Stelle des Kommentars erörtert als von Paulus: von jenem nämlich anscheinend gelegentlich der retentio propter res amotas, von diesem erst gelegentlich der actio rerum amotarum. Ich halte es unter diesen Umständen für verlorene Mühe, Hypothesen über die schliesslich ja nicht sehr wichtige ursprüngliche Anordnung auf-zustellen.

Von der öfter erwähnten missio dotis seruandae causa[5]) finde ich in den Kommentaren zu unserm Titel keine Spur. Es muss dahingestellt bleiben, ob sie hier oder unter dem Titel (XXXVIII) quibus ex causis in possessionem eatur verheissen war. Jedenfalls bezog sie sich auf die bona mariti und war bestimmt den Restitutionsanspruch der Frau zu sichern[6]).

Vergebens wird man ebenso in den zu unserm Titel erhaltenen Kommentarfragmenten nach einer Andeutung über das berüchtigte praeiudicium quanta dos sit suchen. Ich glaube kaum, dass es unter diese Rubrik gehört (vgl. unten § 186).

Auffallend ist, dass sowohl bei Ulpian wie bei Paulus die Lehre von

---

[1]) Fr. Vat. vor § 94: de re uxoria ac dotibus (vgl. Mommsens Apograph. p. 302. 304. 306).

[2]) Paul. 35 enthält Einleitung zum Titel. Eheschliessung und -auflösung: fr. 6, 23 de adopt. (1.7), fr. 7 de sponsal. (23.1), fr. 2,10, 14,16 de R.N. (23.2), fr. 1,3 de diuort. (24.2), fr.191 de V.S. (50.16), fr. 48 de R.I. (50.17). Bestellung der dos und pacta: fr.41 de I.D. (23. 3), fr. 12, 14, 16, 20 de pactis dot. (23.4).

[3]) Einleitung zum Titel sind aus Gai. 11: fr. 8 de spons. (23.1), fr. 17, 53, 55 de R.N. (23.2), fr. 2 de diuort. (24.2).

[4]) Iulian. 16. 17 enthält allgemeine Erörterungen (Lehre von der Ehe, der Bestellung der dos, dem Rechtsverhältnis an derselben durante matrimonio, donatio i. u.

e. u. etc.), vgl. Iulian. 16: fr. 11 de spons. (23.1), fr. 18 de R.N. (23.2), cit. fr. 3 § 16 de statu lib. (40. 7); fr. 7 de cond. c. d. c. n. s. (12.4), fr.44, 46 de I.D. (23.3), fr. 7 de fundo dot. (23. 5), fr. 30 sol. matr. (24. 3), fr. 53 de V. O. (45. 1), cit. fr. 25 § 7 de usuf. (7. 1), fr. 33 de I. D. (23. 3), fr. 5 de fundo dot. (23. 5). Iulian. 17 fr. 4, 37 de don. i. u. e. u. (24.1), fr. 1, 14 de don. (39. 5), fr. 13 de m. c. don. (39.6), fr. 63 de R.I. (50. 17), cit. fr. 5 § 9 de I.D. (23.3), fr. 3 § 13, fr. 5 § 1. 13, fr.11 § 3 de don. i. u. et u. (24. 1), fr. 2 de m. c. don. (39.6), fr. 13, 21 de pact. dot. (23.4).

[5]) Fr. 9 de R. V. (6. 1), fr. 15 § 4 de diu. temp. (44. 3), fr. 48 de solut. (46. 3), fr. 26 § 1 ad munic. (50. 1), c. 8 de bon. auct. iud. (7.72).

[6]) Vgl. Karlowa, II S. 1183 fg.

der Vererbung der actio rei uxoriae in einem spätern Buche steht als die
sonstige Darstellung der Klage[1]): doch wage ich nicht, aus diesem Um
stand Folgerungen zu ziehen.

§ 113. SOLUTO MATRIMONIO DOS QUEMADMODUM PETATUR[2]).

Ulp. 33[3]). 34[4]), Paul. 36[5]). 37[6]), Gai. 11[7]), Iulian. 18[8]).

Esmein[9]) hat die Vermutung aufgestellt, die actio rei uxoriae sei ursprünglich eine prätorische Poenalklage gewesen, während er ihr für die
klassische Zeit zivilen Charakter zuschreibt. Die Begründung dieser Hypothese zu prüfen, ist hier nicht der Ort; uns beschäftigt nur die Formel des
Hadrianischen Edikts. Von ihr lässt sich mit grosser Sicherheit behaupten,
dass sie in bonum aequum konzipiert war, in ihrer Formulierung aber von
der der sonstigen formulae in bonum aequum conceptae erheblich abwich.
Die Worte „quod melius aequius erit" sind uns zuverlässig als Bestandteil der Formel überliefert[10]). Zwar reicht keines der in n. 10 angeführten
Zeugnisse bis in die Zeit der Abfassung des Hadrianischen Edikts; allein,
da eine Abänderung der überkommenen Formel, etwa einer Schablonie-
rungstendenz zulieb, durchaus unwahrscheinlich ist[11]), da ferner noch
Gaius in fr. 8 de cap. min. (4. 5) die actio als in bonum et aequum konzipiert bezeichnet[12]), so dürfen und müssen wir jene Worte auch für das
Hadrianische Edikt in Anspruch nehmen.

Trotz dieses positiven Anhaltspunkts gehen die Ansichten über die
Konstruktion der Formel im übrigen sehr auseinander[13]). Als intentio hat

---

[1]) Vgl. unten n. 4 und 6.

[2]) D. (24. 3), C. (5. 18).

[3]) Fr. 22, 24, 62 (= 24 § 4) h. t., fr. 39 de
I. D. (23. 3), fr. 11 de adm. et peric. (26. 7)
cf. fr. 22 i. f. h. t., fr. 7 de castr. pec. (49. 17),
fr. 3, 5 de bon. damn. (48. 20). Retentio
propter res amotas: fr. 11, 13 de act. rer.
amot. (25. 2), fr. 37 de iureiur. (12. 2). Retentio propter liberos(?): fr. 8 ad leg. Corn.
de sic. (48. 8), cf. schol. Sin. (ed. Krüger,
coll. libr. iur. III) XII 34. Retentio propter
impensas: fr. 59 ict. 58 de legat. I. Retentiones überhaupt: fr. Vat. 120.

[4]) Vererbung (Ulp. fragm. VI 4. 7): fr. 21,
23 de usur. (22. 1), fr. 5 de diuort. (24. 2).
Instrumenta und pacta: fr. 40 de I. D. (23. 3),
fr. 14 eod. (wahrscheinlich falsch inskribiert,
s. Paling. Ulp. nr. 2787), fr. 11 de pact. dot.
(23. 4), fr. 65 de iud. (5. 1), fr. 35 de don. i. u.
et u. (24. 1) cf. Paling. II p. 647 n. 1. De
dote caduca(?) (Ulp. nr. 972—974): fr. 10 de
senat. (1. 9), fr. 190 de V. S. (50. 16), fr. 27 de
I. F. (49. 14).

[5]) Fr. 23, 25 h. t., fr. 1, 3 de fundo dot.
(23. 5); fr. 36 de don. int. u. et u. (24. 1) —
retentio propter res donatas; fr. 4, 10 de im-
pens. (25. 1) — propter impensas, wozu auch

Paul. 7 breu. fr. 13 eod.

[6]) Vererbung: fr. 22, 24 de usur. (22. 1),
fr. 26 h. t., fr. 49 de V. O. (45. 1).

[7]) Fr. 42 de I. D. (23. 3), fr. 15 de pact. dot.
(23. 4), fr. 4 de fundo dot. (23. 5), fr. 6, 8, 10,
30, 42, 61 de don. i. u. et u. (24. 1), fr. 32 de
A. R. D. (41. 1) — ret. propt. res don. (?),
fr. 27 h. t. (Vererbung).

[8]) Fr. 20 de R. C. (12. 1) — als Parallele
herangezogen, fr. 47 de I. D. (23. 3), fr. 18
de pact. dot. (23. 4), fr. 31 sol. matr. (24. 3),
fr. 85 ad l. Falc. (35. 2), fr. 14 de m. c. don.
(39. 6). Cit. fr. 15 § 1 de don. i. u. et ux.
(24. 1), fr. 4 de diuort. (24. 2), endlich wohl
auch fr. 5 § 13 de I. D. (23. 3), wo aus Versehen Iulian. 19 zitiert ist.

[9]) NRH. XVII p. 152 ss. 164.

[10]) Cic. top. c. 17 § 66, de offic. III 15 § 61,
Labeo fr. 66 § 7 h. t., Proculus fr. 82 de solut.
(46. 3). Prob. Einsidl. 9: M. A. E. ⚌ melius
aequius erit.

[11]) Vgl. auch Dernburg, Compensation
(2. Aufl.) S. 102 n. 1.

[12]) Vgl. auch Pompon. fr. 10 § 1 h. t., Ter.
Clem. fr. 53 pr. de legat. II.

[13]) Vgl. die Rekonstruktionen bei Dernburg, a. a. O. S. 101 fg., Rudorff, E. P.

Dernburg: *quantum N^m N^m A^ae A^ae dare facere aequius melius esse paret;* Rudorff: *quod melius aequius erit N^m N^m A^ae A^ae dare repromittere;* Bechmann: *quidquid ex dote N^m N^m uxori reddere aequius melius esse parebit;* Czyhlarz: *quidquid N^m N^m dotis nomine uxori reddere oportere aequius melius esse parebit.* Ich unterlasse es hier darzulegen, was gegen jeden dieser Versuche speziell beizubringen sein möchte; m. E. entsprechen sie alle weder den Quellen noch auch den aus dem materiellen Recht der actio rei uxoriae sich ergebenden Forderungen. Existenz, Umfang und Zeit der Restitutionsverpflichtung bei dieser Klage sind bekanntlich ganz wesentlich positiv geordnet. Die Verpflichtung setzt iure ciuili Auflösung der Ehe voraus, daher die Klage durante matrimonio nur durch fictio diuortii ermöglicht wurde[1]). Desgleichen stehen die klagberechtigten Personen positivrechtlich fest, ist ferner die Minderung des Klaganspruchs durch retentiones höchst positiv geregelt. Und alle diese Rechtssätze positivster Natur sollten in der Formel ihren Ausdruck in einer intentio gefunden haben, die dem arbitrium iudicis in aller und jeder Beziehung den freiesten Spielraum liess[2])? Die Quellen führen, soweit ich sehe, nicht zu dieser widersinnigen Annahme, sondern ganz im Gegenteil zu einer intentio certa: es ist uns ausdrücklich überliefert, dass die intentio nicht auf „quidquid“, sondern auf „dotem reddi[3])“ gerichtet war, Ulp. 33 fr. 22 § 9 h. t.:

> Item pater furiosae utiliter intendere sibi filiaeue suae reddi dotem potest.

Ein intendere dotem reddi kann nun aber nimmermehr in dem Formelteil stattgefunden haben, in dem das überlieferte quod melius aequius erit gestanden hat, und versucht man andererseits etwa die Rekonstruktion

Si A^ae A^ae dotem reddi melius aequius esse parebit,

so verstösst man gegen den Wortlaut „quod melius aequius erit“ und macht zugleich dem Judex die Berücksichtigung der Retentionen unmöglich, da er auf Grund einer so gestalteten Formel die dos nur im ganzen hätte zu- oder absprechen können[4]). Wohl aber kann die intentio folgendermassen gelautet haben:

S. p. N^m N^m A^ae A^ae dotem[5]) partemue eius reddere oportere[6]),

---

§ 120, Bechmann, Dotalrecht II S. 324, Czyhlarz, Dotalrecht S. 365.

[1]) C. 30 i. f. de I. D. (5. 12). Ein anderer Fall fiktizischer Fassung ist in fr. 5 de diuort. (24. 2) erwähnt. Über noch eine Fiktion (gültiger Ehe), die man (irrig) im Papyrus Cattaoui hat bezeugt finden wollen, vgl. Boulard, les instructions écrites (1906) p. 53 ss. und die dort angef. Literatur.

[2]) Karlowa, II S. 221, wendet ein, dass bei Boeth. in Cic. top. 17, 66 die retentio sextantis ausdrücklich auf das aequius melius gestützt werde: aequius melius est sextans retineri. Ich kann mich nicht über-

reden, dass diese Nachricht auf einen röm. Juristen zurückgehe, der wissen musste, dass hier das richterliche Ermessen keinerlei Spielraum hatte.

[3]) Wegen des Worts reddere, das für die Bezeichnung des Inhalts der Restitutionsverbindlichkeit das allgemein technische ist, vgl. ausser den im Text angef. Stellen noch besonders: fr. 30 § 2 de iureiur. (12. 2), fr. 66 pro socio (17. 2), fr. 34 h. t., fr. 82 i. f. de solut. (46. 3).

[4]) Vgl. Bechmann, a. a. O. S. 320.

[5]) Rem uxoriam?

[6]) Karlowa, a. a. O. S. 222, hält die so

und daran schloss sich glatt und angemessen das Formelstück

quod eius[1]) melius aequius erit[2]), eius iudex N^m N^m A^ae A^ae
c. s. n. p. a.

Hier kommt das officium iudicis zu dem ihm gebührenden Recht: der
Judex soll, nachdem er Dasein und Umfang des zivilen reddi oportere
nach Massgabe der positiven Rechtsquellen festgestellt hat, nunmehr untersuchen, ob nicht nach den Grundsätzen der aequitas die Restitutionspflicht
weitere Modifikationen, namentlich weitere Ermässigungen erleide[3]), genauer: auf wie viel der Beklagte um seiner festgestellten Restitutionspflicht
willen ex aequo et bono zu kondemnieren sei.   Zu dieser Formelfassung
stimmt einerseits die Verwertung des melius aequius bei Labeo und Proculus in fr. 66 § 7 h. t. und fr. 82 de solution. (46. 3), und anderseits hat
die von mir behauptete auf reddi oportere gestellte intentio eine gewisse
Stütze an Gai. fr. 66 pro socio (17. 2):

Quod si eo tempore quo diuiditur societas in ea causa dos sit, ut
certam sit eam uel partem eius[4]) reddi non oportere ...

Vgl. Paul. fr. 30 § 2 de iureiur. (12. 2):

..... si iurauit decem se dedisse in dotem, hoc solum non erit
quaerendum, an data sint, sed quasi data sint, quod ex eo reddi
oportet, praestandum erit.

Sind obige Vermutungen richtig, so wird es damit zugleich wahrscheinlich, dass die actio rei uxoriae keine demonstratio hatte: denn wozu
eine solche, da doch die Tatsache der Bestellung der dos — nur auf diese
könnte die demonstratio gelautet haben — schon aus der intentio ersichtlich war[5])? Nicht unwahrscheinlich ist mir dagegen, dass die den Gegen-

---

formulierte intentio für unvereinbar mit fr. 8
de cap. min. (4. 5) und für keine intentio
certa. Letzteres ist eine Frage der Termino-
logie, über die ich nicht streite. Fr. 8 cit.
lässt die actio r. u. durch capitis deminutio
nicht untergehen, weil sie als in bonum
aequum concepta „naturalem praestatio-
nem" habe. Das weist m. E. gerade auf
eine intentio, die die entgegengesetzte Entscheidung möglich erscheinen liess: aus dem
melius aequius wird die naturale Bedeutung
der ganzen Verbindlichkeit erschlossen, die
ohne dies nicht zweifellos gewesen wäre.
Was K. vorschwebt — eine formula in factum concepta nach dem Schema: quod Titia
N° N° marito dotem dedit, quod eius melius
aequius erit reddi etc. — hätte den Gedanken
an eine Einwirkung der capitis deminutio
kaum aufkommen lassen. Und wie wäre
dabei eine fictio diuortii zu denken? Ich
kann mich auf keine Weise mit der Annahme befreunden, dass ein derart durch
Gesetz geregelter Anspruch eine Formel gehabt habe, die mit der prätorischen actio
iniuriarum auf einer Stufe stand.

[1]) Quod eius aequius melius erit haben
die besten Handschriften in Cic. top. c. 17 § 66.

[2]) Wahrscheinlich stand die Klausel einfach so da; der Judex konnte sich subintellegieren „N^m N^m A^ae A^ae condemnari"
oder auch vielleicht „A^ae A^ae reddi", vgl.
fr. 82 i. f. de solut. (46. 3). An ein quantum
aequius melius erit dari repromittiue ist
m. E. jedenfalls nicht zu denken: wegen Cic.
pro Roscio com. c. 4 § 11. 12 vgl. oben S. 287
n. 12. Mit dem arbitrium rei uxoriae hat
diese Stelle übrigens unter keinen Umständen zu tun.

[3]) Vgl. auch Boeth. in Cic. top. 17, 66.

[4]) Vgl. auch fr. 24 § 7 h. t., wo im Fall, si
bona mulieris pro parte sint publicata, scharf
unterschieden wird, ob die publicatio vor
oder nach der Litiskontestation stattgefunden hat. Dort, so heisst es, superest re-
liquae partis dotis exactio; hier dagegen:
sufficiet arbitrium iudicis ad partis condemnationem faciendam. Im ersten Fall
entscheidet die intentio, im zweiten das quod
melius aequius erit der Formel.

[5]) Vgl. des nähern die treffenden Be-

stand der Klage bildende dos je nach Verschiedenheit des Falles als profecticia oder aduenticia in der intentio selbst bezeichnet war. Es musste sich dies durch Zweckmässigkeitsgründe empfehlen, und der an sich völlig sinnlose, weil die Hauptsache verschweigende, Name dos profecticia würde sich vortrefflich erklären, wenn wir seinen Ursprung in einem „dotem quae ab A° A° profecta est" oder einer ähnl. Wendung der Formel suchen dürften[1].

Bei der Klage adiuncta filiae persona ging die intentio nach Ulp. 33 fr. 22 § 9 h. t. auf „patri filiaeue (filiaeque *scr.?*) reddi oportere"[2], während die condemnatio auf den Namen des Vaters allein gestellt wurde.

An obigen Ergebnissen darf nicht irre machen, dass Gai. IV 62, wenn die immerhin nicht sichere Lesung des C. Veron. das Richtige trifft, die actio r. u. zu den b. f. iudicia rechnet. Eine Formel nach dem gewöhnlichen Schema der b. f. iudicia ist hier durchaus unglaublich. Sie müsste, da von ihr aus älterer Zeit nichts bekannt ist, relativ spät aufgekommen sein, zu einer Zeit, wo das Recht der actio r. u. in weitestem Umfang positiv geregelt war, und ist doch mit dieser positiven Regelung ebenso unverträglich wie die oben bekämpften Rekonstruktionen. Hat also Gaius wirklich so geschrieben wie wir lesen, so hat er wohl nur zum Ausdruck bringen wollen, dass das officium iudicis hier ebenso unter der Herrschaft der bona fides stehe wie bei den regulär formulierten Klagen.

Noch erheben sich schliesslich zwei Spezialfragen. Erstlich: enthielt unsere Formel eine Klausel, wodurch ein iussum de reddenda dote, speziell etwa de cauendo und de restituendo vorgesehen war? Darauf lässt sich m. E. nur mit einem non liquet antworten. Zweifellos, dass der Judex dem Beklagten bei Vermeiden der Kondemnation, wie auch dem Kläger bei Vermeiden der Absolution mancherlei Kautionen auflegen konnte und musste[3], zweifellos auch, dass er überhaupt ein iussum de restituendo erlassen[4] und bei Ungehorsam den Kläger zum Schätzungseid zulassen konnte[5], nicht bewiesen und sehr zweifelhaft dagegen, dass diese Funktionen des officium iudicis auf einer besondern Klausel der Formel beruhten: denn das quod melius aequius erit kann sehr wohl als ausreichende Ermächtigung des iudex zu allen jenen Massnahmen gegolten haben; ich mache namentlich auf das Futurum „erit" aufmerksam, das auf den Zeit-

---

merkungen Bechmanns, a. a. O. S. 322, wo auch die Unmöglichkeit einer auf die Tatsache des diuortium gestellten demonstratio nachgewiesen ist.

[1] Vgl. auch c. 6. de I. D. (5. 12) v. „dotis actionem profecticiae nomine competentem".

[2] Bechmann, a. a. O. S. 325, meint, diese Fassung sei unmöglich, da von einem oportere gegenüber einer filia familias keine Rede sein könne. Dem entgegen ist darauf hinzuweisen, dass durch ein „s. p. dotem A° A° filiaeue eius reddi oportere" die filia keineswegs als Subjekt der Obligation hin-

gestellt, sondern nur so viel verlangt ist, dass eine Zivilverpflichtung des Beklagten vorhanden sein müsse, die dos „patri filiaeue" zurückzugeben; wenn andere in ius konzipierte actiones in personam Hauskindern verschlossen sind, so ist die Ursache einfach die, dass eine Verpflichtung z. B. aus Kauf oder Stipulation, dem Hauskind zu leisten, nicht besteht.

[3] Fr. 24 § 2. 6, fr. 25 § 1. 4, fr. 57 h. t., fr. 7 § 15, fr. 55 eod.

[4] Vgl. Czyhlarz, a. a. O. S. 364 oben.

[5] Fr. 25 § 1 h. t.

punkt der Kondemnation hinweist und darum Berücksichtigung aller durante lite erfolgten Leistungen des Beklagten erlaubte[1]). Zweitens: enthielt die Kondemnation die beschränkende exceptio „quantum facere potest"? Dies nimmt Rudorff an, m. E.[2]) mit Unrecht. Die iuris ignorantia des iudex, wovon in fr. 17 § 2 h. t. die Rede ist, ist kaum denkbar, wenn das beneficium competentiae in der Formel ausgedrückt war[3]); dasselbe beruhte wohl lediglich auf Interpretation des melius aequius, und dafür spricht auch das

<blockquote>maritum in id quod facere potest condemnari exploratum est</blockquote>

in fr. 12 h. t., wie andererseits der Umstand, dass das beneficium der actio ex stipulatu gegenüber bekanntlich nicht Platz griff[4]).

§ 114. DE ALTERUTRO.

Ulp. 34[5]).

Iustinian. c. un. § 3ᵃ de rei uxor. act. (5. 13):

<blockquote>Sciendum .... est edictum praetoris, quod de alterutro introductum est, in ex stipulatu actione cessare, ut uxor et a marito relicta accipiat et dotem consequatur . . . . .</blockquote>

Theodos. c. 7 pr. C. Theod. de test. (4. 4):

<blockquote>. mulier in edicto, quod de alterutro est, cum suam explana uerit optionem, ne paenitentia possit ad aliud transire, etiam satisdatione cogetur praecauere, nisi si aetatis iuuetur auxilio.</blockquote>

Über das Edikt de alterutro vgl. Czyhlarz, Dotalrecht S. 476 fgg., und die daselbst angef.

§ 115. DE REBUS AMOTIS[6]).

Ulp. 33[7]). 34[8]), Paul. 37[9]), Iulian. 19[10]).

Diocl. et Maxim. c. 2 h. t.:

<blockquote>Diuortii gratia rebus uxoris amotis a marito uel ab uxore mariti rerum amotarum edicto perpetuo permittitur actio.</blockquote>

Paul. 7 ad Sab. fr. 1 h. t.:

<blockquote>Rerum amotarum iudicium singulare introductum est aduersus eam, quae uxor fuit, quia non placuit cum ea furti agere posse.</blockquote>

Die actio rerum amotarum war eine prätorische und in factum konzipierte Klage[11]). Zwar heisst es bei Gai. 4 fr. 26 h. t.:

<blockquote>Rerum amotarum actio condictio est.</blockquote>

---

[1]) Vgl. auch fr. 41 de iud. (5. 1) aus Papin. 11 quaest., in welchem Buch Papinian von unserer actio handelt.

[2]) Übereinstimmend Brinz, krit. Vjschr. XI S. 476, Czyhlarz, a. a. O. S. 332 fg.

[3]) Vgl. schon Unterholzner, Schuldverhältnisse, I S. 380 n. b.

[4]) C. un. § 7 de rei ux. act. (5. 13).

[5]) Fr. 41 de condicion. (35. 1): Legata sub condicione relicta non statim, sed cum condicio exstiterit deberi incipiunt, ideoque

interim delegari non potuerunt.

[6]) D. (25. 2), C. (5. 21).

[7]) Fr. 11, 13 h. t., fr. 37 de iureiur. (12. 2), vgl. S. 293. 294 n. 3, Paling. II p. 645 n. 5.

[8]) Fr. 15, 17, 19 h. t. Fr. 17 fälschlich Ulp. 30 inskribiert.

[9]) Fr. 9, 21 h. t., fr. 38 de iureiur. (12. 2); s. auch Paul. 7 breu. fr. 12 h. t.

[10]) Fr. 22 h. t.

[11]) A. M. Bekker, Aktionen I S. 144; vgl. auch Baron, die Condictionen S. 263.

Allein dass diese Äusserung, wenn sie (was ich für unmöglich halte) wirklich so aus der Feder des Juristen geflossen sein sollte, nicht wörtlich zu nehmen ist, zeigen fr. 17 § 2 und fr. 25 h. t., wo das iudicium rerum amotarum in ausdrücklichen Gegensatz zur condictio gestellt ist. Vermutlich besagte die Stelle in ihrem ursprünglichen Wortlaute nur, dass die actio rerum amotarum juristisch der condictio gleichstehe. Über diesen Zusammenhang aber gibt die Inskription Gai. 4, die uns auf den Titel de restitutionibus verweist, wenn nicht geradezu Aufschluss, so doch die Möglichkeit einer sehr wahrscheinlichen Hypothese. Nach fr. 7 § 1 de cap. min. (4. 5) gehen die actiones ex delicto durch capitis deminutio des Schuldigen nicht unter, und das Edikt de capite minutis findet daher auf sie keine Anwendung: daher dauert namentlich die actio furti als noxalis fort, während die condictio furtiua nur rescissa capitis deminutione möglich ist. Wie nahe musste nun hier dem Juristen die Frage nach der Behandlung der actio rerum amotarum liegen[1])! Zwar wurde diese als actio in factum concepta niemals fiktizisch gefasst; aber, ob sie als noxalis zu erteilen oder ob auch für sie der Defensionszwang nach Gai. III 84 eintrat, diese Frage verlangte hier ebenso Beantwortung wie bei jeder Zivilklage. Und hier nun wird Gaius die in fr. 26 h. t. entstellt überlieferte Äusserung getan haben: „die actio rerum amotarum ist nach den Regeln der condictio zu behandeln[2]): denn, wenn man auf die Sache und nicht auf die Form sieht, unterscheidet sie sich in nichts von der condictio, ist sie die condictio: wie diese, verhüllt sie das begangene Delikt, wie diese, ist sie reipersekutorisch und nicht pönal". Ich halte, wie gesagt, diesen Zusammenhang des fr. 26 h. t. für sehr wahrscheinlich; ist er aber auch nur möglich[3]), so zeigt sich, wie bedenklich es ist, aus einer derart vereinzelten, von ihrem ursprünglichen Sitz weggerissenen Stelle Folgerungen zu ziehen, die mit anderen nicht anzufechtenden Zeugnissen in Widerspruch stehen.

Was nun die nähere Fassung unserer actio angeht, so wissen wir mit Bestimmtheit, dass als Klagvoraussetzung das „diuortii causa amouisse" figurierte[4]) und dass die Kondemnation auf quanti ea res fuit ging[5]). Ausserdem wird die Tatsache der erfolgten Scheidung in irgend einer Weise ausgedrückt gewesen sein, vgl. fr. 1 h. t.:

> Rerum amotarum iudicium singulare introductum est aduersus eam quae uxor fuit

Fr. 25 h. t:

> Rerum . . . amotarum iudicium sic habet locum, si . . . . secutum diuortium fuerit.

---

[1]) Vgl. fr. 3 § 12 de pecul. (15. 1).

[2]) Dass dies wirklich geschehen, folgt aus fr. 3 § 12 de pecul. (15. 1).

[3]) Vgl. die Ausdrucksweise in fr. ult. de mag. conuen. (27.8): eadem in magistratibus actio datur, quae competit in tutores. Ein Fall, wo doch von einer wirklichen Identität der actio keine Rede sein konnte. Vgl. § 127.

[4]) Ulp. 34 fr. 17 § 1 h. t., Paul. 37 fr. 21 pr. § 1 h. t.; vgl. ferner fr. 23 h. t., c. 2, 3 h. t., fr. 28 § 7 de iureiur. (12. 2). Damit erledigt sich Barons (a. a. O. S. 263) intentio „s. p. Nam Aᵒ res reddere debere". Vgl. namentlich die utilis actio in fr. 21 pr. h. t.

[5]) Paul. 37 fr. 21 § 3—6 h. t.; wegen des „fuit" vgl. fr. 29 h. t., Karlowa, II S. 1182.

Endlich ist mir nicht unwahrscheinlich, dass auch die negative Kondemnationsbedingung „easque res redditas non esse" nicht fehlte[1]), arg. fr. 8 § 1 h. t.:

> Sabinus ait, si mulier res, quas amouerit, non reddat, aestimari debere quanti in litem uir iurasset.

Ausser der actio rerum amotarum gehört unter die Rubrik de rebus amotis noch ein Edikt, wovon uns Ulp. 33 fr. 11 § 2 h. t. berichtet:

> Qui rerum amotarum instituit actionem, si uelit magis iusiurandum deferre, cogitur aduersarius iurare nihil diuortii causa amotum esse, dum prius de calumnia iuret qui iusiurandum defert[2]).

Ohne Zweifel bezog sich dies Edikt[3]) zugleich auch auf die retentio propter res amotas; so mag sich erklären, dass Ulpian es schon lib. 33, wo er nur von der retentio gehandelt haben kann, bespricht, Paulus erst lib. 37[4]) gelegentlich der actio.

§ 116. DE MORIBUS.

Paul. 37 ?[5]).

Das iudicium de moribus[6]) stand sehr wahrscheinlich zu der retentio propter mores in dem gleichen Verhältnis, wie das iudicium rerum amotarum zu der retentio propter res amotas, d. h. es war das Mittel, wodurch die vermögensrechtlichen Folgen verschuldeter Ehescheidung, insoweit sie nicht retentionsweise geltend gemacht worden waren, klageweise durchgesetzt werden konnten[7]). Dass die Formel keine Präjudizialformel war, sondern eine Kondemnation vorsah, geht aus der Pflicht der Beklagten hervor, cautio iudicatum solui zu stellen (Gai. IV 102). Vermutlich wird, wo eine solche Nachklage beabsichtigt war, dieserhalb i. d. R. bei Herauszahlung der dos ein Vorbehalt gemacht worden sein, ohne dass dies jedoch Voraussetzung des Klagrechts war[8]).

Über die Formel wissen wir schlechthin nichts[9]), so dass jede diesbezügliche Hypothese müssig ist. Dass eine solche Formel aber im Edikt proponiert war, ist trotz des Schweigens der erhaltenen Kommentar-

---

[1]) Fehlt bei Rudorff, E. P. § 121.
[2]) Rudorff l. c. fügt aus fr. 13 h. t. hinzu: Labeo scribit mulieri non esse permittendum referre iusiurandum, et ita edictum ordinatum uidetur. Dieser Satz enthält aber nicht Bericht über Ediktinhalt, sondern Schluss aus der Fassung des Edikts, vgl. fr. 11 § 3 h. t.
[3]) Vgl. dazu Demelius, Schiedseid und Beweiseid S. 59 fg.
[4]) Fr. 38 de iureiur. (12. 2).
[5]) Fr. 4 de publ. iud. (48. 2).
[6]) Vgl. Gai. IV 102, fr. 5 pr. de pact. dot. (23. 4), c. 1 C. Theod. de dot. (3. 13), c. 11 § 2 C. Iustin. de repud. (5. 17).
[7]) Vgl. Bechmann, Dotalrecht I S. 89 fg., Czyhlarz, Dotalrecht S. 337 fg., Brini,

matrim. e divorzio (1887—89) III p. 311 sqq. Brini hat a. a. O. meine in n. 9 gemachte Bemerkung missverstanden.
[8]) Arg. fr. 8 pr. de act. rer. amot. (25. 2).
[9]) Einen Anhalt würde fr. 39 sol. matr. (24. 3) geben, wenn es sicher wäre, dass die daselbst erwähnte pronuntiatio „utrumque causam repudii dedisse" im iudicium de moribus gefällt war. Allein gerade das ist unwahrscheinlich, da unser iudicium sonst durchweg als iudicium de moribus mulieris erwähnt ist. Vermutlich handelt es sich um einen Zwischenentscheid im arbitrium rei uxoriae. Vgl. übrigens noch fr. 12 § 3. 13 ad l. Iul. de adult. (48. 5), c. un. C. Th. uict. ciuil. (9. 20).

fragmente nicht zu bezweifeln[1]); dieses Schweigen erklärt sich genügend
daraus, dass Justinian in c. 11 i. f. de repud. (5. 17) unser iudicium ab-
geschafft hat.

Tit. XXI.

DE LIBERIS ET DE UENTRE.

Ulp. 34, Paul. 37, Iulian. 19.

§ 117. DE AGNOSCENDIS LIBERIS[2]).

Ulp. 34[3]), Iulian. 19[4]).

Diocl. et Max. c. 9 de pat. pot. (8. 46 [47]):

Nec filium negare cuiquam esse liberum senatus consulta de partu
agnoscendo ac denuntiata poena, item praeiudicium edicto perpetuo propositum . . . . . iure manifesto declarant.

Das hier erwähnte praeiudicium war ein prätorisches Rechtsmittel — § 13
I. de act. (4. 6), Theophil. ad h. l. —, das mit den extraordinären Rechtsmitteln aus den senatusconsulta de partu agnoscendo nicht verwechselt
werden darf[5]); das praeiudicio agere muss vielmehr von dem agere ex
senatusconsultis scharf unterschieden werden. Es gab nur ein solches
praeiudicium, wie aus den übereinstimmenden Äusserungen der Quellen
hervorgeht, vgl. c. 9 cit., § 13 I. cit., fr. 3 § 4 h. t. Wenn daher in fr. 1
§ 16, fr. 3 § 4 h. t.[6]) als möglicher Gegenstand des Präjudizialstreits die
Fragen erwähnt werden „an ex eo praegnas fuerit", „an uxor fuerit",
so darf man das nicht so verstehen, als ob in den verschiedenen Fällen
die intentio des Präjudiziums verschieden gelautet hätte[7]): besondere Präjudizien über jene Spezialfragen wären ja ganz sinn- und zwecklos, ja
wegen der Grundsätze über die Rechtskraft praktisch höchst bedenklich
gewesen. Vielmehr lautete in allen Fällen die intentio gleich, und zwar
wahrscheinlich:

an A[s] A[s] in ea causa sit, ut a N° N° agnosci debeat[8]).

---

[1]) Was Rudorff, E. P. § 121 n. 6, hiegegen vorbringt, scheint mir ohne Belang.

[2]) Rubr. D. (25. 3) de agnoscendis *et alen-
dis* liberis.

[3]) Fr. 1, 3 h. t.

[4]) Fr. 2 h. t., cit. fr. 1 § 10. 12, fr. 3 § 5 h. t.

[5]) Die Kompilatoren allerdings scheinen
eine solche Identifizierung beabsichtigt zu
haben; sie haben daher u. a. in fr. 3 § 2 h. t.
das Wort „praeiudicium" ungeschickt interpoliert. Vgl. Karlowa, II S. 1105 fgg.

[6]) Fr. 3 § 2. 3 h. t. beziehen sich nicht auf
das praeiudicium, sondern auf das agere ex
senatusconsultis.

[7]) So Schmidt (v. Ilmenau), krit. Bemerk.
zu T. Liuii hist. (1856) S. 37, Rudorff,
E. P. § 122 n. 2.

[8]) Warum so und nicht (vgl. Rudorff,
E. P. § 122) „an filius sit"? Einfach deshalb,
weil der Judex wirklich nicht über die pre-
käre Frage der Vaterschaft, sondern nur
darüber zu Gericht sitzt, ob Kläger anerkannt werden müsse.

Vgl. fr. 1 § 16 h. t

> .... non euitabit, quo minus quaeratur, an ex eo mulier praegnas
> sit . quae causa si fuerit acta apud iudicem et pronuntiauerit
> [cum de hoc agetur quod ex eo praegnas fuerit necne] in ea
> causa esse ut agnosci debeat[1]): siue filius non fuit siue fuit,
> esse suum

Was die Fassung der Präjudizialformel anlangt, so sei bei dieser
Gelegenheit bemerkt, dass die von Rudorff, Bethmann-Hollweg[2])
u. A. m.[3]) beliebte Formulierung

> Octauius iudex esto. Si paret . .

ein Unding, eine Unmöglichkeit ist. Was soll dies in der Luft schwebende
si paret? „Wenn erhellt, dass Aulus anerkannt werden muss": was dann?
Überall, wo in den klassischen Quellen Präjudizien erwähnt werden, finden
wir die vom Judex zu entscheidende Frage einfach in indirekter Form
bezeichnet[4]) — vgl. z. B. Gai. IV 44. III 123, Paul. sent. V 9 § 1, § 13 l. de
act. (4. 6) —, und diese allein quellenmässige Form der intentio der Präjudizien ist auch die allein sachlich angemessene. Gaius IV 44 mutete
seinen Lesern wahrlich nicht zu viel zu, wenn er von ihnen verlangte, in
den in indirekter Form dem Judex vorgelegten Fragen das von ihm kurz
zuvor dargelegte Wesen der intentio wiederzuerkennen: dass jede intentio
mit „si paret" oder mit „quidquid paret" beginnen müsse, sagt Gaius
nirgends.

§ 118. DE INSPICIENDO UENTRE CUSTODIENDOQUE PARTU[5]).

Ulp. 34[6]).

Ulp. 34 fr. 1 § 10 h. t.:

> De inspiciendo uentre custodiendoque partu sic praetor ait: Si mulier
> mortuo marito praegnatem se esse dicet, his ad quos ea res per-
> tinebit[7]) procuratoribusue eorum bis in mense denuntiandum curet, ut
> mittant, si uelint, quae uentrem inspicient. Mittantur autem mulieres

---

[1]) Vgl. zu dieser Fassung noch das SC
Iuncianum in fr. 28 § 4 de fid. lib. (40. 5).

[2]) C. P. II S. 339.

[3]) Anders: Heffter, ad Gai. IV p. 60.

[4]) Erst bei Theophil. zu § 13 I. de act.
findet sich die intentio „εἰ φαίνεται με ἐλεύθερον εἶναι". Dies dürfte, wenn dem Bericht
volles Zutrauen zu schenken wäre, keinesfalls mit „si paret", sondern müsste mit „an
pareat" übersetzt werden. In der Tat nimmt
Ferrini, rendic. del R. ist. Lomb. ser. II
vol. XVII p. 900 eine derartige Fassung für
alle Präjudizien an. So gut indes ein „si
paret" als Bedingung einer richterlichen
Entscheidung am Platze ist, so bedenklich
ist mir eine Formel, die eben dies subjektive
parere zum alleinigen Inhalt der geforderten
Entscheidung macht. Die Annahme, dass

Theophilus l. c. die intentio einfach nach
dem ihm gewohnten Schema rekonstruiert
habe, scheint mir daher nicht zu kühn, umsoweniger, als die Klassizität gerade des
praeiudicium an liber sit nicht unzweifelhaft
ist (s. unten § 178).

[5]) D. (25. 4). Eine Anwendung dieses
Edikts findet sich in dem Papyrus bei
Wilcken, Arch. f. Pap. F. III S. 368 fg.,
col. II 1—9.

[6]) Fr. 1 h. t., fälschlich Ulp. 24 inskribiert,
fr. 1 ubi pupillus (27. 2). Unrichtig ist, wenn
Rudorff, E. P. § 123 n. 1, unter den unser
Edikt betreffenden Kommentarbüchern auch
Iulian. 24 aufzählt: Iulian. 24 fr. 2 h. t. ge-
hört zur Erläuterung des Carbonianischen
Edikts.

[7]) Ulp. 34 fr. 1 § 12—14 h. t.

LIBERAE DUMTAXAT QUINQUE HAEQUE SIMUL OMNES INSPICIANT, DUM NE QUA
EARUM DUM INSPICIT INUITA MULIERE UENTREM TANGAT. MULIER IN DOMU
HONESTISSIMAE FEMINAE PARIAT, QUAM EGO CONSTITUAM. MULIER ANTE DIES
TRIGINTA, QUAM PARITURAM SE PUTAT, DENUNTIET HIS AD QUOS EA RES PER-
TINET PROCURATORIBUSUE EORUM, UT MITTANT, SI UELINT, QUI UENTREM
CUSTODIANT. IN QUO CONCLAUI MULIER PARITURA ERIT, IBI NE PLURES ADITUS
SINT QUAM UNUS: SI ERUNT, EX UTRAQUE PARTE TABULIS PRAEFIGANTUR.
ANTE OSTIUM EIUS CONCLAUIS LIBERI TRES ET TRES LIBERAE CUM BINIS
COMITIBUS CUSTODIANT . QUOTIENSCUMQUE EA MULIER IN ID CONCLAUE
ALIUDUE QUOD SIUE IN BALINEUM IBIT, CUSTODES, SI UOLENT, ID ANTE PRO-
SPICIANT ET EOS QUI INTROIERINT EXCUTIANT . CUSTODES, QUI ANTE CONCLAUE
POSITI ERUNT, SI UOLENT, OMNES QUI CONCLAUE AUT DOMUM INTROIERINT
EXCUTIANT . MULIER CUM PARTURIRE INCIPIAT, HIS AD QUOS EA RES PERTINET
PROCURATORIBUSUE EORUM DENUNTIET, UT MITTANT[1]), QUIBUS PRAESENTIBUS
PARIAT . MITTANTUR MULIERES LIBERAE DUMTAXAT QUINQUE, ITA UT PRAETER
OBSTETRICES DUAS IN EO CONCLAUI NE PLURES MULIERES LIBERAE SINT QUAM
DECEM, ANCILLAE QUAM SEX . HAE QUAE INTUS FUTURAE ERUNT EXCUTIANTUR
OMNES IN EO CONCLAUI, NE QUA PRAEGNAS SIT . TRIA LUMINA NE MINUS IBI
SINT . QUOD NATUM ERIT, HIS AD QUOS EA RES PERTINET PROCURATORIBUSUE
EORUM, SI INSPICERE UOLENT, OSTENDATUR . APUD EUM EDUCETUR, APUD
QUEM PARENS IUSSERIT . SI AUTEM NIHIL PARENS IUSSERIT AUT IS APUD QUEM
UOLUERIT EDUCARI, CURAM NON RECIPIET: APUD QUEM EDUCETUR, CAUSA
COGNITA CONSTITUAM[2]) . IS APUD QUEM EDUCABITUR QUOD NATUM ERIT,
QUOAD TRIUM MENSUM SIT, BIS IN MENSE, EX EO TEMPORE QUOAD SEX MEN-
SUM SIT, SEMEL IN MENSE, A SEX MENSIBUS QUOAD ANNICULUS FIAT, ALTERNIS
MENSIBUS, AB ANNICULO QUOAD FARI POSSIT, SEMEL IN SEX MENSIBUS UBI
UOLET OSTENDAT . SI CUI UENTREM INSPICI CUSTODIRIUE ADESSE PARTUI
LICITUM NON ERIT FACTUMUE QUID ERIT, QUO MINUS EA ITA FIANT, UTI SUPRA
COMPREHENSUM EST: EI QUOD NATUM ERIT POSSESSIONEM CAUSA COGNITA[3])
NON DABO: SIUE QUOD NATUM ERIT, UT SUPRA CAUTUM EST, INSPICI NON
LICUERIT, QUAS UTIQUE ACTIONES ME DATURUM POLLICEOR HIS QUIBUS EX
EDICTO MEO BONORUM POSSESSIO DATA SIT, EAS, SI MIHI IUSTA CAUSA UIDE-
BITUR ESSE, EI NON DABO.

§ 119. SI UENTRIS NOMINE MULIERE IN POSSESSIONEM MISSA EADEM POSSESSIO DOLO MALO AD ALIUM TRANSLATA ESSE DICATUR[4]).

Ulp. 34[5]), Paul. 37[6]).

Ulp. 34 fr. 1 pr. § 1. 2 h. t.:

> Hoc edicto . . . . . praetor . . . . . constituit actionem in mulierem,
> quae in alium hanc possessionem dolo malo transtulit.

---

[1]) si uelint ins. Mommsen.
[2]) Ulp. 34 fr. 1 § 2 ubi pupillus (27. 2)·
quamuis autem praetor recusantem apud se
educari non polliceatur se coacturum . . . .

[3]) Ulp. 34 fr. 1 § ult. h. t.
[4]) D. (25. 5).
[5]) Fr. 1 h. t.
[6]) Fr. 2 h. t.

non solum mulierem praetor coercet, uerum eum quoque in cuius potestate ea fuerit, scilicet si dolo ipsorum alius in possessionem fuerit admissus, actionemque in tantum pollicetur in eos, quanti interfuerit eius qui experitur. Necessario praetor adiecit, ut, qui per dolum uenit in possessionem, cogatur decedere.

Gai. IV 177:

Contrarium iudicium .... constituitur .... partis .... quintae.

Die Formeln waren ohne Zweifel blosse Umschreibungen des Edikts; der Kondemnationsbefehl des contrarium iudicium aber dürfte, wie auch Ru dorff (E. P. § 124) annimmt, einfach an das s. n. p. a. des directum an gehängt worden sein.

§ 120. SI MULIER UENTRIS NOMINE IN POSSESSIONE CALUMNIAE CAUSA FUISSE DICATUR[1]).

Ulp 34[2]), Iulian. 19[3]).

Das Edikt[4]) wird von Ulpian in fr. un. § 2—5 h. t. kommentiert. Die in der Rubrik erhaltenen Worte bilden den Gegenstand des § 2; aus § 3 erfahren wir: hanc ... actionem praetor intra annum pollicetur; § 4: quanti agentis interfuit praetor actionem pollicetur; § 5: in parentem etiam praetor actionem pollicetur, si modo per eum factum sit, ut in possessionem per calumniam ueniret.

Von fr. un. § 6 h. t. an wendet sich der Kommentar zu den beiden Formeln, und zwar ist die aduersus mulierem in § 6—11, die aduersus patrem in § 12 behandelt. Ihre Fassung anlangend, so umschrieb die intentio gewiss nur das Edikt; die condemnatio scheint nach fr. un. § 6 sq. auf „*quanti A*^{i} *A*^{i} *interfuit, N*^{am} *N*^{am} (*L. Titiam*) *in eam possessionem missam non esse* (*fuisse?*)" gestellt gewesen zu sein.

Tit. XXII.

DE TUTELIS[5]).

Ulp. 35. 36, Paul. 38, Gai. 12, Pomp. 68. 69, Iulian. 20. 21, Callistr. 3.

Der Titel de tutelis scheint von Paulus und Gaius (und ebenso auch von Julian, der ja überhaupt nicht als eigentlicher Kommentator verfährt) durch allgemeine Erörterungen eingeleitet worden zu sein, die sich nicht an bestimmte Ediktstücke anlehnten; sie behandelten hier vielmehr gewisse Abschnitte des Vormundschaftsrechts systematisch, ohne Rücksicht auf die Natur der dafür in Betracht kommenden Rechtsquellen, und fügten

---

[1]) So ind. Flor. In der Digestenrubrik (25.6) heisst es „esse dicetur". Vgl. fr. 1 § 2 h. t.
[2]) Fr. un. h. t.
[3]) cit. fr. 1 § 9 h. t.
[4]) Fr. 1 § 1 h. t.: hoc edictum.
[5]) D. (26. 1).

das, was das Edikt an dahin gehörigen Vorschriften enthielt, passenden Orts in diese systematische Darstellung ein. Leider haben die 'Kompilatoren gerade die auf das Edikt bezüglichen Stellen der Kommentare, ausser in dem Kommentar Ulpians, fast ganz und gar getilgt[1]), so dass der Rekonstruktionsarbeit gewisse Schwierigkeiten erwachsen. Jedenfalls müssen wir uns hier vor allem bemühen, den Zusammenhang des Ulpianschen Kommentars zu ermitteln. M. E. nun knüpft Ulpian seine Erörterungen überall an die Ediktrubriken an[2]), beschränkt sich jedoch so wenig wie Paulus und Gaius auf die Rolle des blossen Kommentators. Ulp. 35 zerfällt in folgende Abschnitte:

1. **de administratione tutorum** (§ 121). Dies Edikt gibt trotz seines begrenzten Inhalts Anlass, auf die verschiedensten Details der Vormundschaftsverwaltung einzugehen. Die wahrscheinlichen Beziehungen der einzelnen Stellen finden sich in meiner Palingenesie zu Ulp. nr. 992 1016 angegeben.

2. **de falso tutore**[3]) (§ 122).

3. **de suspectis tutoribus** (§ 123).

Rudorff (E. P. § 126. 127) hat noch zwei weitere Edikte herauszufinden geglaubt: *de depositione pecuniarum* und *de satisdatione tutorum et curatorum*. Allein die die Satisdation betreffende Klausel ist — s. § 121 — nur ein Stück des Edikts de administratione, und für ein Edikt de depositione pecuniarum finde ich in den Quellen keinen Anhalt. Rudorff stützt die Annahme eines solchen Edikts nur auf zwei Stellen[4]): fr. 5 pr., fr. 7 § 3 de adm. (26. 7). Aus fr. 5 pr. cit. nun geht allerdings so viel hervor, dass die Voraussetzungen der Deposition von Pupillengeldern durch geschriebenes Recht geregelt waren[5]), keineswegs aber, dass diese Rechtsquelle das Edikt war. So gut Ulpian in lib. 35 z. B. die oratio Seueri über die Veräusserung der Mündelgüter ganz ausführlich erläutert, so gut kann auch in fr. 5 pr. irgend ein Reskript oder Senatuskonsult zu Grunde liegen, und recht sehr für diese letztere Annahme spricht gerade die zweite von Rudorff angeführte Stelle. Denn in fr. 7 § 3 cit. heisst es, dass der Prätor die Vormünder anhalten müsse, die deponierten Gelder, entsprechend dem

---

[1]) Ohne alle ersichtliche Beziehung auf das Edikt sind aus Paul. 38: fr. 1 de tutel. (26. 1), fr. 20 de test. tut. (26. 2), fr. 6, 8 de legit. tutor. (26. 4), fr. 12 de adm. (26. 7). Aus Gai. 12: fr. 16 de tutel. (26. 1), fr. 1 de test. tut. (26. 2), fr. 9 de legit. (26. 4), fr. 5 de tut. et cur. dat. (26. 5), fr. 13 de adm. (26. 7), fr. 9 de auct. (26. 8), s. auch Gai. I 188. Aus Pomp. 68: cit. fr. 3 pr. de adm. (26. 7); aus Pomp. 69: cit. fr. 1 § 3 de tut. (26. 1). Aus Iulian. 20: fr. 20 de excus. (27. 1), cit. fr. 8 § 3 de test. tut. (26. 2). Aus Iulian. 21: fr. 3 de confirm. tutor. (26. 3); fr. 12, 13 de auct. (26. 8), cit. fr. 6 pr. de tutel. (26. 1); fr. 7 de curat. fur. (27. 10).

[2]) Anders die 1. Aufl.

[3]) Dieses letzte Edikt hat Rudorff in seiner Rekonstruktion ausgelassen, ohne Zweifel deshalb, weil er es irrig mit dem unter dem Titel de restitutionibus proponierten (§ 43) für ein Edikt hielt. Vgl. Rudorff, d. R. der Vmdsch. II S. 293 fgg.

[4]) Eine dritte — fr. 15 § 12 de re iud. (42. 1) — ist nur zur Vergleichung herangezogen. Wie Rudorff, auch Karlowa, R. G. II S. 1190.

[5]) Man beachte die Worte: corradi, id est colligi, und weiterhin: cum causa depositionis exprimatur, ut praedia pupillis comparentur.

ausdrücklichen Zweck der Depositionsvorschrift, zur Anschaffung von Grundstücken zu verwenden: a praetore cogi eos oportet, und diese Ausdrucksweise lässt doch wohl eher auf eine an den Prätor gerichtete gesetzliche Anweisung[1]) als auf ein Edikt des Prätors selbst schliessen.

Zu den drei aus Ulp. 35 zu ermittelnden Edikten treten als weiterer Inhalt des Titels die verschiedenen bei Ulp. 36 erörterten Formeln, für die unten die Belege folgen werden.

§ 121. DE ADMINISTRATIONE TUTORUM[2]).

Ulp. 35[3]), Callistr. 3[4]).

Ulp. 35 fr. 3 § 1. 7 h. t.:

Si parens uel pater qui in potestate habet destinauerit testamento, quis tutorum tutelam gerat, illum debere gerere praetor putauit[5]) . . . . (§ 7) si non erit a testatore electus tutor[6]) aut gerere nolet, tum is gerat, cui maior pars tutorum tutelam decreuerit . . . . .

Vor diesen Klauseln stand als erste Klausel noch die de satisdatione[7]). Als deren Inhalt dürfen wir uns nämlich nicht mit Rudorff[8]) die Verheissung denken, sei es jedem Vormund sei es gewissen Arten von Vormündern die Satisdation rem pupilli saluam fore anbefehlen zu wollen. Zwar ist es sicher, dass dem Prätor die Sorge für Ableistung dieser Kaution oblag[9]), sicher aber auch andererseits, dass die Frage, wer verpflichtet sei, sie zu leisten, von den Juristen als eine in der Praxis (die sich an Kaiserreskripte anlehnen mochte[10])), nicht als eine im Edikt entschiedene Frage behandelt wird. Vgl. fr. 17 pr. de test. tut. (26. 2):

Testamento datos tutores non esse cogendos satisdare rem saluam fore certo certius est.

Fr. 5 pr. § 1 de legit. tut. (26. 4):

Legitimos tutores . . . . . . cogi satisdare certum est.

Mit solcher Ausdrucksweise[11]) ist m. E. die Annahme eines Edikts des von Rudorff behaupteten Inhalts unvereinbar[12]), und zwar einerlei, ob man sich ein solches Edikt auf alle[13]) oder nur auf die gesetzlichen Vormünder bezüglich denkt. Ersternfalls hätten nicht ganze Klassen von Vormün-

---

[1]) Verbunden mit Androhung von Strafe gegen die dem Befehl des Prätors Ungehorsamen. Vgl. fr. 3 § 16 de susp. (26. 10).

[2]) D. (26. 7), C. (5. 37).

[3]) Fr. 3, 17, 19 pr. § 1 de test. tut. (26. 2), fr. 3 § 1—ult. h. t., fr. 5 pr.—§ 4 de legit. tut. (26. 4), wohl auch fr. 19 de excus. (27. 1) cf. fr. 3 § 9 h. t., ebenso fr. 3 rem pupilli (46.6).

[4]) Fr. 18 de test. tut. (26. 2).

[5]) Vgl. fr. 3 § 3 h. t.: quamuis autem ei potissimum se tutelam commissurum praetor dicat, cui testator delegauit . . . .

[6]) Vgl. fr. 19 § 1 de test. tut. (26. 2): quam-

uis uerba edicti ad testamentarios pertineant . . . .

[7]) Vgl. fr. 5 § 3 de legit. tut. (26. 4): secundum superiorem clausulam.

[8]) E. P. § 127. S. auch Rudorff, d. R. d. Vmdsch. II S. 214.

[9]) Gai. l I 199.

[10]) Vgl. § 3 I. de Atil. tut. (1. 20), § 3 I. de satisd. tut. (1. 24).

[11]) Vgl. auch. c. 3, 4 de tut. uel cur., q. sat. non ded. (5. 42).

[12]) A. M. Karlowa, R. G. II S. 1187 fgg.

[13]) So Rudorff, d. R. d. Vmdsch. II S. 214.

dern auf dem Wege wissenschaftlicher Interpretation von der Kautionspflicht eximiert werden können — es gehören dahin bekanntlich ausser
den testamentarischen auch die von höhern Magistraten ex inquisitione
bestellten —; letzternfalls war nichts zu fragen und nichts zu entscheiden,
und dies tut doch der Jurist mit seinem certo certius est und seinem certum est[1]). Wenn sich aber Rudorff für sein Edikt auf fr. 8 de cur. fur.
(27. 10) beruft, wo es heisst:

> Bonorum uentris nomine curatorem dari oportet eumque rem
> saluam fore uiri boni arbitratu satisdare proconsul iubet . . .,

so beweist das „proconsul iubet" in diesem Zusammenhang jedenfalls nichts
für das allgemeine Edikt Rudorffs; die Worte beweisen aber sogar nicht
einmal die Existenz eines Edikts über den speziellen Fall der Stelle: das
proconsul iubet wird vielmehr einfach auf das vom Prokonsul zu erlassende
einzelne Dekret zu beziehen sein[2]).

Der wirkliche Inhalt der Klausel de satisdatione war allein der, den
auch Rudorff (E. P. § 128 I.) ganz richtig unter der Rubrik de administratione gibt: sie verhiess demjenigen unter mehrern Mitvormündern, der
sich zur Satisdation erbot, die alleinige Administration, vorausgesetzt
nur, dass nicht auch die übrigen sich zur Satisdation bereit erklärten,
Ulp. 35 fr. 17 pr. de test. tut. (26. 2):

> . cum quis offert satisdationem, ut solus administret, audiendus
> est, ut edicto cauetur . sed recte praetor etiam ceteris detulit hanc
> condicionem, si et ipsi uelint satisdare.

Die Klausel bezog sich nur auf die testamentarischen Vormünder, Ulp. 35
fr. 19 § 1 eod.:

> hoc edictum de satisdatione ad tutores testamentarios pertinet.

Ihr Zusammenhang mit den übrigen Klauseln des Edikts de administratione
ergibt sich aus § 1 I. de satisd. (1. 24):

> . potest unus offerre satis . . . .: quodsi nemo . . . . satis offerat,
> si quidem adscriptum fuerit a testatore, quis gerat, ille gerere
> debet: quodsi non fuerit adscriptum, quem maior pars elegerit,
> ipse gerere debet, ut edicto praetoris cauetur.

§ 122. *DE FALSO TUTORE.*

Ulp. 35[3]), Iulian. 21[4]).

Ulp. 35 fr. 11 pr. quod falso tut. (27. 6):

> Falsus tutor, qui in contrahendo[5]) auctor minori duodecim uel

---

[1]) A. M. Karlowa, a. a. O.

[2]) Vgl. fr. 5 pr. de V. O. (45. 1): et praetor iubet rem saluam fore pupillo caueri et interdum iudex.

[3]) Fr. 11 quod falso tut. (27. 6), fr. 9 de spons. (23. 1) cf. fr. 11 § 4 h. t.; fr. 49 de

R. I. (50. 17)?

[4]) cit. fr. 11 § 3 quod falso tut. (27. 6).

[5]) Die Worte „in contrahendo" sind zu betonen; sie bilden den Gegensatz zur auctoritas bei Prozessen, auf die sich das Edikt des § 43 bezieht.

quattuordecim annis[1]) fuerit, tenebitur in factum actione propter dolum malum.

Der Formel ging ein Edikt voraus, vgl. fr. 11 § 1 eod. v. „tenebitur hoc edicto"

§ 123. DE SUSPECTIS TUTORIBUS[2]).

Ulp. 35[3]).

Ulp. 35 fr. 1 pr. h. t.:

    Haec clausula et frequens et pernecessaria est: cottidie enim suspecti tutores postulantur.

Da sich in der Detaildarstellung des Rechts der suspecti postulatio, die bei Ulpian folgt, durchaus kein Anklang an Ediktworte findet, so dürfte die Klausel sehr allgemein gelautet und wohl nur die Verheissung enthalten haben, dass der Prätor die suspecti von der Vormundschaft entfernen werde.

§ 124. ARBITRIUM TUTELAE[4]).

Ulp. 36[5]), Paul. 38[6]), Gai. 12[7]), Iulian. 21[8]), Callistr. 3[9]).

Die Formel der actio tutelae wird von Rudorff, E. P. § 130, im wesentlichen ohne Zweifel richtig, folgendermassen rekonstruiert:

Quod N[s] N[s] A[i] A[i] (contraria: A[s] A[s] N[i] N[i]) tutelam gessit[10]), quidquid ob eam rem N[m] N[m] A[o] A[o] dare facere oportet ex fide bona[11]), eius, iudex, N[m] N[m] A[o] A[o] c. s. n. p. a.

Für die actio contraria dürfte ebenso wie für die actio mandati contraria[12]), neben der als wahrscheinlich anzunehmenden in ius konzipierten auch eine in factum konzipierte Formel proponiert gewesen sein[13]). Dafür spricht der freilich nicht unverdächtige[14]) Eingang von Ulp. 36 fr. 1

---

[1]) Quid si mulieri? Interpolation in fr. 11 § 2 eod. („cum impubere").

[2]) D. (26. 10), C. (5. 43), I. (1. 26). Die Digesten- und Institutionenrubrik lautet: de susp. tut. *et curatoribus*. Von den Kuratoren war aber im Edikt nicht die Rede.

[3]) Fr. 1, 3 h. t.

[4]) C. (5. 51). (5. 58), D. (27. 3). (27. 4).

[5]) D i r e c t a : fr. 1 pr.—§ 18 de tut. et rat. (27. 3), fr. 4 de in lit. iur. (12. 3), fr. 6, 9 de adm. (26. 7), fr. 2 ubi pupill. (27. 2), fr. 4 de fid. et nom. (27. 7). C o n t r a r i a : fr. 1, 3 de contr. tut. (27. 4).

[6]) Fr. 5 de fid. et nom. (27. 7). Vgl. Paul. 8 breu.: fr. 14 de adm. (26. 7), fr. 10, 12 de tut. et rat. (27. 3).

[7]) Fr. 14 de tut. et rat. (27. 3).

[8]) D i r e c t a : fr. 18 de adm. (26. 7), fr. 4 ubi pupill. (27. 2), cit. fr. 5 § 7 de adm. (26. 7), fr. 1 § 1 de tut. et rat. (27. 3). C o n t r a r i a : fr. 2, 4 de contr. tut. (27. 4).

[9]) Fr. 28 [29] de N. G. (3. 5).

[10]) Etwas anders Wlassak, z. Gesch. d.

N. G. (1879) S. 119: „quod N[s] N[s] tutor negotia A[i] A[i] pupilli gessit", unter Berufung auf fr. 1 pr. de eo qui pro tut. (27. 5), wozu sich noch fr. 18 de adm. fügen liesse. Möglich sind beide Fassungen, keine bewiesen, die Rudorff'sche aber, weil dem regelmässigen Sprachgebrauch der Quellen folgend, die wahrscheinlichere. Gegen den cessans geht eine utilis actio — fr. 5 § 3, 39 § 11 de adm. (26. 7), fr. 37 § 1 de excus. (27. 1), fr. 4 § 3 rem pupilli (46. 6), C. si tutor non gesserit (5. 55) —, vielleicht mit einer demonstratio „quod N[s] N[s], cum A[i] A[i] tutor esset, tutelam (oder negotia) eius non gessit", keinesfalls, wie in der 1. Aufl. vermutet, „quod periculo suo cessauit", vgl. B r i n z , ZRG. XVII S. 175.

[11]) Cic. de off. III 17 § 70, Gai. IV 62.

[12]) S. oben S. 287.

[13]) Nur eine prätorische Formel nimmt Karlowa an, R. G. II S. 1190 fg.

[14]) G r a d e n w i t z , Interpolat. S. 116.

pr. de contr. tut. (27. 4): Contrariam tutelae actionem praetor proposuit[1]) induxitque in usum[2]).

Edikte über die actio tutelae sind nicht nachweisbar[3]). Die verschiedenen Modifikationen, die die Formel der directa in ihrer Richtung gegen Gewalthaber oder Erben des Tutors erlitt, können, da im Album nicht proponiert, hier ausser Betracht bleiben[4]).

Eine besondere Formel für die Klage aus der cura war im Album nicht proponiert[5]). Vielmehr wurde hier, wie wir aus zahlreichen Quellenzeugnissen wissen, die actio negotiorum gestorum gewährt[6]). Allerdings finden wir neben den Stellen, die die actio aus der cura schlechtweg als actio negotiorum gestorum bezeichnen, andere, in denen sie teils als utilis negotiorum gestorum actio[7]) teils als curationis iudicium[8]) oder utilis curationis causa actio[9]) teils als utilis actio[10]) ohne Beisatz figuriert. Allein in allen diesen Stellen haben wir, wie Alibrandi nachgewiesen hat[11]), Interpolationen vor uns. Es geht dies, abgesehen von den besondern Verdachtsgründen, die sich bei jeder einzelnen von ihnen geltend machen, schlagend aus dem schol. des Thalelaeus zu c. 18 de N. G. (2. 18) (suppl. Basil. p. 158) hervor: hier wird uns ausdrücklich mitgeteilt, der alte Text der Constitution habe den Geschäftsführer als curator bezeichnet und gegen ihn die directa negotiorum actio gewährt, die Erwähnung des curator sei aber gestrichen worden, ἵνα μηδὲν ᾖ τὸ ἀντικείμενον (ut nihil contrarium esset)[12]). Wenn es hienach feststeht, dass die Klage aus der Cura die

---

[1]) C. 3 de exc. (8. 35): proposita actione. An die aᵒ rat. distr. (so Kretschmar, Entw. der Komp. 1907, S. 36 fg.) ist hier sicherlich nicht zu denken.

[2]) Segrè, sulle formole etc. (st. Moriani 1905, S. A.) p. 19 n. 2, macht darauf aufmerksam, dass in fr. 3 § 1 und 4 de contr. tut. (27. 4) das Wort „abesse" vorkommt, das uns schon bei der actio neg. gest. und mandati contraria begegnet ist; das Wort klingt aber in den zit. Stellen nicht formelmässig. Ich möchte eher vermuten, dass die Formel — unter anderm — das „impensum esse in rem pupilli" vorsah; der Ausdruck kehrt in Ulpians Kommentar immer wieder, vgl. fr. 1 § 5, 3 pr. § 3. 8 de contr. tut. (27. 4), auch Gai. fr. 5 § 1 de O. et A. (44. 7).

[3]) Wlassak, a. a. O. S. 119 fg.

[4]) Rudorff, E. P. § 130 n. 2. 5. 6. Zweifellos unrichtig ist übrigens die intentio, womit R. die actio in heredem defuncti nomine versieht: quidquid ob eam rem Titium dare oporteret, si in uiuis esset. Vielmehr lautete die intentio, einerlei ob der Erbe suo oder defuncti nomine belangt wurde, einfach auf den Namen des Erben.

[5]) Arg. fr. 1 § 7 de eo qui pro tutore 27. 5).

[6]) Fr. 3 § 5 de N. G. (3. 5), fr. 5 § 6 de adm. (26. 7), fr. 4 § 3, fr. 13 i. f. de tut. et rat. (27. 3), fr. 7 § 2 de cur. fur. (27. 10), c. 1 si adu. lib. (2. 30 [31]), c. 1 quod cum eo (4. 26). Vgl. dazu Wlassak, a. a. O. S. 86 fgg.

[7]) C. 17 de N. G. (2. 18 [19]), c. 7 arb. tut. (5. 51), c. 26 § 1 de adm. (5. 37).

[8]) Fr. 11 de auct. (26. 8).

[9]) Rubr. D. (27. 3).

[10]) C. 2 de her. tut. (5. 54) — dazu Wlassak, a. a. O. S. 95 n. 21 —, rubr. D. (27. 4), fr. 10 de reb. eor. (27. 9), fr. 9 § 4 de pecul. (15. 1), letztere Stellen von Wlassak a. a. O. übersehen.

[11]) Bullett. dell' ist. II p. 151 sqq. (opere I p. 583 sqq.).

[12]) Anders freilich K. E. Zachariä, ZRG. XXI S. 218 fgg. Schwierigkeiten macht einzig c. 3 arb. tut. (5. 51): hier wird die Klage gegen den curator als tutelae iudicium bezeichnet, was mit allen übrigen Nachrichten unvereinbar ist und doch nicht wie Interpolation aussieht, vgl. dazu Alibrandi, l. c. p. 158 sqq. Das in fr. 1 § 2 de contr. tut. (27. 4) erwähnte contrarium iudicium ist das iudicium negotiorum gestorum und war in dem echten Text des Juristen wahrscheinlich auch als solches bezeichnet.

gewöhnliche actio negotiorum gestorum ist, dürfte doch die Vermutung nicht unbegründet sein, dass in der Formel die Eigenschaft der Partei als curator im einzelnen Fall irgendwie bezeichnet wurde: dafür sprachen entschieden Zweckmässigkeitsgründe[1]).

§ 125. RATIONIBUS DISTRAHENDIS.

Ulp. 36[2]).

Die Formel der actio rationibus distrahendis[3]) ist uns unbekannt, ihre Rekonstruktion durch Rudorff (E. P. § 131) haltlos. Nach dem altzivilen Ursprung der Klage ist intentio in ius concepta anzunehmen, nach dem auffallenden Namen kaum zu bezweifeln, dass die Aufgabe des Judex, die Rechnungen zu prüfen, in ihr zum Ausdruck kam. Ferner ist nach fr. 1 § 19 de tut. et rat. zu vermuten, dass unter den Klagvoraussetzungen die Worte „iure tutelam gessit" oder ähnliche figurierten, und nach fr. 1 § 23 eod., dass das Delikt der Unterschlagung mit dem Wort captum bezeichnet war. Endlich muss die Formel so gefasst gewesen sein, dass in irgend einer Richtung eine plus petitio möglich war[4]), woraus aber noch keineswegs eine intentio certa oder gar eine intentio in factum concepta (so Rudorff l. c.) folgt.

§ 126. DE EO QUI PRO TUTORE NEGOTIA GESSIT[5]).

Ulp. 36[6]), Paul. 38[7])?

Die demonstratio dieser Klage lautete wohl unzweifelhaft:

Quod N[s] N[s] pro tutore A[i] A[i][8]) negotia gessit[9]).

Die intentio dürfte fiktizisch gelautet haben[10]): *quidquid, si tutor fuisset, ... oportcret ex f[i] b.* Denn nur die Absicht, die Grundsätze der Tutel auf die Protutel zu übertragen, kann zur Aufstellung einer besondern actio protutelae neben der an sich zuständigen actio negotiorum geführt haben. Dazu bedurfte es aber einer Fiktion.

---

[1]) So die 1. Aufl., vgl. auch Alibrandi, l. c. p. 162. A. M. wohl Wlassak, a. a. O. S. 95 fg.

[2]) Fr. 1 § 19—ult. de tut. et rat. (27. 3).

[3]) Vgl. über dieselbe noch Paul. fr. 2 eod., Tryphon. fr. 55 § 1 de adm. (26. 7), Paul. sent. II 30 § 1. Über den Namen: Rudorff, d. R. d. Vmdsch. III S. 2 fg., Voigt, XII Taf. S. 564 n. 8, und besonders die guten Ausführungen Karlowas, II S. 280.

[4]) Cic. de orat. I 36, 166. 167. Worin die hier erwähnte plus petitio (plus lege agendo petebat quam quantum lex in XII tabulis permiserat), wissen wir nicht. Unterstellen wir, dass in den Kondemnationsbedingungen der actio r. d. das unterschlagene Objekt angegeben werden musste, so liegt die Annahme nahe, dass der Kläger, in irriger

Auslegung des Worts „captum", noch andere nicht unterschlagene Objekte (z.B. vergeudete Gelder) in seine legis actio aufnehmen wollte. Vgl. dazu Gai. IV 60. Ähnlich Hartmann-Ubbelohde, Ordo iudic. S. 452 n. 40[a]. Andere Vermutungen in der 1. Aufl. und bei Karlowa, II S. 281.

[5]) D. (27. 5), C. (5. 45).

[6]) Fr. 1 h. t.

[7]) Fr. 28 de solut. (46. 3).

[8]) Rudorff, E. P. § 132, hat „A[i] A[i] pupilli". Dies ist unrichtig, arg. fr. 1 § 6 h. t., wo das von Rudorff ausgedrückte Erfordernis aus den Worten „pro tutore" abgeleitet wird.

[9]) Ulp. 36 fr. 1 § 1—7, Paul. sent. I 4 § 8. Dazu Wlassak, a. a. O. S. 121 fgg.

[10]) Anders Rudorff, E. P. § 132.

Eine contraria scheint nicht proponiert gewesen zu sein¹). Ebensowenig ist ein Edikt, das unsere Klage verheissen hätte, nachweisbar²).

Nahm die proponierte Formel auch auf den Fall der negotiorum gestio
pro curatore Rücksicht? Dafür scheint die Digestenrubrik (27. 5) „de
eo qui pro tutore proue curatore negotia gessit" und die Erwähnung bei
Paul. sent. I 4 § 8 zu sprechen³); dagegen aber spricht m. E. entscheidend
die Erwägung, dass der Prätor, der kein besonderes iudicium curationis
proponiert hatte, nicht wohl eine Formel für den Fall der pro-curatio aufstellen konnte⁴). Auch fehlt der Zusatz „proue curatore" in der Codexrubrik (5. 45), und der Kommentar Ulpians nimmt auf ihn keinerlei
Rücksicht.

§ 127. DE MAGISTRATIBUS CONUENIENDIS⁵).

Ulp. 36⁶), Iulian. 21⁷).

Die Formel der actio subsidiaria⁸) lässt sich nicht zuverlässig rekonstruieren. Sicher ist, dass sie nicht eine auf die Person des Magistrats
gestellte ciuilis intentio hatte — arg. fr. 7 h. t. —, und dass die Subsidiarität
der Klage in der Formel nicht zum Ausdruck kam, sondern durch causae
cognitio in iure gewahrt wurde⁹). Das Wahrscheinlichste ist mir, dass
eine intentio in factum concepta die Normalfälle der Haftung¹⁰) zusammenfasste. Eine auf die Person des Tutors gestellte ciuilis intentio — so
Rudorff, E.P. § 133, — ist nicht nur unwahrscheinlich, sondern unmöglich,
da ja bei Erhebung der actio subsidiaria die Obligation des Tutors regelmässig oder doch sehr häufig bereits durch prozessuale Konsumtion erloschen war. Auch würde eine solche Formel auf den Fall „si magistratus
tutorem [uel curatorem] omnino non dedit" nicht anwendbar gewesen sein,
während fr. 1 § 6 h. t., wo dieser Fall behandelt ist, nicht die leiseste Andeutung einer von der gewöhnlichen wesentlich abweichenden Formulierung
enthält¹¹). Fr. 9 i. f. h. t. aber:

. eadem in magistratibus actio datur, quae competit in tutores,

---

¹) Arg. Ulp. 10 fr. 5 h. t., das der Inskription nach auf die contraria neg. gest. actio
zu beziehen ist, und Ulp. 36 fr. 1 § 1. 3, fr. 3
§ 8 de contr. tut. (27. 4), wozu zu vgl.
Wlassak, a. a. O. S. 123 fgg.

²) So auch Wlassak, a. a. O. S. 126.

³) Vgl. dazu Alibrandi, bull. dell' ist.
II p. 162 sq.

⁴) Wlassak, a. a. O. S. 125, dessen Argument aus fr. 1 § 7 h. t. mir aber nicht zutreffend erscheint.

⁵) D. (27. 8), C. (5. 75).

⁶) Fr. 1 h. t., fr. 3 de tut. et cur. dat. (26. 5).

⁷) Fr. 3, 5 h. t.

⁸) Sie war proponiert: dies zeigt die Ausdrucksweise Ulpians, vgl. z. B. fr. 1 pr. (utilis
actio in ordinem!), fr. 1 § 1 (hac actione
tenebitur!) h. t.

⁹) Vgl. Ulp. disp. fr. Argent., Sitzungsber.
der Berl. Akad. 1903 p. 931, ZRG. XXXVII
S. 418: eamque actionem causa cognita
in eos dandam. Anders die 1. Aufl.

¹⁰) Datio (fr. 1 § 2) und nominatio (fr. 1 § 3)
eines tutor minus idoneus (fr. 1 § 10) und
Unterlassung der Sorge für gehörige Kaution
(fr. 1 § 11 sqq.). Die Erörterung Ulpians in
fr. 1 § 4—9 h. t. scheint mir wissenschaftliche
Ergänzung der Formel zu enthalten, die sich
an das etwaige „s. p. Nᵐ Aᵒ Aᵒ tutorem minus idoneum dedisse" (oder ähnl.) angeschlossen haben mag. Wegen der Normalfälle vgl. noch c. 3, 5 h. t. In fr. 2 § 5 ad
munic. (50. 1) ist auch noch der Fall des „tutorem non dedisse" mitgenannt.

¹¹) Eine solche nimmt Rudorff l. c. an.

worauf sich Rudorff für seine Fassung beruft, will nicht die doch keinesfalls durchgängige Gleichheit der Formulierung, sondern die der materiellen
Rechtsgrundsätze betonen.

Tit. XXIII.

DE FURTIS[1].

§ 128—139.

Ulp. 37. 38, Paul. 39, Gai. 13, Iulian. 22.

Unter dem Titel de furtis sind folgende Edikte und Formeln teils
nachweisbar, teils sicher zu vermuten:

1. Formel der actio furti nec manifesti, Gai. III 190:

> nec manifesti furti poena per legem (*XII*) tabularum dupli
> inrogatur, eamque etiam praetor conseruat.

Dazu Noxalformel, vgl. Ulp. 18 fr. 2 § 1 de noxal. act. (9. 4).

2. Formel (und Noxalformel?) der actio furti concepti, Gai. III 186. 191:

> Concepti ... poena ex lege XII tabularum tripli es*t*, *ea*que simi-
> liter a praetore ser*u*atur.

Vgl. noch Paul. sent. II 31 § 3. 5. 22. Gell. N. A. XI 18 § 12.

3. Formel (und Noxalformel?) der actio furti oblati, Gai. III 187. 191:

> .... oblati poena ex lege XII tabularum tripli es*t*, *ea*que similiter
> a praetore ser*u*atur.

Vgl. Paul. sent. II 31 § 3. 5. 14. Gell. N. A. XI 18 § 12.

4. Formel der actio de tigno iuncto.

5. Formel und Noxalformel (nebst Edikt?) wegen furtum manifestum,
Gai. III 189:

> tam ex serui persona quam ex liberi quadrupli actio praetoris
> edicto constituta est.

6. Formel der actio furti prohibiti (nebst Noxalformel und Edikt?),
Gai. III 188. 192:

> Prohibiti actio quadrupli est ex e*dicto* praetoris i*n*troducta.

7. Formel (Noxalformel? Edikt?) der actio furti non exhibiti, § 4 I. de
obl. q. ex del. (4. 1):

> Praeterea poena constituitur edicto praetoris per actionem furti
> non exhibiti aduersus eum, qui furtiuam rem apud se quaesitam et
> inuentam non exhibuit.

8. Edikt Si is qui testamento liber esse iussus nebst Formel.

9. Edikt und Formel Furti aduersus nautas caupones stabularios.

10. Edikt und Formel Si familia furtum fecisse dicetur.

11. Edikt und Formel Quod familia publicanorum furtum fecisse dicetur.

12. Formel (und Edikt?) der actio arborum furtim caesarum.

---

[1] Ulp. fr. 195 § 3 de V. S. (50. 16): sub titulo de furtis. Tryph. fr. 59 § 1 de manum.
test. (40. 4): edicto de furtis. D. (47. 2), C. (6. 2).

Unter den hier verzeichneten Ediktbestandteilen ist bei Nr. 2. 3. 6. 7 jeder Versuch der Wiederherstellung von vornherein hoffnungslos, da die hieher gehörigen Stücke der Kommentare in die Kompilation nicht übergegangen sind[1]), dem Rekonstruktionsversuch also jegliche Basis fehlt. Die übrigen Formeln und Edikte sollen im folgenden näher erörtert werden.

Hinsichtlich der Ordnung der Materien folge ich Ulpians Kommentar[2]) und den Digesten. Aus jenem ist zu ersehen, dass — wenigstens im Kommentar — die actio furti nec manifesti der actio furti manifesti vorging und nicht umgekehrt (wie bei Rudorff)[3]). Alle bei Ulp. 37 in Betracht gezogenen Fälle des furtum sind oder können solche des nec manifestum sein, während umgekehrt Ulp. 38 fr. 53 [52 i. f.] h. t. nach richtiger Lesart[4]) einer Untersuchung über das furtum manifestum angehört. Damit stimmt, dass nach Ulp. 37 fr. 50 pr., 52 § 26 eod. die in lib. 37 behandelte Klage die auf das Doppelte und nicht die auf das Vierfache war[5]), und diese Voranstellung der Zivilklage entspricht ja nur der allgemeinen Regel, wenn nicht des Edikts, so doch des Ulpianschen Kommentars. Dieser Regel gemäss finden wir neben der actio furti nec manifesti bei Ulp. 37 weiter noch die Zivilklage de tigno iuncto und wahrscheinlich auch die actio furti concepti[6]), während die lange Reihe der in den Digesten überlieferten prätorischen Klagen aus furtum durchaus bei Ulp. 38 erörtert ist.

1. (§ 128). *FURTI NEC MANIFESTI.*

Ulp. 37[7]), Paul. 39[8]), Gai. 13[9]), Iulian. 22[10]).

Wichtigstes Hilfsmittel für die Rekonstruktion der actio furti nec

---

[1]) Nur Ulp. 37 fr. 12 de test. (22. 5) dürfte mit ziemlicher Sicherheit auf die actio furti concepti zu beziehen sein. Erwähnt ist diese noch in c. 8 de caus. ex qu. (2. 11), vgl. schol. in Basil. XXI 3, 7 (Heimb. II p. 455).

[2]) Die andern Kommentare geben keinen Anhalt, da in ihnen das furtum nur je ein Buch einnimmt.

[3]) Wie Rudorff auch Karlowa, II S. 1322 fg., aus ganz ungenügenden Gründen.

[4]) Non furti manifesti, statt: furti non manifesti.

[5]) Im Eingang des fr. 50 pr. heisst es freilich „quadruplabitur uel duplabitur", nachher aber gleich bloss einfach „eius duplum", woraus sich ergibt, dass die Erwähnung des quadruplum nur eine gelegentliche, oder noch wahrscheinlicher eine Interpolation ist.

[6]) S. n. 1. Die Annahme P. Krügers, ZRG. XVIII S. 222, u. And., die actiones furti concepti und oblati seien prätorisch gewesen, scheint mir durch den Bericht des Gaius, der ja doch die Formeln kannte, ausgeschlossen. Dem gegenüber können Schlussfolgerungen aus Gell. XI 18, 12 fgg., einem,

wenn auch aus juristischer Quelle geschöpften, doch von einem Nichtjuristen herrührenden Berichte, nicht aufkommen. Vgl. auch Hitzig, ZRG. XXXVI S. 329.

[7]) Fr. 50, 52 h. t., fr. 9 ad l. Corn. de sic. (48. 8), fr. 192 de V. S. (50. 16). Noxalklage: fr. 8, 36, 38, 42 de noxal. act. (9. 4), fr. 16 de interrog. (11. 1), fr. 26 ad SC Vell. (16. 1).

[8]) Da Paulus actio furti nec manif. und manif. im gleichen Buch behandelt, so ist die Beziehung der erhaltenen Fragmente nur insoweit sicher nachzuweisen, als deren Inhalt dies ermöglicht. Das ist aber nur bei fr. 9 de nox. act. (9. 4) — duplum! — der Fall. Die übrigen Stellen verlangen oder dulden keine bestimmte Beziehung auf eine der beiden Klagen: fr. 11, 13 de cond. furt. (13. 1), fr. 3 de manum. (40. 1), fr. 1, 54 [53] h. t.

[9]) Auch hier gilt das n. 8 Gesagte. Fr. 2, 8, 51, 55 [54] h. t., fr. 13 de noxal. act. (9. 4).

[10]) Scheidung der beiden genera furtorum ist auch hier nicht möglich. Fr. 14 de cond. furt. (13. 1), fr. 57 [56] h. t., cit. fr. 10 § 1 de cond. furt. (13. 1), fr. 14 § 4, fr. 23, fr. 52 § 16 h. t., auch wohl fr. 7 § 1 de Public. (6. 2) und

manifesti ist die bei Gai. IV 37 mitgeteilte fiktizische Formel wider den
für peregrinus, die in nachstehender verstümmelter Form erhalten ist:

IUDEX ESTO. SI PARET CONSILIOUE DIONIS *HERMÆI* FILI*I*[1]) FURTUM
FACTUM ESSE PATERAE AUREAE, QUAM OB REM EUM, SI CIUIS ROMANUS
ESSET, *PRO* FURE DAMNUM DECIDERE OPORTERET et rel.

Dass wir es nämlich hier in der Tat mit einer fiktizischen actio furti n e c
manifesti und n u r nec manifesti zu tun haben, ist ganz unzweifelhaft[2]),
schon wegen der intentio, die nur zur actio legitima passt, ferner aber auch,
weil in dem Bruchstück als Beklagter der erscheint, cuius (ope) consilio
furtum factum est, Worte, die bei Ulp. 37 kommentiert sind und ihrer
Bedeutung nach jede Beziehung auf furtum manifestum ausschliessen[3]).

Die Gaianische Formel bedarf nun aber dringend der Verbesserung
und Ergänzung. Vor consilio hat bestimmt ope gestanden: die Worte
ope consilio sind als formulare sicher bezeugt[4]). Ebendeshalb ist auch das ue
hinter consilio nicht zu halten[5]) (vielleicht übrigens schon auf Nachlässigkeit des zitierenden Schriftstellers selbst zurückzuführen). Sofort erhebt
sich weiter die Frage, ob die so hergestellten Worte „s. p. ope consilio
N^{i} N^{i} furtum factum esse paterae aureae" den vollen formelmässigen Tatbestand des furtum nec manifestum enthalten, ob sie nicht vielmehr ledig-
lich den Tatbestand der Beihilfe und Anstiftung zum furtum begreifen,
derart also, dass entweder noch eine zweite gegen den Täter selbst
gerichtete Formel anzunehmen wäre, oder aber dass zwischen si paret
und ope consilio noch Worte gestanden haben müssten, die der Formel
die Richtung auch gegen den eigentlichen fur selbst gaben. Ganz entschieden gegen die Ergänzungsbedürftigkeit der Formel hat sich in einer
ausführlichen Abhandlung C o h n[6]) ausgesprochen, und ihm ist M o m m s e n[7])
beigetreten. Mir scheint diese Ergänzungsbedürftigkeit unzweifelhaft. Die
Worte „ope consilio Titii furtum factum est" können unmöglich mit Cohn[8])
auch auf den Täter bezogen, nämlich dahin verstanden werden, „dass eine
der Folge bewusste (consilio) Handlung des Titius (ope) eine in Kontrek-
tation bestehende Rechtswidrigkeit und Rechtsverletzung zur Folge gehabt hat". Vielmehr wird die ausschliessliche Beziehung des ope consilio
auf den Helfer und Anstifter durch eine Reihe klar redender und unver-

---

fr. 14 § 1 h. t., wo gewiss nur aus Versehen
Iulian. 23 zitiert ist. Noxalklage: fr. 16, 40
de noxal. act. (9. 4), cit. fr. 38 § 1 eod.

[1]) C. Ver.: Dihoniser. mei filio.

[2]) A. M. gleichwohl R u d o r f f, E. P. § 134,
R. G. II S. 353. Gegen ihn: E i s e l e, die
mater. Grdl. der Exc. (1871) S. 145 fg.

[3]) Das liegt auf der Hand, ist aber überdies in fr. 34 h. t. ausdrücklich gesagt: Is, qui
opem furtum facienti fert, numquam manifestus est.

[4]) Ulp. 37 fr. 50 § 1—3 h. t. Ferner:
fr. 27 § 21 ad l. Aqu. (9. 2), fr. 11 § 2 de seruo

corr. (11. 3), fr. 6 de cond. furt. (13. 1), fr. 36
pr., 91 (90) § 1 h. t., fr. 1 pr. furti adu. naut.
(47. 5), fr. 53 § 2 de V. S. (50. 16). Prob. Einsidl. 19: O. C. = ope consilio.

[5]) Vgl. namentlich fr. 53 § 2 de V. S.

[6]) Beiträge z. Bearb. d. röm. R., Heft II
(1880) S. 1—40. Vorgänger C o h n s, immerhin zweifelnd, ist P e r n i c e, Labeo II (1. Aufl.)
S. 65, schwerlich aber der von C. ebenfalls
angeführte K e l l e r, C. P. n. 220 („oder a
te").

[7]) Strafrecht, S. 745 n. 2.

[8]) a. a. O. S. 9.

dächtiger Quellenzeugnisse so sicher bewiesen, wie nur irgend eine historische Tatsache bewiesen werden kann. Hieher gehört vor allem Gai. III 202, wo derjenige, cuius ope consilio furtum factum est, als Helfer und Anstifter dem eigentlichen fur in einer Weise entgegengesetzt wird, die jeden Gedanken daran ausschliesst, dass jene Worte auch zur Bezeichnung des letztern gedient haben könnten:

> Interdum furti tenetur *qui* ipse furtum non fecerit, qualis est cuius ope consilio furtum factum est . . . .,

Worte, die in § 11 I. de obl. q. ex del. (4. 1) mit einer unbedeutenden Veränderung (ope et consilio) wiederholt sind. Ganz denselben Charakter tragen weiter folgende Stellen, von denen m. E. jede für sich allein genügen würde, Cohns Ansicht zu widerlegen: Ulp. fr. 50 § 1—3, auch fr. 23 h. t., fr. 6 de cond. furt. (13. 1), Paul. fr. 21 § 1 de act. rer. amot. (25. 2), fr. 34 h. t. (47. 2), sent. II 31 § 10, V 4 § 20, Pompon. fr. 4 § 4 de pecul. (15. 1), auch in fr. 36 § 2 h. t., Iavol. fr. 91 (90) § 1 h. t., Diocl. et Max. c. 5 de noxal. act. (3. 41). Die Versuche Cohns, einen Teil dieses erdrückenden Beweismaterials zu beseitigen — zum Teil ist es von ihm übersehen —, sind m. E. in hohem Grad bedenklich. Der Text bei Gai. III 202 ist nach Cohn[1]) korrumpiert oder gar bloss ein Glossem. Das Vorkommen desselben Satzes in den Justinianischen Institutionen wird durch Übertragung aus den Gaiushandschriften erklärt und daneben wahlweise der Annahme Raum gelassen, dass das Glossem von den Redaktoren der Justinianischen Institutionen zuerst gebracht und hernach erst in den Gaius eingedrungen sei! Fr. 36 § 2 und fr. 50 § 1—3 h. t. sind ebenfalls korrumpiert[2]): Justinian nämlich habe die Worte ope consilio wirklich in dem von Cohn verworfenen engern Sinne verstanden und darum die abweichenden Äusserungen der klassischen Juristen durch Interpolation mit seiner Auffassung in Übereinstimmung gebracht. Fragt man, wie denn ein solches Missverständnis auf seiten Justinians möglich gewesen, so werden wir[3]) auf einige Pandektenstellen verwiesen, die das Missverständnis nahe legen sollen, auf die zu Justinians Zeit angeblich veränderte Bedeutung des Wortes ope u. dgl. m., Argumente, die, wenn sie überhaupt irgend welches Gewicht hätten, vor der einfachen Tatsache zusammenfallen würden, dass den Justinianischen Redaktoren die Ediktkommentare unverstümmelt vorlagen: diese mussten, wenn wirklich die actio furti des Täters nicht gesondert gedachte, jede Möglichkeit einer derartigen Irrung ausschliessen. Aber weiter: wie verträgt sich die Annahme eines Missverständnisses mit derjenigen absichtlicher Interpolation? Dieser handgreifliche Widerspruch ist auch Cohn nicht entgangen, und so lässt er uns schliesslich[4]) die

---

[1]) a. a. O. S. 31 fg.

[2]) Unter den philologischen Bedenken Cohns gegen den Text in fr. 50 § 3 figuriert auch (a. a. O. S. 7), dass das daselbst gebrauchte Wort adiutorium „dem Wörterbuch der Zukunft entlehnt sei". Ich finde das

Wort schon bei Asinius Pollio (Sueton. de grammat. c. 10) und in der silbernen Latinität mehrfach.

[3]) a. a. O. S. 35 fg.

[4]) a. a. O. S. 36.

Wahl, ob wir nicht lieber annehmen wollen, Justinian sei sich des angeblich klassischen Verständnisses der Worte ope consilio ganz wohl bewusst
gewesen, habe ihnen aber, weil der Sprachgebrauch seiner Zeit es nicht
mehr, wie ehedem, erlaubte, das Wort ope auch auf den Täter zu beziehen,
den engern Sinn gegeben, den seine Zeit mit den Worten verband, und
demgemäss die klassischen Schriftsteller interpoliert. Für diese angebliche
Veränderung des Sprachgebrauchs von der klassischen Zeit bis auf Justinian
wird aber auch nicht der Schatten eines Beweises erbracht, und es wird
nicht bedacht, dass die klassischen Juristen bis auf Justinian das Fundament der juristischen Bildung geblieben sind, so dass eine solche Veränderung des technisch-juristischen Sprachgebrauchs einfach unmöglich ist[1]).

   Und welcherlei Art sind nun die Gründe, die Cohn bewegen, die
klarsten, direktesten Quellenzeugnisse so auf die Seite zu schieben? Da
ist zunächst fr. 53 § 2 de V. S., welche Stelle beweise, „dass das Wort
consilium in unserer Formel nicht in dem Sinn von Teilnahme zu verstehen ist, da der bezügliche Tatbestand nicht als ein consilium dare, sondern als ein consilium habere bezeichnet wird"[2]). Als ob die intellektuelle
Teilnahme überall einzig nur in der Erteilung eines Rats bestehen könnte!
Weiter urgiert Cohn in demselben Fragmente[3]) die Worte

       aliud factum est eius qui ope, aliud eius qui consilio furtum facit.
Es sei unmöglich, dass der blosse Teilnehmer, dem sonst die Qualität des
furtum faciens ausdrücklich abgesprochen werde, in dieser Weise bezeichnet
werde. In der 1. Aufl. habe ich hierauf erwidert, dem Paulus und Labeo
(dessen Worte jener zitiert) sei es an diesem Orte gar nicht auf technisch-
genaue Ausdrucksweise angekommen; wie nahe liege die Umkehrung des
formularen „ope consilio Ni Ni furtum factum esse" in ein „qui ope consilio furtum fecit", zumal da ja auch der blosse Teilnehmer „furti" tenetur[4])!
Aber sind es wirklich Paulus und Labeo, die hier reden? Es sprechen,
wie Karlowa[5]) und Pampaloni[6]) gezeigt haben, gute Gründe dafür,
dass hier die Hand der Kompilatoren eingegriffen hat. Die Nachlässigkeit des Stils und das Unzusammenhängende des Gedankengangs lassen
m. E. nur die Wahl zwischen dieser Annahme und der eines in den Text
eingedrungenen Glossems. Als Hauptargument verwendet Cohn[7]) ferner
den oben angeführten Formeltext bei Gai. IV 37, dessen Wortlaut es aufs
bestimmteste bestätige, dass die Worte ope consilio auch auf den Täter
Bezug haben, wofern man nicht zu Emendationen seine Zuflucht nehme.

---

[1]) Mommsen a. a. O. glaubt, die angebliche Urbedeutung der Worte sei schon zur
Zeit der klassischen Juristen vergessen gewesen. Dergleichen scheint mir angesichts
einer Formel, die die Worte gerade in dieser
angeblichen Urbedeutung verwendet haben
soll, unmöglich.
[2]) a. a. O. S. 6.

[3]) a. a. O. S. 29.
[4]) Vgl. auch Pernice, Labeo II (2. Aufl.)
S. 108 n. 2.
[5]) R. G. II S. 787.
[6]) Studi sopra il del. di furto fasc. I
(1900) p. 39.
[7]) a. a. O. S. 11 fg.

Allein, wenn in der Gaianischen Formel ganz unzweifelhaft zwischen den Worten si paret und consilioue durch Versehen des Abschreibers eine Lücke ist — das Wort ope (und gewiss auch der Name des Bestohlenen) muss jedenfalls eingeschoben werden —, so ist die Annahme, dass hier nicht bloss dies allein ausgefallen sei, sicherlich nicht gewagt, und man muss sich wohl besinnen, ehe man eine derart verdächtige Stelle als Hauptbeweis gegen eine Reihe klarredender Zeugnisse ausspielt. Zur Unterstützung seiner Meinung von der Vollständigkeit des Gaianischen Formeltexts führt Cohn freilich auch die bekannte Stelle aus Cicero de nat. deor. III 30 § 74 an, wo dieser, indem er den Missbrauch der menschlichen Vernunft durch Beispiele belegt, gelegentlich die Legisaktionsformel „ope consilioque tuo furtum aio factum esse" zitiert. Da sei ja ebenfalls vom Täter keine Rede! Aber es erklärt sich leicht, warum Cicero gerade nur diese Formel und nicht gleichzeitig auch das in der legis actio vielleicht mit dieser gar nicht zu einer Formel verbundene „aio te furtum fecisse" zitierte: es war das Wort consilium, was ihn dazu veranlasste, eben jenes Wort, das er vorher und nachher (eod. III 28 § 71, III 30 i. f.) neben ratio zur Bezeichnung der missbrauchten Geisteskraft verwendet, daher ihm unsere Formel als eine Art offiziellen Dokuments für die Rolle der Vernunft beim Verbrechen ein besonders bequemes Zitat sein musste. Ein weiteres Argument, das Cohn aus dem Text des Edikts über die actio furti aduersus nautas ziehen zu dürfen glaubt[1]), wird gelegentlich dieses Edikts seine Erledigung finden. Und wenn endlich Cohn[2]) den sonstigen Legalgebrauch der Worte ope consilio heranzieht, so erweist er damit gegen sich; die Worte ope consilio in den von ihm angeführten Stellen beziehen sich ganz wie in der actio furti auf Beihilfe und intellektuelle Urheberschaft: in allen diesen Stellen[3]) handelt es sich um Vergehen, die überhaupt gar nicht anders denkbar sind denn als Beihilfe oder intellektuelle Urheberschaft zur Tat anderer.

Nach alledem darf es m. E. als gewiss betrachtet werden, dass die Worte ope consilio N^i N^i furtum factum esse den formelmässigen Tatbestand des furtum nicht erschöpfen. Vielmehr war ohne Zweifel vor diesen Worten noch des Täters selbst gedacht[4]), etwa in der Weise[5]):

[1]) a. a. O. S. 14 fg.

[2]) a. a. O. S. 18 fg.

[3]) Fr. 10 ad l. Iul. maiest. (48. 4): cuius ope consilio dolo malo prouincia uel ciuitas hostibus prodita est; vgl. fr. 1, 4 eod. Paul. sent. V 29 § 1: cuius ope consilio .... arma mota sunt exercitusue . . in insidias deductus est. Fr. 15 ad l. Iul. de adult. (48. 5): cuius ope consilio dolo malo factum est, ut uir feminaue se redimerent.

[4]) Daher unterscheiden auch die Scholien 8 zu Basil. LX 5, 44 und 5 zu Basil. LX 5, 48 die Haftung ἐκ τοῦ ope consilioue von der Haftung des eigentlichen Täters.

[5]) Pernice, Labeo II^1 (2. Aufl.) S. 108 n. 2 nimmt zwei Formeln an, eine gegen den fur, eine gegen den Teilnehmer gerichtet. Er meint, die Formel mit Doppelzweck sei nicht vereinbar mit Paul. II 31 § 10, — ich vermag nicht zu erkennen, warum nicht. M.W. geben die Quellen nirgends einen Anhalt für die Annahme zweier Formeln, und insbesondere wäre nicht leicht zu verstehen, weshalb Gai. IV 37 als Beispiel für die formula ficticia gerade die Formel wider den Teilnehmer und nicht die doch näher liegende wider den Täter selbst gewählt haben sollte.

S. P. *A° A° A N° N° OPEUE*[1]) CONSILIO N[i] N[i] FURTUM FACTUM ESSE
PATERAE AUREAE[2]).

Darauf folgten nach Gai. IV 37 die Worte

QUAM OB REM N[m] N[m] PRO FURE DAMNUM DECIDERE OPORTET,

Worte, die auf ein zwölftafelmässiges[3]) „damnum decidito" oder auch
„pro fure d. d."[4]) zurückgehen und uns bei den klassischen Juristen sehr
oft begegnen[5]). In Ulpians Kommentar liegen sie fr. 52 § 26. 27 h. t. zu
Grunde.

Den Schluss der Formel bildete die bei Gaius nicht erhaltene condemnatio pecuniaria — Ulp. 37 fr. 52 § 28. 29 h. t. Sie scheint gelautet
zu haben:

quanti ea res fuit, cum furtum factum est[6]), *tantae pecuniae
duplum, iudex, N[m] N[m] A° A° c. s. n. p. a.*

Ist aber die so gefasste Formel ganz vollständig? Ich finde in folgenden zwei Stellen die Andeutung einer eigentümlichen taxatio, Ulp. 37[7])
fr. 192 de V. S. (50. 16):

Haec adiectio „plurisue" non infinitam pecuniam continet, sed
modicam, ut taxatio haec „solidos decem plurisue" ad minutulam
summam referatur.

Iauolen. fr. 9 de in lit. iur. (12. 3):

Cum furti agitur, iurare ita oportet „tanti rem fuisse, cum furtum
factum sit", non adici „eo plurisue", quia quod res pluris est, utique tanti est.

Fragt man, wie diese taxatio näher zu denken, so muss man m. E. von
der Idee, dass hier eine richterliche taxatio des Schätzungseids in Frage
stehe[8]), ganz absehen. Vielmehr handelt es sich um folgendes. Der Kläger
musste seinem Gegner, um diesem das damnum decidere zu ermöglichen,
eine scharf begrenzte Forderung stellen, die als taxatio in die Formel
kam, aber nicht, wie ich in der 1. Aufl. annahm[9]), in deren condemnatio,
sondern in die demonstratio. Der Kläger war hier zu vorsichtiger Schätzung

---

[1]) Etwas anders und, wie ich glaube,
stilistisch härter: Goudsmit in seinen krit.
Aanteekeningen S. 81.

[2]) Vgl. fr. 19 pr.—§ 4, fr. 52 § 25 h. t.

[3]) C. 13 h. t.: post decisionem furti leges
agi prohibent.

[4]) Vgl. Hitzig, ZRG. XXXVI S. 325 fg.
Ich vermute, dass das dem Kommentar zur
Formel vorausgeschickte fr. 50 pr. h. t. bei
Ulp. 37 an diesen Legaltext anknüpfte;
auch Ulp. 37 fr. 9 ad l. Corn. de sic. (48. 8) ist
Kommentar zur lex. Voigt, XII Tafeln II
§ 136 n. 8, bestreitet, dass die Worte „pro
fure" in der gegen den Täter gerichteten
Formel hätten stehen können, da pro fure
„an Stelle des Diebs" bedeute. Die gegen
ihn sprechenden Stellen beseitigt er durch

willkürliche Textverbesserung (nach Haloander). Die richtige Deutung der Worte („als
Dieb") bei Pernice, ZRG. XXII S. 236
n. 2.

[5]) z. B. fr. 46 § 5, fr. 62 § 1. 2. 5 h. t., fr. 9
§ 2 de minor. (4. 4), fr. 7 pr. de cond. furt.
(13. 1), fr. 5 si fam. (47. 6).

[6]) Vgl. fr. 50 pr. h. t., fr. 9 de in lit. iur.
(12. 3). S. auch fr. 46 § 1 h. t.

[7]) Man beachte die Inskription.

[8]) Cf. Cuiac. opp. VIII p. 618. Wie soll
der iudex dazu kommen, das Maximum so
sonderbar unbestimmt zu bezeichnen, und
warum gerade nur bei der actio furti?

[9]) Ebenso Voigt, Ius nat. III S. 450 n. 769,
s. auch Hitzig, a. a. O. S. 326.

gezwungen, wenn er sich nicht der Gefahr der plus petitio aussetzen wollte[1]); da er aber durch die Schätzung nicht gehindert werden sollte, den etwaigen Mehrwert im Prozess geltend zu machen, so wurde in der Formel der Wertangabe ein plurisue beigefügt, also HS tot plurisue. Die Bedeutung dieses Zusatzes wird von Ulpian in fr. 192 cit. erläutert, während Javolen in fr. 9 cit. ein dadurch nahe gelegtes und praktisch wohl vorgekommenes Missverständnis zurückweist. Die Richtigkeit der obigen Vermutung wird durch ein Scholion des Stephanus — in Basil. XXII 6, 9 (Heimb. II p. 583) — erhärtet, auf das Zachariä[2]) aufmerksam gemacht hat; dort heisst es, Javolen spiele auf die alte Formel (τὸν παλαιὸν τῶν φορμούλων τύπον) an, die gelautet habe: εἰ φαίνεται τὸ πρᾶγμα σ' νομισμάτων καὶ μικρῷ πλείονος. Genau ist das ja freilich nicht, der Bericht aber doch so, dass er das Richtige erkennen lässt. Waren Geldstücke gestohlen, so bedurfte es natürlich keiner Abschätzung; war aber der Kläger der Anzahl nicht sicher, so konnte er in der demonstratio an Stelle des plurisue ein plureſue beisetzen, vgl. Ulp. fr. 19 § 3 h. t.:

Signati argenti numerum debebit complecti, ueluti aureos[3]) tot pluresue.

Die Noxalklage[4]) war m. E., ganz wie die andern zivilen Noxalklagen (§ 75), auf *„quam ob rem N^m N^m aut pro fure damnum decidere aut Stichum seruum noxae dedere oportet"* gestellt[5]). Eine Anspielung auf diese intentio, aber auch nicht mehr als das[6]), finde ich in Ulp. 37 fr. 42 § 1 de noxal. act. (9. 4):

Si quis pro seruo mortuo ignorans eum decessisse noxale iudicium acceperit, absolui debet, quia desiit uerum esse propter eum dare oportere.

Das dare oportere will hier die langwierige intentio nur rekapitulieren und ist ebensowenig wörtliches Formelzitat wie das propter eum; denn wenn auch der Herr nomine serui und propter **factum** serui noxal haftet, so ist es doch sicher ungenau, die Haftung eine solche propter seruum zu nennen. Wegen der formula interrogatoria — Ulp. 37 fr. 16 de interrog. (11. 1), fr. 26 ad SC Vell. (16. 1) — verweise ich auf § 58.

---

[1]) Vgl. das im Text weiterhin angeführte Scholion: ἧττον γὰρ ἔλεγε τῆς ἀληθινῆς ποσότητος ὁ ἄκτωρ διὰ τὸν κίνδυνον τῆς πλοὺς πετιτίονος.

[2]) ZRG. XXI S. 208 fg. Zachariä hat auch zuerst das plurisue richtig gedeutet.

[3]) denarios *Ulp.*, vgl. Zachariä, a. a. O. S. 211 n. 1.

[4]) Paul. fr. 42 pr. h. t.: uolgaris formula ., ut adiciatur . . . . „aut noxae dedere[t]".

4. (§ 131). DE TIGNO IUNCTO[1]).

Ulp. 37[2]).

Die Formel dieser actio legitima dürfte die grösste Ähnlichkeit mit der der actio furti nec manifesti gehabt haben. Für entschieden formular halte ich die Worte „*tignum aedibus (uineis) iunxisse*", arg. fr. 1 pr. § 1 h. t. Auch die Eigenschaft des tignum als furtiuum muss in der Formel hervorgetreten sein, und zwar nach fr. 1 pr., 2 h. t. sehr wahrscheinlich in der Weise, dass das tignum ausdrücklich als „furtiuum" oder „quod A° A° furto abest" bezeichnet war[3]). In der 1. Aufl. glaubte ich letzteres in Zweifel ziehen zu müssen, mit Rücksicht auf fr. 63 de don. i. u. e. u. (24. 1). Denn nach dem überlieferten Text dieser Stelle würde Paulus einen Irrtum des Neratius rügen, der bei einer Formel des vorausgesetzten Wortlauts schlechterdings undenkbar gewesen wäre[4]). Ich vermutete daher, dass die Formel nur indirekt durch ein „quam ob rem N^m N^m pro fure d. d. o." auf das Erfordernis der Furtivität hingedeutet habe. Niemandem wird das Gezwungene dieser Auskunft entgehen. Im édit. perp. suchte ich das in fr. 63 cit. liegende Bedenken dadurch zu beseitigen, dass ich mich einer von Riccobono[5]) aufgestellten Vermutung anschloss, wonach die anstössigen Worte „quia nulla actio est ex lege XII tabularum, quamuis .... coniuncta essent" als ein in den Text eingedrungenes Glossem zu betrachten wären. Auch diese Auskunft vermag aber nicht recht zu befriedigen. So gewiss die fraglichen Worte weder sachlich noch stilistisch in ihren jetzigen Zusammenhang passen, so gewiss sind sie an sich betrachtet unverdächtig, so dass es mir gewagt erscheint, sie glattweg dem Klassiker abzusprechen. Ohne Textverbesserung wird freilich jene crux interpretum nicht aus der Welt zu schaffen sein; die Konjektur dürfte aber an anderer Stelle einzusetzen haben. Ich vermute, dass im Originaltext Neratius Klage nicht gewährte, sondern versagte, und dass die Note des Paulus, die in ihrem Eingang stilistisch geradezu unerträglich ist, durch ungeschickte Hände erweitert worden ist. Im Original wird die Stelle gelautet haben:

De eo quod uxoris in aedificium uiri ita coniunctum[6]) est, ut detractum alicuius usus esse possit, dicendum est agi *non* posse, quia nulla actio est ex lege duodecim tabularum, quamuis decemuiros non sit credibile de his sensisse quorum uoluntate res eorum in alienum aedificium coniunctae[7]) essent. Paulus notat: [sed in hoc solum agi potest, ut sola uindicatio soluta re competat mulieri][8]) non in duplum ex lege duodecim tabularum: neque enim furtiuum est quod sciente domino inclusum est.

---

[1]) D. (47. 3). [2]) Fr. 1 h. t.
[3]) So auch Rudorff, E. P. § 137.
[4]) Wenn die Formel das tignum ausdrücklich als furtiv bezeichnete, konnte Neratius nicht mit Bezug auf sie schreiben: quamuis

decemuiros non sit credibile u. s. w.
[5]) Arch. giur. LIII p. 521 sqq., LIV p. 265 sqq.
[6]) coniectum *scr.?*
[7]) coniectae *scr.?*
[8]) Man beachte die verdächtigen Wen-

Der Sinn der Entscheidung des Neratius wäre hienach folgender: die Frau kann nicht klagen, deshalb nicht, weil die 12 Tafeln jede Klage auf Loslösung von tigna aedibus alienis iuncta ausschliessen, mögen auch die Decemvirn bei diesem Verbot nur an den Fall gedacht haben, wo die Verbindung ohne den Willen des dominus tignorum, und nicht an den, wo sie mit dessen Willen stattgefunden hat, dieser Wille aber vom Gesetz der Wirksamkeit beraubt ist; denn — dieser Gedanke ist zu subintelligieren — der innere Grund des Zwölftafelgesetzes trifft diesen Fall so gut wie jenen. Dazu adnotiert Paulus nur einfach: es kann auch nicht die actio de tigno iuncto erhoben werden, — denn es fehlt am Erfordernis der Furtivität.

Mag nun die obige Konjektur richtig sein oder nicht, so viel scheint mir sicher, dass auf einen so verdächtigen Text, wie den des fr. 63, keine weiteren Folgerungen gegründet werden dürfen; entscheiden müssen die unverdächtigen Zeugnisse in fr. 1 pr. und 2 h. t., und diesen gegenüber kann es auch nichts verschlagen, dass eine Anzahl von Stellen, die unsere actio berühren, aber nicht ex professo behandeln, das Erfordernis der Furtivität mit Stillschweigen übergehen[1]).

Rudorffs formula in factum concepta (E. P. § 137) ist sicher unrichtig; speziell die Worte „scientem dolo malo" darin sind eine unbegründete Folgerung aus dem, was in fr. 1 § 1 i. f. h. t. von der actio ad exhibendum gesagt ist.

5. (§ 132.) *FURTI MANIFESTI.*

Ulp. 38[2])[3]).

Die actio furti manifesti war als prätorische ohne Zweifel in factum konzipiert[4]), tat ausschliesslich der Handlung des Täters Erwähnung[5]) und liess, wie die furti nec manifesti, die Möglichkeit des Vergleichs (bis zur

---

dungen: „in hoc solum..., ut sola", „agi potest, ut uindicatio competat". Soll mit dem ganzen Satz die Zuständigkeit der actio ad exhibendum oder die der Vindikation ausgedrückt werden? Jede dieser Annahmen begegnet den stärksten Bedenken.

[1]) Vgl. § 29 I. de R. D. (2. 1), fr. 23 § 6 de R. V. (6. 1), fr. 6 ad exhib. (10. 4), fr. 7 § 10 de A. R. D. (41. 1), fr. 98 § 8 de solut. (46. 3).

[2]) Fr. 53 [52] de furtis (47. 2), schwerlich aber fr. 193 de V. S. (50. 16), — s. oben im Text. Die Erörterungen über die formula detracta noxae deditione — fr. 17 de interrog. (11. 1) —, über öffentliche Strafe des furtum — fr. 93 de furtis — und die condictio furtiua — fr. 6, 10, 12 de cond. furt. (13. 1) — bilden einen Anhang zum eigentlichen Kommentar, einen Anhang, der sich

auf alle Fälle des furtum bezieht.

[3]) Wegen der andern Kommentatoren vgl. oben S. 313 n. 8—10.

[4]) Über die irrige Annahme Rudorffs, die Formel bei Gai. IV 37 sei die der actio furti manifesti, s. S. 314 n. 2. Mit obigem übereinstimmend: Eisele, die mat. Grundlage der Exceptio S. 145 fgg.

[5]) Fr. 34 de furtis: Is qui opem furtum facienti fert, numquam manifestus est: itaque accidit, ut is quidem, qui opem tulit, furti nec manifesti, is autem, qui deprehensus est, ob eandem rem manifesti teneatur. Hiedurch erledigt sich Rudorffs Bemerkung in E. P. § 134 n. 2, eine Bemerkung, die für die Zeit der Legisaktionen passt (vgl. Bethmann-Hollweg, C. P. I S. 171), für die des Formularverfahrens aber verfehlt ist.

litis contestatio) offen[1]).   Die von Ulp. 38 fr. 193 de V. S. (50. 16) überlieferten Worte „QUANTI EAM REM PARET ESSE" werden schwerlich ihrer condemnatio angehören, da bei der actio furti manifesti enger Anschluss an
die actio furti nec manifesti wahrscheinlich[2]) ist, deren condemnatio, wie
oben gezeigt, anders konzipiert war.   Sie können irgend einer andern der
bei Ulp. 38 behandelten Aktionen zugehören.   Für wortgetreue Rekonstruktion fehlt es hinsichtlich der ganzen Formel an Anhalt.

8. (§ 135.) SI IS, QUI TESTAMENTO LIBER ESSE IUSSUS ERIT, POST MORTEM DOMINI ANTE ADITAM HEREDITATEM SUBRIPUISSE AUT CORRUPISSE QUID DICETUR[3]).

Ulp. 38[4]), Paul. 39[5]), Gai. 13[6]).
Der Text dieses Edikts ist bei Ulp. 38 fr. 1 pr. h. t. wohl fast wörtlich erhalten:

> Si dolo malo[7]) eius, qui liber esse iussus erit[8]), post mortem domini
> ante aditam hereditatem[9]) in bonis, quae eius fuerunt, qui eum
> liberum esse iusserit, factum esse dicetur, quo minus ex his bonis
> ad heredem aliquid perueniret[10]), in eum intra annum utilem dupli
> iudicium datur[11]).

Die Formel, auf deren Rekonstruktion verzichtet werden muss, war zweifellos in factum konzipiert[12]), vielleicht in den Worten und Wendungen des
Edikts, vielleicht aber auch je nach dem Tatbestand spezialisiert[13]), ersteres
wohl wahrscheinlicher.

9. (§ 136). FURTI ADUERSUS NAUTAS CAUPONES STABULARIOS[14]).

Ulp. 38[15]).
In fr. 1 pr. h. t. berichtet Ulpian[16]):

> In eos, qui naues cauponas stabula exercebunt, si quid a quoquo
> eorum quosue ibi habebunt furtum factum esse dicetur, iudicium
> datur, siue furtum ope consilio exercitoris factum sit siue eorum
> cuius, qui in ea naui nauigandi causa esset.

Offenbar kann obiger Satz, so wie er hier steht, nicht von Ulpians Hand

---

[1]) Fr. 9 § 2 i. f. de minor. (4. 4).

[2]) Wahrscheinlich, nicht etwa gewiss:
denn in fr. 50 pr. h. t. halte ich die Worte
„quadruplabitur 'uel" für interpoliert und
lege daher auch auf das Zeugnis des Stephan.
in schol. 1 zu Basil. XXII 6, 9 (Heimb. II
p. 582) kein Gewicht. Eher könnte man sich
auf fr. 46 § 2 ict. § 1 h. t. berufen.

[3]) D. (47. 4). Karlowa, II S. 1326 hält
die Rubrik für Edikttext.

[4]) Fr. 1, 3 h. t. Fr. 3 ist aus Versehen (das
sich aus der Inskription des fr. 2 h. t. erklärt)
Ulp. 13 inskribiert.

[5]) Fr. 48 ad l. Aquil. (9. 2).

[6]) Fr. 2 h. t.

[7]) Ulp. 38 fr. 1 § 2 h. t.

[8]) Ulp. 38 fr. 1 § 3—7 h. t., fr. 3 h. t.

[9]) Ulp. 38 fr. 1 § 8. 9 (cf. § 2) h. t.

[10]) Ulp. 38 fr. 1 § 10—14 h. t.

[11]) Ulp. 38 fr. 1 § 15—19 h. t. gibt Schlusserörterungen; fr. 1 § 15—17 handeln von der
Frage der konkurrierenden Aktionen.

[12]) Gegen Rudorffs Formel (E. P. § 138)
liesse sich manches einwenden, z. B. gegen
das ganz unmögliche „quae in bonis Titi
tum fuit".

[13]) Subripuisse? corrupisse? rubr. Dig.,
amouisse (fr. 2, 3 h. t.)? vgl. auch fr. 27 § 1
de pec. (15. 1).

[14]) D. (47. 5).

[15]) Fr. un. h. t.

[16]) Vgl. Paul. sent. II 31 § 16. 18.

herrühren. Zwar die erste Hälfte des Berichts, bis „iudicium datur", ist tadellos und enthält anscheinend wortgetreues Ediktreferat[1]). Um so verdächtiger ist die zweite Hälfte. Sie ist stilistisch verdächtig, weil schleppend und in der Konstruktion der ersten Hälfte ungleichartig — factum sit statt factum esse dicetur —; sie ist inhaltlich verdächtig, weil sie nicht alle drei Klassen von Gewerbetreibenden, die vorher genannt waren, sondern nur die Schiffer berücksichtigt. Diese zweite Hälfte ist also wahrscheinlich, ja sicher Fabrikat der Kompilatoren. Aber wie ist das Fabrikat entstanden? Reine Erfindung der Kompilatoren ist es nicht: das zeigt sich darin, dass die Worte nauigandi causa von Ulpian in fr. 1 § 1 h. t. erläutert werden[2]). Erwägt man nun, dass die Musterformel an erster Stelle auf die Schiffer abgestellt gewesen sein muss, die ja auch im Edikt voranstehen, dass diese Formel ohne Zweifel der actio furti nec manifesti nachgebildet war, dass diese letztere neben der Täterschaft auch die Teilnahme in Rücksicht zog, so wird es überaus wahrscheinlich, dass die Kompilatoren hier das zu enge gefasste, nämlich bloss auf die Täterschaft reflektierende Edikt[3]) aus der Formel ungeschickt ergänzt haben[4]). Die Formel würde hienach einen vierfachen Tatbestand umfasst haben: Täterschaft des exercitor oder seiner Leute, Teilnahme des exercitor oder seiner Leute; das alles aber würde sich sehr leicht in eine intentio

S. p. A° A° a N° N° eorumue quo qui in ea naui . . . . . erant siue ope consilio N^i N^i eorumue cuius furtum factum esse paterae aureae zusammenfassen lassen.

An zweiter Stelle scheint auch für die caupones eine Musterformel proponiert gewesen zu sein, vgl. fr. 1 § 6 h. t.:

Caupo praestat factum eorum, „qui in ea caupona eius cauponae exercendae causa" [ibi] sunt, item eorum qui „habitandi causa[5])" ibi sunt.

War der Schuldige Sklave des exercitor, so stand letzterem — fr. 1 § 5 h. t. — noxae deditio frei, ohne Zweifel in kraft eines besondern Zusatzes im Edikt, — denn die in fr. 1 pr. referierten Ediktworte rechtfertigen an sich diese Einschränkung der Haftung nicht, und doch spricht die Art und Weise, wie Ulpian l. c. den Satz begründet, dafür, dass er einen Satz des Edikts vor sich hatte.

---

[1]) Auch das von Mommsen und andern angezweifelte quosue ist echt und nicht durch quos zu ersetzen. Für die Echtheit spricht entscheidend, dass, da der Prätor die Teilnahme des exercitor berücksichtigt, doch wohl auch die Tat desselben erwähnt gewesen sein muss. Auch hatte es guten Sinn, wenn man dem Bestohlenen eine Formel gab, die ihm die Möglichkeit eröffnete, die Klage auf furtum des exercitor oder seiner Leute zu stützen. Wie oft ist es in den von dem Edikt betroffenen Fällen gewiss, dass entweder der exercitor oder seine Leute das furtum begangen haben müssen, und doch nicht nachzuweisen, welcher einzelne es begangen hat!

[2]) Vgl. auch fr. 1 § 2 de exerc. act. (14. 1).

[3]) Auch die beiden folgenden Edikte (§ 137. 138) nennen nur die Tat, nicht die Teilnahme.

[4]) Ganz anders, m. E. unhaltbar: Cohn, Beiträge Heft II S. 15 fgg., Karlowa, II S. 1322.

[5]) Vgl. fr. 6 § 3 nautae caup. (4. 9).

10. (§ 137).   SI FAMILIA FURTUM FECISSE DICETUR[1]).

Ulp. 38[2]), Paul. 39[3]), Gai. 13[4]), Iulian. 22[5]).

Paul. fr. 31 de noxal. act. (9. 4):

>   ait praetor, cum familia furtum faciat, ad eum modum se
> actionem daturum, ut tantum actor consequatur, quantum, si liber
> fecisset, consequeretur[6]).

Obiges dürfte der ganze Inhalt des Edikts gewesen sein[7]): Ulp. 38 fr. 1 pr.
§ 1 h. t. enthält schon Erläuterung[8]). Wortlaut der Formel sicher zu rekonstruieren, ist nicht möglich; Vermutungen liegen nahe. Der Kommentar
Ulpians, soweit erhalten, scheint sich auf das Edikt zu beschränken.

11. (§ 138).   QUOD FAMILIA PUBLICANORUM FURTUM FECISSE
DICETUR[9]).

Ulp. 38[10]), Gai. 13[11]).

Ulp. 38 fr. 12 pr. § 1 de publ. (39. 4):

>   praetor . . hoc edictum proposuit: QUOD FAMILIA[12]) PUBLICANORUM
> FURTUM FECISSE DICETUR, [item si damnum iniuria fecerit, et id ad
> quos ea res pertinet non exhibetur: in dominum sine noxae dedi-
> tione iudicium dabo.]

Unser Edikt war nur ein Anhang zu dem Edikt „si familia furtum
fecisse dicetur". Die Hauptschwierigkeit, die es bietet, liegt darin, dass es
in dem Edikt „de publicanis" (§ 183) anscheinend wiederholt ist. Dies ist
aber blosser Schein. Es kann nämlich keinem Zweifel unterliegen, dass
die oben in eckige Klammern eingeschlossenen Worte nicht Ulpian angehören, sondern von den Kompilatoren ziemlich ungeschickt aus dem
Edikt de publicanis reproduziert sind[13]). Den Beweis dafür liefern:

1. Die Worte „item si damnum iniuria fecerit", die unter das Edikt
de furtis nicht passen und aus der Konstruktion fallen (man müsste erwarten: furtum damnumue iniuria fecisse dicetur).

2. Die Worte „si id ad quos ea res pertinet non exhibetur". Hier
wird ein den Kompilatoren bei Entzifferung des Edikts de publicanis
begegnetes Versehen[14]) unter Hinzufügung einer weitern Nachlässigkeit
(Praesens statt Futurum) in das Edikt de furtis übertragen.

---

[1]) D. (47. 6).
[2]) Fr. 1, 3 h. t.
[3]) Fr. 50 de R. I. (50. 17) cf. fr. 1 § 1 h. t.
[4]) Fr. 34 de iniur. (47. 10).
[5]) Fr. 2, 4 h. t. Fr. 2 fälschlich Iulian. 23
inskribiert.
[6]) Vgl. Ulp. 38 fr 1 pr. § 3, fr. 3 pr. § 2
h. t., Iulian. 22 fr. 4 h. t., Gai. 7 fr. 32 pr. ad
l. Aquil. (9. 2).
[7]) A. M. Karlowa, II S. 1328 n. 1. Was
K. vermisst, konnte leicht die Auslegung
ergänzen.
[8]) Vgl. dazu den Fortgang des fr. 31 de

nox. act. (9. 4).
[9]) Fr. 195 § 3 de V. S. (50. 16): sub titulo
de furtis, ubi praetor loquitur de familia
publicanorum.
[10]) Fr. 12 de publicanis (39. 4).
[11]) Fr. 13 eod.
[12]) Cf. Ulp. fr. 195 § 3 de V. S. (50. 16).
[13]) S. auch Karlowa, II S. 37.
[14]) S. § 183; es muss heissen: si hi, ad
quos ea res pertinebit, non exhibebuntur,
vgl. fr. 1 § 6 de publ. (39. 4). Dieser Stelle
gegenüber ist das Missverständnis Karlowas a. a. O. S. 37 schwer zu begreifen.

3. Die Worte „in dominum". Nach dem Plural „publicanorum" im Eingang des angeblichen Edikts ist der Singular „dominum" unmöglich.

Wenn hienach a. a. O. nur die Worte „quod familia publicanorum furtum fecisse dicetur" echt sind, so haben die Kompilatoren entweder den Rest des Edikts gestrichen, oder, was mir wahrscheinlicher, jene Worte bildeten nur die Rubrik des Edikts, dessen Wortlaut von ihnen, da sie es mit dem de publicanis identifizieren wollten, ganz unterdrückt wurde.

Das Edikt de publicanis hat seinerseits die entgegengesetzte Interpolation erfahren[1]). Ich halte in dem Digestentitel de publicanis (39. 4) für interpoliert: das Wort „furtumue" in fr. 1 pr., das Wort „furtis" in fr. 1 § 2, das schleppende „et furti manifesti aeque in quadruplum" in fr. 1 § 3, die Worte „uel furti" in fr. 1 § 4 und „furtum uel" in fr. 3 § 3. Die Kompilatoren konnten diese kleinen Ergänzungen leicht in den Originaltext einschieben.

Das Edikt de furtis und das de publicanis hatten verschiedene Delikte im Auge. Im übrigen ist anzunehmen, dass ihre Verfügungen in den Grundzügen übereinstimmten. Ulpians Kommentar, sonst unser sicherster Führer, lässt uns hier im Stich; was wir davon besitzen, beschränkt sich auf die Definition der Worte „familia" und „publicanus". Mehr Ausbeute gewährt der Kommentar des Gaius. Dieser zeigt uns in fr. 13 § 2. 3 cit., dass die Haftung des Eigentümers des oder der Schuldigen hier in ähnlicher Weise geordnet war wie im Edikt de publicanis: er haftete „quasi facti sui nomine" für die Tat derer, die er nicht exhibiert hat. Allerdings verheisst das Edikt de publicanis eine actio „in dominos", d. h. „in socios uectigalis, licet domini non sint"[2]), während Gaius[3]) nur von der Obligation des dominus spricht. Aber dieser Unterschied ist gewiss bedeutungslos[4]). Der Jurist kann sehr wohl in den uns erhaltenen wenigen Sätzen seines Kommentars bloss von der Haftung des Eigentümers gesprochen und nachher hinzugefügt haben, dass diese Haftung sich auch auf seine socii erstrecke.

Ungeachtet weitgehender Übereinstimmung des Inhalts beider Edikte, bleiben gewisse Fassungsdifferenzen möglich. Insbesondere scheint das Edikt de furtis nicht ein „iudicium sine noxae deditione", sondern eher ein „iudicium quasi ipse fecisset" verheissen zu haben, vgl. Gai. fr. 13 § 3: quasi facti sui nomine[5]). Während ferner das Edikt de publicanis stets und für alle Fälle eine actio in duplum verhiess, mag das Edikt de furtis vielleicht die bekannten Abstufungen der poena furti übernommen haben.

---

[1]) Vgl. Karlowa, II S. 35 fg., s. auch Cohn, z. röm. Vereinsr. (1873) S. 207. Anders Dernburg, Festgabe f. Heffter S. 118.

[2]) Ulp. 55 fr. 3 § 1 de publicanis (39. 4).

[3]) Wie das interpol. Edikt in fr. 12 § 1 cit.

[4]) S. jedoch Karlowa, a. a. O. S. 37 fg.

[5]) Das kommt nicht ganz auf dasselbe hinaus. Soweit das Edikt keine abweichenden Sonderbestimmungen enthielt, war ein iudicium sine noxae deditione nur möglich, wenn alle Voraussetzungen des iudicium noxale gegeben waren. Ein iudicium „quasi ipse fecisset" war dagegen auch gegen den Eigentümer eines b. f. verkauften oder freigelassenen oder flüchtigen Sklaven möglich, vgl. Gai. fr. 13 § 2. 3 cit.

Zur Rekonstruktion der Formel liegt kein Material vor. Rudorffs
(E. P. § 141) Kondemnationsbedingung „neque eos ad quos ea res pertinet
exhibitos esse“ ist augenscheinlich nicht zu halten: der fragliche Punkt
wurde in iure erledigt und gehörte daher nicht in die Formel.

12. (§ 139). ARBORUM FURTIM CAESARUM[1]).

Ulp. 38[2]), Paul. 39[3]), Gai. 13[4]).

Die actio arborum furtim caesarum darf nicht verwechselt werden mit
der aus den zwölf Tafeln stammenden actio de arboribus succisis[5]). Die
letztere ging auf eine feste poena von 25 As für jeden abgehauenen Baum[6]),
die erstere auf das Doppelte des Interesse.   Jene war beschränkt auf den
Tatbestand der arbores succisae, diese umfasste den dreifachen Tatbestand des „arbores furtim[7]) cinxisse subsecuisse cecidisse“[8]). Mit augen-
scheinlicher Beziehung auf diesen Unterschied sagt Paul. ad Sabin. 9
fr. 5 h. t.:

> Caedere est non solum succidere, sed etiam ferire caedendi
> causa . cingere est deglabrare . subsecare est subsecuisse (!): non
> enim poterat cecidisse intellegi, qui serra secuisset.

Offenbar ist — und dafür spricht auch die Stellung der Klage mitten
unter den prätorischen Rechtsmitteln aus furtum — die actio arborum
furtim caesarum eine prätorische Klage, eingeführt mit Rücksicht auf den
zu engen Tatbestand und die zu niedrige Busse der zwölf Tafeln. Die
actio legitima de arboribus succisis aber dürfte schwerlich an dieser Stelle
des Edikts proponiert gewesen sein, eher, wenn überhaupt, in der Nähe
der actio de modo agri und legis Aquiliae, wohin sie ihr Tatbestand verwies; denn das Wort furtim, das allein die prätorische Klage unter die
Rechtsmittel aus furtum brachte, scheint, dem Namen der actio legitima
nach zu urteilen, nicht schon dieser letztern angehört zu haben[9]).

Die Formel unserer honorarischen Klage war ohne Zweifel in factum
konzipiert und ist vermutungsweise leicht herzustellen. Rudorffs Formel
(E. P. § 142) ist insofern mangelhaft, als sie unter den drei ediktalen Tat-
beständen nur einen berücksichtigt; auch dürfte die Kondemnation nicht,

[1]) D. (47. 7).
[2]) Fr. 7 h. t.
[3]) Fr. 8 h. t.
[4]) Fr. 9 h. t.
[5]) Gai. IV 11, Paul. fr. 28 § 6 de iureiur.
(12. 2), Ulp. fr. 3 h. t. Nur den Worten nach,
nicht in der Sache bestritten von Karlowa,
II S. 796 fg.
[6]) Plin. hist. nat. XVII 1, 7.
[7]) Ulp. 38 fr. 7 pr. h. t., Paul. 39 fr. 8 § 1
h. t., Paul. sent. II 31 § 24 [25].
[8]) Ulp. 38 fr. 7 § 4 h. t.
[9]) Das Gegenteil beweist Karlowa a. a. O.

durch fr. 1 h. t.: Si furtim arbores caesae
sint, et ex lege Aquilia et ex duodecim tabularum dandam actionem Labeo ait. Die
Stelle beweist höchstens, dass nach Ansicht
des Labeo im Fall der arbores furtim caesae
auch die Zwölftafelklage stattfand. Überdies ist aber Interpolation wahrscheinlich.
Die Kompilatoren, die die in den Sabinus-
kommentaren noch berücksichtigte actio de
arb. succ. beseitigten, wollten den Schein
erregen, als ob sie mit unserer actio identisch sei, und haben daher die Erwähnung
der prätorischen Klage gestrichen.

wie Rudorff wohl wegen fr. 8 pr. h. t. annimmt, auf „quanti A^i A^i interest id factum non esse" gestellt gewesen sein, sondern auf „quanti ea res est", was in fr. 8 pr. nur erläutert wird.

Tit. XXIV.

DE IURE PATRONATUS[1]).

Ulp. 38, Paul. 40, Gai. 14, Iulian. 22, Callistr. 3.

§ 140. DE OPERIS LIBERTORUM[2]).

Ulp. 38[3]), Paul. 40[4]), Gai. 14[5]), Iulian. 22[6]), Callistr. 3[7]).
Ulp. 38 fr. 2 h. t.:

> Hoc edictum praetor proponit coarctandae persecutionis libertatis causa impositorum: animaduertit enim rem istam [libertatis causa impositorum praestationem[8])] ultra excreuisse, ut premeret atque oneraret libertinas personas. (§ 1) Initio igitur praetor pollicetur se iudicium operarum daturum in libertos et libertas[9]).

An dies „initium" des Edikts hat sich ohne Zweifel die weitere negative Erklärung des Prätors geschlossen, dass der Prätor im übrigen de onerandae libertatis causa impositis keine Klage erteilen werde[10]): wir finden daher die exceptio onerandae libertatis in dem Abschnitt von den Exceptionen unter der rückverweisenden Rubrik „quarum rerum actio non datur". Ob der Ausschluss der actio operarum wider die liberta uoluntate patroni nupta — Ulp. 38 fr. 13 § 4. 5 h. t., c. 11 h. t., c. 2 de obsequ. (6. 6) — ebenfalls auf dem Edikt oder auf anderer Rechtsquelle beruhte, wissen wir nicht.

Die actio operarum war eine ciuilis actio[11]). Die operae konnten von dem Freigelassenen bekanntlich auf doppelte Weise versprochen werden:

---

[1]) D. (37. 14).

[2]) D. (38. 1), C. (6. 3).

[3]) Fr. 2, 13, 15 h. t., fr. 29 de solut. (46. 3) cf. fr. 15 § 1 h. t., fr. 1 de sent. pass. (48. 23); fr. 13 de nouat. (46. 2)? vgl. Paling. Ulp. nr. 1082. Fr. 193 de V. S. (50. 16)?

[4]) Fr. 16, 18, 20 h. t.

[5]) Fr. 19, 22 h. t.

[6]) Fr. 11, 23 h. t., fr. 54 de V. O. (45. 1), fr. 5 de duob. reis (45. 2), cit. fr. 54 de pact. (2. 14) cf. etwa fr. 44 h. t.

[7]) Fr. 38 h. t.

[8]) Vgl. Ad. Schmidt (von Ilmenau), das Pflichtteilsrecht des Patr. (1868) S. 9.

[9]) Patri qui filium emancipauit ... praetor nihil edicit. Fr. 4 si a parente (37. 12).

[10]) Über die geschichtliche Entwicklung vgl. Adolf Schmidt (von Ilmenau) a. a. O. S. 5 fg. 8 fgg., Leist, Serie der Bücher 37. 38 V S. 293—303. Das Edikt des Prätors Rutilius, der nach fr. 1 § 1 de bon. lib. (38. 2) edizierte: se amplius non daturum patrono quam operarum et societatis actionem, ist später durch die zwei Edikte de operis libertorum und über die b. p. c. t. des Patrons abgelöst worden.

[11]) A. M. Pernice, Sitzungsberichte der Berl. Akad. 1886, S. 1177 n. 3, der aber seine Meinung seither (Labeo III S. 83 n. 2), wenngleich nicht ohne Zögern, aufgegeben hat. Dagegen hält Segrè, sulle formole etc. (st. Moriani 1905) p. 25 sqq. daran fest, dass für die actio ex iureiurando jedenfalls auch eine form. i. f. conc. proponiert gewesen sei.

durch Stipulation oder Eid[1]). Für die stipulatio operarum ist die Annahme einer formula in ius concepta gewiss nicht zu vermeiden. Nun berichten uns aber die Quellen überall nur von einem iudicium operarum, stellen die beiden Entstehungsgründe als gleichwertig nebeneinander[2]), und, was ich für ein besonders wichtiges Moment halte, sie lassen die aus dem Eid entstandene Obligation ganz ebenso durch Akzeptilation aufgehoben werden, wie die ex stipulatu[3]). Man wird daher kaum fehl gehen, wenn man sich die Formel in beiden Fällen gleich gefasst denkt[4]). Keinen Schluss auf eine honorarische Formel gestattet der Umstand, dass die actio operarum durch Edikt verheissen ist: dies Edikt führte die actio nicht ein, sondern liess sie bestehen, — sein Sinn ist, dass, während die libertatis causa imposita im übrigen klaglos gestellt wurden, dies iudicium wie seither, so auch fernerhin erteilt werden soll[5]).

Was die nähere Gestaltung der Formel angeht, so bildet Rudorff die Formel einfach nach dem gewöhnlichen Schema: *quod A¹ A¹ ....* *stipulatus est (N¹ N¹ ... iurauit), quidquid .. oportet, eius* et rel. Ich selbst habe in der 1. Aufl. auf jede Rekonstruktion verzichtet. Seither haben es die Untersuchungen von Demelius[6]) höchst wahrscheinlich gemacht, dass die Formel einfach nach dem Vorbild der condictio certae rei ohne jede demonstratio gebildet war, etwa so:

S. p. N^m N^m A° A° operas decem dare oportere[7]), quanti ea res est[8]), t. p. *rel.*

Dafür spricht[9]) neben der üblichen Fassung der Frohndversprechen insbesondere sehr stark fr. 4 h. t.:

.. perinde enim operae a libertis ac pecunia credita petitur,

---

[1]) Fr. 8 pr., 37 pr. h. t. Über den Eid speziell vgl. fr. 7 pr.—§ 3 h. t., fr. 44 pr. § 1 de lib. causa (40. 12), Gai. III 83, 96. Gai. epit. II 9 § 4.

[2]) Vgl. z. B. fr. 8 pr., 15 § 1, 37 pr. h. t.

[3]) Fr. 13 pr. de acceptilat. (46. 4). Segrè, a. a. O. p. 44 sq., glaubt dies Argument dadurch beseitigen zu können, dass er mit Ferrini (pand. nr. 510 i. f.) annimmt, die Stelle sei interpoliert und habe im Urtext das Gegenteil gesagt. Ihre Beweiskraft würde aber auch in diesem Fall die gleiche bleiben: denn woher der Zweifel, der hier positiv oder negativ entschieden wird?

[4]) So auch Rudorff, E. P. § 144.

[5]) A. M. Segrè l. c., mit Rücksicht namentlich auf den Bericht in fr. 2 § 1 h. t., der m. E. nur in dem durch fr. 2 pr. gegebenen Sinn verstanden werden kann u. muss. Schon der Prätor Rutilius hatte (s. S. 327 n. 10) ediziert: se amplius non daturum quam operarum et societatis actionem. Sein Nachfolger erklärt, er werde die actio operarum weiter geben, im übrigen aber jede actio versagen. Die

sowie die Unterstellung des iudicium operarum unter das Eidesedikt des Titels „si certum petetur"[1]) und die vielerorts hervortretende analoge Behandlung von obligatio operarum und obligatio certae rei[2]).

Unserm Edikt gehörten die bei Prob. Einsidl. 48. 55 überlieferten Worte

libertatis causa[3])

und wohl auch

operas donum munus[4])

an, die übrigens auch noch anderwärts im Album vorkommen und auch in der Formel gestanden haben können.

<h3 style="text-align:center">§ 141. SI INGENUUS ESSE DICETUR[5]).</h3>

Ulp. 38[6]).

Ulp. 38 fr. 6 h. t.:

> Quotiens de hoc contenditur, an quis libertus sit, siue operae petantur siue obsequium desideretur siue etiam famosa actio intendatur siue in ius uocetur qui se patronum dicit siue nulla causa interueniat, redditur praeiudicium. sed et quotiens quis libertinum quidem se confitetur, libertum autem Gaii Seii se negat, idem praeiudicium datur. redditur autem alterutro desiderante: sed actoris partibus semper qui se patronum dicit fungitur probareque libertum suum necesse habet aut, si non probet, uincitur.

Das Präjudizium, von dem hier die Rede ist, ist offenbar das

an N⁵ N⁵ libertus A⁵ A⁵ sit[7]),

das zur Anwendung kommt, gleichviel ob Numerius der Behauptung des Aulus mit „libertum se non esse" oder mit „libertum se esse, sed non A⁵ A⁵" entgegentritt[8]); dasselbe Präjudizium, das bei Gai. IV 44 und in § 13 I. de act. (4. 6) summarisch erwähnt wird. Daneben aber war ohne Zweifel auch das Präjudizium mit der intentio

an A⁵ A⁵ ingenuus sit

proponiert, dessen selbständige Existenz gewiss ist[9]). Auf die verschiedene Fassung weist hin Ulp. 38 fr. 12 de exc. (44. 1):

---

[1]) Fr. 34 pr. de iureiur. (12. 2).

[2]) Die Gegengründe von Pernice, Labeo III p. 85 n. 4 scheinen mir nicht durchschlagend. Er meint, die operae seien doch nur auf Anfordern zu leisten; das müsse also in der Formel irgendwie hervorgetreten sein. Allein da die stipulatio erst durch Anfordern „committitur", vgl. insbesondere fr. 22 pr. h. t., so besteht vorher kein dare oportere. Er wendet ferner ein, man klage ja auch nicht die operae allesamt ein, sondern nur die, die der Freigelassene nicht geleistet habe, cf. fr. 4 i. f., 8 pr., 13 § 2, 15 pr., 22 pr., 23 § 1, 24 h. t. Gewiss: hinsichtlich der geleisteten besteht kein dare oportere mehr,

wie hinsichtlich der operae nondum indictae noch keines besteht.

[3]) Vgl. fr. 7 pr. h. t.: libertum esse oportet qui iuret et libertatis causa iurare. Vgl. auch Leist, a. a. O. S. 240 n. 42.

[4]) Der dreifache Ausdruck bezeichnet nichts anderes als was sonst das Wort operae, in weiterm Sinn, allein ausdrückt. Vgl. fr. 7 § 3, 37 pr. h. t., auch fr. 53 pr. de V. S. (50.16), Paul. sent. II 32. Leist, a. a. O. S. 212 fg.

[5]) D. (40. 14).

[6]) Fr. 6 h. t., fr. 12 de exc. (44. 1).

[7]) Zur Fassung vgl. oben S. 302.

[8]) Bekker, Aktionen I S. 284 n. 31.

[9]) Rubr. Dig. (40. 14), fr. 14 de prob. (22. 3);

Generaliter in praeiudiciis is actoris partes sustinet, qui habet intentionem secundum id quod intendit.
Beide Präjudizien sind prätorischen Ursprungs: § 13 I. de act. (4. 6.).
Als Richter erwähnt Sueton., Vespas. c. 3. Rekuperatoren. Ob auch die „iudices" in c. 1 de ingenuis (7. 14) so zu deuten sind, lasse ich dahingestellt. Dass Rekuperatoren hier regelmässig richteten, ist nicht anzunehmen[1]).

Tit. XXV.

DE BONORUM POSSESSIONIBUS[2]).

Ulp. 39—49, Paul. 41—44, Gai. 14—17, Iulian. 23—28, Pomp. 79. 83.
Der Abschnitt de bonorum possessionibus wird von Ulpian, Paulus, Gaius durch allgemeine Erörterungen, die sich nicht an bestimmte Ediktworte anlehnen, eingeleitet. Es handelt (vgl. im einzelnen meine Palingenesie):

1. Ulp. 39:
a. von Wesen und allgemeinen Grundsätzen der b. p.: fr. 1, 3, 5 h. t., fr. 2 de b. p. fur. (37. 3);
b. vom zuständigen Magistrat: fr. 8 de off. procons. (1. 16), fr. 4 de off. praes. (1. 18), fr. 14 de iurisd. (2. 1), fr. 4 ad munic. (50. 1);
c. von den Zwecken des Instituts: fr. 62 de iudic. (5. 1); hieher gehört als gelegentliche Bemerkung (Herrenlosigkeit der Erbschaft) wohl auch fr. 2 de quaest. (48. 18).

2. Paul. 41:
von Wesen, allgemeinen Grundsätzen, Zuständigkeit: fr. 6 pr. § 1 h. t., fr. 7 de pop. act. (47. 23), fr. 11 de senator. (1. 9)[3]);

3. Gai. 14:
von allgemeinen Grundsätzen: fr. 11 h. t. —
Die Reihenfolge der Edikte ergibt sich in allgemeinem Umriss aus § 3 I. h. t., Ulp. 41 fr. 2 pr. de b. p. s. t. (37. 11), Ulp. 46 fr. 1 pr. unde liberi (38. 6).

A. SI TABULAE TESTAMENTI EXTABUNT[4]) *NON MINUS QUAM SEPTEM TESTIUM SIGNIS SIGNATAE.*

Voraussetzung der b. p. c. t. wie der b. p. s. t. ist die Existenz eines Testaments, woraus die Erbschaft, sei es nach ius ciuile sei es nach

---

s. ferner: fr. 8 § 5 mand. (17. 1), fr. 1 si ingenuus (40. 14), fr. 1 § 3 ne de statu (40. 15), fr. 3, 4 de collus. (40. 16).
[1]) S. oben S. 27 n. 7.
[2]) D. (37. 1), I. (3. 9). Eine Rekonstruktion dieses Titels hat (1869) Alibrandi versucht (opere I. p. 73 sqq., 135 sqq.) Dieser

sehr beachtenswerte Vorgänger ist mir erst nach dem Erscheinen der 1. Aufl. bekannt geworden.
[3]) Andere Vermutung über den Zusammenhang dieser Stelle bei Cuiac. obs. XXIV c. 3.
[4]) D. (37. 2).

prätorischem Recht, erworben werden kann. Diese Voraussetzung trat in einer dem Titel de bonorum possessionibus untergeordneten Generalrubrik hervor, die eine grosse Zahl von Edikten umfasste und in der zweiten Generalrubrik Si tabulae testamenti nullae extabunt ihr Gegenbild fand[1]). Aus ihr ist die Digestenrubrik (37. 2) „si tabulae testamenti extabunt" entstanden, Worte, die wir denn schon bei Ulp. 39 fr. 1 pr.—§ 7 de b. p. s. t. (37. 11), Paul. 41 fr. 6 § 2 de b. p. (37. 1) ausführlich kommentiert finden[2]); den Rest der Generalrubrik, der in die Digestenrubrik nicht übergegangen ist, erläutert Ulp. 39 fr. 22 qui test. fac. poss. (28. 1), fr. 1 § 10. 11 de b. p. s. t. (37. 11), Iulian. 23 fr. 7 eod.

Des Weitern vgl. unten § 149.

§ 142. DE BONORUM POSSESSIONE CONTRA TABULAS[3]).

Ulp. 39[4]). 40[5]), Paul. 41[6]), Gai. 14[7]), Iulian. 23[8]).

Gai. III 71:

.. *e*dicto praetoris .... praeteritis liberis contra tabulas testamenti bonorum possessio promittitur.

Vgl. § 12 I. de hered. q. ab intest. (3. 1), rubr. C. (6. 12).

Über den Inhalt des Edikts lässt sich noch folgendes Nähere ermitteln.

Der Begriff der liberi, insoweit er über den Kreis der sui heredes hinausgriff, war durch Fiktion (rescissa capitis deminutione) bestimmt: qui intestato sui heredes essent, si capite deminuti non essent, pro qua parte sui heredes essent, vgl. Paul. 41 fr. 4 § 1. 2, 6 § 2 h. t., Marcell. 9 dig. fr. 25 pr. de leg. praest. (37. 5), ferner Paul. 41 fr. 6 § 1 de b. p. (37. 1), Ulp. 39 fr. 3 § 5 h. t., Ulp. 40 fr. 8 § ult. h. t., c. 9 C. Th. de bon. proscr. (9. 42). Als Bedingung der Berufung dürfte hinzugefügt gewesen sein: si in aliena familia non erunt, cf. fr. 6 § 4 i. f., 21 § 1 h. t.

Die liberi *qui institui heredes iure non possunt* waren von der b. p. c. t. ausgeschlossen: die Worte scheinen dem Edikt angehört zu haben: Ulp. 39 fr. 3 § 10 h. t.

Das Edikt dürfte nicht sofort in seinem Eingang die Berufung der liberi davon abhängig gemacht haben, dass sie weder instituiert noch exherediert seien. Vielmehr scheint die Ausschliessung der exheredati, von der Ulpian erst lib. 40 in einem gesonderten Abschnitt (fr. 8 pr.—§ 10 h. t.) handelt, in einer speziellen Klausel[9]), die der instituti aber vermutlich gar nicht ausdrücklich angeordnet gewesen zu sein: Ulpian beruft sich für die

---

[1]) Vgl. § 3 I. de b. p. (3. 9).

[2]) Vgl. auch Pedius 25 cit. fr. 6 § 2 de b. p. (37. 1).

[3]) D. (37. 4), C. (6. 12). Prima pars edicti: fr. 4, 12 de Carb. ed. (37. 10).

[4]) Fr. 1, 3 h. t., fr. 6 si tab. test. nullae (38.6).

[5]) Fr. 8, 10 h. t.

[6]) Fr. 4, 6, 11 h. t.

[7]) Fr. 7, 9, 12 h. t.

[8]) Fr. 13 h. t., cit. fr. 3 § 12 h. t.

[9]) Ulp. 40 fr. 8 pr. h. t.: Non putauit praetor exheredatione notatos et remotos ad contra tabulas bonorum possessionem admittendos. Vgl. Gai. II 135: praetor omnes tam feminini quam masculini sexus, si heredes non instituantur, exheredari iubet, uirilis sexus *n*ominatim, feminini *u*ero nominatim uel inter ceteros. S. auch Gai. II 129.

regelmässige Nichtzulassung der letzteren in fr. 3 § 11 h. t. nicht auf den
Ediktwortlaut, sondern nur darauf, dass sie der b. p. c. t. nicht bedürften,
da sie ja die b. p. s. t. agnoszieren könnten. Der Prätor schloss sie aber
wohl stillschweigend dadurch aus, dass er sie commisso per alium edicto
ausdrücklich zuliess: eine spezielle Ediktklausel des letztern Inhalts ist
schon deswegen zu vermuten, weil Ulpian diese Materie ganz am Schlusse
seines Kommentars zur b. p. c. t. in fr. 8 § 11—14, fr. 10 h. t. abgesondert
erläutert[1]), und sie wird durch fr. 14 pr. h. t. erwiesen: denn wenn es hier
heisst, der institutus, der aus dem Testament angetreten habe, sei von der
b. p. commisso per alium edicto ausgeschlossen, „quamuis uerbis edicti
parum expressum sit", so ergibt sich notwendig der Schluss, dass es uerba
edicti waren, die den institutus zuliessen. Gewiss ist ferner auch dies noch,
dass die singuläre Zulassung der filii in adoptionem dati zur b. p. c. t.
commisso per alium edicto vom Prätor ausdrücklich angeordnet war, vgl.
Ulp. 40 fr. 8 § 11[2])—13 h. t.

Eine besondere Klausel wegen Zulassung der postumi war im Edikt
wohl nicht enthalten. Die entgegengesetzte Behauptung des Scholiasten in
Basil. XXXIX 1, 6 (Heimb. IV p. 4) wird durch fr. 1 § 2 h. t. widerlegt[3]).

§ 143. DE LEGATIS PRAESTANDIS CONTRA TABULAS BONORUM POSSESSIONE PETITA[4]).

Ulp. 40[5]), Paul. 41[6]), Iulian. 23[7]).

Ulp. 40 fr. 1 pr. h. t.:

> Hic titulus aequitatem quandam habet . . . ., ut, qui
> iudicia patris rescindunt per contra tabulas bonorum possessionem,
> ex iudicio eius quibusdam personis legata et fideicommissa prae-
> starent, hoc est liberis et parentibus, uxori nuruique dotis nomine
> legatum. Vgl. c. 1 de b. p. c. t. (6. 12).

Ulp. 40 fr. 5 § 2 h. t.:

> . . . . exceptis his liberis, quibus bonorum possessionem praetor
> dedit ex causis supra scriptis . . . .

Der Prätor dürfte, wie Alibrandi[8]) mit Recht hervorhebt, sich der
Wendung „(legata praestare) cogam" bedient haben, vgl. fr. 14 pr., 15 pr.,
17, 25 § 1 h. t.

---

[1]) Vgl. auch Ulp. 40 fr. 5 § 2 de leg. praest.
(37. 5): exceptis his liberis, quibus bonorum
possessionem praetor dedit ex causis supra
scriptis.

[2]) Ulp. 40 fr. 8 § 11 h. t.: In adoptionem
datos filios non summoueri praetor uoluit,
modo heredes instituti sint.

[3]) A. M. Alibrandi, opp. I p. 77.

[4]) D. (37. 5).

[5]) Fr. 1, 3, 5, 8, 10, 12, 14 h. t. Vielleicht
gehört hieher auch das Zitat in c. 4 § 3 de
lib. praeterit. (6. 28).

[6]) Fr. 9, 11, 15 h. t.

[7]) Fr. 2, 4, 6 h. t.

[8]) Opp. I p. 78.

§ 144. DE COLLATIONE BONORUM[1]).

Ulp. 40[2]), Paul. 41[3]), Iulian. 23[4]), Pomp. 79[5]).

Ulp. 40 fr. 1 pr. h. t.:

> Hic titulus manifestam habet aequitatem: cum enim praetor ad bonorum possessionem contra tabulas emancipatos admittat participesque faciat cum his, qui sunt in potestate, bonorum paternorum: consequens esse credit, ut sua quoque bona in medium conferant, qui appetant paterna.

Über Gestalt und Wortlaut des Edikts können wir uns aus den Quellen, in erster Linie Ulpians Kommentar, annähernd genau informieren.

1. „Inter eos" dabitur collatio „quibus possessio data est". Ulp. 40 fr. 1 § 1 h. t., Tryphon. fr. 20 § 1 de b. p. c. t. (37. 4), Scaeu. fr. 10 h. t. Erläutert bei Ulp. 40 fr. 1 § 2—8 h. t.

2. Iubet autem praetor ita fieri collationem, ut recte caueatur. Ulp. 40 fr. 1 § 9 h. t. Vgl. Tryphon. fr. 20 § 1 cit., Ulp. fragm. XXVIII 4, Paul. sent. V 9 § 4. Erläutert bei Ulp. 40 fr. 1 § 9—13 h. t.

3. An dritter Stelle folgt bei Ulp. 40 fr. 1 § 14 h. t. die Feststellung der kollationspflichtigen Personen, und hier dürfte:

4. die Bezeichnung der kollationsberechtigten Personen einzuschalten sein, die wir aus Paul. 41 fr. 12 h. t. kennen lernen:

> Si praegnantem quis uxorem reliquerit et ea uentris nomine in possessionem missa fuerit, interim cessat collatio: nam antequam nascatur, non potest dici in potestate morientis fuisse[6]): sed nato conferetur.

Ich denke mir die Fassung des Edikts nach Massgabe des obigen bis hieher etwa so:

> *Inter eos, quibus ita bonorum possessio data erit[7]), ita collationem fieri iubebo, ut hi, qui in potestate morientis non fuerint, his, qui in potestate morientis fuerint[8]), recte caueant*

Hieran schloss sich weiter:

5. die Bezeichnung des Inhalts der Kaution, etwa:

> *se, quidquid moriente patre in bonis habuerint doloue malo fecerint quo minus haberent, boni uiri arbitratu collaturos esse.*

Diese oder sehr ähnliche Worte sind bei Ulp. 40 fr. 1 § 15—24 h. t. er-

---

[1]) D. (37. 6), C. (6. 20).
[2]) Fr. 1 h. t.; fr. 38 de procur. (3. 3)? cf. fr. 2 § 1 h. t.; fr. 8 de usuf. (7. 1)? (kann sich auf die mit der Kollationspflicht in Verbindung stehenden gegenseitigen Ersatzansprüche beziehen).
[3]) Fr. 2, 12 h. t.
[4]) Fr. 3 h. t.
[5]) cit. fr. 1 § 9. 11 h. t.

[6]) Iulian. 23 fr. 3 § 2 h. t.
[7]) Vgl. Iulian. 23 fr. 3 pr. h. t.
[8]) Der postumi geschah keine Erwähnung, arg. Paul. 41 fr. 12 h. t. In c. 11 h. t. spielen die Worte „his etiam, qui sui futuri essent, si uiuo patre nati fuissent, conferri manifeste significatur" vermutlich auf das Edikt de uentre an. Vgl. S. 335 n. 14. A. M. Alibrandi, opp. I p. 78.

läutert[1]). Speziell die Worte boni uiri arbitratu ergeben sich aus Paul. 41 fr. 2 § 2 h. t.[2]):

> . praetor uiri boni arbitratu iubet conferri bona.

Hiemit scheint mir der Inhalt des Edikts erschöpft. Dass sich der Prätor über die Folgen der Kollationsverweigerung ausdrücklich ausgesprochen habe, ist mir nach der Ausdrucksweise der Quellen[3]), wonach diese Folgen sich eher in der Praxis festgestellt haben dürften, sehr unwahrscheinlich. Dagegen scheint er allerdings den Fall, dass der Kollationspflichtige nicht kavieren kann, besonders vorgesehen zu haben, vgl. Papinian in fr. 5 § 1 ut legatorum (36. 3):

> cum de bonis suis conferendis filius accepta possessione cauere non potest, quia denegamus ei actiones, defertur condicio cauendi fratribus ex forma iurisdictionis, quod ex portione fratris fuerint consecuti, cum bona propria conferre coeperit, se restituturos[4]) . . . . .,

und dazu noch Paul. 41 fr. 2 § 9 h. t.

§ 145.   DE DOTIS COLLATIONE[5]).

Ulp. 40[6]), Gai. 14[7]).

Ulp. 40 fr. 1 pr. h. t.:

> Quamquam ita demum ad collationem dotis[8]) praetor cogat filiam, si petat bonorum possessionem, attamen etsi non petat, conferre debebit, si modo se bonis paternis misceat[9]).

Die Kollation musste auch hier „uiri boni arbitratu" zugesagt werden[10]).

Weitere Details sind nicht ersichtlich.

§ 146.   DE CONIUNGENDIS CUM EMANCIPATO LIBERIS EIUS[11]).

Ulp. 40[12]), Paul. 41[13]).

Ulp. 40 fr. 1 pr. h. t.[14])

> Si quis ex his, quibus bonorum possessionem praetor pollicetur, in potestate parentis[15]), cum is moritur, non fuerit, ei liberisque, quos in eiusdem familia habuit[16]), si ad eos hereditas suo nomine per-

---

[1]) Vgl. auch Paul. 41 fr. 2 pr. — § 4 h. t., Ulp. 40 fr. 1 i. f. de dot. coll. (37. 7), Ulp. fragm. XXVIII 4, c. 6 de coll. (6. 20), c. 2 si ut omiss. (2. 39).

[2]) Vgl. Ulp. 79 fr. 5 § 1 h. t.

[3]) S. besonders Iulian. 23 fr. 3 pr. h. t., vgl. auch c. 11 i. f., c. 12 h. t.

[4]) Brinz, ZRG. XVII S. 175, bemerkt, die von mir dieser Stelle entnommene Kaution sei keine Kollations-, sondern eine Restitutionskaution. Ich habe niemals das Gegenteil behauptet.

[5]) D. (37. 7), C. (6. 20).

[6]) Fr. 1 h. t.   Nov. 97 c. 6 § 1 i. f.?

[7]) Fr. 2 h. t.

[8]) Dotis: vgl. fr. 20 pr. fam. erc. (10. 2).

[9]) Cf. Tryphon. fr. 9 h. t.

[10]) Papin. fr. 5 § 1 h. t.

[11]) D. (37. 8).   Noua clausula Iuliani: fr. 3 h. t., fr. 1 § 13 de uentre (37. 9).

[12]) Fr. 1 h. t.

[13]) Fr. 2 h. t.

[14]) = Pomponius fr. 5 pr. si tabulae test. null. (38. 6).

[15]) L. gem. ins.: de cuius bonis agitur.

[16]) L. gem.: habebit.

tinebit neque notam exheredationis meruerunt[1]), bonorum possessio eius partis datur, quae ad eum pertineret, și in potestate permansisset, ita ut ex ea parte dimidiam, reliquam[2]) liberi eius hisque dumtaxat bona sua conferat. (§ 1) hoc edictum aequissimum est . .
Obiger Bericht gibt, wie schon aus der Übereinstimmung mit der lex gemina (s. S. 334 n. 14), ebenso aber aus dem Kommentar Ulpians[3]) erhellt, ohne allen Zweifel das Edikt Julians fast wortgetreu wieder. Der Scholiast in Basil. XLV 1, 5 (schol. 1 Heimb. IV p. 471) bezeichnet die griechisch von ihm wiedergegebenen Worte ausdrücklich als πραίτωρος ῥήματα[4]).

§ 147. DE UENTRE IN POSSESSIONEM MITTENDO ET CURATORE EIUS[5]).

Ulp. 41[6]), Paul. 41[7]), Gai. 14[8]), Iulian. 24[9]):
Ulp. fr. 13 § 3 de manum. test. (40. 4):

edictum praetoris, quo ita cauetur: [10])UENTREM CUM LIBERIS[11]) IN POSSESSIONEM ESSE IUBEBO[12]).

Ulp. 41 fr. 1 § 2 h. t.:

Totiens autem mittitur in possessionem uenter, si non est exheredatus[13]) et id, quod in utero erit, inter suos heredes futurum erit[14]).

Ulp. fr. 3 i. f. ne uis fiat ei (43. 4):

... ex epistula diui Hadriani ad exemplum [praesumptionis] Carboniani edicti uentri praetor pollicetur possessionem[15]).

Modestin. fr. 20 pr. de tutor. et curator. (26. 5):

Ventri . . . . . a magistratibus populi Romani dari . . . . . curator potest: nam de curatore constituendo edicto comprehensum est[16]).

In Zusammenhang mit der letztangeführten Bestimmung stand auch eine Anordnung hinsichtlich der der Erbschaft zu entnehmenden Alimente, wobei wahrscheinlich die Worte „uescendi causa deminuere" gebraucht waren[17]).

Rudorff (§ 151) hat ausser der ersten Klausel den ganzen Inhalt dieses Edikts, der in Ulpians Kommentar deutlich zu verfolgen ist, übersehen.

---

[1]) L. gem.: neque nominatim exheredes scripti erunt.
[2]) L. gem.: dimidiam habeat, reliquum.
[3]) Abschnitte dieses Komment.: fr. 1 § 2—6 (bis zu den Worten patre emancipato): fr.1 § 6 (von liberos an)—9; § 10; § 11. 12; § 13—17.
[4]) Darauf macht Alibrandi, opp. I p. 80, aufmerksam.
[5]) D. (37. 9).
[6]) Fr. 1, 6 h. t.
[7]) Fr. 2, 4 h. t., fr. 62 de legat. I.
[8]) Fr. 5 h. t.
[9]) Fr. 5 de b. p. c. t. (37. 4), fr. 2 de inspic. uentre (25. 4).
[10]) Vorausging wahrscheinlich: Si . . . .

12

§ 148.   EDICTUM CARBONIANUM[1]).

Ulp. 41[2]), Paul. 41[3]), Iulian. 24[4]), Pomp. 79[5]).

Ulp. 41 fr. 1 pr. § 1 h. t.:

> Si cui controuersia fiet, an inter liberos sit[6]), et impubes sit[7]), causa
> cognita perinde possessio datur ac si nulla de ea re controuersia
> esset et iudicium in tempus pubertatis causa cognita differtur[8]).
> Eum qui controuersiam facit, si pro pupillo satis ei non detur, simul
> in possessionem eorum bonorum esse praetor iubet[9]).

Die Vollständigkeit dieses Referats wird (vgl. die Noten) durch Ulpians
Kommentar bestätigt.

§ 149.   DE BONORUM POSSESSIONE SECUNDUM TABULAS[10]).

Ulp. 41[11]), Paul. 41[12]), Gai. 15[13]), Iulian. 24[14]).

Ulp. 41 fr. 2 pr. h. t.:

> Aequissimum ordinem praetor secutus est: uoluit enim primo ad
> liberos bonorum possessionem contra tabulas pertinere, mox, si inde
> non sit occupata, iudicium defuncti sequendum.

Der ursprüngliche Wortlaut dieses Edikts ist uns bei Cic. in Verr. II[1] c. 45
§ 117 erhalten:

> SI DE HEREDITATE AMBIGITUR ET TABULAE TESTAMENTI OBSIGNATAE NON
> MINUS MULTIS SIGNIS QUAM E LEGE OPORTET AD ME PROFERENTUR, SECUNDUM
> TABULAS TESTAMENTI POTISSIMUM POSSESSIONEM[15]) DABO.

Im Album Hadrians finden wir das Edikt nicht ganz so wieder:

1. Die Worte „si de hereditate ambigitur" sind, soweit ersichtlich,
verschwunden[16]).

2. Statt „obsignatae non minus multis signis quam e lege oportet"[17])
hat das edictum perpetuum:

> NON MINUS QUAM SEPTEM TESTIUM[18]) SIGNIS SIGNATAE[19]).

---

[1]) D. (37. 10), C. (6. 17). Über die Stelle   [12]
dieses Edikts vgl. fr. 4, 6 § 2, 12 h. t.
[2]) Fr. 1, 3, 5 h. t.
[3]) Fr. 6, 16 h. t.
[4]) Fr. 4, 7, cit. fr. 3 § 13, fr. 5 § 1 h. t.
[5]) cit. fr. 1 § 8 h. t.
[6]) Ulp. 41 fr. 1 § 2—ult., fr. 3 pr.—§ 2
h. t. Fr. 3 pr.: Carbonianum edictum apta-
tum est ad c. t. bonorum possessionem et
intestati. Vgl. Paul. 41 fr. 6 § 2 h. t.
[7]) Ulp. 41 fr. 3 § 3 h. t.
[8]) Ulp. 41 fr. 3 § 4—ult. h. t.
[9]) Ulp. 41 fr. 5 h. t.
[10]) D. (37. 11), C. (6. 11).
[11]) Fr. 2, 4 h. t., fr. 21 de substit. (28. 6).
Fr. 4 h. t. falsch Ulp. 42 inskribiert.

3. Statt „si . . . . ad me proferentur" hat das edictum perpetuum:
SI . . . . . . EXTABUNT[1]).

Darin lag éine Erleichterung der früheren Voraussetzungen[2]).

4. Der ganze Satz „si tabulae testamenti extabunt non minus quam septem testium signis signatae" wurde als Generalrubrik schon vor die b. p. c. t. verpflanzt (s. S. 330) und daher ohne Zweifel hier nicht wiederholt, sondern bloss subintellegiert[3]).

5. Statt einfach „secundum tabulas" hiess es im Hadrianischen Edikt:
SECUNDUM SUPREMAS[4]) TABULAS.

Abgesehen von obigen Punkten dürfte das Edikt wohl noch irgend einen Zusatz erhalten haben, der es an die vorausgeschobene b. p. c. t. anknüpfte. Für die Annahme weiterer inhaltlicher Veränderungen oder Ergänzungen dagegen finde ich in den Quellen keinen Anhalt[5]); blosses Referat über prätorische Praxis scheint mir[6]) der Bericht Ulpians in fr. 1 § 8 h. t.:

exigit praetor, ut is, cuius bonorum possessio datur, utroque tempore ius testamenti faciendi habuerit, et cum facit testamentum et cum moritur

Ulpian kommentiert hier einfach die Worte „si tabulae testamenti extabunt". Vgl. Cic. ad fam. VII 21, topic. c. 4 § 18.

§ 150. DE BONIS LIBERTORUM[7]).

Ulp 42[8]). 43[9]), Paul. 42[10]), Gai. 15[11]), Iulian. 25[12]). 26[13]).

In diesem Edikt[14]) unterscheide ich folgende Stücke:

Gai. III 41:

.. praetoris edicto (si) faciat testamentum li*b*ertus, iubetur ita testari, ut patrono suo[15]) partem dimidiam *b*onorum suorum relin-

---

[1]) Fr. 1 § 2. 11 h. t., rubr. u. fr. 3 si tab. test. nullae (38. 6).

[2]) Auf bloss mündlich errichtete Testamente nahm das Edikt auch in seiner spätern Fassung keine Rücksicht. Vgl. c. 2 h. t., fr. 8 § 4 h. t.

[3]) In den Kommentaren findet sich hier keine Spur davon.

[4]) Fr. 92, 163 pr. de V. S. (50. 16), fr. 1 § 1 h. t.

[5]) Man wird aus fr. 4 h. t. nicht schliessen dürfen, dass der Prätor sich auf die Bestimmung des Materials der Testamentsurkunde eingelassen habe. Ulpian wird das Wort charta bei irgend einem der von ihm exzerpierten Juristen, etwa bei Julian, gefunden haben.

[6]) A. M. Rudorff, E. P. § 153, Alibrandi, l. c. p. 83.

[7]) D. (38. 3), C. (6. 4).

[8]) Fr. 1, 3 h. t. Fr. 3 fälschlich Ulp. 41 inskribiert.

[9]) Fr. 6, 8 h. t., fr. 36 de C. E. (18. 1), fr. 17 de h. u. a. uend. (18. 4), fr. 38 de A. u. O. H. (29. 2), fr. 4 si quid in fraud. (38. 5), fr. 194 de V. S. (50. 16).

[10]) Fr. 4 h. t.

[11]) Fr. 5, 7 h. t.; fr. 51 de R. I. (50. 17)? (kann auch zur b. p. s. t. gehören).

[12]) Fr. 20 h. t.; fr. 19 de her. u. act. uend. (18. 4).

[13]) Fr. 21 h. t.

[14]) Ohne Zweifel gehört zu diesem Edikt Prob. Einsidl. 51: S. Q. M. M. M. M. M. = si quis manumi*ssus* manumissa moritur.

[15]) De patrona cf. Gai. III 49. 50.

qua*t*, et si aut nihil aut minus quam partem dimidiam reliquerit, datur
patrono contra tabulas testamenti partis dimidiae bonorum possessio.
Erläutert bei Ulp. 42[1]), Paul. 42[2]), Iulian. 25[3]). Zur Geschichte des Edikts:
Ulp. 42 fr. 1 h. t.

Aus Ulpian erfahren wir auch noch einiges Nähere über den Inhalt
des Edikts.

Fr. 3 § 5 h. t.:

Ut patronus contra tabulas bonorum possessionem accipere possit,
oportet hereditatem aditam esse aut bonorum possessionem petitam.

Fr. 3 § 10 h. t.:

Totiens ad bonorum possessionem contra tabulas inuitatur patronus,
quotiens non est heres ex debita portione institutus[4]).

Fr. 3 § 20 h. t.:

Debitam[5]) autem partem eorum, quae cum moritur libertus habuit,
patrono damus . . . . . sed et si dolo malo fecit, quo minus haberet,
hoc quoque uoluit praetor pro eo haberi atque si in bonis esset.

2.

Paul. 8 ad Plaut. fr. 43 pr. de condic. (35. 1):

. . . patronus defuncti bonorum possessionem contra tabulas petierat
et partem hereditatis, quae debebatur, abstulerat . . . .: praestatione
fideicommissorum et legatorum heres exoneratur per praetorem[6]) . . .

Cf. fr. 77 § 29 de legat. II[7]): . . . perpetui edicti exemplo pro parte dimidia
mulierem releuandam . . . .

3.

Gai. III 41:

. . . . prosunt autem liberto ad excludendum patronum naturales
liberi, non solum quos in potestate mortis tempore habet, se*d* etiam
emancipati et in adoptionem dati, si modo aliqua ex parte heredes
scripti *sint, aut praeteriti con*tra tabulas testamenti bonorum possessionem ex edicto petierint: nam exheredat*i* nullo modo repellunt
patronum.

Hieher Ulp. 43[8]), Iulian. 25[9]).

4.

Paul. sent. III 2 § 5 (fr. 20 de iure patr. [37. 14]):

. . . testamento facto decedente liberto potestas datur patrono uel
libertatis causa imposita petere uel partis bonorum possessionem . . .

---

[1]) Fr. 1, 3 h. t. Abschnitte des Kommentars: fr. 1. — fr. 3 pr. bis § 9. — fr. 3 § 10—19.
— fr. 3 § 20.

[2]) Fr. 4 h. t.

[3]) Fr. 20 pr. — § 3 h. t.; fr. 106 de condic.
(35. 1) scheint falsch inskribiert (Iul. XXV
statt XXXV).

[4]) Ulp. 42 fr. 3 § 11—19, vgl. auch fr. 19
§ 1 h. t.

[5]) *scr.* dimidiam.

[6]) *scil.* pro parte.

[7]) Cf. Cuiac. opp. (ed. Neap.) IV p. 1171.

[8]) Fr. 6 pr. § 2. 3 h. t.; fr. 38 de A. u.
O. H. (29. 2)? vgl. etwa fr. 20 i. f. h. t.
Fr. 6 § 1 h. t. bezieht sich nicht auf das
Edikt, sondern auf die lex Papia, vgl.
Gai. III 46, 47.

[9]) Fr. 20 § 4—ult. h. t.

Theod. c. 2 de b. p. c. t. lib. (6. 13)[1]:

Patronus liberti muneribus electis et operis contra tabulas bonorum possessione repellitur.

5.

Papin. fr. 41 de operis lib. (38. 1):

Libertus qui operarum obligatione dimissus est atque ita liberam testamenti factionem adsecutus est . . . .

Paul. fr. 53 pr. de V. S. (50. 16):

Cum . . . . dicit praetor „SI DONUM MUNUS OPERAS[2]) REDEMERIT", si omnia imposita sunt, certum est omnia redimenda esse.

Vgl. Ulp. fr. 37 pr. h. t., Paul. sent. II 32, c. 4 de operis lib. (6. 3).
Erläutert bei Ulp. 43[3]), Iulian. 25[4]).

6.

Ulp. 43 fr. 6 § 4 h. t.:

Patronus patronique liberi[5]), si secundum uoluntatem mortui liberti hereditatem adierint legatumue aut fideicommissum petere maluerint, ad contra tabulas bonorum possessionem non admittuntur.

Vgl. Tryphon. fr. 50 § 1. 2 eod.: „uerbis edicti", „fraudem edicto"
Erläutert bei Ulp. 43[6]), Gai. 15[7]).

7.

Paul. 41 fr. 6 pr. de b. p. (37. 1):

Sed cum patrono quidem contra tabulas *alterius*[8]) partis bonorum possessionem praetor polliceatur, scripto autem heredi secundum tabulas alterius partis: conuenit non esse ius adcrescendi . igitur non petente scripto secundum tabulas alterius quoque partis nominatim patrono possessionem pollicetur.

Erläutert (wahrscheinlich) bei Ulp. 43[9]), Iulian. 26[10]).

§ 151. SI QUID IN FRAUDEM PATRONI FACTUM SIT[11]).

Ulp. 44, Paul. 42, Iulian. 26, Pomp. 83.

1. *FABIANUM*[12]) *EDICTUM.*

Ulp. 44[13]), Paul. 42[14]), Iulian. 26[15]), Pomp. 83[16]).

---

[1]) Vgl. Schmidt, Pflichtteilsrecht des Patrons S. 58 fg., Leist, Serie der Bücher 37. 38, V S. 438 n. 41.

[2]) Prob. Einsidl. 54: D. M. O. = donum munus operas.

[3]) Fr. 36 de C. E. (18. 1), fr. 17 de her. uel act. uend. (18. 4), fr. 194 de V. S. (50. 16).

[4]) Fr. 19 de h. u. act. uend. (18. 4).

[5]) Von diesen war an dieser Stelle des Edikts noch nicht die Rede (vgl. § 152). Ulpian greift vor.

[6]) Fr. 6 § 4, fr. 8 h. t.

[7]) Fr. 7 h. t.

[8]) D.: certae.

[9]) Fr. 4 § 1 si quid in fraudem (38. 5). Fr. 4

pr. ist jedenfalls nur eine irgendwo gemachte gelegentliche Bemerkung. Vgl. § 151.

[10]) Fr. 21 h. t.

[11]) D. (38. 5), C. (6. 5).

[12]) Zur Schreibung des Namens: Mommsen, Dig. II p. 341 n. 2, Leist, Serie der Bücher 37. 38, V S. 539 n. 37. Vgl. jetzt fragm. de form. Fab. § 3. 7.

[13]) Fr. 1, 3 pr. — § 2 h. t., fr. 10 pr. de bon. lib. (38. 2) cf. fr. 1 § 5 h. t., fr. 52 de R. I. (50. 17) cf. fr. 1 § 7. 8 h. t.

[14]) Fr. 5 h. t., fr. 53 de R. I. (50. 17).

[15]) Fr. 6, 8 h. t., cit. fr. 1 § 6 h. t.

[16]) cit. fr. 1 § 14. 27 h. t.

Ulp. 44 fr. 1 pr. h. t.:

> Si quid dolo malo liberti factum esse dicetur, siue testamento facto
> siue intestato libertus decesserit, quo minus quam pars debita
> bonorum ad eorum quem perueniat, qui contra tabulas bonorum
> possessionem accipere possunt: cognoscit praetor et operam dat,
> ne ea res ei fraudi sit.

Der obige Satz enthält eine allgemeine Einleitung, die den Inhalt des
Fabianischen und Calvisianischen Edikts zusammenfasst[1]). Im Kommentar
Ulpians erscheinen die beiden Klagen getrennt; die Caluisiana actio, die
zuvor nur einmal — in fr. 1 § 11 h. t. — gelegentlich erwähnt wird, ist erst
von fr. 3 § 3 ab Gegenstand des Kommentars.

Die formula Fabiana[2]) war nach dem fr. de form. Fab. § 1 in factum
konzipiert[3]) — Kondemnationsbedingung war die Tatsache der mortis
causa oder fraudulos erfolgten Veräusserung[4]) — und arbitraria[5]). Die
ausdrückliche Warnung Ulpians in fr. 1 § 26 h. t. „haec actio in personam
est, non in rem" lässt vermuten, dass die Fassung den Gedanken, die actio
contra quemcunque possidentem zu erheben, nahe legte. Das „cognoscit
praetor et operam dat, ne ea res ei fraudi sit" deutet darauf, dass bei der
Fassung der Formel das prätorische Ermessen eine Rolle spielte, wie das
bei der grossen Verschiedenartigkeit der hier in Betracht kommenden
Fälle auch kaum anders sein konnte.

2. CALUISIANUM EDICTUM.

Ulp. 44[6]).

Ulp. 44 fr. 3 § 3 h. t.:

> Si intestatus libertus decesserit, patronus adeundo hereditatem
> eius reuocat per Caluisianam actionem[7]) ea quae alienata sunt dolo
> malo, quo minus pars ex testamento debita bonorum liberti ad
> patronum liberosue eius perueniret . . . . .

Die Formel war in factum konzipiert[8]) und ohne Zweifel auch sonst der
Fabiana ähnlich.

---

[1]) In der 1. Aufl. (ebenso Alibrandi,
opp. I p. 85) wird der Zwischensatz „siue
  decesserit" für Tribonianisch erklärt,
— wie mir jetzt scheint, ohne ausreichenden Grund.

[2]) Paul. sent. III 3, fr. de form. Fab. § 3. 7.

[3]) Vgl. schol. in Basil. XXII 1, 6 u. XLII
1, 16 § 6 (Heimb. II p. 466, IV p. 201). So
auch schon Rudorff, E. P. § 155, Alibrandi, opp. I p. 88, u. a. m. Die Unmöglichkeit reszissorischer Fassung ergeben
verschiedene Anwendungen der Klage (fr. 1
§ 13. 18. 19 h. t.).

§ 152. *DE LIBERIS PATRONI.*

Ulp. 44 [1]), Gai. 15 [2]), Iulian. 26 [3]).

Gai. III 45. 46:

> Quae diximus de patrono, eadem intellegemus et de filio patroni [4]), item de ne*po*te *ex* filio (*et de*) pronepo*te ex ne*pote *fili*o nato prog*n*ato . . . . . . pra*etor autem nonnisi uirilis* sex*us* patronorum liber*os uocat*[5]).

Iulian. 26 fr. 13 de bon. lib. (38. 2):

> Filius patroni exheredatus [6]) . . . . bonorum possessionem contra tabulas paternorum libertorum accipere non potest.

§. 153. *QUIBUS BONORUM POSSESSIO LIBERTI NON DATUR.*

Ulp. 45 [7]), Paul. 42 [8]), Iulian. 26 [9]).

Ulp. 45 fr. 14 pr. de bon. lib. (38. 2):

> Qui, cum maior natu esset quam uiginti quinque annis, libertum capitis accusauerit [10]) aut in seruitutem petierit [11]), remouetur [12]) a contra tabulas bonorum possessione.

Ulp. 45 fr. 16 § 5 eod.:

> Si quis bonorum possessionem contra tabulas liberti acceperit, ab omni liberti iudicio repellitur [13]).

Möglich, dass die in § 150 unter 4. erwähnte Klausel nicht dorthin, sondern hieher gehört.

§ 154. SI A PARENTE QUIS MANUMISSUS SIT [14]).

Ulp. 45 [15]), Gai. 15 [16]).

Ulp. 45 fr. 1 pr. h. t.:

> Emancipatus a parente in ea causa est, ut in contra tabulas bonorum possessione liberti patiatur exitum.

Ulp. 45 fr. 1 § 1 h. t.:

> Enumerantur igitur edicto personae manumissorum sic: IN EO QUI A PATRE AUOUE PATERNO PROAUOUE PATERNI AUI PATRE.

---

[1]) Fr. 10 § 1, fr. 12 de bon. lib. (38. 2).

[2]) Fr. 5 eod.

[3]) Fr. 11, 13 eod.

[4]) Ulp. 44 fr. 12 § 7 eod., Gai. 15 fr. 5 eod.

[5]) Dem Sinn nach sicher: vgl. Gai. III 47 i. f., Ulp. fragm. XXIX 5.

[6]) Ulp. 44 fr. 10 § 1, 12 pr.—§ 6 eod., Iulian. 26 fr. 11, 13 eod.

[7]) Fr. 14, 16 de bon. lib. (38. 2), fr. 6 unde cogn. (38. 8), fr. 9 qui test. fac. poss. (28. 1) cf. fr. 14 § 8 de bon. lib. (38. 2).

[8]) Fr. 9 de bon. lib. (38. 2).

[9]) Fr. 41 de A. u. O. H. (29. 2), cit. fr. 40, 42

11

Zu ergänzen ist etwa:

manumissus moritur, idem ius seruabo atque si ex seruitute manu-
missus esset[1]).

Nach § 6 I. quib. mod. ius pot. (1. 12) ist zu vermuten, dass der Wortlaut
des Edikts auch auf die manumissa Rücksicht nahm: *in eo eaue . . .*
manumissus manumissa moritur[2]).

Das Edikt wurde übrigens in mehr als einer Beziehung einschränkend
interpretiert. Vgl. Ulp. 45 fr. 1 § 5 h. t., Gai. 15 fr. 2 h. t.

§ 155. DE BONORUM POSSESSIONE EX TESTAMENTO MILITIS[3]).

Ulp. 45[4]), Paul. 43[5]), Gai. 15[6]), Iulian. 27[7]).

Gai. 15 fr. 2 de test. mil. (29. 1):

De militis testamento ideo separatim proconsul edicit, quod optime
nouit ex constitutionibus principalibus[8]) propria atque singularia
iura in testamenta eorum obseruari[9]).

Der Inhalt des Edikts dürfte wohl einfach die Verheissung gewesen sein,
aus dem nach Massgabe der kaiserlichen Konstitutionen gültigen testamentum militis bonorum possessio erteilen zu wollen.

B. SI TABULAE TESTAMENTI NULLAE EXTABUNT[10]).

Ulp. 46. 47, Paul. 43, Gai. 16, Iulian. 27.

Ulp. 46[11]) fr. 1 pr. h. t.:

Posteaquam praetor locutus est de bonorum possessione eius qui
testatus est, transitum fecit ad intestatos . . . .

Auf obige Generalrubrik gehen: Ulp. 46 fr. 1 pr.—§ 4 h. t., fr. 11 de iniusto
(28. 3), fr. 39 de a. u. o. h. (29. 2), vgl. noch Ulp. fr. 3 h. t., Modestin. fr. 1
§ 1 quis ordo (38. 15).

Zur Reihenfolge der hieher gehörigen Klauseln vgl. § 3 I. de b. p.
(3. 9), Ulp. 46 fr. 1 § 1 h. t.

§ 156. *UNDE LIBERI*[12]).

Ulp. 46[13]), Iulian. 27[14]).

Ulp. 46 fr. 1 § 5 h. t.:

[1]) Vgl. fr. 1 § 2 h. t., § 6 I. quib. mod. ius
pot. (1. 12); s. auch Gai. epit. I 6 § 3.

[2]) Vgl. Prob. Einsidl. 51 (S. Q. M. M. M.
M. M. = si quis manumi*ssus* manumissa
moritur), s. S. 337 n. 14.

[3]) D. (37. 13).

[4]) Fr. un. h. t., fr. 1, 11, 13, 15, 42, 44 de
test. mil. (29. 1), fr. 22 de test. tut. (26. 2) cf.
fr. 13 § 3 de test. mil. (29. 1), fr. 8 de castr.
pec. (49. 17).

[5]) Fr. 16 de test. mil. (29. 1).

[6]) Fr. 2, 17 de test. mil. (29. 1).

[7]) Fr. 20 eod., fr. 15 de legibus (1. 3),
cit. fr. 15 de m. c. don. (39. 6), fr. 20 de

condic. (35. 1) cf. fr. 29 § 2 de test. mil.
(29. 1).

[8]) Vgl. Ulp. 45 fr. 1 pr. de test. mil. (29. 1).

[9]) Für interpoliert hält die hier gegebene
Motivierung des Edikts v. Velsen, ZRG.
XXXIV S. 145, m. E. ohne ausreichenden
Grund.

[10]) D. (38. 6).

[11]) Die Inskription Ulp. 44 ist unzweifelhaft falsch.

[12]) D. (38. 6), C. (6. 14).

[13]) Fr. 1 § 5—ult. h. t., fr. 23 si quis omissa
(29. 4).

[14]) Fr. 2 h. t., cit. fr. 1 § 11 de uentre (37. 9).

Recte autem praetor a liberis initium fecit ab intestato succes-
sionis.

Paul. fr. 4 h. t.:

Liberi et capite minuti[1]) per edictum praetoris ad bonorum possessionem uocantur parentium, nisi si adoptiui fuerint.

Coll. XVI 7 § 2:

Suis praetor solet emancipatos liberos itemque ciuitate donatos[2])
coniungere.

Diocl. et Max. c. 9 de coll. (6. 20):

ab intestato .... ad successionem paternam uenientem ad
collationem forma edicti perpetui[3]) certo iure prouocat.

Vgl. noch fr. 1 § 8 de dot. coll. (37. 7).

Die Bezeichnung der Klausel als „*unde liberi*" und die entsprechende
der folgenden Klauseln gehört nicht dem Edikt, sondern der Jurisprudenz an[4]).

Als eine Ausnahme mag an dieser Stelle die b. p. intestati des Patrons
contra suos non naturales vorgesehen gewesen sein[5]), Gai. III 41:

Si uero intestatus moriatur (libertus) suo herede relicto adoptiuo
filio *uel* uxore, quae in manu ipsius esset, uel nur*u*, quae in manu
filii eius fuerit, dat*ur* aeque patrono aduersus hos suos heredes
partis dimidiae bonorum possessio.

Ulp. XXIX 1.

§ 157. *UNDE LEGITIMI*[6]).

Ulp. 46[7]), Paul. 43[8]), Iulian. 27[9]).

Iulian. 27 fr. 1 h. t.:

Haec uerba edicti: TUM QUEM EI HEREDEM ESSE OPORTERET, SI INTESTATUS
MORTUUS ESSET[10]) ....

Dieser Klausel war die Klausel *UNDE DECEM PERSONAE* als Ausnahme an
gehängt, die daher bei Ulp. XXVIII 7 — anders als in § 3. 5 I. de b. p.
(3. 9) — keine besondere Klasse bildet. Über sie berichten Ulpians Institutionen (coll. XVI 9 § 2):

Quodsi is, qui decessit, liber fuit ex (*mancipio citra*) reman-

[1]) Fr. 5 § 1 h. t., § 9 I. de her. q. ab. int.
(3. 1).
[2]) Gai. III 20. 26.
[3]) Tryphon. fr. 20 § 1 de b. p. c. t. (37. 4):
.... ex illa parte edicti, qua intestato patre
mortuo emancipatus ad bonorum possessionem admissus ad collationem compellitur....
[4]) Vgl. z. B. Iulian. fr. 2 h. t.: ex illa parte
edicti, unde legitimi uocantur. Tryphon. fr. 20
§ 1 de b. p. c. t. (37. 4): ex hac parte ...,
unde c. t. accepit b. p[em.] Übereinstimmend
Rudorff, E. P. § 159 n. 2, dessen eigene
daselbst gegebene Fassung der Klausel aber
viel zu summarisch ist. Vgl. § 142.

[5]) So vermutet Alibrandi, opp. I p. 92.
[6]) D. (38. 7), C. (6. 15).
[7]) Fr. 2 h. t., fr. 5 de suis (38. 16), fr. 54
de R. I. (50. 17) — iniurecessio hereditatis
(a. M. Rudorff, E. P. § 160).
[8]) Fr. 3 h. t., fr. 18 de bon. lib. (38. 2) cf.
Gai. III 45, 53, Ulp. fragm. XXVII 1.
[9]) Fr. 1, 4 h. t., cit. fr. 22 de bon. lib.
(38. 2).
[10]) Cic. in Verr. II[1] c. 44 § 114. Ungenaue
Relation (tum quem ei heredem esse oportet)
in fr. 4 h. t., fr. 1 § 2 ut ex leg. (38. 14), fr. 227
pr. de V. S. (50. 16). Vgl. Leist, Serie der
Bücher 37. 38, I S. 81 fg. 102 fg. 109 fg.

cipationem[1]) manumissus, lex quidem duodecim tabularum manu-
missori legitimam hereditatem detulit: sed praetor aequitate motus
decem personas cognatorum[2]) ei praetulit has: patrem matrem,
filium filiam, auum auiam, nepotem neptem, fratrem sororem
Von den Kommentaren hiezu ist nichts erhalten[3]).

§ 158. *UNDE COGNATI*[4]).

Ulp. 46[5]), Gai. 16[6]), Iulian. 27[7]).

§ 3 I. de b. p. (3. 9):

.... praetor .... dat bonorum possessionem .... quarto[8])˙ cognatis
proximis[9]) ....

Cf. Ulp. fragm. XXVIII 7.

Ulp. 46 fr. 1 § 3 h. t.:

Haec autem bonorum possessio, quae ex hac parte edicti datur,
cognatorum gradus sex complectitur et ex septimo duas personas
sobrino et sobrina natum et natam.

Cf. § 5 I. de succ. cogn. (3. 5).

Zur Geschichte der Klausel vgl. Cic. de part. orat. c. 28 § 98, pro
Cluentio c. 60 § 165, dazu Leist, Serie der Bücher 37. 38, I S. 63 fgg.
Über ihre vermutliche, aber nicht erweisliche Formulierung s. Alibrandi,
opp. I p. 94.

§ 159. *UNDE FAMILIA PATRONI.*

Ulp. 46[10]), Gai. 16[11]), Iulian. 27[12]).

§ 3 I. de b. p. (3. 9):

.... praetor .... dat bonorum possesssionem   quinto tum
quam ex familia[13]) ....

Ulp. XXVIII 7:

quarto familiae patroni ....

cf. Coll. XVI 9 § 1.

Die Lesart „tum quam" in § 3 I. cit. ist mehr als zweifelhaft. Andere
Handschriften haben „tum qua". Theophilus las „tamquam" (ὡσανεί).

---

[1]) C. Berol.: ex remancipationem. Der
Sinn ist zweifellos, mag man nun die korrupte Lesart nach Huschke wie oben, oder
anders verbessern.

[2]) Vgl. ausser den im Text angef. Stellen
noch c. 1 § 3 de sec. nupt. (5. 9).

[3]) Vgl. aber fr. 5 § 2 ad SC Tertull. (38. 17)
und dazu Alibrandi, l. c. p. 93.

[4]) D. (38.8), C. (6.15). Vgl. auch die epist.
Traiani BGU. nr. 140: ἐξ ἐκείνου τοῦ μέρους
τοῦ διατάγματος, οὗ καὶ τοῖς πρὸς γένους συγ-
γενέσι δίδοται.

[5]) Fr. 1 h. t., fr. 2 de grad. (38. 10). Pris-
cian. III 21.

Cujaz konjiziert „tum quem", und dafür spricht, dass Ulp. 46 unmittelbar vor der Erörterung der Bedeutung von familia in fr. 195 pr. de V. S. sagt: Pronuntiatio sermonis in sexu masculino ad utrumque sexum plerumque porrigitur.

Auf Rekonstruktion des Ediktwortlauts ist umsomehr zu verzichten[1]), als bekanntlich schon der materielle Inhalt der Klausel überaus bestritten und zweifelhaft ist[2]). In letzterer Beziehung muss ich mir an diesem Ort alle Polemik versagen und beschränke mich zur Klarstellung meines eigenen Standpunkts auf folgende Bemerkungen.

1. In unserer Klasse waren zweifellos berufen: der Patron[3]), die Patronin und die liberi des Patrons, nicht aber der Patronin[4]).

2. Unserer Klasse mangelt die Legalunterlage: sonst wäre sie in der Klasse unde legitimi inbegriffen gewesen. Da nun der Patron, die Patronin und die Kinder des Patrons zweifellos ziviles Intestaterbrecht haben[5]), also in der Klasse unde legitimi berufen sind, so folgt, dass der Prätor, wenn er sie hier zum zweitenmal beruft, jetzt von gewissen zivilrechtlichen Voraussetzungen abgesehen haben muss, die in der Klasse unde legitimi massgebend waren. Dabei denkt man sofort an den Einfluss der capitis deminutio. Der patronus capite minutus und die emanzipierten Kinder des Patrons waren zur hereditas legitima liberti und also auch zur b. p. unde legitimi nicht berufen. Der Prätor hat aber zweifellos beide berufen[6]), und wo anders sollte er dies getan haben als eben in der Klasse tum quem ex familia[7])? Hat nun aber der Prätor einmal den Weg der rescissio capitis deminutionis betreten, in unserer Klausel neben der wirklichen auch die fingierte familia patroni berufen, so ist es:

3. überaus wahrscheinlich, dass er hier auch des parens manumissor des Patrons gedachte, der ja nur infolge der capitis deminutio des Patrons nicht zu dessen familia i. e. S. gehört, und für diese Vermutung spricht entscheidend die in § 160 zu betrachtende Klausel[8]): denn wie konnte der

---

[1]) Die Unmöglichkeit der Rekonstruktionen von Huschke, Studien d. r. Rts. S. 105, und Rudorff, E. P. § 163[a], dürfte leicht zu erweisen sein. Ich habe keinen Zweifel darüber, dass auf das Tum quem ex familia eine Fiktion folgte, dem Sinne nach: tum quem ex familia patroni heredem esse oporteret, si capite deminutus non esset.

[2]) Vgl. statt vieler: Huschke, a. a. O. S. 94 fgg., Leist, Serie der Bücher 37. 38, V S. 359 fgg., Alibrandi, l. c. p. 95.

[3]) Gai. 16 fr. 196 pr. de V. S. (50. 16): familiae appellatione et ipse princeps familiae continetur. Man beachte die Inskription.

[4]) Gai. 16 fr. 196 § 1 eod.: feminarum liberos in familia earum non esse palam est, quia, qui nascuntur, patris familiam sequuntur. Zum Sprachgebrauch vgl. noch fr. 37 pr.,

50 § 5 de bon. lib. (38. 2), fr. 5 pr. de ads. lib. (38. 4).

[5]) Gai. III 40. 49. 45. 46, Ulp. fragm. XXIX 1. 4. 5.

[6]) Iulian. 27 fr. 23 pr. de bon. lib. (38. 2), Pompon. fr. 2 § 2 eod., arg. fr. 3 § 4. 5 de ads. lib. (38. 4), c. 4 § 23 de bon. lib. (6. 4). Über diese c. vgl. Huschke, a. a. O. S. 74 n. 11.

[7]) Bei Iulian. 27 fr. 23 pr. cit. sind die Worte „ut legitimus" eine m. E. handgreifliche Interpolation. So auch schon Förster in Zschr. f. gesch. R. W. V S. 61 n. 14.

[8]) Dagegen darf der in c. 4 § 23 de bon. lib. (6. 4) gebrauchte allgemeine Ausdruck „τοὺς ἐξ ἀρρενογονίας αὐτοῦ συγγενεῖς" nicht als unterstützender Beweis für obige Hypothese angeführt werden. S. Huschke a. a. O.

Prätor die parentes patroni patroni berufen, wenn er nicht zuvor den parentes patroni Erbrecht gewährt hatte?

Nur nebenbei sei bemerkt, dass in unserer Klasse, ganz wie in der Klasse Unde cognati, sukzessive Berufung stattgefunden zu haben scheint[1]. Auch hierin läge ein Gegensatz zur Klasse Unde legitimi[2].

§ 160. *UNDE PATRONUS PATRONI.*

§ 3 I. de b. p. (3. 9)[3]:

> praetor ..... dat bonorum possessionem   sexto patrono et patronae (patroni patronae *ins.?*) liberisque eorum et parentibus.

Ulp. XXVIII 7:

> quinto patrono patronae, item liber*is parentibus*ue patroni patronaeue.

Coll. XVI 9 § 1:

> Post familiam patroni uocat praetor patronum et patronam, item liberos et parentes patroni et patronae.

Vgl. auch c. 4 § 23 de bon. lib. (6. 4).

Auch der Inhalt dieser Klausel ist bekanntlich überaus bestritten[4]. M. E. sind hier berufen:

1. Patronus patronaue patroni patronae.
2. Die liberi und parentes dieses zweiten Patrons.

Liberi und parentes aber sind hier nur die agnatischen oder bloss durch capitis deminutio von der Agnation ausgeschlossenen Deszendenten und Aszendenten[5], m. a. W. die familia des zweiten Patrons im Sinne der Klasse tum quem ex familia[6].

§ 161. *UNDE UIR ET UXOR*[7].

Ulp. 47[8].

§ 3 I. de b. p (3. 9):

> .... praetor .... dat bonorum possessionem ..... septimo uiro et uxori.

Cf. Ulp. XXVIII 7. Coll. XVI 8 § 1.

---

[1] Arg. Iulian. 27 fr. 23 § 1 de bon. lib. (38. 2): nepotes non admittentur, quamdiu filius esset.

[2] Wenigstens nach der richtigen und auch wohl herrschend gebliebenen Ansicht. Gai. III 28, § 7 I. de leg. agn. succ. (3. 2).

[3] Das Referat in § 6 (5) I. eod. ist zweifellos missverständlich.

[4] Vgl. Leist, a. a. O. S. 363 fgg., Alibrandi, opp. I p. 96.

[5] A. M. Leist, a. a. O. S. 374, dessen Ansicht ich im übrigen folge.

[6] Auffallend ist hiebei in § 3 I. cit. das liberisque eorum, da nach dem Edikt die Kinder der Patronin nicht zur b. p. berufen waren, umsoweniger also die Kinder der patrona patroni. Das Edikt hatte wohl das Wort eorum nicht, das auch bei Ulp. l. c. und in der coll. fehlt. Da aber die lex Papia dem patronae filius Anrecht auf die bonorum possessio gab — Gai. III 53 —, so erklärt es sich leicht, dass die Interpreten seitdem das Wort liberos in unserer Klausel auch auf den filius patronae bezogen. Siehe auch Paul. 43 fr. 18 de bon. lib. (38. 2).

[7] D. (38. 11), C. (6. 18).

[8] Fr. 1 h. t.

§ 161a. DE POSTUMIS.

Ulp. 47 [1]).

Schol. 1 in Basil. XXXIX 1, 6 (Heimb. IV p. 5):

μετὰ τὴν οὖνδε ἴουρε (uir et uxor *scr*.) διακατοχὴν ἐπήγαγεν ὁ πραίτωρ
καὶ εἶπεν οὕτως· ἐπὶ πασῶν δὲ τούτων τῶν διακατοχῶν, ἐὰν ἐμπέσῃ
ποστ(ούμου) πρόσωπον, τεχθέντος μὲν αὐτοῦ, δίδωμι τὴν ἁρμόττουσαν
διακατοχήν· ἐφ' ὅσον δὲ κυοφορεῖται, πέμπω αὐτὸν εἰς νομὴν τὴν λεγο-
μένην οὐέντρις νόμινε.

Die Richtigkeit dieses Referats über ein sonst nicht überliefertes Edikt[2])
wird durch die angeführte Stelle aus Ulp. 47 bestätigt.

§ 162. UNDE COGNATI MANUMISSORIS.

Ulp. 47 [3]).

§ 3 I. de b. p. (3. 9):

.... praetor ..... dat bonorum possessionem ..... octauo cognatis
manumissoris.

Ulp. XXVIII 7:

cognatis manumissoris, quibus per legem Furiam plus mille asses
capere licet[4]).

Cf. coll. XVI 9 § 1.

Der Patron war anscheinend auch hier wieder mitberufen, arg. Ulp. 47
fr. 17 de bon. lib. (38. 2)[5]).

C. CLAUSULAE GENERALES.

Ulp. 48. 49, Paul. 44, Gai. 17, Iulian. 28.

§ 163. QUIBUS NON COMPETIT BONORUM POSSESSIO[6]).

Ulp. 48 [7]), Paul. 44 [8]), Iulian. 28 [9]).

Soweit aus den Quellen ersichtlich, versagt der Prätor in drei Fällen
die b. p.[10]).

Afric. fr. 13 de b. p. (37. 1):

Edicto praetoris bonorum possessio his denegatur, qui rei capitalis
damnati sunt[11]) neque in integrum restituti sunt.

2.

Aus Ulp. 48 fr. 1 si quis aliquem (29. 6), Paul. 44 fr. 2 eod., Iulian. 28
fr. 1 h. t. erhellt, dass demjenigen, der einen andern dolos an Errichtung
oder Veränderung eines Testaments verhinderte (cuius dolo malo factum

---

[1]) Fr. 7 de uentre (37. 9).
[2]) Erst Alibrandi, l. c. p. 99, hat auf
obiges schol. aufmerksam gemacht.
[3]) Fr. 17 de bon. lib. (38. 2).
[4]) Fr. Vat. 301.
[5]) Anders, m. E. irrig, Alibrandi l. c. p. 99.
[6]) D. (38. 13).

[7]) Fr. 1 si quis aliq. test. prohib. (29. 6),
fr. 12 de b. p. (37. 1), fr. 2 de poen. (48. 19).
[8]) Fr. 2 si quis aliq. test. prohib. (29. 6).
[9]) Fr. 1 h. t.
[10]) Zur Geschichte cf. Val. Maxim. VII 7
§ 6. 7.
[11]) Ulp. 48 fr. 2 de poen. (48. 19).

erit, quo minus . . . .) vom Prätor die b. p. versagt wurde, und zwar nach
ausdrücklicher Ediktvorschrift[1]). Nach der rubr. D. (29. 6), C. (6. 34) „si
quis aliquem testari prohibuerit uel coegerit", die vielleicht aus dem
Album stammt, steht zu vermuten, dass von demjenigen, der zur Errichtung
eines Testaments gezwungen hatte, ein Gleiches galt[2]).

3.

Ulp. 48 fr. 12 § 1 de b. p. (37. 1):

> Ubicunque lex uel senatus uel constitutio capere hereditatem pro-
> hibet, et bonorum possessio cessat.

§ 164. UT EX LEGIBUS SENATUSUE CONSULTIS BONORUM
POSSESSIO DETUR[3]).

Ulp. 49[4]), Gai. 17[5]).

Ulp. 49 fr. 1 pr. h. t.:

> Praetor ait: Uti me quaque lege senatus consulto bonorum possessio-
> nem dare oportebit, ita dabo[6]).

Auf diesem allgemeinen Edikt und nicht etwa auf einem Spezialedikt —
vgl. namentlich fr. 1 § 1 de lib. uniu. (38. 3) — beruhte auch die b. p. der
Munizipien am Nachlass der Munizipalfreigelassenen. Daher kann Ulp. 39
fr. 3 § 4 de b. p. (37. 1):

> sed et si nemo petat uel adgnouerit bonorum possessionem nomine
> municipii, habebit municipium bonorum possessionem praetoris
> edicto . . .,

kann dies nicht von einem besondern Edikt verstanden werden. Wahrscheinlich ist der nach Inhalt und Form gleich verdächtige Satz ein Produkt der Kompilatoren.

§ 165. QUIS ORDO IN POSSESSIONIBUS SERUETUR[7]).

Ulp. 49[8]), Paul. 44[9]), Iulian. 28[10]).

Ulp. 49 fr. 1 § 10 de succ. ed. (38. 9):

> Quibus ex edicto bonorum possessio dari potest, si quis eorum aut
> dari sibi noluerit[11]) aut in diebus statutis non admiserit[12]), tunc

---

[1]) Vgl. Iulian. l. c.: hic casus uerbis
edicti non continetur.

[2]) Vgl. auch c. 1 tit. cit.: „ciuili discepta-
tioni". Über die Streitfrage s. die Literatur bei Windscheid, Pand. III § 548 n. 2.
Vgl. jetzt Lenel, ZRG. XXIII S. 71 fgg.

[3]) D. (38. 14).

[4]) Fr. un. h. t., fr. un. de lib. uniu. (38. 3)
vgl. Ulp. XXII 5.

[5]) Fr. 56 de usuf. (7. 1) ict. Ulp. 49 fr. un.
de lib. uniu. (38. 3).

[6]) Vgl. Paul. 41 fr. 6 § 1 i. f. de b. p. (37.1),
§ 8 [7] I. de b. p. (3. 9).

[7]) D. (38. 15). Dies war wohl die Rubrik

des „successorium edictum", vgl. Papin. fr. 2
de succ. ed. (38. 9) „beneficium edicti suc-
cessorii", Paul. 44 fr. 1 § 3 de iur. et facti
ign. (22. 6): „ex successorio capite".

[8]) Fr. 1 de succ. ed. (38. 9), fr. 2 quis ordo
(38. 15).

[9]) Fr. 1 de iur. et facti ign. (22. 6), fr. 3
quis ordo (38. 15).

[10]) Fr. 4 quis ordo (38. 15).

[11]) Ulp. 49 fr. 1 § 1—7 de succ. ed. (38. 9),
Iulian. 28 fr. 4 pr. quis ordo (38. 15).

[12]) Ulp. 49 fr. 1 § 8. 9 eod., fr. 2 quis ordo
(38. 15), Paul. 44 fr. 1 de iur. et facti ign.
(22. 6).

ceteris bonorum possessio perinde competit, ac si prior ex eo numero non fuerit[1]).

Ohne Zweifel entspricht dieser Bericht ziemlich wortgetreu dem Wortlaut des Edikts selber (vgl. die Noten). Statt diebus statutis wird es geheissen haben „intra dies centum quibus scierit potueritque[2])“: die den parentes und liberi gewährte längere Frist von einem Jahr scheint in einem besondern Zusatz am Schluss des successorium edictum festgestellt gewesen zu sein[3]).

Tit. XXVI.
DE TESTAMENTIS[4]).

Ulp. 50, Paul. 45. 46, Gai. 17, Gai. 1. 2 de testamentis ad edict. pr. urb., Iulian. 29—31.

Gaius und Julian knüpfen an diese Rubrik die allgemeine Lehre von den Testamenten; es gehören hieher die in den Noten angeführten Stellen aus Gai. 17[5]) und Gai. de test. ad ed. pr. urb. lib. 1[6]), sowie das ganze 29. und 30. Buch[7]) Julians, wo daher überall ein Zusammenhang mit bestimmten Ediktklauseln nicht zu suchen ist.

§ 166. *DE CONDICIONE IURISIURANDI*[8]).

Ulp. 50[9]), Paul. 45[10]), Gai. de test. ad ed. pr. urb. lib. 2[11]), Iulian. 31[12]). Ulp. 50 fr. 8 pr. h. t.:

> uoluit (praetor) . . . eum, cui sub iurisiurandi condicione quid relictum est, ita capere, ut capiunt hi, quibus nulla talis iurisiurandi condicio inseritur . . . .

Cf. Marcell. fr. 29 § 2 de test. milit. (29. 1).

Das Edikt bezog sich nur auf Erbeinsetzungen und Legate[13]); seine Anwendung auf Fideikommisse und mortis causa donationes beruht auf Interpretation[14]).

---

[1]) Fr. 1 § 11 eod., vgl. auch Pompon. fr. 2 pr. de bon. lib. (38. 2), Ulp. XXVIII 11, § 10 [5] l. de b. p. (3. 9).

[2]) Ulp. 49 fr. 1 § 8. 9 eod., dazu fr. 2 quis ordo (38. 15).

[3]) Ulp. 49 fr. 1 § 12—ult. eod.

[4]) v. Velsen, ZRG. XXXIV S. 81 n. 3 nimmt an, die beiden Materien „de testamentis“ und „de legatis“ seien im Album in einen Titel zusammengefasst gewesen.

[5]) Fr. 6, 8 qui test. fac. poss. (28. 1), fr. 30 de lib. et post. (28. 2), fr. 31 de hered. instit. (28. 5).

[6]) Fr. 32 de hered. instit. (28. 5), fr. 16 de condic. et demonstr. (35. 1).

[7]) Falsch zitiert ist Iulian. 30 statt 35 in fr. 23 pr. de usuf. (7. 1), fr. 8 de usuf. adcr.

(7. 2) (cf. fr. Vat. 87), wahrscheinlich auch in fr. 20 quando dies (36. 2) statt 37.

[8]) Vgl. rubr. D. (28. 7), C. (6. 25) de condicionibus institutionum. Im Album kann diese Rubrik nicht wohl gestanden haben, da das Edikt ja nicht de condicionibus, sondern nur von der einen condicio iurisiurandi handelte.

[9]) Fr. 8 de condic. inst. (28. 7), fr. 12 de manum. test. (40. 4).

[10]) Fr. 9 de condic. inst. (28. 7).

[11]) Fr. 33 de her. inst. (28. 5): Einleitung (von den Bedingungen bei Erbeinsetzungen überhaupt).

[12]) cit. fr. 12 § 2 de manum. test. (40. 4).

[13]) Auch auf Legate? Bezweifelt von Pernice, Labeo III S. 49 fg.

[14]) Vgl. Ulp. 50 fr. 8 § 1—3 h. t.

Nicht im Edikt stand der Satz, den Ulp. 50 fr. 8 § 6 h. t. vorträgt:

> actiones hereditarias[1]) non alias habebit, quam si dederit uel
> fecerit id quod erat iussus iurare

Arg. Iulian. fr. 26 pr. de condicion. (35. 1).
Zur Geschichte des Edikts vgl. Cic. in Verr. II[1] c. 47 § 123. 124,
Iauolen. fr. 62 pr. de a. u. o. h. (29. 2), dazu Pernice, Labeo III S. 50 fg.

§ 167. TESTAMENTA QUEMADMODUM APERIANTUR INSPICIANTUR ET DESCRIBANTUR[2]).

Ulp. 50[3]), Paul. 45[4]), Gai. 17[5]), Iulian. 31[6]).

1.

Paul. sent. IV 6 § 1 (vgl. III 5 § 17):

> Tabulae testamenti aperiuntur hoc modo, ut testes uel maxima
> pars eorum adhibeatur, qui signauerint testamentum: ita ut agnitis
> signis rupto lino aperiatur et recitetur atque ita describendi exempli
> fiat potestas ac deinde signo publico obsignatum in archiuum
> redigatur .   [7]).

Paul. sent. IV 6 § 2[a.]

> Qui aliter aut alibi, quam ubi lege praecipitur, testamentum aper-
> uerit recitaueritue, poena sestertiorum quinque milium tenetur.

Da, wie aus der zweitangeführten Stelle hervorgeht, die Vorschriften über
die Testamentseröffnung auf lex — die lex Iulia uicesimaria — zurückgehen, so muss dahingestellt bleiben, wie viel an den von Paulus mitgeteilten Rechtssätzen dem Edikt zuzuweisen ist[8]).

Wenn, was durchaus ungewiss, der missio ex edicto Diui Hadriani im
Album gedacht gewesen sein sollte, so würden wir die betreffende Klausel
uns im Anschluss an die Vorschriften über die Testamentseröffnung proponiert vorzustellen haben[9]).   Eine Spur davon findet sich nicht.

2.

Gai. 17 fr. 1 pr. h. t.:

> Omnibus quicumque desiderant tabulas testamenti inspicere uel
> etiam describere, inspiciendi describendique potestatem facturum
> se praetor pollicetur

---

[1]) Vgl. Gai. fr. 65 [63] § 9 ad SC Treb. (36. 1).

[2]) D. (29. 3), C. (6. 32).

[3]) Fr. 2, 4, 6, 8 h. t., fr. 1 de transact. (2. 15) cf. Gai. 17 fr. 1 § 1 h. t., fr. 6 de fide instr. (22. 4).

[4]) Fr. 9 h. t., fr. 5 ad munic. (50. 1). Cf. Paul. sent. IV 6 § 2[a.]

[5]) Fr. 1, 3, 7 h. t., fr. 6 de transact. (2. 15) = fr. 1 § 1 h. t.; fr. 7 h. t. ist fälschlich Gai. 7 inskribiert.

[6]) Fr. 21 de condic. (35. 1), cit. fr. 6 § 4 de a. u. o. h. (29. 2) vgl. Ulp. fragm. XVII 1.

[7]) Zu den Formen der Testamentseröffnung vgl. das Protokoll in Spangenberg,
tab. neg. p. 95 sqq., Savigny, verm. Schr.
III S. 122 fgg. S. ferner BGU. nr. 361 col. II
lin. 10 sqq.

[8]) Das Recht der Testamentseröffnung
wird übrigens in den Ediktkommentaren
erörtert: Ulp. 50 fr. 4, 6, 8 h. t., fr. 6 de fide
instr. (22. 4), Paul. 45 fr. 9 h. t., fr. 5 ad
munic. (50. 1), Gai. 17 fr. 1 § 2, fr. 7 h. t.
Paul. IV 6 § 2[a] geht vielleicht auf eine
prätorische Popularklage zurück.

[9]) Vgl. die Aufeinanderfolge der Titel

Ulp. 50 fr. 2 § 6 h. t.:

> Diem autem et consulem tabularum non patitur praetor describi uel inspici.

Der Fassung des Edikts sehr nahe scheinen mir Ulpians Worte in fr. 2 § 4 h. t.:

> cuius quis quod ad causam testamenti pertinet[1] inspici describique postulat.

Ob der in c. 3 h. t. erwähnte Calumnieneid des Postulanten auf Edikt oder auf Praxis beruhte, steht dahin.

§ 168. SI QUIS OMISSA CAUSA TESTAMENTI AB INTESTATO POSSIDEAT HEREDITATEM[2].

Ulp. 50[3]), Paul. 45[4]), Gai. 17[5]), de test. ad ed. pr. urb. lib. 2[6]), Iulian. 31[7]).
Ulp. 50 fr. 1 pr. h. t.:

> Praetor . . eorum calliditati occurrit, qui omissa causa testamenti ab intestato hereditatem partemue eius possident ad hoc, ut eos circumueniant, quibus quid ex iudicio defuncti deberi potuit, si non ab intestato possideretur hereditas, et in eos actionem pollicetur.

Der Wortlaut des Edikts lässt sich aus Ulpians Kommentar mit ziemlicher Sicherheit rekonstruieren:

> *Si quis omissa causa testamenti*[8]) *ab intestato hereditatem partemue eius possidebit*[9]) *doloue malo fecerit, quo minus possideret*[10]), *causa cognita*[11]) *de legatis perinde actionem dabo atque si hereditatem ex testamento adisset*[12]).

Vgl. auch fr. 17 § 3 de test. mil. (29. 1).

Rudorff, E. P. § 172, konstruiert zu diesem Edikt zwei Formeln, die eine in factum concepta berechnet auf den Fall, wo der Beklagte das Vorhandensein der ediktalen Klagvoraussetzungen, die andere ficticia berechnet auf den Fall, wo er die Rechtsbeständigkeit des Legats bestreitet. Zu dieser Unterscheidung geben nicht nur die Kommentare keinen Grund, sondern sie verbietet sich schon durch die einfache Erwägung, dass der

---

(6. 32), (6. 33) im C., und s. auch Paul. sent. III 5 § 17, c. 3 de edicto D. Hadr. toll. (6. 33).

[1]) Vgl. Ulp. 50 fr. 2 § 2 h. t., c. 3 h. t. Siehe auch fr. 3 § 18 ad SC Silan. (29. 5), fr. 1 pr. de tab. exhib. (43. 5).

[2]) D. (29. 4), C. (6. 39). Die Worte „uel alio modo", die in der Digestenrubrik hinter „intestato" stehen, sind dem Album fremd.

[3]) Fr. 1, 4, 6, 8, 10, 12 h. t., fr. 50 de V. O. (45. 1) cf. fr. 1 § 12 h. t.

[4]) Fr. 9 h. t.

[5]) Fr. 13, 15, 17, 19 h. t.

[6]) Fr. 14, 16, 18 h. t., fr. 55 de R. I. (50. 17).

[7]) Fr. 22 h. t., fr. 18 de legat. I; fr. 14 de auct. tut. (26. 8) ist falsch inskribiert (XXXI statt XXI).

[8]) Ulp. 50 fr. 1 § 1—8 h. t.

[9]) Ulp. 50 fr. 1 § 9 h. t., Gai. 17 fr. 13 h. t., Gai. de test. 2 fr. 14 h. t.

[10]) Ulp. 50 fr. 1 § 10—ult., fr. 4 pr. § 1 h. t. Fr. 4 § 2. 3, fr. 6 pr.—§ 2 h. t. enthalten zusätzliche Erörterungen. Zu dolo malo vgl. Gai. de test. 2 fr. 55 de R. I. (50. 17).

[11]) Ulp. 50 fr. 6 § 3—7 h. t.

[12]) Ulp. 50 fr. 6 § 8—ult., fr. 8, 10, 12 h. t. Vgl. Ulp. 50 fr. 1 § 10 h. t., Gai. 2 de test. fr. 18 pr. eod., Gai. 17 fr. 19 eod., Paul. 60 fr. 24 § 1 eod.

Prätor die Klage nur causa cognita erteilt, das Vorhandensein der ediktalen
Klagvoraussetzungen also selber konstatiert[1]). Nach den Quellen gab es
nur ei ne und zwar fiktizische Formel, mit der Fiktion „si hereditatem ex
testamento adisset"[2]) oder vielleicht „si testamenti causa omissa non fuisset"[3]).
Utilis actio: fr. 4 pr. § 1, fr. 10 pr. h. t.

§ 169.   QUORUM TESTAMENTA NE APERIANTUR[4]).

Ulp. 50[5]), Paul. 46[6]), Gai. 17[7]):

Ulp. 50 fr. 3 § 18 h. t.:

> Quod ad causam testamenti pertinens relictum erit ab eo qui oc-
> cisus esse dicetur, id ne quis sciens dolo malo aperiendum recitan-
> dum describendumque curet[8]), edicto cauetur, priusquam de ea
> familia quaestio ex senatus consulto habita suppliciumque de noxiis
> sumptum fuerit.

Ulp. 50 fr. 3 § 29 h. t.:

> Non tantum ex testamento sed etiam ab intestato hereditas ad hoc
> edictum pertinet, ut ne quis adeat bonorumue possessionem petat,
> antequam quaestio de familia habeatur (suppliciumque de noxiis
> sumptum fuerit, Ulp. 50 fr. 5 § 2 h. t.)[9]).

Gai. 17 fr. 25 § 2 h. t.:

> Ex hoc edicto actio proficiscitur contra eum, qui aduersus edictum
> praetoris tabulas testamenti aperuisse dicetur, uel si quid aliud
> fecisse dicetur (nam ut ex supra dictis apparet, plura sunt, propter
> quae poena edicti constituta est) . palam est autem popularem
> actionem esse, cuius poena in centum aureos[10]) ex bonis damnati
> extenditur: et inde partem dimidiam ei, cuius opera conuictus erit,
> praemii nomine se daturum praetor pollicetur, partem in publicum
> redacturum.

Die intentio der hier verheissenen Klage war vermutlich, den Worten des
Gaius entsprechend, abgestellt auf:

S. p. N^m N^m aduersus edictum illius praetoris tabulas testamenti
Lucii Titii aperuisse oder *aperiendas curasse* u. s. w.

Die condemnatio aber lautete wohl nicht auf den Kläger, wahrscheinlich
auf den populus[11]).

---

[1]) Auch das „litis contestatae tempus
spectari debet" in fr. 6 § 6 h. t. kann dem
Zusammenhang nach nur auf das officium
praetoris bezogen werden.

[2]) Fr. 1 § 10, 18 pr., 19, 24 § 1 h. t.

[3]) Fr. 22 pr. h. t.

[4]) D. (29. 5), C. (6. 35).

[5]) Fr. 1, 3, 5, 24 h. t., fr. 3 de quaest.
(48. 18), fr. 197 de V. S. (50. 16) cf. fr. 3
§ 13 sqq. h. t.

[6]) Fr. 6, 8 h. t.

[7]) Fr. 9, 25 h. t.

[8]) Ulp. 50 fr. 3 § 19—28 h. t.

[9]) Ulp. 50 fr. 3 § 29—ult., fr. 5, fr. 24 h. t.,
Paul. sent. III 5 § 1.

[10]) *scr.* milia sestertiorum. Paul. sent. III 5
§ 12[a] (Krüger, coll. p. 85). Der Passus
„cuius poena . . . extenditur" ist übrigens
gewiss nicht so von Gaius geschrieben.

[11]) So Rudorff, E. P. § 171; a. M. Fadda,
l'az. pop. (1894) p. 35 sqq., der „condanna
ripartita" annimmt. Vgl. über diese actio
überhaupt Bruns, ZRG. III S. 377 fg.

Tit. XXVII.

DE LEGATIS.

Ulp. 51. 52, Paul. 47. 48, Gai. 18, Gai. lib. 1—3 de legatis ad ed. praet., Iulian. 32—40.

Rudorff, E. P. § 173—175, lässt auf den Titel de testamentis einen weitern de legatis et fideicommissis folgen, den er in drei Unterabschnitte teilt: de legatis, de fideicommissis, ut in possessionem (bonorum) legatorum uel fideicommissorum seruandorum causa esse liceat. Unter der Rubrik de legatis denkt sich Rudorff, den von ihm gebrachten Zitaten nach zu urteilen, die sämtlichen aus den verschiedenen Legatsformen zuständigen Aktionen proponiert, nebstdem die cautio Muciana. Der Rubrik de fideicommissis weist er die utiles actiones ex Trebelliano, die stipulationes emptae et uenditae hereditatis, die stipulationes partis et pro parte, den Antritts- und Restitutionszwang ex Pegasiano zu.

Ich komme zu sehr abweichenden Ergebnissen. Zunächst hat eine Ediktrubrik de fideicommissis überhaupt nicht existiert. Die utiles actiones des Universalfideikommissars waren, wie wir gesehen haben, schon gelegentlich der hereditatis petitio fideicommissaria proponiert[1]). Was aber Rudorff sonst noch unter jene Rubrik setzt, darüber kann mindestens das edictum urbanum gar nichts enthalten haben, aus dem einfachen Grunde, weil die Cognition über die Fideikommisse in klassischer Zeit nicht in der Hand des praetor urbanus, sondern in derjenigen der Konsuln und des praetor fideicommissarius lag[2]), und die Kommentare zum Edikt zeigen denn auch in den Fragmenten der oben angeführten Bücher nicht die geringste Spur einer Behandlung der von Rudorff hieher gerechneten Materien[3]). Nicht minder muss mehreres von dem beanstandet werden, was Rudorff unter die Rubrik de legatis setzt. Die rei uindicatio aus dem Vindikationslegat und die actio familiae erciscundae aus dem Präzeptionslegat haben in dieser Anwendung gar nichts besonderes; es ist nicht abzusehen, wie dieselben, da sie im Album an anderer Stelle proponiert waren, hier nochmals unter der Rubrik de legatis vorgekommen sein sollten. Die cautio Muciana ihrerseits gehört zu den Privatstipulationen des Zivilrechts und hat mit dem Edikt nichts zu tun, ist daher auch in den Ediktkommentaren nicht behandelt[4]).

M. E. proponierte der Prätor unter dem Titel de legatis folgendes:

1. Die Formeln der actio certi und incerti ex testamento (§ 170).
2. Das Edikt über die cautio usufructuaria (§ 171).

[1]) S. § 68.
[2]) Gai. II 278, Ulp. XXV 12.
[3]) Anders Julians Digesten und die sonstigen deren System folgenden Schriften, die an dieser Stelle die Lehre von den Ver-

mächtnissen überhaupt (Legaten und Fideikommissen) behandeln.
[4]) Wenn auch vielleicht einmal gelegentlich gestreift: Gai. 18 fr. 18 de condic. (35. 1).

3. Das Edikt über die cautio legatorum seruandorum causa (§ 172).

4. Das Edikt über die missio legatorum seruandorum causa (§ 173).

Unter den Kommentaren scheint sich Ulpian am engsten an den Inhalt des Edikts gehalten zu haben; die Ulp. 51. 52 inskribierten Fragmente lassen sich mit einer einzigen Ausnahme, wo zweifellos die Inskription falsch ist[1]), mit Leichtigkeit unter die obigen Rubriken einreihen. Aus Paul. 47. 48 sind überhaupt nur sehr wenige zu unserm Titel gehörige Stellen erhalten; die aus lib. 47 können oder müssen auf die unter Ziff. 1 und 2 genannten Materien bezogen werden; von den zwei Fragmenten aus lib. 48 gehört das eine sicher, das andere wahrscheinlich zu Ziff. 3. Gaius handelt in den erhaltenen Fragmenten seiner beiden Kommentare das Legatenrecht überhaupt in einer Reihe der verschiedenartigsten Richtungen ab; ein Anschluss an Ediktinhalt ist nur vereinzelt ersichtlich[2]), und die Ausführlichkeit, mit der sich der Jurist speziell auf die lex Falcidia einlässt, zeigt, dass er sich hier von der Rolle eines blossen Ediktkommentators völlig losgesagt hat. Eben dasselbe gilt endlich auch von Julians, Celsus', Marcellus' Digesten und ähnlichen Werken: schon die auffallend grosse Zahl von Büchern, die hier dem Recht der Vermächtnisse gewidmet werden, lässt ersehen, dass wir selbständige Abhandlungen vor uns haben, in die die Erörterung des Edikts de legatis nur gelegentlich eingeschoben ist[3]).

§ 170. *SI EX TESTAMENTO AGATUR.*

Ulp. 51[4]), Paul. 47[5]), Gai. 18[6]), Iulian. 33[7]).

Gai. II 204:

> Quod autem ita (i. e. per damnationem) legatum est, post aditam hereditatem ...... non ... continuo legatario adquiritur, sed nihilo minus heredis est: et ideo legatarius in personam agere debet, id est intendere heredem sibi dare oportere .....

[1]) Es ist das berüchtigte fr. 68 de R. V. (6. 1). Die Stelle ist aus Ulp. 51 ad Sab.

[2]) Vgl. n. 6 u. S. 357 n. 3. Die übrigen Fragmente lasse ich hier folgen: Gai. 18 fr. 22 de condic. instit. (28. 7), fr. 66, 68 de legat. I, fr. 2, 4 de pecul. leg. (33. 8), fr. 18 de condic. (35. 1), fr. 73, 77, 79, 81 ad l. Falc. (35. 2), fr. 57 de R. I. (50. 17) vgl. etwa fr. 86 § 1 de legat. I. Gai. de legat. ad ed. praet. lib. 1: fr. 65, 67 de legat. I; eod. lib. 2: fr. 69 de legat. I, fr. 15 de dote praeleg. (33. 4), fr. 5 de adim. uel transfer. leg. (34. 4), fr. 17 de condic. (35. 1), fr. 3 qui et a quib. (40. 9); eod. lib. 3: fr. 73 de legat. I, fr. 8 de usu et usuf. (33. 2), fr. 72, 74, 76, 78, 80 ad l. Falc. (35. 2), fr. 11 de donat. (39. 5), fr. 56 de R. I. (50. 17).

[3]) Die actio ex testamento figuriert anscheinend bei Iulian. 33, die andern Edikte bei Iul. 38. Falsche Inskriptionen haben u. a. fr. 8 de usuf. adc. (7. 2) — Iulian. 30 statt 35 —, cit. fr. 1 § 14 quando appell. (49. 4) — 40 statt 45 —, fr. 3 § 3, 5 pr. § 2 de lib. leg. (34. 3) 32 statt 33 —, cf. fr. 7 pr. § 2 eod.

[4]) Fr. 71 de legat. I, fr. 51 de V. O. (45. 1), fr. 30 de solut. (46. 3).

[5]) Fr. 3 de damno inf. (39. 2), fr. 26 de S. P. R. (8. 3). Da in letzterer Stelle eine seruitus constituenda in Frage steht, so rechtfertigt sich die Deutung auf ein Damnationslegat.

[6]) Fr. 70 de legat. I.

[7]) Fr. 6, 82, 84 de legat. I, fr. 10 de lib. leg. (34. 3), fr. 17 de O. et A. (44. 7), cit. fr. 75 § 4 de legat. I, fr. 3 § 3. 5, 5 pr. § 2, 7 pr. § 2 de lib. leg. (34. 3). S. n. 3 a. E.

Gai. II 213:

> sicut autem per damnationem legata res non statim post aditam hereditatem legatarii efficitur,   ita et in sinendi modo legato iuris est: et ideo huius quoque legati nomine in personam actio est quidquid heredem ex testamento dare facere oportet.

Der Bericht des Gaius in der erstangeführten Stelle erregt den Anschein, als ob aus dem Damnationslegat immer nur eine actio certi erwachse und als ob diese mit der sog. condictio certi identisch wäre. Beides ist nicht der Fall. Auch ein incertum kann Gegenstand des Damnationslegats sein[1]), und dann kann das Legat, ganz wie das sinendi modo, nur die actio incerti ex testamento erzeugen[2]). Weiter aber war die actio certi ex testamento sehr verschieden von der condictio certi formuliert. Ihre intentio enthielt, wie die der actio incerti, die Worte ex testamento, die Gai. II 204 nur der Kürze halber ausgelassen hat[3]), und, was die condemnatio anlangt, so gehört unsere actio bekanntlich zu den actiones, quae infitiando in duplum crescunt[4]), wodurch jedenfalls eine von der condictio certi abweichende uns unbekannte Formulierung bedingt war. An eine fictio legis actionis per manus iniectionem zu glauben[5]), liegt kein Grund vor; weder die Litiskreszenz noch die von Gai. III 175 bezeugte Anwendbarkeit der solutio per aes et libram geben ausreichenden Anhalt für eine solche Annahme, bei der schon die Frage der Ästimation bei andern als Geldlegaten Schwierigkeiten machen würde. Das Beste wird sein, sich der Vermutungen hier ganz zu enthalten.

Die Fassung der actio incerti ex testamento müssen wir uns „unbestimmt" denken: jedenfalls nannte sie den legierten Gegenstand ebensowenig wie die actio ex stipulatu den stipulierten[6]); vielleicht hatte sie überhaupt keine demonstratio[7]). Litiskreszenz fand hier nicht statt.

§ 171. *UT USUS FRUCTUS NOMINE CAUEATUR.*

Ulp. 51[8]), Paul. 47[9]), Iulian. 38[10]).

Ulp. 79 fr. 1 pr. usufr. quemadm. (7. 9):

> Si cuius rei ususfructus legatus sit, aequissimum praetori uisum est

---

[1]) Vgl. Arndts, die Lehre v. d. Vermächtnissen (Forts. von Glück) I S. 21. S. z. B. Paul. sent. III 6 § 10, fr. 49 § 8. 9 de legat. I, fr. 8, 9, 25 de lib. leg. (34. 3), fr. 8 de usuf. ear. rer. (7. 5).

[2]) S. auch fr. 8 de usuf. ear. rer. (7. 5).

[3]) Gai. IV 55, Iulian. 33 fr. 82 § 1 de legat. I. Vgl. Baron, die Condictionen, S. 132.

[4]) Gai. IV 9: aduersus infitiantem in duplum agimus . . . . . legatorum nomine quae per damnationem certa relicta sunt. S. ferner Gai. II 282, IV 171, Paul. sent. I 19 § 1,

Ulp. 51 fr. 71 § 2. 3 de legat. I, Iauolen. fr. 61 i. f. ad l. Falc. (35. 2). Zu Gai. IV 9 vgl. § 7 I. de obl. quasi ex contr. (3. 27) und Arndts, a. a. O. S. 24 n. 54.

[5]) So Baron, a. a. O. S. 215 fgg.

[6]) Arg. fr. 20, 21 pr. de exc. rei iud. (44. 2).

[7]) So Baron, a. a. O. S. 132.

[8]) Fr. 64 de usuf. (7. 1), fr. 9 usuf. quemadm. cau. (7. 9).

[9]) Fr. 66 de usuf. (7. 1), fr. 10 usuf. quemadm. (7. 9), letztere Stelle fälschlich Paul. 40 inskribiert.

[10]) cit. fr. 13 pr. § 3 de usuf. (7. 1).

de utroque legatarium cauere: et usurum se boni uiri arbitratu[1] et, cum ususfructus ad eum pertinere desinet, restituturum quod inde extabit.

Ulp. 79 fr. 5 § 1 eod.:

Sed si usus sine fructu legatus erit, adempta fructus causa satisdari iubet praetor: hoc merito, ut de solo usu, non etiam de fructu caueatur.

Die Ausdrucksweise der letztern Stelle lässt erkennen, dass die im Stipulationenteil des Edikts proponierte cautio usufructuaria durch Edikt angeordnet war: die S. 355 in n. 8—10 angeführten Stellen aber zeigen, dass wir dies Edikt hier unter die Rubrik de legatis zu setzen haben[2]).

Man nimmt sehr allgemein an, der Eigentümer habe zur Geltendmachung seiner Schadenersatzansprüche kein anderes Mittel als die cautio usufructuaria gehabt. Fr. 13 § 2 de usuf. (7. 1) beweist aber, dass im Edikt auch eine actio verheissen war:

. . . denique consultus, quo bonum fuit actionem polliceri praetorem, cum competat legis Aquiliae actio, respondit .

Hat Zachariä das schol. des Stephanus zu dieser Stelle (suppl. Basil. p. 70) richtig entziffert, so würde unsere actio dort als arbitraria bezeichnet sein. Proponiert war sie vermutlich an dieser Stelle.

§ 172.   UT LEGATORUM SERUANDORUM CAUSA CAUEATUR[3]).

Ulp. 52[4]), Paul. 48[5]).

Ulp. 79 fr. 1 pr. h. t.:

Legatorum nomine satisdari oportere praetor putauit, ut, quibus testator dari fieriue uoluit, his diebus detur uel fiat dolumque malum afuturum stipulentur.

Auch diese im Stipulationenteil des Edikts proponierte Kaution war unter der Rubrik de legatis durch Edikt angeordnet: dies erhellt aus den (vgl. n. 4 und 5) erhaltenen Resten der Kommentare, ist überdies aber auch schon an sich wahrscheinlich.

Die Ausdehnung auf Fideikommisse dürfte auf Jurisprudenz und Praxis beruhen[6]).

---

[1]) Cf. fr. 13 pr. de usuf. (7. 1).
[2]) A. M. Rudorff, E. P. p. 245 n. 1.
[3]) D. (36. 3).
[4]) Fr. 1 pr. ut in poss. legat. (36. 4).
[5]) Fr. 17 h. t. und vielleicht auch fr. 72 de legat. I.

[6]) Ulp. 79 fr. 14 pr. h. t. Vgl. S. 357 n. 6. Jedenfalls ist die schon dem Ofilius bekannte Kaution (fr. 1 § 15 h. t.) weit älter als die Klagbarkeit der Fideikommisse. S. auch § 287.

§ 173. UT IN POSSESSIONEM LEGATORUM SERUANDORUM CAUSA ESSE LICEAT[1]).

Ulp. 52[2]), Gai. 18[3]), Iulian. 38[4]), Callistr. 3[5]).

Die Betrachtung des Ulpianschen Kommentars ergibt für diese Klausel, in der Hauptsache sicher, folgenden Wortlaut:

> *Eum, cui legatorum*[6]) *seruandorum causa (ex edicto meo) caueri oportebit, si ei eo nomine neque cautum erit neque per eum stabit, quo minus ei eo nomine caueatur*[7]), *legatorum seruandorum causa simul cum herede*[8]) *in possessionem*[9]) *bonorum*[10]), *quae in causa hereditaria erunt doloue malo heredis*[11]) *esse desierint*[12]), *esse iubebo.*

Auf die Erörterung des obigen Edikts (fr. 1, 3, 5 pr.—§ 15) lässt Ulpian zunächst diejenige der sog. missio Antoniniana folgen (fr. 5 § 16—25), wobei das Recht der ediktalen missio nur gelegentlich vergleichend herangezogen wird (fr. 5 § 22 ict. 23). Hierauf folgen in fr. 5 § 26. 27 Schlussbemerkungen. Bei fr. 5 § 28 aber beginnt ein neuer Abschnitt des Kommentars, der eine durch die Jurisprudenz[13]) geschehene analoge Ausdehnung des obigen Edikts zum Gegenstande hat: die Ausdehnung auf Vermächtnisse, die nicht ab herede hinterlassen sind.

Rudorff, E. P. § 175, führt noch eine Reihe von Fragmenten verschiedenen Bezugs als Ediktinhalt an, die aber in Wirklichkeit nur Interpretation enthalten. So sicher fr. 8 h. t. vgl. fr. 5 § 13 h. t. So ferner fr. 14 h. t., wo lediglich die Grundsätze von der missio uentris nomine analog angewendet werden. Zu fr. 5 § 27 h. t. vgl. Ulp. 68 fr. 3 pr. ne uis fiat ei (43. 4). Endlich fr. 12 h. t.

---

[1]) D. (36. 4), C. (6. 54).

[2]) Fr. 1 § 1—ult., fr. 3, 5 h. t. Fr. 76 de legat. III fälschlich Ulp. 2 statt 52 inskribiert? cf. fr. 3 § 1 h. t., fr. 14 § 1 ut legat. (36. 3).

[3]) Fr. 11 ut legat. (36.3), fälschlich Gai.13 statt 18 inskribiert.

[4]) Fr. 6 h. t.

[5]) Fr. 13 h. t.

[6]) Uel fideicommissorum? S. S. 356 n. 6. Dass die Fideikommisse in den Kommentaren wiederholt neben den Legaten genannt werden, wird auf Jurisprudenz und Praxis beruhen. Man beachte auch, dass das Edikt seinem Wortlaut nach nur auf ab herede hinterlassene Vermächtnisse reflektiert: das spricht gar sehr für die Beschränkung auf Legate.

[7]) Ulp. 52 fr. 1 § 1—ult., fr. 3 h. t. S. besonders fr. 1 § 1 v. „quia uerum est per eum, cui caueri oportebit, non fieri, quo minus caueatur".

[8]) Ulp. 52 fr. 5 pr. h. t.

[9]) Ulp. 52 fr. 5 pr.—§ 4 h. t.

[10]) Dass unser Edikt den Ausdruck „bona" gebrauchte, will wohl auch Naber, Mnemos. N. S. XXV p. 302 („quae missio falso dicitur in bona") nicht leugnen, obwohl er als Gegenstand der missio nur die „res hereditariae" gelten lässt.

[11]) Ulp. 52 fr. 5 § 13 h. t.

[12]) Ulp. 52 fr. 5 § 5—15 h. t. Bonorum: fr. 5 § 6. Quae in causa .... erunt doloue desierint: fr. 5 § 5. 9, fr. 8, 15 h. t., c. 6 h. t.

[13]) Nicht durch das Edikt selbst: vgl. fr. 5 § 29 h. t. v. „non inique", „aequum esse", „hoc iure utimur".

Tit. XXVIII.

§ 174. DE OPERIS NOVI NUNTIATIONE[1]).

Ulp. 52[2]), Paul. 48[3]), Gai. ad ed. urb. tit. de o. n. n.[4]), Iulian. 41[5]).

Ulp. 52 fr. 1 pr. h. t.:

Hoc edicto promittitur, ut, siue iure siue iniuria opus fieret[6]), per nuntiationem inhiberetur, deinde remitteretur prohibitio hactenus, quatenus prohibendi ius is qui nuntiasset non haberet[7]).

Ulp. 52 fr. 5 § 11 h. t.:

Si quis riuos uel cloacas uelit reficere uel purgare, operis noui nuntiatio . . prohibetur.

Ulp. 52 fr. 5 § 12 h. t.:

Praeterea generaliter praetor cetera quoque opera excepit, quorum mora periculum aliquod allatura est[8]).

Ulp. 52 fr. 5 § 14 h. t.:

Qui opus nouum nuntiat, iurare debet non calumniae causa opus nouum nuntiare . hoc iusiurandum auctore praetore defertur . . . .

Ulp. 52 fr. 5 § 15 h. t.:

Qui nuntiat, necesse habet demonstrare, in quo loco opus nouum nuntiet[9]).

Ulp. 52 fr. 5 § 17 h. t.:

Si is, cui nuntiatum erit, ex operis noui nuntiatione satisdederit repromiseritue aut per eum non fiet, quo minus boni uiri arbitratu satisdet repromittatue, perinde est ac si operis noui nuntiatio omissa esset[10]).

Ulp. 77[11]) fr. 1 § 6 de stip. praet. (46. 5):

. . . . de eo opere, quod in priuato factum erit, satisdatio est: de eo,

---

[1]) D. (39. 1).

[2]) Fr. 1, 3, 5, 7 h. t.

[3]) Fr. 4, 8 h. t., fr. 31 de S. P. U. (8. 2).

[4]) Fr. 9 h. t.

[5]) Fr. 6, 13 h. t. Vgl. Bülow, Prozesseinr. u. Prozessvorauss., S. 32 n. 5.

[6]) Eine Aufzählung der causae nuntiationis, wie sie Karlowa, II S. 1227, dem Edikt zuschreibt, war m. E. nicht darin enthalten; die Art der Darstellung in fr. 1 § 15 fgg. h. t. spricht dagegen.

[7]) Die Ordnung des Ulpianschen Kommentars hiezu scheint mir folgende. Einleitung: fr. 1 pr. § 1. Nuntiatio: fr. 1 § 2—5 (über § 6—10 s. unten). Opus nouum: fr. 1 § 11—14. Quibus ex causis fiat nuntiatio et quae personae nuntient quibusque nuntietur et in quibus locis fiat nuntiatio: fr. 1 § 15—ult., fr. 3, 5 pr.—§ 7. Nunmehr sollte man die in fr. 1 § 15 versprochene Erörterung

„quis effectus sit nuntiationis" erwarten: sie bleibt aus, und ich möchte vermuten, dass fr. 1 § 6—10, Bemerkungen, die an ihre gegenwärtige Stelle nicht passen, ursprünglich hinter fr. 5 § 7 standen und von den Kompilatoren vorausgenommen wurden. Was in fr. 5 § 8—10 folgt, beziehe ich auf die Verheissung der Remission „quatenus prohibendi ius is qui nuntiasset non haberet" (ius prohibendi hat nicht bloss der Servitutberechtigte, sondern auch — „sed et" — der Eigentümer als solcher).

[8]) Ulp. 52 fr. 5 § 12. 13 h. t.

[9]) Rudorff, E. P. § 176, hält dies nicht für Ediktinhalt. Kommentar: Ulp. 52 fr. 5 § 15. 16 h. t.

[10]) Ulp. 52 fr. 5 § 17—ult., fr. 7 h. t. Vgl. Paul. 48 fr. 8 § 2—4 h. t.

[11]) So ist statt Ulp. 70 zu lesen.

quod in publico, ... qui suo nomine cauent, repromittunt, qui alieno, satisdant.

Das überaus bestrittene Fragment der lex Rubria c. XIX muss an diesem Orte, wo lediglich die Rekonstruktion des edictum perpetuum in Frage steht, ausser Betracht bleiben[1]).

Tit. XXIX.

§ 175. DE DAMNO INFECTO[2]).

Ulp. 53[3]), Paul. 48[4]), Gai. 19[5]), Gai. ad ed. pr. urb. tit. de damno inf.[6]).
Ulp. 53 fr. 7 pr. h. t.:

Praetor ait: [7])DAMNI INFECTI[8]) SUO NOMINE PROMITTI, ALIENO SATISDARI IUBEBO[9]) EI, QUI IURAUERIT NON CALUMNIAE CAUSA ID SE POSTULARE[10]) EUMUE CUIUS NOMINE AGET PUSTULATURUM FUISSE[11]), IN EAM DIEM, QUAM CAUSA COGNITA STATUERO[12]). SI CONTROUERSIA ERIT, DOMINUS SIT NEC NE QUI CAUEBIT, SUB EXCEPTIONE SATISDARI IUBEBO[13]). DE EO OPERE, QUOD IN FLUMINE PUBLICO RIPAUE EIUS FIET, IN ANNOS DECEM SATISDARI IUBEBO[14]). EUM, CUI ITA NON CAUEBITUR, IN POSSESSIONEM EIUS REI, CUIUS NOMINE, UT CAUEATUR, POSTULABITUR, IRE ET, CUM IUSTA CAUSA ESSE UIDEBITUR, ETIAM POSSIDERE IUBEBO[15]). IN EUM, QUI NEQUE CAUERIT NEQUE IN POSSESSIONE ESSE NEQUE POSSIDERE PASSUS ERIT, IUDICIUM DABO, UT TANTUM PRAESTET, QUANTUM PRAESTARE EUM OPORTERET, SI DE EA RE[16]) EX DECRETO MEO EIUSUE, CUIUS DE EA RE IURISDICTIO FUIT QUAE MEA EST[17]), CAUTUM FUISSET[18]). EIUS REI NOMINE, IN CUIUS POSSESSIONEM MISERO, SI AB EO QUI IN POSSESSIONE ERIT, DAMNI INFECTI NOMINE NON SATISDABITUR, EUM, CUI NON SATISDABITUR, SIMUL IN POSSESSIONE ESSE IUBEBO.

In diesem Zitat dürften zwei Klauseln ausgefallen sein. Anschliessend an

---

[1]) Über die verschiedenen Ansichten siehe Burckhard, die O. N. N. (1871), in Forts. von Glücks Erläutg. S. 261 fgg.

[2]) D. (39. 2).

[3]) Fr. 7, 9, 11, 13, 15, 17 h. t., fr. 9 de S. P. U. (8. 2).

[4]) Fr. 10, 12, 14, 16, 18 h. t., fr. 10 de interrog. (11. 1), fr. 5 de stip. praet. (46. 5), fr. 166 de R. I. (50. 17).

[5]) Fr. 20 h. t.

[6]) Fr. 30 de noxal. act. (9. 4), fr. 8, 19 h. t.

[7]) Sind vor damni infecti Ediktworte, die die Voraussetzungen der Kautionspflicht näher bezeichneten, ausgefallen? Vgl. hierüber Karlowa, II S. 1244 fg.

[8]) Ulp. 53 fr. 7 § 1—ult., fr. 9 pr.—§ 3 h. t.

[9]) Ulp. 53 fr. 9 § 4—ult., fr. 11, 13 pr.—§ 2 h. t., Paul. 48 fr. 10, 12 h. t. Vgl. auch Ulp. 81 fr. 30 § 1 h. t.

[10]) Ulp. 53 fr. 13 § 3—12 h. t., Paul. 48 fr. 18 pr. § 2—4 h. t.

[11]) Ulp. 53 fr. 13 § 13. 14 h. t.

[12]) Ulp. 53 fr. 13 § 15, fr. 15 pr. § 1 h. t., Paul. 48 fr. 14 h. t.

[13]) Fr. 22 § 1, 31 § 1 h. t.

[14]) Ulp. 53 fr. 15 § 2—5 h. t. vgl. Ulp. 68 fr. un. de ripa mun. (43. 15).

[15]) Ulp. 53 fr. 15 § 11—35 h. t. Vgl. Ulp. 20 fr. 7 § 9 comm. diu. (10. 3), Paul. 54 fr. 3 § 23 de a. u. a. p. (41. 2), Paul. 36 fr. 1 pr. de fundo dot. (23. 5).

[16]) Prob. Einsidl. 10: S. *D.* E. R. Q. *D.* A. = si de ea re qua de agitur.

[17]) Prob. Einsidl. 74: Q. M. E. = quae mea est.

[18]) Ulp. 53 fr. 15 § 36, fr. 17 h. t., Paul. 48 fr. 16, 18 § 13—ult. h. t. Vgl. fr. 4 § 2 ne uis fiat ei (43. 4).

den Satz, wo von dem opus quod in flumine publico ripaue eius fiet die
Rede ist, scheint der Prätor auch über das opus quod in uia publica fiet
in gleicher Weise ediziert zu haben[1]). Und ferner muss vor dem letzten
Satz des Edikts nach Ulp. 69 fr. 4 § 3 ne uis fiat (43. 4) noch eine weitere
Klausel eingeschoben gewesen sein; denn hier heisst es:

> Sed et ex alia causa hoc iudicium proposuit, si eo tempore, quo
> in possessionem mitti desiderabat, praetoris adeundi potestas·non
> fuerit.

Dagegen ist es offenbar ein Irrtum, wenn Rudorff, E. P. § 177, auch die
Bemerkung in fr. 4 § 4 eod. unter die Rubrik de damno infecto setzt:

> Item subiectum, si ex alia causa in possessionem missus prohibitus
> esse dicetur, habere in factum actionem.

Wie sollte diese allgemeine Klausel in unser Edikt geraten? Sicherlich
haben wir es vielmehr in fr. 4 § 4 cit. mit einem Zusatz zu dem bei Ulp. 69
erörterten interdictum ne uis fiat ei qui damni infecti in possessionem
missus est zu tun[2]).

Die Fassung der Formeln aus unserm Edikt war, wie schon aus der
Fassung des letztern, ebenso aber auch aus den Formeln der lex Rubria
c. XX hervorgeht, ohne allen Zweifel fiktizisch „quidquid . . . oporteret,
si . . . . . cautum fuisset". Sie im Detail festzustellen, ist, in Ermangelung
aller Anhaltspunkte, nicht möglich. Die Formeln der lex Rubria aber, nur
mit den entsprechenden Veränderungen, ohne weiteres in das Edikt zu
verpflanzen, scheint mir nicht gestattet.

Noxalklage: fr. 17 pr. h. t.

Tit. XXX.

DE AQUA ET AQUAE PLUUIAE ARCENDAE[3]).

Ulp. 53, Paul. 49, Gai. ad ed. pr. urb. tit. de (aqua et) aquae pluuiae
arcendae, Iulian. 41.

§ 176. DE AQUA.

Ulp. 53[4]), Paul. 49[5]), Iulian. 41[6]).

In denselben Büchern der Kommentare, die von der actio aquae

---

[1]) Vgl. Ulp. 53 fr. 15 § 6—9 h. t. Anders
die 1. Aufl., trotz des starken, auch damals
von mir hervorgehobenen arg. e contr. aus
fr. 15 § 9, das mir jetzt durchschlagend
scheint. Vgl. auch Karlowa, II S. 1246 fg.

[2]) Vgl. § 246. Die Deutung, die Burckhard, Cautio damni inf. S. 594 fgg., und
Ubbelohde, Interd. III S. 220, dem fr. 4
§ 4 cit. geben, scheint mir sprachlich (ex
alia causa . . . prohibitus!) und sachlich unmöglich.

[3]) D. (39. 3).

[4]) Fr. 8, 10 h. t., fr. 10 si seru. uind. (8. 5),
fr. 165 de R. I. (50. 17). Vielleicht ist auch
fr. 163 de R. I. Ulp. 53 (statt 55) zu in-
skribieren.

[5]) Fr. 9, 11 pr. h. t., fr. 10 de S. P. R. (8. 3),
fr. 167 pr. de R. I. cf. Palingenesie I p. 1058
n. 1.

[6]) Fr. 14 comm. praed. (8. 4), fr. 4 de aqua
cott. (43. 20).

pluuiae arcendae handeln, finden wir eine Reihe von Stellen, die die seruitus aquae ductus, namentlich ihre Errichtung durch in iure cessio und
ihre Geltendmachung erörtern und ihrem Inhalt nach unmöglich dem
Kommentar zu jener actio angehört haben können. Betrachtet man nun
die Digestenrubrik „de aqua et aquae pluuiae arcendae", erwägt man, dass
die Klagen aus der Wasserleitungsservitut in den Kommentaren zu dem
Ediktabschnitt Si seruitus uindicetur nicht abgehandelt werden[1], dass die
Wasserservituten auch in der Codexrubrik (3. 34) de seruitutibus et de aqua
von den übrigen Servituten getrennt genannt sind, so scheint mir zweifellos, dass der Prätor sich an dieser Stelle mit der Wasserleitungsservitut
ex professo beschäftigte[2]. Und zwar stand das Edikt de aqua, wie in der
Rubrik, so auch im Album voran: dies ergibt sich aus der Reihenfolge
der Erörterungen bei Paul. 49 fr. 11 h. t. und fr. 167 de R. I. (50. 17), wo
jeweils im pr. vom aquae ductus und erst dann von der actio aquae pluuiae
arcendae die Rede ist. Es gehören hieher aber folgende Stücke.

Antonin. c. 4 de seru. (3. 34):

  Aquam quae in alieno loco oritur sine uoluntate eius, ad quem usus
  eiusdem aquae pertinet, praetoris edictum non permittit ducere[3].

Formulae[4]:

  S. p. A° A° ius esse per fundum illum aquam ducere[5], *q. e. r. e.,
  t. p. et rel.*

  *S. p. N° N° ius non esse per fundum illum aquam ducere inuito
  A° A°, q. e. r. e., t. p. et rel.*

Rudorff, E. P. § 178, hat nicht erkannt, dass hier im Album die Zivilklagen de aquae ductu proponiert waren; er setzt vielmehr unter die
Rubrik de aqua lediglich eine prätorische actio in factum concepta mit
der intentio „*s. p. A^m A^m usum aquae q. d. a. per annos tot non ui non
clam non precario possedisse*". Dafür beruft er sich auf Ulp. 53 fr. 10 pr.
si seru. (8. 5). Allein diese stark interpolierte[6] Stelle selbst mit ihrem un-
bestimmten „ut ostendat per annos forte tot usum se   possedisse",
noch deutlicher aber Scaeuola fr. 26 h. t. zeigen, dass gerade diese utilis
actio nicht im Edikt proponiert war, sondern auf der Praxis beruhte.

  Noch könnte man unter unserer Rubrik die Zwölftafelklage suchen

[1] Vgl. S. 187.
[2] Übereinstimmend: Burckhard(Forts.
von Glück), Serie der Bücher 39. 40, III
S. 36 fg.
[3] Ulp. 53 fr. 8 h. t., Paul. 49 fr. 9 h. t.
[4] Ulp. 53 fr. 10 si seru. (8. 5). Karlowa,
II S. 506 n. 1, bestreitet, dass die obigen
Formeln hier proponiert gewesen seien, und
behauptet, die Stellen bei Ulp. 53 hätten nur
Bezug auf die Ediktklausel, nicht auf die

Wasserleitungsservitut im allgem. Es dürfte
schwer sein, diese Behauptung mit Ulp. 53
fr. 10 cit. (insbes. „agi autem hac actione
poterit"[6]) zu vereinbaren.
[5] Pr. I. de seru. (2. 3): aquae ductus est
ius aquae ducendae per fundum alienum.
Ulp. fr. 1 pr. i. f. de S. P. R. (8. 3). Ex fundo:
§ 2 I. de act. (4. 6).
[6] Perozzi, riv. Ital. p. l. sc. giur. XXIII
p. 174.

wollen, von der Paul. 16 ad Sab. fr. 5 ne quid in loco publ. (43. 8) meldet
(nach der Lesart des Flor. — F[b]):

> Si per publicum locum riuus aquae ductus priuato nocebit, erit
> actio priuato ex lege duodecim tabularum, ut noxa domino car-
> ueatur.

Bekanntlich ist bestritten, wie die korrupte Lesung „carueatur" zu emen-
dieren, ob in „sarciatur" oder in „arceatur", und weiter, ob unter der hier
erwähnten Klage eine besondere actio legitima oder die gewöhnliche actio
aquae pluuiae arcendae zu verstehen ist[1]). Die letztere Kontroverse, die
selbst nach Feststellung der zweifelhaften Lesart kaum sicher zu entscheiden sein wird, muss hier auf sich beruhen. Gewiss ist, dass in den
Kommentaren zum Edikt eine auf den Fall der Stelle berechnete Sonder-
klage nicht nachweisbar ist.

§ 177. AQUAE PLUUIAE ARCENDAE.

Ulp. 53[2]), Paul. 49[3]), Gai. ad ed. pr. urb. h. t.[4]).

Die Formel dieser alten Zivilklage[5]) lässt sich, wie ich glaube, in der
Hauptsache mit Sicherheit rekonstruieren.

Zunächst: die Kondemnationsbedingung

> S. p. opus factum esse in agro Capenate, unde aqua pluuia agro
> A[i] A[i] noceret,

halte ich für im wesentlichen gewiss. Die Worte sind bei Ulpian in fr. 1
und fr. 3 pr.—§ 2 ausführlich kommentiert und kehren bei allen Juristen
wieder, die sich mit unserer actio beschäftigen[6]). Dabei muss besonders
hervorgehoben werden, dass es weder geheissen haben kann:

> S. p. in agro N[i] N[i] opus factum esse,

noch auch:

> S. p. a N[o] N[o] opus factum esse,

zwei Fehler, die Rudorff, E. P. § 178, kombiniert[7]). Ersteres nämlich
nicht, weil Ulp. 53 in fr. 3 § 3 h. t. sagt:

> Aquae pluuiae arcendae non nisi eum teneri, qui in suo opus
> faciat, receptum est eoque iure utimur.

Aus dieser Bemerkung geht hervor, dass der Ort, wo das schädliche opus

---

[1]) Vgl. einerseits Karlowa, R.G. II S. 483,
andrerseits Burckhard (Forts. von Glück),
Serie der Bücher 39. 40, II S. 84 fg., III
S. 52 fgg.

[2]) Fr. 1, 3, 4, 6 h. t.

[3]) Fr. 2, 5, 11 § 1—ult., 14 h. t., fr. 167
§ 1 de R. I. (50. 17) cf. fr. 4 pr. h. t. Fr. 77
de V. S. gehört zu lib. 59.

[4]) Fr. 13 h. t.

[5]) Fr. 21 pr. de statu lib. (40. 7). Legitima actio: fr. 22 § 2 h. t. Über fr. 5 ne
quid in loco publ. (43. 8) s. oben.

[6]) Vgl. z. B. Paul. 49 fr. 2 § 5, fr. 5, 11 § 1.

2. 4, 14 pr. § 1. 4 h. t., Iauolen. fr. 18 pr. h. t.,
Pompon. fr. 19, 22 § 2 h. t., Iulian. fr. 25 h. t.
Die Worte „si aqua pluuia nocet" sind als
zwölftafelmässig bezeugt in fr. 21 pr. de
statu lib. (40. 7). Auf das „si paret factum
esse" mag man die Berücksichtigung der un-
vordenklichen Verjährung gegründet haben,
vgl. Paul. 49 fr. 2 § 8 h. t. Zu „agro" vgl.
Cic. top. c. 10 § 43, fr. 1 § 19. 20 h. t. Zu
aqua pluuia: Cic. top. c. 9 § 39.

[7]) Nur den ersten begeht Burckhard,
a. a. O. III S. 557.

errichtet worden, in der Formel nicht als Eigentum des Beklagten bezeichnet gewesen sein kann, dass die alleinige Haftung des Eigentümers vielmehr auf der Jurisprudenz und Praxis beruhte. Noch viel weniger kann aber die Formel den Beklagten gar als Errichter des opus namhaft gemacht haben: denn bekanntlich geht unsere actio gar nicht gegen den Errichter, sondern gegen den Eigentümer des Grundstücks, wo sich das opus befindet, als solchen, auch wenn ein anderer dasselbe errichtet hat, und zwar unsere actio in ihrer ursprünglichen Gestalt, nicht etwa als utilis[1]).

Neben obigem Formelteil ist ferner sicher nachweisbar die arbiträre Restitutionsklausel[2]) „si ea res arbitrio tuo non restituetur", vgl. Pompon. fr. 22 § 1 h. t.:

> Non aliter restituisse rem uidetur is qui opus fecit, quam si aquam coerceat.

Ulp. 53 fr. 6 § 6. 7 h. t., Paul. 49 fr. 11 § 1—ult. eod., s. ferner fr. 23 § 2, 24 pr.—§ 2 eod. (arbitrium).

Betrachten wir nun die Formel, soweit wir sie bisher ermittelt haben, im ganzen:

> *S. p. opus factum esse in agro Capenate, unde aqua pluuia agro A[i] A[i] noceret, si ea res arbitrio tuo non restituetur,*

und fügen wir die gewöhnliche condemnatio[3])

> *quanti ea res erit, tantam pecuniam* et rel.

hinzu, so ist daran noch ein zwiefaches auszusetzen. Einmal vermissen wir nicht gern das „aquam arcere", dem die Formel ihren Namen verdankt, zumal es in fr. 1 pr. h. t. heisst:

> Si cui aqua pluuia damnum dabit, actione aquae pluuiae arcendae auertetur aqua.

Zweitens lässt unsere Formel die Passivlegitimation im Dunkeln: wie kommt gerade N[s] N[s] dazu, wegen des opus in agro Capenate factum verurteilt werden zu sollen? Dass dieser Punkt, wie die Passivlegitimation bei der rei uindicatio, einfach officio iudicis erledigt worden, etwa im Anschluss an das „si non restituetur"[4]), ist bei einer zivilen actio personalis nicht glaublich. Wir werden daher notwendig zur Annahme eines weitern Formelteils gedrängt, und dieser kann kein anderer sein als die ja ohnedem zu vermutende[5]) intentio iuris ciuilis. Aber wie ist diese zu fassen? Burckhard[6]) denkt an die gewöhnliche intentio incerta „quidquid paret ob eam rem N[m] N[m] A[o] A[o] dare facere oportere". Allein unsere actio ver-

---

[1]) Ulp. 53 fr. 4 § 2. 3 h. t., Paul. 49 fr. 5, fr. 11 § 2 h. t., Pompon. fr. 22 § 2 h. t.:
si fructuarius opus fecerit, ... erit....
actio legitima cum domino proprietatis:
.... utilis in fructuarium .....

[2]) Fehlt in der Formel Burckhards, a. a. O.

[3]) Ulp. 53 fr. 6 i. f. h. t.

[4]) Dafür möchte man sich auf fr. 5 h. t. berufen: (teneri) dominum ...., quia is solus restituere opus potest. Allein diese Stelle will nur einfach den Rechtssatz, dass der dominus allein hafte, als einen innerlich notwendigen erweisen.

[5]) A. M. Bekker, Aktionen I S. 64.

[6]) a. a. O.

langt ihrem Namen nach eine individuellere intentio; auch spricht entscheidend gegen Burckhard, dass nach fr. 6 § 1 h. t., wenn unsere actio
von einem oder gegen einen unter mehrern Miteigentümern erhoben werden soll, eine Teilung der Haftung auf dem Wege des in partem experiri,
bezw. conueniri stattfinden muss: dieser Weg war bei Burckhards intentio
weder geboten noch auch nur möglich, da ja die incerta intentio selbst
schon zur Teilung der Haftung geführt haben würde. Ich vermute, dass
die Formel lautete:

> S. p. opus factum esse in agro Capenate, unde aqua pluuia agro
> A^i A^i noceret, q. o. r. N^m N^m ^{1}) eam aquam A^o A^o arcere oportet, si
> ea res arbitrio tuo non restituetur, et rel. ^{2}).

Die eingeschobene intentio ist bei Ulp. 53 genau an dem Orte, wohin ich
sie setze, kommentiert^3); sie erklärt den Namen der actio, wie auch, dass
eine Teilung der Haftung hier nur im Wege des in partem experiri,
d. h. einer Teilung der condemnatio möglich ist^4), — denn das aquam
arcere selbst ist unteilbar; sie lässt endlich mit ihrem arcere oportere dem
officium iudicis den durch das materielle Recht der actio geforderten notwendigen Spielraum^5). Dass das aquam arcere in der Formel vorkam,
lässt sich aber sogar noch ganz positiv belegen durch Paul. 49 fr. 2
§ 9 h. t.^{6}):

> Idem Labeo ait, si uicinus [flumen] torrentem auerterit, ne aqua
> ad eum perueniat, et hoc modo sit effectum, ut uicino noceatur,
> agi cum eo aquae pluuiae arcendae non posse: aquam enim
> arcere hoc esse curare ne influat.

Noxalis: Ulp. 53 fr. 6 § 7 h. t.

---

^{1}) Keine Bezeichnung als Eigentümer: dass
N^s N^s nur haftet, wenn er Eigentümer ist,
steht ausserhalb der Formel kraft Rechtens
fest. Bei der formula interrogatoria —
Paul. 18 fr. 7 h. t., vgl. Demelius, die Confessio S. 336 — steht statt „N^m N^m“: dominum illius agri, oder passivisch q. o. r. eam
aquam A^o A^o arceri oportet.

^{2}) Karlowa, II S. 490, erklärt diese Formel für unmöglich; es werde hier für eine
alte actio legitima eine intentio angenommen, die teils in ius teils in factum konzipiert sei(?). Der Vorwurf, wenn er begründet wäre, träfe auch die bei Gai. IV 37
bezeugte Formel der actio furti nec manifesti.

^{3}) Nämlich in fr. 3 § 3. 4, fr. 4, 6 pr.—§ 5
h. t., d. h. zwischen dem S. p. opus factum
esse etc. (bis fr. 3 § 2) und der Restitutionsklausel (fr. 6 § 6. 7). Im einzelnen handelt der
Kommentar zur intentio von der Passiv- und
Aktivlegitimation — fr. 3 § 3. 4, fr. 4, fr. 6
pr. — § 4 —, im Anschluss an das N^m N^m
A^o A^o, sodann in fr. 6 § 5 von dem „oportet“:

Aquae pluuiae actionem sciendum est
non in rem, sed personalem esse.
Ulpian betont dies, weil einerseits die Art
und Weise, wie sich die Passivlegitimation
bestimmt, die Auffassung als actio in rem
nahelegt, anderseits aber die Berichtigung
dieser Auffassung von praktischer Wichtigkeit ist, — man denke nur an den Defensionszwang (fr. 7 pr. h. t.) und an die Regelung
der Kautionspflicht. Für weitere Besprechung
der Stelle ist hier nicht der Ort; vgl. über sie
einerseits Burckhard, a. a. O. S. 549 fgg.,
anderseits Brinz, Pandekten (2. Aufl.) I
S. 689 fgg.

^{4}) Fr. 11 § 4 h. t.

^{5}) Fr. 4 § 2. 3, fr. 5 h. t. Brinz, a. a. O.
S. 690 n. 46 denkt wegen fr. 5 h. t. an ein
„restituere, patientiam praestare oportere“
in unserer Formel. Allein dass die l. c. angedeutete Unterscheidung auf das officium
iudicis zurückgeht, zeigt sich an Ulpians
Komment. z. Restitutionsklausel: fr. 6 § 6. 7 h. t.

^{6}) Zur Erläuterung dieser Stelle vgl.
Burckhard, a. a. O. S. 227 fgg.

Tit. XXXI.

DE LIBERALI CAUSA[1].

Ulp. 54. 55, Paul. 50. 51, Gai. 20, Gai. ad ed. pr. urb. tit. de liberali causa 1. 2, Iulian. 42. 43.

Die Kommentare zu diesem Titel beschränken sich nicht durchweg auf den unten nachgewiesenen Inhalt des Albums. Paulus[2]) und Julian[3]) schicken umfangreiche Erörterungen voraus, die von den verschiedenen Arten der Freilassung und damit zusammenhängenden Materien gehandelt zu haben scheinen: Niemand wird die Grundlage dieser Erörterungen in Ediktbestimmungen suchen. Ebensowenig ist dies zulässig bei den in n. [4])–[6]) angeführten Fragmenten, die sich auf die Wirkung der ordinatio iudicii, des Endurteils und der collusio detecta bei der liberalis causa beziehen. Allerdings führt Rudorff, E. P. § 179, den bekannten Satz

Ordinata liberali causa liberi loco habetur is qui de statu suo litigat[7]) . . . .

als Inhalt des Edikts auf. Aber aller Wahrscheinlichkeit nach hat sich diese Regel aus der Vorschrift der zwölf Tafeln, dass die Vindizien secundum libertatem erteilt werden sollten, herausentwickelt[8]). Dass das Edikt den Satz selbst oder Konsequenzen davon (etwa hinsichtlich der Gewährung von Aktionen für und wider den de statu suo litigans) in irgend einer Form enthielt, ist nirgends überliefert. Wenn aber Gai. fr. 25 § 2 h. t. äussert:

licet uulgo dicatur post ordinatum liberale iudicium hominem, cuius de statu controuersia est, liberi loco esse . . . .,

so spricht das „uulgo dicatur" sicher eher gegen als für die Annahme eines hieher gehörigen Edikts, und auch die Art und Weise, wie Paul. fr. 24 h. t. den Satz erörtert, lässt keine ediktale Vorlage vermuten. M. E. haben die Juristen die Besprechung des Satzes an das in § 180 behandelte Edikt angeknüpft.

Die Bestimmungen des älteren Albums über den Schutz derer, qui

---

[1]) D. (40. 12), C. (7. 16).

[2]) Paul. 50 fr. 12 de manum. (40. 1), fr. 17 de manum. uind. (40. 2), fr. 35 de manum. test. (40. 4), fr. 3 de seru. export. (18. 7), fr. 56 de C. E. (18. 1).

[3]) Iulian. 42 fr. 4, 5 de manum. uind. (40. 2), fr. 17 de manum. test. (40. 4), fr. 47 de fideic. lib. (40. 5), fr. 12 qui test. fac. (28. 1), fr. 97 de legat. I, cit. fr. 34 ad l. Falc. (35. 2). Iulian. 43: fr. 13 de statu lib. (40. 7), fr. 23 de condic. (35. 1).

[4]) Paul. 51 fr. 24 h. t.

[5]) Gai. ad ed. pr. urb. tit. de lib. causa (lib. 2?) fr. 25 h. t., Gai. eod. lib. 2 fr. 1 de collus. det. (40. 16).

[6]) Iulian. 43 fr. 12 de fideiuss. (46. 1): ich denke bei diesem Fragment an die actio de peculio aus den Handlungen des nachher frei Erklärten, vgl. fr. 11 eod. Cit. fr. 21 § 1—3 de euict. (21. 2), cf. Paling. Iulian. nr. 606.

[7]) Fr. 24, 25 pr. § 2 h. t., c. 4 h. t.

[8]) A. M. Wlassak, die Litiscont. im Form. Pr. (1889) S. 74 n. 1; ich habe diese Äusserung im éd. perp. II S. 109 n. 6 dahin verstanden, dass W. mit Rudorff den Satz „ordinata liberali causa liberi loco habetur" dem Inhalt, wenngleich nicht den Worten nach, dem Album zuschreibe. Dass dies nicht W.'s Meinung war, ergibt sich aus ZRG. XXXIX S. 395 n. 1.

domini uoluntate in libertate erant[1]), mussten wegfallen[2]), seit die lex Iunia den prätorischen Schutz durch gesetzliche Anerkennung der Freiheit ersetzt hatte. Dagegen enthielt auch noch das Hadrianische Album Bestimmungen über die ausnahmsweise Versagung des Freiheitsschutzes in gewissen Fällen, von denen wir wohl nur einen Teil kennen. Dies ergibt sich klar aus fr. Ps. Dos. 8:

> *Item,* ut possit habere seruus libertatem, talis esse debet, ut praetor *siue* proconsul *eius* libertatem tueatur: nam et hoc lege Iunia *cautum* est. sunt autem plures causae, in quibus non tuetur *praetor uel* proconsul *libertatem*[3]) . . . .

In republikanischer Zeit scheint zu diesen „plures causae" namentlich der Fall gehört zu haben, dass der Freigelassene sich weigerte, das eidliche Frondenversprechen zu wiederholen, das er als Sklave geleistet hatte[4]). Dass dieser mittelbare Zwang zur Eidesleistung noch in der Kaiserzeit geübt wurde, ist nicht erweislich. Sichere Fälle, in denen der Prätor die proclamatio in libertatem versagte, sind bei Ulp. 54, Paul. 50 erörtert, vgl. S. 369 n. 3.

§ 178. *SI EX SERUITUTE IN LIBERTATEM PETATUR.*

Ulp. 54[5]), Paul. 50[6]), Gai. ad ed. pr. urb. h. t. (lib. 1)[7]), Iulian. 43[8]).

Der Freiheitsprozess führt zu verschiedenen formularen Gestaltungen, je nachdem die adsertio ex seruitute in libertatem oder umgekehrt ex libertate in seruitutem stattfindet. Nach der herrschenden Meinung gewährt der Prätor in beiden Fällen Präjudizialformeln, und zwar im erstgedachten Fall ein praeiudicium „an Pamphilus liber sit (ex iure Quiritium[9])", im zweiten ein solches über die Frage, ob Pamphilus Sklave (des Klägers) sei, — in welcher Fassung, darüber sind die Ansichten geteilt[10]).

Was nun zunächst jenes erste praeiudicium betrifft, so haben wir dafür drei Quellenzeugnisse: § 13 I. de act. (4. 6), Theophilus ad h. l., Diocl. et Maxim. c. 21 h. t.

Die Institutionenstelle lautet:

> Praeiudiciales actiones in rem esse uidentur, quales sunt, per quas quaeritur, an aliquis liber uel an libertus sit, uel de partu agno-

---

[1]) Gai. III 56, fr. Ps. Dos. 5.
[2]) S. jedoch unten S. 373 n. 4.
[3]) Für die Zeit Hadrians kann hiebei nur an Fälle legitim erlangter Freiheit gedacht werden.
[4]) Cic. ad Att. VII 2, 8: uetus illud Drusi, ut ferunt, praetoris in eo qui eadem liber non iuraret . . . Dazu Wlassak, ZRG. XLI S. 41 fg. 54 fgg. Als wörtliches Zitat aus dem Drusischen Edikt fasse ich übrigens obige Worte nicht auf (anders Wlassak a. a. O. S. 55); dazu scheint mir der Konjunktiv iuraret nicht zu stimmen.

[5]) Fr. 1, 3, 5, 7 h. t., fr. 12 de quaestion. (48. 18), fr. 7 de iure fisci (49. 14).
[6]) Fr. 23 h. t.
[7]) Fr. 2, 4, 6 h. t., fr. 13 ad exhib. (10. 4).
[8]) Fr. 6 ne quid in loco publ. (43. 8).
[9]) Cic. pro Caec. c. 33 § 96.
[10]) Bethmann-Hollweg, C.P. II S.335: s. p. Titium seruum A^i A^i esse. Rudorff, E. P. § 179: s. p. illum hominem q. d. a. seruum esse. Offenbar am ansprechendsten Bekker, Aktionen I S. 284 n. 29: s. p. Pamphilum Agerii esse.

scendo. ex quibus fere una illa legitimam causam habet, per quam quaeritur, an aliquis liber sit: ceterae ex ipsius praetoris iurisdictione substantiam capiunt.

Theophilus bestätigt das hier Gesagte und gibt zugleich die intentio „εἰ φαίνεταί με ἐλεύθερον εἶναι".

C. 21 cit. endlich besagt:

Eam, quae in possessione libertatis non sine dolo malo reperitur, in seruitutem constitutae simile habere praeiudicium edicto perpetuo „si controuersia erit, utrum ex seruitute in libertatem petatur an ex libertate in seruitutem" sui conceptione manifeste probatur.

Mit dem hier genannten Präjudizium kann natürlich nur dasjenige *an liber sit* gemeint sein[1]): der dolos erlangte Besitz der Freiheit ändert nach dem angezogenen Edikt (s. § 180) nicht die Parteirollen und also auch nicht die dadurch bedingte Fassung der Formel[2]).

Trotz des grossen Gewichts dieser Zeugnisse ist mir nicht unzweifelhaft, ob das agere in libertatem in klassischer Zeit wirklich in Präjudizialform stattfand[3]). Denn der Beweiskraft obiger Stellen stehen gewichtige Gegengründe entgegen. Vor allem die Tatsache, dass bei Gai. IV 44 unter den Beispielen von Präjudizien ein praeiudicium an liber sit nicht figuriert. Bei der ganz überragenden Bedeutung des Freiheitsprozesses gegenüber den von Gaius angeführten Beispielen, halte ich dies Fehlen für so bedeutsam, dass man m. E. nur die Wahl hat zwischen der Annahme, dass zu des Gaius Zeiten der Freiheitsprozess nicht als praeiudicium verhandelt worden sei, und derjenigen eines Abschreiberversehens: der Schriftsteller selbst muss das Freiheitspräjudizium, wenn es existierte, auch zitiert haben[4]). Weiter fällt ins Gewicht, dass in den umfangreichen Exzerpten aus klassischen Juristen, die in den Digesten von der causa liberalis handeln, auch nicht an einer einzigen Stelle der Freiheitsprozess als praeiudicium bezeichnet wird, während bei den sonstigen Präjudizien diese Eigen-

---

[1]) Ganz anders Wlassak, ZRG. XXXIX S. 395 n. 1. Er übersetzt „eam simile habere praeiudicium" mit: „es treffe die Frau der gleiche Nachteil", d. h. wohl: der Nachteil, dass sie ihre Freiheit beweisen müsse. Ich halte diese Auffassung der Stelle für sprachlich nicht möglich (vgl. auch das κατὰ πόδας zu Basil. XLVIII 20, 21) und für sachlich unbefriedigend: dass der dolos erworbene Besitz der Freiheit die Beweislast nicht verändere, mochte allenfalls als „praeiudicium" i. S. eines besonderen Rechtsnachteils empfunden werden, aber doch nicht die naturgemässe Ordnung der Beweislast für den in seruitute constitutus (simile praeiudicium). [2]) Karlowa, II S. 1113, meint, „praeiudicium" könne in c. 21 cit. nicht praeiudicialis

formula bedeuten: denn die müsste ja für die beiden Fälle verschieden lauten. Das ist ein Irrtum. Das praeiudicium „an liber sit" wäre für beide Fälle gleich passend gewesen. [3]) Nicht gefördert wird die Frage durch Maschke, Freiheitsprozess im class. Altertum (1888). Vgl. die Rezension dieses Buchs durch Ubbelohde, Gött. gel. Anz. 1888 S. 360 fgg. [4]) Ubbelohde, in Hartmann-Ubbelohde, ordo iud. S. 599 n. 8, will die Auslassung damit erklären, dass der Freiheitsprozess Cognition geworden sei. Aber wie stimmt dazu die Tatsache, dass nach den zit. Stellen noch Diokletian und Justinian hier von praeiudicium sprechen?

schaft nicht leicht unerwähnt bleibt[1]). Proclamare in libertatem[2]), uindicare oder petere in libertatem u. ähnl., das sind die Ausdrücke, die wir hier, den letzten auch offiziell im Edikt selbst (vgl. § 180), finden. Auch darf nicht unbeachtet bleiben, dass der Freiheitsprozess sich in seiner Natur sehr wesentlich von den sichern Präjudizien unterscheidet: bei diesen handelt es sich durchweg um eine blosse Vorfrage, deren Entscheidung (praeiudicium) zwar für die Vermögensverhältnisse der Parteien indirekt von grosser Bedeutung sein kann, aber doch nicht selber sofort eine Entscheidung über diese Vermögensverhältnisse ist; dort dagegen steht ein wertvolles Vermögensobjekt in Frage, das jetzt sofort zu- oder abgesprochen werden soll. Durch diesen Umstand rückt der Freiheitsprozess in die Nähe der actiones in rem, und es ist ja bekannt, dass er in der Legisaktionenperiode genau in denselben Formen wie diese letztern verhandelt wurde, in denen der legis actio sacramento in rem[3]). Sollte sich nun später der Freiheitsprozess in seiner formularen Entwicklung völlig von den actiones in rem losgelöst haben[4])? Das agere per sponsionem war für ihn genau ebenso geeignet wie für diese; das Kautionenwesen der actiones in rem musste ohnedies auch auf den Freiheitsprozess Anwendung finden[5]), und für die klassische Zeit kann hier wohl schwerlich an eine andere Kaution als die stipulatio pro praede litis et uindiciarum gedacht werden. Warum soll nun der Freiheitsprozess den Sprung vom agere per sponsionem zum Präjudizium gemacht haben und die actio in rem nicht?

Freilich, nach Untergang des Formularprozesses musste auch dieser Fall des agere per sponsionem aufhören und der Freiheitsprozess von selbst in die Präjudizialform hinübergleiten. Wäre es nun gar gewagt, anzunehmen, dass Justinian dieser Veränderung Rechnung trug, indem er die actio praeiudicialis an liber sit in die Institutionen und in c. 21 cit. einschob, wo es dann im Urtext geheissen haben müsste: similem habere sponsionem[6])?

Es kann mir selbstverständlich nicht beifallen, zu behaupten, durch obige Erwägungen sei die Nichtexistenz des praeiudicium de libertate in klassischer Zeit erwiesen[7]). Soviel aber scheint mir sicher: der Punkt ist

---

[1]) Cf. fr. 6 si ingenuus (40. 14), fr. 8 § 1 de in ius uoc. (2. 4), fr. 18 pr. de prob. (22. 3), fr. 5 § 18 de agnosc. lib. (25. 3), fr. 3 § 2. 5 eod., fr. 30 de reb. auct. iud. (42. 5).

[2]) Vgl. über diesen Ausdruck Wlassak, Grünh. Zschr. XIX S. 715 fg.

[3]) Gai. IV 14, Cic. pro Caec. c. 33 § 97, Liu. III c. 44 sqq.

[4]) Vgl. auch schon Zimmern, C. P. § 66 n. 7, Puchta, Cursus § 221 n. c.

[5]) Dass der adsertor in libertatem kautionspflichtig war, ist sowohl aus praktischen Gründen — man denke nur an den Satz, dass

der de statu suo litigans ordinato iudicio liberi loco habetur, — als auch nach den Quellen unzweifelhaft, vgl. Martial. 1, 52, 5, Thalel. zu Basil. XLVIII, 21, 1 (Heimb. IV p. 783), c. I § 1. 2 de adsert. toll. (7. 17), c. 5 § 4, c. 6 § 5 C. Theod. de lib. causa (4. 8). Vgl. Wlassak, ZRG. XXXIX S. 393 fg.

[6]) Mit diesem Zitat aus dem Edikt wäre natürlich nicht gesagt, dass noch zur Zeit der c. 21 per sponsionem agiert wurde.

[7]) Vgl. auch Ubbelohde, Gött. gel. Anz. a. a. O.

keineswegs so klar, wie die herrschende Meinung glaubt, und es ist bei
dieser Unklarheit auf eine Rekonstruktion der Formel am besten zu verzichten, die ja übrigens, wenn man in der Hauptsache besser unterrichtet
wäre, keine Schwierigkeiten böte.

Was die Kommentare anlangt, so behandeln diese unter unserer Rubrik
folgende Fragen:

1. Wer wird auch wider den Willen des angeblichen Sklaven als adsertor in libertatem zugelassen[1])?

2. Kann der adsertor in libertatem einen Prokurator aufstellen[2])?

3. Welchen Personen wird die proclamatio in libertatem denegiert[3])?

4. Prozessuale und verwandte Fragen[4]).

Die dritte dieser Fragen dürfte an eine Ediktbestimmung anknüpfen.
Zwar beruht der von Ulpian und Paulus hier erörterte Rechtssatz, dass
maiores XXV annis, die pretii participandi causa sich in die Sklaverei
verkaufen liessen, zur proclamatio in libertatem nicht zuzulassen seien, (in
seiner jüngsten Gestalt) auf Senatuskonsulten[5]). Das Edikt hat aber zweifellos mehrere Fälle namhaft gemacht, in denen der Prätor den Freiheits-
schutz versagte — s. S. 366, vgl. auch fr. 7 § 4 h. t. —, und kann hiebei
sehr wohl auf jene Senatuskonsulte Bezug genommen haben. Im übrigen
dürften die obigen Fragen lediglich Nebenfragen sein, die in Anlehnung
an die für das agere in libertatem proponierte Formel zur Sprache kamen.
Die Juristen berufen sich für ihre Ansichten hier nicht auf Ediktworte,
sondern auf aequitas[6]), Analogie[7]), Kaiserreskripte[8]).

Ob das calumniae iudicium tertiae partis wider den adsertor — Gai. IV
175[9]) — hier oder unter dem Titel de calumniatoribus proponiert war,
wissen wir nicht.

Über die Zuständigkeit von Rekuperatoren s. S. 26 fg.

§ 179. *SI EX LIBERTATE IN SERUITUTEM PETATUR.*

Ulp. 55[10]), Paul. 50[11]), Gai. 20[12]), Gai. ad ed. pr. urb. tit. de lib. causa
(lib. 2)[13]).

Ich habe es bei der adsertio in libertatem dahingestellt gelassen, ob

---

[1]) Ulp. 54 fr. 1, 3, 5 h. t., Gai. ad ed. pr.
urb. h. t. fr. 2, 4, 6 h. t.

[2]) Iulian. 43 fr. 6 ne quid in loco publ.
(43. 8). Fasse ich die ursprüngliche Beziehung dieser Stelle richtig, so fragt sich,
welche Bedeutung bei einem blossen praeiudicium, wofern der Freiheitsprozess ein
solches war, die Aufstellung eines procurator
adsertoris hätte haben sollen.

[3]) Ulp. 54 fr. 7 pr.—§ 4 h. t., Paul. 50 fr. 23
pr. § 1 h. t.

[4]) Ulp. 54 fr. 12 de quaestion. (48. 18), fr. 7
de iure fisci (49. 14), fr. 7 § ult. h. t. (letztere
Stelle nimmt den Inhalt des Edikts des § 180
voraus). Paul. 50 fr. 23 § ult. h. t., Gai. ad

ed. pr. urb. h. t. fr. 13 ad exhib. (10. 4).

[5]) Fr. 3 quib. ad lib. (40. 13).

[6]) Fr. 1 pr. h. t.

[7]) Fr. 6 ne quid in loco publ. (43. 8) s. n. 2.

[8]) Fr. 12 de quaest. (48. 18), fr. 7 de iure
fisci (49. 14), fr. 23 § ult. h. t.

[9]) S. auch c. 5 de calumn. (9. 46), c. 31 de
lib. cau. (7. 16).

[10]) Fr. 8 h. t., fr. 6 de operis seruorum
(7. 7).

[11]) Fr. 54 de procur. (3. 3), fr. 75 de V. S.
(50. 16), fr. 47 de A. R. D. (41. 1).

[12]) Fr. 26 h. t.

[13]) Fr. 9 h. t., fr. 30 de bon. lib. (38. 2), fr. 4
de oper. seru. (7. 7), fr. 10 de ui (43. 16).

der Prozess in Präjudizialform stattfand. Bei der petitio in seruitutem hat
die entgegengesetzte Ansicht grösste Wahrscheinlichkeit für sich: die
petitio in seruitutem war eine wider den adsertor[1]) gerichtete actio in rem,
über die vermutlich, wie über jede andere, entweder per formulam petitoriam oder per sponsionem verhandelt werden konnte.

Zunächst, negativ betrachtet, fehlt es an jedem, selbst an einem verdächtigen Zeugnis für die Existenz eines praeiudicium an homo q. d. a.
A^i A^i sit. Umgekehrt aber haben wir eine Reihe von Zeugnissen dafür,
dass über die petitio in seruitutem in einer Form, die eine condemnatio
des adsertor ermöglichte, also nicht in Präjudizialform verhandelt wurde[2]).

Gaius und Ulpian behandeln in ihren Kommentaren, mit Beziehung
auf die petitio in seruitutem, die Frage nach der condemnatio fructuum
nomine. Vgl. Gai. lib. 2 de lib. causa ed. urb. fr. 4 de operis seru. (7. 7)[3]:

> Fructus hominis in operis consistit et retro in fructu hominis operae
> sunt . et ut in ceteris rebus fructus deductis necessariis impensis
> intellegitur, ita et in operis seruorum.

Ulp. 55 fr. 6 eod

> Cum de serui operis artificis agitur, pro modo restituendae sunt
> . . . . . Si minor annis quinque uel debilis seruus sit uel quis alius,
> cuius nulla opera esse apud dominum[4]) potuit, nulla aestimatio
> fiet. Item uoluptatis uel affectionis aestimatio non habebitur . . . . .
> Ceterum deductis necessariis impensis fiet aestimatio.

Damit ist zusammenzuhalten Paul. 50 fr. 75 de V. S.:

> Restituere is uidetur, qui id restituit, quod habiturus esset actor,
> si controuersia ei facta non esset[5]).

Gewiss liegt es am nächsten, diese Stellen auf ein richterliches arbitrium de
restituendo zu beziehen[6]). Und diese Deutung wird bestätigt durch eine
Äusserung Julians, der in fr. 30 h. t., gelegentlich einer petitio in seruitutem,
von einem „arbitrari seruum duci" spricht[7]), und durch Papinian fr. 36 h. t.:

---

[1]) Voigt, XII Taf. II S. 120 n. 14, glaubt,
der adsertor sei bei unserer Klage gar nicht
klassisch, sondern erst durch Konstantin
eingeführt worden. Man lese c. 5, 9 C. Th.
de lib. cau. (4. 8).

[2]) Nebenbei sei auch darauf aufmerksam
gemacht, dass Pomp. 37 ad edict. im Kommentar zur rei uindicatio die uindicatio in
seruitutem, vielleicht die liberalis causa
überhaupt erörtert zu haben scheint. Arg.
fr. 1 § 2 de r. u. (6. 1) ict. fr. 36 de re iud. (42. 1).

[3]) In ähnlichem Zusammenhang gehört auch
Gai. eod. fr. 10 de ui (43. 16): der dort behandelte Fall ist der Analogie halber herangezogen, um eine Handhabe für Entscheidung des Falls zu geben, wo der unberech-
tigte Widerspruch des adsertor die Ursache
zum Erlöschen eines Niessbrauchs am Sklaven geworden war.

[4]) Also der dominus ist der Kläger; es ist
kein Rechtsstreit bloss de operis.

[5]) Hieher wohl auch Paul. 50 fr. 47 de
A. R. D. (41. 1): Umfang der Haftung gegenüber einem klagenden Usufruktuar.

[6]) Ubbelohde, a. a. O. S. 365, deutet sie
vielmehr auf die Verpflichtung des adsertor
aus der von ihm zu stellenden Kaution, die
wohl als cautio p. p. l. u. zu denken wäre.
Unmöglich ist das nicht. Aber warum sollten die Juristen das Detail dieser Kaution
hier vorausgenommen haben, statt sie unter
dem Titel de stipulationibus zu besprechen!

[7]) Ubbelohde, a. a. O. S. 363, meint,
diese Stelle habe mit dem arbitratus iudicis
nichts zu tun; arbitrari sei hier = putare.
Das ist sicher eine Missdeutung. „Libertatem tueri" kann l. c. nicht, wie es nach
U. müsste, von arbitrari abhängen. Der

Dominus, qui optinuit, si uelit seruum suum abducere, litis aestimationem pro eo accipere non cogitur.

Papinian würde eine solche Bemerkung schwerlich gemacht haben, wenn nicht die Form des Prozesses die gegenteilige Ansicht nahe gelegt hätte, und das war der Fall, wenn der Prozess per formulam petitoriam vor sich ging. Das arbitrium de restituendo freilich fand hier wie sonst seine Sanktion nur in der drohenden condemnatio pecuniaria; aber der Kläger konnte statt auf dieser zu bestehen, einfach sein nunmehr gerichtlich anerkanntes Herrenrecht über den Sklaven durch dessen abductio geltend machen.

Nach alledem dürfte sich die Annahme rechtfertigen, dass die Formel der petitio in seruitutem genau die Gestalt der rei uindicatio hatte: die petitio in seruitutem war nur eine Form der letztern. Daneben fand aber auch das agere per sponsionem statt. Dies scheint mir aus Ulp. 77 fr. 33 de fidei. (46. 1) hervorzugehen; die im Urtext dieser interpolierten Stelle (vgl. Ulp. nr. 1706) zugelassene translatio der Beklagtenrolle auf den adsertor beweist, dass die Form des Verfahrens (es ist cautio p. p. l. u. gestellt, also agere per sponsionem anzunehmen) bei der petitio in seruitutem genau die gleiche war wie bei der gewöhnlichen Vindikation.

⸿Im übrigen erörtern die Kommentare des Ulpian und Gaius, soweit hieher gehörige Stellen erhalten sind, noch die Frage, welche Personen zur petitio in seruitutem berechtigt seien und wie es bei Mehrheit derart Klagberechtigter zu halten [1]). Die intentio lautete natürlich nach Verschiedenheit der Fälle so oder so von der Normalformel —‚ der für die Klage des Eigentümers — abweichend (vgl. z. B. fr. 8 § 1. 2 h. t.): das Album dürfte nur diese letztere enthalten haben.

Paul. 50 in fr. 54 pr. de procur. (3. 3) zählt eine Reihe von Personen auf, die nicht als idoneus defensor anzusehen seien; wahrscheinlich ist die adsertio in libertatem gegenüber der petitio in seruitutem gemeint [2]). § 1 derselben Stelle gehört einer Erörterung über den Ort, wo diese defensio zu übernehmen, an. Hier wie dort scheinen keine Ediktsätze zu Grunde zu liegen.

§ 180. SI CONTROUERSIA ERIT, UTRUM EX SERUITUTE IN LIBERTATEM PETATUR AN EX LIBERTATE IN SERUITUTEM.

Ulp. 55[3]), Paul. 51[4]), Gai. ad ed. pr. urb. tit. de lib. c. (lib. 2)[5]), Iulian. 43[6]).
Die obigen Worte sind als ediktal in c. 21 h. t. (Diocl. et Max.) überliefert; das Zitat gibt vermutlich die Rubrik des Edikts wieder, die dessen

---

Jurist stellt hier vielmehr zwei richterliche Urteile einander gegenüber, deren eines (arbitrari eum duci) die Sklaverei, das andere (libertatem tueri) die Freiheit bestätigt.
[1]) Ulp. fr. 8, vgl. auch 12 § 5 h. t., Gai. fr. 9 h. t., s. auch fr. 30 de bon. lib. (38. 2).

[2]) Vgl. übrigens auch c. 1 § 1 de adsert. toll. (7. 17).
[3]) Fr. 10, 12 pr.—§ 5 h. t.
[4]) Fr. 24 h. t., fr. 164 de R. I.
[5]) Fr. 11 h. t.
[6]) Fr. 20 de prob. (22. 3).

Anfangsworten entnommen gewesen sein wird[1]). Den Inhalt des Edikts
bietet Ulp. 54 fr. 7 § ult. h. t.:

> Si quis ex seruitute in libertatem proclamat, petitoris partes sustinet:
> si uero ex libertate in seruitutem petatur, is partes actoris sustinet
> qui seruum suum dicit[2]). igitur cum de hoc incertum est, ut possit
> iudicium ordinem accipere, hoc ante apud eum, qui de libertate
> cogniturus est, disceptatur, utrum ex libertate in seruitutem aut
> contra agatur. et si forte apparuerit eum, qui de libertate sua
> litigat, in libertate sine dolo malo fuisse[3]), is qui se dominum
> dicit actoris partes sustinebit et necesse habebit seruum suum pro-
> bare: quod si pronuntiatum fuerit eo tempore, quo lis praeparaba-
> tur, in libertate eum non fuisse aut dolo malo fuisse, ipse qui de
> sua libertate litigat debet se liberum probare.

Unser Edikt betrifft das, was sonst beim Freiheitsprozess die ordinatio litis
genannt wird[4]); der Prätor machte die Verteilung der Parteirollen und
damit der Beweislast davon abhängig, ob derjenige, über dessen Freiheit
gestritten wurde, „eo tempore, quo primum in ius aditum est[5]), sine dolo
malo in libertate fuerit" oder nicht.

Die Form dieses vorbereitenden Rechtsstreits war nach fr. 7 § 5 cit.
die der magistratischen Cognition[6]). Die Stelle setzt aber voraus, dass
auch der Freiheitsprozess selbst, nicht bloss diese Vorverhandlung vor dem
Magistrat vorgeht; dies ergibt sich aus den Worten „hoc ante apud eum
qui de libertate cogniturus est disceptatur", die die Identität der beidemal
entscheidenden Person dartun. Ulpian wird dabei den praetor de liberali-
bus causis und die Konsuln im Auge gehabt haben, die zu seiner Zeit für
Freiheitsprozesse zuständig waren[7]), wiewohl dies Gebiet dem ordentlichen
Prozess mit Geschworenen damals noch keineswegs entzogen war[8]). Eben

---

[1]) Vgl. Thalelaeus in h. l. (Basil. ed. Heimb.
IV p. 776): ταῦτα τὰ ῥήματά εἰσι τοῦ ἐδίκτου,
ἔνϑα εἶπεν ὁ πραίτωρ, εἰ ἀμφιβολία ἐστί, τί
χρὴ γίνεσϑαι. Wlassak, Grünh. Z. XIX
S. 728 (s. auch Litiscont. S. 74 n. 1), will als
Rubrik für unser Edikt lieber die (als solche
jedenfalls nicht bezeugten) Worte „de ordi-
nanda liberali causa" oder ähnliche setzen.
Er glaubt, dass die von mir als Rubrik gesetzten Worte in c. 21 h. t. nicht als Rubrik,
sondern nur als Anfangsworte des Edikts
zitiert seien. Letztere Zitierweise war aber
bei Edikten nicht üblich. Damit soll nicht
bestritten sein, dass im Album da oder dort
auch der Ausdruck „ordinare lib. causam"
vorgekommen sein kann; noch viel weniger
habe ich jemals daran gedacht (was mir
Wlassak, ZRG. XXXIX S. 395 n. 1 zuschreibt) zu bestreiten, dass die Worte unserer Rubrik zugleich auch Worte des Edikts
selbst gewesen sein mögen. Um jeden
Zweifel auszuschliessen, habe ich dies im

Text jetzt ausdrücklich ausgesprochen.

[2]) Bis hieher nicht Inhalt des Edikts, sondern Folgerung aus allgemeinen Grundsätzen.

[3]) Hieher die eingangs angeführten Kommentarfragmente. S. auch c. 15 de prob.
(4. 19).

[4]) Vgl. c. 4 de statu def. (7. 21): ordinata
lite secundum formam edicti. Über den Ter-
minus vgl. Wlassak, Litiscont. S. 73 fgg.

[5]) Ulp. 55 fr. 12 § 4 de lib. cau. (40. 12 ;
vgl. auch Iulian. 43 fr. 20 de prob. (22. 3): eo
tempore quo primum lis ordinaretur.

[6]) Vgl.Wlassak,Grünh. Z.XIX S.711 fgg.,
ZRG. XXXIX S. 395 n. 1.

[7]) Wlassak, a. a. O., Jörs, Unters. z.
Gerichtsverf. d. röm. Kaiserr. (1892) S. 49 fg.

[8]) A. M. für den Streit um die libertas ex
iure Quiritium Karlowa, II S. 1108 fgg.
Vgl. aber fr. 7 § 1. 2 de h. p. (5. 3), fr. 8 § 1.
2, 9 pr., 23 § 2, 42 h. t.

aus der Mehrheit der zuständigen Magistraturen erklärt sich die Unbestimmtheit der Bezeichnung[1]). Fraglich bleibt, ob auch im ordentlichen
Verfahren die Erledigung der Vorfrage durch den Prätor und nicht etwa
durch ein praeiudicium stattfand[2]). Für letztere Annahme könnte man
sich darauf berufen, dass ja auch im Eigentumsprozess die Regelung der
Parteirollen nicht durch magistratische Cognition erfolgte; doch ist diese
Analogie kein entscheidendes Argument[3]).

In Zusammenhang mit userm Edikt denke ich mir die Ediktbestimmung von der Ulpian in fr. 39 § 5 de procur. (3. 3) berichtet:

> Si status controuersiam cui faciat procurator, siue ex seruitute in
> libertatem aduersus eum quis litiget siue ipse ex libertate in serui-
> tutem petat, debet cauere ratam rem dominum habiturum . et ita
> edicto scriptum est, ut ex utroque latere quasi actor habeatur.

Die Kautionspflicht des adsertor war von der Regelung der Parteirollen unabhängig; da der Satz „ordinata liberali causa liberi loco habetur
is qui de statu suo litigat" galt, einerlei ob der adsertor Klägerrolle oder
Beklagtenrolle hatte, so muss dieser in jedem Fall kautionspflichtig gewesen
sein[4]). ·Ob die Kautionspflicht an dieser oder einer andern Stelle des
Edikts geordnet war, wissen wir nicht.

§ 181. *SI QUIS EI, CUI BONA FIDE SERUIEBAT, DAMNUM DEDISSE DICETUR.*

Ulp. 55[5]), Gai. ad ed. pr. urb. tit. de lib. causa (lib. 2)[6]).

Ulp. 55 fr. 12 § 6 h. t.:

> Si quod damnum mihi dederit, qui ad libertatem proclamat, illo
> tempore, quo bona fide mihi seruiebat,   in id mihi con-
> demnabitur.

Die Formel war nach Gai. fr. 13 pr. h. t. in factum konzipiert, enthielt aber
wahrscheinlich nicht die von Rudorff, E. P. § 181, eingefügten Worte
„dolo malo"; denn gegen diese Einfügung spricht sowohl die Ausdrucksweise des Gaius — illud certum est — als auch der von Ulpian in fr. 12
§ 6 angeführte Beispielsfall, wo gar kein damnum dolo malo datum vorliegt.

---

[1]) Jörs, a. a. O. S. 50. Es besteht daher
auch kein Anlass zur Annahme einer Interpolation. Anders die 1. Aufl., auch Naber,
Mnemos. N. S. XXVII S. 253.

[2]) Dafür die 1. Aufl., dagegen Wlassak,
ZRG. XXXIX S. 395 n. 1.

[3]) Andererseits fehlt es auch an entscheidenden Gegengründen. Insbesondere vermag ich nicht einzusehen, inwiefern (siehe
Wlassak, a. a. O.) bei einem Präjudizialverfahren die Sicherheitsleistung des adsertor ihren Zweck verfehlt hätte. Man beachte, dass der, um dessen Freiheit gestritten wurde, keinesfalls schon durch den
blossen Spruch des Präjudizialrichters in

den Besitz der Freiheit eintrat; die ordinatio litis geschah gewiss nicht durch diesen Spruch, sondern, allerdings auf Grund
seiner, durch den Magistrat, der dann auch
Gelegenheit hatte, rechtzeitig für die Kaution zu sorgen.

[4]) Ob, wie Wlassak, a. a. O. S. 394, vermutet, im Fall des „uoluntate domini in
libertate morari" eine Ausnahme stattfand,
muss dahingestellt bleiben. Dass in diesem
Fall irgend eine Sonderbestimmung Platz
griff, dürfte aus den von Wlassak angef.
Stellen allerdings hervorgehen; ob aber
gerade die obige, bleibt zweifelhaft.

[5]) Fr. 12 § 6 h. t.   [6]) Fr. 13 h. t.

§ 182. *SI QUIS, CUM SE LIBERUM ESSE SCIRET, DOLO MALO PASSUS ERIT SE PRO SERUO UENUM DARI.*

Ulp. 55[1]), Paul. 51[2]).

Ulp. 55 fr. 14 pr. § 1 h. t.:

> Rectissime praetor calliditati eorum, qui, cum se liberos scirent, dolo malo[3]) passi sunt se pro seruis uenumdari, occurrit. Dedit enim in eos actionem, quae actio totiens locum habet, quotiens non est in ea causa is qui se uenire passus est, ut ei ad libertatem proclamatio denegetur

Ulp. 55 fr. 18 pr. h. t.:

> In tantum ergo tenetur, quantum dedit uel in quantum obligatus est, scilicet in duplum[4]).

Die Klage — formula in factum concepta, fr. 22 pr. h. t., — scheint verheissen gewesen zu sein

> *ei, qui eum emerit, cum eum liberum esse nesciret*[5]).

Rudorff, E. P. § 180, hat in seiner Formelrekonstruktion dies Erfordernis übersehen.

Tit. XXXII.

DE PUBLICANIS[6]).

Ulp. 55, Paul. 52, Gai. 21, Gai. ad ed. pr. urb. tit. de publicanis.

§ 183. *QUOD PUBLICANUS UI ADEMERIT.*

Ulp. 55[7]), Paul. 52[8]), Gai. 21[9]), Gai. ad ed. pr. urb. h. t.[10]).

Ulp. 55 fr. 1 pr. h. t.:

> Praetor ait: QUOD PUBLICANUS[11]) EIUS PUBLICI[12]) NOMINE UI ADEMERIT QUODUE FAMILIA PUBLICANORUM[13]), SI ID RESTITUTUM NON ERIT[14]), IN DUPLUM[15]) AUT, SI POST ANNUM AGETUR, IN SIMPLUM IUDICIUM DABO . ITEM

---

[1]) Fr. 14, 16, 18, 20, 22 h. t.

[2]) Fr. 15, 17, 19 h. t., fr. 76 de V. S. (50. 16), fr. 164 de R. I. (50. 17).

[3]) Ulp. 55 fr. 14 § 2, fr. 16 pr. § 1 h. t., Paul. 51 fr. 15 h. t.

[4]) Ulp. 55 fr. 18 § 1, fr. 20 h. t., Paul. 51 fr. 19 h. t. (= fr. 76 de V. S.). Vgl. auch Modestin. fr. 21 pr. h. t.

[5]) Ulp. 55 fr. 16 § 2—4, fr. 22 pr.—§ 5 h. t., Paul. 51 fr. 17 h. t. Bei Ulp. 55 fr. 22 cit. ist die Formel kommentiert.

[6]) D. (39. 4); zum Titel vgl. Ulp. 55 fr. 1 § 1 h. t.

[7]) Fr. 1, 3 h. t.

[8]) Fr. 4 pr. h. t.

[9]) Fr. 2 h. t.

[10]) Fr. 5 h. t.

[11]) Rudorff, E. P. § 182, schiebt ein: „sociusue", wie mir scheint, ohne hinreichenden Grund, vgl. die Interpretation in fr. 3 § 1.

[12]) *Flor.:* publicani. Publici liest Cujaz (opp. V. p. 688) nach den Basiliken (ὀνόματι τοῦ τέλους). Andere m. E. minder gute Konjekturen s. bei Rudorff, E. P. § 182 n. 3, Cohn, zum römischen Vereinsrecht (1873) S. 216 fg.

[13]) Ulp. 55 fr. 1 § 5 h. t.

[14]) Gai. ad ed. pr. urb. h. t. fr. 5 pr. h. t.

[15]) Gai. eod. fr. 5 § 1 h. t.

SI DAMNUM INIURIA [FURTUMUE][1]) FACTUM ESSE DICETUR, IUDICIUM DABO.
SI HI AD QUOS EA RES PERTINEBIT NON EXHIBEBUNTUR[2]), IN DOMINOS SINE
NOXAE DEDITIONE IUDICIUM DABO[3]).

Von den Kommentaren zu den Formeln ist nichts überliefert. Wahrscheinlich waren sie in factum nach den Ediktworten konzipiert: *s. p. . . . . . ut ademisse idque restitutum non esse[4]).* Aus der Mahnung in fr. 3 § 3 h. t. ist zu ersehen, dass die Musterformel nicht etwa auf den Fall „si plures admiserint" gestellt gewesen ist; sie nannte vermutlich, wie das Edikt, als mögliche Täter den publicanus selbst und die familia nebeneinander, wodurch für den Kläger die Beweislast erleichtert wurde[5]). Sicher falsch ist es, wenn Rudorff, E. P. § 182, eine von ihm mit Rücksicht auf den Schluss des Edikts hinzugefügte Formel (sine noxae deditione) so anhebt:

S. p. N^m N^m familiam suam . . . . A° A° non exhibuisse .

Der Sinn der Schlussworte des Edikts ist hier offenbar missverstanden: ob Beklagter exhibierte oder nicht, entschied sich in iure, und letzternfalls wurden nur einfach die Worte aut noxae dedere in der gewöhnlichen Formel gestrichen.

§ 184. *QUOD PUBLICANUS ILLICITE EXEGERIT.*

Paul. 5 sent. fr. 9 § 5 h. t.:

Quod illicite publice priuatimque exactum est, cum altero tanto passis iniuriam exsoluitur.

Modestin. fr. 6 h. t., Seuer. et Anton. c. 2 de caus. ex quib. (2. 11 [12]).

Dass obige poena dupli eine durch das Edikt statuierte Privatstrafe war, ist zwar nicht überliefert, gewiss aber wahrscheinlich[6]).

§ 185. *DE UECTIGALIBUS.*

Paul. 52[7]), Gai. 21[8]), Gai. ad ed. pr. urb. tit. de publ.[9]).
Gai. IV 28:

. . . . lege censoria[10]) data est pignoris ca*pio*[11]) publicanis uectigalium publicorum populi Romani aduersus eos, qui aliqua leg*e* uectigalia deberent[12]).

[1]) Über die Interpolation dieses Worts und die dadurch veranlassten weiteren Interpolationen in fr. 1 § 2. 3. 4 und 3 § 3 vgl. oben S. 325.
[2]) So ist die fehlerhafte Lesart des fr. 1 pr. nach fr. 1 § 6 h. t. zu verbessern. Zum Ausdruck vgl. die tab. Atestina (bei Bruns, fontes ed. VI. p. 103) lin. 3. 4.
[3]) Ulp. 55 fr. 1 § 6, fr. 3 h. t.
[4]) Gai. fr. 5 pr. h. t.
[5]) Nicht ediktal ist daher die zweite Formel Rudorffs, E. P. § 182. Ohne Zweifel war die Formel auf die „familia" abgestellt in dem Sinn der in fr. 2 § 14 ui bon. rapt. (47. 8) angegebenen Beweiserleichterung.

[6]) Vgl. auch Cic. in Verr. II[3] c. 10 § 26.
[7]) Fr. 4 § 1. 2 h. t.
[8]) Fr. 20 de A. E. V. (19. 1).
[9]) Fr. 19 eod.
[10]) Auf die Ausdrucksweise der Übernahmsbedingungen, die bekanntlich die Übernahme bald als emptio bald als conductio bezeichnen — Fest. s. v. Venditiones, vgl. z. B. lex agraria (C. I. L. I 75 n. 200) lin. 25. 85. 87 — beziehe ich die in n.8. 9 angeführten Stellen.
[11]) Vgl. Cic. in Verr. II[3] c. 11 § 27: publicanus petitor ac pignerator.
[12]) Paul. 52 fr. 4 § 1. 2 h. t.

Gai. IV 32:

>… in ea forma, quae publicano proponit*ur*, talis fictio est, ut, quanta pecunia olim[1]), si pignus captum esset, id pignus is, a quo captum erat, luere deberet, tantam pecuniam condemnetur.

Auf Rekonstruktion der hier erwähnten Formel ist, da sich nichts weiter über sie ermitteln lässt, als was uns Gaius berichtet, zu verzichten. —

Ob mit den § 183—185 belegten Stücken der Inhalt des Titels de publicanis erschöpft ist, lässt sich nicht mit Bestimmtheit sagen. Was aus Cicero über das Mucianische, das Verrinische und sein eigenes Provinzialedikt zu erfahren steht[2]), gewährt für eine Rekonstruktion des Hadrianischen Albums keine auch nur annähernd sichere Grundlage. Zweifelhaft bleibt namentlich auch, ob das Edikt sich mit dem Konfiskationsrecht (de commissis) beschäftigte[3]). Dass der Digestentitel (39. 4) „de publicanis et uectigalibus et commissis" lautet, ist selbstverständlich kein ausreichender Beweis dafür.

Tit. XXXIII.

§ 186. DE PRAEDIATORIBUS.

Ulp. 56[4]), Paul. 53[5]), Gai. 21[6]), Gai. ad ed. pr. urb. tit. de praediatoribus[7]).

Dass das Edikt einen Titel de praediatoribus enthielt, ist durch die Inskription des fr. 54 de I. D. (n. 7) sicher gestellt. Welchen Inhalts er war, das muss bei der Geringfügigkeit der erhaltenen Fragmente umsomehr dahin gestellt bleiben, als ja nicht nur das Detail des ius praediatorium, sondern das Wesen des ganzen Instituts schon an sich den Gegenstand bekannter endloser Kontroversen bildet[8]). Nur so viel wird als wahrscheinlich betrachtet werden dürfen, dass der Prätor iurisdictio „e lege dicta praedibus et praediis uendundis[9])" versprach.

Anscheinend Fragmente des Edikts erläutern folgende Stellen.

-----

[1]) Vgl. Wlassak, röm. Prozessges. I S. 254 n. 32.

[2]) Vgl. die Zusammenstellung bei Rudorff, E. P. p. 169 sq.

[3]) Restitution gegen ein stattgehabtes commissum gewährte der Prätor: fr. 9 § 5 de minor. (4. 4). Das committi selbst beruhte auf der lex censoria. Varro de R. R. II 1, 16: ne, si inscriptum pecus pauerint, lege censoria committant. Vgl. Heyrovský, über die rechtl. Grundlage der leges contractus (1881) S. 49.

[4]) Fr. 40 pr. de V. S. (50. 16), fr. 140 de R. I. (50. 17). Letztere Stelle deute ich auf usureceptio ex praediatura (Gai. II 61), vgl. Paul. 53 fr. 31 ex quib. caus. maior. (4. 6).

[5]) Paul. 53 fr. 31 ex quib. caus. maior. (4. 6)

— usureceptio? —, fr. 42 de euict. (21. 2) — Eviktion durch den praediator? —, fr. 39 de V. S. (50. 16).

[6]) Fr. 28 de R. C. (12. 1) — Unzulänglichkeit der subsignierten praedia?

[7]) Fr. 54 de I. D. (23. 3). Fr. 139 de R. I. (50. 17)?

[8]) Vgl. die Übersicht bei Kuntze, Institutionen II (2. Aufl. 1880) S. 506 fgg. Dazu jetzt Karlowa, II S. 46 fg., Schlossmann, ZRG. XXXIX S. 285 fgg.

[9]) Vgl. lex Malacit. c. 65: ita ius dicito, ut ei, qui eos praedes cognitores ea praedia mercati erunt, praedes socii heredesque eorum iique, ad quos ea res pertinebit, de is rebus agere easque res petere persequi recte possint.

Paul. 53 fr. 39 de V. S. (50. 16):

Subsignatum dicitur, quod ab aliquo subscriptum est: nam ueteres subsignationis uerbo pro adscriptione uti solebant[1]). (§ 1) Bona intelleguntur cuiusque, quae deducto aere alieno supersunt[2]). (§ 2) Detestari est absenti denuntiare[3]). (§ 3) Incertus possessor[4]) est quem ignoramus.

Ulp. 56 fr. 40 pr. eod.:

Detestatio est denuntiatio facta cum testatione (s. n. 3).

Interessant ist schliesslich noch das Fragment, dessen Inskription wir die Kenntnis unseres Titels verdanken, fr. 54 de I. D. (23. 3):

Res, quae ex dotali pecunia comparatae sunt, dotales esse uidentur. Die Stelle bezieht sich entweder auf einen Fall der publicatio dotis[5]) oder, was wahrscheinlicher, wir können aus ihr darauf schliessen, dass der Prädiator die dem praes gegebene dos nicht mit verkaufen durfte[6]). Unter allen Umständen aber lernen wir aus dem Fragment, dass in den Kommentaren zum Edikttitel de praediatoribus Untersuchungen darüber anzustellen waren „quanta dos sit“, und ich wage auf Grund dessen, natürlich mit allem Vorbehalt, die Vermutung, dass das rätselhafte[7]) praeiudicium quanta dos sit bei Gai. IV 44 vielleicht hieher gehören mag.

Über den Exkurs de possessione et usucapione, der in den Kommentaren des Paulus und Gaius, wie auch im Julianischen System hinter dem Edikt de praediatoribus eingeschoben ist, vgl. oben S. 24 fg.

Tit. XXXIV.

DE UI TURBA INCENDIO RUINA NAUFRAGIO RATE NAUE EXPUGNATA.

Ulp. 56, Paul. 54, Gai. 21.

§ 187. *DE HOMINIBUS ARMATIS COACTISUE ET UI BONORUM RAPTORUM[8]).*

Ulp. 56[9]), Paul. 54[10]), Gai. 21[11]).

[1]) Bezieht sich offenbar auf die subsignatio praediorum.

[2]) L. Malacit. c. 64: ii omnes et quae cuiusque eorum tum (*fuerunt*) erunt . . . . quaeque postea esse . . . . coeperint . . . . ., obligati obligataque sunto. Vgl. Cic. in Verr. II[1] c. 54 § 142: in bonis . . . uendundis; pro Flacco c. 18 § 43: cuius fratris bona, quod populo non soluebat, praetore Flacco publice uenierunt.

[3]) Vorschrift beim Verkauf der praedia? Unterbrechung der usureceptio (Karlowa, II S. 58)?

[4]) Praediorum subsignatorum?

[5]) Vgl. c. 2 sol. matr. (5. 18), auch edict. Tib. Iul. Alex. (Bruns, fontes ed. VI. p. 234) § 5 i. f.

[6]) Vgl. Rivier, Untersuchungen über die cautio praedibus praediisque (1863) S. 126.

[7]) Vgl. statt vieler Bekker, die Aktionen I S. 285 n. 36, Karlowa, II S. 1184 fgg.

[8]) D. (47. 8), C. (9. 33), I. (4. 2). Zur Rubrik vgl. fr. 195 § 3 de V. S. (50. 16).

[9]) Fr. 2 h. t., fr. 15 de accus. (48. 2), fr. 40 § 1—3 de V. S. (50. 16).

[10]) Fr. 3 h. t.

[11]) Fr. 5 h. t., fr. 41 de V. S. (50. 16).

Die Digesten lassen Ulp. 56 fr. 2 pr. h. t. berichten:

> Praetor ait: Si CUI DOLO MALO HOMINIBUS COACTIS DAMNI QUID FACTUM
> ESSE DICETUR SIUE CUIUS BONA RAPTA ESSE DICENTUR, IN EUM, QUI ID
> FECISSE DICETUR, IUDICIUM DABO . ITEM SI SERUUS FECISSE DICETUR, IN
> DOMINUM IUDICIUM NOXALE DABO.

Dieser Bericht und der ihn begleitende Kommentar Ulpians gibt Anlass zu Zweifeln.

Cicero pro Tullio c. 3 § 7 überliefert uns folgende intentio:

> quantae pecuniae paret dolo malo . . . . . ui hominibus armatis
> coactisue damnum datum esse.

Augenscheinlich gehörte diese intentio zu einer Formel, die dem ersten
Satze unseres Edikts entsprach. Danach ist zu schliessen, dass zur Zeit
Ciceros es auch im Edikt nicht einfach „dolo malo", sondern „ui dolo
malo", nicht „hominibus coactis", sondern „armatis coactisue" hiess. Sind
die in Ulpians Referat fehlenden Worte erst durch die Kompilatoren
beseitigt worden? oder waren sie schon im edictum perpetuum selber ausgefallen?

Beginnen wir mit dem Wort „ui". In der 1. Aufl. habe ich mit
Rudorff[1]) und Huschke[2]) angenommen, dass das Wort dem edictum
perpetuum noch angehörte[3]). Diese Meinung ist unhaltbar. Mag Ulpian
in fr. 2 § 1 h. t. auch versichern:

> Hoc edicto contra ea, quae ui committuntur, consuluit praetor . .

diese Bemerkung bleibt wahr, auch wenn das Edikt nicht ausdrücklich
von uis sprach. Und dass es dies nicht tat, erhellt aus fr. 2 § 8 h. t.:

> Doli mali mentio hic et uim in se habet . nam qui ui[m] facit, dolo
> malo facit, non tamen qui dolo malo facit, utique et ui facit . ita
> dolus habet in se et uim: et sine ui, si quid callide admissum est,
> aeque continebitur.

So konnte der Jurist sich nicht ausdrücken, wenn er im Edikt die Worte
gelesen hätte: dolo malo ui. Es bleibt aber eine Schwierigkeit. In fr. 2
§ 7 sagt uns Ulpian, dass nach den Ediktworten (non puto deficere uerba).
auch der hafte „qui solus uim fecerit"[4]). Das verträgt sich nicht mit dem
angeführten Text, kann auch nicht, wie Savigny[5]) meint, mittels einer
„etwas" gewaltsamen Interpretation aus ihm herausgelesen worden sein.
Bei der Fassung „dolo malo hominibus coactis" stehen wir vor einem
Rätsel: die Behauptung, dass diese Worte auch denjenigen treffen „qui
solus uim fecerit" gehen gegen den klaren Text. Wie sollen wir diesen
offenbaren Widerspruch zwischen zwei Paragraphen desselben Fragments
lösen? Vielleicht finden wir den Schlüssel, wenn wir dem andern von
Cicero überlieferten, in dem Edikt der Digesten verschwundenen Worte
armatis — nachspüren.

---

[1]) E. P. § 185.
[2]) In den Anal. litter. seines Vaters p. 191.
[3]) Anders Keller, semestr. p. 563 sq.,

599 sq., Karlowa, II S. 1341 fg.
[4]) Vgl. auch fr. 2 § 9 h. t.
[5]) Verm. Schr. III S. 233.

Savigny[1]) und Keller[2]) sprechen das Wort „armatis" dem edictum perpetuum ab. Mir[3]) scheint umgekehrt aus fr. 2 § 7 (vgl. auch fr. 2 § 2) mit Sicherheit hervorzugehen, dass Ulpian das Wort im Album vor.Augen gehabt haben muss. Ulpian erörtert hier, wie schon bemerkt, die Frage, ob auch der durch eine einzige Person gewaltsam verursachte Schaden unter die Ediktbestimmung falle, und begründet die bejahende Antwort mit den Worten:

> hoc enim quod ait „hominibus coactis", ut siue solus uim fecerit siue etiam hominibus coactis, sic accipere debemus etiam hominibus coactis uel armatis uel inermibus hoc edicto teneatur.

Der Satz ist augenscheinlich in der Kompilation etwas in Unordnung geraten. Savigny, a. a. O. S. 235, emendiert glücklich nach Heise:

> hoc enim quod ait „hominibus coactis" sic accipere debemus: „etiam hominibus coactis", ut siue solus uim fecerit siue etiam hominibus coactis uel armatis uel inermibus hoc edicto teneatur.

Jedenfalls ist der Sinn klar. Ich frage nun: was kann Ulpian in diesem Zusammenhang, wo auf die Frage der Bewaffnung gar nichts ankam, zur Berührung dieses Punkts veranlasst haben, wenn nicht der Wortlaut des Edikts selber? Und diese Folgerung aus Ulpians Kommentar erhält ihre Bestätigung durch Gaius, der in fr. 41 de V. S. (50. 16) gelegentlich unseres Edikts — die Inskription lib. 21 duldet keine andere Beziehung den Begriff arma erörtert:

> Armorum appellatio non utique scuta et gladios et galeas significat, sed et fustes et lapides.

Freilich wird das Wort armatis schwerlich durch blosses Abschreiberversehen ausgefallen sein. Es dürften vielmehr die Kompilatoren gelegentlich der Aufhebung des interdictum de ui armata[4]) beschlossen haben, alle privatrechtlichen Besonderheiten der uis armata zu beseitigen, und darum den Text sowohl des Edikts wie des Kommentars zu den Worten „armatis coactisue" absichtlich verändert haben. Das lässt sich gerade an der uns beschäftigenden Stelle des Kommentars mit grösster Wahrscheinlichkeit nachweisen. In fr. 2 § 6 hatte Ulpian gesagt:

> sed et si unus homo coactus sit, adhuc dicemus homines coactos.

Im Fortgang seines Kommentars musste er notwendig weiter fragen: Quid si neminem coegerit reus, sed solus armatus (also uno homine armato) damnum dederit? Und gerade auf diese Frage erteilte das auch in Savignys Emendation noch anstössige fr. 2 § 7 im Urtext die Antwort. Ulpian hatte geschrieben:

> Item si proponas solum *armatum* damnum dedisse, non puto deficere uerba: hoc enim quod ait „hominibus *armatis* coactis*ue*" sic accipere debemus: „etiam hominibus coactis", ut siue solus *arma-*

---

[1]) a. a. O.
[2]) a. a. O..p. 564 sq.
[3]) Ebenso Rudorff, E. P. § 185 n. 7.
[4]) S. § 245.

tus[1]) uim fecerit siue etiam hominibus coactis uel armatis uel inermibus hoc edicto teneatur.

Das Edikt sah so verstanden zwei Fälle vor: die uis armata (durch die Worte dolo malo hominibus armatis), die uis hominibus coactis (durch die Worte dolo malo hominibus coactis)[2]).

Unsere Hypothese löst zugleich auch zwei weitere Probleme. Wir haben gesehen, dass die erste Klausel des Edikts das Wort „uis" nicht enthielt. Dieses selbe Wort ist aber unumgänglich in der zweiten Klausel „siue cuius bona rapta esse dicentur", — denn die daraus entspringende actio hiess „ui bonorum raptorum"[3]). Warum hat man dies Wort im Text des Edikts gestrichen? Andererseits muss es auffallen, dass Ulpians Kommentar den Fall des Raubes, der im Edikt den Gegenstand einer besondern zweiten Klausel bildet, wiederholt in die Erörterung der ersten Klausel „si cui .... damni quid factum esse dicetur" hereinzieht[4]). Man erkennt in diesem Wirrsal unschwer die Hand der Kompilatoren, die in fr. 4 § 6 Ulpian sagen lassen:

> ibi de eo damno praetor loquitur quod dolo malo hominibus coactis datum est uel raptum etiam non coactis hominibus.

Damnum quod raptum est! Wo liegt der Grund dieser Interpolationen? M. E. in folgendem. Im Originaltext hatte Ulpian hervorgehoben, dass die zweite Klausel keine uis armata verlange, sondern jedwede Art von Gewalt genügen lasse. Nun hatten aber die Kompilatoren dadurch, dass sie in der ersten Klausel das Wort „armatis" unterdrückten und im Kommentar dazu alles auf das Erfordernis der arma bezügliche strichen, auch die erste Klausel auf jede Art von uis anwendbar gemacht. Da lag es ungemein nahe, durch weitere Interpolationen diesen Kommentar auch auf den Fall des Raubes zu erstrecken und in der zweiten Klausel das Wort „ui", das ihr bis dahin ihren besondern Charakter gegeben hatte, zu beseitigen. Dass bei diesem Verfahren die Harmonie des Kommentars in die Brüche ging, dass da und dort Ulpian in Widerspruch mit sich selbst gesetzt wurde, ist begreiflich genug; die Kompilatoren hat es nicht gestört[5]).

Ausser den bereits angedeuteten Veränderungen hat das Edikt des fr. 2 pr. noch einige weitere erlitten. Ausgefallen ist die Richtung der actio auf das quadruplum, fr. 2 § 13 h. t.; im Originaledikt muss ferner neben dem „si seruus fecisse dicetur" auch der Fall „si familia fecisse

---

[1]) Auch in fr. 2 § 9 h. t. ist zu lesen: si quid solus admiserit non ui *armata*.

[2]) Dies dürfte Ulpian schon in dem ebenfalls korrumpierten fr. 2 § 2 h. t. hervorgehoben haben.

[3]) Cf. auch c. 4 de nox. act. (3. 41), c. 2—4 h. t., wo überall das „ui rapuisse" als Voraussetzung der actio hervortritt.

[4]) Fr. 2 § 2. 3. 12 h. t.

[5]) Cohn, z. röm. Vereinsrecht S. 187 fgg., nimmt an, die Kompilatoren hätten in fr. 2 pr. h. t. zwei im Album getrennte Edikte vereinigt: ein Edikt über das damnum hominibus coactum factum und ein zweites über den Raub: daher dann die grossen Veränderungen im Kommentar Ulpians. Für diese Hypothese, der sich auch Karlowa, II S. 1338, anschliesst, sehe ich keine ausreichenden Gründe. Die Ordnung des Kommentars spricht gegen sie.

dicetur" erwähnt gewesen sein — Ulp. 56 fr. 2 § 14—16. 19 h. t., fr. 40 § 1—3 de V. S. — und ist wahrscheinlich auch noch die Bezeichnung des iudicium als recuperatorium[1]) und die Annalbeschränkung zu ergänzen, — Ulp. 56 fr. 2 § 13, Paul. 54 fr. 3 h. t.

Hienach lautete das ganze Edikt:

SI CUI DOLO MALO HOMINIBUS *ARMATIS* COACTIS*UE*[2]) DAMNI QUID FACTUM ESSE DICETUR[3]) SIUE CUIUS BONA UI RAPTA ESSE DICENTUR[4]), IN EUM QUI ID FECISSE DICETUR[5]), *IN ANNO, QUO PRIMUM DE EA RE EXPERIUNDI POTESTAS FUERIT*[6]), *IN QUADRUPLUM*[7]), *POST ANNUM IN SIMPLUM*[8]) IUDICIUM *RECUPERATORIUM* DABO. ITEM SI SERUUS[9]) *FAMILIAUE*[10]) FECISSE DICETUR, IN DOMINUM IUDICIUM NOXALE[11]) DABO.

Nach einer verbreiteten Meinung soll aus unserm Edikt nur eine Klage erwachsen sein, die den Namen actio ui bonorum raptorum führte und beide ediktale Fälle umfasst habe[12]). Dem entgegen halte ich es für gewiss, dass hier zwei Formeln proponiert waren, die eine für den Fall gewaltsamer Beschädigung — es ist dies die in Ciceros Rede pro Tullio erläuterte Formel —, die zweite die actio ui bonorum raptorum, die, wie schon ihr Name zeigt, ebenso aber die sämtlichen auf sie bezüglichen Quellenäusserungen bestätigen[13]), ausschliesslich für den Fall des Raubes bestimmt ist.

Der auf erstere Klage gehende Abschnitt des Ulpianschen Kommentars ist von den Kompilatoren gestrichen worden, da hier der Kommentar zum Edikt ausreichende Belehrung gab. Das Wesentliche der Formel für den Fall „si familia fecisse dicetur" ist bei Cic. pro Tullio c. 3 § 7 ict. c. 13 § 31 erhalten:

Iudicium uestrum est, recuperatores: QUANTAE PECUNIAE PARET DOLO MALO FAMILIAE P. FABII UI HOMINIBUS ARMATIS COACTISUE DAMNUM DATUM ESSE M. TULLIO. eius rei taxationem nos fecimus: aestimatio uestra est . iudicium datum est in quadruplum.

Der Rest der Formel ist hienach leicht zu ergänzen:

tantae pecuniae[14]) *dumtaxat HS . . . .*[15]) *quadruplum aut noxae dedere*[16]), *recuperatores, P. Fabium M. Tullio c. s. n. p. a.*

---

[1]) S. oben S. 27 n. 3 u. 4.

[2]) Ulp. 56 fr. 2 § 2—8 h. t., Gai. 21 fr. 41 de V. S. (50.16). Coactisue, nicht coactisque: Keller, semestr. p. 564 sq.

[3]) Ulp. 56 fr. 2 § 9 h. t.

[4]) Ulp. 56 fr. 2 § 11 h. t.

[5]) Ulp. 56 fr. 2 § 12 h. t.

[6]) Ulp. 56 fr. 2 § 13, fr 4 § 8 h. t., Paul. 54 fr. 3 h. t.

[7]) Ulp. 56 fr. 2 § 13, 4 § 7 h. t.

[8]) C. 2—ult. h. t.

[9]) Ulp. 56 fr. 40 § 1 de V. S. (50. 16).

[10]) Ulp. 56 fr. 2 § 14. 15 h. t., fr. 40 § 2. 3 de V. S. (50. 16). Vgl. fr. 195 § 3 eod.

[11]) Ulp. 56 fr. 2 § 16 h. t., Gai. IV 76, c. 4 de nox. act. (3. 41).

[12]) Vgl. Huschke, l. c. p. 187, Keller, l. c. p. 601; Rudorff, E. P. § 185, dagegen nimmt formulae an; ebenso Karlowa, R. G. II S. 1339 fg.

[13]) S. Ulp. 56 fr. 2 § 17—ult. h. t., tit. C. (9. 33), tit. I. (4. 2), Gai. III 209.

[14]) Rudorff fügt hinzu: dumtaxat quanti ea res esset, si unus liber fecisset. Mir scheint dies ohne Sinn. Ulp. 56 fr. 2 § 15 h. t. beweist nicht für, sondern gegen Rudorff.

[15]) Vgl. Hefke, Taxatio (1875) S. 59 fgg., dem aber nicht in allem beizustimmen ist.

[16]) Nicht mit Rudorff: aut eum eosue qui

Einzufügen wäre noch die exceptio annalis, die bei dieser Formel ständig war.

Von der Formel der actio ui bonorum raptorum[1]) handelt Ulpian ausführlich in fr. 2 § 17 sqq. Sie scheint abgestellt gewesen zu sein auf:

S. p. dolo malo N[i] N[i 2]) ui bona rapta[3]) esse A[o] A[o 4]).

§ 188. DE TURBA[5]).

Ulp. 56[6]).

Ulp. 56 fr. 4 pr. h. t.:

Praetor ait: CUIUS DOLO MALO IN TURBA DAMN[i 7]) QUID FACTUM ESSE DICETUR[8]), IN EUM IN ANNO, QUO PRIMUM DE EA RE EXPERIUNDI POTESTAS FUERIT, IN DUPLUM, POST ANNUM IN SIMPLUM IUDICIUM DABO[9]).

In diesem Zitat ist hinter damni quid factum ausgefallen: amissumue quid[10]).

Von der Formel handelt Ulpian in fr. 4 § 11—14. Sie war in factum konzipiert — fr. 4 § 11 h. t. — und wiederholte das Erfordernis „dolo malo N[i] N[i] in turba damnum datum (amissumue quid) esse[11])". Ihr Erfolg war „quanti ea res erit, eius duplum[12])"; ob die condemnatio wörtlich so konzipiert war oder ob nicht die Formel in ihrer Fassung der in § 187 besprochenen de damno dato ähnelte, wissen wir nicht[13]).

Bei Ulp. 56 fr. 4 § 15 h. t. heisst es:

In seruum autem et in familiam praetor dat actionem.

Ob der in dieser Form auffallende Satz Ulpian angehört, ist mir nicht unzweifelhaft, noch weniger, ob er als eine Umschreibung von Ediktwortlaut angesehen werden darf, wiewohl in dem gleich folgenden Edikt (§ 189) das entsprechende „in seruum et in familiam iudicium dabo" als Ediktwortlaut überliefert ist. Waren diese Worte dort und hier wirklich ediktal, so müssten wir darin lediglich eine besondere, vielleicht altertümliche Form der Verheissung der Noxalklage erblicken[14]). Möglich aber bleibt auch,

---

dolo fecisse comperientur noxae dare. Fr. 2 § 16 h. t. enthält blosse Interpretation. Zu Ciceros Zeit scheint übrigens die Klage noch nicht Noxalklage gewesen zu sein. S. Keller, l. c. p. 591 sq., 597 sq.

[1]) Fr. 2 § 17 h. t.: haec actio uolgo ui bonorum raptorum dicitur.

[2]) Ulp. 56 fr. 2 §18—20 h. t., vgl. fr. 81 (80) § 4 de furtis (47. 2).

[3]) Rapta: Ulp. 56 fr. 2 § 21 h. t., utilis: Paul. sent. V 6 § 5. Bona: fr. 2 § 22 h. t., Gai. III 209. Bona rapta, nicht etwa „ex bonis raptum": Gai. l.c. Irrig Cohn, z. röm. Vereinsrecht S. 204.

[4]) Fr. 2 § 13 h. t., woraus Karlowa, II S. 1340, Schlüsse auf die condemnatio der a[o] u. b. r. zieht, gehört zum Kommentar zur a[o] de hom. arm.

[5]) D. (47. 8): Ui bonorum raptorum et de turba. Paul. sent. V 3: de his quae per turbam fiunt.

[6]) Fr. 4 h. t.

[7]) Flor. damnum. S. aber fr. 4 § 4. 6 ict. fr. 2 pr. h. t. Anders Karlowa, R. G. II S. 1343.

[8]) Ulp. 56 fr. 4 § 1—6 h. t.

[9]) Ulp. 56 fr. 4 § 7. 8 h. t., Paul. sent. V 3 § 1.

[10]) Ulp. 56 fr. 4 § 9. 10 h. t. Fr. 4 § 9: loquitur autem hoc edictum de damno dato et de amisso . . . .

[11]) Ulp. 56 fr. 4 § 12—14 h. t.

[12]) Ulp. 56 fr. 4 § 11 h. t.

[13]) Rudorff, E. P. § 186, konzipiert: Quantae pecuniae paret . . . . esse, quanti ea res est. Das ist selbstverständlich nicht möglich. S. Karlowa, das Rechtsgeschäft S. 152 n. 1.

[14]) In der 1. Aufl. nahm ich an, dass der Satz keine Noxalklage gewähren, sondern, wenn der Herr den Sklaven nicht in solidum defendiere, extraordinäres Einschrei-

dass sie Tribonianisch sind, und dass der Prätor Noxalklage hier zwar gab, aber nicht verheissen hatte. Solche besondere Verheissung fand sich gewiss nicht bei allen prätorischen Deliktklagen; sonst würde Gai. IV 76 keine Beispiele dafür anführen.

§ 189. DE INCENDIO RUINA NAUFRAGIO RATE NAUE EXPUGNATA[1]).

Ulp. 56[2]), Paul. 54[3]), Gai. 21[4]).

Ulp. 56 fr. 1 pr. h. t.:

Praetor ait: IN EUM, QUI EX INCENDIO RUINA NAUFRAGIO RATE NAUE EX-
PUGNATA QUID RAPUISSE RECEPISSE DOLO MALO[5]) DAMNIUE QUID IN HIS REBUS
DEDISSE DICETUR[6]), IN QUADRUPLUM IN ANNO, QUO PRIMUM DE EA RE EX-
PERIUNDI POTESTAS FUERIT, POST ANNUM IN SIMPLUM IUDICIUM DABO. ITEM
IN SERUUM ET IN FAMILIAM IUDICIUM DABO[7]).

Auffallend ist, dass Ulpian hinter fr. 3 § 3, wo er die Worte recepisse dolo malo, und vor fr. 3 § 7, wo er die im Edikt folgenden Worte damniue quid dedisse erschöpfend erörtert, folgende Sätze einschiebt (fr. 3 § 4—6):

Non solum autem qui rapuit, sed et qui abstulit uel amouit uel damnum dedit uel recepit, hac actione tenetur. Aliud esse autem rapi aliud amoueri palam est, si quidem amoueri aliquid etiam sine ui possit: rapi autem sine ui non potest. Qui eiecta naue quid rapuit hoc edicto tenetur . „eiecta" hoc est quod Graeci aiunt ἐξεβράσθη.

Die ganze Stelle trägt das Gepräge der Interpolation an der Stirne. Ulpian kann unmöglich, nachdem er eben das recepisse dolo malo ausführlich abgehandelt hat, fortfahren:

non solum autem qui rapuit, sed et qui abstulit .... uel recepit, hac actione tenetur.

Das Edikt darf daher keineswegs hienach ergänzt werden.

Über die Formel ist uns nichts überliefert: vermutlich gehörten die in den Kommentar zum Edikt eingeschobenen fr. 3 § 4—6 ursprünglich dem Kommentar zur Formel an.

---

ten in corpus serui in Aussicht stellen wolle (vgl. Cuiac. obs. XXI.c. 40). Für das Justinianische Recht möchte diese Deutung angehen; für das klassische Recht aber schlägt die Erwägung durch, dass, wenn das Edikt des § 187 nur Noxalhaftung vorsah, das Edikt de turba für das minder schwere Delikt keine strengere Haftung verordnet haben kann. Die von mir in der 1. Aufl. angef. Belegstelle, fr. 7 § 1. 3 de iurisd. (2. 1), ist selber verdächtig (s. oben S. 57). Eigen-

tümlich, gewiss nicht haltbar, Karlowa, II S. 1170.

[1]) D. (47. 9), vgl. Paul. V 3 § 2, c. 18 de furtis (6. 2).

[2]) Fr. 1, 3 h. t.

[3]) Fr. 4 h. t.

[4]) Fr. 2, 5 h. t.

[5]) Ulp. 56 fr. 1 § 2—ult., fr. 3 pr.—§ 3 h. t.

[6]) Ulp. 56 fr. 3 § 7 h. t.

[7]) Vgl. § 188 a. E.

Tit. XXXV.

DE INIURIIS[1]).

Ulp. 56[2]). 57[3]), Paul. 55[4]), Gai. 22[5]), Iulian. 45[6]).

§ 190. *GENERALE EDICTUM*[7]).

Ulp. 57[8]), Paul. 55[9]).

Gell. N. A. XX 1 § 13:

    praetores postea . . . . . . iniuriis . . . aestumandis recuperatores[10])
se daturos edixerunt[11]).

Coll. II 6 § 1 (Paul. libro sing. [de iniuriis] sub titulo quemadmodum
iniuriarum agatur):

    Qui autem iniuriarum, inquit, agit, certum dicat, quid iniuriae factum
sit[12]), et taxationem ponat non minorem[13]), quam quanti uadimonium
fuerit.

Gai. III 224:

    . . . permittit*ur* . . . . . nobis a praetore *ipsis* iniuriam *a*estimare, et
iudex uel tanti condemnat, quanti nos aestimauerimus, uel minoris,
pro*ut ei* uisum fuerit: se*d* cum atrocem iniuriam[14]) praetor aestimare
soleat, si simul constituerit, quantae pecuniae eo nomine fieri debeat
uadimonium, *h*ac ipsa quantitate taxamu*s* formulam .

Zu diesem Edikt[15]) war die Formel proponiert, deren demonstratio in
coll. II 6 § 4 erhalten ist:

---

[1]) D. (47. 10), C. (9. 35), I. (4. 4).

[2]) Fr. 1, 3, 5 h. t. Diese Stellen enthalten
ausser einleitenden Bemerkungen noch die
Lehre von den gesetzlichen (nicht prätorischen) Bestimmungen über die Injurien, insbesondere die Lehre vom iudicium iniuriarum — fr. 5 h. t., fr. 12 § 4 de accus. (48. 2)
— ex lege Cornelia. Der eigentliche Kommentar zum Edikt de iniuriis beginnt erst mit
lib. 57.

[3]) Fr. 7, 9, 11, 13, 15, 17 h. t., fr. 12 de in
ius uoc. (2. 4), fr. 19 quod ui (43. 24) cf. fr. 17
§ 10 h. t., fr. 18 de lib. et post. (28. 2) cf. etwa
fr. 13 § 1 sqq. h. t., fr. 19 de poenis (48. 19)
cf. fr. 17 § 4 h. t., fr. 42 de V. S. (50. 16) cf.
fr. 15 § 13 h. t., s. auch Rudorff, E. P.
§ 189 n. 3. Falsch inskribiert ist fr. 15 h. t.:
Ulp. 77 statt 57.

[4]) Fr. 2, 4, 6, 8, 10, 16, 18 h. t., fr. 4 ad l.
Iul. de ui priu. (48. 7). Falsch inskribiert sind
fr. 2, 4 — Paul. 50 statt 55 — und 16 h. t. —
Paul. 45 statt 55.

[5]) Fr. 12, 19 h. t., fr. 26 qui test. fac. (28. 1).

[6]) Fr. 36 h. t.

[7]) Ulp. 57 fr. 15 § 26 h. t.

[8]) Ulp. 57 fr. 7, 9, 11, 13, 15 pr. § 1 h. t.

[9]) Paul. 55 fr. 2, 4, 8 h. t.

[10]) Vgl. S. 27.

[11]) Gelegentlich dieses generale edictum
mag Ulpian die Tragweite des Injurien-
begriffs überhaupt erörtert haben: darin
wird die Erklärung der sonst deplacierten
Bemerkung in fr. 9 § 4 h. t. liegen.

[12]) Ulp. 57 fr. 7 pr. — § 5 h. t., coll. II 6
§ 2—4.

[13]) Huschke, Gaius S. 135 fgg., vermutet:
maiorem. Dagegen Mommsen, Strafr.
S. 803 n. 3, Karlowa, II S. 1333, Triebs,
Stud. z. l. Dei I S. 148. Trotz dieses Widerspruchs dürfte Huschkes Vermutung richtig sein, da keinerlei Grund zu ersehen ist,
um deswillen der Prätor dem Kläger hätte
verbieten sollen, in der Taxation herunter-
zugehen (Mommsens Ausführung a. a. O.
überzeugt nicht).

[14]) Ulp. 57 fr. 7 § 7. 8, 9 pr. — § 3 h. t.,
Paul. 55 fr. 8 h. t., sent. V 4 § 10.

[15]) Zur Geschichte dieses Edikts vgl.
Hitzig, Iniuria (1899) S. 60 fgg., der das
Vorbild der actio iniuriarum aestimatoria
in der δίκη αἰκίας des griechischen Rechts
findet.

sicut formula proposita est: Quod Auli Agerii (A° A° *scr.*) pugno mala percussa est[1]).

Das Zitat ist nicht ganz genau. Die ediktale demonstratio muss unbedingt auch den Täter genannt haben[2]), und nach Ulp. 57 fr. 11 pr. h. t. (vgl. auch fr. 15 § 2. 10) scheint es, dass dies in einer Form geschah, die es ermöglichte, auch den zu verurteilen „qui dolo fecit uel qui curauit, ut cui mala pugno percuteretur". Mit Rücksicht hierauf schob ich in der 1. Aufl. vor A° A° die Worte ein „dolo malo N^i N^i", die mir aber für die Bezeichnung des Täters selbst nicht recht passend scheinen und auch zu fr. 11 pr. h. t. nicht stimmen, wo doch nur gesagt ist: ille quoque continetur qui dolo fecit. Vielleicht hiess es in der Musterformel: Quod a N° N° . . . . . percussa est doloue malo N^i N^i factum est, ut percuteretur, wobei je nach Lage des Falls das eine oder andere Stück weggelassen werden konnte[3]). Doch bleibt jede Vermutung unsicher.

Geht Ulp. 57 fr. 11 pr. auf die demonstratio, so bezieht sich fr. 11 § 1 auf die zugleich als intentio dienende Ästimationsklausel, die nach Ulp. 57 fr. 17 § 2 h. t., Paul. 55 fr. 18 pr. eod., Paul. fr. 34 pr. de O. et A. (44. 7) mit voller Sicherheit rekonstruiert werden kann:

> *quantam pecuniam uobis bonum aequum uidebitur ob eam rem N^m N^m A° A° condemnari.*

Den Schluss bildet die condemnatio mit taxatio:

> *tantam pecuniam, dumtaxat HS . . . . ., recuperatores, N^m N^m A° A° c. s. n. p. a.*

Schiebt man nun noch gemäss c. 5 h. t. die exceptio annalis ein, so gelangt man zu folgender Formel:

> [4])*Quod . . . . A° A° pugno mala percussa est, q. d. r. a., quantam pecuniam uobis bonum aequum uidebitur ob eam rem N^m N^m A° A° condemnari, tantam pecuniam, dumtaxat HS . . . ., si non plus quam annus est, cum de ea re experiundi potestas fuit, recuperatores, N^m N^m A° A° c. s. n. p. a.*

Den Schluss des Ulpianschen Kommentars zum generale edictum bilden allgemeine Erörterungen[5]), die zum Teil mit dem Wortlaut der

---

[1]) Vgl. Gai. IV 60, Seneca de benef. II 35 § 2, Sueton. Vitell. c. 7. Die älteste Spur dieser Formel scheint mir bei Plaut. Asinar. II 2, 104 v.: pugno malam si tibi percussero, Worte, die ganz wie scherzhaftes Zitat einer Formel klingen (der Spott Girards, ZRG. XXVII S. 24, scheint mir nicht begründet). Dass die Formel der Injurienklage bis in die erste Hälfte des 2ten Jhdts. v. Chr. hinaufreicht, beweist das von Partsch, Schriftformel S. 28, angef. Senatsdekret (Dittenberger, Sylloge II nr. 928).

[2]) A. M. freilich Partsch, a. a. O. S. 40.

Lenel, Das Edictum Perpetuum. 2. Aufl.

[3]) Zwei verschiedene demonstrationes nimmt an Karlowa, II S. 1334.

[4]) Etwas anders Huschke, Gaius S. 140, und Hefke, Taxatio (1879) n. 86. Sehr wunderlich ist bei beiden (ebenso auch bei Partsch, a. a. O. S. 40) die hinter die demonstratio eingeschobene intentio „s. p. N^m N^m ea re A° A° iniuriam fecisse". Ob eine absichtliche Ohrfeige eine Injurie sei, das wird doch vermöge der aequitas huius actionis wohl schon vermöge der aequitas huius actionis wohl schon vermöge der aequitas huius actionis zu entscheiden in der Lage gewesen sein.

[5]) Fr. 11 § 2—ult., fr. 13, 15 pr. § 1 h. t.

Formel in Verbindung gebracht werden können[1]), von Ulpian aber wohl ohne spezielle Beziehung an das Generaledikt angeschlossen worden sind.

Seltsam — dies sei noch bemerkt — sind einige angebliche utiles actiones bei Rudorff, E. P. § 188 n. 9, formuliert: in Wirklichkeit ist in allen daselbst angeführten Fällen die directa actio mit entsprechend gestalteter demonstratio zuständig[2]).

§ 191. *DE CONUICIO.*

Ulp. 57[3]).

Ulp. 57 fr. 15 § 2 h. t.:

Ait praetor: QUI ADUERSUS BONOS MORES CONUICIUM[4]) CUI[5]) FECISSE[6]) CUIUSUE OPERA FACTUM ESSE[7]) DICETUR, QUO ADUERSUS BONOS MORES CON-UICIUM FIERET[8]): IN EUM IUDICIUM DABO[9]).

Ulp. 57 fr. 15 § 11—13 h. t. bezieht sich, wie aus der wiederholten Erörterung (vgl. n. 4) des Worts conuicium hervorgeht, auf die Formel. Deren demonstratio ist nicht unzweifelhaft. Vielleicht war hier nur das Edikt umschrieben — so Rudorff, E. P. § 189 —, wahrscheinlich aber vielmehr ein spezieller Fall als Musterfall genannt, worauf sich das „ex his apparet non omne maledictum conuicium esse" in fr. 15 § 11 bezogen haben wird. Im übrigen stimmte die Formel ohne Zweifel mit der vorigen überein.

§ 192. *DE ADTEMPTATA PUDICITIA.*

Ulp. 57[10]), Paul. 55[11]).

§ 1 l. h. t (vgl. Gai. III 220):

Iniuria . . . . committitur . ., . . (si) quis matremfamilias aut prae-textatum praetextatamue adsectatus fuerit siue cuius pudicitia ad-temptata esse dicetur.

Aus Ulpians Kommentar (s. n. 10) ergibt sich, dass das Edikt genauer folgende Fälle berücksichtigte:

si quis matrifamilias[12]) *aut praetextato*[13]) *praetextataeue comitem*[14])

---

[1]) Namentlich fr. 11 § 3—6 (dolo malo Ni Ni), fr. 15 § 1 h. t. (in letzterer Stelle will die utilis actio nur besagen, dass dem In-juriierten eine dem Tatbestand entspre-chende demonstratio zu gewähren sei).

[2]) Das Gegenteil geht auch nicht aus dem von R. zitierten fr. 18 § 2 h. t. hervor, wo das „si uidua esset" u. s. w. nur besagen will, dass für Bemessung der Kondemna-tionssumme auf die dort fraglichen Verhält-nisse nichts ankomme.

[3]) Fr. 15 § 2—14 h. t.

[4]) Ulp. 57 fr. 15 § 3—7 h. t., Paul. sent. V 4 § 19. 21, coll. II 5 § 4.

[5]) Ulp. 57 fr. 15 § 9 h. t.

[6]) Ulp. 57 fr. 15 § 8 h. t.

[7]) Ulp. 57 fr. 15 § 10 h. t., Paul. sent. V 4 § 20.

[8]) Die Erstreckung der Bestimmung auf den „cuius opera factum esse dicetur" ist gewiss nicht interpoliert; fr. 15 § 8 cit. ver-stehe ich dahin, dass Ulpian zeigen wollte, die ausdrückliche Erstreckung sei eigentlich überflüssig. A. M. Maschke, Persönlich-keitsrechte (1903) S. 43 n. 2.

[9]) Vgl. Vell. Paterc. II 28 § 3.

[10]) Fr. 15 § 15—24 h. t.

[11]) Fr. 10 h. t.

[12]) Ulp. 57 fr. 15 § 15 h. t.

[13]) Gai. III 220, Ulp. 57 fr. 9 § 4 h. t.

[14]) Ulp. 57 fr. 15 § 16 h. t.

abduxisse[1]) *siue quis eum eamue aduersus bonos mores*[2]) *appel-lasse adsectatusue*[3]) *esse dicetur.*
Die Worte adtemptata pudicitia, die in Ulpians Kommentar mehrfach vor-kommen[4]), scheinen nicht dem Edikt, sondern nur der Rubrik angehört zu haben.
Die Formel ist nicht überliefert.

§ 193. *NE QUID INFAMANDI CAUSA FIAT.*

Ulp 57[5]), Paul. 55[6]), Gai. 22[7]).
Ulp. 57 fr. 15 § 25 h. t.:
   Ait praetor: NE QUID INFAMANDI CAUSA FIAT[8]). SI QUIS ADUERSUS EA FECERIT, PROUT QUAEQUE RES ERIT, ANIMADUERTAM[9]).
Die demonstratio der Formel zu diesem Edikt ist uns bei Paulus in coll. II 6 § 5 erhalten:
   Item si dicat infamatum se esse, debet adicere, quemadmodum in-famatus sit. Sic enim et formula concepta est: QUOD N^s N^s ILLI *LIBELLUM* MISIT[10]) A^i A^i INFAMANDI CAUSA.

§ 194. *DE INIURIIS QUAE SERUIS FIUNT.*

Ulp. 57[11]), Paul. 55[12]).
Ulp. 57 fr. 15 § 34 h. t.:
   Praetor ait: QUI SERUUM ALIENUM[13]) ADUERSUS BONOS MORES[14]) UERBERA-UISSE[15]) DEUE EO INIUSSU DOMINI QUAESTIONEM HABUISSE[16]) DICETUR, IN EUM IUDICIUM DABO. ITEM SI QUID ALIUD FACTUM ESSE DICETUR, CAUSA COGNITA IUDICIUM DABO[17]).
Die Formel lässt sich leicht rekonstruieren. Die Musterformel war auf den Fall „si quis alienum seruum uerberauerit" gestellt[18]), die intentio die gewöhnliche[19]). Klagte der Herr des Sklaven nicht serui nomine, sondern suo nomine[20]), so wird die demonstratio etwa den Zusatz „A^i A^i infamandi causa" oder einen ähnlichen erhalten haben.

[1]) Ulp. 57 fr. 15 § 17. 18, coll. II 5 § 4.
[2]) Ulp. 57 fr. 15 § 23 h. t.
[3]) Ulp. 57 fr. 15 § 19—22 h. t.
[4]) Vgl. fr. 15 § 20—22 h. t., s. auch Paul. 55 fr. 10 h. t.
[5]) Fr. 15 § 25—33 h. t.
[6]) Fr. 6, 18 pr. h. t.
[7]) Fr. 12, 19 h. t.
[8]) Ulp. 57 fr. 15 § 27 h. t. Beispiele, im Anschluss an die Formel, in fr. 15 § 29—33 h. t.
[9]) Ulp. 57 fr. 15 § 28 h. t. Vgl. hiezu Hefke, Taxatio (1879) S. 57.
[10]) illum inmisit *edd.* Andere unhaltbare Konjekturen s. in Mommsens Ausg. der coll. Zur obigen vgl. Lenel, ZRG. XXXIII S. 31 fg. Das Wort „illi" wird von Ulpian in fr. 15 § 29 h. t. kommentiert.

[11]) Fr. 15 § 34—ult., fr. 17 pr.—§ 2 h. t.
[12]) Fr. 16 h. t., fr. 4 § 1 ad l. Iul. de ui priu. (48. 7).
[13]) Ulp. 57 fr. 15 § 36. 37 h. t.
[14]) Ulp. 57 fr. 15 § 38. 39 h. t.
[15]) Ulp. 57 fr. 15 § 40 h. t.
[16]) Ulp. 57 fr. 15 § 41. 42 h. t., Paul. 55 fr. 4 § 1 ad l. Iul. de ui priu. (48. 7).
[17]) Ulp. 57 fr. 15 § 43. 44 h. t.
[18]) Gai. III 222: in hunc casum formula proponitur.
[19]) Ulp. 57 fr. 17 § 2 h. t. Auch c. 8 h. t. will mit den Worten „actione proposita, qua damni etiam haberi rationem uerbis euidenter exprimitur," nur auf die intentio in bonum aequum concepta hinweisen.
[20]) Ulp. 57 fr. 15 § 35. 45. 48 h. t.

25*

§ 195. *DE NOXALI INIURIARUM ACTIONE.*

Ulp 57 [1]), Paul. 55 [2]), Iulian. 45 [3]).

Ulp. 57 fr. 17 § 4 h. t.:

Cum seruus [4]) iniuriam facit . . . . ., iniuriarum noxalis actio datur.
sed in arbitrio domini est, an uelit eum uerberandum exhibere, ut
ita satisfiat ei qui iniuriam passus est.

Ulp. 57 fr. 17 § 5 h. t.:

Ait praetor: ARBITRATU IUDICIS: utique quasi uiri boni, ut ille modum
uerberum imponat.

Die Formel ist nicht überliefert. Unwahrscheinlich ist die Annahme Rudorffs, E. P. § 193, wonach das „arbitratu tuo uerberandum exhibere"
neben litis aestimatio und noxae deditio den alternativ bestimmten Gegenstand der condemnatio gebildet hätte. Wie kann der Sklave arbitratu
iudicis ausgeprügelt werden, nachdem durch das erlassene Urteil das iudicium seine Endschaft erreicht hat? Offenbar haben wir es hier vielmehr
mit einer eigentümlichen actio arbitraria zu tun, die die Kondemnation
etwa von einem

nisi N[s] N[s] eum seruum arbitratu tuo uerberandum exhibebit

abhängig machte [5]). Schwierigkeiten bietet die Rekonstruktion im übrigen
nicht [6]).

§ 196. *SI EI, QUI IN ALTERIUS POTESTATE ERIT, INIURIA*
FACTA ESSE DICETUR.

Ulp. 57 [7]), Paul. 55 [8]).

Ulp. 57 fr. 17 § 10 h. t.:

Ait praetor: SI EI, QUI IN ALTERIUS POTESTATE ERIT, INIURIA FACTA ESSE
DICETUR ET NEQUE IS, CUIUS IN POTESTATE EST, PRAESENS ERIT [9]) NEQUE
PROCURATOR QUISQUAM EXISTAT, QUI EO NOMINE AGAT [10]): CAUSA COGNITA [11])
IPSI, QUI INIURIAM ACCEPISSE DICETUR [12]), IUDICIUM DABO [13]).

Die Formel ist auch hier nicht überliefert, die Rekonstruktion Rudorffs
aber jedenfalls verfehlt. Diese lautet:

Quod A[s] A[s], cum in potestate L. Titii esset neque procurator quisquam existeret qui eo nomine ageret, in hoc anno, cum primum

---

[1]) Fr. 17 § 3—9 h. t., fr. 19 de poenis (48. 19).
[2]) Fr. 18 § 1 h. t.
[3]) Fr. 36 h. t.
[4]) Quid si filius familias? Cf. Iulian. 45
fr. 36 h. t., eine natürlich interpolierte Stelle,
die ursprünglich von der Noxalklage handelte.
[5]) In fr. 17 § 6 h. t. ist statt „ante iudicem" zu lesen: ante iudicium. Diese Konjektur drängt sich angesichts des gleich
folgenden „arbitratu alicuius" geradezu
auf. . Nicht begründet scheinen mir die Bemerkungen von Karlowa, II S. 1170, und

Appleton, rev. gén. de droit XXIV p. 231 n.4.
[6]) Exceptio „si non defendendi domini
gratia fecit": fr. 17 § 8 h. t.
[7]) Fr. 17 § 10—ult. h. t., fr. 12 de in ius uoc.
(2. 4), fr. 19 quod ui (43. 24).
[8]) Fr. 18 § 2—ult. h. t.
[9]) Ulp. 57 fr. 17 § 11—14 h. t.
[10]) Ulp. 57 fr. 17 § 15. 16 h. t.
[11]) Ulp. 57 fr. 17 § 17 h. t.
[12]) Ulp. 57 fr. 17 § 18—22 h. t., s. auch
Ulp. 8 fr. 8 pr. de procur. (3. 3).
[13]) Cf. fr. 9 de O. et A. (44. 7). Ulp. 57 fr. 12
de in ius uoc. (2. 4), fr. 19 quod ui (43. 24).

experiundi potestas fuit, dolo malo N^i N^i pugno malam percussam esse (sic!), quantam pecuniam ob eam rem bonum aequum esset N^m N^m A^o A^o condemnari, si A^s A^s in nullius potestate esset, dumtaxat et rel.

All das, was Rudorff in den Zwischensatz „cum . . . . . ageret" einschachtelt, ist sowohl der Natur des Verhältnisses als der Fassung des Edikts nach bei Erteilung der Formel bereits durch prätorische Cognition erledigt und geht die Geschworenen nichts an. Ferner ist die Fiktion „si in nullius potestate esset" bei einer actio in bonum aequum concepta überflüssig, ja bedenklich[1]). M. E. erteilte der Prätor, da er alle Vorfragen selbst erledigte, hier einfach die gewöhnlichen Formeln, ohne irgendwie das Potestätsverhältnis, in dem sich Kläger befand, anzudeuten: damit waren die Rekuperatoren genügend instruiert.

§ 197. *DE CONTRARIO INIURIARUM IUDICIO.*

Gai. IV 177:

Contrarium iudicium . . . . aduersus iniuriarum action*em* decimae partis datur . . .[2]).

Tit. XXXVI.

§ 198. DE RE IUDICATA[3]).

Ulp. 58[4]), Paul. 56[5]), Gai. 22[6]), Gai. ad ed. pr. urb. tit. de re iudicata[7]), Iulian. 45[8]).

Das umfangreichste unter den aus Ulp. 58 erhaltenen Fragmenten — fr. 4 de re iudic. (42. 1) — beginnt (pr.—§ 2) mit einer Erörterung darüber, gegen wen da, wo ein Cognitor[9]), Tutor, Kurator, Actor für die beklagte Partei den Prozess geführt hat, die actio iudicati zu erteilen sei. Ohne Zweifel durch diesen Umstand hat sich Rudorff verleiten lassen, den von der Exekution handelnden Ediktabschnitt durch die Rubrik „quibus iudicati actio detur" (E. P. § 196) einzuleiten, eine Rubrik, unter der er alles

---

[1]) Warum soll der Geschworene das bestehende Potestätsverhältnis ignorieren? Dasselbe konnte für die Ästimation bedeutsam sein, z. B. wenn jemand den filius familias durch Bezeichnung als Bastard injuriiert hatte.

[2]) Cf. Gai. fr. 43 h. t. (*Trib.!*), Paul. sent. V 4 § 11.

[3]) Rubr. D. (42. 1). Die Rubrik ist von Gaius ad ed. pr. urb. überliefert, und der Inhalt der in n. 7 angef. Fragmente spricht entschieden dafür, dass sie hieher gehört. Anders die 1. Aufl., wo ich die Rubrik „de re iudicata" auf die Formel der actio iudi-

cati bezog und ihr an gegenwärtiger Stelle die nicht bezeugte Rubrik „Qui nisi sequantur ducantur" substituierte.

[4]) Fr. 4 h. t., fr. 4 in ius uoc. (2. 6), fr. 17 de don. (39. 5), fr. 43, 45 de V. S. (50. 16).

[5]) Fr. 45 de solut. (46. 3), fr. 47 de V. S. (50. 16).

[6]) Fr. 50 de proc. (3. 3), fr. 4 de l. Fab. (48. 15), fr. 44 de V. S. (50. 16).

[7]) Fr. 7 h. t., fr. 2 de act. rer. amot. (25. 2).

[8]) Fr. 61 h. t., fr. 41 de minor. (4. 4).

[9]) In der Kompilation ist dieser durch den Prokurator ersetzt. Vgl. E i s e l e, Cognitor u. Procuratur (1881) S. 71 fg., auch schon K e l l e r, L. C. und Urteil (1827) S. 327.

zusammenstellt, was uns die klassischen Quellen über die Zuständigkeit der actio iudicati für und wider Herrn oder Vertreter bei den verschiedenen möglichen Vertretungsverhältnissen überliefern.

Das Meiste nun, was Rudorff hier bringt, lässt sich unschwer als dem Edikte fremd nachweisen.

Zunächst den Prokurator anlangend, so war ein besonderes Edikt, das iudicati actio für und wider ihn verhiess, völlig überflüssig, da die condemnatio der Formel auf seinen Namen lautete, die actio iudicati also schon ohne weiteres für und wider ihn zuständig war. Nichts anderes will wohl auch fr. Vat. 317 besagen, wo vom Prokurator im Gegensatz zum Cognitor hervorgehoben wird:

> interueniente ... procuratore iudicati actio ex edicto perpetuo ipsi et in ipsum, non domino uel in dominum competit.

Regelwidrig war nur die Denegation beim procurator praesentis, dem späterhin noch andere Arten von Prokuratoren gleichgestellt wurden[1]. Allein diese Ausnahme beruhte nicht auf dem Edikt, sondern auf nachediktaler Jurisprudenz und Praxis, die diesen Prokurator nach Art des Cognitor behandelte, vgl. fr. Vat. 331 (*Papinian.*):

> Quoniam praesentis procuratorem pro cognitore placuit haberi, domino causa cognita dabitur et in eum iudicati actio.

Was von dem procurator praesentis, gilt ebenso auch von dem Tutor und Kurator. Dass die Übertragung der actio iudicati auf den Mündel auf Jurisprudenz und Kaiserreskripten beruhte, ergibt sich direkt aus fr. 2 pr. de adm. et peric. (26. 7) und c. 1 quando ex facto (5. 39)[2].

Noch viel weniger ist an ein besonderes Edikt hinsichtlich des actor municipum zu denken, fr. 4 § 2 de re iud. (41. 1):

> Actor municipum potest rem iudicatam recusare: in municipes enim iudicati actio dabitur.

Das „dabitur" klingt sicherlich nicht nach ausdrücklicher prätorischer Verheissung. So wird denn auch in fr. 6 § 3 quod cuiusc. uniu. (3. 4) die Nichtgewährung der actio iudicati an den actor lediglich auf seine Ähnlichkeit mit dem Cognitor gestützt:

> actor itaque iste *cognitoris*[3]) partibus fungitur et iudicati actio ei ex edicto non datur nisi in rem suam datus sit.

Ex edicto non datur: d. h. nicht etwa, dass sie ihm durch besondere Ediktregel versagt werde, sondern dass sie, obwohl an sich ex edicto zuständig, ihm gleichwohl nicht gewährt werde.

Sonach bleibt als letzter möglicher Inhalt eines Edikts „quibus iudicati actio detur" nur noch der Satz übrig, dass aus Prozessführung eines Cognitor die actio iudicati für und wider den Herrn erteilt werde[4]. Allein ist die Existenz eines solchen Edikts möglich, so ist sie darum noch

---

[1]) Eisele, a. a. O. S. 164 fgg.
[2]) Vgl. auch die Ausdrucksweise in fr. 15 i. f. si quis caut. (2. 11) — „probatum est" —
und in fr. 4 § 1 de re iud. (42. 1) — „idcircoque".
[3]) *Dig.* procuratoris.   [4]) Fr. Vat. 317.

nicht bewiesen. Die Erteilung der actio iudicati für und wider den Herrn fand auch in diesem Falle nur causa cognita statt: war der cognitor in rem suam bestellt, so wurde sie für und wider ihn selbst erteilt, und ebenso durfte er sie dann nicht ablehnen, wenn er sich liti obtulit[1]). Diese Präjudizialpunkte konnten aber nur durch prätorische Cognition erledigt werden, vgl. fr. Vat. 331[2]):

> Quoniam praesentis procuratorem pro cognitore placuit haberi, domino causa cognita dabitur et in eum iudicati actio.

Bleibt also noch die Möglichkeit eines Edikts des Inhalts: *causa cognita domino et in dominum actionem dabo.* Aber auch ein solches wird unwahrscheinlich durch die Ausdrucksweise in fr. Vat. 317 i. f. Hier heisst es zuerst:

> cognitore . interueniente, iudicati *actio* domino uel in dominum datur: non alias enim cognitor *iudicati* experietur uel ei actioni subicietur, quam si in rem suam cognitor factus sit.

Und nun wird im Gegensatz dazu hervorgehoben:

> interueniente uero procuratore, iudicati actio ex edicto perpetuo ipsi et in ipsum, non domino uel in dominum competit.

Wenn hier gegensätzlich betont wird, dass das „iudicati actio ipsi et in ipsum competit" auf dem Edikt beruhe, deutet dies nicht darauf hin, dass umgekehrt im vorigen Fall das „domino uel in dominum datur" nicht auf das Edikt zurückzuführen sei[3])? Sind ja doch keineswegs alle Grundsätze der prätorischen Praxis im Edikt kodifiziert; und habe ich es früher[4]) als zweifelhaft bezeichnet, ob für die Prozessführung durch Stellvertreter irgendwo im Edikt Musterformeln proponiert gewesen, so kann ich es auch nicht für unmöglich halten, dass die Frage nach der Zuständigkeit der actio iudicati im Edikt nicht entschieden war.

Die Existenz einer Ediktrubrik *Quibus (et in quos) iudicati actio detur* ist also problematisch. Gesetzt aber selbst, dass eine solche Rubrik im Edikt irgendwo vorhanden gewesen wäre, so fehlt es jedenfalls an allem Beweis, dass sie an dieser Stelle stand. Rudorff ist, wie oben bemerkt, zur Schöpfung seiner Rubrik durch die Untersuchungen Ulpians (lib. 58) in fr. 4 de re iud. (42. 1) veranlasst worden. Er gab diesen Untersuchungen allgemeine Beziehung auf das Exekutionsrecht und den Urteilsanspruch überhaupt und proponiert demgemäss auch die Formel der actio iudicati fast im Anfang seines Abschnitts de exsecutione (E. P. § 198). Dieses letztere nun ist nachweislich ein Fehlgriff. Die gedachte Formel stand vielmehr erst ganz am Schlusse dieses Abschnitts[5]): Ulpian erörtert sie, wie aus fr. 6 de re iud. (42. 1) unzweifelhaft hervorgeht[6]), ex professo erst im 66ten Buch seines Kommentars. Die Untersuchungen in Ulp. 58 fr. 4

---

[1]) Fr. 4 pr. de re iud. (42. 1).
[2]) Dazu Eisele, a. a. O. S. 85, wo auch über c. 7 C. Th. de cognit. (2. 12).
[3]) Vgl. auch Eisele, a. a. O. S. 84 fg.

[4]) S. 88 unten. [5]) Vgl. § 226.
[6]) Man beachte namentlich die typische Schlussbemerkung über Perpetuität und Vererblichkeit der Klage in fr. 6 § 3 cit.

eod. gehören daher aller Wahrscheinlichkeit nach keiner allgemeinen
Ediktklausel, die den Urteilsanspruch überhaupt ordnete, zu, sondern standen in einem speziellen, erst durch die Kompilatoren verdeckten Zusammenhang, und dieser Zusammenhang ist folgender. Ulp. 58 handelte — vgl.
die fgg. §§ — von der Personalexekution, und zwar in erster Linie
von derjenigen wider den iudicatus. Nach dem Wortlaut des Edikts, der
uns zum Teil erhalten ist (s. unten), war diese zulässig wider den „condemnatus", der die Judikatssumme innerhalb des tempus legitimum nicht
bezahlt hatte. Wie aber, wenn der condemnatus selbst für das Judikat gar
nicht haftete, was ja bei Verurteilung eines cognitor, tutor, curator u. s. w.
in der Regel der Fall war? Offenbar konnte hier das Edikt über die
Personalexekution keine Anwendung finden, oder es musste in seiner Anwendung auf den dominus übertragen werden, und so erklärt es sich sehr
einfach, wie Ulpian dazu kam, schon in lib. 58, in der Einleitung zur Lehre
von der Personalexekution, von der Frage, gegen wen die actio
iudicati erteilt werde — nur von dieser Frage ist in fr. 4 pr.—§ 2 cit. die
Rede[1] —, handeln zu müssen.

Die Hauptbestimmungen des Exekutionsrechts der 12 Tafeln wider
den iudicatus sind bekanntlich die folgenden (s. Tab. III, fr. 1 sqq.):

> . . . . rebusque iure iudicatis triginta dies iusti sunto. post deinde
> manus iniectio esto. in ius ducito. Ni iudicatum facit aut quis
> endo eo in iure uindicit, secum ducito, uincito . . . . . .   Si uolet,
> suo uiuito. Ni suo uiuit, qui eum uinctum habebit, libras farris
> endo dies dato . . . .

Auf diesen Sätzen und ihren späteren gesetzlichen Modifikationen
beruhte für die iudicia legitima auch noch die gemilderte Personalexekution der klassischen Zeit. Für die iudicia quae imperio continentur traf
der Prätor Vorsorge[2]. Das tempus legitimum der 12 Tafeln wird von
ihm übernommen, Gai. III 78:

> . . . . . iudicatorum . . . . tempus, quod eis partim lege duodecim
> tabularum partim edicto praetoris ad expediendam pecuniam
> tribuitur[3].

Bei Nichtzahlung erfolgt in ius uocatio, eventuell gewaltsame Vorführung
des Schuldners, hierauf addictio desselben an den Kläger für den bestimmten Geldbetrag, und folgt der Schuldner nicht freiwillig, duci iubere[4].
Der Prätor trug auch Sorge für Unterhalt und Bettung des ductus, indem
er wahrscheinlich diesem in erster Linie gestattete, auf eigene Kosten zu

---

[1] Nicht zugleich auch von der Frage, wer
die actio iudicati habe.

[2] Diese Vermutung wird schon von
Huschke in der iurisprudentia anteiusti-
niana ad Gai. III 78 aufgestellt.

[3] Vgl. auch fr. 16 § 1 de compens. (16. 2),
fr. 3 pr. de usur. (22. 1).

[4] Cic. de orat. II 63 § 255: Quanti addictus? mille nummum. Cic. pro Flacco c. 20
i. f.: cum iudicatum non faceret, addictus . . . .
et . . . ductus est. L. Rubria c. 21: tantae
pecuniae . . . . duci iubeto. Seneca, de benef.
III 8 § 2, Quinctil. instit. V 10 § 60, VII 3
§ 26 sq., Plin. epist. III 19 § 7, Gai. III 199,
Gell. N. A. XX 1 § 51, Ulp. disp. fr. Argent.,
ZRG. XXXVII S. 416 fg.

leben, eventuell aber den Gläubiger bei Vermeiden einer Strafklage ver-
pflichtete, für uictus und stratus zu sorgen. Einer solchen Strafklage nämlich dürfte das utile iudicium nachgebildet gewesen sein, das Licinnius
Rufinus in fr. 34 de re iud. (42. 1) erwähnt:

> Si uictum uel stratum inferri quis iudicato non patiatur, utilis in
> eum poenalis actio danda est uel, ut quidam putant, iniuriarum
> cum eo agi poterit.

Von allen diesen Bestimmungen nun finden wir deutliche Spuren in
den eingangs dieses § angeführten Stellen.

Zunächst sehen wir bei Ulp. 58 fr. 4 § 3—6 de re iud. (42. 1) eine
Klausel des Edikts erörtert, die dem condemnatus aufgab, innerhalb des
tempus legitimum die Judikatssumme zu zahlen. Von dieser Klausel sind
uns die Worte

Condemnatus ut pecuniam soluat

in fr. 4 § 3 cit. direkt als ediktal überliefert[1]). Hievon sind die Worte ut
pecuniam soluat in fr. 4 § 3. 4[2]), das Wort condemnatus in fr. 4 § 6 kommentiert. Dazwischen aber finden wir in fr. 4 § 5 eine Erörterung über
die Berechnung des dem condemnatus geordneten tempus legitimum, so
dass sich von selbst der oben behauptete Inhalt der Klausel ergibt. Unmittelbar auf die Erläuterung derselben folgt nun in fr. 4 § 7 eod. eine
Definition des Worts soluisse, die, wie übrigens schon das Perfektum
zeigt, nicht auf das bereits in fr. 4 § 3. 4 erörterte ut soluat bezogen werden kann:

> Soluisse accipere debemus non tantum eum qui soluit, uerum
> omnem omnino, qui ea obligatione liberatus est, quae ex causa
> iudicati descendit[3]).

Halten wir hiemit zusammen, dass nach fr. 4 § 3 cit. Labeo in unserm Edikt
die Worte vermisste „neque eo nomine satisfaciat[4])", Worte, die nur in
einem Konditionalsatz gedacht werden können, so wird man nicht fehl
gehen, wenn man annimmt, dass hinter dem Gebot

Condemnatus ut pecuniam soluat (*intra XXX dies*)

unter Voranstellung eines

ni soluerit

die Folgen der Nichtbefolgung jenes Gebots geordnet waren. Und wenn
der Fortgang der Stelle, der diese Folgen enthielt, in die Kompilation
nicht aufgenommen worden ist, so ist dies ein deutlicher Hinweis darauf,
dass dieselben zu Justinians Zeit nicht mehr praktisch waren, d. h. dass
hier eben die Personalexekution geordnet war. Immerhin können wir aus

---

[1]) Die Echtheit der Fassung wird von
Bethmann-Hollweg, C. P. II S. 633
n. 20, aus sehr ungenügendem Grunde an-
gezweifelt.

[2]) Hieher ferner: Paul. 56 fr. 54 de solut.
(46. 3), vgl. Gai. III 173. 174.

[3]) Hieher Ulp. 58 fr. 17 de don. (39. 5),
Gai. 22 fr. 50 de proc. (3. 3), Gai. ad ed. pr.
urb. h. t. fr. 7 h. t.

[4]) . . . ait Labeo debuisse hoc quoque
adici „neque eo nomine satisfaciat".

einigen weitern Fragmenten sehr gut erkennen, wovon hier die Rede war[1]). Es kam zuvörderst zur in ius uocatio des condemnatus, der sich dieser, wie jeder andere, nur durch Stellung eines uindex entziehen konnte: hieher gehört Ulp. 58 fr. 4 in ius uocati (2. 6). In iure schloss sich daran addictio und duci iubere, und hier begegnet uns bei Ulp. 58 fr. 43, 45 de V. S. und Gai. 22 fr. 44 eod. die Erläuterung der auf den Unterhalt des ductus bezüglichen Wörter uictus und stratus, bei Gai. 22 fr. 4 de lege Fabia (48. 15) eine Bemerkung über die Straffolgen der Veräusserung freier Menschen — es ist ohne Zweifel der iudicatus gemeint —, und endlich bei Iulian. 45 fr. 61 de re iud. (42. 1) der in seiner jetzigen Gestalt rätselhafte, in seiner ursprünglichen aber aller Wahrscheinlichkeit nach auf die addictio bezügliche Satz:

> In iudicati actione non prius ratio haberi debet eius, cui prior reus condemnatus fuerit.

Der Gesamtinhalt des Edikts kann hienach gewiss nicht zweifelhaft sein.

In der 1. Aufl. (§ 200) nahm ich an, der Prätor habe in einer besondern Klausel das Urteil in der extraordinaria cognitio, das nicht als eigentliches Judikat gegolten habe, dem Judikate gleichgestellt. Mit Recht hat sich Eisele[2]) dagegen erklärt. Es ist sehr unwahrscheinlich, dass der Prätor sich gelegentlich der ductio mit der extraordinaria cognitio befasst haben soll, da doch die mit Cognitionen betrauten Magistrate selber in der Lage waren, die ductio anzuordnen, und an Beweisen dafür fehlt es gänzlich[3]).

Tit. XXXVI[a]

§ 199. 200. DE CONFESSIS[4]) *ET INDEFENSIS.*

Ulp. 58[5]), Paul. 56[6]), Iulian. 45[7]).

Dem iudicatus ist in Bezug auf die Zulässigkeit der Personalexekution in den zwölf Tafeln der certae pecuniae confessus gleichgestellt, tab. III fr. 1:

> Aeris confessi rebusque iure iudicatis u. s. w.

Dass derselbe Grundsatz auch in klassischer Zeit galt, ist bekannt[8]), und

---

[1]) War Exekution gegen den Ehegatten zulässig? Ulp. disp. fr. Argent. l. c.: sed uerius est nec post condemnationem maritum facile duci. Hieher vielleicht auch Gai. ad ed. pr. urb. h. t. fr. 2 de act. rer. amot. (25. 2).

[2]) Abh. z. röm. C. P. (1889) S. 182 fgg.

[3]) Die in der 1. Aufl. dafür angezogenen Stellen gehören in andern Zusammenhang, s. unten S. 399.

[4]) Rubr. D. (42. 2), C. (7. 59).

[5]) Fr. 2 de confessis (42. 2), fr. 3 de cess. bon. (42. 3).

[6]) Fr. 1 de confessis (42. 2), fr. 5 de cess. bon. (42. 3), fr. 142 de R. I. (50. 17).

[7]) Fr. 35 de cond. indeb. (12. 6).

[8]) L. Rubr. c. XXI, c. 4 de repud. hered. (6. 31) v. „certam quantitatem confitentem". Die Äusserung des Paulus in fr. 1 h. t. „confessus pro iudicato est" wird hienach einschränkend zu interpretieren sein. Dagegen ist in fr. 6 pr. § 1 h. t. „certum confessus p. i. e." certum wohl auch auf certa res zu beziehen: es handelt sich hier um das Recht der extraordinaria cognitio. Vgl. Giffard, NRH. XXIX p. 462 ss. Vgl. noch Paul. sent. V 5ᵃ § 2, 26 § 2.

dass er im Edikt an dieser Stelle ausgesprochen war, dürfen wir daraus schliessen, dass die Kommentare sich eben hier mit ihm und mit der confessio überhaupt beschäftigen: Paul. 56 fr. 1 de confess. (42. 2), fr. 142 de R. I. (50. 17), Ulp. 58 fr. 2 de confess. (42. 2).

Ductio fand weiterhin zweifellos auch gegen denjenigen statt, der sich auf erhobene actio certae creditae pecuniae nicht gehörig defendierte[1]). Im übrigen aber wird Gleichstellung des indefensus mit dem iudicatus nicht behauptet werden dürfen: ihm blieb das Recht, durch nachträgliche Übernahme der Defension in jedem Augenblick der Personalhaft ein Ende zu machen[2]).

Nicht unzweifelhaft ist die Frage, ob Personalhaft auch gegen den certae rei und incerti confessus und gegen denjenigen zulässig war, der gegen actio certae rei oder incerti indefensus blieb. L. Rubr. c. XXII i. f. (v. eosque duci . . . iubeto) scheint zur Bejahung der Frage zu nötigen. Allein die sicher überlieferten Fälle von Personalhaft[3]) setzen eine genau bestimmte Geldschuld voraus, und es fällt schwer zu glauben, dass die Römer eine Personalhaft zugelassen hätten, die nicht glattweg durch Zahlung einer festen Geldsumme erledigt werden konnte. Die Vermutung ist wohl nicht zu kühn, dass es zum duci iubere hier nur unter besondern Voraussetzungen kam, die es ermöglichten, die Schuld auf einen bestimmten Geldbetrag zu fixieren[4]).

Alle Personalhaft war ausgeschlossen im Fall der cessio bonorum, und so erklärt es sich, dass die Kommentare und vielleicht auch das Edikt in diesem Zusammenhang die cessio bonorum berühren, Ulp. 58 fr. 3, Paul. 56 fr. 5 de cess. bon. (42. 3)[5]).

Tit. XXXVII.

§ 201.   QUI NEQUE SEQUANTUR NEQUE DUCANTUR.

Gai. ad ed. pr. urb. tit.   Qui neque sequantur neque ducantur[6]).

Die Authentizität obigen Titels ist, Abschreiberversehen vorbehalten, durch die Inskription der in n. 6 angeführten Stelle sicher gestellt. Die Anknüpfung an die Personalexekution ergibt sich schon aus seinem Wortlaut, die Stellung im Ediktsystem daraus, dass wir die Stelle im Titel de

---

[1]) L. Rubr. c. XXI, dazu die lichtvolle Darstellung von Demelius, Confessio (1880) S. 111 fgg. 129 fgg.

[2]) Anders die 1. Aufl. S. 329 fg. Ich stützte meine damalige Meinung auf das nicht begründete arg. e contr. aus Ulp. 58 fr. 3 de cessione bonorum (42. 3) und Paul. 56 fr. 5 eod.; vgl. dagegen Naber, Mnemos. N. S. XXV S. 300.

[3]) Cic. de orat. II, 63: quanti addictus? mille nummum. L. Rubr. c. XXI.

[4]) So Demelius, a. a. O. S. 152 n. 2.

[5]) Auch Iulian. 45 fr. 35 de cond. indeb. (12. 6) kann in den gleichen Zusammenhang gehören. Die Stelle handelt, wie fr. 3 und 5 cit., von nachträglicher Übernahme der defensio.

[6]) Fr. 48 de V. S. (50. 16).

V. S. zwischen Stellen aus Ulp. 59 und Paul. 56 finden, mit welchen Büchern der Titel aus dem Werk des Gaius gewiss auch in der Ediktreihe kombiniert war. Die Meinung des Cujaz[1]), der unsern Titel zu der in ius uocatio in Beziehung setzen will, ist daher gewiss unhaltbar; gegen sie spricht auch der Umstand, dass die zehn Bücher des Gaianischen Kommentars zum Urbanedikt, die von den Kompilatoren benutzt worden sind, allem Anschein nach ein zusammenhängendes Stück bildeten[2]), — wie sollte in dies Stück, das mit dem Titel de testamentis beginnt, eine Stelle aus dem viel früheren Abschnitt de in ius uocando kommen?

Ist die Anknüpfung des Titels an die Personalexekution gewiss, so halte ich es dagegen für unmöglich, mit einiger Sicherheit zu ermitteln, was unter ihm verordnet gewesen sein mag. Cujaz verstand die Worte „qui neque sequantur neque ducantur" im Sinne von „quos neque sequi neque duci oporteat"; dem entsprechend suchten Rudorff, sowie ich selbst in der 1. Aufl. hier die Befreiungen von der Personalexekution. Eine solche Befreiung ist sicher bezeugt für diejenigen, qui ex lege Iulia bonis cesserint[3]), und so stellte ich Ulp. 59 fr. 4 de cess. bon. (42. 3), wo anscheinend ex professo von der cessio bonorum gehandelt wird, unter unsern Titel. Da ferner Ulpian im gleichen Buche den Begriff der materfamilias definiert — fr. 46 § 1 de V. S. — und es an sich wahrscheinlich ist, dass anständige Frauen von der Personalexekution ausgenommen waren[4]), so wurde auch diese zweite Ausnahme vermutungsweise unter unsern Titel gebracht. Der Stelle aus Gaius selbst, deren Inskription wir unsere Kenntnis der Rubrik verdanken, suchte ich eine sehr problematische Beziehung zur cessio bonorum zu geben[5]).

Es ist mir heute recht zweifelhaft, ob diese Deutung dem Inhalt unseres Titels entspricht. „Qui neque sequantur neque ducantur" ist, scheint mir, nicht gleichbedeutend mit „Quos neque sequi neque duci oporteat". Die Rubrik bezeichnet wahrscheinlich nicht diejenigen, für die keine Folgepflicht besteht und die der ductio nicht unterworfen sind, sondern lediglich diejenigen, die nach erfolgter addictio sich weder freiwillig der Haft ergeben noch auch zwangsweise festgenommen werden, also trotz der addictio frei von der Haft bleiben. Daneben mochte auch noch von denen die Rede sein, die der Gläubiger nachträglich der Haft entlassen hatte. Gaius könnte gerade von diesen in der Stelle gehandelt haben, deren Inskription unsere Rubrik überliefert, fr. 48 de V. S.:

Solutum non intellegimus eum, qui licet uinculis leuatus sit, mani-

---

[1]) ed. Neap. VII p. 116, VIII p. 528 sq.

[2]) Es umfasste unsere Titel XXVI—XXXVII; in den Inskriptionen fehlen nur die tit. XXXIV. XXXV. XXXVIa, — es muss dahingestellt bleiben, ob durch Zufall, weil die Kompilatoren ihren Bedarf hier aus andern Werken deckten, oder deshalb, weil Gaius in seinem Kommentar zum Urban-edikt vielleicht diese Tit. nicht erörtert hatte.

[3]) C. 1 qui bon. ced. poss. (7. 71).

[4]) Arg. Vat. Max. II, 1, 5: . . . in ius uocanti matronam corpus eius adtingere (antiqui) non permiserunt. Vgl. auch Constantin. c. 1 de off. diuers. iud. (1. 48), Nov. 134 c. 9.

[5]) S. jetzt dazu Wlassak, bei Pauly-Wissowa s. v. cessio bonorum II i. f.

bus tamen tenetur: ac ne eum quidem intellegimus solutum, qui
in publico sine uinculis seruatur.

Die rechtliche Lage dieser Personen musste zu mancherlei Fragen führen.
Behielt die addictio, einmal erfolgt, bis zum Tode des addictus ihre Kraft?
musste, wenn auf das duci iubere nicht alsbald die ductio folgte, später
eine neue Ermächtigung nachgesucht werden? durfte der Gläubiger den
freiwillig Entlassenen wieder von neuem in Verhaft nehmen? war gegen
den addictus, solange die ductio schwebte, zugleich Vermögensexekution
zulässig oder nicht? Diese und ähnliche Fragen könnten unter unserer
Rubrik behandelt worden sein. Ich gebe dies als blosse Hypothese, —
zu sichern Resultaten lässt sich, wie schon bemerkt, hier nicht gelangen.

Tit. XXXVIII.

QUIBUS EX CAUSIS IN POSSESSIONEM EATUR.

Ulp. 59—61, Paul. 57. 58, Gai. 23, Iulian. 46. 47.

Einleitung zu diesem Abschnitt gibt Ulp. 59 fr. 49 de V. S. (50. 16) —
Begriff der bona — und fr. 4 ad l. Iul. de ui publ. (48. 6) — Verbot eigen-
mächtiger Okkupation.

Beziehung zu vielen Klauseln des Abschnitts hat Prob. V, 24: B. E. E.
P. P. V. Q. I.[1]) = bona ex *edicto*[2]) possideri proscribi uenirique iubebo.

Zu einigen der in diesen Titel von mir aufgenommenen Klauseln fehlen
in den erhaltenen Kommentarfragmenten die Belege. Es wird dies nicht
Wunder nehmen, wenn man das durchaus veränderte Exekutionsrecht der
Justinianischen Zeit bedenkt.

Nicht unzweifelhaft ist mir der Fall der von Keller[3]) hieher gerechneten freiwilligen Insolvenzerklärung: si quis sponsoribus creditoribusue
suis renuntiauerit se solidum soluere non posse[4]). Wenn diese renuntiatio
Infamie nach sich zog[5]), so folgt daraus noch nicht, dass sie einen selbständigen Grund zur bonorum uenditio bot. Man sieht nicht, welche Rolle
sie neben den übrigen, in den folgenden §§ behandelten Gründen dieser
gespielt haben könnte.

---

[1]) Der C. Ambros. des Probus hat am
Schlusse statt I. die Abkürzung P. P. Hienach vermutet Huschke (Gaius, S. 46)
und mit ihm Rudorff (E. P. § 199 n. 8) ein
P. P. I. = pro portione iubebo. Die obige
Mommsen-Krüger'sche Lesart entspricht
dem C. Rom. Chigianus und dem Einsidl.,
in welch letzterm sich die Noten „P. P. =
possideri proscribi" und „V. Q. I. = ueni-

rique iubebo" getrennt finden. Vgl. auch
l. Rubria c. 22 g. E. Sachlich ist gegen das
ueniri pro portione iubebo indes nichts einzuwenden. Vgl. Gai. II 155.

[2]) Vgl. Cic. pro Quinctio c. 28 § 86, Venulei.
fr. 4 § 3 de hom. lib. exhib. (43. 29).

[3]) C. P. § 84 I A. n. 1040.

[4]) Tab. Heracl. lin. 114.

[5]) Vgl. oben S. 78.

§ 202.   *QUI IUDICATUS PROUE IUDICATO ERIT*[1]) *QUIUE ITA UT*
         OPORTET DEFENSUS NON ERIT.

Ulp. 59?[2]), Iulian. 46?[3]).

Gai. III 78:

> Bona autem ueneunt .... iudicatorum[4]) post tempus quod eis
> ad expediendam pecuniam tribuitur.

Dem iudicatus gleich — pro iudicato — galt auch hier der certae pecuniae
confessus[5]). Dagegen konnte eine confessio in iure, die nicht auf certa
pecunia ging, dem Judikat nicht gleichgelten. Hier bestanden noch Defen-
sionspflichten, auf deren Detail einzugehen zu weit führen würde. Erfüllte
der confessus sie nicht, so trat freilich auch hier als Zwangsmittel missio
in bona ein[6]), jedoch gewiss mit dem Recht, nachträglich, solange die
bona noch nicht verkauft waren, noch die defensio zu übernehmen[7]). Das
Gleiche galt von jedem Beklagten, der sich auf eine erhobene actio in personam (certi oder incerti), obwohl in iure gegenwärtig, nicht gehörig defendierte[8]). Wahrscheinlich hat eine hierauf bezügliche Klausel an dieser
Stelle des Edikts gestanden; jedenfalls haben die unten folgenden Klauseln
„Qui fraudationis causa latitabit“ und „Qui absens iudicio defensus non
fuerit“ mit diesen Fällen nichts zu tun; sie setzen Abwesenheit des
Beklagten in iure voraus.

Möglich ist, dass der Prätor neben dem Judikat des Volksprozesses
hier auch das in der extraordinaria cognitio ergangene in Betracht gezogen
hat. Ein Beweis dafür liegt freilich nicht in fr. 7 § 13 de pact. (2. 14) und
dem zugehörigen Scholion des Stephanus (Heimb. Basil. I p. 572 n. 30): die
hier erwähnte actio „proiudicati“ ist sehr wahrscheinlich byzantinischen
Ursprungs[9]); wäre sie es aber auch nicht[10]), so besteht jedenfalls keinerlei
Grund, sie in das prätorische Album zu setzen. Indes, wie bei uns, so
wird es auch in Rom unumgänglich gewesen sein, die Eröffnung des Konkursverfahrens einer einzigen Behörde zu übertragen; die Durchkreuzung
einer eingeleiteten uenditio bonorum durch eine zweite oder durch eine

---

[1]) Diese Klausel ist aus den Kommentaren
nicht sicher zu belegen. Die in der 1. Aufl.
hier angezogenen Stellen aus Paul. 57 — fr. 35
de usur. (22. 1), fr. 18 de nou. (46. 2) — gehören zu der in § 206 behandelten Klausel.

[2]) Fr. 5 de re iud. (42. 1), fr. 46 pr. de V. S.
(50. 16).

[3]) Fr. 75 de iudic. (5. 1). Die Stelle ist
wahrscheinlich falsch Iul. 36 inskribiert.

[4]) Scaeu. fr. 51 de pecul. (15. 1), Antonin.
c. 4 (3) qui pot. (8. 17).

[5]) Vgl. die oben S. 394 n. 8 angef. Stellen.

[6]) L. Rubr. c. XXII. Die Darstellung bei
Demelius, Confessio S. 146 fgg. 154 fgg.,
soviel sie zur Aufklärung beigetragen hat,
leidet darunter, dass das stark korrumpierte

und überdies auf die extraordinaria cognitio
bezügliche fr. 6 de conf. (42. 2) als authen-
tischer Bericht über das Formularverfahren
verwertet wird. Vgl. Pernice, ZRG. XXVII
S. 162 fgg., meine Paling. Ulp. nr. 2277,
Giffard, NRH. XXIX p. 449 ss.

[7]) Der Beweiswert des abgelegten Ge-
ständnisses blieb dabei natürlich bestehen.

[8]) L. Rubr. c. XXII. Vgl. wegen der Möglichkeit nachträglicher Defension: fr. 33 § 1
de reb. auct. (42. 5).

[9]) Eisele, Abh. z. röm. C. P. S. 182 fgg.

[10]) Die Hypothese Heskys, bullett. XVI
p. 124 sq., dass hinter dem proiudicati die
alte manus iniectio pro iudicato stecke,
scheint mir allzu kühn.

distractio bonorum hätte zu unerträglichen Missständen geführt. Daher kann es dem Prätor obgelegen haben, zu bestimmen, welche Urteile er als geeignete Grundlage zur Einleitung der Vermögensexekution ansehe, und vielleicht gehören in diesen Zusammenhang die beiden eingangs von mir angeführten Stellen aus Ulp. 59, die in enger Beziehung zu einander zu stehen scheinen[1]). Vgl. besonders fr. 5 pr. de re iud. (42. 1) und fr. 46 pr. de V. S. (50. 16):

> Ait praetor: Cuius de ea re iurisdictio est. melius scripsisset „cuius de ea re notio est": etenim notionis nomen etiam ad eos pertineret, qui iurisdictionem non habent, sed habent de quauis alia causa notionem. (Fr. 46 pr. cit.) Pronuntiatum et statutum idem potest: promiscue enim et pronuntiasse et statuisse solemus dicere eos, qui ius habent cognoscendi.

Von Urteilen in der extraordinaria cognitio handeln sie gewiss[2]).

§ 203 (206).   QUI EX LEGE IULIA BONIS CESSERIT[3].)

Ulp. 59[4]).

Gai. III 78:

> Bona autem ueneunt . . . . . . eorum, qui ex lege Iulia *b*onis cedunt.

Vgl. c. 11 de caus. ex quib. (2. 11 [12]).

§ 204 (203).   QUOD CUM PUPILLO CONTRACTUM ERIT, SI EO NOMINE NON DEFENDETUR.

Ulp. 59[5]), Iulian. 46[6])?

Aus Ulp. 59 ersehen wir, dass das Edikt in einer besondern Klausel den in der Rubrik angegebenen Fall vorsah. Der Anfang dieser Klausel lautete etwa folgendermassen:

> Quod cum pupillo contractum erit[7]), si eo nomine non defende-tur[8]), eius rei seruandae causa bona eius possideri iubebo.

Der Fortgang ist in fr. 5 § 2 h. t. wörtlich überliefert:

> Si is pupillus in suam tutelam uenerit eaue pupilla uiripotens fuerit et recte defendetur[9]): eos qui bona possident, de possessione de-cedere iubebo[10]).

---

[1]) Auch Iulian. 46 l. c. kann hieher bezogen werden. Vgl. auch c. 3 de proc. (2, 12).

[2]) Über die sprachgebräuchliche Bezeichnung des Urteils in der extraord. cogn. vgl. z. B. edict. Claudii de ciuit. Anaun. (CIL. 5, 538 n. 5050) lin. 19. 20; pronuntiatio Agrippae (CIL. 10, 2, 812 n. 7852). Ferner: fr. 40 pr. de minor. (4. 4), fr. 75 de iudic. (5. 1), fr. 26 § 7, 28 § 4 de fid. lib. (40. 5); c. 3, 7, 10, 11 quomodo et quando (7. 43), c. 4 de sent. quae sine certa (7. 46). Wlassak, bei Pauly-Wissowa, s. v. cognitio, bezieht die im Text zit. Stellen auf iudices pedanei.

[3]) Die Klausel könnte auch (wie bei Gai. III 78) vor der des § 202 gestanden haben.

[4]) Fr. 4 de cess. bon. (42. 3). Ob auch

die Definition der „mater familias" in fr. 46 § 1 de V. S. (50. 16) irgend einen unerklärten Bezug zur cessio bonorum oder welchen sonstigen hat?

[5]) Fr. 3, 5, 7 pr. h. t., fr. 10 de adm. et peric. (26. 7), letztere Stelle falsch Ulp. 49 inskribiert.

[6]) cit. fr. 1 § 14 quando appell. (49. 4), falsch Iulian. 40 inskribiert?

[7]) Ulp. 59 fr. 3 h. t.

[8]) Ulp. 59 fr. 5 pr. § 1 h. t. Vgl. Paul. sent. V 5[b] § 1 = fr. 39 pr. de reb. auct. iud. (42. 5).

[9]) Ulp. 59 fr. 5 § 3 h. t., fr. 10 de adm. et per. (26. 7).

[10]) Ulp. 59 fr. 5 § 3, fr. 7 pr. cit. Fr. 5 § 3

§ 205 (204).   QUI FRAUDATIONIS CAUSA LATITABIT.

Ulp. 59[1]).

Ulp. 59 fr. 7 § 1 h. t.:

> Praetor ait: QUI FRAUDATIONIS CAUSA LATITABIT[2]), SI BONI UIRI ARBITRATU NON DEFENDETUR[3]), EIUS BONA POSSIDERI UENDIQUE IUBEBO[4]).

Statt possideri uendique hiess es bei Ulpian ohne Zweifel: ex edicto possideri proscribi uenirique.

Vgl. Gai. III 78. Cic. pro Quinctio c. 19 § 60 (edictum QUI FRAUDATIONIS CAUSA LATITABIT).   Prob. Einsidl. 66: F. C. L. = FRAUDATIONIS CAUSA LATITAT.

§ 206 (205).   QUI ABSENS IUDICIO DEFENSUS NON FUERIT.

Ulp. 60[5]), Paul. 57[6]).

Cic. pro Quinctio c. 19 § 60:

> tracta edictum·   QUI ABSENS IUDICIO DEFENSUS NON FUERIT[7]).

Vgl. Gai. III 78:

> Bona . . . . ueneunt   eorum, qui fraudationis causa latitant n e c absentes defenduntur[8]).

S. noch Ulp. 59 fr. 7 § 17 i. f. h. t., Ulp. 71 fr. 3 § 14 de hom. lib. exhib. (43. 29), Seuer. et Antonin. c. 3 de procur. (2. 12 [13]).

An das „Qui absens iudicio defensus non fuerit" schloss sich gewiss das gewöhnliche „*eius bona possideri iubebo*". Den weitern Fortgang des Edikts aber bringt Paul. 57 fr. 6 § 1 h. t.:

> Cum dicitur: ET EIUS, CUIUS BONA POSSESSA SUNT A CREDITORIBUS, UENEANT, PRAETERQUAM PUPILLI[9]) ET EIUS, QUI REI PUBLICAE CAUSA SINE DOLO MALO AFUIT[10]).

---

cit.: interdicto reddito. Vgl. fr. 1 § 2 si uentris (25. 5).

[1]) Fr. 7 § 1—ult. h. t., fr. 63 de iud. (5. 1), fr. 63 cit. falsch Ulp. 49 inskribiert.

[2]) Ulp. 59 fr. 7 § 2—ult. h. t. Cf. Ulp. fr. 36 de reb. auct. (42. 5).

[3]) Ulp. 59 fr. 63 de iud. (5. 1). Cf. auch Ulp. 12 fr. 21 § 3 ex quib. caus. maior. (4. 6).

[4]) Venulei. fr. 4 § 3 de hom. lib. exhib. (43. 29), Ulp. 12 fr. 23 § 4 ex quib. caus. maior. (4. 6), Diocl. et Max. c. 9 de bon. auct. iud. (7. 72).

[5]) Fr. 51, 53 de procur. (3. 3), fr. 19 de iudic. (5. 1), fr. 5 de reb. auct. iud. (42. 5).

[6]) Fr. 52, 77 de procur. (3. 3), fr. 6 h. t., fr. 35 de usur. (22. 1), fr. 18 de nouat. (46. 2) cf. Paul. nr. 696, fr. 5 de fid. lib. (40. 5).

[7]) Diese Worte finden sich zwar in keiner erhaltenen Handschrift. Hotomanus und Lambinus wollen sie aber handschriftlih gelesen haben, und dem Sinne nach sind sie

unentbehrlich. Vgl. Keller, semestr. p. 61 sqq., Karlowa, Beiträge (1865) S. 115 fgg., Costa, le oraz. di dir. priv. di M. Tull. Cic. (1899) p. 13. Manche, neuerdings wieder Kübler, ZRG. XXVII S. 63 fgg., wollen die Worte „si absens iudicio *etc.*" der Klausel „Qui fraudationis causa latitabit" anhängen. Allein die Kommentare beweisen die Selbständigkeit unserer Klausel.

[8]) Zur Interpretation dieser Stelle vgl. Karlowa, a. a. O. S. 133 fg.

[9]) Vgl. § 204 und gegensätzlich Ulp. 60 fr. 5 de reb. auct. iud. (42. 5): si minor . . . . . . a curatoribus non defendatur . . . . . ., bonorum uenditionem patitur.

[10]) Prob. Einsidl. 68 R. P. C. S. D. M. = rei publicae causa se do*lo* malo. Paul. 57 fr. 6 § 2 h. t. Paul. sent. 5 fr. 39 § 1 de reb. auct. iud. (42. 5), Ulp. 10 fr. 1 de N. G. (3. 5), Papinian fr. 13 h. t., Marcian. fr. 35 de reb. auct. (42. 5). Über fr. 21 § 2 ex quib. caus. mai. (4. 6) vgl. Karlowa, a. a. O. S. 129 fgg.

Vgl. Gordian. c. 4 de restit. mil. (2. 50 [51]). Die Ausnahme ist dieselbe, wie in der tab. Heracl. lin. 116 sq.:

> praeterquam sei quoius quom pupillus esset reiue publicae caussa abesset neque dolo malo fecit fecerit, quo magis rei publicae caussa abesset.

Die im obigen nicht bereits untergebrachten Stellen der Kommentare beschäftigen sich sämtlich mit dem Begriff defendere, indem sie teils den Ort bestimmen, wo die Defension zu übernehmen[1]), teils die Art und Weise des defendere überhaupt[2]).

§ 207. CUI HERES NON EXTABIT.

Ulp. 60[3]), Iulian. 46[4]).

Gai. III 78:

> mortuorum bona *u*eneunt . . . . . eorum, quibus certum est[5]) neque heredes neque bonorum possessores neque ullum alium iustum successorem existere.

Cic. pro Quinctio c. 19 § 60:

> tracta edictum . . . . . CUI HERES[6]) NON EXTABIT.

Callistr. fr. 1 § 1 de iure fisci (49. 14):

> . . . . . edictum perpetuum scriptum est, quod ita bona ueneunt, si ex his fisco adquiri nihil possit[7]).

Im Anschluss an die Klausel Cui heres non extabit erörtern die Juristen das Reskript M. Aurels über die addictio bonorum libertatium seruandarum causa, dessen Wortlaut in § 1 I. de eo cui lib. (3. 11) erhalten ist, und verwandte Materien[8]).

§ 208. DE IURE DELIBERANDI[9]).

Ulp. 60[10]), Paul. 57[11]), Gai. 23[12]).

Dies Edikt, wie auch das nächstfolgende, ist ein blosser Anhang zur Klausel Cui heres non extabit: es gibt das Mittel an die Hand, wodurch im Interesse der Gläubiger der Ungewissheit, ob ein Erbe da sein wird, ein Ende gemacht werden kann.

---

[1]) Ulp. 60 fr. 19 de iudic. (5. 1).

[2]) Ulp. 60 fr. 51, 53 de proc. (3. 3), Paul. 57 fr. 52, 77 eod.

[3]) Fr. 2, 4 de fid. lib. (40. 5).

[4]) Fr. 6 de separ. (42. 6) dürfte falsch inskribiert sein, — statt Iulian. 47 —; cit. fr. 11 § 5 de minor. (4. 4).

[5]) Über den Fall „si diu incertum sit heres extaturus nec ne sit" vgl. § 208 a. E.

[6]) Das Edikt hat (zum Teil jedenfalls erst in nachciceronischer Zeit) Zusätze wegen der nicht-zivilen Universalsukzessoren erhalten. Wegen des Fiskus siehe Callistratus im Text.

[7]) Vgl. Diocl. et Max. c. 5 de bon. auct. iud. (7. 72).

[8]) Ulp. 60 fr. 2, 4 de fid. lib. (40. 5), Paul. 57 fr. 5 eod.; vgl. § 2 I. de eo cui lib. (3. 11).

[9]) D. (28. 8), C. (6. 30).

[10]) Fr. 1, 3, 5 h. t. — fr. 5 falsch Ulp. 70 inskribiert —, fr. 69 de a. u. o. h. (29. 2), fr. 8 quib. ex caus. (42. 4).

[11]) Fr. 2 h. t., fr. 58 [57] de hered. instit. (28. 5), fr. 56, 70 de a. u. o. h. (29. 2) — fr. 56 falsch Ulp. 57 inskribiert —, fr. 9 quib. ex caus. (42. 4), fr. 1 de cur. bon. (42. 7), fr. 4 de reb. auct. iud. (42. 5).

[12]) Fr. 6 h. t.

Den Inhalt des Edikts referiert Gai. II 167 wie folgt:

> solet praetor postulantibus hereditar*i*is creditoribus tempus con-
> stituere, intra quod, si uel*i*t, ade*a*t hereditatem, si minus, ut liceat
> creditoribus *b*ona defuncti uendere.

Dieser Bericht gibt indes von dem Verfahren kein genaues Bild. Nach
unsern spezielleren Quellen war das Mittel, den Erben zur Erklärung zu
nötigen, die interrogatio in iure an heres sit[1]. Wollte der Erbe sich nicht
sofort erklären, so stand es ihm frei, sich eine Deliberationsfrist zu erbitten,
die der Prätor zu gewähren versprach.

Diocl. et Max. c. 9 h. t.:

> rector . . . . . aditus prouinciae, si hereditati necdum sunt obligati,
> eos an heredes sint interrogare debebit[2] ac, si tempus ad deliberan-
> dum petierint, moderatum statuet.

Ulp. 60 fr. 1 § 1 h. t.:

> Ait praetor: SI TEMPUS AD DELIBERANDUM PETET, DABO[3]).

Verhielt sich der Befragte der interrogatio gegenüber ganz passiv oder
trat er die Erbschaft innerhalb der Deliberationsfrist nicht an, so wurden
nunmehr zunächst die an zweiter, dritter u. s. w. Stelle Berufenen befragt,
jenem ersten aber die actiones hereditariae denegiert:

Marcell. fr. 10 h. t.:

> Si plures gradus sint heredum institutorum, per singulos obseruatu-
> rum se ait praetor, id quod *de* praefiniendo tempore deliberationis
> edicit[4]).

Ulp. 60 fr. 69 i. f. de a. u. o. h. (29. 2):

> intra quem diem nisi aut adeat aut pro herede gerat, dene-
> gamus ei actiones.

Blieb die Befragung durchweg resultatlos, insofern keiner se heredem esse
respondierte noch auch sonst die Erbschaft antrat, so kam es jetzt endlich
zur bonorum uenditio.

Für den Fall, dass sich die Entscheidung lange hinzog, scheint der
Prätor besondere Vorsorge getroffen zu haben, Ulp. 60 fr. 8 quib. ex
caus. (42. 4):

> Si diu incertum sit, heres extaturus nec ne sit, causa cognita per-
> mitti oportebit bona rei seruandae causa possidere, et, si ita res
> urgueat uel condicio bonorum, etiam hoc erit concedendum, ut
> curator constituatur.

Dass wir es nämlich hier, trotz der nicht darauf deutenden Ausdrucksweise

---

[1] Vgl. Dedekind, das Deliberationsrecht des Erben (1870) S. 11 fgg.

[2] Vgl. Paul. 57 fr. 4 i. f. de reb. auct. iud.
(42. 5), fr. 70 § 2 de a. u. o. h. (29. 2). Über
fr. 1 pr. de cur. bon. (42. 7) und fr. 70 § 1 de
a. u. o. h. (29. 2) vgl. Demelius, Confessio
S. 259 n. 2.

[3] Hiezu Ulp. 60 fr. 1 § 2, fr. 3, 5 h. t., Paul. 57

fr. 2 h. t., Pompon. fr. 23 § 1 de her. instit. (28. 5):
edictum . . . ., quo praefinit tempus, intra quod
adeatur hereditas. Vgl. ferner fr. 5, 6 pr. de
interrog. i. i. fac. (11. 1).

[4] Hieher Ulp. 60 fr. 69 de a. u. o. h. (29. 2),
Paul. 57 fr. 70 eod., fr. 58 [57] de hered. instit. (28. 5).

der Stelle, mit einem Edikt[1]) zu tun haben, ergibt Pompon. fr. 23 § 4 de hered. instit. (28. 5):

Et ideo ait causae cognitionem adiectam propter eos, qui sine dilatione peregre essent uel aegritudine uel ualetudine ita impedirentur, ut in ius produci non possint, nec tamen defenderentur.

§ 209. 210. *SI SUUS HERES ERIT.*

Ulp. 60. 61, Paul. 58, Gai. 23, Iulian. 47.

Die Klausel Cui heres non extabit konnte an sich da, wo der Verstorbene einen suus heres hinterliess, keine Anwendung finden. Durch Einführung des beneficium abstinendi wurde sie und zugleich auch das Edikt de iure deliberandi auf diesen Fall ausgedehnt.

Gai. II 158[2]):

(suis et necessariis heredibus) praetor permittit abstinere se ab heredi*tate,* ut potius parentis[3]) bona ueneant[4]).

Vgl. Gai. 23 fr. 57 de a. u. o. h. (29. 2).

Der Prätor unterschied hier zwei Fälle.

1. *SI PUPILLUS HERES ERIT.*

Ulp. 60[5]), Paul. 58[6]), Gai. 23[7]), Iulian. 47[8]).

Gai. 23 fr. 57 pr. de a. u. o. h. (29. 2):

. . . . impuberibus quidem, etiamsi se immiscuerint hereditati, (proconsul) praestat abstinendi facultatem[9]) .

Hieran schloss sich eine weitere Klausel, wodurch die Gläubiger gegen die Gefahr geschützt werden, dass der unmündige Erbe Verfügungen über die Erbschaft vornehme, die seinem Entschlagungsrecht (s. oben) nicht präjudizieren, die Gläubiger aber um ihr Befriedigungsobjekt bringen, Ulp. 60[10]) fr. 7 pr. h. t.:

Ait praetor: Si PUPILLI PUPILLAE NOMINE POSTULABITUR TEMPUS AD DE-LIBERANDUM[11]), AN EXPEDIAT EUM HEREDITATEM RETINERE, [ET HOC DATUM

---

[1]) Kommentar dazu enthält, ausser Ulp. l. c., noch Paul. 57 fr. 9 quib. ex caus. (42. 4), fr. 70 § 1 de a. u. o. h. (29. 2), fr. 1 de cur. bon. (42. 7), Pompon. fr. 23 § 2—4 de hered. instit. (28. 5). Vgl. ferner fr. 2 de fer. (2. 12).

[2]) Vgl. c. un. C. Gregor. arbitr. tut. (6. 18) = c. 4 C. Iust. eod. (5. 51).

[3]) Gai. 23 fr. 51 de V. S. (50. 16)?

[4]) Das Edikt war wohl fiktizisch gefasst: perinde ac si is heres non esset. Vgl. fr. 99 de a. u. o. h. (29. 2), wo notwendig eine fiktizische Formel unterstellt werden muss. S. auch fr. 4 de reb. auct. iud. (42. 5) v. „perinde . . . . ac si is heres institutus non esset" (es liegt hier aber nicht der Fall unseres Edikts vor).

[5]) Fr. 7 de iure delib. (28. 8).

[6]) Fr. 6 de reb. auct. iud. (42. 5), fr. 9 de iure delib. (28. 8), fr. 77 de V. O. (45. 1), letztere auch auf den Fall si pubes heres erit bezüglich. Zu fr. 77 cit. vgl. fr. 5 § 1, fr. 7 § 3 de iure delib. (28. 8).

[7]) Fr. 57 de a. u. o. h. (29. 2), auf beide Fälle bezüglich.

[8]) Fr. 44 de a. u. o. h. (29. 2).

[9]) Vgl. Pompon. fr. 11 eod.

[10]) Die Inskription ist richtig: sonst wäre fr. 8 eod. nicht neu inskribiert.

[11]) Das Edikt de iure deliberandi ist also auf diesen Fall erstreckt.

SIT: SI IUSTA CAUSA ESSE UIDEBITUR][1]), BONA INTEREA DEMINUI[2]) NISI [SI]
CAUSA COGNITA[3]) BONI UIRI ARBITRATU UETABO.

Paul. 58 fr. 6 pr. de reb. auct. iud. (42. 5):
　　Si non expedierit pupillo hereditatem parentis retinere, praetor bona
　　defuncti uenire permittit, ut, quod superauerit, pupillo restituatur[4]).

2. SI PUBES HERES ERIT.

Ulp. 61[5]), Paul. 58[6]), Gai. 23[7]).

Gai. 23 fr. 57 de a. u. o. h. (29. 2):
　　Necessariis heredibus　　. abstinendi se ab hereditate proconsul
　　potestatem facit . . . . puberibus ita, si se non immiscuerint[8]).

Gai. II 159. 160:
　　idem iuris est et (in) uxoris persona, quae in manu est[9]), quia filiae
　　loco est, et in nuru[10]), quae in manu filii est, quia neptis loco est.
　　quin etiam similiter abstinendi potestatem facit praetor etiam ei,
　　qui in causa mancipii est, (si) cum libertate heres institutus sit[11]),
　　quamuis necessarius, non etiam suus heres sit, tamquam seruus.

Gai. 23 fr. 57 § 2 cit.:
　　Seruis autem necessariis heredibus, siue puberes siue impuberes
　　sint, hoc non permittitur[12]).

Ulp. 61 fr. 71 § 3. 4 de a. u. o. h. (29. 2):
　　Praetor ait: SI PER EUM EAMUE FACTUM ERIT, QUO QUID EX EA HERE-
　　DITATE AMOUERETUR . si . . . . . amouerit, abstinendi beneficium non
　　habebit[13]).

Wegen des Deliberationsrechts, das, wahrscheinlich durch besondere Klausel,
auch auf diesen Fall erstreckt war, vgl. Ulp. 61 fr. 4, 8 de iure delib. (28. 8).

§ 211. SI HERES SUSPECTUS NON SATISDABIT.

Ulp. 61[14]).

Ulp. lib. 2 de omn. tribun. fr. 31 pr. § 3 de reb. auct. iud. (42. 5):
　　Si creditores heredem[15]) suspectum putent, satisdationem exigere

---

[1]) Die Worte „s. i. c. e. u." scheinen ein
Glossem: wozu die causae cognitio vor Erlassung des Veräusserungsverbots? Anders
die 1. Aufl. (s. auch Pernice, ZRG. XXVII
S. 144 n. 2). Über die Worte „et hoc datum sit" vgl. Gradenwitz, ZRG. XXI
S. 257.

[2]) Ulp. 60 fr. 7 § 2 de iure delib. (28. 8),
vgl. fr. 26 de C. E. (18. 1).

[3]) Ulp. 60 fr. 7 § 3 de iure delib. (28. 8).

[4]) Offenbar ist hier eine Art bonorum distractio (nicht uenditio) vorgesehen, s. Solazzi, bullett. XVI p. 93 sq.

[5]) Fr. 4, 8 de iure delib. (28. 8), fr. 20, 66,
71 de a. u. o. h. (29. 2), fr. 50, 52 de V. S.
(50. 16). Fr. 55 de solut. (46. 3)? Zahlungen
des deliberierenden Erben?

[6]) Fr. 9 de iure delib. (28. 8), fr. 77 de V. O.
(45. 1) vgl. S. 403 n. 6.

[7]) Fr. 57 de a. u. o. h. (29. 2).

[8]) Hieher Ulp. 61 fr. 20 de a. u. o. h. (29. 2).

[9]) Vgl. fr. 14 de fid. lib. (40. 5).

[10]) Ulp. 61 fr. 50 de V. S. (50. 16).

[11]) Ulp. 61 fr. 52 de V. S. (50. 16): Patroni
appellatione et patrona continetur.

[12]) Ulp. 61 fr. 66, 71 pr.—§ 2 de a. u. o. h. (29.2).

[13]) Ulp. 61 fr. 71 § 4—9 eod. War dies Edikt
auch auf den impubes suus berechnet?
Der Wortlaut spricht nicht dagegen.

[14]) Fr. 18 de tut. et cur. dat. (26. 5), fr. 8 de
suspectis (26. 10) cf. fr. 31 § 1 de reb. auct.
iud. (42. 5).

[15]) legitimum? Vgl. Ferrini, bullett. XIII
S. 34.

possunt pro suo debito reddendo . cuius rei gratia cognoscere praetorem oportet[1]) . . . . Quod si suspectus satisdare iussus decreto praetoris non obtemperauerit, tunc bona hereditatis possideri uenumque dari ex edicto suo [permittere] iubebit.

§ 212.   *QUI CAPITALI CRIMINE DAMNATUS ERIT.*

Gai. 23[2])?

An die Fälle der missio in bona mortuorum schliesst sich naturgemäss die missio in bona capite deminutorum.

Was nun zunächst die capitis deminutio maxima und media anlangt, so gewährt uns positiven Anhalt die von Cic. pro Quinctio c. 19 § 60 überlieferte Klausel

QUI EXSILII CAUSA SOLUM UERTERIT[3]).

Aber freilich: dass diese Klausel unverändert in das Hadrianische Edikt übergegangen, ist nicht recht wahrscheinlich[4]). Dieselbe passt ihrem Ausdruck nach auf die freiwilligen Selbstverbannungen der republikanischen Zeit, nicht aber auf die Kapitalstrafen der Kaiserzeit, die ja bekanntlich keineswegs bloss in exsilium bestanden[5]). Der Prätor wird wohl die alte Klausel · späterhin durch eine andere ersetzt haben, die die sämtlichen Kapitalstrafen umfasste und, da ja diese als Regel nicht zur uenditio, sondern zur publicatio bonorum führten, vermutlich gleich der Klausel Cui heres non extabit die Bedingung enthielt „si ex his bonis fisco (populo) adquiri nihil possit[6])".

Ist Existenz und Fassung dieser Klausel immerhin unsicher, so ist dagegen die Nichtexistenz einer andern von Rudorff, E. P. § 206[1], angenommenen, ebenfalls die capitis deminutio magna angehenden Klausel gewiss: der Fall, wo jemand zur Strafe unter Verlust der Freiheit Sklave einer bestimmten andern Person wurde (z. B. infolge des SC Claudianum), war im Edikt nicht berücksichtigt, da die hier eintretende rechtliche Behandlung von Paulus in fr. 7 § 2 de cap. min. (4. 5) lediglich auf ein „ut Iulianus scribit" gegründet wird.

Von der capitis deminutio minima war m. E. an dieser Stelle des Edikts nicht die Rede, wiewohl Gai. 23 nach fr. 7 de reb. auct. iud. (42. 5) vgl. Gai. III 84 gelegentlich vielleicht auch diese berührt hat. Die missio in bona, die dann eintrat, wenn ein adrogatus oder eine uxor in

---

[1]) Gai. IV 102 i. f.: siue cum eo herede agatur, quem praetor suspectum aestimauerit.

[2]) Fr. 7 de reb. auct. iud. (42. 5).

[3]) Vgl. noch Liu. III 58 § 10, XXV 4 i. f., Cic. top. c. 4 § 18.

[4]) S. Keller, semestr. p. 46 n. 4. A. M. Bethmann-Hollweg, C. P. II S. 566, Wieding, Libellprozess S. 681 (zweifelnd), Rudorff, E. P. § 206.

[5]) Darauf, dass „exsilium" bei den Juristen auch oft untechnisch die für Bürgerrecht nicht präjudizierliche Relegation bezeichnet, lege ich kein Gewicht: denn s. fr. 2 de publ. iud. (48. 1), fr. 14 § 3 de bon. lib. (38. 2). Der relegatus ist übrigens für den Zivilprozess nur einfach absens und fällt daher unter die Klausel Qui absens iudicio defensus non fuerit. Hieher fr. 13 quib. ex caus. in poss. (42. 4).

[6]) Arg. fr. 1 § 1 de iure fisci (49. 14), fr. 8 § 1 qui test. fac. poss. (28. 1). Spartian., Hadr. 7, 7.

manu von ihrem Gewalthaber nicht gegen die Klage aus vor der Adroga-
tion oder conuentio in manum kontrahierten Schulden defendiert wurde,
war ohne Zweifel im Edikt ausdrücklich verheissen, aber aller Wahrscheinlichkeit nach nicht hier, sondern schon unter dem Titel de restitutionibus
(s. § 42). Nun nimmt man allerdings sehr allgemein auf Grund von
Gai. IV 80 noch einen zweiten Fall einer bei capitis deminutio minima
eintretenden missio an: wenn nämlich Personen in manu oder in mancipio
aus Kontraktschulden, die sie während der Dauer des Gewaltverhältnisses eingegangen, belangt und von ihrem Gewalthaber nicht in solidum
defendiert worden seien. Ich meinerseits kann an diesen zweiten Fall der
missio nicht glauben[1]). Es ist nicht einzusehen, warum der Prätor hinsichtlich der durante potestate kontrahierten Schulden bei den in manu
oder mancipio befindlichen Personen ein ganz anderes Haftungssystem
statuiert haben soll als bei den Hauskindern und Sklaven. Überdies ist
aber das Haftungssystem, das man bei Gai. l. c. angedeutet zu finden
glaubt, innerlich unmöglich[2]). Gaius sagt l. c.:

> quod uero ad *eas* personas, quae in manu mancipioue sunt, ita ius
> dicitur, ut, cum ex *contr*actu earum ag*a*tur, nisi ab eo, cuius iuri
> subiectae sint, in solidum defendantur, bona quae earum f*u*tura
> forent, si e*ius* iur*i* subiectae non essent, ueneant . . . . .

Bezieht man diesen Bericht auf die während der Dauer der Gewalt eingegangenen Schulden, so kommt man hinsichtlich der uxor in manu zu
dem ganz unglaublichen Resultat, dass es ihr völlig freigestanden habe,
ihr eingebrachtes Vermögen während der Ehe durchzubringen, ohne dass
ihr Ehemann sie daran hindern konnte, und dies zwar, obwohl sie sich nach
Zivilrecht selber gar nicht gültig verpflichten konnte[3]). Ich habe daher
durchaus keinen Zweifel, dass Gai. IV 80 lediglich an das erinnern wollte,
was er III 84 und IV 38 hinsichtlich der vorgewaltlichen Schulden der
uxor in manu gesagt hatte[4]), um es zugleich auf die personae in mancipio
auszudehnen[5]). Dass bei den Worten „ex contractu earum" nur an vor-
gewaltliche Verträge zu denken sei, brauchte er nicht besonders hervorzuheben, weil sich nach Gai. III 104 von selbst verstand, dass Kontrakte
während der Dauer der manus oder des mancipium nicht gemeint sein
konnten.

---

[1]) Übereinstimmend C o h n, Beiträge zur
Bearbeitung des römischen Rechts Heft II
S. 332 fg.

[2]) Nur für unwahrscheinlich erklärt es
M a n d r y, Familiengüterrecht II S. 349, der
seinerseits Gai. IV 80 auf die D e l i k t schulden der uxor in manu und des liberum
caput in mancipio beziehen will.

[3]) Gai. III 104.

[4]) Derartige Wiederholungen sind bei
Gaius häufig. Vgl. D e r n b u r g, Instit. d.
Gaius S. 40 fgg.

[5]) An welcherlei „bona quae earum futura forent" bei diesen zu denken ist, ist
nicht ganz leicht zu sagen. Vgl. schon
S c h e u r l, Beiträge I S. 273 fgg.

Tit. XXXIX.

DE BONIS POSSIDENDIS PROSCRIBENDIS UENDUNDIS[1]).

Ulp. 61. 62, Paul. 58. 59, Gai. 23. 24.

Die Juristen leiten diesen Titel mit Erörterungen über die Kompetenz-frage, vielleicht auch über die bona possidenda ein[2]), bei denen dahin-gestellt bleiben muss, auf welcher Rechtsquelle sie beruhen.

§ 213.   QUEMADMODUM IN POSSESSIONE ESSE OPORTEAT.

Paul. 59[3]) (?).

Cic. pro Quinctio c. 27 § 84 überliefert ein hieher gehöriges Edikt, das wohl auch in das Hadrianische Album übergegangen sein dürfte:

QUI EX EDICTO MEO IN POSSESSIONEM UENERINT[4]), EOS ITA UIDETUR IN POS-SESSIONE ESSE OPORTERE . QUOD IBIDEM RECTE CUSTODIRE POTERUNT, ID IBIDEM CUSTODIANT[5]). QUOD NON POTERUNT, ID AUFERRE ET ABDUCERE LICEBIT. DOMINUM[6]) INUITUM DETRUDERE NON PLACET.

§ 214.   DE FRUCTU PRAEDIORUM UENDENDO LOCANDOUE[7]).

Ulp. 61[8]), Paul. 59[9]).

Ulp. 61 fr. 8 § 1. 3 h. t.:

Si quis fructus[10]) ex praedio[11]) debitoris capi poterit, hunc creditor, qui in possessionem praedii missus est, uendere uel locare debet[12]): sed hoc ita demum, si ante neque uenierit neque locatus erit . . . . . (§ 3) De tempore locationis nihil praetor locutus est et ideo liberum arbitrium creditoribus datum uidetur, quanto tempore locent, quem-admodum illud est in arbitrio eorum, uendant uel locent . . . .

---

[1]) D. (42. 5) de rebus auctoritate iudicis possidendis seu uendundis. C. (7. 72): de bonis auctoritate iudicis possidendis seu uenumdandis et de separationibus.

[2]) Ulp. 61 fr. 30 ad munic. (50. 1), fr. 8 pr. h. t., Paul. 58 fr. 20 de iudic. (5. 1), fr. 4 quib. ex caus. in poss. (42. 4), fr. 2 h. t., letztere Stelle fälschlich Paul. 54 (IIII statt VIII) in-skribiert, Gai. 23 fr. 1, 3, 13 h. t.

[3]) Fr. 12 pr. § 1 h. t. Siehe aber S. 409 n. 3.

[4]) Hieher vielleicht die n. 3 zitierte Stelle, vgl. Cic. pro Quinctio c. 23 § 73: etenim si ex edicto possedisti, quaero . . . . cur ceteri sponsores et creditores non conuenerint.

[5]) Vgl. fr. 3 § 23 de a. u. a. p. (41. 2).

[6]) Als „dominus" war der Schuldner, wie es scheint, in dem ganzen Titel bezeichnet.

[7]) Vgl. zu diesem Edikt Solazzi, studi Scialoja (1905) I p. 665 sqq. Dort auch über die Frage, ob schon das Edikt oder erst Justinian den Gläubigern zwischen „uen-dere" und „locare" die Wahl liess (vgl. Gradenwitz, bullett. II p. 8). Sie ist ge-wiss mit Solazzi in ersterem Sinn zu ent-scheiden.

[8]) Fr. 8 § 1—4 h. t., fr. 36 de usur. (22, 1).

[9]) Fr. 77 de V. S., falsch Paul. 49 inskri-biert. Paulus untersuchte hier den Unter-schied zwischen fructus, fruges und frumen-tum.

[10]) Ulp. 61 fr. 36 de usur. (22. 1).

[11]) Ulp. 61 fr. 8 § 2 h. t.

[12]) Ulp. 61 fr. 8 § 4 h. t.

Vgl. Ulp. 61 fr. 8 pr. h. t.: . . . . appellatione domini fructuarius quoque continetur.

§ 215.   *DE ADMINISTRATIONE ET PERICULO CREDI-*
TORUM.

Ulp 62[1]), Paul. 59[2]).

Ulp. 62 fr. 9 pr. h. t.:

> Praetor ait: SI QUIS, CUM IN POSSESSIONE BONORUM ESSET, QUOD EO NOMINE
> FRUCTUS[3]) CEPERIT, EI, AD QUEM EA RES PERTINET[4]), NON RESTITUAT: SIUE,
> QUOD IMPENSAE SINE DOLO MALO FECERIT, EI NON PRAESTABITUR[5]): SIUE DOLO
> MALO EIUS DETERIOR CAUSA POSSESSIONIS FACTA ESSE[6]) DICETUR, DE EA RE
> IUDICIUM IN FACTUM DABO.

Ulp. 62 fr. 9 § 6 h. t.:

> In eum quoque, qui neque locauit fructum praedii neque uendidit,
> in factum actionem[7]) dat praetor . . . . aestimatio autem fit, quan-
> tum interest eius qui experitur.

Für die Rekonstruktion der Formeln sind keine besondern Anhaltspunkte
vorhanden.

§ 216.   *SI QUIS DOLO MALO FECERIT, QUO MINUS QUIS IN*
POSSESSIONEM SIT.

Ulp. 62[8]), Paul. 59[9]).

Ulp. 62 fr. 1 pr. ne uis fiat ei (43. 4):

> Ait praetor: SI QUIS DOLO MALO[10]) FECERIT, QUO MINUS QUIS PERMISSU
> MEO EIUSUE CUIUS EA IURISDICTIO FUIT, *QUAE MEA EST*[11]), IN POSSESSIONEM
> BONORUM SIT, IN EUM IN FACTUM IUDICIUM, QUANTI EA RES *ERIT*[12]), OB
> QUAM IN POSSESSIONEM MISSUS ERIT, DABO.

Vgl. fr. 14 pr. quib. ex caus. in poss. (42. 4), fr. 51 § 1 de re iud. (42. 1), fr. 3
§ 2 ne uis fiat ei (43. 4).

Gai. IV 177:

> Contrarium . . . . iudicium . . . . constitui*tur* . . . ., si quis eo no-
> mine agat, quod dicat se a praetore in possessionem missum ab
> alio quo admissum non esse, . . . partis . . . . . quintae.

---

[1]) Fr. 9, 11 h. t., fr. 46 de usur. (22. 1).

[2]) Fr. 10, 14 h. t.

[3]) Ulp. 62 fr. 9 § 1 h. t., fr. 46 de usur. (22. 1).

[4]) Ulp. 62 fr. 9 § 3 h. t.

[5]) Ulp. 62 fr. 9 § 2. 4 h. t.

[6]) Ulp. 62 fr. 9 § 5 h. t., Paul. 59 fr. 14 pr. h. t.

[7]) Dass sie im Edikt proponiert war, fol-
gere ich aus fr. 9 § 7 h. t.: hae actiones.

[8]) Fr. 1 ne uis fiat ei (43. 4), fälschlich
Ulp. 72 inskribiert. Die Inskription Ulp. 62
ergibt sich aus der Korrespondenz mit
Paul. 59.

[9]) Fr. 2 eod.

[10]) Ulp. 62 fr. 1 § 4 eod.

[11]) Vgl. fr. 7 pr. de damno inf. (39. 2). Prob.
Einsidl. 74: Q. M. E. = quae mea est.

[12]) *Dig.* fuit. Cf. fr. 1 § 5 ne uis fiat ei (43. 4).

§ 217. *DE MAGISTRIS FACIENDIS BONISQUE PROSCRIBENDIS ET UENDUNDIS*[1]).

Ulp. 62[2]), Paul. 59[3]), Gai. 24[4]).

Gai. III 79[5]):

> Siquidem uiui bona ueneant, iu*b*et ea praetor per dies continuos XXX[6]) poss*i*deri *e*t proscribi[7]), si uero mortui, p*er* dies XV: postea iubet conuenire creditores[8]) et ex eo numero magistrum creari, id est eum per quem bona ueneant[9]): itaque si *u*iui bona ueneant, in diebus (*X bonorum*) u*e*nditionem fieri iubet, si mortui, in dimidio. *die*bus ita*que* uiui bona XXX*X*, mortui *u*ero XX emptori addici iubet.

Dass die Edikte, deren Inhalt Gaius im obigen summarisch wiedergibt, an diesem Orte standen, kann gar keinem Zweifel unterliegen, schon deswegen nicht, weil in den folgenden Büchern der Kommentare bereits die Rechtsmittel für und wider den bonorum emptor erörtert sind. Zu allem übrigen aber beschäftigt sich Paul. 59 fr. 57 pr. de V. S. (50. 16) mit Erläuterung des Worts magister, wozu nur die Klausel de magistris faciendis Anlass gegeben haben kann[10]).

Aus den Kommentaren ergeben sich folgende Ergänzungen des Gaianischen Berichts.

Den eingewiesenen Gläubigern gewährt der Prätor die Befugnis, die auf die Vermögensverhältnisse des Schuldners bezüglichen Urkunden zu prüfen — instrumenta cognoscere und dispungere, Worte, die Ulp. 62 fr. 56 pr. de V. S. (50. 16) erläutert[11]).

Es konnte vorkommen, dass der Schuldner Vermögen hatte, aber kein solches, woran für den Gläubiger ein possidere möglich war. Da die Regel

---

[1]) Cic. ad Attic. VI 1 § 15: alterum .... de bonis [possidendis] uendendis, magistris faciendis, quae ex edicto et postulari et fieri solent.

[2]) Fr. 1 de sen. (1. 9), fr. 5 de fer. (2. 12), fr. 44 mand. (17. 1), fr. 15 de reb. auct. iud. (42. 5), fr. 54, 56 de V. S., fr. 143 de R. I.

[3]) Fr. 12 § 2 (vielleicht auch pr. § 1) de reb. auct. iud. (42. 5), fr. 53, 57 de V. S. (50. 16); fr. 19 de a. u. o. h. (29. 2)? s. S. 411 n. 1.

[4]) Fr. 16 de reb. auct. iud. (42. 5). Vgl. Gai. 23 (24?) fr. 13 eod.

[5]) Zur Lesung des korrumpierten Texts vgl. Krüger, krit. Versuche (1870) S. 134 fgg., daselbst auch über den Widerspruch mit Theophil. III 12 pr. Völlige Gewissheit über die Fristen wird sich bei dem Zustand des C. Ver. nicht erlangen lassen: liest ja fast jeder Herausgeber den Text anders.

[6]) Cic. pro Quinctio c. 8 § 30. Vgl. c. 9 i. f. de bon. auct. (7. 72): tempore transacto.

[7]) Cf. l. Rubria c. 22 i. f., tab. Heracl. lin. 117, Charis. instit. gramm. II 15 (Keil, I p. 235).

[8]) Ulp. 62 fr. 54 de V. S. (50. 16), Paul. lib. 16 breu. ed. fr. 55 eod. Vgl. fr. 6 pr., 7 § 14 quib. ex caus. in poss. (42. 4).

[9]) Lex bonorum uendendorum: Theophil. III 12 pr.

[10]) Eine sehr abweichende Ordnung findet man bei Rudorff, der in seinem E. P. hier ganz den Faden verloren hat: die Hauptursache der daselbst herrschenden Verwirrung liegt darin, dass R. einerseits fast sämtliche von der actio Rutiliana und Seruiana handelnde Fragmente übersehen hat, andererseits ein Fragment aus Ulp. 65 — fr. 2 de cur. bon. (42. 7) —, das vom curator bonorum handelt, irrig für interpoliert u. ursprünglich vom magister handelnd hält.

[11]) Hieher noch Ulp. 62 fr. 15 de reb. auct. iud. (42. 5).

des Edikts als erstes Stadium des Verfahrens das „bona per dies XXX (XV) possideri et proscribi" festsetzte, ein Erfordernis von dessen Einhaltung die Zulässigkeit des weitern Verfahrens abhing[1]), so verlangte jener Fall besondere Berücksichtigung, die ihm nach Paul. 59 fr. 12 § 2 de reb. auct. iud. (42. 5) und Gai. 23 (24?) fr. 13 eod. denn auch zuteil geworden zu sein scheint[2]).

Wenn der Magister auch nicht allgemeine Verwaltungsbefugnis hatte[3]), so stand ihm doch gewiss nicht nur das Recht zu, das Vermögen im Ganzen zu verkaufen, sondern bei Gefahr im Verzug und sonst im Fall der Not auch das, einzelne Sachen zu veräussern[4]). Alsdann hatte er auch wohl die Zahlung des Preises zu betreiben und war dafür den Gläubigern verantwortlich. Vielleicht ist dies die Beziehung folgender Stellen. Paul. 59 fr. 57 § 1 de V. S. (50. 16) definiert unmittelbar hinter „magister" das Wort „persequi":

Persequi uidetur et qui satis accepit[5]).

Und Ulp. 62 fr. 44 mandati (17. 1):

Dolus est, si quis nolit persequi quod persequi potest, aut si quis nolit quod exegerit soluere.

Bei der Auswahl unter den auftretenden Bietern war der magister nicht völlig frei, vgl. Gai. 24 fr. 16 h. t.:

Cum bona ueneunt debitoris, in comparatione extranei et eius, qui creditor cognatusue sit, potior habetur creditor cognatusue, magis tamen creditor quam cognatus, et inter creditores potior is, cui maior pecunia debebitur[6]).

Vermutlich waren die hier angegebenen Vorzugsgründe nicht die einzigen und ist es daher hieher zu deuten, wenn Ulp. 62 fr. 1 de senator. (1. 9) berichtet, dass ein uir consularis und ein uir praefectorius einer femina consularis „vorzuziehen" sei. Unter den Verwandten wiederum mögen die liberi den entferntern vorgezogen worden sein: hieher könnte es gehören, wenn Ulp. 62 in fr. 56 § 1 de V. S. bemerkt, dass mit dem Wort liberi nicht nur die (als bonorum emptores nicht in Betracht kommenden) gewaltunterworfenen Deszendenten, sondern auch alle gewaltfreien, einerlei

---

[1]) Cic. pro Quinctio c. 23 i. A.: etenim si ex edicto possedisti, quaero, cur bona non uenierint . . . . . .

[2]) Und zwar im Edikt, vgl. fr. 12 § 2 i. f.: recte dicitur non esse quod possideatur. Letzteres scheint die ediktale Wendung gewesen zu sein. Auch für die Nebenfolgen, die das bona possessa proscriptaue esse nach sich zog — Infamie (tab. Heracl. lin. 115 sqq.), erschwerte Defension (Gai. IV 102) — musste der im Text berührte Punkt in Betracht kommen.

[3]) Degenkolb, Magister u. Curator (1897) S. 6 fgg. (auch Beiträge S. 165 fgg.).

[4]) Vgl. l. agraria (C. I. L., I 75, n. 200)

lin. 56: qui a magistro *emerit*. Die Stelle kann nicht von der uenditio bonorum verstanden werden. A. M. Armuzzi, arch. giur. LXXII p. 490 sq.

[5]) Anders Karlowa, II S. 1200. Armuzzi, l. c. p. 492 will das „persequi" von der Sorge für Sicherheitsleistung seitens des bonorum emptor verstehen. Das verträgt sich offenbar schlecht mit dem „et qui satis accepit".

[6]) Vgl. Cic. in Verr. II¹ c. 54 § 142: . . . illa consuetudo in bonis . . . . uendundis omnium . . . . . praetorum ., ut optima condicione sit is, cuia res, cuium periculum.

welchen Geschlechts und ob Manns- oder Weiberstammes, bezeichnet würden.

Die übrigen Kommentarfragmente lassen keinen Schluss auf weitern Ediktinhalt zu[1]).

Tit. XL.

QUEMADMODUM A BONORUM EMPTORE UEL CONTRA EUM AGATUR.

Ulp. 63. 64, Paul. 60. 61, Gai. 24, Iulian. 47.

§ 218. DE RUTILIANA ACTIONE[2]).

Ulp. 63[3]), Paul. 60[4]).

Gai. IV 35:

> ... bonorum emptor .... interdum[5]) .... ex persona eius, cuius bona emerit, sumpta intentione conuertit condemnationem in suam personam, id est, ut quod illius esset uel illi dari' oporteret, eo nomine aduersarius huic condemnetur: quae species actionis appellatur Rutiliana ....

Gai. IV 65. 68:

> Item bonorum emptor cum deductione agere iubetur, id est ut in hoc solum aduersarius eius condemnetur quod superest deducto eo, quod inuicem ei bonorum emptor defraudatoris nomine debet . deductio uero ad condemnationem ponitur.

Der Wortlaut der Formel war nach Gai. IV 35 bis auf die deductio genau derselbe, wie überhaupt beim alieno nomine agere (Gai. IV 86). Ward die Tatsache der bonorum emptio oder der rechtsgültigen bonorum emptio beklagterseits bestritten, so wird darüber je nach Umständen entweder der Prätor selbst cognosziert oder eine der exceptio procuratoria mangels Vollmacht entsprechende exceptio erteilt haben. Die Deduktionsklausel selbst ist nicht sicher herzustellen[6]), da wir nicht wissen, wieviel von dem

---

[1]) Paul. 59 fr. 53 de V. S. (50. 16): Saepe ita comparatum est, ut coniuncta pro disiunctis accipiantur et disiuncta pro coniunctis etc. (Possessa proscripta? genügt possessio ohne proscriptio? genügt proscriptio ohne possessio, wo letztere möglich ist?). Paul. 59 fr. 19 de a. u. o. h. (29. 2): für diese Stelle weiss ich keinen Bezug; vielleicht ist die Inskription falsch — Paul. 59 statt 58 — und gehört das Fragment in das Gebiet des beneficium abstinendi. Ulp. 62 fr. 5 de feriis (2. 12): die Beziehung erhellt aus Theophil. III 12 pr., wonach die Gläubiger jeden neuen Schritt des Verfahrens durch eine aditio

praetoris einleiten mussten. Endlich Ulp. 62 fr. 143 de R. I. (50. 17).

[2]) Vgl. Lenel, ZRG. XVII S. 116 fgg.

[3]) Fr. 44 de pecul. (15. 1), fr. 10 de compens. (16. 2), fr. 23 de damno inf. (39. 2), fr. 7 de fid. lib. (40. 5), fr. 16 de re iud. (42. 1).

[4]) Fr. 21 depos. (16. 3), fr. 28 pro socio (17. 2), fr. 24 si quis omissa (29. 4), fr. 45 ad l. Falc. (35. 2), fr. 6 de fid. lib. (40. 5), fr. 25 de re iud. (42. 1). Fr. 46 de pecul. (15. 1) ist fälschlich Paul. 60 statt 62 inskribiert; schon fr. 45 trägt die Inskr. Paul. 61.

[5]) i. e si uiui bona ueneant.

[6]) Versuche dazu bei Scheurl, Beiträge I

Bericht des Gaius Reproduktion des Formelinhalts ist. Das Wort deducto, das dem cum deductione agere den Namen gab, gehört gewiss der Formel an[1]); in welcher Gestalt aber weiterhin die Gegenforderung des Beklagten ausgedrückt war, ob in allgemeinen oder spezialisierenden Worten, ob mit Zusatz der Worte „praesens in diemue" — Gai. IV 67 — oder ohne solchen Zusatz, muss dahingestellt bleiben. Nur so viel kann noch bestimmt behauptet werden, dass, wo eine Gegenforderung diuersae qualitatis deduziert werden sollte, diese in der Formel durch den Beisatz „quanti id erit" in eine Geldforderung verwandelt wurde[2]), Gai. IV 66:

si .... pecuniam petat bonorum emptor et inuicem frumentum aut uinum is debeat, deducto quanti id erit, in reliquum experitur.

Wahrscheinlich ist, dass die Deduktionsklausel nur auf Antrag des Beklagten eingerückt wurde[3]).

Gaius handelt bloss von der Formel, mittels deren der bonorum emptor selber klagt, nicht von derjenigen, mittels deren er verklagt wird. Ohne Zweifel trat aber auch hier die Rutilianische Umstellung ein, und die blosse Ratenhaftung des bonorum emptor kam in einem Zusatz zur condemnatio (Rudorff: *pro portione qua bona uenierunt*, — im konkreten Fall war natürlich der Bruchteil bezeichnet) zum Ausdruck.

Mit der Rutiliana actio beschäftigen sich eine grosse Anzahl von Fragmenten aus Ulp. 63 und Paul. 60, die ich, um den Beweis für die Stellung der Rutiliana im System zu führen, einzeln vornehmen muss.

Auf das agere cum deductione beziehen sich deutlich Ulp. 63 fr. 10 de compens. (16. 2)[4]), Paul. 60 fr. 28 pro socio (17. 2), fr. 45 ad l. Falc. (35. 2) cf. Gai. IV 67.

Die Ansprüche der Gläubiger wider den bonorum emptor betreffen: Ulp. 63 fr. 23 de damno inf. (39. 2)[5]), fr. 7 de fid. lib. (40. 5) — dazu Paul. 60 fr. 6 eod.

Der Besprechung der naheliegenden Frage, ob ein dem Kridar zuständig gewesenes beneficium competentiae auch dem bonorum emptor zustehe, gehören an: Ulp. 63 fr. 16 de re iud. (42. 1), Paul. 60 fr. 25 eod.[6])

Von der Natur der im Konkurs stattfindenden Doppelhaftung — zivile

---

S. 155, Dernburg, Compensation (2. Aufl.) S. 42 n. 1, Rudorff, R. G. II S. 303, E. P. § 220, Huschke, iurispr. anteiust. zu Gai. IV 66.

[1]) S. auch Eisele, die Compensation (1876) S. 49.

[2]) Vgl. Eisele, a. a. O. S. 50. Der Beisatz kann auch als ständiger gedacht werden: eo quod .... debet quantiue id erit.

[3]) Vgl. Ulp. 62 fr. 10 § 2. 3 de compens. (16. 2): „*deductionem* opponere potest", „poterit obici *deductio*". Vgl. n. 4.

[4]) In § 1—3 der Stelle ist compensare für deducere interpoliert; im pr. dagegen steht

das ipso iure compensatione facta gerade im Gegensatz zur deductio.

[5]) nisi in solidum fuerit cautum, mittetur in possessionem.

[6]) Rudorff, E. P. § 212 (ebenso Bruns, fontes ed. IV p. 178, s. auch Karlowa, II S. 1410 fg.) fügt auf Grund dieser Stellen ein besonderes Edikt ein „qui in id quod facere possunt conueniantur", eine Annahme, die schon durch den Wortlaut der von ihm zitierten Stelle Ulpians („et quidem sunt hi fere") als irrig erwiesen wird. Das beneficium competentiae beruhte in der Mehrzahl seiner Anwendungen nicht auf

des Kridars, prätorische des bonorum emptor —, speziell davon, in welchen Fällen ungeachtet der stattgehabten bonorum uenditio immer noch der Kridar belangt werden muss, handeln, in Anlehnung an den Fall der Doppelhaftung des Gewalthabers und Haussohns: Ulp. 63 fr. 44 de pecul. (15. 1), Paul. 60 fr. 21 depos. (16. 3).

Endlich Paul. 60 fr. 24 si quis omissa (29. 4) wird eine analoge Erörterung zu der Frage enthalten, ob und in welchem Umfang eine dolose Intestaterbantretung des Kridars den Legataren Klage wider den bonorum emptor verschaffe.

§ 219. DE PRIUILEGIARIIS CREDITORIBUS.

Ulp. 63[1]), Paul. 60[2]), breu. 16[3]), Gai. 24[4]).

Die privilegierten Gläubiger sind von dem bonorum emptor voll zu befriedigen[5]), — anderweite Bestimmung der lex bonorum uendendorum, wie solche bei Insuffizienz der Aktiva sich notwendig erweisen musste, natürlich vorbehalten. Als privilegierte Forderungen werden in den Kommentaren folgende aufgezählt.

1. Der Anspruch auf Ersatz der Bestattungskosten. Ulp. 63 fr. 17 pr. de reb. auct. iud. (42. 5) vgl. Paul. sent. I 21 § 15.

2. Die Forderung der Ehefrau auf Rückgabe der dos. Ulp. 63 fr. 17 § 1, 19 pr. eod., fr. 3 de I. D. (23. 3), Paul. 60 fr. 2 de I. D. (23. 3), fr. 18 de reb. auct. iud. (42. 5).

3. Die Forderungen Bevormundeter gegen Vormund und Protutor. Ulp 63 fr. 19 § 1, fr. 22, 24 pr. eod., Paul. 60 fr. 20, 23 eod., Gai. 24 fr. 21 eod., Paul. sent. fr. 15 § 1 de cur. fur. (27. 10).

4. Creditor qui ob restitutionem aedificiorum crediderit. Ulp. 63 fr. 24 § 1 eod., fr. 20 de pignor. (20. 1).

5. Qui pecunias apud mensam fidem publicam secuti deposuerunt: Ulp. 63 fr. 24 § 2 eod. (steht den andern Privilegien nach).

6. Creditores quorum pecunia ad creditores priuilegiarios peruenit. Ulp. 63 fr. 24 § 3 eod., Paul. 16 breu. fr. 148 de R. I. (50. 17).

7. Qui in nauem exstruendam uel instruendam credidit uel etiam emendam. Paul. 16 breu. fr. 26 de reb. auct. iud. (42. 5).

8. Forderungen des Fiskus. Ulp. 63 fr. 6 de I. F. (49. 14). Dazu treten:

9. Die der Stadtgemeinden. Paul. sent. fr. 38 § 1 de reb. auct iud. (42. 5).

Edikt, sondern auf Praxis und Reskripten. Vgl. fr. 84 de I. D. (23. 3), fr. 12, 17 § 2 sol. matr. (24. 3), fr. 20, 41 § 2 de re iud. (42. 1). Die wirklich hieher gehörigen Edikte aber stehen an anderm Ort, vgl. §§ 104, 109, 221.

[1]) Fr. 20 de pign. (20. 1), fr. 3 de I. D. (23. 3), fr. 17, 19, 22, 24 de reb. auct. iud. (42. 5), fr. 6 de I. F. (49. 14).

[2]) Fr. 2 de I. D. (23. 3), fr. 18, 20, 23 de reb. auct. iud. (42. 5).

[3]) Fr. 26 de reb. auct. iud. (42. 5), fr. 148 de R. I. (50. 17).

[4]) Fr. 21 de reb. auct. iud. (42. 5).

[5]) A. M. Naber, Mnemos. N. S. XXV S. 283 fg. Das von ihm vermutete Verfahren scheint mir praktisch kaum durchführbar.

Unter den hier aufgeführten Privilegien beruht eines — das der Bevormundeten — nachweisbar auf dem Edikt, vgl. Paul. sent. fr. 15 § 1 de cur.
fur. (27. 10):

> In bonis curatoris priuilegium furiosi furiosaeue seruatur . prodigus
> et omnes omnino, etiamsi in edicto non fit eorum mentio, in bonis
> curatoris decreto[1]) priuilegium consequuntur.

Da das Privileg der Leichenkosten und der Dotalforderung in den Kommentaren noch vor dem der Bevormundeten erörtert ist, so dürften auch
diese beiden Privilegien ediktalen Ursprungs sein. Ein Gleiches ist nach
Plin. epist. X 108 [109], 109 [110] auch hinsichtlich des Privilegs der Stadtgemeinden nicht unwahrscheinlich: Plinius berichtet daselbst an Trajan, es
sei den bithynischen und Pontischen Gemeinden „a plerisque proconsuli-
bus concessam ... protopraxian". Ferner scheint der unter Ziff. 6 erwähnte Vorzug auf Ediktworten zu beruhen, die Ulpian in fr. 24 § 3 kommentiert. Dagegen ist die Quelle des Privilegs Ziff. 4 nach Ulpian eine
Constitution M. Aurels[2]), die des Privilegs Ziff. 5 wohl nur die Praxis
(placuit); über den Ursprung der Privilegien Ziff. 7. 8 endlich lassen uns
die Juristen ohne Andeutung.

§ 220. QUOD POSTEA CONTRACTUM ERIT, QUAM IS, CUIUS BONA UENIERINT, CONSILIUM FRAUDANDORUM CREDITORUM CEPERIT.

Ulp. 64[3]).

Ulp. 64 fr. 25 h. t.:

> Ait praetor: Quod postea contractum erit, quam is, cuius bona ueni-
> erint, consilium *fraudandorum creditorum* ceperit[4]), fraudare sciente
> eo qui contraxerit[5]), ne actio eo nomine detur.

Ne actio eo nomine detur: scil. aduersus bonorum emptorem. Über die
Art der Ausführung des Edikts belehrt uns fr. 9 § 5 de iureiur. (12. 2):

> . aut denegari debet actio aut exceptio opponitur frauda-
> torum creditorum.

§ 221. DE ACTIONIBUS, QUAE EX ANTE GESTO ADUERSUS FRAUDATOREM COMPETUNT.

Ulp. 64[6]), Paul. 61(?)[7]).

Die vollzogene bonorum uenditio hat für den Gemeinschuldner die
Wirkung, dass ihm nunmehr alle Klagen aus ihr vorausgehenden Verhält-

---

[1]) D. h. kraft der vom Prätor zu dekretie-
renden Fassung der lex bonorum uendendorum.

[2]) S. jedoch Karlowa, II S. 1415.

[3]) Fr. 25 h. t. (42. 5), fr. 4 quando ex facto
(26. 9).

[4]) So nach Mommsens gewiss richtiger
Vermutung statt des consilium receperit

(F. C. CEPERIT = RECEPERIT) des Flor.
Vgl. Prob. 5, 13: F. C. = fraudare creditores.

[5]) Ulp. 64 fr. 4 quando ex facto (26. 9).

[6]) Fr. 6 de cess. bon. (42. 3).

[7]) Fr. 45 de peculio (15. 1): der Kridar
haftet, trotzdem er sein Aktivvermögen verloren hat. Die Stelle kann aber auch zur

nissen (ex ante gesto) versagt werden[1]), was vielleicht im Edikt ausdrücklich ausgesprochen war. Umgekehrt ist er selbst gegen Klagen ex ante
gesto nicht geschützt[2]), es müsste denn die bonorum uenditio durch eine
capitis deminutio magna, die jene Ansprüche vernichtete, veranlasst worden sein[3]). Denn, wenn es als Privileg des Schuldners, der sich zur bonorum cessio entschliesst, hervorgehoben wird, dass er ex ante gesto nur in
quantum facere potest belangt werden könne[4]), wenn ferner bei neu er-
worbenem Vermögen eine zweite bonorum uenditio gegen den fraudator
erwirkt werden kann[5]), so ist der Schluss auf fortdauernde Klagbarkeit
der Schulden ex ante gesto ganz unvermeidlich. Die gegenteilige Ansicht
beruht lediglich auf Missverständnis des fr. ult. § ult. quae in fraud. cred.
(42. 8). Dort heisst es von einer wegen alienatio in fraudem creditorum
zuständigen Klage, Mela sei der Ansicht gewesen, dieselbe sei nur gegen
Dritte, nicht gegen den fraudator selbst zu erteilen: „quia nulla actio in
eum ex ante gesto post bonorum uenditionem daretur et iniquum esset
actionem dari in eum, cui bona ablata essent." Der Schein des Widerspruchs mit unserer obigen Behauptung schwindet sofort, wenn man sich
des Satzes erinnert: nullam uidetur actionem habere, cui propter inopiam
aduersarii inanis actio est[6]). Mela will die Klage versagen, weil sie doch
ohne Erfolg sein würde[7]), und gerade weil Mela seine Ansicht so motivierte,
motiviert Venuleius, der Verfasser der Stelle, seine gegenteilige Ansicht
mit den Worten: praetor non tam emolumentum actionis intueri uidetur
in eo, qui exutus est bonis, quam poenam[8]).

War die Klage ex ante gesto wider den fraudator nicht ausgeschlossen,
so war dagegen dessen Haftung allerdings beschränkt: der Prätor gewährte ihm eine Erholungsfrist, indem er im ersten Jahr nach der bonorum
uenditio die Klage wider ihn ex ante gesto nur in quantum facere potest
doloue malo fecit quo minus posset zuliess[9]). Dies ist der Inhalt des
Edikts, das wir aus c. ult. de reuoc. (7. 75) — Diocl. et Max. — kennen
lernen:

actio Seruiana gezogen werden und etwa
einem Zusammenhang angehören, worin der
Jurist hervorhob, dass der Konkurs über die
Erbschaft des Gewalthabers den Gläubiger
seiner Forderung wider das gewesene Hauskind nicht beraube.

[1]) Fr. 40 de oper. lib. (38. 1), vgl. fr. 4 de
cur. bon. (42. 7).

[2]) A. M.: Bethmann-Hollweg, C. P.
II S. 686, Huschke, Zschr. f. C. Rt. u. Pr.
N. F. XIV S. 44 fgg.

[3]) Arg. fr. 3 de sent. pass. (48. 23).

[4]) § 40 I. de act. (4. 6), fr. 4 pr. § 1 de
cess. bon. (42. 3), c. 3 de bon. auct. iud.
(7. 72).

[5]) Gai. II 155, fr. 7 de cess. bon. (42. 3).

[6]) Fr. 6 de d. m. (4. 3).

[7]) Solazzi, revoca degli atti fraud. (1902)

p. 155 sq., bullett. XV p. 135, meint, ich
schreibe dem Mela eine absurde Äusserung
zu, wenn ich ihn die Erteilung einer actio,
der er den Effekt abspreche, zugleich als
unbillig bezeichnen lasse. Ich kann das
nicht zugeben. Effektlos ist die actio, weil
der Schuldner nichts hat, und unbillig
konnte ihre Erteilung scheinen, weil er
durch sie der Gefahr der ductio ausgesetzt
wird.

[8]) D. h. die Schuldhaft, s. Bethmann-
Hollweg, C. P. II S. 686.

[9]) Dadurch war die Schuldhaft ausgeschlossen; die oben zitierte Äusserung
des Venuleius behauptet daher implicite
die Unanwendbarkeit unseres Edikts auf
die Klage wegen alienatio in fraudem creditorum.

Si actu sollemni praecedentem obligationem peremisti, perspicis aduersus fraudatorem intra annum in quantum facere potest uel dolo malo fecit, quo minus possit, edicto perpetuo tantum actionem permitti.

Pessime uidetur cantare haec lex, sagt die Glosse, und in der Tat ist nicht nur von den zahlreichen Auslegungen, die das Gesetz gefunden hat[1], keine einzige akzeptabel, sondern nach dem Titel zu urteilen, unter den die Kompilatoren des Codex dasselbe gestellt haben, haben schon diese selbst es nicht verstanden. Die wahrscheinlichste Deutung scheint mir folgende. Die Implorantin — Menandra — hatte eine sichere Forderung besessen, sei es eine privilegierte Forderung (etwa wegen ihrer dos) gegen den fraudator selbst, sei es eine Forderung wider einen Dritten[2]. Sie hatte sich beschwatzen lassen, diese durch Novation in eine gewöhnliche Stipulationsforderung gegen den fraudator zu verwandeln: actu solemni praecedentem[3] obligationem peremit. Nach vollzogener bonorum uenditio suchte sie Hilfe bei den Kaisern und richtete wahrscheinlich die doppelte Anfrage an dieselben, ob ihr nicht gegen den bonorum emptor zu helfen sei und ob sie nicht den Kridar sofort in Schuldhaft nehmen könne. Die Kaiser erwidern: wenn du deine frühere Forderung aufgegeben hast, so steht dir wegen deines Ausfalls nach dem Edikt derzeit (intra annum) kein anderes Recht zu, als wider den Kridar in quantum facere potest zu klagen.

Ist vorstehende Auslegung richtig, so ersehen wir daraus, dass nicht bloss der bonis zedierende Kridar ein beneficium competentiae genoss: der Vorteil, den die cessio bonorum gewährte, war nur der, dass sie dem Wahlrecht der Gläubiger zwischen Personal- und Vermögensexekution sofort ein Ende machte, und ferner, dass das beneficium competentiae hier ein dauerndes war. Eine Bestätigung dafür, dass es nicht überhaupt auf den Fall der cessio bonorum beschränkt war, gibt, was Paulus in fr. 51 pr. de re iud. (42. 1) berichtet:

Si quis dolo fecerit, ut bona eius uenirent, in solidum tenetur.

Denn hienach war das Benefiz nur dem betrügerischen Bankrotteur entzogen.

Der Ort unseres Edikts im System des Albums ist ungewiss. Für die von mir gewählte Stelle spricht ausser innern Gründen der Umstand, dass Ulp. 64 fr. 6 de cess. bon. (42. 3) die Frage erörtert, unter welchen Voraussetzungen wider denjenigen, qui bonis cessit, eine zweite bonorum

---

[1] Vgl. die Glosse, sodann Iac. Constantinaeus in Otto, thes. IV p. 608 sq., wo eine Reihe von Auslegungsversuchen zusammengestellt ist, aus neuerer Zeit: Huschke, Zschr. f. C. Rt. u. Pr. N. F. XIV S. 44 fgg., Solazzi, revoca p. 151 sqq., welch letzterer die Stelle durch Annahme einer Interpolation aus dem Wege räumt.

[2] So Karlowa, II S. 1412 fg.

[3] Die 1. Aufl. will aus dem Wort „praecedens" folgern, dass die Forderung eine privilegierte gewesen sei, arg. fr. 45 de relig. (11. 7). Das Wort bezeichnet aber gewiss hier nur die novierte Obligation als solche, vgl. z. B. c. 6 § 1 si cert. pet. (4. 2), fr. 1 pr. de nouat. (46. 2).

uenditio erwirkt werden könne. Der enge Zusammenhang dieser Frage mit der Lehre von den Klagen ex ante gesto liegt auf der Hand.

§ 222. *DE SERUIANA ACTIONE.*

Ulp. 64 [1]), Paul. 61 (?) [2]), Iulian. 47 [3]).

Gai. IV 35:

. bonorum emptor ficto se herede agit . . . . . species actionis, qua ficto se herede bonorum emptor *agit,* Seruiana (*uocatur*).

Die actio Seruiana war die Form der Klage für und wider den bonorum emptor, wenn der Konkurs de bonis mortui stattgefunden hatte. Auch hier galt (Gai. IV 65 sqq.):

*b*onorum emptor cum deductione agere iube*tur.*

Im übrigen war die Formel mit der für und wider den bonorum possessor identisch (vgl. § 67) und bedarf daher keiner weitern Erörterung. Die Bestreitung der Tatsache rechtsgültiger bonorum emptio nahm auch hier Exceptionsgestalt an.

Unter den in n. 1. 2 angeführten Stellen bezieht sich fr. 12 de compens. (16. 2) wieder auf das agere cum deductione [4]). Besonders interessant ist fr. 15 de lib. leg. (34. 3). Dieses von den Kompilatoren arg verunstaltete Fragment bezog sich an seinem ursprünglichen Orte auf die Frage, ob der bonorum emptor eine im Erbweg an den Verstorbenen gekommene Forderung, deren Geltendmachung diesem aber durch Damnationslegat untersagt war, verfolgen könne. Die Antwort lautet verneinend: nam neque heredis heres agere potest: eine augenscheinliche Anspielung auf die Fiktion „si heres esset". Ganz denselben Hintergrund hat auch fr. 29 de oper. lib. (38. 1): wenn hier entschieden ist, dass das begonnene iudicium de operis nach dem Tode des Patrons auf einen heres extraneus nicht transferiert werde, so folgt daraus (was die Kompilatoren gestrichen haben), dass auch der als heres fingierte bonorum emptor die Translation nicht beanspruchen kann [5]).

§ 223. DE SEPARATIONIBUS [6]).

Ulp. 64 [7]), Paul. 62 (?) [8]), Iulian. 47 [9]).

Gordian. c. 2 de bon. auct. iud. (7. 72):

Est iurisdictionis tenor promptissimus indemnitatisque remedium

---

[1]) Fr. 12 de compens. (16. 2), fr. 15 de lib. leg. (34. 3), fr. 29 de oper. lib. (38. 1).

[2]) Fr. 45 de peculio (15. 1) vgl. S. 414 n. 7. Fr. 4 de ann. (33. 1), fr. 65 de condic. (35. 1), cf. Paling. I p. 1079 n. 2.

[3]) Fr. 14 de fideiuss. (46. 1), vgl. L e n e l, ZRG. XXI S. 202 fgg.

[4]) D̄ie Lehre von der Deduktion wurde hier schwerlich zum zweiten Male mit Ausführlichkeit erörtert. Immerhin machte der Umstand, dass es sich hier um deductio

eius, quod defuncti nomine debetur, handelte, erneuerte Betrachtung notwendig.

[5]) Vgl. auch fr. 69 § 1 de legat. II, Papin. nr. 282.

[6]) D. (42. 6), vgl. C. (7. 72).

[7]) Fr. 1 h. t., fr. 2 de SC Maced. (14. 6) cf. fr. 1 § 9 h. t.

[8]) Fr. 144, 146 de R. 1. (50. 17), fr. 9 de pact. (2. 14), fr. 78 pr. de V. O. (45. 1), cf. Paling. I p. 1079 n. 4.

[9]) Fr. 6 h. t., falsch Iulian. 46 inskribiert.

edicto praetoris creditoribus[1]) hereditariis demonstratum, ut quotiens separationem bonorum postulant, causa cognita[2]) impetrent.
Ulp. 64 fr. 1 § 18 h. t.:

   Item sciendum est necessarium heredem seruum cum libertate institutum impetrare posse separationem[3]).
Der Wortlaut des Edikts ist nicht zu rekonstruieren[4]).

Tit. XLI.

DE CURATORE BONIS DANDO[5]).

Ulp. 65. 66, Paul. 62, Gai. 24, Iulian. 47.

§ 224. *DE CONSTITUENDO CURATORE ET ADMINISTRA-*
TIONE EIUS.

Ulp. 65[6]), Gai. 24[7]), Iulian. 47[8]).

Ganz am Schlusse des Konkursrechts steht als eine Art Anhang im
Album, wie in den Digesten, der Titel de curatore bonis dando[9]). Dabei
ist gar nicht oder mindestens nicht vorzugsweise an den zur Verhütung
der bonorum uenditio durch Senatuskonsult eingeführten curator bonis
distrahendis zu denken[10]), sondern an den wahrscheinlich schon im ältesten
Edikt über den Konkurs vorgesehenen curator, dessen Vorkommen in
republikanischer Zeit durch die Erwähnung in der lex agraria a. u. c. 643
lin. 56 erwiesen wird:

   quei ab bonorum emptore magistro curato*reue emerit* . .

   Was nun den Inhalt unseres Edikts anlangt, so wissen wir nicht, ob
der Prätor die Voraussetzungen, unter denen er einen curator ernennen
werde[11]), darin namhaft gemacht oder ob er nur kurz die Ernennung eines
solchen causa cognita versprochen hat. Die Mitwirkung der Gläubiger

-----

[1]) Ausdehnung auf die Legatare kraft
aequitas: Iulian. 47 fr. 6 pr. h. t.
[2]) Praetoris erit uel praesidis notio: Ulp. 64
fr. 1 § 14 h. t.
[3]) Vgl. Gai. II 155.
[4]) Ferrini, bullett. XIII p. 33 sqq., vermutet, unser Edikt habe sich nur auf den
Fall testamentarischer Beerbung bezogen,
während der Fall der Intestatbeerbung im
Edikt des § 211 Berücksichtigung gefunden
habe. Sicher ist, dass in den Kommentaren
zum Edikt de separationibus kein Fall von
Intestatbeerbung vorkommt, und verdächtig,
dass in dem interpolierten Stück von fr. 1
§ 17 h. t. dem vorher genannten „testator"
ein „defunctus" substituiert wird. Auf die
sonstigen Streitfragen über das Recht der
separatio bonorum einzugehen — vgl. die
neuere Literatur bei Baviera, il comm.

separ. (1901) p. IX sq. —, ist hier nicht der
Ort.
[5]) D. (42. 7). Vgl. Degenkolb, Magister
u. Curator (1897), auch in dessen Beitr. 7.
Z. Pr. (1905) S. 159 fgg., Armuzzi, arch.
giur. LXXII p. 496 sqq.
[6]) Fr. 2 h. t., fr. 55 de procur. (3. 3), fr. 32
de manum. test. (40. 4), fr. 3 de fid. lib. (40. 5),
fr. 46 de A. R. D. (41. 1).
[7]) Fr. 58 pr. de V. S. (50. 16) cf. fr. 2 § 1 h. t.
[8]) Fr. 5 h. t.
[9]) Unrichtig eingeordnet ist diese Rubrik
bei Rudorff, E. P. § 210. In der Hauptstelle — fr. 2 h. t. — hält dieser den „curator" für eine Interpolation statt „magister"!
Vgl. E. P. § 217.
[10]) Vgl. fr. 2 § 1 h. t.: cuius bona ueneant.
[11]) Fr. 22 § 1 de reb. auct. iud. (42. 5), fr. 15
pr. ex quib. caus. mai. (4. 6), fr. 6 § 4 de tutel.

bei der Ernennung[1]) scheint auf blosser Praxis beruht zu haben, Ulp. 65 fr. 2 pr. h. t.:

> De curatore constituendo hoc iure utimur, ut praetor adeatur isque curatorem curatoresque constituat ex consensu maioris partis creditorum, uel praeses prouinciae, si bona distrahenda in prouincia sunt.

Ganz wie ein an Ediktwortlaut angelehnter Bericht sieht dagegen aus, was Ulp. 65 fr. 2 § 1 h. t. über die rechtliche Stellung des Kurators mitteilt:

> Quaeque per eum eosue, qui ita creatus creatiue essent, acta facta gestaque[2]) sunt, rata habebuntur: eisque actiones et in eos utiles competunt: et si quem curatores mitterent ad agendum uel defendendum, uti ius esset: nec ab eo satis, neque de rato neque iudicatum solui, nomine eius, cuius bona ueneant, exigetur, sed nomine ipsius curatoris, qui eum misit.

Offenbar ähnelt die juristische Stellung eines solchen Kurators gar sehr der eines cognitor in rem suam, daher Ulp. 65 fr. 55 de procur. (3. 3) diesen vergleichend heranzieht. Auf die Veräusserungsbefugnis des Kurators bezieht sich Ulp. 65 fr. 46 de A. R. D. (41. 1); auf die utiles actiones vergleichsweise Ulp. 65 fr. 3 de fid. lib. (40. 5). Diese letztern entsprachen ohne Zweifel denen des bonorum emptor: sie waren je nach Umständen mit Fiktion oder Umstellung formuliert, und die Legitimation des klagenden Kurators konnte nur durch exceptio curatoria zur Cognition des Judex gebracht werden.

§ 225. *QUAE FRAUDATIONIS CAUSA GESTA ERUNT*[3]).

Ulp. 66[4]), Paul. 62[5]), Gai. 24[6]), Iulian. 47[7]).

Ulp. 66 fr. 1 pr. h. t.:

> Ait praetor: Quae fraudationis causa gesta erunt[8]) cum eo, qui

---

(26. 1), fr. 6 § 2 quib. ex caus. in poss. (42. 4); fr. 1 § 4 de muner. (50. 4), fr. 1 § 1 de cur. bon. (42. 7), fr. 23 § 2. 3 de hered. instit. (28. 5), fr. 8 quib. ex caus. in poss. (42. 4), fr. 2 de feriis (2. 12); fr. 14 pr. de reb. auct. iud. (42. 5).

[1]) Gab es auch gewählte Kuratoren? Vgl. Degenkolb, a. a. O. S. 18 fgg.

[2]) Gai. 24 fr. 58 pr. de V. S. (50. 16).

[3]) D. (42. 8), C. (7. 75). Vgl. zu diesem § meine Abh. in der Festg. für A. S. Schultze (1903) S. 1 fgg., und gegen mich wieder Solazzi, bullett. XV p. 127 sqq. Solazzis Kritik hat mich veranlasst, die in jener Abh. gewonnenen Ergebnisse in einigen Punkten zu modifizieren; in der Hauptsache halte ich noch heute daran fest. Auf die ungeheuere Literatur der actio Pauliana und des interdictum fraudatorium einzugehen, ist an dieser Stelle nicht möglich. Vgl. das

Verzeichnis bei v. Schey, ZRG. XIII S. 120 n. 1, und weiter Dernburg, Pand. II § 144, E. Serafini, della revoca degli atti fraud. 1887—1889, Brezzo, la rev. d. atti fraud. 1892, Solazzi, la rev. d. atti fraud. 1902, Karlowa, II S. 1400 fgg., Girard, manuel (4. éd.) p. 422 ss.

[4]) Fr. 1, 3, 6 h. t., fr. 9 de obs. (37. 15) cf. fr. 5 i. f. eod., fr. 145 de R. I. (50. 17) = fr. 6 § 9 h. t.

[5]) Fr. 7, 9 h. t., fr. 74 pro socio (17. 2) vgl. unten S. 423 n. 2, fr. 46 de pecul. (15. 1) — falsch Paul. 60 inskribiert, cf. Paling. Paul. nr. 739; fr. 78 § 1 de V. O. (45. 1) cf. Paul. nr. 743.

[6]) Fr. 58 § 1 de V. S. (50. 16) cf. Ulp. 66 fr. 9 de obs. (37. 15), fr. 147 de R. I. (50. 17) cf. Paul. 62 fr. 46 de pecul. (15. 1).

[7]) Fr. 17 de m. c. don. (39. 6).

[8]) Ulp. 66 fr. 1 § 1. 2, fr. 3, 6 pr.—§ 7 h. t.

FRAUDEM NON IGNORAUERIT[1]), DE HIS CURATORI BONORUM UEL EI, CUI DE EA
RE ACTIONEM DARE OPORTEBIT, INTRA ANNUM, QUO EXPERIUNDI POTESTAS
FUERIT[2]), ACTIONEM DABO . IDQUE ETIAM ADUERSUS IPSUM, QUI FRAUDEM
FECIT, SERUABO.

Das vorstehende Edikt zeigt unverkennbare Spuren der Interpolation.
Unmöglich kann der Prätor die Person dessen, dem er die Klage gewähren
wolle, so unbestimmt bezeichnet haben: curatori uel ei cui de ea re
actionem dare (sic!) oportebit. Die gleiche Interpolation wiederholt
sich in fr. 7 h. t. (Paulus hat sicherlich hier nicht geschrieben: hi quibus
de reuocando eo actio datur) und kehrt in besonders abschreckender
Form auch bei dem interdictum fraudatorium wieder (fr. 10 pr. h. t.: si
actio ei ex edicto meo competere esseue oportet). Unmöglich
kann ferner der Prätor auf ein „actionem dabo" den Satz haben folgen
lassen: idque etiam aduersus ipsum qui fraudem fecit seruabo. Idque!
Soll dies „idque" etwa auf das „actionem dabo" zurückweisen? Aber
wenn der Prätor die im Digestentext erwähnte actio auch wider den fraudator selbst hätte gewähren wollen, so würde er dies gewiss mit ausdrücklichen Worten gesagt, auch deshalb schwerlich einen besondern Satz
hinzugefügt, sondern gleich im ersten Satz erklärt haben: et in eum et in
fraudatorem actionem dabo. Endlich sind die Worte „actionem dabo"
selbst (statt „iudicium dabo") durchaus dem Stil des Prätors entgegen[3]),
und gerade diese letzte Interpolation gibt m. E. den Schlüssel für die
Lösung aller Rätsel unseres Edikts. Das Originaledikt hat überhaupt
keine actio verheissen[4]). Zu dieser Vermutung stimmt durchaus
Ulpians Kommentar. Jedem, der dessen auf das Edikt bezüglichen Abschnitt liest, muss es auffallen, dass hier nirgends von der Zuständigkeit
einer actio, sondern lediglich von der Anwendbarkeit des „Edikts" die

[1]) Ulp. 66 fr. 6 § 8—13 h. t.
[2]) Ulp. 66 fr. 6 § 14 h. t.: ex die factae
uenditionis. Vgl. dazu meine angef. Abh.
S. 14. Dass der Anfangspunkt der Frist sowohl für das Rechtsmittel aus fr. 1 pr. h. t.
wie auch für das interdictum fraudatorium
(§ 268) der dies uenditionis bonorum war,
beweisen ausser fr. 6 § 14 und fr. 10 § 18 h. t.
auch c. 1, 2 und namentlich 5 h. t. (Solazzi, revoca p. 98 sq.), desgleichen fr. 10
§ 9. 10. 11 h. t. Für die Annahme von Interpolationen spricht keinerlei triftiger Grund
(nicht triftig scheinen mir insbesondere auch
die Ausführungen Solazzis, revoca p. 199
sq., bullett. XV p. 148 n. 1). Gegenüber den
obigen Zeugnissen kann nicht ins Gewicht
fallen, dass es in § 6 I. de act. (4. 6) „bonis
possessis" statt des zu erwartenden „uenditis" heisst, — es kam hier nicht auf die
genaue Bestimmung des Zeitpunktes der
Klage an. Noch viel weniger fr. 9 h. t., wo

die „bona possessa" als Zeitpunkt der
alienatio, nicht der Klage genannt sind.
Wirkliche Schwierigkeit machen nur zwei
auf das interd. fraud. bezügliche Stellen,
die beide eine Klage vor erfolgter bonorum uenditio bekunden: Cic. ad Att. I 1 § 3
und fr. 8 h. t. Die wahrscheinlichste Lösung
des Widerspruchs ist mir, dass zwar regelmässig Klage erst bonis uenditis zugelassen
wurde, weil erst jetzt die Verkürzung objektiv feststand, bei Gefahr im Verzug aber
causa cognita auch schon vorher. Die
Worte des Edikts standen dem nicht im
Weg.
[3]) Gradenwitz, Interpolationen S. 103 fgg.,
Lenel, ZRG. XXII S. 179 fg.
[4]) Interpolation von „actionem" für ein
originales — im Sinn der Kompilatoren
völlig gleichbedeutendes — „iudicium" (so
Solazzi, revoca p. 8 sq.), ist sehr unwahrscheinlich.

Rede ist[1]). „Edictum locum habere“, „ad hoc edictum pertinet“, „pertinet edictum ad eos“, „cessare hoc edictum“, das sind die Wendungen, deren sich der Jurist in fr. 3 und 6 pr.—§ 10 bedient. Von einer „actio“ ist erst in fr. 6 § 11—13 die Rede; aber diese §§ erläutern nicht mehr das Edikt; sie erörtern im Edikt nicht vorgesehene Fälle, — die hier erwähnte actio ist die gegen den redlichen Erwerber, während das Edikt nur den im Auge hat „qui fraudem non ignorauit“.

Was verhiess nun das Edikt, wenn es keine actio war? M. E. liegt die Antwort in einem andern scheinbaren Problem dieser Lehre verborgen, der actio rescissoria des § 6 I. de act. (4. 6): an Stelle des „actionem dabo“ der Kompilatoren ist die Verheissung einer Restitution zu setzen[2]). Die Kompilatoren haben den Text verändert, weil sie, wie wir in § 268 sehen werden, die verschiedenen Rechtsmittel, die das klassische Recht den verkürzten Gläubigern zur Verfügung stellte, in ein einziges verschmelzen wollten. Eine Restitution war im Falle unseres Edikts durchaus an ihrem Platz, weit besser als die Verheissung einer actio. Waren doch die „gesta“, worauf sich die Worte des Edikts bezogen, sehr verschiedener Art: es standen dabei keineswegs bloss Veräusserungen in Frage, sondern auch noch anderes, vgl. Ulp. fr. 1 § 2. 3 h. t.:

> late ista uerba patent . siue ergo rem alienauit siue acceptilatione uel pacto aliquem liberauit uel ei praebuit exceptionem siue se obligauit fraudandorum creditorum causa siue numerauit pecuniam uel quodcunque aliud fecit ...., palam est edictum locum habere[3]).

Der Prätor hatte bei seinem Eingreifen alle diese verschiedenen Möglichkeiten vorzusehen. Ulpian hätte hier wiederholen können, was er in fr. 9 § 3. 4 q. m. c. (4. 2) in Bezug auf das Edikt quod metus causa sagt:

> in negotiis quidem perfectis et exceptionem interdum competere et actionem, in imperfectis autem solam exceptionem .... Uolenti autem datur et in rem actio et in personam rescissa acceptilatione uel alia liberatione ....

Gegen unsere Vermutung ist eingewendet worden[4]), dass dies die einzige Restitution sein würde, die der Prätor ausserhalb des Titels „de i. i. r.“ versprochen hätte, und dass mit der Annahme einer Restitution die Entscheidung in fr. 7 h. t. unvereinbar sei, wonach der Rückgabeanspruch gegen den tertius fraudis particeps nicht bedingt sei durch Rückgabe des

---

[1]) Dass dies höchst auffallend ist, gibt auch Solazzi, bullett. XV p. 161, zu, hält aber die Richtigkeit seiner Auffassung unseres Edikts für so sicher, dass er darauf verzichtet „a indicare qualsiasi spiegazione, più o meno ipotetica, di questo fatto“.

[2]) Vgl. meine Abh. S. 9 fgg. Auch in fr. 6 § 14 h. t. ist „actionis“ interpoliert für „restitutionis“.

[3]) Dass in den hervorgehobenen Fällen eine actio nicht am Platze war, verkennt auch Solazzi nicht, (revoca p. 25, bullett. XV p. 162 n. 1). Er hilft sich teils durch Annahme von Interpolationen teils durch Argumente, die gegenüber dem „palam est edictum locum habere“ des Texts durchaus kraftlos sind.

[4]) Solazzi, bullett. XV p. 144.

von ihm etwa bezahlten Preises. Diese Gegenargumente entbehren jeder
Bedeutung. Systemwidrigkeiten sind im Edikt zu häufig, als dass sie
irgend Bedenken erregen könnten, und ob die Restitution des von dem
fraudator aufgegebenen Rechts von der Rückgabe des etwa empfangenen
Äquivalents begleitet sein müsse, war eine reine Billigkeitsfrage, die man
nach Umständen so oder anders (fr. 8 h. t.) entscheiden konnte.

Die Annahme, dass unser Edikt eine Restitution verheissen habe, löst
alle von dem Digestentext aufgegebenen Rätsel. Die Worte „uel ei cui
.... oportebit" haben die Kompilatoren hinzugefügt, um das von ihnen
geschaffene neue Rechtsmittel jedem einzelnen Gläubiger zugänglich zu
machen. Restitution dagegen kann einem einzelnen Gläubiger nicht verheissen und nicht gewährt worden sein. Bei ihr handelte es sich ja nicht
um eine Leistung, die einem einzelnen Gläubiger gemacht werden konnte,
sondern darum, Rechte, die der fraudator aufgegeben hatte, seinen bona
wieder zuzuführen. Die Rechte aber, die zu diesen bona gehörten, für sich
geltend zu ·machen, war der einzelne Gläubiger auch sonst nicht befugt.
Sollte es etwa ihm überlassen bleiben, ob er eine restituierte Vindikation
nun auch zur Durchführung bringen wolle? sollte, wenn einer von vielen
Gläubigern das Restitutionsbegehren erhoben und damit abgewiesen worden war, nun ein anderer auftreten und dies Begehren wiederholen dürfen?
oder umgekehrt die Abweisung des einen allen schaden? Dieser Weg
war offenbar nicht praktikabel. Man hätte daran denken können, dem
bonorum emptor das Recht einzuräumen, die fraudulosen Akte des Gemeinschuldners anzufechten. Allein dem stand das Interesse der Gläubiger
entgegen: um so unsicherer Aussichten willen hätte der Steigerer sein
Gebot nicht erhöht. So blieb nur eines übrig, und dies eine hat der Prätor
verfügt: die Restitution musste der Gesamtheit der Gläubiger eröffnet
werden, deren Vertreter der curator bonorum war. Ihm allein war im
Originaledikt die Restitution verheissen, und darum steht es auch unter
oder neben der Rubrik „de curatore bonis dando"[1]).

Was erreicht nun der Kurator mit der durchgesetzten Restitution?
Er erreicht — wir wollen den gewöhnlichen Fall der Eigentumsveräusse-
rung als Beispiel nehmen —, dass die dem fraudator durch die Veräusserung verloren gegangene rei uindicatio restituiert wird, und diese Vindikation kann er kraft seines Amtes statt des fraudator geltend machen;
das folgte schon aus dem Edikt des § 224, mag aber in unserm Edikt ausdrücklich wiederholt worden sein. Mit dieser uindicatio utilis kann er den
Belangten zwingen, ihm den Besitz der Sache herauszugeben, wodurch
er in die Lage kommt, sie im Interesse der Gläubiger zu verwerten[2]).

---

[1]) Von selbst versteht sich, dass, wenn,
wie wir annehmen, die Restitution, jedenfalls i. d. R., erst nach der bonorum uenditio erbeten werden konnte, das Amt des
Kurators für diesen Zweck die letztere
überdauern musste, ja vielleicht mitunter

ein Kurator gerade erst für diesen Zweck
ernannt wurde. Solazzi, bullett. XV p. 148
n. 1 scheint — ich weiss nicht warum —
dies für unmöglich zu halten.

[2]) Sei es im Weg einer zweiten bon. uend.,
sei es auch im Weg des Einzelverkaufs.

Des zivilen Eigentums bedurfte er zu diesem Zwecke nicht; doch wird der iudex auf Verlangen den Beklagten auch zu dessen Rückübertragung angehalten haben. Man darf nicht einwenden, dass ja auf diese Weise die Gläubiger mittels der Restitution ein Recht erhalten hätten — nämlich das Eigentum —, das ihnen selbst an den unveräussert gebliebenen Sachen des Schuldners nicht zukam[1]). Das war ein Ergebnis, das, infolge der Unmöglichkeit direkter Stellvertretung, ganz ebenso unvermeidlich dann eintrat, wenn der Kurator vermöge seiner allgemeinen Befugnisse — vgl. fr. 2 § 1 de cur. bon. d. (42. 7) — irgend einen persönlichen Anspruch des Gemeinschuldners auf Eigentumsübertragung, z. B. aus Kauf, mittels actio utilis geltend machte[2]). Der Prätor wusste durch die Mittel seiner iurisdictio dafür zu sorgen, dass das aus formalen Gründen dem Kurator erworbene Recht von ihm nur innerhalb der Schranken der Gläubigerbefugnisse gebraucht werden konnte.

Wie nun aber, wenn die Sachen, deren Vindikation dem Kurator restituiert worden war, sich gar nicht in dem Besitz des Erwerbers, sondern, wie dies bekanntlich gerade bei fraudulosen Veräusserungen sehr oft vorkommt, noch oder wieder in dem des fraudator selbst befanden? Nach allgemeinen Grundsätzen hätte die dem Erwerber gegenüber erlangte Restitution dem fraudator als einem Dritten gegenüber nicht gewirkt. Er hätte die Sachen als fremdes Eigentum nicht nur dem bonorum emptor, dem sie nicht mitverkauft waren, sondern auch den Gläubigern und ihrem Vertreter, dem Kurator, vorenthalten dürfen. Daher ergab sich die Notwendigkeit, die Wirkung der Restitution, die dem Erwerber als dem Eigentümer gegenüber zu erbitten war, ausdrücklich auch auf den fraudator zu erstrecken. Und dies dürfte in dem ursprünglichen Zusammenhang der Sinn des rätselhaften Satzes „idque etiam aduersus ipsum qui fraudem fecit seruabo" gewesen sein[3]). Sie besagen, dass der fraudator die Konsequenzen des ihm ohne seinen Willen wiederverschafften Eigentums zu tragen hat. —

Wenn unser Edikt keine Aktionsverheissung enthielt, so konnten doch, wie bereits bemerkt, aus der Restitution mancherlei Aktionen erwachsen. Ihre Formeln mussten, wie bei allen restituierten Klagen reszis-

---

[1]) So Solazzi, bullett. XV p. 148.

[2]) Hieher vielleicht Paul. 62 fr. 74 pro soc. (17. 2). Die Sache liegt ebenso z. B. auch bei der actio utilis des Forderungspfandgläubigers, vgl. Hellwig, Verpfänd. und Pfändung v. Forder. (1883) S. 178 fg. Man denke auch an den Fall, wo nicht die Rückgewähr aufgegebenen Eigentums, sondern eine restauratio obligationis in Frage steht (vgl. etwa fr. 10 § 22. 23 h. t.). Wie soll diese erfolgen, wenn nicht zu Gunsten des Kurators oder eines Gläubigers?

[3]) Anders meine angef. Abh. S. 11 fgg., und, ihr folgend, éd. perp. Dagegen Solazzi, bullett. XV p. 137 sqq., dessen eigene Ansicht mir freilich auch heute noch gerade so unhaltbar scheint wie früher. Wie Solazzi eine Stütze für diese seine Ansicht in fr. 12 h. t. erblicken kann (l. c. p. 130 sq., 136), eine Stelle, von der er selber sehr mit Recht nur den ersten Satz für echt erklärt (rev. p. 9), ist und bleibt mir ein Rätsel. Die in fr. 12 erwähnte Veräusserung ist nichtig, es bedarf also keiner Restitution zum Schutz der Gläubiger, — das ist alles, was sich aus der Stelle folgern lässt.

sorisch — rescissa alienatione uel liberatione — gefasst sein. Keine andere als diese reszissorische Formel ist, wie schon angedeutet, in dem viel-besprochenen § 6 I. de act. (4. 6) gemeint:

> Item si quis in fraudem creditorum rem suam alicui tradiderit, bonis eius a creditoribus ex sententia praesidis possessis permit-titur ipsis creditoribus[1]) rescissa traditione eam rem petere, id est dicere eam rem traditam non esse et ob id in bonis debitoris mansisse.

Theophilus (in h. l.) gibt dieser fiktizischen actio in rem den Namen „Pauliana", ein Name, dem wir in den Digesten nur bei Paul. fr. 38 § 4 de usur. (22. 1) begegnen[2]):

> In Fabiana quoque actione et Pauliana, per quam, quae in fraudem creditorum alienata sunt, reuocantur, fructus restituuntur: nam praetor id agit, ut perinde sint omnia atque si nihil alienatum esset. quod non est iniquum: nam et uerbum „restituas", quod in hac re praetor dixit, plenam habet significationem, ut fructus quoque restituantur.

Zwischen den beiden Stellen besteht ein offenbarer längst bemerkter Widerspruch. Theophilus zählt die reszissorische Klage, die er Pauliana nennt, mit den Institutionen zu den actiones in rem[3]); bei Paulus erscheint sie (cf. fr. 38 pr. eod.) als actio in personam. Alle Vereinigungsversuche, die man zur Beseitigung dieser Antinomie gemacht hat, sind m. E. ge-scheitert[4]). Man muss sich zwischen den beiden Zeugnissen entscheiden. Sollen wir dem Theophilus oder dem Paulus misstrauen? Die Frage auf-werfen heisst sie auch beantworten. Nicht nur hat das Zeugnis des Paulus unbedingten Vorrang; es ist auch leicht zu erklären, wie Theophilus zu seiner abweichenden Äusserung kam. Ist es nicht auffallend, dass die Institutionen und gewiss auch ihre klassische Vorlage den Namen der actio, die Theophilus als Pauliana bezeichnet, mit Stillschweigen übergehen? Nun wissen wir, wie oben schon bemerkt (vgl. § 268), dass Justinian die verschiedenen Rechtsmittel, die das klassische Recht zur Anfechtung frauduloser Veräusserungen gewährte, in ein einziges verschmolzen hat. Für dieses galt es einen Namen zu finden, und die Vermutung liegt nahe, dass die Byzantiner, ganz im Sinne der kaiserlichen Neuerung, der neuen einzigen Klage den Namen eines der alten Rechtsmittel beigelegt haben. Die actio Pauliana des klassischen Rechts war eine actio in personam; die Byzantiner aber bezeichneten so jedes Rechtsmittel, das ihnen in den

---

[1]) Dass die Klage „ipsis creditoribus" gewährt wurde, liess sich wohl auch sagen, wenn man sie sich durch den Kurator ver-treten dachte; wahrscheinlicher aber ist mir, dass „ipsis creditoribus" für den in der Vorlage genannten Kurator interpoliert wurde, vgl. meine angef. Abh. S. 9 fgg.

[2]) Er findet sich ausserdem noch in dem

schol. 1 zu Basil. LX 5, 36 (Heimb. V p. 369) und in den glossae Labbaei (Otto, thes. III p. 1740) s. v. ἰνρὲμ Παυλιανή.

[3]) Ebenso in der übrigens wertlosen gloss. Labb. (s. n. 2). In den Basil. IX 8 § 1 heisst anscheinend die gleiche Klage οὐτιλία.

[4]) Auch der meinige in der 1. Auflage S. 352.

Quellen zur Anfechtung frauduloser Veräusserungen vorkam, — ob in rem, ob in personam, ob so oder anders formuliert, war ihnen überaus gleichgültig. Bei dieser Annahme bleibt nur die Frage, wo jene klassische actio in personam unterzubringen ist. Die Antwort werde ich unten in § 268 zu geben suchen. Es wird sich dort zeigen, dass die aus dem fraudatorischen Interdikt entspringende actio arbitraria durch eine besondere Fassung der clausula de restituendo ausgezeichnet war. Dieser Eigentümlichkeit wird sie einen Sondernamen verdankt haben, wie man ja auch dem iudicium secutorium der interdicta retinendae possessionis einen Sondernamen — Cascellianum — gegeben hat. Sie ist es m. E., die in dem Fragment des Paulus als Pauliana bezeichnet wird[1]).

Fragt man nun näher nach der Gestalt der Formel[2]), so ist zunächst soviel sicher, dass Rudorffs Rekonstruktion (E. P. § 221), die das eigentliche Klagfundament in die Fiktion hereinzieht,

Si L. Titius in hoc anno fraudandorum creditorum causa N° N°, cum is fraudem non ignoraret, ... non tradidisset, tum si ....

unhaltbar ist.

Näher kommt jedenfalls dem Richtigen Huschke[3]):

Quod a Lucio Titio fraudationis causa N° N°, qui eam fraudem non ignorauit, fundus Cornelianus uenditus, mancipio datus et traditus est, si is fundus N° N° uenditus, mancipio datus et traditus non esset, tum si paret eum in bonis Lucii Titii mansisse, iudex *rel.*

Indes leidet auch diese Formel noch an einem schweren Mangel: unmöglich kann die echte Formel auf die Fiktion des in bonis esse gestützt gewesen sein[4]). Alle uns in den Quellen überlieferten Fiktionen sind Fiktionen ziviler Berechtigung oder Verpflichtung; anderweite Fiktionen sind nicht nur unerhört und an sich unwahrscheinlich, sondern auch eine ganz zwecklose Weitläufigkeit. Gesetzt der fundus war nicht manzipiert, sondern nur verkauft und tradiert, war es nicht viel natürlicher, dass dann der Kurator einfach die rei uindicatio anstellte und abwartete, ob die exceptio rei uenditae et traditae opponiert werde, um dieser dann mit einer replicatio zu begegnen? Allerdings lautet die Institutionenstelle wirklich so, als ob fingiert worden wäre: si non tradidisset, tum si in bonis esset. Allein es liegt doch auf der Hand, dass die Institutionenverfasser nach Abschaffung der Manzipation und des ex iure Quiritium unmöglich den klassischen Schriftsteller, den sie hier bearbeiteten, seinem ursprünglichen Wortlaut nach bringen konnten: wie mag man daher ihr Machwerk als Grundlage für die Rekonstruktion benutzen!

---

[1]) Zur näheren Begründung verweise ich auf die zit. Abh. S. 18 fgg. und unten § 268.
[2]) Alle bisher gemachten Formulierungsversuche (vgl. ausser den oben erwähnten etwa noch v. Schey, a. a. O. S. 158) zu be-

sprechen, ist schon deshalb unmöglich, weil sie z. Teil von anderm Standpunkte ausgehen.
[3]) Z. f. C. R. u. Pr. N. F. XIV S. 66.
[4]) Vgl. auch Voigt, Condictionen n. 744, v. Schey, a. a. O. S. 128 fgg.

Als neuester Versuch sei noch die Formulierung Solazzis[1]) erwähnt:
S. p. L. Titium in hoc anno fraudationis causa N° N° qui eam fraudem non ignorauit hominem mancipio dedisse eumque, si mancipio
datus non esset, in bonis L. Titii mansurum esse, si ea res a. t. n. r.,
q. e. r. e., t. p. rel.

Solazzi glaubt, diese seine Formel mache dem iudex zur Pflicht „a con-
siderare se l'autore dell' alienazione fraudolenta fosse sempre il titolare del
patrimonio in cui erano stati immessi i creditori"[2]), d. h. sie lasse eine Verurteilung nur dann zu, — und das sei eben der Zweck der Fassung —,
wenn feststehe, dass das Vermögen, über das Konkurs eröffnet worden,
das des fraudulosen Veräusserers sei (nicht etwa z. B. das seines Erben oder
eines andern Universalsukzessors). In Wirklichkeit weist seine Formel, in
sprachlich allerdings nicht einwandsfreier Form, den iudex an, zu untersuchen, ob der fraudator, wenn er die fraudulose Veräusserung an den
N⁸ N⁸ nicht vorgenommen hätte, die veräusserte Sache behalten (und nicht
vielleicht an irgend einen andern veräussert) hätte. Um Solazzis Gedanken
auszudrücken, wäre ausreichend, aber auch notwendig eine intentio folgenden Wortlauts gewesen: s. p. L. Titium, cuius bona a creditoribus possessa
sunt, ... mancipio dedisse, wobei freilich von der Überlieferung des § 6
I. de act. nichts übrig bleiben würde.

Meiner Überzeugung nach lautete unsere reszissorische Klagformel
etwa so:

> Si quem hominem L. Titius N° N° mancipio dedit, L. Titius
> N° N° mancipio non dedisset, tum si pareret eum hominem q. d.
> a. ex iure Quiritium L. Titii esse, si ea res arbitrio tuo non
> restituetur[3]), q. e. r. e., tantam pecuniam, iudex, N^m N^m A° A° c.
> s. n. p. a.

In dieser Formel ist, wie man sieht, von der Fraudierungsabsicht wie auch
von der Jahresfrist für die Anfechtung nicht die Rede: es war Sache des
Prätors, vor Gewährung der reszissorischen Klage hierüber zu cognos-
zieren[4]). Desgleichen cognoszierte der Prätor auch über die conscientia
fraudis auf seiten des Beklagten[5]). Unsere Fassung stimmt, wenn man
die durch das veränderte Recht geforderten Modifikationen in Rechnung
zieht, vollkommen mit der Formulierung bei Theophil. zu § 6 I. cit.[6]):

> ὡσανεὶ μὴ ἐτραδιτεύθη τόδε τὸ πρᾶγμα ὑπὸ δεβίτωρος, εἰ φαίνεται αὐτὸ
> ἐν τοῦ δεβίτωρος μεμενηκέναι δεσποτείᾳ.

---

[1]) Revoca p. 47.
[2]) bullett. XV p. 153 in der Note.
[3]) Über fr. 38 § 4 de usur. (22. 1) — uerbum „restituas" quod in hac re praetor
dixit — s. unten § 268.
[4]) Nimmt man an, dass diese Cognition
dem Judex überlassen werden konnte, so
muss man formulieren: Si quem hominem
L. Titius in hoc anno f. c. mancipio dedit

N° N° qui eam fraudem non ignorauit, eum
is mancipio non dedisset, tum si rel.
[5]) Wo von diesem Erfordernis abgesehen
wurde — fr. 6 § 10. 11. 13 h. t. —, wurde
utilis actio erteilt: si quem hominem L. Titius N° N° donandi causa mancipio dedit
rel. Vgl. fr. 6 § 13 cit.
[6]) Ferrini, rend. del R. ist. Lomb. ser. II
vol. XVII p. 896.

Ganz entsprechend wurden auch die zivilen actiones in personam restituiert. Die in factum konzipierten prätorischen Aktionen bedurften natürlich keiner fiktizischen Formel, wogegen bei den fiktizischen die verschiedenen Fiktionen kombiniert wurden [1]).

Tit. XLII.

§ 226. *DE SENTENTIA IN DUPLUM REUOCANDA.*

Ulp. 66 [2]), Paul. 62 (?) [3]).

Gai. IV 9:

> ... aduersus infitiantem in duplum agimus .... per actionem iudica*ti*.

Vgl. Gai. IV 171, Paul. sent. I 19 § 1.

Dass die Formel der actio iudicati an dieser Stelle des Edikts proponiert war, dafür liefert, wie schon oben (S. 391 unten) bemerkt, fr. 6 de re iud. durch seine Inskription den vollen Beweis.

Für die Rekonstruktion fehlen uns fast alle Anhaltspunkte. Was Bethmann-Hollweg [4]) als solche beibringt, ist von keiner Bedeutung. Ob und inwieweit die legis actio bei Gai. IV 21 in die Formel übergegangen ist, wissen wir nicht. Der von Bethmann-Hollweg als solenn bezeichnete Ausdruck „iudicatum facere oportere" — Gai. III 180 — kommt nur vereinzelt vor [5]) und braucht so wenig formelmässig zu sein, wie das bei Gai. l. c. ebenfalls erwähnte condemnari oportere. Das Edikt endlich in fr. 4 § 3 h. t., worauf sich B.-H. ebenfalls bezieht, geht, wie S. 391 fg. nachgewiesen, gar nicht auf die formulierte actio iudicati, sondern auf die Personalexekution.

Hienach scheint mir das Ratsamste, auf Hypothesen ganz zu verzichten. Wohin diese führen, das erweisen die Rekonstruktionsversuche Bethmann-Hollwegs (a. a. O.) und Rudorffs (E. P. § 198). Beide Schriftsteller glauben zwei verschiedene Formeln annehmen zu sollen. B.-H. konstruiert für die actio iudicati aus iudicium legitimum eine actio ad legis actionem expressa:

> Quod N[s] N[s] A° A° sestertium X milia condemnatus est: si A[s] A[s] N° N° manus iniecisset: tum quidquid N[m] N[m] A° A° dare facere oporteret: eius, iudex, N[m] N[m] A° A° duplum condemna.

Diese Formel ist monströs. Ein „quidquid d. f. oportet" gegründet auf

---

[1]) Dies gegen Huschke, a. a. O. S. 53.
[2]) Fr. 6, 18 de re iud. (42.1), fr. 56 de procur. (3.3) — letztere Stelle gehört der Untersuchung der Frage an, wem aus Prozess des Vertreters die actio iudicati zustehe —, fr. 9 de cond. indeb. (12. 6), fr. 13 de compens. (16. 2) — compensatio und deductio gegenüber der actio iudicati?

[3]) Fr. 56 de solut. (46. 3).
[4]) C. P. II S. 635 n. 28.
[5]) Gewöhnlich finden wir iudicatum facere debere oder cogi oder compelli: s. z. B. fr. 6 de feriis (2. 12), fr. 35 de nox. act. (9. 4), fr. 45 § 1 de iudic. (5. 1), fr. 45 de fideiuss. (46. 1).

die Fiktion einer legis actio per manus iniectionem! Wann in aller Welt
war denn die Folge der letztern eine obligatio incerti des iudicatus?
Sollte die Fiktion durchgeführt werden, so hätte es offenbar heissen müssen
„quantam pecuniam uindicem ab eo datum condemnari oporteret, tantam
pecuniam, iudex, N^m N^m A° A° c. s. n. p. a.“

Auf Grund eines iudicium imperio continens gewährt B.-H. eine in
factum actio:

> S. p. N^m N^m A° A° sestertium X milia condemnatum esse eamque
> pecuniam intra legitimum tempus solutam non esse: quanti ea res
> erit, tantae pecuniae duplum *et rel.*

Auch diese Formel ist sehr auffallend. Decem milia quanti ea res erit!
B.-H. wählt diese Form, weil er glaubt, die actio iudicati habe wegen der
Urteilszinsen eine condemnatio incerta haben müssen. Allein erstens ist
die Verpflichtung zur Zahlung von Urteilszinsen wahrscheinlich in der
extraordinaria cognitio aufgekommen und jünger als das Hadrianische
Edikt[1]). Zweitens ist nirgends gesagt, dass in der actio iudicati auch die
Urteilszinsen dupliert wurden. Die intentio B.-H.s erregt nicht minder
Bedenken. „S. p. . . . . condemnatum esse“? Wo in den Quellen die
Frage nach der Gültigkeit eines Urteils als Streitpunkt erwähnt wird, ist
immer das Wort „iudicatum“ gebraucht[2]); so heisst auch die actio
„iudicati actio“, und in der legis actio (Gai. IV 21) heisst es „iudicatus
siue damnatus“ oder vielleicht auch bloss einfach „iudicatus“[3]). Weiter:
„eamque pecuniam intra legitimum tempus solutam non esse“. Wie,
wenn die Summe post legitimum tempus bezahlt war? war dann die actio
iudicati gleichwohl zuständig und bedurfte es einer exceptio?

Rudorff unterscheidet, anders als B.-H., zwischen dem Fall, si legitimo iudicio in personam actum fuerit ea formula, quae iuris ciuilis
habet intentionem, und den übrigen möglichen Fällen[4]). Dort formuliert
er in ius:

> Quantae pecuniae paret N^m N^m ab illo iudice A° A° condemnatum,
> iudicatum facere oportere, tantae pecuniae dupli

Hier in factum:

> S. p. . . . . iudicatum esse, quanti ea res est, tantae pecuniae
> duplum . . . .

---

[1]) Die Digesten erwähnen sie nirgends.
Im Codex kommen die gesetzlichen Urteilszinsen zuerst in einem Reskript Caracalla's
vor: c. 1 de usur. rei iud. (7. 54), wo aber
von einem Priuileg des Fiskus die Rede zu
sein scheint. In c. 13 i. f. de usur. (4. 32) —
Alexander — liegt die Annahme einer Interpolation sehr nahe. Richterlich verordnete
Urteilszinsen finden sich unter Seuer und
Caracalla: c. 1 de sent. quae sine certa quant.
(7. 46).

[2]) Vgl. fr. 1 pr. quae sent. sine app. (49. 8),
fr. 11 de transact. (2. 15), Cic. pro Flacco c. 21

§ 49. „Condemnatum“ scheint die auch bei
Ungültigkeit des Urteils immerhin vorhandene Tatsache zu bezeichnen, daher in fr. 2
pr. quae sent. sine app. (49. 8): ineffica-
citer condemnatum.

[3]) Nämlich wenn man liest „IUDICATUS
(siue DAMNATUS)“. So Krüger-Studemund. Vgl. hiezu Wlassak, ZRG. XXXVIII
S. 175 fgg.

[4]) So dürften wohl die etwas undeutlichen
Bezeichnungen bei R., E. P § 198 g. E., zu
verstehen sein.

Beide Formeln sind aus dem bereits von mir widerlegten Grunde als incertae gedacht; die erste dürfte schon grammatisch schwer zu konstruieren sein. Die ganze Rudorff'sche Unterscheidung schwebt aber in der Luft, da sie in dem, was Gai. IV 106 sq. von der konsumierenden Wirkung des Urteils sagt, keinerlei Rechtfertigung findet.

Ich meinerseits stimme Bethmann-Hollweg insofern zu, als auch ich es für wahrscheinlich halte, dass auf Grund eines iudicium legitimum anders formuliert wurde als auf Grund eines iudicium imperio continens[1]). Dort müssen wir eine zivile[2]), hier eine honorarische Formel vermuten. Für die Fassung dieser Formeln, insbesondere dafür, dass die honorarische fiktizisch gefasst war, haben wir, wie bemerkt, keinerlei Anhalt[3]).

Neben der actio iudicati finden wir in den Quellen mehrfach ein vom verurteilten Beklagten ausgehendes „sententiam in duplum reuocare" erwähnt.

Cic. pro Flacco c. 21 § 49:

> frater meus .... decreuit, ut, si iudicatum negaret, in duplum
> iret ....

Paul. sent. V 5ª § 8:

> Res olim iudicata post longum tempus in iudicium deduci non
> potest nec eo nomine in duplum reuocari.

Vgl. noch Paul. sent. V 5ª § 7 [5], c. 1 C. Greg. quib. res iud. (10. 1).

Der Ausdruck passt an sich auch auf die mit dem periculum dupli verbundene Übernahme der actio iudicati, und es ist sehr wahrscheinlich, dass er diese defensive Nichtigkeitsbeschwerde des Beklagten mit umfasst[4]). Jedenfalls aber bezeichnet er auch eine hievon unterschiedene offensive Nichtigkeitsbeschwerde[5]), über deren Form wir nicht unterrichtet sind: es könnte etwa an ein praeiudicium an iudicatum sit[6]), unter vom condemnatus anzubietender Pönalsponsion[7]), gedacht werden, wobei Verweigerung der

---

[1]) A. M. Eisele, Abh. z. röm. C. P. (1889) S. 155 fgg. Dagegen Wlassak, röm. Prozessges. I S. 98 fg., Naber, Mnemos. XXII S. 245 fg.

[2]) Anders die 1. Aufl. auf Grund von fr. 6 § 3 de re iud. ict. fr. 35 de O. et A. (44. 7). Aber nichts hindert, die in fr. 6 § 3 cit. gemachte Bemerkung auf die honorarische Formel allein zu beziehen. Vgl. Naber, a. a. O.

[3]) Für die honorarische Formel scheint mir der Vorschlag Eiseles, a. a. O. S. 155, „s. p. Nᵐ Aᵒ HS X milia iudicatum esse eamque pecuniam solutam non esse" formal einwandfrei. Die zivile könnte auf „dare oportere ex causa iudicati" abgestellt gewesen sein, — doch spricht fr. 28 § 8 de iureiur. (12. 2) gegen diese Fassung. Die condemnatio ging jedenfalls beidemal in duplum, abgesehen von den Ausnahmsfällen, für die Wenger in seiner gründlichen Abhandlung „z. L. v. d. Actio iudi-

cati" (1901) die condemnatio in simplum erwiesen hat. Dass für diese Fälle besondere Formeln im Album proponiert waren, ist nicht anzunehmen.

[4]) Rudorff, Zschr. f. gesch. R. W. XIV S. 311 fgg., Keller, C. P. n. 983. Vgl. namentlich auch c. 1 C. Greg. cit. A. M. Puchta, Curs. d. Instit. § 181, Bethmann-Hollweg, C. P. II S. 726.

[5]) Cic. pro Flacco l. c.

[6]) Ob fr. 1 pr. quae sent. sine app. (49. 8) und fr. 11 de transact. (2. 15) hieher gehören, ist mehr als zweifelhaft. Die Auslegung ersterer Stelle durch Bremer, Rhein. Mus. f. Philol. XXI S. 44, vermag ich ebensowenig zu akzeptieren wie die Rudorffs, Zschr. f. gesch. R. W. XV S. 261. S. jetzt Eisele, a. a. O. S. 177 fgg., der mit gutem Grund in beiden Stellen Cognition annimmt.

[7]) Schol. Bob. zu Cic. l. c.: in duplum iret: dupli sponsionem faceret.

Einlassung Denegation der actio iudicati nach sich gezogen hätte. Unwahrscheinlich ist mir die Annahme Bethmann-Hollwegs[1], die reuocatio in duplum sei eine Rückforderung des gezahlten Judikats mit der poena dupli gewesen. —

Ein besonderes, dem unterlegenen Kläger zuständiges, Rechtsmittel zur Anfechtung der nichtigen absolutorischen Sentenz scheint es nicht gegeben zu haben. Doch stand es ihm frei, die abgewiesene Klage von neuem zu erheben und der exceptio rei iudicatae mit der Behauptung der Nichtigkeit zu begegnen[2]. Wie ihm geholfen wurde, wenn zwar das Urteil nichtig, das iudicium aber an sich rechtsbeständig, die abgewiesene actio also konsumiert war (Restitution?), und ob ferner die Behauptung der Nichtigkeit für den abgewiesenen Kläger ganz gefahrlos war, — auf diese naheliegenden Fragen müssen wir die Antwort schuldig bleiben. —

Noch ist schliesslich zu bemerken, dass aus dem extra ordinem vom Magistrat gefällten Spruch keine eigentliche actio iudicati hervorging. Es mag dahingestellt bleiben, ob schon die Klassiker oder erst die Byzantiner den hier stattfindenden Vollstreckungsanspruch als „actio proiudicati" bezeichneten[3], — jedenfalls gab es keine Formel für ihn. Da die Sentenz selbst nicht im ordentlichen Verfahren gefällt war, so wird man auch über ihre Gültigkeit oder Nichtigkeit im Weg der Cognition prozediert haben[4].

Tit. XLIII.

DE INTERDICTIS.

Ulp. 67[5]—73, Paul. 63[6]—68, Gai. 25. 26, Iulian. 48. 49, Venulei. lib. 1—6 interdict.

Einleitung.

Ehe zur Untersuchung der einzelnen Interdikte geschritten werden kann, sind einige Formulierungsfragen von allgemeiner Bedeutung zu erledigen.

I. Bei den restitutorischen und exhibitorischen Interdikten kann sich bekanntlich je nach dem Verhalten des Beklagten das Verfahren verschieden gestalten. Verlangt er „antequam ex iure exeat" einen arbiter, dann, so heisst es bei Gai. IV 163:

---

[1] C. P. II S. 725 fgg. Ebenso Eisele, a. a. O. S. 162 fg.

[2] Paul. sent. V 5ª § 8. Dazu Huschke, iurispr. anteiust. ad h. l. Post longum tempus stand nach dieser Stelle der abgeurteilten Klage eine exceptio longi temporis entgegen, die der Beklagte dann also mit der exceptio rei iudicatae verbinden musste. Falsch ist

die Auslegung der Stelle durch Cuiac. opp. I p. 477.

[3] Ulp. 4 fr. 7 § 13 de pact. (2. 14), dazu das schol. 30 in Basil. ed. Heimb. 1 p. 572. S. oben S. 398.

[4] Eisele, a. a. O. S. 183 fg. Anders d. 1. Aufl.

[5] Einleitung: fr. 1 de interd. (43. 1).

[6] Einleitung: fr. 2 eod.

accipit formulam quae appellatur arbitraria[1]), et iudicis arbitrio, si quid restitui uel exhiberi debeat, id sine periculo exhibet aut restituit, et ita absoluitur: quodsi nec restituat neque exhibeat, quanti ea res est[2]), condemnatur.

Dagegen (Gai. IV 165):

si arbitrum non petierit, sed tacitus de iure exierit, cum periculo res ad exitum perducitur: nam actor prouocat aduersarium sponsione, (quod) contra edictum praetoris non exhibuerit aut non restituerit: ille autem aduersus sponsionem aduersarii restipulatur: deinde actor quidem sponsionis formulam edit aduersario: ille huic inuicem restipulationis: sed actor sponsionis formulae subicit et aliud iudicium de re restituenda uel exhibenda, ut, si sponsione uicerit, nisi ei res exhibeatur aut restituatur, quanti ea res erit, aduersarius ei condemnetur.

Dieser Bericht gibt zu folgenden Fragen Anlass.

1. Ist von den Worten, in denen der Prätor die Möglichkeit dieses doppelten Verfahrens andeutete, etwas erhalten? Prob. Einsidl. 70 hat die Abkürzung

R. A. Q. E. I. E. = restitutus antequam ex iure exeas.

Das offenbar fehlerhafte restitutus verbessert Mommsen, welchem Huschke und Krüger folgen, in restituas, und auf Grund dieser Konjektur hängt Rudorff[3]) allen restitutorischen und exhibitorischen Interdikten, hinter dem in den Digesten überlieferten restituas oder exhibeas, die Worte an: antequam ex iure exeas. Der erste Eindruck, den diese Formulierung macht, ist nicht bestechend: würde doch hienach ein Beklagter, der z. B. trotz operis noui nuntiatio fortgebaut oder der den Kläger aus einem einige Tagereisen entfernten Grundstück dejiziert hatte, die gar nicht ausführbare Anweisung erhalten haben, sofort in iure zu restituieren. Gleichwohl hüte man sich, Rudorffs Vermutung für unmöglich zu erklären[4]). Wir wissen aus Gaius, dass, sobald der Beklagte tacitus, d. h. ohne den arbiter zu erbitten, sich ex iure entfernte, der Kläger das Sponsionsverfahren einleiten konnte:

actor prouocat aduersarium sponsione, (quod) contra edictum praetoris non exhibuerit aut non restituerit.

Ohne Erbittung des arbiter nützte also dem Beklagten der beste Wille, baldigst zu restituieren, nicht das geringste. Der Kläger brauchte ihm keinerlei Frist zu gewähren. Danach aber muss das prätorische Dekret

---

[1]) Vgl. Ulp. fr. Vindob. § 5.

[2]) Auch bei den Interdikten zum Schutze der loca sacra und religiosa? Man möchte hier eher eine condemnatio in bonum et aequum concepta vermuten. Doch spricht Gaius allgemein, und undenkbar ist die Fassung „quanti ea res est" nirgends.

[3]) Vgl. denselben in ZRG. III S. 6 fg.

[4]) Dies tut der Referent (Adolf Schmidt) im liter. Centralblatt 1869 S. 420. Rudorff

selbst scheint an der Formulierung überhaupt gar nichts auffallendes gefunden zu haben; a. a. O. bespricht er dieselbe so, als ob das Wort „restituas" mit „arbitrum postules, ut eius arbitrio restituas" völlig identisch wäre. Dass diese Auffassung nicht ohne Berechtigung ist, ergibt das „sei non restituet" in l. Rubr. c. XXII lin. 35 und Cic. pro Tull. c. 23 § 53: per arbitrum restituas. Vgl. Demelius, Confessio S. 148.

notwendig den Sinn gehabt haben „restituas antequam ex iure exeas": sonst hätte der Beklagte sich im Sponsionsprozess mit Recht durch die Behauptung verteidigen können, ein Verfehlen gegen das prätorische Gebot liege nicht vor, da ihm die zum Gehorsam notwendige Zeit nicht gelassen worden sei, eine Verteidigung, die natürlich durchaus unzulässig war. Ist dem aber so, dann lässt sich gewiss viel dafür sagen, dass das „antequam ex iure exeas" auch ausdrücklich in jedem Interdikt stand, um dem Missverständnis vorzubeugen, dass der Befehl sich mit der zu seiner Befolgung notwendigen Frist verstehe, und wir dürfen an der Unausführbarkeit des „restituas antequam ex iure exeas" keinen Anstoss nehmen. Der ganze Befehl erscheint dann als eine blosse Form, die den Zweck hat, die Grundlage für die zu erwartende Sponsion abzugeben, welch letztere, um dem Beklagten alle Möglichkeiten berechtigter Verteidigung[1]) offen zu lassen. auf „si aduersus edictum non restituisti" gestellt sein musste. Die materielle Bedeutung des „antequam ex iure exeas" würde bei dieser Auffassung nicht im konkreten Befehl zu suchen sein, sondern in der allgemeinen Norm, die in dem proponierten Interdiktsformular verborgen ist. Restituiere beizeiten, so warnt der Prätor im Album: denn bist du erst in iure, so lasse ich dir keine Zeit mehr dazu[2]). Nehmen wir an, dass der Prätor nicht schlechtweg „restituas antequam ex iure exeas" sagte, sondern daneben für den Fall, dass die sofortige Restitution nicht möglich sein sollte, sogleich die Alternative stellte, den Arbiter zu erbitten, so wird auch das Auffallende der Form gemildert.

Trotzdem sich nun, wie gezeigt, sehr viel für Rudorffs Vermutung beibringen lässt, kann ich mich doch nicht entschliessen, seinem Beispiel zu folgen. Denn alles in allem betrachtet, handelt es sich doch nur um eine Hypothese, die durch den vereinzelten Satz aus Probus, wo das wichtigste Wort gar erst durch Konjekturalkritik hergestellt werden muss, nicht hinreichend beglaubigt erscheint. Der Prätor hatte auch noch andere Wege, um seine Absicht klarzustellen, — man denke nur an die aus den Quellen freilich nicht zu erweisende, aber auch nicht zu widerlegende Möglichkeit eines allgemeinen Edikts über das Interdiktenverfahren —: dass er jenen Weg eingeschlagen, ist möglich, vielleicht wahrscheinlich, aber nicht erwiesen.

2. Wie lautete die formula arbitraria? Hierauf ist zu antworten, dass wir über deren Fassung nicht unterrichtet sind und dass daher der Versuchung, sie für die einzelnen Interdikte zu rekonstruieren, zu widerstehen ist. Sicher unrichtig sind Rudorffs Rekonstruktionen, die durchweg mit einem vorangestellten „Si paret" die Voraussetzungen des Restitutions- oder Exhibitionsbefehls ausdrücklich zum Beweis stellen (z. B. si paret .... prohibente A° A° ... opus factum esse). Wäre die Formel so

---

[1]) Nämlich die Verteidigung, dass die Voraussetzungen des Restitutionsbefehls fehlten, und die, dass bereits restituiert sei.

[2]) Dagegen Ubbelohde, Interdikte, Forts. v. Glück, II S. 229 fg.

gefasst gewesen, so hätte Proculus nimmermehr die von Gai. IV 163 überlieferte irrige Meinung gewinnen können, in der Erbitterung des arbiter liege
das Zugeständnis der Restitutions- oder Exhibitionspflicht[1]). M. E. muss
die Formel, wenn sie neben der richtigen auch diese falsche Auslegung
zulassen sollte, einfach den Inhalt des Interdikts reproduziert haben, also
beispielsweise etwa:

*Quod opus . . . . . . ui aut clam factum est, si arbitratu tuo non
restituetur, quanti ea res erit,* et rel.

Je nachdem man in einer solchen Formel den Inhalt des demonstrations-
ähnlichen Anfangssatzes als nach Auffassung des Prätors feststehend oder,
wie jede andere demonstratio, als im Bestreitungsfalle beweisbedürftig
ansah, musste man zu der Proculianischen oder zur rezipierten Sabiniani-
schen Auffassung kommen.

3. Wie lauteten die Sponsionen? Für ein Interdikt — das Quorum
bonorum — ist uns der Anfang der sponsio bei Cic. ad famil. VII 21 in
den Worten erhalten:

Si bonorum Turpiliae possessionem Q. Caepio praetor ex edicto suo
mihi dedit.

Ohne Zweifel im wesentlichen richtig hat Huschke[2]) im Anschluss an
diese Überlieferung die ganze Sponsion folgendermassen rekonstruiert:

*Si bonorum Turpiliae possessionem Q. Caepio praetor ex edicto
suo mihi dedit, quod de his bonis pro herede aut pro possessore
possides (possideresue si nihil usucaptum esset)[3]) quodque dolo
malo fecisti, uti desineres possidere, id si contra illius praetoris
edictum mihi non restituisti, tot nummos dare mihi spondes?
spondeo.*

Diese Sponsion reproduzierte also den Gesamtinhalt des Interdikts in seiner
konkreten Fassung, und sicherlich werden wir ein Gleiches auch für die
Sponsionen bei sehr vielen andern Interdikten anzunehmen haben. Dass
diese Fassung aber die ausnahmslose Regel und zwar nicht bloss bei
den restitutorischen und exhibitorischen, sondern auch bei den prohibitorischen Interdikten gebildet habe[4]), ist doch wohl mehr behauptet als sich
beweisen lässt. Je nach der Fassung des Interdikts konnte es sich im
Interesse der Klarheit empfehlen, statt einer Reproduktion sich mit einer
Rückverweisung auf den Inhalt des Interdikts zu begnügen; es lässt sich
durchaus nicht absehen, warum der Prätor nicht mitunter auch diesen
Weg beschritten haben sollte, und wenn Gai. IV 166[a] bei den zweiseitigen
prohibitorischen Interdikten die Aufgabe des iudex sponsionis dahin
präzisiert:

illud scilicet requirit (*quod*) praetor interdicto complexus est,

---

[1]) Vgl. Gai. l. c.: quasi hoc ipso confessus
uideatur restituere se uel exhibere de*bere.*
[2]) Studien des röm. R. (1830) S. 11. Vgl.
Schmidt, das Interdiktenverfahren der
Römer (1853) S. 243 fg.

[3]) Das Eingeklammerte lässt Huschke
als erst Hadrians Zeit angehörig weg. S. dagegen Leist, B. P. I S. 101—107, Serie der
Bücher 37. 38 I S. 379 fgg.
[4]) Schmidt, a. a. O. S. 243.

so spricht dies m. E. dafür, dass mindestens hier die Sponsion für sich allein den Judex nicht genügend instruierte[1]).

Die Höhe der Sponsionssumme wurde aller Wahrscheinlichkeit nach durch Eid des Klägers bestimmt — quanti actor iurauerit non calumniae causa se postulare sponsionem fieri[2]) —, jedoch innerhalb der Maximalgrenze des Streitwerts[3]) und mit Moderationsrecht des Prätors.

4. Das bei Gai. IV 165 i. f. erwähnte, an den Sponsionsprozess sich anschliessende iudicium de re restituenda uel exhibenda ist ohne Zweifel identisch mit dem bei den prohibitorischen Interdikten (Gai. IV 166ª. 169) vorkommenden, gleichem Zwecke dienenden iudicium Cascellianum siue secutorium. Da die betreffende Formel stets unmittelbar an die auf Grund der Sponsion erteilte angeschlossen wurde — Gai. IV 165 —, so war hier eine erneute Detaillierung des Tatbestands überflüssig und Gai. l. c. dürfte mit den Worten

si sponsione uicerit, nisi ei res exhibeatur (aut restituatur),

die Kondemnationsbedingung, die hier bei allen Interdikten gleichlautend war, vollständig wiedergegeben haben[4]).

II. Bei den prohibitorischen Interdikten müssen wir, was das Verfahren anlangt, zwischen den interdicta simplicia und duplicia unterscheiden. Das Verfahren bei den letztern lässt sich aus dem wenn auch verstümmelten Bericht des Gaius noch ziemlich deutlich erkennen und wird, soweit für unsern Zweck nötig, gelegentlich des interdictum Uti possidetis unten noch besprochen werden. Hinsichtlich der interdicta simplicia sind wir, da die von ihnen handelnde Stelle im Cod. Veron. nicht zu lesen ist, auf Vermutungen angewiesen, die aber in dem, was wir von den duplicia wissen, und in der allgemeinen Äusserung des Gaius (IV 141)[5]):

ex prohibitoriis interdictis semper per sponsionem agi solet....

einen festen Anhaltspunkt haben. Wegen der Fassung der Sponsion, die hienach hier immer das weitere Verfahren eröffnete, ist auf das oben Gesagte zu verweisen. An die formula sponsionis schloss sich ohne Zweifel ganz wie sonst auch hier das iudicium secutorium[6]). Was dessen Fassung

---

[1]) Sie lautete wohl nur einfach (vgl. Gai. IV 166): Si aduersus edictum praetoris possidenti mihi fundum Cornelianum uis facta est. Man versuche beispielsweise das interdictum de migrando in eine Sponsio umzugiessen, und man wird erkennen, dass derart abgekürzte Fassungen auch sonst nicht entbehrt werden konnten. S. auch Ubbelohde, Interdikte II S. 95.

[2]) Ähnlich wie beim Vadimonium, Gai. IV 186. S. auch Huschke, iurispr. anteiust. zu Gai. IV 165.

[3]) Vgl. fr. 1 pr. uti poss. (43. 17): neque pluris quam quanti res erit (scil. *sponsionem fieri permittam*). Vgl. unten § 247.

[4]) Danach würde die ganze Formel etwa

gelautet haben: *Si Aˢ Aˢ Nᵐ Nᵐ sponsione uicerit neque ei arbitrio tuo res restituetur (exhibebitur), q. e. r. e.* et rel. Ganz ähnlich Schmidt, a. a. O. S. 258, der durch Schirmer, prätor. Judicialstip. S. 65 fg., nicht widerlegt ist. Übereinstimmend Ubbelohde, a. a. O. II S. 128.

[5]) Cf. Ulp. fr. Vindob. § 5.

[6]) Wie, wenn der Beklagte beim interdictum simplex cetera ex interdicto non facit! Gibt es auch hier interdicta secundaria! Dafür Demelius, Confessio S. 171, mit guten Gründen. Aber dagegen scheint mir zu sprechen, dass die interdicta secundaria bei Gai. IV 170 allem Anschein nach zum ersten Male erwähnt sind, während von den

anlangt, so bemerkt Schmidt[1]) mit Recht, dass hier eine formula arbitraria in dem Sinn, wie wir sie bei den exhibitorischen und restitutorischen und auch bei den zweiseitigen Interdikten finden, vielfach nicht denkbar ist. Möglich ist sie da, wo das Interdikt eine Anlage untersagte und diese gleichwohl gemacht worden ist, möglich auch da, wo jemandem interdikts-widrig ein Besitz oder Genuss entzogen ist: denn hier ist ein rem restituere denkbar. Wo dagegen das interdiktswidrige Handeln sich nicht in einem dauernden Zustand verkörpert — Schmidt führt als Beispiel das Interdikt „Quo minus illi uia publica itinereue publico ire agere liceat, uim fieri ueto" an —, da würde ein „neque ea res arbitrio tuo restituetur" offenbar sinnlos sein. Demgemäss konstruiert für solche Fälle Schmidt das iudi-cium secutorium als einfache Schadenersatzklage auf quanti ea res erit, und auch ich halte diese Fassung für wahrscheinlich, wenngleich nicht für völlig gesichert. Nicht für völlig gesichert aus folgendem Grunde. Die prohibitorischen Interdikte verfolgen den Zweck das verbotene Handeln dauernd auszuschliessen. Das officium iudicis im iudicium secutorium erschöpfte sich daher nicht in der blossen Geldkondemnation wegen des bereits angerichteten Schadens, sondern der iudex musste je nach Lage des Falls durch Auferlegung von Kautionen für die Zukunft Vorsorge treffen[2]). Wahrscheinlich ist nun allerdings, dass diese Ausdehnung des officium iudicis in der Formel des iudicium secutorium, soweit sie nicht auf „neque ea res restituetur" gestellt werden konnte, überhaupt nicht zum Ausdruck kam; sind doch wohl auch die Servitutklagen, wo sich ganz die gleiche Erwägung geltend macht, nicht arbiträr[3]). Möglich aber bleibt doch auch die gegenteilige Annahme[4]), so dass es mir am ratsamsten scheint, sich hier der Entscheidung zu enthalten[5]).

III. Das Geschworenenamt lag bei den Interdikten bald in der Hand eines Einzelrichters bald in denen von Rekuperatoren[6]), und zwar ging das Verfahren per formulam arbitrariam bei den restitutorischen und exhibitorischen Interdikten nach dem oben angeführten Bericht des Gaius stets vor einem iudex oder arbiter vor sich[7]), wogegen uns für das Ver-fahren per sponsionem und folglich auch für die daran sich anschliessenden Judizien sowohl iudex[8]) als Rekuperatoren[9]) bezeugt sind, ohne dass wir die Voraussetzungen kennen, unter denen die eine oder andere Art von Geschworenen eintrat[10]). —

interdicta prohibitoria simplicia aller Wahr-scheinlichkeit nach schon in der Lücke vor Gai. IV 166 die Rede war. Vgl. auch Bek-ker, Aktionen II S. 54 in der Note. Ubbe-lohde, a. a. O. I S. 321 fgg.

[1]) a. a. O. S. 261.

[2]) Fr. 2 § 18 ne quid in loco publ. (43. 8), s. auch fr. 2 § 28 eod.

[3]) Vgl. § 73.

[4]) Das will sagen: möglich bleibt eine anderweite Satisfaktionsklausel („neque eo

nomine satisfiet" oder wie man sie sonst fassen will).

[5]) Ebenso Ubbelohde, a. a. O. II S. 137 fg.

[6]) Gai. IV 141.

[7]) Vgl. auch z. B. fr. 7 § 3 i. f., fr. 15 § 7. 9. 11, fr. 21 pr. quod ui (43. 24).

[8]) Gai. IV 166[a].

[9]) Cic. pro Caec. passim.

[10]) Schmidt, a. a. O. S. 252; Wlassak, Prozessges. II S. 318.

Die im obigen (I—III) besprochenen Punkte werden bei den einzelnen
Interdikten nicht weiter berührt werden, ausser wo die Quellen dafür
spezielle Ausbeute gewähren.   Auf Rekonstruktion der Sponsionen und
Formeln habe ich durchweg verzichtet.

§ 227.   QUORUM BONORUM[1]).

Ulp. 67[2]).

Ulp. 67 fr. 1 pr. h. t.:

Ait praetor: QUORUM BONORUM[3]) EX EDICTO MEO[4]) ILLI POSSESSIO DATA
EST[5]), QUOD DE HIS BONIS PRO HEREDE[6]) AUT PRO POSSESSORE[7]) POSSIDES[8]
POSSIDERESUE SI NIHIL USUCAPTUM ESSET[9]), QUODQUE[10]) DOLO MALO FECISTI[11]),
UTI DESINERES POSSIDERE[12]), ID ILLI RESTITUAS.

Cf. Gai. IV 144.

Wegen der sponsio vgl. Cic. ad fam. VII 21:

... sponsionem illam nos sine periculo facere posse: SI BONORUM
TURPILIAE POSSESSIONEM Q. CAEPIO PRAETOR EX EDICTO SUO MIHI DEDIT.

Hiezu oben S. 433.

Den arbiter erwähnt fr. 35 de bon. lib. (38. 2).

§ 228.   QUOD LEGATORUM[13]).

Ulp. 67[14]), Paul. 63[15]), Iulian. 48[16]).

Das interdictum Quod legatorum stand, wie das Quorum bonorum,
nur dem bonorum possessor zu.   Dies ergibt sich einmal aus der Tatsache,
dass es in dem Interdiktenwerk[17]), woraus fr. Vat. 90 genommen ist, unter
der Rubrik behandelt ist:

---

[1]) D. (43. 2), C. (8. 2).
[2]) Fr. 1 h. t., fr. 12, 42 de h. p. (5. 3), fr. 4
de a. u. a. p. (41. 2), fr. 2 de castr. pec. (49. 17),
fr. 149 de R. I. (50. 17).
[3]) Ulp. 67 fr. 1 § 1 h. t., fr. 2 de castr. pec.
(49. 17), Gai. III 34.
[4]) Cf. Cic. top. c. 4 § 18, ad fam. VII 21.
[5]) Prob. Einsidl. 33: P. D. E. = possessio
data est.
[6]) Ulp. 67 fr. 42 de h. p. (5. 3).
[7]) Ulp. 67 fr. 12 de h. p. (5. 3).
[8]) Ulp. 67 fr. 4 de a. u. a. p. (41. 2), Paul. 20
fr. 2 h. t. Vgl. auch schol. Veron. Zschr. f.
gesch. R. W. XV S. 126, dazu Zachariä
v. Lingenthal, Gesch. d. griech.-röm. R.
(3te Aufl.) n. 594.
[9]) Vgl. hiezu Leist, Serie der Bücher
37, 38 I S. 375 fgg., Fitting, Arch. f. die
civ. Pr. LII S. 241, Ubbelohde, a. a. O. III
S. 49. Für nicht glücklich halte ich den
Vorschlag Ascolis, arch. giur. XXXVIII
S. 354, statt „si nihil usucaptum esset“ zu
lesen: „si n. u. est“.

in eum, qui legatorum nomine non uoluntate eius, cui bonorum possessio data erit, possidebit;

zweitens aus dem bei Paul. 63 fr. 2 § 1 h. t. erhaltenen Stück des Interdikts: si per bonorum possessorem non stat, ut satisdetur.

Erst die Kompilatoren haben durch zahlreiche Interpolationen das Interdikt auch dem heres zugänglich gemacht. Interpoliert haben sie vor allem statt des ediktalen „non uoluntate eius, cui bonorum possessio data est", die Worte „non uoluntate eius, ad quem ea res pertinet"[1]). Diese Interpolation erweist sich durch die Vergleichung von fr. 1 § 11 h. t. mit fr. Vat. 90; sie wird bestätigt durch die Erwägung, dass für die Verwendung des so auffallend farblosen „eius ad quem ea res pertinet" hier für den Prätor gar kein Anlass war, und durch den Umstand, dass in den erhaltenen Fragmenten des Ulpianschen Kommentars zwar ausführlich die Worte „non uoluntate eius" erläutert sind[2]), nicht aber das doch sehr erläuterungsbedürftige „ad quem ea res pertinet". Die Kompilatoren haben ferner in den Ulpianschen Kommentar in einer Reihe von Stellen den heres neben den bonorum possessor eingefügt oder gar diesen durch jenen ersetzt. Und sie haben endlich in fr. 1 § 4 h. t., ungeschickt genug, das von Ulpian genannte interdictum Quorum bonorum durch die hereditatis petitio verdrängt[3]).

Der Wortlaut des Interdikts ist (im wesentlichen sicher) etwa folgender gewesen:

QUOD DE HIS BONIS, *quorum possessio ex edicto meo illi data est*[4]), LEGATORUM NOMINE[5]) NON UOLUNTATE *illius*[6]) POSSIDES[7]) QUODQUE DOLO MALO FECISTI QUO MINUS POSSIDERES[8]), *id*, SI *eo nomine* SATISDATUM EST[9]) SIUE PER *illum* NON STAT UT SATISDETUR[10]), *illi restituas*[11]].

Auf die arbitraria oder secutoria formula bezieht sich Paul. 63 fr. 2 § 2 h. t.:

Ex hoc interdicto qui non restituit, in id quod interest debet condemnari.

Auf die sponsio kann sich fr. 2 § 4 h. t.: beziehen:

Si per legatarium factum sit, quo minus satisdetur, licet cautum

---

[1]) A. M. freilich W. Stintzing, Beiträge S. 77.

[2]) Fr. 1 § 11. 12. 14. 15 h. t.

[3]) Ursprünglich hiess es l. c.: Quorum bonorum et hoc interdictum reddendum, ut siue quis pro herede uel pro possessore siue pro legato possideat, hoc interdicto teneatur. Das stehen gebliebene hoc interdicto beweist, dass der Jurist eine Kombination der beiden Interdikte im Sinne hatte.

[4]) Ulp. 67 fr. 1 § 3 h. t.

[5]) Ulp. 67 fr. 1 § 4—6 h. t. Fideicommissorum nomine: Ulp. 67 fr. 1 de legat. I.

[6]) Ulp. 67 fr. 1 § 11. 12. 14. 15 h. t., Paul. 63 fr. 5 de a. u. o. p. (41. 2).

[7]) Ulp. 67 fr. 1 § 8—10. 13 h. t. Keine mentio successoris: irrig Huschke, Studien S. 398 n. 73. Utile: quod de his bonis legati nomine possides quodque uteris frueris quodque dolo malo fecisti, quo minus possideres utereris fruereris. Fr. Vat. 90 cf. Ulp. 67 fr. 1 § 8 h. t. Schmidt, Interdiktenverf. S. 14 fg.

[8]) Cf. fr. Vat. 90. Das Zitat bei Ulp. 67 fr. 1 § 7 h. t. „aut dolo desiit possidere" ist offenbar ungenau.

[9]) Ulp. 67 fr. 1 § 16—18 h. t. Eo nomine: fr. 1 § 18 h. t., Paul. 63 fr. 2 pr. h. t.

[10]) Paul. 63 fr. 2 § 1. 3. 4 h. t.

[11]) Vgl. fr. 1 § 2. 7. 8. 9, fr. 2 § 2 h. t.

non sit, tenetur interdicto . sed si forte factum sit per legatarium, quo minus satisdetur, eo autem tempore, quo editur interdictum, satis accipere paratus sit, non competit interdictum, nisi satisdatum sit . item, si per bonorum possessorem stetit, quo minus satisdaret, sed modo paratus est cauere, tenet interdictum: illud enim tempus inspicitur, quo interdictum editur.

Die Sponsion reproduzierte das Interdikt und enthielt daher die Bedingung

si per me non stetit, quo minus satisdaretur,

deren Interpretation wir hier vor uns haben. Die Stelle passt aber auch zur formula arbitraria [1]).

Rudorffs Rekonstruktion der sponsio und restipulatio ist, unhaltbar, abgestellt auf die blosse Frage, ob Kläger ex edicto die bonorum possessio erhalten habe.

§ 229.   A QUO HEREDITAS PETETUR, SI REM NOLIT DEFENDERE.

Ulp. 68 [2]), Iulian. 48 [3]).

Ulp. instit. fr. Vindob. § 4:

.... [4])adipiscendae quam reciperandae possessionis, qualia sunt interdicta QUEM FUNDUM et QUAM HEREDITATEM . nam si fundum uel hereditatem ab aliquo petam nec lis defendat*ur* [5]), cogitur ad me transferre possessionem [6]), siue numquam possedi siue an*te possedi*. deinde amisi possessionem.

Vgl. fr. Vat. 92.   S. auch Cic. in Verr. II [1] c. 45 § 116:

Ex edicto urbano: SI DE HEREDITATE AMBIGITUR   SI POSSESSOR SPONSIONEM NON FACIET.

Das Interdikt war restitutorisch [7]).

§ 230.   NE UIS FIAT EI QUI LEGATORUM SERUANDORUM CAUSA IN POSSESSIONEM MISSUS ERIT [8]).

Ulp. 68 [9]).

Ulp. 52 fr. 5 § 27 ut in poss. (36. 4):

Missus in possessionem si non admittatur, habet interdictum propositum.

---

[1]) So Rudorff, E. P. § 223 n. 8. Gegen ihn mit Unrecht die 1. Aufl. Vgl. Ubbelohde, a. a. O. III S. 150.

[2]) Fr. 45 de R. V. (6. 1).

[3]) Fr. 8 si pars her. (5. 4), fr. 21 de R. C. (12. 1).

[4]) Vgl. Paul. fr. 2 i. f. de interd. (43. 1): sunt interdicta, ut diximus, duplicia tam reciperandae quam apiscendae possessionis.

[5]) Hieher Iulian. 48 in den Stellen der n. 3.

[6]) Hieher Ulp. 68 fr. 45 de R. V. (6. 1). Bei dem „post litem contestatam" am Schlusse dieser Stelle ist an das interdictum editum zu denken.

[7]) Arg. fr. Vat. 92.

[8]) D. (43. 4).

[9]) Fr. 3 pr. § 1 h. t., fr. 10 ad l. Iul. de ui publ. (48. 6).

Utile: si quis missus fuerit in possessionem fideicommissi seruandi causa[1]).
Utile de missione Antoniniana[2]).

Das Interdikt war ohne Zweifel prohibitorisch gefasst, wenn es auch dem Effekt nach restitutorisch wirken konnte[3]).

In heredem: fr. 1 i. f. h. t.

§ 231.   NE UIS FIAT EI QUAE UENTRIS NOMINE IN POSSESSIONEM MISSA ERIT[4]).

Ulp. 68[5]).

Ulp. 68 fr. 3 § 2 h. t.:

> Praetor uentrem in possessionem mittit, et hoc interdictum prohibitorium et restitutorium est[6]).

§ 232.   DE TABULIS EXHIBENDIS[7]).

Ulp. 68[8]), Paul. 64[9]), Iulian. 48[10]).

Ulp. 68 fr. 1 pr. h. t.:

> Praetor ait: QUAS TABULAS LUCIUS TITIUS AD CAUSAM TESTAMENTI SUI PERTINENTES[11]) RELIQUISSE[12]) DICETUR, SI HAE PENES TE SUNT[13]) AUT DOLO MALO TUO FACTUM EST, UT DESINERENT ESSE[14]), ITA EAS ILLI EXHIBEAS[15]). ITEM, SI LIBELLUS ALIUDUE QUID RELICTUM ESSE DICETUR, DECRETO COMPREHENDAM.

Die arbitrarische oder sekutorische Formel, speziell die auf „quanti ea res erit" gerichtete condemnatio derselben[16]) erläutert Ulp. 68 fr. 3 § 11— 15 h. t. Auf das Sponsionsverfahren und die sekutorische Klage[17]) bezieht sich Paul. sent. IV 7 § 6:

> Edicto perpetuo cauetur, ut, si tabulae testamenti non appareant, de earum exhibitione interdicto reddito intra annum agi possit, quo ad exhibendum compellitur qui supprimit.

---

[1]) Ulp. 68 fr. 3 pr. h. t. Rudorff, E. P. § 225, hält irrig gerade dies für den Fall des proponierten Interdikts, was sich durch den Wortlaut von fr. 3 pr. widerlegt.

[2]) Ulp. 68 fr. 3 § 1 h. t.

[3]) Arg. fr. 3 § 2 h. t. ict. fr. 1 § 1 de interd. (43. 1). Vgl. Schmidt, a. a. O. S. 67 fg., 72 fg., Ubbelohde, a. a. O. III S. 211. Andere, m. E. nichthaltbare Auffassung bei Karlowa, II S. 1009.

[4]) D. (43. 4).

[5]) Fr. 3 § 2. 3 h. t.

[6]) Schmidt, a. a. O. S. 67 fg., Ubbelohde, a. a. O. III S. 214.

[7]) D. (43. 5), C. (8. 7). Ulp. 50 fr. 2 § 8 test. quemadm. (29. 3): interdictum . . ., quod est de tabulis exhibendis.

[8]) Fr. 1, 3 h. t., fr. 42 de cond. indeb. (12. 6) cf. fr. 3 § 14 h. t.

[9]) Fr. 2 h. t.

[10]) Fr. 42 ad l. Aqu. (9. 2).

[11]) Ulp. 68 fr. 1 § 2—ult., fr. 3 pr. § 1 h. t., Paul. 64 fr. 2 eod.

[12]) Ulp. 68 fr. 3 § 5 h. t.

[13]) Ulp. 68 fr. 3 § 2—4 h. t.

[14]) Ulp. 68 fr. 3 § 6 h. t., Iulian. 48 fr. 42 ad l. Aqu. (9. 2). Cf. Paul. 69 fr. 4 h. t.

[15]) Ulp. 68 fr. 3 § 7—10 h. t.

[16]) Vgl. Schmidt, a. a. O. S. 255.

[17]) Nicht etwa auf das Interdikt selbst: denn es heisst „interdicto reddito agi" und vgl. fr. 3 § 16 h. t., Schmidt, a. a. O. S. 119. 250. Die arbitrarische Formel aber wurde bekanntlich in continenti ediert.

§ 233. *INTERDICTUM POSSESSORIUM.*

Gai. IV 145:

Bonorum quoque emptori similiter proponit*ur* interdictum (scil.
adipiscendae possessionis), quod quidam possessorium uocant.

§ 234. *INTERDICTUM SECTORIUM.*

Gai. IV 146:

Item ei qui publica bona emerit, eiusdem condicionis (i. e. adipiscendae possessionis) interdictum proponitur, quod appellatur sectorium

§ 235. NE QUID IN LOCO SACRO[1]) *RELIGIOSO SANCTO* FIAT.
          QUOD FACTUM ERIT, UT RESTITUATUR.

Ulp. 68[2]).

Ulp. 68 fr. 1 pr. h. t.:

Ait praetor: IN LOCO SACRO[3]) FACERE INUE EUM IMMITTERE QUID UETO[4]).

Ulp. 68 fr. 2 § 19 ne quid in loco publ. (43. 8):

. in loco . . . . sacro non solum facere uetamur, sed et factum
restituere iubemur: hoc propter religionem.

Paul. 63 fr. 2 § 1 de interd. (43. 1):

Interdicta autem competunt uel hominum causa uel diuini iuris aut
de religione, sicut est „ne quid in loco sacro fiat" uel „quod factum
est, restituatur".

Ulp. 52 fr. 1 § 1 de O. N. N. (39. 1):

. . . . si quid operis fuerit factum, quod fieri non debuit, ... erit
transeundum ad interdictum „quod in loco sacro religiosoue[5]). . . .
factum erit".

Der Zusammenhalt obiger Stellen ergibt:

1. Wir haben es hier mit zwei Interdikten zu tun, einem prohibitorischen — fr. 1 pr. h. t. — und einem restitutorischen — fr. 2 § 19 ne quid
in loco publ. (43. 8), fr. 2 § 1 de interd. (43. 1).

2. Die Interdikte bezogen sich nicht bloss auf den locus sacer, sondern
auch auf den locus religiosus: denn Ulpian in fr. 1 § 1 de O. N. N. (39. 1)
spricht von einem interdictum „quod in loco sacro religiosoue factum
erit". Aller Wahrscheinlichkeit nach aber haben sie sich zugleich auch
auf die loca sancta erstreckt. Dass diese letztern als solche Interdikten-
schutz genossen, ist nicht zu bezweifeln. Sie waren seiner ebenso bedürftig,
wie die loca sacra, religiosa und publica, und fallen doch unter keine dieser

---

[1]) D. (43. 6).
[2]) Fr. 1 h. t., fr. 9 de diu. rer. (1. 8), fr. 13
[11] ad l. Iul. pecul. (48. 13).
[3]) Ulp. 68 fr. 1 § 1 h. t., fr. 9 pr.—§ 2 de
diu. rer. (1. 8).

[4]) Ulp. 68 fr. 1 § 2 h. t.: Quod ait praetor,
ne quid in loco sacro fiat . . . . . Gai. IV 159.
[5]) Vgl. Ulp. 67 fr. 1 pr. de interd. (43. 1):
. . . . interdicta . . . . de diuinis rebus . . , ut
de locis sacris uel de locis religiosis.

Kategorien, sondern werden von den römischen Juristen als dritte Art der res diuini iuris neben die res sacrae und religiosae gestellt[1]); es würde daher keines der auf den Schutz der loca sacra religiosa publica berechneten Interdikte auf sie Anwendung gefunden haben, und es muss also für sie entweder besondere Interdikte gegeben haben oder sie müssen in unsern Interdikten neben den loca sacra und religiosa ebenfalls genannt gewesen sein. Dass letzteres der Fall gewesen, schliesse ich aus dem auf unsere Interdikte bezüglichen fr. 9 de diu. rer. (1. 8), wo Ulp. 68 die Erörterung der res sanctae (§ 3. 4) mitten in die der res sacrae (pr.—§ 2. 5) eingeschoben hat. Und so ist an das „immittere ueto" unseres prohibitorischen Interdikts zu denken, wenn Marcian in fr. 8 i. f. de diu. rer. (1. 8) berichtet:

> In municipiis quoque muros esse sanctos Sabinum recte respondisse Cassius refert, prohiberique oportet ne quid in his im mitteretur.

Vgl. auch Ulp. 68 fr. 9 § 4 eod., Paul. sent. 5 fr. 3 ne quid in loco sacro (43. 6).

3. Den Interdikten ging die dem gegenwärtigen § vorgesetzte Rubrik voraus. So erklärt sich die Art, wie sie in fr. 2 § 1 de interd. (43. 1) und in fr. 1 § 1 de O. N. N. (39. 1) bezeichnet sind[2]). Solche besondere Rubriken finden sich auch sonst[3]). —

Von Sponsion und Formeln ist nichts erhalten; ob aus Ulp. 68 fr. 9 i. f. de diu. rer. (1. 8) „res sacra non recipit aestimationem" auf eine besondere Fassung der condemnatio bei den letztern geschlossen werden darf, ist zweifelhaft (S. 431 n. 2).

§ 236. DE MORTUO INFERENDO ET SEPULCHRO AEDIFICANDO[4]).

Ulp. 68[5]), Paul. 64[6]).

Ulp. 68 fr. 1 pr. h. t.:

> Praetor ait: QUO QUAUE ILLI MORTUUM INFERRE INUITO TE IUS EST, QUO MINUS ILLI EO EAUE MORTUUM INFERRE ET IBI SEPELIRE LICEAT, UIM FIERI UETO.

Ulp. 68 fr. 1 § 5 h. t.:

> Praetor ait: QUO ILLI IUS EST INUITO TE MORTUUM INFERRE, QUO MINUS ILLI IN EO LOCO SEPULCHRUM SINE DOLO MALO AEDIFICARE LICEAT, UIM FIERI UETO.

---

[1]) Gai. fr. 1 pr. de D. R. (1. 8), Marcian. fr. 6 § 2 eod., Ulp. fr. 9 § 3 eod.

[2]) Anders Dernburg, Festgaben f. Heffter S. 107, der in dem „ne quid in loco sacro fiat" ein Stück des Interdikts selbst vermutet und darum die Relation Ulpians in fr. 1 pr. h. t. (43. 6) für ungenau hält. Die Bedenklichkeit der letztern Behauptung leuchtet ein.

[3]) Man vergleiche die Rubriken „ne quid in loco publico fiat, ne quid in flumine publico fiat, quod ui aut clam factum erit ut restituatur (fr. 1 § 1 de O. N. N.)" u. a. m. mit dem Text der betreffenden Interdikte.

[4]) D. (11. 8). Vgl. Paul. 63 fr 2 § 1 de interd. (43. 1): Interdicta .... diuini iuris .... de mortuo inferendo uel sepulchro aedificando.

[5]) De mortuo inferendo: fr. 1 pr.—§ 4 h. t., fr. 33 de relig. (11. 7); de sepulchro aedificando: fr. 1 § 5—ult. h. t.

[6]) De mortuo inferendo: fr. 34 de relig. (11. 7), fr. 11 de manum. (40. 1) cf. fr. 34 cit., vgl. Papinian. fr. 43 de relig. (11. 7).

§ 237.   NE QUID IN LOCO PUBLICO UEL
ITINERE FIAT[1]).   *QUOD IN ITINERE PUBLICO FACTUM ERIT, UT*
RESTITUATUR.

Ulp. 68[2]), Paul. 64[3]), Iulian. 48[4]).

1.

Ulp. 68 fr. 2 pr. h. t.:

Praetor ait: NE QUID IN LOCO PUBLICO[5]) FACIAS INUE EUM LOCUM DI-
MITTAS[6]), QUA EX RE QUID ILLI DAMNI DETUR[7]), PRAETERQUAM QUOD LEGE
SENATUS CONSULTO EDICTO DECRETOUE PRINCIPUM TIBI CONCESSUM EST[8]). DE
EO, QUOD FACTUM ERIT, INTERDICTUM NON DABO[9]).

Das iudicium secutorium ist berührt in fr. 2 § 18 h. t ·

Si tamen adhuc nullum opus factum fuerit, officio iudicis continetur, uti caueatur non fieri.

Desgleichen bei Iulian. 48 fr. 7 h. t.:

.... qui aduersus edictum praetoris[10]) aedificauerit, tollere aedificium debet.

2.

Ulp. 68 fr. 2 § 20 h. t.:

Ait praetor: IN UIA PUBLICA[11]) ITINEREUE PUBLICO FACERE IMMITTERE[12])
QUID, QUO EA UIA IDUE ITER DETERIUS SIT FIAT[13]), UETO.

Officium iudicis im iudicium secutorium: fr. 2 § 28 h. t.   Condemnatio
„quanti ea res erit" ebendaselbst, fr. 2 § 34 h. t.:

hoc interdictum perpetuum et populare est condemnatioque ex eo
facienda est, quanti actoris intersit.

3.

Ulp. 68 fr. 2 § 35 h. t.:

Praetor ait: QUOD IN UIA PUBLICA ITINEREUE PUBLICO FACTUM IMMISSUM
HABES[14]), QUO EA UIA IDUE ITER DETERIUS SIT FIAT, RESTITUAS[15]).

Condemnatio im iudicium arbitrarium oder secutorium: Ulp. 68 fr. 2 § 44 h. t.

[1]) D. (43. 8).
[2]) Ne quid in loco publico fiat: fr. 2 pr.—
§ 19 h. t. Ne quid in itinere publico fiat:
fr. 2 § 20—34 h. t. Quod factum erit: fr. 2
§ 35—44 h. t., fr. 150 de R. I. = fr. 2 § 42 h. t.
[3]) Fr. 1 h. t., fr. 151 de R. I. (50. 17).
[4]) Fr. 7 h. t., fr. 2 de loc. et it. publ.
(43. 7).
[5]) Ulp. 68 fr. 2 § 3—5 h. t.
[6]) Ulp. 68 fr. 2 § 6—9 h. t. Zu fr. 2 § 6 vgl.
Schmidt, a. a. O. S. 20.
[7]) Ulp. 68 fr. 2 § 10—15 h. t., Paul. 64 fr. 151
de R. I. (50. 17) cf. fr. 2 § 15. 16 h. t.

[8]) Ulp. 68 fr. 2 § 16 h. t., Paul. sent. 5 fr. 2
de loco publ. fru. (43. 9).
[9]) Ulp. 68 fr. 2 § 17—19 h. t., Iulian. 48
fr. 7 h. t.
[10]) Gai. IV 141.
[11]) Ulp. 68 fr. 2 § 21—24 h. t. Ad uias
urbicas non pertinet: fr. 2 § 24 h. t.
[12]) Ulp. 68 fr. 2 § 25—30 h. t.
[13]) Ulp. 68 fr. 2 § 31—33 h. t.
[14]) Ulp. 68 fr. 2 § 37—42 h. t. Utile aduersus eum, qui pro derelicto reliquit: fr. 2
§ 39 h. t.
[15]) Ulp. 68 fr. 2 § 43 h. t.

§ 238. UT UIA PUBLICA *ITINEREUE PUBLICO* IRE AGERE LICEAT [1]).

Ulp. 68 fr. 2 § 45 ne quid in loco publ. (43. 8):

Praetor ait: QUO MINUS ILLI UIA PUBLICA ITINEREUE PUBLICO IRE AGERE LICEAT, UIM FIERI UETO.

Paul. sent. V 6 § 2:

Ut interdictum, ita et actio[2]) proponitur, ne quis uia publica aliquem prohibeat.

§ 239. DE LOCO PUBLICO FRUENDO[3]).

Ulp. 68[4]).

Ulp. 68 fr. 1 pr. h. t.:

Praetor ait: QUO MINUS LOCO PUBLICO, QUEM IS, CUI LOCANDI IUS FUERIT, FRUENDUM ALICUI LOCAUIT, EI QUI CONDUXIT SOCIOUE[5]) EIUS E LEGE LOCATIONIS[6]) FRUI LICEAT, UIM FIERI UETO.

§ 240. DE UIA PUBLICA ET ITINERE PUBLICO REFICIENDO[7]).

Ulp. 68[8]).

Ulp. 68 fr. 1 pr. h. t.:

Praetor ait: QUO MINUS ILLI UIAM PUBLICAM ITERUE PUBLICUM APERIRE REFICERE[9]) LICEAT, DUM NE EA UIA IDUE ITER DETERIUS FIAT, UIM FIERI UETO.

Condemnatio „quanti ea res erit." im iudicium secutorium: fr. 1 § 3 h. t.

§ 241. NE QUID IN FLUMINE PUBLICO RIPAUE EIUS FIAT, QUO PEIUS NAUIGETUR [10]). *QUOD FACTUM ERIT, UT RESTITUATUR* [11]).

Ulp. 68[12]).

Ulp. 68 fr. 1 pr. h. t.:

Ait praetor: NE QUID IN FLUMINE[13]) PUBLICO RIPAUE[14]) EIUS FACIAS[15])

---

[1]) Vgl. Paul. 63 fr. 2 § 1 de interd. (43. 1): interdictum „ut uia publica uti liceat".

[2]) Secutorium iudicium? So wohl mit Recht Rudorff, E. P. § 235. Anders Huschke, iurisp. anteiust. ad h. l., Ubbelohde, a.a.O. II S. 361 fg., Fadda, l'az. pop. (1894) p. 354 sqq.

[3]) D. (43. 9). Cf. Ulp. 57 fr. 13 § 7 de iniur. (47. 10). Vgl. Karlowa, II S. 42.

[4]) Fr. 1 h. t.

[5]) Ulp. 68 fr. 1 § 2 h. t.

[6]) Ulp. 68 fr. 1 § 3 h. t.

[7]) D. (43. 11).

[8]) Fr. 1 h. t.

[9]) Ulp. 68 fr. 1 § 1 h. t. Vielleicht ist hinter

aperire das Wort purgare ausgefallen — arg. fr. 1 § 1 h. t. —: doch ist das nicht gewiss.

[10]) D. (43. 12). De fluminibus. Ne quid etc. Vielleicht haben wir in dem „de fluminibus" wie vorher in der rubr. (43. 7) „de locis et itineribus publicis" Spuren einer im Album selbst gegebenen Einteilung der Interdikte vor uns.

[11]) Vgl. Ulp. 52 fr. 1 § 1 de O. N. N. (39. 1).

[12]) Fr. 1 h. t., fr. 59 de V. S. (50. 16) cf. fr. 1 § 17 h. t.

[13]) Ulp. 68 fr. 1 § 1. 2 h. t.

[14]) In flumine publico ripaue eius: Ulp. 68 fr. 1 § 3—10 h. t.

[15]) Ulp. 68 fr. 1 § 11 h. t.

NEUE QUID IN FLUMINE PUBLICO NEUE IN RIPA EIUS IMMITTAS, QUO STATIO[1])
ITERUE NAUIGIO[2]) DETERIOR SIT FIAT[3]) [4]).

Cf. Gai. IV 159. Exceptio[5]): *extra quam si quid ita factum sit, uti de
lege fieri licuit,* fr. 1 § 16 h. t. Interdicta utilia: fr. 1 § 12. 17 h. t.

2.

Ulp. 68 fr. 1 § 19 h. t.:

Deinde ait praetor: QUOD IN FLUMINE PUBLICO RIPAUE EIUS FACTUM[6])
SIUE QUID IN ID FLUMEN RIPAMUE EIUS IMMISSUM HABES[7]), QUO STATIO
ITERUE NAUIGIO DETERIOR SIT FIAT, RESTITUAS.

§ 242. NE QUID IN FLUMINE PUBLICO *RIPAUE EIUS* FIAT, QUO
ALITER AQUA FLUAT ATQUE UTI PRIORE AESTATE FLUXIT[8]). QUOD
FACTUM ERIT, UT RESTITUATUR[9]).

Ulp. 68[10]).

Ulp. 68 fr. un. pr. h. t.:

Ait praetor: IN FLUMINE PUBLICO[11]) INUE RIPA EIUS FACERE AUT IN ID
FLUMEN RIPAMUE EIUS IMMITTERE, QUO ALITER AQUA FLUAT, QUAM PRIORE
AESTATE FLUXIT[12]), UETO[13]).

Ulp. 68 fr. un. § 11 h. t.:

Deinde ait praetor: QUOD IN FLUMINE PUBLICO RIPAUE EIUS FACTUM SIUE
QUID IN *ID* FLUMEN RIPAMUE EIUS IMMISSUM HABES[14]), SI OB ID ALITER AQUA
FLUIT, ATQUE UTI PRIORE AESTATE FLUXIT, RESTITUAS.

§ 243. UT IN FLUMINE PUBLICO NAUIGARE LICEAT[15]).

Ulp. 68[16]).

Ulp. 68 fr. un. pr. h. t.:

Praetor ait: QUO MINUS ILLI IN FLUMINE PUBLICO[17]) NAUEM RATEM AGERE
QUOUE MINUS PER RIPAM *EIUS* ONERARE EXONERARE LICEAT, UIM FIERI UETO.

[1]) Ulp. 68 fr. 1 § 13 h. t.
[2]) Ulp. 68 fr. 1 § 14 h. t.
[3]) Ulp. 68 fr. 1 § 12. 15 h. t.
[4]) Nach Dernburg, Festgaben für Heffter
S. 107, wären in dieser Relation die Schlussworte „aduersus ea uim fieri ueto" oder   12
ähnliche weggefallen. M. E. ist zu dieser
Annahme kein Grund: das „ne facias" genügte.
[5]) Sie ist als Bestandteil der Sponsion
oder der Formel aus der Sponsion gedacht.
Huschke, Z. f. gesch. R. W. XIII S. 321 fgg.,
Schmidt, a. a. O. S. 104, Ubbelohde,
a. a. O. I S. 474.
[6]) *Flor.* fiat. S. aber fr. 1 § 22 h. t. und
Schmidt, a. a. O. S. 155 n. 6.

ITEM, UT PER LACUM[1]) FOSSAM[2]) STAGNUM[3]) PUBLICUM[4]) NAUIGARE LICEAT, INTERDICAM[5]).

§ 244.   DE RIPÁ MUNIENDA[6]).

Ulp. 68[7]).

Ulp. 68 fr. un. pr. h. t.:

Praetor ait: QUO MINUS ILLI IN FLUMINE PUBLICO RIPAUE EIUS OPUS FACERE RIPAE AGRIUE QUI CIRCA RIPAM EST TUENDI CAUSA LICEAT[8]), DUM NE OB ID NAUIGATIO DETERIOR FIAT[9]), SI TIBI DAMNI INFECTI IN ANNOS DECEM UIRI BONI ARBITRATU [UEL CAUTUM UEL][10]) SATISDATUM EST[11]) AUT PER ILLUM NON STAT, QUO MINUS UIRI BONI ARBITRATU [CAUEATUR UEL][10]) SATISDETUR, UIM FIERI UETO[12]).

§ 245.   UNDE UI[13]).

Ulp. 69, Paul. 65, Gai. 25, Iulian. 48.

1. DE UI[14]) (non armata).

Ulp. 69[15]), Paul. 65[16]), Gai. 25[17]), Iulian. 48[18]).

Über den Wortlaut des interdictum Unde ui (de ui non armata) haben wir zwei Überlieferungen, die aber beide für die Rekonstruktion des Hadrianischen Albums nicht unmittelbar massgebend sein können. Die eine — die der Digesten in fr. 1 pr. h. t. — zeigt in der Verwischung des Interdiktcharakters deutlich die Hand der Kompilatoren:

Praetor ait: Unde tu illum ui deiecisti aut familia tua deiecit, de eo quaeque ille tunc ibi habuit tantummodo intra annum, post annum de eo, quod ad eum qui ui deiecit peruenerit, iudicium dabo.

---

[1]) Ulp. 68 fr. un. § 3 h. t.
[2]) Ulp. 68 fr. un. § 5 h. t.
[3]) Ulp. 68 fr. un. § 4 h. t.
[4]) Ulp. 68 fr. un. § 6 h. t.
[5]) Utile: quo minus in lacu stagnoue publico piscari liceat: fr. un. § 7 h. t., Schmidt, a. a. O. S. 18 n. 9. A. M.: Czyhlarz, Eigentumserwerbarten (Forts. v. Glück) I S. 69, Ubbelohde, a. a. O. IV S. 290 fgg. Utile de pecore appellendo: fr. un. § 9 h. t., Schmidt, a. a. O. S. 19.
[6]) D. (43. 15). Das edictum uetus de fluminibus retandis — Gell. XI 17 —, das Rudorff (E. P. § 240) hier anfügt, dürfte der betreffende Prätor wohl eher unter dem Titel de publicanis proponiert haben.
[7]) Fr. un. h. t.
[8]) Ulp. 68 fr. un. § 1 h. t.
[9]) Ulp. 68 fr. un. § 2 h. t.
[10]) Trib., cf. Gradenwitz, bullett. II S. 7 fg.
[11]) Ulp. 68 fr. un. § 3—5 h. t.
[12]) Utile de ripa lacus fossae stagni munienda: fr. un. § ult. h. t.

[13]) D. (43. 16), C. (8. 4).   Paul. 63 fr. 2 § 3 de interd. (43. 1): Reciperandae possessionis causa proponuntur sub rubrica Unde ui: aliqua enim sub hoc titulo interdicta sunt.
[14]) Ulp. fr. 17 pr. de a. u. a. p. (41. 2): cum interdicto de ui reciperandae possessionis facultatem habeat.
[15]) Fr. 1, 3 pr. § 1 h. t.; fr. 5 ad l. Iul. de ui priu. (48. 7) cf. fr. 1 § 2 h. t.; fr. 152 de R. I. (50. 17) cf. fr. 1 § 2. 12. 14, fr. 3 pr. h. t.; fr. 3 de interd. (43. 1) cf. fr. 1 § 40 h. t.; fr. 46 locati (19. 2), fr. 10 de a. u. a. p. (41. 2) cf. fr. 1 § 23 h. t.; fr. 17 quod ui (43. 24) — falsch Idem 69 inskribiert — cf. fr. 1 § 22 h. t.
[16]) Fr. 2, 9 pr. h. t., wahrscheinlich auch fr. 8, 11 de a. u. a. p. (41. 2), fr. 153 de R. l. (50. 17): die allgemeinen Erörterungen über den Besitz passen am besten zu diesem ersten Besitzinterdikt.
[17]) Fr. 9 de a. u. a. p. (41. 2) cf. fr. 1 § 22 h. t.
[18]) Fr. 17 h. t.

Die andere — in verschiedenen Stellen Ciceros[1]) — gibt den Wortlaut des Edikts zur Zeit von Ciceros Rede pro Tullio (a. u. c. 682 oder 683) und lässt die Frage offen, welche Veränderungen dieser Wortlaut bis zur Redaktion des Hadrianischen Albums erfahren:

> Unde tu aut familia aut procurator tuus illum aut familiam aut procuratorem illius in hoc anno ui deiecisti, cum ille possideret, quod nec ui nec clam nec precario a te possideret[2]), eo restituas.

Der Wortlaut des Hadrianischen Albums kann nur dadurch ermittelt werden, dass wir beide Überlieferungen mit den Kommentaren, namentlich dem Ulpians vergleichen.

Hier ergibt sich nun zunächst, dass die Kompilatoren den Anfang des Hadrianischen Interdikts in den Worten

> Unde[3]) tu illum ui deiecisti aut familia tua deiecit[4])

getreu wiedergegeben haben. Die Abänderung des ältern Interdikts lässt sich im einzelnen nachweisen[5]).

1. „Deiecisti aut   deiecit" statt des ältern einfachen deiecisti, vgl. Ulp. 69 fr. 1 § 11 h. t.:

> cum „deiecisti" uerbum refertur ad personam eius qui deiecit nec pertineat ad eum, cuius familia deiecit ...., consequens fuit addere „aut familia tua deiecit".

2. Auf Seite der dejizierenden Partei ist die Erwähnung des procurator gestrichen worden, vgl. Ulp. 69 fr. 1 § 12 h. t.:

> Deiecisse autem   uidetur, qui mandauit uel iussit, ut aliquis deiceretur.

Cf. fr. 1 § 14, fr. 3 § 10 h. t., fr. 152 § 1. 2 de R. I. (50. 17).

3. Auf Seite der dejizierten Partei ist die Erwähnung des procurator und der familia gestrichen, vgl. Ulp. 69 fr. 1 § 22 h. t.:

> Quod seruus uel procurator uel colonus tenent, dominus uidetur possidere, et ideo his deiectis ipse deici de possessione uidetur....

Cf. fr. 1 § 46 h. t.

---

[1]) Pro Tullio c. 19 § 44. 45, vgl. pro Caec. c. 19 § 55 sqq., c. 30—32, de lege agr. III c. 3 § 11. Auct. ad Herenn. IV c. 29 § 40 i. f. S. auch (C. I. L. I, 175 n. 200) lex agraria (a. u. c. 643) lin. 18. Über die bei Cic. pro Tullio überlieferte Parallelformel „unde dolo malo tuo, M. Tulli, M. Claudius aut familia aut procurator eius ui detrusus est" vgl. Keller, semestr. I p. 304 sqq.

[2]) Vgl. l. agrar. (a. u. c. 643) lin. 18: [*Sei quis eorum quorum age*]*r supra scriptus est, ex possessione ui eiectus est, quod eius is quei eiectus est possederit, quod neque ui neque clam neque precario possederit ab eo, quei eum ea possessione ui eiec*[*erit*]. Seltsamer-

weise nimmt Rudorff, E. P. § 241, die Worte „ab eo qui eum ea possessione ui eiecit" statt des obigen a te in das Interdikt auf, das doch den Dejizienten direkt ansprach.

[3]) Ulp. 69 fr. 1 § 3—8 h. t. Vgl. Cic. pro Caec. c. 30 § 87. 88, Paul. sent. V 6 § 5.

[4]) Ulp. 69 fr. 1 § 9—21 h. t., Paul. sent. V 6 § 3. 4. 6, Ulp. 46 fr. 195 § 3 de V. S. (50. 16).

[5]) Vgl. Keller, semestr. I p. 311 sqq., dessen hieher gehörige Ausführungen Rudorff sehr mit Unrecht ganz unberücksichtigt lässt.

Folgten wir bis hieher der Digestenüberlieferung, so sind dagegen die Worte des ältern Interdikts

in hoc anno ., cum ille possideret, quod nec ui nec clam nec precario a te possideret,

obwohl in den Digesten ausgefallen, gleichwohl zweifellos unverändert auch der Hadrianischen Redaktion zuzuschreiben.

1. Die annalis exceptio „in hoc anno" wird bezeugt durch Ulp. 69 fr. 1 § 39 h. t. „annus in hoc interdicto". Vgl. auch fr. 1 pr. h. t.

2. Das Erfordernis „cum ille possideret" wird, hinter dem der deiectio, kommentiert von Ulp. 69 fr. 1 § 23—26 h. t.[1]) Zwar will Keller[2]) gerade aus fr. 1 § 23 (in Verbindung mit fr. Vat. 91, wo sich eine ähnliche Bemerkung findet) schliessen, dass obiges Erfordernis im Hadrianischen Album nicht ausdrücklich genannt, sondern aus dem Erfordernis der deiectio gefolgert worden sei, und in der Tat scheint der Wortlaut der Stelle auf den ersten Blick diese Ansicht zu bestätigen:

Interdictum autem hoc nulli competit nisi ei, qui tunc, cum deiceretur, possidebat, nec alius deici uisus est quam qui possidet

Allein der Ort, wo wir in Ulpians Kommentar das Erfordernis „possessio" erläutert finden, entscheidet m. E. gegen Keller[3]), und die Ausdrucksweise Ulpians erklärt sich einfach genug. Wenn nämlich der Jurist hier anmerkt, das Erfordernis des Besitzes liege schon im Begriffe des deici und brauche eigentlich gar nicht besonders ausgedrückt zu sein, so tut er dies deswegen, weil bei dem interdictum de ui armata der Zusatz „cum ille possideret" fehlte und hier wirklich das Erfordernis des Besitzes nur aus dem Erfordernis der Dejektion und der Analogie des interdictum de ui cottidiana gefolgert wurde. In älterer Zeit war diese Deutung des interdictum de ui armata nicht unbestritten, und Cic. pro Caec. c. 31 § 90 sucht die entgegengesetzte, seinem Klienten günstigere Ansicht durchzudrücken, wobei er die Position seines Gegners fast mit den Worten Ulpians wiedergibt:

exoritur .... illa defensio, eum deici posse, qui tum possideat, qui non possideat, nullo modo posse.

Es leuchtet ein, dass Ulpian volle Ursache hatte, durch Einschärfung des Satzes „deicitur qui possidet" von vornherein allen missverständlichen Folgerungen aus der Verschiedenheit der Fassung der beiden Interdikte de ui entgegenzutreten.

---

[1]) Hieher gehören auch die Ausführungen über den Prekärbesitz bei Ulp. 69 in fr. 10 de a. u. a. p. (41. 2) und fr. 46 locati (19. 2) und über Besitzerwerb, Besitzverlust und iusta possessio bei Paul. 65 fr. 8, 11 de a. u. a. p. (41. 2), fr. 153 de R. I. (50. 17). Auf obige Ausführungen weist Ulp. 71 fr. 4 § 1 de precario (43. 26) zurück.

[2]) Semestr. I p. 313. Gegen ihn, aber nicht ausreichend begründet, Schmidt, Richters Jahrb. VIII S. 681, Rudorff in Savignys Besitz (7te Aufl.) S. 623.

[3]) Hätte Keller recht, so würde Ulpian die Ausführungen, die er in fr. 1 § 23—26 gibt, sicher schon an fr. 1 § 9. 10 angeschlossen haben. Er fand aber im Album die Worte „unde ..... deiecit, cum ille possideret" und kommentiert daher der Reihe nach. A. M. Karlowa, II S. 1205.

3. Die exceptio uitiosae possessionis ist bekanntlich von Justinian für unser Interdikt aufgehoben worden[1]). Gleichwohl zeigt Ulpians Kommentar noch deutliche Spuren davon in fr. 1 § 27—30 h. t., wo der Begriff des „ui possidere" und zwar des „ui ab aduersario (fr. 1 § 30) possidere" erläutert wird.

Es bleiben nun nur noch die Schlussworte des Interdikts zu erörtern. Diese lauten im ältern Edikt einfach „eo restituas"[2]). Im Julianischen aber lauteten sie, wie auch Rudorff annimmt[3]):

eo illum quaeque ille tunc ibi habuit restituas.

Das geht zwar nicht aus der Aufnahme der hervorgehobenen Worte in das gefälschte Edikt des fr. 1 pr. hervor, wohl aber daraus, dass Ulpian sie als Bestandteil des prätorischen Restitutionsbefehls, direkt hinter der exceptio uitiosae possessionis, ausführlich kommentiert: fr. 1 § 31—38 h. t. Freilich hat es nach fr. 1 § 32 bei oberflächlicher Betrachtung den Anschein, als ob die Pflicht zur Restitution der res ablatae nicht auf einer besondern Klausel des Interdikts, sondern lediglich auf Interpretation des „unde deiecisti, eo restituas" beruhe:

Si fundus, a quo ui expulsus sim, mihi restitutus esset, ceterae uero res, quae ui ablatae sunt, non restituantur, hic dicendum est interdictum nihilo minus tenere, quia uerum est ui esse deiectum.

Sieht man indes näher zu, so wird man in den letzten Worten nur den ungenauen Ausdruck des Gedankens erblicken können, dass der Wortlaut des Interdikts im ganzen trotz Restitution des fundus nicht aufhöre zuzutreffen. Das „uerum est ui esse deiectum" ist ja keinesfalls das richtige Motiv der Entscheidung Ulpians. „Ui esse deiectum", das bleibt auch dann war, wenn alles restituiert ist. Das wirklich Entscheidende ist, dass der durch die Dejektion geschaffene Zustand bis zur Restitution auch der res ablatae nicht völlig wiederaufgehoben ist, dass Beklagter bis dahin nicht wahrheitsgemäss sagen kann: restitui. Da nun Ulpian den Teil des Interdikts, auf den es unter allen Umständen allein ankam, gar nicht zitiert, so kann seiner Äusserung auch keine Beweiskraft für dessen Wortlaut zugeschrieben werden. Noch möchte man einwenden: Ulpians Bemerkung werde zur Trivialität, wenn man annehme, das Interdikt habe die Restitution der res ablatae ausdrücklich vorgeschrieben. Dem ist nicht so. Es lag auch bei so gefasstem Interdikt sehr nahe, einem Rechtsmittel, das Dejektion aus einem Grundstück voraussetzte und seinem hauptsächlichen und ursprünglich alleinigen Zwecke nach bestimmt war, dem Dejizierten den Besitz dieses Grundstücks wiederzuverschaffen, nach Rückgabe des

---

[1]) § 6 I. de interd. (4. 15) ict. Gai. IV 154, Paul. sent. V 6 § 7.

[2]) Cic. pro Caec. c. 30 § 88.

[3]) A. M. Keller, semestr. p. 298 sqq., der die fraglichen Worte nicht dem Interdikt, sondern dem iudicium arbitrarium oder secutorium zuschreibt. Gegen ihn treffend

Schmidt, a. a. O. S. 35 n. 7. Vgl. denselben in Richters Jahrbb. VIII S. 683 fg. Karlowa, II S. 1206, weist die Worte „quaeque ille tunc ibi habuit" einem von ihm vermuteten Edikt über die actio arbitraria zu, nach Ulpians Kommentar m. E. ebenfalls nicht haltbar.

Grundstücks die Anwendbarkeit zu bestreiten und den Dejizierten wegen der res ablatae auf den Weg der condictio furtiua oder actio ui bonorum raptorum zu verweisen. Ulpian hatte daher allen Grund, dieser Annahme entgegenzutreten und zu betonen, dass auch der Nebenzweck des Interdikts erfüllt sein müsse, wenn der Dejizient vor ihm sicher sein wolle.

Nach alledem lautete das Hadrianische Interdikt folgendermassen:

UNDE IN HOC ANNO TU ILLUM UI DEIECISTI AUT FAMILIA TUA DEIECIT, CUM ILLE POSSIDERET, QUOD NEC UI NEC CLAM NEC PRECARIO A TE POSSIDERET, EO ILLUM QUAEQUE ILLE TUNC IBI HABUIT RESTITUAS.

Die formula arbitraria und das iudicium secutorium hatten wohl ganz die gewöhnliche Fassung. Auf das officium iudicis (anschliessend an das restituas des Interdikts) geht Ulp. 69 fr. 1 § 40—42 h. t.; die auf quanti ea res est[1]) gerichtete Kondemnation betrifft Paul. 17 fr. 6 h. t. Vermutlich auf die Sponsion (unde . . . . . deiecisti) dagegen ist, der Stellung der §§ nach, die erneuerte Erörterung des Begriffs „Dejektion" bei Ulp. 69 fr. 1 § 45—47 h. t. zu beziehen. Diese reproduzierte wahrscheinlich ganz genau das Interdikt; namentlich nannte auch sie das Grundstück, um das es sich handelte, nicht, sondern war auf „unde . . . . me deiecisti   . . ., eo si me . . . . aduersus edictum praetoris[2]) non restituisti" gestellt[3]). Die Restipulation dürfte genau korrespondierend gelautet haben: „unde ego te ui deieci . . . ., eo si te ex edicto restitui[4])".

Ausser dem Interdikt selbst und den zugehörigen Sponsionen und Formeln enthielt das Album weiter noch die Verheissung einer actio in factum für den Fall, dass die Jahresfrist des Interdikts bereits abgelaufen sein sollte, desgleichen wider die Erben.

Fr. Vat. 312:

. praeses prouinciae, si de᾽ possessione te pulsum animaduertit nec annus excessit, ex interdicto „Unde ui" restitui te cum sua causa prouidebit, uel si hoc tempus finitum est, *ad* formulam pro- missam[5]) . . . iu*dicem* . . . sententiam ferre curabit.

Ulp. 69 fr. 1 § 48 h. t.:

Ex causa huius interdicti in heredem et bonorum possessorem ceterosque successores in factum actio competit in id quod ad eos peruenit[6]).

Vgl Ulp. 69 fr. 3 pr. § 1 h. t., Paul. 65 fr. 2, 9 pr. h. t.

---

[1]) Savigny, System V S. 445, Schmidt, a. a. O. S. 257.

[2]) Cic. pro Caec. c. 29 § 82: nego me ex decreto praetoris restitutum esse.

[3]) Vgl. die Erörterungen Ciceros pro Caec. c. 28 § 80 sq., die sich gerade auf die uerba sponsionis („ostendit . . . . uerba ipsa sponsionis facere mecum") beziehen.

[4]) Unrichtig ist daher die Konstruktion der Restipulation bei Schmidt, a. a. O. S. 248. Wegen des „si non restituisti" und

„si restitui" vgl. noch Cic. l. c. c. 8 § 33 (restituisse se dixit: sponsio facta est), c. 19 § 55, c. 21 § 60, c. 28 § 80, c. 29 § 82.

[5]) Vgl. c. 17 de A. E. V. (4. 49). S. auch fr. 1 § 4 uti poss. (43. 17): restitutae possessionis ordo aut interdicto expeditur aut per actionem.

[6]) Durch die Jurisprudenz ausgedehnt auf „si dolo malo eorum factum est, quo minus perueniret". Paul. 65 fr. 2 h. t.

Dem Edikt über diese actio in factum entstammen ohne Zweifel die Worte, die wir jetzt in dem gefälschten Edikt des fr. 1 pr. h. t. finden:

POST ANNUM DE EO, QUOD AD EUM QUI UI DEIECIT PERUENERIT, IUDICIUM DABO.

Die Formel dieser actio ist nicht zu rekonstruieren; sie entsprach aber bis auf das in hoc anno in ihren Voraussetzungen sicherlich genau dem Interdikt.

Wenn die Dejektion durch Sklaven insciente domino vorgenommen war, so hat deren Herr die facultas noxae dedendi[1], Ulp. 69 fr. 1 § 15 h. t. In dem Wortlaut des Interdikts trat das aber nicht hervor, sondern der Satz beruhte auf Interpretation, die sich vermöge des officium iudicis durchsetzte[2].

2. DE UI ARMATA.

Ulp. 69[3].

Das Interdikt de ui armata hat zur Zeit der Rede Ciceros pro Caecina (a. u. c. 685) folgendermassen gelautet:

UNDE TU AUT FAMILIA AUT PROCURATOR TUUS[4]) ILLUM[5]) UI[6]) HOMINIBUS COACTIS[7]) ARMATISUE[8]) DEIECISTI[9])[10]), EO RESTITUAS[11]).

Hienach fehlte, im Gegensatz zum Vulgarinterdikt, hier erstens die exceptio „in hoc anno", was uns von Cicero ad famil. XV 16 § 3 ausdrücklich bestätigt wird, und zweitens die exceptio „cum ille possideret, quod nec ui nec clam nec precario a te possideret"; daher denn Cicero wiederholt anmerkt, dies Interdikt werde sine ulla exceptione erteilt[12]). Damit will er nicht sagen, dass diesem Interdikt gegenüber keine exceptio gewährt werde[13]), sondern nur, dass es nicht mit den ständigen Exceptionen des Vulgarinterdikts behaftet sei.

In der Julianischen Ediktredaktion ist die Erwähnung des procurator weggefallen[14]); ausserdem wird auch hier statt des „deiecisti" gesetzt worden sein: „deiecisti aut .... deiecit", und in dem Restitutionsbefehl wird

---

[1]) Vgl. Schmidt, a. a. O. S. 179 fg.

[2]) Arg. fr. 5 de interd. (43. 1), fr. 40 § 4 de h. p. (5. 3). Vgl. unten § 256 a. E.

[3]) Fr. 3 § 2—12 h. t.

[4]) Cic. pro Caec. c. 19 § 55.

[5]) Nicht, wie allgemein angenommen wird (s. namentlich Keller, semestr. p. 324 sq., Rudorff, E. P. § 242), „illum aut familiam aut procuratorem illius": cf. Cic. pro Caec. c. 13 § 37 („a uerbis recedis"). Das interdictum de ui armata hatte also in dieser Hinsicht damals schon die Fassung, die das interdictum uolgare erst später annahm. Es ist dies wohl durch das jüngere Alter jenes Interdikts und die inzwischen mehr fortgeschrittene Jurisprudenz zu erklären.

[6]) Cic. pro Caec. c. 14 § 41—c. 17 § 48.

[7]) Eod. c. 21 § 59 und sonst oft.

[8]) Eod. c. 21 § 60 und sonst oft.

[9]) Eod. c. 30 § 88 vgl. c. 13 § 36 sqq., c. 17 § 49 sqq., c. 23 § 64 sqq. Über die ältere Fassung „unde — detrusus est" vgl. c. 17 § 49, s. auch pro Tullio c. 12 § 29.

[10]) Hier schieben Keller und Rudorff „qua de re agitur" ein, letzterer mit Berufung auf Cic. pro Caec. c. 29 § 83, eine Stelle, die indes keineswegs als Beleg für jenen Zusatz gelten kann. Gegen Keller auch Schmidt, Richters Jahrbb. VIII S. 65.

[11]) Eod. c. 30 § 88.

[12]) Eod. c. 8 § 23, c. 22 § 63, c. 32 § 92. 93.

[13]) Eine solche wird von Cicero ad fam. VII 13 § 2 selbst erwähnt: quod tu prior cum hominibus armatis non ueneris. Vgl. dazu Keller, l. c. p. 330 sqq.

[14]) Ulp. 69 fr. 3 § 10 h. t.

die Erwähnung der res ablatae nicht gefehlt haben, so dass das Interdikt jetzt lautete:

> UNDE TU ILLUM UI HOMINIBUS COACTIS ARMATISUE DEIECISTI AUT FAMILIA
> TUA DEIECIT, EO ILLUM QUAEQUE ILLE TUNC IBI HABUIT RESTITUAS.

Ulpian kommentiert in fr. 3 § 2—10 das Erfordernis „hominibus armatis deiecisti[1])". Die Kompilatoren haben diesen Abschnitt, obwohl sein Inhalt für das Justinianische Interdikt nicht mehr erheblich war, aufgenommen, weil der Unterschied zwischen uis armata und non armata doch noch strafrechtliche Bedeutung hatte[2]). Den Kommentar zu „hominibus coactis" haben sie gestrichen, weil hier kein solcher Anlass zur Aufnahme vorlag. Kommentiert hat Ulpian gewiss auch diese Worte; das lässt sich schon aus der Bemerkung bei Ulp. 69 fr. 5 ad 1. Iul. de ui priu. (48. 7) — cf. fr. 1 § 2 h. t. — schliessen:

> Si quis aliquem deiecit ex agro suo hominibus congregatis sine armis, uis priuatae postulari possit.

Das Wegbleiben der exceptio uitiosae possessionis bestätigen Gai. IV 155 und Pompon. fr. 14 h. t.

Zweifelhaft könnte nach Ulp. 69 fr. 3 § 12 h. t.:

> Hoc interdictum etiam aduersus eum proponitur, qui dolo malo
> fecit, quo quis armis deiceretur,

scheinen, ob nicht dem „deiecisti" noch ein „doloue malo fecisti quo magis deiceretur" hinzugefügt war. Allein die freie Interpretation des Worts deiecisti in fr. 3 § 10. 11 stellt klar, dass auch fr. 3 § 12 nur Interpretation dieses einen Worts enthält.

Hinsichtlich Sponsion, Restipulation, Formeln ist auf das beim interdictum uolgare Ausgeführte zu verweisen. Eine actio in factum war hier natürlich nicht proponiert, da ja das Interdikt wider den Dejizienten selbst nicht annal war, wider die Erben aber die dem Vulgarinterdikt angefügte actio in factum ausreichte. Die Bemerkung in fr. 3 § 12

> et post annum reddetur in id, quod peruenit ad eum qui pro-
> hibuit,

ist handgreiflich ein Machwerk der Kompilatoren[3]), die das interdictum de ui armata mit dem Vulgarinterdikt ausgleichen wollten.

---

[1]) Nicht etwa, wie es auf den ersten Blick scheinen möchte, die Worte „armis deiecisti", was eine Veränderung des Interdiktwortlauts beweisen würde: man achte darauf, dass Ulpian l. c. durchweg eine Mehrheit von Menschen voraussetzt. Doch braucht man darum das „armis" statt „hominibus armatis" doch nicht auf Rechnung der Kompilatoren zu setzen, vgl. Pampaloni, stud. Senesi, V, oss. eseg. (S. A.) n. 11.

[2]) § 6 I. de interd. (4. 15).

[3]) Interdictum reddetur in id quod peruenit ad eum qui prohibuit (statt deiecit)!

3. SI UTI FRUI PROHIBITUS ESSE DICETUR[1]).

Ulp. 69[2]), Paul. 65[3]).

Ulp. 69 fr. 3 § 15 h. t ·

> Pertinet .... hoc interdictum ad eum, qui fundo uti frui prohibitus est.

Vgl. fr. 3 § 13 h. t., fr. Vat. 90. 91[4]).

Die Beschränkung des Interdikts auf den (Quasi)besitzer muss auch hier ausgedrückt gewesen sein — arg. Ulp. 69 fr. 3 § 17 h. t. —; ich vermute etwa folgenden Wortlaut:

> *Quo fundo[5]) in hoc anno tu illum uti frui[6]) prohibuisti[7]) aut familia tua prohibuit, cum ille nec ui nec clam nec precario a te uteretur frueretur[8]), eo . .... restituas[9]).*

Vom officium iudicis im arbitrarium oder secutorium iudicium handelt Paul. 65 fr. 9 § 1 h. t.

Eine actio in factum war hier nach der Ausdrucksweise in fr. 3 § ult. h. t. nicht proponiert, wurde aber gleichwohl nach Analogie des Vulgarinterdikts erteilt.

§ 246. *NE UIS FIAT EI, QUI DAMNI INFECTI IN POSSESSIONEM MISSUS ERIT.*

Ulp. 69[10]), Paul. 65[11]).

Ulp. 69 fr. 4 pr. ne uis fiat ei (43. 4):

> Per interdictum etiam ei subuenit praetor, qui damni infecti ab eo in possessionem missus est, ne ei uis fiat.

Ulp. 69 fr. 4 § 4 eod.:

> Item subiectum, si ex alia causa in possessionem missus prohibitus esse dicetur, habere in factum actionem[12]).

Das Interdikt hatte die ständige[13]) exceptio „si eo nomine ex edicto meo promissum satisue datum[14]) non est neque per illum stat, quo minus ita promittatur satisue detur". Ulp. 69 fr. 4 § 1 eod.

---

[1]) Fr. Vat. 91: . . . libro II de interdictis sub titulo „si uti frui prohibitus esse dicetur".

[2]) Fr. 3 § 13—ult. h. t. Über die Lesart in fr. 3 § 13 s. Rudorff, Z. f. gesch. R. W. XI S. 232 n. 19, Schmidt (von Ilmenau) in Bekkers und Muthers Jahrbb. III S. 256 n. 19, Degenkolb, Platzrecht und Miete S. 88 n. 1.

[3]) Fr. 9 § 1 h. t.

[4]) Dazu Schmidt, Interdiktenverfahren S. 21 fgg.

[5]) Ulp. 69 fr. 3 § 15 h. t. Utile de cenaculo: fr. 27 de don. (39. 5).

[6]) Ulp. 69 fr. 3 § 16 h. t. Utile de usu: fr. 3 § 16 cit.

[7]) Ulp. 69 fr. 3 § 14 h. t.

[8]) Ulp. 69 fr. 3 § 17 h. t.

[9]) Bezüglich der res mobiles vgl. Paul. sent. fr. 60 pr. de usuf. (7. 1).

[10]) Fr. 4 ne uis fiat ei (43. 4).

[11]) Fr. 61 de V. S. (50. 16).

[12]) S. oben S. 360.

[13]) Fr. 4 § 1 eod. v. „non tenebit interdictum". Bestritten von Schmidt, a. a. O. S. 96, von der irrigen Voraussetzung aus, das Interdikt habe sich auf alle Fälle der missio, nicht bloss auf die damni infecti nomine, bezogen.

[14]) Paul. 65 fr. 61 de V. S. (50. 16).

§ 247. UTI POSSIDETIS[1]).

Ulp. 69.[2]) 70[3]), Paul. 65[4]), Gai. 25[5]), Venulei. 1 interd.[6])

I.

Das interdictum Uti possidetis ist uns in zwei leicht von einander abweichenden Fassungen erhalten. Die eine bei Ulp. 69 fr. 1 pr. h. t.:

UTI EAS AEDES[7]), QUIBUS DE AGITUR, NEC UI NEC CLAM NEC PRECARIO[8]) ALTER AB ALTERO[9]) POSSIDETIS[10]), QUO MINUS ITA POSSIDEATIS, UIM FIERI UETO[11]).

Die zweite bei Festus s. v. possessio:

UTI NUNC POSSIDETIS EUM FUNDUM, QUO DE AGITUR, QUOD NEC UI NEC CLAM NEC PRECARIO ALTER AB ALTERO POSSIDETIS, ITA POSSIDEATIS . ADUERSUS EA UIM FIERI UETO.

Ohne Zweifel haben wir in der Relation des Festus eine ältere Fassung des Interdikts vor uns[12]), die späterhin verlassen wurde. Die Fassung des Ulpianschen Berichts wird auch durch Gai. IV 160 bestätigt, wo es abgekürzt heisst:

Uti nunc possidetis, quo minus ita possideatis, uim fieri ueto.

Freilich aber wird auch im Julianischen Edikt für den fundus entweder ein besonderes Interdikt proponiert oder aber der fundus neben den aedes im selben Interdikt genannt gewesen sein. Ein Aufgeben des alten Musterbeispiels ist schon an sich nicht wahrscheinlich, umsoweniger als der fundus sonst überall in den Interdikten die erste Rolle spielt, — man denke z. B. an das interdictum utile Unde ui[13]) und das Interdikt Quem fundum[14]).

---

[1]) D. (43. 17), C. (8. 6). Ulp. 69 fr. 1 § 4 h. t.: hoc interdictum, quod uolgo uti possidetis appellatur, ... consequenter proponitur post interdictum unde ui. Älteste Spur des U. P. in dem SC bei Partsch, Schriftformel S. 7.

[2]) Fr. 1, 3 h. t., fr. 60 de V. S. (50. 16).

[3]) Fr. 4 h. t., fr. 2, 6, 12 de a. u. a. p. (41. 2), fr. 154 de R. I. (50. 17). Für das 70te Buch reservierte sich Ulpian die Detailerörterung der exceptio uitiosae possessionis und die utilia interdicta. Auf letztere beziehen sich: fr. 4 h. t., fr. 2, 12 pr. (§ 1 ist Neben- oder Schlussbemerkung) de a. u. a. p. (41. 2). Auf erstere: fr. 6 eod., fr. 154 de R. I. (50. 17). Die Erörterung des Begriffs clam possidere in fr. 6 cit. darf daher nicht etwa zu einem Schluss darauf verleiten, dass in lib. 70 ein interdictum de clandestina possessione besprochen sei. Vgl. in fr. 6 § 1 cit. die Worte: retinet ergo possessionem. Eine andere Frage ist, ob es nicht gleichwohl einmal ein solches Interdikt gegeben habe; dafür spricht m. E. doch sehr entschieden das vielerörterte fr. 7 § 5 comm. diu. (10. 3). Vgl. zu

dieser Stelle einerseits Witte, das interd. U. P. S. 45. 72, Pflüger, Besitzkl. (1890) S. 357 fg., andererseits Savigny, Besitz (7. Aufl.) S. 456, Karlowa, II S. 322, Naber, Mnemos. N. S. XXIV S. 169 fg., Cuq, inst. jur. (2. éd.) I p. 180 n. 3.

[4]) Fr. 2 h. t., fr. 155 de R. I. (50. 17).

[5]) Fr. 3 de prec. (43. 26).

[6]) Fr. 52 de a. u. a. p. (41. 2).

[7]) Utile: ex quibus proiectum est, fr. 3 § 6 h. t.

[8]) Perpetuo insunt: fr. 1 § 5. 9, fr. 3 pr. h. t. Kommentar s. n. 3 und ferner Gai. 25 fr. 3 de prec. (43. 26).

[9]) Paul. 65 fr. 2 h. t.

[10]) Ulp. 69 fr. 3 § 2—10 h. t.

[11]) Zum Ganzen vgl. noch Diocl. et Max. c. 1 h. t.: Uti possidetis fundum d. q. a., cum ab altero nec ui nec clam nec precario possidetis, rector prouinciae uim fieri prohibebit.

[12]) Dernburg, Festgaben für Heffter S. 106 fgg.

[13]) Fr. 3 § 15 unde ui (43. 16).

[14]) Ulp. instit. fr. Vindob. § 4.

Dazu kommt, dass sowohl bei Gai. IV 166ᵃ als auch in § 4ᵃ I. de interd
(4. 15) bei Besprechung unseres Interdikts die fundi possessio an erster
Stelle (vor der aedium possessio) figuriert, dass auch Ulp. 69 in fr. 1 § 7
h. t., wo er anfängt die Interdiktworte einzeln vorzunehmen, gleich sofort
von der fundi possessio spricht, und endlich, was ganz entscheidend ist.
dass Ulp. 69 in dem zweifellos gerade hieher gehörigen fr. 60 de V. S.
(50. 16) die Worte fundus und locus ausführlich erläutert.   Nach letzterer
Stelle ist anzunehmen, dass das Interdikt auch den Schutz des Besitzes an
einem blossen „locus" vorsah[1]).

An das Formular oder die Formulare des Interdikts lehnte sich im
Album zunächst der Satz an:

> DE CLOACIS HOC INTERDICTUM NON DABO[2]).

Weiter aber ein ziemlich umfangreiches, das fernere Verfahren betreffen-
des Edikt, dessen Inhalt sich aus dem Bericht des Gai. IV 166—169 erkennen lässt.   Es waren nämlich hier proponiert:

1) Ein Edikt über die fructus licitatio nebst der zugehörigen stipulatio fructuaria, Gai. IV 166:

> .... (et uter eorum uicerit) fructus licitando, is tantisper in pos-
> sessione constituitur, si modo aduersario suo fructuaria stipulatione
> cauerit, cuius uis et potestas haec est, ut si contra eum de pos-
> sessione pronuntiatum fuerit, eam summam aduersario soluat.

Vgl. Gai. IV 167—169[3]).   Die stipulatio fructuaria ist in fr. 4 § 2 de V. O.
(45. 1) erwähnt; eine Rekonstruktion zu versuchen wäre aussichtslos[4]).

2) Edikt über die Sponsionen und Restipulationen ex interdicto
nebst zugehörigen Formularen, Gai. IV 166:

> .... postea alter alterum sponsione prouocat, quod aduersus edictum
> praetoris possidenti sibi uis facta sit, et inuicem ambo restipulantur
> aduersus sponsionem: uel . . . . una inter eos sponsio
> itemque restipulatio una . . . . . . ad eam fit.

Vgl. Gai. IV 166ᵃ. 167, Ulp. instit. fr. Vindob. § 5.   Über die sponsio und
restipulatio sind wir ziemlich genau unterrichtet.   Der Bericht des Gaius
über ihren Inhalt wird bestätigt durch Cic. pro Caec. c. 16 § 45:

> sponsionem facere   , ni aduersus edictum praetoris uis facta
> esset.

Ferner aber ist uns in fr. 1 pr. h. t. ein Teil des Edikts erhalten, worin sich
der Prätor über die Höhe der Sponsionssumme äusserte[5]):

> Ait praetor: . . . . . . neque pluris, quam quanti res erit, intra

---

[1]) Vgl. fr. 3 § 4. 6 h. t. Frontin. de controu.
agr., ed. Lachm. p. 44,4: De loco, si possessio
petenti firma est, etiam interdicere licet.

[2]) Ulp. 69 fr. 1 pr. h. t.

[3]) Zu Gai. IV 168 vgl. Paul. 65 fr. 155 pr.
de R. I. (50. 17).

[4]) Stilistisch verunglückt — es scheinen
einige Worte ausgelassen zu sein — ist

die Rekonstruktion Rudorffs, E. P. § 247
p. 218.

[5]) Die herrschende Meinung deutet dies
Edikt fälschlich auf das iudicium secutorium.
S. z. B. Schmidt, a. a. O. S. 257, Rudorff,
E. P. § 247, Mommsen in seiner Digesten-
ausgabe ad h. l., Bruns, Besitzklagen S. 44.
56, Karlowa, R. G. II S. 344, der ganz ernst-

annum, quo primum experiundi potestas fuerit, agere permittam.

Augenscheinlich nämlich stand statt des „agere permittam" der Kompilatoren — wann in aller Welt erteilt der Prätor Aktionen auf „neque pluris quam quanti ea res erit"? — im Edikt: sponsionem facere permittam[1]); die ganze Stelle aber dürfte ursprünglich gelautet haben:

quanti uter iurauerit non calumniae causa se postulare sponsionem fieri[2]), neque pluris, quam quanti res erit[3]), intra annum, quo primum experiundi potestas fuerit[4]), sponsionem restipulationemque facere permittam.

3) Edikt über das iudicium Cascellianum siue secutorium nebst dessen Formel, Gai. IV 166[a]:

iudex ...... requirit ....., uter eorum eum fundum easue aedes, per id tempus quo interdict*um* redditur, nec ui nec clam nec precario poss*e*derit . cum iudex id explorauerit et forte secundum me iudicatum sit, aduersarium mihi et sponsionis et restipulationis summas, quas cum eo feci, condemnat   et hoc amplius, si apud aduersarium meum possessio est, qu*ia* is fructus licitatione uicit, nisi restituat mihi possessionem, Cascelliano siue secutorio iudicio condemnatur.

Auf die condemnatio „quanti ea res erit" bezieht sich Ulp. 69 fr. 3 § 11 h. t.[5]).

4) Edikt über das iudicium fructuarium nebst Formel, Gai. IV 169:

Admonendi tamen sumus liberum esse ei, qui fructus licitatione uictus erit, omissa fructuaria stipulatione, sicut Cascelliano siue secutorio iudicio de *posses*sione reciperand*a* experitur, ita s*imiliter* de fructus licitatione agere: in quam rem proprium iudicium comparatum est, quod appellatur fructuarium, quo nomine actor iudicatum solui satis accip*it*.

In dem iudicium fructuarium darf schwerlich mit Schmidt[6]) eine einfach auf die Lizitationssumme gerichtete actio in factum concepta erblickt werden; auf diese Weise ist das Wahlrecht zwischen diesem iudicium und der stipulatio fructuaria unerklärlich[7]). Vielmehr ging das iudicium sehr wahrscheinlich auf den Ersatz des durch den Ausgang der fructus licitatio dem

---

lich folgende condemnatio für möglich hält: quanti ea res erit, non tamen pluris quam ipsa res erit, c. s. n. p. a.! Weniger deutlich: Keller, Zschr. f. gesch. R. W. XI S. 308.

[1]) Vgl. zur Ausdrucksweise Gai. IV 171: sponsionem facere permittitur. „Actionem permittam" kommt — interpoliert — in fr. 10 pr. quae in fraud. cred. (42. 8) vor, „agere permittam" nirgends.

[2]) Gegen den Calumnieneid Dernburg, Entwicklung u. Begriff des jur. Bes. im r. R.

(1883) S. 22. S. jedoch Ubbelohde, a. a. O. II S. 105.

[3]) Ähnlich beim Vadimonium: Gai. IV 186.

[4]) Vgl. Ubbelohde, a. a. O. I S. 497 fg., II S. 201 fg. Gegen die Einfügung der Annalklausel an dieser Stelle, aus nicht zureichenden Gründen, Naber, Mnemos. N. S. XXIV S. 176 fg.

[5]) Schmidt, a. a. O. S. 256 fg.

[6]) a. a. O. S. 290.

[7]) Über den Zeitpunkt, wo die Wahl zu treffen war, s. Ubbelohde, a. a. O. II S. 175.

Kläger verursachten Schadens[1]) (quanti ea res erit), und seine Einführung
beruht auf der naheliegenden Erwägung, dass die Lizitationssumme dem
Kläger mitunter keine hinreichende Entschädigung für den entbehrten
Besitz[2]) gewährt hätte, ohne dass ihm doch zugemutet werden konnte,
um deswillen selbst höher zu bieten[3]).   Ein Rekonstruktionsversuch wäre
natürlich aussichtslos[4]).

    5) Die interdicta secundaria, Gai. IV 170:

    . . . . quia nonnulli interdicto reddita cetera ex interdicto facere
nolebant, atque ob id non poterat res expediri, praetor in eam rem
prospexit et comparauit interdicta, quae secundaria appellamus,
quod secundo loco redduntur . quorum *uis et potestas haec est, ut
qui* cetera ex interdicto non faci*at*, ueluti qui uim non faciat aut
fructus non lice*at*ur aut qui fructus licitationis sat*is* non d*et* aut si
sponsion*es* non faci*at* sponsionum*ue* iudicia non accipiat, siue pos-
side*at*, restituat aduersario possessionem, *siue non possideat, uim*
*i*lli possiden*ti* ne faciat.

Sichere Spuren der secundaria interdicta[5]) finden sich in den Digesten
nicht.   Namentlich gehört nicht etwa hieher[6]) Venulei. 1 fr. 52 § 2 de a. u.
a. p. (41. 2):

    Species inducendi in possessionem alicuius rei est prohibere in-
gredienti uim fieri: statim enim cedere aduersarium et uacuam
relinquere possessionem iubet, quod multo plus est quam restituere.

Die Stelle dürfte sich einfach auf die prohibitorische Fassung des interdictum Uti possidetis selbst beziehen[7]).   Vielleicht auf das uim facere ex
interdicto[8]) zu deuten ist Paul. 65 fr. 155 § 1 de R. I. (50. 17):

    Non uidetur uim facere, qui iure suo utitur et ordinaria actione
experitur.

Erhebung der Vindikation, kann Paulus sagen wollen, ist kein uim facere:
der Vindikant bleibt also trotzdem zum uim facere verpflichtet.

2.

    Unter den verschiedenen Fällen, in denen das interdictum U. P.
als utile erteilt wird[9]), war einer im Edikt ausdrücklich berücksichtigt:

---

[1]) Darum heisst es bei Gai. l. c. „de fructus
licitatione agere“.

[2]) Man muss dabei nicht bloss an die vom
Beklagten gezogenen Früchte denken, die
dieser nach Gai. IV 167 ohnedies herausgeben muss, sondern an die Gesamtheit der
Besitzvorteile.

[3]) Vgl. Ubbelohde, a. a. O. II S. 172 fg.,
der auch die abweichenden Ansichten erörtert.

[4]) Gemacht sind solche von Schmidt,
a. a. O. S. 290, und von Rudorff, E. P. § 247
p. 218, beide unhaltbar.

[5]) Beachtenswertes über dieselben bei
Bekker, Aktionen II S. 53 n. 5.

[6]) Anders die 1. Aufl. und Rudorff, E.P.
§ 247 n. 20.   Dagegen Ubbelohde, a. a. O.
I S. 301 n. 7[b].

[7]) Das interdictum U. P. verbietet dem Inhaber der possessio uitiosa, sich der Besitzergreifung des iustus possessor zu wider-
setzen. Vgl. Pflüger, Besitzklagen (1890)
S. 86.

[8]) Über dessen Verhältnis zur deductio
quae moribus fit (bei Cic. pro Caec. c. 1, 7, 8,
10, 11, 16, 32) vgl. die Literatur bei Wach in
Kellers C. P. (6. Aufl.) n. 873 und dazu weiter
noch Mitteis, ZRG. XXXVII S. 274 fgg.

[9]) Vgl. z. B. fr. 3 § 4 h. t., fr. 14 de iniur.
(47. 10).

der, wo über den Quasibesitz eines Niessbrauchs gestritten wurde, fr. Vat. 90:

> interdictum uti possidetis utile hoc nomine proponitur . . . . ., quia (*scil.* usufructuarius) non possidet.

Vgl. fr. 27 de donat. (39. 5).

Die Fassung ist durch das Beispiel des interdictum de superficiebus fr. 1 pr. de superfic. (43. 18) — gegeben:

> *Uti eo fundo*[1] *q. d. a. nec ui nec clam nec precario alter ab altero utimini fruimini, quo minus ita utamini fruamini, uim fieri ueto.*

Von diesem Interdikt sagt Ulp. 70 fr. 4 h. t.:

> In summa puto dicendum et inter fructuarios hoc interdictum reddendum et si alter usum fructum, alter possessionem sibi defendat.

Dass das Interdikt auch im zweitgenannten Falle erteilt wurde, ist sehr natürlich. Denn, wenn der eine Teil nicht Sachbesitz, sondern bloss tatsächliches uti frui behauptete, konnte der andere Teil mit der Behauptung des blossen possidere nicht gehört werden — sein possidere wäre ja mit dem uti frui des Gegners durchaus verträglich, also keine Negation der Gegenbehauptung —, vielmehr konnte er nur mit der Behauptung durchdringen, er selbst habe das Grundstück tatsächlich im Genuss gehabt: daraus ergab sich aber von selbst die Formel „uti utimini fruimini[2]".

§ 248. A QUO FUNDUS PETETUR SI REM NOLIT DEFENDERE[3].

Ulp. 70[4].

I.

Paul. 63 fr. 2 i. f. de interd. (43. 1):

> Sunt interdicta . . . . duplicia tam reciperandae quam apiscendae possessionis.

Ulp. inst. fr. Vindob. § 4:

> . . . . apiscendae quam reciperandae possessionis, qualia sunt interdicta Quem fundum et Quam hereditatem . nam si fundum uel hereditatem ab aliquo petam nec lis defendat*ur,* cogitur ad me transferre possessionem siue numquam possedi siue an*te posse*di, deinde amisi possessionem.

---

[1] Utile: fr. 14 de iniur. (47. 10).

[2] Verfehlt ist daher Rudorffs Versuch (Zsch. f. gesch. R. W. XI S. 344, E. P. § 248), im obigen Fall das Uti possidetis und Uti utimini zu kombinieren. Vgl. noch Pflüger, a. a. O. S. 186, der mit Recht Venul. 1 fr. 52 pr. de a. u. a. p. (41. 2) hieher bezieht.

[3] Scaeu. lib. XII quaest. „a quo fundus petetur si rem nolit" fr. 45 de damno inf. (39. 2). Fr. Vat. 92 . . . . lib. IV de interd. sub titulo „A quo usus fructus petetur, si rem nolit defendere".

[4] Fr. 156 pr. de R. I. (50. 17), fr. 21 de iudic. (5. 1), fr. 25 de R. V. (6. 1). Die Stellung des Interdikts im Album ergibt sich aus der Vergleichung des hiehergehörigen fr. 156 pr. de R. I. (50. 17) mit dem auf das Interdikt de superficiebus bezüglichen § 1 derselben Stelle (= fr. 1 § 4 de superfic.). Die Behauptung Rudorffs, dass das Interdikt bei Ulpian nicht an seinem Platz kommentiert sei (vgl. E. P. § 244 n. 1), entbehrt des Beweises und ist in der Tat grundlos.

Vgl. Diocl. et Maxim. c. un. uti poss. (8. 6):

.. satisdationis uel transferendae possessionis edicti perpetui form:
seruata.

Die Anfangsworte des Interdikts waren — arg. fr. Vat. 92 — zweifellos folgende:

QUEM FUNDUM *ILLE A TE* UINDICARE *UULT.*

Nach der diesem § vorgesetzten quellenmässig belegten Rubrik ist anzunehmen[1]), dass darauf folgte:

SI REM NOLIS[2]) *DEFENDERE, RESTITUAS*[3]).

Damit ist aber selbstverständlich der Inhalt des Interdikts nicht erschöpft:
denn zur Restitution ist der Beklagte nur verpflichtet, wenn der Kläger
seinerseits Satisdation anbietet[4]).   Das Interdikt hatte also gewiss die
ständige Exception „*si eo nomine tibi satisdatum est aut per te stat qu.
minus satisdetur*[5])".   Weiter aber ist mir wahrscheinlich, dass auch die
Bedingung „quem possides doloue malo fecisti quo minus possideres" im
Interdikt zum Ausdruck kam[6]), so dass das Interdikt im ganzen gelautet
hätte:

*Quem fundum ille a te uindicare uult, quem possides doloue mal:
fecisti quo minus possideres, si rem nolis defendere eoque nomine
tibi satisdatum est aut per te stat quo minus satisdetur, restituas.*

Fr. Vat. 92:

..... lib. IV de interdictis sub titulo „A quo usus fructus petetur".
si rem nolit defendere".   Sicut corpora uindicanti, ita et ius satisdari oportet: et ideo necessario *ad* exemplum interdicti Quem fundum proponi etiam ei interdictum „quem usum fructum uindicare
uelit[8])" de restituendo usu fructu.

Vgl. fr. 60 § 1 de usuf. (7. 1)[9]) = Paul. sent. V 6 § 8[b].

[1]) S. auch Rudorff, E. P. § 244.
[2]) Ulp. 70 fr. 156 pr. de R. I. (50. 17).
[3]) Vgl. Ulp. 70 fr. 21 de iudic. (5. 1).
[4]) Arg. Paul. sent. I 11 § 1.
[5]) Vielleicht ist Paul. 69 fr. 61 de V. S.
(50. 16) — die Stelle ist oben auf das Interdikt Ne uis fiat ei qui damni infecti in possessionem missus erit gedeutet worden —
hieher zu ziehen: die Inskription erlaubt
beide Beziehungen.
[6]) Dagegen berücksichtigte das Interdikt
den andern Fall der ficta possessio — „si
liti se obtulit" — nicht. Arg. Ulp. 70 fr. 25
de R. V. (6. 1). Diese verzweifelte Stelle,
deren Text gewiss nicht unverändert geblieben ist, hat vielleicht im Urtext einen
Gegensatz zwischen der R. V. und unserm
Interdikt hervorgehoben.   Wer sine causa
die R. V. übernommen hat, kann sich in
iudicio nicht mehr darauf berufen, dass er in

Wirklichkeit nicht besitze.   Dagegen kann
es nicht als ein liti se obtulisse aufgefasst
werden, wenn der Beklagte seinen Besitz
leugnet, auf Andringen des Klägers den
interd. Q. F. übernimmt und nun, indem er
schweigend weggeht, den Kläger zu dem
gefährlichen Sponsionsverfahren veranlasst.
[7]) Darüber, dass auch im umgekehrten
Fall „Ad quem usus fructus pertinere ne-
gabitur" ein restitutorisches Interdikt r:-
stand, vgl. n. 9. Ob es proponiert war, wissen
wir nicht.
[8]) Im Interdikt hiess es „uult"; hier
werden die Worte in indirekter Rede angeführt.
[9]) Die Stelle bedarf nicht der durch
Mommsen vorgeschlagenen Verbesserung
durch Transposition. Soweit ist Rudorff,
ZRG. VI S. 443 n. 20, im Recht; dessen
eigene Erklärung des Fragments scheint

§ 249. DE SUPERFICIEBUS [1]).

Ulp. 70 [2]), Gai. 25 [3]).

Ulp. 70 fr. 1 pr. h. t.:

Ait praetor: UTI EX LEGE LOCATIONIS SIUE CONDUCTIONIS [4]) SUPERFICIE [5]), QUA DE AGITUR, NEC UI NEC CLAM NEC PRECARIO ALTER AB ALTERO FRU*I*MINI [6]), QUO MINUS *ITA* FRUAMINI, UIM FIERI UETO . SI QUA ALIA ACTIO DE SUPERFICIE POSTULABITUR, CAUSA COGNITA DABO [7]).

Das Verfahren betreffend vgl. Ulp. 70 fr. 1 § 2 h. t.:

Omnia quoque, quae in Uti possidetis interdicto seruantur, hic quoque seruabuntur [8]).

Die verheissene (aber nicht proponierte) [9]) alia actio ist in factum zu kon-

mir aber nicht ganz klar. Ich verstehe dasselbe folgendermassen. Da die actio confessoria des Usufruktuars auch wider den Nichteigentümer geht, so wird der Usufruktuar an der Geltendmachung seines Rechts durch einen Streit zwischen zwei Eigentumsprätendenten nicht gehindert; er hält sich an den Besitzer unter beiden. Dieser nun wird die actio confessoria i. d. R., so lange sein eigenes Eigentum nicht feststeht, nicht gerne übernehmen wollen: denn entscheidet sich der Eigentumsprozess zu seinen Ungunsten, so hätte er sich durch den Niessbrauchsprozess nur unnütze Mühe und Kosten gemacht. Aber das hilft ihm nichts, da er eben doch der rechte Beklagte ist: wenn er daher rem nicht defendiert, muss er dem Niessbraucher ganz nach der Regel den Besitz herausgeben und dazu — das gehört zur Restitutionspflicht — kavieren, dass er jenen so lange im Besitz nicht stören werde, bis über das Niessbrauchsrecht entschieden ist. Analog liegt natürlich die Sache, wenn der Niessbraucher im Besitz ist und vom Eigentumsprätendenten mit der actio negatoria angegriffen wird. Auch er wird den Wunsch haben, den Prozess bis zum Ende des Eigentumsprozesses zu verschieben, da ihm ja, falls sein Gegner in letzterm unterliegt, sein demselben gegenüber erfochtener Sieg ganz nutzlos wäre, und auch er kann diesen Aufschub nur auf Kosten seines Besitzes erlangen (interim usus fructus eius differtur). Freilich: Kaution wegen des ihm so entgehenden Fruchtgenusses muss dem Beklagten gestellt werden; sonst bleibt er trotz Mangels gehöriger Defension im Besitz. Vorstehende, schon in der 1. Aufl. gegebene, im éd. perpèt. II p. 224 n. 3 zu Gunsten der Auslegung Karlowas (II S. 467) zurückgezogene Deutung

glaube ich auf Grund wiederholter Erwägung jetzt festhalten zu sollen.

[1]) D. (43. 18).

[2]) Fr. 1 h. t., fr. 156 § 1 de R. I. (50. 17) = fr. 1 § 4 h. t.

[3]) Fr. 2 h. t.

[4]) Venditionis? So Puchta, Curs. d. Instit. § 244 n. b, Rudorff, E. P. § 249, Degenkolb, Platzrecht und Miete S. 26. A. M. mit Recht Mommsen, Dig. in h. l. Vielleicht ist „siue conductionis“ ein Glossem. Vgl. indessen Gai. 21 fr. 20 de A. E. V. (19. 1), eine Stelle, die ihrer Inskription nach — Publikanenedikt — besondere Bedeutung beansprucht.

[5]) Degenkolb, a. a. O. S. 54 fg.

[6]) *Flor.* fruemini.

[7]) Den letzten Satz hält für unecht Baviera, la legitt. pass. nell' aº A. P. A. (1902) p. 32 sq. Gegen ihn mit Recht Segrè, sulle formole etc. (studi Moriani 1905) p. 42 sq.

[8]) Wie, ja alter superficiem alter possessionem sibi defendat? Vgl. Rudorff, E. P. § 249 n. 3, Witte, Uti poss. S. 113, Degenkolb, a. a. O. S. 71 fgg., Ubbelohde, a. a. O. I S. 281, Karlowa, II S. 1262 fg. M. E. ist einfach das unveränderte Interdikt de superficiebus, bei dem gewiss nicht bloss an den Fall des Streits zwischen zwei angeblichen Superfiziaren gedacht ist, auch hier anzuwenden, und fr. 3 § 7 i. f. uti poss. (43. 17) will lediglich besagen, dass der Prätor, wenn auf der einen Seite superfiziarischer Besitz behauptet wird, das interdictum Uti possidetis verweigert und nur das interdictum de superficiebus erteilt. So schon die 1. Aufl. Anders éd. perpèt. II p. 224 n. 10.

[9]) S. Wlassak, Edikt u. Klageform S. 100.

zipieren[1]), da nach fr. 1 § 4 i. f. h. t. auch die exceptio superficiei so konzipiert war.

Utiles actiones: hypothecaria, confessoria, communi diuidundo s. fr. 1 § 6. 8. 9 h. t., fr. 16 § 2 de pigner. act. (13. 7).

§ 250.　DE ITINERE ACTUQUE PRIUATO[2]).

Ulp. 70[3]), Paul. 66[4]), Iulian. 48[5]), Venulei. 1 interd.[6])

I.

Ulp. 70 fr. 1 pr. h. t.:

Praetor ait: QUO ITINERE ACTUQUE[7]) [priuato][8]), QUO DE AGITUR, [uel uia][9]) HOC ANNO[10]) NEC UI NEC CLAM NEC PRECARIO AB ILLO[11]) USUS ES[12]), QUO MINUS ITA UTARIS, UIM FIERI UETO[13]).

Ulp. 70 fr. 1 § 37 de aqua cottid. (43. 20):

. . . . . de itinere actuque et successoribus[14]) dantur interdicta et emptori.

Das Interdikt für den emptor ist kurz zusammengefasst bei Paul. 63 fr. 2 § 3 de interd. (43. 1):

Quo itinere uenditor usus est, quo minus emptor utatur, uim fieri ueto.

Genauer wird es gelautet haben:

Quo itinere actuque q. d. a. is, a quo emisti[15]), *hoc anno n. u. n. c. n. p. ab illo usus est*[16]), *quo minus ita utaris, u. f. u.*

Das umgekehrte Interdikt

Quo itinere actuque　　ab eo, unde ille emit, usus es

war im Edikt nicht verheissen[17]), wurde aber doch wohl auf Antrag erteilt.

---

[1]) Savigny, System V S. 81 n. i[1]: S. p. A^m A^m superficiem in perpetüum conduxisse. Ebenso A. Schmidt, ZRG. XXIV S. 151. Vgl. oben S. 183 n. 10.

[2]) D. (43. 19).

[3]) Fr. 1, 3, 5 h. t., fr. 3 si seru. (8. 5), fr. 35 de A.E.V. (19. 1), fr. 156 § 2—4 de R. I. (50. 17). Fr. 5 h. t. falsch Ulp. 20 inskribiert. Zu fr. 156 § 2 de R. I. cf. fr. 3 § 2 h. t.

[4]) Fr. 2, 6 h. t., fr. 5 quemadm. seru. (8. 6), fr. 29 de V. S. (50. 16) — itinere actuque, vgl. fr. 1 § 4 h. t.

[5]) cit. fr. 2 § 3 si seru. (8. 5).

[6]) Fr. 4 h. t.

[7]) Ulp. 70 fr. 1 § 4 h. t., Paul. 66 fr. 29 de V. S. (50. 16).

[8]) Glossem (so Mommsen; a. M. Schmidt, a. a. O. S. 79 n. 7). Das Wort ist in der Rubrik verständlich, im Interdikt aber überflüssig und bei Ulpian nicht kommentiert.

[9]) Glossem (so Mommsen; a. M. Schmidt, a. a. O.). Die uia, die hier nachhinkt, war, wie aus zahlreichen Stellen des Kommentars hervorgeht — vgl. z. B. fr. 1

[2] § 2. 4. 9 h. t. —, im iter actusque als Unterart inbegriffen. Vgl. auch fr. 3 § 11 h. t.

[10]) Ulp. 70 fr. 1 § 3 h. t. Repetita die: fr. 1 § 9. 10 h. t., vgl. Schmidt, a. a. O. S. 229.

[11]) Ulp. 70 fr. 1 § 11—ult., fr. 3 pr.—§ 2 h. t., Paul. 66 fr. 2 h. t.

[12]) Ulp. 70 fr. 1 § 5—10 h. t., Paul. 66 fr. 5 quemadm. seru. (8. 6). Der Usufruktuar kann sagen „usus sum" und hat daher das interd. directum, nicht utile. Vgl. fr. 3 § 4. 5 h. t., fr. 2 § 3 si seru. (8. 5).

[13]) Fr. 1 § 1 h. t.: hoc interdictum prohibitorium est.

[14]) d. h. den Universalsukzessoren, aber auch den prätorischen: fr. 1 § 37 cit.

[15]) Utilia: Ulp. 70 fr. 3 § 6—10 h. t. Vgl. Schmidt, a. a. O. S. 20 n. 10. Der Käufer kann sich, wenn er will, natürlich auch auf seine eigene Rechtsausübung ausschliesslich berufen: hieher vielleicht fr. 156 § 4 de R. I. (50. 17).

[16]) Paul. 66 fr. 6 h. t.

[17]) Arg. fr. 3 § 2 h. t. Dazu gegen Savigny, Recht d. Besitzes (7. Aufl.) S. 488: Rudorff, ebendaselbst S. 716 n. 166.

Condemnatio („quànti ea res erit") im iudicium secutorium: Ulp. 70 fr. 3 § 3 h. t.

Ulp. 70 fr. 3 § 11 h. t.:

Ait praetor: Quo[1]) ITINERE ACTUQUE HOC ANNO NON UI NON CLAM NON PRECARIO AB *ILLO*[2]) USUS ES, QUO MINUS ID ITER ACTUMQUE, UT TIBI IUS EST[3]), REFICIAS[4]), UIM FIERI UETO. QUI HOC INTERDICTO UTI UOLET, IS ADUERSARIO DAMNI INFECTI, QUOD PER EIUS *OPERIS*[5]) UITIUM DATUM SIT, CAUEAT.

Einen Zusatz hinsichtlich der Sukzessoren hatte dies Interdikt nicht: arg. Ulp. 70 fr. 5 § 2 h. t.

§ 251.   DE AQUA COTTIDIANA ET AESTIUA[6]).

Ulp. 70[7]).

Ulp. 70 fr. 1 pr. h. t.:

Ait praetor: UTI HOC ANNO AQUAM[8]), QUA DE AGITUR, NON UI NON CLAM NON PRECARIO AB ILLO DUXISTI[9]), QUO MINUS ITA[10]) DUCAS, UIM FIERI UETO[11]).

Ulp. 70 fr. 1 § 29. 37 h. t.:

Deinde ait praetor: UTI PRIORE AESTATE[12]) AQUAM, QUA DE AGITUR, NEC UI NEC CLAM NEC PRECARIO AB ILLO DUXISTI, QUO MINUS ITA DUCAS, UIM FIERI UETO.

ITEM INTER HEREDES *ET* EMPTORES(?)[13]) ET BONORUM POSSESSORES INTERDICAM[14]).

Ulp. 70 fr. 1 § 38 h. t.:

Ait praetor: QUO EX CASTELLO[15]) ILLI AQUAM DUCERE AB EO, CUI EIUS REI IUS FUIT[16]), PERMISSUM EST, QUO MINUS ITA UTI PERMISSUM EST[17]) DUCAT, UIM FIERI UETO[18]). QUANDOQUE DE OPERE FACIENDO INTERDICTUM ERIT, DAMNI INFECTI CAUERI IUBEBO[19]).

Officium iudicis im iudicium secutorium de aqua cottidiana: fr. 1 § 23 h. t.

Für ein restitutorisches Interdikt neben unserem prohibitorischen[20]) war kein Bedürfnis.   Wenn es in fr. 1 § 1 h. t. heisst:

---

[1]) *Flor.* qui.
[2]) *Flor.* alio.
[3]) *Flor.* esset.   Zur Sache: Ulp. 70 fr. 3 § 13. 14 h. t.   Utile: fr. 5 § 3 h. t.
[4]) Ulp. 70 fr. 3 § 15. 16, fr. 5 pr. § 1 h. t., Venul. 1 fr. 4 h. t.
[5]) Vgl. Ulp. 70 fr. 5 i. f. h. t.
[6]) D. (43. 20).
[7]) Fr. 1 h. t.
[8]) Ulp. 70 fr. 1 § 2—14 h. t.   Cottidianam: fr. 1 § 2—4. Perennem: fr. 1 § 5. Quae duci possit: fr. 1 § 6. A capite: fr. 1 § 7. 8 h. t.
[9]) Ulp. 70 fr. 1 § 19—24 h. t.
[10]) Ulp. 70 fr. 1 § 15—18 h. t.
[11]) Ulp. 70 fr. 1 § 25 h. t.   Duplex inter riuales: fr. 1 § 26 h. t. Dazu Ubbelohde, a. a. O. I S. 286 fg. Utile, ne quid in illo

Hoc interdictum prohibitorium et interdum restitutorium est,
so will das bloss sagen, dass das Interdikt trotz seiner prohibitorischen
Fassung auch dem Zweck der Restitution zu dienen geeignet sei.

§ 252. DE RIUIS [1]).

Ulp. 70 [2]), Paul. 66 [3]), Venulei. 1 interd. [4])

Ulp. 70 fr. 1 pr. h. t.:

Praetor ait: RIUOS [5]) SPECUS [6]) SEPTA [7]) REFICERE [8]) PURGARE [9]) AQUAE DU-
CENDAE CAUSA [10]) QUO MINUS LICEAT ILLI, DUM NE ALITER AQUAM DUCAT,
QUAM UTI PRIORE AESTATE [11]) NON UI NON CLAM NON PRECARIO A TE DUXIT [12]),
UIM FIERI UETO [13]).

§ 253. DE FONTE [14]).

Ulp. 70 [15]).

Ulp. 70 fr. 1 pr. h. t.:

Praetor ait: UTI DE EO FONTE, QUO DE AGITUR, HOC ANNO AQUA NEC UI
NEC CLAM NEC PRECARIO AB ILLO USUS ES, QUO MINUS ITA UTARIS, UIM
FIERI UETO . DE LACU PUTEO PISCINA ITEM INTERDICAM [16]).

Ulp. 70 fr. 1 § 6 h. t.:

Deinde ait praetor: QUO MINUS FONTEM QUO DE AGITUR PURGES REFICIAS,
UT AQUAM COERCERE UTIQUE EA POSSIS, DUM NE ALITER UTARIS, ATQUE UTI
HOC ANNO NON UI NON CLAM NON PRECARIO AB ILLO USUS ES [17]), UIM FIERI
UETO.

Ulp. 70 fr. 1 § 10 h. t.:

Sed et de lacu puteo piscina reficiendis purgandis interdictum
competit.

§ 254. DE CLOACIS [18]).

Ulp. 71 [19]), Venulei. 1 interd. [20])

Ulp. 71 fr. 1 pr. h. t.:

Praetor ait: QUO MINUS ILLI CLOACAM [21]), QUAE EX AEDIBUS EIUS IN TUAS [22])
PERTINET [23]), QUA DE AGITUR, PURGARE REFICERE LICEAT, UIM FIERI UETO
DAMNI INFECTI, QUOD OPERIS UITIO FACTUM SIT, CAUERI IUBEBO [24]).

[1]) D. (43. 21).
[2]) Fr. 1, 3 h. t.
[3]) Fr. 2 h. t.
[4]) Fr. 4 h. t.
[5]) Ulp. 70 fr. 1 § 2 h. t.
[6]) Ulp. 70 fr. 1 § 3 h. t.
[7]) Ulp. 70 fr. 1 § 4 h. t. Incilia fossas
puteos: fr. 1 § 5 h. t. (auch diese scheinen
im Interdikt genannt gewesen zu sein).
[8]) Ulp. 70 fr. 1 § 6 h. t.
[9]) Ulp. 70 fr. 1 § 7 h. t.
[10]) Ulp. 70 fr. 1 § 8 h. t.
[11]) Oder: hoc anno, Ulp. 70 fr. 1 § 9 h. t.
[12]) Ulp. 70 fr. 1 § 10. 11, fr. 3 pr.—§ 2 h. t.,
Paul. 66 fr. 2 h. t., Venulei. 1 fr. 4 h. t.

[13]) Utilia: Ulp. 70 fr. 3 § 6. 7 h. t.
[14]) D. (43. 22).
[15]) Fr. un. h. t.
[16]) Zum Ganzen: Ulp. 70 fr. 1 § 1—5 h. t.
Zu fr. 1 § 2 h. t. vgl. fr. 1 § 18 de aqua cott.
(43. 20).
[17]) Ulp. 70 fr. 1 § 8. 9 h. t.
[18]) D. (43. 23).
[19]) Fr. 1 h. t.
[20]) Fr. 2 h. t.
[21]) Ulp. 71 fr. 1 § 3. 4. 6 h. t.
[22]) Ulp. 71 fr. 1 § 8. 9 h. t. Utile, si in
aream, agrum etc.: l. c.
[23]) Ulp. 71 fr. 1 § 10 h. t.
[24]) Ulp. 71 fr. 1 § 14 h. t.

Ulp. 71 fr. 1 § 15 h. t.:

Deinde ait praetor: QUOD IN CLOACA PUBLICA FACTUM SIUE [EA] IMMISSUM HABES, QUO USUS EIUS DETERIOR SIT FIAT, RESTITUAS . ITEM NE QUID FIAT IMMITTATURUE, INTERDICAM[1]).

Wahrscheinlich hatte der Prätor neben obigen Interdikten noch ein weiteres — restitutorisches — de cloacis priuatis proponiert[2]).

§ 255. [*A QUO SERUITUS PETETUR SIUE AD EUM PERTINERE NEGABITUR, SI REM NOLIT DEFENDERE*].

Die Grundsätze des interdictum Quem fundum galten entsprechend auch im Prozess um Realservituten.

Paul. sent. V 6 § 8ᶜ = fr. 7 de aqua cott. (43. 20):

Si de uia itinere actu aquae ductu agatur[3]), huiusmodi cautio praestanda est, quamdiu quis de iure suo doceat, non se impediturum agentem et aquam ducentem et iter facientem . quod si neget ius esse aduersario agendi aquae ducendae[4]), cauere sine praeiudicio amittendae seruitutis debebit, donec quaestio finietur, non se usurum.

Afric. fr. 15 de O. N. N. (39. 1):

Si prius quam aedificatum esset, ageretur ius uicino non esse aedes altius tollere nec res ab eo defenderetur, partes iudicis non alias futuras fuisse ait, quam ut eum, cum quo ageretur, cauere iuberet non prius se aedificaturum, quam ultro egisset ius sibi esse altius tollere . idemque e contrario, si, cum quis agere uellet ius sibi esse inuito aduersario altius tollere, eo non defendente similiter, inquit, officio iudicis continebitur, ut cauere aduersarium iuberet, nec opus nouum se nuntiaturum nec aedificanti uim facturum . eaque ratione hactenus is, qui rem non defenderet, punietur, ut de iure suo probare necesse haberet: id enim esse petitoris partes sustinere[5]).

Scaeu. lib. XII quaest. „a quo fundus petetur, si rem nolit" fr. 45 de damno inf. (39. 2):

Aedificatum habes: ago tibi ius non esse habere: non defendis . ad me possessio transferenda est, non quidem, ut protinus destruatur opus . . . . ., sed ut id fiat, nisi intra certum tempus egeris ius tibi esse aedificatum habere.

Obige Stellen[6]) machen es wahrscheinlich, dass für den in der Rubrik dieses § bezeichneten Fall ein dem Interdikt Quem fundum entsprechendes Interdikt erteilt wurde. Eine Spur desselben in den Kommentaren findet sich nicht. Es muss dahingestellt bleiben, ob es im Album proponiert

---

[1]) Utile prohibitorium de noua facienda? Venulei. fr. 2 h. t.
[2]) Fr. 1 § 1 h. t., Karlowa, II S. 515.
[3]) Scil. *confessoria actione nec res defendatur*. Vgl. Rudorff, E. P. § 246 n. 1.
[4]) Scil. *nec res defendatur*.
[5]) Der Schlusssatz ist nicht unverdächtig, vgl. de Medio, arch. giur. LXVIII p. 239.
[6]) Nicht haltbar scheint mir ihre Auslegung bei Karlowa, II S. 468.

war oder, wie man aus der Inskription von fr. 45 cit. schliessen könnte, lediglich auf die Analogie des interdictum Quem fundum gestützt wurde. Stand es im Album, so stand es vermutlich am Schlusse der interdicta de seruitutibus, ganz wie das Interdikt Quem fundum den Schluss der Interdikte de rebus soli bildet.

Das Interdikt muss bei seruitutes rusticae immer prohibitorisch gedacht werden; bei seruitutes urbanae bald restitutorisch bald prohibitorisch, je nachdem ein dem geltend gemachten Recht widersprechender Zustand bereits hergestellt war oder nicht[1]).

§ 256. QUOD UI AUT CLAM FACTUM ERIT, UT RESTITUATUR[2]).

Ulp. 71[3]), Paul. 67[4]), Iulian. 48[5]), Venulei. 2 interd.[6])

Ulp. 71 fr. 1 pr. h. t.:

Praetor ait: QUOD[7]) UI[8]) AUT[9]) CLAM[10]) FACTUM EST[11]), QUA DE RE AGITUR, ID, SI NON PLUS QUAM ANNUS EST CUM EXPERIENDI POTESTAS EST[12]), RESTITUAS[13]).

Bei Erlassung des Interdikts in concreto wurde der Ort des opus factum angegeben[14]), nicht dagegen, wenigstens nicht regulärer Weise, die Person des Täters[15]).

Von der formula arbitraria oder dem iudicium secutorium handelt ex professo: Ulp. 71 fr. 15 § 7—12 h. t. Das „neque ea res arbitrio tuo restituetur" liegt zu Grunde und klingt zum Teil sehr deutlich an in Ulp. 71 fr. 7 § 1, 15 § 7. 8. 10. 11 h. t., Venul. 2 fr. 22 § 2 h. t., Pompon. fr. 21 pr.

---

[1]) Auch Burckhard, die O. N. N. (Fortsetzung von Glück, Serie der Bücher 39. 40. I) S. 353 fgg., nimmt zwiefache Fassung nach Verschiedenheit der Fälle an.

[2]) D. (43. 24). Vgl. fr. 1 § 1 de O. N. N. (39. 1): interdictum „quod ui aut clam factum erit, ut restituatur". Cic. pro Tull. c. 23 § 53.

[3]) Fr. 1, 3, 5, 7, 9, 11, 13, 15 h. t., fr. 157 pr. de R. I. (50. 17) = fr. 11 § 7 h. t. Fr. 5 h. t. falsch Ulp. 70 inskribiert.

[4]) Fr. 6, 16 h. t., fr. 4 de interd. (43. 1), fr. 17 de O. N. N. (39. 1) falsch Paul. 57 inskribiert.

[5]) Fr. 14 h. t. (falsch Iul. 68 inskribiert), cit. fr. 4 § 4, 6 pr. de in diem add. (18. 2) cf. fr. 11 § 10 h. t. Mommsen hat in fr. 4 § 4 mit Unrecht die vom Korrektor des Flor. beseitigte falsche Lesart Iulian. 88 aufgenommen.

[6]) Fr. 2, 4, 8, 10, 12, 22 h. t.

[7]) In solo: Ulp. 71 fr. 1 § 4, fr. 7 § 5 sqq. h. t., Paul. fr. 20 § 4 h. t.

[8]) Ulp. 71 fr. 1 § 5—ult., fr. 3 pr.—§ 6 h. t., Venul. 2 fr. 2 h. t., Paul. fr. 20 pr.—§ 3 h. t. Exceptiones: Ulp. 71 fr. 3 § 2 sqq.

h. t., vgl. ferner: Ulp. 71 fr. 7 pr. § 3 i. f., fr. 13 § 7 h. t., Paul. 67 fr. 16 § 2 h. t., Iulian. fr. 14 h. t., Paul. fr. 38 § 11 de usur. (22. 1), fr. 5 de interd. (43. 1). Auf das „quanti ea res erit" der Kondemnation gehen Ulp. 71 fr. 15 § 7. 9.[1]) 12 h. t., Paul. fr. 15 unde ui (43. 16).

Formula arbitraria und sponsio sind erwähnt bei Cic. pro Tullio c. 23 § 53:

> si hodie postulem, quod ui aut clam factum sit, tu aut per arbitrum restituas aut sponsione condemneris necesse est.

Wo das Interdikt wegen der Handlung eines Gewaltunterworfenen erteilt wird, ist es noxal[2]). Die facultas noxae dedendi tritt aber in seiner Fassung nicht hervor, sondern beruht auf officium iudicis[3]).

§ 257. SI OPUS NOUUM NUNTIATUM ERIT.

Ulp. 71, Iulian. 49.

1. (De remissionibus).

Ulp. 71[4]), Iulian. 49[5]).

Ulp. 71 fr. 1 pr. h. t.:

> Ait praetor: Quod ius sit illi prohibere, ne se inuito fiat[6]), in eo nuntiatio teneat . Ceterum nuntiationem missam facio[7]).

Die Bedeutung des Remissionsdekrets ist höchst bestritten. Burckhard[8]), dem ich in der 1. Aufl. folgte, hält es für ein an den Nuntiaten gerichtetes prohibitorisches Interdikt, das an Stelle der in ihrer unbedingten Wirkung beseitigten Nuntiation trete: die Verwandlung des unbedingten Privatverbots in ein bedingtes prätorisches Verbot. Richtiger wird man die Wirkung des Dekrets lediglich darin erblicken müssen, dass nunmehr in ein etwaiges interdictum demolitorium auf Antrag des Nuntiaten die exceptio „qua de re operis noui nuntiationem ille praetor non remiserit (oder: non remisero)" eingefügt wurde, von der wir durch den Eingang der lex Rubria wissen[9]). Diese exceptio nötigte, vermöge der bedingten Fassung des Remissionsdekrets den Nuntianten zum Nachweis seines ius prohibendi.

---

[1]) Zu fr. 15 § 9 vgl. fr. 7 § 4 h. t. v. „simpli (simpliciter? Schmidt, Interdiktenverf. S. 255 n. 6) litem aestimandam" (der Gegensatz ist die Schätzung durch Eid des Klägers). Anders Ubbelohde, a. a. O. II S. 144 fgg.

[2]) Schmidt, a. a. O. S. 171 fgg.

[3]) Vgl. fr. 5 de interd. (43. 1) und namentlich fr. 40 § 4 de h. p. (5. 3), wo unser Interdikt gerade um der oben bemerkten Tatsache willen zitiert ist.

[4]) Fr. un. de remiss. (43. 25), fr. 12 comm. diu. (10. 3).

[5]) Fr. 2, 14 de O. N. N. (39. 1), cit. fr. 5 § 16 eod.; fr. 16 de seru. (8. 1) cf. fr. 1 i. f. (43. 25).

[6]) Ulp. 71 fr. un. § 3—5 de remiss. (43. 25), fr. 12 comm. diu. (10. 3).

[7]) Für „commentitium" hält das hier referierte Dekret Naber, Mnemos. N. S. XIX p. 121 sqq., m. E. ohne ausreichenden Beweis. Eine andere Frage ist, ob der Kommentar ganz unverändert geblieben ist.

[8]) Die O. N. N. (Forts. v. Glück, Serie der Bücher 39. 40. I) S. 297 fgg., wo auch die abweichenden Ansichten referiert und besprochen sind.

[9]) So Karlowa, II S. 1227 fgg. Über die ebenfalls bestrittene Frage, ob im Remissionsverfahren vor dem Prätor vom Remissionssucher Kaution geleistet werden muss, vgl. ebendaselbst.

2. (*Quod ante remissionem factum erit*).

Ulp. 71[1]).

Ulp. 71 fr. 20 pr. de O. N. N. (39. 1):

Praetor ait: QUEM IN LOCUM[2]) NUNTIATUM EST, NE QUID OPERIS NOUI FIERET, QUA DE RE AGITUR, QUOD IN EO LOCO, ANTEQUAM NUNTIATIO MISSA FIERET[3]) AUT IN EA CAUSA ESSET, UT REMITTI DEBERET[4]), FACTUM EST[5]), ID RESTITUAS[6]).

Auf das „aduersus edictum praetoris" der Sponsion deuten Ulp. 52 fr. 5 § 4 de O. N. N. (39. 1), Papinian. fr. 18 pr. eod., Marcell. fr. 22 eod. In fr. 20 § 1 eod. steht statt dessen gleichbedeutend[7]) „contra interdictum praetoris".

3. (*Si satisdatum erit*).

Ulp. 71[8]).

Ulp. 71 fr. 20 § 9 de O. N. N. (39. 1):

Deinde ait praetor: QUEM IN LOCUM NUNTIATUM EST, NE QUID OPERIS NOUI FIERET, QUA DE RE AGITUR, SI DE EA RE SATISDATUM EST, QUOD EIUS CAUTUM SIT[9]), AUT PER TE STAT, QUO MINUS SATISDETUR[10]): QUO MINUS ILLI IN EO LOCO OPUS FACERE LICEAT[11]), UIM FIERI UETO.

§ 258. DE PRECARIO[12]).

Ulp. 71[13]), Gai. 26[14]), Iulian. 49[15]), Venulei. 3 interd.[16])

Ulp. 71 fr. 2 pr. h. t.:

Ait praetor: QUOD PRECARIO AB ILLO HABES[17]) AUT DOLO MALO FECISTI, UT DESINERES HABERE[18]), QUA DE RE AGITUR, ID ILLI RESTITUAS[19]).

Von der formula arbitraria (oder dem iudicium secutorium) handelt

---

[1]) Fr. 20 pr.—§ 8 de O. N. N. (39. 1).

[2]) Ulp. 71 fr. 20 § 2 de O. N. N. (39. 1).

[3]) Über die exceptio „qua de re operis noui nuntiationem II uir IIII uir praefectusue eius municipii non remiserit" — l. Rubria c. 19 — vgl. S. 465.

[4]) Ulp. 71 fr. 20 § 4. 5 vgl. fr. 21 § 1 de O. N. N. (39. 1).

[5]) Ulp. 71 fr. 20 § 3 eod. Vgl. Paul. fr. 81 de V. S. (50. 16).

[6]) Actio in factum aduersus heredes: Ulp. 71 fr. 20 § 8 eod.

[7]) Ubbelohde, a. a. O. II S. 92 n. 8.

[8]) Fr. 20 § 9—ult. de O. N. N. (39. 1). Hieher vielleicht auch das fälschlich Ulp. 70 inskribierte fr. 79 de V. O. (45. 1), s. n. 9.

[9]) Ulp. 71 fr. 79 de V. O. (45. 1).

[10]) Ulp. 71 fr. 20 § 12—15 de O. N. N. (39. 1).

[11]) Vgl. fr. 45 § 2 de procur. (3. 3).

[12]) D. (43. 26), C. (8. 9). Interdictum „de

precariis": Paul. fr. 14 h. t. Interdicto proposito: c. 2 h. t.

[13]) Fr. 2, 4, 6, 8 h. t., fr. 14 loc. (19.) 2 cf. fr. 4 i. f., 6 pr. h. t., fr. 18 de don. (39. 5), fr. 157 § 1. 2 de R. I. (50. 17) cf. fr. 8 § 3. 8 h. t.

[14]) Fr. 9 h. t.

[15]) Fr. 19 h. t.

[16]) Fr. 7, 22 h. t.

[17]) Ulp. 71 fr. 2 § ult., fr. 4, 6, 8 pr.—§ 2 h. t., Gai. 26 fr. 9 h. t., Iulian. 49 fr. 19 pr. § 1 h. t., Venulei. 3 fr. 7, 22 h. t. Ab illo: fr. 8 pr.—§ 2, fr. 12 § 1 h. t. Interdicto „quod precario habet": fr. 17 comm. praed. (8. 4).

[18]) Ulp. 71 fr. 8 § 3 h. t., fr. 157 § 1 de R. I. (50. 17). S. auch fr. 8 § 5 h. t.

[19]) Ulp. 71 fr. 8 § 4 h. t. Aduersus heredes: Ulp. 71 fr. 8 § 8 h. t., Papinian. fr. 11 de diu. temp. pr. (44. 3), Diocl. et Max. c. 2 h. t., vgl. Schmidt, a. a. O. S. 166. De peculio et de in rem uerso: Pompon. fr. 13 i. f. h. t.

Ulp. 71 fr. 8 § 4—6 h. t.   Condemnatio „quanti ea res erit": fr. 8 § 4 h. t.
Vgl. noch Paul. sent. V 6 § 10 (ed. Krüger):
Redditur interdicti actio, quae proponitur ex eo, ut quis quod pre-
carium habet restituat[1]).

§ 259.   DE ARBORIBUS CAEDENDIS[2]).

Ulp. 71[3]).

1. SI ARBOR IN ALIENAS AEDES IMPENDEBIT.

Ulp. 71 fr. 1 pr. h. t.:

Ait praetor: QUAE ARBOR[4]) EX AEDIBUS TUIS IN AEDES ILLIUS IMPENDET,
SI PER TE STAT, QUO MINUS EAM ADIMAS, TUNC, QUO MINUS ILLI[5]) EAM
ARBOREM ADIMERE SIBIQUE HABERE LICEAT, UIM FIERI UETO[6]).

2. SI ARBOR IN ALIENUM AGRUM IMPENDEBIT.

Ulp. 71 fr. 1 § 7 h. t.:

Deinde ait praetor[7]): QUAE ARBOR EX AGRO TUO IN AGRUM ILLIUS IM-
PENDET, SI PER TE STAT, QUO MINUS PEDES QUINDECIM A TERRA EAM ALTIUS
COERCEAS, TUNC, QUO MINUS ILLI ITA COERCERE LIGNAQUE SIBI HABERE
LICEAT, UIM FIERI UETO.

§ 260.   DE GLANDE LEGENDA[8]).

Ulp. 71[9]), Gai. 26[10]).
Ulp. 71 fr. un. pr. h. t.:

Ait praetor: GLANDEM[11]), QUAE EX ILLIUS AGRO IN TUUM CADAT, QUO
MINUS ILLI TERTIO QUOQUE DIE LEGERE AUFERRE LICEAT, UIM FIERI UETO.

§ 261.   DE HOMINE LIBERO EXHIBENDO[12]).

Ulp. 71[13]), Venulei. 4 interd.[14])
Ulp. 71 fr. 1 pr. h. t.:

Ait praetor: QUEM LIBERUM[15]) DOLO MALO[16]) RETINES, EXHIBEAS[17])[18]).

---

[1]) Gemeint ist die formula arbitraria.
[2]) D. (43. 27). Alex. c. 1 de interd. (8. 1):
.. praeses ad exemplum interdictorum,
quae in albo proposita habet: „si arbor in
alienas aedes impendebit", item „si arbor in
alienum agrum impendebit" ..... rem ad
suam aequitatem rediget. Schmidt, a. a. O.
S. 12.
[3]) Fr. 1 h. t.
[4]) Ulp. 71 fr. 1 § 3 h. t., cf. Gai. IV 11.
[5]) Ulp. 71 fr. 1 § 4. 5 h. t.
[6]) Ulp. 71 fr. 1 § 6 h. t.
[7]) Ulp. 71 fr. 1 § 8 h. t.: Quod ait praetor,
et lex duodecim tabularum efficere uoluit.
Cf. Pompon. fr. 2 h. t., Paul. sent. V 6 § 13,
Festus s. v. sublucare. Die intentio ging
nach Pompon. l. c. auf „ius N° N° non esse
arborem ita habere". An eine proponierte

Formel ist schwerlich zu denken.
[8]) D. (43. 28).
[9]) Fr. un. h. t.
[10]) Fr. 62 de V. S. (50. 16) — Analogie zu
fr. 1 § 1 h. t.
[11]) Fr. un. § 1 h. t. Vgl. Gai. fr. 236 § 1 de
V. S. (50. 16).
[12]) D. (43. 29). Vgl. Paul. 63 fr. 2 § 1 de
interd. (43. 1): officii causa de homine libero
exhibendo. Paul. sent. V 6 § 14.
[13]) Fr. 1, 3 h. t.
[14]) Fr. 2, 4 h. t.
[15]) Ulp. 71 fr. 3 § 1. 2 h. t.
[16]) Ulp. 71 fr. 3 § 3—7 h. t., Venulei. 4 fr. 4
pr.—§ 2 h. t.
[17]) Ulp. 71 fr. 3 § 8 h. t.
[18]) Hoc interdictum omnibus competit:

30*

Condemnatio¹): Ulp. 71 fr. 3 § 13 h. t. Officium iudicis: Venulei. 4 fr. 4 § 2 h. t.

§ 262. DE LIBERIS EXHIBENDIS, ITEM DUCENDIS²).

Ulp. 71 ³), Venulei. 4 interd.⁴)

Ulp. 71 fr. 1 pr. h. t.:

Ait praetor: QUI QUAEUE IN POTESTATE⁵) LUCII TITII EST, SI IS EAUE APUD TE EST⁶) DOLOUE MALO TUO FACTUM EST⁷), QUO MINUS APUD TE ESSET, ITA EUM EAMUE EXHIBEAS.

Ulp. 71 fr. 3 pr. h. t.:

Deinde ait praetor: SI LUCIUS TITIUS IN POTESTATE LUCII TITII EST⁸), QUO MINUS EUM LUCIO TITIO DUCERE LICEAT, UIM FIERI UETO.

Ulp. 71 fr. 3 § 6 h. t.:

In hoc interdicto, donec res iudicetur, feminam, praetextatum eumque, qui proxime praetextati aetatem accedet, interim apud matrem familias deponi praetor iubet.

§ 263. DE LIBERTO EXHIBENDO⁹).

Paul. 67?¹⁰).

Gai. IV 162:

. . . . exhibitorium interdictum redditur, ueluti ut exhibeatur libertus, cui patronus operas indicere uellet¹¹).

Cf. § 1 I. de interd. (4. 15).

§ 264. UTRUBI¹²).

Ulp. 72¹³), Paul. 68¹⁴), Gai. 26¹⁵), Venulei. 5 interdict.¹⁶)

Ulp. 71 fr. 3 § 9—13 h. t. In absentem: fr. 3 § 14 h. t. Perpetuum: fr. 3 § 15 h. t.

¹) Vgl. Ubbelohde, a. a. O. II S. 149.
²) D. (43. 30), C. (8. 8). Cf. Paul. 63 fr. 2 § 1 de interd. (43. 1), Antonin. c. 1 h. t.
³) Fr. 1, 3 h. t., fr. 63 de V. S. (50. 16).
⁴) Fr. 5 h. t.
⁵) Ulp. 71 fr. 1 § 1 h. t. Manu mancipio potestate (cf. Prob. Einsidl. 31)? Das Interdikt bezog sich zweifellos auf alle Fälle des Gewaltverhältnisses, vgl. Ulp. 71 fr. 3 § 1 h. t. v. „ceterorumque". Dagegen beruhen die interdicta de uxore exhibenda ac ducenda bei Hermogen. fr. 2 h. t., wobei nicht an die uxor in manu zu denken ist, erst auf späterer Rechtsentwicklung. Vgl. auch Paul. sent. V 6 § 15.
⁶) Ulp. 71 fr. 1 § 2 h. t., fr. 63 de V. S. (50. 16), Venulei. fr. 5 h. t. Exceptiones: fr. 1 § 3—5 h. t. cf. Paul. sent. V 6 § 15.
⁷) Prob. Einsidl. 15—17: D. V. M. T. F. E. = doloue malo tuo factum est.
⁸) Causa cognita mater in retinendo eo

potior erit. Ulp. 71 fr. 3 § 5 h. t.
⁹) Paul. 63 fr. 2 § 1 de interd. (43. 1): . . . . competit interdictum . . . . . iuris sui tuendi causa . . . . de liberto exhibendo.
¹⁰) Fr. 64 de V. S. (50. 16). Die hier gegebene Definition des „intestatus" scheint nach der Stellung zwischen fr. 63 und 65 eod. — Ulp. 71, Ulp. 72 — hieher zu gehören. Ein Zusammenhang dürfte sich vielleicht durch die Lehre von der Vererbung der operae gewinnen lassen. Doch enthält man sich besser jeder Vermutung.
¹¹) Vgl. Ulp. fr. 13 § 2 de operis lib. (38. 1). Leist, Serie der Bücher 37. 38, V S. 274 fgg.
¹²) D. (43. 31).
¹³) Fr. un. h. t., fr. 46 de don. i. uir. et ux. (24. 1), fr. 13 de a. u. a. p. (41. 2), fr. 65 de V. S. (50. 16). Fr. 4 de exc. r. iud. (44. 2)? cf. fr. 13 § 1 de a. u. o. p. (41. 2).
¹⁴) Fr. 14 de a. u. a. p. (41. 2).
¹⁵) Fr. 15 eod.
¹⁶) Fr. 53 eod., fr. 15 de diu. temp. praescr. (44. 3).

Ulp. 72 fr. un. pr. h. t.:

Praetor ait: Utrubi hic homo, quo de agitur, maiore parte huiusce anni fuit, quo minus is eum ducat, uim fieri ueto.

Gai. IV 160:

Utrubi hic homo, de quo agitur, [apud quem][1]) maior*e* part*e* huius anni fuit, quo minus is eum ducat, ui*m* fieri ueto.

Gai. IV 150:

si ...... de re mo*b*ili (interdicitur), *e*um potiorem esse iubet, qui maiore parte eius anni nec ui nec clam nec precario ab aduersario poss*ederit*.

Die Kombination obiger drei Nachrichten ergibt folgendes Interdikt:

UTRUBI[2]) HIC HOMO[3]), QUO DE AGITUR, MAIORE PARTE HUIUSCE ANNI[4]) NEC UI NEC CLAM NEC PRECARIO[5]) AB ALTERO[6]) FUIT, QUO MINUS IS EUM DUCAT, UIM FIERI UETO.

Hieran schloss sich eine weitere Klausel de accessione[7]), worin der Prätor wegen des Besitzes der Rechtsvorgänger dem Interdikte Zusätze zu geben verhiess[8]); denn die accessio possessionis kam keineswegs, wie Rudorff (E. P. § 268 n. 6) anzunehmen scheint, auf dem Wege der Interpretation des Worts utrubi, sondern zweifellos durch ausdrücklichen Zusatz zur Formel zur Berücksichtigung[9]): accessio datur, das ist der regelmässige Ausdruck der Quellen. Wahrscheinlich war in der Klausel, wie bei den Interdikten de itinere und de aqua, nur die Sukzession durch Kauf[10]) und Erbgang[11]) berücksichtigt und beruhte die Ausdehnung auf die andern Sukzessionsfälle auf Interpretation[12]).

Die Form des Zusatzes im Interdikt war wohl die, dass hinter dem

---

[1]) Das „apud quem" fehlt in allen sonstigen Überlieferungen, namentlich auch bei Theophil. IV 15 § 7, wo „utrubi" mit παρ' ὁποτέρῳ übersetzt wird. Die Worte sind daher höchst wahrscheinlich mit Schmidt, a. a. O. S. 185, und Krüger-Studemund für ein Glossem anzusehen. A. M. Karlowa, II S. 1201.

[2]) Theophil. IV 15 § 7: „utrubi uestrum". Ihm folgt Schmidt, a. a. O. S. 185. Allein das Wort ist überflüssig. Theophilus gibt m. E. nur eine ungenaue Abschrift von fr. 1 pr. h. t.

[3]) Ulp. fr. 1 § 1 h. t.: de possessione rerum mobilium. Gai. IV 149.

[4]) Gai. IV 152, Paul. sent. V 6 § 1, Licin. Rufin. fr. 156 de V. S. (50. 16).

[5]) Gai. IV 150, Paul. sent. V 6 § 1.

[6]) Venulei. 5 fr. 53 de a. u. a. p. (41. 2).

[7]) Ausführlich über die accessio possessionis beim Utrubi und die darauf bezüglichen Quellenstellen handelt Zanzucchi, arch. giur. LXXII p. 358 sqq.

[8]) Gai. IV 151, Ulp. 72 fr. 13 § 1—ult. de a. u. a. p. (41. 2), fr. 65 de V. S. (50. 16), Paul. 68 fr. 14 de a. u. a. p. (41. 2), Venul. 5 fr. 15 de diu. temp. pr. (44. 3), Scaeu. fr. 14 eod., Paul. 33 fr. 34 § 4 de C. E. (18. 1), Iauolen. fr. 16 de usurp. (41. 3). Zu Ulp. 72 fr. 46 de don. i. u. e. u. (24. 1) cf. Ulp. 72 fr. 13 § 11 de a. u. a. p. (41. 2).

[9]) Vgl. Ulp. 72 fr. 13 § 1 de a. u. a. p. (41. 2): addimus in accessione de ui .... uenditoris. Venulei. 5 fr. 15 § 2 (adiciendum est). § 5 (uerba accessionum) de diu. temp. praescr. (44. 3).

[10]) Ulp. 72 fr. 13 § 1—3 cit., Paul. 68 fr. 14 eod., Venulei. 5 fr. 15 de diu. temp. pr. (44. 3).

[11]) Ulp. 72 fr. 65 de V. S. (50. 16): heredis appellatio etc. Fr. 13 § 4. 5 h. t.

[12]) Daher bei Ulpian am Schlusse: fr. 13 § 6—11 cit.

„utrubi .... fuit" beispielsweise angefügt wurde: *siue*[1]) *nec ui nec clam nec precario*[2]) *apud cum fuit, unde is emit*[3]).

§ 265. DE MIGRANDO[4]).

Ulp. 73[5]), Gai. 26[6]).

Ulp. 73 fr. 1 pr. h. t.

Praetor ait: SI IS HOMO, QUO DE AGITUR, NON EST EX HIS REBUS, DE QUI-BUS INTER TE ET ACTOREM[7]) CONUENIT, UT, QUAE IN EAM HABITATIONEM·) QUA DE AGITUR INTRODUCTA IMPORTATA IBI NATA FACTAUE ESSENT, EA PIG-NORI TIBI PRO MERCEDE EIUS HABITATIONIS ESSENT[9]), SIUE EX HIS REBUS EST ET EA MERCES[10]) TIBI SOLUTA EOUE NOMINE SATISFACTUM EST AUT PER TE STAT, QUO MINUS SOLUATUR: ITA, QUO MINUS EI, QUI EUM PIGNORIS NOMINE INDUXIT[11]), INDE ABDUCERE LICEAT, UIM FIERI UETO.

§ 266. *SALUIANUM INTERDICTUM*[12]).

Ulp. 73[13]).

Die Kompilatoren haben das Recht des Saluianum bedeutend ver-ändert, eben darum dessen Wortlaut nicht aufgenommen und die unter den Titel de Saluiano interdicto gesetzten Fragmente durch Interpolationen entstellt[14]). Gleichwohl lassen sich die wesentlichen Punkte, die in der Formel des Saluianum zum Ausdruck gekommen sein werden, mit Sicher-heit nachweisen. Das Saluianum stand in seiner ursprünglichen Anwen-dungssphäre zu:

1. dem dominus fundi (dabei war an den Verpächter gedacht);

2. an den res coloni, die dieser pro mercedibus fundi pignori futuras pepigisset[15]), und die

[1]) A. M. Karlowa, II S. 1203.
[2]) Ulp. 72 fr. 13 § 1 cit.: denique addimus in accessione de ui et clam et precario uen-ditoris. Vgl. § ult. eod.
[3]) Diese und andere Adjektionen („siue apud eum fuit, qui ei uendidit, unde is emit", „siue apud eum fuit, unde is emit, cui is emendum mandauerat", „apud eum, qui uendendum mandauit", u. dgl. m.) finden sich bei Venulei. 5 fr. 15 § 1—4. 6 de diu. temp. (44. 3), vgl. auch Paul. 68 fr. 14 de a. u. a. p. (41. 2).
[4]) D. (43. 32).
[5]) Fr. 1 h. t.
[6]) Fr. 2 h. t.
[7]) Utile: „inter te et eum, cui actor heres est", „inter eum, cui tu heres es, et acto-rem". Ulp. 73 fr. 1 § 6 h. t.
[8]) Proponitur inquilino, non colono: fr. 1 § 1 h. t.
[9]) Utile, si gratuitam quis habitationem habeat: Ulp. 73 fr. 1 § 3 h. t.
[10]) Ulp. 73 fr. 1 § 4 h. t.

[11]) Ulp. 73 fr. 1 § 5 h. t.: praetorem hic non exegisse, ut in bonis fuerit conductoris nec ut esset pignori res illata. Vgl. Gai. 26 fr. 2 h. t. Die Bemängelung des Schluss-satzes durch Karlowa, II S. 1302, scheint mir nicht begründet.
[12]) D. (43. 33).
[13]) Ulp. 73 handelt vom Saluianum, der Seruiana und quasi Seruiana, und es ist bei vielen Stellen nicht möglich, eine spezielle Beziehung auf eines oder das andere dieser Rechtsmittel auszufinden. Als Stücke einer allgemeinen Einleitung können angesehen werden: fr. 6, 8, 14, 21 pr. de pignor. (20. 1), fr. 3, 6 in quib. caus. (20. 2), fr. 6 quib. mod. pign. (20. 6). Sicher auf das Saluianum geht nur das stark interpolierte fr. 2 h. t. — fälsch-lich Ulp. 70 inskribiert — und fr. 21 § 1 de pignor. (20. 1), vgl. S. 472.
[14]) Näheres darüber Lenel, ZRG. XVI S. 180 fg.
[15]) Vgl. zu 1. 2: Gai. IV 147 = § 3 I. de interd. (4. 15). Ausdehnung auf andere Fälle

3. in das Grundstück eingebracht worden (illata) sind[1]);

4. nur wider den colonus selbst, nicht wider Dritte, vgl. Gordian. c. 1 h. t.: tantummodo aduersus conductorem [debitoremue] competit[2]).

Das Gegenteil scheint zwar aus Iulian. 49 fr. 1 pr. § 1 h. t. zu folgen. Allein in dieser Stelle war ursprünglich von der Seruiana die Rede, und erst die Kompilatoren haben das Saluianum an deren Stelle gesetzt; das ergibt sich zur Evidenz, wenn man fr. 1 § 1 cit. mit Ulp. 73 fr. 10 de pignor. (20. 1) vergleicht, wo, wie die durchgängige Übereinstimmung der Wendungen, ja der Worte, und die indirekte Rede beweisen, die Äusserung Julians (in ihrem ursprünglichen Wortlaut) zitiert ist[3]).

5. Das Interdikt setzt, wie die Seruiana, voraus: dass die merces, für die die Verpfändung stattfand, „neque soluta neque eo nomine satisfactum est nec per actorem stat, quo minus soluatur[4])".

6. Das Interdikt war sehr wahrscheinlich, gleich dem interdictum Utrubi und de migrando, prohibitorisch[5]).

Fragt sich, wie die einzelnen Punkte formell zum Ausdruck kamen.

1. Die Punkte 1. und 3. dürften in einem Satz ausgedrückt worden sein, etwa:

Quae res in fundum illius illata est[6]).

Das Erfordernis der Illation darf keineswegs unausgedrückt bleiben, wie dies bei Rudorff der Fall, der in seiner Formel zwar den Pfandvertrag auf „quae inuecta illata essent" abgestellt sein lässt, dann aber die geschehene Erfüllung dieser Bedingung mit keiner Silbe andeutet.

2. Die Richtung des Interdikts ausschliesslich wider den colonus dürfte am einfachsten in der Weise zum Ausdruck gekommen sein, dass das Interdikt den letztern anredete. Denn redete es den Pfandgläubiger an, so würde aus dem Wortlaut desselben „quo minus eum hominem ducas, uim fieri ueto" ohne eine besondere einschränkende Klausel nicht haben erkannt werden können, dass es gegen Dritte nicht zustehe[7]).

3. Für die Worte, mit denen die Tatsache der Verpfändung aus-

---

folgt nicht aus Paul. sent. V 6 § 16; bei Gordian. c. 1 h. t. dürfte „debitoremue" interpoliert sein.

[1]) Vgl. Theophil. zu § 3 I. de interd. (4. 15). Herzen, origines de l'hyp. Rom. (1899) p. 112.

[2]) Die Auslegung der c. 1 cit. durch Bertolini, arch. giur. XXXIX p. 62 sqq., scheint mir unmöglich. Zwei Fassungen des Interdikts, eine ältere und eine neuere, letztere auch gegen Dritte zuständig, nimmt Karlowa, II S. 1283, an.

[3]) Vgl. Lenel, a. a. O., dazu noch Herzen, l. c. p. 115 ss. Bestritten von Ascoli, orig. dell' ipot. (1887) p. 156.

[4]) Cf. Ulp. 73 fr. 6 quib. mod. (20. 6). Nicht „quominus soluatur satisue fiat", vgl. Krüger, ZRG. VII S. 230 n. 25.

[5]) So auch die Mehrzahl der bisherigen Rekonstruktionen: Rudorff, Zschr. f. gesch. R. W. XIII S. 209 fg., E. P. § 271, Keller, Richters krit. Jahrbb. Jahrg. XI (Bd. 22) S. 977, Dernburg, Pfandrecht II S. 338. 339, Karlowa, II S. 1281. Anders (restitutorisch) Huschke, Studien S. 398, Ascoli, l. c. p. 165.

[6]) In der 1. Aug. setzte ich „pignori illata". Dagegen Herzen, l. c. p. 112 n. 2.

[7]) Das Argument aus fr. 21 pr. de pignor. (20. 1), das Rudorff (Zschr. f. gesch. R. W. XIII S. 214) als entscheidend für die oben verworfene Fassung ansah, verdient wohl kaum den Namen eines Arguments, und Rudorff selbst hat im E. P. § 268 diese Fassung aufgegeben.

gedrückt war[1]), können wohl mit ziemlicher Sicherheit Anhaltspunkte aus dem interdictum de migrando entnommen werden; und durch Fassung in contrarium erhält man aus diesem auch:

4. die Worte, in denen sich das Erfordernis ausgebliebener Befriedigung formulierte.

5. Nach Gaius steht das Interdikt zu „de rebus coloni"[2]): wollte er damit sagen, dass das Interdikt sich nur auf Sachen beziehe, die dem Kolonen selbst gehören, und kam dies im Interdikt zum Ausdruck? Dass wenigstens letzteres nicht der Fall war, schliesse ich aus einer Stelle, die sich ihrem gegenwärtigen Wortlaut nach auf die Seruiana bezieht, in ihrem ursprünglichen aber nicht auf sie, sondern nur auf das Saluianum gegangen sein kann, fr. 21 § 1 de pignor. (20. 1):

> Si debitor seruum, quem a non domino bona fide emerat et pignerauit, teneat, Seruianae locus est et, si aduersus eum agat creditor, doli replicatione exceptionem elidet: et ita Iulianus ait et habet rationem.

Der Beklagte setzt hier der Klage durch exceptio die Behauptung entgegen, die Sache habe sich zur Zeit der Verpfändung nicht in seinem Eigentum befunden, und diese exceptio wird durch replicatio entkräftet. Nun wissen wir aber, dass die Formel der Seruiana nur verlangte, dass das Pfand zur Zeit der Verpfändung „in bonis" des Verpfänders gewesen sei, und da der gutgläubige Besitzer einer Sache sie in bonis hat — fr. 49 de V. S. (50. 16), fr. 18 de pignor. (20. 1) —, so würde ein Fall wie der vorliegende einfach auf Grund des Wortlauts der actio erledigt worden sein: weder für eine exceptio noch für eine replicatio war da Raum, wenn der Verpfänder selbst der Beklagte war. Hienach scheint mir sicher, dass Ulpian nicht von der Seruiana gesprochen haben kann: dann aber kann er nur vom Saluianum gehandelt haben, und es folgt mithin aus der Stelle, dass das Saluianum das Erfordernis des in bonis esse nicht aufstellte. Da das Saluianum nur wider den Verpfänder selbst ging, so mag man es unbedenklich gefunden haben, jenes Erfordernis wegzulassen. Hatte daher der Verpfänder etwa irrtümlich eine fremde Sache als Pfand inferiert, so musste er zur exceptio greifen[3]), die je nach Lage des Falls durch Replik entkräftet wurde.

---

[1]) Wurde sie überhaupt ausgedrückt? Hiess es nicht einfach „quae res pro mercede eius fundi pignoris nomine illata est"? Ich schliesse das Gegenteil aus dem ausdrücklichen Bericht des Gaius: de rebus coloni, quas *is* ...... pignori futuras pepigisset.

[2]) Gai. IV 147: . . . eoque (interdicto) utitur dominus de rebus coloni, quas *etc.*

[3]) Zu weit geht meine Behauptung ZRG. XVI S. 190, dass beim Saluianum unter keinen Umständen auf die Einrede fremden Eigentums hätte Rücksicht genommen werden dürfen.

§ 267. *SERUIANA ET QUASI SERUIANA FORMULA.*

Ulp. 73[1]), Paul. 68[2]), Gai. 26[3]), Gai. lib. sing. de formula hypothec.[4]), Iulian. 49[5]), Marcian. lib. sing. ad form. hyp.[6]).

§ 7 I. de act. (4. 6):

.. Seruiana et quasi Seruiana, quae etiam hypothecaria uocatur[7]), ex ipsius praetoris iurisdictione substantiam capit. Seruiana autem experitur quis de rebus coloni, quae pignoris iure pro mercedibus fundi ei tenentur: quasi Seruiana autem, qua creditores pignora hypothecasue persequuntur.

Von einem Edikt über die Pfandklage ist uns nicht die geringste Spur überliefert. Nimmt man hinzu, dass die Monographien des Gaius und Marcian sich beide an die formula hypothecaria anlehnen, so ist nicht daran zu zweifeln, dass ein solches Edikt überhaupt nicht existiert hat, dass vielmehr im Anschluss an das Saluianum ohne weiteres die blossen Formeln der Pfandklagen proponiert waren[8]). Zur Rekonstruktion der letztern besitzen wir so reiches Material, dass schon die bisherigen Rekonstruktionsversuche, soweit sie Beachtung verdienen[9]), in fast allen wesentlichen Punkten zusammentreffen.

Ich versuche zunächst die Wiederherstellung der Quasi Seruiana, da für diese die Quellen am reichsten fliessen. Ihre Formel verlangt für die Kondemnation:

1. den Beweis der geschehenen Verpfändung, fr. 23 de prob. (22 3), c. 1 si pign. conu. (8. 32 [33]): „intentio dati pignoris". Streitig ist dabei, ob die Formel abgestellt war auf den Beweis des conuenisse[10]) oder auf den Beweis der rei obligatio[11]) selbst. Ersteres ist das Richtige, vgl. fr. 13 § 1 ad SC Vell. (16. 1)[12]):

cum quasi Seruiana .... in his utilis sit, quia uerum est conuenisse de pignoribus nec solutam esse pecuniam.

Freilich kam es für die Verurteilung nicht auf das blosse conuenisse, son-

---

[1]) Vgl. S. 470 n. 13. Sicher speziell auf Seruiana und quasi Seruiana gehen: fr. 10, 21 § 3 de pign. (20. 1), fr. 6 qui potior. (20. 4), fr. 4 quib. mod. pign. (20. 6).

[2]) Fr. 7, 12 de pignor. (20. 1), fr. 15 qui potior. (20. 4).

[3]) Fr. 158 de R. I. (50. 17).

[4]) Fr. 4, 15 de pign. (20. 1), fr. 2 quae res pign. (20. 3), fr. 11 qui pot. (20. 4), fr. 7 quib. mod. (20. 6), fr. 4 de fide instr. (22. 4) = fr. 4 de pign. (20. 1).

[5]) Fr. 1 de Saluiano interd. (43. 33) s. S. 471 und Lenel, ZRG. XVI S. 180 fgg.

[6]) Fr. 17, 19, 33 de pign. act. (13. 7), fr. 5, 11, 13, 16 de pign. (20. 1), fr. 2, 5 in quib. caus. (20. 2), fr. 1 quae res pign. (20. 3), fr. 12 qui potior. (20. 4), fr. 5, 7 de distr. pign. (20. 5), fr. 5, 8 quib. mod. (20. 6), fr. 23 de prob. (22. 3),

fr. 12 de reb. eor. qui sub tut. (27. 9), fr. 6 qui sine man. (40. 8), fr. 37 de a. u. a. p. (41. 2), fr. 35 de reb. auct. iud. (42. 5), fr. 49 de solut. (46. 3).

[7]) Cf. fr. 13 § 1 ad SC Vell. (16. 1).

[8]) Vgl. Wlassak, Edict und Klageform S. 130 fgg.

[9]) Huschke, Studien S. 376, Zschr. f. C. Rt. u. Pr. XX S. 168, Bachofen, Pfandrecht S. 48 fg., Rudorff, Zschr. f. gesch. R. W. XIII S. 226 fgg., E. P. § 272, Keller, Richters Jahrbb. Jahrg. XI (22) S. 979. 981, Dernburg, Pfandrecht I S. 81; s. auch Francke, civ. Abh. S. 103.

[10]) Huschke, Zschr. f. C. R. u. Pr. XX S. 168, Bachofen, a. a. O., Dernburg, a. a. O.

[11]) Keller, a. a. O., Rudorff, E. P. § 272.

[12]) Das Argument, das Dernburg, a. a. O.

dern auf die Gültigkeit der Verpfändung an: aber auch die unter 2. bemerkte Klausel der Formel zeigt, dass die Gültigkeit der Verpfändung
nicht schon kraft eines „s. p. rem q. d. a. obligatam esse" zur Untersuchung
stand. Als Inhalt des conuenisse figurierte in der Formel: „ut ea res q. d.
a. pignori esset[1]" und zwar (s. Ziff. 3) „propter pecuniam debitam[2]" (oder
certam creditam oder ähnl.)".

2. den Beweis „tunc, cum conueniebat, rem in bonis debitoris fuisse[3]".

3. den Beweis „eam pecuniam neque solutam neque eo nomine satisfactum esse neque per A^m A^m stare, quo minus soluatur[4]". Diese Worte
waren in der Formel ständig[5]). Endlich enthielt die Formel:

4. die arbiträre Restitutionsklausel „nisi ea res arbitratu tuo restituetur[6]". Bachofen und Rudorff fassen diese Klausel alternativ: „nisi
restituat aut pecuniam soluat". Allein diese Fassung wird durch die dafür angezogenen Stellen — fr. 16 § 3 de pignor. (20. 1), fr. 66 pr. de euict.
(21. 2) — nicht bewiesen, und das „nisi soluat" ist nicht nur überflüssig,
da der Judex schon auf Grund des „nisi ea res arbitratu tuo restituetur"
die Befugnis zur Absolution bei erfolgender Zahlung hatte, sondern kaum
möglich, da der Judex der hypothecaria nicht de pecunia credita, sondern
de re obligata zu arbitrieren hatte[7]).

5. Die auf „quanti ea res erit" lautende condemnatio[8]).

Hienach komme ich zu folgender Formel:

S. p. inter A^m A^m et L. Titium conuenisse, ut ea res[9]) q. d. a.

n. 12, aus fr. 13 § 5 de pignor. (20. 1) zieht,
ist mir nicht klar geworden.

[1]) Nicht „pignori hypothecaeue". Die
Doppelbezeichnung oder auch „hypothecae"
allein findet sich allerdings häufig in Mar-
cians Schrift ad. form. hyp., vgl. u. a. fr. 23
de prob. (22. 3), fr. 5 § 1, 11 § 2. 3, 16 § 9 de
pignor. (20.1), fr. 12 pr. § 8 qui potior.(20.4),
fr. 8 § 1 quib. mod. (20.6). Dagegen kommt
„hypotheca" statt „pignus" bei Julian nur
ein einziges Mal — in fr. 33 § 4 de usurp.
(41. 3) — und bei noch älteren Juristen gar
nicht vor, so dass die griechische Bezeichnung dem edictum perpetuum kaum angehört haben kann. Vgl. Manigk, pfandrtl.
Unters. I (1904) S. 70 fg. Anders die 1. Aufl.

[2]) Vgl. fr. 13 § 5 de pign. (20. 1).

[3]) Gai. de form. hyp. fr. 15 § 1 de pignor.
(20.1), Marcian. ad form. hyp. fr. 23 de prob.
(22. 3), Papin. fr. 3 pr. de pignor. (20. 1),
Afric. fr. 9 § 3 qui. pot. (20.4), Diocl. et Max.
c. 5,6 si aliena res (8.15 [16]), c. 6 quae res
pign. (8.16 [17]), vgl. auch fr. 1 § 5 de migr.
(43. 32). Trotz dieser Zeugnisse gegen obiges Formelstück: Karlowa, II S.1284.

[4]) Ulp. 73 fr. 6 quib. mod. (20.6), Marcian.
ad form. hyp. fr.13 §4—6 de pignor. (20. 1),
fr. 5 § 2. 3 quib. mod. (20.6), fr. 49 de solut.

(46. 3) vgl. Keller, a. a. O. S. 983, Gai. de
form. hyp. fr. 11 i. f. qui pot. (20.4). S. ferner:
fr. 13 § 1 ad SC Vell. (16. 1), fr. 30 i. f. de exc.
r. iud. (44. 2), fr. 61 [59] pr. ad SC Treb.
(36. 1), fr. 14 quib. mod. (20. 6), c. 1 si pign.
conuentionem (8. 32 [33]) — intentio pignoris
dati neque redditae pecuniae —, c. 19 de
usuris (4. 32), Thalel. schol. 2 in Basil.
XXIII 3, 67 (Heimb. II p. 727).

[5]) Bestritten von Thon, ZRG. II S. 265 fgg.
(s. auch Ascoli, l. c. p. 65), der von unrich-
tigen Ausgangspunkten zu unrichtigem Resultate gelangt. Die in n. 4 angef. Stellen
lassen m. E. an der Richtigkeit der im Text
aufgestellten Behauptung keinen Zweifel.

[6]) Marcian. ad form. hyp. fr. 16 § 3. 4. 6 de
pign. (20. 1), fr. 12 § 1 qui pot. (20.4). § 31 I.
de act. (4. 6).

[7]) Gegen Bachofen vgl. auch Keller,
a. a. O. S. 983, der aber m. E. zu viel Gewicht
auf die Nennung oder Nichtnennung des
Restitutionsobjekts in der Klausel legt.
Das arbitrium iudicis half unter allen Umständen.

[8]) Gai. IV 51, Ulp. 73 fr. 21 § 3 de pign.
(20. 1), Marcian. ad form. hyp. fr. 16 § 3. 4
eod., Gai. 9 fr. 2 quib. mod. (20. 6).

[9]) Die Frage nach der Formulierung der

A° A° pignori esset[1]*) propter pecuniam debitam, eamque rem tunc, cum conueniebat*[2]*), in bonis*[3]*) Lucii Titii fuisse eamque pecuniam neque solutam neque eo nomine satisfactum esse neque per A^m A^m stare quo minus soluatur, nisi ea res arbitratu tuo restituetur, quanti ea res erit, tantam pecuniam, iudex, N^m N^m A° A° c. s. n. p. a.*[4]*).*

Für die actio Seruiana ist das Material nicht in gleicher Fülle vorhanden; es kann aber kaum einem Zweifel unterliegen, dass deren Formel nur in wenigen Punkten von der obigen abwich. Der Fall der Seruiana war derselbe, wie der des Saluianum; die conuentio wird daher ähnlich bezeichnet gewesen sein wie im interdictum de migrando: *conuenisse, ut, quae in eum fundum q. d. a. introducta importata ibi nata factaue essent, ea pignori A° A°*[5]*) pro mercede eius fundi essent.* Pfandverträge dieser Art werden in den Quellen nicht selten erwähnt[6]). Der Fassung des Vertrags entsprechend muss auch die geschehene inductio in der Formel erwähnt gewesen sein[7]). Wie die Formel mit Rücksicht auf diese Verschiedenheiten im einzelnen stilisiert war, lässt sich nicht mehr ersehen. Die die Einrede erfolgter Befriedigung betreffende Klausel war mit der der Quasi Seruiana identisch: c. 19 § 2 de usur. (4. 32).

§ 268. QUAE IN FRAUDEM CREDITORUM FACTA SUNT, UT RESTITUANTUR[8]).

Ulp. 73[9]), Paul. 68[10]), Gai. 26[11]), Iulian. 49[12]), Venul. 6 interd.[13])

actio utilis im Fall des pignus nominis — fr. 18 pr. de pign. act. (13. 7), fr. 20 de pign. (20. 1), c. 4 quae res pign. (8. 16 [17]), c. 7 de h. u. a. u. (4. 39) —, ob actio in personam ob hypothecaria, muss hier als ausserhalb unserer Aufgabe liegend umsomehr dahingestellt bleiben, als sie ohne längere Erörterung der Lösung nicht näher gebracht werden kann.

[1]) Über die Antichrese cf. fr. 11 § 1 de pign. (20. 1), aber auch fr. 33 de pign. act. (13. 7).

[2]) Utilis, si postea: fr. 41 de pign. act. (13. 7), fr. 22 de pign. (20. 1), c. 5 si aliena res (8. 15 [16]). Wegen der Generalhypothek vgl. fr. 15 § 1 de pign. (20. 1).

[3]) Utilis, si Lucio Titio pignerata fuerit: fr. 13 § 2 de pign. (20. 1), c. 1 si pignus pign. (8. 23 [24]).

[4]) Hauptsächliche Exceptionen: 1. *dominii*, fr. 18 de pign. (20. 1); 2. *rei sibi (ante) pigneratae*, fr. 10 de pignor. (20. 1), fr. 12 pr. qui pot. (20. 4), fr. 19 de exc. r. iud. (44. 2); 3. *si non uoluntate creditoris ueniit*, fr. 4, 8 § 6—18 quib. mod. (20. 6) (war diese exceptio im Edikt verheissen? dafür anscheinend fr. 8

§ 11 quib. mod., dagegen entscheidend fr. 4 § 1 eod.); 4. *rei iudicatae*, fr. 3 § 1, 16 § 5 de pign. (20. 1), fr. 13 quib. mod. (20. 6); 5. *pacti, ne pignori sit res*, fr. 8 § 1—5 quib. mod. (20. 6); 6. *SC^i Vellaeani* und *Macedoniani*, fr. 2 quae res pign. (20. 3).

[5]) Utilis: „*pro parte dimidia A° A° et Gaio*". Ulp. 73 fr. 10 de pign. (20. 1).

[6]) Fr. 32 de pignor. (20. 1), fr. 7 in quib. caus. (20. 2), fr. 11 § 2 qui pot. (20. 4), fr. 14 quib. mod. (20. 6), c. 5 in quib. caus. (8. 14 [15]). Ascoli, l. c. p. 65, glaubt, dass das Pfandobjekt in der Formel spezialisiert wurde.

[7]) Arg. fr. 1 § 5 de migr. (43. 32), fr. 11 § 2 qui pot. (20. 4). Übersehen von Keller, a. a. O. S. 979 und Rudorff, E. P. § 272.

[8]) D. (42. 8). Vgl. zum Folgenden meine bei § 225 zit. Abh. in der Strassb. Festschr. f. Schultze. Zur Literatur s. S. 419 n. 3.

[9]) Fr. 2, 10 h. t.; fr. 16 de a. u. a. p. (41. 2)? cf. Papin. fr. 18 h. t., s. aber Paling. II p. 854 n. 4.

[10]) Fr. 4, 13 h. t.

[11]) Fr. 5 h. t.

[12]) Fr. 15, 17 h. t.

[13]) Fr. 8, 11, 25 h. t., fr. 66 de a. r. d. (41. 1) cf. fr. 25 § 5 h. t.

Ulp. 73 fr. 10 pr. h. t.:

Ait praetor: QUAE LUCIUS TITIUS FRAUDANDI CAUSA[1]) SCIENTE TE[2]) IN BONIS, QUIBUS DE AGITUR[3]), FECIT[4]): EA ILLIS, SI EO NOMINE QUO DE AGITUR ACTIO EI EX EDICTO MEO COMPETERE ESSEUE OPORTET[5]) EI SI NON PLUS QUAM ANNUS EST[6]), CUM DE EA RE QUA DE AGITUR EXPERIUNDI POTESTAS EST, RESTITUAS[7]). INTERDUM CAUSA COGNITA ET SI SCIENTIA NON SIT[8]), IN FACTUM ACTIONEM PERMITTAM.

Dies Referat über das sog. interdictum fraudatorium ist in mehr als einer Hinsicht verdächtig, und die Unmöglichkeiten, die der Text enthält, sind gewiss grösstenteils nicht Abschreibern, sondern den Kompilatoren auf Rechnung zu setzen. Dahin gehört zunächst die zwiefache Bezeichnung des Subjekts, an das restituiert werden soll, zuerst im Plural „illis", dann im Singular „ei", der auch im Zwischensatz „si eo nomine q. d. a. actio ei *rel.*" wiederkehrt. Die grosse Wahrscheinlichkeit spricht hier für die Echtheit des „illis", desjenigen Pronomens, das in dieser Verwendung allein dem Interdiktstil gemäss ist und auch in unserm Interdikt an der richtigen Stelle steht, während das „ei" vor der exceptio annalis sonderbar nachhinkt. Tribonianisch ist ferner zweifellos der ungeheuerliche Zwischensatz „si eo nomine q. d. a. actio ei ex edicto meo competere esseue oportet"[9]). Erwägt man, dass unter den „illi" nur die Gläubiger des fraudator verstanden werden können, so liegt eine von mir schon in der Palingenesie gewagte Konjektur ungemein nahe, nämlich zu lesen: „illis *quos* eo nomine q. d. a. ex edicto meo in *possessionem ire* esseue oportet". Unmöglich ist endlich das sonst nirgends nachweisbare „actionem permittam" des Schlusssatzes[10]); man versteht auch nicht, warum der Prätor gegen den inscius eine actio in factum gewährt, sonst aber interdiziert haben sollte.

Alle diese Interpolationen finden ihre Erklärung darin, dass, wie bereits im § 225 hervorgehoben wurde, die Kompilatoren aus den zwei Rechtsmitteln, die das klassische Recht für die Anfechtung frauduloser Veräusserungen besass, ein einziges herstellen wollten. Der Prätor hatte

---

[1]) Ulp. 73 fr. 10 § 6—8 h. t., Iulian. 49 fr. 17 § 1 h. t., Valens fr. 69 (67) § 1 ad SC Treb. (36. 1), Prob. 5, 13: F. C. = fraudare creditores.

[2]) Ulp. 73 fr. 10 § 2—5 h. t. Utile: sciente tutore curatoreue, fr. 10 § 5 h. t.

[3]) Ulp. 73 fr. 10 § 9—11 h. t. Der *Flor.* hat „quibus de ea re agitur", eine verdorbene Lesart, die Huschke, Z. f. C. R. u. Pr. N.F. XIV S. 87, Karlowa, R.G. II S. 1402, künstlich rechtfertigen wollen. S. aber Ulp. 73 fr. 10 § 9, Venul. 6 fr. 25 § 4 h. t. Gegen Huschke auch Rudorff, E. P. § 275[5].

[4]) Ulp. 73 fr. 10 § 12—16, fr. 2 h. t., Paul. 68 fr. 4 eod., Gai. 26 fr. 5 eod., Iulian. 49 fr. 17 § 2 eod. Zu „fecit" vgl. Rudorff, ZRG. VIII S. 71 fg., v. Schey, ebendaselbst

XIII S. 144, 162 und die dort Angeführten, Solazzi, revoca (1902) p. 22 sq.

[5]) Ulp. 73 fr. 10 § 17 h. t.

[6]) Ulp. 73 fr. 10 § 18 h. t.

[7]) Ulp. 73 fr. 10 § 19—23 h. t., Venul. 6 fr. 25 § 4—6 eod. Fr. 14 eod. Vgl. ferner Paul. fr. 38 § 4 de usur. (22. 1): uerbum „restituas" quod in hac re praetor dixit, vgl. S. 479.

[8]) Venul. 6 fr. 25 pr. § 1 h. t., Diocl. et Max. c. 5 de reuocandis (7. 75): scientiae mentione detracta.

[9]) Gradenwitz, ZRG. XXI S. 255 fgg.

[10]) „Agere permittam" findet sich in fr. 1 pr. U. P. (43. 17), ist aber zweifellos interpoliert. Vgl. oben S. 455.

Restitution (§ 225) nur dem curator bonorum verheissen, das fraudatorische Interdikt dagegen nur den Gläubigern proponiert[1]). Das neue Rechtsmittel erhielt den indifferenten Namen „in factum actio" und sollte beiden zustehen. Darum wurde in das Restitutionsedikt (s. § 225) hinter dem „curatori bonorum" der Satz hereininterpoliert „uel ei cui de ea re actionem dare oportebit", und darum umgekehrt in unserm Interdikt die deutliche Bezeichnung der Gläubiger durch das unbestimmte „si .. actio competere esseue oport" ersetzt. Ebenso wurde systematisch im Digestentitel (42. 8) und im Codextitel (7. 75) der Name „interdictum" getilgt und dafür „in factum actio" oder „actio" schlechtweg eingesetzt, so dass insbesondere Ulpians Kommentar, abgesehen von kleinen Unebenheiten, die die Kompilatoren stehen liessen, gar nicht mehr erkennen lässt, dass er sich auf ein Interdikt bezog[2]). Auch an Stelle des unmöglichen „in factum actionem permittam" unseres Referats wird daher im Originaltext ein „interdicam", oder vielleicht „interdicam sponsionemque restipulationemque facere permittam" gestanden haben[3]).

Nach alledem würde das echte Interdikt folgendermassen gelautet haben:

Quae L. Titius fraudandi causa sciente te in bonis q. d. a. fecit: ea illis *quos* eo nomine q. d. a. ex edicto meo *in possessionem ire* esseue oportet[4]), si non plus quam annus est, cum de ea re q. d. a. experiundi potestas est, restituas. interdum causa cognita et si scientia non sit, interdicam *rel.*

Dies Interdikt ist insofern eigentümlich gefasst, als es dem Beklagten Restitution an die Gesamtheit der Gläubiger aufgibt, die wir uns dabei durch den curator bonorum oder auch einen ad hoc ernannten Repräsentanten vertreten denken müssen[5]), während das Interdikt selbst von jedem einzelnen Gläubiger erbeten werden konnte[6]). Also gewissermassen ein Popularinterdikt, das der einzelne Gläubiger zum Vorteil aller begehrt[7]).

[1]) Vgl. fr. 96 pr. de sol.(46. 3), dazu meine Abh. in der Strassb. Festschr. für Schultze (1903) S. 15. In dieser Abhandlung habe ich mich S. 13 fg. auch über die abweichenden Ansichten geäussert, die Dernburg, Pand. II § 144, und Karlowa, II S. 1406, über das Verhältnis des in fr. 1 pr. h. t. überlieferten Edikts zum interdictum fraudatorium aufgestellt haben. Ich muss, um die Polemik nicht zu weit auszudehnen, auf das dort Gesagte verweisen.

[2]) Das interdictum fraudatorium wird nur ausserhalb der sedes materiae erwähnt und ist da offenbar nur aus Versehen stehen geblieben: fr. 69 (67) ad SC Treb. (36. 1), fr. 96 pr. de sol. (46. 3). In c. 2 si adu. uend. (2. 27 [28]) ist die es betreffende Stelle — cf. c. 1 C. Theod. de int. rest. (2. 16) — gestrichen.

[3]) Ganz anders freilich Huschke, a. a. O. S. 77 fgg.

[4]) Darauf bezieht sich in Ulpians Kommentar fr. 10 § 17 h. t. Das Interdikt wurde nur den Gläubigern gewährt, nicht demjenigen, dem der Nachlass, zur Vermeidung der uenditio bonorum, libertatium conseruandarum causa zugeschlagen wurde. Vgl. auch Paul. 68 fr. 13 h. t. und dazu Paling. I p. 1084 n. 1.

[5]) Arg. fr. 4 § 9 de fid. lib. (40. 5).

[6]) Vgl. fr. 96 pr. de solut. (46. 3) und dazu meine zit. Abh. S. 15 fgg.

[7]) Das kommt Solazzi so merkwürdig vor, dass er bullett. XV p. 165 ironisch bemerkt: l'illustre romanista ha foggiato un interdetto di nuovo conio. Dem gegenüber sei, ausser dem oben Gesagten, hervorgehoben, dass das Wort „illis" im Text der Digesten steht.

Eine andere Fassung war in der Tat kaum denkbar, wenn der Prätor auf
der einen Seite das Recht des einzelnen Gläubigers, die fraudulosen Akte
anzufechten, nicht von der Zustimmung aller abhängig machen wollte, auf
der andern aber ihn unmöglich für befugt erklären konnte, Restitution
von Gegenständen, deren Wert den Betrag seiner Forderung weit übersteigen mochte, an sich persönlich zu verlangen[1]. Weigert freilich der
unterlegene Gegner die Restitution, so versteht sich von selbst, dass der
siegreiche Kläger Kondemnation nicht in höherem Betrag zu erwarten
hatte, als in dem seines Interesses an der Restitution[2]. Dies Interesse
besteht nicht in dem Wert des zu restituierenden Objekts[3], auch nicht in
dem Betrag der Forderung des Klägers an den Gemeinschuldner, sondern
offenbar lediglich in dem Anteil, der vom Wert jenes Objekts bei verhält-
nismässiger Verteilung seines Erlöses auf den Kläger fallen würde[4].
Natürlich wurde dies Interesse dem renitenten Beklagten gegenüber nicht
durch eine langwierige Beweiserhebung, sondern durch iusiurandum in
litem des Klägers klargestellt, das bis zum Betrag der klägerischen Forderung ansteigen konnte. Dann aber blieb sicherlich der Beklagte dem
wiederholten Angriff auch der übrigen Gläubiger ausgesetzt, sei es mit
dem iudicium rescissorium (§ 225), sei es mit dem Interdikt, sei es, wie ich
seinerzeit[5], vielleicht allzu kühn, vermutete, ohne weiteres mit der actio
arbitraria oder Sponsion auf Grund des einmal ergangenen restitutorischen
Interdikts, so dass für den Beklagten die Gefahr bestand, nacheinander
alle Gläubiger auf Grund Schätzungseids — also auch über den wirklichen
Wert des Restitutionsobjekts hinaus — befriedigen zu müssen. Das ist
ganz in der Ordnung; denn wenn der Gegner restituieren kann, so soll
er auch restituieren. Und es ist auch dann nicht allzu hart, wenn etwa
der Gegner, wie im Fall des fr. 25 § 1 h. t., das ursprünglich Empfangene
zu restituieren nicht mehr imstande ist; denn dann ging gewiss schon das
arbitrium nicht auf die unmögliche Leistung, sondern von vornherein nur
auf einen Geldersatz.

[1] Was Solazzi, bullett. XV p. 165 sq.,
hiegegen vorbringt, kann schwerlich überzeugen. Er fragt, warum, wenn denn doch
die Restitution nur an einen Kurator oder
sonstigen Vertreter der Gesamtgläubiger-
schaft habe stattfinden können, man nicht
sofort zur Ernennung eines Kurators geschritten sei und diesem die Klage überlassen habe. Aus dem einfachen Grunde,
weil möglicherweise die Mehrheit der Gläubiger gegen die Erhebung des Anfechtungs-
prozesses ist, indem sie ihn für aussichtslos
hält. Ganz anders liegt natürlich die Sache,
nachdem der einzelne Gläubiger mit dem
Interdikt gesiegt hat und der Gegner resti-
tutionsbereit ist, so dass es nur zuzugreifen
gilt. Hier werden die andern sicherlich die
Restitution nicht ablehnen, und wenn sie es

dennoch täten, etwa aus Eigensinn, so wäre
es keine Vergewaltigung, wenn der Prätor,
ihrem Widerspruch zum Trotz, einen Kurator ernännte.

[2] Ich mache auf die Analogie der Popular-
interdikte aufmerksam, fr. 2 § 34. 44 ne quid
in loco publ. (43. 8): hoc interdictum
populare est condemnatioque ex eo facienda
quanti actoris intersit. Fr. 1 § 3 de uia publ.
(43. 11).

[3] So Solazzi, revoca p. 164. Dabei fragt
sich, wie denn die übrigen Gläubiger ihren
Anteil an der Beute erlangen. Solazzi, p. 192,
hat für diesen Zweck eine act. in fact. bereit.

[4] Unklar meine zit. Abh. S. 17. Dagegen
mit Recht Solazzi, bullett. XV p. 166 sqq.

[5] Vgl. die zit. Abh. S. 17. Ich lege auf
die Hypothese keinerlei Gewicht.

Der Musterfall, der bei den Sponsionen und den Aktionen zu Grunde gelegt war, war augenscheinlich der einer alienatio fundi in fraudem creditorum (vgl. Venul. 6 fr. 25 § 4—6 h. t.). Der arbiter der formula arbitraria ist erwähnt bei Venul. 6 fr. 8 h. t., sein officium (nisi . . arbitrio tuo restituetur) weitläufig behandelt bei Ulp. 73 fr. 10 § 19—23 h. t., Venul. 6 fr. 25 § 1[1]). 4—6 h. t., Ulp. fr. 14 h. t. Die Restitutionsklausel der Formel war hier, was sonst nicht üblich gewesen zu sein scheint und sich wohl nur aus der überaus allgemeinen Fassung des Interdikts (*quae . fecit, restituas*) erklärt, spezialisiert. Es hiess in der Formel nämlich *nisi is fundus fructusque, qui alienationis tempore ei fundo cohaeserunt[2]), arbitrio tuo A° A° restituentur.*

Es ist nicht streng erweislich, aber in hohem Grad wahrscheinlich, dass dieser besondern Fassung der Formel unser iudicium arbitrarium einen eigenen Namen verdankte, den Namen, den späterhin die Byzantiner der von den Kompilatoren geschaffenen Anfechtungsklage beilegten: actio Pauliana. Denn darauf, dass gerade dies iudicium die actio Pauliana ist, weist sehr entschieden die Zusammenstellung dieser letzteren mit dem interdictum fraudatorium bei Paulus in fr. 38 § 4 de usur. (22. 1):

> In Fabiana quoque actione et Pauliana, per quam quae in fraudem creditorum alienata sunt reuocantur, fructus quoque restituuntur: nam praetor id agit, ut perinde sint omnia, atque si nihil alienatum esset. quod non est iniquum: nam et uerbum „restituas", quod in hac re praetor dixit, plenam habet significationem, ut fructus quoque restituantur.

Paulus rechtfertigt hier die von dem Interdikt abweichende, scheinbar weitergehende Fassung der Restitutionsklausel in der Pauliana durch den Hinweis darauf, das ja auch schon das einfache „restituas" des Interdikts die Früchte mitumfasse[3]).

---

[1]) Fr. 25 § 1 h. t.: absolui solet reus si restituerit.

[2]) Vgl. Venul. 6 fr. 25 § 6 h. t.:
Fructus autem fundo cohaesisse non satis intellegere se Labeo ait, utrum dumtaxat qui maturi an etiam qui immaturi fuerint, praetor significet . . . . . Vgl. fr. 25 § 4. 5 eod. Daher auch Ulp. 73 fr. 10 § 20: „fructus, qui percipi potuerunt a fraudatore" (Huschke, a. a. O. S. 107) und in fr. 10 § 19: „res restitui debet cum sua scilicet causa". Der scheinbare Widerspruch zwischen Venuleius l. c. und Ulpian l. c. ist von Huschke durchaus befriedigend gelöst. Darauf habe ich schon in der 1. Aufl. hingewiesen und begreife darum nicht, warum Solazzi, bullett. XV p. 158, so sehr bedauert, hier meiner „lumi preziosi" beraubt zu sein. Er selbst missversteht allerdings Huschke, wenn er (revoca

p. 174) ihm zuschreibt, er wolle in fr. 10 § 20 bei den Worten „qui percipi potuerunt" subintellegieren: „alienationis tempore".

[3]) Vgl. meine zit. Abh. S. 19 fgg. Auch hier kann ich den Gegenbemerkungen Solazzis, bullett. XV p. 157 sq., keinerlei Bedeutung beimessen. Der Prätor, meint er, rechtfertige die Fruchtersatzpflicht bei der Pauliana mit der Absicht des Prätors, „ut perinde sint omnia atque si nihil alienatum esset"; diese Absicht aber postuliere die Ersatzpflicht hinsichtlich aller fructus percepti und percipiendi. Da nun die Ersatzpflicht nach der formula arbitraria nicht so weit gehe, so folge daraus, dass die actio Pauliana mit ihr nicht identisch sein könne. Mir scheint einerseits, dass das von Paulus angegebene Motiv auch zur Rechtfertigung der beschränkten Fruchtersatzpflicht geeignet ist, und andererseits, wenn man der-

Im Anschluss an das interdictum fraudatorium, das nur intra annum ex die uenditionis bonorum statt hatte, war noch ein weiteres Rechtsmittel proponiert, Ulp 73 fr. 10 § 24 h. t.:

> Haec actio post annum de eo, quod ad eum peruenit, aduersus quem actio mouetur, competit: iniquum enim praetor putauit[1]) in lucro morari eum, qui lucrum sensit ex fraude .. . siue igitur ipse fraudator sit, ad quem peruenit, siue alius quiuis, competit actio in id quod ad eum peruenit doloue malo eius factum est, quo minus peruenitet.

Anscheinend wird hier die actio de eo quod peruenit auch gegen den fraudator selbst zugestanden. Daran hat man mit Recht Anstoss genommen[2]), da eine solche Klage jeden vernünftigen Zweckes entbehre. Es ist aber die Frage, ob die Stelle in Wirklichkeit nicht etwas ganz andres sagen will. Wird doch dem fraudator hier jeder beliebige andre (alius quiuis) gleichgestellt, und soweit konnte doch das Gebiet unserer actio keinesfalls erstreckt werden, dass man sie gegen jeden beliebigen, an den etwas aus der fraudulosen Veräusserung gelangt war, zugelassen hätte. Ich vermute daher, dass die Kompilatoren die Stelle verkürzt haben, und dass Ulpian gar nicht daran dachte, die actio wider den fraudator zu gewähren, sondern hier nur die Klausel, „doloue malo eius factum est quo minus peruenitet" erläuterte: der Beklagte, will er sagen, haftet auch soweit die Bereicherung gar nicht an ihn, sondern dolo eius an einen andern gelangt ist, sei dies der fraudator oder alius quiuis. Wer der richtige Beklagte sei, wird hier gar nicht gesagt, sondern war den vorausgegangenen Ausführungen zum Interdikt zu entnehmen.

Allerdings wird dagegen eine Klage wider den fraudator selbst, aber nicht auf id quod ad eum peruenit, von Venuleius in fr. 25 § 7 h. t. erwähnt. Diese Stelle, aus ihrem Zusammenhang gerissen, wie sie ist, lässt doch kaum eine andere Deutung zu als dass sei es das Interdikt in entsprechend veränderter Form sei es eine der actio arbitraria nachgebildete actio utilis[3]) auch gegen den fraudator gewährt wurde:

> Haec actio etiam in ipsum fraudatorem datur, licet Mela non putabat in fraudatorem eam dandam, quia nulla actio in eum ex ante

---

artige Motivierungen auf die Goldwage legen will: ist es denn wahr, dass ohne die Veräusserung die fructus qui percipi potuerunt in den bona vorhanden sein würden?

[1]) Die actio war also proponiert. Dagegen will Venul. 6 fr. 11 h. t. (Cassius actionem introduxit in id quod ad heredem peruenit) wohl nicht sagen, dass Cassius diese Klage als Prätor eingeführt (vgl. hiezu Levy, Sponsio etc. S. 55 n. 3), sondern dass er sie als Jurist durchgesetzt habe.

[2]) Solazzi, bullett. XV p. 138 sq., der deshalb die Erwähnung des fraudator in

fr. 10 § 24 h. t. für interpoliert hält. Darin kann ich ihm nicht folgen; aber seine Kritik mir (zit. Abh. S. 12 fg.) gegenüber ist hier berechtigt.

[3]) So schon die 1. Aufl. S. 398 und die zit. Abh. S. 7 fgg. Auf die abweichende Ansicht Solazzi's, rev. p. 10 sqq., bullett. XV p. 133 sq., kann hier nicht eingegangen werden. Er bezieht die Worte „haec actio" auf das „idque .... seruabo" in dem Edikt des § 225 und zieht daraus sehr weitgehende Folgerungen, die man bei ihm selbst nachlesen muss.

gesto post bonorum uenditionem daretur et iniquum esset actionem dari in eum cui bona ablata essent[1]). si uero quaedam disperdidisset, si nulla ratione reciperari possent, nihilo minus actio in eum dabitur et praetor non tam emolumentum actionis intueri uidetur in eo qui exutus est bonis quam poenam.

Die Stelle gibt, so wie sie uns überliefert ist, Kunde von einer blossen wissenschaftlichen Kontroverse und schliesst durch ihren Wortlaut (dabitur!) jede Beziehung auf eine ausdrückliche Ediktbestimmung aus. Solazzi[2]), der eine solche Beziehung annimmt, gründet dies auf die Vermutung einer Interpolation. Er findet in dem entscheidenden Passus „si uero quaedam disperdidisset, si nulla ratione reciperari possent, nihilo minus actio in eum dabitur" einen verdächtigen Mangel an Logik, da doch der fraudator nicht trotzdem, sondern gerade deshalb hafte, weil von Dritten nichts zu erlangen sei. Ich will nicht jedes Wort in der Stelle als unzweifelhaft authentisch verteidigen; das nihilo minus aber erklärt sich m. E. vollkommen ungezwungen durch die zuvor mitgeteilten Gegengründe des Mela. Unter den angegebenen Voraussetzungen wird, sagt Venuleius, trotz jener Gegengründe die actio gewährt.

Tit. XLIV.
DE EXCEPTIONIBUS[3]).

Ulp. 74—76, Paul. 69—71, Gai. 29. 30, Iulian. 50. 51.
Gai. IV 118:

> Exceptiones autem alias in edicto praetor habet propositas[4]), alias causa cognita accommodat.

§ 269. SI QUIS *UADIMONIIS* NON OBTEMPERAUERIT[5]).

Ulp. 74[6]), Paul. 69[7]), Gai. 29[8]).

Unter dieser Rubrik waren eine Reihe von Exceptionen proponiert, die der Klage aus dem Vadimonium entgegengesetzt werden konnten:

1. Die exceptio pacti conuenti[9]) — gedacht als Einrede des Ver-

---

[1]) Vgl. hiezu oben S. 415.
[2]) Revoca, p. 10. 58, bullett. XV p. 136.
[3]) D. (44. 1), C. (8. 35 [36]). Einleitung zum Titel: Ulp. 74 fr. 2 de exc. (44.1), Paul. 69 fr. 2 de prob. (22. 3), fr. 19 de nouat. (46. 2), fr. 4 de tab. exhib. (43. 5). Ob Ulp. 74 fr. 80 de V. O. (45. 1) und Iulian. 50 fr. 12 [13] de reb. dub. (34. 5) gleichfalls zu einleitenden Betrachtungen oder (als Nebenbemerkung) wohin sonst gehören, lässt sich nicht ermitteln.
[4]) Derart sind namentlich alle in fr. 19 de prob. (22. 3) aufgezählten, und zwar folgt diese Aufzählung der Ordnung des Edikts.

[5]) D. (2. 11): Si quis cautionibus in iudicio sistendi causa factis non obtemperauerit.
[6]) Fr. 2, 4 h. t., fr. 2 de transact. (2. 15), fr. 15 [14] de legation. (50. 7), fr. 5 de exc. rei iud. (44. 2) vgl. Krüger, prozess. Consumtion S. 64 n. 2, und die daselbst angef.
[7]) Fr. 3, 5, 7 h. t., fr. 211 de R. I. (50. 17) = fr. 7 h. t.
[8]) Fr. 8 h. t.
[9]) Hieher Ulp. 74 fr. 2 pr. h. t., fr. 2 de transact. (2. 15). Vgl. Gai. fr. 22 § 1 de in ius uoc. (2. 4). Fr. 2 pr. h. t.: hoc ita, si prius id negotium transactum sit, quam sisti oporteret.

gleichs und der Fristgewährung —, deren Fassung wir aus Gai. IV 11?
kennen:

> SI INTER A^m A^m ET N^m N^m NON CONUENIT, NE EA PECUNIA (INTRA QUIN-
> QUENNIUM: Gai. IV 122) PETERETUR[1]).

Die exceptio pacti steht sowohl in Ulpians Kommentar — s. fr. 2 pr. h. t.　,
wie auch in fr. 19 de probat. (22. 3) — s. S. 481 n. 4 — voran.

2. *Extra quam si ideo non stetit, quod sine dolo malo*[2]) REI PUBLICAE
CAUSA AFUIT[3]) (die genauere Fassung bei dieser wie bei den folgenden Exceptionen ungewiss).

3. *Extra quam si* UALETUDINE[4]) TEMPESTATE[5]) UI FLUMINIS[6]) PROHIBITUS
uadimonium sistere non potuit[7]).　Ulp. 74 fr. 2 § 3 h. t.

4. *Extra quam si* SINE DOLO MALO IPSIUS A MAGISTRATU RETENTUS *uadimonium sistere non potuit*[8]).

5. *Extra quam si* REI CAPITALIS ANTE CONDEMNATUS *uadimonium s. n. p.*[9]).

6. *Si non dolo malo Aⁱ Aⁱ factum est, quo minus uadimonium
sisteret*[10]).

Eine siebente Exception fand statt, wenn es, nach Verfall des Vadimoniums, doch zur Litiskontestation im Hauptprozess gekommen war[11]).
Weitere Exceptionen scheinen im Edikt nicht proponiert gewesen zu
sein. Speziell gilt dies nach der Ausdrucksweise Ulpians in fr. 4 § 2. 3 h. t.
(debet exceptio dari, debet exceptione adiuuari) von den daselbst erwähnten
Exceptionen „*e. q. s. funere domestico impeditus non stetit*"[12]) und „*e. q. s.
ideo non stetit, quod in seruitute hostium fuit*"

§ 270.　LITIS DIUIDUAE ET REI RESIDUAE.

Gai. 29?[13]), Scaeu. 13 quaest.[14])

Gai. IV 122:

> si quis partem rei petierit et intra eiusdem praeturam reliquam
> partem petat, hac exceptione summouetur, quae appellatur litis
> diuiduae . item si quis cum eodem plures lites habebat, de quibus-
> dam egerit, de quibusdam distulerit, ut ad alios iudices eant, si
> intra eiusdem praeturam de his, quas distulerit, agat, per hanc ex-
> ceptionem, quae appellatur rei residuae, summouetur.

---

[1]) Utilis, ne in rem ageretur: c. 9 de
transact. (2. 4).

[2]) Cf. Ulp. 74 fr. 2 § 1 h. t. ict. fr. 1 § 1 ex
quib. caus. mai. (4. 6).

[3]) Fr. 19 § 1 de prob. (22. 3), Paul. 69 fr. 7
h. t., Gai. fr. 6 h. t.　Utilis, si municipalis
muneris causa afuit: Ulp. 74 fr. 2 § 1 h. t.,
fr. 15 [14] de legation. (50. 7).

[4]) Ulp. 74 fr. 2 § 4. 5 h. t.　Utilis, si mulier
grauida erat: fr. 2 § 4 h. t.

[5]) Ulp. 74 fr. 2 § 6. 8 h. t.

[6]) Ulp. 74 fr. 2 § 7. 8 h. t.

[7]) Seneca de benef. IV 39 i. f.: deserentem
uis maior excusat.

[8]) Ulp. 74 fr. 2 § 9 h. t.

[9]) Ulp. 74 fr. 4 pr. § 1 h. t.

[10]) Ulp. fr. 19 § 1 de prob. (22. 3), Paul. 69
fr. 5 pr. h. t.

[11]) Paul. 69 fr. 5 § 1. 2 h. t.　Kipp, Litis-
denuntiation (1887) S. 116 fg.

[12]) Vgl. Gell. N. A. XVI 4 § 4.

[13]) Fr. 44 de R. V. (6. 1).

[14]) Fr. 4 ratam rem (46. 8), dazu Paling. II
p. 280 n. 9.

§ 271. *SI ALIENO NOMINE AGATUR* (exceptiones cognitoriae, procuratoriae, tutoriae, curatoriae)[1]).

Ulp. 74[2]).

Gai. IV 124:

. . . . . dilatoriae exceptiones intelleguntur, quales sunt cognitoriae, ueluti si is, qui per edictum cognitorem dare non potest, per cognitorem agat, uel dandi quidem cognitoris ius habeat, sed eum det, cui non licet cognituram suscipere[3]).

Fr. Vat. 323:

. . . . ut qui prohibentur uel dare uel dari cognitores, iidem et procuratores dare dariue arceantur[4]).

Obige Stellen handeln von den Exceptionen mangels Fähigkeit. Die Exception mangels Vollmacht[5]) lautet gegen den Prokurator:

Sɪ Aˢ Aˢ Lᴜᴄɪɪ Tɪᴛɪɪ ᴘʀᴏᴄᴜʀᴀᴛᴏʀ ᴇsᴛ[6]).

gegen den Tutor oder Kurator:

Sɪ Aˢ Aˢ Lᴜᴄɪɪ Tɪᴛɪɪ ᴛᴜᴛᴏʀ (ᴄᴜʀᴀᴛᴏʀ) ᴇsᴛ.

Ich fasse diese Exceptionen affirmativ[7]), wie das offenbar das Natürlichere ist. Dass alle Exceptionen negativ gefasst seien, ist nirgends gesagt, sondern (Gai. IV 119) nur, dass sie „in contrarium concipiuntur quam adfirmat is, cum quo agitur". Die negative Behauptung, Kläger habe keine Vollmacht, sei nicht Vormund, wird nach dieser Regel selber zur affirmativen Exception[8]).

Auch eine exceptio cognitoria mangels Vollmacht mag im Edikt proponiert gewesen sein: gewiss gab es Fälle, wo eine solche erteilt wurde[9]).

Nächst verwandt mit den eben angeführten Exceptionen sind zwei Sachlegitimationseinreden, auf die ich schon früher aufmerksam gemacht

---

[1]) Vgl. Bülow, Prozesseinreden und Prozessvoraussetzungen S. 30—52, Eisele, Cognitur und Procuratur S. 186—218.

[2]) Fr. 57 de procur. (3. 3). Vgl. Ulp. fr. 19 § 2 de prob. (22. 3).

[3]) Quinctil. III 6 § 71. Bei Ulp. 74 fr. 2 § 4 de exc. (44. 1), Gai. fr. 3 i. f. eod., Ulp. fr. 19 § 2 de prob. (22. 3) war ursprünglich neben dem procurator ohne Zweifel auch der cognitor genannt, den die Kompilatoren gestrichen haben.

[4]) Vgl. Quinctil. IV 4 § 6, VII 1 § 19. 20.

[5]) Exceptio *procuratoria*: fr. 62 de proc. (3. 3), fr. 78 § 1 eod., fr. 6 de O. N. N. (39. 1), fr. 39 § 3 de damno inf. (39. 2), fr. 23 r. r. h. (46. 8), c. 20 § 2 de N. G. (2. 18 [19]). *Tutoria, curatoria, actoria*: c. 2 de eo qui pro tut. (5. 45), fr. 4 de adm. et peric. (26. 7), fr. 23 eod., fr. 3 § 4. 5 iud. solui (46. 7), fr. 6 § 2 quod cuiuscumque uniu. (3. 4). Besondere

Fälle der exceptio procuratoria: fr. 47, 48 de proc. (3. 3). Eigentümliche replicationes curatoriae in fr. 7 § 1. 2 de cur. fur. (27. 10), dazu Bülow, a. a. O. S. 36.

[6]) Die 1. Aufl. formuliert: „si Aᵒ Aᵒ mandatum est, ut eo nomine ageret". S. dagegen oben S. 95.

[7]) Übereinstimmend Eisele, a. a. O. S. 191 fg.

[8]) Kein Gegenbeweis liegt in c. 2 de eo qui pro tut. (5. 45). Wenn dort von einer exceptio „si tutor non est" die Rede ist, so ist das augenscheinlich eine Ungenauigkeit: die negative Behauptung des Beklagten ist aus Versehen in die formulierte exceptio herübergenommen.

[9]) Fr. 78 § 1 ict. fr. 56, 62 de procur. (3. 3). Vgl. Eisele, a. a. O. S. 215 fgg., Debray, représ. en just. (1892) p. 159, Wlassak, zur Gesch. der Cognitur (1893) S. 23.

habe: die exceptio bonorum possessionis non datae[1]) (§ 67 a. E.) und die
exceptio responsionis non factae[2]) (§ 53). Ich erwähne sie hier, weil die
Stelle, wo sie wirklich proponiert waren, nicht ermittelt werden kann. Die
Zahl der Sachlegitimationsexceptionen ist übrigens damit keineswegs erschöpft; wenn z. B. einem klagenden Universalfideikommissar oder bonorum emptor die Sachlegitimation bestritten wurde, musste es notwendig
zu ähnlichen Exceptionen kommen. Im Anschluss an obige Exceptionen
waren vielleicht auch noch andere proponiert, die, wie die exceptio cessionis
bonorum[3]), die Bestimmung hatten, den Mangel der passiven Sachlegitimation zur Geltung zu bringen.

§ 272.   SI EX CONTRACTIBUS ARGENTARIORUM AGATUR.

Ulp. 74[4]), Paul. 69[5]).

In der Nachbarschaft der bisher behandelten Exceptionen finden wir
drei weitere, die, wenn ich recht sehe, sämtlich auf die Kontrakte der
Argentarien gemünzt sind: die exceptio mercis non traditae[6]), redhibitionis[7]) und pecuniae pensatae[8]). Von der ersten ist uns diese Beziehung
ausdrücklich überliefert, Gai. IV 126ª:

> si argentarius pretium rei, quae in auctionem uenerit, per-
> sequatur, obicitur ei exceptio, ut ita demum emptor damnetur, si
> ei res quam emerit tradita est[9]) . . . .

Dass bei der exceptio redhibitionis genau an den gleichen Fall zu denken
ist, ist wohl mehr als bloss wahrscheinlich. Wie sollte ohne solche spezielle
Beziehung die exceptio redhibitionis in das prätorische Edikt kommen,
dem die actio redhibitoria nicht angehört?[10]) Die dritte exceptio — pecuniae pensatae — ruft schon durch ihren Namen die Erinnerung an das
agere cum compensatione der Argentarien wach. Ich sehe in ihr das
Gegenstück zu diesem agere der Argentarien: ich deute sie auf den Fall,
wo ein argentarius, der Gegenforderungen hatte, von einem Klienten ver-

---

[1]) Fr. 20 i. f. de exc. (44. 1).

[2]) Fr. 18 § 2 de prob. (22. 3).

[3]) § 4 I. de replic. (4. 14), c. 3 de bon. auct.
iud. (7. 72), Wlassak, bei Pauly-Wissowa
s. v. cessio bonorum unter IV.

[4]) Fr. 59 de aedil. ed. (21. 1), fr. 66 de V. S.
(50. 16).

[5]) Fr. 60 de aed. ed. (21. 1).

[6]) Ulp. 74 fr. 66 de V. S. (50. 16) vgl. Paul.
fr. 5 § 4 de d. m. exc. (44. 4) „mercis non traditae exceptione".

[7]) Ulp. 74 fr. 59 de aed. ed. (21. 1), Paul. 69
fr. 60 eod.

[8]) Ulp. fr. 19 § 3 de prob. (22. 3) — unmittelbar hinter der Erwähnung der exceptio
procuratoria.

[9]) Die Beziehung auf die Auktionen der

Argentarien erklärt auch den Namen mercis non traditae, der wegen der auf Mobilien beschränkten Bedeutung des Wortes
merx — Ulp. 74 fr. 66 de V. S. — sonst auffallend wäre. Es war bei Proponierung der
exceptio wesentlich nur an Auktionen von
Mobilien gedacht. Die Jurisprudenz dehnte
sodann die exceptio auf alle Arten von Verkäufen aus.

[10]) Es ist wohl kein Zufall, dass in fr. 5 § 4
de d. m. exc. (44. 4) die exceptio redhibitionis und mercis non traditae zusammen-
stehen: der verdächtig unbestimmte „is,
cui hoc dominus permisit" und „is qui uendidit" ist hier für den argentarius interpoliert. Ich sehe in dieser Stelle eine wertvolle Bestätigung der im Text aufgestellten
Hypothese.

klagt wurde[1]). Dieser letztere brauchte nicht, wie der argentarius, cum compensatione zu klagen, — konnte man ja nicht jedem Privatmann die gleiche mathematisch genaue Übersicht über seine Forderungen und Gegenforderungen zumuten, wie dem argentarius; aber die Billigkeit[2]) verlangte, dass dem argentarius, der klagend die Kompensationspflicht hatte, als Beklagtem auch das Kompensationsrecht gesichert sei, und diesem Zwecke diente die exceptio pecuniae pensatae[3]).

Die Formulierung der exceptio mercis non traditae kennen wir aus Iulian. 54 fr. 25 de A. E. V. (19. 1):

> SI EA PECUNIA, QUA DE AGITUR, NON PRO EA RE PETITUR, QUAE UENIT NEQUE TRADITA EST.

Die exceptio pecuniae pensatae muss nach fr. 19 § 3 de prob. (22. 3)[4]) gelautet haben:

> *si non ea pecunia petitur, quae pensata est.*

Die Fassung der exceptio redhibitionis ist nicht überliefert. Die Möglichkeit der Redhibition dürfte in der Wendung „in ea causa esse, ut redhibeatur (redhiberi debeat)", ausgedrückt gewesen sein[5]).

§ 273. *TEMPORIS* (exceptio annalis).

Ulp. 74[6]).

Die Fassung der exceptio annalis ist bekannt:

> SI NON PLUS QUAM ANNUS EST, CUM EXPERIUNDI POTESTAS FUIT.

Da Ulp. 74 l. c. die Bedeutung der dies utiles und des „cum experiundi potestas fuit" in einer Weise erläutert, die nicht wohl gestattet, die Stelle als Nebenbemerkung etwa gelegentlich der exceptio redhibitionis zu betrachten, so ist anzunehmen, dass die exceptio annalis im Edikt proponiert war. Es hatte das auch seinen guten Sinn, zwar nicht für die Fälle, in denen das Edikt von vornherein actio nur intra annum verhiess — hier war die exceptio in den Formeln ständig —, wohl aber für die zahlreichen Fälle, wo die Annalbeschränkung auf Praxis und Jurisprudenz beruhte.

Der praescriptio longi temporis[7]) begegnen wir in den Ediktkommen-

---

[1]) Anders Eisele, die Compensation S. 247 fg., ZRG. XXXIV S. 46 n. 2.

[2]) Ist es denkbar, dass zu irgend einer Zeit der argentarius, der gleich viel zu fordern hatte, wie er schuldig war, seinem Klienten auf Verlangen das Ganze herauszahlen musste, während er selbst von diesem nichts verlangen konnte?

[3]) Erhob der argentarius diese, dann mochte der Kläger von ihm editio rationum verlangen und sich so über den Stand seines Kontokorrents vergewissern. Die Worte „pecunia pensata" bezeichnen nach meiner Auffassung hier nicht die eigentliche Kompensation, die nur durch den Richter statt-

findet, sondern lediglich die Tatsache, dass die geltend gemachte Forderung durch Gegenforderungen „aufgewogen" ist. Dies gegen Eisele, krit. Vjschr. XXIX S. 40.

[4]) Idem erit dicendum, et si ea pecunia petatur, quae pensata dicitur.

[5]) Vgl. Ulp. 74 fr. 59 de aedil. ed. (21. 1), cf. fr. 38 pr. eod. Exceptio in factum nach erfolgter Redhibition: fr. 14 de exc. (44. 1), fr. 5 § 4 de d. m. exc. (44. 4).

[6]) Fr. 1 de diu. temp. praescr. (44. 3).

[7]) BGU. I nr. 267, Strassb. gr. Pap. nr. 22, Paul. sent. V 2 § 3. 4, 5ᵃ § 8, fr. Vat. 7, Marcian. fr. 9 de diu. t. pr. (44. 3), Modest. fr. 3 eod.

taren nicht. Ihre frühesten Spuren gehen nicht über die Zeit der Severe zurück[1]). Sie ist ohne Zweifel postediktal.

Ebensowenig gewähren die Kommentare Aufschluss über die berüchtigte exceptio annalis Italici contractus — c. 1 de ann. exc. (7. 40) —, an der sich so viele scharfsinnige Schriftsteller vergebens versucht haben[2]). Das einzige Zeugnis, das mit einigem Grund darauf bezogen werden kann — das letzte der von mir veröffentlichten Strassburger Fragmente aus Ulpians Disputationen —, ist leider so mangelhaft überliefert, dass auch aus ihm sichere Resultate nicht zu gewinnen sind. Sollte die Deutung richtig sein, die ich, freilich nur hypothetisch, dem Fragment gegeben habe[3]), so wäre die exceptio annalis eine Verjährungseinrede gegenüber der Pfandklage aus einem pignus in Italia contractum.

§ 274. *NE PRAEIUDICIUM HEREDITATI FUNDOUE FIAT.*

Ulp. 75[4]), Iulian. 50[5]).
Die beiden hieher gehörigen Exceptionen lauten:
Quod praeiudicium hereditati non fiat[6])
und
Quod praeiudicium fundo (partiue eius) non fiat[7]).
Die exceptio „extra quam in reum capitis praeiudicium fiat" — Cic. de inuent. II 20 § 59. 60 — ist in den Quellen der klassischen Zeit nicht nachzuweisen[8]).

§ 275. REI IUDICATAE *UEL IN IUDICIUM DEDUCTAE*[9]).

Ulp. 75[10]), Paul. 70[11]), Gai. 30[12]), Iulian. 51[13]).
Man nahm früher allgemein[14]) an, dass die prozessuale Konsumtion durch zwei Exceptionen durchgeführt worden sei: exceptio rei in iudicium deductae und exceptio rei iudicatae. Dem gegenüber habe ich in der

---

[1]) Partsch, die l. t. pr. (1906) S. 109 fgg.
[2]) Vgl. aus neuerer Zeit E. Danz, die auctor. u. die ann. exc. It. contr. (1876), dazu Pernice, Jen. Lit. Ztg. 1877 nr. 14, Voigt, XII Taf. II S. 506 n. 14, Karlowa, in der Heidelb. Festg. für Bekker (1899) S. 72 fgg.
[3]) ZRG. XL S. 71 fgg. Eine sehr merkwürdige Parallele zur exceptio annalis bietet die fünf- und zehnjährige Verjährung in Ägypten, vgl. Mitteis, ZRG. XL S. 225 fgg.
[4]) Fr. 6 de h. p. (5. 3).
[5]) Fr. 13 de exc. (44. 1).
[6]) Iulian. 50 fr. 13 de exc. (44. 1), Gai. fr. 1 § 1 fam. erc. (10. 2) — hier die Fassung „si in ea re q. d. a. rel." —, Ulp. fr. 25 § 17 de h. p. (5. 3), Iustinian. c. 12 pr. de p. h. (3. 31), cf. Gai. IV 133. Vgl. Bülow, Prozesseinr. und Prozessvorauss. S. 169—172.
[7]) Afric. fr. 16, 18 de exc. (44. 1). Vgl.

Bülow, a. a. O. S. 172—174.
[8]) Vgl. oben S. 136.
[9]) D. (44. 2) de exceptione rei iudicatae.
[10]) Fr. 7, 9, 11, 13 h. t., fr. 11 qui satisd. cog. (2. 8) cf. fr. 11 § 7, 25 § 2 h. t., fr. 13 comm. diuid. (10. 3), fr. 3 pro emptore (41. 4).
[11]) Fr. 6, 12, 14 h. t., fr. 17 de exc. (44. 1), fr. 159 de R. I. (50. 17) = fr. 14 § 2 h. t. Fr. 162 de R. I. (50. 17) ist fälschlich Paul. 70 inskribiert, ohne dass sich die richtige Inskription ermitteln liesse.
[12]) Fr. 15, 17 h. t.
[13]) Fr. 8, 10, 16, 25 h. t., fr. 10 fin. reg. (10. 1), cit. (50 statt 51) fr. 40 § 2 de proc. (3. 3).
[14]) Vgl. z. B. Keller, Lit. Cont. u. Urt. S. 209, C. P. n. 844, Puchta, Institut. § 172, Savigny, System VI S. 267, Bethmann-Hollweg, Versuche S. 152, C. P. II S. 492 n. 31. 632, Bekker, prozess. Cons. S. 276 fg., Krüger, prozess. Cons. S. 44 fgg., bes. S. 50.

1. Aufl. dieses Buchs die Behauptung aufgestellt, dass im Album nur eine einzige exceptio proponiert gewesen sei, die beide Fälle zusammenfasste, sowohl den bereits erlassenen Urteils wie den der blossen Litiskontestation: eine exceptio „rei iudicatae uel in iudicium deductae". Diese Meinung hat Zustimmung[1]), aber auch entschiedenen Widerspruch[2]) gefunden. Ich halte auch heute an ihr fest.

Zur Auseinandersetzung mit den Gegnern wird es vorweg unumgänglich sein, festzustellen, was ich unter der „Einheit" der exceptio verstehe. Diese „Einheit" soll nicht besagen, dass in jedem einzelnen Fall praktischer Anwendung beide Tatbestände in die exceptio aufgenommen werden mussten. Es war zu weit gegangen, wenn ich in der 1. Aufl. dies behauptete. Der seither entdeckte Gaius Augustodun. IV 110 berichtet umgekehrt:

> ... hoc est, si adhuc pendet iudicium, *rei in iudici*um deductae, si iudicata ...., rei iudicatae,

und dies ist, mag auch sonst der Verfasser dieser minderwertigen Arbeit keinen blinden Glauben verdienen, durchaus plausibel. Es war, regelmässig wenigstens, kein Grund, auch noch nach erlassenem Urteil der Tatsache der res in iudicium deducta in der exceptio Erwähnung zu tun[3]). Aber die „Einheit" der exceptio hängt keineswegs an dieser rein äusserlichen Formulierungsfrage; sie beruht in meinem Sinn darauf, dass, da trotz der möglicherweise verschiedenen Formulierung Fundament, Zweck und Recht der exceptio sich immer gleich blieben, sie als eine proponiert und, so oder so formuliert, in den Augen der römischen Juristen eine und dieselbe war. Darüber aber gewähren die Quellen sichern Aufschluss.

Gaius zunächst, dem wir die tiefere Einsicht in diese ganze Lehre verdanken, weiss überall nur von einer exceptio, der er, immer in der gleichen Wendung, den Namen „exceptio rei iudicatae uel in iudicium deductae" gibt. Gai. III 181:

> debeo *per exceptionem* rei iudicatae uel in iudicium deductae summoueri.

IV 106:

> et ideo necessaria est exceptio rei iudicatae uel in iudicium deductae.

IV 107:

> et ob id exceptio necessaria est rei iudicatae uel in iudicium deductae.

IV 121:

> Peremptoriae sunt quae perpetuo ualent nec euitari possunt, ueluti

---

[1]) Vgl. z. B. Dernburg, Pand. I § 162, Girard, manuel (4. éd.) p. 1033 n. 5, Naber, Mnemos. N. S. XVII S. 115 fg.

[2]) Eisele, Abh. z. röm. C. P. (1889) S. 4 fg., ZRG. XXXIV S. 1 fg., und ihm folgend Erman, Mélanges Appleton (1903) p. 294 s., Bekker, ZRG. XXXVII S. 347 n. 1, Ko-

schaker, Translatio (1905) S. 8 n. 3. Siehe auch Manenti, bullett. III S. 73 n. 1.

[3]) Anders nur dann, wenn über die Gültigkeit des Urteils Zweifel bestanden, z. B. etwa behauptet wurde, es sei lite mortua ergangen.

quod metus causa aut dolo malo aut quod contra legem senatusue
consultu*m* factum est aut quod res iudicata est uel in iudicium
deducta est.

Man achte in der letzten Stelle auf den Wechsel des „aut" und „uel",
welch letzteres Wort auch in allen andern angeführten Stellen die beiden
Stücke der exceptio mit einander verbindet, und man achte auch darauf,
dass überall die Reihenfolge der beiden Tatbestände die gleiche ist.
Eisele[1]) glaubt freilich das auffallende Eintreten des „uel" in IV 121
durch die blosse Identität des Zwecks der beiden Exceptionen erklären
zu können; aber diese Identität hatte für Gaius bei seiner Aufzählung von
exceptiones peremptoriae nicht die geringste Bedeutung, und es ist nicht
abzusehen, was ihn veranlasst haben sollte, sie hier äusserlich hervorzuheben. Die Beweiskraft der drei erstangeführten Stellen meint Eisele[2]
dadurch brechen zu können, dass er ausführt, die Ausdrucksweise des
Gaius erkläre sich ja vollständig daraus, dass jeweils die eine oder andere
der beiden Exceptionen genüge, um den Kläger zurückzuweisen, also auch
immer nur die eine oder andere notwendig sei. Aber verstehe ich Gaius
recht, so will er, indem er die „Notwendigkeit" der „exceptio r. i. u. i. i. d."
betont, damit gar nicht die Notlage eines einzelnen Beklagten bezeichnen,
der je nach Lage der Sache sich durch diese oder jene exceptio schützen
müsste. Sein Gedanke ist vielmehr der: da in den angeführten Fällen die
zivile Wirkung der Litiskontestation versage, habe zur Abwehr der wiederholten Klage eine exceptio eingeführt werden müssen; er will die Existenz
der „exceptio r. i. u. i. i. d." durch diese ihre Notwendigkeit erklären und
rechtfertigen[3]). Wenn nun, wie Eisele meint, der Prätor für diesen Zweck
nicht eine, sondern zwei verschiedene Exceptionen eingeführt hätte, so
wären diese, im Sinn des Gaius, alle beide „notwendig" gewesen, und
Gaius hätte sagen müssen: et ideo necessariae sunt exceptiones r. i. et
i. i. d. Man achte aber weiter noch auf den Zusammenhang, in dem bei
Gai. III 181, IV 106. 107 unsere exceptio auftritt. Der Jurist bezeichnet
uns hier die Fälle, wo die „exc. r. i. u. i. i. d." Platz greift. Steckten nun
hinter diesem Namen zwei verschiedene Exceptionen, so hätte er ihr Anwendungsgebiet nicht in einer Weise beschreiben dürfen, die nur für die
eine unter ihnen passte. Er hätte unbedingt sagen müssen, dass die exceptio rei iudicatae ein Urteil, die exceptio rei in iud. ded. nur die Litiskontestation voraussetze. Statt dessen sagt er ganz allgemein und durch-
greifend, dass dem Kläger unsere exceptio entgegenstehe, sobald er die
Litiskontestation vollzogen habe: si . . iudicio egerim, si . . iudicio

---

[1]) Abh. S. 6.
[2]) Abh. S. 5.
[3]) Man beachte bei Gai. IV 107 den Gegensatz „exceptio superuacua est" und „exceptio necessaria est". Dem ganzen Zusammenhang nach hätte Gaius, um Eiseles
Gedanken auszudrücken, etwa sagen müssen: „et ideo exceptione opus est aut r. i.
aut r. i. i. d." Das einfache uel liesse nicht
erkennen, dass die Anwendungssphäre der
beiden angeblichen Exceptionen verschieden ist; es würde vielmehr andeuten, dass
der Beklagte sich ganz nach Belieben der
einen oder andern exceptio bedienen könne.

actum fuerit[1]). Daraus folgt m. E., dass, wenn auch das Urteil in unserer exceptio erwähnt ist, sie dennoch stets lediglich die Wirkung der Litiskontestation geltend macht, nicht eine besondere von dieser verschiedene Wirkung des Urteils. Bleibt freilich die Frage, warum unter solchen Umständen die exceptio des Urteils Erwähnung tat. Ich habe im édit perpétuel[2]) eine Art historischer Erklärung dafür zu geben versucht. Heute scheint mir diese Erklärung allzu künstlich, und der Wortlaut der exceptio auch ohne sie verständlich. Der Prätor wurde bei der Formulierung seiner Exceptionen nicht durch theoretische Erwägungen über die konsumierende Kraft der Litiskontestation beeinflusst. Er wollte die Wiederholung eines Prozesses de eadem re verhindern. Nun wird ohne Frage in der ungeheuren Mehrzahl der Fälle ein zweiter Prozess de eadem re erst dann versucht, wenn der erste im Urteil bereits seinen Abschluss gefunden hat, und diese Tatsache ist es dann, auf die das natürliche Gefühl das entscheidende Gewicht legen wird. Solange der erste Prozess schwebt, wird der Beklagte der neuen Klage entgegenhalten, dass er schwebe; ist er schon entschieden, so wird er sich darauf berufen, dass die Sache durch Urteil schon erledigt sei. Es wäre pedantisch gewesen, wenn der Beklagte, nachdem längst ein Urteil ergangen, gleichwohl formell sich auf die Geltendmachung der Tatsache hätte beschränken müssen, dass über denselben Anspruch schon einmal ein Prozess eingeleitet worden sei. Dem trug der Prätor Rechnung, indem er in seiner exceptio nicht nur den Begründungs-, sondern alternativ auch den Schlussakt des früheren Prozesses berücksichtigte[3]). Auch materiell war übrigens die Erwähnung des Urteils nicht ganz bedeutungslos, da es Fälle gibt, in denen der Umfang der Konsumtionswirkung erst aus dem Urteil erhellt[4]).

Der Schluss, den wir aus der Darstellung des Gaius ziehen, wird in wertvoller Weise bestätigt durch eine Äusserung des stets wohlunterrichteten Thaleläus, das schol. 14 i. f. in Basil. XVII 2, 3 (suppl. Zachariae p. 156), auf das P. Krüger[5]) aufmerksam gemacht hat:

ἀντίκειται δὲ αὐτῷ ἡ rei in Ιουδικιουμ deductae ἡ rei iudicatae παραγραφή.

Deutlicher kann die Einheit der exceptio wohl kaum zum Ausdruck gebracht werden.

Zu alledem kommt nun aber noch, für sich allein schon entscheidend, der Inhalt der Kommentare. Wer diese, insbesondere den Ulpians, aufmerksam durchgeht, der muss erkennen, dass wir nicht nach verlorenen Kommentarfragmenten zur exceptio rei in iud. ded. zu suchen haben, dass

---

[1]) Vgl. über die Bedeutung dieser Ausdrücke Wlassak, Prozessges. I S. 29, II S. 29 fg.

[2]) II p. 257.

[3]) Ob dies von jeher in der gleichen Form geschah, wissen wir nicht. In der lex agr. von 643 (C. I. L. I 175 n. 200) lin. 38

findet sich, worauf Eisele hingewiesen hat, die Wendung „quae res soluta n[on siet inue iudici]o non siet iudicataue non siet", bei Cic. de orat. I 37 § 168 eine exceptio „quod ea res in iudicium ante non uenisset."

[4]) Vgl. fr. 7 § 3,15,16,19 h. t., fr. 7 § 2 de N.G. (3.5). [5]) Krit. Vjschr. XXXII S. 321.

vielmehr die Juristen die exceptio, die Gaius als eine überliefert, auch als eine kommentierten[1]). Ulpian z. B. spricht in fr. 7 pr. § 1. 2. 4. 5 h. t. nirgends von einem erlassenen Urteil; er bezeichnet hier die die Exception begründenden Tatsachen durchaus in Wendungen, die auf die Litiskontestation hinweisen: „si quis, cum petierit, petat" u. ähnl. Desgleichen in fr. 11 § 1. 2. 4—6. 8—10 h. t.[2]) Und mitten nun unter diesen Entscheidungen finden wir andere, die das Urteil als erlassen voraussetzen[3]): fr. 7 § 3, 9, 11 pr. § 3 h. t. Nichts aber deutet gerade hier etwa darauf, dass der Text durch die Kompilatoren verändert wäre; fr. 7, 9, 11 pr.—§ 6 enthalten vielmehr offenbar eine zusammenhängende Erörterung des Begriffs der „eadem res". Hätte es zwei Exceptionen gegeben, so würde Ulpian sicher zuerst die eine erläutert und bei Erläuterung der zweiten auf die erste zurückverwiesen haben; eine Verschmelzung der Erläuterung zweier Rechtsmittel wäre ohne Beispiel bei ihm. Ganz besondere Aufmerksamkeit beansprucht aber noch die Art der Fragestellung und Entscheidung in fr. 9 h. t.:

> Si a te hereditatem petam, cum nihil possideres, deinde, ubi coeperis possidere, hereditatem petam, an noceat exceptio ista?

Man sieht, hier ist nur die Rede von einem geschehenen petere, d. h. der Litiskontestation, der deductio in iudicium. Aber der Jurist fährt fort:

> Et putem, siue fuit iudicatum hereditatem meam esse siue aduersarius, quia nihil possidebat, absolutus est, non nocere exceptionem.

Tritt hier nicht klar zu Tage, dass die Tatsache des Urteils keinen Wechsel in der zuständigen exceptio zur Folge hat, dass die exceptio immer die gleiche bleibt: „ista exceptio", von der der ganze Kommentar handelt?

Die exceptio wird im Album in folgender Form proponiert gewesen sein[4]):

> Si ea res q. d. a.[5]) iudicata non est inue[6]) iudicium deducta non est[7])[8]).

---

[1]) Bestritten von Eisele, ZRG. XXXIV S. 22 fgg. Er stellt fr. 4 h. t. und fr. 11 § 7 h. t. einander gegenüber und bezieht erstere Stelle auf die exc. r. iud., letztere auf die exc. rei i. i. ded. Allein fr. 4 cit. gehört, wie ihre Inskription Ulp. 72 beweist, überhaupt nicht unter den Titel „de exceptionibus"; diese Inskription zu verdächtigen, haben wir keinen Grund, — fr. 4 kann sehr wohl eine Nebenbemerkung aus dem Traktat zum Utrubi enthalten. Fr. 11 § 7 aber bringt Eisele überhaupt erst dadurch in die für seine These erforderliche Verfassung, dass er die entscheidenden Eingangsworte für interpoliert erklärt. Aber dürfen wir andererseits unbedingtes Zutrauen zu dem Wortlaut eines Fragmentes haben, das, wie fr. 4, aus seinem ursprünglichen Zusammenhang gerissen ist? Man braucht sich nur vorzustellen, dass fr. 4 in diesem Zusammenhang, wie wahrscheinlich, irgend eine Entscheidung begründen sollte,

also etwa lautete „duia haec exceptio" u. s. w., und Eiseles Argumentation stürzt zusammen. Auf den Gesamtinhalt von Ulpians Kommentar geht Eisele nicht ein.

[2]) Ebenso Paulus in fr. 14 § 1. 3 h. t., fr. 17 de exc. (44. 1), Iulian. fr. 8, 25 h. t.

[3]) Ebenso Gaius in fr. 15, 17 h. t., Iulian. in fr. 10, 16 h. t.

[4]) Ulp. 75 fr. 9 § 2, 11 § 3. 7 h. t.

[5]) Ulp. 75 fr. 7, 9, 11, 13 h. t., Paul. 70 fr. 12, 14 h. t., fr. 17 de exc. (44. 1), Gai. 30 fr. 15, 17 h. t., Iulian. 51 fr. 8, 10, 25 h. t.

[6]) Nicht „uel in": s. Eisele, ZRG. XXXIV S. 2 fgg.

[7]) In der 1. Aufl. fügte ich bei: inter Nm Nm et Am Am. Dagegen mit Recht Eisele, Abh. S. 111 fgg. Vgl. besonders fr. 4, 12, 14 pr., 22, 27 h. t. Über fr. 9 § 2, 11 § 3 h. t. vgl. Eisele, a. a. O. S. 118 fg., über fr. 7 § 2 daselbst S. 123.

[8]) Replicatio rei secundum se iudicatae: fr. 9 § 1 h. t., 16 § 5 de pignor. (20. 1). Dazu

Die praescriptio „de eadem re alio modo", von der wir durch Cicero wissen[1]), dass die Juristen sie „in actionibus" oder „in formulis" zu verwenden pflegten, darf nicht an dieser Stelle des Albums gesucht werden. Es war das m. E. überhaupt keine praescriptio im prozessualen Sinn, sondern einfach eine Überschrift, deren man (vielleicht auch der Prätor) sich bediente, wenn für denselben Anspruch mehrere Formeln zur Verfügung standen, die hintereinander angeführt wurden[2]). Eine Reminiszenz an diese Art „praescriptio" liegt uns vielleicht bei Gai. IV 60 vor, wenn hier darauf aufmerksam gemacht wird, dass in der formula in factum concepta aus Depositum „alio modo res q. d. a. designetur" als in der formula in ius concepta.

§ 276. REI UENDITAE ET TRADITAE[3]).

Ulp. 76[4]).

Die exceptio lautete:

Si non A^s A^s[5]) fundum[6]) q. d. a. N^o N^o[7]) uendidit[8]) et tradidit[9]).

Der Übergang der exceptio auf die Sukzessoren wird aus dem Musterformular wohl nicht zu erkennen gewesen sein[10]); er dürfte auf Jurisprudenz und Praxis zurückzuführen sein[11]).

§ 277. DOLI MALI ET METUS[12]).

Ulp 76[13]), Paul. 71[14]), Gai. 30[15]), Iulian. 51[16]).

neuestens R. Leonhard, Bresl. Festg. für Dahn (1905) S. 67 fgg., und gegen ihn Erman, ZRG. XL S. 405 fgg.

[1]) ad. fam. XIII 27 § 1, de fin. V 29 § 88.

[2]) Vgl. auch Alibrandi, opp. I p. 171.

[3]) D. (21. 3).

[4]) Fr. 1 h. t., fr. 67 pr. de V. S. (50. 16), fr. 160 pr. § 1 de R. I. (50. 17). Da fr. 160 § 2 de R. I. wahrscheinlich auf die exceptio doli geht, vgl. fr. 6 de exc. (44. 1), so stand unsere exceptio wahrscheinlich vor der exceptio doli.

[5]) Is cui A^s A^s heres extitit: Ulp. 76 fr. 1 § 1 h. t. Auctor N^i N^i ex uoluntate A^i A^i: fr. 1 § 2 h. t., fr. 160 pr. de R. I. (50. 17), fr. 14 de Public. (6. 2), fr. 7 § 6 pro emptore (41. 4). Curator A^i A^i: fr. 7 § 1 de cur. fur. (27. 10). De rebus uniuersitatis: Ulp. 76 fr. 160 § 1 de R. I. (50. 17).

[6]) Der eigentliche und ursprüngliche Fall der exceptio war Verkauf und Tradition einer res mancipi durch den Eigentümer. Arg. fr. 1 pr. h. t.

[7]) Successoribus etiam eius et emptori secundo . . . . proderit: fr. 3 pr. h. t.

In factum: fr. 1 § 4 i. f. h. t.

[8]) Ulp. 76 fr. 67 pr. de V. S. (50. 16).

[9]) Ulp. 76 fr. 1 § 5 h. t. cf. fr. 14 de Publ. (6. 2).

[10]) A. M. R. Leonhard, Jahrb. f. Dogm. XVII S. 202.

[11]) H. Krüger, Beitr. z. L. v. d. exc. doli (1892) S. 6 fgg. sucht nachzuweisen, dass die exc. r. uend. et trad. überhaupt im Edikt nicht proponiert gewesen sei. Gegen ihn: Ferrini, rendic. dell' ist. Lomb. ser. II vol. XXV p. 844 sqq., Erman, ZRG. XXVII S. 237 fgg. Die Vermutung Ermans (a. a. O. S. 253 fg.) über die Fassung der exceptio scheint mir durch fr. 4 § 32 h. t. nicht genügend begründet. Vgl. zu dieser Stelle Karlowa, II S. 1217.

[12]) D. (44. 4).

[13]) Fr. 2, 4 h. t., fr. 160 § 2 de R. I. (50. 17) cf. fr. 6 de exc. (44. 1), fr. 4 § 29 h. t.

[14]) Fr. 1, 3, 5 h. t., fr. 6 de exc. (44. 1), fr. 2 iud. solui (46. 7), fr. 58 de procur. (3. 3), vgl. Paling. I p. 1086 n. 10.

[15]) Fr. 6 h. t.

[16]) Fr. 15 de fideiuss. (46. 1).

Gai. IV 119:

.. sic exceptio concipitur: SI IN EA RE NIHIL DOLO MALO A^i A$^{i\,1}$) FACTUM SIT NEQUE FIAT^2)^3).

Cf. Ulp. 76 fr. 2 § 1. 3—5 h. t.

Ulp. 76 fr. 4 § 33 h. t.:

.... metus causa exceptio^4) in rem scripta est: SI IN EA RE NIHIL METUS CAUSA FACTUM EST.

Cf. Gai. IV 121.

§ 278.   QUARUM RERUM ACTIO NON DATUR^5).

Ulp. 76^6), Paul. 71^7), Gai. 30^8).

Unter dieser Rubrik waren diejenigen Exceptionen vereinigt, denen in den frühern Ediktabschnitten ein besonderes die actio versagendes Edikt korrespondierte, nämlich:

1. Die exceptio iurisiurandi^9) (vgl. § 54), etwa:

Si non N^s N$^{s\,10}$) A^o A$^{o\,11}$) deferente iurauit rem q. d. a. A^i A^i non esse (se A^o A^o dare non oportere).

Cf. Ulp. 22 fr. 9 pr. de iureiur. (12. 2).

2. Die exceptio negotii in alea gesti^{12}) (vgl. § 64).

3. Die exceptio onerandae libertatis causa^{13}) (vgl § 140):

si non onerandae libertatis causa^{14}) promissum est.

§ 279.   SI QUID CONTRA LEGEM SENATUSUE CONSULTUM FACTUM ESSE DICETUR^{15}).

Ulp. 76, Paul. 71, Iulian. 51.

Die einzelnen Gesetze und Senatuskonsulte, auf Grund deren Exceptionen erteilt wurden, waren im Edikt natürlich nicht aufgezählt, sondern nur die allgemeine Formel proponiert:

si in ea re nihil contra legem (senatus consultum) factum est.

---

^{1}) Exprimendum est, de cuius dolo quis queratur: Ulp. 76 fr. 2 § 1 h. t. Vgl. Ulp. 76 fr. 4 § 17—32 h. t., fr. 160 § 2 de R. I. (50. 17), Paul. 71 fr. 6 de exc. (44. 1).

^{2}) Ex persona eius, qui exceptionem obicit, in rem opponitur exceptio: Ulp. 76 fr. 2 § 2 h. t. „Neque fit": Ulp. 76 fr. 2 § 3. 5 h. t., Paul. fr. 8 pr. h. t. (dolo facit, qui petit quod redditurus est).

^{3}) In factum aduersus parentes patronosque: Ulp. 76 fr. 4 § 16 h. t. cf. Cic. ad Attic. VI 1 § 15.

^{4}) C. 9 de contr. stip. (8. 37 [38]): exceptione proposita. Zur Geschichte vgl. Ulp. 76 fr. 4 § 33 h. t.

^{5}) D. (44. 5).

^{6}) Fr. 1 h. t., fr. 32 de fideiuss. (46. 1) cf. fr. 1 § 3 h. t.

^{7}) Fr. 2 h. t.

^{8}) Fr. 31 de iureiur. (12. 2).

^{9}) Ulp. 76 fr. 1 pr.—§ 3 h. t., Paul. 71 fr. 2 pr. h. t., Gai. 30 fr. 31 de iureiur. (12. 2).

^{10}) Vgl. fr. 23, 24, 28 § 3 de iureiur. (12. 2), Ulp. 76 fr. 1 § 3 h. t.

^{11}) Vgl. fr. 17 § 1—3 de iureiur. (12. 2), Ulp. 76 fr. 1 § 1 h. t.

^{12}) Paul. 71 fr. 2 § 1 h. t. vgl. Ulp. fr. 19 § 4 de prob. (22. 3).

^{13}) Ulp. 76 fr. 1 § 4—ult. h. t., Paul. 71 fr. 2 § 2 eod. Vgl. fr. 7 § 1 de exc. (44. 1).

^{14}) Ulp. 76 fr. 1 § 5 h. t., Paul. 71 fr. 2 § 2 eod. Zur Geschichte vgl. fr. 1 § 1 de bon. lib. (38. 2).

^{15}) Gai. fr. 3 de exc. (44. 1) cf. Gai. IV 121. Siue quid in fraudem legis senatusue consulti factum esse dicetur? Arg. fr. 7 § 7 de pact. (2. 14), fr. 29 de legib. (1. 3), fr. 8 § 6, 32 § 3 ad SC Vell. (16. 1).

In den Kommentaren wurde hier näher nur auf solche gesetzliche Bestimmungen eingegangen, die nicht schon in frühern Abschnitten erörtert worden waren[1]), so namentlich:

1. auf die lex Cincia, Ulp. 76[2]), Paul. 71[3]), Paul. 23 breu.[4]) Neben der eigentlichen exceptio legis Cinciae[5]) finden wir hier in fr. Vat. 310 noch eine (im Edikt wohl nicht proponierte) exceptio in factum[6]) erwähnt:

SI NON DONATIONIS CAUSA MANCIPAUI uel PROMISI ME DATURUM.

2. vermutlich auf die lex Plaetoria[7]): doch ist von den die exceptio legis Plaetoriae[8]) betreffenden Erläuterungen nichts erhalten,

3. auf das Edikt des Augustus de rebus litigiosis[9]), Ulp. 76[10]). Gai. IV 117[a]:

. si fundum litigiosum[11]) sciens *a* non possidente[12]) emeris eumque a possidente petas, opponitur tibi exceptio, per quam omni modo summoueris.

Fragm. de iure fisci § 8:

*Qui contra e*dictum diui Augus*ti re*m litigiosam a *non possi*dente comparauit, praeterquam *quod* emptio nullius momenti est, poenam . . . fisco repraesentare compellitur.

Möglich übrigens, dass die exceptio rei litigiosae, weil weder auf eine eigentliche lex noch auf ein Senatuskonsult zurückgehend, in factum konzipiert und besonders proponiert war.

Tit. XLV.

DE STIPULATIÓNIBUS PRAETORIIS[13]).

Ulp. 77—81, Paul. 72—78, Gai. 27. 28, Iulian. 52—58.

Der letzte Abschnitt des prätorischen Edikts enthält die prätorischen Stipulationen, d. h. ihre Formulare[14]). Einleitende Edikte sind hier als

[1]) Daher z. B. nicht auf die exceptio SC[i] Macedoniani und SC[i] Vellaeani. Nur bei Iulian. 51 fr. 15 ad SC Vell. (16. 1) findet sich eine Bemerkung über die letztere, die aber auch gelegentlich einer andern exceptio gemacht worden sein kann.

[2]) Fr. 46 ad l. Falc. (35. 2), fr. 3, 19 de don. (39. 5), fr. 32 de m. c. don. (39. 6), fr. 7 de d. m. exc. (44. 7), fr. 67 § 1 de V. S. (50. 16).

[3]) Fr. 14 de don. i. u. e. u. (24. 1), fr. Vat. 298—309.

[4]) Fr. Vat. 310. 311.

[5]) Vgl. auch fr. 21 § 1 de don. (39. 5), fr. 5 § 2. 5 de d. m. exc. (44. 4). Paul. lib. sing. ad l. Cinc. fr. 29 de legib. (1. 3): „Contra legem" facit qui id facit quod lex prohibet, „in fraudem" uero, qui saluis uerbis legis sententiam eius circumuenit.

[6]) Über deren Zweck findet man Ver-

mutungen bei Huschke, iurispr. anteiust. ad h. l., Rudorff, E. P. § 290 n. 2, Karlowa, C. P. S. 351, Ascoli, bullett. VI p. 185.

[7]) Tab. Heracl. lin. 112, fr. de form. Fab. § 4, BGU. II nr. 611, Cic. de off. III 15 § 61, de natur. deor. III 30 § 74. Cf. Plaut. Rudens V 3, 25.

[8]) Fr. 7 § 1 de exc. (44. 1). Dazu Huschke, ZRG. XIII S. 321 fgg.

[9]) D. (44. 6), C. (8. 36 [37]).

[10]) Fr. 1 h. t. (44. 6), fr. 17 de a. u. a. p. (41. 2).

[11]) Ulp. 76 fr. 1 h. t., Seuer. et Antonin. c. 1 h. t. Vgl. auch fr. 27 § 1 ad SC Vell. (16. 1).

[12]) Ulp. 76 fr. 17 de a. u. a. p. (41. 2), cf. c. 2 de distr. pign. (8. 27 [28]).

[13]) D. (46. 5).

[14]) Vgl. l. Rubria c. 20 lin. 24 sq. 34 sq.

Regel nicht vorhanden, da ja die Frage, unter welchen Voraussetzungen die Pflicht oder das Recht zur Eingehung oder Anbietung einer solchen Stipulation bestehe, fast überall schon in frühern Abschnitten des Edikts erledigt war: man denke an die'Titel de uadimoniis, de satisdando, de tutelis, de legatis, de operis noui nuntiatione u. a. m. Ausnahmsweise finden wir freilich auch in diesem Abschnitt ein Edikt[1]), wie ja auch im Anschluss an die Interdiktsformulare dergleichen vorkommt.

Was die Kommentare anlangt, so springt Ulpian anscheinend sofort in medias res. Nach einer kurzen Betrachtung über die prätorischen Stipulationen überhaupt — Ulp. 77 (fälschlich: 70) fr. 1 de stip. praet. (46. 5) wendet er sich alsbald zu den einzelnen Stipulationen des Albums. Ebenso handelt das Wenige, was aus Gaius' Kommentar erhalten ist, durchaus vom Detail einzelner ediktaler Stipulationen. Dagegen hat Paulus diese Gelegenheit ergriffen, um einleitungsweise die ganze Lehre von den Stipulationen vorzutragen; und ebenso finden sich in den Digestenschriften und sonstigen Werken, die dem Ediktsystem folgen, hier überall allgemeine Erörterungen über die Stipulationen überhaupt. Hieher gehört aus Paulus der ganze lib. 72[2]), wo nur gelegentlich eine oder die andere Bemerkung über Bestandteile prätorischer Stipulationen mitunterläuft[3]), aus Julian aber gar die drei Bücher 52—54. Bei Paul. 73 folgt zunächst die allgemeine Einleitung zu den prätorischen Stipulationen, wovon wir in fr. 2 de stip. praet. (46. 5) ein Stück vor uns haben, und sodann Einzelerörterungen[4], von denen wir nicht ermitteln können, ob sie bereits Beziehung auf bestimmte ediktsässige Stipulationen haben oder ob sie (was mir wahrscheinlicher) gleichfalls noch einleitender Natur sind, indem sie nämlich solche Fragen betreffen, die bei vielen prätorischen Stipulationen gleichmässig wiederkehrten. Sichere Beziehungen auf spezielle Kautionen finden wir erst bei Paul. 74, Iulian. 55.

Was die Zahl der von mir aufgenommenen Stipulationen betrifft, so habe ich drei von Rudorff rezipierte auslassen zu sollen geglaubt. Einmal die Satisdationen, die nach Gai. III 125 auf Grund der lex uicesima hereditatium „proponuntur" (Rudorff, E. P. § 297): dafür, dass diese im Album des Prätors proponiert waren, sprechen weder innere Gründe noch Quellenzeugnisse. Zweitens die dem Substituten von dem bedingt Eingesetzten zu leistende Kaution (E. P. § 299): es wird sich unten (§ 281) ergeben, dass diese nur eine Anwendung der cautio pro praede litis et uindiciarum war; dass sie nicht besonders proponiert war, zeigt übrigens deutlich Ulp. 77 fr. 12 qui satisd. cog. (2. 8) v.: inter omnes conuenit. Endlich die cautio

---

Daher das oft wiederkehrende satisdare ex forma (secundum formam) edicti, s. z. B. fr. 14 qui satisd. (2. 8), c. 4 de tut. et cur. q. sat. non ded. (5. 42).

[1]) Fr. 4 pr. si cui plus (35. 3).

[2]) Fr. 43 de O. et A. (44. 7), fr. 83 de V. O.

(45. 1), fr. 29 de stip. seru. (45. 3), fr. 34 de fideiuss. (46. 1), fr. 20 de nou. (46. 2).

[3]) Vgl. fr. 83 pr. § 5 i. f. § 8 de V. O. (45. 1).

[4]) Fr. 70 de V. S. (50. 16), fr. 16 de tut. et cur. dat. (26. 5).

de usufructu earum rerum, quae usu consumuntur uel minuuntur: hierüber das Nähere S. 514 n. 4.

§ 280. *UADIMONIUM SISTI.*

Ulp. 77[1]), Iulian. 55[2]).

Welche Formeln hier proponiert waren, das können wir lediglich aus dem Edikttitel de uadimoniis (s. S. 80 fgg.) schliessen: die erhaltenen Kommentarfragmente geben uns so gut wie keine Ausbeute. Nach dem Inhalt jenes Titels aber haben wir hier zu erwarten:

1. das auf quanti ea res erit gestellte Vadimonium „si iudicati depensiue agatur", Gai. IV 186;

2. das auf eine certa summa gestellte ex ceteris causis, Gai. eod.;

3. speziell: das ebenfalls auf eine certa summa gestellte „si ex noxali causa agatur[3])".

Allen Vadimonien gemeinsam ist, dass das Versprechen zunächst auf „illa die illo loco sisti[4])" geht: das Interesse oder die poena ist für den Fall „si non stiteris" ausbedungen. Das Vadimonium si ex noxali causa agatur ist auf „in eadem causa sisti oder exhiberi" gerichtet[5]). Den Parteien stand es mit Zustimmung des Prätors[6]) frei, die Folgen der Versäumung des Vadimoniums anders zu normieren, namentlich auch das „ni stiteris, tantam pecuniam dari" wegzulassen[7]).

Über die Fassung der Vadimonien im einzelnen sind wir nicht unterrichtet. Dieselbe darf nicht allzu kurz und einfach gedacht werden[8]), ohne dass aber andererseits Grund zu der Annahme wäre, dass sie besonders verwickelt gewesen sei[9]). Rekonstruktionsversuche sind nach Lage der Quellen zwecklos[10]).

Wegen der Höhe des Vadimoniums konnten Schwierigkeiten entstehen, wenn der Kläger auf Grund seines Calumnieneids promissio poenae bestimmten Betrags verlangte, der Beklagte dagegen behauptete, dass diese Summe die Hälfte des Streitwerts übersteige. Über solche Streitpunkte dürfte i. d. R. der Prätor selbst cognosziert haben[11]); sonst blieb wohl nichts übrig, als einen arbiter zu ernennen und diesem in einer Präjudizialformel die Entscheidung darüber zu übertragen[12]).

---

[1]) Fr. 9 si quis caution. (2. 11), fr. 8 de naut. faen. (22. 2), fr. 81 de V. O. (45. 1), fr. 161 de R. I. (50. 17). Cf. Ulp. 77 fr. 1 § 3 de stip. praet. (46. 5).

[2]) Fr. 13 si quis caution. (2. 11), fr. 24 de condicion. (35. 1).

[3]) Oben S. 82. Hieher Ulp. 77 fr. 9 si quis caution. (2. 11).

[4]) Gai. IV 184, Gell. N. A. VI 1 i. f.

[5]) Oben S. 82. Paul. 72 fr. 83 i. f. de V. O. (45. 1).

[6]) Ulp. 77 fr. 1 § ult. de stip. praet. (46. 5). Fr. 52 pr. de V. O. (45. 1).

[7]) Ulp. 77 fr. 81 de V. O. (45. 1).

[8]) Ouid. amor. I 12, 23: uadimonia garrula.

[9]) Über Cic. ad Quint. fr. II 13 (15a) § 3 vgl. Keller, C. P. n. 544.

[10]) Keinen Anhalt dafür gewähren die von Wenger, Papyrusstudien (1902) S. 61 fgg, als Vadimonien gedeuteten griechischen Urkunden in den ägyptischen Papyri. Abgesehen davon, dass diese Deutung nichts weniger als sicher ist, — im besten Fall würde es sich doch nur um Urkunden aus der griechisch-ägyptischen Praxis der extraordinaria cognitio handeln, die uns gewiss kein zuverlässiges Bild von den Formularen des Albums geben.

[11]) Arg. fr. 1 § 9. 10 de stip. praet. (46. 5).

[12]) Ganz gewiss gehört aber nicht hieher

Ulp. 77 [1]), Paul. 74 [2]), Iulian. 55 [3]).

Gai. IV 91. 94:

> Ceterum cum in rem actio duplex sit, aut enim per formulam peti-
> toriam agit*ur* aut per sponsionem, siquidem per formulam petitoriam
> agitur, illa stipulatio locum habet quae appellatur IUDICATUM SOLUI,
> si uero p*er* sponsionem illa quae appellatur PRO PRAEDE LITIS ET
> UINDICIARUM . . . . . . (94) ideo autem appellata est PRO PRAEDE LITIS
> UINDICIARUM stipulatio, quia in locum praedium successit, qui olim,
> cum lege agebatur, pro lite et u*in*diciis, id est pro re et fructibus,
> a possessor*e* petitori dabantu*r*.

Prob. 5, 22: P. P. L. V. = pro praede litis uindic*iar*um. Cf. fr. Vat. 336.
Cic. in Verr. II[1] 45 § 115.

Unter den Digestenstellen, die in ihrem gegenwärtigen Wortlaut von
der cautio iudicatum solui handeln, sind zweifellos nicht wenige, die ursprünglich die cautio p. p. l. u. betrafen und erst durch die Kompilatoren
auf die cautio i. s. umgemodelt wurden; dieser Vorgang ist aber nicht
überall mit Sicherheit nachzuweisen. Um so wertvoller ist es, dass wir
mindestens bei einem Kommentar — dem Ulpians — eine Anzahl von
Stellen mit Sicherheit der cautio p. p. l. u. zuweisen können. Die Kompilatoren lassen den Ulpian in lib. 77. 78 von der cautio i. s. handeln. Es
geht nun keineswegs an, mit Rudorff (E. P. § 295 n. 1, § 296 n. 1) beide
Bücher zu beiden Kautionen zu ziehen. Nicht nur nämlich liegt eine solche
Parallelbehandlung gar nicht in den Gewohnheiten Ulpians. Es ergibt
sich auch aus den zweifellos auf die cautio i. s. gehenden, offenbar einleitenden[4]) Worten des Juristen in Ulp. 78 fr. 6 I. S. (46. 7), dass er die
cautio i. s. erst in lib. 78 behandelt hat:

> Iudicatum solui stipulatio tres clausulas in unum collatas habet: de
> re iudicata, de re defendenda, de dolo malo.

das von Bülow, de praeiud. form. (1859)
p. 16, hieher gezogene praeiudicium an ea
res d. q. a. maior sit C sestertiis bei Paul.
sent. V 9 § 1. Bei Streit darüber, ob ein
Vadimonium von 50000 Sesterzen zu stellen
sei oder von weniger als 50000, war die entscheidende Frage nicht, ob der Streitwert
100000 übersteige (maior sit HS C̄), sondern ob er 100000 erreiche (etwa: HS C̄
plurisue sit). Vgl. über obiges praeiudicium
§ 281 a. E.

[1]) Fr. 3, 5 I. S. (46. 7), fr. 12 qui sat. cog.
(2. 8), fr. 6 de feriis (2. 12), fr. 36 de receptis
(4. 8), fr. 26 de re iud. (42. 1), fr. 33 de fideiuss.
(46. 1), fr. 57 de solut. (46. 3) cf. Paling. II
p. 869 n. 10, fr. 20 de acceptilat. (46. 4), fr. 68
de V. S. (50. 16).

[2]) Fr. 8, 11 I. S. (46. 7). Fr. 44 de O. et A.
(44. 7) und die dazu gehörigen fr. 34 de
manum. test. (40. 4), fr. 46 mand. (17. 1,
fr. 84 de V. O. (45. 1), die ich in der 1. Aufl.
hieher bezogen hatte, enthalten eine allgemeine Erörterung, die wohl schon durch
das Vadimonium veranlasst war.

[3]) Fr. 52, 55 de R. V. (6. 1), fr. 4, 14 I. S.
(46. 7); fr. 20 de legib. (1. 3)?

[4]) Bestritten von Karlowa, II S. 441 n. 2.
Er meint, die Worte könnten auch irgend
einem andern Zusammenhang entnommen,
z. B. der Besprechung der clausula doli
vorausgeschickt sein. Auch hält er es für
nicht denkbar, dass die Kompilatoren mehr
Stellen aus dem Kommentar zur cautio p.
p. l. u. als aus dem zur cautio i. s. in die

Die Voranstellung der zivilen oder an Zivilrecht sich anlehnenden Rechtsmittel entspricht ja auch nur der allgemeinen Regel, wenn nicht des Edikts, so doch jedenfalls des Ulpianschen Kommentars. Kann daher Ulp. 77 mit Gewissheit für die cautio p. p. l. u. in Anspruch genommen werden[1]), so sind dagegen die Stellen aus den übrigen Kommentaren mit Vorsicht zu benutzen, soweit nicht durch Parallelstellen des Ulpianschen Kommentars die Beziehung ihres Inhalts auf unsere cautio nachgewiesen werden kann.

Wenden wir uns nunmehr zu dem Inhalt unserer Kaution, so gibt ihr Rudorff (E. P. § 296) nach Analogie der cautio i. s. ebenfalls tres clausulas in unum collatas: die erste de re iudicata gestellt auf „quod ob eam rem te heredemque tuum . . . . . . pro praede litis uindiciarum dare facere oportet, id dari fieriue", die zweite de re defendenda auf „quamdiu res sit, rem uiri boni arbitratu defendi", die dritte de dolo malo auf „si huic rei dolus malus non aberit afuerit, quanti ea res est, tantam pecuniam dari". Und all dies hat Rudorff so drucken lassen, als ob es nicht etwa bloss dem Inhalt nach, sondern wörtlich erwiesen wäre, während in Wirklichkeit die Formulierung sowohl im ganzen wie im wesentlichen einzelnen nachweisbar verfehlt ist[2]). Im folgenden soll versucht werden, das, was sich über unsere Kaution ermitteln lässt, quellenmässig zu belegen.

In der cautio p. p. l. u. waren „plures causae una quantitate conclusae"[3]), d. h. die Stipulation enthielt mehrere Bedingungen, von denen nur eine einzutreten brauchte, um die am Schlusse der Stipulation versprochene quantitas zum Verfall zu bringen. Als solche causae sind sicher nachweisbar die clausula ob rem iudicatam[4]), die clausula ob rem non defensam[5]), die clausula de dolo malo (s. unten S. 503, Ziff. 3).

1. Die clausula ob rem iudicatam ist uns in ihrem wesentlichsten Teile erhalten bei Cels. fr. 158 de V. S. (50. 16):

item in stipulando[6]) satis habemus de herede cauere „si ea res secundum me heredemue meum iudicata erit" et rursus „quod ob eam rem te heredemue tuum"

Die hervorgehobenen Worte[7]) passen vortrefflich in eine Klausel, deren

---

Digesten aufgenommen hätten. Er hat weder den Inhalt von Ulp. 77 noch die Bemerkung beachtet, die ich unten im Eingang des § 282 mache.

[1]) Man vergleiche noch das deutlich interpolierte „pro quo satis de lite acceperam" bei Ulp. 77 fr. 33 de fid. (46. 1).

[2]) Nur wenig besser ist die Formulierung Jordans (de praed. lit. et uind. diss. 1860 p. 62). Vgl. auch noch Voigt, Ius nat. III S. 820.

[3]) Ulp. 77 fr. 5 § 2 I. S. (46. 7), fr. 20 de acceptilat. (46. 4). Im gleichen Sinne sagt fr. 13 h. t.: unam clausulam in stipulatione iudicatum solui (p. p. l. u. scr.) et ob rem

non defensam et ob rem iudicatam in se habere. Der Schlusssatz dieser Stelle ist m. E. zweifellos interpoliert.

[4]) Ulp. 77 fr. 20 de acceptilat. (46. 4).

[5]) Ulp. 77 fr. 3 § 9, 5 § 3. 7 I. S. (46. 7), fr. 33 de fideiuss. (46. 1).

[6]) Man beachte, dass die Stipulation nicht genannt ist: Celsus nannte sie ohne Zweifel; wenn die Kompilatoren den Namen streichen, so lässt das vermuten, dass wir es hier mit einer zu Justinians Zeit nicht mehr praktischen Stipulation zu tun haben.

[7]) Zu dem „heredemue tuum" wurde vielleicht noch hinzugefügt „eumue ad quem ea res pertinet", vgl. Paul. 73 fr. 70 i. f. de

Verfall sich nicht an eine Geldkondemnation knüpfte, sondern an das im
Sponsionsprozess, sei es auch indirekt, gefällte Urteil über die Zuständigkeit des streitigen Rechts selbst: es ist ja bekannt, dass der Ausdruck
„secundum me (testamentum, libertatem etc.) iudicatum est" gerade für die
pronuntiationes de iure der vorzugsweise technisch übliche war[1]). Freilich
aber ist die Bedingung, wie sie uns Celsus überliefert, nicht vollständig.
Zunächst enthielt sie zweifellos die Bezeichnung des Gerichts (Einzelrichter
oder Centumvirn), von dem das Urteil ausgehen sollte, vgl. Ulp. 77 fr. 3
pr. I. S. (46. 7):

> Si quis apud aliquem iudicem iturus stipulatus est *pro praede litis*
> *uindiciarum*[2]) et agit apud alterum, non committitur stipulatio,
> quia non huius iudicis sententiae *sponsores*[3]) se subdiderunt[4]).

Scharfsichtig hat Wlassak[5]) bemerkt, dass hier die Worte „apud aliquem
iudicem" sehr wahrscheinlich an die Stelle eines ursprünglichen „apud
centumuiros" getreten sind. Es bleibt daher zweifelhaft, ob, wie man aus
dem überlieferten Wortlaut zu schliessen versucht wäre, in der Kaution
der etwaige Einzelgeschworene bei Namen genannt wurde[6]). Allerdings
ist uns für die cautio iudicatum solui der extraordinaria cognitio ausdrücklich bezeugt, dass sie die persönliche Bezeichnung des iudex datus enthielt[7]). · Aber im ordentlichen Verfahren mit Geschworenen lag die Sache
doch insofern wesentlich anders, als hier zur Zeit, wo die Kaution gestellt
wurde — vor der Litiskontestation[8]) —, die Person des iudex noch gar
nicht formell feststand, mochten sich auch die Parteien vielleicht vorläufig
schon darüber geeinigt haben[9]). Man hätte sich nun ja immerhin über
diese Unsicherheit dadurch hinweghelfen können, dass man dem genannten
Namen ein „quiue in eius locum substitutus erit" hinzufügte, ein Zusatz,
der uns wiederum für die cautio i. s. der extraordinaria cognitio als möglich und vielleicht üblich bezeugt ist[10]). Dann aber würde sich fragen,
welchen Zweck eine so unbestimmte Bezeichnung hätte haben können, da
doch hier jede Gewähr dafür fehlte, dass der Genannte auch der wirkliche
iudex sein werde. Bei dieser Sachlage wird es vorsichtiger sein, die Frage
der persönlichen Bezeichnung dahingestellt zu lassen.

Nach obigem lautete der Eingang der clausula ob rem iudicatam
etwa so:

V. S. (50. 16). Doch ist dies nicht erweislich.

[1]) Vgl. z. B. fr. 57 de h. p. (5. 3), fr. 57 de
R. V. (6. 1), fr. 9 § 1, 30 § 1 de exc. r. iud.
(44. 2), fr. 4 § 7 de d. m. exc. (44. 4), fr. 16 § 5
de pign. (20. 1), fr. 27 § 1 de lib. cau. (40. 12),
fr. 8 § 16, 10 pr. de inoff. test. (5. 2), fr. 2 § 4,
15 § 4 de I. F. (49. 14). Vgl. auch Jordan,
l. c. p. 62 n. 95.

[2]) *Dig.*: iudicatum solui.

[3]) *Dig.*: fideiussores.

[4]) Vgl. auch Ulp. fr. 64 § 1 de iudic. (5. 1):

. . .

Sɪ ᴇᴀ ʀᴇs Q. ᴅ. ᴀ.[1]) ᴀ ᴄᴇɴᴛᴜᴍᴜɪʀɪs (ɪᴜᴅɪᴄᴇ) sᴇᴄᴜɴᴅᴜᴍ ᴍᴇ ʜᴇʀᴇᴅᴇᴍᴜᴇ ᴍᴇᴜᴍ ɪᴜᴅɪᴄᴀᴛᴀ[2]) ᴇʀɪᴛ.

Hiemit haben wir indes erst die eine Hälfte der Klausel. Der Sponsionsprozess endigte, materiell betrachtet, in einer blossen pronuntiatio rem q. d. a. A^i A^i esse. Wo nun per formulam petitoriam prozessiert wurde, knüpft sich an diese pronuntiatio bekanntlich zunächst das iussum de restituendo, und nur, wenn diesem nicht gehorcht wurde, kam es zur condemnatio pecuniaria; all dies sah der Wortlaut der formula petitoria ausdrücklich vor. Es ist nun durchaus unglaublich, dass im Sponsionsprozess materiell anders verfahren wurde, und Gai. IV 89 bestätigt uns direkt die materielle Übereinstimmung der beiden Verfahrensarten:

aequuum .... uisum est (te) .... cauere, ut si uictus sis nec rem ipsam restituas nec litis aestimationem sufferas, sit mihi potestas aut tecum agendi aut cum sponsoribus tuis.

Wo kam nun im Sponsionsprozess die facultas restituendi formell zum Ausdruck? Die Antwort ist selbstverständlich: in der cautio p. p. l. u. In welcher Form? In der 1. Aufl. habe ich die Vermutung aufgestellt, dass der Name dessen, der de restituendo arbitrieren sollte, von vornherein in der Stipulation genannt war, und dass, wenn der Prozess vor einem Einzelgeschworenen stattfand, man diesen i. d. R. auch dafür bestimmte. Diese Vermutung hat gegen sich die Erwägung, dass nicht abzusehen ist, woraus denn für den iudex sponsionis Recht und Pflicht zum restituere iubere erwachsen sollte[3]), und wird nicht ausreichend gestützt durch Ulp. 77 fr. 68 de V. S. (50. 16):

Illa uerba „arbitratu Lucii Titii fieri" ius significant et in seruum non cadunt.

Diese Stelle, die ihrer Inskription nach allerdings wahrscheinlich hieher gehört, enthält, wie schon aus dem „fieri" hervorgeht, kein wörtliches Zitat aus der Kaution und kann als Nebenbemerkung sehr wohl auch durch ein „boni uiri arbitratu" des Formulars veranlasst worden sein. Ich möchte daher jetzt eher annehmen, dass die an das „si ..... iudicata erit" angeschlossene Arbiträrklausel lautete:

neque ea res[4]) boni uiri arbitratu restituetur.

Ob boni uiri arbitratu restituiert sei, hatte der iudex, der über den Anspruch aus der Kaution urteilte, zu ermessen[5]).

Die Klausel bedarf aber noch einer Ergänzung. Die Restitutionsverpflichtung war bei der cautio p. p. l. u. eigentümlich qualifiziert: konnte

---

[1]) Vgl. Ulp. fr. 13 i. f. l. S. (46. 7). War im Eingang der Kaution die res q. d. a. in einer Art demonstratio näher bezeichnet? Gegen diese Annahme bei der cautio i. s. mit guten Gründen Schirmer, Judicialstipulationen S. 50 fgg.

[2]) Hiezu vgl. Ulp. 77 fr. 6 de feriis (2. 12), fr. 36 de receptis (4. 8), fr. 26 de re iud. (42. 1).

[3]) Hierauf hat Wlassak, Prozessgesetze II S. 294 n. 28, aufmerksam gemacht, ohne indes den Einwand für ausschlaggebend zu halten.

[4]) Fr. 83 § 5 i. f. de V. O. (45. 1).

[5]) Ebenso wie er auf Grund der clausula ob rem non defensam (s. unten) zu ermessen hatte, ob boni uiri arbitratu defendiert sei.

der Beklagte dieser Verpflichtung sei es hinsichtlich der Streitsache selbst (weil diese physisch oder juristisch eine Minderung erlitten hatte) sei es hinsichtlich der Früchte (weil er diese nicht gezogen hatte oder nicht mehr besass) nicht in vollem Umfange nachkommen, so war er zu doppeltem Ersatz der Früchte verpflichtet. Dieser Satz geht zurück auf die Bestimmung der 12 Tafeln, die uns Festus s. v. Vindiciae überliefert:

> Si uindiciam falsam tulit, si uelit is . . . . . . tor arbitros tris dato.
> eorum arbitrio . . . . . . fructus duplione damnum decidito.

Für die klassische Zeit wird er durch folgende Quellenzeugnisse erwiesen[1].

Paul. sent. I 13[b] § 8:

> Possessor hereditatis, qui ex ea fructus capere uel possidere neglexit, duplam eorum aestimationem praestare cogetur.

Paul. sent. V 9 § 1:

> Substitutus heres ab instituto, qui sub condicione scriptus est, utiliter sibi institutum hac stipulatione cauere compellit, ne petita bonorum possessione res hereditarias deminuat . hoc enim casu   duplos fructus . . . . praestare compellitur.

Dass sich nämlich diese Stelle auf die cautio p. p. l. u. bezieht[2]), zeigt Ulp. 77 — man beachte die Inskription — fr. 12 qui sat. cog. (2. 8):

> Inter omnes conuenit heredem sub condicione, pendente condicione possidentem hereditatem, substituto cauere debere de hereditate, et, si defecerit condicio, adeuntem hereditatem substitutum et petere hereditatem posse et, si optinuerit, committi stipulationem[3]) . et plerumque ipse praetor et ante condicionem existentem et ante diem petitionis uenientem ex causa iubere solet stipulationem interponi.

Der Prätor, der dem bedingt Eingesetzten den vorläufigen Besitz der Erbschaft gewährt, zwingt ihn, dem Substituten cautio p. p. l. u. zu leisten, die ganz wie sonst auf „si secundum me iudicatum erit" abgestellt wird: die Verpflichtung zum Doppelersatz der Früchte ist einfach die fructus duplio der 12 Tafeln, „si uindiciam falsam tulit". Auf diesen Doppelersatz secundum legem spielt endlich auch an Ulp. 24 fr. 9 § 6 ad exhib. (10. 4]:

> . . . . . si post litem contestatam usucaptum exhibeat, non uidetur exhibuisse, cum petitor intentionem suam perdiderit, et ideo absolui eum non oportere, nisi paratus sit repetita die intentionem suscipere, ita ut fructus secundum legem aestimentur.

Vgl. auch Ulp. 31 fr. 6 § 7 mand. (17. 1).

Paul. sent. V 9 § 1 cit. bezeichnet die Bedingung, unter der die Ver-

---

[1]) Vgl. auch noch c. 1 pr. C. Th. de usur. (4. 19), Ambros. epist. 82 § 4 ad Marcell.

[2]) S. auch Wetzell, Vindicationsprozess S. 35 fg.

[3]) Es handelt sich also um eine Stipulation, die verfällt, wenn de hereditate entschieden ist, d. h. notwendig entweder um die cautio p. p. l. u. oder um die cautio i. s. Die Inskription Ulp. 77 und dass die Kompilatoren den Namen der Kaution gestrichen haben, entscheidet für die cautio p. p. l. u. A. M. gleichwohl Karlowa, II S. 441 n. 3.

.pflichtung zum doppelten Früchteersatz eintreten soll, mit den Worten „(si) res hereditarias deminuat[1])". Dies bringt mich auf den Gedanken, dass eine bisher nicht richtig erklärte Probusglosse — Einsidl. 52: D. D. D. [M.] = deinde deperit deminutum — zu unserer Kaution gehört, dass nämlich in dieser der Fall der Unmöglichkeit vollständiger Restitution mit den Worten bezeichnet war: „si quid deinde deperie*r*it deminutum erit". „Deinde", d. h.: ex die accepti iudicii[2]). Diese Vermutung wird bestätigt durch die Worte, in denen das sog. SC Iuuentianum die Ausdehnung der Restitutionsverpflichtung auf vor der Litiskontestation zu Grunde gegangene Sachen ausspricht:

> pretia, quae ad eos rerum ex hereditate uenditarum peruenissent, etsi eae ante petitam hereditatem deperissent deminutaeue fuissent, restituere debere[3]).

Und sie erhält eine weitere Stütze dadurch, dass auch die im Prob. Einsidl. folgende Glosse (53: H. COG. = herede cognitore), wie sich unten zeigen wird, einen Bestandteil unserer Kaution enthält. Fragt sich weiter, mit welchen Worten die Kaution die Fruchtersatzverpflichtung selbst zum Ausdruck brachte. Es ist entschieden wahrscheinlich, dass der zivile Ursprung dieser Verpflichtung in dem Formular auch äusserlich hervortrat, und hieher werden die Worte zu ziehen sein, die Celsus in dem oben angeführten fr. 158 de V. S. neben den Worten „si ea res secundum me heredemue meum iudicata erit" als zur gleichen Kaution gehörig anführt:

> quod ob eam rem te heredemue tuum.

Ich denke mir den Zusammenhang etwa folgendermassen, indem ich, nur um ein Bild des Ganzen zu geben, den unvollständig überlieferten Relativsatz, hypothetisch und mit allem Vorbehalt, auf Grund des oben angeführten Zwölftafelsatzes ergänze:

> Si ea res q. d. a. secundum me heredemue meum . . . . . . iudicata erit neque ea res boni uiri arbitratu restituetur et, si quid deinde deperierit deminutum erit, damnum, quod ob eam rem te heredemue tuum mihi herediue meo[4]) decidere oportet, uti e lege oportet, decidetur . . . .

Rudorffs Ergänzung „quod ob eam rem te . . . . . pro praede litis

---

[1]) Vgl. auch Ps. Ascon. in Verrin. II[1] 45 § 115: .... dat pro praede litis uindiciarum aduersario suo, quo illi satis faciat, nihil se deterius in possessione facturum, de qua iurgium esset.

[2]) Paul. V 9 § 2: ex die accepti iudicii dupli fructus computantur. Vgl. auch Paul. fr. 40 i. f. de R. C. (12. 1): quantitatem, quae medio tempore colligitur, stipulamur, cum condicio exstiterit, sicut est in fructibus. Theophilus (schol. 11 in Basil. XXIII 1, 42) bezieht das „sicut est in fructibus" auf die cautio i. s. Er wusste wohl noch, dass

Paulus die cautio p. p. l. u. im Auge hatte.

[3]) Vgl. fr. 20 § 6[b]. 21, fr. 21 de h. p. (5. 3).

[4]) Vgl. Paul. 66 fr. 29 de V. S. (50. 16): ut in illa stipulatione „mihi herediue meo te heredemque tuum". Trotz der kleinen Abweichung vom Bericht des Celsus (que statt ue) kann hier an unsere Stipulation zu denken sein. Man beachte, dass die Stipulation in der Stelle nicht näher bezeichnet ist: dies legt immer die Vermutung nahe, dass die Kompilatoren die Bezeichnung gestrichen haben.

uindiciarum dare facere oportet" bedarf wohl kaum der Widerlegung.
Rudorff ist zu dieser unglücklichen Konzeption nur durch die Meinung
verleitet worden, die Worte „pro praede litis uindiciarum" müssten irgendwo
in der Kaution untergebracht werden, während diese Worte in Wirklichkeit nur auf die historische Wurzel der Kaution[1]) hinweisen wollen. Möglich wäre, dass diese historische Wurzel etwa in Gestalt einer Fiktion sicht-
bar wurde[2]), nicht möglich aber das sinnlose „pro praede litis uindiciarum
dare facere oportere".

Die clausula ob rem iudicatam ist hiemit, soweit möglich, vollständig
rekonstruiert, und nur noch das bleibt zu bemerken, dass die Kaution,
wenn Stellvertreter als Stipulanten auftraten[3]), eine auf die Vollmacht des
Vertreters bezügliche exceptio erhielt[4]); die clausula ob r. i. aber lautete
auch dann auf den Namen des Vertretenen.

2. Die zweite Klausel lautet „ob rem non defensam[5])". Die Bezeichnung „de re defendenda", wie in der Hauptstelle über die cautio i. s.[6],
findet sich hier nicht. Daher wird die Klausel nicht mit Rudorff auf „rem
uiri boni arbitratu defendi" abgestellt werden dürfen, sondern, im genauen
Anschluss an die Formulierung der ersten Klausel, auf:

> *si ea res uiri boni arbitratu[7]) defensa non erit.*

Der Prätor hatte sich aber hier nicht begnügt, einfach zu sagen „si res
defensa non erit", sondern er hatte die Personen aufgezählt, von denen
und wider die die Defension übernommen werden sollte, Ulp. 77 fr. 5
§ 3 I. S.:

> Nunc uideamus, qualis defensio exigatur, ne committatur stipulatio,
> et quarum personarum . et si quidem ex personis enumeratis in
> defensionem quis succedat, palam est recte rem defendi .

Damit ist zu verbinden Paul. sent. V 9 § 2, eine zweifellos auf die cautio
p. p. l. u; bezügliche Stelle:

> Ex die accepti iudicii dupli fructus computantur . et tam dantes
> quam accipientes, heredes quoque eorum, procuratores cognitorum-
> que personae, itemque sponsores eadem stipulatione comprehen-
> duntur: eorum quoque, quorum nomine promittitur.

Hienach ergibt sich folgender Wortlaut der Klausel, der durch die in den
Noten angeführten Belege entscheidend bestätigt wird:

> *siue ea res a te[8]) herede[9]) cognitore[10]) procuratore[11]) sponsoribus*

---

[1]) Gai. IV 94.

[2]) Eine solche hält Keller, C. P. bei
n. 660, für möglich. S. auch Dernburg,
Hdlb. krit. Zschr. I S. 157.

[3]) Ulp. 77 fr. 3 § 1—7 I. S. (46. 6), vgl.
Paul. 73 fr. 16 de tut. et cur. dat. (26. 5).

[4]) Man beachte das „committi stipulationem" bei Ulp. 77 fr. 3 § 3. 5. 6. 7 I. S.
(46. 7).

[5]) S. 497 n. 5.

[6]) Ulp. 78 fr. 6 I. S. (46. 7).

[7]) Ulp. 77 fr. 33 i. f. de fideiuss. (46. 1),
Venulei. fr. 17 I. S. (46. 7).

. [8]) Ulp. 77 fr. 3 § 8 I. S. (46. 7).

[9]) Ulp. 77 fr. 5 § 1 eod., fr. 33 de fideiuss.
(46. 1), Iulian. 55 fr. 52, 55 de R. V. (6. 1).
Vgl. auch fr. 32 § 2 ad l. Falc. (35. 2).

[10]) Prob. Einsidl. 53: H. COG. = herede
cognitore.

[11]) Ulp. 77 fr. 5 § 3 eod.

tuis[1]) *aduersus me heredem cognitorem procuratorem meum boni uiri arbitratu defensa non erit*[2]).

(Diejenigen „quorum nomine promittitur", Paul. l. c., wurden natürlich nur beigefügt, wenn die Stipulation in fremdem Namen eingegangen war.)

3. Als dritte Klausel ist die de dolo malo nach dem Beispiel der übrigen prätorischen Stipulationen an sich wahrscheinlich. Ihre Existenz wird bestätigt durch Ulp. 77 fr. 5 § 2 I. S. (46. 7), wo von plures causae bei unserer Kaution die Rede ist, worunter doch wohl mehr als zwei zu verstehen sind, und durch Ulp. 77 fr. 20 de acceptil. (46. 4), wo neben der clausula ob rem iudicatam noch ceterae partes stipulationis, also eine Mehrzahl noch übriger Klauseln, erwähnt werden. Neben den clausulae ob rem iudicatam und ob rem non defensam ist aber schwerlich irgend eine andere Klausel als die de dolo gedenkbar. Ihren Wortlaut wird man aus fr. 38 § 13 de V. O. (45. 1)[3]) entnehmen dürfen:

cui rei dolus malus non abest non afuerit.

Daran schloss sich sodann unmittelbar die bei Ulp. 77 fr. 5 § 2 h. t. bemerkte „una quantitas" der Kaution, so dass die ganze Kaution etwa so lautete:

Si ea res q. d. a. a centumuiris secundum me heredemue meum iudicata erit neque ea res boni uiri arbitratu restituetur et, si quid deinde deperierit deminutum erit, damnum, quod ob eam rem te heredemue tuum mihi herediue meo decidere oportet, uti e lege oportet, decidetur, siue ea res a te herede cognitore procuratore sponsoribus tuis aduersus me heredem cognitorem procuratorem meum boni uiri arbitratu defensa non erit, cuiue rei dolus malus non abest non afuerit, quanti ea res erit[4]), *tantam pecuniam dari spondesne? spondeo.*

Hiemit scheint unsere Aufgabe erschöpft. Es bleibt aber noch ein wichtiger Punkt zu erörtern. Ich habe oben durch die Vergleichung mit Ulp. 77 fr. 12 qui sat. cog. (2. 8) dargetan, dass Paul. sent. V 9 § 1 von der cautio p. p. l. u. handelt. Dies letztere vielbesprochene Fragment fordert jetzt nochmals unsere Betrachtung heraus:

Substitutus heres ab instituto, qui sub condicione scriptus est, utiliter sibi institutum hac stipulatione cauere compellit, ne petita bonorum possessione res hereditarias deminuat (hoc enim casu ex die interpositae stipulationis duplos fructus praestare compellitur): huius enim praeiudicium a superiore differt, quo quaeritur, an ea res de qua agitur maior sit centum sestertiis, ideoque in longiorem diem concipitur.

---

[1]) Ulp. 77 fr. 3 § 10, fr. 5 pr. § 1. 4—7 eod., Paul. 74 fr. 46 mand. (17. 1), fr. 84 de V. O. (45. 1).   [2]) Ulp. 77 fr. 5 § 8 eod.
[3]) Vgl. fr. 19 § 1 I. S. (46. 7), fr. 69 de V. S. (50. 16).

[4]) Vgl. hiezu Paul. 73 fr. 2 § 2 de stip. praet. (46. 5), eine zweifellos auf die cautio p. p. l. u. bezügliche Stelle: hoc facere uerba stipulationis „quanti ea res est".

Was für ein praeiudicium ist hier gemeint, das a superiore differiere:
und was war der Zweck des praeiudicium superius selbst? Diese Fragen
haben sehr verschiedene Beantwortungen gefunden[1]), und ich selbst habe
sie in der 1. Aufl. anders beantwortet als im édit perpétuel.

. In der 1. Aufl. schloss ich mich der Ansicht Wetzells an, dass das
praeiudicium „an ea res d. q. a. maior sit C sestertiis" sich auf die Kompetenz der Centumvirn bezogen habe, denen die Sachen über 100 000 Sesterzen vorbehalten gewesen seien.   Doch dachte ich mir das Verhältnis nicht
ganz so wie Wetzell.   Dieser nimmt an, dass es bei jenem Streitwert
nicht im Belieben der Parteien gestanden habe, die Sache durch Sponsion
vor einen Einzelgeschworenen zu bringen, und so habe der Prätor der auf
die Sponsion gestützten Formel von Amts wegen eine „praescriptio praeiudicii" beifügen müssen, etwa: e. r. a., quae C sestertiis maior est.   Eine
solche praescriptio, deren Möglichkeit vorausgesetzt, wäre offenbar kein
praeiudicium.   Mir war daher wahrscheinlicher, dass das praeiudicium in
dem so nahe liegenden Fall eintrat, wenn die Parteien über den Streitwert
nicht einig waren.   Hier habe, da die cautio p. p. l. u. das Prozessgericht
namhaft machte, vor deren Eingehung über den Streitwert und damit über
die Kompetenzfrage Entscheidung getroffen werden müssen, und das sei
eben in jenem praeiudicium geschehen, das wir uns im Anschluss an
unsere Kaution proponiert zu denken hätten.   Habe nun dessen Formel
so, wie Paulus überliefert, gelautet:

        an ea res de qua agitur maior sit C sestertiis,

so erhelle auch, warum in dem besondern Fall des Fragments diese Formel
habe verändert und überdies die Bürgen auf längere Zeit hätten haftbar
gemacht werden müssen: eine res qua de agitur, ein Prozessobjekt, ein
Prozess überhaupt habe hier noch gar nicht vorgelegen, und wie die
Früchte deshalb hier von einem andern Termin ab als sonst (a die interpositae stipulationis statt a die accepti iudicii, Paul. sent. V 9 § 2) berechnet
worden seien, so habe auch das praeiudicium anders lauten müssen, etwa:

        an Sempronii hereditas maior sit C sestertiis,

und hätten ferner, da ja die Entscheidung der dem institutus gesetzten
Bedingung in weiter Ferne liegen konnte, auch die Sponsoren in longio-
rem diem verpflichtet werden müssen, d. h. nicht wie sonst bloss auf die
Dauer der Zeit, innerhalb deren in dem bevorstehenden Prozess ein gültiges
Urteil habe gefällt werden können, sondern auf eine längere, nach Ermessen
vom Prätor zu bestimmende Frist.

Die obige Auffassung hat einen entschiedenen Gegner in Wlassak[2])
gefunden, und seine Ausführungen schienen mir bei der Herausgabe des
édit perpétuel so durchschlagend, dass ich jene Hypothese aufgeben zu

---

[1]) Schulting in Paul. ad h. l., Heffter,   n. b, Huschke, iurispr. anteiust. ad h. l.,
obs. ad Gai. p. 117 sq., Bülow, de praeiud.   Wetzell, Vindicationsprozess S. 39. 78,
form. (1859) p. 15 sqq., Rudorff, R. G. II   Wlassak, röm. Prozessges. I S. 231.
p. 121. 134. 212, zu Puchta's Instit. § 320   [2]) a. a. O. S. 228 fgg.

müssen glaubte und eine ganz andere an ihre Stelle setzte. Ich dachte jetzt an die lex Cornelia, die nach Gai. III 124 das Maximum der Verpflichtung des einzelnen sponsor auf 20000 Sesterze festsetzte, und meinte, das praeiudicium an ea res d. q. a. maior sit C sestertiis sei vielleicht auf den Fall berechnet gewesen, wenn die Parteien über den Streitwert und demgemäss über die Zahl der zu stellenden Sponsoren stritten, und die Musterformel habe den Fall vorgesehen, dass Kläger sechs Sponsoren verlangte, der Beklagte aber nur fünf stellen wollte.

Dunkel wie die Paulusstelle ist: diese letztere Deutung ist jedenfalls unhaltbar. Sie scheitert an einer Klippe, die mir bei meiner Meinungsänderung entgangen war: die lex Cornelia fand nämlich auf die Sponsoren bei der cautio p. p. l. u. überhaupt keine Anwendung. Diese Kaution begründet eine bedingte Schuld; Gaius aber sagt l. c. ausdrücklich, die gesetzliche Bestimmung beziehe sich nur auf „pecunia quam tu*m, cum* contrahit*ur* obligatio, certum es*t* debitum iri, id est (*quae*) siue ulla condicione deducitur in obligatione*m*". Überdies wäre das Musterformular für seinen vermeintlichen Zweck überaus ungeschickt zugeschnitten gewesen: es hätte versagt, auch eine ähnliche Fassung nicht mehr zugelassen, sobald es bei der Differenz zwischen dem Verlangen des Klägers und dem Anerbieten des Beklagten sich um mehr als einen einzigen Sponsor handelte. Auch das ist nicht glaublich.

Soll nunmehr der Kampf mit der widerspenstigen Paulusstelle aufgegeben werden? Gewiss, eine sichere Lösung ihrer Rätsel ist nicht erreichbar; wir müssen nach Lage der Dinge mit weniger zufrieden sein. Aber vielleicht ist ihr doch im Wege einer sorgfältigen, keinen Anhaltspunkt vernachlässigenden Analyse des Textes mehr zu entreissen als es bisher scheinen wollte; das wahrscheinlich Richtige dürfte in der Linie meiner früheren Hypothese — freilich nicht ohne gewisse Modifikationen — liegen.

Die Verschiedenheit zwischen dem nicht bezeichneten praeiudicium und dem praeiudicium an ea res *etc.* — dem praeiudicium superius — wird von Paulus als Grund dafür angeführt, dass die Stipulation[1] in longiorem diem konzipiert werde, und andererseits soll der ganze mit huius enim beginnende Satz, wie aus dem „enim" erhellt, einer vorausgehenden Behauptung zur Begründung dienen. Welcher Behauptung? Schwerlich der unmittelbar vorhergehenden, wonach aus unserer Stipulation bei deminutio rerum hereditariarum dupli fructus ex die interpositae stipulationis zu prästieren seien. Zu dieser Bemerkung hat der Satz „huius enim *etc.*"

---

[1] Diese — nicht etwa das praeiudicium selbst — ist doch wohl als Subjekt des concipitur zu denken. Ist uns doch die conceptio in longiorem diem für den besondern Fall unserer Stipulation von Paulus auch in fr. 8 pr. de stip. praet. (46. 5) ausdrücklich bezeugt: qui sub condicione institutus est, adgnita bonorum possessione cogitur substituto in diem cauere longiorem. Auch lässt sich von einem „praeiudicium in diem longiorem conceptum" keine haltbare Vorstellung gewinnen. Anders gleichwohl éd. perp. II p. 277.

keinerlei denkbare innere Beziehung; sie ist vielmehr, wie ich dies auch
im obigen Abdruck angedeutet habe, lediglich als parenthetische Erläuterung zu dem vorher angegebenen Zweck der Stipulation — cauere, ne
petita bonorum possessione res hereditarias deminuat — aufzufassen; sie
soll den Weg ersichtlich machen, auf dem dieser Sicherungszweck erreicht
wird. Was durch den Satz huius enim *etc.* begründet werden soll, ist
vielmehr sicherlich die im Eingang der Stelle aufgestellte These, dass der
Substitut mit unserer Kaution — der stipulatio p. p. l. u. — seine Interessen
wirksam (utiliter) schützen könne. Diese These bedurfte einer Begründung; denn die cautio p. p. l. u. war in ihrer gewöhnlichen Fassung auf
den Fall eines unmittelbar bevorstehenden Prozesses berechnet[1]) und war
in dieser Fassung hier, wo die Entscheidung der dem institútus gesetzten
Bedingung vielleicht viele Jahre auf sich warten liess, in der Tat nicht zu
brauchen. Im gewöhnlichen Kautionsformular war, wie aus dem in diem
longiorem unserer Stelle selbst hervorgeht und durch fr. 10 de stip. praet.
(46. 5) (vgl. S. 507 n. 1) bestätigt wird, ausdrücklich die Zeitfrist bezeichnet,
innerhalb deren das Urteil ergehen musste, wenn die Sponsoren haftbar
werden sollten, und diese Zeitfrist war relativ kurz — für unsern Fall sehr
natürlich zu kurz — bemessen. Sie musste hier also verlängert werden,
um die Kaution brauchbar zu machen, und eben darum begründet Paulus
diese Brauchbarkeit mit den Worten „in longiorem diem concipitur". Soweit ist alles klar und einleuchtend. Das eigentliche Rätsel der Stelle
liegt allein in der Frage: in welcher Beziehung steht die Fassung der
beiden Präjudizien zu der Dauer der Zeit, auf die die Sponsoren verpflichtet werden? Eine solche Beziehung muss — dies beweist das
„ideoque" — bestanden, und der Jurist muss sich, was das praeiudicium
superius angeht, hierüber bereits zuvor, in einem nicht auf uns gekommenen
Passus, geäussert haben. Denkbar ist aber bei diesem, wie mir scheint,
keine andere Beziehung als die, dass bei der gewöhnlichen Kaution die
Dauer, auf die die Kaution gestellt werden musste, von dem Ausgang
eben des praeiudicium „an ea res d. q. a. maior sit C sestertiis" abhing.
Wieso dem Streitwert eine derartige Bedeutung zukam, muss aus der
vorausgegangenen Darstellung bei Paulus ersichtlich gewesen sein und
wird eben deshalb hier nicht nochmals erklärt, sondern vorausgesetzt.
Wir sind auf Vermutungen angewiesen. Wüssten wir nun nichts von
jenem praeiudicium, und würden wir uns fragen, welcher Umstand wohl
für die Bemessung der Dauer der kautionsmässigen Verpflichtung von
bestimmender Bedeutung gewesen sein möge, so würden wir sicherlich
sofort daran denken müssen, dass die Kaution bald auf Prozess vor den
Centumvirn bald auf solchen vor einem Einzelgeschworenen angelegt

---

[1]) Auf diese Abweichung des gewöhnlichen Falls der Kaution von dem unsrigen
weist auch Ulpian am Schluss von fr. 12
qui sat. (2. 8) mit der Bemerkung hin: et
plerumque praetor et ante condicionem
existentem et ante diem petitionis
uenientem ex causa iubere solet stipulationem interponi.

wurde, und dass der Prozess vor letzterem an die bei Gai. IV 104. 105 erwähnten kurzen Fristen gebunden war, nicht aber, soweit wir wissen, der vor den Centumvirn. Ging also der Prozess vor einen Einzelgeschworenen, so wird der Prätor die Verpflichtungszeit der Bürgen mit Rücksicht auf diese Prozessfrist[1]) bemessen haben, länger dagegen, wenn er vor die Centumvirn ging. Durch diese Annahme aber werden wir notwendig zu der in der 1. Aufl. verteidigten Hypothese gedrängt, dass das praeiudicium superius gerade dazu bestimmt war, die Kompetenzfrage zu entscheiden. Es ist wahr, dass nirgendwo sonst eine untere Grenze für die Kompetenz der Centumvirn namhaft gemacht wird; es ist aber auch wahr, dass nirgendwo sonst, wo von den Centumvirn die Rede ist, eine Veranlassung für eine derartige Angabe vorlag, und es ist an sich kaum glaublich, dass für jeden, auch den geringfügigsten Streitwert der gewaltige Apparat des Centumviralgerichts habe beliebig in Bewegung gesetzt werden können[2]). Paulus wird also, vermute ich, vor der uns ·erhaltenen Stelle gesagt haben, dass vor Eingehung der Stipulation darüber entschieden sein müsse, ob die Sache vor die Centumvirn oder vor einen Judex gehe, dass dies im Streitfall durch unser praeiudicium geschehe und dass vom Ausgang dieses Präjudiziums die Festsetzung der Verpflichtungszeit abhänge.

Wie aber sollen wir uns bei dieser Auffassung Zweck und Inhalt jenes anderen nicht näher bezeichneten Präjudiziums im besonderen Fall der Paulusstelle denken? Der Zweck könnte nach dem ganzen Zusammenhang kein anderer gewesen sein als der des praeiudicium superius: ebenfalls die Kompetenzbestimmung. Wlassak[3]) hat dem gegenüber ausgeführt, dass es doch höchst unpraktisch gewesen wäre, einen Rechtsstreit

---

[1]) Mit Rücksicht auf sie? nicht vielmehr genau auf sie (so die 1. Aufl. S. 416 n. 1)? Es bleibt zu erwägen, dass die Kaution doch vor der Litiskontestation und gewiss mitunter nicht unmittelbar vor ihr gestellt wurde; das zeigt schon Ulpians Kommentar zur clausula ob rem non defensam (vgl. S. 497 n. 5). Die Kautionsfrist wird also jedenfalls häufig länger zu bemessen gewesen sein als die Prozessfrist. Aus fr. 2 I. S. — cum lite mortua nulla res sit, ideo constat fideiussores (sponsores scr.) ex stipulatu I. S. non teneri — darf nicht geschlossen werden, dass die Prozessfrist stillschweigend als Kautionsfrist gegolten habe, letztere gar nicht besonders ausgedrückt worden sei. Nicht nur ist es fraglich, ob der Ausdruck lis mortua ausschliesslich nur auf den Fall des Ablaufs der Prozessfrist angewendet wurde — vgl. Keller, C. P. § 70 —; die Prozessfrist behielt ja auch bei längerer Kautionsfrist ihre selbständige Erheblichkeit. In fr. 10 de stip. praet. (46. 5) lässt der Präses

eine Kaution — aller Wahrscheinlichkeit nach die cautio p. p. l. u. oder i. s. — zuerst in triennium und dann in longum tempus stellen. Das triennium ist die Prozessfrist des späteren Rechts, und die Annahme liegt nahe, dass diese hier an Stelle der älteren des iudicium imperio continens interpoliert ist (vgl. Schirmer, prätor. Judicialstip. S. 52). Das beweist aber nicht, dass die Kautionsfrist sich immer mit der Prozessfrist deckte, und beweist umgekehrt, dass die Kautionsfrist ausgedrückt und nicht stillschweigend subintelligiert wurde.

[2]) Wlassak, bei Pauly-Wissowa s. v. Centumviri VII A., nimmt als wahrscheinlich an, dass der Prätor auf Verlangen auch nur einer Partei das Hastagericht zuzulassen verpflichtet gewesen sei und nur tatsächlich einen beschränkenden Einfluss geübt habe. Eher könnte ich mir denken, dass bei Übereinstimmung beider Parteien die Kompetenzfrage nicht weiter geprüft wurde.

[3]) röm. Prozessges. I S. 228 fgg.

über die Kompetenz führen zu lassen, ehe es sicher sei, dass es überhaupt zu einem Prozess kommen werde; ob etwa im Präjudizialverfahren Sachverständige z. B. nach Ephesus hätten geschickt werden sollen, um asiatische Erbschaftsgrundstücke abzuschätzen? Das Argument ist scheinbar und hat mich seinerzeit zur Aufgabe meiner Hypothese bewogen.   Allein es bleibt zu erwägen, dass es offenbar für die als Bürgen in Betracht kommenden Personen eine Sache höchster Wichtigkeit war, zu wissen, welches Gericht den sie haftbar machenden Spruch zu fällen haben werde[1]. Wir dürfen annehmen, dass das Centumviralgericht ein ungleich grösseres Mass an Vertrauen und Ansehen genoss als der Einzelgeschworene, und dass es leichter war, Bürgen für grosse Beträge zu finden, wenn die Kompetenz des Centumviralgerichts feststand[2]).   Und auf der andern Seite darf man sich die im praeiudicium vor sich gehende Abschätzung nicht allzu minutiös sorgfältig vorstellen; das Ermessen des Geschworenen wird hier in gleicher Weise durchgegriffen haben wie heutzutage das unserer Gerichte bei Festsetzung des Streitwerts; eingehende Beweiserhebungen fanden damals gewiss so wenig statt wie heute.   War nun der Zweck unseres Präjudiziums identisch mit dem des praeiudicium superius, so müssen wir den Unterschied zwischen beiden allein im Inhalt der Fragestellung suchen, und hier gibt die Paulusstelle selbst einen Fingerzeig, freilich nach anderer Richtung, als ich in der 1. Aufl. annahm.   Bei unmittelbar bevorstehendem Prozess war abzuschätzendes Objekt einfach die res de qua agitur, die Erbschaft in ihrem gegenwärtigen Bestand.   In unserm Fall dagegen konnte sich der Streitgegenstand bis zur künftigen Litiskontestation durch die während vieler Jahre hinzutretenden Früchte und Akzessionen nach Umständen ganz bedeutend vergrössern.   Ich vermute daher, dass der Prätor, unter Rücksichtnahme auf die Natur der schwebenden Bedingung, frei einen künftigen Termin festsetzte und in der Präjudizialformel dem Geschworenen aufgab zu entscheiden, ob die in Frage stehende Erbschaft zusammen mit den z. B. binnen 10 Jahren zu ziehenden Früchten den Wert von 100 000 Sesterzen übersteige oder nicht, d. h. das praeiudicium war nicht auf den Wert des gegenwärtigen Streitobjekts, der res qua de agitur, sondern auf den des künftigen, der res qua de agetur, abgestellt.   Dann aber versteht man sofort, dass diese abweichende Fassung auch für die in die Stipulation aufzunehmende Verpflichtungszeit massgebend sein musste.   Der Prätor, indem er die Präjudizialformel gewährte, erklärte damit zugleich auch schon, dass er die

---

[1]) Vgl. das oben angef., wahrscheinlich interpolierte fr. 3 pr. l. S.: quia non huius iudicis sententiae *sponsores* se subdiderunt.

[2]) Lag dem Erbschaftsbesitzer nichts an der sofortigen Kompetenzbestimmung, so mag man die Stipulation in der von Wlassak, a. a. O. S. 230, vorgeschlagenen alternativen Form (Einzelrichter oder Centum-virn) abgefasst haben. Es wird dem Besitzer aber sehr oft daran gelegen gewesen sein. Man denke sich, dass jemand heutzutage Bürgen für grosse Summen suchen müsste, deren Haftung vom inappellablen Spruch eines Amtsgerichts abhinge. Es würde ihm sicher nicht leicht fallen, sie zu finden.

Verpflichtungszeit in der Kaution entsprechend lange bemessen werde, und der Jurist durfte mit vollem Rechte sagen: huius enim praeiudicium a superiore differt, quo quaeritur an ea res de qua agitur maior sit C sestertiis, ideoque in longiorem diem concipitur ⟨*stipulatio*⟩.

§ 282. IUDICATUM SOLUI[1]).

Ulp. 78[2]), Paul. 75[3])(?), Gai. 27[4]).

Die Spärlichkeit der auf die cautio i. s. bezüglichen erhaltenen Fragmente darf nicht überraschen: sehr vieles war ihr mit der cautio p. p. l. u. gemeinsam, und die Juristen gaben die betreffenden Erörterungen natürlich bei der im Edikt voranstehenden Kaution und verwiesen bei der cautio i. s. nur zurück, so dass sich begreift, wieso die Kompilatoren ihren Titel Iudicatum solui zum grössten Teil aus Erörterungen zusammensetzen mussten, die ursprünglich die cautio p. p. l. u. betrafen. —

Ulp. 78 fr. 6 h. t.: Iudicatum solui stipulatio tres clausulas in unum collatas habet: de re iudicata, de re defendenda, de dolo malo.

Es ist bemerkenswert, dass der Jurist hier nicht, wie bei der cautio p. p. l. u., von „plures causae una quantitate conclusae" spricht, sondern nur von tres clausulae in unum collatae. In der Tat ist es mir aus innern und äussern Gründen unzweifelhaft, dass unsere cautio ganz anders gefasst war, als die cautio p. p. l. u. und dass namentlich an ein die drei Klauseln verbindendes, die Kaution abschliessendes „quanti ea res erit, tantam pecuniam dari" nicht gedacht werden kann[5]).

Was zunächst den Inhalt der clausula de re iudicata betrifft, so kann dieser nur der gewesen sein, dass der Promissor die Zahlung der Summe versprach, auf die die etwaige condemnatio lauten werde. Darauf führt schon der Name der Kaution „iudicatum solui"; darauf führt aber ebenso die Natur der Sache. Eine Erwähnung der facultas restituendi war hier schon deshalb ausgeschlossen, weil die cautio i. s. sich ja nicht auf actiones in rem beschränkte, sondern bei zahllosen Aktionen stattfand, wo von einem iussum de restituendo keine Rede war[6]). Aber auch wo die Kaution

---

[1]) D. (46. 7). Prob. 5, 23: I. S. = iudica*t*um solui. Vgl. fr. 14 qui sat. cog. (2. 8): ex forma edicti.

[2]) Fr. 6 h. t., fr. 69 de V. S. (50. 16). Fr. 82 de V. O. (45. 1)? (pr.: iudicatum solui, § 1. 2: Voraussetzungen der condemnatio).

[3]) Fr. 85 de V. O. (45. 1) cf. Paling. I p. 1092 n. 3. Die Beziehungen sind aber bei der Allgemeinheit des Inhalts der Stelle durchaus unsicher.

[4]) Fr. 7 h. t., fr. 39 de d. m. (4. 3). Beide Stellen können sich übrigens auch auf die cautio p. p. l. u. beziehen. Freilich ist in den Quellen von der Leistung letzterer Kaution für einen cognitor — fr. 7 h. t. —

nirgends die Rede, sondern nur von der cautio i. s.

[5]) Den Schein des Gegenteils erweckt Paul. 73 fr. 2 § 2 de stip. praet. (46. 5): hoc enim facere uerba stipulationis quanti ea res est. M. E. bezog sich diese Stelle bei Paulus auf die cautio p. p. l. u. Man beachte, dass die Kaution, von der die Stelle handelt, einer actio in rem gegenüber geleistet ist. Die Unklarheit der Darstellung in der zweiten Hälfte der Stelle, wo m. E. Paulus die formula petitoria vergleichend herangezogen hatte, dürfte auf Rechnung der Kompilatoren zu setzen sein.

[6]) Gai. IV 101. 102, fr. 8 § 3, 15 pr., 42 § 2, 46 pr. de proc (3. 3).

mit Bezug auf eine actio in rem geleistet wurde, — bekanntlich war dies der Fall, wenn per formulam petitoriam prozessiert wurde, Gai. IV 91 —, war die Erwähnung der facultas restituendi nicht am Platze. Die facultas restituendi war ja schon in der formula petitoria selbst vorgesehen und eine Klausel

> si ea res secundum me heredemue meum iudicata erit neque ea
> res arbitrio iudicis restituetur

war nicht bloss überflüssig, sondern hätte gar leicht das Missverständnis herbeiführen können, dass trotz bereits erfolgten kondemnatorischen Urteils der Verfall der Kaution durch nachträglichen Gehorsam gegenüber dem iussum de restituendo abgewendet werden könne. Die Fassung der clausula de re iudicata muss hienach sehr einfach gedacht werden, dem Sinne nach (die Worte sind nicht überliefert): *quantam pecuniam iudicatus eris*[1]), *tantam pecuniam dari*. Diese Einfachheit des Versprechensinhalts wird, und wohl im Gegensatz zur cautio p. p. l. u., hervorgehoben in fr. 9 h. t.:

> Iudicatum solui stipulatio expeditam habet quantitatem: in tantum
> enim committitur, in quantum iudex pronuntiauerit.

Die zweite Klausel der Kaution heisst in fr. 6 h. t. clausula de re defendenda, nicht ob rem non defensam; doch kommt in andern Stellen auch die letztere Bezeichnung vor[2]). Ich ziehe aus dieser Doppelbezeichnung den Schluss, dass in der zweiten Klausel wahrscheinlich ein Doppeltes versprochen wurde, nämlich erstens die Defension selbst — *eam rem boni uiri arbitratu*[3]) *defendi*[4]) —, und zweitens, für den Fall nicht erfolgender oder nicht erfolgter Defension, das Interesse — *quanti ea res erit. tantam pecuniam dari.* Auf letzteres Stück der Klausel könnte die Bemerkung des Africanus in fr. 15 h. t. gedeutet werden:

> Haec stipulatio „quamdiu[5]) res non defendatur", simul atque
> defendi coeperit aut defendi debere desierit, resoluitur.

Für die dritte Klausel — de dolo malo — ist uns die Originalfassung durch Venulei. lib. 9 stip. fr. 19 pr. h. t. authentisch überliefert:

> Nouissima clausula iudicatum solui stipulationis „dolum malum

---

[1]) Die cautio i. s. in der extraord. cognitio bezeichnete den iudex datus. Fr. 20 h. t. Hatte der dominus für seinen cognitor kaviert, so wurde natürlich die Bedingung auf die Verurteilung des letzteren abgestellt. Gai. 27 fr. 7 h. t. Auf weitere Details der Fassung — Erwähnung der Erben, Bezeichnung der res q. d. a. — einzugehen, wäre, da uns keinerlei Andeutung über die Formulierung überliefert ist, m. E. verlorene Mühe.

[2]) So u. a. in fr. 14,15 pr., 35 § 3, 45 pr. de proc. (3. 3), jedenfalls auch auf die cautio i. s. bezüglichen Stellen. Wenn es in mehrern dieser Stellen heisst „ob rem non defensam

committitur stipulatio", so brauchte das freilich an sich nicht auf den Namen der Klausel gedeutet zu werden. Entscheidend ist aber m. E. fr. 15 pr. cit.: committitur ob rem non defensam stipulationis clausula.

[3]) Fr. 33 § 3, 45 pr., 77, 78 pr. de proc. (3. 3). Vgl. fr. 17, 18 h. t.

[4]) Die Zweifel Wlassaks, ZRG. XXXVIII S. 132 n. 2, scheinen mir nicht begründet. Wie wir uns die Klausel auch gefasst denken, — durch sich selbst begründete sie keinen eigentlichen Defensionszwang, sondern nur re non defensa eine Pflicht zur Leistung des q. e. r. e.

[5]) Quando? Mommsen. Eher: quod si.

abesse afuturumque esse"[1]) et in futurum tempus permanens factum demonstrat.

Diese Fassung liefert zugleich den sichern Beweis dafür, dass die stipulatio iudicatum solui nicht wie die cautio p. p. l. u. „una quantitate conclusa" war, dass hier vielmehr die einzelnen Klauseln selbständige Versprechen enthielten. Natürlich konnte auch diese Klausel durch einen umschreibenden Zusatz — „si huic rei dolus malus non abest aberit, quanti ea res erit u. s. w." — ebenfalls in eine Interessestipulation umgewandelt werden[2])." Im Formular aber war dies nicht vorgesehen: Venuleius in fr. 19 § 1 h. t. erwähnt einen derartigen Zusatz zu unserer Klausel ausdrücklich als eine blosse Möglichkeit (si adiectum est).

Nach alledem erhält die Kaution (indem ich von der Einfügung des in der Formulierung unerweislichen Details absehe) folgende, wie mir scheint, durchaus einleuchtende Fassung:

.....[3]) *quantam pecuniam ob eam rem iudicatus eris, tantam pecuniam dari eamque rem boni uiri arbitratu defendi, quod si ita non defendetur, quanti ea res erit, tantam pecuniam dari dolumque malum huic rei abesse afuturumque esse spondesne? spondeo.*

Auf die zahlreichen abweichenden Rekonstruktionsversuche[4]) einzugehen, scheint mir unerspriesslich: sie leiden durchweg an dem Fehler, dass Stellen, die sich auf die cautio p. p. l. u. beziehen, für die Rekonstruktion verwendet sind und dass infolgedessen die durch den abweichenden Zweck der cautio i. s. gegebenen Anforderungen an die Formulierung (zumal der clausula de re iudicata) nicht zu ihrem Rechte kommen.

§ 283. *DE CONFERENDIS BONIS ET DOTIBUS.*

Ulp. 79[5]).

Der Wortlaut dieser Kaution lässt sich nicht, der Inhalt aber ziemlich genau feststellen.

Die Bedingung der Kollationsstipulation war: *si tibi bonorum patris tui possessio data erit*[6]). Der Gegenstand des Versprechens war bei der collatio emancipati annähernd so bezeichnet: *quidquid moriente patre in bonis habuisti doloue malo fecisti quo minus haberes, id boni uiri arbi-*

---

[1]) Fr. 83 pr., 121 pr. de V. O. (45. 1), vgl. fr. 45 de h. p. (5. 3). Hieher Gai. 27 fr. 39 de d. m. (4. 3).

[2]) Vgl. auch Ulp. 78 fr. 69 de V. S. (50. 16).

[3]) Vorher etwa: *Qua de re ego tecum acturus sum.* Fr. 13 § 1 h. t. Schwerlich mit näherer Bezeichnung (S. 499 n. 1). Ob der Zeitraum, für welchen die Stipulation gelten sollte, in ihr ausdrücklich genannt war (Schmidt v. Ilmenau, Zschr. f. C. Rt. u. Pr. N. F. VIII S. 23 n. 14)? Vgl. S. 507 n 1.

[4]) S. namentlich Cuiac., obs. X 29 (opp.

III p. 285), Brisson, de formul. V (Mogunt. 1649, p. 393), Wetzell, Vindicationsprozess S. 104, Voigt, Ius Nat. III S. 588, Schmidt (v. Ilmenau), Zschr. f. C. Rt. u. Pr. N. F. VIII S. 23 (= Schirmer, Judicialstipul. S. 47), Schlayer, ebendas. IX S. 39, Rudorff, E. P. § 295.

[5]) Fr. 5 de collat. bon. (37. 6).

[6]) Vgl. Paul. sent. V 9 § 4, Iulian. 23 fr. 3 pr. § 5 de collat. bon. (37. 6), Ulp. 40 fr. 1 pr. de dot. coll. (37. 7):

tratu collaturum te[1]) *dolumque malum abesse afuturumque esse*[2]). Bei
der collatio dotis ähnlich, etwa: *dotem tuam*[3]) *boni uiri arbitratu*[4]) *colla-
turam te* rel.

Auf quanti ea res est war die proponierte Stipulation anscheinend
nicht gestellt[5]).

Über die in fr. 5 § 1 ut legat. (36. 3) erwähnte, wahrscheinlich im Edikt
ebenfalls proponierte Kaution der Brüder des Emanzipierten vgl. oben
§ 144 a. E.

§ 284. SI CUI PLUS, QUAM PER LEGEM FALCIDIAM LICUERIT, LEGATUM ESSE DICETUR[6]).

Ulp. 79[7]), Paul. 75[8]).

Ulp. 79 fr. 1 pr. h. t.:

> Si cui plus quam licuerit legetur et dubitari iuste possit, utrum lex
> Falcidia locum habitura est nec ne, subuenit praetor heredi, ut ei
> legatarius sadisdet, ut, si apparuerit eum amplius legatorum no-
> mine cepisse quam e lege Falcidia capere licebit, quanti ea res
> erit, tantam pecuniam det dolusque malus ab eo afuturus sit.

Gibt diese Stelle den Zweck der Kaution an, so können wir aus einer
Reihe anderer Stellen[9]) auch ihren vollen Wortlaut ersehen:

> QUANTO AMPLIUS LEGATORUM[10]) NOMINE *EX TESTAMENTO LUCII TITII*[11]) CE-
> PERIS[12]) QUAM PER LEGEM FALCIDIAM[13]) CAPERE LICUERIT, QUANTI EA RES
> ERIT[14]), TANTAM PECUNIAM REDDI DOLUMQUE MALUM ABESSE AFUTURUMQUE
> ESSE[15]) SPONDESNE? SPONDEO.

---

[1]) Vgl. bis hieher die Nachweise zu § 144
(S. 333 fg.).

[2]) Ulp. 79 fr. 5 § 3 de coll. bon. (37. 6).

[3]) Vgl. fr. 20 pr. fam. erc. (10. 2), fr. 1 § 7
de dot. coll. (37. 7).

[4]) Fr. 5 § 1 de dot. coll. (37. 7).

[5]) Arg. Ulp. 79 fr. 5 § 3 de coll. bon. (37. 6):
v. „quanti ea res erit, in tantam pecuniam
condemnabitur". A. M. Rudorff, E. P.
§ 302.

[6]) D. (35. 3). Cf. fr. 1 § 16, 32 § 2 ad l. Falc.
(35. 2).

[7]) Fr. 1, 3 pr.—§ 5 h. t., fr. 47 ad l. Falc.
(35. 2), fr. 71 de V. S. (50. 16).

[8]) Fr. 2 h. t. Ob fr. 4 de stip. praet. (46. 5)
hieher oder wohin sonst gehört, ist nicht zu
bestimmen, auch ohne Interesse.

[9]) Vgl. zur Fassung des Formulars im
ganzen: Ulp. 79 fr. 1 § 7. 8. 11 h. t., Marcell.
fr. 5 h. t., Paul. fr. 1 § 12. 16 ad l. Falc. (35. 2),
fr. 8 § 4 qui sat. cog. (2. 8), fr. 9 § 5 de iur. et
fact. ign. (22. 6), Pompon. fr. 31 ad l. Falc.
(35. 2), Iulian. fr. 84 eod., fr. 28 [27] § 16 ad
SC Treb. (36. 1), Antonin. c. 2 de usur. et
fruct. legat. (6. 47). Die Ungenauigkeiten in

mehrern dieser Stellen sind auf Abschreiberversehen (falsche Auflösung von Abkürzungen) zurückzuführen.

[10]) Ausdehnung auf Fideikommisse: Ulp. 79
fr. 1 § 5. 13 h. t. Auf mortis causa donationes: Ulp. 79 fr. 1 § 10 h. t.

[11]) Ulp. 79 fr. 1 § 1 h. t.

[12]) Ulp. 79 fr. 71 pr. de V. S. (50. 16). Das
„his rebus recte praestari" in fr. 71 § 1 de
V. S. gehört schwerlich unserer Kaution an;
vielleicht einer Gegenkaution, die der Legatar bei der wirklichen Rückgabe iudicis
officio verlangen konnte. Vgl. etwa fr. 19
de R. V. (6. 1).

[13]) Ulp. 79 fr. 1 § 4 h. t. Utilis, si amplius
quam per aliam legem licuerit: fr. 1 § 14
h. t.

[14]) Ulp. 79 fr. 1 pr. h. t., Paul. 75 fr. 2 h. t.
Das „etiamsi quanti ea res sit promisit" in
fr. 2 cit. darf nicht etwa dahin gedeutet
werden, dass im Album eine andere Fassung
vorgesehen gewesen wäre (promisit = versprochen hat, nicht = versprochen haben
sollte).

[15]) Ulp. 79 fr. 1 pr. i. f., fr. 3 pr. h. t.

Rudorffs Fassung (E. P. § 303) leidet an dem Fehler, dass sie sich zu enge an das Referat in fr. 1 pr. h. t. anlehnt.

§ 285. EUICTA HEREDITATE LEGATA REDDI.

Ulp. 79 [1]), Paul. 75 [2]).

Alex. c. 9 de legat. (6. 37):

> praeses prouinciae secundum iurisdictionis formam solui legata iubebit, interposita ·cautione, si euicta fuerit hereditas, ea restituturum [3]) . .

Procul. fr. 48 § 1 de legat. II:

> . . cauere debebunt, si hereditas euicta fuerit, quod legatorum nomine datum sit, redditu iri.

Maecian. fr. 8 si cui plus (35. 3):

> . cauenti „euicta hereditate restitu*tu* iri" . . . .

Gai. fr. 17 de h. p. (5. 3), Ulp. fr. 1 § 9 si quis omissa (29. 4):

> „euicta hereditate legata reddi".

Ulp. 79 fr. 3 § 6 (cf. § 7) si cui plus (35. 3):

> uiri boni arbitrium, quod inest huic stipulationi.

Nach obigen Zeugnissen kann die Kaution kaum viel anders gelautet haben, als sie im wesentlichen gleichlautend von Rudorff [4]) und Dernburg [5]) rekonstruiert wird, etwa:

> *Si euicta fuerit hereditas Lucii Titii, quod ex eius testamento legatorum nomine tibi datum erit* [6]), *boni uiri arbitratu redditum iri spondesne? spondeo.*

Die Kaution wurde übrigens vom Prätor nur causa cognita angeordnet, und dies war in besonderm Edikt ausgesprochen, das wir uns vermutlich [7]) vor der Kaution proponiert zu denken haben, Paul. 75 fr. 4 pr. si cui plus (35. 3):

> Haec autem satisdatio locum habet, „SI IUSTA CAUSA ESSE UIDEBITUR"
> .... eam rem praetor ad cognitionem suam reuocat.

§ 286. USUFRUCTUARIUS QUEMADMODUM CAUEAT [8]).

Ulp. 79 [9]), Paul. 75 [10]).

Ulp. 79 fr. 1 pr. h. t.:

> Si cuius rei usus fructus legatus sit, aequissimum praetori uisum est [11]) de utroque legatarium cauere: et usurum se boni uiri arbi-

---

[1]) Fr. 3 § 6—10 si cui plus (35. 3).

[2]) Fr. 4 eod.

[3]) Restitutu iri? Vgl. fr. 8 si cui plus (35. 3), Cuiac. opp. IX p. 812.

[4]) E. P. § 304.

[5]) Verhältnis der h. p. zu den erbsch. Sing. kl. (1852) S. 108.

[6]) Rudorff und Dernburg haben „sit".

[7]) Möglich wäre übrigens auch, dass das

Edikt schon unter dem Titel de legatis proponiert war und dass Paul. l. c. nur daran erinnern wollte.

[8]) D. (7. 9).

[9]) Fr. 1, 3, 5, 7 h. t., fr. 10 de usuf. ear. rer. (7. 5).

[10]) Fr. 2, 6, 8 h. t.

[11]) Das hiehergehörige Edikt steht unter dem Titel de legatis (§ 171).

tratu et, cum usus fructus ad eum pertinere desinet, restituturum
quod inde extabit.

Die im wesentlichen sicher nachweisbare Fassung der Stipulation stimmt
fast wörtlich mit obigem Referat überein:

> CUIUS REI USUS FRUCTUS[1]) TESTAMENTO LUCII TITII TIBI LEGATUS[2]) EST,
> EA RE BONI UIRI ARBITRATU USURUM FRUITURUM TE[3]) ET, CUM USUS FRUCTUS
> AD TE PERTINERE DESINET[4]), ID QUOD INDE EXTABIT RESTITUTUM IRI[5])
> DOLUMQUE MALUM ABESSE AFUTURUMQUE ESSE[6]) SPONDESNE? SPONDEO.

§ 287.   LEGATORUM SERUANDORUM CAUSA[7]).

Ulp. 79[8]), Paul. 75[9]), Gai. 27[10]).

Ulp. 79 fr. 1 pr. h. t.:

> Legatorum nomine satisdari oportere praetor putauit, ut, quibus
> testator dari fieriue uoluit, his diebus detur uel fiat dolumque
> malum afuturum stipulentur.

Nach den Quellen ist folgende Fassung, die sich der des Cujaz[11]) annähert,
höchst wahrscheinlich, in den Hauptpunkten sogar sicher:

> Quidquid mihi[12]) herediue meo[13]) legatorum nomine ex testamento
> Lucii Titii dari fieri[14]) oportet[15]) oportebit[16]), id, quibus diebus
> Lucius Titius dari fieri uoluit, his diebus dari fieri[17]) dolumque
> malum abesse afuturumque[18]) esse spondesne? spondeo.

---

[1]) Usus (im Edikt, s. § 171, vorgesehen):
Ulp. 79 fr. 5 § 1 h. t.   Fructus sine usu,
habitatio, operae, uindemia, messis: Ulp. 79
fr. 5 § 2. 3 h. t., Paul. 75 fr. 6 eod.

[2]) Ausdehnung auf fideikommissarisch
hinterlassenen und sonst bestellten Niessbrauch: Ulp. 79 fr. 1 § 2 h. t., c. 4 de usuf.
(3. 33).

[3]) Fr. 12 h. t., fr. 13 pr. de usuf. (7. 1);
Ulp. 79 fr. 1 § 3—6 h. t.

[4]) Ulp. 79 fr. 3 pr.—§ 3 h. t., Paul. 75 fr. 8
eod., Venul. fr. 4 eod. Ulp. 79 fr. 7 § 1 h. t.:
Cum usus fructus pecuniae legatus esset,
exprimi debent hi duo casus in stipulatione
„cum morieris aut capite minueris, dari".
Vgl. Gai. fr. 7 de usuf. ear. rer. (7. 5), Iulian.
fr. 6 pr. eod., Paul. fr. 9 eod., Ulp. fr. 10 eod.
Die hier erwähnte Kaution war durch das
bekannte Senatuskonsult angeordnet — fr. 24
pr. de usu et usuf. (33. 2) —, aber nicht im
Album proponiert. Letzteres geht sowohl
aus dem „exprimi debent" in fr. 7 § 1 h. t.
hervor, wie auch aus der bei Gai. fr. 7 de
usuf. ear. rer. frei gelassenen Wahl: cautio
desideranda est, ut .... res restituatur, aut
.... certae pecuniae nomine cauendum est,
quod et commodius est. Irrig Rudorff,
E. P. § 301.

[5]) Ulp. 79 fr. 1 § 7, fr. 3 § 4 h. t. (quia neque
.... restitui potest).

[6]) Ulp. 79 fr. 5 pr. h. t. Rudorff, E. P.
§ 300, hat offenbar unrichtig „huic stipula-
tioni abesse". Es könnte nur heissen „huic
rei abesse".

[7]) D. (36. 3).

[8]) Fr. 1, 3, 14 h. t., fr. 2 ut in poss. (36. 4,
fr. 86 de V. O. (45. 1) cf. Paul. 75 fr. 2 de
legat. II und Ulp. fr. 29 pr. de V. O. (45. 1),
fr. 3 de stip. praet. (46. 5) cf. fr. 1 § 4 h. t.

[9]) Fr. 15 h. t., fr. 2 de legat. II; fr. 10, 13
qui satisd. cog. (2. 8)? fr. 87 de V. O. (45. 1?
vgl. Paul. nr. 819. 816. 821.

[10]) Fr. 16 h. t.

[11]) Opp. IV p. 707. Anders, m. E. nicht
in Übereinstimmung mit den Quellen, Rudorff, E. P. § 298.

[12]) Successoribus legatariorum satisdari
debere: Ulp. 79 fr. 1 § 3 h. t.

[13]) Vgl. S. 515 n. 4.

[14]) Ulp. 79 fr. 1 pr. h. t., Pompon. fr. 10
eod.: in rem concepta stipulatio. „Pro portione tua" als selbstverständlich nicht ausgedrückt: fr. 1 § 19 h. t.

[15]) Pompon. fr. 10 h. t., vgl. fr. 8, 9, 15
pr. h. t.

[16]) Ulp. 79 fr. 1 § 13 h. t., Papin. fr. 5 pr.
eod.

[17]) Ulp. 79 fr. 1 pr. h. t., vgl. fr. 8, 9 h. t.

[18]) Ulp. 79 fr. 1 pr. h. t.

Dem procurator[1]) wird sub exceptione procuratoria „*si procurator est*" kaviert[2]), dem procurator „eius, qui absens esse dicitur", nach der von Ulpian gebilligten Ansicht des Ofilius[3]) mit der speziellen Bedingung „*si is, cuius nomine caueat, uiuat*[4])"*, dem Gewalthaber des Legatars unter der Bedingung „si, cum eius legati dies cedit, in potestate sit[5])".

Auf „quanti ea res erit, tantam pecuniam", was Cujaz beifügt, ging die Kaution nicht[6]); doch wurde, wo die Summe des Legats unbestimmt war, üblicherweise eine Taxation beigefügt[7]).

Ob man die obige Fassung unverändert auch auf Fideikommisse[8]) anwendete, aus denen ein oportere im technischen Sinne nicht erwuchs, steht dahin, desgleichen, inwieweit beim legatum per uindicationem[9]) eine veränderte Formulierung eintrat[10]). Vielleicht gehört hieher Paul. 75 fr. 87 de V. O. (45. 1):

Nemo rem suam futuram in eum casum, quo sua fit, utiliter stipulatur.

§ 288. REM PUPILLI [UEL ADULESCENTIS[11])] SALUAM FORE[12]).

Ulp. 79[13]), Paul. 76[14]), Gai. 27[15]).

Die Hauptbestandteile der cautio rem pupilli saluam fore lassen sich mit völliger Sicherheit nachweisen. Die Kaution enthielt zunächst zweifellos die Worte, die ihr den Namen gaben: *rem meam saluam fore,* beziehungsweise, wenn statt des Mündels ein Sklave desselben[16]), ein seruus publicus[17]), ein Mitvormund[18]), ein Munizipalmagistrat[19]) als Stipulant auftrat, die Worte: *rem Lucii Titii saluam fore.* Ferner aber reproduzierte

---

[1]) Ulp. 79 fr. 1 § 4 h. t.

[2]) Fr. 39 § 3 de damno inf. (39. 2).

[3]) Ulp. 79 fr. 1 § 15 h. t.

[4]) Nämlich „si uiuat eo tempore, quo cautio exigitur". Es ist an den Satz morte soluitur mandatum zu denken. Die Bedingung wäre überflüssig, wenn die Kaution einfach auf „quidquid Gaio Seio dari fieri oportet" gestellt wäre — denn ist Gaius Seius tot, so ist niemand mehr ihm etwas schuldig. Darum habe ich oben hinter dem mihi die Worte „herediue meo" eingeschoben.

[5]) Ulp. 79 fr. 1 § 20 h. t.

[6]) Arg. Ulp. 79 fr. 1 § 16 h. t.

[7]) Ulp. fr. 6 pr. h. t.

[8]) Ulp. 79 fr. 14 pr. h. t.: haec stipulatio et in fideicommissis locum habet. Im Edikt selbst waren die Fideikommisse nicht genannt, vgl. § 172 a. E.

[9]) Ulp. 79 fr. 1 § 17 h. t.

[10]) Dass schon nach klassischem Recht aus einem legatum per uindicationem nach Wahl auch in personam geklagt werden konnte, ist trotz einzelner scheinbar dafür

sprechender Stellen (fr. 33, 84 § ult., 85 de legat. I) nicht anzunehmen. Diese Stellen dürften sämtlich interpoliert sein, vgl. ausser meiner Palingen. besonders Eisele, ZRG. XXXI S. 6 fgg. Eine Wahl konnte für den Legatar nur infolge des SC Neronianum in Frage kommen, wenn es nämlich zweifelhaft war, ob die per uind. legierte Sache Eigentum des Testators gewesen war oder nicht.

[11]) Gradenwitz, Grünh. Zschr. XVIII S. 344 n. 9, will die Worte „uel adulescentis" als Emblem aus der Rubrik streichen. Wohl mit Recht, obwohl nach fr. 4 § 7. 8 h. t. — v. „haec stipulatio" — auch eine cautio rem adulescentis saluam fore im Album proponiert gewesen zu sein scheint.

[12]) D. (46. 6).

[13]) Fr. 2, 4 h. t., fr. 16 de tutelae (27. 3), letzteres fr. fälschlich Ulp. 74 inskribiert.

[14]) Fr. 5 h. t.

[15]) Fr. 6 h. t.

[16]) Fr. 2, 6 h. t. Vgl. auch fr. 5 h. t.

[17]) Fr. 2 h. t.

[18]) Fr. 38 § 20 de V. O. (45. 1).

[19]) Fr. 1 § 15 de mag. conuen. (27. 8).

die Kaution die demonstratio[1]) und intentio[2]) der actio tutelae oder protutelae, und die Art und Weise der Verbindung dieser verschiedenen
Bestandteile erfahren wir aus fr. 11 h. t.:

> Cum rem saluam fore pupillo cauetur, committitur stipulatio, si,
> quod ex tutela dari fieri oportet, non praestetur: nam etsi salua ei
> res sit, ob id non est, quia quod ex tutela dari fieri oportet, non
> soluitur.

Ob id non est, *scil.* ob id quod ex tutela dari fieri oportet. Hienach dürfte
die Stipulation des Pupillen etwa so gelautet haben:

> *Quidquid, quod tu tutelam meam gesseris, te mihi dare faccre*
> *oportebit ex fide bona, ob id rem meam saluam fore spondesne?*
> *spondeo.*

Ob die clausula doli hinzutrat, wissen wir nicht; vielleicht hielt man sie
wegen des „ex fide bona" für überflüssig.

Längst verlassen sind die klassischen Formen in den gesta curiae
Reatinae bei Spangenberg, tab. negot. p. 137. 138.

Für Kuratoren war anscheinend anhangsweise eine besondere Stipulation proponiert[3]).

§ 289.   RATAM REM HABERI[4]).

Ulp. 80[5]), Paul. 76[6]), Iulian. 56[7]).

Durch Kombination der verschiedenen Zeugnisse ergibt sich, im
wesentlichen sicher, folgender Wortlaut unserer Kaution:

> QUO NOMINE MECUM ACTURUS ES[8]), EO NOMINE[9]) AMPLIUS NON ESSE PETI-
> TURUM EUM, CUIUS DE EA RE ACTIO PETITIO PERSECUTIO EST ERIT[10]), RATAM-
> QUE REM HABITURUM[11]) ESSE LUCIUM TITIUM HEREDEMUE EIUS EUMUE AD
> QUEM EA RES PERTINEBIT[12]) DOLUMQUE MALUM HUIC REI ABESSE AFUTURUM-
> QUE ESSE[13]), QUOD SI ITA FACTUM NON ERIT SIUE QUID ADUERSUS EA FACTUM
> ERIT[14])[15]), QUANTI EA RES ERIT[16]), TANTAM PECUNIAM DARI SPONDESNE?
> SPONDEO.

[1]) Ulp. 79 fr. 4 § 3. 4. 7 h. t.
[2]) Fr. 11 h. t. und namentlich fr. 9 pr. de
nouat. (46. 2). A. M. Karlowa, II S. 1188.
[3]) Vgl. S. 515 n. 11.
[4]) D. (46. 8).
[5]) Fr. 10, 12 h. t., fr. 58 de solut. (46. 3),
fr. 18 de exc. r. iud. (44. 2).
[6]) Fr. 13 h. t., fr. 73 de fideiuss. (46. 1).
[7]) Fr. 22 h. t.
[8]) Vgl. fr. 33 § 3 de proc. (3. 3).
[9]) C. 31 de transact. (2. 4).
[10]) Iulian. fr. 23 h. t., Paul. fr. 14, 15 h. t.,
fr. 82 de V. S. (50. 16), Papin. fr. 2 ut legat.
(36. 3), Ulp. fr. 27 § 14 ad l. Aquil. (9. 2),
c. 31 de transact. (2. 4). Cic. Brutus c. 5 § 18,
pro Roscio com. c. 12 § 35, ad famil. XIII
28ᵃ § 2.

[11]) Ulp. 80 fr. 12 § 1—3 h. t., Gai. IV 84. 98.
[12]) Ulp. fr. 33 § 3 de proc. (3. 3), Iulian.
fr. 22 § 7, fr. 23 h. t., Pompon. fr. 18 h. t.,
Venul. fr. 8 § 2 h. t., Paul. fr. 70 de V. S.
(50. 16), Modest. fr. 53 § 1 de O. et A. (44. 7).
Über weitere Zusätze bei der actio iniuriarum (filium, nepotem) vgl. fr. 22 § 9. 10 h. t.
[13]) Iulian. 56 fr. 22 § 7 h. t., Paul. fr. 19 h. t.
[14]) Fr. 71, 137 § 7 de V. O. (45. 1).
[15]) Zweckmässiger Zusatz gegenüber dem
Prokurator eines Minderjährigen (fr. 3 pr.
h. t.): *siue ille in integrum restitutus fuerit*
heresue eius aut is, ad quem ea res q. d. a.
pertinebit.
[16]) Fr. 2 § 2 de stip. praet. (46. 5), Paul. 76
fr. 13 pr. h. t.; cf. fr. 8 § 2 h. t.

Die ständige Verbindung der clausula de amplius non petendo mit der cautio de rato lässt sich nach Iulian. fr. 23 h. t. nicht bezweifeln[1]). Dass jene Klausel neben der gehörig ausgelegten clausula de rato hätte entbehrt werden können, ist m. E. keine Instanz gegen die Annahme dieser Verbindung. Allerdings aber ist andererseits gewiss, dass die beiden Klauseln auch getrennt vorkommen[2]); sieht man vom Fall der Prozessführung durch einen Prokurator ab, so gibt es ja Fälle genug, wo je nach Lage der Sache nur die eine oder die andere am Platze ist[3]).

§ 290. *DE AUCTORITATE*[4]).

Ulp. 80[5]). 81[6]), Paul. 76[7]). 77[8]), Gai. 28[9]), Iulian. 57[10]). 58[11]), Cels. 27 dig.[12]), Papin. 28 quaest.[13])

Von der Eviktionshaftung handeln, wie aus den Noten ersichtlich, Ulpian, Paulus und Julian in je zwei Büchern, und zwar wird bei Ulpian und Paulus keines dieser beiden Bücher von der Lehre ganz ausgefüllt, sondern es kommen daneben noch andere ediktale Materien zur Erörterung; bei Julian ist, wie es scheint, lib. 57 ganz der Eviktionshaftung gewidmet, lib. 58 dagegen ihr und andern Materien zusammen. Aus dieser Sachlage nun dürfen wir m. E. mit grosser Wahrscheinlichkeit den Schluss ziehen, dass das Edikt an dieser Stelle nicht eines, sondern zwei die Eviktionshaftung betreffende Rechtsmittel enthielt. Denn es ist in den Kommentaren des Ulpian und Paulus und in Julians Digesten sonst an keiner Stelle nachzuweisen[14]), dass die Erörterung eines und desselben Rechtsmittels in der Mitte des einen Buchs begonnen, dann abgebrochen und in einem Stück des nächsten Buchs fortgesetzt würde. Mit welchen zwei Rechtsmitteln haben wir es aber hier zu tun? Eines vor allem nun ist gewiss: das Rechtsmittel, an das man zunächst denken möchte, die stipulatio duplae, gehört nicht hieher. Diese war zweifellos im Edikt der Ädilen proponiert; eine nochmalige Proponierung im Edikt des Prätors wäre gegen alle Wahrscheinlichkeit und würde zudem dem Bericht des Pomponius in fr. 5 pr. de V. O. (45. 1) widersprechen:

duplae stipulatio uenit ab iudice aut ab aedilis edicto.

Auch begegnet uns in den erhaltenen Fragmenten zwar, wie wir unten sehen werden, einige Mal der Name der duplae stipulatio; aber, was bei

---

[1]) Anders Rudorff, E. P. § 305.

[2]) Paul. fr. 14 h. t.

[3]) Hinsichtlich der cautio de rato vgl. z. B. fr. 10, 11 h. t.; die Erwähnung der cautio de amplius non petendo in fr. 27 § 14 ad l. Aquil. (9. 2) ist dagegen m. E. interpoliert.

[4]) D. (21. 2) de euictionibus et duplae stipulatione. C. (8. 44 [45]) de euictionibus.

[5]) Fr. 28, 51 h. t., fr. 61 de aedil. ed. (21. 2).

[6]) Fr. 52 h. t. Fr. 73 de V. S. (50. 16) (fälschlich Ulp. 80 statt 81 inskrib.)? s. S. 524.

[7]) Fr. 9 h. t., fr. 72 de V. S. (50. 16).

[8]) Fr. 53 h. t.

[9]) Fr. 54 h. t., fr. 53 de C. E. (18. 1).

[10]) Fr. 39 h. t.

[11]) Fr. 40, 43 h. t.

[12]) Fr. 10, 62 h. t., fr. 12 de A. E. V. (19, 1), fr. 11 de S. P. R. (8. 3).

[13]) Fr. 66 h. t.

[14]) Die von Girard, NRH. XXVIII p. 142 ss., aufgeführten wenigen angeblichen Ausnahmen sind alle problematisch.

einem zu Justinians Zeit noch praktischen Rechtsmittel sehr auffällig wäre, keine der bekannten Wendungen dieser Stipulation wird auch nur berührt, so dass die Annahme, jene Bezeichnung sei interpoliert, sehr nahe liegt. Umgekehrt gelten gerade die umfangreichsten der erhaltenen Untersuchungen nachweisbar nicht der duplae stipulatio. Ist nun der Gedanke an die duplae stipulatio zu verbannen, so bleiben uns nur zwei Rechtsmittel, die wir an diese Stelle des Edikts einschieben können: die Formel der sog. actio auctoritatis[1]) und die satisdatio secundum mancipium. Von jener handeln Ulp. 80, Paul. 76, Gai. 28, Iulian. 57; von dieser Ulp. 81, Paul. 77, Iulian. 58. Das Erscheinen einer actio mitten unter den Stipulationsformularen darf nicht befremden: fanden wir doch auch die actio hypothecaria mitten unter den Interdiktsformularen. Vermutlich war die schon bei Cicero erwähnte satisdatio secundum mancipium[2]) schon geraume Zeit im Edikt proponiert, als der Prätor die actio auctoritatis formulierte[3]). Die erstere wird die letztere an ihren Ort attrahiert haben.

I.

Aus der Manzipation ging für den Manzipanten kraft Gesetzes die Verpflichtung hervor, dem Manzipatar gegenüber Eviktionsversuchen eines Dritten gerichtlich Beistand zu leisten und ihm so zum Siege zu verhelfen, bei Vermeiden doppelten Ersatzes des gezahlten Kaufpreises[4]).

Paul. II 17 § 3:

> Res empta mancipatione et traditione perfecta si euincatur, auctoritatis uenditor duplo tenus obligatur.

Cf. § I eod.:

> Uenditor si eius rei, quam uendidit, dominus non sit, pretio accepto[5]) auctoritatis manebit obnoxius: aliter enim non potest obligari.

Die actio, womit diese Haftung geltend gemacht wurde, pflegen wir heutzutage actio auctoritatis zu nennen; wie die Römer sie nannten, wissen wir nicht. Ihre Kondemnationsbedingungen müssen wir uns alternativ gefasst denken: denn die Haftung auf das Doppelte fand sowohl dann statt, wenn der Manzipant trotz Aufforderung des Käufers die Assistenz im Prozess nicht leistete — dafür war der technische Ausdruck auctoritatem defugere[6]) —,

---

[1]) In Rudorffs E. P. fehlt diese actio ganz und gar.

[2]) Cic. ad Att. V 1 § 2.

[3]) Dass Cicero für diese noch die legis actio kennt — pro Caec. c. 19 § 54, pro Murena c. 12 § 26 —, ist freilich kein Beweis dafür, dass es zu seiner Zeit nicht auch eine Formel für sie gab.

[4]) Die Lehre von der actio auctoritatis in aller Breite zu erörtern, ist hier nicht der Ort. Ich verweise auf die Darstellung Bechmanns (der Kauf, I S. 102—123), die ich in allen Hauptpunkten für überzeugend halte.

Vgl. ferner Girard, garantie d'éviction (1884) p. 1 ss. (S. A. aus NRH. VI p. 180 ss., VII p. 537 ss., VIII p. 395 ss.), Pernice, Labeo III S. 115 fgg. Keiner Widerlegung bedarf m. E. der Versuch von Erich Danz (die auctoritas, 1876, S. 23 n. 22), die Existenz der sog. actio auctoritatis zu bestreiten.

[5]) Vgl. fr. 11 § 2 de A. E. V. (19. 1).

[6]) Vgl. Plaut. Poen. I 1, 19, Terent. Eunuch. II 3 i. f., Cic. pro Sulla c. 11 § 33. Fr. 85 § 5, 139 ss. de V. O. (45. 1). In fr. 139 cit. ist die Erwähnung der duplae stipulatio interpoliert; die Anfangsworte „cum ex causa duplae

als auch, wenn er zwar in den Prozess eintrat, dieser aber trotzdem verloren ging[1]).

Von dieser actio nun finden wir in den oben zitierten Büchern der Kommentare ganz unverkennbare, wenn auch durch Interpolationen verdeckte Spuren.

Ich beginne mit derjenigen Stelle, wo die Interpolationen am handgreiflichsten vorliegen[2]), Iulian. 57 fr. 39 h. t. Betrachten wir zunächst § 4 und 5 des Fragments:

> Qui statu liberum tradit, nisi dixerit eum statu liberum esse, euictionis nomine perpetuo[3]) obligatur. (§ 5) Qui seruum uenditum tradit et dicit usum fructum in eo Seii esse, cum ad Sempronium pertineat, Sempronio usum fructum petente perinde tenetur, ac si in tradendo dixisset usus fructus nomine aduersus Seium non teneri . et si re uera Seii usus fructus fuerit, legatus autem ita, ut, cum ad Seium pertinere desisset, Sempronii esset, Sempronio usum fructum petente tenebitur, Seio agente recte defugiet.

Ich denke, es wird nicht erst des Beweises bedürfen[4]), dass ursprünglich hier überall statt „tradere" stand: „mancipare", statt „euictionis nomine" geschrieben war: „auctoritatis nomine[5])", und dass am Schluss vor „defugiet" das Wort „auctoritatem" ausgefallen ist, kurz dass hier von der gesetzlichen Haftung des Manzipanten die Rede war. Erwägt man dies, so wird man nicht zweifeln können, dass eben dieselbe Haftung auch in § 2 des Fragments in Frage steht und dass es daher in § 2 bei Julian statt „acceperas" und „tradiderat" hiess: mancipio acceperas und mancipio dederat. Eine ganz besonders interessante Interpolation anderer Art findet sich aber weiter im pr. der Stelle:

> Minor uiginti quinque annis fundum uendidit Titio, eum Titius Seio: minor se in ea uenditione circumscriptum dicit et inpetrat cognitionem non tantum aduersus Titium, sed etiam aduersus Seium: Seius postulabat apud praetorem utilem sibi de euictione stipulationem in Titium dari: ego dandam putabam ..... nam si ei fundus praetoria cognitione ablatus fuerit, aequum erit per eundem praetorem et euictionem restitui.

Utilem sibi de euictione stipulationem in Titium dari! euictionem restitui! Es liegt zu Tage, dass Julian schrieb: „utilem actionem dari" und „auctoritatem restitui". Was die Kompilatoren an dessen Stelle gesetzt haben,

---

stipulationis aliquid intendimus" hat der Jurist gewiss nicht so geschrieben.

[1]) Dafür könnte der technische Ausdruck „auctoritatis nomine uictum esse" gewesen sein. Vgl. Cels. 27 fr. 62 § 1 h. t.: recteque cum ceteris agam, quod euictionis (scr. auctoritatis) nomine uicti sint.

[2]) A. M. Karlowa, R. G. II S. 406 n. 2.

[3]) Perpetuo: weil hier die Usukapion ausgeschlossen ist. Dies gegen Karlowa, a. a. O.

[4]) Vgl. auch Bechmann, a. a. O. S. 244.

[5]) Vgl. fr. 69 § 1—4 h. t., wo die gleichen Interpolationen wiederkehren.

ist der bare Unsinn[1]). Als utilis aber will Julian die auctoritatis actio
erteilt wissen, entweder deshalb, weil die auctoritas durch Ablauf der
Usukapionsfrist erloschen war — derselbe Grund, aus dem auch in fr. 66
§ 1 h. t. diese actio als utilis erteilt wird —, oder deshalb, weil die manzi-
pierte Sache im konkreten Fall nicht iure ciuili abgestritten war, d. h. nicht
gerade das Recht abgestritten war, das durch die Manzipation garantiert
war[2]). Sonach bleiben von dem ganzen fr. 39 nur die § 1 und 3 übrig,
bei denen man zur Annahme von Interpolationen nicht gezwungen ist.
Dem gegenwärtigen Wortlaut nach ist in § 1 von der stipulatio duplae, in
§ 3 von einem nicht näher bezeichneten Rechtsmittel wegen Eviktion die
Rede, und es ist ja wohl zu begreifen, wenn Julian, gelegentlich der actio
auctoritatis, auch andere Rechtsmittel gleicher Richtung berührte.

Das gleiche Bild unzweifelhafter Interpolation gewähren die durch
ihre Inskription hieher verwiesenen Stellen aus Celsus 27 dig. und Papin.
28 quaest., fr. 62 und 66 h. t. Man beachte namentlich in fr. 62 § 1 h. t.
die nicht näher bezeichnete „de euictione obligatio" und das unmögliche
„euictionis nomine uicti" statt „auctoritatis nomine uicti"[3]), in fr. 66 § 1 h. t.
die ebenfalls unbenannte „utilis pro euictione actio". Diese letztere, auch
sonst[4]) zu beobachtende Interpolation ist in fr. 76 h. t. von der Hand der
Kompilatoren urkundlich belegt, wo es heisst:

amitti auctoritatem, id est actionem pro euictione placet.

Sie kehrt ebenso bei Ulp. 80 fr. 51 § 4 h. t. und mit leichter Veränderung,
in Gestalt einer „actio de euictione", auch in § 2 desselben fr. wieder.
Fr. 51 cit. ist aber auch sonst noch interpoliert. In § 1 lesen wir die schon
grammatisch anstössigen Worte:

quamuis enim Titius denuntiari pro euictione non potuisset,
heredi tamen eius denuntiari potuisset.

Vermutlich hiess es im Original: quamuis Titio denuntiari auctoritas
non potuisset. Die Kompilatoren scheinen die Stelle ausserdem noch abgekürzt zu haben, so dass der ursprüngliche Gedankengang nicht mehr
zu ermitteln ist[5]).

Während im pr. und § 3 des fr. 51 cit. nur das noch bemerkenswert
ist, dass kein Wort in diesen Entscheidungen auf eine obligatio ex stipulatu

---

[1]) A. M. Karlowa, a. a. O. Er führt gegen
den Text an, dass der Ausdruck „stipulationem dare" auch in echten Stellen vor-
komme. Das war mir nicht unbekannt. Die
Frage ist, ob er in unserer Stelle echt sein
kann.

[2]) Vgl. fr. 35 de A. E. V. (19. 1).

[3]) Gewiss sind in dieser Stelle auch die
Phrasen „de industria non uenerint" und
„propter denuntiationis uigorem et prae-
dictam absentiam" Justinianisch.

[4]) Vgl. noch fr. 9, 72 h. t. Wegen ersterer
Stelle s. S. 521. In letzterer Stelle hiess es

gewiss ursprünglich nicht „euictionis actio
in singula capita mancipiorum spectatur",
sondern: auctoritas .... spectatur.

[5]) Eben deshalb lasse ich die weitgehenden Folgerungen, die ich in der 1. Aufl. aus
§ 1 cit. gezogen habe, fallen und lasse insbesondere jetzt dahingestellt, ob die zitierten Worte auf die solenne Denuntiation des
Legisaktionenprozesses, die „actio in aucto-
rem praesentem" zu beziehen sind, von der
uns Cicero (pro Caec. c. 19 § 54, pro Murena
c. 12 § 26) und Probus (4, 7) melden: quando
in iure te conspicio, postulo anne fuas auctor.

deutet, verrät Paul. 76 fr. 9 de euict. (21. 2) wieder ganz deutlich die ursprüngliche Beziehung auf die actio auctoritatis:

> Si uendideris seruum mihi Titii, deinde Titius heredem me reliquerit, Sabinus ait amissam actionem pro euictione, quoniam seruus non potest euinci: sed in ex empto actione decurrendum est.

„Amissam actionem pro euictione" für „duplae stipulationem euanescere" wäre doch mehr als auffallend: es hiess ursprünglich — arg. fr. 76 h. t. — „amissam auctoritatem".

Die im bisherigen nicht bereits betrachteten Fragmente[1] der angeführten Bücher der Kommentare enthalten kein weiteres Beweismaterial: hervorgehoben sei nur soviel, dass sie sich sämtlich ohne alle Schwierigkeit als Bestandteil einer Erörterung über die actio auctoritatis denken lassen[2] und dass in ihnen, wie in den andern angeführten Stellen der Kaufgegenstand, soweit er genannt ist, eine res mancipi (Grundstücke oder Sklaven) ist.

Nach alledem scheint mir die Behauptung, dass an dieser Stelle des Edikts die Formel der actio auctoritatis stand, hinreichend gerechtfertigt, umsomehr, als es sonst geradezu unbegreiflich wäre, dass sich von diesem wichtigen Rechtsmittel in den Ediktkommentaren nirgends als just hier auch nur die geringste Spur vorfindet.

Auf den Versuch, die Formel unserer actio zu rekonstruieren, ist natürlich zu verzichten. Sie ging, wie bemerkt, auf das Doppelte des Kaufpreises, und zwar nicht etwa bloss aduersus infitiantem, sondern schlechtweg[3]. War bei zugesagter Servitutfreiheit eine Servitut abgestritten worden, so trat an Stelle des Kaufpreises das quanti minoris emisset[4], ohne dass gesagt werden kann, ob und wie dies in der Formel hervortrat. Auf Eviktion eines blossen Teils der Sache scheint die Formel anders als die stipulatio duplae — keine ausdrückliche Rücksicht genommen zu haben, arg. Paul. 76 fr. 72 de V. S. (50. 16):

> Appellatione rei pars etiam continetur.

2.

Die satisdatio secundum mancipium[5] war, ihrem Namen nach zu urteilen, eine Kaution, die den Inhalt der gesetzlichen Haftung des

---

[1] Ulp. 80 fr. 28 h. t., fr. 61 de aedil. ed. (21.1), Paul. 76 fr. 72 de V. S. (50.16), Gai. 28 fr. 54 h. t., fr. 53 de C. E. (18. 1).

[2] Zu Ulp. 80 fr. 61 de aedil. ed. (21. 1) vgl. fr. 20 § 1 de A. R. D. (41. 1), fr. 126 de V. S. (50. 16), in welch letztern beiden Stellen die ursprüngliche Beziehung auf die Manzipation noch deutlich erkennbar ist. Zu Gai. 28 fr. 54 § 1 h. t. vgl. fr. 69 § 3 eod.; zu Gai. 28 fr. 53 de C. E. (18. 1) vgl. Paul. sent. II 17 § 1. 3.

[3] Vgl. statt weiterer Literatur: Bechmann, a. a. O. S. 121 fgg. Für die Behauptung, dass unsere actio zu den Litiskreszenzklagen gehöre (Huschke), fehlt jedes Beweismittel.

[4] Ulp. 80 fr. 61 de aedil. ed. (21. 1) s. oben n. 2.

[5] Cic. ad Att. V 1 § 2, tab. Baetica (C. I. L. II p. 700 n. 5042) i. f., Not. Lindenbrog. S. S. M. = satis secundum mancipium. Aus der Literatur hervorzuheben: Degenkolb,

Manzipanten in sich aufnahm. Eine solche Kaution erfüllte zunächst jedenfalls den formellen Zweck, die Möglichkeit des Eintretens von Sponsoren und Fidepromissoren zu bieten, wofür das Vorhandensein einer uerborum obligatio bekanntlich Voraussetzung war[1]). Ob die Kaution darüber hinaus auch materiell eine Veränderung der Voraussetzungen der gesetzlichen Haftung bedeutete, lässt sich nicht mit Bestimmtheit sagen. Sehr weit geht in dieser Richtung Bechmann: er glaubt, dass die satisdatio secundum mancipium auch ohne Manzipation habe vorkommen, dass sie diese letztere nach Seite der auctoritas habe ersetzen können[2]). Das ist mir schon wegen des Namens der Kaution nicht wahrscheinlich: satisdatio secundum mancipium bedeutet doch wohl eine Kaution, die sich an eine geschehene Manzipation sei es inhaltlich sei es zeitlich anschliesst[3]). Andererseits besteht freilich auch kein zwingender Grund für die Annahme, dass die satisdatio in den von ihr statuierten Haftungsvoraussetzungen völlig mit der gesetzlichen auctoritas übereinstimmte. Wie dem nun auch sei, jedenfalls gab es für unsere satisdatio, geradeso wie für die stipulatio duplae, ein feststehendes Formular; dies erhellt zur Evidenz aus dem Schlusse der bätischen Fiduziartafel, wo es heisst:

> neue satis secundum mancipium daret, neue ut in ea uerba, quae in uerba satis secundum mancipium dari solet, repromitteret ....

Die übliche Formel der satisdatio erscheint hier als Vorbild der repromissio.

Dies Formular nun war, vermute ich, im Album hinter der actio auctoritatis proponiert. Das lässt sich zwar nicht strikt beweisen, wohl aber wahrscheinlich machen. Wir haben gesehen, dass die actio auctoritatis bei Ulp. 80, Paul. 76, Iulian. 57 behandelt ist. Nun finden wir bei Ulp. 81, Paul. 77, Iulian. 58, also in dem jeweils folgenden Buche, zusammen vier Stellen, die ebenfalls die Gewährleistung wegen Eviktion betreffen. Von diesen handelt in ihrem überlieferten Wortlaut die eine — Iulian. 58 fr. 40 h. t. — von einer satisdatio de euictione, eine zweite und dritte — Ulp. 81 fr. 52 h. t., Iulian. 58 fr. 43 h. t. — von der duplae stipulatio, die vierte — Paul. 77 fr. 53 h. t. — von einer nicht näher bezeichneten actio ex stipulatu. Diese Übereinstimmung lässt darauf schliessen, dass hier im

---

ZRG. IX S. 153 fgg., Krüger, krit. Versuche S. 54 fgg., Rudorff, ZRG. XI S. 94 fgg., Bechmann, a. a. O. S. 367 fgg., Girard, l. c. p. 53 ss., Karlowa, II S. 621 fgg.

[1]) Gai. III 119. Bechmann, a. a. O. S. 369.

[2]) S. auch Girard, l. c. p. 57 s.

[3]) Von den Verkäufen ohne Manzipation hat m. E. die duplae stipulatio ihren Ausgangspunkt genommen. Cf. Varro, de R. R. II 10 § 5: in horum (seruorum) emptione solet ......, si mancipio non datur, dupla promitti .... Dass diese Äusserung nur auf eine

stipulatio de euictione bezogen werden kann, betont mit Recht Bechmann a. a. O. S. 371, der aber zweifelt, ob dabei an die satisdatio secundum mancipium oder an die gewöhnliche stipulatio duplae zu denken sei. Letzteres ist bei dem Wortlaut der Stelle, wie mir scheint, das weit näher liegende. Die kritischen Bedenken Krügers (a. a. O. S. 55 n. 1) können uns m. E. nicht hindern, dem Verfasser der Stelle (möge das Varro selbst oder ein Späterer gewesen sein), der sich im übrigen wohl unterrichtet zeigt, auch in obiger Angabe Glauben zu schenken.

Edikt wirklich eine Kaution proponiert war, auf die sich sämtliche vier Stellen bezogen, und, da der Gedanke an die duplae stipulatio aus den früher angegebenen Gründen ausgeschlossen ist, so drängt sich die Vermutung auf, es möchten die Kompilatoren an Stelle der ursprünglich genannten satisdatio secundum mancipium in fr. 43 und 52 h. t. die duplae stipulatio interpoliert haben, zumal wenn man erwägt, dass in fr. 40 h. t. eine satisdatio wirklich vorkommt. Bestätigt wird diese Vermutung dadurch, dass wir in den sententiae des Paulus, die bekanntlich im ganzen dem Ediktsystem folgen, mitten unter den prätorischen Stipulationen (leider ohne den zugehörigen Text) der Rubrik de contrahenda auctoritate (V 10) begegnen, einer Rubrik, die auf die satisdatio secundum mancipium und gerade nur auf sie vortrefflich passen würde[1]).

Wie gesagt, ich finde in alledem noch keinen vollen Beweis dafür, dass wir es in jenen vier Stellen mit unserer satisdatio zu tun haben, immerhin aber Wahrscheinlichkeit genug, um sie, wenngleich zweifelnd, hieher zu setzen. Wäre die Beziehung der vier Stellen sicher, so würde man in ihnen Material dafür finden, dass die s. s. m. gleich der stipulatio duplae die Eviktion nicht nur der Sache selbst und der ganzen Sache, sondern auch des blossen Niessbrauchs und eines blossen Teils vorsah — fr. 43, fr. 53 pr. h. t. —, und dass die geschehene Denuntiation hier kein unbedingtes Erfordernis der Haftung des auctor war, vielmehr nichts weiter vorausgesetzt wurde, als dass die Sache sine dolo malo emptoris evinziert worden — arg. fr. 53 § 1 h. t.

Noch ist einem Einwand zu begegnen. Das Album enthält im übrigen nur solche Kautionen, die in irgend einer Beziehung zur iurisdictio praetoris stehen: wie kommt unter diese Kautionen die s. s. m., deren Ableistung in klassischer Zeit auf freier Vereinbarung der Parteien beruhte[2])? Ich kann diesen Einwand nicht als sehr schwerwiegend ansehen. Wir wissen nicht, ob der Rechtszustand, über den Ulpian und Paulus (s. n. 2) berichten, schon von alters her existierte. Nach des Paulus Bericht sträubte sich das Laienbewusstsein seiner Zeit gegen die von ihm betonte Freiwilligkeit der Satisdation, und auch Ulpian ist weit entfernt, den von ihm vorgetragenen Rechtssatz für einen von jeher unbestritten geltenden auszugeben („et est relatum non debere"); endlich zeigt der bekannte Bericht Varro's de L. L. VI 74[3]) zum allermindesten dies, dass jene Laien-

---

[1]) Vgl. fr. Vat. 10: stipulationem auctoritatis.

[2]) Ulp. fr. 4 pr. h. t. Vgl. auch Paul. fr. 56 pr. eod., Ulp. fr. 37 pr. eod., wo jedoch von der stipulatio duplae die Rede ist.

[3]) Consuetudo erat, quom reus parum esset idoneus inceptis rebus, ut pro se alium daret: a quo caueri postea lege coeptum est ab his, qui praedia uenderent, uades ne darent. ab eo scribi coeptum in lege mancipiorum: „uadem ne poscerent,

nec dabitur". Diese uades dürften wohl als die Vorläufer der satisdatio secundum mancipium anzusehen sein. Vgl. auch Karlowa, röm. C. P. S. 76, R. G. II S. 621. Wenn man es notwendig fand, gegen die Pflicht, sie zu stellen, ausdrücklich zu protestieren, so zeigt dies, dass ihre Stellung wenn nicht durch das Recht, so doch jedenfalls durch die allgemeine Sitte geboten war. Vgl. die vorsichtigen Bemerkungen Degenkolbs, ZRG. IX S. 155.

meinung schon Jahrhunderte vor Paulus vorhanden war. Der Gedanke
an einen von dem klassischen abweichenden ältern Rechtszustand liegt
daher sehr nahe.

Vermutungen über die Fassung der s. s. m. wären müssige Arbeit.
Bei Ulp. 80 fr. 73 de V. S. (50. 16) finden wir die Bemerkung:

> Haec uerba in stipulatione posita „eam rem recte restitui"
> fructus continent: „recte" enim uerbum pro uiri boni arbitrio est.

Die Unterbringung dieser Worte hat Schwierigkeiten. Sie passen in kein
der bei Ulp. 80 oder 81 — die Inskription 80 könnte fälschlich statt 81
stehen — behandelten Kautionen[1]. Ich vermute, dass sie in der Tat in
keiner proponierten Kaution vorkamen, dass vielmehr Ulpian nur die
Gelegenheit einer dieser Kautionen ergriff, um hier nebenbei den Sinn
einer auf restitui gerichteten Klausel zu erörtern. Dabei kann denn auch
an die s. s. m. gedacht werden: es mag vorgekommen sein, dass die Parteien die gesetzliche Auktoritätshaftung in der Weise modifizierten, dass
sie ein „aut eam rem recte restitui" alternativ hinzufügten; oder auch ohne
dies mag Ulpian Veranlassung genommen haben, den Gegensatz der
gesetzlichen Haftung auf Restitution des doppelten Preises zu einer auf
„rem restitui" gerichteten Stipulation auszuführen.

§ 291.   EX OPERIS NOUI NUNTIATIONE[2].

Ulp. 81[3].

Die cautio ex o. n. n. lautete m. E. annähernd folgendermassen:

> *Quem in locum nuntiatum est, ne quid operis noui fieret*[4], *quod
> in eo loco intra annum ex quo nuntiatum est*[5] *a te heredeue tuo*[6]
> OPUS NOUUM FACTUM[7] ERIT, ID, SI *EA RES SECUNDUM ME* IUDICATA *ERIT*[8]
> *SIUE EA* RES BONI UIRI ARBITRATU NON DEFENDETUR[9], RESTITUI BONI UIRI
> ARBITRATU[10], *QUOD SI ITA RESTITUTUM NON ERIT,* QUANTI EA RES ERIT, TAN-

---

[1] Auch nicht zur s. s. m., trotzdem arg.
fr. 67 de euict. (21. 2) anzunehmen ist, dass
der Käufer die ihm (ante litem contestatam) vom auctor angebotene Naturalrestitu-
tion nicht zurückweisen durfte, siehe auch
Bekker, Jahrb. d. gem. Rts. VI S. 311.

[2] D. (39. 1). Zum Namen der Kaution
vgl. fr. 13 § 1 h. t., fr. 4 § 2 de V. O. (45. 1),
fr. 1 § 1 de stip. praet. (46. 5).

[3] Fr. 21 h. t., fr. 10 quib. ex caus. (42. 4).
Fr. 21 cit. ist Ulp. 80 inskribiert, m. E. falsch
statt 81: denn wäre die Inskription 80 richtig,
so wären wir genötigt, die satisd. sec. manc.
(Ulp. 81, Paul. 77) zwischen die stipulatio ex
o. n. n. (Ulp. 80) und die de damno infecto
(Ulp. 81, Paul. 78) zu setzen, was doch kaum
denkbar ist. Rudorff (§ 308 n. 6) zieht
freilich auch Ulp. 80 fr. 73 de V. S. (50. 16)
hieher: das ist aber nach dem Inhalt der

Stelle sehr unwahrscheinlich (s. § 290 a. E.)

[4] Vgl. fr. 20 pr. § 9 h. t.

[5] Fr. 13 § 1,20 § 14 h. t., cf. c. 14 de aedif.
priu. (8. 10).

[6] Fr. 8 § 7 h. t. Vgl. Burckhard, die
O. N. N. (Forts. v. Glück) S. 432. Die ceteri
successores — Schmidt, Jahrbb. d. gem.
Rts. IV S. 217 — waren nicht genannt (arg.
fr. 8 § 7 h. t.).

[7] Ulp. 81 fr. 21 § 3 h. t.

[8] Ulp. 81 fr. 21 § 2. 4 h. t.

[9] Ulp. 81 fr. 21 § 2. 4 h. t.

[10] Ulp. 81 fr. 21 § 4 h. t., Paul. 73 fr. 2 § 1
de stip. praet. (46. 5), Paul. fr. 4 § 2 de V. O.
(45. 1). Nicht „a te heredeue tuo", wie
Rudorff (Jahrbb. d. gem. Rts. IV S. 144,
E. P. § 308) will: vgl. dagegen namentlich
Burckhard, a. a. O. S. 431 fgg.

TAM PECUNIAM DARI[1]) DOLUMQUE MALUM HUIC REI ABESSE AFUTURUMQUE
ESSE[2]) SPONDESNE? SPONDEO.

Die neuere Literatur über die cautio ex o. n. n. ist so umfangreich[3]),
dass ich an diesem Orte nicht daran denken kann, die verschiedenen Ansichten einzeln zu erörtern. Ich muss mich damit begnügen, meine eigene
Auffassung in Kürze darzulegen.

Die cautio ex o. n. n. ist, wie die cautio pro praede litis uindiciarum
und iudicatum solui, eine zur Sicherung des Ergebnisses eines künftigen
Judiziums bestimmte Kaution[4], — des Judiziums nämlich, in welchem
über das vom Nuntianten in Anspruch genommene ius prohibendi entschieden wird. Eigentümlich ist ihr, dass sie, und zwar nicht nur im Fall
des Judikats — dies tat vermöge ihrer Arbiträrklausel auch die cautio p. p.
l. u. —, sondern auch in dem des Mangels der Defension, dem Promittenten
die Verpflichtung zu restituieren auferlegte. Das „quanti ea res erit", das
er für den Fall der Unterlassung der Restitution verspricht, bedeutet hier
stets: „quanti mea intererit id opus restitui". Das künftige iudicium, auf
das sich die Kaution bezog, konnte sowohl per formulam petitoriam als
auch per sponsionem begründet werden; letztere, sehr allgemein übersehene, Möglichkeit wird auf die Fassung der Kaution nicht ohne Einfluss
gewesen sein. War per formulam petitoriam prozessiert worden und es
bis zur condemnatio gekommen, so bedurfte es keiner besondern Abschätzung des „quanti ea res erit" mehr: sein Betrag war, dies hebt
fr. 12 h. t. hervor, durch die condemnatio festgestellt. Im Fall des agere
per sponsionem dagegen konnte man zur aestimatio nur durch Klage auf
Grund der Kaution selber gelangen.

In fr. 21 § 4 und fr. 7 h. t. wird die eventuelle Verpflichtung zur
Leistung des „quanti ea res erit" in einer Weise formuliert, die in hohem
Grad auffallen muss. Nach diesen Stellen würde der Stipulant ganz nach
seinem Belieben zwischen Restitution und Schadenersatz wählen können.
Der Sinn, in dem diese Wahl gemeint ist, ist nicht ganz klar. Es kann
gemeint sein, dass der Stipulant die Restitution manu militari erzwingen,
aber, wenn er es vorziehe, statt dessen auch sein Interesse in Geld verlangen könne: diese Deutung liegt vom Standpunkt des Justinianischen

---

[1]) Ulp. 81 fr. 2 § 4. 7 h. t., Paul. fr. 12 h. t.
Der Gegenbeweis gegen die Existenz der
auf quanti ea res est gerichteten Klausel
ist m. E. Burckhard, a. a. O. S. 434 fgg.,
ebensowenig gelungen, wie Ubbelohde,
Zschr. f. C. Rt. u. Pr. N. F. XVIII S. 101 fgg.,
der Beweis für die Existenz zweier verschiedener Formulare.

[2]) Ulp. 81 fr. 21 § 2 h. t.

[3]) Vgl. Hasse, Rhein. Mus. f. Jurispr. III
S. 620 fgg., Schmidt (v. Ilmenau), Zschr. f.
C. Rt. u. Pr. N. F. VIII S. 22 fgg., Schirmer,
Judicialstip. S. 47. 68 fgg., Stölzel, die
Lehre v. d. O. N. N. S. 106 fgg., Rudorff,

Jahrbb. d. gem. Rts. IV S. 143 fgg., Schmidt
(von Ilmenau) ebendas. S. 215 fgg., Ubbelohde, a. a. O. (s. n. 1), Karlowa, Beiträge
S. 83 fgg., R. G. II S. 471 fg., Burckhard,
a. a. O. S. 420 fgg.

[4]) Fr. 1 § 1 de stip. praet. (46. 5). Die
Verwandtschaft zwischen der cautio ex o. n.
n. und der cautio iud. solui zuerst hervorgehoben zu haben, ist das Verdienst von
Schmidt, a. a. O. Nicht gebilligt werden
kann die Art und Weise, wie sich Burckhard, a. a. O. S. 481 fgg. 498 fg. (s. auch
Puchta, Instit. § 168), mit der clausula de
re iudicata in unserer Kaution abfinden.

Rechts sehr nahe. Es könnte aber auch gemeint sein, dass der Stipulant sogar berechtigt sei, die ihm vom Promittenten angebotene Restitution abzulehnen und auf Entschädigung in Geld zu bestehen. Diese letztere Deutung wäre auch für das klassische Recht denkbar, und ihr bin ich in der 1. Aufl. gefolgt, indem ich mich bemühte, das Wahlrecht in diesem Sinne durch innere Gründe zu rechtfertigen. Ich kann diesen Standpunkt heute nicht mehr festhalten. Denn die in Frage stehenden Stellen lassen deutlich erkennen, dass das Wahlrecht erst durch die Hand der Kompilatoren in sie hineingelegt worden ist. Man lese § 4:

> Siue autem res iudicetur siue res non defendatur, stipulatio in id committitur, ut res uiri boni arbitratu restituatur: quod si ita restitutum non erit, quanti ea res erit, tantam pecuniam dabit, si hoc petitori placuerit.

So sicher die Stelle bis zu den Worten „quanti ea res erit" echt ist, so sicher ist sie von da ab Fabrikat der Kompilatoren: insbesondere hätte kein klassischer Jurist jemals das hinten angeklebte „si hoc .... placuerit" geschrieben. Auch ist ja von einem „petitor" vorläufig noch gar keine Rede. Und wenn wir nun in § 7 die im Zusammenhang hier ganz überflüssigen Worte „si hoc maluerint" genau ebenso unerträglich am Schluss des Satzes angehängt finden, so steigert sich der Verdacht der Interpolation zur Gewissheit. Wir haben hier Justinianisches, nicht klassisches Recht vor uns.

§ 292. DE DAMNO INFECTO[1]).

Ulp. 81[2]), Paul. 78[3]), Gai. 28[4]), Iulian. 58[5]).

Rudorff, E. P. § 309, proponiert unter obiger Rubrik zwei Kautionen, die eine de operis uitio, die andere de aedium uitio. Von einer solchen Unterscheidung wissen die Quellen nichts. Die verschiedenen Fälle, die in Ulpians Kommentar berücksichtigt werden, sind vielmehr folgende:

1. *Quod in flumine publico ripaue eius opus fit, si quid eius operis uitio damni factum erit[6]).*

2. *Quod aedium loci operisue uitio damnum factum erit[7]).*

3. *Si quid arborum lociue uitio acciderit[8]).*

4. *Si quid eius operis, quod in fundo meo aquae ducendae causa fit, uitio damni datum erit[9]).*

Von diesen vier Fällen wird aber nur der erste, zweite und vierte eigentlich kommentiert; der dritte wird mitten im Kommentar zum zweiten nur gelegentlich berührt, und es scheint, dass für ihn ein Musterformular nicht proponiert war[10]).

---

[1]) D. (39. 2).
[2]) Fr. 24, 26, 28, 30 h. t. Fr. 10 quib. ex caus. in poss. (42. 4), das ich in der 1. Aufl. hieher zog, gehört wohl eher zu § 291.
[3]) Fr. 25, 27, 31 h. t.
[4]) Fr. 2, 29, 32 h. t.

[5]) Fr. 42 h. t.
[6]) Ulp. 81 fr. 24 pr. § 1 h. t.
[7]) Ulp. 81 fr. 24 § 2—ult., fr. 26, 28 h. t.
[8]) Ulp. 81 fr. 24 § 9 h. t.
[9]) Ulp. 81 fr. 30 h. t.
[10]) Die Worte „si quid arborum lociue

Ich beginne mit dem zweiten Fall, für den wir das vollständigste Material besitzen. Die Kaution lautete hier, im wesentlichen genau, folgendermassen:

QUOD AEDIUM LOCI OPERISUE Q. D. A. UITIO, SI[1]) QUID IBI[2]) RUET SCINDE-
TUR FODIETUR AEDIFICABITUR[3]), IN AEDIBUS MEIS[4]) INTRA . . . . .[5]) DAMNUM
FACTUM ERIT[6]), QUANTI EA RES ERIT[7]), TANTAM PECUNIAM DARI DOLUMQUE
MALUM ABESSE AFUTURUMQUE ESSE[8]) SPONDESNE? SPONDEO[9]).

Im ersten Fall fehlte die mentio aedium locique[10]) und war, entsprechend dem Edikt in fr. 15 § 2 h. t., der dies stipulationis ein decennium. Ferner aber konnte der Promittent hier unmöglich haftbar gemacht werden wegen jeden Schadens, der operis in illo flumine ripaue eius facti uitio eintreten würde; auf diese Weise würde er auch gehaftet haben, wenn das Werk, um das es sich handelte, auf öffentliche Anordnung oder von einem Dritten würde errichtet worden sein[11]). Daher war es notwendig, hier die Haftung auf das von dem Promittenten und seinen Rechtsnachfolgern zu errichtende opus zu beschränken, und darauf bezieht sich in fr. 24 pr. der Satz:

ad ea igitur opera stipulatio pertinet, quaecumque priuatim fiant . . .,

sowie fr. 24 § 1 h. t.:

Adicitur in hac stipulatione[12]) et heredum nomen [uel successorum][13]) eorumque ad quos ea res pertinet . successores autem non

---

uitio acciderit" in fr. 24 § 9 h. t. dürfen auch nicht etwa als Zitat von Stipulationsworten aufgefasst werden; es ist nur der Inhalt der Stipulation, der angegeben werden soll, wenn es hier heisst: stipulationem istam, in qua haec comprehenduntur, si quid arborum lociue uitio acciderit. Das „si . . . . acciderit" passt als Formularstück ganz und gar nicht zu dem sonst nachweisbaren Wortlaut der Kaution. Irrig daher die Rekonstruktion Schmidts, Zschr. für C. Rt. u. Pr. N. F. VIII S. 21.

[1]) Alfen. fr. 43 pr. h. t.: „siue". Dagegen Pompon. fr. 18 rat. rem. (46. 8): „si". Vielleicht hiess es zu Alfenus Zeit: siue quid ibi ruet siue rel.: wahrscheinlich aber ist das Zitat ungenau, oder es liegt ein Abschreiberversehen vor.

[2]) Schmidt a. a. O. (s. auch Jahrbb. des gem. Rts. IV S. 215 n. 8): sibi. Dagegen überzeugend: Schirmer, Judicialstipulat. S. 70 n. 6.

[3]) Fr. 18 rat. rem. hab. (46. 8). In den Kommentaren haben die Kompilatoren das auf diese Worte Bezügliche gestrichen; sie sind in der Tat überflüssig, erinnern übrigens an die Aufzählung im 3ten Kapitel der lex Aquilia und bezeugen das hohe Alter der Kaution.

[4]) Vgl. fr. 39 § 2, 40 § 2 h. t.

[5]) Fr. 13 § 15, fr. 14, 15 pr. § 1. 31, fr. 18 § 11 h. t.

[6]) Ulp. 81 fr. 24 § 2—11 h. t. De damno praeterito cf. fr. 7 § 2, fr. 8, 9 pr. § 3, fr. 15 § 28. 34 h. t.

[7]) Ulp. 81 fr. 28 h. t., Paul. 78 fr. 27 h. t., Gai. 28 fr. 29 h. t. Vgl. ferner: fr. 18 § 10 h. t., fr. 2 § 2 de stip. praet. (46. 5). S. auch: fr. 13 § 1 de S. P. U. (8. 2), fr. 37, 40 pr. h. t.

[8]) Unerweislich, aber wahrscheinlich.

[9]) Satisdatio sub exceptione „si L. Titius illarum aedium dominus non est": fr. 7 pr., 22 § 1, 31 § 1 h. t., Burckhard, die cautio d. inf. (Forts. v. Glück) S. 471.

[10]) Ulp. 81 fr. 24 pr. h. t., vgl. Ulp. 53 fr. 15 § 2. 3 eod.

[11]) Beim opus in priuato factum kann dieser Fall zwar auch vorkommen: aber er ist ein verhältnismässig seltener, und es begreift sich, dass man ihn im Formular nicht vorsah, sondern es der Interpretation überliess, ihn auszuscheiden. Vgl. fr. 24 § 6 h. t.

[12]) d. h. natürlich: in der Stipulation, von der in fr. 24 pr. die Rede war.

[13]) Die eingeklammerten Worte sind interpoliert. Vgl. Longo, bullett. XIV p. 194 sqq.

solum qui in uniuersa bona succedunt, sed et hi, qui in rei tantum dominium successerint, his uerbis continentur.

Diese Worte sind von Schmidt[1]) und Rudorff[2]) missverstanden: sie verkennen ihre Beziehung auf diesen besondern Fall der Stipulation und ziehen sie zu dem pecuniam dari am Schluss des Formulars, so dass sie also den Promittenten zweckloser Weise nicht schlechtweg versprechen lassen, es werde Ersatz geleistet werden, sondern er selbst, seine Erben und sonstigen Sukzessoren (einschliesslich der Singularsukzessoren?) würden Ersatz leisten[3]). Rudorff macht sogar dieselben Zusätze auch noch auf seiten des Stipulanten. Richtig gefasst lautet die Kaution in unserm Falle folgendermassen:

> QUOD IN ILLO FLUMINE PUBLICO RIPAUE EIUS A TE HEREDEUE TUO EOUE AD QUEM EA RES PERTINEBIT OPUS *FIET*[4]), QUOD EIUS OPERIS UITIO[5]) IN ANNIS DECEM[6]) DAMNUM FACTUM ERIT[7]), QUANTI EA RES ERIT, TANTAM PECUNIAM DARI *DOLUMQUE MALUM* rel.

Im vierten oben bezeichneten Fall endlich lautete die Kaution nach Ulp. 81 fr. 30 h. t.:

> QUOD EIUS OPERIS, QUOD IN FUNDO MEO AQUAE DUCENDAE CAUSA[8]) FI*ET*, UITIO INTRA   DAMNUM DATUM ERIT, QUANTI EA RES ERIT, rel.

---

[1]) a. a. O. Vgl. übrigens denselben, Jahrbb. d. gem. Rts. IV S. 216.

[2]) Jahrbb. d. gem. Rts. IV S. 144, E. P. § 309.

[3]) Anders, doch ebenfalls missverständlich, Burckhard, a. a. O. S. 499.

[4]) Fr. 15 § 2 h. t., fr. 1 § 5 de ripa mun. (43. 15). Vielleicht hiess es: *fit fiet*.

[5]) Ulp. 81 fr. 24 pr. h. t.: quod dictum est „operis uitio“

EDICTUM AEDILIUM CURULIUM[1]).

§ 293. DE MANCIPIIS UENDUNDIS[2]).

Ulp. 1[3]), Paul. 1[4]). 2[5]), Gai. 1[6]). 2[7]).

Ulp. 1 behandelt, soweit erhalten, folgende Stücke des ädilizischen Edikts de mancipiis uendundis:

1) Das in fr. 1 § 1 h. t. überlieferte Edikt: fr. 1, 4, 6, 8, 10, 12, 14, 17, 19, 21, 23 pr.—§ 6 h. t.

2) Die Formeln zu diesem Edikt: fr. 23 § 7—ult., fr. 25, 27, 29, 31 pr.—§ 15 h. t.

3) Die actio quanto minoris: fr. 31 § 16 h. t.

4) Die actio in factum ad pretium reciperandum, si mancipium redhibitum fuerit: fr. 31 § 17—19 h. t.

5) De cauendo: fr. 31 § 20 h. t.

6) De natione pronuntianda: fr. 31 § 21 h. t.

7) Si quid ita uenierit, ut, nisi placuerit, redhibeatur: fr. 31 § 22. 23 h. t.

8) Si alii rei homo accedat: fr. 31 § ult., fr. 33, 35 h. t.

9) Ne ueterator pro nouicio ueneat: fr. 37 h. t.

Hiezu tritt:

10) Das edictum aduersus uenaliciarios: Paul. 2 fr. 44 § 1 h. t.

11) Das Strafedikt über die Kastration: fr. 27 § 28 ad l. Aqu. (9. 2); wohl als Zusatz zu den Edikten de mancipiis uendundis zu denken.

12) Das Edikt de ornamentis: Paul. 2 fr. 74 de V. S. (50. 16).

Diese zwölf Stücke sollen im folgenden gesondert betrachtet werden.

---

[1]) D. (21. 1), C. (4. 58). Ulp. 1. 2, Paul. 1. 2, Gai. 1. 2 ad edictum aedilium curulium. Im index Flor. sind diese Bücher den Kommentaren zum prätorischen, bezw. Provinzialedikt beigezählt, daher dort der Ulpiansche Kommentar 83, der Paulinische 80, der Gaianische 32 Bücher zählt. Vgl. Rudorff, E. P. § 310 n. 1.

[2]) Gell. N. A. IV 2 § 1: In edicto aedilium curulium, qua parte de mancipiis uendundis cautum est. Ausdehnung auf ceterae res: Ulp. 1 fr. 1 pr., fr. 63 h. t. Die beiden Stellen sind selbstverständlich interpoliert. Nicht so fr. 49 h. t., wo aber schwer-

lich die actio redhibitoria gemeint ist.

[3]) Fr. 1, 4, 6, 8, 10, 12, 14, 17, 19, 21, 23, 25, 27, 29, 31, 33, 35, 37, 63 h. t., fr. 13 de legib. (1. 3), fr. 31 de pactis (2. 14), fr. 66 [65] de furt. (47. 2) cf. fr. 17 § 1 h. t.

[4]) Fr. 2, 30, 39, 43 h. t., fr. 9 de alien. iud. mut. (4. 7), fr. 54 de C. E. (18. 1). Fr. 43 cit. handelt im pr. nicht de mancipiis; der übrige Inhalt des fr. 43 ergibt aber, dass das pr. nur eine Zwischenbemerkung enthält.

[5]) Fr. 44 pr. § 1 h. t., fr. 74 de V. S.

[6]) Fr. 3, 13, 18, 20, 22, 24, 26, 28, 45 h. t.

[7]) Fr. 32 h. t.

Ulp. 1 fr. 1 § 1 h. t.

Aiunt aediles [1]): QUI MANCIPIA UENDUNT [2]), CERTIORES FACIANT [3]) EMPTORES, QUID MORBI UITIIUE [4]) CUIQUE SIT, QUIS FUGITIUUS [5]) ERROUE [6]) SIT NOXAUE SOLUTUS NON SIT [7]): EADEMQUE OMNIA, CUM EA MANCIPIA UENIBUNT, PALAM RECTE PRONUNTIANTO [8]) . QUOD SI MANCIPIUM ADUERSUS EA UENISSET SIUE ADUERSUS QUOD DICTUM PROMISSUMUE [9]) FUERIT CUM UENIRET FUISSET, QUOD EIUS PRAESTARI OPORTERE DICETUR [10]): EMPTORI [11]) OMNIBUSQUE AD QUOS EA RES PERTINET *in sex mensibus, quibus primum de ea re experiundi potestas fuerit* [12]), IUDICIUM DABIMUS, UT ID MANCIPIUM REDHIBEATUR [13]), SI QUID AUTEM POST UENDITIONEM TRADITIONEMQUE DETERIUS EMPTORIS OPERA FAMILIAE [14]) PROCURATORISUE EIUS FACTUM ERIT [15]), SIUE QUID EX EO POST UENDITIONEM NATUM ADQUISITUM FUERIT, ET SI QUID ALIUD IN UENDITIONE EI ACCESSERIT [16]), SIUE QUID EX EA RE FRUCTUS PERUENERIT AD EMPTOREM, UT EA OMNIA RESTITUAT, ITEM, SI QUAS ACCESSIONES IPSE PRAESTITERIT [17]), UT RECIPIAT. ITEM SI QUOD MANCIPIUM CAPITALEM FRAUDEM ADMISERIT [18]), MORTIS CONSCISCENDAE SIBI CAUSA QUID FECERIT [19]), INUE HARENAM DE-PUGNANDI CAUSA AD BESTIAS INTROMISSUS FUERIT, EA OMNIA IN UENDITIONE PRONUNTIANTO: EX HIS ENIM CAUSIS IUDICIUM DABIMUS. HOC AMPLIUS SI QUIS ADUERSUS EA SCIENS DOLO MALO UENDIDISSE DICETUR, IUDICIUM DABI-MUS [20]).

2.

Das Edikt in fr. 1 § 1 h. t. betrifft ausschliesslich das Recht der Red-hibition. Es entspringen daraus mehrere Klagen — daher redhibitoriae

---

[1]) Ältere Fassung bei Gell. IV 2 § 1.

[2]) Ulp. 1 fr. 1 § 3—5 h. t.

[3]) Der erste Satz des Edikts ist jünger als der folgende; daher vielleicht der Wechsel im Modus (faciant—pronuntianto). Vgl. Bech-mann, Kauf I S. 399. Zur Annahme einer Interpolation (Karlowa, II S. 1289) fehlt m. E. doch genügender Anlass.

. [4]) Ulp. 1 fr. 1 § 6—ult., fr. 4, 6, 8, 10, 12, 14 . h. t., Paul. 1 fr. 2, 43 pr. eod., Gai. 1 fr. 3, 13 eod. Vgl. ferner: fr. 5, 7, 9, 11, 15, 16 eod., Gell. N. A. IV 2.

[5]) Ulp. 1 fr. 17 pr.—§ 16 h. t., Paul. 1 fr. 43 § 1—3 eod. Vgl. ferner: fr. 225 de V. S. (50. 16).

[6]) Ulp. 1 fr. 17 § 14 h. t.

[7]) Ulp. 1 fr. 17 § 17. 18 h. t. Analoge Aus-dehnung: fr. 17 § 19 h. t. Zum ganzen Ein-gangssatz vgl. noch Cic. de off. III 17 § 71.

[8]) Älteres Edikt bei Gell. IV 2 § 1.

[9]) Ulp. 1 fr. 17 § 20, fr. 19 pr.—§ 4 h. t., Gai. 1 fr. 18 h. t. Vgl. fr. 64 § 1, fr. 38 § 10, fr. 47 pr., fr. 52 h. t.

[10]) Ulp. 1 fr. 19 pr. § 1 h. t. Vgl. Dern-

actiones, fr. 19 § 2, 23 § 5 h. t. —, die aber in der Formulierung derart miteinander übereinstimmen, dass Julian in fr. 23 § 7 h. t. doch wieder von einem iudicium redhibitoriae actionis redet. Wie bereits oben[1]) bemerkt, beginnt der Kommentar Ulpians zur redhibitorischen Formel bei fr. 23 § 7 h. t. Dass wir es hier in der Tat mit dem Kommentar zur Formel zu tun haben, dafür liefert den sprechendsten Beweis der Umstand, dass der Jurist, nachdem er im Kommentar zum Edikt dieses letztere erledigt und bereits die üblichen abschliessenden Bemerkungen beigefügt hat[2]), nunmehr wieder auf Punkte zu reden kommt, die zu der ersten Verfügung des Edikts gehören und teilweise im Kommentar dazu bereits behandelt waren[3]).

Behufs Rekonstruktion der Formel ist von einem wörtlich überlieferten Stück auszugehen[4]), Ulp. 1 fr. 25 § 9 h. t.:

> Praeterea in *formula*[5]) adicitur sic: ET QUANTA PECUNIA PRO EO HOMINE SOLUTA ACCESSIONISUE NOMINE DATA ERIT[6]), NON REDDETUR, CUIUSUE PECUNIAE QUIS[7]) EO NOMINE OBLIGATUS ERIT, NON LIBERABITUR[8]).

Dies Formelstück gibt nach vorwärts und rückwärts festen Anhalt. Offenbar haben wir eine Kondemnationsbedingung, und zwar ein Stück einer Arbitrarklausel vor uns. Den Fortgang der Formel ergibt Gai. 1 fr. 45 h. t.:

> Redhibitoria actio duplicem habet condemnationem: modo enim in duplum, modo in simplum condemnatur uenditor . nam si neque pretium neque accessionem soluat neque eum, qui eo nomine obligatus erit, liberet, dupli pretii et accessionis condemnari iubetur. si uero reddat pretium et accessionem uel eum, qui eo nomine obligatus est, liberet, simpli uidetur[9]) condemnari.

Nach dem Wortlaut dieser Stelle hat die actio redhibitoria eine doppelte condemnatio besessen: eine condemnatio in duplum, für den Fall, dass der Beklagte dem arbitrium nicht gehorchte, eine in simplum für den Fall, dass er gehorchte. Der Verkäufer würde hienach praktisch immer auf das Doppelte gehaftet haben. In dieser Weise habe ich die condemnatio in der 1. Aufl. rekonstruiert. Dieser Versuch ist seither von Eck[10]) be-

---

über die Zuständigkeit der verheissenen Klagen bei Verkäufen, die ein Sklave, bona fide seruiens, filius familias und die der Erblasser vornahm.

[1]) S. 529 unter Ziff. 2.
[2]) Vgl. S. 530 n. 20.
[3]) Vgl. Ulp. 1 fr. 25 pr. — § 7 mit fr. 23 pr. h. t.
[4]) Rudorff, E. P. p. 262, hat sich zum Schaden seiner Rekonstruktion Veränderungen dieses einzigen sicher überlieferten Formelstücks erlaubt.
[5]) *Dig.*: edicto. Die Interpolation liegt auf der Hand.
[6]) Ulp. 1 fr. 27 h. t.

[7]) Nicht etwa in A[s] A[s] zu verbessern: Bürgen!
[8]) Ulp. 1 fr. 29 § 1 h. t.
[9]) iubetur *scr.?*
[10]) In der Berliner Festgabe für Beseler: Beitrag z. L. v. d. ädilic. Klagen S. A. S. 29 fgg. In gleichem Sinne schon früher Bechmann. Auf Bechmanns Darstellung der geschichtlichen Entwicklung des Redhibitionsrechts einzugehen, ist hier nicht der Ort. Dass die actio redhibitoria in ihrer ursprünglichen Funktion lediglich als ein Mittel gedacht war, den Verkäufer zur Eingehung der Garantiestipulation zu zwingen,

kämpft worden. Er hat insbesondere darauf hingewiesen, wie unwahrscheinlich es sei, dass die actio redhibitoria einen Pönalcharakter dieser
Art gehabt habe, während die ädilizische Stipulation (s. § 296) nur das
einfache Versprechen der Fehlerlosigkeit enthielt. Aber der Bericht in
fr. 45 cit. lässt keinen Zweifel zu, und mag es auch wahr sein, dass der
Ausdruck „condemnare" mitunter untechnisch von dem arbitrium de
restituendo gebraucht wird[1]), einer Wendung, wie der im Eingang des
fr. 45, kann keine andere als technische Bedeutung beigelegt werden[2]),
und unser Unvermögen, diese Eigentümlichkeit der actio redhibitoria sicher
zu erklären, kann keinen Grund abgeben, dem formell untadelhaften
Berichte zu misstrauen. Ich kann mich daher nicht entschliessen, meine
frühere Rekonstruktion aufzugeben.

Rückwärts standen vor jener negativen Kondemnationsbedingung,
die die Verpflichtungen des Verkäufers enthält, zweifellos, als positive
Kondemnationsbedingung, diejenigen Formelteile, in denen die Gegen-
verpflichtungen des Käufers zum Ausdruck kamen. Denn Ulp. 1 fährt in
fr. 25 § 10 h. t. fort:

> Ordine fecerunt aediles, ut ante uenditori emptor ea omnia, quae
> supra scripta sunt, praestet, sic deinde pretium consequatur.

Und damit stimmt auch Ulpians vorausgehender Kommentar. In fr. 23 § 9
handelt er von dem Satz:

> si quid ad emptorem peruenit uel culpa eius non peruenit, restitui
> oportet,

in fr. 25 pr.—§ 7 von dem weitern[3]):

> si quid post uenditionem traditionemque[4]) deterius emptoris opera[5])
> familiae procuratorisue[6]) eius factum erit[7]), ... ut . . . . . re-
> stituat[8]).

Ohne Zweifel waren demnach alle im Edikt aufgestellten Verpflichtungen des klagenden Käufers auch in der Formel aufgezählt, was Ulp. 1
fr. 25 § 8 h. t. direkt bestätigt[9]):

> Item sciendum est haec omnia, quae exprimuntur edicto aedilium,
> praestare eum debere, si ante iudicium acceptum facta sint: idcirco
> enim necesse habuisse ea enumerari, ut, si quid eorum ante

ist an sich nicht unwahrscheinlich, aus den
Kommentaren aber nicht mehr zu belegen.

[1]) Eck a. a. O. S. 38.

[2]) Dagegen kann in fr. 31 pr. und 23 § 8
h. t. nicht mit Karlowa, II S. 1296, eine
Bestätigung des Berichts des fr. 45 cit. gefunden werden. Wenn es in diesen Stellen
heisst, der Verkäufer, der auf Rückgabe des
zu redhibierenden Sklaven verzichte, dürfe
nicht auf mehr als den Betrag des Preises
verurteilt werden, so ist der dem Juristen
vorschwebende Gegensatz nicht die Verurteilung auf das Doppelte, sondern die auf
den Preis neben Ersatz gewisser vom Käufer

gemachter Auslagen. Dies ergibt der Zusammenhang. (Irrig, Karlowa folgend, éd.
perp. II p. 307 n. 2).

[3]) Vgl. das Edikt in fr. 1 § 1 h. t.

[4]) Fr. 25 pr. h. t.

[5]) Fr. 25 § 5 h. t.

[6]) Fr. 25 § 1—4 h. t.

[7]) Deterius factum erit: fr. 25 § 6 h. t.

[8]) Fr. 25 § 7 h. t.

[9]) Ebenso auch fr. 57 pr. h. t.: non aliter
ei uenditor daturus est, quam si omnia praestiterit, quae huic actioni continentur.
Vgl. auch fr. 34 [35] § 2 de N. G. (3. 5).

litem contestatam contigisset, praestaretur . ceterum post iudicium
acceptum tota causa ad hominem restituendum in iudicio uersatur   iudici enim statim atque iudex factus est omnium rerum
officium iucumbit, quaecumque in iudicio uersantur

Fragt man nun, wie die Ädilen diese Verpflichtungen des Klägers formuliert haben mögen, so liegt es auf der Hand, dass es nicht angeht, sie
mit Rudorff (E. P. p. 262) als Stück der intentio zu denken. Rudorff
formuliert: *S. p. mancipium q. d. a. . . . . in causa redhibitionis esse
. . idque mancipium N° N° redhibitum esse* rel. Wäre dies richtig,
so hätte man, um mit der redhibitoria zu siegen, bereits im Moment der
Litiskontestation den Verkäufer völlig befriedigt haben müssen und hätte
dann abwarten mögen, was man nach erstrittenem Sieg von ihm erlangen
konnte. Vielmehr ist klar, dass der Käufer nicht vor dem iudicium,
sondern im iudicium officio iudicis zu redhibieren hatte[1]: die Reihe seiner
Verpflichtungen gehört in die Arbitrarklausel, die sich also von allen sonst
bekannten dadurch unterscheidet, dass sie Leistungen nicht bloss des
Beklagten, sondern auch des Klägers zum Gegenstande hat. Die Quint-
essenz der Anweisung an den Judex ist einfach die: „wenn du den Red-
hibitionsanspruch begründet findest und Kläger arbitrio tuo redhibiert,
Beklagter aber arbitrio tuo nicht restituiert, so u. s. w."

Sehen wir zunächst von der intentio, in welcher der Redhibitions-
anspruch zur richterlichen Prüfung gestellt wird, ab, so kann folgende
Rekonstruktion der Formel (Arbitrarklausel und Kondemnation) in allem
Wesentlichen als sicher gelten:

. . . . *si arbitratu tuo*[2] *is homo N° N° redhibebitur quodque ex eo
post uenditionem adquisitum*[3] *est*[4] *quodque in uenditione ei ac-
cessit siue quid ex ea re fructus peruenit*[5] *ad A^m A^m siue quid
post uenditionem traditionemque deterior A^i A^i opera familiae
procuratorisue eius factus est*[6]*, ea omnia N° N° restituentur,* ET[7]*)*

[1] Das ist keine blosse Vermutung, sondern gewiss, auch quellenmässig gewiss.
Vgl. die Stellen der fg. Note.

[2] Diese Worte haben sicher nicht gefehlt;
das arbitrium iudicis wird von den Juristen
in energischster Weise betont — fr. 23 pr.,
25 § 8, 29 § 3, 31 § 13, 43 § 9 h. t. — und
spielt auch an sich in unserm iudicium eine
so ausgedehnte und vielseitige Rolle, dass
man kaum annehmen darf, es habe sich ohne
positiven Anhalt in der Formel zu solcher
Bedeutung entwickelt. Vgl. z. B. fr. 21 § 1—3,
23 § 8, 26, 30 pr. § 1, 31 pr. § 13, 58 pr. § 1
h. t., fr. 17 § 2 de furt. (47. 2).

[3] Ulp. 1 fr. 31 § 2—4 h. t. Das Edikt hat
natum adquisitum: ersteres Wort wurde
natürlich nur bei Redhibition einer ancilla
hinzugefügt, Ulp. 1 fr. 31 § 2 h. t. Die Kompilatoren scheinen den Kommentar Ulpians

zu dieser Klausel aus seiner ursprünglichen
Ordnung gerissen zu haben. Er folgt in den
Digesten erst hinter dem zur condemnatio.

[4] „Est", nicht erit und so auch weiterhin „peruenit" u. s. f.: fr. 25 § 8, 31 § 13
h. t.

[5] Ulp. 1 fr. 23 § 9 h. t., Paul. 1 fr. 30 pr.,
43 § 5 eod. Das „uel culpa eius non peruenit" in fr. 23 § 9 h. t. ist (s. das Edikt)
ohne Zweifel Interpretation.

[6] Ulp. 1 fr. 25 pr.—§ 7 h. t. Die Reihenfolge der Restitutionsobjekte ist nach Ulpians
Kommentar in der Formel eine andere als
im Edikt (wo das dort letztgenannte voran-
stand): wahrscheinlich deswegen, weil das
„siue quid u. s. w." an ein vorhergehendes
„quod" angehängt werden musste.

[7] Ulp. 1 fr. 25 § ult. h. t., Gai. 1 fr. 26 h. t.,
Paul. fr. 57 pr. h. t.

QUANTA PECUNIA PRO EO HOMINE SOLUTA ACCESSIONISUE NOMINE DATA ERIT,
NON REDDETUR, CUIUSUE PECUNIAE QUIS EO NOMINE OBLIGATUS ERIT, NON
LIBERABITUR, *quanti ea res erit*[1]), *tantam pecuniam duplam, quod
si reddetur liberabiturue, dumtaxat simplam*[2]) *N^m N^m A^o A^o c. s.
n. p. a.*

Das hier rekonstruierte Formelstück bleibt bei allen redhibitorischen
Klagen wesentlich gleichlautend; was sie voneinander unterscheidet, ist
die intentio.   Von den möglichen Intentionen sind zwei annähernd wortgetreu wiederherzustellen.   Die eine lautete:

Si paret homini q. d. a. quem A^s A^s de N^o N^o emit[3]), *morbi (uitii)
quid cum ueniret fuisse*[4]), *(quod N^s N^s aduersus edictum illorum
aedilium non pronuntiauit)* . . . .

Diese intentio umfasste alle Fälle der Redhibition wegen nicht angezeigter
Mängel.   Die zweite intentio[5]) ist folgende:

*Si quem hominem A^s A^s de N^o N^o emit, eum paret aduersus quod
dictum promissumue fuit cum ueniret fuisse*[6]), *quod eius praestari
oportet*[7]), ...

Eine dritte intentio wird auf Grund des am Schlusse des oben behandelten
Edikts genannten Falls anzunehmen sein, und weitere werden uns unten
noch begegnen.

An alle diese Intentionen nun schloss sich ungezwungen zunächst die
exceptio temporalis an:

*neque plus quam sex menses sunt, cum de ea re experiundi po-
testas fuit*[8]).

Und hierauf folgte sofort die Arbitrarklausel „*tum si arbitratu tuo is
homo redhibebitur* rel.

Die hier nachgewiesene Formel kann nun mancherlei Modifikationen
erleiden, mit denen sich, soweit sie eine spezielle Erläuterung forderten,
Ulpian in fr. 31 § 5—15 h. t. beschäftigt[9]); dahin gehört z. B. der Fall,
wo Käufer oder Verkäufer unter Hinterlassung mehrerer Erben sterben,

---

[1]) Ulp. 1 fr. 29 § 2 h. t.
[2]) Gai. 1 fr. 45 h. t.
[3]) Paul. 1 fr. 43 § 9. 10 h. t.
[4]) Pomp. fr. 48 § 7 h. t.: Cum redhibitoria
actione de sanitate agitur, permittendum
est de uno uitio agere et praedicere . . . .
Vgl. Karlowa, II S. 1295. In der 1. Aufl.
nahm ich als intentio an: si . . . eum paret
in ea causa fuisse, ut redhiberi debeat.
Diese Formulierung würde alle Fälle des
Edikts umfasst haben, stimmt aber in ihrer
Vagheit nicht zu fr. 48 § 7 cit. Dass der
obigen intentio noch angefügt gewesen sei:
ita ut ex edicto redhiberi debeat (so éd.
perp. II S. 309) — vgl. Ulp. 1 fr. 31 § 7. 11
h. t., Paul. fr. 58 pr. h. t. (si seruus in causa

redhibitionis esse pronuntiatus fuerit),
Ulp. fr. 59 pr. eod. —, glaube ich nicht mehr.
Der Zusatz war überflüssig, und die in fr. 58
pr. cit. erwähnte pronuntiatio braucht man
sich nicht an ein Formelstück angeknüpft
zu denken.
[5]) Auf sie bezieht sich Ulp. 1 fr. 31
§ 1 h. t.
[6]) Fr. 47 pr., 52, 64 § 1 ict. fr. 1 § 1 h. t.
Fuisse, nicht esse: es kommt auf den Zeitpunkt des Verkaufs, nicht der Litiskontestation an.
[7]) Vgl. fr. 1 § 1, 19 pr. § 1 h. t.
[8]) Fr. 55 h. t., vgl. fr. 19 § 6, 48 § 2 h. t.
[9]) Vgl. auch Paul. 1 fr. 30 § 1 h. t.

der Fall, wo der zu redhibierende Sklave beim Käufer gestorben ist[1]),
u. a. m.

Exceptionen betreffend vgl. fr. 14 § 9, 48 § 4, 51 § 1 h. t.

3.

Von der Formel der actio **quanto minoris**[2]) ist uns (für einen ihrer
Anwendungsfälle) bei Gell. N. A. IV 2, 5 ein Stück überliefert. Gellius
zitiert daselbst aus Cälius Sabinus de edicto aedilium curulium folgende
Stelle:

> potest . . . ., qui uitiosus est, non morbosus esse . quamobrem, cum
> de homine morboso agetur, neque . . . . ita dicetur „quanto ob
> id uitium minoris erit".

Cälius Sabinus ist hier nicht ganz genau; die actio wurde nachweislich
verheissen und gegeben auf „quanto . . . . id mancipium, cum ueniret,
minoris fuit[3])". Interessant bleiben aber in jenem Bericht die Worte *ob
id uitium*[4]). Sie beweisen, dass die intentio der actio quanto minoris ähnlich spezialisiert war wie die der actio redhibitoria. Auch hier darf man
sich aber die Spezialisierung der intentio nicht soweit getrieben denken,
dass der Ädil etwa die Bezeichnung des einzelnen Mangels in sie aufgenommen hätte: auf diese Weise hätte in der Erteilung der Formel eine
Vorentscheidung über die Erheblichkeit des Mangels gelegen, die von den
Ädilen sicherlich nicht beabsichtigt sein konnte, soweit nicht schon ihr
Edikt selbst spezialisiert hatte. Sie werden sich begnügt haben, etwa
zu sagen:

> *S. p. homini q. d. a., quem A[s] A[s] de N[o] N[o] emit, uitii quid, cum*
> *ueniret, fuisse*[5]) . . . . . *neque plus quam annus*[6]) *est, cum ex-*
> *periundi potestas fuit, quanto*[7]) *ob id uitium is homo, cum ueniret,*
> *minoris fuit*[8]), *tantam pecuniam, iudex, N[m] N[m] A[o] A[o] c. s. n. p. a.*

Eventuell:

> *s. p. . . . . morbi quid . . . fuisse . . ., quanto ob eum morbum . . . .*

oder

> *s. p. . . . . fugitiuum fuisse . . . ., quanto ob eam rem . . . .*

---

[1]) Hier scheint die Frage, an is homo
A[i] A[i] opera familiae procuratorisue eius de-
mortuus sit, in der Formel irgendwie zur
Untersuchung gestellt gewesen zu sein. Vgl.
fr. 31 § 11—15, fr. 48 pr. h. t.

[2]) Verunglückt ist hier Rudorffs Rekonstruktion (E. P. p. 263): dieselbe weist den
Judex an, den Beklagten auf den Minder-
wert des Sklaven zu verurteilen, ohne die
Berechtigung des klägerischen Begeh-
rens irgendwie zur Untersuchung zu stellen.
Der Name aestimatoria actio gehört, dies
sei hier gelegentlich bemerkt, nicht dem
Edikt an, arg. fr. 18 pr., 43 § 6 h. t.

[3]) Fr. 25 § 1 de exc. r. iud. (44.2) vgl. fr. 38
pr. h. t.   A. M. Karlowa, II S. 1298 fg.

[4]) Vgl. dazu fr. 31 § 16 h. t., fr. 32 § 1 de
euict. (21. 2).

[5]) Hier ist etwa einzufügen: *quod N[s] N[s]
aduersus edictum illorum aedilium non pronuntiauit.* Die genauere Fassung der intentio ist aber nicht zu ermitteln.

[6]) Fr. 19 § 6, 48 § 2 h. t., c. 2 h. t.

[7]) Die Bezeichnungen quanto und quanti
wechseln ab; vgl. einerseits z. B. fr. 25 § 1
de exc. r. iud. (44. 2), fr. 47 pr. h. t., fr. 32
§ 1 de euict. (21. 2), andererseits z. B. fr. 18
pr., 19 § 6, 31 § 16, 43 § 6 h. t., c. 2 h. t., endlich
fr. 38 § 13 h. t., wo sich beide Casus finden.

[8]) Rudorff setzt „fuerit", welches Tempus in das Edikt (s. fr. 38 pr. h. t.), aber
eben deshalb nicht in die Formel passt.

u. dgl. m. Mit diesem an die Ediktworte sich anschliessenden Grad der
Spezialisierung stimmt auch die Ausdrucksweise in fr. 31 § 16 h. t., fr. 32
§ 1 de euict. (21. 2).

4.

Ulp. 1 fr. 31 § 17 h. t.:

> In factum actio competit ad pretium reciperandum, si mancipium
> redhibitum fuerit: in qua non hoc quaeritur, an mancipium in
> causa redhibitionis fuerit, sed hoc tantum, an sit redhibitum .....:
> nec de tempore quaeretur, an intra tempora redhibitus esse uideatur.

Hier lautet demnach die intentio kurzweg:

> *Si quem hominem A⁵ A⁵ de N⁰ N⁰ emit, eum paret N⁰ N⁰ red-
> hibitum esse*[1]).

Die exceptio temporalis fiel weg. Von der Arbitrarklausel blieb aber
nicht nur der die Pflichten des Beklagten angehende Teil stehen, sondern
auch zu Lasten des Klägers das: „*si, quod in uenditione ei (homini) acces-
sit, N⁰ N⁰ restituetur*[2])". Die condemnatio lautete nach Ulpians Bericht
nur in simplum.

5.

Gai. 1 fr. 28 h. t.:

> Si uenditor de his, quae edicto aedilium continentur, non caueat,
> pollicentur aduersus eum redhibendi iudicium intra duos menses
> uel quanti emptoris intersit intra sex menses.

Ulp. 32 fr. 37 § 1 de euict. (21. 2):

> Quod autem diximus duplam promitti oportere[3]) . . . .: per
> edictum autem curulium etiam de seruo cauere uenditor iubetur.

M. E. verlangen die Ädilen von dem Verkäufer hienach ein Doppeltes:

1. Kaution für die Abwesenheit der nicht angezeigten Mängel und
das Vorhandensein der zugesagten Vorzüge, d. h. einfach: *sanum, furtis
noxaque solutum esse, fugitiuum non esse* u. s. w.*, nicht etwa Versprechen
des Doppelten für den Fall des Gegenteils[4]). Für letztere Annahme
gewähren die Quellen keinen Anhalt[5]); für erstere Fassung sprechen über-
einstimmende Zeugnisse[6]) und namentlich auch die urkundliche Überlieferung der siebenbürgischen Wachstafeln (s. unten § 296). Ein Beispiel
der Fassung in duplum ist uns nicht erhalten.

2. Stipulatio duplae[7]) für den Fall der Eviktion: davon handelt Ulp.
in fr. 37 § 1 de euict.

Da nun aber beide Stipulationen in ein Formular zusammengefasst

---

[1]) Ulp. 1 fr. 31 § 18 h. t.

[2]) Ulp. 1 fr. 31 § 19 h. t. Die weitern Ansprüche des Verkäufers gelten als durch die
freiwillige Rücknahme erloschen.

[3]) Scil.: si res euicta fuerit (fr. 37 § 2 cit.).

[4]) S. auch Windscheid, Pand. § 394 n. 17,
und Eck, a. a. O. S. 33.

[5]) Auch Theophil. inst. III 18 § 2 bezeichnet das Versprechen des duplum nur
als eine Möglichkeit, nicht einmal als üblich.
Anders Karlowa, II S. 1293 fg. S. unten
S. 541.

[6]) Fr. 31 i. f., fr. 32 pr. de euict. (21. 2),
c. 14 de A. E. V. (4. 49), fr. 32 h. t.

[7]) Simplae nur auf Grund besondern Ver-
zichts des Käufers: Varro de r. r. II 10 § 5.

waren (s. § 296), so führt das Ganze den Namen stipulatio duplae; und daher erklärt sich, dass Paulus in fr. 58 § 1 h. t. von einer Klage de pretio redhibiti serui (also auf das Einfache) redet, die er gleichwohl als aus der stipulatio duplae abfliessend bezeichnet. Auf die duplae stipulatio in diesem umfassenden Sinn geht auch Ulp. 1 fr. 31 § 20 h. t.:

> Quia adsidua est duplae stipulatio, idcirco placuit, etiam ex empto agi posse, si duplam uenditor mancipii non caueat

Das Stipulationsformular selbst war erst am Schlusse des ädilizischen Edikts proponiert. Die Formeln der von Gaius l. c. bemeldeten Klagen sind nicht überliefert. Die intentio lautete wohl:

> *S. p. N^m N^m . . . . . . non cauisse*[1]*) neque plus quam duo (sex) menses sunt* rel.

Im weitern ist hinsichtlich der redhibitoria auf die oben rekonstruierte Formel zu verweisen[2]); die aestimatoria aber ging hier anscheinend auf *quanti ea res erit*[3]), und gewiss nicht, wie Rudorff will, auf *quanti A^i A^i interest N^m N^m non cauisse.* Zu vermuten steht, dass die Formel durch Arbitrarklausel dem Beklagten die Möglichkeit eröffnete, noch während des Prozesses die Kaution nachzuholen.

6.

Ulp. 1 fr. 31 § 21 h. t.:

> Qui mancipia uendunt, nationem cuiusque in uenditione pronun-
> tiare debent   quod si de natione ita pronuntiatum non erit,
> iudicium emptori omnibusque ad quos ea res pertinebit dabitur,
> per quod emptor redhibet mancipium[4]).

Vgl. C. I. L. III 941 (s. unten § 296):

> Dasius Breucus emit mancipioque accepit puerum Apalaustum
> natione Graecum . . . .

7.

Ulp. 1 fr. 31 § 22. 23 h. t.:

> Si quid ita uenierit, ut, nisi placuerit, intra praefinitum tempus
> redhibeatur, ea conuentio rata habetur: si autem de tempore nihil
> conuenerit, in factum actio intra sexaginta dies utiles accommo-
> datur emptori ad redhibendum . . . . Item si tempus sexa-
> ginta dierum praefinitum redhibitioni praeteriit, causa cognita iudi-
> cium dabitur.

Cf. fr. Vat. 14:

> . . . . iudicium ab aedilibus in factum de reciperando pretio man-
> cipii redditur, quia displicuisse proponitur[5]).

---

[1]) neque per A^m A^m stetisse, quo minus caueretur? Eck, a. a. O. S. 41.

[2]) Cf. Ulp. 1 fr. 31 § 24 h. t.

[3]) d. h. i. d. R. dem Erfolg nach auf Preisminderung, vgl. Bechmann, der Kauf

I S. 406 n. 1. Die Bedenken Bechmanns gegen die Authentizität der Digestenüberlieferung kann ich nicht als entscheidend ansehen.

[4]) Ulp. 1 fr. 31 § 24 h. t.

[5]) S. auch noch c. 4 h. t.

Die Fassung muss, bis auf das Vorhandensein der gewöhnlichen Arbitrarklausel — cf. Ulp. 1 fr. 31 § 24 h. t. —, dahingestellt bleiben.

8.

Gai. 2 fr. 32 h. t.[1]):

>   sicut superius uenditor de morbo uitioue et ceteris quae ibi
> comprehensa sunt praedicere iubetur, et praeterea in his causis
> non esse mancipium ut promittat praecipitur: ita et cum accedat
> alii rei homo, eadem et praedicere et promittere compellitur . . . .

Paul. 2 fr. 44 pr. h. t.:

>   Iustissime aediles noluerunt hominem ei rei quae minoris esset ac-
> cedere[2]) . . . . .

9.

Ulp. 1 fr. 37 h. t.:

>   Praecipiunt aediles, ne ueterator pro nouicio ueneat[3]) . . . . si quid
> ignorante emptore ita uenierit, redhibebitur[4]).

10.

Paul. 2 fr. 44 § 1 h. t.:

>   Proponitur actio ex hoc edicto in eum, cuius maxima pars in uen-
> ditione fuerit, quia plerumque uenaliciarii ita societatem coeunt,
> ut, quidquid agunt, in commune uideantur agere: aequum enim
> aedilibus uisum est uel in unum ex his, cuius maior pars aut
> nulla parte minor esset, aedilicias actiones competere .
> nam id genus hominum ad lucrum [potius] uel turpiter faciendum
> pronius est.

Rudorff fasst dies Fragment als Kommentar zu dem Edikt des fr. 1 § 1
h. t. (E. P. § 310[9]) und schiebt demgemäss in dies Edikt vor die Worte
iudicium dabimus die Worte ein: *in eum cuius maxima pars in uenditione fuit.* Offenbar aber haben wir es hier vielmehr mit einem besondern
Edikt aduersus uenaliciarios zu tun, wie, ganz abgesehen vom Inhalt, schon
daraus hervorgeht, dass Paulus es erst lib. 2 erörtert, während das Edikt
des fr. 1 § 1 bei ihm im ersten Buche figuriert[5]). Auch scheinen Ediktworte nicht die von Rudorff rezipierten, sondern die oben hervorgehobenen
zu sein.

---

[1]) Vgl. Ulp. 1 fr. 31 § 25, fr. 33, 35 h. t.,
Paul. 2 fr. 44 pr. h. t.

[2]) d. h. auch wenn die Parteien anders
bestimmt haben, so entscheidet doch die
etwaige ediktwidrige Beschaffenheit des
Sklaven über das Schicksal des Kaufs (gilt
demnach die res minoris pretii als accessio
des homo).

[3]) Vgl. Venulei. fr. 65 § 2 h. t., Quinctil.
instit. orat. VIII 2 § 8: accipimus . . . . .
„uenales" nouicios.

[4]) Die Stellung dieses Edikts, wie sie sich
aus der Ordnung in Ulpians Kommentar
ergibt, ist auffallend: man möchte es am
liebsten gleich zu den ersten stellen. Allein
das ädilizische Edikt ist überhaupt in den
Einzelheiten nicht systematisch geordnet.

[5]) Über die ganze Frage vgl. die Diss.
von Cohén, l. 44 § 1 de aedil. ed. (1892); die
im Text ausgesprochene Ansicht ist m. E.
durch Cohén nicht widerlegt.

11.

Ulp. fr. 27 § 28 ad l. Aqu. (9. 2):

.... si puerum quis castrauerit et pretiosiorem fecerit[1]), ... iniuriarum erit agendum aut ex edicto aedilium [aut][2]) in quadruplum.
Das hier erwähnte Edikt wird eine Popularstrafklage angeordnet haben[3]).

12.

Paul. 2 fr. 74 de V. S.:

Signatorius anulus „ornamenti" appellatione non continetur.

Die Stelle lässt ein uns verlorenes Edikt „de ornamentis mancipiorum"
vermuten, und diese Vermutung wird bestätigt dadurch, das Ulp. 44 ad
Sab. fr. 25 § 10 de auro (34. 2) in einer Erörterung, die sich ebenfalls an
das ädilizische Edikt anknüpft, den gleichen Satz wiederholt[4]).

§ 294. *DE IUMENTIS UENDUNDIS.*

Ulp. 2[5]).

Ulp. 2 fr. 38 pr. § 5 h. t.:

Aediles aiunt: QUI IUMENTA[6]) UENDUNT, PALAM RECTE DICUNTO, QUID IN
QUOQUE EORUM MORBI UITIIQUE[7]) SIT[8]), UTIQUE OPTIME ORNATA UENDENDI
CAUSA[9]) FUERINT, ITA EMPTORIBUS TRADANTUR[10]). SI QUID ITA FACTUM NON
ERIT, DE ORNAMENTIS RESTITUENDIS IUMENTISUE ORNAMENTORUM NOMINE RED-
HIBENDIS[11]) IN DIEBUS SEXAGINTA, MORBI AUTEM UITIIUE CAUSA INEMPTIS
FACIENDIS IN SEX MENSIBUS, UEL QUO MINORIS CUM UENIRENT FUERINT[12]), IN
ANNO IUDICIUM DABIMUS . SI IUMENTA PARIA SIMUL UENIERINT ET ALTERUM
IN EA CAUSA FUERIT, UT REDHIBERI DEBEAT, IUDICIUM DABIMUS, QUO UTRUM-
QUE REDHIBEATUR[13]). (§ 5) QUAE DE IUMENTORUM SANITATE DIXIMUS, DE
CETERO QUOQUE PECORE OMNI UENDITORES FACIUNTO.

Die redhibitorischen und ästimatorischen Formeln aus diesem Edikt entsprachen wohl durchaus denjenigen aus dem Edikt de mancipiis. Es waren
deren im ganzen vier: die actio redhibitoria propter morbum uitiumue, die

---

[1]) Vgl. c. 3 § 1 comm. de legat. (6. 43).
Damit steht fr. 38 § 7 h. t. (sunt quaedam,
quae in hominibus morbum faciunt, in
iumentis non adeo, ut puta si mulus castra-
tus est) natürlich nicht in Widerspruch.
Man beachte übrigens, dass im Kommentar
zu dem Wort morbus (in fr. 1 § 1) zwar der
spado, nicht aber ausdrücklich der castra-
tus erwähnt wird, vgl. fr. 6 § 2, fr. 7 h. t.

[2]) Aut fehlt in den Basiliken (Heimb. V
p. 297): καὶ τῷ παραγγέλματι τῶν ἀγορανό-
μων εἰς τὸ τετραπλοῦν.

[3]) Ganz anders Karlowa, II S. 1301.
Andere hieher gehörige gesetzgeberische
Massregeln betr. vgl. fr. 4 § 2, fr. 5, 6 ad l.
Corn. de sic. (48. 8). Siehe ferner Sueton.
Domitian. c. 7, Quinctil. instit. or. V 12
§ 17, Amm. Marc. 18, 4 § 5 u. A. m.

[4]) Vgl. Paling. II p. 1177 n. 6. Zustimmend
Cohén, a.a.O. S.15, Bremer, iurispr. ante-
hadr. II S. 546.

[5]) Fr. 38, 40 pr. h. t.

[6]) Ulp. 2 fr. 38 § 4—6 h. t.

[7]) Ulp. 2 fr. 38 § 7—9 h. t.

[8]) Von dicta und promissa war in diesem
Edikt nicht die Rede: arg. Ulp. 2 fr. 38 § 10
h. t.

[9]) Ulp. 2 fr. 38 § 11 h. t.

[10]) Zur Lesart tradantur vgl. den Apparat
bei Mommsen, der selbst tradentur liest und
(nach Haloander) tradontur vermutet.

[11]) Ulp. 2 fr. 38 § 12 h. t.

[12]) Ulp. 2 fr. 38 § 13 h. t.

[13]) Ulp. 2 fr. 38 § 14, fr. 40 pr. h. t.

actio quanto minoris propter morbum uitiumue, die actio de ornamentis restituendis[1]), die actio de iumentis ornamentorum nomine redhibendis[2]) (letztere beide doch wohl als getrennte Klagen zu denken).

Kommentare zu den Formeln liegen nicht vor; doch ist ein Stück der intentio der beiden letzterwähnten Klagen in fr. 38 § 11 h. t. überliefert:

cum de ornamentis agitur, in *formula*[3]) adiectum est: UEN-
DENDI CAUSA ORNATA DUCTA ESSE.

§ 295. *DE FERIS.*

Ulp. 2[4]), Paul. 2[5]).

Ulp. 2 fr. 40 § 1, fr. 42 h. t.:

Deinde aiunt aediles: NE QUIS CANEM, UERREM [UEL MINOREM][6]), APRUM, LUPUM, URSUM, PANTHERAM, LEONEM[7]), (fr. 42) QUA UOLGO ITER FIET, ITA HABUISSE UELIT, UT CUIQUAM NOCERE DAMNUMUE DARE POSSIT[8]).

Hier hört das Zitat auf und beginnt ein, dem Ediktwortlaut sich übrigens eng anschliessendes, Referat:

si aduersus ea factum erit et homo liber ex ea re perierit, *sestertiorum ducentorum milium*[9]), si nocitum homini libero esse dicetur[10]), quanti bonum aequum iudici uidebitur, condemnetur[11]), cete-
rarum rerum, quanti damnum datum factumue sit, dupli.

Vgl § 1 I. si quadrupes (4. 9), Paul. sent. I 15 § 2.

Die Formeln waren ohne Zweifel blosse Umschreibungen des Edikts.

---

[1]) Diese ohne Zweifel arbiträr mit Kondemnation auf quanti ea res erit. Anders jedoch Rudorff, E.P. § 311.

[2]) Hier nach dem richtig verstandenen Edikt keine actio quanto minoris, auch keine auf das Interesse, wie Rudorff, E.P. § 311, ohne allen Anhalt in den Quellen annimmt.

[3]) *Dig.* et in actione et in edicto. Die Interpolation ist offenbar. Das Edikt hat die zitierten Worte nicht; auch passt das „in edicto adiectum est" nicht zu dem vorausgehenden „cum .... agitur". Anders Karlowa, II S. 1299, der vermutet: et in actione ut in edicto.

[4]) Fr. 40 § 1, fr. 42 h. t.

[5]) Fr. 41 h. t.

[6]) uel maialem *scr.?* So Huschke, zur Pandektenkritik S. 52. Aber diese Worte scheinen vielmehr nur eine Abschreibernotiz zu sein, vgl. Scialoja, bullett. XIII p. 75 sqq. Das „uel" ist ganz sicher nicht ediktal.

[7]) Hier ist in den Digesten Paul. 2 fr. 41 h. t. eingeschoben:

et generaliter aliudue quod noceret animal, siue soluta sint siue alligata, ut contineri uinculis, quo minus damnum inferant, non possint.

Bruns in den fontes hat richtig erkannt, dass diese früher allgemein als Ediktwortlaut angeführten Worte blosse Interpretation sind. Von anderm abzusehen: was sollte im Edikt das „siue soluta sint u. s. w." neben dem in fr. 42 h. t. überlieferten „ita habuisse uelit, ut cuiquam nocere damnumue dare possit"? Vgl. auch das Referat in § 1 I. si quadrupes (4. 9).

[8]) Bei Paul. sent. I 15 § 2 wird das obige Verbot dem Prätor zugeschrieben; vermutlich ist der Text interpoliert.

[9]) *Dig.* solidi ducenti (*sie*).

[10]) Vgl. Dernburg, Festgaben f. Heffter S. 132.

[11]) Im Edikt hiess es: iudicium dabimus, ut ... condemnetur. Vgl. etwa fr. 3 pr. de sep. uiol. (47. 12).

§ 296. *STIPULATIO AB AEDILIBUS PROPOSITA*[1]).

Ulp. 2[2]), Paul. 2[3]), Gai. 2[4]).

Für die Rekonstruktion der von den Ädilen proponierten stipulatio duplae[5]) gewähren den zuverlässigsten Anhalt die aus der Zeit des Antoninus Pius, also kurz nach der Publikation des Hadrianischen Albums, stammenden Urkunden über dieselbe[6]), die auf den Siebenbürgischen Wachstafeln erhalten sind, Urkunden, deren Übereinstimmung mit dem Formular des ädilizischen Edikts durch die Quellen in allen wesentlichen Punkten bestätigt wird[7]). Ich drucke im folgenden die Urkunde C. I. L. III p. 941 (Bruns, fontes ed. VI p. 288) unter Beifügung der Belege ab; zu ihrem Eingang sei bemerkt, dass die erfolgte Manzipation im ädilizischen Formular gewiss ebensowenig wie im ädilizischen Edikt erwähnt war; es ist umgekehrt wahrscheinlich, dass die ädilizische Stipulation, soweit sie den Eviktionsfall betraf, ihren Ausgangspunkt von denjenigen Käufen genommen hat, bei denen die Manzipation unterblieben war und daher die zivile auctoritas nicht stattfand[8]).

Dasius Breucus emit mancipioque accepit puerum Apalaustum, siue is quo alio nomine est, n(atione) Graecum, apocatum[9]) pro uncis duabus, ✕ DC de Bellico Alexandri, f(ide) r(ogato) M. Vibio Longo. Eum puerum[10]) sanum[11]) traditum[12]) esse, furtis noxaque

---

[1]) Fr. 31 i. f., fr. 32 pr., fr. 37 § 1 de euict. (21. 2), fr. 5 pr. de V. O. (45. 1), § 2 I. de diu. stip. (3. 18).

[2]) Fr. 55 de euict. (21. 2).

[3]) Fr. 35,41,56 eod., fr. 55 de C.E.(18.1), fr.44 § 2 de aed. ed. (21. 1), fr.48 ad l. Falc. (35. 2).

[4]) Fr. 57 de euict. (21. 2).

[5]) Paul. 2 fr. 56 pr. de euict.: Si dictum fuerit uendendo, ut simpla promittatur, uel triplum aut quadruplum prometteretur, ex empto . . . . agi poterit. Beispiele von stipulatio simplae: C. I. L. III p. 944, 959. Pap. Brit. Mus. nr. 229 (Hermes XXXII S. 273 fg.) lin. 7 sq.

[6]) Ganz anders Karlowa, II S. 1292 fg. Er leugnet, dass die ädilizische Stipulation sich mit dem Fall der Eviktion befasst habe, hat aber den Inhalt der Kommentare (n. 2—4) unbeachtet gelassen, in denen weitläufig von der Eviktion die Rede ist.

[7]) Zu Varro's Zeit bestand wahrscheinlich schon dasselbe oder ein ähnliches Formular, vgl. de R. R. II 10 § 5: in horum (seruorum) emptione solet . . . . stipulatio intercedere sanum eum esse, furtis noxisque solutum, aut si mancipio non datur (*scr.:* si mancipio non datur, aut) dupla promitti aut,

si ita pacti, simpla. Vgl. eod. II 2, 6. II 5, 11. Die bei Plautus (Curc. IV 2, 4 sq., V 2, 67 sq., V 3, 31 sq.) vorkommenden Kautionen (sie machen den Eindruck, als ob sie dem Leben entnommen wären) sind dagegen abweichend formuliert. Die Urkunden aus dem 6ten Jahrh. n. Chr. (bei Spangenberg, tab. neg. p. 236 sqq.) enthalten bei all ihrer Weitschweifigkeit doch noch mancherlei Reminiszenzen an das ädilizische Formular. Die ägyptischen Kaufurkunden (Wilcken, APF. I S. 17. 550) liefern keine neuen Aufklärungen über unser Formular, bestätigen aber nicht selten die schon vor ihrer Entdeckung erzielten Ergebnisse.

[8]) Varro, de R. R. l. c. (s. n. 7). Vgl. oben S. 522 n. 3.

[9]) Vgl. hiezu Appleton, studi Scialoja (1905) II p. 503 ss.

[10]) De fundo ex consuetudine regionis pro euictione cauetur: fr. 6 de euict. (21. 2).

[11]) Fr. 44 § 2 de aed. ed. (21. 1), fr. 16 § 2, fr. 31 de euict. (21. 2), fr. 45 § 1 de legat. I.

[12]) Fr. 44 § 2 i. f. de aed. ed. (21. 1), vgl. fr. 27 de A. E. V. (19. 1), fr. 61, 62 pr. de euict. (21. 2), Paul. sent. II 17 § 2.

solutum, erronem, fugiti*u*um[1]), caducum[2]) non esse praestari[3]), et si quis eum puerum q. d. a. partenue[4]) quam quis ex eo euicerit[5], q(uo) m(inus) emptorem s(upra) s(criptum) eunue, ad q(uem) ea res pertinebit[6]), uti frui[7]) habere possidereq(ue) recte liceat[8]), tunc, quantum id erit, quod ita ex eo euictum fuerit[9]), t(antam) p(ecuniam) duplam[10]) pro(bam)[11]) r(ecte) d(ari)[12]) f(ide) r(ogauit) Dasius Breucos, d(ari) f(ide) p(romisit)[13]) Bellicus Alexandri.

In der Urkunde tritt dieser Stipulation noch ein Bürge (Vibius Longus) bei und bescheinigt der Verkäufer den Empfang des Kaufpreises: im proponierten Formular stand beides nicht[14]).

Denuntiatio forderte, wie man sieht, die Siebenbürgische Stipulation vom Käufer nicht. Das Formular des Albums muss sie gefordert haben[15]).

[1]) Varro, de R. R. II 10 § 5, Seneca, controu. VII 6 (21) c. 23. Fr. 31, 32 pr. de euict. (21. 2), fr. 3, 11 § 1 eod., fr. 44 § 2, 46, 58 § 1 de aedil. ed. (21. 1), fr. 45 § 1 de legat. I.

[2]) Dies Wort fehlte im ädilizischen Formular.

[3]) Fr. 31 de euict. (21. 2), fr. 200 de V. S. (50. 16).

[4]) Paul. 2 fr. 56 § 2 de euict. (21. 2): partis adiectio necessaria est. Vgl. fr. 36 eod.

[5]) Ulp. 2 fr. 55 de euict. (21. 2), Paul. 2 fr. 35, 41 pr. § 1, 56 § 1 eod. Fr. 21 § 1, 16 § 1 eod.

[6]) Cf. fr. 1 § 1 de aedil. ed. (21. 1).

[7]) Cf. fr. 43, 46 pr. de euict. (21. 2), Stellen, die aber ursprünglich nicht auf die stipulatio duplae gingen. S. auch fr. 49 eod.

[8]) Gai. 2 fr. 57 de euict. (21. 2), Paul. 2 fr. 41 § 2 eod. Fr. 21 § 2, 24, 25, 34 § 1. 2 eod., fr. 38 pr. § 9 de V. O. (45. 1).

[9]) Fr. 13, 15 § 1 de euict. (21. 2). S. auch fr. 53 pr. eod., welche Stelle aber wahrscheinlich auf die satisdatio secundum man-

cipium geht. Vgl. oben S. 522 fg. Über die Bedeutung des „quantum id erit" vgl. Rabel, Haftung des Verkäufers I (1902) S. 135 fg.

[10]) Vgl. S. 541 n. 5.

[11]) Cf. fr. 40 de R. C. (12. 1), fr. 24 § 1 de pign. act. (13. 7), Plaut. Persa IV 3, 57.

[12]) Hier folgte im Formular die doli clausula. Vgl. fr. 21 pr. de euict. (21. 2).

[13]) Im Formular wohl: „ *stipulatus est, ... spopondit*", oder „ *spondesne? spondeo*".

[14]) Die Bürgschaft war von den Ädilen nicht vorgeschrieben: stipulatio duplae repromissio est, nisi si conuenerit, ut satisdetur. Ulp. fr. 1 § 8 de stip. praet. (46. 5), fr. 37 pr. § 1, fr. 56 pr. de euict. (21. 2).

[15]) Ulp. 2 fr. 55 § 1 de euict. (21. 2), Paul. 2 fr. 56 § 4—7 eod. Vgl. besonders fr. 29 § 2 eod.: non praefinitur certum tempus in ea stipulatione; fr. 37 § 2 eod.: si modo omnia facit emptor quae in stipulatione continentur. Daher erklärt sich im Pap. Brit. Mus. nr. 229 (Hermes XXXII S. 273 fg.) lin. 9 die Klausel: sine denuntiatione, ebenso BGU. III nr. 887 lin. 6: χωρὶς παραγγελίας.

Register

Die grössern Ziffern bezeichnen die Seitenzahlen, die kleinern die Noten.

OFFIZIN DER VERLAGSHANDLUNG.

CPSIA information can be obtained
at www.ICGtesting.com
Printed in the USA
BVOW09s1534171017

497893BV00030B/1129/P